DROIT DES CONFLITS COLLECTIFS DU TRAVAIL

Christophe Radé
Professeur à la faculté de droit de Bordeaux

DROIT DES CONFLITS COLLECTIFS DU TRAVAIL

LexisNexis
LexisNexis SA
141, rue de Javel – 75015 Paris

Avertissement de l'Éditeur

Toute utilisation ou traitement automatisé, par des tiers, de données personnelles pouvant figurer dans cet ouvrage sont formellement interdits.

DANGER LE PHOTOCOPILLAGE TUE LE LIVRE

Le logo qui figure sur la couverture de ce livre mérite une explication. Son objet est d'alerter le lecteur sur la menace que représente pour l'avenir de l'écrit, tout particulièrement dans les domaines du droit, de l'économie et de la gestion, le développement massif du photocopillage.

Le Code de la propriété intellectuelle du 1er juillet 1992 interdit en effet expressément la photocopie à usage collectif sans autorisation des ayants droit. Or, cette pratique s'est généralisée dans les établissements d'enseignement supérieur, provoquant une baisse brutale des achats de livres au point que la possibilité même pour les auteurs de créer des œuvres nouvelles et de les faire éditer correctement soit aujourd'hui menacée.

Siège social : 141, rue de Javel – 75015 Paris

ISBN 978-2-7110-3800-8

ISSN 2119-3169

Liste des abréviations

A.	Arrêté
AJ	actualité jurisprudentielle (*Recueil Dalloz*)
AJCT	*Actualité juridique. Collectivités territoriales*
AJDA	*Actualité juridique. Droit administratif*
AJFP	*Actualité juridique. Fonctions publiques*
AJ pénal	*Actualité juridique. Pénal*
AN	Assemblée nationale
BAG	*Bundesarbeitsgericht* (Tribunal fédéral du travail allemand)
BGH	*Bundesgerichtshof* (Cour fédérale de justice allemande)
BICC	*Bulletin d'information de la Cour de cassation*
BIT	Bureau international du travail
BJT	*Bulletin Joly Travail*
BOCC	*Bulletin officiel des conventions collectives*
BS	*Bulletin social* (Francis Lefebvre)
Bull. civ.	*Bulletin des arrêts des chambres civiles de la Cour de cassation*
Bull. crim.	*Bulletin des arrêts de la chambre criminelle de la Cour de cassation*
CA	Cour d'appel
CAA	Cour administrative d'appel
CADA	Commission d'accès aux documents administratifs
Cah. prud'h.	*Cahiers prud'homaux*
Cass. 1re, 2e civ.	Cour de cassation (première ou deuxième chambre civile)
Cass. ass. plén.	Cour de cassation, assemblée plénière
Cass. ch. mixte	Cour de cassation, chambre mixte
Cass. com.	Cour de cassation, chambre commerciale
Cass. crim.	Cour de cassation, chambre criminelle
Cass. req.	Cour de cassation, chambre des requêtes
Cass. soc.	Cour de cassation, chambre sociale
C. civ.	Code civil
CCN	Convention collective nationale
C. const.	Cour constitutionnelle (Italie)
CDE	*Cahiers de droit de l'entreprise (Les)*
C. défense	Code de la défense
CE	Conseil d'État
CEDH	Cour européenne des droits de l'homme
CEDS	Comité européen des droits sociaux
C. éduc.	Code de l'éducation
C. énergie	Code de l'énergie
CFP	*Cahiers de la fonction publique (Les)*
CGCT	Code général des collectivités territoriales
CGFP	Code général de la fonction publique
CGI	Code général des impôts

Chron. int. IRES	*Chronique internationale de l'IRES*
Circ.	Circulaire
CJCE	Cour de justice des Communautés européennes
CJUE	Cour de justice de l'Union européenne
C. minier	Code minier
CNIL	Commission nationale de l'informatique et des libertés
Comm. com. électr.	*Communication Commerce électronique*
Comm. EDH	Commission européenne des droits de l'homme
Cons. const.	Conseil constitutionnel
Convention EDH	Convention européenne de sauvegarde des droits de l'homme et des libertés fondamentales
C. pén.	Code pénal
C. rur.	Code rural et de la pêche maritime
CSI	Code de la sécurité intérieure
CSS	Code de la sécurité sociale
C. sup. arb.	Cour supérieure d'arbitrage
C. transp.	Code des transports
C. trav.	Code du travail
C. voirie routière	Code de la voirie routière
D.	*Recueil Dalloz*
D.	Décret
DARES	Direction de l'animation de la recherche, des études et des statistiques
Délib.	Délibération
DGAFP	Direction générale de l'administration et de la fonction publique
DGT	Direction générale du travail
DH	*Dalloz hebdomadaire* (de 1924 à 1940)
dir.	sous la direction de
Doc. fr.	Documentation française (La)
DP	*Dalloz périodique* (jusqu'en 1940)
Dr. adm.	*Droit administratif*
Dr. ouvrier	*Droit ouvrier (Le)*
Dr. pén.	*Droit pénal*
Dr. soc.	*Droit social*
DRT	Direction des relations du travail
EEI	*Énergie-Environnement-Infrastructures*
GADT	*Grands arrêts du droit du travail* Dalloz
GAJA	*Grands arrêts de la jurisprudence administrative* Dalloz
Gaz. Pal.	*Gazette du Palais*
GG	*Grundgesetz für die Bundesrepublik Deutschland* (Loi fondamentale pour la République fédérale d'Allemagne)
ibid.	*ibidem* (au même endroit)
infra	ci-dessous
INSEE	Institut national de la statistique et des études économiques
IR	informations rapides (*Recueil Dalloz*)
JCl.	*JurisClasseur Encyclopédie*
JCP A	*JurisClasseur périodique*, édition Administration et collectivités territoriales
JCP CI	*JurisClasseur périodique*, édition Commerce et Industrie

JCP E	*JurisClasseur périodique*, édition Entreprise et affaires
JCP G	*JurisClasseur périodique*, édition Générale
JCP S	*JurisClasseur périodique*, édition Social
JO	*Journal officiel* de française
JSL	*Jurisprudence sociale Lamy*
Jurispr. soc. UIMM	*Jurisprudence sociale de l'UIMM*
L.	Loi
L. fin. rect.	Loi de finances rectificative
Lebon	*Lebon (Recueil des décisions du Conseil d'État)*
Lebon T.	*Lebon* (Tables)
Liaisons sociales	*Liaisons soc.*
LIJMEN	*Lettre d'information juridique du ministère de l'Éducation nationale*
LPA	*Les Petites affiches*
Mél.	*Mélanges*
OIT	Organisation internationale du travail
Ord.	Ordonnance
PIDCP	Pacte international relatif aux droits civils
PIDESC	Pacte international relatif aux droits économiques, sociaux et culturels
préc.	précité
QPC	Question prioritaire de constitutionnalité
Rapp.	Rapport
RDLF	*Revue des droits et libertés fondamentaux*
RDP	*Revue du droit public et de la science politique en France et à l'étranger*
RDSS	*Revue de droit sanitaire et social*
RDT	*Revue de Droit du travail*
Rec. Cons. const.	*Recueil des décisions du Conseil constitutionnel*
REP	*Revue d'économie politique*
Rép. civ. Dalloz	*Répertoire de droit civil* Dalloz (Encyclopédie)
Rép. eur. Dalloz	*Répertoire de droit européen* Dalloz (Encyclopédie)
Rép. pén. et proc. pén. Dalloz	*Répertoire de droit pénal et de procédure pénale* Dalloz (Encyclopédie)
Rép. trav. Dalloz	*Répertoire de droit du travail* Dalloz (Encyclopédie)
Rev. adm.	*Revue administrative*
Rev. crit. DIP	*Revue critique de droit international privé*
Rev. dr. transp.	*Revue de droit des transports*
RF aff. soc.	*Revue française des affaires sociales*
RFDA	*Revue française de droit administratif*
RFD aérien	*Revue française de droit aérien et spatial*
RFD const.	*Revue française de droit constitutionnel*
RID comp.	*Revue internationale de droit comparé*
RIEJ	*Revue interdisciplinaire d'études juridiques*
RI trav.	*Revue internationale du travail*
RJEP	*Revue juridique de l'économie publique*
RJS	*Revue de jurisprudence sociale*
RPDS	*Revue pratique de droit social*
RSC	*Revue de science criminelle et de droit pénal comparé*
RTD civ.	*Revue trimestrielle de droit civil*

RTD com.	*Revue trimestrielle de droit commercial et de droit économique*
RTD eur.	*Revue trimestrielle de droit européen*
RTDH	*Revue trimestrielle des droits de l'homme*
S.	*Recueil Sirey*
SSL	*Semaine sociale Lamy*
STE	Série des traités européens
supra	ci-dessus
TA	Tribunal administratif
T. civ.	Tribunal civil
T. com.	Tribunal de commerce
T. confl.	Tribunal des conflits
T. corr.	Tribunal correctionnel
TFUE	Traité sur le fonctionnement de l'Union européenne
TGI	Tribunal de grande instance
TI	Tribunal d'instance
TJ	Tribunal judiciaire
T. pol.	Tribunal de police
UES	Unité économique et sociale
V.	Voir
V°	*Verbo* (au mot)

Remerciements

Cet ouvrage doit beaucoup à Bernard Teyssié et Jean-Emmanuel Ray, deux grands maîtres des conflits collectifs, sans qui rien n'aurait été possible. Qu'ils en soient éternellement remerciés !

Avant-propos

Le droit des conflits collectifs du travail, qui constitue l'objet et la matière de cet ouvrage, n'est pas à proprement parler un Droit au sens où l'entendent généralement les juristes lorsqu'ils souhaitent insister sur la spécificité, voire l'autonomie de telle ou telle de ses « branches ». Il s'agit, plus prosaïquement, de l'ensemble des règles et solutions apportées aux conflits collectifs du travail par le droit, tant par le législateur que la jurisprudence.

Nous avons choisi d'intégrer dans notre champ d'étude les conflits collectifs du « secteur privé » et qui concernent d'une manière générale les « employeurs de droit privé », pour reprendre l'expression du Code du travail, mais également ceux qui intéressent les services publics, c'est-à-dire l'État, ses établissements publics, les collectivités territoriales et les hôpitaux publics, mais aussi les entités privées en charge de la gestion d'un service public.

Ce choix n'allait pas de soi en raison du séparatisme des droits privé et public et de l'influence très forte des principes qui gouvernent les services publics, à commencer par le principe constitutionnel de continuité, sur le droit applicable à ses agents, fonctionnaires ou contractuels.

Et pourtant, le projet de traiter dans un seul et même ouvrage tous les conflits collectifs s'est rapidement imposé comme une nécessité.

Le droit des conflits collectifs est tout d'abord étroitement lié aux syndicats professionnels. Or, même s'il existe un syndicalisme propre aux fonctions publiques, les grandes confédérations syndicales défendent l'intérêt des salariés et des agents publics et les mobilisent généralement dans des actions communes et indifférenciées, comme le montre le nouveau bras de fer engagé en 2022/2023 avec le Gouvernement sur la énième réforme des retraites.

Ensuite, de nombreux salariés se trouvent au confluent du droit du travail et du droit de la fonction publique, soit parce qu'ils relèvent de statuts professionnels qui empruntent leurs dispositions au Code du travail mais aussi au Code général de la fonction publique, qui a fait son apparition officielle en 2022 dans le paysage français, soit parce que leurs entreprises gèrent un service public. Les règles applicables au droit de grève dans les « services publics » en constituent une belle illustration puisque l'expression même de « services publics », utilisée au pluriel, définit toutes les entités, publiques ou privées, gestionnaires d'une activité de service public et qui se trouvent soumises de ce fait aux mêmes contraintes.

Enfin, l'examen de la jurisprudence concernant les conflits collectifs montre une évidente convergence des analyses et des approches, toutes choses étant égales par ailleurs, et ce dès le début du XXe siècle. Ce phénomène s'est accentué après 1946 et la reconnaissance constitutionnelle du droit de grève, et n'a pas été démenti par la « privatisation » rampante du droit de la fonction publique et sa « contractualisation » très sensible tant sur le plan individuel que collectif. Le Conseil d'État joue un rôle moteur dans ce phénomène de rapprochement, lui qui applique aussi bien le Code du travail lorsqu'il connaît du sort des salariés protégés, que le droit de la fonction publique au sens large lorsqu'il connaît des différends opposant les agents publics à leurs autorités.

L'ouvrage se veut avant tout *juridique*. Même si des analyses empruntées à l'histoire, à la sociologie, à la science politique, à l'économie ou à la gestion seront parfois mobilisées pour situer les contextes, il s'adresse d'abord aux juristes, privatistes comme publicistes, qui trouveront, c'est du moins ce qu'on peut espérer, regroupé dans un même volume l'ensemble des règles applicables aux conflits collectifs du travail, au travers des sources, des règles légales et jurisprudentielles, mais également des règles conventionnelles qui seront analysées, notamment pour ce qui concerne la prévention et le règlement des conflits, où la négociation collective joue un rôle important.

L'ouvrage se veut également *pratique* et utile pour tous les professionnels du droit : avocats, magistrats, membres de l'inspection du travail, juristes du travail et responsables ou gestionnaires des ressources humaines et des relations sociales dans les entreprises, et désormais les services publics. La jurisprudence, qui joue un rôle majeur dans l'élaboration d'un droit très prétorien, est abondamment citée et commentée. Une table des décisions se trouve par ailleurs à la fin de l'ouvrage, avec les références doctrinales qui l'accompagnent, pour faciliter l'accès aux sources.

S'agissant d'un droit qui prétend appréhender des situations extrêmement concrètes, une approche pratique s'imposait. De très nombreuses affaires seront évoquées et analysées, de même que les décisions de justice auxquelles elles ont donné lieu et qui ne peuvent souvent bien être comprises que si elles sont exposées complètement, singulièrement pour ce qui concerne leurs aspects factuels.

Les aspects plus « théoriques » ne seront pas pour autant négligés, lorsque cela s'avérera utile, soit pour expliquer, soit pour critiquer les solutions admises en droit positif.

Bonne lecture !

Christophe RADÉ

Sommaire

I. – Conflits collectifs, grève et actions collectives

1. – **Actions collectives.** Les conflits collectifs du travail constituent certainement l'un des phénomènes les plus étonnants, et les plus caractéristiques du droit des relations professionnelles, tous secteurs confondus. Alors que le droit dans son ensemble met en œuvre de très nombreuses techniques, et stratégies, pour éviter les conflits, à tout le moins pour y mettre un terme rapide lorsqu'ils surgissent, le droit du travail, pour le secteur privé, et le droit de la fonction publique au sens large pour les agents publics, reconnaissent le rôle singulier des conflits collectifs, allant même jusqu'à donner un statut légal et protecteur au droit de grève qui constitue, au sein des conflits collectifs, la principale arme mise à la disposition des travailleurs[1]. Loin de considérer les conflits collectifs comme une tragédie qu'il faudrait à tout prix prévenir, le droit du travail, et aussi, dans une moindre mesure, le droit de la fonction publique, considèrent l'action collective comme l'un des moyens de « convertir l'énergie en règles nouvelles »[2], selon la formule d'Alain Supiot, aux côtés de la représentation du personnel et de la négociation collective. Faut-il y voir la preuve du réalisme du droit qui, face à la puissance des revendications professionnelles, a préféré accompagner le mouvement plutôt que d'y résister, ou la croyance sincère dans l'utilité sociale des conflits collectifs ? Sans doute un peu des deux, serait-on tenté de répondre. Devant la puissance dégagée par les conflits professionnels et la crainte que la convergence des luttes n'emporte avec elle tout sur son passage, il était sans doute plus prudent de reconnaître à ces conflits une certaine légitimité pour les encadrer juridiquement, et les intégrer dans une logique plus large de régulation des rapports en société.

Le droit de grève constitue l'un des déterminants centraux des conflits collectifs du travail, l'incarnation parfaite de cette tentative pour convertir le rapport de force en rapport de droit, de canaliser la colère et, dans une certaine mesure, de l'encadrer pour qu'elle ne dégénère pas et qu'elle puisse même déboucher sur un règlement pacifique, voire constructif. Voilà que le salarié ou l'agent public qui, en concluant son contrat de travail ou en entrant dans la fonction publique, se soumet à l'autorité d'un employeur auquel il sera juridiquement subordonné, en contrepartie de quoi il aura la garantie d'un travail qui lui sera fourni et d'un salaire fixe qui lui sera versé, se voit reconnaître le droit, l'espace d'un instant, de se soustraire à cette dépendance pour exprimer librement son désaccord et ses attentes, dans un rapport de force réglé par le droit.

(1) Comme l'écrit justement Hélène Sinay se référant à Pierre Laroque, « l'évolution juridique des conflits collectifs du travail est allée au rebours de l'évolution générale des institutions ». H. Sinay, *Droit du travail. La grève*, Dalloz, 1re éd., 1966, 522 p., spéc. n° 1.

(2) A. Supiot, *Revisiter les droits d'action collective : Dr. soc.* 2001, 687. Lire aussi l'entrée *Conflit/litige* rédigée par A. Jeammaud dans le *Dictionnaire de la culture juridique*, dir. D. Alland et S. Rials, PUF-Quadrige, 2003, 1 649 p., spéc. p. 255.

Mais si le droit de grève occupe une place centrale dans le droit des conflits collectifs, il n'en est pas la seule composante[3]. Les conflits du travail ne se manifestent en effet pas *que* par la cessation collective et concertée du travail, et prennent des formes extrêmement variées que le droit se doit également d'appréhender. Le Code du travail distingue d'ailleurs les deux notions de grève et de conflits pour intégrer également les procédures de *règlement* des conflits collectifs[4]. Mais plus largement, les conflits du travail prennent d'autres formes et le droit a dû mobiliser bien d'autres figures pour les appréhender et leur appliquer les régimes juridiques adéquats.

La référence aux « conflits collectifs », très présente dans le Code du travail, manifeste d'ailleurs les hésitations terminologiques en la matière, ce qui s'explique sans doute par le mode de construction historique du droit du travail, cette « architecture de fortune » construite dans « l'ajustement des normes aux réalités sociales », pour reprendre les mots d'Hélène Sinay[5]. Le Code du travail fait en effet référence soit à la notion de « conflits collectifs *du* travail »[6] soit à celle voisine de « conflits collectifs *de* travail »[7]. Le Code du travail vise (ou a pu viser) même l'expression de « différend *d'ordre* collectif »[8], ou de « différend collectif *de* travail »[9].

La grève serait donc l'espèce d'un genre plus large, un « mode de défense des intérêts professionnels » parmi d'autres, comme l'a jugé la Cour de cassation en 1951 dans son arrêt *Société des Maïseries de la Méditerranée*[10]. C'est également en considérant la grève comme l'un des moyens d'assurer la « défense des intérêts professionnels » des travailleurs que le Conseil constitutionnel a construit sa jurisprudence à partir de sa décision fondamentale du 25 juillet 1979[11], fortement inspiré par la décision *Dehaene*

(3) B. Teyssié, *Relations collectives de travail*, LexisNexis, 13e éd., 2023, 1 405 p., spéc. nos 2581 et s. – P.-H. Antonmattei, *Droit du travail*, LGDJ-Lextenso, coll. « Précis Domat », 2e éd., 2022, 1 144 p., nos 1186 et s. – G. Auzero, D. Baugard et E. Dockès, *Droit du travail*, Précis Dalloz, 36e éd., 2023, n° 1503. – P. Lokiec, *Droit du travail*, PUF, coll. « Thémis », 2e éd., sept. 2022, 1 000 p., spéc. nos 916 et s. – F. Favennec-Héry, P.-Y. Verkindt et G. Duchange, *Droit du travail*, LGDJ, 8e éd., 2022, 776 p., spéc. nos 239 et s. – A. Cœuret, B. Gauriau et M. Miné, *Droit du travail*, Sirey, 3e éd., 2013, 798 p., spéc. nos 1604 et s.

(4) Ainsi, le livre V de la deuxième partie du Code du travail, qui porte sur « Les conflits collectifs », traite successivement de l'exercice du droit de grève puis de la « Procédure de règlement des conflits collectifs ».

(5) H. Sinay, *Traité de droit du travail. La grève*, préc., § 1.

(6) C. trav., art. L. 2522-1, relatif à la procédure de conciliation ; CGI, art. 49 septies V.

(7) C. trav., art. L. 1242-6 interdisant le recrutement de salariés en contrats à durée déterminée, C. transp., art. L. 2623-1, R. 2522-1 et R. 2623-2, art. L. 5542-10 ; C. rur., art. L. 718-8 ; CSS, art. R. 731-8 ; C. minier, art. 241-10.

(8) L. 27 déc. 1892, art. 1er sur la conciliation et l'arbitrage facultatifs en matière de différends collectifs entre patrons et ouvriers et employés : *JO* 28 déc. 1892, p. 6276.

(9) C. trav., ancien art. L. 523-7, actuels art. L. 2522-9 et L. 2522-12 concernant la procédure de conciliation dans les services publics, ou R. 5122-8 qui exclut l'octroi des indemnités de chômage partiel dans le secteur privé.

(10) Dans cet arrêt, la Cour de cassation fait une application immédiate du Préambule de 1946 à des faits pourtant antérieurs à la loi du 11 février 1950 et renonce à sa jurisprudence voyant dans la grève la cause nécessaire de la rupture du contrat de travail : Cass. soc., 28 juin 1951, n° 51-01.661, *Sté des Maïseries de la Méditerranée : Bull. civ.* IV, n° 524 ; *Dr. soc.* 1951, p. 521, rapp. Patin, note P. Durand : « L'affirmation solennelle par les Constituants du droit de grève, lequel est devenu une modalité de la défense des intérêts professionnels, ne peut logiquement se concilier avec la rupture du contrat de travail qui résulterait de l'exercice de ce droit ».

(11) Cons. const., 25 juill. 1979, n° 79-105 DC, *Loi modifiant les dispositions de la loi n° 74-696 du 7 août 1974, relatives à la continuité du service public de la radio et de la télévision en cas de cessation concertée du travail*, consid. 1 : *RDP* 1980, p. 1705, note L. Favoreu ; *Dr. soc.* 1980, p. 7, note C. Leymarie ; D. 1980, p. 101, note M. Paillet, chron. p. 333, L. Hamon. – Cons. const., 18 sept. 1986, n° 86-217 DC, *Loi relative à la liberté de communication*, consid. 78.

du Conseil d'État qui avait ouvert en 1950 la porte à la reconnaissance du droit de grève dans les services publics[12].

Tous les systèmes juridiques ne reconnaissent d'ailleurs pas le droit de grève de manière spécifique, aux côtés de la liberté syndicale, à l'instar du Préambule de la Constitution du 27 octobre 1946. L'observation des instruments internationaux (notamment le droit onusien)[13] ainsi que des droits des principaux pays industrialisés démontre au contraire que la grève est généralement traitée comme une action collective parmi d'autres prérogatives syndicales[14], voire comme l'un des accessoires du droit de négociation collective, comme c'est le cas dans les deux instruments sociaux européens, la Charte sociale européenne de 1963 en son article 6 et la Charte des droits fondamentaux de l'Union européenne en son article 28 qui seront étudiées ultérieurement[15].

La science politique, les sciences économiques et les sciences de gestion, qui se sont également intéressées aux conflits collectifs, établissent aussi une distinction nette entre les grèves, analysées généralement sur un plan global mais également parfois au stade des entreprises, et les autres manifestations de conflits identifiées soit du côté salarié, soit du côté patronal[16].

2. - **Variétés des conflits collectifs.** Les conflits collectifs se manifestent d'une manière extrêmement diversifiée, et cette connaissance des faits sociaux est un préalable indispensable à toute tentative de détermination d'un cadre juridique pertinent.

• *Conflits professionnels et conflits sociaux.* Dans une première approche, il faudrait distinguer nettement les conflits collectifs du travail, qui auraient un objet plus particulièrement « professionnel », et d'autres formes de conflits « sociaux » portant sur des revendications ayant un spectre plus large et concernant le pouvoir d'achat, la fiscalité, ou la démocratie, et qui apparaissent même, au regard de la définition juridique de la grève sur laquelle nous reviendrons, insusceptibles d'en caractériser l'exercice[17].

Cette première distinction est faussement rationnelle et donc trompeuse, et l'examen des conflits sociaux de ces dernières années montre à quel point les revendications peuvent être mêlées et porter à la fois sur des questions sociales, ou sociétales, mais aussi « professionnelles »[18]. Revendiquer un meilleur pouvoir d'achat pour tous passe, pour les salariés, par une augmentation des salaires ou, pour les employeurs, par une baisse des charges sociales. Demander la régularisation des sans-papiers présente une dimension évidemment politique, mais également un aspect profes-

(12) CE, 7 juill. 1950, *Dehaene : JCP* 1950, II, 5681, concl. F. Gazier ; *D.* 1950, p. 538, note A. Gervais ; *S.* 1950, 3, 109, note J.D.V. ; *JCP* 1950, II, 5681, concl. F. Gazier ; *RDP* 1950, p. 691, concl. F. Gazier, note M. Waline ; *Rev. adm.* 1950, p. 366, note D. Liet-Veaux ; *Dr. soc.* 1950, p. 317 ; *Dr. ouvrier* 1959, p. 393, étude S. Labry, p. 371 et s. ; *GAJA*, n° 63. Pour une analyse approfondie de cette jurisprudence, V. *infra*, n° 111.

(13) V. *infra*, n°s 72 et s.

(14) K. Chatzilaou, *L'action collective des travailleurs et les libertés économiques. Essai sur une rencontre dans les ordres juridiques nationaux et supranationaux*, préf. A. Lyon-Caen, Institut universitaire Varenne, 2016. – S. Clauwaert, *Le droit à l'action collective (y compris le droit de grève) du point de vue de la Charte sociale européenne du Conseil de l'Europe : RDT* 2016, 438.

(15) V. *infra*, n° 96.

(16) J.-E. Ray, *De la grève à l'action collective, in* J.-M. Denis (dir.), *Le conflit en grève ?*, éd. La Dispute, 2005, p. 45-58. – J. Tanguy, *Grèves, Conflits du travail et performances des entreprises en France*, thèse de sciences économiques, dir. P. Musso et C. Salmon, Université de Grenoble, 6 déc. 2012, 207 p.

(17) Sur la notion de « revendications professionnelles », V. *infra*, n°s 341 et s.

(18) G. Groux, *Du conflit du travail aux conflits de société*, in *Le conflit en grève ? Tendances et perspectives de la conflictualité contemporaine*, éd. La Dispute, coll. « L'état des lieux », 2005, p. 23-44.

sionnel puisque les étrangers concernés sont souvent employés de manière illégale, et les mouvements qui soutiennent ces actions sont autant initiés par des syndicats professionnels que des associations ou des collectifs[19]. Protester contre la réforme des retraites a évidemment une dimension politique lorsque le Parlement est saisi d'un énième projet de réforme gouvernemental[20], mais la question de la durée de cotisations induit évidemment un allongement des années de travail, celle du financement du régime intéresse directement le niveau des cotisations, et donc du salaire net versé aux salariés, la prise en compte de la pénibilité impose d'observer la réalité des conditions de travail, *etc.*

Par ailleurs, les problématiques des travailleurs français sont de plus en plus imbriquées dans celles des autres travailleurs du monde entier, face à une économie mondialisée et des entreprises qui étendent leur domination sur tous les continents. Or, la présence et l'attitude de ces multinationales mettent au défi toutes les organisations, et pas simplement le respect du droit du travail : où paient-elles leurs impôts ? Où sont produits les biens qu'elles vendent ? Respectent-elles les droits élémentaires des travailleurs ? Font-elles travailler des enfants ? Quels salaires pratiquent-elles ? Quelles sécurités garantissent-elles ?

Fin 2022, on apprenait ainsi que la CGT participait à une journée d'action mondiale contre Amazon. Le *Black Friday*, qui a lieu chaque année le dernier vendredi de novembre, « entre dans les pratiques et les multinationales comme Amazon en sont les très grandes bénéficiaires », relève la CGT dans un communiqué de presse du 24 novembre. « Cette date, choisie par le capital, est, pour nous, l'occasion de nous mobiliser pour dénoncer les pratiques d'une multinationale qui se joue largement des règles fiscales, sociales et environnementales », indique-t-elle. « C'est la raison pour laquelle la coalition internationale de travailleurs – qui rassemble des fédérations syndicales internationales – dont fait partie la CGT, accompagnée par des citoyens rassemblés sous la bannière "Make Amazon Pay" ("Faire payer Amazon") organise une journée d'action mondiale le 25 novembre », explique-t-elle. « Des milliers d'employés des entrepôts d'Amazon situés dans une quarantaine de pays prévoient de participer à des manifestations et à des grèves à l'occasion du *Black Friday*, l'un des jours où l'activité atteint des sommets pour les achats en ligne », ajoute notamment la CGT, précisant qu'« aux États-Unis, au Royaume-Uni, en Inde, au Japon, en Australie, en Afrique du Sud et dans toute l'Europe, les salarié.es revendiquent des augmentations de salaires et de meilleures conditions de travail »[21].

3. – **Analyse économique.** Lorsqu'on se plonge dans l'histoire du droit du travail au travers du prisme de son enseignement et de l'identification de la discipline dans le champ académique, on s'aperçoit qu'au XIXe siècle ce furent souvent les économistes qui s'intéressèrent les premiers aux questions sociales et qui enseignèrent la législation industrielle[22]. Et avant que l'éditeur Dalloz ne publie un premier Code du travail en 1910, qui n'était alors que la simple compilation des lois publiées jusque-là

(19) Exemple de la lutte au sein des entreprises DPD et Chronopost (V. *Liaisons sociales quotidien* 9 sept. 2022, n° 18627), où l'action est soutenue par l'Union syndicale Solidaires, SUD-Solidaires PTT et le Collectif des travailleurs sans-papiers de Vitry-sur-Seine (CTSPV). Lire O. Leclerc et C. Wolmark, *La grève des salariés sans-papiers : aspects juridiques : RDT* 2009, 177. – S. Slama, *Travailleurs sans papiers : un droit de grève « bridé » ? : Dr. ouvrier* 2011, p. 65-72. – L. Isidro, *La grève des travailleurs sans-papiers : RDT* 2011, 363.

(20) Sur l'histoire des revendications portant sur les retraites, lire *Revues en lutte, Revue d'histoire du XIXe siècle*, 2020/1, n° 60, p. 9-72.

(21) *Liaisons sociales quotidien* 28 nov. 2022, L'actualité, n° 18680, Section Acteurs, débats, événements.

(22) Notre étude *Il était une fois, une thèse*, in *Mél. en l'honneur de B. Gallinato*, Mare § Martin, 2023, p. 97-108.

de manière éparse[23], les dispositions étaient insérées dans le Code de commerce et les textes présentés dans les ouvrages de droit commercial.

L'intérêt des économistes pour les conflits du travail ne s'est jamais démenti depuis le XIXe siècle, en France comme à l'étranger. L'analyse économique des conflits distingue ainsi les formes « ouvertes » (ou « manifestes ») où le conflit est assumé, des formes « couvertes » (ou « dissimulées ») qui supposent un décryptage de comportements ambivalents.

Dans cette perspective, la grève ne constitue que la pointe de l'« iceberg »[24], et plus le régime juridique de la grève est strict plus ces indices sont nombreux et doivent être pris en compte. Les études montrent également que les manifestations individuelles informelles de mécontentement sont d'autant plus importantes que le coût économique de la grève pour les salariés, ou les syndicats, apparaît dissuasif[25].

4. – Indices de conflictualité. Ces « indices de conflictualité »[26], ce « halo de pratiques protestataires » qui doivent attirer l'attention tant des employeurs que des représentants des salariés, élus comme syndicaux, peuvent être répartis en plusieurs familles[27]. Toutes ne témoignent pas nécessairement d'une forme larvée de conflictualité collective au sein de l'entreprise, car les événements dont il s'agit peuvent parfaitement n'avoir que des motivations personnelles étrangères à toute problématique collective, mais lorsqu'elles s'additionnent et sont corroborées par des indices plus explicites, comme l'existence de revendications professionnelles connues et non satisfaites, alors elles peuvent devenir significatives. Il s'agit donc de bien analyser les causes de la fièvre sociale pour appliquer les traitements adéquats[28].

• *Indices individuels*. Une première famille d'indices tient à des signes d'une contestation du pouvoir de direction, tendant vers des phénomènes plus ou moins assumés d'insubordination dans le quotidien de la relation de travail. Il s'agit ici d'indices *a priori* individuels mais dont la généralisation va clairement faire apparaître à tout le moins un malaise collectif.

Les premiers signes se manifesteront au travers d'une dégradation très nette de la qualité du travail fourni : baisse de la qualité des biens ou des services, vandalisme ou sabotages, dégradation de l'état d'entretien des lieux de travail, de repos, des casiers. On peut également ranger dans cette première catégorie l'augmentation du nombre des incivilités, les heurts un peu plus fréquents entre salariés ou agents imposant une intervention de l'encadrement, des relations dégradées avec les fournisseurs, les clients ou les usagers.

(23) La première édition du Code du travail Dalloz conforme au premier Code du travail adopté par le Parlement porte le millésime 1912.

(24) C'est ce que les économistes appellent l'« iceberg hypothesis » : sur cette analyse, J. Tanguy, préc., p. 15.

(25) A. Ress, *Industrial Conflict and Business Fluctuations : Journal of Political Economy* 1952, n° 60 (5), p. 371-382. Égal. J.-M. Denis, *Le conflit, en grève ?*, Paris, éd. La Dispute, 2005. – S. Béroud et *al.*, *La lutte continue ?*, Paris, Les Éditions du Croquant, 2008.

(26) Rapport du Conseil économique et social pour 1998 présenté par G. Naulin, II-15.

(27) S. Béroud et R. Mouriaux, *Continuités et évolutions de la conflictualité sociale*, in *Le conflit en grève ? Tendances et perspectives de la conflictualité contemporaine*, éd. La Dispute, coll. « L'état des lieux », 2005, p. 121-144. – S. Béroud, J.-M. Denis, G. Desage, B. Giraud, J. Pelisse et E. Penissat, *Entre grèves et conflits : les luttes quotidiennes au travail*, Centre d'étude de l'emploi, juin 2008, n° 49, p. 53.

(28) A. Lyon-Caen, *Les grèves sont des thermomètres, les réactions qu'elles suscitent aussi. Mais quelles fièvres révèlent-elles ? : RDT* 2014, 593.

Une deuxième étape montrera des oppositions plus fréquentes avec l'encadrement : refus d'accomplir les heures supplémentaires, multiplication des formes atypiques de « grève » telles des « grèves du zèle », des grèves « perlées », des « grèves de la faim »[29], que ces manifestations émanent de salariés qui ne veulent pas faire grève, alors qu'ils le pourraient, pour préserver l'intégrité de leur rémunération, ou d'agents publics ne bénéficiant pas du droit de grève[30]. L'augmentation des réponses patronales devra également être prise en compte : lettres de cadrage, rappels à l'ordre, avertissements et plus généralement augmentation du nombre de sanctions disciplinaires[31], médiations dans des conflits individuels, *etc.*

Les autres signes entraîneront une suspension du contrat de travail mais pour des motifs qui ne seront pas clairement rattachés à l'exercice du droit de grève : absentéisme inhabituel[32], augmentation des arrêts maladie (vrais ou faux), multiplication des accidents du travail, réels ou déclarés, voire malheureusement suicides de salariés.

Les dernières manifestations, les plus radicales, concerneront des salariés qui préféreront quitter l'entreprise plutôt que de devoir continuer de travailler dans des conditions dégradées. Ce malaise sera sensible au travers d'une augmentation du nombre des ruptures unilatérales à l'initiative de salariés (ruptures en période d'essai, démission, abandons de poste, prises d'actes, refus de renouvellements de contrats à durée déterminée, saisine des prud'hommes d'une demande de résiliation judiciaire du contrat de travail) ou de demandes de mutations intragroupes ou de ruptures conventionnelles.

• *Indices collectifs*. Une seconde famille de grands indices de conflictualité va regrouper l'ensemble des incidents affectant les relations collectives de travail. Il s'agit de la multiplication de l'intervention des élus ou des représentants syndicaux dans des conflits impliquant l'encadrement ; la multiplication des interventions de salariés dans les groupes d'expression[33] ; la tenue de réunions impromptues et autres « assemblées générales » ; l'intervention de l'inspection du travail (à la demande ou non des élus d'ailleurs) ; des courriers adressés par les syndicats directement aux dirigeants ; l'augmentation du nombre, de la fréquence et de la durée des réunions syndicales ; la présence dans ces réunions de syndicalistes extérieurs à l'entreprise ou au service ; du boycott des manifestations (vœux, galette, remise de la médaille du travail) ou des réunions organisées par la direction (notamment la réunion mensuelle avec les élus du CSE ou des autres réunions avec les différents comités) ; de l'augmentation du

(29) J. Siméant-Germanos, *Grève de la faim*, *in* O. Filieule, L. Mathieu et C. Péchu, *Dictionnaire des mouvements sociaux*, Presses de Sciences Po, coll. « Références », 2e éd., 2020, 623 p, p. 281. Sur la qualification de ces différentes pseudo-grèves, consulter l'index alphabétique, et les renvois dans l'ouvrage.

(30) Sur le recours aux faux arrêts maladie, V. *infra*, n° 65.

(31) M. Ozaki, *Labour Relations in the Public Service : Developing Countries*, Geneva, International Labour Office, 1988.

(32) K.G.J. C. Knowles, *Strikes. A Study in Industrial Conflict*, Oxford, Basil Blackwell, 1952. – L.J. Handy, *Absenteeism and Attendance in the British Coal-Mining Industry : An Examination of Post-War Trends : British Journal of Industrial Relations* 1968, 6 (1), p. 27-50. Le décret n° 2023-275 du 17 avril 2023 sur la mise en œuvre de la présomption de démission en cas d'abandon de poste volontaire du salarié vise d'ailleurs explicitement, dans le prolongement du considérant n° 28 de la décision n° 2022-844 DC du 15 décembre 2022 [*Loi portant mesures d'urgence relatives au fonctionnement du marché du travail en vue du plein emploi*], « l'exercice du droit de grève » comme « motif légitime de nature à faire obstacle à une présomption de démission » (C. trav., art. R. 1237-13).

(33) Le droit d'expression, mis en place par les lois Auroux, permet aux salariés de s'exprimer et de bénéficier, dans ce cadre, d'une grande liberté qui ne peut être sanctionnée qu'en cas de diffamation, d'injure ou d'abus caractérisé. Dernièrement, Cass. soc., 21 sept. 2022, n° 21-13.045, publié au bulletin.

flux des messages adressés directement à la direction de l'entreprise sans passer par l'encadrement de proximité ; de l'allongement des réclamations portées par les élus lors des réunions avec l'employeur, *etc.* Lorsque le conflit prend de l'ampleur et se « durcit », on assistera dans l'entreprise à des actions parfois violentes telles que des séquestrations de cadres ou de dirigeants[34], des destructions de biens, *etc.*

• *Extériorisation des conflits.* Le conflit pourra également s'exprimer en dehors de l'établissement, du service ou de l'entreprise, et déborder soit dans d'autres composantes (du groupe, de l'UES, voire du site), soit être porté en place publique dans une stratégie de médiatisation[35] et/ou d'implication des élus ou des pouvoirs publics : on assistera alors à des manifestations dans et hors l'entreprise, à la distribution de tracts, à des affichages, des pétitions[36], des campagnes syndicales dans la presse ou sur les réseaux sociaux[37], l'occupation de lieux ou de voies publiques[38], l'initiation d'actions judiciaires, *etc.* Ces dernières années, les conflits ont pris d'autres formes : « cybergrèves »[39], campagnes de dénonciation ou de dénigrement sur internet *via* les *blogs* ou les réseaux sociaux, *mailing*, piratages de sites, blocages de sites, appels au boycott de produits[40] assumés ou favorisés par le triste anonymat des réseaux sociaux, pétitions en ligne, *etc.*

(34) Encore appelé *bossnapping*. G. Pignarre, *À propos des séquestrations. Observer, interpréter, équilibrer les forces sociales : RDT* 2010, 357.

(35) Comme le montre S. Sirot, le phénomène n'est pas nouveau (ouvr. préc., p. 47). – Lire F. Granjon, *Médias, in* O. Filieule, L. Mathieu et C. Péchu, *Dictionnaire des mouvements sociaux*, Presses de Sciences Po, coll. « Références », 2ᵉ éd., 2020, 623 p., p. 378. Il faut dire qu'après *Germinal* la grève est devenue spectaculaire : sur l'œuvre de Zola, Ch. Radé, *Émile Zola et le roman ouvrier : Dr. soc.* 2015, 313. – S. Delbrel, *Zola, peintre de la justice et du droit*, Dalloz, 2021, 445 p. ; *Symbolique ouvrière et didactique littéraire chez Émile Zola : Dr. soc.* 2021, 938.

(36) J.-G. Contamin, *Pétition, in* O. Filieule, L. Mathieu et C. Péchu, *Dictionnaire des mouvements sociaux*, Presses de Sciences Po, coll. « Références », 2ᵉ éd., 2020, 623 p., p. 447.

(37) F. Calinaud, *Conflits collectifs et sites internet : Dr. soc.* 2003, 607.

(38) S'agissant de la conventionnalité d'une opération « escargot » : CEDH, 5ᵉ sect., 5 mars 2009, n° 31684/05, *Barraco c/ France : Procédures* avr. 2009, comm. 115, note N. Fricero ; *JCP S* 2009, 1298, note Cavallini ; *Rev. dr. transp.* 2010, comm. 4, note S. Carré. Sur l'aspect historique de l'occupation de l'usine, S. Sirot, ouvr. préc., p. 115 et s.

(39) A. Supiot, *Revisiter les droits d'action collective : Dr. soc.* 2001, 687, note 23.

(40) La chambre criminelle de la Cour de cassation a confirmé, le 22 mai 2012, la condamnation d'une « militante » qui avait apposé, sur une caisse enregistreuse d'un établissement Carrefour et sur une bouteille de jus de fruit proposée à la vente, des étiquettes autocollantes portant les mentions « Campagne boycott... Boycott Apartheid Israël. Boycott de tous les produits israéliens. Principales marques : Carmel, Jaffa, Top, Or, Teva... tant qu'Israël ne respectera pas le droit international ». Elle a été condamnée sur le fondement de l'article 24, alinéa 8, de la loi du 29 juillet 1881, pour provocation à la discrimination, à la haine ou à la violence à l'égard d'une personne ou d'un groupe de personnes à raison de leur origine ou de leur appartenance ou non-appartenance à une ethnie, une nation, une race ou une religion déterminée, ainsi qu'à verser des dommages et aux associations Avocats sans frontières et Chambre de commerce France Israël, constituées parties civiles (Cass. crim., 22 mai 2012, n° 10-88.315, publié au bulletin). Sur cette affaire : R. Medard Inghilterra, *Provocation à la discrimination et appel au boycott de produits étrangers : la Cour de cassation tranche le débat : RTDH* 8 déc. 2015. Sur le boycott, et son caractère illicite en général : A. du Cheyron du Pavillon, *Le boycottage*, in *Les activités et les biens de l'entreprise : Mél. J. Deruppé*, Paris, Litec, 1991, p. 135-148. Pour des exemples modernes de boycott, A. Supiot, *Revisiter les droits d'action collective : Dr. soc.* 2001, 687. Lire O. Filieule et a., L. Mathieu et C. Péchu, *Dictionnaire des mouvements sociaux*, Presses de Sciences Po, coll. « Références », 2ᵉ éd., 2020, 623 p., spéc. p. 86, par P. Balsiger.

5. - **Variété des manifestations conflictuelles des employeurs.** Les « actions collectives » ne sont pas réservées aux salariés et peuvent émaner des employeurs qui peuvent également communiquer contre les contestataires et entrer à leur tour dans une logique conflictuelle, en fermant l'entreprise (mise en chômage technique ou *lock-out*)[41], en demandant l'expulsion pour libérer les lieux[42], en mettant en œuvre des sanctions disciplinaires à l'encontre des salariés (pouvant aller jusqu'au licenciement), ou des syndicats (mise en cause de leur responsabilité civile)[43]. Les entreprises ont également modernisé leurs armes ces dernières années et n'hésitent pas à contre-attaquer sous la forme de campagnes de publicité, dans les médias traditionnels[44] comme sur les réseaux sociaux[45]. La chambre sociale de la Cour de cassation a rendu, le 11 juin 1998, un arrêt très symptomatique de la stratégie médiatique des acteurs dans une affaire opposant la compagnie Air France à un syndicat de pilotes[46].

À l'occasion d'un conflit collectif du travail, les 27 et 28 septembre 1995, la compagnie Air France avait fait diffuser, sur les chaînes de télévision TF1, France 2, France 3 et Canal Plus, le message publicitaire suivant : « Cet écran publicitaire aurait dû être consacré à la présentation des nouvelles cabines et du nouveau service long-courrier d'Air France. Un produit révolutionnaire. L'un des plus beaux du monde. Un produit inventé pour mieux satisfaire le client. Malheureusement, deux syndicats du personnel navigant commercial ont décidé de déclencher une grève. S'adapter ou mourir ? L'immense majorité du personnel d'Air France a déjà répondu : vivre ».

Le Syndicat national du personnel navigant commercial (SNPNC) avait alors, par lettres du 2 octobre 1995, adressé aux directeurs de la publication des quatre chaînes de télévision concernées le message suivant, au titre du droit de réponse : « Les syndicats du personnel navigant commercial SNPNC et UNAC-CGC protestent contre la campagne publicitaire de vaste envergure lancée par la compagnie Air France, à seule fin de porter atteinte à l'exercice des libertés fondamentales, au droit syndical et au droit de grève. Cette campagne orchestrée pour dramatiser la grève et discréditer les syndicats cache l'essentiel : la mise en cause par Air France d'un métier et d'un savoir-faire irremplaçables. Les hôtesses et stewards ont fait un autre choix : lutter pour l'emploi, pour la survie de l'entreprise ».

La diffusion n'ayant pas été faite, le SNPNC a assigné en référé les directeurs des chaînes de télévision TF1, France 2, France 3 et Canal Plus, afin que soit ordonnée la diffusion de la réponse, en vain. C'est ce que confirme le rejet du pourvoi.

Les syndicats faisaient valoir que constitue une atteinte à l'honneur et à la réputation d'un syndicat l'imputation d'appeler à une grève ruineuse pour l'entreprise, et ce, contre la volonté de l'ensemble du personnel. Les deux premiers paragraphes du message incriminé se limitaient au rappel de l'intention de la compagnie Air France de faire une communication publicitaire sur ses deux nouveaux produits, que les deux derniers paragraphes, introduits par le terme « malheu-

(41) V. *infra*, n°s 783 et s.

(42) V. *infra*, n°s 756 et s.

(43) V. *infra*, n°s 919 et s.

(44) Cass. 2e civ., 11 juin 1998 : *JCP* E 1998, IV, 2714 : Air France avait contre-attaqué médiatiquement pour protester contre la grève des pilotes. V. égal. les déclarations de Philippe Martinez, secrétaire général de la CGT, accusant lors de la Matinale de France Info la direction de la RATP de multiplier les procédures disciplinaires contre les agents grévistes : *Liaisons sociales quotidien* 30 janv. 2020, L'actualité, n° 17989, Section Acteurs, débats, événements.

(45) J.-E. Ray, *De la grève à l'action collective, in* J.-M. Denis (dir.), *Le conflit en grève ?*, éd. La Dispute, 2005, p. 45-58. Du même auteur, *Nouveaux conflits collectifs dans notre société de la réputation : de la grève interne à l'action collective externalisée*, p. 170 et s., in *Au-delà du conflit et de la négociation ? : Sociologie du travail* 2011, n° 53, p. 160-193.

(46) Cass. 2e civ., 11 juin 1998, n° 95-22.234, publié au bulletin. Sur ce phénomène, J. Boissard, *La médiatisation des conflits du travail : Dr. soc.* 2003, p. 615. – E. Lagneau, *Comment étudier la médiatisation des conflits*, in *Le conflit en grève ? Tendances et perspectives de la conflictualité contemporaine*, éd. La Dispute, coll. « L'état des lieux », 2005, p. 59-95.

reusement », exprimaient le regret de ne pouvoir diffuser le message programmé, ainsi que l'opinion de la Compagnie estimant inopportun le moment choisi pour appeler à un mouvement de grève ayant pour effet de rendre indisponible, pour la clientèle, le produit objet de la campagne publicitaire, dans un contexte de vive concurrence sur le marché du transport aérien, suggéré par l'interrogation « s'adapter ou mourir ? ». Ces paragraphes mentionnaient, en outre, que les syndicats ayant appelé à la grève ne représentaient pas tous les salariés d'Air France, et que des opinions différentes existaient dans l'entreprise.

La cour d'appel avait donc pu déduire de ces énonciations que le message incriminé restait dans les limites de la libre critique appartenant à chacun et ne comportait pas d'imputations susceptibles de porter atteinte à l'honneur ou à la réputation du syndicat SNPNC, ce qui excluait également tout droit de réponse.

Dernièrement, c'est sur Twitter que GRDF communiquait à destination de mille deux cents clients « pénalisés par le mouvement social en cours » à Neuilly-sur-Seine par une grève locale sur fond de différend salarial[47].

Si la grève et d'une manière plus générale les conflits collectifs peuvent surgir dans l'actualité, surtout à l'heure où les médias d'information en continu surinvestissent le moindre événement pour nourrir leur audimat, il est important d'essayer de cerner avec un peu plus de précisions la réalité de ces conflits, d'un point de vue quantitatif notamment.

II. – Importance sociale des conflits collectifs

6. – **Un niveau élevé.** La France fait partie des pays qui connaissent chaque année le plus de journées non travaillées pour cause de grève, parmi les Nations les plus développées[48]. L'étude des chiffres montre toutefois que le recours à la grève est historiquement en déclin[49], surtout dans le secteur privé[50], même si le changement de mode de décompte des chiffres des conflits, intervenu en 2005, rend les comparaisons hasardeuses.

Les données disponibles avant 2005 provenaient des remontées réalisées par les services du ministère du Travail à partir des informations fournies par les entreprises et des observations des services de l'inspection du travail. Des études ont montré que ces données avaient largement sous-évalué l'ampleur réelle des grèves et des conflits collectifs du travail de façon plus générale, en France, en ignorant, en tout ou en partie, notamment les conflits de courte durée et les conflits d'ampleur nationale[51]. Les chiffres des conflits collectifs sont depuis 2005 établis à partir d'enquêtes adressées directement aux entreprises. Il s'agit de deux types d'enquête, l'une dite « RÉPONSE » (acronyme de RElations PrOfessionnelles et NégociationS d'Entreprises) réalisée périodiquement en France métropolitaine par la DARES et l'INSEE, l'autre dite « EAE » (Enquêtes

(47) *Liaisons sociales quotidien* 12 déc. 2022, L'actualité, n° 18690, Section Acteurs, débats, événements.

(48) I. Eschstruth, *La France, pays des grèves ? Étude comparative internationale sur la longue durée (1900-2004) : Les mondes du travail* mai 2007, n° 3/4, p. 51. – M. Noblecourt, *La contestation des « réformes » : une passion française pour la grève, in* B. Giraud (dir.), *Les métamorphoses de la grève, Problèmes politiques et sociaux*, Doc. fr., févr. 2010, n° 969, 118 p., spéc. p. 1317.

(49) Pour une analyse des causes de ce déclin, P. Blavier, T. Haute et E. Penissat, *La grève, entre soubresauts et déclin : Mouvements* 2002/3, n° 103, p. 11-21. – J.-M. Denis, *Le conflit en grève ? (Quelques éléments de synthèse)*, in *Le conflit en grève ? Tendances et perspectives de la conflictualité contemporaine*, éd. La Dispute, coll. « L'état des lieux », 2005, p. 291-348. – S. Béroud, J.-M. Denis, B. Giraud et J. Pélisse, *Une nouvelle donne ? Regain et transformation des conflits au travail, in* Th. Amossé et a., La Découverte, coll. « Recherches », 2008, p. 223-255.

(50) J.-M. Pernot, *Conflits du public, conflits du privé*, in *Le conflit en grève ? Tendances et perspectives de la conflictualité contemporaine*, éd. La Dispute, coll. « L'état des lieux », 2005, p. 147-169.

(51) B. Giraud, *Des conflits du travail à la sociologue des mobilisations : les apports d'un décloisonnement empirique et théorique : Politix* 2009/2, p. 13-29, et les réf. citées.

Annuelles d'Entreprises) réalisée par l'INSEE, menée sur l'ensemble du territoire national (hors Mayotte)[52].

L'étude des chiffres français montre une très forte diminution du recours à la grève depuis les années 1980[53].

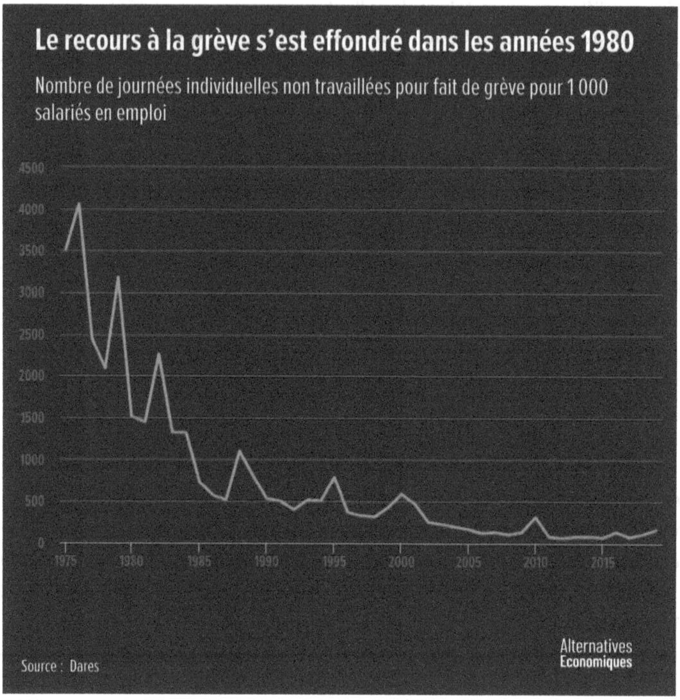

Elle montre également, singulièrement depuis ces quinze dernières années, de fortes augmentations saisonnières liées aux réformes structurelles menées par le Gouvernement. Il y a fort à parier que les chiffres pour 2022 et 2023 porteront les stigmates des grandes grèves pour protester contre le passage de l'âge de départ à la retraite à soixante-quatre ans[54].

(52) S. Camard, *Comment interpréter les statistiques des grèves ?*, in *Genèses sociologie* 2002, n° 47, p. 107-122. – S. Béroud, J.-M. Denis, G. Desage, B. Giraud, J. Pelisse et E. Penissat, *Entre grèves et conflits : les luttes quotidiennes au travail*, Centre d'étude de l'emploi, juin 2008, n° 49. – D. Brochard, *Conflits du travail : une analyse statistique*, in *Le conflit en grève ? Tendances et perspectives de la conflictualité contemporaine*, éd. La Dispute, coll. « L'état des lieux », 2005, p. 97-119. – E. Penissat, *Mesure des conflits, conflits de mesure. Retour sur l'historique des outils de quantification des grèves : Politix* 2009/2, p. 21-72. – B. Giraud et E. Pénissat, *La dynamique des grèves et des conflits du travail en France. Le point de vue sociologique*, in *Grève et droit public – 70 ans de reconnaissance*, F. Crouzatier-Durand et N. Kada (dir.), LGDJ, PU Toulouse 1 Capitole, 2017, p. 95-111.

(53) Sources : Conseil économique et social, *Prévention et résolution des conflits du travail*, 1998, vol. 2, p. 49 ; Premières synthèses, janv. 1999, n° 02.1 ; Premières synthèses, nov. 2000, n° 48.1. Pour une analyse des principales causes de cette baisse : S. Béroud, *Nouveaux usages et modalités des grèves, in* M. Pigenet et *al.*, *Histoire des mouvements sociaux en France*, La Découverte, 2014, p. 4652.

(54) Réalisé, dans la douleur, par la loi n° 2023-270 du 14 avril 2023 de financement rectificative de la sécurité sociale pour 2023.

Le nombre de journées individuelles non travaillées pour fait de grève (JINT) pour 1 000 salariés était de 67 en 2020, tous secteurs confondus, en très nette diminution par rapport à 2019, toujours en raison de la crise sanitaire (soit une baisse de 58 %).

Les arrêts collectifs de travail sont essentiellement liés à des appels interprofessionnels.

Les rémunérations[55] (48 %) et les conditions de travail (24 %) sont les deux premiers motifs cités par les entreprises ayant connu au moins une grève en 2020.

Peu d'entreprises sont touchées par une grève chaque année.

En 2019, 2,5 % des entreprises ont été touchées par une grève, soit environ un quart des salariés français, avec un taux de participation des salariés d'environ 30 %.

Pour 2020, ces chiffres ont baissé, crise sanitaire oblige : seules 1,2 % des entreprises ont connu un ou plusieurs arrêts collectifs de travail, ce qui a concerné 18 % des salariés[56].

(55) Ce chiffre était de 75 % pour la période 1871-1960 : G. Groux et J.-M. Pernot, *La grève*, Paris, Presses de Sciences Po, coll. « Contester », 2008, p. 13.

(56) Source : DARES, *Les grèves en 2020*, 28 avr. 2022 (https://dares.travail-emploi.gouv.fr/publication/les-greves-en-2020).

Entreprises ayant déclaré au moins une grève et nombre de jours de grève pour 1 000 salariés de 2005 à 2020

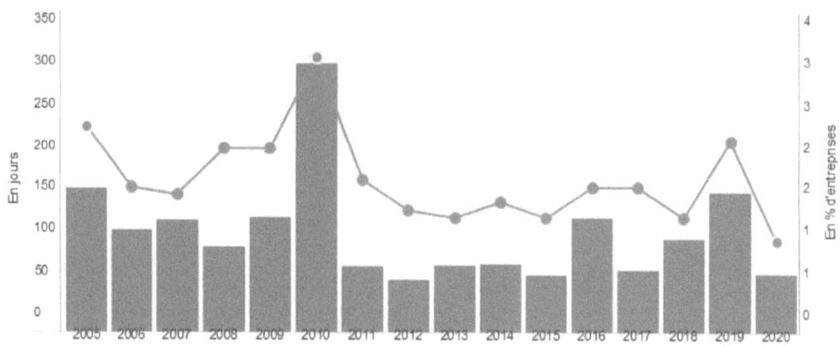

La crise économique liée à la guerre en Ukraine et au renchérissement du coût des matières premières, en 2022, a provoqué une hausse considérable des conflits en France, comme dans les autres pays industrialisés, ce qui démontre que le droit de grève n'est pas, comme croyait le prophétiser le général de Gaulle en 1961, « inutile, voire anachronique »[57], ou encore « invisible »[58], mais qu'il est toujours un moyen de pression utile contre les employeurs, singulièrement lorsqu'il s'agit de négocier sur les salaires ou le pouvoir d'achat, ou de protester contre la réforme des retraites ou du marché du travail.

Il n'existe pas d'études chiffrées précises permettant d'établir un lien entre la précarité de l'emploi dans les entreprises ou l'administration, et l'importance des grèves. Si, instinctivement, il pourrait être tentant d'affirmer que les travailleurs précaires seraient moins enclins à se mettre en grève que les salariés en contrat à durée indéterminée ou les titulaires de la fonction publique, de peur de ne pas être renouvelés ou rappelés ultérieurement pour de nouvelles missions, des études ont démontré « que la présence d'un pourcentage relativement élevé de salariés précaires dans l'entreprise ne constitue pas une entrave systématique à l'action protestataire collective »[59].

7. - Taux de syndicalisation et taux de conflictualité. L'examen des chiffres des conflits collectifs tant sur un plan global (comparaison public/privé) que sur un plan local (analyse par type d'entreprise) met en évidence le lien qui existe entre le taux de syndicalisation et le taux de conflictualité[60]. Contrairement à une idée reçue, la présence syndicale dans l'entreprise n'est pas nécessairement un gage de paix sociale,

(57) Cité par M. Pigenet, *La grève des mineurs de 1963, in* M. Pigenet et *al., Histoire des mouvements sociaux en France,* 2014, La Découverte, p. 456.

(58) En 2008, Nicolas Sarkozy, alors Président de la République, déclarait : « Désormais, quand il y a une grève en France, personne ne s'en aperçoit » (A. Guiral, *Sarkozy décrète la grève invisible et nargue les syndicats : Libération* 7 juill. 2008).

(59) S. Béroud, J.-M. Denis, G. Desage, B. Giraud, J. Pelisse et E. Penissat, *Entre grèves et conflits : les luttes quotidiennes au travail,* Centre d'étude de l'emploi, juin 2008, n° 49, p. 80.

(60) G. Adam et J.-D. Reynaud, *Conflits du travail et changement social,* PUF, coll. « Sociologies », 1978, p. 18 et s. – D. Furjot, *De la participation au conflit. Point de vue et pratiques des institutions représentatives du personnel en matière de relations professionnelles,* Document d'étude DARES, 2002, n° 64. – S. Béroud, J.-M. Denis, G. Desage, B. Giraud, J. Pelisse et E. Penissat, *Entre grèves et conflits : les luttes quotidiennes au travail,* Centre d'étude de l'emploi, juin 2008, n° 49, p. 85 et s.

alors qu'on aurait pu croire que lorsque les relations sociales sont régulées par la présence syndicale, et son corollaire la négociation collective, le recours aux conflits collectifs diminue. Or, il n'en est rien et les études démontrent plutôt le contraire[61], même si ces mêmes études soulignent évidemment que tous les syndicats n'ont pas la même propension à manier l'arme de la grève dans les entreprises ou les services, et que tous les représentants syndicaux, au-delà du syndicat qu'ils représentent, n'ont pas le même tempérament gréviste[62].

Il y a sans doute une explication à ce phénomène de la très forte syndicalisation des conflits collectifs, outre d'évidentes raisons historiques et culturelles[63]. Du point de vue syndical, négociation collective et conflits collectifs sont étroitement liés, soit que la grève, pour évoquer cette forme de conflit, soit pratiquée comme moyen de pression à l'occasion de négociations avec l'employeur, soit qu'elle soit considérée comme le seul moyen d'obtenir gain de cause lorsque la négociation collective n'est pas possible (faute de négociateurs), ou s'enlise.

8. – **Des grèves majoritairement dans les services publics.** Un premier constat s'impose : les deux tiers des conflits collectifs concernent le secteur public[64], ce qui peut s'expliquer par les garanties et protections offertes par le statut général de la fonction publique et l'implantation plus marquée des syndicats, corroborant le constat précédent[65]. En 1982, 95 % des conflits intéressaient le secteur privé (en heures non travaillées) ; ce chiffre est tombé à 39 % pour 1996 ; 61 % des heures de grèves ont été relevées dans le secteur public.

Pour la fonction publique de l'État, les statistiques montrent que le nombre de jours perdus est quatre fois plus important que dans le secteur privé. En 2011 par exemple, le chiffre était de 648 934 journées, soit 329 jours pour 1 000 agents, alors qu'il n'était que de 77 pour 1 000 dans le secteur privé. La majorité des jours de grève concernent par ailleurs l'Éducation nationale et l'Enseignement supérieur (69 % de la totalité des journées perdues pour fait de grève), ministère dont les effectifs sont également les plus importants.

(61) S. Béroud, J.-M. Denis, G. Desage, B. Giraud, J. Pelisse et E. Penissat, *Entre grèves et conflits : les luttes quotidiennes au travail*, Centre d'étude de l'emploi, juin 2008, n° 49, p. 85 et s. – G. Desage et E. Rosankis, *Négociation collective et grève dans les entreprises du secteur marchand en 2010 : des négociations sur l'emploi des salariés âgés au conflit sur la réforme des retraites*, Document d'étude de la DARES, août 2012, n° 053.

(62) S. Béroud et a., qui étudient les « facteurs qui éclairent la diversité des significations et des pratiques qui se dissimulent derrière les engagements syndicaux » (p. 95).

(63) S. Sirot, préc., singulièrement son chapitre consacré aux organisations ouvrières et leur rôle dans la grève, p. 177 et s.

(64) S. Sirot, préc. – J.-M. Pernot et M.-T. Pignoni, *Les salariés et les organisations syndicales de 1992 à 2004 : une longue saison de désamour, in* T. Amossé, C. Bloch-London et L. Wolff (eds.), *Les relations sociales en entreprise. Un portrait à partir des enquêtes « Relations professionnelles et négociations d'entreprise »*, p. 140-162, Paris, La Découverte, coll. « Recherches », 2008.

(65) Selon la dernière étude de la DARES publiée en février 2023 : « En 2019, 10,3 % des salariés déclarent adhérer à une organisation syndicale, soit 0,9 point de moins qu'en 2013. Cette proportion baisse de 1,4 point dans la fonction publique (à 18,4 %) et de 0,9 point dans le secteur privé (à 7,8 %). Dans le public, le repli est plus marqué dans la fonction publique territoriale (-1,9 point). Dans le privé, les reculs les plus importants concernent les salariés de l'éducation, de la santé et de l'action sociale, ainsi que ceux des transports et de l'entreposage (-1,5 point) » (*DARES Analyses* 1er févr. 2023, n° 6).

Évolution du nombre de jours perdus pour fait de grève interministérielle, ministérielle ou sectorielle dans la fonction publique de l'État depuis 1999[66]

(en nombre de jours)	1999	2000	2001	2002	2003	2004	2005	2006	2007
Total ministères (hors établissements publics)	577 709	1 457 379	921 115	604 864	3 655 483	373 891	1 113 155	950 984	609 621
(en nombre de jours)	**2008**	**2009**	**2010**	**2011**	**2012**	**2013**	**2014**	**2015**	
Total ministères (hors établissements publics)	1 153 009	941 176	1 851 083	648 934	237 237	261 067	262 482	345 387	

Nombre de journées perdues pour fait de grève interministérielle, ministérielle ou sectorielle dans la fonction publique de l'État depuis 2017

(en %)	2017	2018	2019	2020	2021
Ministère ou service					
Agriculture et Alimentation	3 333	5 302	10 958	4 516	1 804
Armées (personnels civils)	4 755	6 435	12 981	5 410	774
Culture	3 188	3 328	5 749	3 315	1 310
Éducation nationale, Enseignement supérieur, Recherche et Innovation	207 259	362 995	1 255 502	426 923	198 098
Europe et Affaires étrangères (*)	356	3 611	8 637	3 046	2 469
Intérieur et Outre-mer	2 976	4 379	7 620	2 723	307
Justice	5 091	7 634	11 098	4 772	3 028
Ministères économiques et financiers	65 990	84 059	208 476	39 265	28 363
Ministères sociaux	6 529	6 583	20 210	7 373	48 968
Services du Premier ministre	80	156	334	101	2
Transition écologique et solidaire, Logement et Habitat durable et Cohésion des territoires	14 218	17 471	31 694	10 118	2 252
Ensemble des ministères (hors établissements publics)	**313 775**	**501 953**	**1 573 259**	**507 562**	**287 375**
Autres organismes					
Caisse des dépôts et consignations	360	401	493	229	23
Source : DGAFP – Cabinet du Directeur général.					

(66) Source : Rapport annuel sur l'État de la fonction publique, éd. 2022.

(en %)	2017	2018	2019	2020	2021
Champ : Mouvements nationaux (interministériels ou ministériels).					
Note : Le périmètre des ministères varie selon les années. Les appellations des ministères renvoient à la nomenclature d'exécution de la loi de finances initiale de la dernière année considérée.					
Note de lecture : en 2021, 287 375 journées de grève ont été recensées dans l'ensemble des ministères.					
(*) Depuis 2019, les données du ministère de l'Europe et des Affaires étrangères prennent en compte les journées de grève comptabilisées par l'Agence de l'enseignement français à l'étranger (AEFE), ce qui n'était pas le cas auparavant.					

9. - **Conflits du secteur privé[67].** Pour ce qui concerne le secteur privé, la France serait en tête de l'ensemble des pays industrialisés, avec un nombre annuel moyen de jours de grève de 114/118 pour mille salariés (pour la période 2009-2017), alors que les chiffres des autres pays sont plus bas : 116 pour le Danemark, 88/91 pour la Belgique, 74/80 pour le Canada[68], 54/57 pour l'Espagne, 55 pour la Norvège, 37 pour la Finlande, 34 pour l'Irlande, 19/21 pour le Royaume-Uni, 16/18 pour l'Allemagne, 6 pour les États-Unis et 1 pour la Suisse[69].

Les chiffres fournis par l'OCDE confirment ces tendances et placent au-dessus de la France le Costa Rica (205) et le Danemark (142). L'enquête menée par l'Institut syndical européen (ETUI) entre 2010 et 2017 place Chypre en première position (316) et la France en deuxième, avec 125 jours.

10. - **Des grèves majoritairement dans les grandes entreprises.** Les grèves touchent, dans le secteur privé, plutôt les très grandes entreprises (34 % des entreprises de + de 500 salariés, 25 % en 2020) que les PME et TPE (1 % des entreprises de – de 50 salariés).

Entreprises ayant déclaré au moins une grève selon la taille[70]

En % d'entreprises	2019	2020
Taille		
10 à 49 salariés	1,2	0,4
50 à 99 salariés	3,6	1,8
100 à 199 salariés	7,1	3,8
200 à 499 salariés	16,3	8,8
500 salariés ou plus	33,6	23,6
Ensemble	2,5	1,2

(67) Nous entendrons dans cet ouvrage par secteur privé le secteur concernant les employeurs de droit privé ne gérant pas un service public ; par secteur public les services de l'État, des collectivités territoriales et des hôpitaux publics, et leurs établissements publics.
(68) G. Trudeau, *La constitutionnalisation du droit de grève au Canada. Une avancée juridique remarquable aux effets sociaux limités : RDT* 2015, 479.
(69) Source : Fondation Hans-Böckler. D'autres chiffres, légèrement différents, ont été diffusés par LCI en décembre 2019.
(70) Source : DARES, *Les grèves en 2020*, 28 avr. 2022 : https://dares.travail-emploi.gouv.fr/publication/les-greves-en-2020.

11. - **Des résultats inégaux selon les secteurs d'activité.** Les chiffres dépendent également du secteur économique. Le secteur industriel demeure ainsi fortement concerné par les conflits collectifs (3,9 % en 2019, 2,3 % en 2020). Pour ce qui est de 2020 par exemple, 2,3 % des entreprises ont été concernées, en particulier dans la fabrication de matériels de transport (9,2 %), ainsi que dans l'industrie extractive, l'énergie, l'eau, la gestion des déchets et la dépollution (3,4 %).

Sont également plus confrontés que les autres aux grèves les secteurs de l'enseignement, de la santé et le médico-social (5,9 % en 2019, 3,4 % en 2020), mais très peu la construction (0,2 % en 2019, 0,1 % en 2020). Le nombre de journées individuelles non travaillées pour fait de grève pour 1 000 salariés le plus élevé se situait en 2020 dans le secteur des transports et de l'entreposage (448/1000).

Conflictualité selon le secteur d'activité[71]

En %	Industrie		Construction		Activités tertiaires		dont : Transport et entreposage		Ensemble		Répartition (en % de l'ensemble des entreprises)	
	2019	2020	2019	2020	2019	2020	2019	2020	2019	2020	2019	2020
Les rémunérations	44	48	NR	NR	41	49	64	36	**41**	**48**	1,0	0,6
L'emploi	8	22	NR	NR	8	11	15	29	**8**	**14**	0,2	0,1
Les conditions de travail	8	11	NR	NR	24	30	38	19	**20**	**24**	0,5	0,3
Le temps de travail	7	6	NR	NR	7	10	NR	7	7	9	0,2	0,1
Gilets jaunes	4	NR	NR	NR	3	1	NR	NR	3	1	0,1	NR
Réforme des retraites	43	16	NR	NR	40	15	43	29	40	16	1,0	0,2

12. - **Évolution des revendications professionnelles.** S'agissant des thèmes de conflits, là encore les études sont riches d'enseignements. 82 % des entreprises interrogées en 2019 déclaraient que les motifs de la grève étaient extérieurs à l'entreprise, 69 % en 2020, ce qui montre l'impuissance des employeurs à satisfaire des revendications qui les dépassent ; les entreprises touchées par des grèves pour motif interne étaient principalement présentes dans le commerce et la restauration. Les grèves portaient sur les salaires (1/3), les conditions de travail (1/4), l'emploi (1/3) et peu la négociation collective (1/10).

(71) Source : DARES, préc.

Motifs des grèves selon le secteur d'activité

En %	Industrie		Construction		Activités tertiaires		dont : Transport et entreposage		Ensemble		Répartition (en % de l'ensemble des entreprises)	
	2019	2020	2019	2020	2019	2020	2019	2020	2019	2020	2019	2020
Les rémunérations	44	48	NR	NR	41	49	64	36	**41**	**48**	1,0	0,6
L'emploi	8	22	NR	NR	8	11	15	29	**8**	**14**	0,2	0,1
Les conditions de travail	8	11	NR	NR	24	30	38	19	**20**	**24**	0,5	0,3
Le temps de travail	7	6	NR	NR	7	10	NR	7	7	9	0,2	0,1
Gilets jaunes	4	NR	NR	NR	3	1	NR	NR	3	1	0,1	NR
Réforme des retraites	43	16	NR	NR	40	15	43	29	40	16	1,0	0,2

13. - **Évolution de l'initiative des grèves.** S'agissant du déclenchement des conflits, les syndicats en sont à l'origine dans 87,5 % des cas ; la part des grèves « spontanées » est donc très faible. Cette observation livre également un enseignement important sur la plus forte proportion de grèves dans les entreprises où les syndicats sont implantés. Le tiers des grèves « syndicales » est déclenché par un syndicat seul, ce qui montre là encore que les préavis intersyndicaux sont les plus nombreux. La CGT seule est à l'origine d'un nombre important de déclenchements (entre 25 % et 33 %), la CFDT seule pour 15 % et FO seulement pour 5 %.

14. - **Formes des grèves.** La forme des grèves/conflits est également intéressante à observer. Près de 80 % des grèves sont plutôt classiques (avec un commencement et une fin), la part des « débrayages » (grèves courtes et répétées) étant de près de 20 %. La part des formes atypiques de grèves est plus que marginale : 0,5 % pour les grèves « tournantes », les grèves « bouchon », la grève « du zèle » ou d'autres manifestations conflictuelles comme les grèves « de la faim ».

15. - **Dénouement des grèves.** Les deux tiers des conflits débouchent sur un accord total ou partiel avec l'employeur. 40 % des conflits ont été réglés après l'intervention d'un tiers (neuf fois sur dix par l'inspection du travail)[72].

III. - Conflits collectifs et enjeux sociétaux

16. - **Généralités.** Le regard sur les conflits collectifs en général, et sur la grève en particulier, n'est évidemment pas le même selon qu'on interroge les syndicats de salariés ou les employeurs et leurs organisations professionnelles. Pour certains syndicats, les conflits collectifs sont nécessaires pour rééquilibrer collectivement des rapports inégalitaires noués dans le cadre du contrat de travail, faire pression sur les entreprises pour les amener à concéder des avantages supplémentaires aux salariés, plus largement pour les contraindre à entendre la voix des travailleurs. Pour les entreprises, mieux vaut privilégier la voie de la négociation collective et des discussions dans le

(72) Sur le rôle de conciliation dans les conflits du travail, de l'inspection du travail : D. n° 77-1288, 24 nov. 1977, puis D. n° 94-1166, 28 déc. 1994.

cadre convenu, voire dialoguer avec les institutions représentatives du personnel, plutôt que de devoir en passer par l'affrontement qui cause des dommages économiques et psychologiques dans l'entreprise, et dont il est parfois difficile de se remettre. Mais si le bilan coût-avantages diffère sensiblement selon les acteurs qui l'établissent, tous sont d'accord pour admettre que la grève est devenue un « fait social total », pour reprendre l'expression de Robert Castel[73], mettant en jeu toutes les sphères et toutes les strates de la société.

17. - **Analyse économique des grèves.** Les premiers auteurs à s'intéresser à la grève sur le plan de la théorie économique remontent certainement à la fin du XIXe siècle[74]. Béatrice et Sydney Webb mettent ainsi en évidence l'intérêt des ouvriers qui cherchent à retirer de la grève un gain collectif (*collective bargaining*) en réclamant de meilleurs salaires[75].

Dans le même sillage, Hicks[76] suggère que les grèves seraient le résultat d'une mauvaise évaluation du bilan coût-avantages par les acteurs (syndicats et employeurs) et la conséquence d'erreurs de négociation ou des négociations défectueuses, témoignant d'un comportement irrationnel des acteurs[77]. La menace du recours à la grève apparaît toutefois comme un levier puissant de la négociation.

D'autres travaux menés ultérieurement, notamment par Reder et Neumann[78] ainsi que par Kennan[79], prolongent cette analyse et démontrent que le recours à la grève, et le comportement des acteurs pendant celle-ci, dépendent de leur analyse des coûts prévisibles en termes de révélation d'informations, de réputation[80], d'évacuation des frustrations, de résolution des conflits internes et de partage des profits. L'intérêt des acteurs pour la négociation collective et les procédures de prévention des conflits est alors souligné[81].

Rees a pour sa part mis en évidence un lien entre le recours à la grève et les cycles macroéconomiques, les syndicats étant plus enclins à la grève dans des périodes d'expansion économique où les chances d'obtenir des gains de salaires sont élevées[82].

D'autres auteurs ont souligné de possibles divergences d'intérêts entre les syndicats, qui défendraient également des intérêts propres, et les salariés, pendant les épisodes de conflits[83].

(73) R. Castel, *Les métamorphoses de la question sociale. Une chronique du salariat,* Paris, Gallimard, 1re éd., 1995.

(74) J. Tanguy, *Grèves, Conflits du travail et performances des entreprises en France. Économies et finances,* Université de Grenoble, 2012.

(75) G. Groux et J.-M. Pernot, *La grève*, Presses de Sciences Po, 2008, 149 p., spéc. p. 46 et s.

(76) J.R. Hicks, *The Theory of Wages*, London, Macmillan, 1re éd., 1932, 2e éd., 1966.

(77) Cité par F. Tanguy, préc., p. 5.

(78) M.W. Reder et G.R. Neumann, *Conflict and Contract : The Case of Strikes : Journal of Political Economy* 1980, n° 88(5), p. 867-886.

(79) J. Kennan, *Pareto Optimality and the Economics of Strike Duration : Journal of Labor Research* 1980, n° 1(1), p. 77-94.

(80) Sur l'importance de l'image de marque des entreprises, J.-E. Ray, *De la grève interne aux actions collectives externalisées : Dr. soc.* 2003, 591. – D. Boissard, *La médiatisation des conflits du travail : Dr. soc.* 2003, 615.

(81) M.W. Reder et G.R. Neumann, *Reder, Conflict and Contract : The Case of Strikes : Journal of Political Economy* 1980, 88(5), p. 867-886.

(82) A. Rees, *Industrial Conflict and Business Fluctuations : Journal of Political Economy* 9152, n° 60(5), p. 371-382.

(83) A.M. Ross, *Theory of Union Wage Policy*, Berkeley, University of California Press, 1948. – O. Ashenfelter et G.E. Johnson, *Bargaining Theory, Trade Unions, and Industrial. Strike Activity : The American Economic Review* 1969, 59(1), p. 35-49.

La doctrine économique a également mis en exergue l'importance des informations dont disposent les acteurs pendant les conflits[84]. Ces modèles « d'information asymétrique unilatérale », qui relèvent de la théorie des jeux, montrent que l'employeur a tendance à minimiser sa marge de négociation en matière salariale, et que la grève peut avoir pour objet de le contraindre à aller au-delà des limites qu'il oppose aux syndicats lors des négociations dans l'entreprise. Dans ces modèles, l'employeur cédera d'autant plus rapidement que sa marge de négociation est importante et que le coût de la grève est élevé[85]. Ces travaux, menés par des Anglo-Saxons, ont été prolongés par quelques études menées en France[86].

Ces études fondent toutefois leurs analyses sur des modèles qui ignorent pour beaucoup la culture et les règles du droit du travail français. Dans les pays anglo-saxons en effet, singulièrement aux États-Unis, le rôle institutionnel des syndicats est fort et les contraintes pesant sur le recours à la grève élevées, le lien entre négociation collective et recours à la grève étant fortement établi par le législateur. En France, singulièrement dans le secteur privé, le recours à la grève est déconnecté de toute intervention nécessaire et préalable des syndicats – même si nous avons vu de fait que les grèves étaient la plupart du temps d'initiative syndicale – et de toute référence à la négociation collective. Dans le secteur public où les grèves sont statistiquement les plus importantes, les syndicats disposent certes du monopole de déclenchement des grèves au travers du préavis syndical obligatoire, mais le lien avec la « négociation collective » ne peut être établi en raison du caractère statutaire des règles applicables aux agents publics.

Comme le souligne Jérémy Tanguy dans sa thèse, les théories économiques ne se sont que peu intéressées aux facteurs individuels tirés de l'attitude des salariés dans les conflits collectifs[87]. Elles soulignent toutefois une approche très rationnelle, également fondée sur une approche du bilan coût-avantages du recours à la grève, mais aussi la prise en considération d'inégalités de traitement ou encore de revendications portant plus largement sur les conditions de travail[88].

Des études plus comportementales ont toutefois été menées pour analyser le degré de mécontentement des salariés dans le déclenchement des grèves et prendre en

(84) B. Hayes, *Unions and Strikes with Asymmetric Information : Journal of Labor Economics* 1984, 2(1), p. 57-83. – P. Cramton, *Bargaining with Incomplete Information : An Infinite-Horizon Model with Two-Sided Uncertainty : The Review of Economic Studies* 1984, 51(4), p. 579-593. – J. Kennan, *The Economics of Strikes, in* O.C. Ashenfelter et R. Layard (eds.), *Handbook of Labor Economics*, vol. 2, chap. 19, p. 1091-1137, Amsterdam, Elsevier, 1986.

(85) Pour des travaux plus récents, J.T. Addison et P. Teixeira, *Are Good Industrial Relations Good for the Economy ? : German Economic Review* 2009, 10(3), p. 253-269. – P.C. Cramton et J.S. Tracy, *Unions, Bargaining and Strikes, in* J.T. Addison et C. Schnabel (eds.), *International Handbook of Trade Unions*, chap. 4, p. 86-117, Northampton, MA, Edward Elgar, 2003. – L. Ausubel, P.C. Cramton et R. Deneckere, *Bargaining with Incomplete Information, in* R. Aumann et S. Hart (eds.), *Handbook of Game Theory*, vol. 3, chap. 50, p. 1897-1945, Amsterdam, Elsevier, 2002.

(86) F. Tournadre et M.-C. Villeval, *Surenchères salariales et conflictualité : une approche expérimentale : REP* 2002, 112 (1), p. 157-171. – D. Besancenot et R. Vranceanu, *A Trade Union Model with Endogenous Militancy : Interpreting the French Case : Labour Economics* 1999, p. 355-373.

(87) J. Tanguy, *Grèves, conflits du travail et performances des entreprises en France. Économies et finances*, Université de Grenoble, 2012.

(88) S. Deery et J. Walsh, *The Decline of Collectivism ? A Comparative Study of White-Collar Employees in Britain and Australia : British Journal of Industrial Relations* 1979, 37(2), p. 245-269.

compte d'autres motivations plus sociales et moins économiques[89]. Dans ces autres travaux, la perception du juste apparaît tout aussi déterminante que celle du rentable économiquement, et les grèves sont d'autant plus suivies que les communautés professionnelles apparaissent soudées et solidaires.

18. – **Approche macroéconomique.** La question du coût des grèves, singulièrement des grandes grèves initiées par les syndicats sur le plan national, s'est régulièrement invitée dans le débat ces dernières années[90]. Certains coûts sont invisibles, et partant difficilement vérifiables, comme la crainte de certaines entreprises étrangères de s'installer en France en raison des risques considérés comme trop importants de conflits collectifs. Il semble toutefois que ces craintes n'ont jamais été vérifiées.

19. – **Approche psychologique.** Un article publié dans *Les Échos* le 19 janvier 2020 insistait sur les résultats d'une enquête menée auprès de cadres dirigeants étrangers interrogés par Business France. 71 % d'entre eux considéraient que les grèves contre la réforme des retraites avaient eu un impact négatif sur l'attractivité de la France[91]. Les entreprises étrangères continuent tout de même d'être séduites par la France et son environnement favorable à l'activité industrielle, 81 % d'entre eux jugeant que « l'écosystème français encourage l'industrie ». Il apparaît d'ailleurs qu'en dépit de ces mouvements sociaux, le niveau des investissements étrangers n'a pas faibli.

20. – **Approche microéconomique.** D'autres coûts ont été évalués, et les chiffres des pertes annoncées pour les grandes entreprises ont de quoi donner le vertige.

S'agissant des pertes occasionnées à la SNCF ces dernières années, voici quelques chiffres : pour 1995 : 305 millions d'euros ; 180 millions pour 2001 ; 270 pour 2003 ; pour 2008, 20 millions d'euros de perte d'exploitation par jour de grève, soit environ 830 000 € de perte par heure de grève ; pour 2016 : 20 millions d'euros par jour et 400 millions sur l'année pour vingt jours de grève en raison des billets non vendus ou remboursés, de la substitution de trains par des autocars, de la perte de marchés sur le fret, *etc.* En 2019 les grèves pour protester contre la réforme des régimes spéciaux de retraite auraient coûté 850 millions d'euros[92].

Les chiffres communiqués par la RATP sont également édifiants : 120 millions d'euros en 2002, 80 en 2008, 850 en 2019 à l'occasion des grèves pour protester contre la réforme des régimes spéciaux de retraite[93].

La Poste aurait pour sa part perdu 150 millions en 2008, Air France 80 millions pour quatre jours de conflits en septembre 2002[94], 500 millions pour quatorze jours de grève des pilotes en 2014[95], et pour 2016, 40 millions pour quatre jours de grève des pilotes (1 030 vols annulés ; 127 500 passagers, dont 20 000 long-courriers, concernés par des retards ou des annulations). En 2016, l'arrêt des raffineries du groupe Total lui aurait fait perdre 40 millions d'euros par semaine.

(89) J. Godard, *Strikes as Collective Voice : A Behavioral Analysis of Strike Activity : Industrial and Labor Relations Review* 2005, 46(1), p. 161-175 ; *Industrial Relations : The Economy and Society.* Toronto, Captus Press, 3rd éd., 2005.

(90) G. Caire, *Analyse économique de la grève : problèmes méthodologiques : Consommation* 1979, n° 3-4, p. 151 et s.

(91) ISA HARSIN/SIPA.

(92) www.lefigaro.fr/conjoncture/reforme-des-retraites-le-cout-de-la-greve-evalue-a-200-millions-pour-la-ratp-et-850-millions-pour-la-sncf-20200115.

(93) *Ibid.*

(94) *Le Nouvel Observateur* 12-18 sept. 2002, p. 86.

(95) Source : direction Air France : *Challenge* 29 oct. 2014.

En 2008, le Medef Île-de-France a calculé que la longue grève dans les transports en commun aurait occasionné pour les entreprises franciliennes une perte de chiffre d'affaires de 50 millions d'euros[96]. Toujours selon l'organisation patronale, la grève de 2019 contre la réforme des régimes de retraite aurait coûté aux entreprises franciliennes 233 € par salarié[97]. En 2019, le secrétaire général de la CPME de l'époque, François Asselin, estimait qu'une journée de grève coûtait environ, pour le pays, « 400 millions d'euros d'activité en moins ». Pour 2023, Jean-Eudes du Mesnil, secrétaire général de la Confédération des petites et moyennes entreprises (CPME), a affirmé qu'une journée de grève coûterait 1,5 milliard d'euros à la France[98].

Le ministère de l'Économie a également livré des chiffres concernant l'impact économique des conflits. Selon ce dernier, une journée de grève nationale coûterait entre 300 et 400 millions d'euros (chiffre incluant la « perte de bien-être » – temps perdu, déplacement supplémentaire en voiture, repos forcé, *etc.*). Mais, un jour de grève nationale, la consommation électrique baisserait de 5 % sur le territoire national[99], ce qui ne serait pas une mauvaise chose pour le climat et les difficultés d'approvisionnement de la France en période de fortes consommations hivernales !

L'INSEE a évalué le coût de la grève de novembre 2008 à une perte de 0,1 point de PIB sur la croissance pour dix jours de grève[100], et à 0,2 point de PIB celles de 1999 et 2015[101].

En comparaison, la paralysie du trafic aérien après l'éruption du volcan Eyjafjöll avait coûté 150 millions d'euros par jour pour le transport aérien[102], dont 30 millions pour Air France.

L'énumération de ces chiffres illustre parfaitement les nuisances économiques occasionnées par les grèves, surtout les grèves nationales[103]. Mais il s'agit ici de l'effet normal, inhérent à l'exercice même du droit de grève qui vise à créer un rapport de force précisément de type économique avec l'employeur (ou les employeurs) en frappant les entreprises au porte-monnaie pour les obliger à négocier et faire droit à tout ou partie des revendications professionnelles.

En outre, certains économistes ont fait valoir qu'une partie des pertes directes et immédiates serait récupérée lors de la reprise de l'activité normale des entreprises dans les jours suivants[104].

(96) *Le Figaro* 29 janv. 2009.

(97) www.lefigaro.fr/conjoncture/reforme-des-retraites-le-cout-de-la-greve-evalue-a-200-millions-pour-la-ratp-et-850-millions-pour-la-sncf-20200115.

(98) *Ouest-France*, éd. numérique, 8 mars 2023.

(99) *Le Figaro* 17 avr. 2010.

(100) Même chiffre pour fin 1995 et la précédente grève pour défendre les retraites.

(101) INSEE, Point de conjoncture, 7 févr. 2022.

(102) *Le Figaro* 17 avr. 2010.

(103) Nicolas Guillet rappelle les grandes grèves que la France a connues par le passé : « En 1953, la première grande grève du secteur public s'oppose au projet du Gouvernement Laniel de modifier le statut des fonctionnaires et notamment de reculer de sept ans l'âge de la retraite (G. Groux et J.-M. Pernot, *La grève*, Paris, Presses de Sciences Po, coll. « Contester », 2008, p. 27-28). Durant l'hiver 1995, 6 millions de grévistes, essentiellement dans le secteur des transports publics urbains de personnes, tentent de faire échec au projet du Gouvernement Juppé de réformer les régimes spéciaux de retraite. En 2003, une mobilisation comparable (entre 4 et 5 millions de grévistes) intervient face à une nouvelle réforme des retraites (*ibid.*, p. 87) ». (*Après les réquisitions de personnels grévistes de l'automne 2010 : Dr. soc.* 2012, 152, note 1).

(104) Andrew Watt, économiste à l'Institut syndical européen (ETUI), indique que ce serait le cas pour les trois quarts des pertes.

21. - Approche microéconomique. Des études ont été menées pour déterminer l'impact de la grève au sein de l'entreprise, voire de certaines d'entre elles[105], sur la productivité globale des salariés. L'étude menée par Jérémy Tanguy rappelle que « les travaux anglo-saxons présentent des arguments théoriques contradictoires sur cette question et conduisent à des résultats économétriques contrastés », que « la fréquence des grèves a un effet non linéaire sur la productivité du travail des entreprises françaises, qui s'avère être positif et croissant jusqu'à un certain seuil, puis neutre au-delà », et que l'impact dépend aussi fortement du taux d'absentéisme des salariés (pour des motifs qui ne sont pas juridiquement des grèves) dans les périodes de conflit[106].

Les travaux réalisés permettent de démontrer, comme on pouvait logiquement s'y attendre, un impact négatif des grèves y compris sur un plan plus personnel pour les salariés grévistes qui connaissent souvent, après le conflit, une forte démobilisation professionnelle se traduisant par une baisse assez sensible de la performance individuelle.

Des études ont également été menées pour observer comment les *managers* pouvaient être formés à la prévention et à la gestion des conflits dans le cadre de formations consacrées au dialogue social[107].

22. - Approche chrétienne de la grève. Le pape Jean-Paul II a reconnu la nécessité de la grève pour défendre les droits des travailleurs en 1981[108]. Dans cette nouvelle lettre encyclique, le pape indique qu'« en agissant pour les justes droits de leurs membres, les syndicats ont également recours au procédé de la "grève", c'est-à-dire de l'arrêt du travail conçu comme une sorte d'ultimatum adressé aux organismes compétents et, avant tout, aux employeurs. C'est un procédé que la doctrine sociale catholique reconnaît comme légitime sous certaines conditions et dans de justes limites. Les travailleurs devraient se voir assurer le droit de grève et ne pas subir de sanctions pénales personnelles pour leur participation à la grève. Tout en admettant que celle-ci est un moyen juste et légitime, on doit également souligner qu'elle demeure, en un sens, un moyen extrême. On ne peut pas en abuser ; on ne peut pas en abuser spécialement pour faire le jeu de la politique. En outre, on ne peut jamais oublier que, lorsqu'il s'agit de services essentiels à la vie de la société, ces derniers doivent être toujours assurés, y compris, si c'est nécessaire, par des mesures légales adéquates. L'abus de la grève peut conduire à la paralysie de toute la vie socio-économique. Or cela est contraire aux exigences du bien commun de la société qui correspond également à la nature bien comprise du travail lui-même ».

(105) P. Zarifian, *Tensions et esprit de révolte dans les entreprises de services*, in *Le conflit en grève ? Tendances et perspectives de la conflictualité contemporaine*, éd. La Dispute, coll. « L'état des lieux », 2005, p. 171-193 (sont étudiées La Poste et France Télécom). – I. Francfort, *Mobilisation et démobilisation à EDF*, in *Le conflit en grève ?*, préc., p. 195-227. – B. Lepley, *Gestion des conflits dans les petites entreprises*, in *Le conflit en grève ?*, préc., p. 229-249. – D. Cartron, *Engagement dans le travail et dans la grève chez McDonald's*, in *Le conflit en grève ?*, préc., p. 251-268.

(106) J. Tanguy, *Grèves, conflits du travail et performances des entreprises en France. Économies et finances*, Université de Grenoble, 2012 ; *Grèves et productivité du travail : application au cas français : REP* 2015/6, vol. 125, p. 857-885.

(107) B. Giraud, *Derrière la vitrine du « dialogue social » : les techniques managériales de domestication des conflits du travail : Agone* 2013/1, n° 50, p. 33-63.

(108) Jean-Paul II, *Lettre encyclique Laborem exercens*, 1981, § 20-7. – R. Carnac et G. Decoux, *Religion(s) et mouvements sociaux, in* O. Filieule, L. Mathieu et C. Péchu, *Dictionnaire des mouvements sociaux*, Presses de Sciences Po, coll. « Références », 2e éd., 2020, 623 p., p. 488.

Compendium de la doctrine sociale de l'Église (extraits)[109]

« *c)* Le droit de grève

304 La doctrine sociale reconnaît la légitimité de la grève "quand elle se présente comme un recours inévitable, sinon nécessaire, en vue d'un bénéfice proportionné"[110], après que toutes les autres modalités de dépassement du conflit se soient révélées inefficaces[111]. La grève, une des conquêtes les plus difficiles de l'associationnisme syndical, peut être qualifiée de refus collectif et concerté, de la part des travailleurs, d'accomplir leurs prestations, afin d'obtenir, grâce à la pression ainsi exercée sur les employeurs, sur l'État et sur l'opinion publique, de meilleures conditions de travail et de leur situation sociale. La grève, pour autant qu'elle apparaisse "comme une sorte d'ultimatum"[112], doit toujours être une méthode pacifique de revendication et de lutte pour ses droits ; elle devient "moralement inacceptable lorsqu'elle s'accompagne de violences ou encore si on lui assigne des objectifs non directement liés aux conditions de travail ou contraires au bien commun" »[113].

IV. – Les différentes conceptions de la grève

23. - France. La France a opté pour une conception dualiste de la grève, libérale dans le secteur privé[114] où les syndicats ne jouent officiellement aucun rôle[115], et syndicale dans le secteur public en raison du préavis syndical de cinq jours francs instauré en 1963[116]. L'observation de quelques modèles étrangers permet de bien comprendre la singularité du modèle français[117]. L'étude des régimes européens montre d'ailleurs différentes traditions nationales[118]. La lecture des travaux de l'organisation internationale du travail livre un panorama périodique de la situation du droit de grève dans les pays du monde[119].

(109) Ce *Compendium de la doctrine sociale de l'Église* a été élaboré à la demande du pape Jean-Paul II pour exposer de manière synthétique, mais exhaustive, l'enseignement social de l'Église.

(110) Catéchisme de l'Église catholique, 2435.

(111) *Cf.* Concile Œcuménique Vatican II, *Const. past. Gaudium et spes*, 68 : AAS 58 (1966) 1089-1090 ; Jean-Paul II, *Encycl. Laborem exercens*, 20 : AAS 73 (1981) 629-632 ; Catéchisme de l'Église catholique, 2430.

(112) Jean-Paul II, *Encycl. Laborem exercens*, 20 : AAS 73 (1981) 632.

(113) Catéchisme de l'Église catholique, 2435.

(114) Sur cette tradition historique, H. Sinay, *La grève, Traité de droit du travail* (dir. G. H. Camerlynck), Dalloz, 1966, p. 101 et s. – N. Olszak, *Alexandre Millerand et l'organisation de la grève*, in *Le droit collectif du travail. Questions fondamentales – évolutions récentes. Études en hommage à Mme le Professeur H. Sinay*, Peter Lang, 1994, p. 135.

(115) La Cour de cassation a d'ailleurs eu l'occasion d'indiquer qu'« un arrêt de travail ne perd pas le caractère de grève licite du fait qu'il n'a pas été déclenché à l'appel d'un syndicat » (Cass. soc., 19 févr. 1981 : *D.* 1981, p. 417, note R. Bonneau).

(116) V. *infra*, n°s 396 et s.

(117) N. Aliprantis, *La grève, un droit encore mal connu en Europe*, in *Mél. en l'honneur de P. Ortscheidt*, Dalloz, 2003, p. 15-23.

(118) J.-M. Belorgey, *Gestion des conflits du travail en Europe. Le choc des cultures : Dr. soc.* 2002, 1125.

(119) En dernier lieu, V. le compte-rendu des travaux 2021 de la Commission de l'application des normes de la Conférence à l'occasion de la Conférence internationale du travail, 109e session, 2021 (ILC.109/Compte rendu des travaux), BIT, Genève, 669 p. – Application des normes internationales du travail, 2022, Rapport de la Commission des experts pour l'application des conventions et recommandations, Conférence internationale du travail, 111e session, 2022, Rapport III (partie A).

A. – Régimes individualistes[120]

24. – *Italie*[121]. C'est certainement aujourd'hui en Europe le régime le plus proche du modèle français. La Constitution italienne du 22 décembre 1947 reconnaît d'ailleurs le droit de grève qui, comme en France et dans les mêmes termes, « s'exerce dans le cadre des lois qui le réglemente »[122].

Comme cela a été jugé en France, les conventions collectives ne peuvent apporter de restrictions au droit de grève[123].

Le droit de grève appartient en propre à chaque salarié, mais doit s'exercer collectivement. Selon la définition qu'en donne la Cour de cassation italienne depuis 1980, la grève consiste en une « cessation collective et concertée du travail par une pluralité de travailleurs pour la protection d'un intérêt professionnel et commun, dans le but d'obtenir une amélioration des conditions de travail ou de rémunération »[124].

La définition jurisprudentielle de la grève est toutefois plus large qu'en France.

Tout d'abord, le droit italien n'opère plus aucune différence selon l'objet ou la nature des revendications des grévistes qui peuvent donc porter sur des questions purement professionnelles[125], sociales[126], voire politiques[127]. Seules les grèves subversives ou destinées à porter atteinte au fonctionnement des pouvoirs publics seront considérées comme illicites[128]. Les grèves de solidarité sont également admises.

Ensuite, de nombreuses formes de grèves sont admises.

La jurisprudence italienne admet ainsi la licéité de la grève tournante, mais permet à l'employeur la mise en chômage technique du personnel lorsqu'il ne peut plus poursuivre l'activité[129].

Contrairement à ce qui prévaut en France, certains arrêts admettent également la grève partielle, c'est-à-dire qui ne porte que sur une partie des obligations du salarié,

(120) V. égal., s'agissant du droit australien : A. Fiorentino, *L'évolution contemporaine du droit du travail australien. Entre mondialisation économique et protection sociale : RID comp.* 2008, n° 4, p. 975. – A. Fiorentino, *Droit du travail australien : la loi* Fair Work Act 2009. *Évolution ou révolution ? : RDT* 2010, 186. – R. Owens et A. Stewart, *Travail équitable en Australie : une réponse aux réformes de « Work Choices » : Bulletin de droit comparé du travail et de la sécurité sociale* 2008, p. 83-104.

(121) Sur l'Italie, M. V. Ballestrero, *La grève en droit italien : Dr. soc.* 2004, p. 387. – M. Corti et A. Sartori, *Les droits des conflits collectifs (2de partie) : RDT* 2010, 321.

(122) Art. 40.

(123) Sur la situation en France, V. *infra*, n° 113.

(124) Cass., 30 janv. 1980, n° 711.

(125) C. const., 4 mai 1960, n° 29 : *Giurisprudenza costituzionale* 1960, p. 695.

(126) C. const., 28 déc. 1962, n° 123 : *Giurisprudenza costituzionale*, 1962, p. 1506, suivant l'enseignement de G. Pera, *Problemi costituzionali del diritto sindacale italiano*, Milano, Feltrinelli, 1960, p. 210 (retraite, santé publique, avantages fiscaux, *etc.*).

(127) C. const., 27 déc. 1974, n° 290 : *Foro italiano* 1975, I, 259. – Cass., sez. lav., 21 août 2004, n° 16515 : *Notiziario di giurisprudenza del lavoro* 2004, p. 720.

(128) C. const., 27 déc. 1974, n° 290, préc. – C. const., 13 juin 1983, n° 165 : *Giurisprudenza costituzionale* 1983, p. 923.

(129) Cass., sez. lav., 7 févr. 1987, n° 1331 : *Massimario di giurisprudenza del lavoro*, 1987, p. 337. – Cass., sez. lav., 1er sept. 1997, n° 8273 : *Rivista italiana di diritto del lavoro*, 1998, II, 235. Cette orientation plus récente semble désormais être devenue majoritaire. Antérieurement le simple renchérissement du coût du travail semblait admis lorsque l'employeur ne retirait plus de profit de l'activité maintenue (Cass., sez. lav., 21 nov. 1981, n° 6213 : *Giustizia civile* 1982, I, 1303. – Cass., sez. lav., 14 déc. 1983, n° 7381 : *Massimario di giurisprudenza del lavoro* 1984, p. 1), mais la doctrine considère ce cas comme abandonné.

qu'il s'agisse de la grève de certaines tâches[130], des heures supplémentaires[131] ou de la « grève du travail à la pièce »[132].

La jurisprudence italienne admet aussi qu'un salarié puisse valablement faire grève seul, dès lors que le travailleur défend un intérêt collectif[133], alors qu'en France la grève suppose en principe le rattachement à un collectif.

La grève « perlée », c'est-à-dire le ralentissement volontaire de la production, est également admise alors qu'en France elle n'est pas qualifiée de « grève » et peut donc être sanctionnée par application du droit commun disciplinaire.

Mais comme en droit français, certains mouvements peuvent être considérés comme abusifs dès lors qu'ils désorganisent totalement l'entreprise et portent une atteinte disproportionnée à la liberté d'entreprendre également garantie par l'article 41 de la Constitution italienne.

Le droit italien, comme le droit français, n'admet pas les piquets de grève s'ils s'accompagnent de violences, pas plus que le boycott, l'occupation de l'usine pénalement réprimée[134], la grève du zèle, ou encore le sabotage également réprimé par les articles 508 et 635 du Code pénal.

Comme en France, la grève est interdite pour certaines professions, comme les policiers[135] et les militaires[136]. La loi n° 146/1990 du 12 juin 1990 impose un service minimum dans les services publics essentiels. La loi précise les services et/ou activités visés par la définition de service public essentiel (secteurs en relation avec la vie, la santé, la liberté, la sécurité, la liberté de mouvement, l'aide sociale et les fonds de pension, l'enseignement et la liberté de communication des personnes) et l'étendue du service minimum mis en place par l'administration ou l'entreprise qui gère le service en question, en concertation avec le représentant syndical de l'entreprise ou les représentants des travailleurs, le cas échéant. La partie qui se met en grève doit donner un préavis d'au moins dix jours avant le déclenchement et indiquer la durée de l'action. Ce dispositif a d'ailleurs été élargi par la loi n° 83/2000 du 11 avril 2000 à des services publics essentiels assurés par des travailleurs indépendants, professionnels ou artisans, tels qu'avocats, médecins libéraux, chauffeurs de taxi, pompiste, camionneurs, *etc.*

Le *lock-out* est en principe illicite, à moins que l'employeur ne démontre que la grève l'empêche de poursuivre son activité. Dans cette hypothèse, il sera libéré de son obligation de paiement des salaires.

Il n'existe pas de procédure de règlement des conflits collectifs, si ce n'est la possibilité, prévue par la loi n° 80 de 1998, de demander à la Cour suprême une interprétation immédiate de la Convention collective signée par le syndicat de fonctionnaires.

(130) Cass., sez. lav., 6 oct. 1999, n° 11147 : *Massimario di giurisprudenza del lavoro* 1999, p. 1286. – *Contra*, Cass., sez. lav., 25 nov. 2003, n° 17995 : *Rivista italiana di diritto del lavoro* 2004, II, 525.

(131) Cass., sez. lav., 28 janv. 1992, n° 869, *Mass.*

(132) Contre la qualification de grève : Cass., sez. lav., 30 oct. 1984, n° 5558 : *Massimario di giurisprudenza del lavoro* 1984, p. 566. – Cass., sez. lav., 10 janv. 1994, n° 162 : *Foro italiano* 1995, I, 276.

(133) Cass., 3 juin 1982, n° 3419.

(134) C. pén., art. 508. Les exemples d'application de ce texte sont anciens (Cass. pén., 9 juin 1978 : *Rivista giuridica del lavoro* 1979, IV, 365). L'employeur peut saisir le juge pour obtenir l'expulsion des grévistes (C. civ., art. 1168 ou 1170). En faveur de l'action civile pour l'expulsion des grévistes de l'entreprise : Préture Prato 27 nov. 1975 : *Foro italiano* 1976, I, 489. – Préture Brindisi 9 avr. 1982 : *Massimario di giurisprudenza del lavoro* 1982, p. 246. *Contra*, Préture Milano 19 janv. 1983 : *Lavoro 80*, 1983, 1, 84.

(135) L. 1er avr. 1981, n° 121.

(136) L. 11 juill. 1978, n° 382 et décret du Président de la République, 4 nov. 1979, n° 691.

B. – Régimes syndicaux

25. - *Espagne.* L'article 28-2 de la Constitution de 1978 dispose que : « Le droit de grève est reconnu aux travailleurs pour la défense de leurs intérêts. La loi réglementant l'exercice de ce droit établira les garanties nécessaires pour assurer le maintien des services essentiels de la communauté ». C'est un décret-loi royal du 4 mars 1977 qui est venu réglementer l'exercice du droit de grève. Pour ce qui est des services essentiels, c'est vers le Tribunal constitutionnel espagnol et les décrets d'application sectoriels du décret-loi royal de 1977 qu'il convient de se tourner pour esquisser les contours de la notion. Le Tribunal constitutionnel espagnol les a identifiés, au cas par cas et au regard des intérêts des usagers et de la nécessité de protéger la libre jouissance des droits et libertés qui leur sont constitutionnellement garantis. Le pouvoir réglementaire a ensuite adopté plusieurs décrets sectoriels de service minimum, notamment dans le domaine hospitalier, des transports terrestres, aériens, des postes et télécommunications ou de l'administration de la justice.

26. - *Grande-Bretagne*[137]. Contrairement au droit français qui reconnaît son caractère constitutionnel, le droit anglais n'a pas consacré le caractère fondamental du droit de grève ; mais il est intervenu par la voie de dispositions légales bien antérieurement à la législation française[138].

Les salariés britanniques ne trouvent d'ailleurs dans la loi aucune protection particulière en cas de grève. Le contrat n'est pas légalement suspendu ni le licenciement interdit. Seules comptent les clauses du contrat de travail en ce sens. Lorsque le salarié inscrit son action dans le cadre collectif adéquat et qu'il est protégé par son contrat, alors son licenciement sera interdit pendant la grève : certaines conditions sont remplies, le licenciement est réputé injustifié[139] et le salarié aura non plus trois mais six mois pour le contester en justice.

Le *Trade Union Labour Relations (Consolidation) Act* (TULRCA), section 62, définit l'« action collective » comme « une grève ou toute autre action collective de revendication par des personnes employées sous contrat de travail ». Cette définition englobe donc la grève du zèle, voire la grève perlée. Mais s'agissant de la grève du zèle elle est considérée, sur le plan individuel, comme fautive.

La grève n'est pas pour sa part véritablement définie. Dans le *Employment Relations Act* (ERA) de 1996, la grève est définie comme « la cessation du travail par un ensemble de personnes qui agissent de concert, ou un refus concerté ou en vertu d'une croyance commune d'un ensemble de personnes de continuer à travailler pour un employeur à la suite d'un différend, dans le but de contraindre cet employeur ou d'aider d'autres salariés à contraindre cet employeur d'accepter ou non des termes et conditions de travail ».

La grève doit impérativement porter sur des revendications professionnelles (*trade dispute*), ce qui exclut les grèves politiques ainsi que les grèves de « solidarité externe » même lorsque les entreprises concernées sont liées.

Sous certaines conditions, les piquets de grève sont admis[140].

(137) A. Koukiadaki, *Les droits des conflits collectifs (2de partie) : RDT* 2010, 321.

(138) *Trade Disputes Act* de 1906 ; *Trade Union Act* de 1984 ; *Employment Acts* de 1988, 1989, 1990 et 1992. J. Carby-Hall, *Grève et action collective en Grande-Bretagne : RID comp.* 2003, p. 575-612. – P. Lokiec, *Le droit de grève au Royaume-Uni après les arrêts Demir et Enerji Yapi Yol Sen : RDT* 2011, 665.

(139) TULRCA 1992. s 238A (*automatically unfair*).

(140) TULRCA 1992. s. 220.

La conception anglaise de la grève est très syndicale, tant dans le déclenchement (système du vote préalable des salariés, appelé *ballot*, préavis syndical de sept jours) que dans la conduite (limitée aux seuls différends opposant les salariés à leur employeur), et les syndicats s'exposent à des poursuites civiles, dans le cadre d'un régime aménagé, s'ils appellent à la grève dans des conditions illégales.

Les accords collectifs peuvent valablement comporter des clauses de paix sociale, pour des durées déterminées.

Les salariés qui se mettent en grève en dehors du cadre syndical s'exposent à être licenciés ainsi qu'à des poursuites civiles[141]. Ils peuvent également être licenciés s'ils commettent pendant la grève des fautes qualifiées d'inconduite grave, tels des vols ou dégradations de biens appartenant à l'entreprise.

Le *lock-out* défensif est admis : l'employeur peut donc suspendre l'exécution de ses obligations lorsque les salariés n'exercent pas valablement le droit de grève. Le *lock-out* offensif ne l'est pas.

27. - *États-Unis.* Le droit de grève y est également réglementé de manière ancienne et importante[142]. Le droit américain retient, comme le droit anglais, une conception très syndicale de la grève. Les cas de recours à la grève, lorsque celle-ci intervient dans le cadre de la renégociation d'un accord collectif, sont étroitement réglementés. Les syndicats qui sont partie à un accord collectif doivent en effet respecter un préavis de grève avant de déclencher un conflit concernant cet accord soixante jours avant auprès du cosignataire et trente jours auprès de l'Agence Fédérale ou de l'État compétent en matière de négociation.

Le droit américain réglemente également les pratiques de grève et considère certaines comme déloyales, comme les grèves perlées, les piquets de grève, l'appel au boycott pour contraindre l'employeur à négocier avec un syndicat qui n'est pas reconnu comme représentatif par le *National Labor Relations Board*, les grèves sur le tas (*sit-down strikes*), c'est-à-dire avec occupation de l'entreprise, les grèves tournantes (*hit-and-run strikes*) ou sauvages (*wildcat-strikes*), c'est-à-dire spontanées et sans préavis.

Les partenaires sociaux ont la possibilité d'insérer dans les conventions collectives des clauses de paix sociale (*no-strike clause*) qui restreignent considérablement l'exercice du droit de grève.

Les possibilités de fermeture de l'entreprise pendant le conflit (*lock-out*) sont limitées aux seules hypothèses de réponse à une demande de renégociation d'une convention collective.

28. - *Allemagne*[143]. Le droit allemand des conflits du travail (*Arbeitskampf*) ne reconnaît pas le droit de grève comme droit fondamental, contrairement à la liberté syndicale[144]. Sa protection constitutionnelle est en effet assurée indirectement par l'article 9, alinéa 3, de la Loi fondamentale qui reconnaît « le droit de fonder des associations pour la sauvegarde et l'amélioration des conditions de travail et des condi-

(141) *National Coal Board* v. *Galley* [1958] 1 WLR 16.

(142) Loi Clayton en 1914 ; lois Guardia de 1932 et Wagner de 1935. F. Fabbrini, *Le droit de grève dans un marché commun : les défis européens à la lumière de l'expérience américaine : RF aff. soc.* 2012/1, n° 1, p. 150.

(143) P. Rémy et A. Seifert, *Les droits des conflits collectifs : RDT* 2010, 250.

(144) Garantie par l'article 9, § 3, de la Loi Fondamentale [*Grundgesetz* (*GG*)].

tions économiques » (*Koalitionsfreihet*) et l'affirmation du droit à l'autonomie collective qui en découle.

Les tribunaux allemands se fondent également sur l'article 6 de la Charte sociale européenne[145].

Trois grands principes dominent le droit de grève allemand : la recherche de la paix sociale, l'égalité des armes entre salariés et employeurs[146] et le caractère syndical de la grève[147].

L'objectif de paix sociale[148] (*Friedenspflicht*) impose aux partenaires sociaux de tout faire pour éviter la grève qui ne doit être envisagée qu'en dernier recours lorsque le dialogue a échoué (*Sozialadäquanz*)[149]. Les tribunaux allemands interprètent toutefois cette exigence de manière souple. Les partenaires sociaux ne sont pas obligés de prévoir de procédure particulière pour tenter de régler le différend, même si d'autres textes peuvent le prévoir de manière en principe impérative[150]. Lorsque l'accord ne prévoit rien, aucun formalisme n'est exigé des syndicats, de type constat ou procès-verbal de désaccord[151]. Il suffit par ailleurs que le syndicat envisage de ne pas signer l'accord pour que le recours à la grève soit licite en cours de négociation[152]. Les accords collectifs bloquent l'exercice du droit de grève qui n'est possible que dans le cadre de la conclusion d'une nouvelle convention collective sur les domaines qu'elle entend réglementer.

L'égalité des armes (*Kampfparität*) est reconnue entre les acteurs sociaux et au droit de grève reconnu aux salariés, et à leurs syndicats, correspond le droit de fermer l'entreprise (*lock-out*) des employeurs, même si ce droit a vu ses conditions d'exercice se restreindre ces dernières années.

La conception syndicale du droit de grève réserve aux syndicats dotés de la capacité juridique de conclure une convention collective, le déclenchement de la grève pour contraindre les employeurs à négocier[153]. Seuls les syndicats les plus représentatifs peuvent donc se voir reconnaître cette capacité par les tribunaux ; dans les autres cas, les grèves sont dites « sauvages ». L'apparition de nouveaux syndicats sectoriels représentatifs s'est traduite par la multiplication des conflits ces dernières années[154].

(145) V. *infra*, n°s 91 et s.

(146) Ce qu'Alain Supiot appelle également l'« équilibre des forces » (*L'esprit de Philadelphie. La justice sociale face au marché total*, Paris, Seuil, 2010, p. 124).

(147) Décision du Grand Sénat du BAG, 28 janv. 1955 (GS 1/54, *in* AP, art. 9 GG « Arbeitskampf », n° 1) : le droit de grève et le droit de *lock-out* ne peuvent être exercés que s'ils visent à obtenir la conclusion d'une convention collective.

(148) Loi relative aux conventions collectives [*Tarifvertragsgesetz*]), art. 1, § 2.

(149) V. BAG (GS), arr., 21 avr. 1971, GS 1/68, AP, art. 9 GG « Arbeitskampf », n° 43.

(150) Comme le relève A. Seifert : « Certes, la loi n° 35 du Conseil de contrôle de 1946 oblige les Länder de créer des institutions de conciliation auprès des ministères de travail. Mais cette loi qui est toujours en vigueur n'est pratiquement pas appliquée. Par ailleurs, cette loi ne prévoit qu'une procédure de conciliation d'arbitrage facultative » (*Les droits des conflits collectifs : RDT* 2010, 250, note 48).

(151) BAG, arr., 21 juin 1988, 1 AZR 651/86, AP, art. 9 GG « Arbeitskampf », n° 108.

(152) BAG, arr., 17 déc. 1976, 1 AZR 605/75, arr., 19 sept. 1984, 1 AZR 342/83 et arr., 21 juin 1988, 1 AZR 651/86, AP, art. 9 GG « Arbeitskampf », n°s 51, 81 et 108.

(153) Sur les liens entre négociation et conflits collectifs, M.-A. Souriac, *Conflits du travail et négociation collective, quelques aspects : Dr. soc.* 2001, 705.

(154) En ce sens A. Seifert, préc.

Compte tenu de son lien avec la négociation collective, la grève ne peut porter que sur des revendications négociables. Elles excluent tout différend sur le droit existant[155] et doivent concerner la défense et l'amélioration des conditions de travail et économiques (art. 9, § 3, GG) et respecter l'ordre juridique. Il a également été jugé que la grève pouvait avoir pour objectif la conclusion d'un plan social entre un syndicat et un employeur en cas de restructuration, même si les plans sociaux allemands ne sont pas conclus par les syndicats mais par le conseil d'établissement[156]. Les grèves politiques sont illicites même si elles sont de très courte durée et qu'elles concernent la politique sociale du Gouvernement[157].

Le droit de grève n'est pas reconnu aux fonctionnaires dès lors que l'État ne conclut pas d'accords collectifs[158].

Un vote des militants à 75 % des suffrages exprimés est nécessaire pour déclencher une grève, ce qui est logique dans la mesure où le syndicat doit alors aider financièrement les grévistes en mobilisant leurs caisses de grève et en leur garantissant une indemnité correspondant à 70 % de leur rémunération pendant la durée du conflit[159].

Le droit allemand ne reconnaît pas la grève du zèle[160], la grève perlée, le *going-sick*[161] ni le blocage de l'entreprise[162]. Il reconnaît en revanche la licéité de la grève de solidarité[163]. Mais depuis 2009, le Tribunal fédéral du travail (BAG) a reconnu comme actions collectives licites des actions de *flash mob* contre un grand magasin[164].

Pendant la durée de la grève licite, la jurisprudence considère que les syndicats doivent assurer les travaux d'entretien et, en cas d'urgence, les travaux indispensables.

Lorsqu'une entreprise est contrainte de suspendre sa production en raison de la grève existant dans une autre entreprise dont elle est dépendante, et contrairement à la règle qui prévaut normalement en matière civile[165], l'employeur peut être libéré de son obligation de paiement des salaires lorsqu'il apparaît que cette mesure est juste au regard du principe d'égalité des armes[166]. Les juges tiendront compte de l'identité des parties en conflit (organisations syndicales et patronales) et du champ d'application de l'accord dont la négociation est en cause dans l'autre entreprise. Les tribunaux acceptent même, comme en droit français, que l'employeur puisse procéder à la mise en chômage technique de l'entreprise, ce qui le libérera alors de l'obligation de maintenir le salaire des non-grévistes[167].

(155) BAG, arr., 7 juin 1988, 1 AZR 372/86, AP, art. 9 GG « Arbeitskampf », n° 106.

(156) BAG, arr., 24 avr. 2007, 1 AZR 252/06, AP, § 1, Tarifvertragsgesetz « Sozialplan », n° 2.

(157) V. Erf/K-Dieterich, 10e éd., 2010, art. 9 GG, pt 119 avec réf.

(158) V. Erf/K-Dieterich, 10e éd., 2010, art. 9 GG, pt 190 avec réf.

(159) A. Seifert, étude préc. Le droit allemand traite la convention collective comme un contrat collectif : les salariés ne bénéficient de l'accord que s'ils adhèrent à un syndicat signataire.

(160) Cour fédérale suprême [*Bundesgerichtshof* (BGH)], arr., 31 janv. 1978, VI ZR 32/77, AP art. 9 GG « Arbeitskampf », n° 62.

(161) BGH, arr., 31 janv. 1978, VI ZR 32/77, AP, art. 9 GG « Arbeitskampf », n° 62.

(162) BAG, arr., 21 juin 1988, 1 AZR 651/86, AP, art. 9 GG « Arbeitskampf », n° 108.

(163) BAG, 19 juin 2007 : 1 AZR 396/06, AP, art. 9 GG « Arbeitskampf », n° 173.

(164) BAG, arr., 22 sept. 2009, 1 AZR 972/08, in *Betriebs-Berater* (BB) 2010, p. 379 et s.

(165) Théorie du *Betriebsrisikolehre* (risques de l'entreprise). V. Reichsgericht [Cour de l'Empire], arr., 6 févr. 1923, RGZ 106, 272 [Recueil des décisions de la Cour de l'Empire en matière civile]. La solution a été consacrée en 2001 dans le nouvel article 615, phrase 3 du Code civil allemand (*Bürgerliches Gesetzbuch* [BGB]).

(166) BAG, arr., 22 déc. 1980, 1 ABR 2/79, AP art. 9 GG « Arbeitskampf », n° 70.

(167) BAG, arr., 22 mars 1994, AP art. 9 GG « Arbeitskampf », n° 130 ; V. égal. ErfK/Dieterich, art. 9 Grundgesetz, pts 217-220.

Des principes comparables gouvernent le droit à l'assurance chômage pendant la durée du conflit. Si l'entreprise indirectement affectée par la grève n'est pas concernée par ce conflit extérieur, c'est-à-dire lorsqu'elle n'est pas comprise dans le champ de l'accord collectif en cause, alors ses salariés auront droit aux prestations de l'assurance chômage ; dans l'hypothèse contraire non[168].

Pendant la durée de la grève le contrat de travail est simplement suspendu.

Si la grève est illicite, le juge des référés peut l'interdire. Le salarié s'expose alors à un licenciement pour faute[169] et, tout comme le syndicat qui l'aurait organisée, à une action en réparation du préjudice subi par l'entreprise, à moins qu'il ait pu légitimement croire que la grève, organisée par un syndicat, était valable[170].

• *Pays nordiques*. Le modèle syndical allemand est assez proche des systèmes danois et suédois. La Paix sociale est un objectif majeur et la grève n'est envisagée que dans le contexte de la négociation collective. Les accords collectifs peuvent donc comporter des clauses de paix sociale limitant la possibilité pour les syndicats signataires de déclencher des grèves.

29. - Au Danemark, la première clause de Paix sociale est inscrite dans les accords historiques de 1899 (dénommés le « Compromis de Septembre ») conclus entre la Confédération des syndicats ouvriers et la Confédération des employeurs pour mettre un terme à trois mois de conflits sociaux ayant paralysé le pays. Cet accord interdit grèves et *lock-out* dans les domaines relevant de la convention collective, sauf si celle-ci l'autorise explicitement. Il oblige les partenaires sociaux à négocier un nouvel accord avant le terme de celui en vigueur, à défaut de quoi l'ancien accord demeure applicable. Une loi de 1934 mit en place un service national de conciliation, composé de membres indépendants nommés par le ministère du Travail, et destiné à éviter le recours à la grève.

30. - En Suède, l'article 17 de la Constitution de 1974 dispose que « sous réserve des dispositions de la loi ou des stipulations de conventions collectives, tout syndicat ainsi que tout employeur ou association d'employeurs a le droit de faire grève ». Une loi de 1976 prévoit que les conventions collectives peuvent prévoir des clauses de Paix sociale ainsi que des dispositions interdisant le recours à la grève si son exercice est susceptible d'avoir des conséquences dommageables pour la société[171]. À défaut d'accord, un comité de conciliation tranche la question et émet une recommandation sur le maintien ou non du préavis de grève déposé.

L'employeur a le droit de répondre à la grève par le *lock-out*. Le régime s'est toutefois durci. Originellement, les tribunaux admettaient le recours au *lock-out* dès lors qu'un syndicat avait appelé à la grève. Puis, à partir de 1971, un contrôle de proportionnalité a été introduit[172] et en 1980 le BAG a ajouté un principe arithmétique tenant compte du nombre de salariés grévistes et donc de celui de non-grévistes concernés par la mesure[173]. En pratique, le *lock-out* a presque disparu des conflits du travail depuis la fin des années 1970.

(168) Art. 146 CSS (Sozialgesetzbuch III [SGB III]).
(169) Art. 626 BGB.
(170) BAG, arr., 14 févr. 1978, 1 AZR 76/76, AP, art. 9 GG « Arbeitskampf », n° 58.
(171) Décision du Grand Sénat du BAG, 28 janv. 1955 : GS 1/54, in : AP, art. 9 GG « Arbeitskampf », n° 1.
(172) Décision du Grand Sénat du BAG, 21 avr. 1971 : GS 1/68, in : AP, art. 9 GG « Arbeitskampf », n° 43.
(173) Selon l'exemple donné par A. Seifert, le *lock-out* d'une entreprise comportant 25 % de non-grévistes serait licite.

31. - *Japon.* L'article 28 de la Constitution du 3 novembre 1946 dispose que « le droit des travailleurs de s'organiser, de négocier et d'agir collectivement est garanti »[174], ce qui couvre le droit de grève. Les conflits sociaux sont définis dans la loi sur l'aménagement des conditions de travail comme « un désaccord à propos de revendications concernant des relations de travail entre parties concernées, aboutissant soit à un conflit, soit à un risque de conflit » (art. 6)[175]. Le syndicat et ses membres ne sont responsables ni civilement ni pénalement lorsqu'ils exercent leurs droits de manière régulière (Loi sur les syndicats, art. 8 et 1)[176]. Le syndicat doit être officiellement enregistré et ne doit mener que des actions pacifiques (Loi sur les syndicats, art. 1, § 2). Les actions revendicatives légalement reconnues sont celles mentionnées dans l'article 7 de la loi sur l'aménagement des relations de travail qui vise les grèves, les débrayages et autres mesures visant à entraver le cours normal de travail, telles que l'ordre donné à tous les travailleurs de prendre un congé le même jour ou le collage d'affiche sur le lieu de travail. Le droit japonais autorise les syndicats à arrêter de manière pacifique la circulation des véhicules à l'entrée de l'établissement. Ces actions doivent avoir pour objectif légitime d'obtenir de meilleures conditions de travail. La grève a pour effet de priver les travailleurs de leur droit à rémunération.

Le droit japonais ne reconnaît pas le *lock-out*, mais il semble admis qu'il est considéré comme un droit à se défendre, même si l'employeur doit y être autorisé par un juge.

Les conflits sociaux peuvent être réglés à la demande de l'une ou des deux parties par la conciliation, la médiation ou l'arbitrage. Chaque solution est largement influencée par la Commission des relations du travail. Si la conciliation n'est pas véritablement encadrée, le recours à la médiation, qui voit le rôle du médiateur renforcé, l'est : le médiateur doit en effet avoir une expérience du règlement des conflits sociaux (Loi sur l'aménagement des relations de travail, art. 11) et agit en qualité d'intermédiaire entre les parties (Loi sur l'aménagement des relations de travail, art. 13). S'il ne parvient pas à régler le différend, il doit se retirer et transmettre le dossier à la Commission des relations du travail qui va prendre le relais (Loi sur l'aménagement des relations de travail, art. 14). Dans cette hypothèse, le Comité de médiation comprendra des représentants des travailleurs, des employeurs et des citoyens, sur un pied d'égalité. Le Comité, qui est désigné par le président de la Commission des relations du travail, a le pouvoir de rédiger une proposition de règlement (Loi sur l'aménagement des relations de travail, art. 26). En cas d'échec de la médiation, un comité d'arbitrage est nommé par le président de la Commission. Il se réunit et écoute les autres membres de la Commission des relations du travail représentant les employeurs et les travailleurs (Loi sur l'aménagement des relations de travail, art. 31-5). La décision arbitrale aura le même effet qu'une convention collective (Loi sur l'aménagement des relations de travail, art. 34).

32. - Chine[177]. Absente de la première Constitution de 1954, la grève a été reconnue dans la Constitution de 1975 et dans celle de 1978, dans le prolongement de la révolution culturelle et des ordres donnés par Mao Zedong. Mais cette reconnaissance est

(174) L. Jung, *Présentation du droit du travail du Japon* (2023) : www.ilo.org/ifpdial/information-resources/national-labour-law-profiles/WCMS_158864/lang--fr/index.htm. Lire égal. T. Yamaguchi, *La grève et le lock-out en droit japonais : RID comp.* janv.-mars 1989, vol. 41, n° 1, p. 59-80.

(175) Loi adoptée le 7 avril 1947 et amendée pour la dernière fois le 30 septembre 1998. Ce texte s'applique également aux agents publics.

(176) Loi adoptée le 1er juin 1949 et amendée pour la dernière fois le 12 novembre 1993.

(177) A. Zheng, *Les droits des conflits collectifs (2de partie) : RDT* 2010, 321.

demeurée purement de façade dans la mesure où aucune loi n'est venue ultérieurement en garantir l'exercice[178]. Elle a ensuite été de nouveau supprimée lors de l'élaboration de l'actuelle Constitution, en 1982[179], et ne fait une apparition en filigrane que dans la loi sur le syndicat de 2001 qui précise les obligations pesant sur les organisations professionnelles en cas d'« arrêt du travail ou ralentissement des cadences »[180].

Hier qualifiés de « troubles » ou encore de « désordres » (*naoshi*), la grève, et plus largement les mouvements sociaux contestataires, sont dénommés désormais « événements collectifs survenus » (*quntixing tufa shijian*) et visent également la grève sauvage, la grève perlée (*daigong*), mais aussi les manifestations ou les émeutes.

Dans son étude publiée en 2010, Aiqing Zheng indique que les conflits collectifs sont en augmentation croissante, ce que confirment des études ultérieures[181], et naissent généralement de manquements des employeurs en matière de paiement des salaires, des heures supplémentaires, des indemnités de rupture, ou encore des cotisations sociales.

À la suite de la montée en puissance de conflits du travail dans les entreprises chinoises, une loi du 29 décembre 2007, entrée en vigueur le 1er mai 2008, est venue imposer de nouveaux mécanismes de règlement. Le salarié concerné par le non-respect des règles normalement applicables dans l'entreprise peut tenter une médiation au sein de l'entreprise, ou soumettre le différend au comité d'arbitrage ; ce n'est qu'en cas d'échec de cet arbitrage tripartite qu'il pourra contester la décision d'arbitrage devant le juge[182].

L'article 27 de la loi sur le syndicat de 2001 confie au syndicat le soin de représenter les salariés en cas d'arrêt du travail ou de ralentissement des cadences ; il doit alors porter leurs revendications, négocier en leur nom avec l'entreprise sur la base de leurs revendications, et favoriser le règlement du différend en concourant avec l'entreprise à la reprise du travail.

Dans les faits ces dispositions ne sont que rarement mises en œuvre. Le taux de syndicalisation dans les entreprises non étatiques est faible (30 % environ) et bien souvent les syndicats ne sont pas indépendants de l'employeur. Leur rôle correspond plutôt à celui d'un gestionnaire des activités sociales et culturelles, et ils n'auront aucun intérêt à se mêler de conflits entre salariés et direction.

Par ailleurs, le gouvernement local intervient souvent très rapidement et très directement dans les conflits qui pourraient naître de manière spontanée dans les entreprises, et n'hésitera pas à faire intervenir les forces de l'ordre, voire à engager des poursuites contre les meneurs accusés d'atteinte à l'ordre public.

(178) Zhang Youyu, *Quelques questions sur la modification de la Constitution*, in *Recueil des articles du droit constitutionnel*, éd. de la Masse, 1982, p. 14.

(179) Révisée en 1988, 1993 et 2004. Elle a été consolidée le 11 mars 2018.

(180) Zhang Wencheng, *Le développement du syndicalisme en Chine*, Fondation Gabriel Péri, *La Pensée* 2014/3, n° 379, p. 85 à 90.

(181) X. Bao et G. Murray, *Évolutions récentes des conflits collectifs du travail dans les entreprises : Chronique internationale de l'IRES* déc. 2016, n° 156, p. 116-134. – M. Laurent, *Les grèves en Chine : les révoltes dans l'usine du monde : Mouvements* 2020/3, n° 103, p. 101 à 110 ; *Droits des travailleurs et relations de travail en Chine : China Labour Bulletin*, trad. de l'anglais Naïm Al-Zemmouri, in *Chine : l'autre superpuissance*, Syllepses, 2021, p. 119-129.

(182) Pour le détail de cette procédure, A. Zheng, *Droit des conflits du travail, quand la Chine s'éveille : Metis* 22 janv. 2009 (metiseurope.eu).

V. – Approche historique du droit des conflits collectifs

33. – Étymologie. Le droit de « grève » tire son nom de la place de « grève » à Paris, située devant l'Hôtel de Ville[183], où les ouvriers et les chômeurs attendaient que des bateaux accostent et leur proposent quelques heures de travail[184]. Ce n'est qu'au milieu du XIXe siècle qu'il a acquis son sens moderne. L'historien Stéphane Sirot a identifié la première apparition du terme dans son sens contemporain dans le rapport d'un officier de police, daté du 2 mai 1785, qui explique que « faire grève » est « ne point travailler pour faire augmenter [le prix] leurs journées »[185]. Pour Alain Supiot : « C'est donc par un usage rétroactif du concept que l'on voit dans la révolte des canuts de Lyon (nov. 1831) la première grande "grève" du XXe siècle. Opposant les marchands qui dominaient le secteur textile à des petits travailleurs indépendants – maîtres-tisserands et leurs compagnons – qui leur réclamaient le respect du tarif minimum conclu avec la chambre de commerce, il s'agissait d'une grève si l'on veut, mais d'une grève unissant des ouvriers et des petits travailleurs indépendants contre des donneurs d'ordre »[186].

34. – Périodes. Dans son ouvrage de référence, l'historien Stéphane Sirot distingue trois âges dans l'histoire de la grève : l'âge de l'exclusion, l'âge de l'intégration (ou de la tolérance) et l'âge de l'institutionnalisation[187], qui correspondent à la première phase de *l'interdiction* allant de 1791 à 1864, à la deuxième phase consacrant la *libéralisation* de la grève et qui va de 1864 à 1946, puis à la troisième phase de la *consécration* d'un véritable droit de faire grève à partir de sa reconnaissance par le Préambule de la Constitution du 27 octobre 1946.

A. – L'interdiction des coalitions

1° L'avant-révolution industrielle

35. – Origines. Pour Gérard Adam, la première grève connue remonterait à 2100 avant notre ère et elle concernait les serviteurs d'un temple de Thèbes qui protestaient contre l'insuffisance de leur rémunération en nature ; ils réclamèrent deux galettes supplémentaires par jour au gouverneur Psarou, et cessèrent de le servir après son refus ; le gouverneur fut désavoué et les grévistes n'échappèrent à la mise à mort qu'en raison des suppliques adressées à Pharaon par leurs femmes[188]. Des mouvements de revendication collective furent signalés dans l'Égypte du XVe siècle d'avant notre ère : grève des briquetiers juifs en -1490, ou encore grève des ouvriers du bâtiment en -1283. Le lien entre la multiplication des grands mouvements sociaux

(183) V° *Grève*, par G. Cornu, *Vocabulaire juridique* (assoc. H. Capitant), PUF-Quadrige, 14e éd., 2022, 1 136 p. Il s'agissait en réalité d'une plage en bord de Seine, faite de « graves » (c'est-à-dire d'un sable grossier, gravier, de *grava*). Elle fut débaptisée en 1806 et porte aujourd'hui le nom de place de l'Hôtel de Ville. Elle était aussi la place des exécutions capitales (notamment de Ravaillac, l'assassin d'Henri IV, le 16 mai 1610). Le passage de la présence silencieuse à l'action revendicative a-t-il été favorisé par des phénomènes collectifs de boycott de certains patrons, ou de revendications pour que soient augmentés les salaires journaliers, donnant à la présence collective des ouvriers une dimension contestatrice ? C'est certainement le cas.

(184) A. Rey (dir.), *Dictionnaire historique de la langue française*, V° *Grève*.

(185) S. Sirot, *La grève en France. Une histoire sociale (XIXe-XXe siècle)*, O. Jacob, sept. 2002, 306 p., p. 25.

(186) A. Supiot, *Revisiter les droits d'action collective : Dr. soc.* 2001, 687, note 12.

(187) S. Sirot, ouvr. préc., spéc. p. 19-36.

(188) G. Adam, *Histoire des grèves*, Paris, Bordas, coll. « Voir l'histoire », 1981, 127 p., spéc. p. 9. Égal. H. Sinay, *Traité de droit du travail*, t. 6, *La grève*, Dalloz, 1966, nos 10 et s.

et le déclin des sociétés anciennes est généralement établi, ce qui illustre la dimension sociétale, si ce n'est politique, de la grève[189].

36. - **En France.** Les premiers signes de conflits remontent en France au XIIIe siècle. Les historiens des conflits collectifs considèrent les grèves comme historiquement le produit de fluctuations économiques imposant de redéfinir collectivement l'équilibre entre l'offre et la demande[190]. C'est donc dans le cadre des corporations de l'Ancien Régime, et singulièrement dans les métiers de l'industrie textile du XIIIe siècle, que les premières « grèves », parfois violentes (accompagnées de « taquehans », c'est-à-dire d'émeutes sanglantes), opposaient les ouvriers à leurs maîtres[191].

Au XIVe siècle, en pleine construction de la cathédrale de Bordeaux, les ouvriers chargés d'assécher les fondations cessèrent le travail, sabotèrent les machines chargées d'extraire l'eau et obligèrent les chanoines à les augmenter et à leur fournir des bottes de paille pour qu'ils puissent se reposer dans de meilleures conditions.

Le XVIe siècle fut le témoin de quelques grandes grèves, notamment celle des ouvriers de l'imprimerie en 1539, entraînant la première intervention hostile des pouvoirs publics qui prohibèrent les coalitions professionnelles, par exemple celles des compagnons ainsi que des artisans, dans l'ordonnance de Villers-Cotterêts le 25 août 1539[192]. On ne parle pas encore de « grève » mais de « mise bas », c'est-à-dire d'un arrêt de travail, voire de mise à l'index des patrons trop durs (appelée « mise en interdit »). Le travail est parfois ralenti pour protester contre le patron ; lors de ce qui ne s'appelle pas encore des « grèves perlées », les non-grévistes sont traqués (les « renards », qu'on n'appelle pas encore les « jaunes »).

Ordonnance de Villers-Cotterêts du 25 août 1539

Art. 191. – Nous défendons à tous lesdits maîtres, ensemble aux compagnons et serviteurs de tous mestiers, de ne faire aucunes congrégations ou assemblées grandes ou petites, et pour quelque cause ou occasion que ce soit, ni faire aucunes monopoles, et n'avoir ou prendre aucune intelligence les uns avec les autres du fait de leur mestier, sur peine de confiscation de corps et de biens

Art. 192. – Et enjoignons à tous nos officiers de faire bien et estroitement garder ce que dessus contre lesdits maistres et compagnons, sur peine de privation de leurs offices.

Le XVIIIe siècle connaît également des grandes grèves, notamment celle des imprimeurs à Paris en 1724, celle des bonnetiers en 1725, des peintres à Versailles en 1748, des canuts en 1774, ou encore des charpentiers en 1786.

Le pouvoir royal intervint à plusieurs reprises pour interdire les « cabales » et autres coalitions professionnelles, comme le règlement du 28 février 1723 applicable dans la librairie et l'imprimerie, dont l'article 41 interdisait aux compagnons, ouvriers ou apprentis, de faire « aucun festin ni banquet, soit pour entrée ou issue d'apprentis-

(189) En ce sens H. Sinay, ouvr. préc., n° 10.

(190) En ce sens l'entrée *Grève* du Grand Larousse encyclopédique en X volumes, 1962, vol. V, p. 649.

(191) Pour plus de détails, on voudra bien se référer à l'ouvrage préc. d'Hélène Sinay, p. 12 et s.

(192) Isambert, Decrusy et Armet, *Recueil général des anciennes lois françaises depuis l'an 420 jusqu'à la révolution de 1789*, t. XII, Paris, Belin-Le Prieur, 1828, p. 600. Il s'agissait d'un *corpus* de 192 articles, intitulé *Ordonnance générale sur le fait de justice*, et rédigé par l'avocat Guillaume Poyet (1473-1548), chancelier de François Ier de 1538 à 1545.

sage, soit autrement » et d'organiser « aucune communauté, confrairie, assemblée, cabale ni bourse commune », ou d'agir en nom collectif pour quelque cause et occasion que ce soit, à peine de prison, de punition corporelle et de trois cents livres d'amende (art. 42), ou encore les lettres patentes du 2 janvier 1749 portant règlement pour les compagnons et ouvriers qui travaillent dans les fabriques du royaume, et qui inventèrent l'ancêtre du livret ouvrier[193].

C'est à la fin du XVIIIe siècle que le terme de « grève » va faire son apparition[194], aux côtés de celui de « coalition » qui englobe plus largement toutes les actions collectives des ouvriers mais aussi des employeurs[195].

a) L'hostilité révolutionnaire

37. - **Individualisme.** La Révolution française marque l'effacement des communautés et des corps intermédiaires, au profit des individus qui doivent exercer pleinement leurs droits. Les corporations de l'Ancien Régime sont ainsi interdites et les ordonnances de Colbert abrogées, ce qui se traduira dans le Code pénal de 1810 par la disparition de la responsabilité pénale des groupements.

C'est la loi Le Chapelier des 14 et 17 juin 1791 qui interdit les coalitions, tant ouvrières que patronales, et nie même toute utilité en regroupement des travailleurs par corporations :

Prohibition des coalitions : loi Le Chapelier des 14-17 juin 1791

Art. 2. – Les citoyens d'un même état ou profession, les entrepreneurs, ceux qui ont boutique ouverte, les ouvriers d'art quelconque ne pourront, lorsqu'ils se trouveront ensemble, se nommer ni président, ni secrétaires, ni syndics, tenir registres, prendre des arrêtés ou délibérations, former des règlements sur leurs prétendus intérêts communs.

38. - **Sanctions.** Toutes les coalitions professionnelles sont interdites sous peine d'une amende de 500 livres ou d'une peine de prison de trois mois pour celui ou ceux qui proféreraient des menaces contre les entrepreneurs, les artisans ou les ouvriers.

b) L'inscription dans le Code pénal

39. - **Évolutions.** Rapidement, ce régime commun à toutes les coalitions professionnelles et qui n'opère aucune distinction entre les mouvements ouvriers et patronaux va être allégé pour permettre aux organisations professionnelles d'employeurs de se constituer (Loi 22 germinal an XI), ce que confirmera le Code pénal du 12 février 1810.

(193) Lire M. Sauzet, *Essai historique sur la législation industrielle de la France. L'Ancien Régime : REP* 1892, vol. 6, n° 4, p. 353-402.

(194) V. *supra*, n° 33.

(195) A. Supiot, *Revisiter les droits d'action collective : Dr. soc.* 2001, 687. Sur les coalitions, lire P. Pic, *Traité élémentaire de législation industrielle. Les lois ouvrières*, Paris, Arthur Rousseau éd., 1 206 p., spéc. nos 284 et s.

Le Code pénal de 1810 interdit toutes les coalitions ouvrières mais autorise les coalitions patronales à condition qu'elles ne cherchent pas à « forcer abusivement l'abaissement des salaires ».

Prohibition des coalitions (Code pénal de 1810)

C. pén., art. 414. – Toute coalition entre ceux qui font travailler des ouvriers, tendant à forcer injustement et abusivement l'abaissement des salaires, suivie d'une tentative ou d'un commencement d'exécution, sera punie d'un emprisonnement de six jours à un mois, et d'une amende de deux cents francs à trois mille francs.

C. pén., art. 415. – Toute coalition de la part des ouvriers pour faire cesser en même temps de travailler, interdire le travail dans un atelier, empêcher de s'y rendre et d'y rester avant ou après de certaines heures, et en général pour suspendre, empêcher, enchérir les travaux, s'il y a eu tentative ou commencement d'exécution, sera punie d'un emprisonnement d'un mois au moins et de trois mois au plus.

Les chefs ou moteurs seront punis d'un emprisonnement de deux ans à cinq ans.

C. pén., art. 416. – Seront aussi punis de la peine portée par l'article précédent et d'après les mêmes distinctions, les ouvriers qui auront prononcé des amendes, des défenses, des interdictions ou toutes proscriptions sous le nom de damnations et sous quelque qualification que ce puisse être, soit contre les directeurs d'ateliers et entrepreneurs d'ouvrages, soit les uns contre les autres.

Dans le cas du présent article et dans celui du précédent, les chefs ou moteurs du délit pourront, après l'expiration de leur peine, être mis sous la surveillance de la haute police pendant deux ans au moins et cinq ans au plus.

L'interdiction des coalitions ouvrières fut appliquée par la justice avec rigueur pour lutter contre la montée en puissance des mouvements ouvriers ; près de 10 000 condamnations furent ainsi prononcées entre 1825 et 1864[196]. Pour contrôler les regroupements ouvriers, l'article 291 du Code pénal soumet à l'accord du Gouvernement la création de toute association de plus de vingt personnes.

Alors que le Code pénal de 1810 réprimait durement les coalitions ouvrières, ce qui est considéré comme la première véritable grande grève ouvrière de l'ère industrielle éclata à Lyon en 1831 : c'est la révolte des Canuts de la Croix-Rousse. En cause : la baisse constante du salaire des ouvriers de la soierie qui était passée de 4 à 5 francs par jour en 1812 à 18 sous en 1830, entraînant l'arrêt de 10 000 métiers à tisser dès 1826, soit le tiers des métiers de la ville de Lyon. Les soyeux s'organisèrent et constituèrent la Compagnie des volontaires du Rhône. Le 25 octobre 1831, le préfet de Lyon accepta comme légitimes les revendications salariales mais les fabricants refusèrent ; 6 000 grévistes défilèrent dans les rues de la capitale des Gaules. Après une volte-face des pouvoirs publics, les canuts se révoltèrent le 21 novembre, prirent les armes mais furent rapidement matés.

La répression légale n'empêcha pas les contestations ouvrières ; elle les obligea simplement à adopter des formes clandestines, silencieuses, comme l'absentéisme, le « freinage de la production » qu'on appellera plus tard « grève perlée », ou encore le « sabotage » consistant à bloquer les machines à l'aide des « sabots ».

(196) Sur ces chiffres, J. Le Goff, *Du silence à la parole. Une histoire du droit du travail des années 1830 à nos jours*, Rennes, PUR, 4e éd., 2019, 684 p., spéc. p. 137 et s.

40. - Égalité de traitement. La discrimination légale entre les coalitions patronales et ouvrières fut abolie par la loi du 27 novembre 1849 qui retint des peines identiques pour toutes les coalitions, supprima la condition propre aux coalitions patronales tenant au caractère « injuste » et « abusif » et élargit le délit de mise à l'index.

2° La dépénalisation partielle de 1864

41. - De l'interdiction à l'ignorance. Il faudra attendra l'Empire libéral et la loi Ollivier des 25 et 27 mai 1864 pour que soit abrogé le délit de coalition dans le secteur privé[197]. L'article 414 du Code pénal fut ainsi réécrit et ne laissa plus subsister que le délit d'entrave à la liberté du travail, ainsi que les dispositions qui continuaient d'interdire les coalitions dans les services publics. Selon l'analyse de Garçon, « pratiquement, les articles 414 et suivants dans leur nouvelle rédaction ont surtout pour but de protéger la liberté du travail des ouvriers qui, au moment d'une grève, ne veulent pas quitter l'usine »[198].

Délit d'entrave à la liberté du travail

> **C. pén., art. 414 (L. 25 mai 1864).** – Sera puni d'un emprisonnement de six jours à trois ans et d'une amende de 16 à 3 000 F *(L. fin., 29 déc. 1956, art. 7, IV : 500 F à 10 800 F)*, ou de l'une de ces deux peines seulement, quiconque, à l'aide de violences, voies de fait, menaces ou manœuvres frauduleuses, aura amené ou maintenu, tenté d'amener ou de maintenir une cessation concertée de travail, dans le but de forcer la hausse ou la baisse des salaires ou de porter atteinte au libre exercice de l'industrie ou du travail.

Pour la Cour de cassation, « en protégeant également les ouvriers et les patrons, cette loi accorde aux uns comme aux autres le droit de se réunir volontairement, à l'effet d'arrêter des résolutions communes sur le prix et les conditions du travail, sous l'obligation de respecter la liberté d'autrui et la paix publique », mais « punit quiconque à l'aide de menaces, notamment, aura amené ou maintenu, tenté d'amener ou de maintenir une cessation concertée de travail, dans le but de forcer la hausse ou la baisse des salaires, ou de porter atteinte au libre exercice de l'industrie ou du travail »[199].

42. - Entrave à la liberté du travail. Seule demeura l'atteinte à la liberté du travail toujours visée par l'actuel article 431-1 du Code pénal qui réprime « le fait d'entraver, d'une manière concertée et à l'aide de menaces, l'exercice de la liberté (...) du travail ».

(197) Loi du 25 mai 1864 sur les coalitions, abrogeant les articles 414, 415 et 416 du Code pénal. Sur le contexte de cette abrogation, G. Scelle, *Précis élémentaire de législation industrielle*, Sirey, 1927, 362 p., spéc. p. 46.

(198) E. Garçon, *Code pénal annoté*, t. III, Sirey, éd. MM. Rousselet, Patin et Ancel, 1952 à 1959, art. 414 et 415, n° 15.

(199) Cass. crim., 5 avr. 1867 : *Bull. crim.* n° 79.

Prohibition de l'entrave à la liberté du travail

C. pén., art. 431-1. – Le fait d'entraver, d'une manière concertée et à l'aide de menaces, l'exercice de la liberté d'expression, du travail, d'association, de réunion ou de manifestation ou d'entraver le déroulement des débats d'une assemblée parlementaire ou d'un organe délibérant d'une collectivité territoriale est puni d'un an d'emprisonnement et de 15 000 euros d'amende.

Le fait d'entraver, d'une manière concertée et à l'aide de menaces, l'exercice de la liberté de création artistique ou de la liberté de la diffusion de la création artistique est puni d'un an d'emprisonnement et de 15 000 euros d'amende.

Le fait d'entraver, d'une manière concertée et à l'aide de menaces, l'exercice de la fonction d'enseignant est puni d'un an d'emprisonnement et de 15 000 euros d'amende.

Le fait d'entraver, d'une manière concertée et à l'aide de coups, violences, voies de fait, destructions ou dégradations au sens du présent code, l'exercice d'une des libertés visées aux alinéas précédents est puni de trois ans d'emprisonnement et de 45 000 euros d'amende.

Comme le souligna Planiol, la loi des 25 et 27 mai 1864 fit sortir la grève de la clandestinité pour la faire entrer dans le droit : « Jadis les grèves n'étaient que des conflits de fait entre patrons et ouvriers, dont le droit ne s'occupait pas, ou dans lesquelles il ne voyait qu'un délit, avant la loi de 1864 sur les coalitions, ou une occasion de délits (depuis cette loi), à cause des violences dont la grève s'accompagne d'ordinaire. Aujourd'hui les grèves sont entrées dans le domaine juridique ; elles sont devenues une institution légale, mais elles se trouvent dès lors placées sous l'empire du droit et elles ont à subir des limites et des règles. Elles ne sont plus l'œuvre d'une masse anonyme, insaisissable, sans responsabilité ; elles sont voulues et conduites par des forces organisées, mais elles engagent la responsabilité de ceux qui les dirigent. Leurs règles se formuleront peu à peu, et il y aura bientôt un droit de la guerre entre patrons et ouvriers, comme il y en a un entre nations civilisées »[200].

Il faudra attendre la loi du 21 mars 1884 pour que la singularité des associations ouvrières soit reconnue au travers de la création des syndicats professionnels, mais uniquement dans le secteur privé. On sait que ce régime, qui suppose la déclaration non seulement des statuts mais également des fondateurs, s'est heurtée à une assez forte hostilité des syndicats anarchorévolutionnaires qui considéraient cette publicité comme un piège et l'encadrement par le droit de l'action ouvrière comme une tentative de normalisation et de contrôle[201].

43. – La peur des syndicats. À l'époque, la méfiance est réciproque et les juristes voient d'un très mauvais œil l'irruption des syndicats révolutionnaires dans la sphère juridique. La conception anarchorévolutionnaire de la grève au XIXe siècle apparente

(200) M. Planiol, note ss Lyon, 2 mars 1894 : *DP* 1894, 2, 305. – F. Hordern, *La grève, la jurisprudence et la doctrine « travailliste » en France de 1919 à 1939 : Cah. de l'Institut régional du travail*, n° 3, p. 143-154. – P.-Y. Verkindt et L. Bonnard-Plancke, *Planiol, Wahl et quelques autres : la réception du fait de grève par la doctrine civiliste (1864-1914)*, in *Histoire, Justice et travail*, Centre d'histoire judiciaire, 2005, spéc. p. 112-120.

(201) Sur cette « légalisation de la classe ouvrière » obligeant « la classe ouvrière à parler une langue qui n'est pas la sienne, B. Edelman, *La légalisation de la classe ouvrière*, t. 1 : *L'entreprise*, Christian Bourgois éd., 1978, 254 p.

celle-ci à une véritable guerre : les grévistes y étaient d'ailleurs comparés au XIXe siècle à des « Apaches sans foi ni loi »[202].

Les auteurs filent d'ailleurs volontiers la métaphore guerrière pour décrire les conflits collectifs[203]. Dans ses *Réflexions sur la violence* publié en 1908, Georges Sorel écrit que « La grève est un phénomène de guerre »[204]. Josserand écrit pour sa part en 1927 : « Grève et *lock-out* sont des formations de combat destinées à vaincre la résistance de l'adversaire, à lui imposer la volonté de l'assaillant »[205].

Comme le souligne Danielle Tartakowsky, « la violence prolétarienne remplissait, en dernière analyse, le rôle de mythe substitutif à celui de la grève générale »[206].

La grève apparaît également volontiers comme un exutoire à la violence des rapports sociaux : elle peut alors être définie comme « un moment de crise, quelque peu comparable à un psychodrame, où les sentiments refoulés, les rancœurs en sourdine, se donnent libre cours, s'exaltent et connaissent leur apogée »[207]. Planiol considérait d'ailleurs que la grève serait ainsi « un droit contraire au droit »[208], et tout encadrement de la grève par le droit nécessairement restrictif de la liberté des travailleurs[209].

Cette analyse de la grève comme forme de violence légitime est toujours présente dans la doctrine, jusqu'à une période récente. Pour Maurice Boitel, « cette forme de lutte des classes est aussi difficile à encadrer que la guerre entre les nations. Que ceci serve de leçon à ceux qui seraient tentés de nos jours de vouloir supprimer le droit de grève »[210]. Pour Hélène Sinay, le droit de grève est décrit comme le « Droit de violer », le « droit de nuire »[211], et la faute lourde exigée en 1950 pour justifier le licenciement des grévistes traduit « l'acharnement des combattants qui dépasse les lois de la guerre »[212]. Guy Caire va également comparer le déroulement de la grève à celui d'une campagne militaire : « Non sans quelque arbitraire, il est possible de distinguer les trois phases de

(202) Extrait du *Temps* du 18 novembre 1908. Le terme d'« apache » désigne à l'époque des bandes de jeunes criminels qui sévissent à Paris (ainsi la une de *Le Petit journal* 20 oct. 1907, passée à la postérité).

(203) Alain définissait la grève comme un « effet de force » : *Les propos d'Alain*, la Pléiade, p. 1231. Cité par H. Sinay, ouvr. préc., n° 1.

(204) Appendice II, *Apologie de la violence*, 18 mai 1908. Dans ses *Réflexions sur la violence*, Sorel définit la grève comme le pouvoir de « faire peur » à la classe dominante (Paris, éd. Marcel Rivière, 1972).

(205) L. Josserand, *De l'esprit des lois et de leur relativité. Théorie dite de l'Abus des Droits*, Dalloz, 1927, 426 p., spéc. p. 225.

(206) D. Tartakowsky, *Manifestations ouvrières et théories de la violence : 1919-1934 : Cultures & Conflits* 1993, 09-10. – F. de Visscher, *La philosophie syndicaliste et le mythe de la grève générale : Rev. néo-scolastique de philosophie* 1913, 20e année, n° 78, p. 129. – S. Sirot, ouvr. préc., p. 99. V. égal. le dossier « Grèves générales », *in Mouvements* 2020/3, n° 103.

(207) H. Sinay, ouvr. préc., p. 4, n° 5.

(208) M. Planiol, note ss CA Bourges, 19 juin 1894 : *D.* 1894, p. 441 : l'arrêt condamne Jean Jaurès pour être intervenu de manière illicite dans un conflit collectif.

(209) T. Grumbach, *Insécurité judiciaire pour les grévistes ou la grève comme exercice des libertés publiques : Dr. ouvrier* 1980, p. 1 et s. – A. Jeammaud, *Les principes dans le droit français du travail : Dr. soc.* 1982, p. 618-629, spéc. p. 628, n° 20.

(210) Cité par M. Jacek, *L'offensive actuelle contre le droit de grève et, en particulier, la mise en cause de la responsabilité civile des syndicats : Dr. ouvrier* 1980, p. 227-233, spéc. p. 227.

(211) H. Sinay, *Traité de droit du travail*, préc. – C. Atias, *Le droit de nuire : D.* 1997, 385. Le droit de grève serait « intouchable » selon l'auteur.

(212) Ouvr. préc., nos 263 et 260.

cette opération militaire que constitue la grève : le déclenchement, le déroulement, le dénouement »[213].

Difficile d'encadrer la grève, dans ces conditions ! Et pour reprendre la belle formule de Patrice Adam : « Tout ceci explique qu'au cours de la grève rien ne sera comme à l'ordinaire, ce qui ne signifie pas que tout soit autorisé »[214].

Avec le temps et l'intégration de la grève dans l'État de droit, pour y être reconnue mais également, dans le même mouvement, pour y être confrontée avec les autres droits et libertés (des autres travailleurs comme des employeurs ou de l'administration, des clients ou des autres usagers du service public), les grèves se sont incontestablement pacifiées, même si la violence n'est jamais loin[215].

44. – La méfiance à l'égard du juge. Cette défiance à l'égard du droit traduit également une méfiance à l'égard du juge, garant du respect de la légalité : les employeurs fuiraient en effet volontiers la logique du rapport de force pour celui du rapport de droit, plus favorable, et les juges ont pu par le passé être accusés d'avoir « progressivement rongé et comme émasculé » le droit de grève[216].

Les employeurs déploieraient d'ailleurs de véritables stratégies de « gestion contentieuse » des conflits collectifs, méthode qui serait d'ailleurs devenue l'une des caractéristiques du capitalisme moderne[217], comme en ont témoigné certaines luttes passées à la postérité, comme l'affaire du *Parisien libéré* où le propriétaire du journal avait intenté plus de soixante actions judiciaires contre les différents acteurs du conflit[218].

45. – Le salarié gréviste rompant le contrat de travail. Si, sur le plan collectif, le régime de la grève s'assouplit, rien n'est prévu sur le plan civil. La grève n'est plus pénalisée, mais elle continue de se heurter à la force obligatoire du contrat de louage[219]. Le 15 mai 1907, dans un arrêt rendu par sa chambre civile, la Cour de cassation allait ainsi affirmer, dans un arrêt étrangement inédit, que la décision prise par le salarié de se mettre en grève rend impossible la poursuite du contrat de travail et rompt nécessairement le contrat de travail de son fait[220].

Dans cette affaire, un salarié travaillait comme ouvrier tisserand et avait été engagé pour un temps indéterminé. Il s'était mis en grève avec les autres tisserands de la maison à la suite du renvoi de trois de leurs camarades. À la fin de la grève, l'employeur avait refusé de reprendre l'un des grévistes dans ses ateliers. Ce dernier, prétendant que ce refus constituait à son égard un congédiement sans préavis, avait actionné son employeur en paiement d'une indemnité de ce chef.

(213) *La grève ouvrière*, Les Éditions ouvrières, 1978, spéc. p. 184 et s. Dans son ouvrage, S. Sirot ajoute une quatrième phase, celle de la « méthode conflictuelle » (préc., p. 90 et s.).

(214) P. Adam, *Grève dans le secteur privé : Rép. trav.* Dalloz, n° 14.

(215) Sur cette évolution historique, S. Sirot, ouvr. préc., p. 163.

(216) G. Lyon-Caen, *Réglementer le droit de grève ? : Dr. soc.* 1988, 709.

(217) T. Grumbach, *Insécurité judiciaire pour les grévistes ou la grève comme exercice des libertés publiques : Dr. ouvrier* 1980, 1 et s., spéc. n° 2 : « La juridicisation des conflits, l'appel au juge fait échapper le conflit de son terrain naturel, celui de la négociation dans l'entreprise, pour le situer sur celui du droit, où les travailleurs ne sont pas en position de force. Là, dans cet étrange maquis, seul l'employeur connaît les règles du jeu. (...) Cet appel au juge a pour objectif de faire sortir le conflit de la simplicité du rapport de force opposant les deux logiques contradictoires qui s'expriment dans la grève, pour imposer au juge l'évidence de la complexité des rapports de droit qui sous-tendent le capitalisme contemporain ».

(218) G. Lyon-Caen, *Le conflit du* Parisien Libéré *et le système français de règlement des conflits du travail : Dr. soc.* 1977, 438.

(219) B. Edelman, ouvr. préc., p. 32.

(220) Cass. civ., 15 mai 1907 : *D.* 1907, I, p. 369, note A. Colin. Antérieurement, T. com. Tarare, 30 déc. 1890 ; *La loi* 31 janv. 1891.

Pour accueillir cette action et rejeter la demande reconventionnelle de l'employeur, le tribunal civil de Lille s'est fondé sur ce que les ouvriers, lorsqu'ils se mettent en grève, entendraient suspendre simplement et non pas abandonner définitivement leurs relations de travail avec leurs patrons, et qu'en conséquence le seul fait d'avoir usé du droit de grève, dont la légalité est reconnue par la loi, ne devait pas le faire considérer comme ayant rompu le contrat de travail, et ne pouvait justifier son renvoi sans préavis.

Tel n'est pas l'avis de la Cour de cassation qui casse au visa des articles 1780 nouveau et 1184 du Code civil. Pour la Haute juridiction en effet, « l'ouvrier qui se met en grève rend impossible, par son fait volontaire, la continuation de l'exécution du contrat de travail qui le liait à son patron ; cet acte, s'il ne lui est pas interdit par la loi pénale, n'en constitue pas moins de sa part, quels que soient les mobiles auxquels il a obéi, une rupture caractérisée dudit contrat ; les conséquences juridiques d'un fait de cette nature ne sauraient être modifiées par la circonstance que son auteur aurait entendu se réserver la faculté de reprendre ultérieurement, à son gré, l'exécution de la convention mise par lui à néant ».

46. - Secteur étatique et Code pénal. L'État, en tant qu'employeur, est resté aussi longtemps qu'il a pu en dehors de l'évolution du droit des conflits collectifs observée dans le secteur privé[221].

Le Code pénal de 1810 comportait, rappelons-le, des mesures propres aux fonctionnaires regroupées dans une section III intitulée « Coalition des fonctionnaires ». L'article 123 du Code pénal disposait que : « Tout concert de mesures contraires aux lois, pratiqué soit par la réunion d'individus ou de corps dépositaires de quelque partie de l'autorité publique, soit par députation ou correspondance entre eux, sera puni d'un emprisonnement de deux mois au moins et de six mois au plus, contre chaque coupable, qui pourra de plus être condamné à l'interdiction des droits civiques, et de tout emploi public, pendant dix ans au plus ». La peine encourue était même le bannissement « si, par l'un des moyens exprimés ci-dessus, il a été concerté des mesures contre l'exécution des lois ou contre les ordres du Gouvernement » (art. 124), et la « détention criminelle à perpétuité (…) si ce concert a eu lieu entre les autorités civiles et les corps militaires ou leurs chefs », pour « les auteurs ou provocateurs » (art. 124). La détention à perpétuité était également prévue « dans le cas où ce concert aurait eu pour objet ou résultat un complot attentatoire à la sûreté de l'État » (art. 125). L'article 126 du Code pénal prévoyait également que : « Seront coupables de forfaiture, et punis de la dégradation civique : Les fonctionnaires publics qui auront, par délibération, arrêté de donner des démissions dont l'objet ou l'effet serait d'empêcher ou de suspendre soit l'administration de la justice, soit l'accomplissement d'un service quelconque ». Quoiqu'anachroniques, ces dispositions n'ont été abrogées qu'en 1992 à l'occasion de l'adoption du « nouveau » Code pénal.

47. - Décision *Winkell*. Assez logiquement dans le contexte de l'époque, le Conseil d'État refusa de reconnaître aux fonctionnaires le droit de grève, exprimant ce refus dans la décision *Winkell* du 7 août 1909[222].

(221) Sur le rôle historique de l'État employeur, S. Sirot, ouvr. préc., p. 225 et s., et le chapitre IX qui lui est consacré.

(222) CE, 7 août 1909, *Winkell : Lebon*, p. 826 ; *S.* 1909, 3, 145, concl. Tardieu, note M. Hauriou ; *RDP* 1909, 494, note G. Jèze. – CE, 6 août 1910, *Amalric et a. : Lebon*, p. 720. – CE, 1er mars 1912, *Tichit et a., ibid.*, p. 302. – CE, 24 juin 1921, *Nos et a. : ibid.* p. 620. Abandonnant la référence au « contrat de fonction publique » au profit d'une référence aux seules « lois et règlements » : CE, 22 oct. 1937, *Dlle Minaire : Lebon*, p. 843, concl. Lagrange ; *S.* 1940, 3, 13, concl. Lagrange ; *D.* 1938, 3, 49, concl. Lagrange, note Eisenmann ; *RDP* 1938, 121, concl. Lagrange, note Jèze.

M. Winkell, conducteur de perforeuses aux ateliers des Postes et Télégraphes, avait été révoqué en dehors de toute procédure ordinaire pour avoir participé à une grève. Il contestait devant le Conseil d'État cet arrêté pris par le sous-secrétaire d'État des Postes et Télégraphes en date du 15 mai 1909 portant qu'il est révoqué à partir du 13 du même mois.

Il n'obtiendra pas gain de cause. Pour le Conseil d'État, « la grève, si elle est un fait pouvant se produire légalement au cours de l'exécution d'un contrat de travail réglé par les dispositions du droit privé, est, au contraire, lorsqu'elle résulte d'un refus de service concerté entre des fonctionnaires, un acte illicite, alors même qu'il ne pourrait être réprimé par l'application de la loi pénale ; (...) par son acceptation de l'emploi qui lui a été conféré, le fonctionnaire s'est soumis à toutes les obligations dérivant des nécessités mêmes du service public et a renoncé à toutes les facultés incompatibles avec une continuité essentielle à la vie nationale. (...) en se mettant en grève les agents préposés au service public, sous quelque dénomination que ce soit, ne commettent pas seulement une faute individuelle, mais (...) ils se placent eux-mêmes, par un acte collectif, en dehors de l'application des lois et règlements édictés dans le but de garantir l'exercice des droits résultant pour chacun d'eux du contrat de droit public qui les lie à l'administration ; (...) dans le cas d'abandon collectif ou concerté du service public, l'administration est tenue de prendre des mesures d'urgence et de procéder à des remplacements immédiats ».

48. - Extension aux SPIC. D'abord affirmée à propos des fonctionnaires, l'interdiction de la grève sera appliquée aux services publics industriels et commerciaux ainsi qu'aux sociétés d'économie mixte[223]. Filant, comme d'autres avant eux, la métaphore guerrière, la doctrine de l'époque manifestait sans ambiguïté son hostilité à la reconnaissance du droit de grève des fonctionnaires. Pour Hauriou, la grève serait un « fait de guerre dont on ne s'étonnera pas que le gouvernement leur ait appliqué le droit de la guerre »[224]. Duguit tolère la grève dans le secteur privé : « le droit de grève n'existe pas » et la grève générale relève de « la doctrine abominable de la lutte des classes ». Il concède toutefois que « parfois la grève est moralement légitime et juridiquement fondée, (...) elle est un moyen de contraindre le chef d'entreprise à payer un salaire équitable »[225]. Mais pour ce qui est des fonctionnaires, le rejet est absolu et l'auteur bordelais n'hésitait pas à qualifier la grève des fonctionnaires de « crime »[226] : « La grève des fonctionnaires est toujours, de quelque prétexte qu'elle se pare, une violation de la loi ; elle est toujours une faute disciplinaire ; elle est antinomique à la notion même de service public (...) ; mais bien plus à mon avis, ils commettent le plus grand des crimes ; ils assassinent la collectivité, ce qui est plus grave qu'un meurtre individuel (...) »[227].

(223) CE, 18 avr. 1947, *Jarigion, ibid.*, p. 148 ; S. 1948, 3, 33, note J. Rivero.

(224) S. 1909, 3, 145.

(225) *Traité de droit constitutionnel* ; t. 5 : *Les libertés publiques*, Paris, éd. de Boccard, 2e éd., 1925, p. 178.

(226) Lire P. Combeau, *La privation du droit de grève*, in *Grève et droit public, 70 ans de reconnaissance*, F. Crouzatier-Durand et N. Kada (dir.), LGDJ, PU Toulouse 1 Capitole, 2017, p. 117-137. Pour une étude d'ensemble des positions de la doctrine du début du XXe siècle sur le droit de coalition, P. Pic, *Traité élémentaire de législation industrielle. Les lois ouvrières*, Paris, Arthur Rousseau éd., 1 206 p., spéc. nos 290 et s.

(227) L. Duguit, *Leçons de droit public général*, Paris, La Mémoire du droit, 2000, p. 243-244 (conférence prononcée en 1926 en Égypte).

B. – La reconnaissance du droit de grève après 1946

1° La normalisation du droit de grève

a) Préambule de 1946

49. – Présentation. C'est véritablement après la Seconde Guerre mondiale que les droits des salariés dans les conflits collectifs vont être progressivement renforcés, singulièrement après l'adoption du Préambule de la Constitution du 27 octobre 1946 qui va consacrer la constitutionnalité des droits des travailleurs[228], notamment le droit de grève qui est la pierre angulaire des droits des salariés dans les conflits collectifs.

Préambule de la Constitution du 27 octobre 1946

« 7. Le droit de grève s'exerce dans le cadre des lois qui le réglementent. »

Certes, c'est le législateur qui en déterminera les conditions d'exercice, mais l'usage de l'indicatif présent, dont on sait en droit qu'il vaut impératif[229], traduit bien l'obligation qui pèse sur les pouvoirs publics de doter désormais le droit de grève d'un cadre juridique qui en garantisse l'exercice. C'est d'ailleurs en se fondant sur cet impératif, et devant le constat que le législateur n'a pas doté le droit de grève du régime général attendu par le Constituant (c'est-à-dire n'a pas prévu de régime permettant de requérir les grévistes pour assurer un service minimum), que le Conseil d'État a bâti sa jurisprudence *Dehaene* à partir de 1950[230] et qu'il continue de la faire vivre, y compris dans les services publics où le législateur est pourtant intervenu spécifiquement pour mettre en place des régimes dérogatoires destinés à favoriser la continuité du service public pendant la grève[231].

50. – Compétence partagée. Dans sa décision en date du 16 août 2007, le Conseil constitutionnel a par ailleurs précisé qu'en matière de grève comme pour l'ensemble des matières qui relèvent de sa compétence constitutionnelle d'ailleurs[232], « il est loisible au législateur de renvoyer au décret ou de confier à la convention collective le soin de préciser les modalités d'application des règles fixées par lui pour l'exercice du

(228) La figure du « travailleur » comme homme « situé » est très présente dans le Préambule de 1946, qui lui reconnaît le droit d'obtenir un emploi (al. 5), le droit à la non-discrimination (al. 5), le droit syndical (al. 6), le droit de grève (al. 7), le droit à la participation (al. 8), le droit à la protection et à des moyens convenables d'existence (pour les « vieux » travailleurs – al. 11), et l'égal accès à la formation professionnelle (al. 13).

(229) Cons. const., 17 janv. 2008, n° 2007-561 DC, *Loi ratifiant l'ordonnance n° 2007-329 du 12 mars 2007, relative au Code du travail (partie législative)*, consid. 17.

(230) CE, 7 juill. 1950, *Dehaene*, préc. Pour une analyse approfondie de cette jurisprudence, V. *infra*, n° 111.

(231) CE, 2e et 7e ss-sect. réunies, 11 juin 2010, n° 333262, *RATP : Lebon* ; *AJDA* 2010, 1710, concl. F. Lenica ; *JCP* A 2011, 2218, G. Terrien ; *Dr. soc.* 2010, p. 1099, note F. Duquesne ; *Constitutions* 2011, 255, obs. O. Le Bot : « Même si, s'agissant des services publics de transport terrestre régulier de personnes à vocation non touristique, la loi du 21 août 2007 ne traite que de points particuliers (…) il en résulte que ni les dispositions (…) du Code du travail, pour la généralité des services publics, ni celles de la loi du 21 août 2007, pour les services publics de transport terrestre qu'elle régit, ne constituent l'ensemble de la réglementation du droit de grève annoncée par la Constitution ».

(232) Cons. const., 25 juill. 1989 : *Dr. soc.* 1989, 701, note X. Prétot.

droit de grève »[233]. Cette possibilité est toutefois limitée aux « modalités d'exercice » du droit de grève et ne s'étend pas à la possibilité d'en priver totalement les salariés. Le législateur peut à cet égard prévoir que le recours à la grève devra être précédé du respect d'une procédure préalable de concertation, voire d'un préavis, comme cela était précisément le cas dans cette décision du 16 août 2017 qui portait sur l'examen de la loi n° 2007-1224 du 21 août 2007 sur le dialogue social et la continuité du service public dans les transports terrestres réguliers de voyageurs, et qui permet aux partenaires sociaux au niveau des entreprises, à défaut de la branche, de préciser le contour des obligations qui pèsent désormais sur les entreprises en charge du transport public terrestre de personnes[234].

b) Encadrement légal dans le secteur privé (1950)

51. - **La loi.** Cette consécration de la constitutionnalité du droit de grève est une étape décisive dans la construction du statut protecteur que nous connaissons aujourd'hui et qui est né avec la loi du 11 février 1950[235].

Loi n° 50-205 du 11 février 1950 relative aux conventions collectives et aux procédures de règlement des conflits collectifs de travail : *JO* 12 févr. 1950

Art. 4. – La grève ne rompt pas le contrat de travail, sauf faute lourde imputable au salarié.

Son article 4 affirme tout d'abord que le contrat de travail du gréviste n'est pas rompu par l'effet de la grève, tordant ainsi le cou à la jurisprudence de la Cour de cassation dégagée en 1907 qui admettait que le gréviste rompait unilatéralement son contrat en décidant de cesser le travail en violation de ses obligations contractuelles[236].

52. - **Sa nature interprétative.** Ce principe de non-rupture du contrat de travail sera d'ailleurs immédiatement appliqué par la Cour de cassation à des faits antérieurs à la loi nouvelle mais postérieurs au Préambule de 1946. La Haute juridiction a en effet considéré que la loi du 11 février 1950 devait être considérée comme interprétative du Préambule de 1946, justifiant ainsi son application à la date d'entrée en vigueur de la Constitution du 27 octobre 1946[237]. Cette analyse, qui vise évidemment à protéger immédiatement tous les salariés en cours d'instance, présente un caractère extrême-

(233) Cons. const., 16 août 2007, n° 2007-556 DC, *Loi sur le dialogue social et la continuité du service public dans les transports terrestres réguliers de voyageurs*, consid. 7 : *D.* 2007, 3033, obs. E. Dockès, F. Fouvet, C. Géniaut et A. Jeammaud ; *D.* 2008, 2025, obs. V. Bernaud et L. Gay ; *Dr. soc.* 2007, 1221, étude V. Bernaud ; *RFDA* 2007, 1283, chron. A. Roblot-Troizier ; *Les grandes décisions du Conseil constitutionnel*, Dalloz, 20e éd., n° 51.

(234) Sur ces règles, V. *infra*, nos 168 et s.

(235) Cette loi mettait en œuvre le programme constitutionnel de reconnaissance des « droits particulièrement nécessaires à notre temps » du Préambule de la Constitution du 27 octobre 1946. Outre la reconnaissance du droit de grève (art. 4), cette grande loi mettait en œuvre le droit à la négociation collective, consacré au travers de la liberté syndicale (art. 1er et 21), le droit au règlement des conflits collectifs du travail (art. 3 à 18) dans un même titre II de la loi intitulé « Des procédures de règlement des conflits collectifs du travail ».

(236) Cass. civ., 15 mai 1907, préc.

(237) Cass. soc., 20 mai 1955, n° 55-02.582 : *Bull. civ.* IV, n° 427. Cette interprétation a d'ailleurs été confirmée ultérieurement, lors de l'affaire des grévistes des Houillères du Nord et de la prescription de

ment artificiel, et très discutable sur un plan strictement juridique. La référence au caractère interprétatif d'une loi nouvelle sert habituellement à justifier la rétroactivité de celle-ci lorsqu'elle intervient pour clarifier le sens d'un texte antérieur obscur et se « bornerait » « à reconnaître, sans rien innover, un droit préexistant qu'une définition imparfaite a rendu susceptible de controverse »[238]. Lorsqu'il encadre le droit de grève, le législateur n'interprète pas le Préambule mais il le met en œuvre, ce qui est très différent, et comme d'ailleurs le Constituant l'y invite expressément en 1946.

53. - **Le complètement postérieur.** Ces règles, codifiées en 1973 à l'article L. 521-1 du Code du travail, vont ensuite être complétées au fil des réformes.

La loi n° 78-753 du 17 juillet 1978 interdit toutes formes de mesures discriminatoires à l'encontre des grévistes, y compris en matière de rémunérations.

Il faudra toutefois attendre la loi n° 85-772 du 25 juillet 1985 pour que le licenciement du gréviste licencié soit qualifié de « nul », et pas seulement traité comme dépourvu de cause réelle et sérieuse comme c'était le cas jusqu'alors.

Article L. 521-1 du Code du travail (article en vigueur entre 1973 et 2008)

> « La grève ne rompt pas le contrat de travail, sauf faute lourde imputable au salarié.
>
> Son exercice ne saurait donner lieu de la part de l'employeur à des mesures discriminatoires en matière de rémunérations et d'avantages sociaux.
>
> Tout licenciement prononcé en violation du premier alinéa du présent article est nul de plein droit. »

54. - **L'effectivité de la protection des grévistes.** La Cour de cassation déduisit de la nullité prévue par la loi du 25 juillet 1985 que le licenciement prononcé en l'absence de faute lourde constituait un trouble manifestement illicite autorisant le salarié à saisir le juge des référés pour que la poursuite de l'exécution du contrat soit imposée à l'employeur, en d'autres termes en obligeant ce dernier à le réintégrer[239].

Sur le plan collectif, la loi n° 82-57 du 13 novembre 1982 marqua l'abandon définitif du caractère obligatoire des modes de règlement publics des conflits collectifs en rendant toutes les procédures légales de règlement facultatives.

c) Situation de la grève dans les services publics

55. - **Présentation.** Dans le prolongement de l'exhortation contenue dans le Préambule de la Constitution du 27 octobre 1946, le législateur est intervenu en 1963 pour fixer les premières règles relatives à la grève dans les services publics. Progressivement, les règles se sont sophistiquées, sans toutefois que le législateur n'adopte de régime général véritablement contraignant[240].

leurs actions tardives : Cass. soc., 9 oct. 2012, n° 11-17.829 : *Bull. civ.* V, n° 253 ; *Dr. soc.* 2013, 176, note Ch. Radé. Sur cette affaire, V. *infra*, n° 581.

(238) Cass. soc., 19 juin 1963 : *Gaz. Pal.* 1963, 2, 278.

(239) Cass. soc., 26 sept. 1990, n° 88-41.375 : *Bull. civ.* V, n° 387 ; *Dr. soc.* 1991, p. 60, rapp. P. Waquet, note J.-E. Ray ; *RJS* 1990, p. 619, chron. J. Déprez. Sur cette solution, V. *infra*, n° 592.

(240) Franck Petit parle d'ailleurs justement d'un effet « puzzle » dans les services publics en raison de l'éparpillement des régimes : *Le droit de grève dans les services publics : un puzzle à recomposer ? : Dr. soc.* 2017, 503.

1) Un droit consacré, mais pas sacré

56. – **Interrogations.** On s'est beaucoup interrogé sur le sens et la portée de la formule du septième alinéa du Préambule de la Constitution du 27 octobre 1946, aux termes duquel : « Le droit de grève s'exerce dans le cadre des lois qui le réglementent ». Fallait-il y lire la sacralisation du droit de grève et l'interdiction faite au législateur d'y porter atteinte ? Fallait-il au contraire y voir une formule un peu creuse laissant au législateur toute latitude pour en déterminer le contenu, les limites et garanties ? Ou alors l'intention du Constituant de 1946 était-elle de reconnaître l'existence du droit de grève, de contraindre le législateur à en garantir l'exercice, tout en permettant à ce dernier de le concilier avec d'autres droits fondamentaux ou intérêts également légitimes, comme le principe de continuité du service public ? C'est fort heureusement cette dernière interprétation qui a prévalu.

57. – **L'abandon de la jurisprudence *Winkell* (CE, *Dehaene*, 1950).** Choisissant la voie médiane recommandée par le commissaire du gouvernement François Gazier, le Conseil d'État, dans la décision *Dehaene* du 7 juillet 1950, a logiquement rompu avec sa jurisprudence *Winkell* et admis la licéité de la grève dans les services publics, tout en reconnaissant la nécessité d'en limiter l'exercice pour assurer la « sauvegarde de l'intérêt général »[241], soit en en fixant le cadre sur le plan légal, soit, à défaut de dispositions suffisantes, en laissant les chefs de service le déterminer pour assurer, en cas de grève, la continuité du service public.

M. Dehaene était chef de bureau à la préfecture d'Indre-et-Loire, et avait décidé de braver l'interdiction de faire grève qui lui avait été notifiée par le préfet d'Indre-et-Loire, en cessant le travail du 13 au 20 juillet 1948. Il avait écopé d'un blâme, dont il contestait la légalité au regard du septième alinéa du préambule de la Constitution du 27 octobre 1946.

Il n'aura au final pas gain de cause dans cette affaire, au prix d'un raisonnement reconnaissant, pour la première fois depuis l'arrêt *Winkell*, le droit de grève des fonctionnaires, mais également la possibilité pour les chefs de service d'en restreindre l'exercice pour assurer la continuité du service public, ce qui avait été ici le cas.

Pour le Conseil d'État en effet, « en indiquant, dans le préambule de la Constitution, que "le droit de grève s'exerce dans le cadre des lois qui le réglementent", l'assemblée constituante a entendu inviter le législateur à opérer la conciliation nécessaire entre la défense des intérêts professionnels, dont la grève constitue l'une des modalités, et la sauvegarde de l'intérêt général auquel elle peut être de nature à porter atteinte ».

« Les lois des 27 décembre 1947 et 28 septembre 1948, qui se sont bornées à soumettre les personnels des compagnies républicaines de sécurité et de la police à un statut spécial et à les priver, en cas de cessation concertée du service, des garanties disciplinaires, ne sauraient être regardées, à elles seules, comme constituant, en ce qui concerne les services publics, la réglementation du droit de grève annoncée par la Constitution. »

« En l'absence de cette réglementation, la reconnaissance du droit de grève ne saurait avoir pour conséquence d'exclure les limitations qui doivent être apportées à ce droit, comme à tout autre, en vue d'en éviter un usage abusif ou contraire aux nécessités de l'ordre public ; (...) en l'état actuel de la législation il appartient au gouvernement, responsable du bon fonctionnement des services publics, de fixer lui-même, sous le contrôle du juge, en ce qui concerne ces services, la nature et l'étendue desdites limitations. »

(241) CE, 7 juill. 1950, *Dehaene* : *JCP* 1950, II, 5681, concl. F. Gazier ; *D.* 1950, p. 538, note A. Gervais ; *S.* 1950, 3, 109, note J.D.V. ; *JCP* 1950, II, 5681, concl. F. Gazier ; *RDP* 1950, p. 691, concl. F. Gazier, note M. Waline ; *Rev. adm.* 1950, p. 366, note D. Liet-Veaux ; *Dr. soc.* 1950, p. 317 ; *Dr. ouvrier* 1959, p. 393, étude S. Labry, p. 371 et s. – M. Long, P. Weil, G. Braibant, P. Delvolvé et B. Genevois, *Les grands arrêts de la jurisprudence administrative*, Dalloz, 20e éd., 2015, n° 59, p. 370.

« Une grève qui, quel qu'en soit le motif, aurait pour effet de compromettre dans ses attributions essentielles l'exercice de la fonction préfectorale porterait une atteinte grave à l'ordre public ; (...) dès lors le gouvernement a pu légalement faire interdire et réprimer la participation des chefs de bureau de préfecture à la grève de juillet 1948 ; »

« Il est constant que [M. Dehaene], chef de bureau à la préfecture d'Indre-et-Loire, a, nonobstant cette interdiction, fait grève du 13 au 20 juillet 1948 ; (...) cette attitude, si elle a été inspirée par un souci de solidarité, n'en a pas moins constitué une faute de nature à justifier une sanction disciplinaire ; (...) le requérant n'est pas fondé à soutenir qu'en lui infligeant un blâme le préfet d'Indre-et-Loire a excédé ses pouvoirs. »

58. - Droit de grève et sauvegarde de l'intérêt général (Conseil constitutionnel, 1979). Cette approche médiane qui concilie le droit de grève et d'autres droits ou principes de valeur constitutionnelle, est également celle qui a été adoptée par le Conseil constitutionnel à partir de sa première décision du 25 juillet 1979[242]. Comme le relève le Conseil lui-même, la rédaction de la décision est nettement inspirée de l'arrêt *Dehaene*, « tout en allant au-delà »[243].

Le Conseil n'a pas varié depuis, ne manifestant pas de zèle particulier à protéger le droit de grève face à d'autres droits ou impératifs constitutionnels[244].

Décision n° 79-105 DC du 25 juillet 1979, *Loi modifiant les dispositions de la loi n° 74-696 du 7 août 1974 relatives à la continuité du service public de la radio et de la télévision en cas de cessation concertée du travail* (extrait)

« 1. Considérant qu'aux termes du préambule de la Constitution du 27 octobre 1946, confirmé par celui de la Constitution du 4 octobre 1958 : "le droit de grève s'exerce dans le cadre des lois qui le réglementent" ; qu'en édictant cette disposition les constituants ont entendu marquer que le droit de grève est un principe de valeur constitutionnelle, mais qu'il a des limites et ont habilité le législateur à tracer celles-ci en opérant la conciliation nécessaire entre la défense des intérêts professionnels, dont la grève est un moyen, et la sauvegarde de l'intérêt général auquel la grève peut être de nature à porter atteinte ; que, notamment en ce qui concerne les services publics, la reconnaissance du droit de grève ne saurait avoir pour effet de faire obstacle au pouvoir du législateur d'apporter à ce droit les limitations nécessaires en vue d'assurer la continuité du service public qui, tout comme le droit de grève, a le caractère d'un principe de valeur constitutionnelle ; que ces limitations peuvent aller jusqu'à l'interdiction du droit de grève aux agents dont la présence est indispensable pour assurer le fonctionnement des éléments du service dont l'interruption porterait atteinte aux besoins essentiels du pays ; »

(242) Cons. const., 25 juill. 1979, n° 79-105 DC, *Loi modifiant les dispositions de la loi n° 74-696 du 7 août 1974, relatives à la continuité du service public de la radio et de la télévision en cas de cessation concertée du travail*, consid. 1 : *RDP* 1980, p. 1705, note L. Favoreu ; *Dr. soc.* 1980, p. 7, note C. Leymarie ; D. 1980, p. 101, note M. Paillet, chron. p. 333, L. Hamon. Pour une étude du service minimum dans le secteur de l'audiovisuel public, *V. infra*, n°s 744 et s.

(243) Singulièrement dans le commentaire sous la décision n° 2007-556 DC du 16 août 2007, *Loi sur le dialogue social et la continuité du service public dans les transports terrestres réguliers de voyageurs.*

(244) Ce qui a fait dire à N. Molfessis que « le Conseil constitutionnel offre une faible protection au droit de grève » (*Le Conseil constitutionnel et le droit privé*, LGDJ, coll. « Bibl. de droit privé », t. 287, p. 126).

Le Conseil n'a pas eu à se prononcer depuis lors sur des législations qui auraient totalement privé certains fonctionnaires de l'exercice du droit de grève, ni dans le cadre du contrôle initial, ni dans celui de la question prioritaire de constitutionnalité (QPC)[245].

59. – L'intégration tardive dans le statut de la fonction publique (1983). La formule contenue dans le Préambule de la Constitution de 1946 n'opérant formellement aucune différence entre les salariés et les agents publics, il semblait que l'intention du constituant soit bien de consacrer le droit de grève dans la fonction publique et de mettre un terme à la jurisprudence hostile du Conseil d'État.

Mais alors que la loi du 11 février 1950 allait rapidement intervenir pour installer le droit de grève dans le secteur privé, le législateur allait laisser passer l'occasion d'en faire de même pour les fonctionnaires, car ni la loi n° 46-2294 du 19 octobre 1946 relative au statut général des fonctionnaires qui leur a pourtant reconnu le droit syndical, ni l'ordonnance n° 59-244 du 4 février 1959 relative au statut général des fonctionnaires, ne consacrèrent en effet le droit de grève.

Il faudra attendre la réforme du statut général de la fonction publique par la loi Le Pors n° 83-634 du 13 juillet 1983 portant droits et obligations des fonctionnaires pour que le législateur consacre formellement le droit de grève dans le statut, en recopiant d'ailleurs, dans son article 10, la formule du Préambule de la Constitution de 1946 aux termes de laquelle : « Le droit de grève s'exerce dans le cadre des lois qui le réglementent »[246].

Ces dispositions ont été intégrées en 2022 dans le nouveau Code général de la fonction publique qui a légèrement reformulé la règle. Son article L. 114-1 dispose en effet désormais que : « Les agents publics exercent le droit de grève dans le cadre des lois qui le réglementent »[247].

60. – La conventionnalité des dispositifs. La Cour européenne des droits de l'homme, qui contrôle la conformité de ces interdictions au travers de leur compatibilité à l'article 11 de la Convention européenne des droits de l'homme et grâce au rattachement de la grève à la liberté syndicale[248], considère, elle aussi, que l'exercice du droit de grève doit être concilié avec d'autres impératifs nationaux. Dans un arrêt *Junta Rectora del Ertzainen Nazional Elkartasuna c/ Espagne* en date du 2 avril 2015, elle a ainsi considéré que l'interdiction faite à un syndicat de police suédois d'exercer le droit de grève ne violait pas l'article 11 de la Convention[249].

Dans cette affaire, la Cour a rappelé « que le droit de faire grève, qui permet à un syndicat de faire entendre sa voix, constitue un aspect important pour les membres d'un syndicat dans la protection de leurs intérêts. Ce droit de grève est reconnu par les organes de contrôle de l'Organisation internationale du travail (OIT) comme le corollaire indissociable du droit d'association syndicale protégé par la Convention C87 de l'OIT sur la liberté syndicale et la protection du droit syndical. Elle rappelle que la Charte sociale européenne reconnaît aussi le droit de grève comme un moyen d'assurer l'exercice effectif du droit de négociation collective ».

(245) Commentaire sous Cons. const., 16 août 2007, n° 2007-556 DC, préc.

(246) Ni la loi n° 46-2294 du 19 octobre 1946 qui reconnait pourtant le droit syndical, ni l'ordonnance n° 59-244 du 4 février 1959 ne consacrèrent en effet le droit de grève des fonctionnaires.

(247) Ord. n° 2021-1574, 24 nov. 2021. Le code est entré en vigueur le 1er mars 2022.

(248) Sur ce point, V. *infra*, n° 89.

(249) CEDH, 21 avr. 2015, n° 45892/09, *Junta Rectora del Ertzainen Nazional Elkartasuna c/ Espagne : Dr. soc.* 2016, 697, étude J.-P. Marguénaud et J. Mouly. Lire L. Driguez, *La liberté syndicale devant la CEDH : SSL* 19 déc. 2022, n° 20262027. Sur la protection du droit de grève *via* la liberté syndicale, lire P. Vergé et I. Desbarats, *La liberté générale d'association assure-t-elle la liberté syndicale ? : JCP* S 2009, 1120.

La Cour a également reconnu que ce droit n'avait pas de caractère absolu, qu'il « peut être soumis à certaines conditions et faire l'objet de certaines restrictions » (§ 32). « Ainsi, le principe de la liberté syndicale peut être compatible avec l'interdiction du droit de grève à des fonctionnaires exerçant des fonctions d'autorité au nom de l'État. Toutefois, si l'interdiction du droit de grève peut concerner certaines catégories de fonctionnaires (...) elle ne peut pas s'étendre aux fonctionnaires en général ou aux travailleurs publics des entreprises commerciales ou industrielles de l'État. Ainsi, les restrictions légales au droit de grève devraient définir aussi clairement et étroitement que possible les catégories de fonctionnaires concernés » (§ 32).

Dans cette affaire, « La Cour note que la restriction prescrite par la loi litigieuse ne s'étend pas sur l'ensemble des fonctionnaires publics mais vise exclusivement les membres des Forces et Corps de Sécurité de l'État en tant que garants du maintien de la sécurité publique (...). La Cour note en outre que cette même loi accorde à ces corps une responsabilité accrue leur exigeant d'intervenir à tout moment et en tout lieu en défense de la Loi, que ce soit pendant les heures de travail ou pas » (§ 37). « Aux yeux de la Cour, cette nécessité d'un service ininterrompu et le mandat armé qui caractérise ces "Agents de l'Autorité" distingue ce collectif d'autres fonctionnaires tels que les magistrats ou les médecins et justifie la limitation de leur liberté syndicale. En effet, les exigences plus sévères les concernant ne vont pas au-delà de ce qui est nécessaire dans une société démocratique, dans la mesure où elles permettent de préserver les intérêts généraux de l'État et, en particulier, d'en garantir la sécurité, la sûreté publique et la défense de l'ordre, principes énoncés à l'article 11 § 2 de la Convention » (§ 37). « Par ailleurs, la nature spécifique de leurs activités justifie l'existence d'une marge d'appréciation suffisamment large pour l'État pour développer sa politique législative et lui permettre ainsi de réglementer, dans l'intérêt public, certains aspects de l'activité du syndicat, sans pour autant priver ce dernier du contenu essentiel de ses droits au titre de l'article 11 de la Convention » (§ 39). En conclusion, la Cour a considéré « que les faits soulevés par la situation spécifique de la présente affaire ne constituent pas une ingérence injustifiée dans le droit du syndicat requérant à la liberté d'association, dont il a pu exercer le contenu essentiel » (§ 41).

61. - Des garanties disciplinaires minimales. Le Conseil d'État avait considéré dans sa décision *Winkell* que la grève privait le fonctionnaire des garanties qui lui sont statutairement reconnues[250]. Lorsqu'un fonctionnaire légalement privé du droit de grève cesse aujourd'hui tout de même le travail pour défendre des revendications professionnelles, il s'expose également à une sanction disciplinaire pouvant aller jusqu'à la révocation. Mais les agents concernés ont le droit au respect d'un minimum de garanties dans le cadre de cette procédure, même s'ils ne bénéficieront pas des droits habituels, auxquelles ni le pouvoir législatif ni le pouvoir réglementaire ne sauraient déroger. C'est ce qui résulte de la décision du 6 août 2021 du Conseil d'État rendue à propos des surveillants de l'administration pénitentiaire[251].

Saisi par le Conseil d'État d'une demande de QPC concernant la privation des fonctionnaires de l'administration pénitentiaire de l'exercice du droit de grève et le sort réservé aux contrevenants[252], le Conseil constitutionnel a déclaré l'article 3 de l'ordonnance n° 58-696 du 6 août 1958, dans sa rédaction résultant de la loi du 6 février 1992 relative à l'administration territoriale de la République, non conforme aux droits et libertés que la Constitution garantit, tels que les droits de la défense[253].

La disposition litigieuse affirmait que : « Toute cessation concertée du service, tout acte collectif d'indiscipline caractérisée de la part des personnels des services déconcentrés de l'administration pénitentiaire est interdit. Ces faits, lorsqu'ils sont susceptibles de porter atteinte à l'ordre public, pourront être sanctionnés en dehors des garanties disciplinaires ».

(250) Préc.
(251) CE, 6e ch., 6 août 2021, n° 439211 : *AJFP* 2021, 37.
(252) CE, 20 févr. 2019, n° 425521.
(253) Cons. const., 10 mai 2019, n° 2019-781 QPC : *Constitutions* 2019, 375, chron. O. Le Bot.

Or, pour le Conseil constitutionnel, il résulte de l'article 16 de la Déclaration des droits de l'homme et du citoyen de 1789, aux termes duquel « Toute société dans laquelle la garantie des droits n'est pas assurée, ni la séparation des pouvoirs déterminée, n'a point de Constitution », « qu'aucune sanction ayant le caractère d'une punition ne puisse être infligée à une personne sans que celle-ci ait été mise à même de présenter ses observations sur les faits qui lui sont reprochés », ce qui n'était évidemment pas le cas si le fonctionnaire sanctionné peut l'être « en dehors des garanties disciplinaires ».

La censure n'ayant été accompagnée d'aucune mesure de report des effets, il fallait intervenir rapidement pour combler le vide laissé par l'abrogation de l'article 3. C'est ce que fit l'article 54 de la loi n° 2019-828 du 6 août 2019 de transformation de la fonction publique, avec transfert de ces dispositions dans le Code général de la fonction publique[254]. Désormais, l'article 3 de l'ordonnance du 6 août 1958 confirme la mise à l'écart du droit commun disciplinaire mais dispose que : « Les personnes mises en cause sont mises à même de présenter leurs observations sur les faits qui leur sont reprochés » selon des modalités « fixées par décret en Conseil d'État ».

C'est ce qui fut fait avec le décret n° 2019-1508 du 30 décembre 2019 modifiant le décret n° 66-874 du 21 novembre 1966 relatif au statut spécial des fonctionnaires des services déconcentrés de l'administration pénitentiaire, qui allait aussitôt être contesté devant le Conseil d'État, et qui a conduit ce dernier à préciser de quelles garanties minimales doivent disposer les fonctionnaires lorsqu'ils ne relèvent pas du droit commun disciplinaire.

Dans sa décision en date du 6 août 2021, le Conseil d'État a indiqué qu'au titre des garanties minimales devaient figurer le droit d'accès au dossier, le droit d'être assisté par un défenseur de son choix, ou encore le droit de disposer d'un délai suffisant pour présenter sa défense.

Définissant, au regard de l'article 6 de la Convention européenne des droits de l'homme, les garanties minimales qui doivent s'appliquer en matière disciplinaire, le Conseil d'État affirme l'existence d'une double exigence : « Le respect du principe général des droits de la défense suppose que la personne concernée soit informée, avec une précision suffisante et dans un délai raisonnable avant le prononcé de la sanction, des griefs formulés à son encontre et puisse avoir accès aux pièces au vu desquelles les manquements ont été retenus, à tout le moins lorsqu'elle en fait la demande ».

Or, pour ce dernier, les dispositions mises en cause respectaient bien ces garanties. Il résultait en effet des dispositions de l'article 86 du décret du 21 novembre 1966 portant règlement d'administration publique relatif au statut spécial des fonctionnaires des services déconcentrés de l'administration pénitentiaire, dans sa rédaction issue du décret attaqué, que le fonctionnaire de l'administration pénitentiaire à l'encontre duquel l'autorité investie du pouvoir de nomination envisage de prendre une sanction pour avoir participé à une cessation concertée du service ou à un acte collectif d'indiscipline caractérisée, doit se voir adresser au préalable par l'administration une lettre recommandée avec demande d'avis de réception lui précisant la sanction envisagée ainsi que les faits précis qui lui sont reprochés et contenant copie des pièces sur lesquelles l'administration se fonde pour envisager cette sanction. L'intéressé, qui doit, en toute hypothèse, être mis à même de consulter l'ensemble de son dossier administratif et dont le décret litigieux précise qu'il peut se faire assister par un ou plusieurs défenseurs de son choix, dispose, à compter de la réception de cette lettre, d'un délai de dix jours francs pour adresser à l'autorité investie du pouvoir de nomination ses observations écrites. Outre cette procédure, lorsque la sanction envisagée est la révocation, le fonctionnaire en cause doit être par ailleurs entendu par l'autorité investie du pouvoir de nomination à l'occasion d'un entretien préalable au cours duquel le fonctionnaire, assisté par le ou les défenseurs de son choix, peut faire valoir tous éléments utiles pour sa défense, qu'il ait ou non adressé des observations écrites à l'administration dans le cadre de la procédure écrite qui vient d'être décrite.

Pour le Conseil d'État, « eu égard aux missions qu'exercent les agents des services déconcentrés de l'administration pénitentiaire, ayant conduit le législateur à les soumettre à un statut spécial interdisant notamment toute cessation concertée d'un service dont l'interruption est de nature à porter atteinte aux besoins essentiels du pays, le pouvoir réglementaire n'a pas

(254) Par l'ordonnance n° 2021-1574 du 24 novembre 2021. CGFP, art. L. 114-3.

méconnu le principe général des droits de la défense ni l'article 6 de la convention européenne de sauvegarde des droits de l'homme et des libertés fondamentales en instituant » ces procédures « avant qu'un agent des services déconcentrés de l'administration pénitentiaire puisse être sanctionné pour participation à une cessation concertée du service ou à un acte collectif d'indiscipline caractérisée ».

2) Marge de manœuvre du législateur

α) La possibilité de priver certaines catégories d'agents publics du droit de faire grève

62. - Professions visées. De nombreuses catégories d'agents publics et de salariés ont tout d'abord été privées par la loi de tout ou partie de la possibilité de faire grève. Certains d'entre eux sont d'ailleurs parfois sortis d'un régime d'interdiction pure et simple pour entrer dans un dispositif de service minimum.

Le législateur est intervenu pour priver certaines professions du droit de grève : les militaires[255], les CRS[256] et fonctionnaires de police[257], les personnels de l'administration pénitentiaire[258], les magistrats[259], les personnels des transmissions du ministère

(255) L. n° 72-62, 13 juill. 1972, portant statut général des militaires, art. 11 ; L. n° 2005-270, 24 mars 2005, portant statut général des militaires, art. 6 : *JO* 26 mars 2005, p. 5098. Actuellement C. défense, art. L. 4121-4, al. 1er : « L'exercice du droit de grève est incompatible avec l'état militaire. »

(256) L. n° 47-2384, 27 déc. 1947, portant réorganisation des compagnies républicaines de sécurité, art. 6, al. 3 : *JO* 28 déc. 1947, p. 12494 : « Toutefois, ils ne jouissent pas du droit de grève ; toute cessation, concertée ou non, du service est assimilée à un abandon de poste et punie comme tel ». Pour une mise en œuvre de ce texte : CE, 1er déc. 1967, n° 67957 A, *Bo : AJDA* 1968, 413. – CE, 5e et 3e ss-sect. réunies, 10 mars 1972, n° 76065 : *Lebon*.

(257) L. n° 48-1504, 28 sept. 1948, relative au statut spécial des personnels de police, art. 2. Actuellement CGFP, art. L. 114-3 : « Les fonctionnaires actifs de la police nationale et les fonctionnaires des services déconcentrés de l'administration pénitentiaire ne jouissent pas du droit de grève ». J.-C. Videlin, *L'interdiction du droit de grève pour les forces de l'ordre : un principe absolu ?*, in *Grève et droit public, 70 ans de reconnaissance*, F. Crouzatier-Durand et N. Kada (dir.), LGDJ, PU Toulouse 1 Capitole, 2017, p. 139-150.

(258) Ord. n° 58-696, 6 août 1958, relative au statut spécial des fonctionnaires des services déconcentrés de l'administration pénitentiaire, art. 3 : *JO* 7 août 1958, p. 7423. Saisi par le Conseil d'État d'une demande de QPC (CE, 20 févr. 2019, n° 425521), le Conseil constitutionnel a déclaré l'article 3 de l'ordonnance n° 58-696 du 6 août 1958, dans sa rédaction résultant de la loi du 6 février 1992 relative à l'administration territoriale de la République, non conforme aux droits et libertés que la Constitution garantit, tels que les droits de la défense : Cons. const., 10 mai 2019, n° 2019-781 QPC : *AJDA* 2019, 1020 ; *D.* 2019, 992. Ces dispositions figurent actuellement *in* CGFP, art. L. 114-3 : « Les fonctionnaires actifs de la police nationale et les fonctionnaires des services déconcentrés de l'administration pénitentiaire ne jouissent pas du droit de grève ». La participation d'un représentant syndical à un mouvement collectif d'indiscipline ayant provoqué des dégradations de l'établissement pénitentiaire de Douai, portant ainsi atteinte à l'ordre public, justifie une sanction disciplinaire sans consultation préalable du conseil de discipline (TA Lille, 28 janv. 1997, *M. Dominique Ferré : AJFP* 1997, n° 3, p. 30, comm. Mekhantar).

(259) Ord. n° 58-1270, 22 déc. 1958, portant loi organique relative au statut de la magistrature, art. 10, al. 3 : *JO* 23 déc. 1958, p. 11551 : « Est également interdite toute action concertée de nature à arrêter ou entraver le fonctionnement des juridictions ». Et pourtant le 15 décembre 2021, 975 magistrats se sont déclarés grévistes au cours de la journée « Justice morte », sur un effectif total de 8 271.

de l'Intérieur[260], les ingénieurs des études et de l'exploitation de l'aviation civile[261], ou encore les fonctionnaires de la DGSE[262].

Certaines professions sont astreintes à un service minimum : ORTF[263], contrôleurs aériens[264].

63. – Ces dispositions sont aujourd'hui regroupées dans le Code général de la fonction publique, issu de l'ordonnance n° 2021-1574 du 24 novembre 2021, qui comprend les dispositions applicables à la grève dans les services publics. Les dispositions sont inscrites dans un chapitre 5 (« Droit de grève ») appartenant à un titre 1er (« Droit et libertés ») au sein d'un livre 1er (« Droits, obligations et protections »). Ce chapitre 5 comporte onze articles rappelant le principe selon lequel « les agents publics exercent le droit de grève dans le cadre des lois qui le réglementent » (CGFP, art. L. 114-1), l'application des articles L. 2512-2 à L. 2512-4 du Code du travail relatifs à la grève dans les services publics (CGFP, art. L. 114-2), l'interdiction du droit de grève faite aux fonctionnaires actifs de la police nationale[265] et aux fonctionnaires des services déconcentrés de l'administration pénitentiaire (CGFP, art. L. 114-3), et la procédure disciplinaire simplifiée prévue pour les sanctionner en cas de manquement, ainsi qu'aux agents travaillant pour les services de la navigation aérienne (CGFP, art. L. 114-4), l'aviation civile (CGFP, art. L. 114-5), les fonctionnaires du corps des techniciens et du corps des agents des systèmes d'information et de communication du ministère de l'Intérieur (CGFP, art. L. 114-6), et le service garanti dans les collectivités territoriales (art. L. 114-7 à L. 114-10).

β) La lutte contre les stratégies de contournement des interdictions

64. – *Faux droit de retrait.* Le droit de retrait a été reconnu aux salariés comme aux agents publics à partir de la loi n° 82-1097 du 23 décembre 1982 et aujourd'hui par renvoi de l'article L. 811-1 du Code général de la fonction publique.

Les personnels privés de l'exercice du droit de grève, ou qui désirent cesser le travail sans perte de salaire, y trouvent un argument en apparence imparable : un danger, qui les menace personnellement ou pèse sur leurs collègues, ne leur permet pas de

(260) L. n° 68-695, 31 juill. 1968, relative aux agents des services de transmission du ministère de l'Intérieur : *JO* 2 août 1968, p. 7515. Actuellement CGFP, art. L. 114-6 : « Les fonctionnaires du corps des techniciens et du corps des agents des systèmes d'information et de communication du ministère de l'intérieur ne jouissent pas du droit de grève ».

(261) L. n° 71-458, 17 juin 1971, relative à certains personnels de l'aviation civile.

(262) D. n° 2015-386, 3 avr. 2015, art. 2 : « Les fonctionnaires de la direction générale de la sécurité extérieure ne disposent pas du droit de grève ». V. CE, 7e et 2e ch. réunies, 27 avr. 2021, n° 440254 : « 8. Une cessation concertée du travail de fonctionnaires de la DGSE aurait, eu égard aux missions de cette direction qui doivent être assurées sans discontinuité, pour effet de porter une atteinte grave à la sécurité nationale. Dès lors, en leur refusant l'exercice du droit de grève, l'article 2 du décret du 3 avril 2015 ne méconnaît pas le septième alinéa du Préambule de la Constitution de 1946 ».

(263) L. 26 juill. 1979 ; L. n° 86-1067, 30 sept. 1986, relative à la liberté de communication, art. 57 : *JO* 1er oct. 1986, p. 11755. Sur le service minimum, V. *infra*, nos 744 et s.

(264) L. n° 84-1286, 31 déc. 1984, art. 2 : *JO* 1er janv. 1985, p. 9. – D. n° 85-1332, 17 déc. 1985 : *JO* 18 déc. 1985, p. 14735. Actuellement CGFP, art. L. 114-4.

(265) L'article 42 du décret n° 95-654 du 9 mai 1995 fixant les dispositions communes applicables aux fonctionnaires actifs des services de la police nationale prévoit la privation des garanties disciplinaires statutaires en cas de sanction prononcée dans l'un des cas suivants : « 1° Participation à un acte collectif d'indiscipline caractérisée, ou à un acte collectif contraire à l'ordre public ; 2° Participation à une cessation concertée du travail ; 3° Appel à un acte collectif d'indiscipline caractérisée, à un acte collectif contraire à l'ordre public ou à la cessation concertée du travail ».

poursuivre leur travail dans de bonnes conditions, et ils cessent de travailler tant que l'employeur, ou l'administration concernée, n'ont pas rétabli leur pleine sécurité.

Dans l'administration pénitentiaire où les agressions de surveillants sont malheureusement fréquentes, il est alors tentant de se fonder sur de telles circonstances pour prétendre exercer son droit de retrait tout en l'imputant à un manque de personnel, ou aux mauvaises conditions de travail, ce qui permet évidemment de contourner l'interdiction légale de faire grève. Les juges du fond devront alors déterminer si l'agent concerné a agi de bonne foi et avait une bonne raison de croire sa sécurité, ou celle de ses collègues, menacée, au regard des circonstances.

Il arrive même parfois que des surveillants « empêchés » de prendre leur service en raison de barrages organisés par des collègues de repos, menant une action syndicale devant l'établissement, invoquent le droit de retrait pour refuser à leur tour de reprendre le travail, sous prétexte que leur sécurité serait mal assurée, en vain, comme le montre un arrêt rendu par la cour administrative d'appel de Toulouse le 13 décembre 2022[266].

Un agent, adjoint administratif au centre pénitentiaire de Perpignan, avait participé du 22 au 26 janvier 2018 à un mouvement de protestation syndicale. Il avait exercé son droit de retrait pour les journées des 24, 25 et 26 janvier 2018, et avait fait l'objet d'une retenue de cinq jours de traitement, ce qu'il avait contesté, en vain.

Pour étayer son allégation, il faisait valoir que lors du mouvement de grève aux abords de l'établissement, des barrages avaient été établis et que l'ensemble du personnel avait été empêché d'entrer dans l'établissement, les manifestants barrant tout passage à l'aide d'un feu de bois et de pneus, et que la tension s'était accrue à l'intérieur du centre pénitentiaire, les détenus ne pouvant plus accéder aux parloirs faute de personnels, créant, de ce fait, une situation de danger pour les agents présents.

Il n'avait pas convaincu les premiers juges saisis, et n'aura pas plus de chance en appel. La cour administrative d'appel de Toulouse relève en effet qu'il s'était borné à produire quelques photographies, deux articles de presse sur le blocage de la prison de Perpignan ainsi que son recours gracieux, un jugement concernant le même conflit et un autre salarié du même jour, mais que ces éléments n'étaient pas suffisants et que cet agent n'établissait pas qu'il avait un motif raisonnable de penser que la situation de travail au centre pénitentiaire sur les journées des 24, 25 et 26 aurait présenté un danger grave et imminent pour sa vie ou sa santé. Par ailleurs, il ne pouvait sérieusement soutenir que l'accès aux locaux était impossible pour l'ensemble du personnel alors que l'administration établissait, par la production de fiches journalières, qu'une trentaine d'agents avait pu rejoindre le service durant cette semaine de cessation concertée du travail.

L'examen de la jurisprudence montre que les tribunaux ne sont pas dupes lorsque la situation de retrait est liée par les agents à l'agression d'un surveillant par un détenu, dès lors que le détenu agresseur a été maîtrisé et généralement placé à l'isolement ; dans cette hypothèse en effet, la situation de danger a été traitée et le travail peut se poursuivre normalement. Le même constat peut être dressé dans les entreprises en charge de la gestion d'un réseau de transport urbain, ou à la SNCF, voire dans l'Éducation nationale, lorsqu'un collègue a été agressé et que l'auteur a été arrêté. Dès lors que l'employeur a rétabli la sécurité au sein de l'entreprise et que la situation de danger a disparu, alors le travail devra reprendre, et les salariés qui persisteraient dans l'exercice de leur droit de retrait pourraient être sanctionnés[267]. L'agent s'exposera alors non seulement à une retenue d'un trentième pour service non fait, voire à la

(266) CAA Toulouse, 2e ch., 13 déc. 2022, n° 21TL01196.
(267) CA Lyon, ch. soc. A, 7 nov. 2011 : *JurisData* n° 2011-028508.

privation d'un certain nombre d'accessoires[268], mais il pourra de surcroît être sanctionné en raison de son indiscipline[269].

65. - *Faux arrêts maladie.* Les chefs de service des agents publics qui ne peuvent exercer leur droit de grève devront, sous le contrôle du juge administratif, vérifier que les agents ne cessent pas le travail pendant le conflit sous un faux motif, par exemple un arrêt maladie. Les juges pourront, après examen des circonstances, considérer que le véritable motif de l'arrêt de travail de ces « malades imaginaires »[270] était la volonté de s'associer à un mot d'ordre de grève, et valider la sanction prononcée pour ce motif par l'employeur public[271].

Il a d'ailleurs été jugé, à cet égard, que dans le contexte d'un mouvement social de grande ampleur, lorsqu'un nombre important et inhabituel d'arrêts maladie sont adressés à l'administration sur une courte période alors que la cessation concertée du service est interdite au sein de cette administration et que celle-ci démontre avoir été dans l'impossibilité pratique de faire procéder de manière utile aux contre-visites, l'administration en question peut contester le bien-fondé de ces arrêts par tous moyens ; c'est ce qu'illustre une décision *Garde des Sceaux, ministre de la Justice* du Conseil d'État du 6 novembre 2019[272].

Au cours de la période du 23 au 26 janvier 2018, un mouvement social de grande ampleur avait affecté l'administration pénitentiaire. Pendant cette période, et à l'appel d'organisations syndicales nationales, de nombreux agents n'avaient pas effectué leur service et produit un avis médical pour justifier leur absence. Au centre pénitentiaire de Maubeuge, 98 agents du corps concerné sur 122 avaient ainsi cessé le travail pendant la période en cause, et 89 d'entre eux avaient produit un certificat médical portant sur les trois jours litigieux. L'un d'entre eux avait subi une retenue sur traitement de 375,46 €, et avait, avec succès, saisi le juge des référés du tribunal administratif de Lille et fait condamner l'État à lui verser la somme réclamée à titre de provision sur le fondement de l'article R. 541-1 du Code de justice administrative.

Cette ordonnance est annulée et la demande de provision rejetée. Pour le Conseil d'État en effet, « dans ces circonstances particulières, marquées par un mouvement social de grande ampleur dans une administration où la cessation concertée du service est interdite et alors que l'administration soutient avoir été dans l'impossibilité pratique de faire procéder de manière utile aux contre-visites prévues par l'article 25 du décret du 14 mars 1986, le juge des référés a inexactement qualifié les faits de l'espèce en jugeant que l'obligation dont se prévalait [l'agent] n'était pas sérieusement contestable ». En d'autres termes, c'est l'addition du contexte général (le conflit social dans lequel le comportement individuel s'inscrivait manifestement) et particulier (l'impossibilité de vérifier la sincérité de l'arrêt de travail pour cause de pseudo-maladie) qui permettait de douter de la réalité de la situation. Il faut dire que dans ces affaires l'appel

(268) CAA Marseille, 7e ch., 25 janv. 2019, n° 17MA00157 (la Poste : retenue d'un trentième + suppression de la prime dite « facteur d'avenir »).

(269) Pour un exemple de radiation des cadres d'un enseignant qui avait refusé de reprendre son poste de retour d'un arrêt maladie, en prétendant exercer son droit de retrait : CAA Douai, 27 mai 2021, n° 20DA00937 : *AJFP* 2022, 53.

(270) S. Niquège, *Grève des surveillants pénitentiaires : l'hypothèse du malade imaginaire* : *AJFP* 2020, 304. L'expression avait également été utilisée par Jean Mouly pour un salarié prétendument malade et parti aux sports d'hiver : *D.* 2004, 517 (note ss CA Limoges, 16 sept. 2003).

(271) À propos du faux arrêt maladie d'un agent de l'administration pénitentiaire : TA Bordeaux, 3 juin 2019, n° 1801697 : *AJFP* 2019, p. 327, concl. F. Béroujon (confirmé en appel : CAA Bordeaux, 3e ch., 17 juin 2020, n° 19BX03330. – CAA Nancy, 4e ch., 26 janv. 2021, n° 20NC00805 : *AJFP* 2021, p. 152. – CAA Nancy, 4e ch., 1er févr. 2022, n° 21NC00480 (7/30e).

(272) CE, 6 nov. 2019, n° 428820, *Garde des Sceaux, min. Justice*, pt 5 : *AJDA* 2020, 604. – CAA Bordeaux, 17 juin 2020, n° 19BX03330, *Garde des Sceaux, min. Justice* : *AJFP* 2020, 304, comm. S. Niquège.

syndical aux arrêts maladie est parfois assumé à visage découvert, ce qui facilitera la preuve de la supercherie.

La solution a été confirmée par une décision mentionnée aux tables du Conseil d'État en date du 21 avril 2023[273].

Cette affaire concernait le centre pénitentiaire de Beauvais. Quatre surveillants avaient subi des retenues de treize trentièmes sur leur traitement mensuel après avoir transmis à leur administration des avis médicaux leur prescrivant une interruption de travail de plusieurs jours pendant la période allant de la fin janvier au début février 2018, au cours de laquelle leur établissement d'affectation était confronté à un important mouvement social. Les décisions de retrait ayant été annulées par le tribunal administratif d'Amiens, le directeur interrégional des services pénitentiaires de Lille s'était pourvu en cassation.

S'agissant de l'analyse des règles applicables, le Conseil rappelle le cadre adéquat et la solution énoncée dans ses précédentes décisions concernant la marge de manœuvre de l'administration lorsqu'elle n'est pas en mesure de faire procéder rapidement à une visite médicale de contrôle : « L'administration ne peut en principe interrompre le versement de la rémunération d'un agent lui demandant le bénéfice d'un congé de maladie en produisant un avis médical d'interruption de travail qu'en faisant procéder à une contre-visite par un médecin agréé. Toutefois, dans des circonstances particulières, marquées par un mouvement social de grande ampleur dans une administration où la cessation concertée du service est interdite, et la réception d'un nombre important et inhabituel d'arrêts de travail sur une courte période la mettant dans l'impossibilité pratique de faire procéder de manière utile aux contre-visites prévues par l'article 25 du décret du 14 mars 1986, l'administration est fondée, dès lors qu'elle établit que ces conditions sont remplies, à refuser d'accorder des congés de maladie aux agents du même service, établissement ou administration lui ayant adressé un arrêt de travail au cours de cette période. Ces agents peuvent, afin de contester la décision rejetant leur demande de congé de maladie, établir par tout moyen la réalité du motif médical ayant justifié leur absence pendant la période considérée. Ils peuvent également, malgré l'absence de contre-visite, saisir le conseil médical, qui rendra un avis motivé dans le respect du secret médical ».

Telle n'avait pas été la position du tribunal d'Amiens dans cette affaire. Pour ce dernier en effet, « l'appel au blocage des établissements pénitentiaires par plusieurs syndicats et le nombre anormalement élevé des arrêts de travail d'agents pénitentiaires au cours de la période du 21 au 31 janvier 2018 ne pouvaient suffire à établir, en l'absence de tout autre élément, l'impossibilité matérielle d'organiser des contre-visites ».

C'est ce qui vaut aux ordonnances d'êtres cassées, les affaires étant renvoyées au même tribunal.

γ) La réglementation générale du droit de grève dans les services publics

66. - Cadre général. La loi n° 63-777 du 31 juillet 1963 relative à certaines modalités de la grève dans les services publics a fixé les principales contraintes qui pèsent sur les fonctionnaires et agents publics dans les trois fonctions publiques ainsi que dans les entreprises chargées d'une mission de service public[274].

(273) CE, 6e et 5e ch. réunies, 21 avr. 2023, n° 450533 : *Lebon* T.

(274) J.-M. Verdier, *Aspects inattendus de la loi du 31 juill. 1963 : préavis de grève et droit syndical : D.* 1963, chron. p. 43.

Loi n° 63-777 du 31 juillet 1963 relative à certaines modalités de la grève dans les services publics

Art. 3. – Lorsque les personnels visés à l'article 1er de la présente loi font usage du droit de grève, la cessation concertée du travail doit être précédée d'un préavis.

Le préavis émane de l'organisation ou d'une des organisations syndicales les plus représentatives sur le plan national, dans la catégorie professionnelle ou dans l'entreprise, l'organisme ou le service intéressé. Il précise les motifs du recours à la grève.

Le préavis doit parvenir cinq jours francs avant le déclenchement de la grève à l'autorité hiérarchique ou à la direction de l'établissement, de l'entreprise ou de l'organisme intéressé. Il fixe le lieu, la date et l'heure du début ainsi que la durée, limitée ou non, de la grève envisagée.

Le préavis ne met pas obstacle à la négociation en vue du règlement du conflit.

67. – **Intégration dans le Code du travail.** Ces règles ont été inscrites en 1973 dans le Code du travail dans un chapitre *ad hoc*[275] et imposent trois séries de restrictions à l'exercice du droit de grève. Des limitations collectives, allant d'un service minimum imposant des contraintes aux agents[276] jusqu'à l'instauration de véritables interdictions[277], sont instaurées dans l'intérêt général[278]. La grève doit être précédée d'un préavis déposé par un syndicat représentatif au moins cinq jours francs avant le déclenchement. Certaines formes, comme les grèves tournantes, sont prohibées pour éviter une trop grande désorganisation des services[279].

68. – **Régime des retenues pour fait de grève.** Le législateur est également intervenu à plusieurs reprises à partir de 1961 pour préciser le régime des retenues applicables en cas de grève[280].

Jusqu'en 1961, il fallait faire application des dispositions de l'article 10 du décret du 31 mai 1862 sur la comptabilité publique aux termes duquel : « Aucun paiement public ne peut être effectué que pour l'accomplissement d'un service fait ». Le Conseil d'État considérait que tout service fait par un agent d'un service public devait, en revanche, comporter une rémunération, à moins qu'une disposition présentant un caractère statutaire n'autorise expressément une dérogation à cette règle. Les règlements particuliers à certaines administrations prescrivant la division des traitements mensuels en trentièmes indivisibles n'autorisaient pas à opérer la retenue du traitement afférent à une journée de travail dans le cas où la cessation concertée de travail était limitée à une fraction de la journée, par exemple, à deux heures alors que la

(275) Par la loi n° 73-4 du 2 janvier 1973, relative au Code du travail. Elles se trouvent aujourd'hui dans le chapitre II « Dispositions particulières dans les services publics » (art. L. 2512-1 à L. 2512-5).

(276) On peut classer dans cette catégorie la loi n° 2008-790 du 20 août 2008 instituant un droit d'accueil pour les élèves des écoles maternelles et élémentaires pendant le temps scolaire, qui présente toutefois des particularités bien marquées, ou celles concernant également les collectivités locales V. *infra*, n° 200 s..

(277) L. 31 déc. 1984 concernant la navigation aérienne ; L. 30 sept. 1986 sur l'audiovisuel V. *infra* n° 744 s.

(278) Sur la notion de service minimum, P. Esplugas-Labatut, *Service public minimum : où en est-on ?*, in *Grève et droit public, 70 ans de reconnaissance*, F. Crouzatier-Durand et N. Kada (dir.), LGDJ, PU Toulouse 1 Capitole, 2017, p. 171-179.

(279) Ces règles seront étudiées en détail ultérieurement : V. *infra*, nos 322 et s.

(280) H. Muscat, *Les retenues sur traitement pour fait de grève ou l'hétérogénéité anachronique d'un régime juridique* : *JCP* A 2010, n° 2300. – F. Melleray, *Les retenues pécuniaires pour fait de grève dans les services publics* : *AJDA* 2003, 1648.

durée réglementaire était de huit heures. La retenue devait dès lors être proportionnelle à la durée effective de l'absence[281].

La loi de finances rectificative n° 61-825 du 29 juillet 1961 a imposé l'application générale de la règle du trentième indivisible qui a été logiquement appliquée en cas de grève[282], tout comme celle assimilant le service mal fait au service non fait adoptée en 1977[283], ce qui présente un caractère brutal (toute absence d'une durée inférieure à la journée entraîne en toute hypothèse une retenu d'une journée) et dissuasif du recours à la grève.

L'une des lois Auroux avait prévu en 1982 un régime semi-proportionnel[284], mais ce régime fut abrogé en 1987 par la loi *Lamassoure* et ne survit plus depuis que par le biais des dispositions présentes dans le Code du travail qui continuent d'y faire expressément référence dans l'article L. 2512-5[285].

L'application de la règle du trentième indivisible aux seuls agents de la fonction publique de l'État lorsqu'ils font grève est aujourd'hui prévue par l'article L. 711-3, alinéa 2, du Code général de la fonction publique. Nous verrons d'ailleurs que ces dispositions doivent se combiner avec les règles présentes dans le Code du travail, ce qui ne va pas sans mal[286].

69. - Régimes propres aux entreprises de transport[287]. Les années 2000 ont également vu apparaître un nouveau type de restrictions à l'exercice du droit de grève dans les entreprises chargées de la gestion d'un service public, tout d'abord, en 2007, pour celles gérant le transport terrestre régulier de personnes et qui a instauré un service garanti (grâce à la réaffectation des non-grévistes) et non un service minimum (autorisant la réquisition des grévistes) dans le cadre d'une organisation négociée[288], puis en 2012 dans le domaine du transport aérien de passagers dans le cadre d'un dispositif moins ambitieux visant à améliorer la prévisibilité des gênes occasionnées par les grèves[289].

70. - Règles propres aux collectivités territoriales. Le législateur a mis en place, avec la loi n° 2008-790 du 20 août 2008 instituant un droit d'accueil pour les élèves des écoles maternelles et élémentaires, des contraintes sur les enseignants grévistes pour permettre aux communes d'anticiper les besoins en personnel à mobiliser pendant les conflits. Ces dispositions ont été complétées par la loi n° 2019-828 du 6 août 2019 de transformation de la fonction publique (art. 56) qui permet aux collectivités locales

(281) CE, 13 mars 1959, *Synd. nat. FO du ministère de la Reconstruction et de l'Urbanisme : Lebon*, 178 ; *RDP* 1959, 766, note Waline. – CE, ass., 22 avr. 1960, n° 48894 A, *Min. PTT c/ Boucher*.

(282) CE, 9 avr. 1954, n° 4648 A, *Caubel : AJDA* 1954, 310, note Gazier et Long.

(283) L. n° 77-826, 22 juill. 1977.

(284) L. 19 oct. 1982. – J.-C. Savignac et S. Salon : *AJDA* 1982, 715.

(285) L. 13 juill. 1987 en partie censurée par le Conseil constitutionnel. P. Bernoux, *Le modèle français de déclenchement des grèves : Dr. soc.* 1988, 624. – H.-M. Crucis, *Les retenues de traitement pour fait de grève dans la fonction publique : RDP* 1988, 1315. – S. Salon et J.-C. Savignac, *Fonction publique de l'État : AJDA* 1987, 653. – B. Perrin, *Retenues pour faits de grève : entre prorata et trentième indivisible : CFP* mars 2005, n° 243.

(286) V. *infra*, n°s 649 et s.

(287) S. Michel, *Le droit de grève dans les transports : Dr. soc.* 2022, 427.

(288) L. n° 2007-1224, 21 août 2007, sur le dialogue social et la continuité du service public dans les transports terrestres réguliers de voyageurs. V. *infra*, n°s 196 et s.

(289) L. n° 2012-375, 19 mars 2012, relative à l'organisation du service et à l'information des passagers dans les entreprises de transport aérien de passagers et à diverses dispositions dans le domaine des transports, V. *infra*, n°s 196 et s.

d'organiser la continuité de leurs activités pendant la grève. Nous reviendrons ultérieurement sur ces régimes qui ont été intégrés depuis dans le Code général de la fonction publique aux articles L. 114-7 à L. 114-10[290].

2° La judiciarisation des conflits collectifs

71. – Phénomène. Les conflits collectifs ont pendant longtemps été abordés comme des phénomènes sociaux indirectement appréhendés par le droit, mais directement soumis aux tribunaux dans des logiques souvent répressives. De ce point de vue, on peut affirmer que la *judiciarisation* des conflits collectifs[291] a clairement précédé leur *juridicisation*, c'est-à-dire leur reconnaissance (*i.e.* leur consécration, en réalité leur légitimation) par le droit, qui n'est intervenue qu'après 1946 et l'irruption de la grève dans le Préambule de la Constitution de 1946. On doit d'ailleurs observer que l'intégration des conflits collectifs dans une logique d'encadrement juridique n'a pas tari le recours au juge, qui demeure toujours un élément de la stratégie des acteurs. Le juge des référés, qu'il soit judiciaire ou administratif, est toujours extrêmement sollicité pour arbitrer dans l'urgence des différends collectifs et éviter les débordements.

L'attitude de la Cour de cassation et du Conseil d'État diffère sensiblement face à la marge de manœuvre reconnue au juge des référés. Pour la Cour de cassation en effet, il n'est pas question de laisser le juge des référés arbitrer les différends collectifs en usant et abusant de la notion de « trouble manifestement illicite » de l'article 809 du Code de procédure civile ; seul doit donc être considéré comme illicite le trouble se heurtant à une prescription concernant de manière spécifique la grève ou les conflits collectifs, sans qu'il soit possible de faire appel à des considérations générales pour porter atteinte au droit de grève. Pour le Conseil d'État, la nécessité d'assurer la continuité du service public est susceptible de primer sur l'exercice du droit de grève, et le juge des référés doit veiller à ce que l'intérêt général ne soit pas sacrifié sur l'autel des intérêts professionnels.

VI. – Sources juridiques du droit des conflits collectifs

A. – Sources internationales et européennes

1° Droit de l'organisation internationale du travail (OIT)

72. – Sort du droit de grève. Le droit de grève n'est pas protégé en tant que tel dans les instruments adoptés par l'Organisation internationale du travail, même s'il apparaît en filigrane au travers de certaines dispositions consacrant notamment la liberté syndicale[292].

73. – Effet direct. La Cour de cassation reconnaît que certaines dispositions sont dotées d'un effet direct, tout comme le Conseil d'État qui examine la question convention par convention, et disposition par disposition[293].

(290) A. Taillefait, *L'exercice du droit de grève dans les services publics locaux : Dr. soc.* 2019, 1020.

(291) A. Jeammaud, *Les contentieux des conflits du travail : Dr. soc.* 1988, p. 689. – F. Soubiran, *Grève et guerre judiciaire : le recours au juge pénal dans un conflit du travail : Déviance et société* 1988, vol. 12, n° 1, p. 57. – T. Grumbach, *Insécurité judiciaire pour les grévistes ou la grève comme exercice des libertés publiques : Dr. ouvrier* 1989, p. 2. – J. Pélisse, *Judiciarisation ou juridicisation ? Usages et réappropriations du droit dans les conflits du travail : Politix* 2009/2, n° 86, p. 73.

(292) J. R. Bellace, *L'OIT et le droit de grève : RI trav.* 2014, vol. 153, n° 1, p. 31.

(293) Écartant l'effet direct de l'article 3 de la convention n° 138 concernant l'âge minimum d'admission à l'emploi : CE, 3 et 8e ss-sect. réunies, 19 avr. 2022, n° 451727 : *Lebon*.

a) L'absence de consécration directe du droit de grève

74. - Constat. Aucune des 190 conventions adoptées par l'OIT depuis la première adoptée en 1919 jusqu'à la dernière en 2019, n'a consacré le droit de grève *en tant que tel*[294]. Il y a sans doute deux raisons à cela. Tout d'abord, cette reconnaissance ne reflète pas totalement la situation dans les États membres de l'Organisation internationale, qui ne le reconnaissent pas tous et ne lui accordent pas la même protection. Ensuite, dans la plupart des pays la grève est considérée comme une prérogative syndicale et non comme un droit fondamental des salariés.

La grève joue également les seconds rôles dans d'autres conventions. Ainsi, la convention n° 105 sur l'abolition du travail forcé (1957) interdit toute forme de travail forcé ou obligatoire « en tant que punition pour avoir participé à une grève » (art. 1 *d*).

La recommandation n° 92 sur la conciliation et l'arbitrage volontaires (1951) invite également à ne pas recourir à la grève pendant les procédures de conciliation ou d'arbitrage (§ 4 et 6) et précise qu'aucune de ses dispositions ne « limit[e] d'une manière quelconque le droit de grève » (§ 7)[295].

75. - Dispositions non contraignantes. L'Organisation a adopté certaines résolutions concernant plus directement le droit de grève et qui ne présentent pas de caractère juridiquement contraignant, même si elles sont évidemment dotées d'une portée symbolique et politique certaine. Ainsi, une résolution adoptée en 1957 relative à l'abrogation des lois dirigées contre les organisations de travailleurs demande aux États d'adopter, s'ils ne l'ont pas déjà fait, « des lois assurant l'exercice effectif et sans restriction des droits syndicaux par les travailleurs, y compris le droit de grève » (BIT, 1957, p. 813). Une résolution adoptée en 1970 relative aux droits syndicaux et leurs relations avec les libertés civiles invite le conseil d'administration du BIT à charger son directeur général de prendre une série de dispositions « en vue d'étudier de nouvelles mesures destinées à assurer le respect total et universel des droits syndicaux au sens le plus large », en accordant notamment une attention particulière au « droit de grève »[296].

b) Protection dans le cadre de la liberté syndicale

1) Principe

76. - Rattachement au droit syndical. C'est par le truchement de la protection de l'exercice du droit syndical que le Bureau international du travail (BIT) protège l'exercice du droit de grève *via* la convention n° 87 sur la liberté syndicale et la protection du droit syndical de 1948 qui leur reconnaît pour but « de promouvoir et de défendre les intérêts des travailleurs ou des employeurs » (art. 10) et « d'organiser leur gestion et leur activité et de formuler leur programme d'action » (art. 3.1).

Le Comité de la liberté syndicale (depuis 1952) et la Commission d'experts pour l'application des conventions et recommandations (depuis 1959) y ont rattaché progressivement le droit de grève[297]. Les premiers recueils de ces travaux ont été publiés

(294) Rappelons que l'OIT a adopté depuis ses origines 402 instruments, dont 190 conventions (11 fondamentales ; 17 ont été retirées ; 159 sont considérées comme étant en vigueur). Elle a émis 206 recommandations (50 ont été retirées).

(295) BIT, 1996b, p. 76 et 80.

(296) BIT, 1970, p. 797-798.

(297) B. Gernigon, A. Odero et H. Guido, *Les principes de l'OIT sur le droit de grève : RI trav.* 1998 (1re éd.), vol. 137, n° 4 ; BIT, Genève, 2000, 64 p.

en 1994 et 1996 et permettent de préciser quelle est la doctrine de l'organisation en la matière, même si la présence des deux instances trahit parfois quelques différences d'approche[298].

La reconnaissance du droit de grève comme composante de la liberté syndicale ne s'est d'ailleurs pas faite sans heurt, et il a fallu notamment trouver un compromis entre syndicats et représentants des organisations patronales en 2015 pour que ce rattachement soit admis par consensus au sein de la Commission d'application des normes[299].

Des réclamations pour exécution non satisfaisante des conventions ratifiées (Traité OIT, art. 24 et 26) ont d'ailleurs été formulées et déclarées recevables par le conseil d'administration du BIT.

2) Limites s'agissant des agents de l'État

77. - **Identification.** Le rattachement de la grève à la liberté syndicale ne vaut toutefois que dans le secteur privé et dans le secteur étatique pour les seuls agents n'exerçant pas de « fonction d'autorité au nom de l'État »[300]. Le droit de grève des fonctionnaires doit donc faire l'objet d'un traitement particulier, car il n'est pas considéré comme le prolongement naturel de la liberté syndicale[301]. La convention n° 151 sur les relations de travail dans la fonction publique de 1978 et la recommandation n° 159 sur les relations de travail dans la fonction publique ne mentionnent d'ailleurs pas le droit de grève des agents publics parmi les modes de règlement de leurs différends.

78. - **Restrictions.** Les agents des « services essentiels » pourront donc être privés du droit de grève ; il s'agit des services « dont l'interruption mettrait en danger, dans l'ensemble ou dans une partie de la population, la vie, la sécurité ou la santé de la personne »[302]. Mais les travailleurs des entreprises publiques du secteur concurrentiel devront bénéficier du droit de grève, comme leurs collègues des entreprises privées[303].

Quant aux agents des services « d'importance primordiale » (expression du Comité de la liberté syndicale) ou d'autres services « d'utilité publique » (expression de la Commission d'experts), ils pourront être soumis à un service minimum.

Certaines catégories de travailleurs peuvent valablement être privées du droit de grève, comme les forces armées et la police[304]. S'agissant des fonctionnaires, les États peuvent les en exclure ; dans cette hypothèse, ils doivent veiller à leur accorder d'autres garanties appropriées, comme l'existence de procédures de conciliation et d'arbitrage impartiales et rapides débouchant sur des décisions opérationnelles.

(298) BIT, *Liberté syndicale et négociation collective*, Étude d'ensemble des rapports sur la convention (n° 87) sur la liberté syndicale et la protection du droit syndical, 1948, et la convention (n° 98) sur le droit d'organisation et de négociation collective, 1949 (BIT, 1994a) ; *La liberté syndicale*, in *Recueil de décisions et de principes du Comité de la liberté syndicale du Conseil d'administration du BIT* (BIT, 1996a).

(299) Sur cette crise au sein de l'OIT, lire J. Louis, *La « crise » du droit de grève à l'OIT : genèse d'une mobilisation patronale transnationale*, Presses de Sciences Po, 2022/1, n° 94, p. 147-168.

(300) *Recueil*, § 534.

(301) BIT, 1947, p. 112.

(302) BIT, 1983b, § 214.

(303) Il s'agit d'entreprises par exemple des travailleurs des entreprises pétrolières, des employés des établissements bancaires, des agents des transports métropolitains, des personnels de l'enseignement et, de façon générale, du personnel des sociétés ou entreprises publiques (BIT, 1984a, 233e Rapport, § 668 ; BIT, 1983a, 226e Rapport, § 343).

(304) BIT, 1996b, p. 15.

Le droit de grève peut également être retiré à certains fonctionnaires et dans les services essentiels. Le Comité de la liberté syndicale admet également que la grève puisse être interdite en situation de crise nationale aiguë.

3) Caractères du droit de grève au sein de l'OIT

79. - Droit de grève et négociation collective. Si l'OIT retient du droit de grève une conception logiquement syndicale, elle ne lie toutefois pas le recours à la grève au sort des accords collectifs.

80. - Droit de grève et droits et libertés des citoyens. Le droit de grève doit être concilié avec les droits fondamentaux des citoyens et des employeurs, ce qui fonde la condamnation des comportements abusifs commis en cours de grève (grève déclenchée par des travailleurs à qui ce droit n'a pas été reconnu, violation des règles de déclenchement de la grève, détérioration ou destruction de biens et des installations de l'entreprise, sabotages[305], violences contre les personnes) qui pourront être sanctionnés sur un plan disciplinaire (licenciement), civil (dommages et intérêts) ou pénal, même si ces sanctions pénales doivent être réservées aux manquements les plus graves pour ne pas dissuader les travailleurs de recourir à la grève.

L'OIT considère que les atteintes apportées à ce droit doivent être limitées. Elle reconnaît la liberté du travail et le droit de ne pas faire grève pour chaque travailleur.

Elle ne reconnaît pas la licéité des grèves purement politiques (par opposition aux grèves professionnelles ou syndicales), mais admet la validité des grèves mixtes portant sur des « questions de politique économique et sociale ». Cela inclut la possibilité de déclencher une grève « générale » (c'est-à-dire une grève nationale concernant les travailleurs de tous les secteurs d'activité).

Elle se montre réservée sur les grèves de solidarité, même si elle considère qu'elles ne doivent pas être interdites de manière générale.

81. - Droit de grève et liberté syndicale. L'OIT considère que les restrictions injustifiées apportées à l'exercice du droit de grève doivent être traitées comme des discriminations syndicales.

Pour le Comité de la liberté syndicale, certaines formes atypiques de « grèves » doivent être admises dès lors qu'elles conservent un caractère pacifique : il s'agit du ralentissement du travail (grève perlée), de l'application stricte du règlement (grève du zèle), de l'occupation du lieu de travail, ou encore des piquets de grève.

82. - Restrictions de régime. Les retenues pour participation à la grève ne doivent pas être dissuasives, ce qui suppose qu'elles soient proportionnées à la durée de l'arrêt de travail.

Le Comité de la liberté syndicale considère que les États membres peuvent valablement instaurer un préavis avant déclenchement, des procédures de conciliation, de médiation ou d'arbitrage, un vote préalable à bulletin secret avec quorum et majorité qualifiée, ou encore l'obligation d'assurer la sécurité des biens et des personnes pendant la grève.

Le Comité de la liberté syndicale admet également le recours à la réquisition des grévistes soit en cas de circonstances d'une extrême gravité, soit pour assurer la conti-

(305) Le Comité de la liberté syndicale a ainsi considéré comme justifié le licenciement de grévistes travaillant pour l'aviation civile et qui avaient modifié notamment les codes d'accès au système radar (BIT, 1998b, 309e Rapport, § 305).

nuité de services essentiels lorsque, dans un secteur important de l'économie, un arrêt total et prolongé du travail peut provoquer une situation telle que la vie, la santé ou la sécurité de la population peuvent être mises en danger. Dans les mêmes circonstances d'ailleurs, des travailleurs pourront être recrutés pour remplacer les grévistes.

83. - **Prohibition du *lock-out*.** Le *lock-out* est en revanche proscrit par principe et l'intervention de la police limitée aux seuls cas d'atteinte à l'ordre public (notamment d'entrave à la liberté du travail).

2° Pactes onusiens de 1966

84. - **PIDCP.** Le Pacte international relatif aux droits civils et politiques (1966) ne protège que la liberté syndicale et ne vise pas le droit de grève.

Pacte international relatif aux droits civils et politiques

Art. 22. – 1. Toute personne a le droit de s'associer librement avec d'autres, y compris le droit de constituer des syndicats et d'y adhérer pour la protection de ses intérêts.

2. L'exercice de ce droit ne peut faire l'objet que des seules restrictions prévues par la loi et qui sont nécessaires dans une société démocratique, dans l'intérêt de la sécurité nationale, de la sûreté publique, de l'ordre public, ou pour protéger la santé ou la moralité publiques ou les droits et les libertés d'autrui. Le présent article n'empêche pas de soumettre à des restrictions légales l'exercice de ce droit par les membres des forces armées et de la police.

3. Aucune disposition du présent article ne permet aux États parties à la Convention de 1948 de l'Organisation internationale du Travail concernant la liberté syndicale et la protection du droit syndical de prendre des mesures législatives portant atteinte – ou d'appliquer la loi de façon à porter atteinte – aux garanties prévues dans ladite convention.

85. - **Effet direct.** Pour la Cour de cassation, ce pacte peut être invoqué directement en droit interne et a fait son apparition à partir de 1989 dans les arrêts rendus par la chambre sociale[306], singulièrement en matière d'égalité où l'article 26 est utilisé depuis 2005[307]. Le Conseil d'État le vise également, et confronte parfois les dispositions nationales contestées à l'article 26[308], ce qui révèle qu'elle le considère comme directement invocable en droit interne[309].

Le Pacte a pu être invoqué par certains syndicats pour contester la conventionnalité de la loi du 20 août 2008 réformant les critères de la représentativité syndicale, mais la Cour de cassation lui a préféré généralement les dispositions de la Convention européenne des droits de l'homme, surtout lorsque la jurisprudence de la Cour européenne conforte ses propres analyses[310].

(306) Cass. soc., 18 janv. 1989 : *Bull. civ.* V, n° 47.

(307) Cass. soc., 6 juill. 2005 : *Bull. civ.* V, n° 236. Sa dernière utilisation remonte à 2007 (Cass. soc., 29 nov. 2007, n° 06-44.748), et n'a pas conduit à neutraliser une règle nationale prétendument contraire.

(308) CE, 7e ch., 7 oct. 2020, n° 438230.

(309) Dans une décision en date du 3 février 2016 (CE, 6e et 1re ss-sect. réunies, 3 févr. 2016, n° 386985), le Conseil d'État exclut l'invocabilité de la déclaration universelle de 1948 mais inclut le PIDCP (consid. 14).

(310) Ce qui fut le cas lorsqu'il s'est agi de statuer sur la conventionnalité du critère d'audience de 10 % des syndicats représentatifs instauré par la loi du 20 août 2008 : Cass. soc., 18 déc. 2013, n° 13-15.625.

Il suppose toutefois que les discriminations invoquées concernent l'exercice de droits reconnus par le Pacte lui-même[311].

Le Comité consultatif du Conseil des droits de l'homme peut être saisi de tout justiciable s'estimant victime d'un manquement étatique : ce fut le cas dans l'affaire *Baby Loup*, relative à l'interdiction du foulard islamique dans l'entreprise, en septembre 2018, où la position de l'assemblée plénière de la Cour de cassation a été jugée insuffisamment motivée au regard des exigences du Pacte[312]. Même si les juridictions nationales ne s'estiment pas liées par les positions adoptées par le comité des experts, leur poids symbolique doit être souligné ; après les observations faites sur l'insuffisante motivation de la justification des atteintes à la liberté religieuse dans l'affaire *Baby Loup*, le premier président de la Cour de cassation de l'époque avait ainsi indiqué que la Haute juridiction en tiendrait compte pour expliciter sa motivation.

86. - PIDESC. Le droit de grève est expressément mentionné dans le Pacte international relatif aux droits économiques, sociaux et culturels (1966) en son article 8, *d)* qui vise « le droit de grève, exercé conformément aux lois de chaque pays ». Le Pacte distingue cette fois-ci la liberté syndicale, dont les contours sont précisés, et le droit de grève qui est renvoyé aux lois nationales.

Pacte international relatif aux droits économiques, sociaux et culturels

Art. 8. – 1. Les États parties au présent Pacte s'engagent à assurer :

a) Le droit qu'a toute personne de former avec d'autres des syndicats et de s'affilier au syndicat de son choix, sous la seule réserve des règles fixées par l'organisation intéressée, en vue de favoriser et de protéger ses intérêts économiques et sociaux. L'exercice de ce droit ne peut faire l'objet que des seules restrictions prévues par la loi et qui constituent des mesures nécessaires, dans une société démocratique, dans l'intérêt de la sécurité nationale ou de l'ordre public, ou pour protéger les droits et les libertés d'autrui.

b) Le droit qu'ont les syndicats de former des fédérations ou des confédérations nationales et le droit qu'ont celles-ci de former des organisations syndicales internationales ou de s'y affilier.

c) Le droit qu'ont les syndicats d'exercer librement leur activité, sans limitations autres que celles qui sont prévues par la loi et qui constituent des mesures nécessaires, dans une société démocratique, dans l'intérêt de la sécurité nationale ou de l'ordre public, ou pour protéger les droits et les libertés d'autrui.

d) Le droit de grève, exercé conformément aux lois de chaque pays.

2. Le présent article n'empêche pas de soumettre à des restrictions légales l'exercice de ces droits par les membres des forces armées, de la police ou de la fonction publique.

3. Aucune disposition du présent article ne permet aux États parties à la Convention de 1948 de l'Organisation internationale du Travail concernant la liberté syndicale et la protection du droit syndical de prendre des mesures législatives portant atteinte – ou d'appliquer la loi de façon à porter atteinte – aux garanties prévues dans ladite convention.

(311) Le Conseil d'État permet aux justiciables d'invoquer ces dispositions : CE, 1re et 6e ss-sect. réunies, 23 déc. 2010, n° 335738.

(312) Constatations adoptées par le Comité au titre de l'article 5 (§ 4) du Protocole facultatif, concernant la communication n° 2662/2015, 24 sept. 2018.

87. – Effet direct. La chambre sociale de la Cour de cassation le considère comme directement invocable en droit interne depuis 2008, pour fonder le principe du « droit au travail »[313].

Le Conseil d'État le vise mais refuse pour le moment de permettre aux justiciables d'invoquer directement ses principales dispositions qui, « eu égard à l'intention exprimée par les parties à la convention et à l'économie générale de celle-ci, ainsi qu'à leur contenu et à leurs termes, (…) ne produisent pas, par elles-mêmes, d'effets à l'égard des particuliers »[314].

3° Convention européenne des droits de l'homme

88. – Objet. La Convention européenne de sauvegarde des droits de l'homme et des libertés fondamentales, adoptée en 1951 par le Parlement du Conseil de l'Europe, n'avait pas vocation à comporter l'énoncé de droits sociaux, ce premier instrument devant être complété par un second ayant cette finalité, ce qui fut fait en 1961 avec la Charte sociale européenne (STE n° 035) révisée en 1996 (STE n° 163)[315].

89. – Interprétation sociale. Elle a pourtant fait l'objet d'une interprétation extensive par la Cour européenne des droits de l'homme qui a pu s'inspirer de l'interprétation d'autres instruments internationaux pour enrichir sa propre jurisprudence[316].

Son article 11 protège largement les libertés d'association, dont la liberté syndicale, et a fait l'objet d'une interprétation extensive par la Cour européenne des droits de l'homme.

Convention européenne des droits de l'homme

Article 11. ***Liberté de réunion et d'association***

« 1. Toute personne a droit à la liberté de réunion pacifique et à la liberté d'association, y compris le droit de fonder avec d'autres des syndicats et de s'affilier à des syndicats pour la défense de ses intérêts.

2. L'exercice de ces droits ne peut faire l'objet d'autres restrictions que celles qui, prévues par la loi, constituent des mesures nécessaires, dans une société démocratique, à la sécurité nationale, à la sûreté publique, à la défense de l'ordre et à la prévention du crime, à la protection de la santé ou de la morale, ou à la protection des droits et libertés d'autrui. Le présent article n'interdit pas que des restrictions légitimes soient imposées à l'exercice de ces droits par les membres des forces armées, de la police ou de l'administration de l'État. »

(313) Cass. soc., 16 déc. 2008 : *Dr. soc.* 2009, p. 236, obs. J. Mouly. – Cass. soc., 14 avr. 2010 : *Bull. civ.* V, n° 96.

(314) CE, 1re et 2e ss-sect. réunies, 6 nov. 2000, n° 204784 : *Lebon* T. (art. 9). – CE, 1re et 6e ss-sect. réunies, 7 juin 2006, n° 285576 : *Lebon* (art. 9 et 10). – CE, 1re et 6e ss-sect. réunies, 2 oct. 2009, n° 301014 : *Lebon* T. (art. 7). – CE, 1re et 6e ss-sect. réunies, 23 déc. 2010, n° 335738 : *Lebon* T. (art. 10). – CE, 1re et 4e ch. réunies, 28 déc. 2018, n° 411846 (à propos de son art. 6 : consid. 7). – CE, 1re et 4e ch. réunies, 14 oct. 2020, n° 428524 : « La méconnaissance des stipulations de l'article 11 du pacte international relatif aux droits économiques, sociaux et culturels, qui ne produisent pas d'effet direct à l'égard des particuliers, ne peut être utilement invoquée » (consid. 18).

(315) G. Raimondi, *Quelques aspects de la jurisprudence de la Cour européenne des droits de l'homme en matière de droits économiques et sociaux : Dr. soc.* 2017, 355.

(316) A. Jeammaud, *Convention européenne des droits de l'homme, relations du travail et droit français*, Ann. Univ. Jean-Moulin, Institut d'études du travail, 1981, p. 71. – N. Moizard, *L'usage des conventions de l'OIT par la Cour européenne des droits de l'homme : Dr. soc.* 2014, 365. – J.-F. Akandji-Kombe, *Droit constitutionnel, droit international et droit européen des droits de l'homme : concurrence, confusion, complémentarité ? : Dr. soc.* 2014, p. 301.

Dans un premier temps, la Cour de Strasbourg avait refusé toute interprétation extensive de l'article 11 de la Convention et renvoyait, pour le droit à la négociation collective comme pour le droit de grève dont elle soulignait par ailleurs l'importance[317], à la Charte sociale européenne qui n'est pourtant pas justiciable devant elle[318].

La Cour européenne des droits de l'homme a considéré, à partir de 1976, que la Convention EDH imposait aux États de permettre aux syndicats, selon des modalités non contraires à l'article 11, de lutter pour la défense des intérêts de leurs membres, et que la grève, qui permet à un syndicat de faire entendre sa voix, en constitue un aspect important dans la protection de ses intérêts[319]. Ce faisant, la Cour enrichissait son interprétation de la liberté syndicale en prenant en compte et les apports de la convention C87 de l'OIT sur la liberté syndicale, et ceux de la Charte sociale européenne.

Il faudra attendre 2007 et l'arrêt *Karaçay c/ Turquie* pour que la Cour européenne des droits de l'homme accepte d'examiner une atteinte au droit de grève dans le cadre de la violation alléguée de l'article 11 de la Convention ; il s'agissait dans cette affaire d'un électricien, agent public, qui avait été sanctionné pour avoir participé à une journée nationale d'action. En une phrase le rattachement allait être opéré, la Cour acceptant de considérer que l'avertissement qui lui a été infligé en sa qualité de gréviste « constitue une atteinte à son droit à la liberté d'association »[320].

La même année, la Cour européenne reconnaissait, dans son arrêt *Dilek et autres c/ Turquie*, le droit de grève aux agents publics contractuels[321]. Au passage elle considérait, dans son paragraphe 57, que la « grève perlée » est bien une « action collective d'ordre général dans le contexte de l'exercice de droits syndicaux » au sens de l'article 11 de la Convention, et que « l'engagement de la responsabilité civile des requérants n'était pas "nécessaire dans une société démocratique" », entraînant la condamnation de la Turquie.

Dans son arrêt *Enerji Yapi Yol Sen c/ Turquie* de 2009, la Cour allait également examiner la requête d'un gréviste turc au regard des exigences formulées par l'article 11 de la Convention[322]. La Cour allait se montrer plus explicite sur ce rattachement : « La grève, qui permet à un syndicat de faire entendre sa voix, constitue un aspect important pour les membres d'un syndicat dans la protection de leurs intérêts (...). La Cour note également que le droit de grève est reconnu par les organes de contrôle de l'Organisation internationale du travail (OIT) comme le corollaire indissociable du droit d'association syndicale protégé par la convention C87 de l'OIT sur la liberté syndicale et la protection du droit syndical (...). Elle rappelle que la Charte sociale européenne

(317) CEDH, 27 oct. 1975, n° 4464/70, *Synd. national de la police Belge c/ Belgique*, § 39.

(318) CEDH, 6 févr. 1976, *Schmidt et Dahlström c/ Suède*, § 34 et 36, série A, n° 21. – CEDH, 27 oct. 1975, *Synd. national de la police belge c/ Belgique*, § 39, série A, n° 19. – CEDH, 6 févr. 1976, *Synd. suédois des conducteurs de locomotives c/ Suède*, § 40, série A, n° 20. – CEDH, 10 janv. 2002, *Unisson c/ Royaume-Uni*. – CEDH, 27 juin 2002, *Féd. of Offshore Workers c/ Norvège : D.* 2003, 939.

(319) *Schmidt et Dahlström*, préc., § 36.

(320) CEDH, 27 mars 2007, n° 6615/03, aff. *Karaçay c/ Turquie*, § 28 (agents de péage des guichets du pont du Bosphore à Istanbul et ayant le statut de fonctionnaires contractuels) : *JCP* S 2007, 1350, note J. Cavallini.

(321) CEDH, 17 janv. 2007, n° 74611/01, aff. *Dilek et a. c/ Turquie : AJDA* 2007, p. 1922, chron. J.-F. Flauss.

(322) CEDH, 21 avr. 2009, Enerji Yapi Yol Sen c/ Turquie : RDT 2009, 499, note J.-P. Marguénaud et J. Mouly. – Des mêmes auteurs, *Vers la protection du droit de grève par la Cour européenne des droits de l'homme (à propos de CEDH, 10 janv. 2002) :* D. 2003, 939.

reconnaît aussi le droit de grève comme un moyen d'assurer l'exercice effectif du droit de négociation collective ».

La Cour reconnaît aux États, compte tenu du « fort degré de divergence entre les systèmes nationaux dans le domaine concerné, (...) une ample marge d'appréciation »[323] qui « reste fonction des facteurs que la Cour a jugé pertinents dans sa jurisprudence, notamment la nature et la portée de la restriction au droit syndical en cause, le but visé par la restriction litigieuse et les droits et intérêts concurrents des autres membres de la société qui risquent de pâtir de l'exercice de ce droit s'il n'est pas limité ; (...) si une restriction prévue par la loi touche au cœur même de l'activité syndicale, il faut accorder une marge d'appréciation moins étendue au législateur national et exiger une justification plus étoffée s'agissant de la proportionnalité de l'ingérence qui en est résultée, pour protéger l'intérêt général, dans l'exercice de la liberté syndicale. À l'inverse, si c'est un aspect non pas fondamental mais secondaire ou accessoire de l'activité syndicale qui est touché, la marge d'appréciation sera plus large et l'ingérence, par nature, sera plus vraisemblablement proportionnée dans ses conséquences sur l'exercice de la liberté syndicale »[324].

90. - Mise en balance des intérêts. La Cour reconnaît également que « le droit de grève n'a pas de caractère absolu [et] peut être soumis à certaines conditions et faire l'objet de certaines restrictions », comme « l'interdiction du droit de grève des fonctionnaires exerçant des fonctions d'autorité au nom de l'État », à condition que « les restrictions légales au droit de grève devraient définir aussi clairement et étroitement que possible les catégories de fonctionnaires concernées »[325].

Elle a également pu considérer qu'un État pouvait valablement interdire à un syndicat de police de déclencher une grève, compte tenu de la nature des intérêts en jeu[326].

En revanche, constitue une restriction disproportionnée à la liberté d'association protégée par l'article 11 de la Convention le licenciement d'un salarié qui exerçait des fonctions de conducteur de train en raison d'infractions disciplinaires, notamment la participation à une grève, dès lors que l'interdiction de faire grève qui frappe les conducteurs de train ainsi que d'autres catégories d'employés des chemins de fer russes constitue une restriction à la liberté d'association qui n'a pas été suffisamment justifiée par le Gouvernement et qui est contraire aux règles du travail reconnues au niveau international, et que les tribunaux n'ont pu examiner que l'observation formelle de la législation par le salarié licencié, et n'ont pas mis en balance les intérêts concurrents[327].

(323) CEDH, 9 juill. 2013, n° 2330/09, aff. *Sindicatul « Păstorul celBun » c/ Roumanie [GC]*, § 134, § 133.
(324) Arrêt *National Union of Rail, Maritime and Transport Workers c/ Royaume-Uni*, n° 86.
(325) CEDH, 21 avr. 2009, *Enerji Yapi Yol Sen c/ Turquie*, préc., § 32.
(326) CEDH, 21 avr. 2015, n° 45892/09, *Junta Rectora del Ertzainen Nazional Elkartasuna c/ Espagne : Dr. soc.* 2016, 697, étude J.-P. Marguénaud et J. Mouly.
(327) CEDH, 20 nov. 2018, n° 44873/09.

***Guide de l'article 11 de la Convention européenne des droits de l'homme* (août 2022, p. 47)**

« **H. Droit de grève**

268. L'octroi du droit de grève représente l'un des moyens les plus importants au travers desquels l'État peut assurer la liberté pour un syndicat de protéger les intérêts professionnels de ses membres (*Schmidt et Dahlström* c. *Suède*, 1976, § 36 ; *Wilson, National Union of Journalists et autres* c. *Royaume-Uni*, 2002, § 45). Ce droit n'est pas absolu et peut être soumis par le droit interne à une réglementation (*ibidem* ; *Enerji Yapı-Yol Sen* c. *Turquie*, 2009, § 32). Les restrictions apportées par un État contractant à l'exercice du droit de grève ne soulèvent pas en soi de question au regard de l'article 11 de la Convention (*Fédération des syndicats des travailleurs offshore et autres* c. *Norvège* [déc.], 2002).

269. Bien que le droit de faire grève ne soit pas encore considéré comme un élément essentiel de la liberté syndicale, la grève est clairement protégée par l'article 11 (voir la décision *Association of Academics* c. *Islande* [déc.], 2018, §§ 24-27, pour une vue d'ensemble de la jurisprudence de la Cour en la matière ; *National Union of Rail, Maritime and Transport Workers* c. *Royaume-Uni*, 2014, § 84).

La Cour a fait référence à la grève comme à l'outil le plus puissant dont disposait un syndicat pour protéger les intérêts professionnels de ses adhérents (*Hrvatski liječnički sindikat* c. *Croatie*, 2014, § 49).

Les actions de grève ne sont, en principe, protégées par l'article 11 que dans la mesure où elles sont organisées par les organismes syndicaux et considérées comme faisant effectivement – et non seulement présumées – partie de l'activité syndicale (*Barış et autres* c. *Turquie* [déc.], 2021, § 45).

270. L'interdiction d'une grève doit passer pour une limitation au pouvoir du syndicat de protéger les intérêts de ses membres, et révèle en conséquence une restriction à la liberté d'association (*UNISON* c. *Royaume-Uni* [déc.], 2002 ; *Hrvatski liječnički sindikat* c. *Croatie*, 2014, § 49 ; *Veniamin Tymoshenko et autres* c. *Ukraine*, 2014, § 77).

271. Le fait de mener une action revendicative secondaire (c'est-à-dire une grève visant un employeur différent destinée à exercer des pressions indirectes sur l'employeur qui est partie au conflit du travail) constitue également un aspect de l'action syndicale et l'interdiction légale de pareille action porte atteinte au droit syndical tel que garanti par l'article 11 (*National Union of Rail, Maritime and Transport Workers* c. *Royaume-Uni*, 2014, §§ 77-78).

272. Si des restrictions peuvent être imposées au droit de grève des travailleurs qui fournissent à la population des services essentiels, l'État n'en doit pas moins invoquer des motifs solides pour justifier la nécessité d'une interdiction complète (voir l'affaire *Ognevenko* c. *Russie*, 2018, au sujet de l'interdiction d'une grève imposée à certaines catégories de cheminots ; voir aussi l'affaire *Fédération des syndicats des travailleurs offshore et autres* c. *Norvège* [déc.], 2002, dans laquelle la Cour a admis les motifs que le Gouvernement avait invoqués pour mettre un terme à la grève de travailleurs sur des plateformes pétrolières).

273. Le droit de grève n'implique pas le droit d'obtenir gain de cause (*National Union of Rail, Maritime and Transport Workers* c. *Royaume-Uni*, 2014, § 85).

274. L'impact de la restriction apportée à la capacité d'un syndicat d'appeler à la grève ne doit pas entraîner pour ses adhérents un risque réel ou immédiat de subir un préjudice ni les laisser sans défense devant des tentatives futures visant à dégrader leurs conditions de rémunération et de travail (*UNISON* c. *Royaume-Uni* [déc.], 2002). »

4° Charte sociale européenne

91. - Contenu. La Charte sociale européenne (STE n° 035) a été signée à Turin le 18 octobre 1961 et est entrée en vigueur le 26 février 1965. Elle a été complétée par un protocole additionnel en 1988 (STE n° 128) et a été révisée à Strasbourg le 3 mai 1996 (STE n° 163). Cette nouvelle version enrichie étant entrée en vigueur le 1er juillet 1999.

La Charte distingue le droit syndical (art. 5) et le droit de négociation collective (art. 6), auquel se trouve rattaché, pour en garantir l'effectivité, « le droit des travailleurs et des employeurs à des actions collectives en cas de conflits d'intérêts, y compris le droit de grève ». En cela la Charte diffère de la Convention EDH qui ne reconnaît que la liberté syndicale et pas le droit de grève, qui s'y trouve rattaché, même il s'agit plus d'une nécessité textuelle que d'une volonté conceptuelle. Le choix opéré dans la rédaction de la Charte est d'ailleurs doublement surprenant dans la mesure où le droit à la négociation collective n'est pas considéré comme dépendant de l'exercice du droit syndical, contrairement à l'analyse par exemple du Conseil constitutionnel français qui en fait une « vocation naturelle » des syndicats[328], tout comme le droit de grève qui est lié au droit de négociation collective dans une conception très anglo-saxonne, alors qu'en France ou en Italie les deux sont nettement différenciés.

Son article 6 vise et la notion de « conflits collectifs du travail », d'« actions collectives » et de « grève »[329].

Charte sociale européenne

Art. 6. – En vue d'assurer l'exercice effectif du droit de négociation collective, les Parties contractantes s'engagent (...) 3. à favoriser l'institution et l'utilisation de procédures appropriées de conciliation et d'arbitrage volontaire pour le règlement des conflits du travail ; et reconnaissent : 4. le droit des travailleurs et des employeurs à des actions collectives en cas de conflits d'intérêt, y compris le droit de grève, sous réserve des obligations qui pourraient résulter des conventions collectives en vigueur.

92. - Effet direct. Le Conseil d'État ne reconnaît que l'effet direct de l'article 24 de la Charte sociale européenne relatif au « Droit à la protection des travailleurs en cas de licenciement »[330], et d'aucune autre disposition[331].

(328) Cons. const., 6 nov. 1996, n° 96-383 DC, *Loi relative à l'information et à la consultation des salariés dans les entreprises et les groupes d'entreprises de dimension communautaire, ainsi qu'au développement de la négociation collective*, consid. 8.

(329) S. Clauwaert, *Le droit à l'action collective (y compris le droit de grève) du point de vue de la Charte sociale européenne du Conseil de l'Europe : RDT* 2016, p. 438.

(330) CE, 7e et 2e ss-sect. réunies, 10 févr. 2014, n° 358992 : *Lebon*. Déjà, impl., CE, sect., 19 oct. 2005, n° 283471 : *Lebon*.

(331) Elle ne l'admet pas pour l'article : 1er (CE, 1re et 4e ch. réunies, 28 déc. 2018, n° 411846 : *Lebon* T.) ; 2 (CE, 1re et 6e ss-sect. réunies, 30 janv. 2015, n° 363520 : *Lebon* T.) ; 4 (CE, 10e et 8e ss-sect. réunies, 20 avr. 1984, nos 37772 et 37774 : *Lebon*. – CE, 1re et 6e ss-sect. réunies, 2 oct. 2009, n° 301014 : *Lebon* T.) ; 7 (CE, 3e et 8e ss-sect. réunies, 19 avr. 2022, n° 451727 : *Lebon*) ; 11 (CE, 1re et 4e ss-sect. réunies, 15 mai 1995, n° 152417 : *Lebon* T. – CE, 1re et 6e ss-sect. réunies, 7 juin 2006, n° 285576 : *Lebon*) ; 12 (CE, 1re et 4e ss-sect. réunies, 15 mai 1995, n° 152417, mentionné aux tables du recueil. – CE, 1re et 6e ss-sect. réunies, 7 juin 2006, n° 285576 : *Lebon*) ; 13 (CE, 1re et 6e ss-sect. réunies, 23 déc. 2010, n° 335738 : *Lebon* T.) ; 15 (CE, 1re et 6e ss-sect. réunies, 4 juill. 2012, n° 341533 : *Lebon*) ; et 17 (CE, 1re et 6e ss-sect. réunies, 7 juin 2006, n° 285576 : *Lebon*).

La Cour de cassation a pour sa part une position plus tranchée et plus globale, puisqu'elle dénie tout effet direct à la Charte : « Il résulte [de diverses] dispositions de la Charte sociale européenne que les États contractants ont entendu reconnaître des principes et des objectifs, poursuivis par tous les moyens utiles, dont la mise en œuvre nécessite qu'ils prennent des actes complémentaires d'application selon les modalités rappelées aux paragraphes 13 et 17 du présent arrêt et dont ils ont réservé le contrôle au seul système spécifique [visé par la Charte] (...) C'est dès lors à bon droit que la cour d'appel a retenu que, les dispositions de la Charte sociale européenne n'étant pas d'effet direct en droit interne dans un litige entre particuliers (...) »[332].

Mais certains Etats ont pu fonder la reconnaissance nationale du droit de grève comme droit fondamental sur cet article 6, comme les Pays-Bas où la Cour suprême l'a reconnu en 1986[333].

93. - Doctrine du Comité européen des droits sociaux. Le Comité européen des droits sociaux a rendu quelques décisions en la matière n'ayant en toute hypothèse qu'une faible autorité en droit français[334].

Sa recommandation n° R ChS (93) 2 concerne l'application de la Charte sociale européenne par la Norvège pendant la période 1988-1989 (12e cycle de contrôle) (adoptée par le Comité des Ministres le 7 septembre 1993, lors de la 497e réunion des Délégués des Ministres), à propos du recours à l'arbitrage obligatoire pour résoudre un conflit avec des infirmières (atteinte).

Sa recommandation n° R ChS (93) 3 concerne l'application de la Charte sociale européenne par le Royaume-Uni pendant la période 1988-1989 (12e cycle de contrôle) (adoptée par le Comité des Ministres le 7 septembre 1993, lors de la 497e réunion des Délégués des Ministres), à propos du licenciement de grévistes et du réembauchage de certains trois mois après (violation)[335].

Sa recommandation n° R ChS (95) 2 sur l'application de la Charte sociale européenne par le Danemark pendant la période 1990-1991 (13e cycle de contrôle – partie I) (adoptée par le Comité des Ministres le 22 juin 1995, lors de la 541e réunion des Délégués des Ministres), concerne au Danemark l'interdiction du droit de grève des fonctionnaires (violation).

Sa recommandation n° R ChS (95) 6 sur l'application de la Charte sociale européenne par l'Irlande pendant la période 1989-1991 (13e cycle de contrôle – partie I) (adoptée par le Comité des Ministres le 22 juin 1995, lors de la 541e réunion des Délégués des Ministres), concerne l'article 16 de la loi de 1875 sur la conspiration et la protection des biens qui exclut les marins de la marine marchande de la protection contre les poursuites pénales pour conspiration en raison d'actes commis dans le cadre de conflits du travail (violation).

Sa recommandation n° R ChS (98) 2 sur l'application de la Charte sociale européenne par l'Allemagne pendant la période 1993-1994 (13e cycle de contrôle – partie IV) (adoptée par le Comité des Ministres le 4 février 1998, lors de la 617e réunion des Délégués des Ministres) qui concernait le fait que toute grève qui n'a pas pour but la conclusion d'une convention collective et qui n'est pas déclenchée ou reprise à son compte (Übernahme) par un syndicat était interdite (violation).

(332) Cass. soc., 11 mai 2022, n° 21-15.247, préc.

(333) Source : *Les analyses du Centre Jean Gol*, Bruxelles, 2015.

(334) Lire notamment K. Chatzilaou, *La réponse du CEDS aux arrêts Viking et Laval : RDT* 2014, p. 160.

(335) Confirmée par Recomm. n° R ChS (97) 3 sur l'application de la Charte sociale européenne par le Royaume-Uni pendant la période 1992-1993 (13e cycle de contrôle – partie III) (adoptée par le Comité des Ministres le 15 janvier 1997, lors de la 581e réunion des Délégués des Ministres).

94. - Mise en balance des intérêts. La conciliation opérée par le Comité européen des droits sociaux entre les droits d'action collective et les libertés économiques est nettement plus favorable aux premiers qu'aux seconds[336], ce qui tranche avec la position adoptée par la Cour de justice de l'Union européenne dans le prolongement de ses arrêts *Laval* et *Viking*[337].

Le Comité européen des droits sociaux considère à propos de la décision d'appeler à la grève (qui ne peut être prise que par un syndicat représentatif), qu'elle n'est pas en conformité avec l'article 6 de la Charte sociale européenne[338]. Il a également considéré défavorablement en France l'application de la règle du trentième indivisible aux grévistes de la fonction publique de l'État, car il considère cette retenue comme disproportionnée pour des grèves courtes, et donc dissuasive du recours à la grève[339].

5° Droit de l'Union européenne

95. - Traité. L'article 153 du Traité sur le fonctionnement de l'Union européenne (TFUE) exclut toute compétence de l'Union en matière de « rémunérations, [de] droit d'association, [de] droit de grève, [et de] droit de lock-out ».

La Commission tire pour sa part de l'article 156 du TFUE le pouvoir d'encourager « la coopération entre les États membres et facilite la coordination de leur action dans tous les domaines de la politique sociale relevant du présent chapitre, et notamment dans les matières relatives (...) à l'emploi ; au droit du travail et aux conditions de travail ; à la formation et au perfectionnement professionnels ; à la sécurité sociale ; à la protection contre les accidents et les maladies professionnels ; à l'hygiène du travail ; au droit syndical et aux négociations collectives entre employeurs et travailleurs ».

96. - Charte. La Charte des droits sociaux fondamentaux des travailleurs, adoptée en 1989, reconnaît dans son article 13 que « le droit de recourir en cas de conflits d'intérêts à des actions collectives inclut le droit de grève sous réserve des obligations résultant des réglementations nationales et des conventions collectives ».

Ces dispositions ont été reprises par l'article 28 de la Charte des droits fondamentaux de l'Union européenne adoptée en 2000 et adossée au traité d'Amsterdam :

Charte des droits fondamentaux de l'Union européenne

Art. 28. – Les travailleurs et les employeurs, ou leurs organisations respectives, ont, conformément au droit communautaire et aux législations et pratiques nationales, le droit de négocier et de conclure des conventions collectives aux niveaux appropriés et de recourir, en cas de conflits d'intérêts, à des actions collectives pour la défense de leurs intérêts, y compris la grève.

(336) CEDS, décision sur la recevabilité et le bien-fondé du 3 juillet 2013, *Confédération générale du travail de Suède (LO) et Confédération générale des cadres, fonctionnaires et employés (TCO) c/ Suède* : *RDT* 2014, 160, comm. K. Chatzilaou.

(337) V. *infra*, n° 98.

(338) V. concl. XV-1, France, p. 254 et s. V. de manière plus générale : S. Clauwaert, *Le droit à l'action collective (y compris le droit de grève) du point de vue de la Charte sociale européenne du Conseil de l'Europe* : *RDT* 2016, p. 438.

(339) CEDS, décision sur le bien-fondé, 12 oct. 2004, dans l'affaire *CFE-CGC c/ France*, Réclamation n° 16/2003, § 63. V. *infra*, n° 649.

97. - L'effet direct de la Charte. La Cour de cassation[340] et le Conseil d'État considèrent tous deux cette charte comme étant d'effet direct et pouvant donc être invoquée directement par les justiciables français dans leurs différends personnels. Cette interprétation est d'ailleurs contrainte par la position de la Cour de justice en la matière[341].

98. - Une jurisprudence timide de la CJCE. L'exercice du droit de grève peut toutefois se trouver en conflit avec des droits garantis par ailleurs par l'Union, et la Cour de justice n'a pas montré de zèle particulier à vouloir protéger plus particulièrement le droit de grève que d'autres droits fondamentaux, comme le principe de la liberté d'établissement ou la liberté d'entreprendre[342].

C'est le sens des deux arrêts *Viking*[343] et *Laval*[344] rendus par la Cour de justice des Communautés européennes les 11 et 18 décembre 2007. Dans ces deux affaires, la principale question concernait la place du droit de mener des actions collectives dans le droit communautaire, étant entendu que ce dernier exclut toute compétence de l'Union en matière de « rémunérations, [de] droit d'association, [de] droit de grève, [et de] droit de *lock-out* ».

Pour la Cour, « la circonstance que l'article 137 CE ne s'applique ni au droit de grève ni au droit de *lock-out* n'est pas de nature à soustraire une action collective telle que celle en cause au principal à l'application de l'article 43 CE » (arrêt *Viking*, § 41). La Cour a logiquement affirmé que « si le droit de grève doit donc être reconnu en tant que droit fondamental faisant partie intégrante des principes généraux du droit communautaire dont la Cour assure le respect, il n'en demeure pas moins que son exercice peut être soumis à certaines restrictions (...) et doit être concilié avec les exigences relatives aux droits protégés par ledit traité et être conforme au principe de proportionnalité » (arrêt *Viking*, § 44).

(340) Cass. soc., 13 févr. 2019, n° 18-17.042, publié au bulletin (art. 21 et 23).

(341) CJUE, 17 avr. 2018, aff. C-414/16, *Egenberger*.

(342) S. Laulom et F. Lefresne, *Dessein et destin de quatre arrêts de la Cour de justice des Communautés européennes. Peut-on maintenir la spécificité des modèles sociaux en Europe ? : Rev. IRES* 2009/4, p. 127. – V. Champeil-Desplats et É. Millard, *Viking et Laval : que reste-t-il du droit social européen ?*, in *Mél. en l'honneur d'A. Lyon-Caen*, Dalloz, 2018, p. 205. – S. Robin-Olivier et E. Pataut, *Europe sociale ou Europe économique : RDT* 2008, p. 80. – J.-P. Lhernould, *La Cour de Justice de l'UE est-elle antisociale : RJS* 2010, p. 507. – E. Dockès, *L'Europe antisociale : RDT* 2009, p. 145. – B. Teyssié, *Esquisse du droit communautaire des conflits collectifs : JCP* S 2008, p. 1075. – P. Rodière, *Les arrêts Viking et Laval, le droit de grève et le droit de négociation collective : RTD* eur. 2008, p. 47 ; *L'impact des libertés économiques sur les droits sociaux dans la jurisprudence de la CJCE : Dr. soc.* 2010, p. 573. – P. Chaumette, *Les actions collectives syndicales dans le maillage des libertés communautaires des entreprises : Dr. soc.* 2008, p. 210.

(343) CJCE, 11 déc. 2007, aff. C-438/05, *Viking : Rec. CJUE* 2007, p. I-10779 ; *AJDA* 2008, 240, chron. E. Broussy, F. Donnat et C. Lambert ; *D.* 2008, 2560, obs. L. d'Avout et S. Bollée ; 3038, obs. F. Muller et M. Schmitt ; *ibid.* 2009, 1547, chron. B. Edelman ; *Dr. soc.* 2008, 210, note P. Chaumette ; *RDT* 2008, 80, étude S. Robin-Olivier et E. Pataut ; *Rev. crit. DIP* 2008, 356, note H. Muir Watt ; *ibid.* 781, étude M. Fallon ; *RTD com.* 2008, 445, obs. G. Jazottes ; *RTD eur.* 2008, 47, note P. Rodière ; *ibid.* 2009, 511, chron. A.-L. Sibony et A. Defossez.

(344) CJCE, 18 déc. 2007, aff. C-341-05, *Laval (liberté de prestation de service) : Rec. CJUE* 2007, p. I-11767 ; *AJDA* 2008, 240, chron. E. Broussy, F. Donnat et C. Lambert ; *D.* 2008, 3038, obs. F. Muller et M. Schmitt ; *ibid.* 2009, 1547, chron. B. Edelman ; *Dr. soc.* 2008, 210, note P. Chaumette ; *RDT* 2008, 80, étude S. Robin-Olivier et E. Pataut ; *Rev. crit. DIP* 2008, 356, note H. Muir Watt ; *ibid.* 781, étude M. Fallon ; *RTD com.* 2008, 445, obs. G. Jazottes ; *RTD eur.* 2008, 47, note P. Rodière ; *ibid.* 2009, 511, chron. A.-L. Sibony et A. Defossez. – P. Rémy et A. Seifert, *Les droits des conflits collectifs : RDT* 2010, 250.

Restait à déterminer si les actions collectives concernées avaient, dans les circonstances des deux espèces, porté une atteinte excessive à la liberté d'établissement ou d'entreprendre des entreprises concernées, et la Cour de justice a conclu que tel avait bien été le cas.

• *Le droit de grève cantonné par la liberté d'établissement* (*aff. Viking*)[345].

La société finlandaise Viking exploitait sept ferries et assurait sous pavillon finlandais la liaison maritime entre Tallinn (Estonie) et Helsinki (Finlande). Pour réduire ses coûts d'exploitation, elle avait envisagé pour un premier ferry d'abandonner le pavillon finlandais au profit de l'Estonie, afin de pouvoir conclure une nouvelle convention collective avec un syndicat établi dans ce Pays, à des coûts salariaux moindres, ce qui déclencha l'hostilité de deux syndicats finlandais (transport et marins). L'accord applicable sur les effectifs ayant expiré, le syndicat n'était plus, à partir de cette date, soumis à l'obligation de paix sociale imposée par le droit finlandais et a donc annoncé une grève en exigeant que la société Viking augmente les effectifs à bord du ferry de huit personnes (ce qui lui fut accordé) et renonce à son projet de changement de pavillon de ce navire, ce que la compagnie refusa.

La compagnie contesta judiciairement le préavis de grève en faisant valoir qu'il portait atteinte à l'article 43 CE, conduisant la Haute juridiction finlandaise à poser à la Cour plusieurs questions préjudicielles portant sur l'applicabilité de l'article 43 CE aux faits de l'espèce et sur l'atteinte ainsi portée par l'action syndicale visant à obliger une entreprise privée à conclure une convention collective de travail avec un syndicat établi dans un État membre particulier, ce qui a pour effet de rendre inutile pour cette entreprise le changement de pavillon d'un navire au profit de celui d'un autre État membre.

Considérant que les actions collectives visaient à restreindre les libertés protégées par l'article 43 CE, la Cour a demandé aux juridictions nationales de vérifier si ces restrictions pouvaient, en principe, être justifiées au titre de la protection d'une raison impérieuse d'intérêt général, telle que la protection des travailleurs, à condition qu'il soit établi qu'elles étaient aptes à garantir la réalisation de l'objectif légitime poursuivi et n'allaient pas au-delà de ce qui est nécessaire pour atteindre cet objectif.

La Cour affirme « qu'une restriction à la liberté d'établissement ne saurait être admise que si elle poursuit un objectif légitime compatible avec le traité et se justifie par des raisons impérieuses d'intérêt général. Mais encore faudrait-il, en pareil cas, qu'elle soit propre à garantir la réalisation de l'objectif poursuivi et qu'elle n'aille pas au-delà de ce qui est nécessaire pour l'atteindre ». Elle observe que « le droit de mener une action collective qui a pour but la protection des travailleurs constitue un intérêt légitime de nature à justifier, en principe, une restriction à l'une des libertés fondamentales garanties par le traité ».

S'agissant de la réalité des atteintes, la Cour a considéré que « si cette action visant la protection des emplois et des conditions de travail des membres de ce syndicat susceptibles d'être affectés par le changement de pavillon (...) pouvait, à première vue, être raisonnablement considérée comme relevant de l'objectif de protection des travailleurs, cette qualification ne saurait toutefois être maintenue s'il était établi que les emplois ou les conditions de travail en cause n'étaient pas compromis ou sérieusement menacés. Tel serait notamment le cas si l'engagement visé par la juridiction de renvoi (...) s'avérait, d'un point de vue juridique, d'une portée aussi contraignante que les stipulations d'un accord collectif et s'il était de nature à garantir aux travailleurs le respect des dispositions légales et le maintien des dispositions de la convention collective régissant leur relation de travail ». Sans trancher elle-même, la Cour de justice des Communautés européennes a confié aux juridictions nationales le soin de déterminer que « ces restrictions peuvent, en principe, être justifiées au titre de la protection d'une raison impérieuse d'intérêt général, telle que la protection des travailleurs, à condition qu'il soit établi qu'elles sont aptes à garantir la réalisation de l'objectif légitime poursuivi et ne vont pas au-delà de ce qui est nécessaire pour atteindre cet objectif ».

(345) CJCE, 11 déc. 2007, aff. C-438/05, *Viking*.

• *Le droit de grève cantonné par la liberté de prestation de service (aff. Laval, 1997)*[346].

Dans son arrêt *Laval* rendu quelques jours après l'arrêt *Viking*, la Cour de justice de l'Union européenne devait statuer cette fois-ci sur le bras de fer engagé par un syndicat avec une entreprise ayant recours au détachement pour abaisser le coût social de réalisation de chantiers.

L'affaire opposait la société Laval, de droit letton, à deux syndicats suédois, concernant la rémunération de travailleurs lettons détachés en Suède. La société Laval avait en effet détaché en Suède environ trente-cinq travailleurs pour l'exécution de chantiers entrepris par ses filiales suédoises, étant entendu que les deux tiers de ces salariés étaient syndiqués en Lettonie. La société Laval, qui avait conclu en Lettonie des accords collectifs avec les syndicats lettons du bâtiment, n'était liée en Suède par aucun accord collectif. Des négociations avaient été engagées en Suède en vue de l'adhésion de la société Laval à la convention collective suédoise du bâtiment. La société Laval a demandé que les salaires et les conditions de travail soient définis parallèlement à ces négociations afin que leur niveau soit déjà fixé lors de l'adhésion à cette convention. Lors des négociations, l'un des syndicats a exigé de la société Laval l'adhésion à la convention collective du bâtiment pour l'un des chantiers et la garantie que les travailleurs détachés percevraient le salaire horaire en vigueur dans la région concernée, et a menacé de déclencher une action collective si ces exigences n'étaient pas satisfaites. Les négociations ayant échoué, le blocus de l'un des chantiers débuta : les salariés empêchèrent la livraison de marchandises sur le chantier et des piquets de grève furent mis en place pour empêcher les travailleurs lettons d'accéder au chantier. La société Laval demanda l'assistance des forces de police, ce qui lui fut refusé dans la mesure où ces actions étaient licites en droit suédois. Puis le conflit s'intensifia et des grèves de solidarité furent décidées pour empêcher les entreprises suédoises appartenant à l'organisation patronale des installateurs électriques de fournir des services à la société Laval. À Noël, les travailleurs détachés par Laval rentrèrent en Lettonie et ne devaient jamais revenir sur le chantier concerné. Le conflit s'intensifia encore ; d'autres organisations syndicales annoncèrent à leur tour des actions de solidarité et appelèrent au boycott de tous les chantiers que la société Laval avait entrepris en Suède. Après que la ville de Vaxholm eut demandé la résiliation du contrat la liant à la filiale suédoise de la société Laval, cette dernière fut déclarée en faillite.

La société Laval a saisi les tribunaux suédois pour obtenir, en premier lieu, que soit déclaré illégal le blocus de tous les travaux d'électricité en cours sur ses chantiers et que les syndicats soient civilement condamnés. C'est à l'occasion de ce litige que deux questions préjudicielles furent posées :

1) Le fait pour des organisations syndicales de tenter, par une action collective prenant la forme d'un blocus, de contraindre un prestataire de services étranger à adhérer à une convention collective dans l'État d'accueil relative aux conditions de travail et d'emploi, telle que [la convention collective du bâtiment], est-il compatible avec les règles du Traité CE sur la libre prestation des services et sur l'interdiction de toute discrimination à raison de la nationalité, ainsi qu'avec la directive 96/71 (…), si la situation dans l'État d'accueil est telle que la législation transposant ladite directive ne renferme aucune disposition expresse sur l'application de conditions de travail et d'emploi dans les conventions collectives ?

2) Les règles du traité relatives à la libre prestation des services et à l'interdiction de discriminations à raison de la nationalité ainsi que la directive 96/71 s'opposent-elles à l'application de la règle suédoise qui autorise un syndicat suédois à déclencher une action collective en raison de conditions de travail pour contraindre une entreprise étrangère à ne pas appliquer les conventions collectives qui la lient dans son propre État ?

Concernant l'atteinte à la liberté de prestation de service, la Cour de justice des Communautés européennes a considéré que « le droit des organisations syndicales d'un État membre de mener des actions collectives, par lesquelles les entreprises établies dans d'autres États membres peuvent se voir contraintes d'adhérer à la convention collective du bâtiment dont certaines clauses s'écartent des dispositions législatives en établissant des conditions de travail et d'emploi plus favorables (…) est susceptible de rendre moins attrayant, voire plus difficile,

(346) CJCE, 18 déc. 2007, aff. C-341-05, *Laval un Partneri Ltd c/ Svenska Byggnadsarbetareförbundet et a.*

pour ces entreprises l'exécution de travaux de construction sur le territoire suédois et constitue, de ce fait, une restriction à la libre prestation des services au sens de l'article 49 CE » ; « Il en va *a fortiori* de même de la circonstance que, afin d'avoir connaissance des taux de salaire minimal devant être versés à leurs travailleurs détachés, lesdites entreprises peuvent se voir contraintes, au moyen d'actions collectives, à une négociation d'une durée indéterminée avec les organisations syndicales sur le lieu d'exécution de la prestation de services ».

Concernant ensuite les termes de la conciliation, la Cour de justice des Communautés européennes a considéré que « la libre prestation des services constituant l'un des principes fondamentaux de la Communauté, une restriction à cette liberté ne saurait être admise que si elle poursuit un objectif légitime compatible avec le traité et se justifie par des raisons impérieuses d'intérêt général, pour autant, en pareil cas, qu'elle soit propre à garantir la réalisation de l'objectif poursuivi et qu'elle n'aille pas au-delà de ce qui est nécessaire pour l'atteindre » ; « la Communauté ayant dès lors non seulement une finalité économique mais également une finalité sociale, les droits résultant des dispositions du traité relatives à libre circulation des marchandises, des personnes, des services et des capitaux doivent être mis en balance avec les objectifs poursuivis par la politique sociale, parmi lesquels figurent, ainsi qu'il ressort de l'article 136 CE, notamment, l'amélioration des conditions de vie et de travail, permettant leur égalisation dans le progrès, une protection sociale adéquate et le dialogue social ».

Concernant enfin la justification des atteintes à la liberté de prestation des services, la Cour a considéré que « le droit de mener une action collective ayant pour but la protection des travailleurs de l'État d'accueil contre une éventuelle pratique de dumping social peut constituer une raison impérieuse d'intérêt général, au sens de la jurisprudence de la Cour, de nature à justifier, en principe, une restriction à l'une des libertés fondamentales garanties par le traité » ; « en principe, un blocus engagé par une organisation syndicale de l'État membre d'accueil visant à garantir, aux travailleurs détachés dans le cadre d'une prestation de services transnationale, des conditions de travail et d'emploi fixées à un certain niveau relève de l'objectif de protection des travailleurs, est licite » ; « Toutefois, (...) en ce qui concerne les obligations spécifiques liées à l'adhésion à la convention collective du bâtiment, que les organisations syndicales cherchent à imposer aux entreprises établies dans d'autres États membres par une action collective (...), l'entrave que cette dernière comporte ne saurait être justifiée au regard d'un tel objectif. En effet, (...) l'employeur de ces derniers est, par l'effet de la coordination réalisée par la directive 96/71, tenu d'observer un noyau de règles impératives de protection minimale dans l'État membre d'accueil » ; « en ce qui concerne la négociation salariale que les organisations syndicales prétendent imposer, par une action collective (...) aux entreprises établies dans un autre État membre et détachant temporairement des travailleurs sur le territoire de l'État membre d'accueil, il convient de souligner que, certes, le droit communautaire n'interdit pas aux États membres d'imposer à de telles entreprises le respect de leurs règles en matière de salaire minimal par les moyens appropriés (...) Toutefois, des actions collectives telles que celles en cause au principal ne sauraient être justifiées au regard de l'objectif d'intérêt général (...) lorsque la négociation salariale qu'elles visent à imposer à une entreprise établie dans un autre État membre s'inscrit dans un contexte national marqué par l'absence de dispositions, de quelque nature que ce soit, qui soient suffisamment précises et accessibles pour ne pas rendre, en pratique, impossible ou excessivement difficile la détermination, par une telle entreprise, des obligations qu'elle devrait respecter en termes de salaire minimal ».

En conclusion, la Cour a considéré que « dans un État membre dans lequel les conditions de travail et d'emploi (...) figurent dans des dispositions législatives, à l'exception des taux de salaire minimal, une organisation syndicale [ne peut] tenter de contraindre, par une action collective prenant la forme d'un blocus de chantiers (...) un prestataire de services établi dans un autre État membre à entamer avec elle une négociation sur les taux de salaire devant être versés aux travailleurs détachés ainsi qu'à adhérer à une convention collective dont des clauses établissent, pour certaines desdites matières, des conditions plus favorables que celles découlant des dispositions législatives pertinentes, tandis que d'autres clauses portent sur des matières non visées à l'article 3 de ladite directive » (§ 111).

Et concernant la seconde question préjudicielle, elle a indiqué que : « les articles 49 CE et 50 CE s'opposent à ce que, dans un État membre, l'interdiction faite aux organisations syndicales d'entreprendre une action collective dans le but d'abroger ou de modifier une convention collective conclue par des tiers soit subordonnée à ce que l'action porte sur des conditions de travail et d'emploi auxquelles la loi nationale s'applique directement » (§ 120).

99. – Une protection ultérieurement renforcée des droits sociaux. Ces décisions ont été accueillies très fraîchement par une partie de la doctrine qui y a lu la préférence très nette de la Cour de justice pour les libertés économiques, au détriment des droits fondamentaux à caractère « social », à commencer par ceux des travailleurs.

On observera tout d'abord que si la question avait été posée en des termes identiques au juge français, singulièrement pour ce qui est de l'appel au boycott dans l'affaire *Laval*[347], il est à peu près certain que le juge français n'aurait pas répondu différemment.

Par ailleurs, l'examen de la jurisprudence de la Cour après ces deux décisions montre un certain désir de rééquilibrage dans la mise en balance des intérêts en jeu.

Une première décision rendue en 2003 permet d'en prendre la mesure[348]. Dans cette affaire, les autorités autrichiennes avaient toléré l'organisation par une association à finalité essentiellement environnementale d'une manifestation qui avait conduit au blocage complet d'une autoroute pendant trente heures. Un transporteur routier avait assigné l'État autrichien en responsabilité et lui réclamait le paiement d'une forte indemnité compensant ses pertes d'exploitation correspondant au temps où ses véhicules avaient été bloqués. Mettant en balance le principe de libre circulation des marchandises et la liberté d'expression et de réunion pacifique de l'autre, la Cour de justice des Communautés européennes a écarté toute responsabilité du Gouvernement autrichien dans cette affaire.

Une décision rendue par la Cour de justice de l'Union européenne le 23 mars 2021, et qui concerne plus spécifiquement l'exercice du droit de grève, témoigne également d'un changement dans la manière de situer les droits d'actions collectives dans l'ordre juridique de l'Union, et d'un rééquilibrage très net de la Cour en faveur des droits des travailleurs[349].

Un passager avait réservé une place sur un vol intérieur reliant Malmö à Stockholm (Suède). Ce vol fut annulé en raison de la grève des pilotes dans le cadre de la renégociation de l'accord les liant à leur compagnie aérienne. Ce passager mit en cause la responsabilité de la compagnie qui refusa de lui rembourser son billet, considérant que cette grève constituait une circonstance extraordinaire qui n'aurait pas pu être évitée, même si toutes les mesures raisonnables avaient été prises, eu égard au caractère exorbitant des exigences d'augmentation des salaires émanant des syndicats des pilotes, caractérisant ainsi l'existence d'une « circonstance extraordinaire » au sens de l'article 5, paragraphe 3, du règlement n° 261/2004.

Trois questions préjudicielles furent posées : la première portait sur la notion « circonstance extraordinaire », la deuxième sur la prise en compte du caractère raisonnable des demandes présentées par les organisations de salariés sur la qualification de « circonstance extraordinaire », et la troisième sur la prise en compte du fait que le transporteur aérien, dans l'inten-

(347) Sur le boycott, V. *infra*, n° 925.

(348) CJCE, 12 juin 2003, aff. C-112/00, *Schmidberger c/ Autriche.*

(349) CJUE, Gde ch., 23 mars 2021, aff. C-28/20, *Airhelp Ltd c/ Scandinavian Airlines System Denmark – Norway – Sweden* : « Un mouvement de grève entamé à l'appel d'un syndicat du personnel d'un transporteur aérien effectif, dans le respect des conditions édictées par la législation nationale, notamment du délai de préavis imposé par celle-ci, destiné à porter les revendications des travailleurs de ce transporteur et suivi par une catégorie de personnel indispensable à la réalisation d'un vol, ne relève pas de la notion de "circonstance extraordinaire" ». Lire J.-P. Lhernould, *Cour de justice et droit de grève : l'heure de la réhabilitation ? : Dr. soc.* 2021, 534.

tion d'éviter une grève, accepte une proposition de conciliation présentée par un organisme national chargé de la médiation des conflits collectifs, tandis que les organisations de salariés n'acceptent pas cette proposition.

L'élément de nouveauté dans le raisonnement réside dans l'intégration des droits d'action collective dans le contexte normal de l'activité économique des entreprises : « 28. Bien qu'incarnant un moment conflictuel des relations entre les travailleurs et l'employeur, dont elle vise à paralyser l'activité, la grève n'en demeure pas moins l'une des expressions possibles de la négociation sociale et, partant, doit être appréhendée comme un événement inhérent à l'exercice normal de l'activité de l'employeur concerné, indépendamment des spécificités du marché du travail concerné ou de la législation nationale applicable en ce qui concerne la mise en œuvre de ce droit fondamental ».

Quelques semaines plus tard, la Cour a rendu une nouvelle décision concernant la possibilité reconnue au transporteur aérien de s'exonérer de ses obligations en raison de la grève de son personnel. Dans cette affaire, le transporteur est responsable des suites du refus d'embarquer un passager alors que la grève de son personnel avait eu lieu deux jours auparavant et qu'il invoquait simplement les difficultés de réorganisation de son activité à la suite du conflit[350].

B. – Sources constitutionnelles

100. – Préambule de la Constitution du 27 octobre 1946. Le Préambule de la Constitution du 4 octobre 1958 dispose, dans son premier alinéa, que : « Le peuple français proclame solennellement son attachement aux Droits de l'homme et aux principes de la souveraineté nationale tels qu'ils ont été définis par la Déclaration de 1789, confirmée et complétée par le préambule de la Constitution de 1946, ainsi qu'aux droits et devoirs définis dans la Charte de l'environnement de 2004 ».

Le renvoi au Préambule de la Constitution du 27 octobre 1946 a permis au Conseil constitutionnel, à partir de 1971[351], de se faire le gardien non seulement des règles d'organisation des institutions, mais également des droits et libertés garantis par la Déclaration des droits de l'homme de 1789 et des principes particulièrement nécessaires à notre temps du Préambule de la Constitution de 1946. Parmi ces principes figure le droit de grève, à l'alinéa 7, aux termes duquel : « Le droit de grève s'exerce dans le cadre des lois qui le réglementent ».

101. – Conciliation constitutionnelle. Le principe de la conciliation du droit de grève avec d'autres droits et libertés a été bien exprimé par le Conseil en 1979 dans sa première décision concernant le droit de grève, et n'a pas varié depuis[352]. La doctrine

(350) CJUE, 4 oct. 2012, aff. C-22/11, *Finnair Oyj c/ Lassooy*, § 37 : « Si un tel transporteur est obligé d'annuler un vol prévu le jour d'une grève du personnel d'un aéroport puis prend la décision de réorganiser ses vols ultérieurs, ce transporteur ne saurait, en aucune façon, être considéré comme ayant été contraint par ladite grève de refuser l'embarquement à un passager qui s'est régulièrement présenté à l'embarquement deux jours après l'annulation dudit vol ».

(351) Cons. const., 16 juill. 1971, n° 71-44 DC, *Loi complétant les dispositions des articles 5 et 7 de la loi du 1er juillet 1901 relative au contrat d'association.*

(352) Cons. const., 16 août 2007, n° 2007-556 DC : *D.* 2007, 3033, obs. E. Dockès, F. Fouvet, C. Géniaut et A. Jeammaud ; *ibid.* 2008, 2025, obs. V. Bernaud et L. Gay ; *Dr. soc.* 2007, 1221, étude V. Bernaud ; *RFDA* 2007, 1283, chron. A. Roblot-Troizier. – Cons. const., 7 août 2008, n° 2008-569 DC, *Loi instituant un droit d'accueil pour les élèves des écoles maternelles et élémentaires pendant le temps scolaire.* – Cons. const., 15 mars 2012, n° 2012-650 DC : *Dr. soc.* 2012, 708, étude V. Bernaud ; *Constitutions* 2012, 333, obs. Ch. Radé. – Cons. const., 1er août 2019, n° 2019-790 DC, *Loi de transformation de la fonction publique.* – P.-Y. Gahdoun, *Les aléas du droit de grève dans la Constitution : Dr. soc.* 2014, 349.

a volontiers souligné la proximité du raisonnement avec la jurisprudence *Dehaene* du Conseil d'État[353].

Décision n° 79-105 DC du 25 juillet 1979, *Loi modifiant les dispositions de la loi n° 74-696 du 7 août 1974 relatives à la continuité du service public de la radio et de la télévision en cas de cessation concertée du travail*[354]

> « 1. Considérant qu'aux termes du préambule de la Constitution du 27 octobre 1946, confirmé par celui de la Constitution du 4 octobre 1958 : "le droit de grève s'exerce dans le cadre des lois qui le réglementent" ; qu'en édictant cette disposition les constituants ont entendu marquer que le droit de grève est un principe de valeur constitutionnelle, mais qu'il a des limites et ont habilité le législateur à tracer celles-ci en opérant la conciliation nécessaire entre la défense des intérêts professionnels, dont la grève est un moyen, et la sauvegarde de l'intérêt général auquel la grève peut être de nature à porter atteinte ; que, notamment en ce qui concerne les services publics, la reconnaissance du droit de grève ne saurait avoir pour effet de faire obstacle au pouvoir du législateur d'apporter à ce droit les limitations nécessaires en vue d'assurer la continuité du service public qui, tout comme le droit de grève, a le caractère d'un principe de valeur constitutionnelle ; que ces limitations peuvent aller jusqu'à l'interdiction du droit de grève aux agents dont la présence est indispensable pour assurer le fonctionnement des éléments du service dont l'interruption porterait atteinte aux besoins essentiels du pays. »

D'une manière générale, les restrictions apportées au droit de grève doivent être suffisamment justifiées par motif d'intérêt général et strictement proportionnées au but recherché[355]. Contrairement à ce qu'affirme le Conseil pour d'autres dispositions présentes dans le Préambule de 1946, il n'a jamais affirmé ne pas disposer d'un pouvoir d'appréciation comparable à celui du législateur, preuve de sa volonté de contrôler les atteintes réalisées au droit de grève.

Depuis lors, le Conseil constitutionnel a précisé la portée de la reconnaissance du caractère constitutionnel du droit de grève et les modalités de la conciliation de son exercice avec les autres droits et principes de valeur constitutionnelle, qu'il s'agisse des grandes libertés individuelles (sécurité, liberté)[356], de la liberté de communication[357], du principe de continuité du service public[358], du principe de la continuité de la vie nationale[359], de la sauvegarde de l'intérêt général et de la préservation de l'ordre

(353) CE, 7 juill. 1950, préc.

(354) D. Turpin, *Le droit de grève face à un nouveau principe de valeur constitutionnelle : Dr. soc.* 1980, p. 441.

(355) Pour un test de proportionnalité de la loi de transformation de la fonction publique, Cons. const., 1er août 2019, n° 2019-790 DC, *Loi de transformation de la fonction publique*, nos 49 à 56.

(356) Cons. const., 19-20 janv. 1981, n° 80-127 DC, *Sécurité et liberté : Rec. Cons. const.*, p. 15.

(357) Cons. const., 18 sept. 1986, n° 86-217 DC, *Liberté de communication : Rec. Cons. const.*, p. 141.

(358) Cons. const., 25 juill. 1979, n° 79-105 : *D.* 1980, p. 101, note M. Paillet, chron. p. 333, L. Hamon. – Cons. const., 22 juill. 1980, n° 80-117 DC. – D. Turpin, *Le droit de grève face à un nouveau « principe de valeur constitutionnelle » : Dr. soc.* 1980, p. 441-453. – Cons. const., 18 sept. 1986, n° 86-217 DC, *Loi relative à la liberté de communication (audiovisuel public)*. – Cons. const., 28 juill. 1987, n° 87-230 DC, *Loi portant diverses mesures d'ordre social*. – Cons. const., 16 août 2007, n° 2007-556 DC, *Loi sur le dialogue social et la continuité du service public dans les transports terrestres réguliers de voyageurs*. – Cons. const., 7 août 2008, n° 2008-569 DC, *Loi instituant un droit d'accueil pour les élèves des écoles maternelles et élémentaires pendant le temps scolaire*. – Cons. const., 1er août 2019, n° 2019-790 DC, *Loi de transformation de la fonction publique*.

(359) Cons. const., 30 déc. 1979 : *Rec. Cons. const.*, p. 39.

public[360] ou encore avec le droit à « la protection de la santé et de la sécurité des personnes et des biens »[361].

Il a également considéré, à l'occasion de l'examen de la loi relative à la grève dans les services publics en charge du transport terrestre de personnes le 16 août 2007, que le législateur pouvait confier au pouvoir réglementaire, ou aux partenaires sociaux, le soin de « préciser les modalités d'application des règles fixées par lui pour l'exercice du droit de grève »[362].

102. - Réception par la Cour de cassation. Cette exigence de conciliation est également présente dans la jurisprudence de la Cour de cassation[363], lorsqu'elle vise l'alinéa 7 du Préambule de Constitution du 27 octobre 1946 pour souligner la légitimité particulière du droit de grève[364].

Ce fut le cas une première fois en 1955 lorsque la chambre sociale de la Cour de cassation, visant « l'alinéa 7 du Préambule de la Constitution du 27 octobre 1946 et l'article 4 de la loi du 11 février 1950 », affirma pour l'une des toutes premières applications de la loi nouvelle, que « la faute lourde visée est uniquement celle qui est imputable au salarié, et est indépendante d'autres fautes qui ont pu être retenues contre l'ensemble des ouvriers en grève », et que « la participation d'un salarié à un mouvement de grève dont il n'est pas démontré qu'il ait eu un but autre que profes-

(360) Cons. const., 15 mars 2012, n° 2012-650 DC, *Loi relative à l'organisation du service et à l'information des passagers dans les entreprises de transport aérien de passagers et à diverses dispositions dans le domaine des transports.* – Cons. const., 11 déc. 2015, n° 2015-507 QPC, *Synd. réunionnais des exploitants de stations-service et a.* [Plan de prévention des ruptures d'approvisionnement de produits pétroliers outre-mer].

(361) Cons. const., 22 juill. 1980 : *D.* 1981, p. 65, concl. C. Franck ; *Dr. soc.* 1981, p. 452, obs. D. Turpin (sûreté nucléaire des installations).

(362) Cons. const., 16 août 2007, n° 2007-556 DC, consid. 7 : *D.* 2007, 3033, obs. E. Dockès, F. Fouvet, C. Géniaut et A. Jeammaud ; *ibid.* 2008, 2025, obs. V. Bernaud et L. Gay ; *Dr. soc.* 2007, 1221, étude V. Bernaud ; *RFDA* 2007, 1283, chron. A. Roblot-Troizier. Ce faisant, il confirme sa jurisprudence sur la délégation de ce pouvoir de mise en œuvre aux partenaires sociaux : Cons. const., 25 juill. 1989, n° 89-257 DC, *Loi modifiant le Code du travail et relative à la prévention du licenciement économique et au droit à la conversion*, consid. 10.

(363) Cass. soc., 12 mars 1996, n° 93-41-670 : *Bull. civ.* V, n° 88 (préavis conventionnels). – Cass. soc., 18 juin 1996, n° 92-44.497 : *Bull. civ.* V, n° 253 (notion de revendication professionnelle). – Cass. soc., 13 nov. 1996, n° 93-42.247 : *Bull. civ.* V, n° 379 ; *RJS* 1997, p. 8-11, chron. J. Savatier ; *Dr. soc.* 1997, p. 368-376, note Ch. Radé ; *JCP* G 1997, II, 22754, concl. P. Waquet, note D. Corrignan-Carsin (grève dans une entreprise ne comportant qu'un seul salarié). – Cass. soc., 12 déc. 2000, n° 99-40.265 : *Bull. civ.* V, n° 414 (notion de revendication professionnelle). – Cass. soc., 9 mars 2004, n° 02-30.294 (la commission d'actes illicite en cours de grève ne rend pas celle-ci illicite). – Cass. soc., 25 janv. 2011, n° 09-69.030 : *Bull. civ.* V, n° 28 (qualification de grève pour les débrayages). – Cass. soc., 30 juin 2015, n° 14-10.764 : *Bull. civ.* V, n° 833 ; *D.* 2015, 2340, obs. P. Lokiec et J. Porta ; *RDT* 2016, 108, obs. Y. Ferkane ; *JCP* S 2015, 1367, note F. Duquesne (pas de service minimum dans les entreprises de transport urbain). – Cass. soc., 25 nov. 2015, n° 14-20.527 : *Bull. civ.* V, n° 840 ; *RDT* 2016, 108, obs. Y. Ferkane (non-imputation sur l'indemnité d'éviction des revenus de remplacement). – Cass. soc., 7 févr. 2018, n° 16-24.834 (censure d'une décision admettant trop facilement l'obstacle légitime à la réintégration du gréviste illégalement licencié). – Cass. soc., 25 mai 2018, n° 16-21.539 (*idem*). – Cass. soc., 21 avr. 2022, n° 20-18.402, publié au bulletin : *Dr. soc.* 2022, 565, note Ch. Radé (du droit de faire grève seul dans une entreprise gérant un service public dès lors que l'entreprise est couverte par un préavis syndical).

(364) Sur cette fonction de légitimation de la référence aux normes constitutionnelles dans la jurisprudence de la Cour de cassation antérieure à la QPC, V. notre étude *La question prioritaire de constitutionnalité et le droit du travail : a-t-on ouvert la boîte de Pandore ? : Dr. soc.* 2010, 873.

sionnel ne présente pas le caractère d'une faute personnelle constituant de sa part un abus du droit de grève »[365].

Un arrêt rendu par la chambre sociale de la Cour de cassation le 18 janvier 1995, qui inaugurait une série de décisions rendues sous l'autorité du doyen Philippe Waquet, permet également de bien prendre la mesure du fort poids symbolique de la référence au préambule lorsqu'il s'agit de réaffirmer, avec une certaine solennité, la légitimité et la vigueur du droit de grève[366].

La responsabilité civile des dix-huit grévistes et d'un syndicat avait été mise en cause par une cour d'appel en raison d'actes commis pendant un conflit. Pour les condamner *in solidum* à payer la somme colossale de 1 242 023,39 francs, la cour d'appel avait retenu d'abord que si le motif de cessation du travail invoqué était licite en tant qu'il était fondé sur une solidarité interne à l'entreprise, cette justification cessait à partir de la saisine de la juridiction compétente, même si celle-ci devait par la suite donner raison aux deux salariés, les exigences de la solidarité cessant de s'imposer à partir du moment où était mis en œuvre l'arbitrage judiciaire prévu par la loi pour le type de conflit concerné. Elle ajoutait qu'en toute hypothèse une grève, même licite, peut devenir illicite en raison des moyens employés par ceux qui y recourent. En l'espèce, la présence voulue de personnes étrangères à l'entreprise, les piquets de grève, les violences et intimidations, l'utilisation non consentie par l'employeur du matériel et du papier de l'imprimerie, le refus de vote en vue de la reprise du travail, le maintien de l'occupation après les décisions de justice, les dégâts importants commis aux locaux et au matériel caractérisaient pour elle l'existence de l'illicéité de la grève considérée, l'abus du droit de grève étant très largement caractérisé. Elle en avait donc conclu que le syndicat, les permanents syndicaux et les dix-huit salariés assignés devaient réparer l'entier préjudice matériel et commercial subi par l'employeur au cours de la période de trois jours du conflit, sous déduction de la somme mise à la charge de l'État par la juridiction administrative en raison du refus de concours de la force publique pour procéder à l'expulsion des occupants des locaux de l'entreprise.

La chambre sociale de la Cour de cassation casse cette décision, dans un arrêt fortement motivé, rendu au triple visa de « l'alinéa 7 du Préambule de la Constitution du 27 octobre 1946, l'article L. 521-1 du Code du travail et l'article 1382 du Code civil ».

Sur ce fondement, la Haute juridiction rappelle ici quelles sont les trois solutions jurisprudentielles applicables pour protéger l'exercice du droit de grève : « la cessation collective et concertée du travail en vue d'appuyer des revendications professionnelles caractérise l'exercice du droit de grève » ; « la commission, par certains salariés grévistes, d'actes illicites au cours de leur mouvement, ne suffit pas, à elle seule, à modifier la nature de ce dernier ; ce n'est qu'au cas où la grève entraîne ou risque d'entraîner la désorganisation de l'entreprise qu'elle dégénère en abus » ; « la responsabilité d'un salarié ou d'un syndicat à l'occasion soit d'une grève, en raison d'actes illicites commis pendant celle-ci, soit d'un abus du droit de grève, ne peut être engagée qu'à raison du préjudice découlant directement de son comportement fautif ».

Or, trois séries de considérations devaient entraîner la cassation de cette condamnation prononcée en appel.

En premier lieu, « la cessation collective et concertée du travail a été précédée de revendications qui se rattachaient tant à l'exercice du droit syndical qu'à l'exigence du respect de règles légales et conventionnelles, et présentaient donc un caractère professionnel ; elle constituait l'exercice du droit de grève, constitutionnellement reconnu, peu important la saisine par l'employeur du juge compétent pour statuer sur la validité des désignations contestées par lui ».

En deuxième lieu, « la cour d'appel a énuméré un certain nombre d'actes illicites commis au cours de la grève, en se bornant à relever une désorganisation de la production, sans préciser si, et à quel moment, ces actes illicites avaient révélé un risque de désorganisation de l'entreprise elle-même », ne caractérisant dès lors pas un abus du droit de grève.

(365) Cass. soc., 20 mai 1955, n° 55.02-582 : *Bull. civ.* V, n° 427.
(366) Cass. soc., 18 janv. 1995, n° 91-10.476 : *Bull. civ.* V, n° 27 ; *Dr. soc.* 1995, 183, rapp. Ph. Waquet.

Enfin, « la cour d'appel ne pouvait mettre à la charge du syndicat, des deux permanents syndicaux et de dix-huit grévistes la réparation de l'entier préjudice subi par l'entreprise ; il lui appartenait de préciser, en ce qui concerne chacune des personnes concernées, à quel acte fautif précis elle avait participé et qu'elle ne pouvait prononcer condamnation qu'à raison du seul préjudice résultant du comportement incriminé ».

103. - Réception par le Conseil d'État. Le Conseil d'État également, lorsqu'il décline en « sourates » les fondements de sa jurisprudence *Dehaene*[367], vise le préambule (« de la Constitution de 1946 », précise-t-il depuis 2013) : « En indiquant dans le préambule de la Constitution du 27 octobre 1946, auquel se réfère le Préambule de la Constitution du 4 octobre 1958, que le droit de grève s'exerce dans le cadre des lois qui le réglementent, l'Assemblée Constituante a entendu inviter le législateur à opérer la conciliation nécessaire entre la défense des intérêts professionnels dont la grève constitue l'une des modalités et la sauvegarde de l'intérêt général, auquel elle peut être de nature à porter atteinte »[368].

On retrouve aussi le préavis cité parmi les dispositions visées par le juge des référés lorsqu'il doit concilier l'exercice du droit de grève et les droits de la défense[369] ou l'intérêt des usagers[370].

C. - Sources conventionnelles

104. - Questionnement. Les partenaires sociaux ont-ils le droit de modifier les règles d'exercice du droit de grève en imposant aux salariés des obligations en amont du déclenchement des grèves (préalable obligatoire de conciliation, préavis, référendum majoritaire[371], *etc.*), voire en limitant les actions collectives à certaines d'entre elles, ou en imposant un autre référendum ou une négociation de fin de conflit ?

À s'en tenir à la lettre du Préambule de la Constitution de 1946, la réponse semble clairement négative, le droit de grève s'exerçant dans le cadre des « lois » qui le réglementent. Seul le législateur pourrait donc encadrer cet exercice, sous le contrôle du Conseil constitutionnel, et tout ce qui ne serait pas prévu par la loi ne pourrait pas être accepté.

105. - Habilitation législative ? Reste à déterminer si une telle habilitation législative existe dans le Code du travail. Une seule question, et elle est d'importance, qui concerne l'interprétation de l'article L. 2221-1 dudit code. Aux termes de ce texte qui définit le domaine général ouvert à la négociation collective, en effet, « le droit des salariés à la négociation collective » porte sur « l'ensemble de leurs conditions d'em-

(367) CE, 7 juill. 1950, *Dehaene*, préc. Pour une analyse approfondie de cette jurisprudence, V. *supra*, n° 57. L'expression de « sourates » est utilisée pour faire référence aux formules ritualisées par le Conseil d'État que l'on retrouve de manière constante dans les premiers considérants de ses décisions consacrés aux règles de droit applicables au litige.

(368) CE, ass., 12 avr. 2013, n° 329570 : *Lebon*. – CE, 4e et 5e ch. réunies, 6 juill. 2016, n° 390031 : *Lebon* T. – CE, ord. réf., 3 févr. 2020, n° 437751. – CE, 7e et 2e ss-sect. réunies, 27 avr. 2021, n° 440254. – CE, 2e et 7e ch. réunies, 5 avr. 2022, n° 450313 : *Lebon* T.

(369) TGI Paris, 7 oct. 1988 : *Gaz. Pal.* 1989, 1, p. 47.

(370) CA Paris, 27 janv. 1988, 2e esp. : *D.* 1988, p. 351, note J.-C. Javillier ; *Dr. soc.* 1988, p. 242, chron. J.-E. Ray ; *Dr. soc.* 1988, p. 562, chron. ; *Gaz. Pal.* 1988, 1, p. 131, concl. Lupi : « Le choix des dates pour un arrêt total du service, inspiré par une évidente volonté de créer un violent impact, devait être pris en comptes par les premiers juges pour prévenir la réalisation d'un dommage – au surplus susceptible de provoquer troubles et violences – dans l'importante catégorie des usagers du moment, dont les intérêts méritaient d'être pris en considération ».

(371) Ce que S. Sirot appelle le « parlement de la grève », ouvr. préc., p. 128.

ploi, de formation professionnelle et de travail ainsi que de leurs garanties sociales ». En visant leurs « garanties sociales », le Code du travail n'habiliterait-il pas les partenaires sociaux à négocier sur le droit de grève, satisfaisant ainsi l'exigence posée par le Préambule de 1946 ?

106. – Jurisprudence *Dehaene*. Le Conseil d'État, pour sa part, n'a jamais jugé que le Préambule de la Constitution de 1946 écartait toute intervention du pouvoir réglementaire en cas de grève. Il considère en effet que le principe constitutionnel de continuité des services publics impose que des limites effectives soient apportées à l'exercice du droit de grève, que le législateur doit les prévoir de manière suffisante et qu'à défaut de cadre légal suffisant les chefs de service disposent, à leur niveau, de la possibilité d'adopter les mesures nécessaires pour assurer cette continuité : « En l'absence de la complète législation annoncée par la Constitution, la reconnaissance du droit de grève ne saurait avoir pour conséquence d'exclure les limitations qui doivent être apportées à ce droit, comme à tout autre, en vue d'en éviter un usage abusif ou contraire aux nécessités de l'ordre public »[372].

Or, depuis 1950 et en dépit de l'adoption de nombreuses lois encadrant l'exercice du droit de grève dans les services publics, le Conseil d'État considère toujours que cette réglementation n'est pas « complète »[373]. Il l'a jugé évidemment en 1950 dans la décision *Dehaene* en dépit de l'adoption des « lois des 27 décembre 1947 et 28 septembre 1948, qui se sont bornées à soumettre les personnels des compagnies républicaines de sécurité et de la police à un statut spécial et à les priver, en cas de cessation concertée du service, des garanties disciplinaires »[374], ce qui semblait légitime dans la mesure où ces dispositions ne présentaient aucun caractère général.

107. – Confirmations ultérieures. Il a continué de l'affirmer après l'adoption de la loi du 31 juillet 1963 qui a introduit le régime qui figure actuellement dans le Code du travail[375], en dépit de son caractère global, et même après l'adoption des dispositions applicables dans les services publics de transport terrestre de personnes après 2007[376] puis dans les collectivités locales après 2008[377].

Cette position du Conseil d'État est problématique dans la mesure où le législateur est intervenu pour garantir la continuité du service public et a choisi, dans le cadre de sa compétence constitutionnelle, de ne pas imposer de régime de service minimum assu-

(372) CE, 7 juill. 1950, *Dehaene*, préc. V. *supra*, n° 57.

(373) La doctrine est généralement du même avis. Pour Bernard Teyssié, « la loi n'a pas répondu à l'appel de la loi » (B. Teyssié, *La raison, la grève et le juge : Dr. soc.* 1988, 562). – G. Lyon-Caen, *Réglementer le droit de grève ? : Dr. soc.* 1988, 709. – P. Adam, *Droit de grève dans le secteur privé : Rép. trav.* Dalloz, n° 26, qui parle de « démission législative ».

(374) CE, 7 juill. 1950, *Dehaene*, préc.

(375) CE, 21 oct. 1970, n°s 65845 et 66040 : *Lebon*. – CE, 5e et 3e ss-sect. réunies, 10 juin 1977, n° 97691. – CE, 2e et 7e ch. réunies, 5 avr. 2022, n° 450313. Le Conseil d'État a par ailleurs indiqué que son appréciation n'avait pas changé après la recodification des règles intervenue en 2008 (CE, 2e et 7e ch. réunies, 5 avr. 2022, n° 450313), ce qui ne peut lui être reproché dans la mesure où la recodification s'est effectivement opérée à droit constant (sur cette recodification, notre étude *Le Code du travail nouveau est arrivé : D.* 2008, p. 1214).

(376) CE, 2e et 7e ss-sect. réunies, 11 juin 2010, n° 333262, *RATP : Lebon* ; *AJDA* 2010, 1710, concl. F. Lenica ; *JCP* A 2011, 2218, G. Terrien ; *Dr. soc.* 2010, p. 1099, note F. Duquesne ; *Constitutions* 2011, 255, obs. O. Le Bot : « Ni les dispositions précitées du Code du travail, pour la généralité des services publics, ni celles de la loi du 21 août 2007, pour les services publics de transport terrestre qu'elle régit, ne constituent l'ensemble de la réglementation du droit de grève annoncée par la Constitution ». – CE, ord. réf., 10 mai 2016, n° 399076.

(377) Sur cette autojustification, les conclusions de son rapporteur public F. Lenica : *AJDA* 2010, 1719.

ré par un droit de réquisition du personnel gréviste par les chefs de service. Certains auteurs s'en félicitent et stigmatisent la « démission du législateur »[378]. Mais au-delà de la question d'opportunité se pose une question de principe : de quel droit le Conseil d'État décide-t-il alors d'autoriser ces réquisitions contre les choix du législateur, et ce alors même que le Conseil constitutionnel n'a jamais conforté la jurisprudence *Dehaene* et continue de faire référence à l'encadrement « par le législateur » du droit de grève[379] ?

Comme cela a été souligné en doctrine, ce pouvoir reconnu aux chefs de service relève, dans l'esprit du Conseil d'État, de leurs pouvoirs de police administrative[380]. Mais il a été observé à juste titre que ce pouvoir est fondé sur des impératifs « supérieurs » qui tiennent à la fois à la continuité du service public (elle-même invoquée à la fois pour asseoir les prérogatives de l'État et satisfaire les attentes des usagers) et à des considérations d'ordre public, et qu'il appartient au Conseil constitutionnel, avant tout, de concilier les principes de valeur constitutionnelle. Il nous semble dès lors que le Conseil d'État ne peut pas, de sa propre autorité, s'affranchir de toute borne constitutionnelle en choisissant d'affirmer la supériorité de son interprétation de la Constitution.

Cette dualité des solutions a été pointée du doigt par la doctrine depuis longtemps[381], et le « spectre d'un dédoublement de l'ordre juridique » dénoncé[382].

108. - Influence sur la Cour de cassation jusqu'en 1995. La Cour de cassation a également pu reprendre la formule issue de la jurisprudence *Dehaene* au début des années 1960 et faire référence à la nécessité de prévenir un usage abusif du droit de grève, par-delà l'insuffisance des dispositions légales. Ainsi, dans l'arrêt *Ralarosy* rendu le 2 juin 1961, la chambre sociale de la Cour de cassation a affirmé que « si la reconnaissance du droit de grève ne peut avoir pour conséquence d'exclure les limitations qui doivent lui être apportées comme à tout autre droit, en vue d'en éviter un usage abusif et que même si une faute avait pu être commise par le salarié qui participait sciemment à une grève en vue d'appuyer des revendications d'ordre professionnel ou social qui venaient de faire l'objet de décision de l'autorité publique et que l'employeur ne pouvait satisfaire, cela seul ne suffisait pas, en l'espèce, par suite de la nature professionnelle des revendications, à donner à la suspension du travail le caractère d'une faute personnelle lourde, justifiant la rupture du contrat sans préavis ni indemnité »[383]. Trois autres décisions ont repris la même formule jusqu'en 1964[384].

Jusqu'au milieu des années 1990, la Cour de cassation considérait, dans le prolongement de la jurisprudence *Dehaene*, que le Préambule de la Constitution de 1946 n'in-

(378) O. Le Bot : *Constitutions* 2011, 255, préc.

(379) En dernier lieu Cons. const., 1er août 2019, n° 2019-790 DC, *Loi de transformation de la fonction publique*, consid. 42 à 57.

(380) X. Dupré de Boulois, *Retour sur la jurisprudence Dehaene. Réflexions autour de l'arrêt d'Assemblée du 12 avr. 2013, Fédération Force Ouvrière Énergie et Mines : RDLF* 2013, 15.

(381) L. Favoreu, *Chronique constitutionnelle française : RDP* 1980, p. 1708-1711. – F. Luchaire, *La protection constitutionnelle des droits et libertés*, Economica, 1987, p. 335.

(382) S. Pinon, *Le principe de continuité des services publics : du renforcement de la puissance étatique à la sauvegarde de l'expression démocratique : RIEJ* 2003/2, vol. 51, p. 61-109, spéc. p. 99.

(383) Cass. soc., 2 juin 1961, *Ralarosy : Bull. civ.* IV, n° 598.

(384) Cass. soc., 13 déc. 1962 : *Bull. civ.* IV, n° 904. – Cass. soc., 3 oct. 1963 : *Bull. civ.* IV, n° 645 ; *D.* 1964, p. 3, note G. Lyon-Caen. – Cass. soc., 14 oct. 1964 : *Bull. civ.* IV, n° 671.

terdisait pas non plus aux partenaires sociaux d'encadrer l'exercice du droit de grève[385]. Elle avait ainsi admis la validité des conventions collectives imposant le respect d'un préavis ou une procédure de conciliation préalable avant tout déclenchement d'un conflit[386], et considérait que les salariés qui ne respectaient pas ces clauses commettaient une faute lourde justifiant une sanction disciplinaire pouvant aller jusqu'au licenciement. La seule exigence posée par la Cour de cassation concernait la proportionnalité de l'atteinte ainsi réalisée à l'exercice du droit de grève, singulièrement en raison des délais de préavis devant demeurer raisonnables, sous le contrôle du juge[387].

Cette solution avait été critiquée en doctrine, non pas tant pour des raisons de sources que d'opportunité, car elle conférait aux syndicats un véritable pouvoir sur la grève et les grévistes, incompatible avec la conception libérale et non syndicale de la grève dans le secteur privé[388].

109. – Interprétation littérale de la formule du Préambule depuis 1995. Cette analyse a été abandonnée le 7 juin 1995 dans l'arrêt *Transports Seroul* rendu par la chambre sociale de la Cour de cassation qui interdit désormais aux partenaires sociaux d'encadrer conventionnellement l'exercice du droit de grève. Dans cet arrêt, la Haute juridiction considère en substance que l'article L. 2221-1 du Code du travail, qui définit le champ ouvert à la négociation collective, ne permet pas de fonder l'intervention des partenaires sociaux, seule une loi *spéciale* autorisant *explicitement* ces derniers à intervenir pouvant imposer des restrictions aux salariés grévistes[389]. Tel est d'ailleurs le sens littéral du Préambule de la Constitution de 1946 qui dispose que le droit de grève s'exerce dans le cadre des « lois » qui le réglementent[390].

Onze chauffeurs de poids lourds avaient changé d'employeur après la cession partielle de l'entreprise de transport à laquelle ils appartenaient. Ils s'étaient mis en grève pour protester contre le fait que leur nouvel employeur n'avait pas respecté ses obligations découlant du transfert, et singulièrement qu'il en avait profité pour modifier unilatéralement leur contrat de travail. Quelques jours plus tard, ils étaient licenciés pour faute lourde, l'employeur leur reprochant des entraves à la liberté du travail et des atteintes au droit de propriété ; ils s'étaient également opposés au déchargement de camions de l'entreprise, n'avaient pas rendu leurs clés et s'étaient opposés à leur reprise par d'autres chauffeurs non grévistes. L'employeur faisait également valoir que cet arrêt de travail était intervenu sans respect du préavis de grève prévu par la convention collective et constituait un mouvement illicite en son principe, écartant par là même l'application du régime juridique de la grève.

La cour d'appel avait écarté l'ensemble de ces arguments et condamné l'employeur, ce que confirme la Cour de cassation par le rejet du pourvoi.

(385) Cass. soc., 9 juill. 1951 : *Dr. soc.* 1952, p. 116. – J. Frossard, *Les obstacles juridiques au déclenchement des grèves : Dr. soc.* 1988, p. 630.

(386) Cass. soc., 5 mai 1960 : *JCP* G 1960, II, 11692, note R. Lindon ; *GADT*, n° 30, p. 68. – Cass. soc., 27 févr. 1974 : *Bull. civ.* V, n° 140, p. 130.

(387) Cass. soc., 15 févr. 1965 : *JCP* G 1965, II, 14212, note H. Sinay ; *Dr. soc.* 1965, p. 444, obs. J. Savatier : est excessive la clause imposant le respect d'un délai de dix jours entre la tentative de conciliation et la possibilité de déclencher un conflit.

(388) En ce sens les critiques de M. Boitel, *L'exercice du droit de grève réglementé illégalement par des conventions collectives : Dr. ouvrier* 1956, 459. – M. Petit, *Le droit de grève dans le secteur privé : RPDS* 10/1974, n° 354, 281 et s. – J. Frossard, *Les obstacles juridiques au déclenchement des grèves : Dr. soc.* 1988, 630 et s.

(389) Cass. soc., 7 juin 1995, n° 93-46.448, *Transports Seroul : Bull. civ.* V, n° 180 ; *Dr. soc.* 1996, p. 37, chron. Ch. Radé ; *D.* 1996, p. 75, note B. Mathieu.

(390) M.-A. Souriac et G. Borenfreund, *La négociation collective entre désillusion et illusions, in Droit syndical et droits de l'homme à l'aube du XX*e *siècle : Mél. en l'honneur de J.-M. Verdier,* Dalloz, 2001, p. 195.

En premier lieu, la Cour de cassation considère que les faits qui étaient reprochés aux grévistes ne caractérisaient pas une faute lourde dans la mesure où ces derniers avaient accepté, comme le leur demandait l'employeur, de remettre les documents et les clés des véhicules, lesquels étaient vides, et qu'ils étaient demeurés sans violence à côté de leurs véhicules.

En second lieu, la Haute juridiction affirme, dans une formule inédite pour l'époque, « qu'une convention collective ne peut avoir pour effet de limiter ou de réglementer pour les salariés l'exercice du droit de grève constitutionnellement reconnu et que seule la loi peut créer un délai de préavis de grève s'imposant à eux ».

110. - Conséquence de la jurisprudence *Transports Seroul*. La portée pratique de cette jurisprudence, qui fut confirmée ultérieurement[391], est simple : un accord collectif ne peut imposer ni procédure de concertation préalable au recours à la grève, ni respect d'un quelconque préavis ou d'un vote favorable des salariés, ni imposer la moindre procédure de règlement des conflits.

Les partenaires sociaux peuvent en revanche disposer des conditions d'exercice *de leurs propres prérogatives* dans les conflits. C'est d'ailleurs tout l'intérêt de la conception française de la grève, qui trouve un écho dans la rédaction de la Charte sociale européenne[392], et qui distingue nettement le droit de grève de la liberté syndicale, à tout le moins dans le secteur privé. Un syndicat pourrait donc parfaitement disposer de ses propres prérogatives d'appel à la grève, en s'obligeant à respecter telle ou telle procédure, sans que ces restrictions qui le concernent en propre aient un quelconque effet sur l'exercice *par les salariés* de leur droit de grève. Des clauses rédigées en des termes très généraux englobant à la fois les salariés et les syndicats pourraient donc être sauvées et considérées uniquement comme inopposables aux grévistes[393]. Pareilles clauses seraient donc parfaitement valables pour autant que la renonciation par les syndicats ne porte pas atteinte à la substance de la liberté syndicale, c'est-à-dire que l'atteinte demeure proportionnée au but recherché. Des clauses de conciliation préalable avant tout appel à la grève, inspirées des actuelles dispositions applicables dans les services publics de transport terrestre de personnes, pourraient donc être parfaitement admises, à la différence près, et elle est de taille, que les salariés ne commettraient aucune faute en se mettant en grève alors que le ou les syndicats n'auraient pas respecté leurs obligations conventionnelles.

C'est surtout dans le cadre des entreprises en charge de la gestion d'un service public que des expérimentations conventionnelles ont été menées, qu'il s'agisse de la RATP ou de la SNCF, dans les années 1990[394]. Ces expériences ont permis au législateur d'organiser, par la loi n° 2007-1224 du 21 août 2007 sur le dialogue social et la continuité du service public dans les transports terrestres réguliers de personnes[395], le

(391) Cass. soc., 12 mars 1996, n° 93-41.670 : *Bull. civ.* V, n° 88.

(392) V. *supra*, n° 91.

(393) En ce sens notre étude *Exercice du droit de grève et négociation collective : Dr. soc.* 1996, 37. – J.-E. Ray, *Grève. Préavis conventionnel. Inopposabilité aux grévistes : Dr. soc.* 1995, 835 ; *En faveur de la nullité L. Milet : Dr. ouvrier* 1996, 94.

(394) V. *infra*, n° 191.

(395) L. n° 2007-1224, 21 août 2007, sur le dialogue social et la continuité du service public dans les transports réguliers de voyageurs : *JO* 22 août. V. not. D. de Béchillon, *Trois questions actuelles*, in *Mél. J.-C. Douence*, Dalloz, 2008, p. 17. – C. Fortier, *Fin de l'exception française : RDP* 2007, 1635. – F. Melleray, *La loi du 21 août 2007 sur le dialogue social ou l'introuvable service minimum : AJDA* 2007, 1752. – E. Peskine, G. Borenfreund et F. Leclerc, *Le droit de grève dans les services publics de transports, regards sur la loi du 21 août 2007 : RDT* 2007, 664. – J.-E. Ray, *À propos de la loi sur la grève dans les transports publics : Dr. soc.* 2007, 1205. – J.-E. Ray et É. Millard, *La loi « continuité du service public des transports terrestres de personnes » : bienvenue ou dangereuse, légitime ou attentatoire au droit de grève ? : RDT* 2007, 560. – M.-

premier dispositif de prévention légal des conflits et garantie d'un service minimum, qui sera ensuite suivi par d'autres.

D. – Règlement intérieur

111. – Questionnement. L'employeur peut-il se fonder sur les dispositions du règlement intérieur de l'entreprise pour réquisitionner des salariés grévistes ? La réponse varie selon que l'on évoque les salariés d'entreprises ne gérant pas un service public (1°) ou les travailleurs liés à l'exécution d'un service public (2°).

1° Situation dans les entreprises ne gérant pas un service public

112. – Spécialité du règlement intérieur. La question s'est posée classiquement compte tenu de la fonction même du règlement intérieur et de la généralité des pouvoirs qu'il semble conférer à l'employeur. L'article L. 1321-1 du Code du travail dispose en effet que : « Le règlement intérieur est un document écrit par lequel l'employeur fixe exclusivement : 1° Les mesures d'application de la réglementation en matière de santé et de sécurité dans l'entreprise ou l'établissement, notamment les instructions prévues à l'article L. 4122-1 ; 2° Les conditions dans lesquelles les salariés peuvent être appelés à participer, à la demande de l'employeur, au rétablissement de conditions de travail protectrices de la santé et de la sécurité des salariés, dès lors qu'elles apparaîtraient compromises (…) ». En visant les « salariés », sans autre précision, et le « rétablissement (…) de la sécurité des salariés », on pouvait légitimement penser que ces dispositions permettraient de mobiliser y compris des grévistes pour assurer la sécurité des biens et des personnes. Telle n'est plus l'analyse de la Cour de cassation.

a) Analyse de la Cour de cassation

113. – Interprétation stricte de l'objet du règlement intérieur. Dès 1977 en effet, c'est-à-dire avant les lois Auroux qui sont venues considérablement encadrer et restreindre le pouvoir réglementaire de l'employeur, la Cour de cassation avait considéré que les salariés ne peuvent « être privés des droits qu'ils tenaient de la loi ni voir apporter une restriction à l'exercice de leur droit de grève par les dispositions moins favorables du règlement intérieur »[396].

Cette solution a été confirmée en 2009 dans des termes qui rappellent ceux utilisés dans l'arrêt *Transports Seroul* de 1995[397] : « Sauf dispositions législatives contraires, l'employeur ne peut en aucun cas s'arroger le pouvoir de réquisitionner des salariés grévistes ». Quels que soient l'activité de l'entreprise et les risques industriels auxquels elle doit faire face, et même si les clauses du règlement intérieur prévoient la possibilité de réquisitionner des salariés pour assurer un service minimum de sécurité en cas de danger avéré, l'employeur ne peut pas décider seul d'empêcher des salariés de

A. Souriac et S. Nadal, *Le droit de grève dans les services publics de transports, regards sur la loi du 21 août 2007 : la place de la négociation collective* : *RDT* 2007, 738. – P. Terneyre, *La loi du 21 août 2007, laboratoire d'une ambition plus vaste ou expérience isolée ?* : *RJEP* 2007, étude 4. – R. Vatinet, *Les enjeux du service minimum dans les transports publics* : *JCP* S 2007, act. 270. – V. Bernaud, *La « nature particulière » du droit de grève n'implique pas une protection constitutionnelle amoindrie* : *Dr. soc.* 2007, 1221. – C. Fortier, *La garantie de continuité du service public dans les transports terrestres de voyageurs* : *RDP* 2017, 1635. – A. Sauret : *LPA* 2007, n° 193, p. 8.

(396) Cass. soc., 23 nov. 1977 : *Bull. civ.* V, n° 635.

(397) Cass. soc., 7 juin 1995, n° 93-46.448, *Transports Seroul* : *Bull. civ.* V, n° 180 ; *Dr. soc.*, 1996, p. 37, chron. Ch. Radé ; *D.* 1996, p. 75, note B. Mathieu.

poursuivre leur mouvement de grève et de prononcer leur réquisition ; c'est ce qui résulte de l'arrêt rendu par la chambre sociale de la Cour de cassation le 15 décembre 2009[398].

Un gréviste avait fait l'objet d'une mise à pied disciplinaire pour avoir refusé de déférer à la convocation de l'employeur pour participer au service minimum de sécurité mis en place conformément aux dispositions générales du règlement intérieur de l'entreprise.

La cour d'appel avait validé la sanction après avoir considéré que la société était soumise à la législation sur les installations classées, qu'elle figurait parmi les points et réseaux sensibles pour la Défense nationale, et que l'employeur n'avait pas limité abusivement l'exercice du droit de grève en réquisitionnant, selon les dispositions du règlement intérieur, le salarié gréviste afin qu'il participe à un service minimum de sécurité.

L'arrêt d'appel est cassé. Pour la Cour de cassation en effet, qui statue au double visa de l'alinéa 7 du Préambule de la Constitution du 27 octobre 1946 et de l'article L. 1132-2 du Code du travail, « sauf dispositions législatives contraires, l'employeur ne peut en aucun cas s'arroger le pouvoir de réquisitionner des salariés grévistes ».

L'employeur n'aura d'autre choix que de saisir le juge des référés non pas à titre de prévention d'un risque, puisque cette hypothèse a été explicitement écartée en 2003[399], mais lorsque la grève fera courir un risque avéré pour la sécurité et caractérisera alors un trouble manifestement illicite.

b) Analyse du Conseil d'État

114. – Contrôle de légalité de l'autorité administrative. L'autorité administrative contrôlant la légalité des règlements intérieurs des entreprises privées, le Conseil d'État a eu par le passé à se prononcer sur la légalité des clauses autorisant, ou fondant, la réquisition de grévistes au nom d'impératifs de sécurité.

Or, il l'a admis dans les années 1990, dans des usines utilisant ou fabriquant des produits dangereux, comme des produits chimiques[400] ou dans le cadre de la filière nucléaire[401].

L'analyse de la décision du Conseil d'État en date du 12 novembre 1990 est intéressante.

Il s'agissait ici du règlement intérieur de l'établissement de Port-de-Bouc-Fos de la société Atochem. Parmi les dispositions litigieuses dont l'autorité administrative avait demandé le retrait, figurait un article 2-2 relatif à la « sécurité générale », aux termes duquel : « La nature des activités essentiellement à feux continus de l'établissement, la complexité de ses installations industrielles et le caractère dangereux des produits utilisés ou fabriqués imposent des règles particulières assurant la prévention de tout sinistre et la protection des travailleurs, des populations et de l'environnement. Ces règles précisaient en particulier les postes de travail qui, sauf décision contraire de la direction ou de ses représentants dûment mandatés, *doivent être tenus par leurs titulaires ou leurs remplaçants en toutes circonstances, y compris pendant la grève*. Dans ce dernier cas, des notes de service publiées durant le préavis de 48 heures mentionneront, outre les opérations de mise en sécurité des installations, les postes nécessairement assurés durant le temps de grève, ainsi que les différentes fonctions d'astreinte ».

Le directeur régional du travail et de l'emploi avait exigé le retrait des deux dernières phrases de cet article au motif que de telles dispositions étaient étrangères à l'objet du règlement inté-

(398) Cass. soc., 15 déc. 2009, n° 08-43.603, *M. Philippe L. : Bull. civ.* V, n° 283 ; *D.* 2010, 154, obs. B. Inès ; *JCP* S 2010, 1177, note A. Martinon.

(399) Cass. soc., 25 févr. 2003 : *Dr. soc.* 2003, p. 621, chron. Ch. Radé ; *D.* 2003, p. 1925, note B. Bossu. – Cass. soc., 6 nov. 2003, n° 01-10.847.

(400) CE, 12 nov. 1990, n° 95823.

(401) CE, 29 déc. 1995, n° 159167.

rieur. Cette décision fut confirmée sur recours hiérarchique par le ministre du Travail, ce que l'entreprise avait contesté avec succès en justice.

Pour le Conseil d'État, les dispositions de l'article 2-2 du règlement intérieur, y compris celles des deux dernières phrases, avaient pour objet de prévoir des mesures de sécurité applicables dans les deux usines spécialisées dans le traitement et la fabrication de produits chimiques réputés dangereux. De telles mesures, alors même qu'elles pouvaient comporter certaines restrictions à l'exercice du droit de grève par les salariés de l'entreprise, n'étaient pas étrangères au champ d'application du règlement intérieur tel qu'il est défini par l'article L. 122-34 du Code du travail.

Le Conseil d'État vérifie toutefois que l'argument tiré de la sécurité n'est pas utilisé de manière trop laxiste, et singulièrement que la sécurité des usagers ne sert pas de prétexte à des atteintes au droit de grève. Le juge administratif doit donc vérifier que les impératifs de sécurité invoqués sont réels, ce qui ne sera pas le cas notamment lorsque l'activité de l'entreprise ne le justifie pas nécessairement. C'est ce qu'illustre la décision *Centre de convalescence et de rééducation de la Roseraie* du Conseil d'État rendue le 27 juillet 2005[402].

À la suite d'un mouvement de grève auquel avaient participé huit des quarante-huit salariés d'un centre de convalescence et de rééducation, la direction du centre avait adressé à chacun des grévistes une lettre leur interdisant, pour protéger la santé et la sécurité des patients, de quitter leur poste sans avoir prévenu leur employeur avec un délai suffisant permettant de pallier leur carence. Ces courriers avaient été considérés par l'inspecteur du travail comme des adjonctions illégales au règlement intérieur de l'établissement et ce dernier avait demandé à la direction leur annulation immédiate.

Le Conseil d'État qualifie tout d'abord ces huit lettres rédigées en des termes identiques, de dispositions devant figurer dans un règlement intérieur : « Le contenu identique des huit lettres du 14 mai 1998 comporte l'énoncé d'une règle de comportement générale et permanente s'imposant sous peine de sanction à tous les salariés de l'établissement auxquels ont été confiées l'administration des soins aux patients, ainsi que leur garde et leur surveillance [et] constitue par suite une adjonction au règlement intérieur du centre, établie pour une catégorie de personnel ».

Il considère ensuite que « les dispositions de cette adjonction au règlement intérieur de l'établissement ont pour seul objet de protéger la sécurité et la santé des patients qui y sont admis (...) qu'il n'appartient pas à l'employeur de réglementer l'exercice du droit de grève par le truchement du règlement intérieur, en se fondant sur un objectif constitué de la seule sécurité des usagers de l'établissement, alors qu'il ne ressort pas des pièces du dossier que l'absence d'une partie du personnel de l'établissement y mettrait en cause la sécurité générale ».

La marge de manœuvre de l'employeur est ici étroite : la « seule » sécurité des patients ne suffit pas, il faut établir que le règlement intérieur vise à protéger la « sécurité générale » de l'ensemble du personnel, et/ou mette en cause également la sécurité des installations.

115. - **Dialogue des juges.** Le Conseil d'État n'a pas, à notre connaissance, rendu de décision plus récente sur ce point, et la question d'un alignement sur la position de la Cour de cassation se pose. On peut imaginer que le dialogue des juges pourrait avoir déjà joué avant que la Cour de cassation ne prenne position en 2009, et/ou que le Conseil d'État suivra la même solution plus conforme à la lecture désormais stricte qu'il convient de faire des sources autorisées à réglementer l'exercice du droit de grève.

(402) CE, 27 juill. 2005, n° 254600, publié au recueil.

2° Grévistes contribuant à des activités de service public

116. - Jurisprudence *Dehaene*. La solution dégagée par la Cour de cassation ne vaut que pour les entreprises qui ne sont pas en charge de la gestion d'un service public. On sait en effet que pour ces dernières les chefs de service, mais également les « organes dirigeants, agissant en vertu des pouvoirs généraux d'organisation des services placés sous leur autorité » « d'un organisme de droit privé responsable d'un service public » depuis 2013[403], disposent des prérogatives reconnues aux chefs de service dans le cadre de la jurisprudence *Dehaene* et qu'il peut donc les requérir pour assurer un service minimum.

117. - Illustrations. Une décision *Service départemental d'incendie et de secours (SDIS) de la Moselle* rendue le 5 février 2020 permet de mieux comprendre ce qui peut conduire le juge administratif à valider ce genre de dispositions dans un règlement intérieur[404].

La direction du service départemental d'incendie et de secours (SDIS) de la Moselle avait adopté une note d'information 01-ADM-2020 du 2 janvier 2020, dénommée « règlement intérieur », qui comportait un certain nombre de dispositions en cas de grève.

Singulièrement, le règlement prévoyait que lorsqu'un mouvement de grève est en cours, les agents de la garde descendante peuvent être maintenus en service pendant une durée ne dépassant pas une heure, « le temps que le service constate les effectifs présents de la garde montante ainsi que les personnels déclarés grévistes susceptibles d'être réquisitionnés (...) afin d'assurer la continuité du service ». Le règlement précise également que : « Dans ce cadre, la garde montante à l'exception des agents ayant déclaré leur intention de faire grève 48 heures avant le début du mouvement de grève, pourra être rassemblée exceptionnellement à la prise de poste ». Il résulte, en outre, de la note de service du 2 janvier 2020, que les chefs de service exigent des agents déclarés grévistes quarante-huit heures avant leur prise de poste, qu'ils confirment leur intention de faire grève dans le quart d'heure précédant la prise de service. Cette confirmation doit être effectuée par téléphone ou en présentiel, la hiérarchie se donnant la possibilité de signifier immédiatement des réquisitions.

Le syndicat CFDT Interco Moselle avait saisi le juge des référés du tribunal administratif de Strasbourg, sur le fondement de l'article L. 521-2 du Code de justice administrative, afin de faire cesser les atteintes au droit de grève résultant de cette note de service et des pratiques des officiers en charge des centres de secours de Saint-Avold et d'Hagondange qui imposaient aux agents, d'une part, de confirmer leur intention de faire grève avant la prise de poste et, d'autre part, de définir des modalités d'exercice du droit de grève comportant l'assignation des agents dans un délai raisonnable avant le début de la garde.

Le juge des référés ne l'avait pas suivi. Il avait considéré, au contraire, que si le mode de fonctionnement adopté par le SDIS de Moselle impose certaines contraintes aux agents grévistes, il n'est, en l'espèce, fait obstacle au droit de grève que dans le seul cas des sapeurs-pompiers réquisitionnés et dans l'unique but de conserver la capacité du SDIS à exercer des missions qui répondent à un besoin essentiel de la population. Ensuite, il a relevé que les chefs de centre ne peuvent connaître leurs besoins réels en effectifs qu'au moment de la prise de service. Enfin, il a retenu la circonstance que les chefs de centre doivent encore tenir compte, dans leurs réquisitions, des compétences et qualifications particulières nécessaires à l'exercice des missions à assurer dès lors qu'elles peuvent ne pas être possédées par les agents présents à la prise de service.

(403) CE, ass. cont., 12 avr. 2013, n° 329570, *Féd. Force ouvrière Énergie et mines et a. : Lebon*, p. 94 ; *AJDA* 2013, 1052, chron. X. Domino et A. Bretonneau ; *Dr. soc.* 2013, 608, note P.-Y. Gahdoun ; *RFDA* 2013, 637, concl. F. Aladjidi ; *ibid.* 663, chron. A. Roblot-Troizier et G. Tusseau ; *Dr. adm.* 2013, n° 59, note Éveillard ; *JCP* A 2013, 2308, note H. Pauliat.

(404) CE, 5 févr. 2020, n° 438093.

Le juge des référés du tribunal administratif de Strasbourg a ainsi estimé que le mode de fonctionnement adopté par le SDIS de Moselle permettait de limiter au strict nécessaire l'atteinte au droit de grève résultant de la réquisition de certains agents. Cette ordonnance est confirmée par le Conseil d'État.

Plan de l'ouvrage. Les conflits collectifs seront étudiés selon un plan chronologique classique[405] allant de la prévention jusqu'au règlement, en passant par le déroulement.

Première partie. La prévention des conflits collectifs

Deuxième partie. Le déroulement des conflits collectifs

Troisième partie. Le règlement des conflits collectifs

(405) G. Caire, *La grève ouvrière*, Les Éditions ouvrières, 1978, spéc. p. 184 et s. : « Non sans quelque arbitraire, il est possible de distinguer les trois phases de cette opération militaire que constitue la grève : le déclenchement, le déroulement, le dénouement ».

PREMIÈRE PARTIE

LA PRÉVENTION DES CONFLITS COLLECTIFS

118. - Introduction. Le droit français ne considère pas, à l'instar du droit allemand par exemple[1], que le recours à la grève doit être évité, autant qu'il est possible, et que le recours à la négociation collective doit précéder le déclenchement du conflit. Bien avant que des dispositifs ne soient introduits en droit positif à partir de 2007 dans les services publics de transports de personnes puis au sein des collectivités locales (Titre 2), le droit commun de la négociation collective pouvait être utilement mobilisé pour tenter de prévenir, dans le cadre de dispositifs conventionnels, le déclenchement de conflits et le recours à la grève (Titre 1).

(1) V. *supra*, n° 28.

TITRE 1

LA PRÉVENTION DES CONFLITS COLLECTIFS DANS LE DROIT COMMUN DE LA NÉGOCIATION COLLECTIVE

119. - Limites au pouvoir conventionnel. Jusqu'en 1995, la Cour de cassation admettait que les accords collectifs comportent des clauses restreignant le recours à la grève et se traduisant par des procédures conventionnelles préalables et/ou l'instauration de règles de préavis venant s'ajouter aux dispositions applicables dans les services publics depuis la loi du 31 juillet 1963[1]. On sait depuis 1995 et l'arrêt *SA Transports Seroul* de la chambre sociale de la Cour de cassation[2], que ces clauses ne sont plus opposables aux salariés qui peuvent donc se mettre en grève sans avoir à respecter les dispositions conventionnelles. Mais les partenaires sociaux peuvent continuer de s'obliger, par des clauses particulières, à respecter certaines procédures liées soit à l'exécution des accords, soit à tout déclenchement de conflit. Seront examinées la prévention des conflits collectifs dans la négociation de branche (Chapitre 1) puis la prévention des conflits collectifs dans la négociation d'entreprise (Chapitre 2).

(1) L. n° 63-777, 31 juill. 1963, relative à certaines modalités de la grève dans les entreprises gérant un service public.
(2) Cass. soc., 7 juin 1995, préc. V. *supra*, n° 109.

CHAPITRE 1 LA PRÉVENTION DES CONFLITS COLLECTIFS DANS LA NÉGOCIATION DE BRANCHE

120. - Clauses obligatoires. Le Code du travail impose des clauses de règlement des différends dans les accords de branche pour qu'ils soient étendus. L'article L. 2261-22, qui impose dix-neuf clauses, dispose en effet que : « Pour pouvoir être étendue, la convention de branche conclue au niveau national contient des clauses portant sur (...) 13° Les procédures conventionnelles de conciliation suivant lesquelles seront réglés les conflits collectifs de travail susceptibles de survenir entre les employeurs et les salariés liés par la convention ».

On sait toutefois que cette exigence n'empêche pas l'accord d'être étendu ; l'article L. 2261-27 du Code du travail le permet en effet si la Commission nationale de la négociation collective, de l'emploi et de la formation professionnelle a émis un avis favorable « sans opposition écrite et motivée soit de deux organisations d'employeurs, soit de deux organisations de salariés représentées à cette commission ». En cas d'avis défavorable ou d'opposition suffisante, « le ministre chargé du travail peut consulter à nouveau la commission sur la base d'un rapport précisant la portée des dispositions en cause ainsi que les conséquences d'une éventuelle extension » ; il pourra alors procéder à l'extension, même si l'avis est défavorable ou que l'opposition persiste, en prenant une décision motivée.

121. - CPPNI. Le Code du travail impose par ailleurs aux branches de se doter de commissions paritaires permanentes de négociation et d'interprétation (CPPNI) qui n'ont pas de compétences directes, mais qui, statuant sur les questions d'interprétation, peuvent participer d'une logique de prévention des différends.

C'est ainsi que les partenaires sociaux ont adopté, dans le cadre de la branche de l'enseignement privé indépendant, un avenant n° 43 du 17 décembre 2018 portant création d'une commission paritaire permanente de négociation, d'interprétation et de conciliation (CPPNIC)[1] ayant explicitement, entre autres fonctions, de connaître des différends collectifs portant sur l'application de l'accord de branche.

122. - Rareté. L'examen des accords de branche ne révèle pas de dispositifs de prévention des conflits collectifs, qui sont donc négociés principalement dans les entreprises, parfois dans les groupes.

(1) Enseignement privé indépendant (IDCC 2691, n° Brochure 3351). Avenant publié au *BOCC* 2 mars 2019 (NOR : ASET1950212M).

CHAPITRE 2 LA PRÉVENTION DES CONFLITS COLLECTIFS DANS LA NÉGOCIATION D'ENTREPRISE

123. - Introduction. Les accords publiés avant la loi du 8 août 2016 sont rares et concernent des entreprises qui ont généralement souhaité communiquer sur la conclusion de leur dispositif conventionnel (Section 1). La loi du 8 août 2016 ayant rendu obligatoire, sous les réserves prévues par le Code du travail, la publication des accords collectifs conclus notamment dans les entreprises[1], la base de données accessible *via* Legifrance permet d'avoir accès à de nombreux accords qui participent, d'une manière ou d'une autre, à la prévention des conflits (Section 2).

SECTION 1 ACCORDS PUBLIÉS AVANT LA LOI DU 8 AOÛT 2016

124. - Illustrations. L'examen de la pratique de la négociation collective, qui conforte d'ailleurs les dispositions relatives au règlement des différends entre signataires dans les accords de branche, révèle des accords collectifs mettant en place des procédures conventionnelles de prévention des conflits y compris dans des entreprises n'étant pas en charge de la gestion d'un service public, et échappant aux dispositions légales mises en œuvre depuis 2007.

Ainsi, la « Charte de concertation sociale » signée le 1er octobre 1997 entre le groupe Sofirest Expansion et les syndicats CFDT et FO prévoyait, en contrepartie de moyens supplémentaires accordés aux organisations syndicales représentatives dans l'entreprise, « qu'aucune action de débrayage et *a fortiori* de grève ne doit avoir lieu sans avoir épuisé toutes les possibilités de négociation »[2].

Les exemples rendus publics demeurent peu nombreux.

(1) L. n° 2016-1088, 8 août 2016, relative au travail, à la modernisation du dialogue social et à la sécurisation des parcours professionnels, art. 16. C. trav., art. L. 2231-5-1 et L. 2231-6.

(2) *Liaisons soc.* 10 oct. 1997, Bref 12518, p. 2. V. égal. Accord Cégétel, 13 juin 2002 : *Liaisons soc.* 2 juill. 2002, Bref 13678, p. 1.

SECTION 2 ACCORDS PUBLIÉS DEPUIS LA LOI DU 8 AOÛT 2016

125. - Importance. L'analyse des accords publiés depuis la loi du 8 août 2016 a révélé moins d'une trentaine d'accords de prévention des conflits collectifs dans des entreprises ne relevant d'aucun dispositif légal spécial, ce qui est évidemment peu au regard du nombre annuel d'accords publiés ; en comparaison, le nombre des accords collectifs de fin de conflit est dix fois supérieur pour la même période. Ces accords révèlent des niveaux d'engagements extrêmement variables, et des contenus très inégaux. Certains s'apparentent à des accords de méthode (§ 1). D'autres sont de vrais accords de dialogue social (§ 2). D'autres enfin s'inspirent des expériences menées dans les entreprises de transport public et mettent en place de véritables procédures d'alarme sociale (§ 3).

§ 1. - Accords de méthode

126. - Accord LSG HELVETIA. L'accord conclu en 2017 au sein de la société LSG Helvetia avait pour objectif d'accompagner la restructuration de l'entreprise après l'absorption d'une entité tierce, et d'éviter d'éventuels différends qui pourraient naître des changements de statuts applicables aux salariés dont le contrat de travail a été repris en application de l'article L. 1224-1 du Code du travail. Il constitue un accord de substitution, au sens où l'entend l'article L. 2261-14, alinéa 1er, du même Code, lorsque l'application d'anciens accords est mise en cause par les modifications intervenues dans l'entreprise cédée. On observera d'ailleurs que les parties concernées peuvent également anticiper ces difficultés transitoires en concluant soit un accord triennal de substitution (dans ce cas, prévu par l'article L. 2261-14-2 du Code du travail, l'accord est conclu entre les syndicats représentatifs de l'entreprise cédée et les deux employeurs des entreprises concernées), soit un accord élargi ayant vocation à s'appliquer également à tous les salariés de la nouvelle entreprise et nécessitant par conséquent également la présence des syndicats représentatifs de l'entreprise absorbante (C. trav., art. L. 2261-14-3).

L'impérativité des dispositions concernées est ici faible puisque les partenaires sociaux se contentent de renvoyer à des négociations ultérieures.

Accord d'adaptation LSG Helvetia (restauration : 100-199 salariés) du 8 décembre 2017, signé par la CGT, FO, Sud-Rail

Article 1 - Champ d'application - Durée et Portée de l'accord - Prévention des conflits

1.1 - Champ d'application - Durée de l'accord

Le présent Accord d'adaptation est applicable à l'ensemble des personnels provenant d'Elvetino France et de Facilit'Rail France ainsi qu'à tous nouveaux embauchés par LSG Helvetia [ci-après dénommé « *le Personnel* »].

Il est conclu pour une durée indéterminée.

1.2 - Portée de l'accord

Le présent Accord a pour objet de déterminer les principes et les modalités d'intégration spécifiques dans le statut de LSG Helvetia des dispositions précédemment applicables au sein d'Elvetino France et de Facilit'Rail France en vue de les harmoniser et de les adapter.

Le présent Accord se substitue aux dispositions ayant le même objet dans les Accords collectifs, partie d'Accords collectifs, engagements unilatéraux et usages préexistants au sein d'Elvetino France et de Facilit'Rail France préalablement au transfert et à la reprise des personnels en date du 1er septembre 2017 et porte notamment sur :

– les Métiers,

– les Rémunérations,

– l'harmonisation de certaines dispositions,

– le maintien en l'état de certaines dispositions,

– la non reconduction de certaines autres.

1.3 – Prévention des conflits

La Direction de LSG Helvetia souhaite instaurer avec les partenaires sociaux une relation de confiance et de loyauté.

La médiation et l'anticipation sont les maîtres mots.

La Direction de LSG Helvetia et les Organisations Syndicales représentatives conviennent d'ouvrir des négociations au cours du premier semestre 2018 afin de discuter/conclure un accord mettant en place des dispositions relatives à la prévention des conflits dans l'entreprise et ainsi affirmer leur volonté de développer la négociation dans la vie sociale de l'entreprise.

127. – **Accord LA BANQUE POSTALE (2018).** L'accord se contente ici de renvoyer à de futures négociations.

Accord de méthode sur le dialogue social, le droit syndical et la représentation du personnel à La Banque postale (2 000-4 999 salariés) conclu le 28 juin 2018 avec la CFDT, la CFTC, la CGT, FO, et la CGC

Négociation sur le droit syndical et les moyens du dialogue social

Les parties au présent accord entendent réaffirmer et renforcer les principes et le fonctionnement du droit syndical et du Dialogue social dans l'Entreprise.

Tout en gardant à l'esprit les évolutions de la représentation du personnel à venir, La Banque Postale et les organisations syndicales souhaitent engager une discussion sur les acteurs du dialogue social et les méthodes de travail, tout en réaffirmant des grands principes relatifs au droit syndical.

Les parties conviennent également de discuter des moyens du dialogue social, au travers des ressources, qu'elles soient humaines, matérielles ou financières.

C'est pourquoi devront impérativement être embarqués a minima dans le champ des négociations, les points suivants :

- Les acteurs du dialogue social (DSN, DS, RS)
- Déplacements des délégués syndicaux, et RS
- Les réunions plénières et bilatérales
- La prévention des conflits collectifs
- La méthode de travail en matière de négociation d'accord
- Les commissions de suivi
- Les commissions paritaires internes (process de recours)
- La garantie des libertés fondamentales (liberté de circulation et liberté de réunion / Droits et devoirs)
- Crédit d'heures de délégation (gestion, dispositif dématérialisé du suivi des heures de délégation, reporting, cession et report du crédit d'heures)
- Préparation des réunions du CUES v/ CSE

• Définition de la transmission des patrimoines entre le CUES et l'entité qui lui succèdera (CSE)

• Définitions des missions du ou des CSE,

• Mise à disposition de moyens matériels et financiers (moyens matériels, local et équipement des sections syndicales, utilisation des moyens de conférence téléphonique de l'entreprise, budget de fonctionnement des organisations syndicales)

• Participation de l'entreprise aux dépenses de formation des organisations syndicales pour leurs représentants

• Transparence sur l'emploi des moyens financiers et matériels mis à leur disposition

• Mise à disposition de nouvelles technologies de l'information et de la communication (Règles d'utilisation des NTIC, messagerie électronique : boites fonctionnelles et utilisation, Interdictions, outils informatique, Accès à l'intranet (affichage électronique : panneaux d'affichage électroniques syndicaux, information de l'entreprise en matière de relations sociales, Recours aux outils de communication : réunions DP DCT et réunions plénières de dialogue social, espaces dédiés aux organisations syndicales, liens vers les fédérations).

128. – **Accord SAS PANIMA (2017).** L'accord « privilégie » le dialogue et la négociation sur le conflit, sans autre précision, et renvoie à une négociation à venir.

Accord de cadrage relatif à la méthode de travail et au calendrier des négociations du futur socle conventionnel et rencontres avec les instances représentatives du personnel conclu au sein de la société Panima SAS (fabrication de plats préparés – 147 salariés) le 19 décembre 2017 (signé par la CGT et FO)

PRÉAMBULE

L'ordonnance n° 2017-1491 du 25 octobre 2017 relative à l'adaptation du code du Travail (Métropole) à Mayotte prévoit l'abrogation du code du travail mahorais au 1er janvier 2018.

Dans le cadre de l'application du code du Travail (Métropole) des négociations vont être engagées avec les Organisations Syndicales Représentatives afin d'élaborer et de conclure des accords portant sur diverses thématiques.

Dans ce contexte, afin de garantir la qualité du dialogue social et pour parvenir à un nouveau dispositif conventionnel structuré, les Parties ont convenu de l'importance de s'accorder sur un accord de cadrage visant à préciser les modalités des négociations.

Le présent accord a pour objet de définir la méthode permettant aux négociations de s'accomplir dans des conditions de loyauté et de confiance mutuelle entre les Parties.

Il définit notamment les principales étapes du déroulement des négociations, leurs thèmes, le calendrier des réunions, ainsi que les moyens spécifiques accordés aux représentants syndicaux, et le dispositif de prévention des conflits. Il précise également la nature des informations partagées entre les négociateurs.

En complément, les Parties souhaitent définir un calendrier prévisionnel de réunions des instances représentatives du personnel pour le premier semestre 2018.

Enfin les Parties ont souhaité, inscrire dans cet accord, le principe des rencontres d'échanges informelles entre les organisations syndicales et le management concernant les problématiques sociales en lien avec les problématiques opérationnelles.

ARTICLE 5 :
Prévention des conflits

Afin d'assurer le bon déroulement des négociations, les Parties conviennent, en cas de différend susceptible de générer un conflit, de privilégier le dialogue et la négociation.

§ 2. – Accords de dialogue social

129. – Accord LES OPALINES (2018). L'accord confie la compétence de prévention des conflits au comité social et économique de l'entreprise, sans apporter d'autres précisions sur les modalités de son intervention.

Accord relatif à la structuration du dialogue social conclu au sein de la Société de gestion de maisons de retraite Groupe Les Opalines (1 000 salariés) le 19 septembre 2018 avec la CFDT et la CGT

Chapitre 4 : Prévention des conflits collectifs

La réussite durable de l'Entreprise nécessite un dialogue social de qualité, efficace et constructif, entre tous les acteurs de l'Entreprise, de manière à assurer son développement et le respect des intérêts des salariés. Ce dialogue social repose à la fois sur la Direction, l'encadrement et les différentes instances et représentants du personnel.

La Direction considère que les organisations syndicales ainsi que les représentants du personnel sont les acteurs clés dans tout processus de résolution des conflits collectifs. À ce titre et sans porter atteinte au principe constitutionnel qu'est le droit de grève, les parties s'engagent à respecter leur volonté commune de prévention et d'anticipation des conflits collectifs et à explorer toutes les voies possibles en vue de leur résolution.

Les parties souhaitent dans ce cadre souligner le rôle que le CSE C doit jouer dans le cadre de la prévention des conflits collectifs. Il est en effet convenu qu'une délégation de cette instance pourra intervenir, en lien avec l'autorité opérationnelle hiérarchique concernée, afin de faciliter la résolution de situations qui, à terme, pourraient potentiellement conduire au déclenchement d'un conflit. Cette commission peut être saisie par tout élu du personnel.

130. – Accord LIVBAG (2018). L'accord confie au comité social et économique un rôle de pacification sociale et de prévention des conflits, sans aucune autre précision.

Accord sur le fonctionnement du comité social et économique et sur l'exercice du droit syndical conclu au sein de la SAS Livbag (fabrication de produits explosifs, 600 salariés) le 27 septembre 2018 avec la CFDT

PRÉAMBULE

Le présent accord s'inscrit dans le cadre de la réforme du code du travail consacré aux instances représentatives du personnel, issue de l'ordonnance n° 2017-1386 du 22 septembre 2017

« relative à la nouvelle organisation du dialogue social et économique dans l'entreprise et favorisant l'exercice et la valorisation des responsabilités syndicales ».

Tirant les conséquences de la loi nouvelle qui rend caduc tout accord antérieur relatif à l'exercice du droit syndical conclu dans l'entreprise, les parties ont entendu par cet accord :

– Définir le cadre de fonctionnement du Comité Social et Économique dont la 1re élection est intervenue à la date du 21 février 2018 instituant en cela la fusion des institutions représentatives du personnel de Livbag SAS.

– Préciser le cadre de l'exercice du droit syndical au sein de l'entreprise en reprenant et les adaptant au cadre légal nouveau, les règles issues de l'accord du 28 mars 2014.

L'objectif de cet accord vise à renforcer le dialogue social au sein de l'entreprise dans le but d'assurer une meilleure participation des salariés à son développement.

Dans l'esprit des discussions qui ont été menées, il est rappelé que l'exercice des prérogatives définies dans cet accord, doit garantir la préservation de l'outil industriel en fonction du contexte économique dans lequel évolue Livbag SAS, avec la volonté de satisfaire quotidiennement nos clients.

Qu'il est recherché en permanence un cadre négocié aux situations rencontrées dans une logique de prévention des conflits.

Que les mesures mises en place s'inscrivent dans le respect des actions conduites pour maintenir la compétitivité de Livbag SAS, sans alourdir le coût du travail.

131. – **Accord KORIAN (2019).** L'accord confie au comité social et économique, et singulièrement de la commission santé, sécurité et conditions de travail, un rôle de pacification sociale et de prévention des conflits, sans aucune autre précision. L'accord étant commun à l'exercice du droit syndical au sein du groupe, il investit également les partenaires sociaux de ce pouvoir de prévention des conflits collectifs.

Accord relatif au dialogue social conclu au sein du groupe Korian (santé – 57 000 salariés) le 25 janvier 2019 avec la CFDT, la CGT, FO et l'UNSA

Article 4.3. – Attributions de la Commission Santé, Sécurité et Conditions de Travail

Le CSE confie à la CSSCT les attributions relatives à la santé, à la sécurité et aux conditions de travail suivantes :

– Contribuer à la protection de la santé physique et mentale et de la sécurité des travailleurs ;

– Contribuer à l'amélioration des conditions de travail, notamment en vue de faciliter l'accès des femmes à tous les emplois et de répondre aux problèmes liés à la maternité ;

– Analyser les risques professionnels et les effets de l'exposition aux facteurs de risques professionnels ;

– Contribuer à l'adaptation et à l'aménagement des postes de travail afin de faciliter l'accès et le maintien des personnes handicapées à tous les emplois au cours de leur vie professionnelle ;

– Assurer le suivi des enquêtes (danger grave et imminent, droit d'alerte et de retrait, circonstances et causes des accidents du travail, des maladies professionnelles) en lien avec les Représentants de Proximité (RPX) ;

– Proposer des actions de prévention et de sensibilisation notamment en cas de harcèlement moral ou sexuel et d'agissement sexiste.

Pour réaliser ses missions, les membres de la CSSCT peuvent effectuer des visites de Sites, dans la limite de 4 membres simultanément.

Par ailleurs, les parties soulignent le rôle de la CSSCT en matière d'alerte et de prévention des conflits collectifs. Il est en effet convenu que cette instance puisse intervenir, en lien avec l'autorité opérationnelle hiérarchique concernée, afin de faciliter la résolution de situations qui, à terme, pourraient potentiellement conduire au déclenchement d'un conflit. Cette commission peut être saisie par tout représentant du personnel.

CHAPITRE 13 – LES NÉGOCIATIONS AU SEIN DE L'UES KORIAN FRANCE

Les parties réaffirment que les dispositions du présent accord doivent permettre la poursuite d'un dialogue social de qualité, dynamique et constructif au bénéfice de l'ensemble des collaborateurs de l'Entreprise, permettant d'échanger dans la lignée de ses valeurs et des politiques sociales déjà mises en œuvre.

La Direction considère que les organisations syndicales ainsi que les représentants du personnel sont les acteurs clés dans tout processus de résolution des conflits collectifs. À ce titre, et sans porter atteinte au principe constitutionnel qu'est le droit de grève, les parties s'engagent à respecter leur volonté commune de prévention et d'anticipation des conflits collectifs et à explorer toutes les voies possibles en vue de leur résolution.

132. - **Accord CORSICA (2019).** L'accord renvoie ici aussi à la prévention des conflits et à la qualité du dialogue social, intégrant dans la même réflexion les élus et les syndicats de l'entreprise.

Accord de dialogue social, de droit syndical et de mise en place du comité social et économique au sein de la SAS Corsica Linea (transports maritimes et côtiers de passagers, 1 000 salariés) conclu le 4 septembre 2019 avec trois syndicats CGT, le STC, et deux syndicats CFE-CGC, CFE-CGC

Chapitre 5 – DISPOSITIONS COMMUNES au droit syndical et à l'ensemble des REPRÉSENTANTS du PERSONNEL élus ou désignés au sein de Corsica Línea

Les dispositions suivantes et adoptées dans le cadre du présent accord d'Entreprise, complètent et renforcent le cadre légal et conventionnel, en portant sur les moyens d'organisation et de fonctionnement des organisations syndicales, et doivent avoir pour premier objectif d'améliorer la qualité et l'efficacité du dialogue social. C'est dans ce sens et avec cet objectif que les parties ont convenu de modalités spécifiques sur l'organisation du dialogue social et la prévention des conflits.

133. - **Accord TELLIS (2020).** L'accord utilise l'indicatif présent pour faire en sorte que les syndicats, mais aussi les grévistes, saisissent la direction de l'entreprise d'une demande de dialogue avant tout recours à la grève. Cet indicatif ne saurait toutefois valoir impératif pour les salariés qui demeurent libres de se mettre en grève sans subir la moindre contrainte instaurée par un accord collectif.

Accord d'entreprise sur le dialogue social conclu au sein de la société Tellis (centres d'appel, 400 salariés) le 2 juin 2020

5.2 Exercice du dialogue social et prévention des conflits

Les parties signataires confirment la nécessité d'établir un dialogue social renforcé afin de le rendre permanent et transparent pour apporter des solutions aux situations conflictuelles, dans l'intérêt de tous les acteurs de l'entreprise (collaborateurs, représentants du personnel, entreprise et clients). Elles conviennent qu'il est important, dans l'intérêt de la société et des salariés, de privilégier au maximum le dialogue.

Les parties conviennent que le recours à la grève ne peut être analysé que comme un constat d'échec du dialogue social tant pour la Direction que pour les salariés et leurs représentants. Aussi elles entendent tout mettre en œuvre pour rechercher des solutions aux questions soulevées, par la voie du dialogue. Il est donc entendu que les partenaires sociaux (ou les collaborateurs souhaitant faire grève) saisiront la Direction avant tout mouvement social pour trouver une solution adaptée à la question soulevée, satisfaisante pour toutes les parties, et tenter d'éviter le conflit par la voie du dialogue social.

La Direction se rendra disponible à toute demande de rencontre notamment de la part des représentants syndicaux ou représentants du personnel. Cela nécessite l'investissement effectif et loyal de toutes les parties prenantes.

Ainsi, les parties entendent privilégier l'utilisation de tous les moyens du dialogue social existant avant toute action collective.

Outre les réunions de négociation et d'information entre la Direction et les Organisations Syndicales, le dialogue social au sein de s'exerce donc :

• dans le cadre des instances légales et conventionnelles prévues à cet effet ;

• à l'occasion de contacts directs et réunions d'échanges formels ou informels entre la Direction et les Organisations Syndicales ou les représentants du personnel.

134. – **Accord CSP PARIS FASHION GROUP (2018).** L'accord affirme la volonté des partenaires sociaux de privilégier le dialogue social sur la logique de conflit.

Accord de méthode sur le dialogue social conclu au sein de la SAS CSP Paris Fashion Group SAS (textile, 300 salariés) le 2 janvier 2018

4. Principes fondamentaux du dialogue social

Le présent accord a vocation à s'appliquer à l'ensemble des salariés de la société CSP PARIS FASHION GROUP, dans leurs relations individuelles comme dans leurs relations collectives dans l'entreprise.

(…)

c) s'agissant de la prévention des conflits sociaux

La réussite durable de notre entreprise se fonde sur le respect des personnes, leur développement et une exigence de qualité.

Cette réussite nécessite un dialogue social de qualité, efficace et constructif entre tous les acteurs de manière à assurer le développement de l'entreprise et de ses salariés.

Le dialogue social repose à la fois sur l'encadrement et sur les différentes institutions représentatives du personnel (délégués syndicaux, comité central d'entreprise, comités d'établissements, délégués du personnel, CHSCT) et il est marqué par le respect mutuel entre les personnes et par un respect des missions de chacun des interlocuteurs. Les parties s'engagent à régir leurs relations dans le respect des dispositions conventionnelles, réglementaires et législatives, notamment celles relatives aux libertés individuelles et à l'exercice du droit syndical.

Les parties reconnaissent que le respect mutuel permettant un dialogue social de qualité implique que chacun assume les responsabilités inhérentes aux fonctions ou aux missions qui sont les siennes. Ainsi, les représentants du personnel exercent leurs missions conformément à la finalité du ou des mandats qu'ils détiennent et chaque interlocuteur de l'entreprise assume ses responsabilités dans le cadre des fonctions pour lesquelles il a compétence.

La direction et les représentants du personnel souhaitent que le dialogue et non le conflit constitue le moyen privilégié pour rechercher les solutions appropriées notamment au travers de la négociation et la signature d'accords collectifs, accords que les parties s'engagent à appliquer et à respecter.

§ 3. – Accords mettant en place une procédure d'alarme sociale

135. – **Présentation.** Certaines procédures mettent en place un dispositif d'alarme sociale de manière informelle (A). D'autres accords sont plus ambitieux et organisent une procédure de manière beaucoup plus précise (B).

A. – Alarme sociale informelle

136. – **Accord BARRIÈRE (2018).** Cet accord adopte la formule la plus prudente qui soit dans la mesure où la mise en œuvre de la procédure *ad hoc* de dialogue n'est obligatoire pour personne.

Avenant n° 1 à l'accord relatif au Dialogue social, au Droit syndical et à la Représentation du personnel au sein de Groupe Barrière (casinos – 160 salariés) en date du 21 septembre 2018, signé par la CFDT, la CFE-CGC, la CFTC, la CGT et FO

5. Prévention des conflits sociaux

Une négociation entre la Direction et les partenaires sociaux pourra être ouverte en cas de risque de conflit social avec cessation collective de travail.

Cette disposition ne fait pas obstacle à l'exercice du droit de grève.

137. – **Accord SFR BUSINESS DISTRIBUTION (2017).** Dans cet accord, un dispositif d'alerte sociale est mis en place mais il se contente d'exiger une première réunion « dans les plus brefs délais » au cours de laquelle la direction cherchera des réponses.

Charte de dialogue social conclue au sein de la société SFR Business Distribution (télécommunications sans fil, 650 salariés) le 23 octobre 2017 avec la CFDT, la CFTC et la CGT

2. La prévention des conflits

2.1. Le dispositif d'alerte sociale

Dans le cadre du dialogue social établit entre les Partenaires Sociaux et la Direction, une procédure d'alerte est mise en place afin d'organiser dans les plus brefs délais une réunion afin que soient exposées de vive voix les revendications des Organisations Syndicales

Au cours de cette réunion, la Direction recherchera toute réponse possible aux revendications présentées.

****

Voir également, dans les mêmes termes, la Charte de dialogue social conclue au sein de l'entreprise SFR Distribution (conseil pour les affaires et autres conseils de gestion – 2 700 salariés) le 16 décembre 2019 par la CFDT, la CFTC et l'UNSA

138. – Accord INITIAL (2017). Cet accord ne comporte aucune disposition particulière, mais rappelle quelques principes de bon sens : la négociation qui doit s'engager en cas de menace de conflit doit l'être avec les bons acteurs (les syndicats ou les salariés si le différend n'est pas syndical), au bon niveau (l'établissement ou l'entreprise). L'accord rappelle également que certaines actions collectives sont considérées comme illicites, comme les grèves perlées, les grèves politiques ou le blocage de l'entreprise.

Accord d'entreprise relatif à l'exercice du droit syndical conclu au sein de l'entreprise Initial (blanchisserie-teinturerie de gros, 2 400 salariés) le 11 décembre 2017 avec la CFDT et la CGT

VI. Prévention des conflits

La direction reconnaît que le droit de grève est un droit constitutionnel prévu par le préambule de la constitution du 27 octobre 1946, puis par la constitution du 4 octobre 1958.

Sans porter atteinte à l'exercice du droit de grève, dans le but de prévenir les conflits collectifs et assurer la continuité de l'activité de l'entreprise, les parties signataires conviennent que la direction et les organisations syndicales représentatives se rencontreront lorsque de vives tensions pourraient occasionner un mouvement social local ou national.

Cette rencontre permettra aux organisations syndicales de faire part de leurs revendications et à la direction de faire part de ses propositions. Il sera recherché, dans la mesure du possible, une solution concertée afin de prévenir une grève.

Si le conflit ne concerne qu'un établissement, le délégué syndical d'établissement rencontrera dans la mesure du possible le directeur de site. Le délégué syndical aura la possibilité de se faire accompagner du délégué syndical central. Le directeur de site pourra être accompagné d'une personne de la direction.

De même, le droit de grève étant un droit individuel, les syndicats n'ont pas de rôle exclusif dans le déclenchement de la grève.

Ainsi, si le conflit concerne des salariés d'un site où il n'y a pas d'organisation syndicale, la direction rencontrera une délégation de deux salariés désignée par les salariés afin de trouver une solution concertée et prévenir une grève.

Les parties signataires souhaitent rappeler que sont illicites notamment les grèves perlées, grèves politiques…

Elles rappellent également que le droit de grève ne comporte pas celui de disposer arbitrairement des locaux de l'entreprise, de bloquer son fonctionnement, ni celui de porter atteinte à la liberté du travail des salariés non grévistes.

139. – **Accord SERIS (2019).** La procédure informelle de dialogue engagée à la demande d'un syndicat ne présente pas ici de caractère obligatoire, même si l'on comprend que tel est le souhait des signataires.

Accord de dialogue social de l'UES Seris ESI (sécurité privée – 600 salariés) conclu le 3 juillet 2019 avec la CGT, la CFE-CGC, la CFDT, FO, et la CFTC

2. La prévention des conflits

La Direction réaffirme la prépondérance du dialogue social dans l'expression des aspirations et des revendications des salariés en ce qu'il joue un rôle essentiel pour prévenir les conflits et, le cas échéant, les surmonter.

Dans cet esprit, les parties s'accordent pour que le dialogue social soit toujours un préalable avant toute autre action dans le processus de prévention des conflits comme dans la gestion des situations de crise.

En cas de situation collective délicate sur un site et sur demande d'une organisation syndicale, il pourra être procédé à une action commune de la Direction des Ressources Humaines et de l'organisation syndicale concernée, à une visite du site concerné afin de réaliser un diagnostic partagé.

Un point sera fait avec l'organisation syndicale à l'origine de la grève sur le suivi des engagements pris à l'issue du protocole de fin de grève. Un calendrier sera intégré dans le protocole de fin de conflit.

140. – **Accord LA BANQUE POSTALE (2019).** Le texte prévoit une réunion d'urgence sans délai pour traiter le différend.

Accord collectif portant sur le dialogue social et l'exercice du droit syndical au sein de l'UES La Banque postale (2 000-4 999 salariés) conclu le 17 octobre 2019 avec la CFDT, la CFTC, la CGT, FO, et la CFE-CGC

II.1 – Réunions de prévention des conflits

Dans le cadre du fonctionnement du dialogue social, un point régulier est fait avec les organisations syndicales représentatives, à l'initiative de la partie la plus diligente, pour évoquer les éventuels irritants ou les situations à risque, de manière à prévenir le plus en amont possible la survenance d'un conflit.

Un point régulier concernant le suivi des demandes ou des alertes est réalisé.

En cas d'urgence, une réunion plénière est convoquée sans délai avec les organisations syndicales représentatives, en vue de la résolution du litige.

141. - Accord SYSCO (2020). Le dispositif prévoit en cas d'alerte sociale une prise de contact directe avec le directeur des ressources humaines de l'entreprise et l'organisation d'une réunion, sans autre précision.

Accord relatif au dialogue social conclu au sein de la société Sysco France (commerce de gros de produits surgelés – 4 200 salariés) le 22 décembre 2020 avec la CGT, la CFDT, FO et la CFE-CGC

TITRE V : DISPOSITIFS DE PRÉVENTION SOCIALE

Les dispositifs de prévention sociale permettent d'anticiper la survenance de conflits en entreprise. Il facilite leur détection et permet de les éviter et d'en réduire l'impact pour les collaborateurs et l'entreprise

Par la mise en place de ces dispositifs, les parties souhaitent anticiper les conflits et responsabiliser tous les acteurs du dialogue social afin de replacer la négociation au cœur de la relation sociale.

Les parties conviennent que les dispositifs de prévention sociale sont les suivants :

1/ Lors de l'utilisation de leurs jours de déplacement, les organisations syndicales établiront un compte rendu de visite avec le cas échéant leurs points d'attention et remarques.

Ce compte rendu sera adressé au DRH, la Responsable Droit et relations sociales, ainsi qu'au RRH de la zone concernée, pour information.

Le cas échéant, une information sur le traitement des points d'attention et remarques sera faite en retour à l'émetteur de la remontée.

2/ S'ils sont saisis d'une situation d'alerte sociale dans l'entreprise, les organisations syndicales pourront également saisir par mail et téléphone le DRH, la Responsable Droit et relations sociales et/ou le RRH de la zone concernée afin de leur en faire part en amont de toute action.

Pour donner suite à cette remontée, le sujet sera pris en charge par la Direction qui tiendra informé l'organisation syndicale émettrice de l'alerte afin de l'informer, le cas échéant, des actions menées à la suite du point soulevé.

3/ Sur initiative de la Direction, une réunion d'échanges entre chacune des organisations syndicales et la Direction se déroulera une fois par an à compter de l'année 2021. Cette réunion permettra de faire le point sur l'année écoulée et l'actualité sociale à venir.

142. - Accord IHS (2021). Cet accord est proche de l'accord INITIAL de 2019. Il prévoit une procédure souple d'alarme sociale en présence de vives tensions et un principe de réalisme selon que la tension émane d'un syndicat, ou de salariés, et qu'elle concerne l'entreprise dans son ensemble ou seulement un établissement.

Accord d'entreprise relatif à l'exercice du droit syndical conclu au sein de la société IHS (études de marché et sondages – 150 salariés) le 5 janvier 2021 avec la CGT et la CFDT

I. Prévention des conflits

La direction reconnaît que le droit de grève est un droit constitutionnel prévu par le préambule de la constitution du 27 octobre 1946, puis par la constitution du 4 octobre 1958.

Sans porter atteinte à l'exercice du droit de grève, dans le but de prévenir les conflits collectifs et assurer la continuité de l'activité de l'entreprise, les parties signataires conviennent que la direction et les organisations syndicales représentatives se rencontreront lorsque de vives tensions pourraient occasionner un mouvement social local ou national.

Cette rencontre permettra aux organisations syndicales de faire part de leurs revendications et à la direction de faire part de ses propositions. Il sera recherché, dans la mesure du possible, une solution concertée afin de prévenir une grève.

Si le conflit ne concerne qu'un établissement, le délégué syndical d'établissement rencontrera dans la mesure du possible le directeur de site. Le délégué syndical aura la possibilité de se faire accompagner du délégué syndical central. Le directeur de site pourra être accompagné d'une personne de la direction.

De même, le droit de grève étant un droit individuel, les syndicats n'ont pas de rôle exclusif dans le déclenchement de la grève.

Ainsi, si le conflit concerne des salariés d'un site où il n'y a pas d'organisation syndicale, la direction rencontrera une délégation de deux salariés désignée par les salariés afin de trouver une solution concertée et prévenir une grève.

Les parties signataires souhaitent rappeler que sont illicites notamment les grèves perlées, grèves politiques,...

Elles rappellent également que le droit de grève ne comporte pas celui de disposer arbitrairement des locaux de l'entreprise, de bloquer son fonctionnement, ni celui de porter atteinte à la liberté du travail des salariés non grévistes.

B. – Alarme sociale encadrée

143. – **Définition.** Dans ces accords, la procédure d'alarme sociale voit ses conditions ou ses modalités d'exercice encadrées, voire prévoit les suites de la procédure en termes de négociation ou de gestion du conflit.

144. – **Accord ADAPEI de la Drôme (2019).** Si la phase de l'alarme sociale est ici prudente puisqu'elle ne présente ni caractère obligatoire ni délais contraints, elle s'accompagne d'un dispositif inspiré du secteur du transport consistant à recenser, de manière indicative, les non-grévistes quarante-huit heures avant le déclenchement du conflit pour organiser la continuité de l'activité.

Accord collectif d'entreprise relatif à la mise en place du dialogue social au sein de l'ADAPEI de la Drôme (hébergement social pour handicapés mentaux et malades mentaux, 1 500 salariés) conclu le 12 septembre 2019 avec la CFDT et la CGT

Préambule

Compte tenu de la mise en place de la nouvelle instance Comité Social Économique (CSE), les parties signataires des accords du 5 avril 2004 concernant les modalités de fonctionnement des Délégués Syndicaux et celui du 21 juin 2011 concernant le dialogue social au sein de l'Adapei de la Drôme ont convenu de réviser ces deux accords.

Conscients de l'importance d'un dialogue social de qualité au sein de l'Adapei de la Drôme, l'ensemble des signataires du présent accord a pour objectif l'amélioration et la modernisation du dialogue social :

– en rendant le dispositif de la représentation du personnel plus efficace et plus lisible,

– en permettant aux représentants du personnel d'accéder aux moyens de communications internes à l'Adapei de la Drôme,

– en se donnant les moyens d'un réel dialogue entre employeur et représentants du personnel,

– en favorisant l'anticipation des tensions et la prévention des conflits naissants.

(…)

Deuxième partie : La gestion des conflits collectifs

Information préalable des délégués syndicaux

Afin d'éviter le développement d'un conflit collectif dans un des établissements de l'Adapei de la Drôme, il est convenu que les délégués syndicaux pourront solliciter la direction générale en vue de la résolution d'un conflit collectif.

De même la direction générale pourra solliciter, le plus en amont possible, les délégués syndicaux en vue de la résolution d'un conflit collectif.

Organisation de l'accueil et de l'accompagnement des usagers dans le cadre d'un conflit collectif

En cas d'appel à la grève au niveau national ou en cas de mouvement de grève suite à l'échec des discussions prévues à l'article précédent, les directions d'établissement, dans le seul objectif d'assurer la sécurité des usagers, auront la possibilité de s'informer auprès des salariés, deux jours ouvrés avant le jour de la grève, en faisant circuler une fiche de recensement des salariés grévistes (annexe 1) sur laquelle les salariés pourront ou non répondre, sur leur présence à leur poste de travail durant cette grève.

Il n'y a pas d'obligation pour le salarié à se positionner sur l'usage qu'il peut faire de son droit de grève.

Les mentions de cet article seront rappelées dans la fiche précitée.

145. – Accord BRAMMER FRANCE (2018). La procédure d'alarme doit être mise en œuvre par écrit. La première réunion doit être organisée dans un délai de deux semaines (qui pourra être abrégé en cas d'urgence) et un procès-verbal final sera établi, quelle que soit l'issue des discussions engagées.

Accord de méthode relatif aux informations-consultations du comité d'entreprise de la société Brammer France (commerce de gros de fournitures et équipements industriels divers – 300 salariés) conclu le 17 janvier 2018 (signé par la CGT et FO)

3.7 Prévention des conflits

Les partenaires sociaux s'engagent à privilégier la discussion et entamer une démarche de concertation préalable avant toute issue conflictuelle.

Un représentant syndical au Comité d'entreprise, ou tout membre élu du Comité d'entreprise, s'engage à aviser, par écrit, la Direction d'une difficulté clairement identifiée et susceptible de provoquer un conflit.

Une réunion sera alors organisée dans un délai de deux semaines afin que les parties soient entendues sur les difficultés soulevées et qu'une solution amiable soit envisagée.

Ce délai de deux semaines pourra être réduit en cas d'urgence dûment justifiée.

Si besoin, des réunions complémentaires pourront alors être planifiées.

Les signataires conviennent de déployer tous les efforts nécessaires pour parvenir à une issue amiable.

Un procès-verbal sera établi à l'issue de chacune des éventuelles réunions. Une copie sera conservée par chacune des parties.

Cette démarche s'inscrit dans une approche constructive de prévention et d'anticipation des conflits.

146. – **Accord GALERIES LAFAYETTE (2019).** L'accord met en place une commission permanente de négociation au sein de l'entreprise, sur le modèle de commissions paritaires de branche, chargée de négocier les accords et de traiter les différends susceptibles d'exister au sein de l'entreprise.

Accord collectif relatif au fonctionnement du CSE et à l'organisation du dialogue social conclu au sein de la SASU Magasins Galeries Lafayette (2 000-4 999) le 26 mars 2019 avec la CFDT, la CFE-CGC, FO et la CGT

X. Instance d'échange et de concertation

L'amélioration du dialogue social passe par une information de qualité.

En ce sens, une instance peut se réunir au niveau de l'entreprise, elle est destinée à enrichir l'information réciproque sur des sujets concernant l'ensemble de l'entreprise et susceptibles de faire l'objet, à plus ou moins brève échéance, d'une négociation collective.

Elle ne se substitue en aucune manière aux instances de représentation du personnel existantes.

Cette instance est composée de la Direction et des organisations syndicales représentatives au niveau de l'entreprise.

Chaque délégation syndicale est composée de quatre membres dont le délégué syndical central et/ou le délégué syndical central adjoint. En outre, des personnalités extérieures compétentes peuvent être invitées par la Direction, le cas échéant sur proposition des organisations syndicales, en fonction des sujets abordés.

Elle peut se réunir sur demande de la Direction ou d'une ou plusieurs organisations syndicales représentatives au niveau de l'entreprise, dans le mois suivant la demande.

Cette instance pourra notamment être saisie afin d'émettre des préconisations pour résoudre les conflits portant sur l'évolution professionnelle des salariés mandatés (formation, rémunération, promotion), dès lors que ces cas n'auront pu être préalablement résolus localement.

XI. Prévention des conflits

Dès lors qu'il importe de privilégier le dialogue et la négociation pour traiter les différends susceptibles de générer un conflit, il est convenu que la direction et les organisations syndicales représentatives dans le champ de la négociation décident ensemble de l'opportunité d'ouvrir une négociation afin de tenter de prévenir ou de mettre un terme à des différends concernant l'ensemble de l'entreprise.

147. - **Accord CR CRÉDIT AGRICOLE ATLANTIQUE VENDÉE (2018).** Cet accord crée une procédure d'alarme sociale écrite auprès d'une commission *ad hoc* tenue d'organiser une première réunion dans un délai restreint de quatre jours.

Accord portant sur le dialogue social et le fonctionnement des instances représentatives du personnel Caisse régionale de Crédit agricole Atlantique Vendée (2 000-4 999 salariés) conclu le 8 novembre 2018 avec la CFDT, la CFE-CGC, et SUD

Section 1.05. Prévention des conflits

Conformément à la constitution, la grève constitue un droit fondamental reconnu et en tant que tel il est réaffirmé au sein de la Caisse Régionale comme un droit inaliénable.

Cependant, les conflits sociaux constituant un constat d'échec pour les parties à la négociation, elles conviennent de tout mettre en œuvre pour prévenir et gérer les situations susceptibles de conduire à des conflits.

Soucieuses de rechercher des voies de solution pleinement respectueuses du droit de grève, les parties conviennent de la nécessité de mettre en place une véritable procédure de prévention des conflits collectifs.

Cela nécessite l'investissement effectif et loyal de tous, direction et organisations syndicales.

Les dispositions prévues ci-dessous cherchent à améliorer les comportements et les pratiques de dialogue social ayant cours au sein de la Caisse Régionale et à mettre en œuvre de nouvelles mesures utiles à la prévention des conflits collectifs du travail qui sont caractéristiques d'un échec du dialogue social.

L'analyse *a posteriori* montre que les causes de la plupart des conflits sont identifiables, car exprimées à l'occasion de rencontres entre les partenaires sociaux.

Pour une meilleure prévention, les parties conviennent cependant qu'il est utile, d'une part que les organisations syndicales clarifient le contenu de leurs alertes, et que d'autre part la direction de la Caisse régionale exploite mieux ces signaux afin d'y apporter une réponse argumentée dans un délai raccourci.

Les parties conviennent d'instituer une démarche de « concertation immédiate » par laquelle les organisations syndicales peuvent aviser la direction d'un différend particulier, c'est-à-dire un litige clairement identifié, susceptible de provoquer un conflit social collectif, à savoir un mouvement de grève. Ce différend doit être explicité par écrit auprès de la direction. Celle-ci peut également prendre l'initiative de déclencher elle-même cette procédure, pour des sujets qu'elle considère comme potentiellement conflictuels.

Dans le cadre de cette démarche, la concertation est alors ouverte lors d'une première réunion de la Commission de Concertation Sociale, au plus tard dans les 4 jours ouvrés après la date de réception de la demande.

Cette Commission de Concertation Sociale sera composée au plus de 3 représentants par section syndicale et de représentants de la direction, et sera convoquée par la direction.

Les parties conviennent de mettre en œuvre tous leurs efforts pour privilégier les discussions afin de parvenir par la concertation à une solution et éviter ainsi un conflit collectif, caractéristique d'un échec du dialogue social.

Les parties s'engagent également à s'informer mutuellement par écrit avant de saisir les tribunaux dans le cadre d'une action judiciaire.

148. – Accord DHL SOLUTIONS France (2018). L'accord met en place un groupe paritaire *ad hoc* devant être saisi sans délai de tout différend susceptible de dégénérer en conflit collectif.

Accord relatif au dialogue social conclu au sein de la société DHL Solutions France (entreposage et stockage non frigorifique – 130 salariés) le 22 octobre 2018 avec la CGT et la CFDT

3.1. Prévention des conflits

La Société garantit le libre exercice du droit syndical et souhaite améliorer le dialogue social par un processus de concertation et de conciliation impliquant les responsables hiérarchiques ainsi que les instances représentatives du personnel.

Ce processus a pour objectif de faciliter le règlement des différends susceptibles d'entraîner des arrêts de travail et ne remet pas en cause pour autant le principe fondamental de l'exercice du droit de grève.

3.1.1. **Création d'un groupe de concertation et de prévention des conflits sociaux**

Il est constitué un groupe de prévention des conflits sociaux dont la composition est la suivante :

– **Pour les salariés :** une délégation de 4 personnes maximum constituée par le Délégué syndical

– **Pour la Direction :** au plus 4 représentants de la direction.

3.1.2. **Processus de concertation et tentative de conciliation**

Tout différend important survenant sur un site ou sur le plan national, de nature à provoquer un arrêt de travail devra être examiné au cours d'une réunion la plus anticipée possible. La discussion doit être orientée autour de la recherche de solutions qui tendent à régler le différend. Les résultats de cette discussion doivent être connus au plus tard le J-0.

• Pour déclencher le processus de concertation, l'Organisation syndicale devra envoyer un mail au directeur de site & Responsable RH du périmètre concerné, copie le Directeur des Opérations Régional et la DRH ;

• La Direction se chargera de convoquer les Organisations syndicales afin de fixer la date, l'horaire et le lieu de la réunion. Un délai raisonnable devra être respecté afin d'organiser la tenue de la réunion ;

• Un relevé de conclusions sera établi en séance par la Direction. Ce dernier sera soumis à l'approbation des partenaires sociaux à l'issue de la réunion et avant toute diffusion auprès des sites.

• La Direction devra porter à la connaissance des salariés concernés ce relevé de conclusion dans les meilleurs délais et au plus tard dans les 48 heures suivant la tenue de réunion.

3.1.3. **Engagement de la Direction**

En sus des moyens financiers et matériels alloués aux Organisations syndicales, la direction s'engage par la mise en place d'un tel processus de concertation, à renforcer encore le dialogue social en cas de risque de conflit.

La Direction s'oblige à maintenir le dialogue avec les représentants du personnel à tous les échelons hiérarchiques, notamment en sensibilisant et en mobilisant le management afin que l'ensemble du processus de discussion puisse se dérouler de manière la plus anticipée possible, sans remettre en cause le principe fondamental de l'exercice du droit de grève.

Les représentants du personnel conscients de l'importance et de l'intérêt d'entretenir et de poursuivre le dialogue social en cas de conflit s'engagent à respecter ce processus.

****

Même dispositif pour l'Accord relatif au dialogue social conclu au sein de la société **DHL STOCK EXPRESS SAS** le 14 décembre 2018.

149. – Accord BRINKS (2019). L'accord crée une commission de prévention des conflits et met en place non pas une procédure de préavis à proprement parler, mais une démarche d'information préalable par les syndicats de l'existence d'un différend. La première réunion doit intervenir dans les deux jours qui suivent la saisine de la commission, et un relevé de conclusions sera élaboré conjointement dans les trois jours, et transmis dans les deux jours aux salariés de l'entreprise.

Accord sur le dialogue social conclu au sein de la société Brink's Evolution (sécurité privée – 3 300 salariés) le 16 mai 2019 avec la CFE-CGC, la CGT, la CFDT, la FNCR, l'UNSA et la CFTC

TITRE 3 : PRÉVENTION DES CONFLITS

Le recours à la grève constitue un échec au dialogue social. C'est pourquoi les signataires du présent accord cherchent à réduire le nombre de conflit[s] en donnant de meilleures chances à la recherche d'un compromis.

Ils tendent par ailleurs à trouver les meilleures voies pour trouver le bon équilibre entre la communication et les réunions d'expression d'une part, et à la qualité de service à nos clients d'autre part.

Sans que le dépôt d'un préavis de grève soit requis et plus généralement sans porter atteinte au droit de grève, les partenaires sociaux reconnaissent l'opportunité d'informer préalablement l'employeur de la survenance potentielle d'un conflit, en portant notamment à sa connaissance les éléments sujets à revendication.

Affirmant ainsi leur volonté de prévenir d'éventuels conflits, les négociateurs au présent accord entendent se donner tous les moyens adéquats pour atteindre cet objectif et respecter le dispositif suivant.

Afin de faciliter le règlement de différends éventuels, la nécessité de recourir au dispositif des réunions de prévention des conflits est réaffirmée.

Article 1 : Commissions de prévention des conflits

1/ **Commission de prévention des conflits d'établissement** :

Cette commission est constituée, en plus des représentants de la Direction, des délégués syndicaux d'établissement, et du secrétaire du CSE.

Cette commission se réunit lorsqu'un différend susceptible de provoquer un conflit est identifié au niveau d'un établissement.

2/ **Commission de prévention des conflits d'agence :**

Cette commission est constituée, en plus des représentants de la Direction, des délégués syndicaux d'établissement, du secrétaire du CSE et d'un représentant de l'agence concernée (membre du CSE ou Délégué de Proximité).

Cette commission se réunit lorsqu'un différend susceptible de provoquer un conflit est identifié au sein d'une agence.

3/ **Commission de prévention des conflits nationale :**

Cette commission est constituée, en plus des représentants de la Direction, des délégués syndicaux centraux et leurs adjoints éventuels, et du secrétaire du comité central d'entreprise.

Cette commission se réunit lorsqu'un différend susceptible de provoquer un conflit est identifié au niveau de la société.

Article 2 : Processus de concertation

1/ La commission représentative au niveau concerné ou la direction (société ou établissement) sollicite par courrier, mail ou téléphone une réunion bilatérale de conciliation. Cette demande explicite les différends.

2/ Une réunion de conciliation se tient au plus tard dans les 2 jours ouvrables après réception de la demande (J+2). Les résultats de celle-ci devront être connus au plus tard le lendemain soir (J+3).

3/ En cas d'échec de cette concertation, la commission devra être saisie et une nouvelle réunion sera organisée dans les 2 jours (J+5).

À l'issue de la réunion, un constat d'accord ou de désaccord est établi et signé conjointement par les organisations syndicales représentatives concernées et la Direction et porté à l'affichage au niveau concerné dans les 3 jours suivant la réunion.

Article 3 : Les réunions d'information

Le contexte économique et extrêmement concurrentiel de l'entreprise implique un niveau d'excellence de la qualité du service rendu et du respect des engagements contractuels pris avec nos clients.

La réglementation autour des livraisons des fonds prévoit notamment les passages de certains de nos clients dans des horaires hors heures ouvrées (dites « HHO ») avant les horaires d'ouverture des points de vente de nos clients.

Une pratique récurrente au sein de l'entreprise consiste pour les représentants locaux à proposer des réunions d'information (dites « Réunion de garage »). Celles-ci sont la plupart du temps organisées au dernier moment, sans concertation avec la Direction pour évaluer le degré de perturbation opérationnelle occasionnée et sans communication des thèmes qui doivent y être abordés.

Les dysfonctionnements qu'elles provoquent sont incompréhensibles et mal vécues par nos clients. De fait, la qualité de service s'en trouve dégradée et expose l'entreprise à des pénalités et une réduction de nos chances de réussite au moment des appels d'offres.

S'il apparaît important que le lien de communication soit bien présent entre leurs représentants et les salariés, il convient d'encadrer ces pratiques.

Ainsi, les parties conviennent :

– Que ces réunions d'information pourront être organisées à raison d'une par trimestre à l'initiative du Délégué de Proximité ou d'un détenteur d'un mandat désignatif ou électif au sein de l'agence concernée. L'organisateur en informera au préalable le représentant de la Direction, idéalement 7 jours avant la tenue prévisionnelle de la réunion. Elle devra se tenir en retour de tournée, sauf accord expresse du Responsable d'Agence pour qu'elle se tienne à un autre moment de la journée. Le temps passé à ces réunions sera rémunéré pour les participants à hauteur de 30 minutes.

– Que la condition de délai de prévenance ne pourra être réduite qu'à l'occasion d'un constat d'accord ou de désaccord à la suite d'une réunion de la Commission de Prévention des conflits. Dans ce cadre, la réunion d'information pourra avoir lieu dès le lendemain de la validation de ce constat.

– Qu'à défaut de respect de ce cadre, la participation à des réunions intempestives provoquant des retards dans les départs et/ou des perturbations clients sera assimilée à des absences injustifiées avec les conséquences que ceci entraîne dans le traitement de la paie.

150. – Accord 3M FRANCE (2019). L'accord prévoit la tenue d'une réunion de crise sans délai en cas d'alarme sociale. Les partenaires sociaux auront alors deux jours pleins pour discuter et établir un relevé de conclusions, ou trois jours pour organiser une seconde réunion de discussions.

Accord de dialogue social de la société 3M France (fabrication de produits de consommation courante en matières plastiques – 1 100 salariés) conclu le 10 octobre 2019 avec la CFDT, la CFE-CGC, la CFTC et FO

1.1. La prévention des conflits

Les parties souhaitent la poursuite de l'amélioration du dialogue social par un processus de concertation et de conciliation impliquant les représentants de la Direction ainsi que les instances représentatives du personnel. Elles soulignent que le dialogue social est un processus continu et permanent au sein de l'entreprise et qu'il ne doit pas s'interrompre notamment quand peuvent survenir des tensions sociales. Le dialogue social revêt alors, dans ces contextes, une importance toute particulière qui doit permettre de contribuer à identifier des solutions favorables à chacune des parties et éviter ainsi des situations de blocage.

Ce processus a pour objectif de faciliter le règlement des différends susceptibles d'entraîner des arrêts de travail, sans remettre naturellement en cause pour autant le principe de l'exercice du droit de grève.

Il est ainsi convenu en cas de litige survenant au sein de l'entreprise le processus suivant, initié soit par la Direction auprès des Organisations Syndicales, soit par une ou plusieurs Organisations Syndicales désirant porter à l'attention de la Direction une situation de conflit suffisamment avancée pour déclencher un arrêt de travail au sein de l'entreprise :

– Tout différend important survenant, de nature à provoquer un arrêt de travail, devra être examiné au cours d'une réunion spécifique entre les Délégués Syndicaux ou les Délégués Syndicaux Centraux, le Secrétaire du Comité Social et Économique ou du Comité Social et Économique Central, et la Direction. Cette réunion intervient à la date la plus rapide pouvant être déterminée par les Parties, date considérée comme le point de départ du processus de prévention du conflit (jour J) ;

– Les résultats de la concertation menée au sein du groupe décrit en 1. devront être connus au plus tard le soir du 3e jour, soit à J+2 ouvrés.

En cas d'échec de cette concertation, le même groupe de concertation se réunira au plus tard le lendemain soit à J+3 ouvrés. Au cours de cette réunion, tous les éléments du litige devront faire l'objet de discussions et d'échanges de manière à rechercher les solutions pouvant s'inscrire dans le cadre d'un accord venant régler le différend. Un relevé de conclusions sera établi en commun au plus tard le lendemain, soit à J+4 ouvrés, et sera porté à la connaissance des salariés concernés.

En cas d'échec, chacune des parties sera libérée du respect de ce processus et poursuivra l'instruction du différend qui les oppose, en privilégiant la poursuite du dialogue social.

Il est précisé que ce temps de concertation n'est pas destiné à permettre à l'entreprise de recourir massivement à l'intérim en prévision d'un éventuel conflit.

TITRE 2

LA PRÉVENTION DES CONFLITS COLLECTIFS DANS LES SERVICES PUBLICS

151. - Généralités. Les contraintes qui pèsent sur les entreprises et les personnes publiques en charge de la gestion d'un service public sont telles qu'il est de leur devoir de prévenir la survenance des conflits qui menacent directement la continuité de l'activité, l'intérêt des usagers et plus largement d'ailleurs, pour ce qui concerne les transports en commun, la vie économique du pays. C'est pourquoi, dans certaines entreprises gérant des services publics, des accords de prévention ont été conclus bien avant les dispositifs légaux particuliers.

152. - Transport terrestre de personnes. C'est surtout dans le secteur des transports publics que les expérimentations conventionnelles ont été le plus abouties. Dans les années 1990, les premiers accords de prévention des conflits sont nés à la RATP puis à la SNCF pour essayer de trouver des solutions négociées au problème des grèves endémiques que connaissaient ces entreprises. Ces expérimentations ont été analysées dans le rapport Mandelkern rendu au ministre en charge des transports et ont servi de base à la loi du 21 août 2007 qui a mis en place le premier dispositif applicable dans les services publics de transport terrestre régulier de personnes. D'autres régimes ont ensuite été adoptés pour garantir l'accueil des enfants de maternelle et de primaire dans les écoles sous contrôle des mairies, en 2008, puis dans le transport aérien de passagers en 2012 mais avec une ambition moindre, puis enfin en 2019 dans les collectivités locales. Nous examinerons successivement les accords de prévention conclus dans le cadre du droit commun de la négociation collective (Chapitre 1) puis les accords conclus dans le cadre des dispositifs spéciaux (Chapitre 2).

CHAPITRE 1

LES ACCORDS DE PRÉVENTION CONCLUS DANS LE CADRE DU DROIT COMMUN DE LA NÉGOCIATION COLLECTIVE

153. – Introduction. Certains accords avaient été conclus dans des entreprises chargées de la gestion d'un service public en dehors des domaines qui seront ensuite visés par les dispositions légales adoptées à partir de 2007 (Section 1). D'autres, à portée expérimentale, ont été observés dans les entreprises en charge du transport ferroviaire et ont permis de modéliser la loi du 6 août 2007 (Section 2).

SECTION 1

LA PRÉVENTION DANS LES ENTREPRISES CHARGÉES DE LA GESTION D'UN SERVICE PUBLIC

154. – Contexte. Si les personnes publiques n'avaient, jusqu'à une période récente, aucune capacité de négociation collective, les entreprises privées chargées de l'exécution de mission de service public pouvaient mobiliser les ressources de la négociation d'entreprise pour mettre en place des dispositifs de prévention susceptibles d'améliorer la prévention et le règlement des conflits susceptibles de naître et de perturber le service dû.

155. – Jurisprudence *Dehaene*. On s'est demandé après l'arrêt *Dehaene* si l'autorité publique pourrait être condamnée pour ne pas avoir adopté de mesures garantissant la continuité du service public, bref si le droit de le réglementer pourrait également être considéré comme un *devoir*.

Le Conseil d'État avait considéré en 1980 qu'il « incombait à l'autorité administrative de prendre toutes les mesures nécessaires pour assurer la continuité du service public, notamment en cas d'interruption due à la grève des agents de ce service »[1], ce

(1) CE, 18 janv. 1980, n° 07636, *Synd. CFDT des PTT du Haut-Rhin : Lebon*, p. 30 ; *AJDA* 1980, 88, chron. Y. Robineau et M.-A. Feffer ; *D.* 1980, IR, p. 302, obs. P. Delvolvé ; *JCP* G 1980, II, 19450, note E. Zoller ; *Rev. adm.* 1980, 606, obs. J.-J. Bienvenu et S. Rials.

qui pouvait laisser entendre que la mise en place d'un service minimum pourrait faire partie de ces « mesures nécessaires »[2].

Par la suite, le Conseil d'État n'a pas franchi le cap et a refusé de condamner le Gouvernement pour s'être abstenu d'avoir mis en place pareil service minimum, mais « dans les circonstances de l'affaire », c'est-à-dire sans en exclure pour autant l'hypothèse où pareille carence pourrait apparaître comme fautive[3]. Le Conseil d'État a refusé de condamner la ville de Paris pour n'avoir pas assuré la continuité du service public de navigation sur les canaux parisiens[4], et d'autres juridictions du fond, à l'instar du tribunal administratif de Marseille, ont également refusé de condamner l'administration des PTT qui n'avait que progressivement mis en place un service minimum de remplacement et sans contraindre les grévistes à reprendre le travail[5].

Le Conseil d'État a également considéré en 2006 que les usagers de la RATP n'étaient pas en droit de réclamer à cette dernière la mise en place d'un service minimum, tout en soulignant qu'un dispositif de prévention des conflits avait été prévu au sein de l'entreprise et qu'elle avait ainsi mis en œuvre les moyens nécessaires pour assurer la continuité du service public[6]. L'instauration d'un service minimum, dans le cadre de la jurisprudence *Dehaene*, est donc considérée comme un droit pour l'entreprise en charge de la gestion d'un service public, mais non comme une obligation.

Plusieurs accords permettent de mieux comprendre comment ces entreprises, en charge de la gestion d'un service public, se sont emparées du droit conventionnel pour tenter de garantir une certaine continuité de l'activité.

156. - Accord TEREGA (2019). L'accord met en place une procédure d'alarme sociale qui conduit à une première réunion dans un délai de trois jours. L'accord prévoit également que les parties doivent mettre à profit le délai légal de préavis de grève de cinq jours francs pour organiser la poursuite de l'activité en identifiant les postes et missions prioritaires.

Accord conclu au sein de la société Terega (Transport par conduite de gaz – 650 salariés) le 27 mars 2019 avec la CFDT, la CGT, FO et l'UNSA

CHAPITRE 2 – LA PRÉVENTION DES CONFLITS SOCIAUX

Les parties souhaitent par l'amélioration du dialogue social, privilégier la prévention en amont des conflits sociaux. Elles conviennent par le présent accord, des mesures adaptées pour les résoudre et assurer, le cas échéant, la continuité des obligations de services publics ainsi que la sécurité des installations, la protection des personnes et de l'environnement, en garantissant le respect du droit de grève.

ARTICLE 4 – ALERTE SOCIALE

Les parties conviennent de la nécessité d'un dialogue en amont de tout conflit. À cet égard, elles instituent

(2) En sens contraire Y. Robineau et M.-A. Feffer, chron. *AJDA* 1980, 90. – B. Genevois, *Droit de grève des agents publics et convention internationale : Dr. soc.* 1981, 412, spéc. p. 414.

(3) CE, 6 nov. 1985, *Min. Transports c/ TAT : Lebon*, p. 312.

(4) CE, 17 janv. 1986, *Ville de Paris c/ Duvinage : Lebon*, p. 10 ; *RFDA* 1986, 824, concl. B. Stirn ; *AJDA* 1986, 84, chron. S. Hubac et M. Azibert ; *JCP* G 1987, II, 20772, note J.-P. Maublanc ; *D.* 1986, IR, p. 461, obs. F. Moderne et P. Bon.

(5) TA Marseille, 3 déc. 1987, *Notari*. – TA Caen, 21 juill. 1988, *Sté Codica : Juris PTT* 1989, n° 15, p. 4.

(6) CE, 4 et 5e ss-sect. réunies, 8 mars 2006, n° 278999, *M. Onesto et a. : Lebon*, p. 446 ; *RDT* 2006, 259, obs. O. Leclerc ; *RFDA* 2006, 1236, concl. R. Keller ; *Dr. adm.* 2006, n° 98, note M. Lombard.

et s'organisent à travers un processus d'alerte sociale destiné à identifier et traiter les questions, avant que celles-ci ne deviennent source de conflits sociaux.

L'alerte sociale est engagée dès qu'un tel conflit est envisagé, exception faite lorsque le mouvement envisagé fait suite à un mot d'ordre extérieur à l'entreprise.

À cet effet, les parties conviennent que les organisations syndicales et la Direction se réunissent pour examiner les conditions de résolution des difficultés soulevées dans le délai maximum de trois jours francs ouvrés.

ARTICLE 5 – PRÉAVIS

Un préavis de cinq jours francs avant le déclenchement de la grève peut être déposé à l'issue de l'éventuelle alerte sociale décrite dans l'article 4 ci-dessus.

Les parties conviennent de mettre à profit ce délai pour rechercher un accord permettant d'éviter le conflit social.

En cas de désaccord sur le fond et durant ce temps, elles recherchent un accord sur le déroulement de l'arrêt de travail.

ARTICLE 6 – ACCORD SUR LE DÉROULEMENT DE L'ARRÊT DE TRAVAIL

L'accord sur le déroulement de l'arrêt de travail prévu à l'article 5 doit notamment permettre aux parties de définir les postes et missions qui devront être assurés et les modalités d'application.

En l'absence d'un tel accord, la Direction dresse un constat de désaccord et rappelle les dispositions propres qu'elle entend mettre en œuvre afin de garantir la continuité du service dans le cadre de sa responsabilité et de ses obligations de service public, la sécurité des installations, la protection des personnes et de l'environnement ainsi que l'égalité de traitement des expéditeurs.

Ces dispositions précisent les postes et missions qui doivent être tenus ainsi que les règles de rémunérations applicables.

ARTICLE 7 – CONTINUITÉ DE L'ACTIVITÉ

Dans le cadre du protocole ou du procès-verbal de désaccord précités, les missions permettant d'assurer la sécurité immédiate des installations et des personnes et les obligations de service public s'entendent hors opérations de travaux et de maintenance programmées. Elles concernent la coordination des mouvements de gaz dans les infrastructures de transport et de stockage, la conduite du réseau, les interventions d'urgence et le traitement non discriminatoire des clients.

Le versement de l'indemnité d'astreinte est maintenu pendant la durée du conflit au personnel inscrit au tableau d'astreinte et qui, en cas d'intervention d'urgence, est rémunéré dans les mêmes conditions que s'il avait travaillé.

Une copie du protocole d'accord sur le déroulement de l'arrêt de travail et éventuellement du constat de désaccord est adressée à l'inspection du travail, la DREAL et aux membres du personnel désignés pour assurer la continuité de l'activité.

157. – **Accord OPÉRA DE PARIS (2019).** La procédure qualifiée de « concertation préventive » est déclenchée par un courrier en recommandé adressé par un syndicat à la direction qui précise les revendications, objet du différend. Une première réunion doit intervenir sous trois jours et un relevé de conclusions sous dix jours après cette première réunion. Le syndicat pourra alors déposer un préavis de grève.

Accord relatif au droit syndical et au dialogue social conclu au sein de l'Opéra national de Paris (1 000-1 999 salariés) le 21 mai 2019 avec la CGT, l'UNSA spectacle et communication et SUD spectacle

7.2 Concertation préventive

Les parties signataires conviennent d'améliorer la prévention des conflits du travail en instaurant une période préalable de dialogue, appelée concertation préventive, qui vise à prévenir l'engagement d'un conflit collectif et le dépôt d'un préavis de grève.

En effet, la durée du préavis légal de cinq jours francs, applicable au sein de l'établissement, n'est, dans la majeure partie des cas, pas suffisante pour instruire d'une façon approfondie les différends ou les difficultés identifiées et pour explorer complètement l'ensemble des solutions pour y répondre.

Les parties signataires réaffirment que le dépôt de préavis de grève doit être envisagé comme un recours ultime lorsque toutes les possibilités de concertation n'ont pu aboutir. Il constitue une forme d'échec d'un dialogue social insuffisamment nourri.

Lorsqu'elles souhaitent initier une procédure de concertation préventive, les organisations syndicales saisissent la direction générale ou la direction des ressources humaines par courrier recommandé ou remis en main propre, d'une question précise et clairement identifiée concernant tout ou partie du personnel de l'établissement et, le cas échéant, formulent des revendications.

En réponse à cette saisine, la direction prend l'initiative d'organiser une première réunion avec l'organisation syndicale ayant enclenché la procédure de concertation préventive, dans un délai de trois jours ouvrables suivant la réception du courrier de l'organisation syndicale. Lors de cette première réunion, les modalités et le calendrier de la négociation sont déterminés.

Cette première réunion marque le début de la période de concertation préventive qui doit donner lieu à un relevé de conclusions dans un délai de dix jours ouvrables suivant la date de la première réunion, sauf accord des parties pour étendre ce calendrier. Le relevé de conclusions précisera les points d'accord et de désaccord résultant de la négociation ainsi que les engagements pris par la direction.

Si, à l'issue de la phase de concertation préventive, l'organisation syndicale décide de déposer un préavis, ce dernier respectera le délai de 5 jours francs.

Les dispositions du présent article ne font pas obstacle à l'application des dispositions légales d'ordre public en la matière. La procédure de concertation préventive ne s'applique pas aux préavis nationaux ou relatifs au secteur de la Culture.

Les parties conviennent que l'instauration du dispositif de concertation préventive vise d'une part à améliorer et favoriser l'expression d'un dialogue social de qualité mais également à éviter un usage déraisonné du droit de grève qui pourrait nuire à l'accomplissement des missions dont est investi l'Opéra national de Paris.

SECTION 2 LES EXPÉRIMENTATIONS CONVENTIONNELLES DANS LES SERVICES PUBLICS DE TRANSPORT TERRESTRE DE PERSONNES

158. - **Présentation.** La première expérimentation eut lieu en 1996 au sein de la RATP (§ 1), bientôt rejointe par la SNCF en 2004 (§ 2).

§ 1. - L'expérimentation au sein de la RATP

159. - **Accord de 1996.** Un premier accord avait été signé le 30 mai 1996 par six des sept syndicats représentatifs au sein de la RATP, à l'exception de la CGT, syndicat majoritaire, pour mettre en place une procédure dite « d'alarme sociale ». Cet accord fut renouvelé le 23 octobre 2001[7] : deux des quatre syndicats de l'entreprise affiliés à la CGT signèrent cette fois-ci le texte[8].

Ce dispositif conventionnel comportait un volet visant à la prévention des conflits. Lorsqu'un syndicat représentatif de l'entreprise portait des revendications professionnelles susceptibles de faire l'objet d'un conflit, il devait les communiquer à la direction de la RATP qui disposait alors d'un premier délai de dix jours pour engager des négociations dans le ou les établissements concernés.

160. - **Accord de 2001.** Le second accord conclu en 2001 prévoyait que les parties devaient s'efforcer de conclure un accord majoritaire, alors que la loi du 20 juin 2008 n'exigeait à l'époque qu'un score de plus de 30 % des suffrages exprimés lors du premier tour des dernières élections professionnelles, ou, en cas d'impossibilité de conclure un accord majoritaire, de rassembler à la signature au moins 35 % des suffrages exprimés.

Si aucun accord n'avait pu être trouvé, le syndicat devait adresser à la direction de l'entreprise un courrier d'« alarme » indiquant le motif de la grève possible. La direction disposait d'un délai de cinq jours pour ouvrir des négociations débouchant sur l'établissement d'un protocole, d'accord ou de désaccord. En cas d'échec, le syndicat pouvait alors déposer un préavis de grève dans le respect des dispositions applicables dans les entreprises en charge de la gestion d'un service public.

161. - **Bilan.** Le bilan de la mise en œuvre de ce dispositif fut globalement favorable. Utilisé soixante et onze fois entre mai 1996 et décembre 1997, il aboutit à la conclusion de quarante-huit accords (pour vingt-trois désaccords, soit un taux d'accord de 67,6 %). Onze désaccords débouchèrent sur une grève, soit 47,8 % des désaccords. Sur la durée de vie du premier dispositif, le nombre des préavis de grève diminua de moitié, et le recours à la grève pour les syndicats signataires fut divisé par six.

(7) *Liaisons soc.* 30 janv. 2002, Bref 13574.
(8) C. Marquis, *La prévention des conflits collectifs à la RATP : Dr. soc.* 2003, p. 583.

§ 2. – L'expérimentation au sein de la SNCF

162. – Accord national. La seconde expérience concerna la SNCF. Un accord d'entreprise fut conclu le 27 octobre 2004, notamment par la CGT, majoritaire ; au total les signataires représentaient plus de 80 % des salariés syndiqués de l'entreprise.

Le dispositif comportait tout d'abord un volet visant à l'amélioration du dialogue au sein de l'entreprise, l'objectif étant évidemment ici de prévenir très en amont les différends.

L'accord avait également mis en place des règles visant à prévenir les conflits entre syndicats et entreprise. Il s'agissait de développer la veille sociale et de mettre sur pied une procédure de concertation avant tout dépôt d'un préavis de grève. Un syndicat représentatif qui envisageait de déposer un préavis de grève devait mettre en œuvre la procédure au moins dix jours avant le dépôt, et la direction disposait alors d'un délai de trois jours pour engager d'ultimes négociations.

L'accord comportait un troisième volet de gestion des conflits visant à améliorer la prévision de service durant la grève. Après l'échec des dernières négociations avant le dépôt d'un préavis de grève, les syndicats signataires s'engageaient à faire connaître à la direction de l'entreprise suffisamment tôt le maintien de leur préavis de grève, afin d'organiser la continuité du service. Un délai de prévenance de vingt-quatre heures était ainsi « recherché ». La direction s'engageait à communiquer aux syndicats son plan de continuité du transport durant la grève et à recueillir l'avis des syndicats. La direction s'engageait alors à organiser le trafic dans le respect du droit de grève, c'est-à-dire en mobilisant les non-grévistes et en les affectant sur les lignes prioritaires. Pendant la grève, syndicats et entreprise devaient négocier sur la base des revendications professionnelles déposées pour parvenir le plus rapidement possible à un accord. Il s'agissait donc de mettre en place un service garanti, mais pas un service minimum nécessitant de requérir des grévistes.

163. – Accords régionaux. Cet accord-cadre, conclu sur le plan national, devait s'accompagner d'accords d'établissements conclus sur un plan régional, comme ce fut le cas en Alsace en 2005, pour préciser les dessertes de substitution en période de conflit, le choix du service à mettre en œuvre, ainsi que la nature de l'information à diffuser dans ces circonstances[9].

Un autre accord fut également conclu en Île-de-France le 17 juin 2015. Cet accord mettait en place un service garanti : la SNCF devait assurer 33 % de son service et la RATP 50 % du sien ; en cas de non-respect de leurs engagements des pénalités étaient prévues, ces dernières pouvant s'élever jusqu'à 780 000 € par jour pour la RATP et 29 000 € par jour pour la SNCF.

(9) Accord SNCF Alsace applicable à compter du 1er décembre 2005, conclu le 18 juillet 2005, avenant à la convention n° 161/2002 : *JCP* S 2005, act. 82. Lire N. Olszak et S. Schaeffer, *Les accords régionaux sur le service garanti dans les transports publics : Dr. soc.* 2006, n° 1, p. 37.

CHAPITRE 2

LES DISPOSITIFS LÉGAUX DE PRÉVENTION DES CONFLITS

164. – Rapport Mandelkern. Après les expérimentations menées au sein de la RATP et la SNCF, un rapport fut commandé à Dieudonné Mandelkern par le ministre des Transports, dans la perspective de sa généralisation, par voie légale. Ce rapport préconisait la mise en place d'un dispositif présentant trois volets et visant à prévenir les conflits, accroître la prévisibilité du service face à des risques de perturbation, et garantir aux usagers des dessertes prioritaires[1].

S'agissant du volet préventif, le rapport recommandait de porter le délai du préavis syndical de cinq à dix jours pour favoriser le dialogue et permettre à l'entreprise de s'organiser. Les sept premiers jours seraient consacrés à la négociation, rendue obligatoire pour toutes les parties en conflit, et qui devait porter sur les revendications professionnelles des syndicats. À l'issue de cette période, et si aucun n'accord n'a été trouvé, un nouveau préavis de trois jours, motivé par la nécessité pour l'entreprise de déterminer les modalités concrètes du service garanti, serait alors nécessaire pour déclencher effectivement la grève. La loi fixerait ici le principe mais renverrait aux accords d'entreprise pour en préciser les modalités.

S'agissant ensuite de l'accroissement de la prévisibilité du service, le rapport souhaitait faire peser de nouvelles obligations sur l'autorité de tutelle pour qu'elle définisse mieux ses besoins en termes de service attendu. Ces cahiers des charges seraient d'ailleurs vérifiés par une autorité administrative indépendante dont la création était réclamée pour s'assurer des modalités du service garanti dans les services publics. Par ailleurs, les entreprises seraient astreintes de délivrer une information circonstanciée aux usagers sur les modalités concrètes du service garanti.

Sur le plan individuel, le rapport préconisait d'imposer à tout gréviste une « déclaration préalable d'intention de participation à la grève » réalisée au moins quarante-huit heures avant la cessation du travail et qui lierait le salarié dans son choix, et d'assouplir les contraintes pesant sur la gestion des ressources humaines disponibles pour faire face aux conflits collectifs.

S'agissant enfin de la garantie de service, le rapport souhaitait le « maintien en activité » de certains personnels grévistes uniquement lorsque l'entreprise n'est pas en mesure de garantir une « offre minimale de service » en réorganisant l'activité par d'autres moyens[2].

(1) N. Olszak, *Service minimum : les atouts du rapport Mandelkern : D.* 2004, 2307.

(2) Sur la généralisation de ce mécanisme, M. Courrège, *Repenser le droit de grève dans les services publics : quelques pistes de réflexion*, in *Grève et droit public, 70 ans de reconnaissance*, F. Crouzatier-Durand et N. Kada (dir.), LGDJ, PU Toulouse 1 Capitole, 2017, p. 215-226.

165. - Régimes successifs. Les pouvoirs publics n'ont pas été aussi loin que le préconisait le rapport Mandelkern. Quatre régimes ont été adoptés depuis, les premiers dans les services publics de transport terrestre régulier de personnes, en 2007 puis en 2012 pour le transport aérien de passagers, les seconds au niveau des collectivités locales avec la reconnaissance du droit d'accueil scolaire en 2008 et la généralisation des régimes de prévention en 2019.

Nous examinerons successivement la prévention des conflits collectifs dans le transport de personnes (Section 1) puis au niveau des collectivités locales (Section 2).

SECTION 1 LA PRÉVENTION DES CONFLITS COLLECTIFS DANS LE TRANSPORT DE PERSONNES

166. - Introduction. La première loi à avoir été adoptée remonte au 21 août 2007 et concerne les services publics de transport terrestre régulier de personnes (§ 1). La seconde, qui a d'ailleurs sur certains aspects également modifié la première, remonte au 19 mars 2012 et concerne le transport aérien de passagers ; elle comporte un dispositif nettement moins ambitieux (§ 2).

§ 1. - La prévention dans les services publics de transport terrestre de personnes

167. - Présentation. Fort des résultats positifs obtenus à la RATP dans le cadre des dispositifs expérimentaux mis en place dans les années 1990[3], le législateur a généralisé les principes de prévention, avec un certain succès si l'on en croit les évaluations parlementaires réalisées depuis[4].

A. - Dispositif légal

1° Cadre général

168. - Sources. C'est la loi n° 2007-1224 du 21 août 2007 sur le dialogue social et la continuité du service public dans les transports terrestres réguliers de voyageurs qui a introduit le dispositif[5]. Dans sa version d'origine, le dispositif légal s'appliquait « aux services publics de transport terrestre régulier de personnes à vocation non touristique ».

(3) V. *supra*, n° 159.

(4) J. Kossowski et M. Bono, Rapport d'information déposé par la commission des affaires économiques, de l'environnement et du territoire sur la mise en application de la loi n° 2007-1224 du 21 août 2007 sur le dialogue social et la continuité du service public dans les transports terrestres réguliers de voyageurs, Rapp. AN n° 1502, 4 mars 2009.

(5) F. Melleray, *La loi du 21 août 2007 sur le dialogue social ou l'introuvable service minimum : AJDA* 2007, p. 1755. - J.-E. Ray, *À propos de la loi sur la grève dans les transports publics : Dr. soc.* 2007, p. 1205. - V. Bernaud, *La « nature particulière » du droit de grève n'implique pas une protection constitutionnelle amoindrie : Dr. soc.* 2007, p. 1221. - R. Vatinet, *Sur le dialogue social et la continuité du service public dans les transports terrestres de voyageurs : JCP* S 2007, p. 9. - A. Sauret : *LPA* 2007, n° 193, p. 8.

Ce dernier a été codifié en 2010[6] et figure aujourd'hui aux articles L. 1222-1 et suivants du Code des transports. Ces dispositions ont été légèrement modifiées par la loi du 19 mars 2012 à l'occasion de l'instauration des dispositions relatives au transport aérien de passagers, singulièrement pour harmoniser les dispositions relatives aux déclarations individuelles d'intention des personnels affectés aux fonctions essentielles[7].

Ces dispositions sont applicables aux entreprises en charge de la gestion d'un service public de transport terrestre régulier de personnes à vocation non touristique, hors transport fluvial.

169. - Validation par le Conseil constitutionnel. La loi a été validée par le Conseil constitutionnel dans sa décision du 16 août 2007[8].

Les requérants faisaient valoir en substance trois arguments tirés d'une atteinte portée au domaine de la loi, à l'exercice du droit de grève et à la liberté contractuelle.

Reprenant la jurisprudence développée à partir de 1989 et permettant au législateur de déléguer le soin de préciser le détail des règles qu'il édicte à la négociation collective[9], le Conseil affirme de manière inédite en matière de droit de grève « qu'il est loisible au législateur de renvoyer au décret ou de confier à la convention collective le soin de préciser les modalités d'application des règles fixées par lui pour l'exercice du droit de grève » (consid. 7). L'affirmation est logique dès lors que le droit de grève ne jouit pas d'un statut constitutionnel exorbitant qui interdirait au législateur de déléguer sa compétence et l'obligerait à le réglementer seul, et intégralement. Il doit toutefois déterminer les principes fondamentaux qui le régissent. Par ailleurs, le législateur a prévu l'application de règles supplétives dans l'hypothèse où aucun accord ne serait conclu (consid. 8), ce qui garantit en toute hypothèse que la mise en œuvre des principes légaux sera assurée subsidiairement par le pouvoir réglementaire à qui le législateur délègue classiquement cette compétence.

Les requérants faisaient également valoir que « l'obligation de recourir à une négociation préalable avant le dépôt d'un préavis de grève » limiterait « excessivement l'exercice de ce droit compte tenu de la durée de négociation imposée et de l'absence de prise en considération de la nature des revendications à l'origine de la grève », tout comme « la confirmation et le renforcement de l'intervention obligatoire et préalable des syndicats représentatifs pour le déclenchement de la grève » (consid. 9).

Reprenant la formule-cadre initiée dès 1979 (consid. 10), le Conseil justifie l'allongement de cinq à treize (5+8) jours du délai global de préavis syndical, par l'adjonction d'une obligation de négocier avant le dépôt du préavis syndical de cinq jours francs édicté depuis 1963, par la volonté de « permettre d'abord une négociation effective susceptible d'éviter la grève puis, le cas échéant, la mise en place d'un plan de transport adapté afin d'assurer la continuité du service public » (consid. 11).

(6) Ord. n° 2010-1307, 28 oct. 2010, relative à la partie législative du Code des transports. À l'occasion l'expression de « personnes » a été préférée à celle de « voyageurs », certainement pour ne pas entraîner de confusion avec les consommateurs de « voyages » et les obligations des voyagistes.

(7) V. Bernaud, *La loi relative à l'organisation du service et à l'information des passagers dans les entreprises de transport aérien de passagers est conforme à la Constitution* : *Dr. soc.* 2012, 708. – N. Guillet, *Le trompe-l'œil juridique de la loi du 19 mars 2012 relative à l'organisation du service et à l'information des passagers dans les entreprises de transport aérien de passagers* : *Dr. soc.* 2012, 697. – O. Leclerc, *Où va le droit spécial de la grève ? Observations sur la loi du 19 mars 2012 relative aux entreprises de transport aérien de passagers* : *RDT* 2012, 570. – L. Péru-Pirotte, *Service garanti dans le transport aérien : le passager et le salarié* : *JCP* S 2012, 1220.

(8) Cons. const., 16 août 2007, n° 2007-556 DC, *Loi sur le dialogue social et la continuité du service public dans les transports terrestres réguliers de voyageurs*, consid. 7 ; *D.* 2007, 3033, obs. E. Dockès, F. Fouvet, C. Géniaut et A. Jeammaud ; *D.* 2008, 2025, obs. V. Bernaud et L. Gay ; *Dr. soc.* 2007, 1221, étude V. Bernaud ; *RFDA* 2007, 1283, chron. A. Roblot-Troizier.

(9) Cons. const., 25 juill. 1989 : *Dr. soc.* 1989, 701, note X. Prétot.

Par ailleurs, et l'observation est particulièrement intéressante, le Conseil constitutionnel relève que « le fait qu'un mouvement collectif soit fondé sur des revendications interprofessionnelles ne prive pas de tout objet l'obligation d'un dialogue social interne à l'entreprise » (consid. 12). On sait en effet que ce qui justifie précisément le recours à la grève dans l'entreprise pour suivre un mouvement national interprofessionnel, est le lien qui peut exister entre ces revendications et la situation des salariés dans leurs entreprises, et la capacité des syndicats à négocier sur ces thèmes. L'argument n'est guère discriminant compte tenu du caractère à la fois flou et large de l'objet de la négociation collective permise pour toutes les questions intéressant l'emploi, le travail, la formation professionnelle et les garanties sociales. Mais cette capacité des entreprises à se saisir de questions relevant par ailleurs des relations entretenues par les organisations professionnelles au niveau national et interprofessionnel (dont la capacité à négocier est d'ailleurs définie par le même article L. 2221-1 du Code du travail) est réelle, et le déclenchement de grèves pertinent aussi dans la perspective d'éventuelles négociations.

Le Conseil observe également « qu'eu égard à la nature particulière du droit de grève, le législateur peut, comme il l'a déjà fait, confier à des organisations syndicales représentatives des prérogatives particulières relatives au déclenchement de la grève ; que ce rôle reconnu à ces organisations pour le dépôt d'un préavis de grève laisse entière la liberté de chaque salarié de décider personnellement de participer ou non à celle-ci » (consid. 13). Le Conseil souligne ici que même dans un régime syndical, qui est celui qui prévaut dans les services publics, la grève demeure une liberté individuelle. Certes, le droit de se mettre en grève est subordonné au dépôt d'un préavis syndical et, désormais, au respect d'une procédure préalable de négociation avant tout dépôt de préavis, mais il ne s'agit ici que d'une atteinte modérée au droit de grève répondant à un impératif justifié, celui d'assurer la continuité du service public.

Le Conseil constitutionnel prend également parti sur la règle interdisant à un syndicat de déposer un même préavis pour un même motif, tant que la procédure de concertation préalable n'a pas été menée à son terme. Il considère « qu'il appartient au législateur d'édicter les mesures qui lui paraissent à même, pour éviter le recours répété à des grèves de courte durée mettant en cause la continuité du service public, d'assurer une conciliation entre la défense des intérêts professionnels et la sauvegarde de l'intérêt général auquel la grève est de nature à porter atteinte », et que la mesure envisagée (qui sera d'ailleurs reprise par la suite dans les autres dispositifs), n'est pas excessive (consid. 14).

170. – Les trois volets. On retrouve ici les trois volets préconisés dans le rapport Mandelkern et issus de la procédure initiée à la RATP. Seul le volet « prévention » sera ici examiné ; la garantie de service sera présentée ultérieurement en ce qu'elle implique des atteintes individuelles à l'exercice du droit de grève pour les salariés mobilisables[10].

La loi met tout d'abord en place des dispositions destinées à prévenir les conflits et améliorer le dialogue social, et s'appuie sur la négociation collective. La loi choisit de donner priorité à la négociation d'entreprise, l'application de l'accord de branche n'étant que subsidiaire. La primauté donnée à l'accord d'entreprise présentait un caractère fortement innovant. Certes, depuis la loi du 4 mai 2004, la primauté de l'accord d'entreprise était présentée dans le Code du travail comme le principe, mais l'effectivité de cette mesure était encore faible et ne se développera que postérieurement avec la loi du 20 août 2008 qui allait reproduire ce schéma dans de nombreuses dispositions applicables en matière de durée du travail, lançant un vaste mouvement d'expansion prolongé en 2016 puis en 2017 en matière de durée du travail, de congés et de comités sociaux et économiques.

Selon l'article L. 1324-2 du Code des transports, l'employeur et les organisations syndicales représentatives devaient engager, entreprise par entreprise et avant le

(10) V. *supra*, n° 162.

1er janvier 2008, des négociations en vue de la signature d'un accord-cadre organisant une procédure de prévention des conflits et tendant à développer le dialogue social.

Dans ces entreprises, le dépôt d'un préavis de grève ne peut intervenir qu'après une négociation préalable entre l'employeur et la ou les organisations syndicales représentatives qui envisagent de déposer le préavis. L'accord-cadre fixe les règles d'organisation et de déroulement de cette négociation. Ces règles doivent être conformes aux conditions posées à l'article L. 1324-5 du Code des transports. Le présent article s'applique sans préjudice des dispositions de l'article L. 2512-2 du Code du travail.

Le contenu de ces accords a été précisé par la loi ; doivent ainsi y figurer les conditions dans lesquelles une organisation syndicale représentative procède à la notification à l'employeur des motifs pour lesquels elle envisage de déposer un préavis de grève ; dans la limite de trois jours, le délai dans lequel l'employeur est tenu de réunir les syndicats auteurs de la notification pour négocier ; dans la limite de huit jours le temps laissé à la négociation ; les informations qui doivent être transmises par l'employeur ; les modalités de la négociation et du relevé de conclusion ; les conditions dans lesquelles les salariés sont informés des motifs du conflit, de la position de l'employeur, de la position des organisations syndicales ainsi que les conditions dans lesquelles ils reçoivent communication du relevé de conclusions de la négociation préalable.

2° Organisation générale du dispositif

171. - **Rôles respectifs.** Le dispositif repose sur la définition, par la collectivité concernée, de « dessertes prioritaires en cas de perturbation prévisible du trafic » (C. transp., art. L. 1222-2), de l'adoption par l'entreprise gestionnaire du réseau d'un plan de transport et d'un plan d'information des usagers (C. transp., art. L. 1222-3), et enfin de l'élaboration par l'entreprise d'un dispositif de prévisibilité du service (C. transp., art. L. 1222-7).

172. - **Hypothèses visées.** Le déclenchement de ce plan n'intervient pas qu'en cas de grèves, même si ce cas arrive en premier intérêt du dispositif dans l'article L. 1222-2 du Code des transports ; il s'applique également en cas de travaux ou d'incidents techniques, sans conditions de durées, et d'aléas climatiques ou de toute autre cause connues trente-six heures à l'avance, comme des manifestations sportives ou festives, *etc.*

a) Définition des dessertes prioritaires

Code des transports

Art. L. 1222-2. – Après consultation des usagers lorsqu'il existe une structure les représentant, l'autorité organisatrice de transport définit les dessertes prioritaires en cas de perturbation prévisible du trafic.

Sont réputées prévisibles les perturbations qui résultent :

1° De grèves ;

2° De plans de travaux ;

3° D'incidents techniques, dès lors qu'un délai de trente-six heures s'est écoulé depuis leur survenance ;

4° D'aléas climatiques, dès lors qu'un délai de trente-six heures s'est écoulé depuis le déclenchement d'une alerte météorologique ;

5° De tout événement dont l'existence a été portée à la connaissance de l'entreprise de transports par le représentant de l'État, l'autorité organisatrice de transports ou le gestionnaire de l'infrastructure depuis trente-six heures.

Art. L. 1222-3. – Pour assurer les dessertes prioritaires, l'autorité organisatrice de transports détermine différents niveaux de service en fonction de l'importance de la perturbation.

Pour chaque niveau de service, elle fixe les fréquences et les plages horaires. Le niveau minimal de service doit permettre d'éviter que soit portée une atteinte disproportionnée à la liberté d'aller et venir, à la liberté d'accès aux services publics, à la liberté du travail, à la liberté du commerce et de l'industrie et à l'organisation des transports scolaires. Il correspond à la couverture des besoins essentiels de la population. Il doit également garantir l'accès au service public de l'enseignement les jours d'examens nationaux. Il prend en compte les besoins particuliers des personnes à mobilité réduite.

Les priorités de desserte et les différents niveaux de service sont rendus publics.

173. – **Responsabilité de la collectivité.** Il appartient à la collectivité concernée de définir « les dessertes prioritaires en cas de perturbation prévisible du trafic » « après consultation des usagers lorsqu'il existe une structure les représentant ». La collectivité doit déterminer « différents niveaux de service en fonction de l'importance de la perturbation » et « pour chaque niveau de service (…) les fréquences et les plages horaires » (C. transp., art. L. 1222-3).

174. – **Limites à intégrer.** L'objectif recherché est « d'éviter que soit portée une atteinte disproportionnée à la liberté d'aller et venir, à la liberté d'accès aux services publics, à la liberté du travail, à la liberté du commerce et de l'industrie et à l'organisation des transports scolaires ». Il s'agit donc de couvrir les « besoins essentiels de la population (…) également garantir l'accès au service public de l'enseignement les jours d'examens nationaux » et de prendre « en compte les besoins particuliers des personnes à mobilité réduite ».

Les priorités de desserte et les différents niveaux de service sont rendus publics.

b) Élaboration d'un plan de transport et d'un plan d'information des usagers

Code des transports

Art. L. 1222-4. – L'entreprise de transports élabore :

1° Un plan de transports adapté aux priorités de desserte et aux niveaux de service définis par l'autorité organisatrice de transports, qui précise, pour chaque niveau de service, les plages horaires et les fréquences à assurer ;

2° Un plan d'information des usagers qui permet de donner à ceux-ci les informations prévues à l'article L. 1222-8.

Après consultation des institutions représentatives du personnel, elle soumet ces plans à l'approbation de l'autorité organisatrice de transports.

175. – **Objet du plan de transport.** L'entreprise doit établir un plan de transport « adapté aux priorités de desserte et aux niveaux de service définis par l'autorité organisatrice de transports, qui précise, pour chaque niveau de service, les plages horaires et les fréquences à assurer » ainsi qu'un « plan d'information des usagers qui permet

de donner à ceux-ci les informations » sur le service assuré (C. transp., art. L. 1222-4) définissant, « en cas de perturbation prévisible du trafic », des « dessertes prioritaires » sur lesquelles concentrer les moyens disponibles, concrètement les salariés non grévistes.

C'est la collectivité locale qui, dans le cadre de la concession de service public, détermine, au regard des besoins essentiels de la population (par exemple des jours d'examens nationaux, Bac ou brevet, et des besoins des personnes à mobilité réduite) les « différents niveaux de service en fonction de l'importance de la perturbation » et « pour chaque niveau de service, (...) les fréquences et les plages horaires », « en prenant garde à ce que le niveau minimal de service ne porte pas une atteinte disproportionnée à la liberté d'aller et venir, à la liberté d'accès aux services publics, à la liberté du travail, à la liberté du commerce et de l'industrie et à l'organisation des transports scolaires ».

176. - Adoption. L'élaboration de ce plan ne se réalise pas en concertation avec les syndicats mais de manière unilatérale par l'entreprise après consultation des usagers. L'entreprise élabore également un plan d'information des usagers, ces derniers devant être informés en cas de perturbations au moins vingt-quatre heures à l'avance. Ces deux plans doivent ensuite être soumis au comité social et économique, pour avis, et transmis à la collectivité pour approbation.

177. - Portée. Le plan de transport concrétise la recherche de continuité du service pendant la grève. Mais pourrait-on aller jusqu'à considérer qu'il constitue non pas seulement une obligation de moyens, comme le suggère l'ensemble du dispositif au travers de la mise en œuvre de l'accord de prévisibilité, mais une obligation de résultat autorisant l'exploitant, en cas de non-respect de la garantie de service, à saisir le juge des référés pour qu'il procède à la réquisition de grévistes en nombre suffisant pour garantir la desserte prioritaire ? La Cour de cassation n'a pas sauté le pas pour préserver le droit de grève. Dans un arrêt *Société Compagnie de Transport de la Porte Océane* rendu par la chambre sociale de la Cour de cassation le 30 juin 2015, la Haute juridiction a considéré que l'existence d'un plan de transport s'imposant à l'entreprise ne saurait justifier *à lui seul* que le juge des référés puisse suspendre un préavis régulier, c'est-à-dire déposé après le respect de la procédure de concertation préalable et dans le respect des règles générales relatives à tous les préavis syndicaux, sous prétexte que la grève risque d'empêcher l'entreprise de satisfaire à ses obligations. La solution est justifiée dans la mesure où le Code des transports ne prévoit pas que le respect du plan soit un objectif inconditionnel à respecter en cas de perturbation du trafic. S'il en était autrement, le juge ajouterait une restriction à l'exercice du droit de grève qui n'a pas été prévue par le législateur[11].

Le syndicat CGT et son délégué avaient déposé à l'issue de l'échec de négociations, le 18 mars 2013, auprès de la société Compagnie de transport de la Porte océane, chargée de la gestion du transport urbain de personnes de l'agglomération havraise dans le cadre d'une délégation de service public, un préavis de grève pour la période du 25 mars au 12 avril 2013 et consistant en des arrêts de travail quotidiens de cinquante-cinq minutes affectant l'ensemble du personnel.

L'entreprise avait saisi le juge des référés aux fins de constater que le préavis était constitutif d'un trouble manifestement illicite et d'ordonner sous astreinte la suspension de ses effets. Pour faire droit à ses demandes, l'arrêt avait retenu, d'une part, que l'éclatement complet sur tous les parcours des lignes de bus et de tramway déployées sur plus d'une dizaine de communes, à des

(11) Cass. soc., 30 juin 2015, n° 14-10.764 : *Bull. civ.* V, n° 833 ; *D.* 2015, 2340, obs. P. Lokiec et J. Porta ; *RDT* 2016, 108, obs. Y. Ferkane ; *JCP* S 2015, 1367, note F. Duquesne.

horaires différents chaque jour de la semaine et les arrêts de travail renouvelés sur cinquante-cinq minutes, entraînaient une perturbation complète du trafic des tramways, empêchaient l'employeur de prévoir les lieux où les autobus seraient laissés en stationnement pendant les arrêts de travail et de s'assurer des conditions dans lesquelles les grévistes reprendraient leur activité à l'issue de ceux-ci, et ne lui permettaient pas de disposer des éléments nécessaires à l'élaboration d'un plan de transports et d'information des usagers et d'assurer ainsi le service minimum dû aux usagers en vertu de la loi. Le juge des référés avait considéré, d'autre part, que les troubles générés qui contraignent les voyageurs à descendre des véhicules en cours de trajet avant d'avoir atteint leur destination ne devaient pas être mésestimés s'agissant de jeunes cherchant à rejoindre un établissement scolaire ou leur domicile, et de personnes âgées.

Telle n'est pas l'analyse de la Cour de cassation qui censure cette décision au double visa de l'alinéa 7 du Préambule de la Constitution du 27 octobre 1946 et de l'article L. 1222-4 du Code des transports.

Après avoir rappelé l'obligation légale faite à l'employeur, entreprise chargée d'un service public de transport terrestre régulier de personnes, d'élaborer un plan de transports et d'information des usagers et de garantir un service minimum, la cour indique que cette obligation ne peut être invoquée pour limiter l'exercice du droit de grève en l'absence de disposition légale l'interdisant et de manquement à l'obligation de négocier. La cour considère les motifs retenus en appel comme « insuffisants à caractériser une désorganisation de l'entreprise et alors que l'empêchement pour l'employeur, résultant des modalités de la grève définies dans un préavis régulier, d'organiser un plan de transport et d'information des usagers ne constitue pas un abus du droit de grève caractérisant un trouble manifestement illicite ».

c) Conclusion d'un accord de prévisibilité

Code des transports

Art. L. 1222-7. – Dans les entreprises de transports, l'employeur et les organisations syndicales représentatives concluent un accord collectif de prévisibilité du service applicable en cas de perturbation prévisible du trafic.

L'accord collectif de prévisibilité du service recense, par métier, fonction et niveau de compétence ou de qualification, les catégories d'agents et leurs effectifs ainsi que les moyens matériels, indispensables à l'exécution, conformément aux règles de sécurité en vigueur applicables à l'entreprise, de chacun des niveaux de service prévus dans le plan de transports adapté.

Il fixe les conditions dans lesquelles, en cas de perturbation prévisible, l'organisation du travail est révisée et les personnels disponibles réaffectés afin de permettre la mise en œuvre du plan de transports adapté. En cas de grève, les personnels disponibles sont les personnels de l'entreprise non grévistes.

À défaut d'accord applicable, un plan de prévisibilité est défini par l'employeur. Un accord collectif de prévisibilité du service qui entre en vigueur s'applique en lieu et place du plan de prévisibilité.

L'accord ou le plan est notifié au représentant de l'État et à l'autorité organisatrice de transports.

1) Objectifs

178. – Impact social de l'obligation de continuité. Une fois le plan de transport adopté, l'entreprise doit engager des négociations avec les syndicats représentatifs pour l'adoption du volet professionnel du dispositif. Il s'agit ici de définir, en principe par voie d'accord collectif, les catégories de salariés nécessaires à l'organisation du service de dessertes prioritaires pendant les perturbations et qui seront soumis aux obligations individuelles d'information de leur employeur relativement à leur participation à la grève[12]. Il s'agit bien d'une hypothèse de négociation légale obligatoire, et non de conclusion obligatoire comme le suggère maladroitement l'article L. 1222-7 du Code des transports. L'employeur doit donc lancer les négociations et chercher loyalement à conclure l'accord. S'il n'y parvient pas, alors il pourra procéder de manière unilatérale.

2) Objet

179. - Cadre légal. Selon les termes de l'article L. 1222-7 du Code des transports, l'accord recherché au niveau de l'entreprise « recense, par métier, fonction et niveau de compétence ou de qualification, les catégories d'agents et leurs effectifs ainsi que les moyens matériels, indispensables à l'exécution, conformément aux règles de sécurité en vigueur applicables à l'entreprise, de chacun des niveaux de service prévus dans le plan de transports adapté ».

S'agissant des agents concernés, le Conseil constitutionnel, dans sa décision n° 2007-556 DC du 16 août 2007, a précisé que l'obligation pour certains salariés de se déclarer individuellement ne saurait être étendue à l'ensemble des salariés et jugé qu'elle n'était opposable qu'aux seuls salariés dont la présence détermine directement l'offre de services[13].

180. - Précisions jurisprudentielles. Le Conseil d'État a été amené à préciser, dans une décision en date du 23 décembre 2020, la portée de cette obligation dans une affaire où l'entreprise avait unilatéralement augmenté le nombre des catégories d'agents astreints à l'obligation d'information individuelle au sein du groupe SNCF (comprenant la SNCF, SNCF Réseau ou SNCF Mobilités)[14].

Cette affaire concernait le plan de prévisibilité défini unilatéralement par le groupe SNCF (SNCF, SNCF Réseau ou SNCF Mobilités) et qui ne visait initialement, comme catégories d'agents soumis à l'obligation de déclaration d'intention, que les agents de conduite, d'accompagnement des trains et des postes d'aiguillage.

Le directeur de la cohésion et des ressources humaines du groupe public ferroviaire avait décidé (déc. n° GRH00924) de préciser le contenu du plan arrêté unilatéralement le 18 décembre 2008 en étendant de trois à seize catégories d'agents la liste des salariés tenus de faire connaître à leur employeur, leur intention de participer à une grève, et en mobilisant d'autres critères que ceux visés à l'article L. 1222-7, singulièrement leur localisation géographique.

La Fédération des syndicats des travailleurs du rail – Sud Rail et la Fédération CGT des cheminots avaient demandé au Conseil d'État l'annulation de cette circulaire interne considérée comme trop imprécise, singulièrement parce qu'elle identifiait certaines catégories de salariés soumis à l'obligation de déclaration individuelle d'intention par référence à leur établissement de rattachement sans reprendre formellement les critères de recensement, par « métier, fonction et niveau de compétence ou de qualification » visés à l'article L. 1222-7.

Tel n'est pas l'analyse du Conseil d'État dans cette affaire.

En premier lieu, le Conseil d'État relève que « les dispositions en litige de la décision attaquée constituent, non le plan de prévisibilité dans son ensemble, mais seulement la partie de ce plan déterminant les catégories d'agents soumis à l'obligation de déclaration d'intention ». Or, ce qui compte est que ces catégories aient été présentées avec suffisamment de précision aux partenaires sociaux en permettant aux syndicats d'identifier les agents auxquels elles se rapportaient.

(12) Ces obligations seront étudiées plus en détail avec l'ensemble des règles relatives au déclenchement des conflits. V. *infra*, n°s 422 et s.

(13) Cons. const., 16 août 2007, n° 2007-556 DC : *D.* 2007, 3033, obs. E. Dockès, F. Fouvet, C. Géniaut et A. Jeammaud ; *ibid.* 2008, 2025, obs. V. Bernaud et L. Gay ; *Dr. soc.* 2007, 1221, étude V. Bernaud ; *RFDA* 2007, 1283, chron. A. Roblot-Troizier.

(14) CE, 1re et 4e ch. réunies, 23 déc. 2020, n° 428717.

En second lieu, le Conseil d'État a précisé la notion d'agents « indispensables » : il s'agit, selon les termes empruntés au Conseil constitutionnel dans sa décision du 16 août 2007, des « seuls salariés dont la présence détermine directement l'offre de services ».

Or, « si le plan de prévisibilité initialement défini le 30 mai 2008 ne mentionnait que les trois catégories des agents de conduite, des agents d'accompagnement des trains et des agents des postes d'aiguillage, il n'en résulte pas qu'aucune autre catégorie d'agents ne pourrait être regardée comme indispensable à l'exécution des niveaux de service prévus dans le plan de transport adapté ». Cette affirmation est essentielle pour ajuster périodiquement le plan de prévisibilité et permettre à l'exploitant de mieux respecter sa garantie de service, et donc de renforcer le dispositif si l'expérience montre que les premières mesures n'étaient pas suffisantes, ce qui était le cas ici.

Le Conseil d'État souligne que ces modifications peuvent avoir un impact conséquent sur le nombre des salariés concernés, sans que ce constat n'empêche de considérer les nouvelles mesures comme justifiées : « Contrairement à ce que soutiennent les fédérations requérantes, alors même que les dispositions attaquées conduisent à étendre de façon importante le nombre des agents soumis à une telle obligation, concernant désormais plus de la moitié des agents du groupe public ferroviaire et plus de deux tiers des agents de SNCF Mobilités, elles n'ont pas fait de l'article L. 1222-7 du Code des transports une inexacte application ». Ici encore la solution est pleinement justifiée ; ce qui compte en effet n'est pas le nombre d'agents concernés, défini de manière abstraite, mais l'analyse de la situation au regard des obligations pesant sur l'exploitant et du nombre d'agents nécessaires pour y parvenir. Cette vérification de la proportionnalité des atteintes ne peut donc résulter que d'une analyse concrète de la situation.

Enfin, le Conseil d'État analyse les nouvelles catégories d'agents visées pour déterminer si leur « présence détermine directement l'offre de services », ce qui est le cas des « catégories d'agents participant à l'information des usagers ainsi qu'à des activités de maintenance », ainsi que « des catégories d'agents qui exercent des missions en lien direct avec la circulation des trains, la circonstance que les agents de certaines de ces catégories soient aisément remplaçables étant sans incidence à cet égard », comme « des agents des services internes de sécurité de la SNCF, dont la présence est nécessaire pour assurer la sécurité des voyageurs ». Ici encore ces catégories semblaient bien nécessaires à l'accomplissement de l'ensemble des missions visées par la garantie de service.

181. – Modalités de réaffectation du personnel. Une fois l'identification des salariés nécessaires à l'exécution du plan de continuité réalisée, l'accord doit préciser les modalités de réaffectation des personnels « disponibles ». S'il ne fait pas de doute que les personnels visés par l'accord de prévisibilité et n'ayant pas déposé de préavis individuel sont « disponibles » dans les quarante-huit heures qui précèdent le déclenchement de la grève, qu'en est-il des salariés « sous préavis », c'est-à-dire ceux qui ont déclaré leur intention de faire grève mais qui sont encore en droit d'y renoncer dans les vingt-quatre heures qui suivent ?

Pour la Cour de cassation dès lors qu'ils n'ont pas, au plus tard vingt-quatre heures avant l'heure prévue pour leur participation à la grève, informé l'employeur de leur décision de renoncer, les agents déclarés grévistes ne peuvent en effet être considérés comme disponibles et affectés à un nouveau service dans le cadre du plan de transport, le jour de leur participation à la grève, y compris pendant la période entre l'expiration de leur repos journalier et l'heure théorique de prise de service[15].

L'entreprise peut sous-traiter ses obligations à un tiers qui est alors tenu aux mêmes obligations qu'elle, notamment le secret professionnel et la finalité des informations récoltées[16].

(15) Cass. soc., 16 janv. 2019, n° 17-27.124, publié : *JCP* S 2019, 1050, note E. Jeansen.
(16) Même décision.

182. - Échec des négociations et adoption d'un plan unilatéral. L'article L. 1222-7, alinéa 4, du Code des transports, dispose que : « À défaut d'accord applicable, un plan de prévisibilité est défini par l'employeur ». L'usage de l'indicatif présent concernant l'adoption du plan par voie d'accord (« l'employeur et les organisations syndicales représentatives concluent un accord »), associé à la formule « à défaut d'accord applicable », permet d'affirmer que ce n'est qu'après avoir engagé et conduit loyalement des négociations en vue de la conclusion de l'accord que l'entreprise peut, en cas d'échec, adopter ce plan de manière unilatérale[17].

Le fait qu'un premier plan ait été adopté de manière unilatérale par l'employeur après l'échec des négociations ne l'autorisera pas pour l'avenir à se dispenser de rouvrir de nouvelles négociations s'il souhaite le réviser ; il devra tenter de nouveau de négocier avec les syndicats de l'entreprise, et ce n'est qu'à défaut qu'il pourra alors le réviser de manière unilatérale. C'est ce qui résulte d'une décision du Conseil d'État en date du 23 décembre 2020 qui illustre au passage ce qu'il y a lieu d'entendre par l'exigence de négociations loyales[18].

Était en cause dans cette affaire le plan de prévisibilité défini unilatéralement par le groupe SNCF. Le directeur de la cohésion et des ressources humaines du groupe public ferroviaire avait en effet décidé de préciser le contenu du premier plan arrêté unilatéralement le 18 décembre 2008. La Fédération des syndicats des travailleurs du rail – Sud Rail et la Fédération CGT des cheminots avaient demandé au Conseil d'État l'annulation de cette circulaire interne.

Le Conseil d'État a tout d'abord précisé les conditions dans lesquelles l'employeur pouvait modifier seul un plan de prévisibilité élaboré à l'origine de manière unilatérale : « l'employeur ne saurait modifier significativement le plan de prévisibilité élaboré par lui en l'absence d'accord collectif de prévisibilité du service qu'après avoir, de nouveau, engagé avec les organisations syndicales représentatives des négociations en vue de la signature d'un accord, sans qu'elles aient pu aboutir à la conclusion d'un tel accord ». Le fait que le premier accord ait été arrêté unilatéralement n'autorise donc pas l'employeur, par une sorte de parallélisme des formes, à le modifier de la même manière. Il doit, lorsqu'il envisage de réviser l'accord « significativement » (à l'exception donc de changements mineurs, qui resteront d'ailleurs à définir), reprendre la procédure d'adoption à son commencement, c'est-à-dire engager de nouvelles négociations avec l'ensemble des organisations syndicales représentatives au niveau concerné (ici du groupe), puis conduire loyalement ces négociations en vue de la conclusion d'un avenant de révision, puis, en l'absence d'accord, adopter les modifications de manière unilatérale.

Dans cette affaire, c'est bien ainsi que le groupe SNCF avait procédé : « 4. Il ressort des pièces des dossiers et il n'est pas contesté que, préalablement à la modification du plan de prévisibilité, l'ensemble des organisations syndicales représentatives du personnel ont été conviées à une table ronde, le 18 décembre 2018, afin que leur soit soumis le projet d'extension de la liste, résultant jusqu'alors de la décision du directeur de la cohésion et des ressources humaines ferroviaires du 30 mai 2008, des catégories d'agents tenus à l'obligation de déclaration individuelle d'intention de participer à une grève. Contrairement à ce que soutiennent les fédérations requérantes, les organisations représentatives ont disposé d'informations et d'un délai suffisants pour se prononcer en toute connaissance de cause sur le projet, dont il ressort des pièces des dossiers qu'il n'a été modifié postérieurement à la table ronde, dans le projet soumis à leur signature, que sur des points débattus à cette occasion. Enfin, leur courrier du 4 janvier 2019, par lequel elles ont annoncé qu'elles ne signeraient pas l'accord proposé, a reçu une réponse motivée ».

(17) Ch. Radé, *Le préalable obligatoire de négociation : retour sur un fâcheux malentendu, in Mél. en l'honneur de M. Véricel*, PU Saint-Étienne, 2022, p. 365-374.
(18) CE, 1re et 4e ch. réunies, 23 déc. 2020, n° 428717.

183. – Négociation loyale. La jurisprudence a été amenée à préciser la teneur de ces obligations. Il a ainsi été jugé que des rencontres bilatérales qui n'avaient d'autre objet que d'informer les organisations syndicales de la modification à laquelle il serait unilatéralement procédé et qui a porté de trois à quatorze catégories d'agents la liste des salariés tenus de faire connaître à leur employeur leur intention de participer à une grève, ne sauraient être regardées comme ayant pu tenir lieu de la négociation préalable imposée par les dispositions de l'article L. 1222-7 du Code des transports avant toute modification significative du plan de prévisibilité[19].

L'entreprise peut en revanche agir de manière unilatérale dès lors que les organisations syndicales représentatives du personnel ont été conviées à une table ronde afin que leur soit soumis le projet d'extension de la liste des catégories d'agents tenus à l'obligation de déclaration individuelle, que ces organisations ont disposé d'informations et d'un délai suffisants pour se prononcer en toute connaissance de cause sur le projet (dont il ressortait des pièces des dossiers qu'il n'a été modifié postérieurement à la table ronde, dans le projet soumis à leur signature, que sur des points débattus à cette occasion, et que ces mêmes organisations avaient annoncé qu'elles ne signeraient pas l'accord proposé, et ont reçu une réponse motivée)[20].

Le contentieux des dispositions adoptées unilatéralement par la direction de la SNCF relève de la compétence du juge administratif, dans le cadre de son contrôle de légalité, et ce même si le demandeur invoque comme motif d'illégalité la contrariété avec l'accord de branche[21].

184. – Portée de la mise en œuvre du dispositif légal.

• *Garantie de service et obligations des salariés concernés.* Les procédures mises en place et qui imposent aux syndicats de négocier avec l'entreprise préalablement au dépôt d'un préavis sont opposables aux grévistes. Si un syndicat de l'une des entreprises de transport a déposé un préavis sans avoir respecté la procédure de négociation préalable, le préavis est considéré comme illégal et les salariés n'ont pas le droit de cesser le travail, même s'il existait par ailleurs un mode d'ordre national de grève. S'il est démontré que les salariés ont été informés, notamment par l'employeur, de cette irrégularité, aucun doute n'existe sur leur intention et ils commettent une faute lourde qui les expose à une sanction disciplinaire pouvant aller jusqu'au licenciement. C'est ce qui résulte d'un arrêt rendu le 30 janvier 2013 par la chambre sociale de la Cour de cassation[22].

Un salarié, qui exerçait les fonctions de conducteur receveur pour la Régie départementale des voies ferrées du Dauphiné, qui assure une mission de service public de transport terrestre régulier de personnes à vocation non touristique, a avisé son employeur le 20 mai 2008 de sa participation à un mouvement de grève prévu le 22 mai 2008. Le 21 mai, l'employeur a indiqué aux salariés que le préavis de grève était irrégulier et que leur absence le 22 mai 2008 serait considérée comme injustifiée. Le salarié a pourtant participé au mouvement de grève, le 21 juin 2008, et son employeur a prononcé à son encontre une mise à pied de cinq jours dont le salarié a demandé l'annulation.

La cour d'appel lui avait donné raison après avoir retenu qu'il n'est pas contestable que les organisations syndicales qui ont déposé le préavis n'ont pas respecté la procédure de négociation préalable puisqu'elles n'ont pas notifié leur intention de déposer un préavis de grève, ni

(19) CE, 1re et 4e ch. réunies, 22 oct. 2018, n° 415941.
(20) CE, 1re et 4e ch. réunies, 23 déc. 2020, n° 428717.
(21) Cass. soc., 9 nov. 2022, n° 21-19.598, publié.
(22) Cass. soc., 30 janv. 2013, n° 11-23.791, publié.

demandé l'ouverture d'une négociation. Elle a également estimé que cela n'empêchait pas pour autant l'entreprise, informée le 7 mai 2008, par l'inspecteur du travail, d'un mouvement national de grève pour la journée du 22 mai 2008, soit quatorze jours francs avant la date prévue, d'ouvrir des négociations, ce qu'elle n'a pas fait alors qu'elle en aurait eu le temps. En toute hypothèse, elle a considéré que le salarié est demeuré totalement étranger aux conditions dans lesquelles son organisation syndicale, qui a respecté le délai de prévenance, a communiqué avec l'employeur, et qu'ainsi l'irrégularité invoquée n'a pas eu pour effet de rendre fautive la participation du salarié à un mouvement national, participation dont il a informé son employeur.

C'est cet arrêt qui est ici cassé. Pour la Cour de cassation, en effet, « les organisations syndicales n'avaient pas respecté la procédure de négociation préalable leur imposant de notifier à l'employeur qu'elles envisageaient de déposer un préavis de grève, ce dont il résultait que celui-ci était irrégulier, peu important le caractère national du mouvement de grève, et (…) l'employeur avait informé l'ensemble des salariés de l'entreprise du caractère illégal de la grève en raison de l'irrégularité du préavis », ce qui permettait de retenir à la charge du gréviste concerné l'existence d'une faute lourde ».

185. - *Garantie de service et urgence.* La conclusion de l'accord de prévisibilité est prise en compte par le juge des référés qui peut écarter tout caractère urgent de sa saisine pour faire face à l'annonce d'un conflit, dès lors que l'entreprise dispose d'une procédure de prévention. C'est ce qui résulte de l'arrêt *Société Compagnie de Transport de la Porte Océane* rendu le 16 janvier 2019 par la chambre sociale de la Cour de cassation[23].

Cette affaire concernait un conflit au sein de la société concessionnaire du transport urbain de personnes de la communauté de l'agglomération du Havre. La société avait en effet saisi le juge des référés d'une demande de suspension d'un préavis syndical d'une durée de cinquante-cinq minutes journalières et reconductibles pendant une durée de quinze jours, motif pris que ce préavis ne définissait pas de manière suffisante le champ géographique de l'exercice de ce mouvement et désorganiserait l'entreprise incapable de satisfaire à sa garantie de service.

La demande a été rejetée précisément parce que l'application du dispositif de prévisibilité (en l'espèce des dispositions de l'accord de branche applicable à défaut d'accord d'entreprise) permettait à l'entreprise de limiter l'impact de la grève et de prévoir précisément quelles lignes seraient les plus concernées par la grève : « les modalités de la grève la mettaient dans l'impossibilité de définir un plan de transport et d'information conformément à ce que prévoyait l'accord de branche applicable pour assurer une information fiable aux voyageurs afin que ceux-ci puissent connaître les services en fonction et prendre toutes dispositions utiles pour subir le moins de désagréments possibles les jours de grève, et qu'il n'était pas démontré qu'elles étaient de nature à entraîner la désorganisation ou même un risque de désorganisation de la compagnie de transport ».

186. - *Garantie de service et mesures individuelles complémentaires.* Le fait que l'entreprise soit couverte par un accord de prévisibilité ne fait pas obstacle à des mesures individuelles de réorganisation prises à l'égard des salariés qui ont déclaré leur intention de faire grève, à condition qu'elles soient justifiées par des impératifs de sécurité des voyageurs et n'affectent pas l'exercice du droit de grève. C'est ce qui résulte d'un arrêt *Société Kéolis Rennes* rendu par la chambre sociale de la Cour de cassation le 8 juillet 2020[24].

Un préavis de grève prévoyait des débrayages de 7 heures 30 à 8 heures 29 et de 17 heures à 17 heures 59 à compter du 4 juin 2015, pendant vingt-quatre heures, entraînant des retenues sur salaires pour les grévistes et un contentieux prud'homal.

(23) Cass. soc., 16 janv. 2019, n° 17-22.701.
(24) Cass. soc., 8 juill. 2020, n° 19-13.767, publié : *JCP S* 2020, 3013, note S. Carré.

Un salarié contestait une mesure prise par l'entreprise juste avant le commencement de la grève et qui consistait à avoir décalé l'heure de sa prise de service de quarante-cinq minutes pour éviter qu'il ne prenne un véhicule juste avant le déclenchement de la grève et ne le stoppe en plein service au moment de cesser le travail, sans modification de sa durée de travail sur l'ensemble de la journée concernée.

Cette mesure a été validée par le conseil de prud'hommes puis par la Cour de cassation. Il s'agissait en effet d'une « révision de l'organisation du travail rendue nécessaire par des raisons de sécurité et n'ayant pas eu d'incidence sur l'exercice du droit de grève » puisque l'entreprise n'avait pas cessé de considérer le salarié comme gréviste.

187. - *Garantie de service et médiation.* Le juge des référés peut également initier une procédure de médiation avant de rendre une décision[25], voire demander aux protagonistes d'engager des négociations[26].

B. - Dispositifs conventionnels

188. - Intérêt. Les partenaires sociaux ont négocié fin 2007 un accord de prévention dans le cadre fixé par l'article L. 1324-2 du Code des transports au sein de la branche des réseaux de transports publics urbains de voyageurs[27]. Cet accord ne s'applique que dans les entreprises qui n'ont pas conclu d'accord particulier. Le Gouvernement a adopté également un décret supplétif le 24 janvier 2008[28].

1° Dispositions de l'accord de branche

189. - Identification. L'accord de branche visé à l'article L. 1324-5 du Code des transports a été signé par les partenaires sociaux le 3 décembre 2007 (Accord relatif au développement du dialogue social, à la prévention des conflits et à la continuité du service public) et étendu par arrêté du 9 juin 2008[29]. Il contient un certain nombre de dispositions particulièrement intéressantes et qui satisfont aux exigences de l'article L. 1324-5 du Code des transports.

Tout d'abord, la prévention des conflits est placée au cœur des préoccupations des partenaires sociaux et le recours à la grève considéré comme un aveu d'échec de la politique de dialogue social, adhérant à la thèse de la grève comme *ultima ratio*.

(25) N. Moizard, *Le renouveau de la médiation dans le règlement des conflits collectifs de travail* : LPA 26 août 2002, n° 170, p. 60. – F. Vert, *Le juge des référés et l'amiable* : *Gaz. Pal.* 22 mai 2018, n° 322m6, p. 20.

(26) M. Choisez, *La grève avec occupation devant le juge des référés* : *Dr. soc.* 1975, 367. – J. Savatier, *L'occupation des lieux de travail* : *Dr. soc.* 1988, 655. – A. Jeammaud et M. Le Friant, *La grève, le juge et la négociation* : *Dr. soc.* 1990, 167. – H. Sinay, préc., n°s 162 et s., p. 237 et s.

(27) CCN des réseaux de transports publics urbains de voyageurs, 11 avr. 1986 (étendue par A. 25 janv. 1993 : *JO* 30 janv. 1993) (IDCC 1424).

(28) D. n° 2008-82, 24 janv. 2008, relatif à l'application de l'article 2 de la loi n° 2007-1224 du 21 août 2007 sur le dialogue social et la continuité du service public dans les transports terrestres réguliers de voyageurs. Ces dispositions figurent aujourd'hui dans la partie réglementaire du Code des transports (art. R. 1324-1 à R. 1324-6).

(29) *JO* 14 juin 2008.

Accord du 3 décembre 2007 relatif au développement du dialogue social, à la prévention des conflits et à la continuité du service public – Préambule (extraits)

« Sans vouloir restreindre ce droit constitutionnel qu'est le droit de grève ainsi que les règles qui le régissent dans notre pays, les partenaires sociaux de la branche confirment que le recours à la grève ne peut être analysé que comme un constat d'échec du dialogue social tant pour les employeurs que pour les salariés et leurs représentants. Ce recours est pénalisant pour les voyageurs, les autorités organisatrices, mais aussi pour les entreprises et leurs salariés.

C'est pourquoi les partenaires sociaux de la branche demandent à tous les intéressés de tout mettre en œuvre pour rechercher prioritairement des solutions aux problèmes ou questions qui se posent entre les salariés, leurs représentants et la direction de l'entreprise. »

Ensuite, les partenaires sociaux ont mis en place deux nouvelles instances paritaires financées par une nouvelle contribution spéciale mise à la charge des entreprises[30].

Accord du 3 décembre 2007 relatif au développement du dialogue social, à la prévention des conflits et à la continuité du service public – Préambule (extraits)

« Les partenaires sociaux insistent tout particulièrement sur le rôle central de la branche comme acteur principal de la politique sociale du transport urbain de personnes et estiment ainsi nécessaire d'améliorer significativement le dialogue social à ce niveau d'intervention. Pour cela, ils conviennent que la mise en place de moyens de fonctionnement des organisations syndicales représentatives dans la branche et de nouvelles instances paritaires destinées à l'amélioration du dialogue social est un enjeu majeur dans le transport urbain de personnes.

Les partenaires sociaux signataires décident en conséquence de la mise en place d'une contribution spécifique des entreprises au dialogue social de branche et de la création de deux nouvelles instances paritaires :

– un observatoire paritaire de la négociation collective et du dialogue social destiné à assurer le suivi du dialogue social et de la conflictualité dans la branche et le suivi des négociations des entreprises de la branche (article 3) ;

– une association paritaire de gestion du fonds du dialogue social destinée à répartir entre les organisations syndicales représentatives dans la branche la contribution au dialogue social instituée afin d'assurer les moyens de fonctionnement de ces organisations (article 4). »

L'accord met en place une procédure de veille sociale, inspirée des dispositifs d'alarme sociale déjà observés à la RATP.

(30) 0,1 % de la masse salariale brute totale des entreprises entrant dans le champ d'application de la convention collective des transports urbains de voyageurs. Elle est calculée conformément aux dispositions de l'article 1er de l'annexe « Financement du dialogue social de branche » de l'accord.

2° Analyse de quelques accords d'entreprise

190. – **Accord CTPC (2018).** Cet accord présente la particularité d'avoir été conclu non pas avec les délégués syndicaux de l'entreprise mais avec les élus du comité social et économique (des deux collèges). Il illustre parfaitement la fonction première de cette négociation qui est d'identifier en qualité et en nombre les personnels nécessaires à l'exécution du plan de transport (art. 1) ainsi que les moyens matériels qui doivent être mobilisés pour y parvenir (art. 2).

Accord de prévisibilité conclu au sein de l'entreprise Compagnie des Transports du Pays de Champagne (CTPC – 42 salariés) le 27 mars 2018 avec les élus du CSE (extraits)

ARTICLE 1 – Les effectifs indispensables à l'exécution des niveaux de service prévus par le plan de transport adapté.

Dans le but de respecter l'exécution des niveaux de service prévus par le plan de transport adapté prévu dans le contrat de délégation de service public mais aussi les différentes obligations que la loi met à la charge de l'entreprise en cas de perturbation du trafic, les parties ont identifié le périmètre d'activités et les volumes de personnel dont la présence est directement indispensable à l'exécution des niveaux de service prévus dans le plan de transport adapté.

Le personnel indispensable à la réalisation du plan de transport adapté est :

Niveau	Effectif nécessaire
1	17 conducteurs-receveurs bus + 2 conducteurs-accompagnateurs TAD/TPMR
2	14 conducteurs-receveurs bus + 2 conducteurs-accompagnateurs TAD/TPMR
3	10 conducteurs-receveurs bus + 1 conducteur-accompagnateur TAD/TPMR
4	5 conducteurs-receveurs bus + 1 conducteur-accompagnateur TAD/TPMR
5	3 conducteurs-receveurs bus

ARTICLE 2 – Les moyens matériels indispensables à l'exécution des niveaux de service prévus par le plan de transport adapté.

Les moyens matériels nécessaires à la réalisation de chaque niveau de service sont :

Niveau	Effectif nécessaire
1	10 bus + 2 minibus
2	8 bus + 2 minibus
3	7 bus + 1 minibus
4	5 bus + 1 minibus
5	3 bus

Les moyens matériels nécessaires à la réalisation de chaque niveau de service recouvrent également les arrêts, les planchettes, le SAEIV, les véhicules légers, les outils informatiques et téléphoniques, l'outillage et les infrastructures des ateliers et garage ainsi que la station carburant.

Perturbations autres que la grève :

Les dispositions prévues au présent article sont applicables en cas de :

– Aléas climatiques, dès lors que 36 heures se sont écoulées depuis le déclenchement d'une alerte météorologique

– Les incidents techniques après un délai de 36 heures

– Tout événement dont l'existence est portée à la connaissance de l'entreprise depuis 36 heures par le représentant de l'état, l'autorité organisatrice de transport ou le gestionnaire de l'infrastructure.

191. – **Accord alarme sociale RATP (2018).** Il s'agit de l'un des principaux accords en la matière adopté dans la plus grande entreprise gérant un service public local de transport régulier de personnes. L'article 66 reprend ici les principales dispositions de l'accord de branche relatives à la procédure d'alarme sociale.

Accord relatif à la qualité du dialogue social au sein de la RATP (69 000 salariés) conclu le 28 novembre 2018 avec la CFE-CGC, la CGT, SUD et l'UNSA

Chapitre VI : Prévention des conflits

Article 66 : Prévention des conflits

La grève est un droit constitutionnel. Dans cet esprit, les organisations syndicales conviennent de privilégier les formes d'appel à la grève capables de concilier la volonté des salariés de manifester leur désaccord avec les soucis de respecter les voyageurs et les valeurs fondamentales du service public.

Dans cet esprit, et considérant la grève comme un échec du dialogue social, la RATP a été à l'origine du dispositif d'alarme sociale de prévention des conflits dont l'efficacité a conduit à ce qu'elle soit reprise par le législateur à travers la loi du 21 août 2007 sur le dialogue social et la continuité du service public dans les transports terrestres réguliers de personnes.

Conformément à cette loi, lorsqu'une direction ou une (ou plusieurs) organisation(s) syndicale(s) représentative(s) au sens de l'article 35.1 du présent accord identifient un problème susceptible de générer un conflit, elles doivent avoir recours à une procédure de prévenance dite « d'alarme sociale ».

Seuls les délégués syndicaux peuvent déposer une alarme sociale dans les périmètres où ils sont désignés.

La ou les organisations syndicales représentatives active(nt) cette procédure par un courrier adressé par voie électronique à la direction concernée dans lequel elle(s) indique(nt) le motif (un par alarme sociale) susceptible de devenir conflictuel. Une copie de ce courrier électronique doit être envoyée à l'observatoire social.

La direction doit alors tenir une réunion avec les auteurs de l'alarme et rédiger le constat d'accord ou de désaccord dans un délai de 5 jours ouvrables suivant la date de réception de ce courrier. Les parties peuvent néanmoins convenir d'un délai supplémentaire pour finaliser le constat.

La composition de la délégation de l'alarme sociale est la même que celle prévue pour les audiences (article 65 du présent accord).

Le constat sera adressé à toutes les organisations syndicales représentatives au niveau concerné ainsi qu'à l'observatoire social par voie électronique.

Lorsque la réunion n'aboutit ni à un accord ni à un désaccord, les parties peuvent convenir de rédiger un constat d'audience. Ce constat est adressé à l'observatoire social par voie électronique.

Aucun préavis de grève ne peut valablement être déposé sans que cette procédure de prévention ait été préalablement mise en œuvre et ait abouti à un constat de désaccord. Par ailleurs, le dépôt du préavis doit intervenir dans le mois suivant la signature du constat de désaccord.

L'observatoire social de la RATP sera tenu informé de l'évolution des dossiers faisant l'objet de la procédure d'alarme sociale.

Une direction qui repère une situation pré-conflictuelle peut également déposer une alarme sociale et proposer une réunion à l'organisation syndicale dans les 5 jours ouvrables de la notification de l'alarme sociale aux organisations syndicales représentatives.

192. – Accord RTMOM (2019). L'accord précise les modalités de mise en œuvre de la procédure d'alarme sociale en désignant la personne à qui l'alarme doit être adressée, au sein de l'entreprise, la forme que doit prendre ce courrier (en-tête, motifs, signature, identification du signataire, remise en main propre contre décharge), le délai de convocation de la première réunion (trois jours francs), la durée maximum de cette réunion (huit jours), la forme du relevé de conclusions établi au terme de cette réunion qui devra par ailleurs être affiché pour que le personnel en prenne connaissance.

Accord d'entreprise portant sur le dialogue social et la continuité du service public dans les transports urbains de l'agglomération conclu au sein de la Régie des Transports Métropolitains Ouest Métropole (RTMOM – 100-199 salariés), le 14 janvier 2019 avec la CGT

TITRE I – DIALOGUE SOCIAL ET PRÉVENTION

Afin de prévenir efficacement tout conflit, et dans un souci de développement du dialogue social, il a été arrêté la procédure préalable qui suit.

ARTICLE 2. – PROCÉDURE DE PRÉVENTION

Préalablement à tout dépôt d'un préavis de grève licite et conforme en tous points aux dispositions fixées par l'article L. 521-3 du code du travail, une négociation préalable entre la Direction de la RTM Ouest Métropole et la ou les organisations syndicales représentatives dans la RTM Ouest Métropole qui envisagent de déposer un tel préavis, devra impérativement se dérouler.

Pour ce faire, la ou les organisations syndicales représentatives dans la RTM Ouest Métropole devront notifier au Directeur de la RTM Ouest Métropole et à lui seul, par un document écrit portant l'entête officielle de la ou des organisations syndicales représentatives dans la Régie et la signature du délégué syndical régulièrement désigné par cette ou ces mêmes organisations syndicales, les motifs pour lesquels il est envisagé le dépôt d'un préavis de grève.

Seule la date à laquelle ce document aura été remis en mains propres et signé contre décharge fera foi et vaudra notification, le Directeur devant y porter la date de remise et sa signature.

ARTICLE 3. – DÉLAIS ET MODALITÉS

3.1 – À compter de cette date valant notification, la Direction disposera d'un délai maximal de trois jours ouvrables pour réunir le ou les délégués syndicaux dûment habilités à représenter la ou les organisations syndicales représentatives dans la RTM Ouest Métropole qui auront procédé à la notification, en vue d'engager une négociation préalable sur les motifs pour lesquels le dépôt d'un préavis de grève a été envisagé.

Dès la première rencontre, et en vue de favoriser la réussite du processus de négociation, sera arrêtée conjointement entre la Direction et ce ou ces délégués syndicaux :

– la liste des éléments d'information utiles à la négociation,

– les membres de la délégation patronale habilités à conduire la négociation,

– les membres de la délégation salariale habilités à participer à la négociation,

– le délai et la forme dans lesquels les éléments d'information seront fournis aux participants à la négociation,

– le cas échéant, le calendrier de déroulement du processus de négociation, ceci devant se faire en respectant l'équité et proportionnellement aux moyens et aux effectifs de la RTM Ouest Métropole.

Dans le cas où tous les éléments d'information utiles à la négociation préalable pourraient être remis instantanément aux participants, il en sera acté conjointement par la Direction et le ou les délégués syndicaux, de même que dans le cas d'un accord immédiat sur les participants à la négociation permettant l'engagement des discussions sur-le-champ.

En tout état de cause, et dans le cas où une seule rencontre ne pourrait suffire, la durée des discussions nécessaires à la conduite de ces négociations ne pourra pas excéder huit jours ouvrables à compter de la date de notification des motifs pour lesquels le dépôt d'un préavis de grève a été envisagé.

3.2 – À l'issue des discussions, et en tout état de cause au terme du délai de huit jours ouvrables à compter de la date de notification des motifs pour lesquels le dépôt d'un préavis de grève a été envisagé, les parties au processus de négociation préalable devront impérativement et conjointement établir un relevé de conclusions écrit, daté et signé par chacune d'elles, reflétant :

– les motifs du conflit,

– les points abordés lors des discussions,

– la position exprimée par la Direction de la RTM Ouest Métropole,

– la position exprimée par chaque organisation syndicale représentative dans la Régie ayant procédé à la notification,

– les conclusions de leurs discussions,

– les points d'accord et/ou de désaccord,

– les décisions éventuellement arrêtées.

Un exemplaire original de ce relevé, marquant le terme de la négociation préalable, devra être établi pour chacune des organisations syndicales représentatives dans la RTM Ouest Métropole ayant procédé à la notification, ainsi qu'un exemplaire original destiné à la Direction de la RTM Ouest Métropole.

Une copie de ce relevé de conclusions de la négociation préalable fera l'objet d'un affichage sur les panneaux d'affichage prévus à cet effet dans la RTM Ouest Métropole. À l'issue de la négociation préalable, le dépôt d'un préavis ne peut intervenir après un délai de 5 jours francs. A défaut, la procédure engagée sera caduque et tout dépôt de préavis sera illicite.

3.3 – À toutes fins utiles, il est rappelé :

– qu'aucun préavis de grève ne peut être déposé dans les conditions fixées par l'article L 521-3 du code du travail avant que la procédure de prévention prévue par le présent accord ne soit effectivement achevée, la signature par toutes les parties du relevé de conclusions marquant le terme de la négociation préalable,

– que lorsqu'un préavis de grève aura été déposé par une ou plusieurs organisations syndicales représentatives dans les conditions fixées par l'article L 521-3 du code du travail, un nouveau préavis ne pourra pas être déposé par la ou les mêmes organisations et pour les mêmes motifs ni avant l'échéance du préavis en cours (soit 5 jours francs) ni avant que la procédure de prévention n'ait été mise en œuvre et ne soit effectivement achevée.

193. – **Accord RTM (2019).** L'accord s'appuie sur les dispositions de l'accord de branche et fixe un délai de convocation pour la première réunion de dix jours, ce qui semble étrangement long pour faire face à une alarme sociale.

Accord relatif au dialogue social conclu au sein de la Régie des Transports Métropolitains (RTM – 2 000-4 999 salariés) le 7 février 2019 avec la CFDT, la CGT, FO et la CFE-CGC

Article 4.2.2 : CAS PARTICULIER DES DEMANDES DE NÉGOCIATION PRÉALABLE (D.C.I)

Conformément à la loi du 21 août 2007 et à l'accord de branche du 3 décembre 2007, lorsque les O.S.R envisagent de déposer un préavis de grève, il y a lieu de mettre tout en œuvre pour tenter d'éviter le conflit. Ainsi une ou plusieurs réunions de négociation seront organisées par la Direction.

En cas de dépôt simultané de plusieurs D.C.I par une même organisation syndicale représentative, il y aura, pour des facilités de gestion et d'organisation, regroupement des demandes déposées afin que l'O.S.R soit reçue le même jour.

– PARTICIPANTS

Conformément à l'accord de branche du 3 décembre 2007, le nombre de représentants syndicaux est limité à 2 au maximum.

Lorsque le nombre des représentants de la Direction est supérieur à 2 alors le nombre de représentants de l'O.S.R est limité au nombre de représentants de la Direction.

Par conséquent, la Direction se réserve le droit de refuser les agents au-delà du nombre autorisé. Dans le cas contraire, la prise en charge sera en tout état de cause limitée à 2 ou au nombre de représentants de la Direction.

Article 4.2.3 : VEILLE SOCIALE

Conformément à l'article 11 de l'accord de branche du 3 décembre 2007 sur le développement du dialogue social, la prévention des conflits et la continuité du service public dans les transports urbains de personnes, la direction ou ses représentants répondront dans les dix jours ouvrés aux demandes d'audience écrites des OSR indiquant le sujet ou la difficulté à traiter.

Toutefois, si la question soulevée relève de la compétence d'une des institutions en place (CSE, représentants de proximité...), la direction en informe alors les représentants du personnel afin qu'ils appliquent la procédure habituelle de saisine de l'instance compétente.

194. – **Accords DHL FREIGHT FRANCE (2020) et LIGNE AZUR (2022).** L'accord fixe un calendrier très précis des différentes étapes de la procédure d'alarme sociale.

Accord de Dialogue social conclu au sein de l'entreprise DHL Freight France (780 salariés) le 1er juillet 2020 avec la CFDT

Protocole d'accord portant sur le CSE, le droit syndical et le dialogue social conclu au sein de l'EPIC Régie Ligne d'Azur (1 500 salariés) le 8 juin 2022 avec la CGT, l'UNSA, et le syndicat des cadres RLA

TITRE IV – ARTICLE 5 – ALARMES SOCIALES ET CONDUITE DE LA GRÈVE

Dans le respect de l'accord de branche de 2007 sur le dialogue social, les parties conviennent qu'une alarme sociale doit être écrite, signée par un délégué syndical d'une organisation syndicale représentative dans l'entreprise, et transmise soit par lettre recommandée avec accusé de réception, soit remise en main propre contre décharge à la Direction de l'entreprise.

À réception, la Direction de RLA propose une date de réunion dans les trois jours ouvrables suivants afin de chercher une issue négociée et la mise en place de solutions équilibrées par le dialogue social.

En fonction des contraintes de chacun, la réunion pourra avoir lieu au-delà des trois jours suivants. Cette période de négociation préalable ne pourra pas excéder huit jours francs à compter de la réception de l'alarme sociale.

Rappel synthétique des étapes de la procédure globale :

DÉPÔT ALARME	DURÉE PROCÉDURE	DÉPÔT PRÉAVIS 5 J avant	DURÉE DU PRÉAVIS	DÉBUT GRÈVE
J	J + 1 A J +8	J+9	J+10 à J+14	J+15

5.1 – Relevé de conclusions

Lors la réunion de négociation, un secrétaire de séance est désigné d'un commun accord. Seules les revendications du ressort de l'entreprise pourront faire l'objet de discussions. Il est rédigé un compte-rendu des échanges.

5.1.1 – Émission du relevé :

À l'issue des négociations, la Direction de RLA établit un relevé de conclusions qu'elle adresse, par tout moyen certain, y compris par mail, à la (ou aux) organisation(s) syndicale(s) concernées.

5.1.2 – Validation :

Sans demande, sous trois jours, de modification du contenu par la (ou les) organisation(s) syndicale(s) destinataire(s) du relevé de conclusion, celui-ci est considéré comme un état conjoint des points de convergence ou de divergence ayant fait l'objet de la négociation. Il est donc soumis à la signature des parties pour formaliser l'état des discussions.

5.1.3 – Diffusion :

Au terme des trois jours débouchant sur la validation du relevé de conclusion par les parties comme précisé dans l'article précédent, la Direction de RLA diffusera le document sur les bornes à destination des salariés ainsi que par tout moyen permettant d'en assurer la connaissance par tous.

De son côté, l'organisation syndicale aura également le loisir de diffuser, sans le modifier, le document validé.

5.2 – Délai de dépôt d'un préavis

Le délai de dépôt d'un éventuel préavis de grève s'ouvre à l'issue de la dernière réunion de négociation préalable (au maximum huit jours après la réception de l'alarme sociale) et se ferme au terme de cinq jours francs.

Le préavis précise le champ géographique, les services concernés, la date et les heures (commencement et fin) de la grève, ainsi que la durée limitée ou non du préavis, le terme de la période de grève, ainsi que les revendications ou motifs de recours à la grève.

Aucune grève ne peut avoir lieu sans le dépôt, cinq jours francs avant la date envisagée, d'un préavis de grève en bonne et due forme pour la journée effectivement concernée.

Et ce, y compris dans le cas du dépôt d'un préavis générique sur une période longue dont tous les jours ne sont pas des jours de grève formelle.

195. – Conclusion. L'évaluation qui a été faite de l'application de ces dispositions et de leur efficacité est plutôt positive[31]. Au-delà des nouvelles règles mises en place, c'est le pari d'un changement d'attitude plus global des syndicats des entreprises concernées qui a été fait, celui du glissement progressif d'une culture du conflit vers celle de la négociation, et de la recherche d'une meilleure prise en compte des intérêts des voyageurs.

§ 2. – La prévention des conflits dans le transport aérien de passagers

196. – Origines. Les dispositions qui sont aujourd'hui présentes dans les articles L. 1114-1 et suivants du Code des transports, au sein d'une section 2 intitulée « Dialogue social et prévention des conflits », sont issues de la loi n° 2012-375 du 19 mars 2012 relative à l'organisation du service et à l'information des passagers dans les entreprises de transport aérien de passagers et à diverses dispositions dans le domaine des transports[32].

197. – Validation par le Conseil constitutionnel. Ces dispositions ont été validées par le Conseil constitutionnel dans sa décision du 15 mars 2012[33]. Comme ils l'avaient déjà fait en 2007, les requérants considéraient que les contraintes imposées aux grévistes porteraient une atteinte injustifiée et disproportionnée au droit de grève, mais ne contestaient pas le volet prévention du dispositif[34].

198. – Comparaison avec la loi du 21 août 2007 (transport terrestre régulier de personnes). La comparaison avec les règles applicables dans les transports terrestres de personnes révèle d'évidents points communs : il s'agit toujours de favoriser l'information des usagers et d'apporter des restrictions individuelles à l'exercice du droit de

(31) Rapp. AN n° 1436, déposé par H. Mariton, 4 févr. 2009. – Rapp. AN n° 1502, déposé par J. Kossowski et M. Bono, 4 mars 2009.

(32) L. n° 2012-375, 19 mars 2012, relative à l'organisation du service et à l'information des passagers dans les entreprises de transport aérien de passagers et à diverses dispositions dans le domaine des transports. V. not. N. Guillet, *Le trompe-l'œil juridique de la loi du 12 mars 2012 relative à l'organisation du service et à l'information des passagers dans les entreprises de transport aérien de passagers : Dr. soc.* 2012, 697.

(33) Cons. const., 15 mars 2012, n° 2012-650 DC : *Dr. soc.* 2012, 708, étude V. Bernaud ; *Constitutions* 2012, 333, obs. Ch. Radé.

(34) Sur l'obligation individuelle d'information de l'employeur par les grévistes, V. *infra*, n° 441.

grève des salariés appartenant à des catégories essentielles à la continuité de l'activité pendant la grève[35].

Mais une différence importante distingue les deux dispositifs : la loi du 19 mars 2012 n'a pas prévu de plan de prévisibilité qui imposerait aux entreprises concernées de déterminer des zones et périodes de desserte prioritaire, comme c'est le cas dans les services publics de transport terrestre régulier de personnes. La raison en est simple. L'entreprise en charge du transport terrestre de personnes est généralement la seule à être en charge du service public ; elle gère alors totalement le schéma de transport et peut donc organiser la desserte de zones et de périodes prioritaires[36]. En revanche, les entreprises du domaine du transport aérien de passagers ne gèrent pas de service public et sont des dizaines, parfois des centaines, à intervenir sur les mêmes aéroports et il est donc matériellement impossible d'organiser un dispositif comparable de service garanti qui supposerait une coordination des entreprises[37].

Ces dispositions s'appliquent en effet, selon les termes de l'article L. 1114-1 du Code des transports, de manière très large à de très nombreuses catégories d'entreprises différentes intervenant à divers titres en amont et en aval du transport proprement dit.

Code des transports

Art. L. 1114-1. – Le présent chapitre est applicable, lorsqu'ils concourent directement à l'activité de transport aérien de passagers, aux entreprises, établissements ou parties d'établissement qui exercent une activité de transport aérien ou qui assurent les services d'exploitation d'aérodrome, de la sûreté aéroportuaire, de secours et de lutte contre l'incendie, de lutte contre le péril animalier, de maintenance en ligne des aéronefs ainsi que les services d'assistance en escale comprenant le contrôle du chargement, des messages et des télécommunications, le traitement, le stockage, la manutention et l'administration des unités de chargement, l'assistance aux passagers, l'assistance des bagages, l'assistance des opérations en piste, l'assistance du nettoyage et du service de l'avion, l'assistance du carburant et de l'huile, l'assistance d'entretien en ligne, l'assistance des opérations aériennes et de l'administration des équipages, l'assistance du transport au sol et l'assistance du service du commissariat.

199. – Singularités. La loi privilégie ici également la négociation sur la prévention des conflits et le développement du dialogue social, mais en des termes qui diffèrent sensiblement de ceux employés en 2007 dans le secteur du transport public terrestre de personnes.

En premier lieu, et même si la voie de la négociation collective demeure prioritaire, l'article L. 1114-2 du Code des transports n'impose pas l'ouverture de négociations en vue de la conclusion d'un accord-cadre au sein des entreprises puisque le texte indique que les parties « peuvent », et non qu'elles « concluent » un tel accord, comme cela est prévu par l'article L. 1222-7 du même code pour les « services publics de

(35) Les contraintes individuelles pesant sur les catégories de salariés concernés seront étudiées avec l'ensemble des règles relatives au déclenchement des conflits. V. *infra*, n° 422.

(36) Sur le conflit né de la décision de la métropole marseillaise de ne pas exploiter en régie mais de soumettre l'exploitation du futur réseau de tramway de Marseille à la procédure de délégation de service public : Cass. soc., 23 oct. 2007, n° 06-17.802, *Synd. SNTU-CFDT*, publié ; *D.* 2007, AJ, p. 2807, obs. B. Inès ; *D.* 2008, p. 662, note A. Bugada ; *D.* 2008, 442, spéc. 450, obs. O. Leclerc.

(37) N. Guillet, *Le trompe-l'œil juridique de la loi du 12 mars 2012 relative à l'organisation du service et à l'information des passagers dans les entreprises de transport aérien de passagers* : *Dr. soc.* 2012, p. 697.

transport terrestre régulier de personnes à vocation non touristique, hors transport fluvial ».

Code des transports

Art. L. 1114-2. – I. – Sans préjudice des dispositions de l'article L. 2512-2 du code du travail, dans les entreprises, établissements ou parties d'établissement entrant dans le champ d'application du présent chapitre, l'employeur et les organisations syndicales représentatives peuvent engager des négociations en vue de la signature d'un accord-cadre organisant une procédure de prévention des conflits et tendant à développer le dialogue social. En application de cet accord, l'exercice du droit de grève ne peut intervenir qu'après une négociation préalable entre l'employeur et la ou les organisations syndicales représentatives qui envisagent de recourir au droit de grève. L'accord-cadre fixe les règles d'organisation et de déroulement de cette négociation. Ces règles doivent être conformes aux conditions posées au II.

Le contenu minimum de cet accord-cadre est fixé par l'article L. 1114-2, II, du Code des transports.

Lorsqu'un accord a été conclu, le dépôt d'un préavis de grève dans les conditions fixées par l'article L. 2512-2 du Code du travail ne pourra intervenir tant que la négociation préalable prévue n'est pas conduite dans les conditions prévues par l'accord ; à défaut, le préavis sera irrégulier. L'employeur pourra saisir le juge des référés pour le faire suspendre et les salariés qui se mettraient en grève sur la base de ce préavis s'exposeraient à des sanctions disciplinaires pour faute lourde.

Code des transports

Art. L. 1114-2. – II. – L'accord-cadre détermine notamment :

1° Les conditions dans lesquelles la ou les organisations syndicales représentatives procèdent à la notification à l'employeur des motifs pour lesquels elles envisagent de recourir à l'exercice du droit de grève ;

2° Le délai dans lequel, à compter de cette notification, l'employeur est tenu de réunir la ou les organisations syndicales représentatives qui ont procédé à la notification. Ce délai ne peut dépasser trois jours ;

3° La durée dont l'employeur et la ou les organisations syndicales représentatives qui ont procédé à la notification disposent pour conduire la négociation préalable mentionnée au I. Cette durée ne peut excéder huit jours francs à compter de la notification ;

4° Les informations qui doivent être transmises par l'employeur à la ou aux organisations syndicales représentatives qui ont procédé à la notification en vue de favoriser la réussite du processus de négociation ainsi que le délai dans lequel ces informations doivent être fournies ;

5° Les conditions dans lesquelles la négociation préalable entre la ou les organisations syndicales représentatives qui ont procédé à la notification et l'employeur se déroule ;

6° Les modalités d'élaboration du relevé de conclusions de la négociation préalable ainsi que les informations qui doivent y figurer ;

7° Les conditions dans lesquelles les salariés sont informés des motifs du conflit, de la position de l'employeur, de la position de la ou des organisations syndicales représentatives qui ont procédé à la notification ainsi que les conditions dans lesquelles ils reçoivent communication du relevé de conclusions de la négociation préalable.

Contrairement aux dispositions relatives au transport terrestre (C. transp., art. L. 1222-7, al. 4), la loi n'a pas prévu la possibilité pour l'employeur d'adopter ces mesures de manière unilatérale en l'absence d'accord.

SECTION 2 LA PRÉVENTION DES CONFLITS ET LES COLLECTIVITÉS LOCALES

200. - Présentation. Quelques mois après l'adoption de la loi n° 2007-1224 du 21 août 2007 sur le dialogue social et la continuité du service public dans les transports terrestres réguliers de voyageurs, le législateur a adopté la loi n° 2008-790 du 20 août 2008 instituant un droit d'accueil pour les élèves des écoles maternelles et élémentaires (publiques et privées sous contrat) pendant le temps scolaire, et mis en place un dispositif de prévention des conflits propre à l'enseignement public primaire et secondaire. Ce premier dispositif, qui ne concernait que les enseignants, visait à permettre aux collectivités locales concernées par les écoles dont elles avaient la charge, d'anticiper les mouvements de grève nationale des enseignants, et ce afin de mobiliser les moyens nécessaires en agents de la collectivité pour garantir l'accueil des élèves dans les écoles en grève (§ 1). On a reproché à ces dispositions leur relative inefficacité dans la mesure où toutes les collectivités locales concernées n'ont pas voulu jouer le jeu, et pouvaient d'ailleurs elles-mêmes se trouver dans l'impossibilité de garantir l'accueil des élèves en raison de la grève de leurs propres agents. Ce risque est limité depuis la loi n° 2019-828 du 6 août 2019 de transformation de la fonction publique qui a mis en place, dans la fonction publique territoriale, un dispositif de mobilisation des agents non grévistes pour garantir la continuité du service (§ 2).

§ 1. - La prévention des conflits et la garantie de l'accueil scolaire (loi du 20 août 2008)

A. - Économie générale du dispositif

201. - Objectifs poursuivis. Il faut lire l'exposé des motifs de la loi n° 2008-790 du 20 août 2008 instituant un droit d'accueil pour les élèves des écoles maternelles et élémentaires pendant le temps scolaire pour bien comprendre les motivations du Gouvernement de l'époque : « La liberté reconnue à chaque salarié de cesser provisoirement son activité professionnelle doit être respectée au même titre que la liberté de ceux qui souhaitent continuer à travailler »[38]. Or, « Tel n'est pourtant pas le cas lorsque l'intensité ou la fréquence des mouvements de grève dans l'Éducation nationale conduit à l'interruption des enseignements et, partant, de l'accueil des élèves, contraignant ainsi de nombreux parents à assurer eux-mêmes la garde des plus jeunes de leurs enfants ».

(38) G. Calley, *Une nouvelle figure du service minimum : RFDA* 2008, 1187. – Ph. Raimbault, *Un droit d'accueil pour la rentrée : AJDA* 2008, 1949.

Fort de ce constat, le Gouvernement a donc proposé « d'instaurer par la loi un droit à l'accueil des enfants scolarisés dans les écoles maternelles et primaires, y compris en cas de grève ».

202. – Validation par le Conseil constitutionnel. Ces dispositions ont été validées par le Conseil constitutionnel dans sa décision du 7 août 2008[39]. Les requérants prétendaient que « l'instauration d'un service d'accueil dans les écoles ne participe pas du principe de continuité du service public de l'enseignement et ne peut donc autoriser une limitation du droit de grève des enseignants » et estimaient en outre « que les conditions dans lesquelles le droit de grève des enseignants est appelé à s'exercer sont excessivement restrictives et de nature à en entraver l'exercice » (consid. 5).

S'agissant singulièrement de la constitutionnalité du volet préventif du dispositif, l'argument a été rapidement balayé. Pour le Conseil en effet, qui a repris à l'identique la motivation de sa précédente décision en date du 16 août 2007 qui concernait le transport public terrestre de voyageurs[40], « les dispositions [qui] portent de cinq à treize jours le délai maximal qui peut être imposé entre le moment où l'organisation syndicale notifie à l'autorité administrative les motifs pour lesquels elle envisage un mouvement collectif et le début d'un éventuel mouvement de grève (…) [ce délai] est destiné à permettre d'abord une négociation effective susceptible d'éviter la grève, puis, le cas échéant, l'organisation d'un accueil des élèves pendant le temps scolaire », et il « n'apporte pas de restriction injustifiée aux conditions d'exercice du droit de grève ».

1° L'accueil des enfants

a) L'accueil par les communes

203. – La création d'un nouveau droit. La conciliation entre l'exercice du droit de grève (des enseignants) et la liberté du travail (des parents) passe par l'affirmation d'un droit nouveau du citoyen : le « droit à l'accueil des enfants scolarisés dans les écoles maternelles ou élémentaires publiques ou privées sous contrat » transcrit aux articles L. 133-1 et L. 133-3 du Code de l'éducation.

Code de l'éducation

Art. L. 133-1. – Tout enfant scolarisé dans une école maternelle ou élémentaire publique ou privée sous contrat est accueilli pendant le temps scolaire pour y suivre les enseignements prévus par les programmes. Il bénéficie gratuitement d'un service d'accueil lorsque ces enseignements ne peuvent lui être délivrés en raison de l'absence imprévisible de son professeur et de l'impossibilité de le remplacer. Il en est de même en cas de grève, dans les conditions prévues aux articles L. 133-3 à L. 133-12.

Art. L. 133-3. – En cas de grève des enseignants d'une école maternelle ou élémentaire publique, les enfants scolarisés dans cette école bénéficient gratuitement, pendant le temps scolaire, d'un service d'accueil qui est organisé par l'État, sauf lorsque la commune en est chargée en application du quatrième alinéa de l'article L. 133-4.

(39) Cons. const., 7 août 2008, n° 2008-569 DC, *Loi instituant un droit d'accueil pour les élèves des écoles maternelles et élémentaires pendant le temps scolaire : AJDA* 2008, 2410, note M. Verpeaux ; *D.* 2008, 2064, obs. P. Terneyre ; *Dr. soc.* 2009, 147, étude V. Bernaud ; *RFDA* 2008, 1233, chron. A. Roblot-Troizier et T. Rambaud.

(40) Préc., V. *supra*, n° 169.

b) Le financement par l'État

204. - Principe. Le dispositif s'appuie sur les communes pour l'organisation et sur l'État pour son financement, ce qui est doublement logique puisque les écoles maternelles et primaires sont de la compétence des communes, et qu'il s'agit pour l'essentiel de la grève des personnels de l'Éducation nationale, agents publics de l'État.

La loi prévoit le versement d'une compensation financière à chaque commune qui a mis en place le service d'accueil au titre des dépenses exposées pour la rémunération des personnes chargées de cet accueil. Les modalités pratiques de cette rémunération ont été fixées par le décret n° 2008-1246 du 1er décembre 2008 relatif aux règles d'organisation et de déroulement de la négociation préalable au dépôt d'un préavis de grève prévue aux articles L. 133-2 et L. 133-11 du Code de l'éducation[41].

205. - Mise en œuvre. Cette compensation est fonction du nombre d'élèves accueillis. L'article 1er du décret dispose que le montant de la compensation financière « est égal à 110 € par jour et par groupe de quinze élèves de l'école accueillis ». « Le nombre de groupes est déterminé en divisant le nombre d'élèves accueillis par quinze, le résultat étant arrondi à l'entier supérieur. » « Pour chaque journée de mise en œuvre du service d'accueil, la compensation ne peut être inférieure à un montant égal à neuf fois le salaire minimum de croissance horaire par enseignant de l'école ayant participé au mouvement de grève. » En toute hypothèse, la compensation financière versée par l'État ne peut être inférieure à 200 € par jour (D. 1er déc. 2008, art. 2).

Le versement de cette compensation intervient au maximum trente-cinq jours après notification par le maire, à l'autorité académique ou à son représentant, des éléments nécessaires à son calcul (D. 1er déc. 2008, art. 4).

2° Les dispositions relatives au conflit

206. - Un double volet. Les règles sont présentes dans les articles L. 133-2 et suivants du Code de l'éducation et comportent deux volets, l'un collectif concernant les syndicats et visant à prévenir les conflits, l'autre individuel visant les enseignants publics et destiné à permettre aux communes d'organiser l'accueil des enfants.

Sur le plan collectif, la loi met en place une procédure de négociation préventive qui doit précéder le dépôt du préavis syndical de cinq jours francs.

Sur le plan individuel, et comme cela sera étudié ultérieurement[42], la loi impose à chaque enseignant public qui souhaite suivre le préavis syndical un préavis individuel d'une durée de quarante-huit heures.

B. - Dispositif de prévention des conflits

207. - Présentation. L'article L. 133-2 du Code de l'éducation impose aux syndicats d'enseignants du premier degré des écoles publiques une procédure de « négociation préalable » avec l'État, dans des conditions prévues par décret. Les modalités pratiques de cette procédure ont été fixées par le décret n° 2008-1246 du 1er décembre 2008 relatif aux règles d'organisation et de déroulement de la négociation préalable au dépôt d'un préavis de grève prévue aux articles L. 133-2 et L. 133-11 du Code de

(41) *JO* n° 0280, 2 déc. 2008.
(42) V. *infra*, nos 456 et s.

l'éducation[43]. Un dispositif comparable existe dans l'enseignement privé sous contrat aux articles L. 133-11 et suivants du Code de l'éducation.

1° La notification des motifs

208. - **Principes.** L'organisation syndicale représentative qui envisage de déposer un préavis de grève notifie par écrit au ministre, au recteur d'académie ou au directeur académique des services de l'Éducation nationale agissant sur délégation de ce dernier, les motifs invoqués. Cette notification précise les « revendications professionnelles qui ont conduit l'organisation syndicale à envisager le recours à la grève et les personnels enseignants concernés par ces revendications » (D. 1er déc. 2008, art. 2).

209. - **Portée.** Tant que la négociation préventive est en cours, aucun nouveau préavis ne peut en principe être déposé (C. éduc., art. L. 133-2, III). La règle est toutefois subordonnée à l'identité du conflit qui se vérifie au regard des revendications professionnelles concernées, et mentionnées dans la notification des motifs. Plusieurs organisations syndicales peuvent donc déclencher en même temps des procédures parallèles pour des motifs distincts, ou alors des conflits successifs, ou se chevauchant, pour autant qu'ils portent sur des revendications distinctes. On retrouve ici un angle mort du régime qui permet aux syndicats, avec un minimum de coordination, de neutraliser la règle légale du préavis syndical[44].

2° La négociation préventive

210. - **Convocation des syndicats.** L'autorité administrative compétente convie les représentants de l'organisation syndicale intéressée dans le délai de trois jours à compter de la remise de la notification en leur précisant « les lieu, date et heure de la première réunion de négociation préalable » (D. 1er déc. 2008, art. 3, I).

Chaque organisation syndicale communique sans délai à l'administration les noms des membres de sa délégation, dans la limite de quatre personnes (D. 1er déc. 2008, art. 3, II) s'il n'y a qu'un syndicat, et de trois si le préavis a été déposé en intersyndicale.

Le nombre de représentants de la délégation représentant l'autorité administrative participant à la négociation ne peut être supérieur au nombre de représentants des organisations syndicales.

L'autorité administrative transmet, en temps utile, avant l'ouverture de la négociation préalable, à l'organisation syndicale qui a procédé à la notification et aux représentants qu'elle a désignés, toute information de nature à éclairer les parties à la négociation dans la détermination de leurs positions respectives.

211. - **Déroulement des discussions.** L'ordre du jour de la discussion porte en principe uniquement sur les revendications professionnelles exposées dans la notification, même si concrètement on imagine mal l'autorité administrative refuser d'évoquer d'autres questions qui seraient dans le débat.

Les parties disposent d'une durée de huit jours francs pour mener à son terme la négociation préalable.

Un relevé de conclusions de la négociation élaboré par l'autorité administrative est proposé à la signature des représentants de l'organisation syndicale ayant participé à la négociation. Ce relevé contient au moins : les motifs ayant conduit à envisager le

(43) *JO* n° 0280, 2 déc. 2008.

(44) Sur la possibilité pour les syndicats de déposer des préavis de cinq jours francs mais emboîtés les uns dans les autres, V. *infra*, n° 402.

dépôt d'un préavis de grève, ainsi que les revendications professionnelles ; les conditions d'organisation et de déroulement de la négociation préalable ; la nature des informations et des réponses apportées par l'autorité administrative saisie, relativement aux motifs invoqués par l'organisation syndicale ; les positions finales respectives des parties à la négociation et la liste des points d'accord et de désaccord éventuels constatés au terme de la négociation préalable ; le cas échéant, les modalités selon lesquelles les déclarations préalables imposées aux enseignants sont transmises à l'autorité administrative.

En principe les représentants des syndicats qui participent à cette négociation doivent mobiliser les heures de décharges d'activité syndicales de droit commun. Les négociateurs ne remplissant pas les conditions pour en bénéficier doivent bénéficier d'une décharge d'activité.

§ 2. – La prévention des conflits dans les collectivités territoriales (loi du 6 août 2019)

212. – **Cadre légal.** La loi n° 2019-828 du 6 août 2019 de transformation de la fonction publique (art. 56) est venue compléter d'un nouvel article 7-2 le chapitre Ier de la loi n° 84-53 du 26 janvier 1984 portant dispositions statutaires relatives à la fonction publique territoriale. Ces dispositions ne figuraient pas dans le projet initial mais ont été ajoutées par le Sénat en première lecture. Ces dispositions se trouvent désormais dans le Code général de la fonction publique aux articles L. 114-7 à L. 114-10[45].

213. – **Validation par le Conseil constitutionnel.** Ces dispositions ont été entièrement validées par le Conseil constitutionnel dans sa décision du 1er août 2019[46].

À cette occasion, le Conseil a eu l'occasion de confirmer sa jurisprudence constitutionnelle sur la grève, en plusieurs points (consid. 48), et de la préciser de manière inédite concernant son encadrement dans les collectivités territoriales. Nous n'évoquerons ici que les aspects relatifs à la prévention des conflits et reviendrons ultérieurement sur les contraintes pesant individuellement sur les agents qui souhaitent se mettre en grève.

Les requérants faisaient valoir plusieurs arguments (rappelés dans le considérant 47) tirés du risque d'éparpillement des régimes entre les différentes collectivités, en raison de la négociation locale d'accords avec les syndicats représentatifs de chaque collectivité concernée, ce qui serait contraire au principe de l'égalité devant la loi.

Ensuite, les contraintes pesant sur les agents désormais obligés d'informer leur employeur de leur intention de faire grève seraient excessives.

Enfin, l'identification des services publics et des agents concernés par ces nouvelles dispositions ne serait pas réalisée avec suffisamment de précision et exposerait donc les agents à un risque d'arbitraire.

L'argument n'a pas non plus convaincu le Conseil qui observe d'abord que le législateur a au contraire défini avec précision les services publics soumis ainsi que les circonstances dans lesquelles le nouveau régime s'appliquerait : « En retenant de telles conditions, dont les termes ne sont pas imprécis, le législateur a suffisamment délimité le champ des services publics soumis aux dispositions contestées » (consid. 49).

(45) A. Taillefait, *L'exercice du droit de grève dans les services publics locaux : Dr. soc.* 2019, 1020 ; *Transformer n'est pas bifurquer : à propos de la « loi Dussopt » : AJFP* 2019, 314. – M. Firoud, *Transformation de la fonction publique : du nouveau sous le soleil ! : AJCT* 2019, 364. – M. Touzeil-Divina, *Évolution dramatique ou révolution mathématique : la négation du service public et le retour du fonctionnaire contractuel : Dr. soc.* 2020, p. 232 et s. – O. Magnaval et M. Brière, *Le dialogue social redessiné par la loi de transformation de la fonction publique : JCP* A 2019, 2273.
(46) Cons. const., 1er août 2019, n° 2019-790 DC.

Ensuite, le renvoi par le texte à la négociation collective, validé par le Conseil depuis 1989 et pour autant que le législateur définisse les principes généraux applicables et procède de manière suffisamment précise au renvoi à la négociation collective pour fixer le détail des règles légales[47], lui semble suffisamment « encadré », puisque le législateur renvoie ici « à un accord le soin de déterminer les fonctions et le nombre d'agents indispensables ainsi que les conditions d'organisation du travail et d'affectation au sein du service des agents présents » (consid. 50).

Enfin, le grief d'incompétence négative ne saurait être admis dès lors que le législateur a prévu des règles supplétives s'appliquant à défaut d'accord, puisque dans cette hypothèse, « il revient à l'organe délibérant de la collectivité ou de l'établissement de déterminer les services, les fonctions et le nombre d'agents indispensables afin de garantir la continuité du service public » (consid. 51).

Le Conseil considère également que les « aménagements ainsi apportés aux conditions d'exercice du droit de grève » « ne sont pas disproportionnés au regard de l'objectif poursuivi par le législateur » (consid. 53). Il relève en effet l'ensemble des conditions qui restreignent l'application de ce dispositif : l'obligation de déclaration préalable « ne saurait être étendue à l'ensemble des agents » ; seuls les agents participant directement à l'exécution des services publics et qualifiés d'« indispensables » à la continuité du service public dans l'accord ou dans la délibération de la collectivité ou de l'établissement, seront concernés ; « une telle obligation n'interdit pas à un de ces agents de rejoindre un mouvement de grève déjà engagé et auquel il n'avait pas initialement l'intention de participer, ou auquel il aurait cessé de participer, dès lors qu'il en informe l'autorité territoriale au plus tard quarante-huit heures à l'avance ».

Le Conseil constitutionnel s'intéresse également à certains aspects particuliers de ces règles, pour les justifier à la fois dans leur existence (nécessité) et dans leur intensité (proportionnalité).

Ainsi, « en permettant à l'autorité territoriale d'imposer aux agents en cause d'exercer leur droit de grève dès leur prise de service et jusqu'au terme de ce dernier », il considère que « le législateur a entendu prévenir les risques de désordre manifeste dans l'exécution du service public causés par l'interruption ou la reprise du travail en cours de service » et « tend ainsi à éviter le recours répété à des grèves de courte durée mettant en cause la continuité du service public ». Ainsi justifiée, la mesure est également proportionnée dès lors qu'« elle n'oblige pas l'agent qui souhaite cesser son travail à le faire dès sa première prise de service postérieure au déclenchement de la grève ».

Le Conseil justifie également le régime disciplinaire applicable aux agents qui ne respecteraient pas leurs obligations (consid. 55). Les sanctions encourues sont également justifiées en ce qu'elles « sont uniquement destinées à réprimer l'inobservation des obligations de déclaration préalable et d'exercice du droit de grève dès la prise de service, dont la méconnaissance ne confère pas à l'exercice du droit de grève un caractère illicite ».

214. - Services publics concernés. L'objectif de ce dispositif est d'assurer la continuité des services publics de collecte et de traitement des déchets des ménages, de transport public de personnes, d'aide aux personnes âgées et handicapées, d'accueil des enfants de moins de trois ans, d'accueil périscolaire, de restauration collective et scolaire dont l'interruption en cas de grève des agents publics participant directement à leur exécution contreviendrait au respect de l'ordre public, notamment à la salubrité publique, ou aux besoins essentiels des usagers de ces services (CGFP, art. L. 114-7).

215. - Primauté à la négociation collective. Le législateur a privilégié, ici aussi, la négociation de l'accord de continuité des services publics.

Ce dernier doit déterminer les fonctions et le nombre d'agents indispensables ainsi que les conditions dans lesquelles, en cas de perturbation prévisible de ces services, l'organisation du travail est adaptée et les agents présents au sein du service sont affectés (CGFP, art. L. 114-8).

(47) Cons. const., 25 juill. 1989 : *Dr. soc.* 1989, 701, note X. Prétot.

Cet accord ne sera pas parfait après signature et devra être approuvé par l'assemblée délibérante.

216. - Procédure. Le tribunal administratif de Marseille a précisé, dans un jugement en date du 21 octobre 2022, que la collectivité devait, préalablement à la délibération de l'assemblée constituante, consulter le comité technique, dès lors que l'accord portait sur l'organisation et le fonctionnement des services de la commune au sens des dispositions de l'article 33 de la loi du 26 janvier 1984, à peine de nullité de la délibération concernée[48].

217. - Supplétivité de la délibération de la collectivité. Si la négociation n'aboutit pas dans un délai de douze mois, c'est alors à l'assemblée délibérante de la collectivité concernée que reviendra la compétence pour définir ces éléments (CGFP, art. L. 114-8, al. 3).

(48) TA Marseille, 1re ch., 21 oct. 2022, n° 2104995 : *AJCT* 2023, p. 178. La demande de suspension des effets de cette décision en référé a été effectuée par CAA Marseille, 20 déc. 2022, n° 22MA02689, *Cne de Marseille*. – M. Touzeil-Divina, *Droit de grève « encadré » au nom du service minimum : les communes ne sont pas encore prêtes à la culture de la négociation : JCP* A 30 janv. 2023, act. 61.

DEUXIÈME PARTIE

LE DÉROULEMENT DES CONFLITS COLLECTIFS

218. - Prolégomènes. Les conflits collectifs ne sont pas enfermés dans le huis clos de l'entreprise ou du service. Leur caractère protéiforme les a toujours destinés à déborder très largement dans l'espace public, les travailleurs ne laissant pas leurs revendications au vestiaire en rentrant chez eux le soir. Ce phénomène, dont les manifestations sont nombreuses dans la presse et la littérature notamment du XIXe siècle[1], s'est encore accentué ces dernières années avec la généralisation de l'internet et des réseaux sociaux, et la mise en cause des pouvoirs publics dans le sauvetage des entreprises.

Il faut donc étudier tout d'abord comment se déroulent les conflits collectifs dans l'espace public et comment se trouvent mobilisées les libertés citoyennes (Titre 1). Il sera alors temps de focaliser notre attention sur la forme emblématique des conflits collectifs dans l'entreprise, au travers de l'étude de l'exercice du droit de grève (Titre 2). Même si le droit français n'a pas, à l'instar du droit allemand, consacré la théorie de l'égalité des armes, les employeurs disposent également d'un certain nombre de « droits d'actions collectives » pour défendre leurs intérêts (Titre 3).

(1) Notre étude Émile Zola et le roman ouvrier : Dr. soc. 2015, p. 313.

TITRE 1

LES CONFLITS COLLECTIFS DANS L'ESPACE PUBLIC

219. - De la nécessité de sortir de l'entreprise. Les salariés engagés dans un conflit collectif peuvent mener leurs actions au sein de l'entreprise et compter sur les prérogatives attachées à la liberté syndicale. Mais tous les conflits ne sont pas syndicalisés, et l'entreprise demeure fortement marquée par le droit de propriété de l'employeur et les droits qui s'y attachent, mais aussi par la liberté du travail qui interdit, sous prétexte de porter des revendications professionnelles, d'empêcher ses collègues de travailler s'ils ne souhaitent ni revendiquer, ni cesser le travail. Le recours à la grève est donc souvent l'un des seuls moyens d'action collective des salariés, mais il présente l'inconvénient de les priver en contrepartie de leur droit à rémunération et provoque avec l'employeur un conflit direct, d'autant plus exacerbé qu'il se déroule sur le lieu habituel de travail, là où précisément il faudra bien renouer les fils du dialogue et retrouver, une fois le conflit terminé, des rapports apaisés.

De nombreux conflits impliquent par ailleurs des tiers à l'entreprise, soit que les salariés souhaitent interpeller les dirigeants du groupe ou de l'UES, soit que les pouvoirs publics soient mis en cause par les protestataires, singulièrement dans des contextes de difficultés économiques et de restructurations d'entreprises ou de bassins d'emploi. Les salariés et leurs syndicats peuvent être alors tentés d'externaliser le conflit et de revendiquer en dehors de celle-ci, mobilisant toutes les ressources des libertés publiques pour faire entendre leur voix.

220. - Protection des libertés dans l'espace public. L'exercice du droit de mener des actions collectives dans l'espace public est protégé par un cadre juridique associant protection pénale et protection civile. Sur le plan pénal, un délit d'entrave spécifique existe à l'article 431-1 du Code pénal et sanctionne « le fait d'entraver, d'une manière concertée et à l'aide de menaces, l'exercice de la liberté d'expression, du travail, d'association, de réunion ou de manifestation ou d'entraver le déroulement des débats d'une assemblée parlementaire ou d'un organe délibérant d'une collectivité territoriale » d'une peine « d'un an d'emprisonnement et de 15 000 euros d'amende », les sanctions étant portées à « trois ans d'emprisonnement et 45 000 euros d'amende » lorsque l'entrave se réalise « d'une manière concertée et à l'aide de coups, violences, voies de fait, destructions ou dégradations au sens du présent code ».

Sur le plan civil, les dispositions de la Convention européenne des droits de l'homme protégeant la liberté de pensée (art. 9), d'expression (art. 10), de réunion et d'association (art. 11), sont souvent mobilisées. La jurisprudence est vigilante pour que ces libertés soient protégées par le juge, et seuls les abus manifestes seront sanctionnés, le contexte conflictuel étant toujours pris en compte pour tracer la limite qui sépare le droit d'agir collectivement et l'interdiction de nuire à autrui.

221. - Plan. Nous examinerons successivement la liberté d'expression et de communication des acteurs (Chapitre 1), leur liberté de réunion (Chapitre 2) et leur liberté de manifestation (Chapitre 3).

CHAPITRE 1 LA LIBERTÉ D'EXPRESSION ET DE COMMUNICATION DES ACTEURS

222. - Présentation. La liberté d'expression et de communication est consacrée depuis la Déclaration des droits de l'homme et du citoyen comme un droit fondamental (Section 1). Son exercice est protégé par le droit positif (Section 2).

SECTION 1 L'AFFIRMATION D'UN DROIT FONDAMENTAL

§ 1. - Reconnaissance constitutionnelle

223. - Source. Aux termes de l'article 11 de la Déclaration des droits de l'homme et du citoyen : « La libre communication des pensées et des opinions est un des droits les plus précieux de l'homme ; tout citoyen peut donc parler, écrire, imprimer librement, sauf à répondre de l'abus de cette liberté dans les cas déterminés par la loi ».

La liberté de communication est protégée par le Conseil constitutionnel depuis 1984[1] et a été jugée comme « d'autant plus précieuse que son exercice est une condition de la démocratie et l'une des garanties du respect des autres droits et libertés », et que « les atteintes portées à l'exercice de cette liberté doivent être nécessaires, adaptées et proportionnées à l'objectif poursuivi »[2]. La libre communication des pensées et des opinions est « d'autant plus précieuse que son exercice est une condition de la démocratie et l'une des garanties du respect des autres droits et libertés. Les atteintes portées [par le législateur] à l'exercice de cette liberté doivent être nécessaires, adaptées et proportionnées à l'objectif poursuivi »[3].

(1) Cons. const., 11 oct. 1984, n° 84-181 DC, *Loi visant à limiter la concentration et à assurer la transparence financière et le pluralisme des entreprises de presse*, consid. 37 : « S'agissant d'une liberté fondamentale, d'autant plus précieuse que son exercice est l'une des garanties essentielles du respect des autres droits et libertés et de la souveraineté nationale, la loi ne peut en réglementer l'exercice qu'en vue de le rendre plus effectif ou de le concilier avec celui d'autres règles ou principes de valeur constitutionnelle ».

(2) Cons. const., 10 juin 2009, n° 2009-580 DC, *Loi favorisant la diffusion et la protection de la création sur internet*. - Cons. const., 28 mai 2010, n° 2010-3 QPC.

(3) Cons. const., 20 mai 2011, n° 2011-131 QPC : *JO* 20 mai 2011, p. 8890, texte n° 83, consid. 3.

224. – Liberté de communication syndicale. Le Conseil constitutionnel a reconnu logiquement la liberté de communication des syndicats, ainsi que leur liberté d'expression, dans une décision rendue le 27 septembre 2013[4].

Cette affaire concernait la constitutionnalité des dispositions de l'article L. 2142-6 du Code du travail qui subordonne l'accès des syndicats à l'intranet de l'entreprise, ou à sa messagerie électronique, à la conclusion d'un accord d'entreprise « compatible avec les exigences de bon fonctionnement du réseau informatique de l'entreprise » et n'entravant pas « l'accomplissement du travail ». Ce texte n'a pas été jugé contraire à la « liberté de communication des syndicats ».

Le Conseil constitutionnel a tout d'abord validé la limitation de l'accès aux ressources électroniques de l'entreprise aux seuls syndicats ayant constitué une section syndicale, et à la conclusion d'un accord collectif. On sait d'ailleurs que la Cour de cassation considère qu'en dehors d'un tel accord les syndicats n'ont aucun droit d'accès à l'intranet ou à la messagerie de l'entreprise[5]. Cette restriction est justifiée par le désir d'adapter à chaque entreprise « les modalités de la communication syndicale par la voie électronique et, en particulier, à l'organisation du travail et à l'état du développement de ses moyens de communication ». L'accès aux ressources électroniques de l'entreprise nécessite qu'un accord soit trouvé avec l'employeur, ne serait-ce que pour des raisons pratiques et pour assurer la sécurité des données électroniques, cet accord relevant alors naturellement du champ de la négociation collective.

Le Conseil observe d'ailleurs, et c'est en cela que la décision excède largement le domaine de l'accès aux ressources de l'entreprise, qu'en l'absence d'accord les syndicats ne sont pas privés de tout moyen de communication car ils disposent toujours des médias traditionnels (tracts papier, affiches, réunions), de même qu'ils peuvent adresser des messages électroniques aux salariés de l'entreprise en utilisant des ressources extérieures[6].

Le Conseil considère également que cette restriction est proportionnée car elle réalise un équilibre satisfaisant entre les intérêts des syndicats et de leurs adhérents (au titre du principe de participation) d'un côté, et ceux de l'entreprise (liberté de l'activité professionnelle, « exigences de bon fonctionnement du réseau informatique de l'entreprise et de ne pas entraver l'accomplissement du travail ») et des salariés non syndiqués de l'autre (liberté syndicale négative, droit de refuser les messages).

225. – Limites constitutionnelles. Dans le cadre du long conflit qui a opposé les syndicats de Renault et la direction au moment du démantèlement du site de Boulogne-Billancourt, dix syndicalistes avaient été licenciés pour différents motifs tenant notamment à des violences et des insultes proférées à l'égard de cadres de l'entreprise[7]. Le gendre de Georges Marchais, l'ancien secrétaire du Parti communiste, avait d'ailleurs, entre autres syndicalistes, été condamné à 100 francs d'amende pour injure non publique.

Parmi les promesses faites par le candidat François Mitterrand en 1988, figurait une large mesure d'amnistie pour les fautes et infractions commises par des syndicalistes à l'occasion des conflits passés du travail[8]. L'article 15 de la loi votée par le Parlement disposait que : « Tout salarié qui (…) a été licencié pour une faute autre qu'une faute

(4) Cons. const., 27 sept. 2013, n° 2013-345 QPC, *Synd. national Groupe Air France CFTC* [Communication syndicale par voie électronique dans l'entreprise]. J. Icard : *JCP* S 2013, n° 48, p. 37-41. – X. Orgerit, *Lettre Actualités Droits-Libertés du CREDOF*, 2 oct. 2013, 5 p. – J.-E. Ray : *SSL* 7 oct. 2013, n° 1600, p. 2-3. – P. Gervier et Ch. Radé : *Constitutions* 2013, p. 597-598.

(5) Cass. soc., 25 janv. 2005, n° 02-30.946, publié.

(6) Comme l'a d'ailleurs jugé la Cour de cassation, il ne s'agit alors pas d'une « diffusion » au sein de l'entreprise : Cass. soc., 10 janv. 2012, n° 10-18.558, publié. La solution avait d'ailleurs déjà été affirmée pour des tracts syndicaux distribués en dehors de l'entreprise : Cass. soc., 28 févr. 2007, n° 05-15.228, publié.

(7) Cass. soc., 19 déc. 1989 : *Dr. ouvrier* 1990, p. 115, concl. H. Écoutin, note M. Lamoot ; *D.* 1990, 372, note Y. Saint-Jours.

(8) Sur l'amnistie des fautes commises dans les conflits collectifs du travail, V. *infra*, n°s 935 et s.

lourde ayant consisté en des coups et blessures sanctionnés par une condamnation non visée à l'article 7 de la présente loi, commise à l'occasion de l'exercice de sa fonction » devait être amnistié et, le cas échéant, réintégré[9].

Ces nouvelles dispositions ont subi le même sort funeste que l'article 8 de la loi du 22 octobre 1982 qui prétendait imposer une large immunité civile pour les fautes commises à l'occasion de conflits collectifs[10], et pour des motifs semblables, puisque le Conseil a estimé que l'obligation de réintégrer des salariés licenciés en raison de certaines fautes lourdes non sanctionnées « ferait peser sur l'employeur qui a été victime de cet abus ou qui, en tout cas, n'en est pas responsable, [une contrainte] qui excéderait manifestement les sacrifices d'ordre personnel ou d'ordre patrimonial qui peuvent être demandés aux individus dans l'intérêt général » (consid. 26).

Or, la lecture du texte montrait que l'amnistie était de droit « sous réserve des exclusions générales du bénéfice de l'amnistie et de l'exception de force majeure » et des condamnations pour des coups et blessures sanctionnés par une condamnation non visée à l'article 7 de la loi. Il résultait donc des termes très restrictifs de la loi ainsi rédigée « que la réintégration (...) serait de droit dans tous les cas où la faute lourde aurait été constituée par une infraction autre que celle de coups et blessures », « de telles dispositions » dépassant, pour le Conseil constitutionnel, « manifestement les limites que le respect de la Constitution impose au législateur en matière d'amnistie ». Or, parmi les fautes sanctionnées pénalement et susceptibles de priver leurs auteurs du droit à réintégration, figuraient d'évidence les délits de diffamation et d'injures, relevant de la loi pénale.

§ 2. – Reconnaissance européenne

226. – Source. Selon l'article 10 de la Convention européenne des droits de l'homme, le droit à la liberté d'expression comprend « la liberté d'opinion et la liberté de recevoir ou de communiquer des informations ou des idées... ».

227. – Application. La Cour européenne des droits de l'homme a dégagé des solutions pour préciser la portée, et les limites, de la liberté d'expression dans les conflits collectifs[11].

Dans l'affaire *Palomo Sánchez et a. c/ Espagne* ayant donné lieu à un arrêt du 12 septembre 2011, la Cour a affirmé que n'est pas contraire aux articles 10 et 11 de la Convention EDH le licenciement de six syndicalistes qui avaient publié dans un bulletin syndical une caricature et des textes considérés comme offensants et de nature à nuire à la réputation d'autrui[12].

Dans cette affaire, un conflit opposait une entreprise de livraison et un syndicat de livreurs non salariés militant, et agissant en justice, pour que la relation de ces travailleurs soit requalifiée en contrat de travail salarié. À l'occasion de l'un de ces procès, des représentants d'un comité de

(9) Cons. const., 20 juill. 1988, n° 88-244, préc.

(10) Cons. const., 22 oct. 1982 : *Gaz. Pal.* 1983, I, p. 60, obs. F. Chabas ; *Dr. soc.* 1983, p. 162, étude L. Hamon. – J. Déprez : *BS* 1983, p. 159 et s. V. *infra*, n° 909.

(11) J.-P. Marguénaud, *La liberté d'expression et la Convention européenne des droits de l'homme : JCl. Communication*, fasc. 12. – S. Robin-Olivier, *Conv. EDH, art. 11 : Liberté de réunion et d'association et liberté syndicale : Rép. eur.* Dalloz.

(12) CEDH, Gde ch., 12 sept. 2011, n°s 28955/06 et s., aff. *Palomo Sánchez et a. c/ Espagne : Dalloz actualité*, 29 sept. 2011, L. Perrin ; *AJDA* 2012, 143, chron. L. Burgorgue-Larsen. Sur l'arrêt de chambre du 8 décembre 2009 : *D.* 2010, 1456, note J.-P. Marguénaud et J. Mouly.

livreurs non salariés avaient témoigné en faveur de l'entreprise. Le syndicat constitua au sein de l'entreprise de livraison une section syndicale.

Ce syndicat publiait également un bulletin d'information mensuel. Dans son numéro de mars 2002, il avait fait état d'une décision de justice qui lui avait été favorable, et publié en couverture un dessin avec bulles de dialogue montrant une caricature du directeur des ressources humaines d'une société clairement identifiée, assis derrière un bureau sous lequel se trouvait une personne à quatre pattes, dos tourné et, à côté, deux autres personnes, également employés de la société et représentants d'un comité de livreurs non salariés au sein de cette dernière, qui contemplaient la scène et attendaient pour occuper la place sous le bureau et satisfaire à leur tour le directeur.

À l'intérieur du bulletin, deux articles dénonçaient vigoureusement le fait que ces deux personnes avaient témoigné en faveur de la société P. lors d'une procédure entamée par les requérants à l'encontre de cette dernière. Dans l'un d'entre eux, intitulé « Témoins... de qui ? D'eux-mêmes », apparaissaient des caricatures d'A. et B., la bouche couverte par un mouchoir noué derrière la tête, avec le texte suivant : « Nous savions qui ils étaient et comment ils agissaient, mais nous ne savions pas jusqu'où ils étaient capables d'aller pour conserver leurs fauteuils et leur poste de préférence sans rien faire. [Nous], les employés de P., gagnons notre vie en vendant des produits dans la rue. A. et B. gagnent leur vie en vendant les employés dans les tribunaux. Il ne leur suffit pas de le faire par le biais des accords passés en tournant le dos au collectif. Maintenant ils vont plus loin, ils volent en toute impunité, à visage découvert et avec la confiance de celui qui se sent totalement intouchable. Ils jouent à être des dieux. (...) mais eux, le président et le secrétaire des représentants des travailleurs, acceptèrent, tel un chien de garde, de se rouler par terre et de faire des galipettes en échange d'une petite tape de leur maître. (...) ».

L'autre article était intitulé « Qui loue son cul ne chie pas quand il veut » accompagné du texte suivant : « Si vous faites partie d'un comité d'entreprise et que vous devez signer avec l'employeur des accords "taise-bouche" qui n'auront pas d'effet : accords de restructuration au bénéfice de ses potes, diminutions salariales et différents tableaux de travail, [cela veut dire que] vous avez échangé votre dignité contre un fauteuil, [que] vous possédez le mérite douteux d'arriver au même niveau d'infamie que des politiciens et des policiers ; vous voyez, vous vous taisez et vous consentez astucieusement à ce type de canailleries. Puisque vous avez loué votre cul, vous ne chiez pas quand vous voulez. Si vous êtes un infâme "syndicaliste professionnel" et si partant, vous avez vendu votre âme au syndicat, vous n'aurez jamais un élan de sincérité, puisque votre statut serait menacé. Vous dites ce que le syndicat vous demande de dire, comme ils [les syndicats] sont les capotes de la liberté, votre bouche est scellée comme votre muscle anal, parce que vous avez loué votre cul et que vous ne chiez pas quand vous voulez. Si vous êtes capable de voir les injustices commises envers vos collègues, la façon totalement irrationnelle de traiter leurs problèmes et la persécution constante à laquelle ils sont soumis, vous le gardez quand même pour vous de peur que l'attention ne se porte sur votre personne. Auparavant, en des temps reculés, vous étiez un rebelle qui critiquait le système, vous déblatériez contre le conventionnalisme et vous vous en preniez aux règles imposées. Décapant, dynamique, acerbe, impulsif et jovial. Mais quelques faveurs "reçues" ont peu à peu tempéré vos ardeurs, en peaufinant votre capacité d'auto-estime et en limitant vos sentiments. De temps en temps vous avez des accès de nostalgie et vous souhaiteriez vous perdre, mais vos sphincters sont fermés parce que vous louez votre cul et que vous ne chiez pas quand vous voulez. Vous en avez marre de votre travail, vous êtes en colère, angoissé, stressé et désespéré, à cause de l'augmentation des heures de travail et des responsabilités, des produits, des promotions et des pressions. Vous pourriez faire n'importe quoi n'importe où sans devoir vous lever à l'heure à laquelle d'autres se couchent. Vous briseriez, étriperiez, écraseriez, détruiriez... mais vous êtes enchaîné à des crédits, des billets à ordres et des dettes. Vous êtes écrasé par votre nouvelle fourgonnette, les activités extrascolaires de vos enfants, et par l'emprunt à vingt-cinq ans de votre maison accolée. Et vous vous laissez humilier, vous ravalez, vous vous taisez et vous acceptez parce que celui qui loue son cul ne chie pas quand il veut ».

Le bulletin fut distribué parmi les travailleurs et placardé sur le tableau d'affichage du syndicat situé dans les locaux de la société, ce qui n'avait pas été du goût de l'entreprise.

Plusieurs salariés de l'entreprise furent licenciés pour faute grave, à savoir atteinte à l'honneur des personnes représentées dans le dessin, ce qu'ils contestèrent en justice. Les licenciements furent validés en justice. Le juge du travail observa que la cause du licenciement était le contenu du bulletin et non l'affiliation syndicale des requérants. Il se référa dans son jugement à l'exercice du droit à la liberté d'expression dans le cadre des relations de travail et à son caractère non illimité. Il estima que les limites de ce droit devaient être interprétées conformément au principe de la bonne foi, ce qui, dans le cadre des relations de travail, doit tenir compte du respect des intérêts de l'employeur et des exigences minimales de vie en commun dans le milieu professionnel. Le jugement reprenait ainsi la jurisprudence du Tribunal constitutionnel espagnol selon laquelle l'exercice du droit au respect de la liberté d'expression est soumis à des limites dérivées de la relation de travail, dans la mesure où le contrat de travail crée un ensemble de droits et d'obligations réciproques qui conditionne l'exercice du droit au respect de la liberté d'expression.

Pour ce qui concerne le contenu du bulletin syndical, le juge du travail considéra que le dessin et les bulles de dialogue de la couverture, ainsi que les articles de l'intérieur, étaient offensants et dépassaient les limites de la liberté d'expression et d'information, portant atteinte à l'honneur et à la dignité du directeur des ressources humaines, des livreurs A. et B., et à l'image de la société P.

Le jugement fut confirmé en appel et en cassation, ce qui poussa les salariés à saisir la Cour européenne des droits de l'homme d'un recours dirigé contre l'État espagnol pour violation de l'article 11 de la Convention EDH relatif à la liberté d'expression, en vain puisqu'au terme d'un arrêt très motivé la Cour de Strasbourg a conclu au rejet des requêtes : « Cela amène la Cour à estimer que, dans les circonstances particulières de la présente espèce, le licenciement dont les requérants ont fait l'objet n'était pas une sanction manifestement disproportionnée ou excessive, de nature à exiger que l'État y portât remède en l'annulant ou en y substituant une sanction moins sévère » (§ 77).

La Cour a estimé « que les membres d'un syndicat doivent pouvoir exprimer devant l'employeur leurs revendications tendant à améliorer la situation des travailleurs au sein de leur entreprise. (…) Un syndicat n'ayant pas la possibilité d'exprimer librement ses idées dans ce cadre se verrait en effet privé d'un moyen d'action essentiel. C'est pourquoi, en vue d'assurer le caractère réel et effectif des droits syndicaux, les autorités nationales doivent veiller à ce que des sanctions disproportionnées ne dissuadent pas les représentants syndicaux de chercher à exprimer et défendre les intérêts de leurs membres. L'expression syndicale peut prendre la forme de bulletins d'information, de brochures, de publications et d'autres documents du syndicat, dont la distribution par les représentants des travailleurs agissant au nom d'un syndicat doit dès lors être autorisée par la direction, comme l'énonce la Conférence générale de l'OIT dans sa Recommandation n° 143 du 23 juin 1971 (paragraphe 21 ci-dessus). (…) » (§ 56).

Elle estime également que, « à la lumière de ce qui précède, la Cour estime que les motifs retenus par les juridictions nationales se conciliaient avec le but légitime consistant à protéger la réputation des personnes physiques visées dans la caricature et les textes en cause, et que la conclusion selon laquelle les requérants avaient dépassé les bornes de la critique admissible dans le cadre des relations de travail ne saurait être considérée comme infondée ou dépourvue d'une base factuelle raisonnable » (§ 68).

Pour la Cour, « les juridictions nationales ont tenu compte de tous ces éléments lorsqu'elles se sont penchées sur le recours des requérants. Elles se sont en effet livrées à un examen approfondi des circonstances de l'affaire et ont effectué une mise en balance circonstanciée des intérêts divergents en jeu, en tenant compte des limites du droit à la liberté d'expression et des droits et obligations réciproques propres au contrat de travail et au milieu professionnel. Elles ont entériné les sanctions infligées par l'employeur, estimant qu'elles n'étaient pas disproportionnées au but légitime poursuivi, à savoir la protection de la réputation de MM. G., A. et B. dans un tel contexte. Elles ont également jugé que la conduite en cause ne relevait pas directement de l'activité syndicale des requérants, qu'elle avait au contraire entraîné une rupture de la bonne foi dans le cadre des relations professionnelles et qu'elle n'avait pas respecté les exigences minimales de la vie en commun dans le milieu professionnel. Enfin, elles se sont amplement référées en l'espèce à la jurisprudence du Tribunal constitutionnel relative au droit à la liberté d'expression dans les relations de travail et à son caractère non illimité. Aux yeux de la Cour, les conclusions auxquelles elles sont parvenues ne sauraient passer pour déraisonnables. À cet égard, elle relève en effet, outre le caractère injurieux de la caricature et des textes en cause, le fait que ceux-ci étaient destinés plus à attaquer des collègues pour avoir témoigné en justice qu'à promouvoir une action syndicale à l'égard de l'employeur » (§ 74).

228. – Étendue de la liberté. La liberté d'expression s'applique très largement à tous les propos tenus dans la sphère privée comme publique, à tout écrit, dessin, gravure, peinture, emblème, image, affiche, à tout moyen de communication audiovisuel (radiodiffusion, télévision, cinéma) ou électronique (internet, messagerie électronique, réseaux sociaux), et protège toutes les formes d'opinions, qu'elles soient politiques, philosophiques, syndicales ou mutualistes.

S'agissant plus particulièrement de la liberté d'expression des syndicats et des grévistes, les atteintes portées peuvent aisément tomber sous le coup de la prohibition des discriminations de l'article L. 1132-1 du Code du travail dès lors que des propos identifient une personne par son appartenance syndicale. On sait que si l'employeur fait référence à l'appartenance syndicale d'un salarié dans sa lettre de licenciement, ce dernier sera automatiquement nul par application de la théorie du motif contaminant[13]. Dans les autres cas, la référence à l'appartenance syndicale pour infliger à une personne un traitement défavorable constituera un élément de fait laissant supposer l'existence d'une discrimination syndicale, même à l'encontre d'un auteur se situant lui-même dans l'exercice de sa propre liberté syndicale, à charge pour lui de démontrer que la mesure litigieuse repose sur un motif étranger à toute discrimination, ce qui ne sera pas toujours aisé, et qui conduira les tribunaux à entrer en condamnation s'il n'y parvient pas totalement.

La liberté protège les personnes qui émettent des idées, mais également celles qui les écoutent, ou les lisent[14]. Celui qui cherche à empêcher le public de venir écouter un syndicaliste peut ainsi être condamné pour entrave sur le fondement de l'article 431-1 du Code pénal[15].

Pour être illicite, la sanction doit avoir été infligée en raison de l'exercice de la liberté d'expression. Un délégué syndical qui diffuse un message syndical relatif à une grève mais sans respecter la charte applicable dans l'entreprise s'exposera de ce fait à une sanction, sans que la référence à la liberté d'expression ne puisse ici lui venir en aide[16].

SECTION 2 LA PROTECTION DE LA LIBERTÉ D'EXPRESSION ET DE COMMUNICATION

229. – Présentation. La plupart du temps les propos outranciers seront passés au crible des deux infractions de diffamation ou d'injure (§ 1). Lorsqu'ils se répètent et se concentrent sur la même personne, ils peuvent même tomber sous l'incrimination de harcèlement moral (§ 2).

(13) Sur laquelle notre comm. ss Cass. soc., 19 oct. 2022, *Sté Husson-Mourot : Dr. soc.* 2022, 1049.
(14) CEDH, 22 mai 1990, série A, n° 178, *Autronic A. G. c/ Suisse*, spéc. § 47.
(15) Cass. crim., 22 juin 1999 : *Bull. crim.* n° 141.
(16) CAA Bordeaux, 17 oct. 2017, n° 15BX01438.

§ 1. – La sanction des injures et des diffamations

230. - Infractions de presses : injures et diffamations. L'injure et la diffamation sont deux infractions sanctionnées au titre de l'article 32 de la loi du 29 juillet 1881 sur la liberté de la presse[17].

A. – Diffamation

231. - Définition. La diffamation est l'allégation ou l'imputation inexacte d'un fait précis et qui porte atteinte à l'honneur et à la considération d'une personne. C'est, en quelque sorte, une accusation « à tort ». Les conflits collectifs, et leur dose de violence plus ou moins bien contenue, n'échappent pas aux accusations diffamatoires.

232. - Contextualisation. Pour déterminer si les propos tenus dans le cadre d'un conflit collectif dépassent le seuil de tolérance, les tribunaux devront déterminer s'ils « excédent les limites admissibles d'une polémique née d'un conflit social », pour reprendre une expression habituelle sous la plume de la Cour de cassation depuis un arrêt rendu par sa chambre criminelle le 23 novembre 1993 dans l'affaire du boulanger Paul[18].

Le nouveau gérant d'une boulangerie Paul prétendait obliger ses employées à porter certaines tenues censées être plus attrayantes pour la clientèle, singulièrement des blouses dont aucun autre vêtement ne devait dépasser. Certaines salariées de l'enseigne s'étaient mises en grève pour protester contre cette exigence, et quatre d'entre elles avaient distribué à la clientèle un tract, daté du 10 janvier 1990, émanant du syndicat CGT du commerce de la Gironde, intitulé « Les droits des femmes bafoués » chez Paul H. (ex-D.), qui expliquait au public les motifs du conflit.

Le gérant avait porté plainte et s'était constitué partie civile contre ces quatre salariées, du chef de diffamation publique envers un particulier. Une relaxe avait été prononcée, ce que confirme ici le rejet du pourvoi.

La cour d'appel avait en effet énoncé que « le fait, par des salariées, de revendiquer le port d'une tenue qui protège suffisamment leur dignité et leur intimité n'est pas en soi de nature à porter atteinte à l'honneur et à la considération de leur patron mais doit d'abord s'analyser comme la légitime élaboration d'un conflit du travail qui pour des raisons diverses n'a pas pu trouver d'autre issue que celle-là ».

Pour la Cour de cassation, « les propos incriminés n'ont pas excédé les limites admissibles de la polémique syndicale ».

La contextualisation du conflit a également conduit les tribunaux à ne pas considérer comme diffamatoire le fait d'accuser le chef d'entreprise de corriger les affiches d'un syndicat « maison »[19], et ce même si l'allégation est fausse.

N'est pas non plus une diffamation le fait de traiter un délégué syndical de « pauvre type » ; il s'agira en revanche d'une injure[20].

233. - Échappatoires. Face à une accusation de diffamation, la personne poursuivie peut tout d'abord faire une offre de preuve et rapporter la réalité des faits dénoncés ; le débat portera alors sur leur matérialité, et la certitude qu'on peut avoir qu'ils se sont bien déroulés. C'est ce qu'illustre un arrêt rendu par la chambre criminelle de la Cour de cassation le 3 mars 2015 qui n'a pas tourné à l'avantage de l'accusateur[21].

(17) E. Raschel : *JCl. Communication*, fasc. 114 et s. – J.-B. Thierry : *JCl. Communication*, fasc. 120 et s.
(18) Cass. crim., 23 nov. 1993, n° 90-86.396, publié.
(19) Cass. 2e civ., 8 juill. 2004 : *BICC* 1er déc. 2004, n° 609, n° 1810.
(20) Cass. crim., 18 juin 2019, n° 18-83.886.
(21) Cass. crim., 3 mars 2015, n° 13-88.063.

À la suite d'un incident survenu le 24 janvier 2012 dans un établissement d'enseignement professionnel au cours duquel de nombreux apprentis avaient investi le bureau du directeur puis s'étaient mis en grève, deux syndicalistes s'étaient exprimés à ce sujet dans la presse locale, en l'accusant d'avoir joué un rôle dans le déclenchement des faits en manipulant les apprentis.

Lors des débats, les deux personnes intimées avaient produit un certain nombre de pièces (un procès-verbal d'huissier et des témoignages) destinées à établir qu'au-delà de son action syndicale, le directeur de l'établissement avait toujours cherché à servir ses intérêts personnels et qu'il posait problème au sein du centre de formation, qu'il avait manipulé les jeunes et, enfin, qu'il avait organisé et dirigé le mouvement de rébellion de ces derniers.

Cette défense avait convaincu la cour d'appel qui les avait relaxés, mais pas la Cour de cassation qui casse leur arrêt ; pour la Haute juridiction en effet, la cour d'appel n'avait pas démontré, « par une analyse précise de la teneur des pièces et témoignages en cause, que, d'une part, ces éléments relataient des faits antérieurs à la publication des propos diffamatoires, et, d'autre part, ils rapportaient la preuve proposée au regard tant de la matérialité des imputations formulées que de leur portée et de leur signification ».

Les tribunaux doivent donc se concentrer sur les allégations, et s'interroger sur leur véracité, sans se laisser abuser par des éléments de personnalité ou de contexte qui sont sans rapport direct avec les faits.

234. – *Prouver qu'on s'est trompé de bonne foi ?* Les auteurs de propos diffamatoires réclament souvent le bénéfice de la bonne foi et les circonstances des conflits collectifs pour ne pas être condamnés, parfois avec succès, comme en témoigne un arrêt rendu par la chambre criminelle de la Cour de cassation le 15 mars 2016[22].

Le directeur général du port autonome de Papeete avait fait citer devant le tribunal correctionnel le secrétaire général de la Confédération des syndicats des travailleurs de Polynésie à raison de la publication dans la presse d'un préavis de grève adressé tant à la partie civile qu'au président du conseil d'administration du port autonome, par son syndicat, exposant les motifs de la grève dans des termes considérés par lui comme diffamatoires à son égard : « De la responsabilité de la direction du port autonome quant au harcèlement, mise en cause, demandes inconsidérées par rapport au personnel. Ces excès auraient même causé le suicide d'un des salariés ».

Le tribunal a fait bénéficier le prévenu de la bonne foi et a prononcé sa relaxe, ce dernier ayant fait valoir qu'il n'était pas à l'origine de la publication dans la presse, par voie électronique, du préavis de grève déposé par le syndicat et de la publicité qui en a ensuite été donnée.

C'est ce qu'a confirmé le rejet du pourvoi.

B. – Injures

235. – Éléments constitutifs. L'injure vise des paroles, écrits, expressions quelconques de la pensée, adressés à une personne dans l'intention de la blesser ou de l'offenser. Pour échapper aux poursuites, les auteurs utilisent souvent la caricature ou les références à des œuvres connues qu'ils vont parodier pour atteindre leur cible ; les magistrats devront donc déterminer si l'auteur est demeuré dans le cadre de la liberté d'expression ou si les propos sont suffisamment graves pour caractériser une injure.

236. – Contextualisation des propos. Comme le font également les juridictions civiles, les juges répressifs tiendront compte du contexte particulier de la grève ou du conflit syndical pour déterminer si les propos présentent un caractère injurieux et « excèdent les limites admissibles d'une polémique née d'un conflit social »[23].

(22) Cass. crim., 15 mars 2016, n° 14-86.839.

(23) Cass. crim., 23 nov. 1993, n° 90-86.396 : *Bull. crim.* n° 351.

237. - **Protection de la liberté d'expression.** La Cour de cassation se montre extrêmement protectrice de la liberté d'expression, comme le montre l'arrêt de cassation rendu par sa chambre criminelle le 13 décembre 2022, dans l'affaire des caricatures présentant en nazi le président de la République en raison des contraintes sanitaires imposées pendant la crise de la Covid-19 : la Haute juridiction a en effet considéré que : « En premier lieu, les photomontages en cause, pour outrageants qu'ils fussent vis-à-vis de l'actuel Président de la République, se sont inscrits dans le débat d'intérêt général et la polémique qui s'est développée au sujet du passe vaccinal contre le virus du Covid », et que : « En second lieu, l'auteur s'est placé sur un mode satirique résultant, pour la première affiche, de la mention "affichage satirique et parodique" et, pour la seconde, du jeu de mots "il n'y a qu'un pas à franchir", de sorte que les affiches incriminées n'ont pas dépassé les limites admissibles de la liberté d'expression »[24].

238. - **Atteintes sanctionnées.** L'examen de la jurisprudence montre toutefois que tout n'est pas possible. Il suffira d'ailleurs généralement aux juges du fond d'avoir examiné les circonstances dans lesquelles ces propos ont été tenus pour échapper à la censure de la juridiction suprême. C'est ainsi qu'a été valablement reconnu comme injurieux le fait, à l'occasion d'un conflit social opposant la direction à certains délégués du personnel, d'avoir proféré à l'adresse du président-directeur général et en crachant dans sa direction : « vous n'êtes pas un homme quand vous allez pisser vous vous enfermez, de peur qu'on vous viole ! »[25]. A également été retenu comme injurieux le fait de traiter un salarié de « bandit du syndicalisme politisé » quinze jours après une conférence de presse où il avait été mis publiquement en cause dans le cadre d'un conflit plus large[26]. A également été considéré comme injurieux le fait de comparer un projet de licenciement à une « prise d'otage des licenciés comme au temps de l'occupation hitlérienne »[27].

Le directeur de la publication d'un périodique syndical a également été condamné pour avoir publié en décembre 1989 un article consacré au chef du centre des impôts de Saint-Brieuc-Ouest, et intitulé « Faute professionnelle » l'accusant d'avoir licencié, sous un faux motif, un agent pour un motif syndical, et comportant notamment les passages suivants : « Le chef du centre de Saint-Brieuc-Ouest a décidé de "virer" notre secrétaire départementale du poste qu'elle occupait... Motif : faute professionnelle grave... Après une enquête effectuée par la direction, la "faute grave" s'est avérée être purement imaginaire ! Sur décision du DSF, notre camarade a été immédiatement réintégrée à son poste jusqu'au retour du "chef surmené" parti s'accorder un repos bien mérité !... Il faut que certains le sachent : l'activité syndicale existe et ne peut être assimilée à une faute même légère. Quand on voit l'attitude caporaliste de certains "petits chefs", on est même en droit de penser que l'activité syndicale est un devoir et une action de salubrité publique ». L'article était également incriminé en raison d'un dessin censé représenter le « plaignant » prononçant ces paroles : « Silence ! ou je fais évacuer le centre ». Les juges d'appel ont considéré que cet article, « contenant des attaques personnelles à l'égard du plaignant, excédait les limites admissibles d'une polémique née d'un conflit social »[28].

(24) Cass. crim., 13 déc. 2022, n° 22-82.189.
(25) Cass. crim., 4 déc. 1973 : *Bull. crim.* n° 448.
(26) Cass. crim., 17 févr. 1981, n° 79-92.748 : *Bull. crim.* n° 64.
(27) Dijon, 11 juill. 1980 : *Jurispr. soc. UIMM* 1980, n° 416, p. 110.
(28) Cass. crim., 23 nov. 1993, n° 90-86.396 : *Bull. crim.* n° 351.

Il a également été jugé que le fait pour un maire de traiter un représentant syndical de « pauvre type » constitue une injure, dès lors que cette expression « constitue par nature un terme de mépris caractérisant l'injure au sens de la loi sur la presse, le prévenu ne pouvant ignorer que ses propos seraient publiés, dès lors qu'il s'adressait à un journaliste qui lui demandait de réagir à des propos tenus par des syndicalistes lors d'une conférence de presse » et sans que « le débat politique et syndical et les relations tendues des syndicats avec le maire dans le contexte duquel les faits sont intervenus ne constituent (…) l'excuse de provocation »[29].

Dans une autre affaire, un conflit social avait éclaté au sein du centre de tri postal de Sarrebourg portant sur la mise en œuvre d'un nouveau dispositif de tri et ayant débouché sur une grève au cours de la période fin novembre-début décembre 2002. Relatant ce conflit sur le site d'un syndicat, son secrétaire général avait décrit la grève d'une partie du personnel du centre de tri en filant la métaphore du village gaulois de Sarrebourg résistant aux légions de l'affreux Jules Lézard, personnage représentant le directeur du centre de tri, et décrit en ces termes : « pôvre vieux », « givré », « plus barge que ça tu meurs », « dingue doublé d'un sadique est ce que La Poste persiste à maintenir aux commandes de la Moselle » et « c'est tout de même extraordinaire de voir qu'un DLP peut-être sénile bloque l'économie de toute une partie du département de la Moselle et jouisse du plaisir de savoir que les facteurs perdent du pognon ». Pour la Cour de cassation en effet, ces propos présentent bien un caractère injurieux même « s'il est certain que le langage syndical justifie la tolérance de certains excès à la mesure des tensions nées de conflits sociaux ou de la violence qui parfois sous-tend les relations du travail, il n'en reste pas moins » qu'ils « excèdent la mesure admissible dans un tel cadre et présentent un caractère injurieux »[30].

Lorsque le salarié mis en cause aura été condamné pénalement, l'autorité de la chose jugée sur l'autorité administrative, lorsqu'il s'agit d'un salarié protégé, jouera, même si cette dernière demeurera compétente pour apprécier l'impact de cette faute sur la situation du salarié au sein de l'entreprise[31].

Les exemples de poursuites judiciaires vaines sont finalement peu nombreux. Il a été jugé que n'est pas injurieux pour un syndicaliste de publier, dans l'hebdomadaire *La Vie ouvrière*, un article relatif notamment à l'action de la confédération des syndicats libres (CSL) dans une usine de l'entreprise Citroën et comportant, d'une part, dans un premier passage, les mots « les nervis de la CFT-CSL toujours aussi arrogants » et, d'autre part, dans un second passage, les phrases « nous ne voulons plus de la CSL-CFT, de ses nervis, de ses mouchards, de ses provocateurs ; pas de négociations s'ils sont présents » ; il s'agissait ici de propos qui n'excédaient pas les limites de l'acceptable et auraient dû être poursuivis pour diffamation puisqu'ils portaient sur l'énoncé de faits précis[32].

239. – Personnes responsables. Lorsque les propos ont été tenus de manière anonyme, c'est le directeur de la publication, à défaut l'imprimeur[33] ou l'éditeur du journal ou du site internet, qui seront condamnés.

(29) Cass. crim., 18 juin 2019, n° 18-83.886.
(30) Cass. crim., 10 mai 2005, n° 04-84.705, publié.
(31) CAA Bordeaux, 6ᵉ ch., 24 mai 2023, n° 21BX03227 (licenciement autorisé).
(32) Cass. crim., 28 avr. 1987, n° 84-91.815.
(33) Cass. crim., 23 nov. 1993, n° 90-86.396 : *Bull. crim.* n° 351.

Les représentants syndicaux ne sont pas à l'abri des condamnations, comme le montre cet arrêt rendu le 10 avril 2018 par la chambre criminelle de la Cour de cassation[34].

Le directeur de l'association pour l'hébergement, l'accueil et la réinsertion en Provence, ainsi que l'association, avaient porté plainte et s'étaient constitués parties civiles du chef de diffamation publique en raison de la distribution d'un tract syndical par une représentante de la section syndicale SUD au sein de l'AHARP, devant le centre hospitalier, lequel est lié à ladite association par un contrat de collaboration. L'écrit en cause comprenait en son centre une caricature du directeur à laquelle étaient rattachées deux « bulles » contenant les propos « c'est scandaleux ! Vous ne pouvez pas vous faire exploiter en silence comme tout l'monde ?? Un peu de dignité bon sang !!! », elle-même entourée de vingt-trois rectangles comprenant chacun une phrase commençant par « Moi, B. B. directeur, je décide » dont le contenu a été considéré comme diffamatoire par les parties civiles.

Pour dire établi le caractère diffamatoire des propos dénoncés, l'arrêt a énoncé que, parmi les vingt-trois rectangles ou « bulles » composant le tract incriminé, figurent, notamment, des accusations graves à l'encontre du directeur de l'AHARP de détournements de fonds publics et de présentations de comptes erronés afin de masquer des agissements constitutifs d'infraction pénale, d'une action sous-tendue par la seule volonté de favoriser les cadres, allant jusqu'à embaucher du personnel non qualifié, de refus du dialogue social et d'un comportement consistant à infliger de « mauvais traitements » à ses salariés, tout en refusant de les prendre en considération, alors que les propos contenus dans les « bulles » rattachées à la caricature représentant le directeur le présentent comme un dictateur, voulant faire taire ses collaborateurs. La cour d'appel en a déduit que les éléments susvisés portaient atteinte à l'honneur et à la considération de l'intéressé et tendaient à le discréditer auprès de l'association qui l'emploie, les salariés, les tarificateurs et les partenaires de l'association et qu'ils atteignaient également l'association dans son image auprès de ses partenaires.

Pour refuser l'excuse de bonne foi, les juges avaient relevé que, si la prévenue a pu invoquer la légitimité du but poursuivi pour avoir, en sa qualité de représentante syndicale, fait connaître les revendications des salariés à l'occasion d'un mouvement de grève, les propos en cause recélaient une animosité personnelle importante envers le directeur et l'association qu'il dirige, déduite de la reprise du patronyme de l'intéressé dans chacune des « bulles » dudit tract suivie de la mention de sa fonction de directeur et de nombreuses attaques virulentes et personnelles. La cour d'appel a ajouté que la violence des termes utilisés, le caractère péremptoire des imputations, en particulier celles accusant le directeur d'enfreindre la législation du travail de façon délibérée et d'être l'auteur d'infractions pénales, ainsi que le manque de nuance de certains propos sur son mode de direction de l'association, dénotaient une absence totale de mesure dans l'expression.

Pour la Cour de cassation, la diffamation était bien établie dès lors que les « propos litigieux qui, d'une part, portaient nécessairement atteinte à l'honneur et à la considération des plaignants, d'autre part, tout en s'exprimant sur un sujet d'intérêt général dans un contexte de polémique syndicale, nourrissaient en fait une animosité de nature personnelle à l'égard [du directeur] et apparaissaient dépourvus de prudence dans l'expression d'accusations graves, incluant de multiples violations légales ou réglementaires, lesquelles ne sauraient avoir été faites de bonne foi ».

240. - Situation dans la fonction publique. Les agents publics jouissent également, dans l'exercice de leurs fonctions, de la liberté d'opinion et de la liberté d'expression, et ne peuvent être discriminés dans leurs fonctions pour ce motif[35]. La règle figure aujourd'hui expressément à l'article L. 111-1 du Code général de la fonction publique : « La liberté d'opinion est garantie aux agents publics ».

(34) Cass. crim., 10 avr. 2018, n° 17-80.315.
(35) CE, ass., 28 mai 1954, *Virgile Barel : Lebon*, p. 308, concl. Letourneur.

Les agents publics bénéficient également de leur liberté d'expression lors de manifestations auxquelles ils peuvent participer. S'agissant des fonctionnaires privés statutairement du droit de grève, manifester et exprimer leurs convictions sont même leur seul moyen d'action. Ils devront toutefois prendre garde à ne pas dépasser les bornes, car quoique n'étant pas en service, ils n'en demeurent pas moins tenus au devoir de réserve. C'est ainsi que lors d'un rassemblement organisé pour la journée internationale des migrants, et alors qu'il n'était pas en service (ni revêtu de son uniforme), un CRS s'était présenté devant la préfecture en brandissant une pancarte comportant des propos offensants pour les migrants, qui avaient réagi violemment, à tel point qu'il avait fallu exfiltrer l'intéressé. Après avoir rappelé que « le comportement d'un fonctionnaire en dehors du service peut constituer une faute de nature à justifier une sanction s'il a pour effet de perturber le bon déroulement du service ou de jeter le discrédit sur l'administration », la cour administrative d'appel de Lyon, dans un arrêt en date du 3 juin 2021, a confirmé en appel le blâme qui lui avait été infligé[36].

§ 2. – Harcèlement moral

241. – Éléments constitutifs. L'article 222-33-2 du Code pénal définit le harcèlement moral comme « le fait de harceler autrui par des agissements répétés ayant pour objet ou pour effet une dégradation des conditions de travail susceptible de porter atteinte à ses droits et à sa dignité, d'altérer sa santé physique ou mentale ou de compromettre son avenir professionnel », et le punit « d'un an d'emprisonnement et de 15 000 euros d'amende ».

242. – Hypothèses. Dans certains conflits qui durent, il est possible que la pression mise sur un employeur ou un chef de service par des salariés ou des agents puisse être constitutive de harcèlement moral. Comme en matière de diffamations ou d'injures, la contextualisation des faits incitera certainement les juges à se montrer plus exigeants sur la démonstration que l'infraction est constituée. C'est ce que montre un arrêt rendu par la chambre criminelle de la Cour de cassation le 7 mai 2018 dans une affaire mettant en scène un conflit au sein d'une université[37].

Cette affaire concernait un différend entre la présidente de l'Université des Antilles-Guyane et certains enseignants au sein de cette université qui, à plusieurs reprises, avaient adressé à la communauté universitaire des mails très agressifs contenant notamment les propos suivants : « Il ne faut pas tomber dans le piège de la délinquance universitaire que la présidence a érigée en mode de gouvernance », « Envoyer en avant les voyous de son entourage, c'est la méthode bien connue des mafieux », « Volonté malveillante de poursuivre la destruction de l'UAG, notamment en tentant de nuire aux laboratoires qui fonctionnent, notamment le Ceregmia qui est le rempart contre la zone des talibans que veut généraliser la présidente sur le pôle Martinique », « La présidente et son équipe, de dangereux amateurs », « Elle continue de croire, ou de nous faire croire, que le management d'une université s'apparente à un défilé de mode ou à un concours de beauté », « Des méthodes staliniennes gagnent du terrain dans notre institution », « Une institution universitaire étranglée par une poignée de mercenaires revanchards ». D'autres messages contenaient les propos suivants : « Notre présidente devrait ses problèmes au fait qu'elle est une femme dans un monde d'affreux phallocrates, pire de misogynes. Il faut reconnaître que se retrancher derrière l'argument du genre présente des vertus car il constitue un pare-feu efficace et permet de faire l'économie d'une remise en cause », « Cette agitation frénétique d'un petit nombre, toujours les mêmes, cache mal l'angoisse de perdre l'emprise

(36) CAA Lyon, 3 juin 2021, n° 20LY01407 : *AJFP* 2022, 27.
(37) Cass. crim., 7 mai 2018, n° 17-83.889.

totalitaire et malsaine qu'ils imposent », « Fossoyeurs de réputation ». Un autre mail disait : « Si je comprends leur absence totale de confiance dans une présidente dont les méthodes de gouvernance restent la duplicité, la haine, la manipulation, *etc.* » ; « Notons que par son incapacité à gérer la grève en Guyane, la présidente vient de tuer définitivement l'UAG, voilà son meilleur bilan à la tête de l'UAG » ; « Division consommée du pôle Martinique qu'elle a orchestrée sur la haine et qu'elle a semée entre les universitaires de ce pôle » ; « Animée par une haine viscérale » ; « Il faut inventer un bouc émissaire, voilà la méthode de gouvernance de la Présidente ».

La présidente de l'Université avait porté plainte pour diffamation publique envers un particulier et harcèlement moral, puis, après un réquisitoire supplétif, diffamation publique et injures publiques envers un particulier et de menaces, entraînant la mise en examen de trois enseignants. Après que le juge d'instruction eut rendu une ordonnance de non-lieu sur ces faits, la chambre de l'instruction a confirmé cette décision mais a ordonné un supplément d'information sur les faits de harcèlement moral, pour lesquels les mêmes personnes furent mises en examen, avant qu'un nouveau non-lieu à poursuivre ne soit prononcé, ce que la présidente de l'Université contestait dans le cadre de son pourvoi.

Pour la cour d'appel en effet, « après avoir analysé certains des courriers électroniques dénoncés, (...) malgré leur contenu parfois extrêmement violent à l'égard de la partie civile, ces courriels ne peuvent à eux seuls en leur matérialité constituer les agissements répétés susceptibles de caractériser le harcèlement moral ».

Dans son pourvoi, la présidente de l'Université faisait valoir que ces « propos répétés, blessants, outrageants et diffamatoires ayant pour objet » de présenter, « pendant plusieurs mois, auprès de la communauté universitaire la présidente d'une université comme une personne délinquante, malveillante et haineuse, recherchant la destruction de l'université qu'elle dirige, ayant recours à des méthodes de régimes totalitaires, de surcroît notoirement incompétente et ne prenant pas, à raison des préoccupations supposées de son sexe, la mesure de sa mission, constituent nécessairement des agissements répétés ayant pour objet ou effet la dégradation des conditions de travail ».

C'est également l'avis de la chambre criminelle de la Cour de cassation qui censure l'arrêt d'appel qui avait écarté la qualification de harcèlement moral. Pour cette dernière en effet, la décision n'a pas été suffisamment justifiée ; la cour d'appel n'avait pas analysé « l'ensemble des courriels dénoncés ni examiné si le comportement des mis en examen n'excédait pas les limites admissibles de la contestation par des enseignants de l'action de la présidente de l'Université ».

Il en va donc ici en matière de harcèlement moral comme en matière de diffamation ou d'injure, le seuil de tolérance aux excès doit impérativement être examiné au regard des limites acceptables de l'exercice de la liberté d'expression qui n'autorise pas tout et n'importe quoi, au nom du droit de mener des actions collectives.

CHAPITRE 2 LA LIBERTÉ DE RÉUNION DES ACTEURS

243. - Historique. Les réunions publiques sont régies par les lois du 30 juin 1881 et du 28 mars 1907[1]. Elles bénéficient aujourd'hui du soutien de la Convention européenne des droits de l'homme (Section 1), mais aussi des règles du droit national (Section 2).

SECTION 1 PROTECTION PAR LA COUR EUROPÉENNE DES DROITS DE L'HOMME

244. - Sources. L'article 11, 1 de la Convention européenne des droits de l'homme dispose que « toute personne a droit à la liberté de réunion pacifique » sous réserve d'éventuelles restrictions qui doivent s'inscrire dans les limites fixées par l'article 11, 2.

245. - Ressources. La Cour européenne a eu l'occasion de préciser les obligations que cette disposition fait peser sur l'État, qui doit s'abstenir d'entraver l'exercice de cette liberté[2]. Les questions relatives aux conflits collectifs sont plutôt traitées dans le cadre de la liberté syndicale, et seront donc examinées à ce titre.

SECTION 2 PROTECTION NATIONALE

246. - Sources. Le régime de la liberté de réunion est actuellement déterminé par les lois des 30 juin 1881 et 28 mars 1907, dont l'article 1er dispose que : « Les réunions publiques, quel qu'en soit l'objet, pourront être tenues sans déclaration préalable ».

La loi ne précise pas ce qu'il convient d'entendre par réunion publique. Selon le commissaire du gouvernement Michel, il s'agirait d'un « groupement momentané de personnes formé en vue d'entendre l'exposé d'idées ou d'opinions, ou de se concerter pour la défense d'idées ou d'intérêts »[3].

(1) J. Fialaire : *JCl. Administratif*, fasc. 210, *Police des réunions et manifestations*.
(2) CEDH, 21 juin 1998, n° 00000143, *Plattform « Ärzte für das Leben » c/ Autriche*, § 32.
(3) Conclusions dans l'affaire *Benjamin*, CE, 19 mai 1933 : *Lebon*, p. 541.

247. – Étendue. Toutes les réunions sont protégées, qu'elles soient publiques ou privées.

Les réunions publiques sont libres et peuvent avoir lieu sans autorisation préalable. Elles ne peuvent toutefois se dérouler sur la voie publique, ni se prolonger au-delà de onze heures du soir, sauf exception, et doivent avoir un bureau composé de trois personnes au moins[4].

Les réunions privées ne sont pas soumises à des règles spécifiques. Lorsqu'elles se déroulent dans l'entreprise, elles sont soumises aux règles du Code du travail qui régissent notamment les réunions syndicales (C. trav., art. L. 2142-10 et L. 2142-11) ou les réunions d'agents publics dans les locaux de service[5].

(4) Lire S. Brameret, *Grève et domaine public*, in *Grève et droit public, 70 ans de reconnaissance*, F. Crouzatier-Durand et N. Kada (dir.), LGDJ, PU Toulouse 1 Capitole, 2017, p. 181-193.
(5) D. n° 82-447, 28 mai 1982, relatif à l'exercice du droit syndical dans la fonction publique.

CHAPITRE 3

LA LIBERTÉ DE MANIFESTATION DES ACTEURS

248. – Histoire des manifestations ouvrières. L'histoire du mouvement ouvrier au XIXe siècle témoigne de l'usage de la manifestation comme instrument d'expression de la colère ouvrière, bien avant la dépénalisation des coalitions en 1864[1]. Sous la Restauration, 5 000 « jeunes gens du commerce » (ouvriers imprimeurs, carrossiers selliers et garçons bouchers) se rendirent aux Tuileries et furent reçus par le roi. Sous la monarchie de Juillet, le 17 ou 18 octobre 1830, un attroupement vers Vincennes et le Palais-Royal réclama la mort des ministres de Charles X que l'on s'apprêtait à juger. Les cortèges vinrent, lors des hivers 1831-1832 et 1847-1848, demander aux autorités « du travail et du pain », presque toujours à l'Hôtel de Ville.

Si les ouvriers évitent la manifestation dans la rue en raison du risque élevé de répression policière, certaines protestations ouvrières se font pacifiques. Lors de l'insurrection lyonnaise de novembre 1831, les soyeux se rassemblèrent en ordre et en silence sur les places de Bellecour et de la préfecture pour peser sur les discussions d'un tarif des prix de façon. Puis, face aux manifestations de chômeurs, le Gouvernement Périer fit voter la loi du 10 avril 1831 contre les attroupements. Et le grand mouvement parisien de septembre-octobre 1840 mobilisa entre 20 000 à 30 000 personnes. Le peuple même privé de droit de vote pouvait encore peser sur les décisions gouvernementales.

Le printemps 1848 marqua en France la naissance de la manifestation au sens moderne du terme. Le 28 février, les ouvriers parisiens du bâtiment manifestèrent place de l'Hôtel de Ville pour réclamer la journée de dix heures, la fin du marchandage et la création d'un ministère du Travail. Le 17 mars, une manifestation ouvrière obtint le report des élections de l'assemblée constituante au 23 avril. La journée du 15 mai 1848, qui provoquera l'adoption du premier régime encadrant les manifestations, commença pacifiquement par une marche pour la Pologne, avant de se poursuivre par l'invasion pacifique de l'assemblée et de se terminer en tentative de coup d'État de l'extrême gauche. Lors des journées de juin, le cortège des manifestants opposés à la fermeture des Ateliers nationaux s'acheva devant la colonne de Juillet où Louis Pujol initia des émeutes, entraînant une violente répression.

(1) S. Sirot, *La grève en France. Une histoire sociale [XIXe-XXe siècles]*, O. Jacob, 2002. – J. Le Goff, *Du silence à la parole. Une histoire du droit du travail. Des années 1830 à nos jours*, PUR, 2004. – O. Filieule et P. Favre, *Manifestation, in* O. Filieule, L. Mathieu et C. Péchu, *Dictionnaire des mouvements sociaux*, Presses de Sciences Po, coll. « Références », 2e éd., 2020, 623 p., p. 363.

Par la suite, de nombreuses manifestations ouvrières furent réprimées dans le sang. Le 1er mai 1891, l'armée mit fin à une manifestation pacifique d'ouvriers à Fourmies, provoquant neuf morts et trente-cinq blessés. Les manifestants de Draveil et de Villeneuve-Saint-Georges, en grève depuis plusieurs mois, furent réprimés le 30 juillet 1908, provoquant quatre morts et l'arrestation d'une trentaine de dirigeants de la CGT.

Les revues spécialisées se font aujourd'hui encore l'écho de manifestations destinées à appuyer des revendications professionnelles.

Quelques centaines de personnes ont manifesté le 23 novembre 2022 au matin devant le siège France du laboratoire pharmaceutique Sanofi à Gentilly, à l'appel de la CGT, rejointe par la CFDT, FO et SUD. La manifestation, qui regroupait selon les organisateurs près de 400 personnes (200 selon la direction) fait suite à un mouvement de grève entamé depuis plusieurs jours dans le groupe français et visait à mettre la pression sur la direction dans le cadre des négociations annuelles obligatoires (NAO) sur les salaires[2].

Ainsi, plusieurs milliers de manifestants ont participé le 16 décembre 2022 à Nouméa à une marche en direction du siège du Mouvement des entreprises (Medef), alors qu'une intersyndicale y concluait un accord avec le patronat sur une revalorisation des bas salaires du secteur privé. Selon les forces de police, 1 500 manifestants s'étaient mobilisés, 5 000 selon les organisateurs. Au siège du Medef, les syndicats ont obtenu une hausse de 4,17 % pour les bas salaires compris entre le salaire minimum garanti (SMG) (1 359 €) et 200 000 francs (environ 1 700 €), à compter du 1er janvier. Cet accord intervient dans un contexte de forte hausse des prix et du salaire minimum garanti (SMG), revalorisé en septembre (4,2 %). Face à l'échec des négociations annuelles obligatoires, un appel à la grève générale le 16 décembre avait été lancé par l'intersyndicale regroupant six des principaux syndicats de Nouvelle-Calédonie (USOENC, CTSNC, USTKE, COGETRA, FO, Fédération des fonctionnaires), à l'exception de l'UT CFE-CGC[3].

249. – Protection constitutionnelle. Le Conseil constitutionnel rattache la liberté de manifestation au « droit d'expression collective des idées et des opinions »[4] qui est désormais constitutionnellement protégé[5].

250. – Protection par le droit international.

• *DUDH*. L'article 20 de la Déclaration universelle des droits de l'homme dispose que : « Toute personne a droit à la liberté de réunion et d'association pacifiques ». La liberté de manifestation est également rattachée à la liberté de réunion dans le Pacte international relatif aux droits civils et politiques du 16 décembre 1966 (art. 21) comme dans la Convention européenne des droits de l'homme du 4 novembre 1950 (art. 11).

Le domaine d'application de cette liberté est large et englobe naturellement les conflits collectifs du travail. Pour le droit des Nations unies, la réunion est ainsi « selon l'acception la plus courante, un rassemblement intentionnel et temporaire dans un espace privé ou public à des fins spécifiques, qui peut prendre la forme d'une manifestation, d'un meeting, d'une grève, d'un défilé, d'un rassemblement ou d'un *sit-in*[6],

(2) *Liaisons sociales quotidien* 25 nov. 2022, L'actualité, n° 18679, Section Acteurs, débats, événements.

(3) Source AFP et *Liaisons sociales quotidien* 20 déc. 2022, L'actualité, n° 18696, Section Acteurs, débats, événements.

(4) Cons. const., 18 janv. 1995, n° 94-352 DC, *Loi d'orientation sur la sécurité*, consid. 16.

(5) Cons. const., 25 févr. 2010, n° 2010-604 QPC. – Cons. const., 4 avr. 2019, n° 2019-780 DC. – CE, 12 avr. 2019, n° 427638, *Ligue des droits de l'homme, CGT : Lebon* T.

(6) F. Vairel, O. Filieule, L. Mathieu et C. Péchu, V° *Sit-in*, *Dictionnaire des mouvements sociaux*, Presses de Sciences Po, coll. « Références », 2e éd., 2020, 623 p., p. 539.

avec pour objectif d'exprimer des griefs ou des aspirations ou de célébrer des événements »[7].

• *CEDH.* La Cour européenne considère que l'article 11 de la Convention européenne des droits de l'homme s'applique à la liberté de manifestation[8]. Des restrictions à cette liberté sont nécessaires dans une société démocratique pour la sauvegarde de certains intérêts comme la protection de l'ordre public, justifiant alors le régime de déclaration préalable[9].

251. – **Cadre juridique.** Les manifestations étaient historiquement régies par le décret-loi du 23 octobre 1935 modifié, portant réglementation des mesures relatives au renforcement du maintien de l'ordre public, et adopté à la suite des manifestations des ligues du 6 février 1934. Les réunions publiques ont ensuite été régies par les dispositions de l'article 6 de la loi du 30 juin 1881. Ces dispositions ont été transférées en 2012 dans le Code de la sécurité intérieure à l'article L. 211-1[10].

252. – **Plan.** Manifester est un droit et une liberté. Mais c'est également une responsabilité, et les débordements qui accompagnent malheureusement parfois les manifestations ont conduit les pouvoirs publics à mettre en place des règles d'indemnisation particulières. Nous examinerons successivement l'encadrement du droit de manifester (Section 1) et les responsabilités liées aux manifestations (Section 2).

SECTION 1 L'ENCADREMENT DU DROIT DE MANIFESTER

§ 1. – Définition

253. – **Notion de manifestation.** Une manifestation peut être définie comme « un groupe de personnes utilisant la voie publique pour exprimer une volonté collective » soit en cortège (mouvement) soit en rassemblement (de manière immobile)[11].

La Cour de cassation a été conduite à en donner des éléments de définition plus précis. Constitue ainsi une manifestation le rassemblement d'un certain nombre de personnes sur la voie publique de manière itinérante ou statique dont l'objectif est d'exprimer collectivement et publiquement par leur présence, leur nombre, leur attitude, le déploiement de banderoles ou le port de pancartes, une opinion ou une volonté commune[12], ou encore comme « tout rassemblement, statique ou mobile, sur la voie publique d'un groupe organisé de personnes aux fins d'exprimer collecti-

(7) V. A/HRC/20/27, § 24, sur le site internet ohchr.org ; Rapport conjoint du Rapporteur spécial sur le droit de réunion pacifique et la liberté d'association et du Rapporteur spécial sur les exécutions extrajudiciaires, sommaires ou arbitraires concernant la bonne gestion des rassemblements, 31e session du Conseil des droits de l'homme, 2 févr. 2016, A/HCR/31/66, § 10. – D. Tartakowsky, *Manifestations ouvrières et théories de la violence : 1919-1934*, in *Cultures & Conflits* 09-10, 1993.

(8) CEDH, 18 mars 1991, n° 21/1990/212/274, *Ezelin c/ France : Dr. adm.* 1991, comm. 398. – CEDH, 5 mars 2009, *Barraco c/ France*, préc. – Lire J. Halaire, *L'exercice de la liberté de manifestation en France au prisme du droit européen des droits de l'homme : JCP* G 2020, 2184.

(9) Comm. EDH, 10 oct. 1979, n° 8191/78, *Rassemblement jurassien et Unité jurassienne c/ Suisse.*

(10) M. Murbach-Vibert, *Manifestations : Rép. pén. et proc. pén.* Dalloz.

(11) G. Liet-Veaux : *JCl. Administratif*, fasc. 210, *Police des réunions et manifestations*, n° 41.

(12) Cass. crim., 15 juin 1999, n° 98-84.045.

vement et publiquement une opinion ou une volonté commune »[13]. Il pourra s'agir d'un convoi de véhicules[14].

254. – Caractère public. Lorsqu'une manifestation, organisée sur une propriété privée, déborde sur la voie publique, les juges du fond ne peuvent retenir la responsabilité de l'organisateur que s'ils constatent l'existence de l'élément intentionnel, en l'espèce la prévision par l'organisateur du fait que la manifestation, dans les conditions où elle était organisée, devait nécessairement déborder sur la voie publique[15].

§ 2. – Formalités

A. – Liberté

255. – Déclaration préalable. L'article L. 211-1 du Code de la sécurité intérieure soumet à l'obligation d'une déclaration préalable tous cortèges, défilés et rassemblements de personnes et, d'une façon générale, toutes manifestations sur la voie publique, sauf si elles sont conformes aux usages locaux.

Cette déclaration est faite à la mairie de la commune ou aux mairies des différentes communes sur le territoire desquelles la manifestation doit avoir lieu, trois jours francs au moins et quinze jours francs au plus avant la date de la manifestation. Les déclarations tardives sont donc nulles[16].

À Paris, la déclaration est déposée à la préfecture de police. Elle est faite au représentant de l'État dans le département en ce qui concerne les communes où est instituée la police d'État.

La déclaration indique les noms, prénoms et domiciles des organisateurs et elle est signée par au moins l'un d'entre eux. Elle indique le but de la manifestation, le lieu, la date et l'heure du rassemblement des groupements invités à y prendre part et, s'il y a lieu, l'itinéraire projeté.

L'autorité de police délivre un récépissé si la déclaration est régulière[17].

La déclaration préalable, le récépissé délivré par l'autorité compétente et, le cas échéant, l'arrêté pris en application de l'article L. 211-4 revêtent le caractère d'actes administratifs communicables[18].

Encadrement. L'autorité de police compétente doit prendre les mesures raisonnables et appropriées afin d'assurer le déroulement pacifique des manifestations licites[19], et réprimer sans brutalités excessives les manifestations illégales[20]. Les manifestations organisées par les syndicats sont généralement encadrées par un « service

(13) Cass. crim., 9 févr. 2016, n° 14-82.234 : *JCP* S 2016, II, 1130, note H. Guyot ; *JCP* G 2016, II, 465, note P. Collet.

(14) CE, ord. réf., 12 févr. 2022, n° 461417.

(15) Cass. crim., 4 févr. 1954 : *Bull. crim.* n° 58.

(16) CE, ord. réf., 12 févr. 2022, n° 461417 au sujet du convoi de véhicules se revendiquant expressément du convoi de la liberté.

(17) Cette délivrance est donc de droit si les renseignements exigés sont fournis : CE, ass., 24 oct. 1930, *Prunget et Sté d'épargne « Les Raisonnables » : S.* 1931, p. 865.

(18) CADA, 24 janv. 2019, Conseil n° 20185899, *Mairie de Villefranche-de-Rouergue*.

(19) CEDH, 2 juin 1988, n° 10126/82, *Plattform « Ärzte Für Das Leben » c/ Autriche*.

(20) CEDH, 10 juill. 2012, n° 34202/06, *Berladir et a. c/ Russie*.

d'ordre » qui coordonne son intervention avec celle de la police[21]. Les manifestations qui ont accompagné la réforme des retraites en 2023 ont montré à quel point l'intervention de la police pouvait être brutale même face à des manifestants pacifiques[22].

B. – Interdiction

256. – **Circonstances.** Si les circonstances font craindre des troubles graves à l'ordre public et à compter du jour de déclaration d'une manifestation sur la voie publique, ou si la manifestation n'a pas été déclarée, le représentant de l'État dans le département ou, à Paris, le préfet de police, peut interdire pendant les vingt-quatre heures qui la précèdent et jusqu'à dispersion, le port et le transport, sans motif légitime, d'objets pouvant constituer une arme au sens de l'article 132-75 du Code pénal (CSI, art. L. 211-3).

L'autorité investie des pouvoirs de police peut interdire les manifestations par arrêté si elles sont « de nature à troubler l'ordre public » (CSI, art. L. 211-4). Dans cette hypothèse, la participation à la manifestation ainsi interdite est passible de la contravention de police prévue à l'article R. 644-4 du Code pénal[23].

Les tribunaux exercent sur ces interdictions un contrôle à la fois procédural et substantiel.

257. – **Contrôle procédural.** L'autorité de police compétente peut toujours interdire, par arrêté pris sur le fondement de l'article L. 211-4 du Code de la sécurité intérieure, une manifestation soumise à déclaration, dès lors qu'elle estime que la manifestation projetée est de nature à troubler l'ordre public, peu important que celle-ci ait fait ou non l'objet d'une telle déclaration[24].

L'interdiction d'une manifestation sur la voie publique étant une décision individuelle défavorable, son adoption est soumise à une procédure contradictoire préalable au sens où l'entend l'article L. 121-1 du Code des relations entre le public et l'administration (CRPA), sauf urgence ou nécessités de l'ordre public[25]. Le maire qui interdit de manière générale toute manifestation sur le territoire de la commune à une date donnée, à laquelle doivent se dérouler des événements de tauromachie, est en revanche un acte administratif de nature réglementaire qui n'a pas à être notifié[26].

258. – **Nécessité de l'interdiction.** Le juge contrôlera la justification des restrictions apportées[27]. Les motifs avancés doivent être précis et pas hypothétiques[28].

259. – **Proportionnalité de l'interdiction.** Le juge administratif veille, dans le cadre d'un contrôle de proportionnalité, à la conciliation de la liberté de réunion avec l'impératif de maintien de l'ordre public[29]. Il vérifie en particulier, même en cas de

(21) I. Sommier, *La CGT : du service d'ordre au service d'accueil : Genèses* déc. 1993, p. 69-88. Égal., *Dans les manifestations à Paris, le retour en première ligne des services d'ordre syndicaux : Le Monde* 7 févr. 2023.

(22) *Cf.* Défenseure des droits, communiqué de presse, 21 mars 2023.

(23) Cass. crim., 16 mars 2021, n° 20-85.603, publié.

(24) CE, 25 juin 2003, n° 223444, *Assoc. « SOS tout petits » : Lebon*. – Cass. crim., 16 mars 2021, n° 20-85.603.

(25) CE, 25 juin 2003, préc.

(26) Cass. crim., 3 sept. 2019, n° 18-83.854.

(27) Dernièrement CE, 31 mai 2022, n° 464520.

(28) Le motif tiré, en l'absence de toute menace de trouble à l'ordre public, du risque d'atteinte aux relations internationales de la République, n'est pas de ceux qui peuvent légalement justifier une mesure d'interdiction d'une manifestation : CE, 12 nov. 1997, n° 169295, *Min. Intérieur c/ Assoc. « Communauté tibétaine en France et ses amis » : Lebon*.

(29) CE, 19 mai 1933, *Benjamin : Lebon* ; *D.* 1933, 354, concl. Michel.

menace avérée de troubles à l'ordre public, que l'administration n'aurait pas disposé des forces de police suffisantes pour maintenir l'ordre sans interdire la réunion ou la manifestation[30], ou qu'elle ne pouvait parvenir au même résultat par des mesures de police moins attentatoires aux libertés[31].

L'interdiction de la manifestation peut être partielle et ne porter que sur un certain périmètre[32]. Elle pourra s'opposer à la présence de toute personne, même seule, dans le périmètre interdit, dès lors que son intention de participer à la manifestation interdite est établie[33].

La Cour européenne des droits de l'homme veille également à la proportionnalité des mesures d'interdiction. L'État dispose, sous contrôle de la Cour, d'une certaine marge d'appréciation pour apprécier si les mesures sont « nécessaires dans une société démocratique » et visent à « ménager l'équilibre entre la défense de l'ordre public et l'intérêt des manifestants à choisir [une] forme d'action » à propos d'une « opération escargot » organisée à l'appel d'une intersyndicale de transports routiers[34].

260. - Des exemples peu nombreux. Les exemples d'interdictions justifiées sont finalement assez peu nombreux s'agissant de manifestations « sociales ». Il a ainsi été jugé comme justifiée l'interdiction de manifester, dans le cadre du mouvement des « gilets jaunes » au centre-ville d'une localité dans laquelle de précédents rassemblements avaient été le théâtre d'affrontements violents avec les forces de l'ordre et de nombreuses dégradations[35]. A également été validé un arrêté préfectoral interdisant une manifestation statique organisée par des gilets jaunes à proximité immédiate du palais de l'Élysée, au sein d'un périmètre se caractérisant par de fortes contraintes en matière de sécurité, notamment dans le contexte de menace terroriste[36].

Ont en revanche été jugés disproportionnés, dans les circonstances de l'espèce, un arrêté du maire de Rennes annulant l'autorisation d'occuper une salle des fêtes pour la tenue d'une réunion politique à l'occasion de la venue d'un délégué général du Front national[37], ou l'interdiction de la tenue à Annecy de l'université d'été du même Front national[38].

§ 3. - Sanctions

261. - Infraction. L'organisation d'une manifestation sur la voie publique sans déclaration préalable ou avec déclaration incomplète ou inexacte, de nature à tromper sur l'objet ou les conditions de la manifestation projetée, ou encore malgré interdiction, constitue le délit prévu par l'article 431-9 du Code pénal. La même sanction existe si la déclaration est nulle en la forme et expose les organisateurs aux mêmes peines que

(30) CE, 5 févr. 1937, *Bujadoux : Lebon*. – CE, 2 févr. 1938, *Xavier Vallat : Lebon*. – CE, sect., 23 janv. 1953, *Naud : Lebon*. – CE, 4 mai 1984, n° 49153, *Préfet de police c/ Guez : Lebon* ; *AJDA* 1984, 393, concl. Dutheillet de Lamothe.
(31) CE, 29 juill. 1953, *Damazières et a. : Lebon*.
(32) CE, 21 janv. 1966, n° 61692, *Legastelois : Lebon* ; *AJDA* 1966, 435, note Moreau.
(33) Cass. crim., 8 juin 2021, n° 20-87.257.
(34) CEDH, 5 mars 2009, *Barraco c/ France*, préc.
(35) Cass. crim., 18 mai 2021, n° 20-87.005. Sur le mouvement des gilets jaunes, lire L. Gamet, *Les gilets jaunes et la question sociale : Dr. soc.* 2019, 564.
(36) CE, 1er juill. 2022, n° 465411.
(37) CE, 29 déc. 1997, n° 164299, *Maugendre : Lebon*.
(38) CE, ord., 19 août 2002, n° 249666, *Front national, Institut de formation des élus locaux : Lebon*.

ceux qui s'abstiennent de procéder à une déclaration[39]. La sanction pénale est toutefois limitée aux organisateurs. L'article R. 610-5 du Code pénal n'incrimine pas en effet le seul fait de participer à une manifestation non déclarée[40]. Si la manifestation a été interdite, le juge répressif doit apprécier la légalité de l'arrêté en cause[41].

262. - Attroupements. Une manifestation qui se déroule sans déclaration préalable ou malgré une interdiction peut par ailleurs constituer un attroupement que l'article 431-3 du Code pénal définit comme « tout rassemblement de personnes sur la voie publique ou dans un lieu public susceptible de troubler l'ordre public »[42]. Cette qualification est susceptible de s'appliquer à une manifestation de grévistes, dès lors que ces derniers commenceraient à commettre des infractions et à troubler ainsi l'ordre public[43].

Les articles 431-4 et suivants du Code pénal fixent les sanctions : un an d'emprisonnement et 15 000 € d'amende, et pour celui qui « dissimule volontairement en tout ou partie son visage afin de ne pas être identifié », ou qui porte une arme, par nature ou destination, les sanctions sont triplées, voire quintuplées si le manifestant masqué ou armé ne quitte pas les lieux « après les sommations ».

« La provocation directe à un attroupement armé, manifestée soit par des cris ou discours publics, soit par des écrits affichés ou distribués, soit par tout autre moyen de transmission de l'écrit, de la parole ou de l'image », est également interdite et « punie d'un an d'emprisonnement et de 15 000 euros d'amende ». « Lorsque la provocation est suivie d'effet, la peine est portée à sept ans d'emprisonnement et à 100 000 euros d'amende. »

Des peines complémentaires sont également prévues par les articles 431-7 et 431-8 du Code pénal.

263. - Gênes à la circulation. L'article L. 412-1 du Code de la route punit de deux ans d'emprisonnement et de 4 500 € d'amende « le fait, en vue d'entraver ou de gêner la circulation, de placer ou de tenter de placer, sur une voie ouverte à la circulation publique, un objet faisant obstacle au passage des véhicules ou d'employer, ou de tenter d'employer un moyen quelconque pour y mettre obstacle ».

Lorsque les manifestants bloquent la circulation, l'infraction est constituée sans grande difficulté[44], qu'ils la bloquent en personne, avec des véhicules ou en déversant sur la chaussée des centaines de tonnes de pommes de terre[45].

Il est parfois difficile de distinguer la « gêne » de l'exercice sur la voie publique de la liberté de manifester ou de communication, notamment lorsque des grévistes distribuent des tracts, ce qui va avoir pour conséquence de ralentir la circulation. Même lorsqu'il ne s'agit pas d'une manifestation non autorisée, le fait d'interpeller à un

(39) CA Bordeaux, 18 juill. 1950 : *D.* 1951, 41.
(40) Cass. crim., 8 juin 2022, n° 21-82.451. – Cass. crim., 14 juin 2022, n° 21-81.072.
(41) Cass. crim., 14 juin 2022, n° 21-81.072.
(42) Ces dispositions sont issues de la loi du 7 juin 1848 sur les attroupements votée après le soulèvement ouvrier du 15 mai 1848.
(43) Sur ce critère : Cass. crim., 7 juin 2011, n° 10-88.629.
(44) Cass. crim., 15 juin 2010 : *Dr. pén.* 2010, chron. 9, obs. M. Segonds.
(45) CE, 18 nov. 1998 : *Dr. adm.* 1999, n° 21.

péage d'autoroute les automobilistes, sans entraver la liberté de circulation, ne caractérise pas une gêne[46].

La Cour de cassation a considéré que l'exercice du droit de grève ne justifiait pas des entraves à la circulation routière caractérisées par une « opération escargot »[47] ; dans cette affaire, la police présente sur place avait mis en garde les grévistes.

La Cour européenne des droits de l'homme ne juge pas autrement et considère que les condamnations pénales intervenues à l'encontre de grévistes qui ne manifestent pas pacifiquement ne violent pas l'article 11 de la Convention[48].

SECTION 2 LA RECHERCHE DE RESPONSABLES

§ 1. – Responsabilités des acteurs dans les conditions du droit commun

264. – Hypothèses. Nous reviendrons ultérieurement sur la mise en cause de la responsabilité des acteurs, qu'il s'agisse de la responsabilité des manifestants ou des syndicats[49]. Ces régimes de responsabilité se heurtent toutefois à un double obstacle pratique et économique. Pour être indemnisé il faut, en toute hypothèse, identifier les auteurs des dommages constatés soit pour les rendre responsables de leurs propres actes, soit pour tenter d'imputer ces actes à d'autres personnes, singulièrement des syndicats. Or, dans les manifestations, les fauteurs de troubles agissent souvent masqués ou dans un contexte tel qu'il sera difficile de les identifier. Même lorsque la victime réussit à identifier les auteurs, elle risque de se heurter à leur insolvabilité ou à des difficultés pratiques de mise en jeu de leur responsabilité. C'est pourquoi un régime d'indemnisation qui ne suppose pas que soient identifiés les auteurs des troubles était indispensable, et existe depuis plus de deux siècles dans notre droit.

§ 2. – Responsabilité de l'État du fait des attroupements

265. – Historique. Un régime d'indemnisation particulier existe depuis la Révolution française, singulièrement depuis le décret du 10 vendémiaire an IV (2 octobre 1795) instituant une responsabilité collective des habitants : « Tous les citoyens habitant la même commune sont garants civilement des attentats commis sur le territoire de la commune soit envers les personnes soit contre les propriétés »[50].

(46) À propos d'une manifestation de motards : CA Besançon, 17 avr. 1985 : *Gaz. Pal.* 1986, 1, somm., p. 5, note Doucet.

(47) Cass. crim., 8 mars 2005, n° 04-83.979, publié ; *RDP* 2005, 636, obs. X. Pin ; *RSC* 2005, 836, note Vermelle ; *RSC* 2006, 72, note J.-P. Delmas Saint-Hilaire.

(48) CEDH, 5 mars 2009, *Barraco c/ France*, préc.

(49) V. *infra*, n°s 919 et s.

(50) C. Bréchon-Moulènes, *Les régimes législatifs de responsabilité publique*, LGDJ, 1974, p. 25 et s. – R. Letteron, *Le juge administratif et la responsabilité du fait des attroupements* : *RDP* 1990, p. 489. – J.-F. Dreuille : *JCl. Pénal Code*, Art. 431-3 à 431-8, fasc. 20, *Attroupements*.

La loi municipale du 5 avril 1884 a substitué la responsabilité de la commune à celle des habitants et institué une présomption de faute résultant du non-maintien de l'ordre public.

La loi du 16 avril 1914 a créé un système de responsabilité sans faute pour risque partagé entre la commune et l'État, chacun supportant la moitié de l'indemnisation des dommages causés par les attroupements. L'État ne jouait toutefois qu'un rôle de garant et disposait d'un recours contre la commune si celle-ci avait manqué à ses devoirs par « inertie ou connivence avec les émeutiers ». Ces dispositions furent intégrées dans le Code des communes (abrogé en 1986) aux articles L. 133-1 à L. 133-8.

266. - Droit positif. Le régime actuel, révisé en 1983, fut transféré dans le Code général des collectivités territoriales[51] puis dans le Code de la sécurité intérieure où il figure désormais à l'article L. 211-10.

Code de la sécurité intérieure

Art. L. 211-10. - L'État est civilement responsable des dégâts et dommages résultant des crimes et délits commis, à force ouverte ou par violence, par des attroupements ou rassemblements armés ou non armés, soit contre les personnes, soit contre les biens.

L'État peut également exercer une action récursoire contre les auteurs du fait dommageable, dans les conditions prévues au chapitre Ier du sous-titre II du titre III du livre III du code civil.

Il peut exercer une action récursoire contre la commune lorsque la responsabilité de celle-ci se trouve engagée.

A. - Conditions tenant aux émeutiers

267. - Personnes concernées. Les dommages doivent avoir été causés par des personnes déterminées ou du moins par des groupes déterminés[52].

Ce dispositif est applicable « à des ouvriers grévistes occupant les locaux de leur travail »[53], mais une décision du Conseil d'État du 18 mai 2009 semble considérer que si les grévistes ne commettent pas d'exactions dans l'entreprise, le dispositif d'indemnisation par l'État n'est pas mobilisable[54].

La société Béziers Distribution Automobiles (BDA), filiale de la Société SOFIRAN, avait acquis le 1er août 1997 de la SA Renault un établissement de commercialisation de véhicules situé à Béziers, occupé depuis le 13 juin 1997 par certains salariés qui entendaient s'opposer à la cession. La société BDA, empêchée d'exercer son activité par la poursuite de l'occupation irrégulière des locaux, qui n'a pris fin que le 30 mai 1998, a été placée en liquidation judiciaire le 21 novembre 1997.

La Société Sofiran a présenté un recours indemnitaire dirigé contre l'État qui a été rejeté par les juridictions du fond, ce que confirme ici le Conseil d'État. Pour ce dernier en effet, « la poursuite pendant une longue période d'une occupation qui impliquait l'organisation de permanences et la mise en œuvre concertée de moyens destinés à empêcher l'accès à l'établissement ne peut être regardée, dans les circonstances de l'espèce, comme ayant été le fait d'un rassem-

(51) L. n° 83-8, 7 janv. 1983, art. 92 ; CGCT, art. L. 2216-3.
(52) CE, avis, 20 févr. 1998 : *JCP* G 1998, II, 10062, note C. Moniolle.
(53) T. confl., 22 avr. 1985 : *Dr. soc.* 1985, p. 545, concl. B. Genevois.
(54) CE, 5e et 4e ss-sect. réunies, 18 mai 2009, n° 305135.

blement ou d'un attroupement au sens des dispositions précitées de l'article L. 2216-3 du Code général des collectivités territoriales ».

268. – Caractère non délibéré de l'émeute. Le Conseil d'État a considéré que la constitution et l'organisation d'un groupe de manifestants *à seule fin* de commettre le délit d'entrave à la circulation puni par l'article L. 412-1 du Code de la route ne pouvaient être regardées comme un attroupement ou un rassemblement. Il s'agissait dans cette affaire d'un mouvement de protestation coordonné ayant donné lieu à des actions similaires en divers points du territoire national, des producteurs de lait ayant, entre le 7 et le 12 juin 2009, bloqué l'accès à une plateforme d'approvisionnement des magasins de grande distribution d'une société dans une commune. Les moyens matériels mis en œuvre pour réaliser le blocage de la plateforme d'approvisionnement révélaient une action préméditée, organisée par un groupe structuré[55].

En d'autres termes, les infractions commises par les protagonistes doivent s'intégrer dans un contexte plus global et ne pas constituer l'unique action des manifestants. Mais si le regroupement ne s'était pas constitué pour mener des actions licites avant, et avait donc pour unique but l'infraction pénale constatée, alors l'État ne sera pas condamné sur ce fondement[56].

B. – Preuve de l'imputabilité des dommages

1° Charge de la preuve

269. – Le rôle du demandeur. La preuve de l'imputabilité des dommages subis aux attroupements litigieux doit être établie par l'entreprise qui supporte également le risque de cette preuve. C'est ce qu'illustre une décision *SNC Logidis* rendue par le Conseil d'État le 25 juillet 2007[57].

À l'appui de sa demande tendant à ce que l'État soit condamné à réparer le préjudice ayant résulté pour elle des difficultés d'approvisionnement de ses magasins d'alimentation à partir de sa plateforme logistique située dans la zone d'activités de La Crau à Aix-en-Provence pendant la première semaine du mois de novembre 1997, alors que se déroulait un mouvement national de grève des transports routiers, la SNC Logidis a produit des constats quotidiens d'huissiers décrivant le barrage installé, du 2 novembre à 23 heures 30 jusqu'au 8 novembre au matin, à l'entrée de la zone d'activités au moyen de véhicules de tourisme par des représentants de l'union départementale CGT, qui rendait impossible les entrées et sorties de camions.

Pour le Conseil d'État, il résultait de l'instruction que le préjudice résultant de l'impossibilité dans laquelle elle s'est trouvée d'assurer l'approvisionnement de son circuit de magasins d'alimentation à partir de son dépôt de la zone de Crau résultait bien du délit d'entrave à la circulation commis par les grévistes.

La société avait produit un tableau intitulé « Estimation du coût relatif à la grève des routiers 1997 » comportant quinze rubriques, accompagné de nombreux documents et de listes de gestion de stocks et fixé son préjudice à la somme globale de 1 203 164,99 €. Cette demande n'apparaissait toutefois pas assez étayée : à l'exception des rubriques relatives à la destruction des fruits et légumes (99 705,12 €), aux frais d'huissier (1 874,08 €) et à la perte d'exploitation de l'entrepôt (271 054 €), elle n'apportait en effet pas d'éléments explicatifs sur la nature des préjudices dont elle demande réparation et leur mode de calcul. Le préjudice indemnisable a donc été ramené à la somme de 372 633,20 €.

(55) CE, 5e et 4e ch. réunies, 30 déc. 2016, n° 389835. Lire L. Dutheillet de Lamothe, *L'introuvable attroupement : AJDA* 2017, p. 524.

(56) CAA Bordeaux, 27 sept. 2011, nos 10BX03125 et 10BX03126 : *AJDA* 2012-816, chron. Vié.

(57) CE, 5e et 4e ss-sect. réunies, 25 juill. 2007, n° 286767 : *Rev. dr. transp.* 2007, comm. 206, note C. Paulin.

2° Illustrations dans les conflits collectifs

270. - Conditions. Ce dispositif a été fréquemment mobilisé lorsque des grévistes bloquent la circulation sur des voies publiques. Outre les sanctions pénales prononcées contre les auteurs, s'ils sont identifiés, sur le fondement de l'article L. 412-1 du Code de la route, il est possible de mettre en cause la responsabilité de l'État, à condition qu'il soit démontré que les dommages résultent de manière directe et certaine de crimes et délits commis par des rassemblements ou des attroupements précisément identifiés.

271. - Exemples. Sont de nature à engager la responsabilité de l'État à raison des dommages directs et certains qui en ont été la conséquence, les faits d'immobilisation, pendant cinq jours, de camions d'une entreprise frigorifique par des barrages routiers en grève, la seule circonstance que la société de transport ait eu connaissance du conflit national des transporteurs routiers n'étant pas de nature à établir que cette dernière ait commis une faute en faisant circuler ses camions au cours des jours suivants[58].

Permet également la mise en jeu de la procédure d'indemnisation l'immobilisation de quarante-trois véhicules appartenant à une société de transport, ainsi que de dix-huit semi-remorques de ses fournisseurs et contenant des marchandises destinées à lui être livrées, aux abords et au sein de sa plateforme logistique, alors que se déroulait un mouvement national de grève des transports routiers, ces faits ayant été constatés par quatre constats d'huissier suffisamment détaillés. La circonstance que la société aurait eu connaissance de ce mouvement de grève des transporteurs routiers par les médias n'était pas, ici non plus, de nature à établir que cette dernière ait commis une imprudence en faisant circuler ses camions aux dates litigieuses. Le fait pour certains des chauffeurs de cette société de s'être volontairement immobilisés par solidarité avec le mouvement n'était pas non plus, au vu de l'ampleur du mouvement, de nature à exonérer même partiellement l'État de sa responsabilité[59].

272. - Exemples de décisions des juridictions du fond.

Responsabilité de l'État admise

• **CAA Nantes, 4e ch., 19 mai 2021, n° 20NT02603.** Les faits de tentatives d'intrusion dans un bâtiment public par la violence, constitutifs d'un délit, présentaient un caractère organisé et prémédité, (…) ont été commis à l'occasion d'une manifestation réunie sur la voie publique, organisée à l'initiative d'organisations syndicales, rassemblant des milliers de personnes.

• **CAA Lyon, 4e ch., 23 févr. 2023, n° 21LY00665.** Lors des manifestations des 1er et 8 décembre 2018 du mouvement des gilets jaunes à Saint-Étienne, du mobilier urbain a été dégradé après que les forces de l'ordre, victimes de jets de pierres, eurent repoussé à hauteur de la rue du 11 novembre les manifestants qui tentaient d'entrer dans le centre commercial Centre 2. Le 8 décembre, les dégradations ont été commises en centre-ville, sur le parcours de la manifestation alors que celle-ci avait dégénéré. Si les forces de l'ordre ont pu, le 1er décembre, identifier « la présence de jeunes individus appartenant à la délinquance locale » puis, le 8 décembre, imputer les faits à de « jeunes individus, visages dissimulés » et si plusieurs articles de presse

(58) CAA Douai, 30 déc. 2003, n° 02DA00334.
(59) CAA Marseille, 30 juin 2008, n° 07MA00868.

ont fait état de la présence de casseurs qui se seraient introduits parmi les manifestants, il ne résultait pas de l'instruction que les dégradations résulteraient pour autant d'une action préméditée, organisée par un groupe structuré à seule fin de les commettre. Dans ces conditions, ces actes délictuels commis par violence, qui procédaient d'une action spontanée dans le cadre ou le prolongement d'un attroupement ou rassemblement, étaient de nature à engager la responsabilité sans faute de l'État sur le fondement de l'article L. 211-10 précité du Code de la sécurité intérieure. La société Philippe Védiaud Publicité, propriétaire du mobilier urbain dégradé, a obtenu la condamnation de l'État à lui verser la somme de 102 915,60 €.

Responsabilité de l'État écartée

• **CAA Nantes, 4e ch., 6 juin 2014, n° 13NT00865.** Le 19 mai 2009 vers 13 heures, des agriculteurs ont tenté de pénétrer à l'intérieur du centre commercial Leclerc de Bayeux, contraignant ses responsables à le fermer et à en évacuer le public. Les manifestants ont alors décidé d'occuper le parking avec des engins agricoles en déversant du fumier et du lisier. Le 21 mai 2009 à 9 heures, les agriculteurs ont, de nouveau, tenté de pénétrer dans l'hypermarché et ainsi provoqué, outre l'évacuation et la fermeture du magasin, le blocage de ses accès routiers. Le 25 mai suivant entre 16 heures et 16 heures 50, les producteurs de lait ont encore envahi le parking et tenté de pénétrer à l'intérieur de la grande surface, contraignant également ses responsables à la fermer. Les exploitants agricoles ont ensuite déversé du fumier et des pommes de terre devant le magasin et sur le parking et jeté des œufs sur les vitres. La circonstance que ces faits se sont déroulés dans un contexte de revendications des producteurs de lait ne suffit pas à établir que les agissements à l'origine des dommages dont l'indemnisation est sollicitée ont été commis par un attroupement ou un rassemblement, dès lors qu'ils ont été manifestement prémédités et organisés par des groupes structurés venus en tracteurs avec des remorques de fumier et citernes à lisier, prenant le centre commercial comme objectif de leur action. Le seul fait que les manifestants aient commis des dégradations à l'extérieur du magasin ne permet pas davantage de démontrer qu'il s'agirait d'un débordement de violence réactif et spontané d'un attroupement ou rassemblement.

• **CAA Nantes, 4e ch., 30 sept. 2014, n° 13NT02365.** Des dégradations se sont déroulées dans la nuit du 12 au 13 juin 2009 sur l'ensemble des trois centres commerciaux de la commune de Cholet, en particulier sur le site de l'hypermarché Carrefour vers 1 heure du matin, où de petits groupes d'agriculteurs sont venus en engins agricoles pour déverser du lisier et projeter des branchages sur les parkings de manière à entraver l'accès au magasin. La circonstance que ces faits se sont déroulés dans un contexte de revendications nationales des producteurs de lait ne suffit pas à établir que les agissements à l'origine des dommages dont l'indemnisation est sollicitée ont été commis par un attroupement ou un rassemblement, dès lors qu'ils ont été manifestement prémédités et organisés par des groupes structurés venus de nuit en tracteurs en prenant les centres commerciaux comme objectif de leur action.

• **CAA Nantes, 4e ch., 17 oct. 2014, n° 13NT02006.** Le 17 mai 2009 à partir de 22 heures 30, des agriculteurs ont bloqué les entrées et la sortie de la plateforme logistique à l'enseigne Leclerc gérée par la SCA Normande, détérioré la barrière d'entrée et détruit une pompe à carburant, procédé au déchargement d'un camion et endommagé le véhicule du directeur. Le 18 mai 2009, un barrage a été érigé à 7 heures 30 avec du fumier, divers détritus et des pneus enflammés en présence d'un groupe d'une vingtaine d'agriculteurs. Dans la soirée du 27 mai au 28 mai 2009, deux cents agriculteurs venus avec une quarantaine de tracteurs étaient présents sur le site et, le 28 mai 2009, ont bloqué les entrées et déchargé des plaquettes de beurre sur le trottoir. Le 11 juin 2009, les entrées ont de nouveau été bloquées avec des remorques de tracteurs ou des tas de détritus par quatre-vingts agriculteurs venus avec vingt-deux tracteurs équipés de remorques. La circonstance que ces faits se sont déroulés dans un contexte de revendications des producteurs de lait ne suffit pas à établir que les agissements à l'origine des dommages dont l'indemnisation est demandée ont été commis par un attroupement ou un rassemblement, dès lors qu'ils ont été manifestement prémédités et organisés par des groupes structurés venus avec des tracteurs équipés de remorques pour transporter du fumier, des pneus et divers détritus et prenant la plateforme logistique comme objectif de leur action. Le seul fait que les manifestants aient commis des dégradations à l'extérieur de la centrale d'achat ne démontre pas davantage qu'il s'agirait d'un accès de violence spontané émanant d'un attroupement ou d'un rassemblement.

• **CAA Nantes, 4e ch., 27 févr. 2015, n° 13NT02624.** Une action de blocage d'une plateforme logistique située sur le territoire de la commune du Rheu avait été organisée du 18 au 20 mai 2009 par des producteurs de lait. L'accès à la plateforme avait été bloqué par un groupe d'agriculteurs ayant barré l'accès au site avec deux tracteurs attelés de remorques. Ces éléments caractérisent l'existence d'une action préméditée, organisée par un groupe structuré. La circonstance que les faits se sont déroulés dans un contexte de revendication nationale des producteurs de lait ne suffit pas à établir que les agissements à l'origine du blocage ont été commis par un attroupement ou un rassemblement.

• **CAA Nantes, 4e ch., 15 déc. 2015, n° 14NT01609.** Les accès aux trois sites de la plateforme logistique étaient barrés par plusieurs amas de terre, pneus, lisier, paille et matériaux divers et sur la voie principale d'accès de l'entrepôt Socamaine 3 un tracteur attelé d'une remorque bloquait l'issue de secours. L'accès à l'entrée principale du site Socamaine 2 était entravé par des plots de signalisation déterrés et la présence d'une dizaine d'agriculteurs. La grille d'accès de l'entrepôt Socamaine 1 était bloquée par un entassement de pneus et de pierres. Le rapport d'expertise réalisé le 14 décembre 2009 à l'initiative de la société Axa faisait état d'une « manifestation d'agriculteurs comprenant 350 tracteurs ». L'ensemble de ces éléments caractérisent l'existence d'une action préméditée, organisée par un groupe structuré et équipé en vue de commettre de telles actions de blocage. La circonstance que les faits se sont déroulés dans un contexte de revendication nationale des agriculteurs ne suffit pas à établir que les agissements à l'origine des dommages ont été commis par un attroupement ou un rassemblement. La seule circonstance que les manifestants aient commis des dégradations à l'extérieur de la centrale d'achat ne démontre pas davantage qu'il s'agirait d'un accès de violence spontané émanant d'un attroupement ou d'un rassemblement.

• **CAA Douai, 2e ch., formation à 3, 4 oct. 2016, n° 15DA01984.** Deux actions de blocage de deux plateformes logistiques situées sur la zone d'activité Saint-Martin de la commune d'Aire-sur-la-Lys et sur la zone industrielle du Bois Rigault le Mont Marlière de la commune de Vendin-le-Vieil avaient été organisées les 27, 28 et 29 mai 2009 par des producteurs de lait. L'accès aux plateformes était bloqué par plusieurs dizaines d'agriculteurs avec des tracteurs, des bennes et tas de pneus empêchant ainsi tout accès de véhicules. L'ensemble de ces éléments caractérisent l'existence d'une action préméditée, organisée par un groupe structuré. Si les dommages invoqués par la société Logidis Comptoirs Modernes et autres résultent de délits, commis à force ouverte ou par violence, la circonstance que les faits se sont déroulés dans un contexte de revendication nationale des producteurs de lait ne suffit pas à établir que les agissements à l'origine du blocage ont été commis, de manière spontanée, par un attroupement ou un rassemblement.

• **CAA Bordeaux, 6e ch., formation à 3, 9 mai 2017, n° 15BX01060.** Les actions qui se sont produites entre le 21 janvier et le 5 mars 2009, dans le département de la Guadeloupe, dont le caractère violent et de nature à tout le moins délictuel ne peut être remis en cause, consistant notamment en un blocage des routes, des zones portuaires, des zones d'activité économique, notamment la zone de Jarry, et des sites de plateformes logistiques, étaient le fait d'organisations notamment syndicales agissant de façon préméditée et organisée par des groupes structurés et équipés en vue de commettre de telles actions de blocage. Dans ces conditions, les agissements à l'origine des dommages n'ont pas été commis, dans l'impréparation, par des personnes s'étant trouvées attroupées ou rassemblées, mais au contraire de façon coordonnée et planifiée. La gravité des faits commis et l'éventuelle illicéité de la grève sont sans incidence sur la qualification au sens de l'article L. 2216-3 du Code général des collectivités territoriales, de la nature de ces violences.

• **CAA Nancy, 4e ch., 2 juill. 2019, n° 18NC02106.** La mise en œuvre de tels moyens dans le cadre d'un mouvement national au cours duquel ont eu lieu des actions similaires en divers points du territoire national, révélait une action préméditée et organisée par un groupe structuré. Par suite, les conséquences dommageables de cette manifestation ne pouvaient être regardées comme imputables à un attroupement ou un rassemblement, ni par suite, et quand bien même la société SANEF n'était pas directement la cible des auteurs de ces agissements, comme engageant à son égard la responsabilité de l'État sur ce fondement.

• **CAA Nantes, 4e ch., 31 janv. 2020, n° 18NT00428.** Les dégradations causées au cargo sablier et à sa cargaison ne pouvaient être regardées comme consécutives à un attroupement ou un rassemblement au sens de l'article L. 2216-3 du Code général des collectivités territoriales, alors en vigueur, mais apparaissaient consécutives à un mouvement structuré et organisé, pendant plusieurs heures, au seul motif d'empêcher toute manœuvre de déchargement du bateau dans le port de Montoir-de-Bretagne.

• **CAA Nantes, 4e ch., 20 mai 2022, n° 21NT00773.** La méthode employée et la brièveté de l'action des intéressés révélaient une action préméditée organisée par un groupe structuré, constitué et organisé à seule fin d'occuper les voies de la gare de Nantes et d'interrompre ponctuellement le trafic. Dans ces conditions, le groupe ayant causé les événements du 15 avril 2016 ne pouvait pas être regardé comme un attroupement ou un rassemblement au sens des dispositions de l'article L. 211-10 du Code de la sécurité intérieure.

C. – Dommages réparables

273. – **Tous types de dommages.** Le Conseil d'État considère que doivent être indemnisés les dommages de tous types qui sont la conséquence directe et certaine des crimes et délits sanctionnés par les dispositions légales ; ces derniers ne se limitent pas aux dommages corporels et matériels, mais englobent aussi, le cas échéant, les dommages ayant le caractère d'un préjudice commercial consistant notamment en un accroissement de dépenses d'exploitation ou en une perte de recettes d'exploita-

tion. C'est ce qui résulte d'une décision *Société Vieille Montagne* du Conseil d'État du 15 juin 2001[60].

Le 17 décembre 1984, vers 5 heures 40, des salariés de la société « Vieille Montagne », en conflit avec la direction de l'entreprise, avaient pénétré en groupe sur la voie ferrée à proximité de la gare de Viviez-Decazeville, saboté des rails et provoqué le déraillement de trois wagons.

La cour administrative d'appel avait considéré que perpétrés avec le concours de plusieurs centaines de personnes dans le cadre d'une action collective destinée à défendre des revendications professionnelles, les dommages en résultant ne pouvaient être regardés comme la conséquence d'un rassemblement ou d'un attroupement au sens de l'article 92 de la loi du 7 janvier 1983, en raison notamment du caractère prémédité de cette action.

Telle n'est pas l'opinion du Conseil d'État qui affirme au contraire que les dommages causés devaient être regardés comme la conséquence d'un attroupement ou d'un rassemblement au sens des dispositions précitées de l'article 92 de la loi du 7 janvier 1983, en ce qu'ils étaient constitutifs du délit de destruction volontaire de biens d'autrui, réprimé par les dispositions du Code pénal alors en vigueur.

Restait à déterminer quels dommages pourraient être réparables à ce titre.

Pour le Conseil d'État, les dispositions législatives « n'énoncent aucune restriction quant à la nature des dommages indemnisables ». Elles « rendent l'État responsable des dommages de toute nature qui sont la conséquence directe et certaine des crimes et délits visés par ces dispositions ; (...) ainsi, la responsabilité de l'État peut être engagée non seulement pour les dommages corporels et matériels, mais aussi, le cas échéant, pour les dommages ayant le caractère d'un préjudice commercial consistant notamment en un accroissement de dépenses d'exploitation ou en une perte de recettes d'exploitation ». Tel était bien le cas ici : la détérioration de voies et le renversement de wagons par les manifestants avaient provoqué l'interruption, jusqu'au lendemain à 11 heures 30, de toute circulation ferroviaire entre Capdenac et Rodez et entre Capdenac et Decazeville, et avaient rendu nécessaire le détournement du trafic ferroviaire et la mise en place de transports de substitution. Les chefs de préjudice invoqués par la SNCF et relatifs non seulement à la nécessité de procéder à la réparation des installations, mais aussi aux dépenses supplémentaires engagées en raison des frais de traction et de déviation des trains, ainsi que de l'organisation de transports de substitution, présentaient donc bien un lien direct avec les agissements des manifestants, le montant des dépenses engagées par ces opérations s'élevant à 140 992,25 francs.

274. – Rupture d'égalité devant les charges publiques. En l'absence d'infractions pénales, l'État demeure responsable dans les conditions du droit commun, soit en établissant la faute lourde[61], soit en caractérisant une rupture d'égalité devant les charges publiques, ce qui suppose que les demandeurs aient subi un préjudice anormal, c'est-à-dire « significativement plus élevé » et spécial, qui excède celui subi, dans les circonstances de l'espèce, par les autres entreprises concernées par ces actions[62].

(60) CE, 2e et 1re ch. réunies, 15 juin 2001, n° 215435.

(61) T. confl., 7 juin 1982 : *D.* 1982, p. 637, concl. G. Picca. – CE, 5e et 4e ch. réunies, 30 déc. 2016, n° 389835, préc. (pas établie en l'espèce).

(62) CE, 5e et 4e ch. réunies, 30 déc. 2016, n° 389835, préc. : pas admise non plus ici.

TITRE 2 LA GRÈVE

275. – Absence de définition légale. Il n'existe pas à proprement parler de véritable définition textuelle de la grève[1], ni dans les instruments internationaux ou constitutionnels qui la consacrent, ni dans le Code du travail ou le Code général de la fonction publique. On note seulement des éléments épars qui permettent d'en déterminer les différents éléments constitutifs.

Le premier texte à avoir identifié le phénomène de la grève, l'article 414 du Code pénal de 1810 qui sanctionnait le délit de coalition, visait la « cessation concertée de travail ».

Définition des coalitions prohibées : article 414 du Code pénal (version 1810)

« Sera puni d'un emprisonnement de six jours à trois ans et d'une amende de 500 F à 20 000 F, ou de l'une de ces deux peines seulement, quiconque, à l'aide de violences, voies de fait, menaces ou manœuvres frauduleuses, aura amené ou maintenu, tenté d'amener ou de maintenir une cessation concertée de travail, dans le but de forcer la hausse ou la baisse des salaires ou de porter atteinte au libre exercice de l'industrie ou du travail. »

La même expression figure à l'article L. 2512-3 du Code du travail relatif à l'engagement simultané de la grève dans les services publics, qui entraîne la prohibition des « grèves tournantes ».

L'expression voisine de « cessation concertée **du** travail » se retrouve également fréquemment, singulièrement dans les articles L. 2512-5 du Code du travail, L. 114-2 et L. 114-4 du Code général de la fonction publique, ainsi que dans plusieurs dispositions réglementaires.

Un groupe d'auteurs a proposé en 2017, dans le cadre d'un projet alternatif de Code du travail, de redéfinir la grève comme « le droit de désobéir collectivement aux demandes et commandements de l'employeur, pour appuyer des revendications professionnelles ». Cette définition extensive permettrait de réintégrer dans la légalité « les grèves perlées, les grèves partielles, les grèves du zèle et de valider, par exemple, les mouvements de coupures de courant exercées par les salariés d'EDF, les grèves du contrôle des contrôleurs de la SNCF restés à bord des trains pour assurer la sécurité, *etc.* »[2].

(1) B. Mathieu et S. Dion-Loye : *RFD const.* 1991, p. 509-528, spéc. p. 510.
(2) GR-PACT, dir. E. Dockès, *Proposition de Code du travail*, Dalloz, 2017, 399 p., spéc. p. 14.

276. – Un droit hybride. La grève constitue donc un droit hybride puisque si le droit de grève appartient en principe à chaque salarié ou agent public, il doit (en principe) s'exercer collectivement, ce qui constitue, pour reprendre le mot de Gérard Lyon-Caen, une « bizarrerie bien française »[3] où les notions d'individu et de collectivité sont « nécessairement et étrangement accolées »[4], le droit de grève ne pouvant exister indépendamment du salarié et ne pouvant s'exercer sans le support de la collectivité[5].

À bien y réfléchir, le droit de grève n'est pas différent d'autres droits « publics » comme celui de manifester, ou de s'associer, voire de prérogatives plus « privées » comme celle de contracter, ou de se marier, car ces libertés aussi appartiennent à des personnes et ne peuvent s'exercer qu'en se combinant avec d'autres. Par ailleurs, les droits étrangers qui retiennent une conception moins libérale de la grève et plus syndicale, n'échappent pas à l'observation, pas plus d'ailleurs que la grève dans les services publics et qui doit être précédée par un préavis syndical : même si les syndicats peuvent, dans une certaine mesure, empêcher les salariés de faire grève en refusant de déposer un préavis, ce sont bien les travailleurs qui exercent seuls le droit de grève, tout simplement parce que ce dernier ne peut se définir que par rapport à l'exécution normale du contrat de travail ou des obligations statutaires, et qu'un syndicat ne peut donc pas « faire grève », ses actions collectives étant d'une autre nature.

277. – Définition judiciaire. La définition jurisprudentielle de la grève a évolué jusqu'à ce qu'elle trouve sa formulation contemporaine, stable depuis un arrêt *France Glaces Findus* rendu par la chambre sociale de la Cour de cassation le 4 novembre 1992 : « La grève est la cessation collective et concertée de travail en vue d'appuyer des revendications professionnelles »[6].

Une grève, avec occupation des lieux, avait commencé le 18 octobre 1988 dans l'usine de la société France glaces Findus à Beauvais. À la suite des débordements survenus au cours de ce mouvement, la société avait licencié pour faute lourde, les 10 et 12 novembre 1988, dix-sept salariés. Ces derniers ont alors saisi la juridiction prud'homale pour obtenir la nullité des licenciements et leur réintégration.

La cour d'appel les avait déboutés de leurs demandes après avoir énoncé que des faits illicites, tels que la fermeture de la vanne principale de gaz et l'obstruction apportée à sa réouverture, avaient été commis par des grévistes, que cette situation avait rendu la grève illicite et que la seule participation à un mouvement qui n'entre pas dans le cadre licite du droit de grève constitue une faute lourde à forme collective.

Cet arrêt est cassé au double visa des articles 7 du Préambule de la Constitution du 27 octobre 1946 et L. 521-1 du Code du travail. Après avoir indiqué que « la cessation collective et concertée du travail en vue d'appuyer des revendications professionnelles caractérise l'exercice du droit de grève », la cour précise que « la commission, par certains salariés grévistes, d'actes illicites au

(3) G. Lyon-Caen, *Regards sur l'actualité*, Doc. fr., juill. 1988, cité par J.-J. Dupeyroux, *Le droit de grève : de quoi parle-t-on ? : Dr. soc.* 1988, 623.

(4) H. Sinay et J.-C. Javillier, *La grève*, Dalloz, 2e éd., 1984, p. 100, n° 64.

(5) Pour Alain Supiot, il s'agit d'une « liberté individuelle d'agir collectivement » (*Critique du droit du travail*, PUF, coll. « Les voies du droit », 1994, 280 p., p. 143).

(6) Cass. soc., 4 nov. 1992, n° 90-41.899, publié : *JCP* E 1993, II, 420, note J. Savatier. – Cass. soc., 18 janv. 1995, n° 91-10.476 : *Bull. civ.* V, n° 27 ; *Dr. soc.* 1995, 183, rapp. Ph. Waquet. – Cass. soc., 29 mars 1995, n° 93-41.863, publié. – Cass. soc., 18 juin 1996, *Belkedim : Bull. civ.* V, n° 243 ; *D.* 1998, somm., p. 258, obs. A. Lyon-Caen. – Cass. soc., 13 nov. 1996, n° 93-42.247 : *Bull. civ.* V, n° 379 ; *RJS* 1997, p. 8-11, chron. J. Savatier ; *Dr. soc.* 1997, p. 368-376, note Ch. Radé ; *JCP* G 1997, II, 22754, concl. P. Waquet, note D. Corrignan-Carsin. – Cass. soc., 12 déc. 2000 : *Bull. civ.* V, n° 414. – Cass. soc., 9 mars 2004, n° 02-30.294. – Cass. soc., 2 févr. 2006, n° 04-12.336, publié. – Cass. soc., 21 oct. 2009, n° 08-14.490, publié : *JCP* S 8 déc. 2019, comm. A. Martinon. – Cass. soc., 11 juill. 2016, n° 14-14.226, publié ; *JCP* S 2016, 1332, note F. Duquesne.

cours de leur mouvement, ne modifie pas la nature de ce dernier [et] que ce n'est qu'au cas où la grève entraîne la désorganisation de l'entreprise qu'elle dégénère en abus ».

Par le passé la Cour de cassation a pu employer d'autres formules : « modalité de défense des intérêts professionnels »[7], « cessation concertée du travail en vue d'appuyer des revendications professionnelles déjà déterminées auxquelles l'employeur refuse de donner satisfaction »[8], « arrêt de travail concerté dans le but d'obtenir une amélioration des conditions de travail »[9], formule inversant le « collectif » et le « concerté »[10], « arrêt » substitué à « cessation »[11], grève qui « résulte objectivement d'un arrêt » de travail[12] ou revendications professionnelles devant présenter un caractère « collectif »[13].

278. - Approche administrative. Assez étrangement, le Conseil d'État n'a pas à proprement parler défini la grève[14]. Il a toutefois fait référence, de manière incidente, à l'existence d'un « mouvement de cessation collective et concertée du travail » dans une décision rendue en 2017 relative à la protection fonctionnelle du gréviste[15].

279. - Approche constitutionnelle. Le Conseil constitutionnel a pour sa part repris certains éléments de définition de la grève, faisant ainsi référence, dans la décision initiale du 25 juillet 1979, à une « cessation concertée du travail » (consid. 5) pour la « défense des intérêts professionnels, dont la grève est un moyen »[16].

280. - Le privilège des salariés. On s'est demandé, à plusieurs reprises, comment interpréter la référence faite par le Préambule de 1946 au « travailleur » titulaire des droits sociaux « particulièrement nécessaires à notre temps » : s'agit-il des salariés, sans limiter ce terme au secteur privé et en intégrant aussi les agents publics, ou plus largement de tous ceux qui travaillent quel que soit leur statut d'exercice, ce qui permettrait d'englober les artisans, les commerçants, les professions libérales[17] et les artistes/auteurs[18] ?

(7) Cass. soc., 28 juin 1951, préc.

(8) Cass. soc., 21 mars 1973 : *Bull. civ.* V, n° 174. – Cass. soc., 26 mars 1980 : *Bull. civ.* V, n° 297.

(9) Cass. soc., 3 oct. 1963 : *D.* 1964, 3, note G. Lyon-Caen.

(10) Cass. soc., 15 févr. 2006, n° 04-45.738 : *Bull. civ.* V, n° 65 ; *JCP* S 2006, 1364, note R. Vatinet ; *Dr. soc.* 2006, 577, obs. Ch. Radé.

(11) Cass. soc., 16 mai 1989, n° 85-43.359, publié. – Cass. 1re civ., 15 janv. 1991, n° 89-18.630, publié.

(12) Cass. soc., 28 juin 1951, préc. – Cass. soc., 18 juin 1996, n° 92-44.497 : *Bull. civ.* V, n° 253. – Cass. soc., 12 déc. 2000, n° 99-40.265, publié. – Cass. soc., 23 oct. 2007, n° 06-17.802, publié : *D.* 2007, AJ, p. 2807, obs. B. Inès ; *D.* 2008, p. 662, note A. Bugada ; *D.* 2008, 442, spéc. 450, obs. O. Leclerc.

(13) Cass. soc., 22 oct. 2014, n° 13-19.858, publié : *D.* 2014, 2179 ; *Dr. soc.* 2015, 206, chron. S. Tournaux ; *RDT* 2015, 128, obs. I. Odoul-Asorey ; *JCP* S 2015, 1103, note E. Jeansen. – Cass. soc., 30 juin 2015, n° 14-11.077, publié : *RDT* 2016, 108, note I. Ferkane ; *D.* 2008, 442, spéc. 450, obs. O. Leclerc.

(14) La seule définition reprenant les éléments de la jurisprudence judiciaire se trouve dans l'arrêt de la cour administrative d'appel de Marseille qui a admis la grève d'un agent seul à même de défendre les intérêts de sa catégorie au sein de la commune : CAA Marseille, 1re ch., 18 juin 1998, n° 96MA10733 : *Lebon* T. Sur cette jurisprudence, V. *infra*, n° 336.

(15) CE, 3e et 8e ch. réunies, 22 mai 2017, n° 396453 : *Lebon*. Sur la protection fonctionnelle du gréviste, V. *infra*, n° 518.

(16) Cons. const., 25 juill. 1979, n° 79-105 DC. – Cons. const., 28 juill. 1987, n° 87-230 DC.

(17) On a ainsi beaucoup parlé de la « grève des audiences » par les avocats pour protester contre le montant de l'aide juridictionnelle, le manque de moyens dans la justice ou la réforme des cours d'assises.

(18) J.-J. Dupeyroux, Le droit de grève, de quoi parle-t-on ? : Dr. soc. 1988, p. 619.

L'interprétation du Préambule de la Constitution de 1946 dans son contexte historique[19] montre que le droit de grève visé par son alinéa 7 est l'apanage des salariés et que d'autres « travailleurs » exerçant leur activité de manière indépendante (c'est-à-dire sans employeur) ne peuvent justifier de ne pas exécuter leurs obligations contractuelles ou statutaires par le droit de grève[20] ; c'est ce qui a été jugé s'agissant de la « grève des cotisations ordinales » par des médecins libéraux[21], de la grève des astreintes[22], des permanences d'urgence pour ces mêmes professionnels de santé[23] ou des consultations, ainsi que de la « grève de la cession des droits d'exploitations » des artistes-interprètes aux sociétés concernées[24]. On se rappellera qu'en 2010, les joueurs de l'équipe de France de football, dont on sait pourtant qu'ils ne sont pas liés à la fédération française par un contrat de travail, ont fait la « grève de l'entraînement » en refusant de descendre du bus à Knysna[25]. Fin 2022, les biologistes ont également engagé une « grève » pour contraindre la direction de la sécurité sociale concernant la contribution exceptionnelle qui leur a été demandée dans le cadre du projet de loi de financement de la sécurité sociale 2023, en raison des bénéfices record engrangés pendant la pandémie[26].

On s'est également demandé si un mouvement de protestation organisé par des syndicats de transporteurs routiers qui prétendent faire la « grève de la circulation » en bloquant les voies publiques par des barrages routiers, et auquel participaient de nombreux chauffeurs salariés, pouvait être qualifié de « grève ». La réponse apportée par la chambre sociale de la Cour de cassation dans cet arrêt du 11 janvier 2006 est clairement négative[27].

À la suite d'un appel de plusieurs organisations syndicales dont la Fédération nationale des transporteurs routiers (FNTR) et l'Union nationale des organisations syndicales des transporteurs routiers (UNOSTRA), l'accès au site d'Ambès de l'entrepôt pétrolier de la Gironde (EPG) avait été interdit par des barrages de transporteurs routiers du 4 au 8 septembre 2000.

Une société du site, empêchée de travailler normalement à cause de ces barrages, avait saisi le tribunal de grande instance de Bordeaux d'une demande en dommages-intérêts dirigée contre ces deux organisations syndicales nationales, qui a été admise, ce que confirme le rejet du pourvoi par la Cour de cassation.

Pour la Cour de cassation en effet, « la cour d'appel a caractérisé le comportement fautif des associations professionnelles de transporteurs dont le mouvement collectif ne constituait pas une grève au sens de l'article L. 521-1 du Code du travail ».

(19) P.-Y. Gahdoun montre que c'est l'adoption de la loi du 14 mai 1946 qui interdit aux producteurs et aux paysans de « retenir les stocks » de marchandises produites qui permet d'éclairer cette lecture restrictive des bénéficiaires du droit de grève (*Les aléas du droit de grève dans la Constitution : Dr. soc.* 2014, 349).

(20) En ce sens G. Lyon-Caen, *Le droit du travail non salarié*, Sirey, 1990, n° 149, p. 139.

(21) Cass. 1re civ., 15 janv. 1991 : *Bull. civ.* I, n° 19 ; *D.* 1991, somm., p. 353, 2e esp., obs. J. Penneau ; *D.* 1991, somm., p. 297, obs. A. Lyon-Caen.

(22) Dernièrement la grève engagée fin 2022, et la « condamnation » du ministre de la Santé (*Liaisons sociales quotidien* 27 déc. 2022, n° 18700).

(23) Pouvant donner lieu à des réquisitions préfectorales, sur le fondement de l'article L. 2215-1 du Code général des collectivités territoriales : CAA Bordeaux, 3e ch., 29 mars 2018, n° 16BX00013.

(24) CA Paris, 6 mars 1991 : *D.* 1991, IR, p. 107 ; *D.* 1992, 10 ; *ibid.* 1, chron. B. Edelman.

(25) Cass. 2e civ., 22 janv. 2009, n° 07-19.039, publié : *JCP* S 2009, 1395, note D. Jacotot.

(26) *Liaisons sociales quotidien* 28 nov. 2022, L'actualité, n° 18680, Section Acteurs, débats, événements.

(27) Cass. soc., 11 janv. 2006, n° 04-16.114 : *Bull. civ.* V, n° 4 ; *Dr. soc.* 2006, 470, obs. P.-Y. Verkindt ; *JCP* S 2006, 1183, obs. B. Gauriau. – J. Duplat, *Responsabilité civile des organisations professionnelles de transporteurs : RJS* 2006, p. 201 et s.

281. – Les entreprises peuvent-elles faire grève ? Certaines législations particulières saisissent la réalité de mouvements de protestation organisés par des entreprises pour prévoir des règles juridiques applicables. Sans définir ces mouvements comme des « grèves », elles font volontiers référence à des cessations d'activité concertées, ce qui n'est pas si loin de la définition de la grève.

C'est ainsi que l'article L. 671-2 du Code de l'énergie dispose que, en cas de décision concertée des entreprises de distribution de détail du secteur des produits pétroliers d'interrompre leur activité, sans que cette interruption soit justifiée par la grève de leurs salariés ou par des circonstances exceptionnelles, l'organisation professionnelle représentative des exploitants des stations-service ou, à défaut d'existence d'une telle organisation, les exploitants des stations-service, en informent le représentant de l'État territorialement compétent au moins trois jours ouvrables avant le début de leur action. Les points de vente figurant dans le plan de prévention des ruptures d'approvisionnement mentionné au deuxième alinéa du présent article ne peuvent faire l'objet d'une telle interruption.

Ce texte rappelle à cet égard que lorsque ces mesures préventives n'ont pas été suffisantes, le préfet peut procéder à la réquisition des entreprises concernées : « Lorsque les points de vente figurant dans le plan de prévention des ruptures d'approvisionnement font l'objet d'une interruption de leur activité à la suite d'une décision concertée des entreprises de distribution de détail, le représentant de l'État procède à leur réquisition, dans les conditions prévues à l'article L. 2215-1 du Code général des collectivités territoriales, sans préjudice des pouvoirs de droit commun qu'il détient en vertu du même article en cas de troubles, constatés ou prévisibles, à l'ordre public ».

282. – Situation particulière des travailleurs des plateformes. Les plateformes mettant en relation des travailleurs réputés indépendants (livreurs, chauffeurs VTC, tous ayant généralement le statut d'autoentrepreneur) et des fournisseurs d'activité (clients, demandeurs de transport, restaurateurs demandeurs de livraison) ont essuyé ces dernières années des vagues d'actions en requalification des liens les unissant à ces travailleurs, désireux de se voir reconnaître le statut de salariés et tous les avantages qui y sont associés.

Les pouvoirs publics, à tout le moins sur le plan national[28], n'ont pas voulu intervenir pour faire basculer ces travailleurs du côté du salariat[29]. Ces derniers, contraints d'exercer dans le cadre du statut d'autoentrepreneur ou de micro-entrepreneur, sont donc légalement présumés ne pas être des salariés, par application de l'article L. 8221-6 du Code du travail, à moins de rapporter la preuve d'un lien de subordination juridique permanente les liant à la plateforme, ce qui suppose l'intégration dans un service organisé ou la présence des marqueurs classiques de la subordination juridique[30].

L'approche choisie depuis la loi du 8 août 2016 est de leur reconnaître certaines prérogatives inspirées du salariat, regroupées actuellement dans un titre dédié[31], comme celle du droit de se syndiquer, voire de cesser le travail sans craindre de

(28) Le Parlement européen a adopté, le 3 février 2023, un projet de directive retenant l'existence d'une présomption de salariat.

(29) Mais peut-être y seront-ils contraints par l'Union européenne qui s'achemine vers une présomption de salariat.

(30) Notre étude *Plateformes et contrat de travail : l'équation imparfaite : Dr. soc.* 2022, 522, et les réf. citées.

(31) Code du travail, Partie VII, Livre III, Titre IV intitulé « Travailleurs utilisant une plateforme de mise en relation par voie électronique ».

« sanctions », sur le modèle du droit de grève[32]. Ces travailleurs voient donc leur liberté syndicale affirmée par l'article L. 7342-6 du Code du travail et, dans une certaine mesure, le droit de cesser le travail, même si le terme de « grève » n'est pas employé par l'article L. 7342-5 du Code du travail, et pour cause[33].

Code du travail

Art. L. 7342-5. – Les mouvements de refus concerté de fournir leurs services organisés par les travailleurs mentionnés à l'article L. 7341-1 en vue de défendre leurs revendications professionnelles ne peuvent, sauf abus, ni engager leur responsabilité contractuelle, ni constituer un motif de rupture de leurs relations avec les plateformes, ni justifier de mesures les pénalisant dans l'exercice de leur activité.

Art. L. 7342-6. – Les travailleurs mentionnés à l'article L. 7341-1 bénéficient du droit de constituer une organisation syndicale, d'y adhérer et de faire valoir par son intermédiaire leurs intérêts collectifs.

Le texte reconnaît une situation de « quasi-grève », mais n'érige pas ces « mouvements de refus concerté de fournir leurs services organisés par les travailleurs » de « droit », se contentant d'interdire (et quoiqu'ici également la règle ne soit pas formulée ainsi) la mise en jeu de leur responsabilité contractuelle ainsi que la rupture de leur contrat de prestation de services, pour ce motif, ainsi que toute mesure « pénalisante ». En cas de sanction non permise, le juge pourrait-il aller jusqu'à l'annulation de la mesure, comme c'est le cas en matière de sanctions infligées illégalement aux grévistes ?

La presse spécialisée s'est faite régulièrement l'écho de ces « grèves » présentées comme telles d'ailleurs.

Plusieurs dizaines d'employés de la plateforme de livraison de repas Just Eat en France se sont mis en grève et rassemblés le 22 octobre dans plusieurs villes dont Paris pour protester contre un plan social en cours et des conditions de travail dégradées. « Le service de livraison a été bloqué dans plusieurs villes de province, notamment Toulouse, Strasbourg, Bordeaux, Lyon, Clermont-Ferrand et Roubaix, par environ 150 grévistes » qui ont répondu à l'appel à la mobilisation lancé le 20 par FO et la CGT, les deux organisations syndicales représentatives au sein de Just Eat[34].

283. - Travailleurs des ESAT. Les travailleurs employés par des établissements et services d'aide par le travail (ESAT) ne sont pas des salariés au sens classique du terme, dès lors que leur activité professionnelle n'a pas directement et exclusivement de vocation productive, mais répond à d'autres impératifs sociaux[35].

Le projet de loi pour le plein emploi, dont le contenu a été dévoilé le 7 juin 2023, choisit de faire converger les droits de ces travailleurs avec ceux des salariés. Les

(32) F. Masson, *Un droit de grève en droit des contrats ? À propos des « mouvements de refus concerté » de fournir des services à une plateforme numérique : Dr. soc.* 2017, 861. – M. Julien et E. Mazuyer, *Le droit du travail à l'épreuve des plateformes numériques : RDT* 2018, 189. – S. Adelnour et S. Bernard, *Faire grève hors du salariat et à distance ? Les pratiques protestataires des chauffeurs de VTC : Mouvements* 2020/3, n° 103, p. 50-61.

(33) B. Teyssié le qualifie très justement de « quasi droit de grève » (*Relations collectives de travail*, LexisNexis, 12e éd., 2020, n° 2331).

(34) *Liaisons sociales quotidien* 25 oct. 2022, L'actualité, n° 18659, Section Acteurs, débats, événements.

(35) Cass. soc., 6 févr. 2013, n° 11-14.424 : *JurisData* n° 2013-001590. – Cass. soc., 14 déc. 2022, n° 21-10.263, publié.

travailleurs en ESAT auront les mêmes droits individuels (prise en charge mutuelle, transport domicile travail, *etc.*) et collectifs (droit de grève, droit syndical…) et bénéficieront des dispositions des conventions collectives de leur ESAT quand elles sont plus favorables, mais resteront protégés pour ne pas pouvoir être licenciés. Enfin il s'agit de favoriser l'engagement des employeurs privés et publics qui sont souvent démunis pour recruter des personnes en situation de handicap.

Le projet franchit un pas supplémentaire dans l'assimilation des travailleurs des ESAT en leur reconnaissant expressément le bénéfice du droit de grève dans le cadre de leurs activités à caractère professionnel, ainsi que la liberté d'adhérer au syndicat de leur choix. Le projet d'article L. 344-2-7 du Code de l'action sociale et des familles dispose en effet que : « Les personnes handicapées accueillies dans un établissement ou un service d'aide par le travail ont le droit de grève dans le cadre de leurs activités à caractère professionnel. Les dispositions du code du travail relatives à l'exercice de ce droit et aux procédures de règlement des conflits collectifs leur sont applicables ».

Dans son avis rendu public le 1er juin 2023, le Conseil d'État a considéré que les personnes handicapées accueillies en ESAT doivent être regardées comme étant déjà, dans le cadre de leur activité professionnelle, détentrices de ces droits à valeur constitutionnelle, issus des 6e et 7e alinéas du Préambule de la Constitution de 1946. Il estime que l'inscription de ces dispositions dans le Code de l'action sociale et des familles est, malgré sa portée récognitive, de nature à clarifier les droits de ces personnes[36].

284. – Faut-il généraliser la reconnaissance du droit de grève ? On le constate, le droit de grève ne permet pas de rendre compte de la multiplicité des formes de luttes que l'on pourrait rattacher plus largement à un droit de « revendiquer » reconnu aux « travailleurs » et qui apparaîtrait comme une composante de la liberté d'opinion, et de mener des « actions collectives » dans le cadre du droit d'agir et de communiquer. Derrière la question de la grève, c'est le choix politique de soumettre ces travailleurs au droit du travail, ou au droit commercial, qui est en jeu.

Plan :

Chapitre 1. Les critères de la grève

Chapitre 2. Le régime juridique de la grève

(36) CE, ass. gén., 1er juin 2013, n° 407112, Avis sur le projet de loi pour le plein emploi.

CHAPITRE 1

LES CRITÈRES DE LA GRÈVE

285. – Des critères juridiques. Il existe une différence assez importante entre la définition juridique de la grève qui répond à des critères précis[1], et la conception ouvrière et syndicale que Durand et Vitu qualifiait de mythique[2], et qui est plus large et englobe des manifestations que le droit ne retient pas, voire qu'il réprouve, comme les piquets de grève ou les fausses « grèves de ». Sur un plan juridique et judiciaire, il convient de distinguer ce qui est qualifié de grève et donne donc lieu à l'application du régime juridique correspondant, et ce qui sera qualifié de « mouvement illicite » et qui relèvera du droit commun disciplinaire[3]. Le salarié, ou l'agent public, qui n'exerce pas véritablement son « droit de grève », requalifié en « mouvement illicite », pourra être sanctionné pour faute grave, tout comme le fonctionnaire le sera également dans le respect des garanties du droit commun[4].

286. – Distinction prétorienne. La Cour de cassation distingue aujourd'hui clairement, grâce notamment au travail de clarification opéré par le regretté doyen Philippe Waquet[5], la « grève » et les « mouvements illicites », et a abandonné depuis plus de vingt ans l'oxymore « grève illicite »[6] ou la tautologie « grève licite »[7]. Les dispositions réglementaires applicables aux différentes professions soumises à des régimes dérogatoires visent d'ailleurs la notion d'« acte collectif d'indiscipline » pour désigner les fausses grèves[8].

Qu'on ne s'y méprenne pas. *A priori* la qualification de « grève » semble favorable aux salariés puisqu'elle les protège efficacement contre les conséquences de leurs

(1) Pour ne pas dire restrictifs, au grand dam de tous ceux qui voudraient que la grève englobe le plus largement toutes les manifestations du conflit. En ce sens G. Lyon-Caen, *Le grand silence des travailleurs : Dr. soc.* 1981, p. 140 : « Or, faire définir la grève par le juge est une démarche moins fracassante que celle consistant à la lui faire interdire. Mais à la réflexion, elle est tout aussi suspecte. Pourtant, c'est la caractéristique moderne essentielle du droit français ».

(2) P. Durand et A. Vitu, *Traité de droit du travail*, t. 3, Dalloz, 1956, p. 711 : « D'un point de vue sociologique, la formule de la Constitution a créé dans les milieux ouvriers un mythe de la grève, considérée comme une prérogative intangible, et comme le procédé, propre entre tous à assurer la défense des intérêts des travailleurs ».

(3) Cass. soc., 16 nov. 1993 : *Dr. soc.* 1994, p. 35-39, rapp. P. Waquet, note J.-E. Ray. – Cass. soc., 11 janv. 2006, n° 04-16.114, *Féd. nationale des transporteurs routiers – FNTR – c/ Sté Entrepôt pétrolier de la Gironde – EPG – société par actions simplifiée*, FS-P : *Dr. soc.* 2006, p. 470, obs. P.-Y. Verkindt. Dernièrement, lire B. Teyssié, *Les conflits collectifs du travail ou l'entrelacs des qualifications : BJT* 2021, n° 200r1, p. 79.

(4) CE, 7 juill. 1999, n° 191534, *F. : Lebon* T., p. 850-858.

(5) P. Waquet, *La grève, les mouvements illicites et l'abus du droit de grève : RJS* 1995, p. 139 et s.

(6) Cass. soc., 10 oct. 1962 : *Bull. civ.* IV, n° 702. – Cass. soc., 30 janv. 1967 : *Bull. civ.* IV, n° 99. – Cass. soc., 31 oct. 1989, n° 88-44.948.

(7) Cass. soc., 25 juin 1987, n° 85-40.250.

(8) L'expression est employée dans les dispositions statutaires relatives à la police, à l'administration pénitentiaire, au contrôle aérien. Sur ces régimes dérogatoires, V. *supra*, n° 62.

fautes non lourdes commises pendant le conflit. Mais parfois les salariés cherchent à échapper à cette qualification revendiquée par l'employeur pour éviter les retenues sur salaires en fin de mois, lorsque le travail aura été mal fait sur fond de revendications et de conflits. On assiste alors à un jeu de dupes où les acteurs, selon les intérêts en jeu, cherchent tour à tour à entrer, ou au contraire à sortir, du régime juridique de la grève.

287. - Annonce de plan. Pour que l'on soit en présence d'une grève sur le plan juridique, trois critères cumulatifs doivent être caractérisés : un arrêt de travail (Section 1), le caractère collectif et concerté du mouvement (Section 2) et l'existence de revendications professionnelles (Section 3).

SECTION 1 UN ARRÊT DE TRAVAIL

288. - Annonce. Il ne saurait y avoir juridiquement grève si, au moment où les salariés déclenchent le mouvement, ils ne travaillaient pas effectivement (§ 1). Le travail devra également s'arrêter complètement, et totalement (§ 2).

§ 1. – Un travail interrompu

289. - Principe. Il ne saurait y avoir de grève si, au moment où commence la grève, le salarié ne travaille pas, soit parce qu'il est en congé, soit parce qu'il se trouve sur un temps de repos ou de pause[9]. Ici comme ailleurs, c'est la qualification première qui l'emporte sur toute autre qualification postérieure.

Dans de nombreuses hypothèses, c'est l'employeur qui va qualifier le mouvement de protestation des salariés de « grève » pour justifier une retenue sur salaire en fin de mois, et ce sont les salariés qui vont saisir le juge pour contester cette qualification et demander que les sommes indûment retenues leur soient rendues.

Lorsque les salariés prétendent avoir cessé le travail pendant une période où ils n'étaient pas censés fournir de travail effectif, notamment parce qu'ils étaient en pause, même « rémunérée », alors ils ne peuvent avoir fait grève. C'est ce qui a été jugé par la Cour de cassation dans un arrêt *Société Renault* rendu par sa chambre sociale le 18 décembre 2001[10].

La société Renault soutenait que certains salariés de l'établissement de Rueil-Lardy avaient détourné de son objet leur temps de pause en formulant des revendications en matière de salaires. Elle avait qualifié ce mouvement de grève et déduit du salaire du mois de novembre 2000 le temps des pauses litigieuses.

Les salariés concernés ont alors saisi la formation de référé du conseil de prud'hommes pour avoir le paiement des sommes retenues, et obtenu gain de cause.

Le juge des référés avait en effet relevé « que les salariés disposaient, en vertu d'un accord d'entreprise, d'un temps de pause rémunéré ne constituant pas une période de travail effectif [et] qu'il s'ensuit qu'au cours de cette pause, les salariés étaient libres de vaquer à leurs occupations personnelles sans avoir à rendre de comptes à leur employeur quant à l'emploi qu'ils avaient fait de ce temps libre ». Dès lors, « c'est à bon droit que le juge des référés, écartant la

(9) Cass. soc., 18 déc. 2001, n° 01-41.036, *SA Renault c/ A. : Bull. civ.* V, n° 387.
(10) Cass. soc., 18 déc. 2001, n° 01-41.036, publié.

référence à une grève, qui ne peut concerner qu'une période de travail effectif, a condamné l'employeur à verser à titre de provision la somme indûment retenue ».

290. - Mesure de l'interruption. La jurisprudence n'exige pas que cet arrêt allonge la durée effective de travail du salarié concerné. Ainsi, le salarié qui fait grève et ne prend pas sa pause par la suite peut parfaitement accomplir, à la fin de la journée, un horaire normal ; il n'en sera pas moins gréviste pour toute la durée où il a cessé le travail, et ne sera donc pas payé[11].

§ 2. - Un arrêt total

A. - Une cessation portant sur la totalité des tâches et missions

1° Refus de qualifier de grève dans le secteur privé

291. - Une interruption totale. Les salariés n'ont pas le choix : ils doivent cesser totalement le travail et ne peuvent pas choisir entre certaines activités qu'ils continueraient de mener, et d'autres pour lesquelles ils seraient en grève : « La grève est la cessation collective et concertée de travail en vue d'appuyer des revendications professionnelles ; (...) elle ne peut, dès lors, être limitée à une obligation particulière du contrat de travail »[12]. C'est la logique du tout ou rien qui prévaut ici, comme cela a été jugé dans de nombreuses circonstances.

Ces pseudo-grèves partielles constituent en réalité une « exécution défectueuse du contrat de travail » et autorisent l'employeur à prononcer une sanction disciplinaire, dans les conditions du droit commun, c'est-à-dire sans que la faute lourde soit exigée[13]. Mais comme il n'y a pas eu exercice du droit de grève, le salaire doit être normalement payé à l'échéance, toute retenue s'apparentant à une sanction pécuniaire prohibée qui non seulement doit être annulée mais de surcroît épuise le pouvoir disciplinaire de l'employeur[14].

La jurisprudence fournit de nombreux exemples de pseudo-grèves.

292. - *« Grève des pinces » à la SNCF.*

Des contrôleurs de route de la SNCF avaient refusé de vérifier les titres de transport des voyageurs en déposant symboliquement leur « pince » de contrôle. Considérant qu'ils avaient ainsi exercé leur droit de grève, la SNCF avait procédé en avril, mai et juin 1989, à des retenues d'un montant variable sur la rémunération de certains contrôleurs de route, ce que les intéressés avaient contesté en justice. La Cour de cassation donne ici raison aux agents et considère ces retenues comme des sanctions pécuniaires illicites et non comme des retenues pour fait de grève. Pour la Haute juridiction en effet, « l'article L. 521-6 du code du travail ne concerne que les retenues à effectuer sur la rémunération des salariés des entreprises chargées de la gestion d'un service public qui exercent le droit de grève en cessant collectivement leur travail pour appuyer des revendications professionnelles ; (...) ce texte n'est pas applicable à des agents de

(11) Cass. soc., 21 juill. 1986 : *D.* 1987, somm., p. 204, 1re esp., obs. M.-A. Rotschild-Souriac.

(12) Cass. soc., 2 févr. 2006, n° 04-12.336, Cie *générale des Eaux c/ Synd. Force Ouvrière*, publié.

(13) Par ex., Cass. soc., 21 oct. 1985, n° 83-41.563 : *Bull. civ.* V, n° 471 : salarié protégé qui avait « incité verbalement ses camarades de travail à ne pas dépasser les quotas minimums de production ».

(14) Ainsi, pour la « grève des pinces » des agents de la SNCF, Cass. soc., 20 févr. 1991, n° 90-41.119 : *Bull. civ.* V, n° 83 ; *Dr. soc.* 1991, 469, note A. Mazeaud. – Cass. soc., 16 mars 1994, n° 91-43.349 : *Bull. civ.* V, n° 92 ; *D.* 1994, 364, note Y. Saint-Jours ; *JCP* G 1994, II, 22340, note F. Duquesne.

la SNCF qui, n'ayant pas cessé leur travail, même si, à titre individuel, ils l'ont exécuté de manière défectueuse, n'ont, dès lors, pas exercé le droit de grève »[15].

293. – *« Grève des astreintes » à la Cie générale des eaux.*

Cette affaire concernait les inspecteurs de la Compagnie générale des eaux et des sociétés composant avec elle l'unité économique et sociale Générale des Eaux qui étaient soumis à une obligation d'astreinte, organisée à leur domicile, par roulement entre eux, au rythme moyen sur l'année d'une semaine sur 4,5 pendant sept jours consécutifs avec des horaires de service normal et des horaires d'astreinte.

Le 17 janvier 2003, le syndicat Force Ouvrière région parisienne Vivendi-Générale des eaux a déposé un préavis de grève spécifique à l'astreinte, reconductible tous les jours de façon illimitée à compter du samedi 25 janvier 2003 à 0 heure prévoyant que les agents grévistes assureraient uniquement leur journée de travail hors astreinte. Le 28 janvier 2003, le syndicat FO a déposé un « préavis de grève reconductible tous les jours de façon illimitée à compter du 5 février 2003 à 0 heure et a réactivé le préavis de grève du 17 janvier 2003 spécifique à l'astreinte ». Du 7 au 27 février 2003, certains inspecteurs se sont déclarés seulement en « grève de l'astreinte », et la direction a opéré sur le salaire des intéressés des retenues pour fait de grève, ce que ces derniers avaient contesté en justice.

Ils avaient obtenu gain de cause en appel. Pour les juges du fond en effet, ces seuls arrêts de travail répondaient à la définition de la grève, les temps non travaillés pendant la période d'astreinte doivent être assimilés à du travail effectif pour l'exercice du droit de grève puisque pendant ce temps le salarié est à la disposition de l'employeur et doit se conformer à ses directives sans pouvoir vaquer à des occupations personnelles, ce qui est précisément la définition du travail effectif.

Telle n'est pas l'opinion de la Cour de cassation qui censure cette décision dès lors qu'il ne pouvait s'agir juridiquement d'une « grève »[16].

294. – *« Grève de la maintenance » à EDF.*

À l'occasion de certaines opérations liées aux travaux de maintenance du réacteur nucléaire, il était procédé, au sein de chaque centrale nucléaire de la société Électricité de France (EDF), à des « arrêts de tranche » pendant lesquels les salariés qui travaillaient habituellement en service « discontinu » du lundi au vendredi de 8 heures à 17 heures, pouvaient par application de la circulaire « Pers 194 » être appelés à travailler en continu, par roulement, la nuit ou les week-ends. Au cours d'un « arrêt de tranche », le syndicat CGT Centre nucléaire de production électrique de Paluel avait déposé auprès de la direction du Centre nucléaire de production de la société Électricité de France (EDF), un préavis de grève appelant, à partir du 29 janvier 2003 et pour une durée illimitée, les salariés des services discontinus des pôles maintenance, production et appui technique et non technique « à la cessation du travail, tous les jours de 16 heures 59 à 8 heures 01, le lendemain matin et la totalité de tous les week-ends du vendredi 16 heures 59 au lundi 8 heures 01, ainsi qu'à l'arrêt de tous les travaux postés ».

La direction de l'établissement avait considéré ce préavis comme illicite et réclamé des dommages et intérêts au syndicat CGT, avec succès.

Après avoir constaté que la grève était intervenue pendant un arrêt de tranche durant lequel des horaires et des tâches différents peuvent être demandés aux salariés travaillant en service discontinu conformément aux dispositions de leurs contrats de travail et de la circulaire Pers 194, la cour d'appel avait retenu que le mouvement ne portait pas en réalité sur les deux minutes situées au début et à la fin de l'horaire normal de travail, mais emportait seulement l'inexécution par les salariés de certaines de leurs obligations correspondant aux tâches spécifiques susceptibles de leur être demandées pendant les travaux de maintenance des installations nucléaires.

(15) Cass. soc., 16 mars 1994, n° 91-43.349, *SNCF c/ M. Daniel et a. : D.* 1994, 364, note Y. Saint-Jours ; *JCP* G 1994, II, 22340, note F. Duquesne.

(16) Cass. soc., 2 févr. 2006, n° 04-12.336, *Cie générale des Eaux c/ Synd. Force Ouvrière*, publié. – Cass. soc., 21 oct. 2009, n° 08-14.490, *Synd. CGT Centre nucléaire de production électrique de Paluel*, publié : *JCP* S 2009, 1566, note A. Martinon.

Pour la Cour de cassation qui confirme l'analyse de la cour d'appel, le mouvement ne tendait qu'à permettre aux salariés de refuser d'être à la disposition de l'employeur en dehors de leur horaire normal de travail pour l'exécution d'obligations particulières, et ne pouvait être qualifié, et traité, de grève[17].

295. - *« Grève des bons de travail » à Air France.*

Invoquant de nouvelles contraintes réglementaires applicables à compter du 28 septembre 2006 qui prévoyaient que tout mécanicien d'avion ou technicien d'avion devait posséder une licence de maintenance d'aéronef pour pouvoir prononcer une Approbation pour la remise en service (APRS), la société Air France avait, au mois de mai 2006, envisagé de soumettre à la signature des organisations syndicales représentatives du personnel un projet d'accord « relatif à la prise en compte des exigences de la partie 66 du règlement européen CE n° 2042/2003 dans l'exercice du métier de mécanicien d'avion ». Ce projet prévoyait l'octroi de points de rémunération supplémentaires pour les mécaniciens titulaires de la licence et disposant d'une qualification de type avion, appelés à signer l'APRS. Des tracts appelant les salariés à ne plus apposer leur signature sur les bons de travail avaient été distribués les 10, 11 et 12 mai 2006.

Saisi par la société Air France, le juge des référés avait, par ordonnance du 24 mai 2006, fait défense aux syndicats d'appeler, sous quelque forme que ce soit, les salariés de la société Air France à refuser de signer les bons de travail relevant de leurs compétences, sous astreinte de 7 000 € par infraction constatée.

La société avait ensuite saisi le tribunal de grande instance aux fins de condamnation de ces syndicats, *in solidum*, au paiement de la somme de 484 719,32 €, à titre de dommages et intérêts en réparation du préjudice causé par le mouvement qu'ils avaient déclenché. Air France avait ensuite signé une transaction avec tous les syndicats, à l'exception de Sud aérien, et s'était désistée de son instance et de son action à leur égard. Sud aérien avait ensuite été condamné à payer à Air France des sommes pour perte d'heures productives et pour le recours à la sous-traitance, ce que le syndicat contestait dans le cadre de son pourvoi, en vain.

La cour d'appel avait en effet constaté que si certains salariés avaient commencé à ne plus signer leurs bons de travail antérieurement au mot d'ordre syndical, les tracts des 11 et 12 mai 2006, notamment à l'en-tête de Sud aérien, appelaient à une généralisation du mouvement et incitaient très clairement les salariés à l'accomplissement de ces actes fautifs, en leur indiquant que l'argumentation de la direction, relative à l'illégalité de l'action, n'était pas fondée, que le syndicat Sud aérien n'avait ni diffusé de démenti, ni contesté être l'un des auteurs de ces tracts lors des échanges de courriers avec la société ou dans le cadre soit de la procédure de référé, soit de sa plainte avec constitution de partie civile. Elle avait donc pu en déduire que le syndicat avait engagé sa responsabilité à l'égard de l'employeur[18].

2° Refus de qualifier de grève dans les services publics

296. - Pas de grève partielle. Les juridictions administratives refusent également de qualifier de grève l'inexécution partielle des missions ; il s'agit donc d'actes collectifs d'indiscipline exposant, comme en droit privé, les agents à des poursuites disciplinaires dans les conditions du droit commun.

Cette solution ne s'est pas imposée d'elle-même et le Parlement a dû intervenir pour donner raison à l'administration (*b*), car en l'état du droit applicable avant 1977 il n'était pas possible d'opérer des retenues sur le traitement des agents dès lors que ces derniers exerçaient leur droit de grève, même de manière irrégulière (*a*).

(17) Cass. soc., 21 oct. 2009, n° 08-14.490, *Synd. CGT Centre nucléaire de production électrique de Paluel*, publié : *JCP S* 2009, 1566, note A. Martinon.

(18) Cass. soc., 11 juill. 2016, n° 14-14.226, publié : *JCP S* 2016, 1332, note F. Duquesne.

a) Solutions antérieures à la loi du 22 juillet 1977

297. – « Grève du 26e élève ». Dans le cadre d'un mot d'ordre syndical d'ampleur nationale à la rentrée scolaire 1974, trois professeurs du lycée Jean Macé de Niort et quatre professeurs du collège d'enseignement secondaire Pierre de Ronsard de Poitiers avaient refusé d'accueillir plus de vingt-cinq élèves dans leur classe, tout en assurant leurs enseignements pendant la totalité des heures qui leur étaient imparties. Ils avaient subi des retenues sur leur traitement, ce que le tribunal administratif de Poitiers avait considéré comme illégal, et ce que confirme le Conseil d'État. Ces enseignants avaient en effet réalisé l'ensemble de leurs obligations de service, et il n'était donc pas possible (en l'état des textes alors applicables) de procéder à la retenue d'un trentième indivisible, « même si leurs agissements présentaient le caractère de fautes professionnelles susceptibles de sanction disciplinaire »[19].

298. – Grève du téléphone et du courrier. Dans une autre affaire, ce sont des agents des services extérieurs du Trésor qui, en application de consignes syndicales, avaient refusé, à deux reprises, d'ouvrir au public, de répondre aux communications téléphoniques qui leur étaient adressées et d'expédier le courrier, tout en assurant leurs autres tâches pendant la totalité des heures de service qui leur étaient imparties, et qui avaient ainsi échappé à la règle de la retenue du trentième indivisible[20].

b) Solutions issues de la loi du 22 juillet 1977

1) La réaction du législateur

299. – Objet de l'intervention. À la suite de ces affaires, et d'autres d'ailleurs de même nature, le législateur est intervenu pour permettre à l'administration de procéder à des retenues pour absence de service fait en présence de fonctionnaires refusant des tâches secondaires et qui avaient échappé ainsi aux retenues.

La loi n° 77-826 du 22 juillet 1977 a modifié les termes de l'article 4 de la loi de finances rectificative n° 61-825 du 29 juillet 1961, qui constitue le siège de la règle autorisant la retenue par trentième indivisible en l'absence de service fait, pour ajouter au premier cas traditionnel (« Il n'y a pas service fait : 1° Lorsque l'agent s'abstient d'effectuer tout ou partie de ses heures de service ») une seconde hypothèse où : « 2° Lorsque l'agent, bien qu'effectuant ses heures de service, n'exécute pas tout ou partie des obligations de service qui s'attachent à sa fonction telles qu'elles sont définies dans leur nature et leurs modalités par l'autorité compétente dans le cadre des lois et règlements »[21].

300. – La validation constitutionnelle. Le Conseil constitutionnel a admis la conformité de la loi à la Constitution et considéré que la retenue sur le traitement a le caractère d'une mesure qui relève de la réglementation de la comptabilité publique et qui est liée à la notion de service fait, qu'elle est indépendante de l'action disciplinaire qui, dans le respect des droits de la défense, peut toujours être engagée à l'occasion des mêmes faits si ceux-ci sont considérés comme une faute professionnelle. Le fait que la loi retienne comme élément de l'absence de service fait l'inexécution totale ou partielle des heures de service ou l'inexécution de tout ou partie des obligations

(19) CE, 20 mai 1977, *Min. Éducation c/ Quinteau et a.* : *Lebon*, p. 230 ; *D.* 1979, 297, note L. Hamon. – En première instance, TA Poitiers, 10 déc. 1975, *Quinteau* : *AJDA* 1977, 151, note J.-Y. Plouvin. Sur le régime des retenues pour fait de grève dans les services publics, V. *infra*, nos 636 et s.

(20) CE, 7 févr. 1979, *Sieur Le Cam* : *AJDA* 1979, 43, note JLK.

(21) R. Denoix de Saint-Marc, *Les retenues sur traitement pour absence de service fait* : *AJDA* 1977, p. 596.

de service, en effet, « ne saurait avoir pour effet de conférer à la retenue sur le traitement le caractère d'une sanction disciplinaire, dès lors que la constatation de cette inexécution ne doit impliquer aucune appréciation du comportement personnel de l'agent, telle qu'elle serait opérée dans le cadre d'une procédure disciplinaire (...) sous cette condition (...) la retenue sur traitement demeure une mesure de portée comptable »[22].

301. - La confirmation de la nature comptable de la retenue. Le Conseil d'État à son tour a considéré que, hormis le cas où elle révélerait par elle-même un refus opposé à une demande tendant à la reconnaissance d'un droit à rémunération malgré l'absence de service fait, la décision par laquelle l'autorité administrative, lorsqu'elle liquide le traitement d'un agent, procède à une retenue pour absence de service fait, constitue une mesure purement comptable et, dès lors, n'est pas au nombre des décisions qui refusent un avantage dont l'attribution constitue un droit ; elle n'est donc pas soumise à l'obligation de motivation[23].

302. - La condamnation par le CEDS. Le Comité européen des droits sociaux, qui est chargé de veiller au respect de la Charte sociale européenne par les États qui l'ont ratifié, ce qui est le cas de la France, a considéré, dans une décision du 14 février 2023, que l'application de cette règle à des arrêts de travail de moins d'une journée violait l'article 6, § 4, de la Charte et constituait une sanction déguisée à l'encontre des grévistes[24].

CEDS, 14 févr. 2023, réclamation n° 155/2017, *Confédération générale du travail (CGT) c/ France* (extrait)

« 65. Si la règle du trentième indivisible est prévue par la législation et poursuit l'objectif légitime, d'une part, d'assurer la continuité des services publics et, d'autre part, de rationaliser et de simplifier les procédures de comptabilité publique, elle constitue, dans son effet, une restriction d'un droit fondamental – le droit de grève garanti par l'article 6 § 4 – dont la nécessité dans une société démocratique n'a pas été démontrée et qui va donc au-delà de ce qui est prévu par l'article G de la Charte. À cet égard, le Comité considère qu'il n'est pas démontré qu'une continuité adéquate des services publics ne puisse être obtenue par d'autres moyens, ni que les contraintes d'ordre pratique inhérentes tant aux modalités de détermination de la cessation du travail qu'au décompte de la durée de la grève seraient de nature à empêcher l'application de déductions proportionnées comme l'exige l'article 6 § 4.

66. Compte tenu de ce qui précède, le Comité considère que la règle du trentième indivisible entraîne une retenue disproportionnée sur le salaire des grévistes et revêt effectivement un caractère punitif, qui n'est pas compatible avec l'exercice du droit de grève.

67. Le Comité dit, par conséquent, que la règle du trentième indivisible applicable aux grèves des personnels de l'État et des établissements publics de l'État à caractère administratif constitue une violation de l'article 6 § 4 de la Charte. »

(22) Cons. const., 20 juill. 1977, n° 77-83 DC, *Loi modifiant l'article 4 de la loi de finances rectificative pour 1961 (obligation de service des fonctionnaires)*, consid. 3.
(23) CE, 1re et 6e ss-sect. réunies, 2 nov. 2015, n° 372377 : *Lebon* T.
(24) CEDS, 14 févr. 2023, *Confédération générale du travail (CGT) c/ France*, réclamation n° 155/2017.

Rappelons toutefois que la Cour de cassation ne reconnaît aucun effet direct à la Charte sociale européenne[25]. Quant au Conseil d'État qui ne s'est, à notre connaissance, jamais prononcé sur l'effet direct de l'article 6, il le dénie à tous les articles qu'il a examinés, à l'exception de l'article 24[26].

2) L'application postérieure du nouveau régime

303. – Une solution appliquée à l'ensemble des obligations statutaires. Ce sont les hypothèses de « grèves » des obligations accessoires des enseignants qui ont donné lieu aux premières applications de la règle nouvelle, ce qui est logique dans la mesure où la réforme de 1977 était précisément tournée contre elles.

Le Conseil d'État a ainsi considéré, par application de la loi du 22 juillet 1977, qu'une retenue d'un trentième avait pu être valablement opérée sur la rémunération mensuelle d'enseignants qui avaient, au cours d'une journée, assuré leur enseignement sur les pelouses du lycée ; ce comportement a été considéré comme constituant une exécution partielle des obligations qui s'attachaient à leurs fonctions, telles que définies par les autorités responsables dans le cadre de leurs compétences relatives au bon ordre de l'établissement, et donc assimilé à une absence de service fait[27].

A également été privé d'un trentième de son traitement l'enseignant qui a substitué à l'aide personnalisée aux élèves des « ateliers éducatifs du midi »[28] ; dans ces affaires le Conseil d'État a toutefois vérifié que des consignes pédagogiques précises avaient été données par l'inspection d'académie et qu'elles n'avaient pas été suivies[29].

Il a également été considéré comme service non fait le refus de directeurs d'école de procéder à une enquête statistique en vue de l'élaboration de la carte scolaire du département, dès lors que cette demande ne revêtait pas le caractère d'un ordre manifestement illégal et de nature à compromettre gravement un intérêt public[30].

La même solution a été appliquée à un fonctionnaire de la direction régionale de Besançon de France Télécom qui, au cours des mois de mai, juin et juillet 2002, avait refusé de se soumettre aux nouveaux horaires de travail en brigade, comportant une plage commune aux différents agents, suivant la réorganisation des services d'accueil téléphonique au sein desquels il était affecté, en continuant à accomplir son service selon ses anciens horaires. Pour le Conseil d'État, « en s'abstenant de se conformer aux nouveaux horaires malgré les demandes réitérées de ses supérieurs hiérarchiques », cet agent avait « manqué partiellement aux obligations de service qui s'attachent à sa fonction telles que définies dans leur nature et leurs modalités par l'autorité hiérar-

(25) Cass. soc., 11 mai 2022, n° 21-15.247, préc.

(26) Sur cette question de l'effet direct de la Charte sociale européenne, V. *supra*, n° 92.

(27) CE, 31 mars 1986, *Min. Éducation nationale c/ Mme Monchaud : Lebon* T., p. 589.

(28) A. Taillefait, *Les profs ont-ils le droit de désobéir ? : Libération* 8 juill. 2009. – C. Bonrepaux, *Le ministère sanctionne les enseignants qui n'appliquent pas les réformes : Le Monde* 7 juill. 2009 ; *La mutinerie des hussards : Le Monde* 10 nov. 2009.

(29) CE, 17 mars 2010, n° 330073. – V. aussi TA Orléans, 2 nov. 2011, n° 0901394, *X et a. : LIJMEN* janv. 2012, n° 161, p. 8. – Montpellier, 9 juill. 2009, n° 0902401, *C. : AJFP* nov.-déc. 2009, p. 305. – TA Marseille, 11 août 2009, n° 0904233, *J. : AJFP* nov.-déc. 2009, p. 306. – TA Marseille, 11 août 2009, n° 0904231, *R. : Dr. adm.* 2010, comm. 79, note A. Taillefait. – TA Bordeaux, 31 janv. 2012, n° 0903559, *X : LIJMEN* mai 2012, n° 165, p. 14TA.

(30) CAA Nantes, 3e ch., 26 janv. 2012, n° 10NT01690. – CE, 29 oct. 2012, n° 35612 : *Lebon*. Dans le même sens TA Orléans, 3 déc. 2009, nos 0703052 et 0702611 : *LIJMEN* avr. 2010, n° 144, p. 10.

chiquement compétente », ce qui justifiait la retenue d'un trentième appliquée par épisode journalier constaté[31].

304. - L'imputabilité du service non fait. Le juge devra toujours vérifier que l'inaccomplissement de certaines tâches est bien le fait des agents et pas de l'administration qui ne les aurait pas mis en mesure de les accomplir. L'administration ne peut donc reprocher à un fonctionnaire de ne pas avoir accompli la totalité de ses obligations de service alors qu'elle a elle-même pris des mesures destinées à les réduire[32].

Dans cette affaire qui ne concernait pas spécifiquement un « gréviste », le président du centre de gestion de la fonction publique territoriale de la Guyane avait décidé de mettre fin aux fonctions d'un agent à l'expiration de la période de préavis, et avait, par note de service, modifié le circuit interne du courrier du centre de gestion afin que cet agent en soit totalement écarté. Ce dernier continuait à disposer d'un bureau, d'un secrétariat et d'un téléphone, et avait fait l'objet de retenues pour absence de service fait alors qu'il n'était pas responsable des tâches qu'il n'était plus en mesure d'accomplir. La retenue opérée était donc illégale. La même solution prévaut lorsque l'administration a laissé l'un de ses agents sans affectation[33].

305. - Une solution limitée aux obligations statutaires. Le Conseil d'État fait toutefois de cette règle une application raisonnée et la limite aux obligations statutaires des agents, sans l'étendre à l'accomplissement de tâches supplémentaires, en l'absence de dispositions statutaires prévoyant des sujétions particulières[34]. Ce principe ne s'applique donc pas au refus d'accomplir des heures complémentaires, décomptées par unité[35]. Les heures « statutaires », c'est-à-dire acceptées à l'année et inscrites sur l'emploi du temps, seront en revanche traitées comme les autres heures, et l'enseignant qui refuse de les accomplir perdra donc un trentième de rémunération le jour où il refusera de les accomplir[36].

La même solution écartant le principe du trentième a été appliquée à des « sapeurs-pompiers professionnels du corps départemental de la Vendée [qui], en application de consignes syndicales, avaient refusé d'accomplir des tâches d'entraînement, d'entretien et de contrôle, [et qui] ont néanmoins été présents dans le centre de secours pendant la totalité des heures de service qui leur étaient imparties et ont répondu à toutes les alertes qui sont survenues au cours de ces journées »[37].

B. - L'absence de coïncidence avec l'objet des revendications

306. - Problématique. Le propre des revendications professionnelles, à tout le moins lorsque la grève concerne l'entreprise, est qu'elles portent sur des droits ou des avantages que les salariés souhaitent obtenir de leur employeur et qui serviront de base à la discussion qui devra bien s'engager pour trouver une issue au conflit. Mais qu'en est-il lorsque la revendication porte sur des tâches existantes, ou des périodes

(31) CE, 26 juill. 2006, n° 273118, *France Télécom c/ M. Jeannier* : *CFP* 2006, n° 260, p. 36, comm. M. Guyomar.
(32) CE, 26 janv. 2007, n° 282703 : *CFP* 2007, n° 266, p. 32, note M. Guyomar.
(33) CE, 20 avr. 2011, n° 334245, *Centre hospitalier Henri-Guérin*. – CE, 19 déc. 2012, n° 346245.
(34) CE, 2e et 7e ss-sect. réunies, 23 mai 2007, n° 287394 : *AJFP* 2007, 254, concl. De Silva (retenue sur traitement pour absence de service fait pour avoir refusé de travailler le samedi 10 janvier 2004 en remplacement d'un autre agent). Si les missions annexes sont statutaires, alors elles se verront appliquer la règle du trentième indivisible : CE, 26 juill. 1996, *M. Janton* : *CFP* 1996, n° 149, p. 20, concl. Roul.
(35) Cass. soc., 23 mai 2012, n° 11-12.117 : *Bull. civ.* V, n° 160 ; *JCP S* 2012, 334, obs. Péru-Pirotte.
(36) CE, 3 oct. 1980, n° 13377, *Min. Éducation c/ Mme Campagnolle*.
(37) CE, sect., 13 déc. 1991, n° 80709 : *Lebon*, p. 444.

actuellement travaillées et dont les salariés ne veulent plus : peuvent-ils faire la grève de ces tâches ou de ces périodes ?

Présentée ainsi, la question appelle une réponse *a priori* négative dans la mesure où la modification unilatérale des conditions d'exécution du travail est considérée non pas comme l'exercice du droit de grève, mais bien comme un acte d'indiscipline susceptible d'être sanctionné dans les conditions du droit commun.

La règle, que l'on conçoit aisément s'agissant des obligations professionnelles des salariés, vaut-elle aussi pour le temps de travail, sa durée ou son organisation ? Les salariés peuvent-ils faire la grève des heures supplémentaires, des astreintes, des week-ends, des nuits, *etc.* ? Une réponse négative s'impose également, même si nous allons voir qu'en pratique les choses sont un peu plus compliquées qu'il n'y paraît.

307. – Jurisprudence *Bardot*. De jurisprudence constante, les salariés ne peuvent pas cesser le travail de sorte que l'arrêt de travail coïncide *exactement* avec leurs revendications : c'est ce que l'on dénomme la prohibition de l'« autosatisfaction des revendications » ou encore la jurisprudence *Bardot*, du nom de l'affaire traitée par la chambre sociale de Cour de cassation dans un arrêt du 23 novembre 1978[38].

Après des négociations infructueuses avec leur employeur en vue d'obtenir la suppression du travail le samedi, des salariés ne s'étaient pas présentés au travail les samedis 10, 17 et 24 avril 1976, après en avoir prévenu la direction par lettre du 5 avril. Prenant acte de ce qu'ils avaient ainsi rompu unilatéralement leur contrat, l'employeur s'était opposé à ce qu'ils reprennent le travail le 26 avril.

Les salariés avaient contesté cette mesure et réclamé diverses indemnités, mais ils avaient été déboutés de leurs demandes en appel. C'est également ce que confirme la Cour de cassation. Après avoir rappelé que « par leur lettre du 5 avril 1976, les salariés avaient avisé la direction que ses propositions, en réponse à une demande de changement d'horaire ne leur convenaient pas et qu'ils avaient pris la décision de ne plus travailler le samedi, la cour d'appel avait pu en déduire qu'en s'absentant trois samedis de suite, les demandeurs au pourvoi n'avaient pas eu pour but de faire aboutir d'autres revendications professionnelles, qu'ils avaient décidé de satisfaire unilatéralement leurs désirs par une modification des conditions essentielles de leur contrat de travail et qu'il n'y avait pas eu exercice du droit de grève, lequel n'autorise pas les salariés à exécuter leur travail dans des conditions autres que celles prévues par leur contrat ».

La solution est toujours d'actualité, même si sa traduction juridique a changé. Le contrat de travail n'a en effet pas été rompu de plein droit par le comportement des salariés, l'employeur ne peut pas « prendre acte » de cette rupture, et devra prononcer un licenciement en respectant l'intégralité de la procédure disciplinaire et de licenciement.

À ce titre, a été considéré comme illicite le fait de cesser le travail uniquement les samedis[39], le dimanche matin[40], le jour de Noël[41], ou le 14 juillet[42], ou encore de ne faire grève qu'au moment et pour la seule durée des heures supplémentaires demandées par l'employeur[43].

(38) Cass. soc., 23 nov. 1978, n° 77-40.946, *Bardot*, publié : *D.* 1979, p. 304, note J.-C. Javillier ; *JCP* G 1980, II, 19278, note J.-P. Karaquillo ; *JCP* CI 1979, I, 7921, n° 9, obs. B. Teyssié et R. Descottes.

(39) Cass. soc., 23 nov. 1978, *Bardot*, préc.

(40) Cass. soc., 15 juin 1978, n° 77-40.600, publié.

(41) Cass. soc., 22 juin 1957 : *Bull. civ.* IV, n° 771.

(42) Cass. soc., 7 nov. 1984, n° 82-41.441 : *JCP* E 1985, I, 14383, p. 173, n° 9, obs. B. Teyssié.

(43) Cass. soc., 24 juin 1954 : *Bull. civ.* IV, n° 446, p. 334.

La coïncidence doit être voulue ; le simple fait que l'arrêt de travail porte *également* sur une période travaillée ne suffit pas à rendre le mouvement illicite[44].

308. - Contournement de la jurisprudence *Bardot*. La prohibition de ces mouvements peut toutefois être contournée par une formulation astucieuse des revendications qui permettra de « sauver » le mouvement dès lors que les salariés font valoir également d'autres revendications qui ne seront pas « autosatisfaites ». C'est ce qui a parfois été admis par certaines juridictions du fond[45], mais également par la Cour de cassation qui contrôle seulement que les revendications présentées par les salariés soient sincères[46].

C'est ce qu'illustre un arrêt rendu par la chambre sociale de la Cour de cassation le 12 avril 1995[47].

Un certain nombre de salariés ayant cessé collectivement le travail avaient été assignés par leur employeur pour faire juger que leur mouvement n'était pas licite et pour qu'ils soient condamnés à lui payer un franc à titre de dommages-intérêts. Ces demandes furent écartées en appel, ce que confirme le rejet du pourvoi.

Pour la Cour de cassation, « les revendications présentées par les salariés, portant sur l'embauche de personnel, l'augmentation des salaires, la suppression des jours de carence et la réduction du temps de travail, n'avaient pas été formulées pour les besoins de la cause et correspondaient à un malaise provoqué dans l'entreprise par des licenciements », « en cessant le travail pour faire aboutir ces revendications professionnelles, les salariés n'avaient fait qu'user du droit de grève ».

C. - Prohibition des « grèves perlées »

309. - Définition. La « grève perlée » consiste à ralentir volontairement le rythme de travail, sans le cesser totalement, de manière à éviter la retenue sur salaire prévue en cas de grève (ou bien à faire annuler cette retenue considérée alors comme une sanction pécuniaire prohibée).

Le travail n'étant pas totalement et complètement à l'arrêt[48], il ne saurait être question de qualifier cette pratique de « grève », comme le montre un arrêt rendu par la chambre sociale de la Cour de cassation le 5 mars 1953 dans l'affaire *Dunlop*[49]. Les salariés ne pourront donc pas subir de retenue sur salaire[50], seule une sanction disciplinaire dans les conditions du droit commun, pouvant être envisagée.

À la suite du rejet par la Société Dunlop de diverses revendications d'ordre professionnel, les ouvriers avaient décidé de pratiquer une « grève perlée » le 23 novembre 1949 en effectuant un travail réduit, coupé par de fréquentes interruptions, spécialement dans l'atelier chargé de la vulcanisation des pneumatiques destinés à l'équipement des poids lourds automobiles. Malgré l'intervention de l'ingénieur, chef du service, en date du 10 décembre, cet état de choses persista, la consigne étant de porter à la cuisson un unique pneumatique par homme et par équipe.

(44) Cass. soc., 27 juin 1989, n° 87-45.310 : la grève de 14 à 18 heures le 28 août avait coïncidé avec un moment de la journée où ils n'auraient pas travaillé avec l'horaire aménagé, il s'agissait d'une coïncidence fortuite en l'absence de répétition.

(45) CA Grenoble, 21 janv. 1988 : *Dr. ouvrier* 1988, p. 359 (grève des heures supplémentaires).

(46) Cass. soc., 25 juin 1991, n° 89-40.029 : *Bull. civ.* V, n° 323 ; *Dr. soc.* 1992, p. 65, concl. Don Joseph Graziani (grève du dimanche ; la sanction a été amnistiée).

(47) Cass. soc., 12 avr. 1995, n° 93-10.968 : *Bull. civ.* V, n° 129 ; *Dr. soc.* 1995, p. 606, obs. J.-E. Ray.

(48) Cass. soc., 22 avr. 1964 : *Bull. civ.* IV, n° 320 ; *JCP* G 1964, II, 13883, note B.A.

(49) Cass. soc., 5 mars 1953 : *Bull. civ.* IV, n° 185 ; *JCP* G 1953, II, 7553, note Delpech.

(50) Contrairement à la solution qui prévaut dans la fonction publique de l'État pour les salariés soumis à l'application de la retenue du trentième indivisible en cas de grève : V. *infra*, n° 649.

Un salarié qui appartenait à cet atelier fut licencié le 13 décembre, sans préavis ni indemnité, pour avoir contrevenu aux instructions données en vue de la reprise de la production normale.

La Cour de cassation affirme dans cet arrêt « qu'il n'y a pas arrêt du travail lorsque le travail est exécuté au ralenti ou dans des conditions volontairement défectueuses ». Les salariés demeuraient donc soumis à leurs obligations contractuelles régies par l'article 23 du livre 1er du Code du travail, et le salarié licencié ne pouvait exciper du droit de grève invoqué pour protester contre son congédiement, malgré le caractère interprétatif qui s'attache à l'article 4 de la loi du 11 février 1950[51].

310. - Gravité. L'examen de la jurisprudence montre que le recours à la « grève perlée », qui peut être sanctionné dans les conditions du droit commun, ne sera généralement qualifié de faute grave que s'il a eu pour effet la « désorganisation de l'entreprise »[52].

311. - Position du Conseil d'État. Le Conseil d'État a retenu la même solution s'agissant de la grève à la SNCF dans une décision *Fédération des syndicats chrétiens de cheminots* du 23 octobre 1964[53].

Il s'agissait ici d'une requête de la Fédération des Syndicats chrétiens de cheminots tendant à l'annulation pour excès de pouvoir de la circulaire du ministre des Travaux publics et des Transports du 17 octobre 1961, relative à l'exercice du droit de grève par les personnels de la SNCF, précisément de ses dispositions relatives aux retards systématiques apportés à la mise en marche des trains ou autorails, à la diminution volontaire du rendement, à la mauvaise exécution systématique du service, et aux manifestations qui, sous le nom de débrayages, compromettent l'exécution du service.

Pour le Conseil d'État, « les dispositions de la circulaire susvisée, qui se bornent à rappeler au personnel de la Société nationale des chemins de fer français que les pratiques susmentionnées ne sauraient être confondues avec l'exercice du droit de grève, et constituent des fautes professionnelles susceptibles de sanction, n'ont pas de caractère réglementaire ; qu'elles ne contiennent par elles-mêmes aucune décision susceptible d'être déférée au juge de l'excès de pouvoir »[54].

D. - Prohibition du sabotage

312. - Origines. Le terme de « sabotage » s'est imposé à l'âge des premières industries mécanisées, lorsque les ouvriers glissaient un sabot dans les rouages des machines pour les mettre hors service, ce qui permettait de produire le même effet qu'une grève mais sans aucun de ses inconvénients, ni pécuniaire (les ouvriers devaient en principe continuer de percevoir le salaire le temps de réparer) ni contractuel (la grève était considérée comme rompant le contrat de travail), singulièrement à une époque où les coalitions ouvrières étaient interdites[55].

(51) Cass. soc., 19 mars 1953, n° 53-01.392, publié.

(52) Cass. soc., 22 avr. 1964 : *Bull. civ.* V, n° 320.

(53) CE, ass., 23 oct. 1964, *Féd. des syndicats chrétiens de cheminots : Lebon*, p. 484 ; *JCP* 1965, II, 14271, note G. Belorgey ; *AJDA* 1964, 684, chron. Puybasset et Puissochet ; *RDP* 1964, 1210, concl. Bertrand ; *RDP* 1965, 791, note M. Waline. Les dispositions d'une circulaire ministérielle relatives « aux retards systématiques apportés à la mise en marche des trains ou autorails, à la diminution volontaire du rendement, à la mauvaise exécution systématique de service… » se bornent à rappeler au personnel de la SNCF que « ces pratiques ne sauraient être confondues avec l'exercice du droit de grève ».

(54) CE, ass., 23 oct. 1964, n° 56194, *Féd. des syndicats chrétiens de cheminots : Lebon*, p. 484. Cette jurisprudence sur le contrôle de la légalité des circulaires a été profondément modifiée depuis : V. *infra*, n° 480.

(55) L'explication n'est toutefois confirmée ni par le dictionnaire Littré, ni par le Grand Robert de la langue française.

313. - Variétés. Au fil des années et des révolutions technologiques, les méthodes ont évolué mais les finalités demeurent ; même s'ils visent à contraindre l'employeur à faire droit à des revendications professionnelles, ces sabotages ne peuvent être qualifiés de grève.

C'est ce qui a été jugé dans un arrêt rendu par la chambre sociale de la Cour de cassation le 8 décembre 1982 s'agissant d'un salarié qui avait modifié informatiquement des numéros de dossiers client pour empêcher quiconque d'y avoir accès[56].

Le 13 février 1979 quatre employés de la caisse primaire d'assurance maladie des travailleurs salariés d'Arras en qualité d'agents techniques chargés par délégation du directeur de liquider et d'ordonner les droits des assurés sociaux, avaient, à l'occasion de leur service et dans un but de protestation afin d'appuyer certaines revendications d'ordre professionnel, volontairement substitué un autre numéro de code à celui qui leur avait été attribué, ce qui a eu pour effet d'entraîner le rejet des décomptes par eux effectués et de nécessiter la reprise sur une autre chaîne de tous les dossiers des assurés concernés.

À la suite de ces agissements, le directeur de la caisse, qui avait préalablement mis en garde ses agents contre tout manquement aux obligations de service, a retenu le salaire de la journée du 13 février 1979 sur les fiches de paie de mars 1979 aux motifs que leur exécution défectueuse du contrat de travail avait empêché le paiement des prestations correspondantes et qu'il y avait eu absence de service fait. Cette décision a reçu l'approbation du directeur régional de la sécurité sociale.

Pour condamner la caisse primaire d'assurance maladie à payer à chacun de ses quatre agents le salaire de la journée litigieuse, le tribunal, tout en retenant que ces derniers avaient commis une faute professionnelle grave, a dit que les conditions d'application de l'article 6 de la loi du 31 juillet 1963 devenu l'article L. 521-6 du Code du travail n'étant pas énoncées à défaut de cessation concertée du travail, la faute commise ne pouvait être sanctionnée par une retenue sur le salaire.

C'est cette décision qui se trouve ici censurée, la Cour de cassation refusant de se situer dans le cadre du régime de la grève, mais dans celui du droit commun de l'exécution du contrat de travail.

314. - Délestages sauvages. La justice assimile au sabotage les interventions d'agents sur le réseau de distribution d'électricité pour procéder à des délestages sauvages. Dernièrement, on apprenait que quatre personnes, âgées de trente et un à trente-cinq ans, avaient été placées en garde à vue début octobre 2022 dans les locaux de la DGSI pour des opérations menées en juin et juillet 2022, après qu'une plainte contre X a été déposée par RTE. Les salariés concernés ont été convoqués à des entretiens individuels préalables au prononcé de mesures de « mise à la retraite d'office », ce qui équivaut à un licenciement[57].

315. - « Grève des inspections ». Il a été également jugé, à propos d'enseignants d'un établissement privé d'enseignement sous contrat, que ne constitue pas une manifestation du droit de grève le fait, pour des enseignants appliquant la pédagogie Freinet, de cesser le travail de façon concertée dans le seul but de faire échec aux inspections individuelles dont ils doivent faire l'objet d'après leur statut[58].

E. - Sort de la « grève du zèle »

316. - Définition. La « grève du zèle » consiste pour les salariés à exécuter scrupuleusement les instructions qui leur sont données, en poussant souvent les consignes

(56) Cass. soc., 8 déc. 1982 : *Bull. civ.* V, n° 695.
(57) *Liaisons sociales quotidien* 15 déc. 2022, L'actualité, n° 18693, Section Acteurs, débats, événements.
(58) TA Strasbourg, 18 févr. 1982, *Mme Clément : Lebon* T., p. 657.

à la limite de l'absurde, avec pour objet de ralentir l'activité, voire de la paralyser totalement. L'exemple classique est celui d'agents de sécurité, de douaniers ou d'agents de l'administration pénitentiaire, qui, lors de l'accès à un aéroport ou à la prison, fouilleraient chaque passager, chaque visiteur, chaque bagage, avec le plus grand soin, provoquant ainsi des retards tels que la plupart des passagers ne pourraient pas prendre leur vol à temps, entraînant ainsi la paralysie du trafic. Tant que l'employeur n'a pas donné de nouvelles consignes aux salariés, ces pratiques ne sont pas illicites et ne peuvent en toute hypothèse pas être qualifiées de « grève ».

317. – Situation pour les agents publics. Pour ce qui est des agents publics, le Conseil d'État a pu retenir, lorsqu'un mouvement coordonné avait été mis en place, paralysant de fait l'activité du service public, le caractère fautif d'un tel « acte collectif d'indiscipline caractérisé »[59]. Les salariés pourront donc être sanctionnés, dans les conditions du droit commun, mais pas faire l'objet de retenues[60].

Cette expression d'acte « d'indiscipline » est d'ailleurs utilisée par les textes qui restreignent l'exercice du droit de grève dans certains services publics, à l'instar de l'article 2-2 de la loi du 28 septembre 1948 relative au statut spécial des personnels de police, de l'article 2 de la loi du 2 juillet 1964 relative à certains personnels de la navigation aérienne, ou de l'article 3 de l'ordonnance du 6 août 1958 relative au statut spécial des fonctionnaires des services déconcentrés de l'administration pénitentiaire, modifiée par la loi du 6 août 2019 de transformation de la fonction publique, aux termes duquel est interdit « toute cessation concertée du service, tout acte collectif d'indiscipline caractérisée de la part des personnels des services extérieurs de l'administration pénitentiaire ».

F. – Sort des débrayages

318. – Définition. On parlera de « débrayage » lorsque les arrêts de travail sont de courte durée et se répètent à une fréquence importante sur une période étendue[61].

Juridiquement, chaque épisode d'arrêt de travail doit être qualifié de grève. Les mini-grèves de très courte durée sont donc licites[62], comme une grève de quinze minutes[63], y compris si elle se répète toutes les heures. Comme l'a jugé la Cour de cassation en 2001 reprenant les termes d'une décision des juges du fond, « la perturbation du service dont se plaignait l'employeur n'était que la conséquence normale de la limitation de la durée du travail du fait de la grève »[64].

319. – Limites. L'organisation d'un débrayage destiné à désorganiser totalement l'entreprise jusqu'à la contraindre à cesser toute activité peut être considérée comme une faute lourde, justifiant le cas échéant le prononcé d'une sanction disciplinaire. La Cour de cassation opère ici une distinction entre la « désorganisation de la production » « que la grève entraîne nécessairement », et la « désorganisation de l'entreprise » qui, si elle a été recherchée par les grévistes, fera dégénérer la grève en abus et permettra de caractériser la faute lourde[65].

(59) CE, 28 avr. 1975 : *RDP* 1976, p. 1322, obs. J. Robert (aiguilleurs du ciel).
(60) CE, 21 sept. 1992, n° 93288, *Office national des forêts : Lebon* T., p. 1068.
(61) S. Sirot, ouvr. préc., p. 104.
(62) Cass. soc., 25 janv. 2011, n° 09-69.030 : *Bull. civ.* V, n° 28.
(63) Cass. soc., 6 nov. 1958 : *Dr. soc.* 1959, p. 291.
(64) Cass. soc., 16 oct. 2001, n° 99-18.128 : *Bull. civ.* V, n° 319.
(65) Cass. soc., 3 mai 1989, n° 87-10.994 : *Bull. civ.* V, n° 404.

Cette distinction a été formalisée dans un arrêt rendu par la chambre sociale de la Cour de cassation le 10 juillet 1991 : « Attendu que la répétition des arrêts de travail, même de courte durée, ne constitue pas un abus du droit de grève dès lors que ces arrêts n'entraînent pas la désorganisation de l'entreprise »[66]. La formule a été complétée en 1992 : « Ce n'est qu'au cas où la grève entraîne la désorganisation de l'entreprise qu'elle dégénère en abus »[67].

C'est l'examen du comportement des grévistes qui permettra aux juges du fond de faire la distinction entre les deux hypothèses. Ainsi, les juges du fond pourront écarter la faute lourde « après avoir constaté que le débrayage, connu à l'avance par l'employeur, avait lieu à heure fixe et pour une durée invariable, qu'il n'empêchait pas la production du personnel non gréviste et qu'il s'était déroulé sans incident, la cour d'appel [ayant] relevé que la grève n'avait pas entraîné la désorganisation de l'entreprise »[68].

C'est ce qu'illustre un arrêt rendu par la chambre sociale de la Cour de cassation le 26 février 1975[69].

Un employeur avait décidé de fermer son entreprise pendant une semaine à la suite de débrayages à répétition qui avaient complètement désorganisé la production, ce qu'un salarié avait contesté judiciairement, en vain. Pour conclure au bien-fondé de la décision prise par l'employeur de fermer son entreprise, la Cour de cassation a relevé plusieurs éléments.

Le tribunal avait constaté que dans la période du 21 avril au 25 juin 1971, soit pendant environ deux mois, le personnel gréviste avait procédé à cent un arrêts de travail allant d'un quart d'heure à une heure et même une heure quarante-cinq et quatre heures quinze à n'importe quel moment, et certains jusqu'à douze fois dans la même journée. Ces arrêts-surprises, successifs, inopinés et répétés, avaient été en l'espèce de nature à désorganiser la production. Le personnel de la société avait donc accompli son travail dans des conditions autres que celles prévues au contrat et ces arrêts de travail variables, fréquents et inopinés, ne lui avaient pas permis d'exécuter normalement le travail convenu en contrepartie du salaire, comme l'auraient fait des cessations collectives nettes de travail.

En déduisant de ces constatations que l'employeur n'avait pas à indemniser les salariés des salaires perdus en conséquence de l'inexécution de leurs obligations, le tribunal d'instance avait donc légalement justifié sa décision.

320. - Preuve de la désorganisation de l'entreprise. Pour être fautif, le recours aux débrayages devait avoir pour but de désorganiser l'entreprise. En dehors de l'hypothèse où cette volonté résulterait de l'aveu des salariés eux-mêmes, les juges déduiront cette intention des circonstances particulières du mouvement, par exemple « du choix de leur moment et de leur durée »[70].

Les débrayages qui se sont déroulés lors de la construction du ministère des Finances à Bercy, à la fin des années 1980, en fournissent une illustration, au travers d'un arrêt rendu par la chambre sociale de la Cour de cassation le 10 juillet 1991[71].

Le personnel de la Société auxiliaire d'entreprises de la région parisienne (SAEP) affecté aux chantiers de Bercy et de Suresnes s'était mis en grève le 8 décembre 1986. À partir du 17 décembre, les grévistes avaient observé un arrêt de travail d'un quart d'heure toutes les heures jusqu'à la reprise totale du travail le 27 décembre. Tout en versant à chacun des grévistes

(66) Cass. soc., 10 juill. 1991, n° 89-43.147 : *Bull. civ.* V, n° 349.
(67) Cass. soc., 4 nov. 1992, n° 90-41.899 : *Bull. civ.* V, n° 529.
(68) Cass. soc., 10 oct. 1990, n° 88-41.426 : *Bull. civ.* V, n° 434.
(69) Cass. soc., 26 févr. 1975, n° 73-40.841 : *Bull. civ.* V, n° 95 ; *Dr. soc.* 1975, p. 449, obs. J. Savatier.
(70) Cass. soc., 6 févr. 1985, n° 82-43.173 : *Bull. civ.* V, n° 83 (pas caractérisé en l'espèce).
(71) Cass. soc., 10 juill. 1991, n° 89-43.147, *SAEP c/ Barreiros et a.* : *Bull. civ.* V, n° 349.

une prime de reprise du travail de mille francs, qu'il avait promise avant la fin du conflit, l'employeur a pratiqué sur le salaire une retenue correspondant à 82 heures 08, alors que le temps effectif de grève n'avait été que de 65 heures.

Les salariés ayant saisi la juridiction prud'homale en paiement du salaire retenu, la SAEP a demandé reconventionnellement le remboursement de la prime de reprise du travail et des dommages-intérêts représentant le préjudice subi du fait de la perte de productivité.

La cour d'appel de Paris a déclaré la grève licite et condamné l'employeur à payer aux salariés grévistes les retenues de salaire correspondant à 17 heures 08. C'est ce que confirme le rejet du pourvoi.

Pour la Cour de cassation en effet, « la répétition des arrêts de travail, même de courte durée, ne constitue pas un abus du droit de grève dès lors que ces arrêts n'entraînent pas la désorganisation de l'entreprise. La cour d'appel ayant constaté qu'aucune désorganisation manifeste et anormale n'était résultée du mouvement suivi entre le 17 et le 27 décembre 1986, elle avait donc décidé à bon droit que les salariés, qui n'avaient fait qu'exercer le droit de grève, ne pouvaient subir qu'un abattement de salaire proportionnel à la durée de leur arrêt de travail ».

321. - Sort des « grèves bouchon » ou « grèves thromboses ». Dans cette hypothèse, seuls les salariés occupant des emplois stratégiques feront grève et bloqueront par leur seule action l'activité de l'entreprise, bénéficiant alors, si la manœuvre est organisée, du soutien financier de leurs collègues. Il s'agit bien d'une grève, puisque le travail cesse[72]. Mais si la situation perdure et que l'entreprise s'en trouve durablement désorganisée, alors les salariés s'exposeront à ce que soit reconnue la faute lourde s'il est démontré qu'ils ont volontairement organisé ce bouchon[73].

322. - Sort des « grèves tournantes ». On parle de « grève tournante » lorsque les grévistes se coordonnent pour ne pas avoir à cesser tous en même temps le travail, et en faisant en sorte que des équipes se mettent en grève à tour de rôle d'une manière telle que la production soit totalement interrompue[74].

323. - *Traitement dans le secteur privé.* Dans le secteur privé, cette pratique n'est pas interdite : il s'agit bien d'une grève et les salariés ne s'exposent en principe à aucune sanction disciplinaire[75]. La Cour de cassation a ainsi pu affirmer que « des arrêts de travail courts et répétés, quelque dommageables qu'ils soient pour la production, ne peuvent, en principe, être considérés comme un exercice illicite du droit de grève »[76], ou encore que « ni la durée du mouvement de grève ni l'existence d'une pluralité de motifs ne pouvant suffire à caractériser en elles-mêmes une fraude »[77].

324. - *Traitement dans les services publics.* Dans les services publics, il en va autrement. L'article L. 2512-3 du Code du travail impose en effet aux grévistes, depuis la loi du 31 juillet 1963, de cesser et de reprendre le travail en même temps[78].

(72) Cass. soc., 10 janv. 1973, n° 71-40.804 : *Bull. civ.* V, n° 8 ; *D.* 1973, p. 453, note H. Sinay ; *Dr. soc.* 1973, p. 433, obs. J. Savatier.

(73) V. *infra*, n° 547.

(74) Pour une approche historique, S. Sirot, ouvr. préc., p. 96.

(75) Cass. soc., 14 janv. 1960 : *Dr. ouvrier* 1960, p. 179, note M. Boitel.

(76) Cass. soc., 25 janv. 2011, n° 09-69.030 : *Bull. civ.* V, n° 28.

(77) Cass. soc., 4 juill. 2012, n° 11-18.404, *Sté Kéolis Bordeaux : Bull. civ.* V, n° 207 ; *D.* 2012, 2622, obs. P. Lokiec et J. Porta ; *Dr. soc.* 2012, 860, obs. C. Radé ; *JCP* S 2012, 1412, obs. F. Duquesne.

(78) H. Sinay, *La prohibition des grèves tournantes et des grèves surprises dans les services publics : JCP* 1963, I, 1795.

Code du travail

Art. L. 2512-3. – En cas de cessation concertée de travail des personnels mentionnés à l'article L. 2512-1, l'heure de cessation et celle de reprise du travail ne peuvent être différentes pour les diverses catégories ou pour les divers membres du personnel intéressé.

Sont interdits les arrêts de travail affectant par échelonnement successif ou par roulement concerté les divers secteurs ou catégories professionnelles d'un même établissement ou service ou les différents établissements ou services d'une même entreprise ou d'un même organisme.

325. – **Prise de service par roulement.** Cette interdiction vaut y compris pour les personnels soumis à une prise de service par roulement, comme l'indique expressément l'article L. 2512-3 du Code du travail, ce qui pourrait bien avoir pour conséquence de contraindre des salariés qui sont sur leur temps de repos de se déclarer comme grévistes alors qu'ils ne travaillent pas effectivement. C'est ce qui résulte d'un arrêt rendu par la chambre sociale de la Cour de cassation le 3 février 1998 dans une affaire intéressant le gestionnaire de réseau de la métropole bordelaise[79].

Le syndicat CGT du personnel des transports urbains bordelais et le syndicat autonome du personnel de la société CGFTE avaient déposé auprès de la direction de la société CGFTE, régisseur des transports en commun de la communauté urbaine de Bordeaux, le 24 mars 1995 pour les 30 et 31 mars 1995, et le 28 mars 1995 pour les 3, 4, 5, 6 et 7 avril 1995, des préavis de grève « de 58 minutes à la prise du service (...) pour tous les personnels, toutes les catégories et sur tous les lieux de travail de l'entreprise ».

La société CGFTE avait saisi le juge des référés pour faire juger que les préavis de grève étaient illicites et pour voir ordonner la suspension de leur exécution.

Pour rejeter cette demande, la cour d'appel de Bordeaux, statuant en référé, a énoncé que la société CGFTE ne pouvait pas invoquer un trouble manifestement illicite résultant de la violation évidente du premier alinéa de l'article L. 521-4 du Code du travail qui impose que l'heure de cessation et l'heure de reprise du travail ne soient pas différentes pour les diverses catégories de personnel ou pour les divers membres du personnel intéressé ; qu'il peut être soutenu, comme le font les syndicats, dans le cadre d'une interprétation usuelle de l'article L. 521-4, que ce texte vise des personnels ayant des horaires identiques et ne s'applique pas au cas de travail par équipe ou de prise de travail par roulement ; que cette interprétation correspond à la finalité du texte d'empêcher la désorganisation de l'entreprise par des combinaisons concertées dans les modalités de déclenchement du droit de grève sans lien avec l'organisation du travail dans l'établissement.

Cet arrêt est cassé, au visa des articles L. 521-3 et L. 521-4 du Code du travail, et 809 du Code de procédure civile. Pour la Cour de cassation en effet, il résulte de la combinaison de ces textes que le droit de grève dans les services publics n'est exercé normalement que si le préavis de grève détermine l'heure précise, commune à tous les membres du personnel, de l'arrêt de travail, peu important que certains salariés ne travaillent pas à cette heure, dès lors qu'ils peuvent se joindre au mouvement en cours. Cependant, les articles L. 521-3 et L. 521-4, qui imposent la détermination dans le préavis de l'heure de cessation du travail qui doit être commune à tous les membres du personnel intéressé, ne laissent place à aucune distinction selon l'organisation du travail en vigueur dans les services publics. Dans cette affaire, le préavis de grève devait être considéré comme illicite, et donc suspendu, dès lors que l'heure de cessation du travail n'était pas précisée dans le préavis et qu'elle variait pour chaque salarié en fonction de son horaire de travail.

(79) Cass. soc., 3 févr. 1998, *Sté CGFTE, n° 95-21.735 : Dr. soc.* 1998, p. 294, obs. J.-E. Ray ; *JCP* G 1998, II, 10030, rapp. P. Waquet ; *D.* 1998, p. 169, note Y. Saint-Jours ; *LPA* 24 avr. 1998, n° 49, p. 17, obs. G. Picca. – TGI Évry, réf., 23 mars 1999 : *Dr. ouvrier* 1999, p. 336, obs. A. de Senga.

Le Conseil d'État a d'ailleurs considéré, dans une décision *Syndicat CGT des cadres parisiens des services publics territoriaux* du 6 juillet 2016, que les chefs de service pouvaient valablement imposer à leurs agents de faire grève dès leur prise de service, et ce afin de préserver les intérêts des usagers[80].

À l'occasion d'un conflit social opposant la Ville de Paris à ses agents employés dans les équipements sportifs de la ville, le secrétaire général de la Ville de Paris avait, par une note de service du 23 mars 2015, imposé à tous les agents travaillant dans ces équipements de se déclarer grévistes au moins quarante-huit heures avant le début de la grève fixée dans le préavis, en précisant la durée de la cessation de leur activité, et d'exercer leur droit de grève à leur prise de service.

Divers syndicats avaient demandé au juge des référés du tribunal administratif de Paris d'ordonner la suspension de l'exécution de cette note de service.

Le Conseil d'État considère ici qu'en imposant aux agents employés dans les équipements sportifs de la Ville qui entendent exercer leur droit de grève de le faire *à leur prise de service*, le secrétaire général de la Ville de Paris a entendu valablement prévenir les risques de désordres résultant notamment, en cas d'exercice du droit de grève en cours de service, de l'obligation d'évacuer de ces équipements le public qui y aurait déjà pénétré.

Le Conseil d'État a néanmoins considéré qu'en imposant à chaque agent employé dans les équipements sportifs de la ville de se déclarer gréviste, non pas quarante-huit heures avant la date à laquelle il entend personnellement participer à un mouvement de grève, mais quarante-huit heures avant le début de la grève fixé dans le préavis, la note attaquée apporte au droit de tout agent de rejoindre un mouvement de grève déjà engagé, des restrictions qui excèdent ce qui est nécessaire pour prévenir un usage abusif de la grève dans les établissements sportifs de la Ville de Paris et qui ne sont justifiées ni par les nécessités de l'ordre public ni par les besoins essentiels du pays.

La solution a été confirmée par une décision du Conseil d'État du 20 décembre 2019 concernant « des agents exerçant leur fonction dans les services d'accueil périscolaire ou de restauration scolaire, et ayant déclaré leur intention de participer à la grève », dès lors que « l'interruption soudaine du service en cours d'exécution est susceptible de susciter un "désordre manifeste" dans l'exécution de ce service »[81].

326. – Dépôt de 50 préavis syndicaux coordonnés. Les syndicats ont rapidement trouvé la parade. L'interdiction des grèves par roulement ne vaut en effet que dans le cadre d'un seul et même préavis ; si plusieurs syndicats représentatifs déposent des préavis prévoyant, y compris pour un même conflit, des heures de cessation et de reprise du travail différentes, les salariés ont le droit de se mettre en grève, par catégorie professionnelle, en se réclamant de tel ou tel préavis syndical. Dans cette hypothèse, chaque syndicat représentatif pouvant déposer son propre préavis, le déclenchement de la grève sera de fait échelonné grâce à la coordination des préavis syndicaux, comme cela a été admis dans un arrêt rendu par la chambre sociale de la Cour de cassation le 4 février 2004 dans une affaire concernant toujours le transport public urbain de personnes de la métropole bordelaise[82].

Le 16 mai 2001, en prévision d'un arrêt de travail affectant la société Connex-Bordeaux, trois préavis de grève avaient été déposés pour le mardi 22 mai 2001, le premier par le syndicat CGT-FO pour l'ensemble du personnel du réseau Connex-Bordeaux d'une durée de cinquante-neuf minutes, de 6 heures 16 à 7 heures 15, le deuxième par le syndicat CGT pour l'ensemble du personnel du réseau Connex-Bordeaux, d'une durée de cinquante-neuf minutes, de 16 heures

(80) CE, 6 juill. 2016, n° 390031, *Synd. CGT des cadres parisiens des services publics territoriaux : Lebon* ; *AJDA* 2016, 1421, comm. Montecler ; *CFP* 2016, 368, comm. Raynaud.

(81) CE, 20 déc. 2019, n° 436794.

(82) Cass. soc., 4 févr. 2004, *Connex : Dr. soc.* 2004, p. 381, chron. Ch. Radé ; *D.* 2004, p. 2190, note F. Debord.

à 16 heures 59, le troisième par le syndicat CFDT pour le seul personnel roulant de l'entreprise Connex-Bordeaux du mardi 22 mai à 3 heures jusqu'au mercredi 23 mai à 3 heures. La société Connex-Bordeaux a saisi le juge des référés d'une demande tendant à ce que lesdits préavis soient déclarés irréguliers et illicites.

Ils avaient obtenu gain de cause devant la cour d'appel de Bordeaux. Cette dernière avait en effet considéré qu'en prévoyant des horaires de cessation du travail différents, les organisations syndicales avaient déposé des préavis de grève entachés d'illicéité.

Tel n'est pas l'avis de la Cour de cassation qui casse cet arrêt : « Aucune disposition légale n'interdit à plusieurs organisations syndicales représentatives de présenter chacune un préavis de grève » et « chacune peut prévoir une date de cessation du travail différente ».

SECTION 2 UN ARRÊT COLLECTIF ET CONCERTÉ

327. - Principe. Si les salariés jouissent individuellement du droit de grève, ils ne peuvent en principe l'exercer que de manière collective. Le droit de grève rejoint ainsi d'autres libertés collectives, comme celle de manifester par exemple. L'arrêt de travail doit en principe être collectif (§ 1) et concerté (§ 2).

§ 1. - Un arrêt collectif

A. - Le principe d'un exercice collectif

1° Une condition nécessaire : le rattachement à *un* collectif

328. - Un mouvement en principe collectif. Le caractère collectif du mouvement interdit de considérer qu'un salarié puisse faire grève seul, sans s'associer à au moins un autre salarié pour défendre ensemble les mêmes revendications professionnelles. La solution a été affirmée classiquement tant par la Cour de cassation[83] que le Conseil d'État pour les agents publics[84].

329. - Existence d'une grève nationale. Un salarié peut être le seul dans son entreprise à s'associer à une grève nationale[85] sans qu'il soit d'ailleurs obligé d'en informer particulièrement son employeur[86]. Le juge vérifiera simplement que les revendications professionnelles de ce mouvement national sont « étroitement liées aux préoccupations quotidiennes des salariés au sein de leur entreprise », ce qui sera généralement le cas si les revendications sont formulées de manière très générale[87].

330. - Salariés mis à disposition ou intérimaires. La Cour de cassation a également admis qu'un salarié mis à disposition puisse faire grève au sein de l'entreprise au sein de laquelle il travaille effectivement pour défendre des revendications qui le

(83) Cass. soc., 19 avr. 1958 : *Bull. civ.* IV, n° 528, p. 393. - Cass. soc., 30 nov. 1977 : *Bull. civ.* V, n° 655. - CA Rennes, 18 janv. 1979 : *RJS* 1979, n° 396, p. 191 (un comptable « faisait grève » pour obtenir l'obtention d'un poste à temps plein et une augmentation de salaire correspondante).

(84) CE, 5 juill. 1957, *Cohen : Lebon*, p. 449 : l'arrêt de travail d'un agent seul est qualifié d'abandon de poste.

(85) Cass. soc., 29 mai 1979, *Lhomme : Bull. civ.* V, n° 464 ; *D.* 1980, IR, p. 23, obs. P. Langlois (journée nationale de protestation contre le « plan Barre »). - Cass. soc., 27 juin 1989 : *Bull. civ.* V, n° 470.

(86) Cass. soc., 29 mai 1979, préc.

(87) Cass. soc., 29 mai 1979, préc.

concernent également, en l'occurrence « la réception des délégués du personnel par l'employeur » et les conditions de travail[88]. Dans cette hypothèse le travailleur n'est pas seul à faire grève, même s'il est certainement le seul *de son entreprise (au sens d'employeur)* à faire grève. La solution est logique dans la mesure où le salarié mis à disposition, comme le travailleur intérimaire d'ailleurs, appartient au moins autant à l'entreprise utilisatrice qu'à sa propre entreprise employeur, comme le montrent d'ailleurs les règles d'intégration dans l'effectif ou de participation au processus électoral[89].

2° Une condition suffisante : validité des grèves minoritaires

331. – Principe. Le collectif des grévistes peut être très limité, en valeur absolue comme relative, dans la mesure où la Cour de cassation n'impose plus depuis 1963[90] que la grève soit majoritaire. Elle n'a pas à être « votée » par les salariés de l'entreprise[91] ni même d'ailleurs suivie par une partie importante du personnel. Une minorité, même faible, peut donc valablement faire grève[92] et même décider de poursuivre la grève y compris si une majorité décide, après un référendum, de reprendre le travail[93].

332. – Des revendications à caractère professionnel. Deux salariés peuvent valablement faire grève pour autant que leurs revendications ne présentent pas de caractère « personnel »[94]. S'il s'agit d'une grève « de solidarité », c'est-à-dire déclenchée pour soutenir un collègue sanctionné par l'entreprise, le risque d'une disqualification du mouvement est important, comme nous le verrons ultérieurement, surtout si le cercle des grévistes et des salariés visés par la mesure est le même.

333. – Un risque d'abus. Le caractère minoritaire d'une grève est toutefois mal vécu en pratique, et certaines décisions de justice ont pu retenir la qualification de faute lourde lorsque des grévistes avaient décidé de poursuivre à deux la grève alors que la majorité avait repris le travail[95] ou qu'un accord de fin de conflit avait été conclu[96]. Il n'est toutefois pas certain que ces solutions soient toujours d'actualité dans le contexte actuel extrêmement protecteur de l'exercice du droit de grève.

B. – Les exceptions individualistes

1° Entreprises unipersonnelles

334. – Entreprise ne comportant qu'un seul salarié. Une première exception au caractère collectif de l'exercice du droit de grève a été admise par la chambre sociale de la Cour de cassation dans un arrêt du 13 novembre 1996, s'agissant d'une entre-

(88) Cass. soc., 17 déc. 2003, n° 01-46.251, *Szlachta : Dr. soc.* 2004, p. 327, obs. Ch. Radé.

(89) Sur cette démonstration, A. Bonaldi, *L'appartenance du salarié à l'entreprise*, thèse dir. F. Favennec-Héry, Université Paris 2, soutenue le 11 janv. 2021.

(90) Cass. soc., 3 oct. 1963 : *D.* 1964, p. 3, note G. Lyon-Caen. La jurisprudence antérieure avait été tentée par une exigence quantitative tant positive (Cass. soc., 22 juin 1957 : *D.* 1957, p. 675) que négative (Cass. soc., 20 nov. 1952 : *Dr. soc.* 1953, p. 99. – Cass. soc., 5 juin 1953 : *Dr. soc.* 1953, p. 545. – Cass. soc., 27 janv. 1956 : *D.* 1956, p. 481. – Cass. soc., 10 oct. 1958 : *Dr. soc.* 1959, p. 489).

(91) Cass. soc., 20 janv. 1956 : *Dr. soc.* 1956, p. 287.

(92) Cass. soc., 21 juin 1967 : *D.* 1967, p. 753 (76 grévistes sur 1 468 salariés).

(93) Cass. crim., 27 nov. 1973 : *Dr. ouvrier* 1974, p. 178.

(94) Cass. soc., 1er juin 1951, n° 51-01.763 : *Bull. civ.* IV, n° 432 (deux époux). – Cass. soc., 27 mars 1952 : *S.* 1952, 1, p. 179 (deux sous-directeurs). – Cass. soc., 19 juin 1952 : *Bull. civ.* IV, n° 383, n° 531.

(95) Cass. soc., 22 févr. 1978 : *Bull. civ.* V, n° 135, p. 102.

(96) Cass. soc., 19 juin 1987 : *D.* 1988, somm., p. 325, note G. Borendreund ; *BS* 1988, p. 75, note J. Déprez.

prise ne comprenant qu'un seul salarié, car ce dernier est alors le seul à même de défendre ses revendications professionnelles[97].

Une salariée avait été engagée en qualité d'ouvrière agricole dans une porcherie. En plus de son travail en semaine, elle devait assurer les soins et la nourriture des porcs un dimanche par mois. Soutenant que ses demandes d'augmentation de salaire n'étaient pas satisfaites, elle avait prévenu son employeur quelques jours à l'avance qu'elle ne viendrait pas travailler le dimanche 26 avril 1992. Son employeur l'avait licenciée pour faute grave le 9 mai 1992. Le conseil de prud'hommes avait écarté la faute grave mais retenu que le licenciement, en raison de son absence irrégulière, avait une cause réelle et sérieuse.

La décision est cassée. Pour la Cour de cassation en effet, « si la grève est la cessation collective et concertée du travail par des salariés en vue d'appuyer des revendications professionnelles et ne peut, en principe, être le fait d'un salarié agissant isolément, dans les entreprises ne comportant qu'un salarié, celui-ci, qui est le seul à même de présenter et de défendre ses revendications professionnelles, peut exercer ce droit constitutionnellement reconnu ». Or, dans cette affaire, la salariée avait fait valoir qu'elle avait cessé le travail le dimanche 26 avril 1992 pour appuyer des revendications tendant à l'augmentation de son salaire.

Cette solution n'allait pas de soi. Avant cette date, la question divisait en doctrine en raison du caractère *collectif par nature* de l'exercice du droit de grève. Certains auteurs l'avaient anticipée[98], mais sans réellement expliquer pourquoi il conviendrait de déroger à l'exigence d'un exercice collectif. D'autres la réclamaient au nom d'une conception très subjectiviste du droit de grève[99]. Pourtant, et à s'en tenir aux critères traditionnels de la grève considérée comme une prérogative devant être, selon les termes de la Cour de cassation, « obligatoirement »[100], ou encore « nécessairement [être] le fait d'une collectivité »[101], il semblait bien que cette qualification doive ici être mise en échec[102]. Mais, et comme l'explique fort bien Jean Savatier, « le caractère collectif et concerté de la cessation de travail constitutive d'une grève se rattache à l'histoire de l'analyse juridique du phénomène de la grève »[103], et ne semble donc pas consubstantiel de la notion même de grève, le caractère collectif de ce mouvement de protestation pouvant parfaitement s'incarner dans le caractère professionnel des revendications portées par un salarié seul[104].

335. – Interrogations sur la portée de cette dérogation. En ouvrant une brèche dans l'exigence collective, la Cour de cassation a suscité de nombreuses interrogations : qu'en est-il du salarié seul employé dans un établissement, mais appartenant à une entreprise ayant d'autres salariés ? Comment qualifier le mouvement lorsqu'une entreprise ne compte que deux salariés, car imposer l'exercice collectif équivaudrait

(97) Cass. soc., 13 nov. 1996, n° 93-42.247 : *Bull. civ.* V, n° 379 ; *RJS* 1997, p. 8-11, chron. J. Savatier ; *Dr. soc.* 1997, p. 368-376, note Ch. Radé ; *JCP* G 1997, II, 22754, concl. P. Waquet, note D. Corrignan-Carsin.

(98) J.-E. Ray, *Droit du travail. Droit vivant*, éd. Liaisons, 4e éd., 1995, n° 458. – J.-C. Javillier, *Droit du travail*, LGDJ, 5e éd., 1996, n° 656, p. 528.

(99) Th. Revet, *Le droit du travail dans la jurisprudence du Conseil constitutionnel*, in *La légitimité de la jurisprudence du Conseil constitutionnel*, Actes du Colloque de Rennes, 20 et 21 sept. 1996 (dir. G. Drago, B. François et N. Molfessis), Economica, 1999, p. 58, note 1.

(100) *Grève dans le secteur privé : Rép. trav.* Dalloz, par B. Teyssié, n° 30.

(101) *JCl. Travail Traité*, fasc. 70-10, n° 40, par B. Teyssié.

(102) H. Sinay et J.-C. Javillier, *Droit du travail. La grève*, dir. G.-H. Camerlynck, Dalloz, 2e éd., 1984, n° 96, p. 160. – G. Couturier, *Droit du travail. 2/ Les relations collectives de travail*, PUF, coll. « Droit fondamental », 2e éd., 1994, n° 175, p. 373.

(103) J. Savatier, *Un salarié isolé peut-il user du droit de grève à l'appui d'une revendication individuelle ? : RJS* 1997, p. 9.

(104) Notre analyse dans *Dr. soc.* 1997, p. 368-376.

en effet alors à donner à chacun un droit de veto sur l'exercice du droit de grève de l'autre ?

336. – Reprise dans les services publics. La solution a été reprise par la cour administrative d'appel de Marseille dans un arrêt du 18 juin 1998, s'agissant du droit pour un agent contractuel de faire grève seul, pour défendre les intérêts de sa catégorie, dès lors que dans la commune qui l'employait il n'y avait par ailleurs que des fonctionnaires territoriaux[105]. Cet arrêt est d'autant plus intéressant que le Conseil d'État n'a pas eu l'occasion de prendre position sur ce point, et que la cour administrative d'appel de Marseille reprend à son compte la définition « judiciaire » de la grève.

L'agent avait été recruté par la commune de Rennes-le-Château en vue, aux termes d'un contrat à durée indéterminée signé le 31 mars 1987, d'assurer la visite du château et de recouvrer les recettes de ces visites. Le 23 janvier 1989, elle a adressé au maire un « préavis de grève illimitée », justifié par les litiges relatifs à sa situation professionnelle et notamment au mode de calcul de sa rémunération, qui, malgré les interventions du sous-préfet et les réunions avec le maire, organisées par les organisations syndicales, n'avaient pu être résolus. L'intéressée n'ayant pas repris ses fonctions malgré la mise en demeure qui lui a été adressée le 9 février 1989, elle avait été radiée des cadres à compter du 13 février 1989 au motif d'abandon de poste.

Elle attaqua son licenciement devant le tribunal administratif de Montpellier, qui rejeta sa requête en nullité et paiement d'une indemnité de 140 000 francs environ correspondant au montant de diverses rémunérations qui lui étaient dues à raison de ses fonctions d'agent contractuel.

Elle obtiendra gain de cause devant la cour administrative d'appel de Marseille, au prix d'une décision fortement motivée.

La cour commence par définir le droit de grève, ce qui n'est pas anodin puisque le Conseil d'État ne l'a jamais fait. Elle reprend ici la définition qu'en donne habituellement la Cour de cassation : « Le droit de grève s'exerce, en principe, par le biais d'une cessation collective et concertée du travail ».

Elle pose ensuite la nécessité d'une cessation collective du travail qui « ne peut donc être le fait d'un agent isolé ».

La cour reprend ensuite le même raisonnement que la chambre sociale de la Cour de cassation dans son arrêt de 13 novembre 1996 : « Ce droit, constitutionnellement reconnu, peut être exercé exceptionnellement par un seul agent agissant individuellement si celui-ci est, compte tenu de sa situation, le seul à pouvoir défendre utilement ses revendications professionnelles ; (…) tel est le cas de l'agent contractuel d'une petite commune recruté pour exercer seul des fonctions spécifiques ». Dès lors, « Mlle B… pouvait exercer son droit de grève pour appuyer des revendications professionnelles trouvant leur origine dans le différend qui l'opposait à la commune sur les conditions d'application de son contrat ; (…) elle l'a exercé dans des conditions légales, en l'absence de toute réglementation de ce droit au plan local, et alors qu'au surplus elle avait informé le maire de ses intentions par le biais d'un préavis ; (…) si le maire l'a mise en demeure de rejoindre son poste, il ressort clairement des pièces du dossier, d'une part que le maire n'a invoqué aucun motif, tiré notamment de ce que la grève suivie par Mlle B… porterait atteinte à la continuité du service, de nature à justifier la mise en demeure dont s'agit et d'autre part que Mlle B…, dont la grève trouvait un motif légitime dans le caractère illégal de son mode de rémunération, a fait savoir à plusieurs reprises qu'elle ne souhaitait aucunement rompre son lien avec le service ».

Pour la cour administrative de Marseille, « le maire de Rennes-le-Château ne pouvait légalement licencier Mlle B. au motif d'abandon de poste ». Son licenciement est donc annulé et elle lui octroie 70 000 francs de dommages et intérêts.

(105) CAA Marseille, 1re ch., 18 juin 1998, n° 96MA10733, Mlle *Thomas* : *Lebon* T. ; *AJDA* 1998, p. 946 et note L.B., p. 890.

2° Salarié d'un service public couvert par un préavis syndical

337. - **Situation.** Dans les services publics, la cessation du travail doit être précédée du dépôt d'un préavis syndical de grève respectant les dispositions particulières énoncées aux articles L. 2512-1 à L. 2512-5 du Code du travail. Ce sont alors les syndicats représentatifs dans l'entreprise qui circonscrivent l'exercice du droit de grève tant sur le plan temporel (le préavis détermine « l'heure du début ainsi que la durée limitée ou non, de la grève envisagée »), spatial (il fixe le « champ géographique »), que professionnel (il précise « les motifs du recours à la grève »). Les syndicats peuvent déposer un préavis pour une grève d'une durée illimitée, ou limitée dans le temps, pour un délai court voire très long, ce qui évidemment neutralise de fait toute prévisibilité réelle du déclenchement effectif de la grève dès lors que les périodes couvertes par le préavis sont extrêmement longues[106]. La jurisprudence protège les prérogatives syndicales et interdit à l'employeur (et aux juges du fond) de considérer qu'un préavis pourrait être caduc sous prétexte que le préavis n'aurait pas été suivi, ou ne le serait plus, par aucun salarié[107].

338. - **La solution nouvelle.** La Cour de cassation a été amenée à affirmer, dans un arrêt rendu par sa chambre sociale le 21 avril 2022, que la cessation de travail d'un salarié pour appuyer des revendications professionnelles formulées dans le cadre d'un préavis de grève déposé par une organisation syndicale représentative dans une entreprise gérant un service public constitue une grève, peu importent le fait qu'un seul salarié se soit déclaré gréviste[108].

Le 16 avril 2015, le syndicat CGT CIF Kéolis avait déposé un préavis de grève courant du 22 avril 2015 au 31 décembre 2015 pour l'ensemble du personnel de la société Kéolis CIF. Un salarié s'était déclaré gréviste le 5 mai 2015. Le 17 juin 2015, l'employeur lui avait enjoint de reprendre son poste au motif que, seul de l'entreprise se déclarant encore gréviste, il ne pouvait prétendre poursuivre un mouvement de grève. Il avait été licencié le 16 juillet 2015 pour abandon de poste, ce que le salarié avait contesté en justice.

Après avoir rappelé les termes de sa propre jurisprudence selon laquelle dans les entreprises en charge de la gestion d'un service public « les salariés qui sont seuls titulaires du droit de grève ne sont pas tenus de cesser le travail pendant toute la durée indiquée par le préavis »[109], la Cour de cassation en déduit qu'« il en résulte que l'employeur ne peut, dans la période ainsi définie, déduire de la constatation de l'absence de salariés grévistes que la grève est terminée, cette décision ne pouvant être prise que par le ou les syndicats représentatifs ayant déposé le préavis de grève » et que « dès lors, la cessation de travail d'un salarié pour appuyer des revendications professionnelles formulées dans le cadre d'un préavis de grève déposé par une organisation syndicale représentative dans une entreprise gérant un service public constitue une grève, peu important le fait qu'un seul salarié se soit déclaré gréviste ».

La solution est étonnante dans la mesure où l'existence d'un préavis syndical n'est pas une condition de qualification du mouvement en grève, qui dépend uniquement des caractères de l'arrêt de travail, mais simplement une condition qui détermine la régularité de l'exercice du droit de grève et qui peut conduire à affirmer que le salarié

(106) Sur cette stratégie dans le secteur des transports publics : S. Béroud et B. Giraud, *Restriction au droit de grève et stratégies syndicales dans les transports publics. L'exemple du mouvement des TCL à l'automne 2009*, in *Savoir/agir* 2010/2, n° 12, p. 9-18.

(107) Cass. soc., 4 juill. 2012, n° 11-18.404 : *Bull. civ.* V, n° 207 ; *Dr. soc.* 2012, 860, note Ch. Radé ; *JCP* S 2012, 1412, note F. Duquesne. – Cass. soc., 11 févr. 2015, n° 13-14.607 : *Bull. civ.* V, n° 25 ; *RDT* 2015, 411, obs. F. Fouvet. – Cass. soc., 8 déc. 2016, n° 15-16.078 : *Bull. civ.* V, n° 237 ; *RDT* 2017, 273, note I. Ferkane.

(108) Cass. soc., 21 avr. 2022, n° 20-18.402, *M. c/ Sté Kéolis CIF*, publié : *Dr. soc.* 2022, 565, note Ch. Radé.

(109) Cass. soc., 12 janv. 1999, n° 96-45.659 : *Bull. civ.* V, n° 6 (jurispr. constante).

a commis une faute justifiant une sanction disciplinaire. En aucune manière le fait que le salarié soit couvert par un préavis syndical ne le dispensait de l'exigence traditionnelle de s'associer à d'autres salariés pour défendre des revendications professionnelles communes.

§ 2. – Une cessation concertée

339. – Mouvement concerté. Cette exigence se retrouve dans les dispositions du Code pénal qui prohibaient les coalitions, et figure toujours à l'actuel article 431-1 qui sanctionne les entraves à la liberté du travail réalisées « d'une manière concertée »[110]. Cette référence s'explique par l'idée que la grève est une action collective organisée et pas simplement l'addition aléatoire de revendications portées par des travailleurs défendant séparément leurs propres intérêts.

340. – Une exigence inopérante. Elle n'a pourtant pas de véritable caractère opérationnel au regard de la jurisprudence où ce critère n'a jamais été mobilisé pour disqualifier une « grève ». On la retrouve toutefois au travers de la recherche de l'existence de véritables revendications professionnelles qui permettent à l'exigence de concertation de s'incarner.

SECTION 3 LA DÉFENSE DE REVENDICATIONS PROFESSIONNELLES

341. – Introduction. Les salariés qui cessent le travail peuvent le faire pour de multiples raisons, légitimes ou non, revendicatives ou non[111]. Il est donc nécessaire de savoir pourquoi les salariés cessent le travail pour leur appliquer ensuite le régime juridique adéquat, et conclure, ce qui nous intéresse ici, qu'ils se sont bien mis en grève. La grève est donc une cessation de travail finalisée qui vise à porter des « revendications professionnelles ». Ces revendications doivent avoir un objet spécifique qui va imposer de les distinguer d'autres types de revendications qui n'entrent pas dans les prévisions du droit de grève, qu'il s'agisse des revendications personnelles ou politiques. En revanche, une fois cette vérification opérée (§ 1), aucun jugement de valeur ne doit être porté sur les revendications qui peuvent apparaître comme irréalistes, voire irréalisables, dès lors qu'elles respectent les droits fondamentaux des personnes (§ 2).

(110) V. *infra*, n°s 863 et s.

(111) Sur la question de l'abandon de poste et des motifs justifiant l'absence du salarié à son poste, dont l'exercice du droit de grève, V. Cons. const., 15 déc. 2022, n° 2022-844 DC, *Loi portant mesures d'urgence relatives au fonctionnement du marché du travail en vue du plein emploi*, consid. 28 ; égal. C. trav., art. R. 1237-13.

§ 1. – La notion de revendication professionnelle

A. – La notion de revendication

342. – Distinction. On a coutume de distinguer les notions de « réclamations », qui présentent un caractère individuel et qui sont de la compétence des élus du personnel[112], et les « revendications »[113] qui présentent un caractère collectif et sont donc portées par les syndicats. Dans certains systèmes étrangers, cette distinction produit d'ailleurs des effets de droit, et la grève doit nécessairement porter sur des revendications et ne pas servir à appuyer de simples réclamations.

343. – Relativité. En droit français, la distinction entre réclamer et revendiquer fait sens quand on oppose ce qui relève du « professionnel », et qui peut donc être revendiqué et faire l'objet d'une grève, et ce qui relève du « personnel » et qui en principe ne permet pas l'exercice du droit de grève, comme nous le montrerons à propos du traitement des grèves de solidarité. Mais en dehors de cette hypothèse, elle n'est guère utilisée et il apparaît au contraire que souvent les réclamations sont collectives..

B. – La notion de revendication professionnelle

1° Approche positive

344. – L'absence de définition précise. Il n'existe aucune définition légale de ce qu'il faut entendre par « revendication professionnelle »[114]. La Cour de cassation n'est, d'ailleurs, pas fixée sur une dénomination exacte de ce critère et vise aussi bien l'expression de revendication « de nature professionnelle »[115], « d'ordre professionnel »[116], « de caractère professionnel »[117] ou « à caractère professionnel »[118].

Compte tenu du lien entre la négociation collective et la grève, on peut raisonnablement envisager un rapprochement entre l'objet de la négociation collective et celui des revendications, qui peuvent donc porter sur les conditions d'emploi et de travail, la formation professionnelle et les garanties sociales visées par l'article L. 2221-1 du Code du travail.

345. – Illustrations. L'examen de la jurisprudence confirme cette approche très large. Ont ainsi été reconnues comme « professionnelles » les revendications en matière d'emploi et portant sur la réduction des effectifs[119], le climat social dans l'entreprise après le licenciement de certains salariés[120], ou encore la situation économique de l'entreprise[121].

(112) On recense soixante-six articles du Code du travail qui visent ce terme de « réclamation ».

(113) Le terme n'apparaît que dans deux articles du Code du travail.

(114) E. Dockès, *La finalité des grèves en question* : *Dr. soc.* 2006, p. 881. Pour une étude historique, S. Sirot, ouvrage préc., p. 63 et s.

(115) Cass. soc., 2 juin 1992, n° 90-41.368 : *Bull. civ.* V, n° 356 ; *Dr. soc.* 1992, p. 700, rapp. P. Waquet, note J.-E. Ray.

(116) Cass. soc., 5 mars 1953 : *Bull. civ.* V, n° 185.

(117) Cass. soc., 14 nov. 1962 : *Bull. civ.* V, n° 801. – Cass. soc., 19 oct. 1994, n° 91-20.292, publié : *Dr. soc.* 1994, p. 958, obs. P. Waquet.

(118) Cass. soc., 15 févr. 2006, n° 04-45.738 : *Bull. civ.* V, n° 65 ; *Dr. soc.* 2006, 577, obs. Ch. Radé.

(119) Cass. soc., 27 févr. 1974 : *Bull. civ.* V, n° 140. – Cass. soc., 22 nov. 1995, n° 93-44.017 : *Bull. civ.* V, n° 307.

(120) Cass. soc., 12 avr. 1995 : *Bull. civ.* V, n° 129 ; *Dr. soc.* 1995, p. 606, obs. J.-E. Ray.

(121) Cass. soc., 2 juin 1992 : *Bull. civ.* V, n° 356 ; *Dr. soc.* 1992, p. 700, rapp. P. Waquet, note J.-E. Ray.

Concernent également les conditions de travail les arrêts de travail pour protester contre l'insuffisance du chauffage dans l'entreprise[122] ou le bénéfice de deux heures de travail au titre du chômage intempérie[123], voire, pour les employés de la Régie des transports marseillais, le mode d'exploitation du réseau des transports urbains[124].

Présentent également un caractère professionnel les revendications portant sur les salaires[125], ou ses accessoires[126], la durée du travail (la « suppression des jours de carence et la réduction du temps de travail »)[127], les conditions de travail – (la « fourniture d'un moyen de transport ou l'octroi des indemnités de grand déplacement »[128], « la réception des délégués du personnel par l'employeur »[129]), l'exercice du droit syndical dans l'entreprise[130] (« la présence dans une délégation syndicale chargée de la négociation annuelle obligatoire d'un permanent syndical étranger à l'entreprise »)[131] ou encore les conditions de travail et les missions des délégués du personnel[132].

S'agissant des garanties sociales, les salariés peuvent valablement se mettre en grève pour protester contre la réforme des retraites[133], ou le relèvement du SMIG (et aujourd'hui du SMIC), des allocations familiales, la progression du pouvoir d'achat et la réduction de la durée du travail[134], même si les projets contestés socialement sont gouvernementaux et qu'évidemment les employeurs ne sont pas en mesure de répondre à ces revendications.

2° Approche négative

a) Revendication professionnelle et revendication syndicale

346. – Grève et action syndicale. La frontière est parfois délicate à tracer entre revendication professionnelle et action syndicale compte tenu des liens juridiques ou sociologiques entre l'une et l'autre. Ainsi, lorsque des salariés cessent le travail pour assister à une réunion syndicale en plein conflit collectif, l'objet de l'arrêt de travail est-il « professionnel » ? Le Conseil d'État a pu considérer que ne caractérisait pas l'exercice du droit de grève (mais de la liberté syndicale) l'arrêt de travail pour participer à une réunion syndicale[135]. En revanche rien n'interdit à des salariés de se mettre

(122) Cass. soc., 4 avr. 1990, n° 88-43.909 : *Bull. civ.* V, n° 156.
(123) Cass. soc., 12 déc. 2000, n° 99-40.265 : *Bull. civ.* V, n° 414.
(124) Cass. soc., 23 oct. 2007, n° 06-17.802, publié : *D.* 2007, AJ, p. 2807, obs. B. Ines ; *D.* 2008, p. 662, note A. Bugada ; *D.* 2008, 442, spéc. 450, obs. O. Leclerc.
(125) Cass. soc., 12 avr. 1995, préc.
(126) Cass. soc., 12 déc. 2000, n° 99-40.265 : *Bull. civ.* V, n° 414.
(127) Cass. soc., 12 avr. 1995, préc.
(128) Cass. soc., 18 juin 1996, n° 92-44.497 : *Bull. civ.* V, n° 243.
(129) Cass. soc., 17 déc. 2003, n° 01-46.251, publié.
(130) Cass. soc., 30 mars 1999, n° 97-41.104 : *Bull. civ.* V, n° 140.
(131) Cass. soc., 19 oct. 1994 : *Dr. soc.* 1994, p. 958, obs. P. Waquet.
(132) Cass. soc., 17 déc. 2003, n° 01-46.251, publié.
(133) Cass. soc., 15 févr. 2006, n° 04-45.738 : *Bull. civ.* V, n° 65 ; *JCP* S 2006, 1364, note R. Vatinet ; *Dr. soc.* 2006, 577, obs. Ch. Radé.
(134) Cass. soc., 21 mars 1973 : *Bull. civ.* V, n° 175.
(135) CE, 18 janv. 1963, n° 45333, *Perreur : Lebon*, p. 34 ; *D.* 1963, 234, concl. Méric. Dans le même sens TA Strasbourg, 11 déc. 1986, *Mme Chappelier et a. : RDP* 1987, 1077, note J. Robert (les enseignants qui participent, dans le cadre d'une journée nationale d'action d'un syndicat, à une « réunion mensuelle d'information » organisée pendant les heures de cours ont ainsi entendu « se placer dans le cadre de la réglementation sur l'exercice du droit syndical dans la fonction publique » et non de l'exercice du droit de grève).

en grève pour défendre des revendications professionnelles *et* d'aller assister à une réunion syndicale.

b) L'exclusion des revendications personnelles

1) Sort des protestations pour des motifs personnels

347. - Exclusion de la qualification de grève. La Cour de cassation a écarté la qualification de « grève » pour des mouvements engagés par des salariés et ne concernant que leur propre situation au sein de l'entreprise, qu'il s'agisse de protester contre leur licenciement[136] ou le refus de l'employeur de les laisser se rendre à une réunion intersyndicale[137]. Ne constituent pas non plus des revendications « professionnelles » la volonté de régler un différend entre salariés[138] ou d'obtenir le retour de l'ancien PDG[139], ou encore l'absence pour assister à une audience de référé[140].

2) Grèves de solidarité

348. - Grèves de solidarité « internes ». Les « grèves de solidarité internes » correspondent à des mouvements de protestation, souvent spontanés, destinés à réagir contre des sanctions infligées à un ou des collègues et pour réclamer de l'employeur qu'il les retire.

349. - Refus de la qualification de grève. Les mouvements de solidarité ne s'accompagnant d'aucune revendication professionnelle ne constituent en principe pas l'exercice du droit de grève mais la contestation de l'exercice, par l'employeur, de son pouvoir disciplinaire[141].

350. - Exception en cas de sanction illicite ou abusive. La jurisprudence fait exception lorsque l'employeur exerce son pouvoir disciplinaire de manière illicite (par ex. en cas de sanction discriminatoire ou portant atteinte à une liberté fondamentale du salarié), disproportionnée[142] ou simplement anormale et laissant supposer qu'il poursuivrait en réalité d'autres motivations que celles affichées[143], confinant au détournement de pouvoir[144].

Un arrêt rendu par la chambre sociale de la Cour de cassation le 16 novembre 1993 en fournit une bonne illustration[145].

À la suite d'un refus d'obéissance, la société Ondal France a licencié pour motif disciplinaire un salarié. Trois de ses collègues ont, par solidarité, cessé le travail en exigeant sa réintégration. Après les avoir mis à pied, la société a licencié ces trois salariés le 21 octobre 1985.

(136) Cass. soc., 8 juin 1979 : *Jurispr. soc. UIMM* 1980, p. 22.
(137) Cass. soc., 10 déc. 1986 : *Dr. soc.* 1987, p. 855, obs. J. Déprez.
(138) Cass. soc., 8 avr. 1974 : *Bull. civ.* V, n° 223, p. 211.
(139) TI Montmorency, 19 juin 1975 : *Gaz. Pal.* 1976, I, somm., p. 29.
(140) Cass. soc., 7 juin 1995, n° 93-43.895 : *Bull. civ.* V, n° 179.
(141) Cass. soc., 16 nov. 1993, n° 91-41.024, publié.
(142) Cass. soc., 30 mai 1989 : *Bull. civ.* V, n° 405, p. 244 ; *D.* 1990, 168, obs. G. Borenfreund ; *RTD civ.* 1990, 283, obs. J. Mestre (salarié mis à pied trois jours pour avoir projeté de la peinture sur un agent de maîtrise ; pas manifestement abusif).
(143) Cass. soc., 27 févr. 1974, n° 72-40.726 : *Bull. civ.* V, n° 140.
(144) Cass. soc., 18 mars 1982, n° 80-40.576 : *Bull. civ.* V, n° 182 : « Ce licenciement, fondé sur un motif apparemment sérieux et strictement personnel, n'avait donc pas un caractère abusif évident pouvant légitimement entraîner une réaction de défense collective ». J. Deprez, *Les grèves de solidarité : BS* oct. 1983, p. 349.
(145) Cass. soc., 16 nov. 1993, n° 91-41.024, publié.

L'un d'entre eux a saisi la juridiction prud'homale en réclamant des indemnités de rupture et des dommages-intérêts pour licenciement irrégulier et abusif, mais il n'a pas obtenu gain de cause en appel. C'est ce que confirme la Cour de cassation en rejetant le pourvoi.

La cour d'appel avait en effet relevé que l'arrêt de travail était destiné à soutenir un ouvrier qui avait été licencié après avoir refusé d'exécuter un travail, au prétexte que le local, que son employeur lui demandait de nettoyer, n'était pas son lieu de travail ; dès lors que le licenciement n'impliquait rien d'autre que la faute personnelle du salarié sanctionné et qu'aucune revendication professionnelle n'était en cause, elle a décidé à bon droit que l'arrêt de travail ne constituait pas l'exercice du droit de grève et que le salarié pouvait être valablement licencié pour faute grave.

351. – Ajout de revendications professionnelles étrangères au différend. Pour échapper à la disqualification de leur mouvement, les salariés solidaires devront donc prendre la précaution de mêler à leur protestation quelques revendications professionnelles[146], comme l'a montré un arrêt rendu le 5 janvier 2011 par la chambre sociale de la Cour de cassation[147].

Six salariés avaient été avertis pour avoir quitté leur poste de travail, situé à Argens, dans l'après-midi du 6 novembre 2007, pour se rendre à l'établissement de Lattes y soutenir un délégué syndical convoqué à un entretien préalable en vue de son licenciement.

Pour débouter les salariés et le syndicat CGT-Locaboat de leur demande d'annulation de ces avertissements, la cour d'appel avait énoncé que la cessation concertée du travail n'avait pas pour objet de défendre ou de soutenir des revendications professionnelles ou un intérêt collectif professionnel, mais uniquement de protester contre la convocation par l'employeur de leur collègue, délégué syndical, à un entretien préalable en vue de son licenciement.

Tel n'est pas l'avis de la chambre sociale de la Cour de cassation qui censure cette décision. Il résultait en effet de l'arrêt d'appel que ce délégué syndical avait pour l'occasion établi un document dans lequel il indiquait que se tiendrait, le 6 novembre, la première des trois réunions prévues pour la négociation annuelle obligatoire, qu'il demanderait à la direction de faire de réelles propositions en matière de l'amélioration du pouvoir d'achat, que le même jour, il serait à son propre entretien préalable, qu'il était déterminé à défendre le pouvoir d'achat des salariés, et qu'il avait accepté la proposition de l'équipe technique de débrayer l'après-midi pour lui témoigner son soutien et montrer sa détermination. Pour la Cour de cassation, « l'action entreprise par les salariés pour soutenir un délégué syndical menacé de licenciement n'était pas étrangère à des revendications professionnelles qui intéressaient l'ensemble du personnel » et la qualification de grève s'imposait.

Un autre arrêt rendu par la chambre sociale de la Cour de cassation le 2 juillet 2014 en fournit également une excellente illustration[148].

À la suite de l'échec d'une réunion relative à la négociation salariale, un mouvement de grève s'était déclenché dans une entreprise et s'était terminé par la signature d'un protocole de fin de conflit. Un salarié ayant plus de vingt ans d'ancienneté avait été convoqué à un entretien préalable à un éventuel licenciement pour des faits commis pendant le mouvement de grève. Un second arrêt collectif du travail avait alors eu lieu pour le soutenir. Pour la Cour de cassation, les menaces disciplinaires pesant sur les grévistes avaient pu être perçues au sein de l'entreprise comme susceptibles de porter atteinte au droit de grève, ce qui permettait d'affirmer que la mobilisation destinée à soutenir les salariés grévistes « répondait à un intérêt collectif et professionnel, de sorte que ce mouvement de grève était licite ».

(146) Cass. soc., 27 nov. 1985, n° 82-43.649 : *Bull. civ.* V, n° 559 ; *Dr. soc.* 1988, 143, note J. Déprez (« par solidarité avec les salariés licenciés et le délégué syndical menacé de licenciement et pour appuyer des revendications tendant à la suppression du fractionnement des congés »).

(147) Cass. soc., 5 janv. 2011, n° 10-10.685 : *Bull. civ.* V, n° 1 ; *RDT* 2011, 254, obs. S. Nadal ; *JCP S* 2011, 1188, note M. Bailly.

(148) Cass. soc., 2 juill. 2014, n° 13-12.562, publié.

On pourrait penser, à la lecture de la jurisprudence, que ces solutions sont désormais bien connues des salariés qui prennent la peine de mâtiner leurs revendications de données extérieures au conflit qui oppose singulièrement un salarié à son employeur, et qui relève du seul droit disciplinaire, pour permettre de rattacher leur mouvement de contestation à l'exercice du droit de grève et échapper ainsi aux sanctions disciplinaires de droit commun. Ce serait ignorer deux éléments importants. En premier lieu, les salariés, voire leurs syndicats, n'ont pas le nez rivé sur la jurisprudence de la Cour de cassation et ses subtilités, et n'ont pas nécessairement connaissance de la nécessité de déconnecter, au moins en partie, leurs protestations du seul différend individuel ; de nombreux salariés pensent en effet que les grèves de solidarité sont de véritables grèves, au sens juridique du terme, tout comme ils peuvent penser qu'il est légitime de bloquer l'accès à l'entreprise pour contraindre les non-grévistes à rejoindre le mouvement. En second lieu, ce type d'arrêt de travail naît souvent spontanément, dans un mouvement de colère et de solidarité à l'égard d'un de leurs collègues qu'ils estiment injustement sanctionné, parfois dans un contexte plus général de conditions de travail dégradées, de relations collectives inexistantes ou heurtées, sans que les aspects juridiques du conflit soient appréhendés. Bref, les salariés vivront l'instant présent, de manière instinctive, sans se rendre compte que, juridiquement, ils se mettent en faute. C'est ce qu'illustre parfaitement un arrêt rendu par la chambre sociale de la Cour de cassation le 6 avril 2022[149].

Un salarié avait reçu le 25 octobre 2014 la notification de son licenciement pour faute grave. Le 27 octobre, soit trois jours plus tard, de nombreux collègues agents de service comme lui, mais également deux responsables d'équipe, écrivaient à l'un des élus du personnel de l'entreprise un courriel dans lequel ils contestaient ce licenciement et cessaient le travail, sollicitant la réintégration de leur collègue. Au bout de quatre jours de cessation du travail, trois salariés reçurent en recommandé une lettre les mettant en demeure de reprendre le travail, à défaut de quoi ils étaient convoqués à un entretien préalable à un éventuel licenciement pour faute grave avec mise à pied à titre conservatoire, pour abandon de poste. Ils furent licenciés pour ce motif, ce qu'ils contestèrent devant le conseil de prud'hommes, en vain. Ils n'auront pas plus de réussite devant la Cour de cassation qui rejette leurs pourvois, au prix d'une motivation riche d'enseignements.

Tout d'abord, la Cour de cassation relève que seule la lettre transmise à l'employeur le 27 octobre 2014 devait être prise en considération pour connaître le motif de l'arrêt de travail. Le parallèle avec la lettre de licenciement qui fixe le cadre du litige est ici saisissant. Cette lettre, par laquelle les salariés communiquent à leur employeur leurs revendications au moment où ils prétendent se mettre en grève, et qui n'est en principe pas formaliste, fixe donc le cadre du mouvement revendicatif. Les salariés ne pourront pas ultérieurement changer leur fusil d'épaule s'ils devaient se rendre compte, comme c'était le cas ici, que leurs motivations ne leur permettaient pas valablement de prétendre exercer valablement le droit de grève. Certes, ils pourront tout de même expliciter leurs revendications, en cas de litige, pour convaincre le juge de leur caractère professionnel, mais ils ne pourront pas ajouter des revendications professionnelles à la seule contestation de l'exercice par l'employeur de son pouvoir disciplinaire, comme le montre cet arrêt.

Ensuite, leur mouvement avait « pour seul objet la contestation de la décision de licenciement d'un salarié que les salariés estimaient abusive et déloyale ». Elle ne reposait donc pas sur un motif « professionnel », c'est-à-dire susceptible d'intéresser la collectivité des salariés de l'entreprise, mais bien sur un motif « disciplinaire », c'est-à-dire personnel. Les salariés n'avaient pas pris la précaution ici de viser également des revendications professionnelles (c'est-à-dire collectives et étrangères au différend individuel) portant, par exemple, sur les conditions de travail, ce qui a une incidence directe sur l'issue du litige.

(149) Cass. soc., 6 avr. 2022, n° 20-21.586.

Enfin, la Cour de cassation considère en creux que le caractère abusif du licenciement de leur collègue, à l'origine du conflit, n'était pas établi. Les salariés avaient bien visé, dans la lettre communiquée à leur employeur, « que les adjoints ayant contrôlé le salarié le 18 septembre ont accompli un rôle "d'espionnage" et que leurs méthodes sont qualifiées de "répressives" », suggérant, de manière insuffisamment précise, que les preuves récoltées contre lui pourraient ne pas être recevables en raison de la déloyauté des procédés mis en œuvre, mais sans véritablement argumenter et simplement, comme le relève également la Cour de cassation, en se contentant « de contester point par point les fautes imputées à ce salarié et la décision de l'employeur de le licencier ». Or, comme le relève la cour de manière décisive, ils s'étaient contentés de contester un « licenciement (...) prononcé pour des faits strictement personnels » qui ne mettaient donc pas en jeu l'intérêt collectif : « la cour d'appel en a déduit à bon droit que la cessation du travail n'était pas fondée sur une revendication professionnelle et que, dès lors, l'arrêt de travail ne constituait pas l'exercice du droit de grève ».

352. - **Grèves de solidarité « externe ».** On parle de grève de solidarité « externe », ou encore « d'actions secondaires », lorsque des salariés d'une entreprise se mettent en grève pour soutenir des grévistes appartenant à une autre entreprise dans un conflit qui les oppose à leur propre employeur[150].

353. - **Approche européenne.** Pour la Cour européenne des droits de l'homme, le droit de mener ce type d'actions se rattache à l'article 1er de la Convention EDH et peut subir de la part des États des restrictions justifiées par un « besoin social impérieux » et proportionnées au but légitime visé[151]. Les autorités nationales bénéficient toutefois ici d'une « marge d'appréciation la plus large qu'il est possible d'accorder dans le domaine de la réglementation, dans l'intérêt public, des aspects secondaires de l'activité syndicale ».

354. - **Approche française.** Pour la Cour de cassation, ces grèves ne sont pas problématiques lorsque les revendications sont bien professionnelles et susceptibles d'intéresser également l'entreprise au sein de laquelle travaillent habituellement les grévistes[152].

c) L'exclusion des revendications politiques

1) Séparation du professionnel et du politique

355. - **Origines.** Même si la charte d'Amiens de 1906 a imposé la séparation des syndicats et des partis politiques, la finalité historique des syndicats issus du courant anarcho-syndicaliste a toujours été politique en ce qu'elle assigne au syndicalisme non seulement la défense des revendications professionnelles des travailleurs, mais aussi et plus largement un changement radical d'organisation sociale.

356. - **Objet.** Ce n'est donc pas tant la nature des revendications qui permettra de dire si elles sont professionnelles ou politiques, mais plutôt leur objet. C'est pourquoi il a été jugé, dans l'immédiat après-guerre, que ne pouvaient être qualifiés de grève les arrêts de travail organisés pour protester contre des incidents survenus à l'Assemblée nationale[153] ou au contraire d'appuyer la présentation à l'Assemblée nationale d'une

(150) CEDH, 8 avr. 2014, n° 31045/10, *The National Union of Rail, Maritime and Transport Workers c/ Royaume-Uni*, n° 89.
(151) Même décision.
(152) Cass. soc., 4 mai 1966 : *Bull. civ.* IV, n° 411. - Cass. crim., 12 janv. 1971 : *Dr. soc.* 1971, 547, obs. J. Savatier. - Cass. soc., 30 mars 1971, n° 69-40.333 : *Bull. civ.* V, n° 265 ; *JCP* G 1971, II, 16883, note H. Groutel.
(153) Cass. soc., 23 mars 1953 : *JCP* G 1953, II, 7709, note H. Delpech ; *D.* 1954, p. 89, note G. Levasseur.

pétition[154], des protestations émises contre des sanctions disciplinaires prises par le gouverneur du Soudan français contre des fonctionnaires[155], contre les mesures de police prises à la suite de manifestations intervenues à l'occasion de la visite en France du général américain Ridgway[156], contre l'arrestation des dirigeants nationaux de la CGT et la politique relative à la Communauté européenne de défense de la France[157], ou encore contre la guerre d'Algérie et ses conséquences sur le coût de la vie[158].

En revanche, les syndicats peuvent valablement appeler à faire grève pour protester contre des projets gouvernementaux en matière sociale, comme le montre la jurisprudence qui qualifie de professionnelles les revendications portant sur la réforme des retraites, le montant du salaire minimum ou le pouvoir d'achat.

357. - **Position du Conseil d'État.** Le Conseil d'État interdit également la grève politique de ses fonctionnaires[159]. Celui qui aura appelé à cesser le travail pour un motif politique s'exposera à être sanctionné sur le plan disciplinaire pour avoir manqué à son devoir de réserve. Il appartiendra toutefois à l'administration de prouver le caractère politique des revendications[160].

2) Actualité

358. - **Critiques.** Certains auteurs soulignent aujourd'hui que cette exigence, sous-tendue par la crainte de la « grève générale » préparatoire d'une lame de fond révolutionnaire emportant avec elle la société dans son ensemble[161], serait passablement anachronique et qu'elle mériterait certainement d'être abandonnée[162]. À l'image de l'attitude patriotique pendant l'occupation des syndicats qui avait été érigée en critère de la représentativité syndicale par la loi du 11 février 1950, qui a été remplacé par celui du respect des valeurs républicaines en 2008, cette prohibition des grèves purement politiques pourrait être à son tour réactualisée, et semble effectivement tautologique avec la notion même de revendications « professionnelles » qui pourrait se suffire à elle-même.

359. - **L'inséparabilité du politique et du professionnel.** La distinction entre le « politique » et le « professionnel » est ténue et fragilise avec elle l'application du régime du droit de grève. Il suffira en effet au juge de considérer que les revendications d'une protestation portent sur des éléments étrangers aux relations de travail pour que le mouvement échappe à la qualification de grève, perde la légitimité que lui confère sa reconnaissance par le Préambule de la Constitution de 1946 et les

(154) Cass. soc., 13 janv. 1960 : *Dr. soc.* 1960, 491.

(155) Cass. soc., 4 mai 1956 : *Bull. civ.* IV, n° 415, p. 308 ; *JCP* G 1959, II, 7709, note H. Delpech.

(156) Cass. soc., 14 févr. 1957 : *Bull. civ.* IV, n° 171, p. 117.

(157) Cass. soc., 8 janv. 1959 : *Bull. civ.* IV, n° 40, p. 36.

(158) Cass. soc., 12 oct. 1960 : *Bull. civ.* IV, n° 852, p. 655. Une seule exception est généralement citée, la grève « patriotique » de solidarité avec le Gouvernement au moment du Putsch des généraux en Algérie : Cass. soc., 19 juin 1963 : *D.* 1963, p. 683, note G. Lyon-Caen ; *JCP* G 1963, II, 13248, note H. Sinay.

(159) CE, 12 oct. 1956, *Coquand : Lebon*, p. 362 (fonctionnaire incitant ses collègues à participer à une grève politique, au moyen de distribution de tracts et de harangues devant la porte d'entrée des locaux du service, et sanctionné disciplinairement). – CE, 8 févr. 1961, *Rousset : Lebon*, p. 85, concl. G. Braibant. – CE, 1er févr. 1963, *Min. Armées c/ Audibert et a., ibid.*, p. 66. – CE, 12 oct. 1956 : *Lebon*, p. 362.

(160) CE, 18 févr. 1955, *Bernot : Lebon*, p. 97. – CE, 2 déc. 1960, *Devisme : Lebon* T., p. 1033. – CE, 8 févr. 1961, *Rousset : Lebon*, p. 85, concl. G. Braibant.

(161) La charte d'Amiens, qui pose les bases du syndicalisme révolutionnaire, place la grève générale comme moyen d'action pour parvenir à l'expropriation capitaliste.

(162) E. Dockès, *La finalité des grèves en question : Dr. soc.* 2006, p. 881. Manifestant son approbation avec la proposition, P. Adam, *La grève dans le secteur privé : Rép. trav.* Dalloz, n° 68.

protections qui y sont associées[163]. La grève des travailleurs sans-papiers en 2008 a bien montré comment la revendication portant sur la régularisation de centaines de travailleurs en situation irrégulière a pu donner lieu à des traitements variés par les juges du fond[164]. Et pourtant, dès lors que le droit français connaît le titre unique de séjour et de travail et associe l'employeur au processus de régularité du séjour, comment ne pas admettre qu'il s'agit bien là de revendications « professionnelles »[165], comme peuvent l'être celles concernant le régime des retraites ?

§ 2. – La valeur des revendications professionnelles

360. – Interrogation. La liberté de revendiquer doit-elle être considérée comme absolue, pour préserver le droit de grève, ou doit-elle se voir assigner des limites, comme toutes les libertés ? C'est en substance la question qui se pose périodiquement en jurisprudence depuis une bonne quarantaine d'années, à chaque fois que des grévistes, et les syndicats qui organisent les mouvements, soutiennent des revendications qui peuvent sembler irréalistes, démesurées, voire impossibles à satisfaire par l'employeur. Mais si les revendications n'ont pas à être raisonnables (A), elles ne doivent toutefois pas porter atteinte aux droits fondamentaux des personnes (B).

A. – Exclusion de toute exigence de caractère raisonnable

361. – Principe. Dès lors que les revendications sont professionnelles, le juge n'a pas à vérifier qu'elles présenteraient par ailleurs un caractère économiquement ou socialement raisonnable. Cette appréciation est du seul ressort des salariés, des syndicats qui ont éventuellement déclenché la grève et évidemment de l'employeur pour savoir s'il veut/peut y satisfaire, mais pas du juge qui n'est pas là pour s'immiscer dans les conflits collectifs.

1° Le contrôle admis en 1986

362. – L'épisode du pilotage à deux. La question du contrôle que pourrait exercer le juge sur la légitimité des revendications des grévistes s'est posée dans les années 1980 à l'époque du passage au pilotage à deux chez Boeing puis chez Airbus, les constructeurs ayant supprimé la présence d'un troisième officier navigant dans la cabine. Les syndicats de pilote avaient demandé à la compagnie Air France la mise en place d'une période transitoire de vingt années pendant laquelle elle s'engagerait à maintenir trois pilotes dans les appareils, ce que la compagnie s'est refusée à faire. Des préavis ont alors été déposés notamment pour les week-ends charnières des vacances estivales. Air France a alors saisi les juridictions des référés pour obtenir leur suspension, faisant valoir à la fois le caractère déraisonnable des revendications des syndicats de pilotes et la désorganisation du trafic aérien en ces périodes de chassés-croisés des vacanciers. Certains juges des référés ont décidé de suspendre ces préavis en se fondant

(163) Les travailleurs en situation irrégulière se trouvent par exemple privés de la protection normalement due aux femmes enceintes : Cass. soc., 15 mars 2017, n° 15-27.928, publié. Sur cette exclusion, la controverse entre P. Bailly et le GISTI, *Le travailleur sans papiers peut-il se prévaloir des règles du licenciement ? : RDT* 2011, 221.

(164) L. Isidro, *La grève des travailleurs sans-papiers : RDT* 2011, 363.

(165) En ce sens O. Leclerc et C. Wolmark, *La grève des salariés sans-papiers : RDT* 2009, 177. Égal. *Rép. trav.* Dalloz, V° *Travailleur étranger*, par C. Wolmark.

sur l'existence d'un trouble manifestement illicite lié au caractère déraisonnable des revendications[166]. D'autres s'y sont au contraire refusés.

363. - Solution. L'assemblée plénière de la Cour de cassation a fini par rendre le 4 juillet 1986 un arrêt très favorable aux compagnies en considérant comme manifestement illicites ces grèves au regard du caractère déraisonnable des revendications[167].

Le 16 juin 1980, le Syndicat national des officiers mécaniciens navigants de l'aviation civile (SNOMAC) et le Syndicat national des pilotes de ligne (SNPL) ont notifié aux compagnies aériennes Air France, Air inter et UTA un préavis de grève pour les 22 et 23 juin suivant motivé par le refus du ministère des Transports de différer l'application d'une décision qu'il avait prise le 1er mars 1980 d'autoriser une autre compagnie à utiliser des avions avec un équipage réduit à deux pilotes, sans officier mécanicien navigant, et par le fait qu'il n'avait pas été donné suite aux revendications des syndicats qui demandaient aux compagnies aériennes de prendre l'engagement de maintenir pendant vingt ans sur leurs appareils un équipage à trois membres.

Face à ces revendications, les juges des référés franciliens s'étaient divisés, certains décidant de ne pas contrôler le caractère réaliste des revendications des syndicats, d'autres au contraire procédant à une telle appréciation et suspendant les préavis, ce qui fut à l'origine de cette bataille judiciaire.

Les syndicats faisaient grief à l'arrêt d'avoir suspendu les préavis et ordres de grève alors que, d'une part, le caractère abusif d'une grève ne pouvant être trouvé dans l'appréciation portée par le juge sur le caractère excessif des revendications formulées, ce qui aboutirait à lui permettre de se substituer aux salariés pour apprécier l'opportunité et le bien-fondé du mouvement revendicatif, l'arrêt aurait dû, dès lors qu'il constatait que la grève reflétait les craintes des syndicats quant au maintien de l'emploi, reconnaître son caractère licite.

Telle ne fut pas l'opinion de l'assemblée plénière de la Cour de cassation. Pour cette dernière en effet, « si la grève est licite dans son principe en cas de revendications professionnelles, il appartient au juge des référés d'apprécier souverainement si elle n'entraîne pas un trouble manifestement illicite ». Or, dans cette affaire, la cour d'appel avait retenu « que la décision ministérielle échappait à la compétence des compagnies, celles-ci ne disposant d'aucun moyen de droit pour obliger l'administration à la modifier ; que l'engagement de très longue durée qui leur était demandé au mépris des contraintes financières et des progrès techniques était déraisonnable et que les compagnies ne pouvaient de toute évidence satisfaire les revendications professionnelles des syndicats ».

364. - Critique. Cette analyse de l'assemblée plénière de la Cour de cassation fut vivement critiquée par une partie de la doctrine, qui a considéré que le juge avait outrepassé son office en confondant légalité et opportunité des revendications.

2° La résistance de la cour d'appel de Paris

365. - La seconde phase du conflit. L'arrêt rendu par l'assemblée plénière de la Cour de cassation n'a pas totalement réglé la question et les conflits sont repartis de plus belle lorsque les compagnies ont mis en service de nouveaux appareils également conçus pour être pilotés à deux. Certains juges des référés suivirent la Cour de cassation et suspendirent les préavis en faisant leur l'argument du caractère déraisonnable[168], mais le juge des référés de la cour d'appel de Paris, dans plusieurs décisions rendues le 27 janvier 1988, refusa de contrôler le caractère raisonnable ou réaliste

(166) CA Versailles, 6 juin 1984 : *JCP* G 1985, II, 20237, note B. Teyssié. – TGI Créteil, 20 juin 1980 : *JCP* CI 1980, II, 13390, obs. B. Teyssié ; *RTD civ.* 1982, p. 192, obs. J. Normand.

(167) Cass. ass. plén., 4 juill. 1986 : *Dr. ouvrier* 1986, p. 464, note F. Saramito ; *Dr. soc.* 1986, p. 745, concl. R. Bouyssic, note G. Lyon-Caen ; *JCP* G 1986, II, 20694, note B. Teyssié ; *D.* 1986, p. 277, concl. R. Bouissyc, note J.-E. Ray.

(168) TGI Créteil, 30 juill. 1987 : *Dr. soc.* 1987, p. 743, obs. J.-E. Ray ; *JCP* E 1988, II, 15140, 1re esp., note B. Teyssié. – TGI Bobigny, 21 nov. 1987 : *JCP* E 1988, II, 15140, 2e esp., obs. B. Teyssié.

des revendications des grévistes, tout en vérifiant que le choix par les syndicats de périodes critiques dans le transport aérien de passagers ne désorganisait pas trop gravement le trafic et n'exposait pas les usagers à des perturbations excessives[169]. Dans les mois qui suivirent, les juges des référés se rangèrent plutôt derrière la position adoptée par la cour d'appel de Paris[170].

3° Le contrôle abandonné à partir de 1992

366. – **L'abandon programmé.** À partir d'un arrêt rendu le 2 juin 1992, la chambre sociale de la Cour de cassation a statué en sens contraire et refusé au juge la possibilité de statuer sur le caractère raisonnable des revendications[171].

Un salarié avait été convoqué à une session de travail de tous les représentants en vue du lancement de la campagne commerciale 1984-1985 de son entreprise. Au début de la réunion du 23 août 1984, le porte-parole des représentants avait fait connaître au président-directeur général, par une déclaration suivie de la remise d'un écrit, que l'équipe de vente était préoccupée par le lancement d'une sous-marque vendue directement dans les grandes surfaces et par ses conséquences sur les ventes dans le réseau de détaillants démarché par les représentants. Il a réclamé une communication écrite faisant connaître la politique commerciale qui serait désormais menée. Les représentants ont ensuite refusé de poursuivre la réunion et cessé le travail. À la suite de ces événements, tous les représentants ont été licenciés le 30 août 1984.

Les salariés ont alors contesté leur licenciement, mais en vain. Après avoir reconnu que l'arrêt de travail concerté de l'ensemble des représentants constituait bien une grève, la cour d'appel a en effet considéré que si la volonté exprimée et explicitée de voir l'employeur définir clairement en début de campagne la politique commerciale de la société constitue bien une revendication professionnelle, la lettre de convocation de l'employeur avait annoncé la communication de la nouvelle politique commerciale ; que les représentants ne se sont pas satisfaits de cet engagement et ont exigé de la part du président-directeur général une communication écrite et signée ; que cette exigence constituait pour ce dernier une manifestation de défiance, voire une humiliation que rien ne justifiait, quelles que soient les préoccupations des salariés et qui ne pouvait décemment être satisfaite ; que la revendication telle que formulée ne pouvait constituer un préalable à une grève légitime et qu'en conséquence l'arrêt de travail était illégitime.

C'est ce qui vaut à l'arrêt d'être cassé, au visa de « l'article 7 du Préambule de la Constitution du 27 octobre 1946, repris par le Préambule de la Constitution du 4 octobre 1958 ». Dans un attendu limpide, la chambre sociale de la Cour de cassation affirme en effet que « si la grève suppose l'existence de revendications de nature professionnelle, le juge ne peut, sans porter atteinte au libre exercice d'un droit constitutionnellement reconnu, substituer son appréciation à celle des grévistes sur la légitimité ou le bien-fondé de ces revendications ».

367. – **L'approbation.** Dans l'ensemble, l'abandon de toute forme de contrôle sur le caractère raisonnable des revendications des grévistes a été approuvé en doctrine. Le juge n'est en effet pas là pour porter de jugement sur la qualité des revendications présentées par les grévistes, ce qui équivaudrait à prendre parti sur le fond du conflit. Pour reprendre l'argumentation développée par la cour d'appel de Paris en 1988, il faut admettre que « le juge de l'ordre judiciaire, qui n'a reçu ni de la loi, ni des parties, mission d'arbitrer ou de trancher un conflit collectif du travail n'a pas qualité ni

(169) CA Paris, 27 janv. 1988 : *D.* 1988, p. 351, note J.-C. Javillier ; *Dr. soc.* 1988, p. 242, obs. J.-E. Ray, p. 562, obs. B. Teyssié ; *JCP* E 1988, II, 15140, note B. Teyssié ; *Gaz. Pal.* 1988, 1, p. 131, concl. Lupi. – M.-C. Rondeau-Rivier, *Vers une nouvelle géométrie de l'intervention judiciaire dans les conflits du travail : D.* 1988, chron., p. 229 et s.

(170) TGI Évry, réf., 20 déc. 1989 : *Dr. ouvrier* 1990, p. 280. – TGI Évry, 26 juill. 1990 : *RJS* 1990, p. 559, chron. J. Déprez.

(171) Cass. soc., 2 juin 1992 : *Bull. civ.* V, n° 356 : *Dr. soc.* 1992, p. 700, rapp. P. Waquet, note J.-E. Ray. – Cass. soc., 19 oct. 1994 : *Dr. soc.* 1994, p. 958, obs. P. Waquet.

compétence pour apprécier le bien-fondé et, par la suite, la légitimité des revendications d'ordre professionnel présentées par l'une ou l'autre des parties au conflit ; (...) il ne lui appartient pas de substituer sa propre appréciation de la rationalité du mouvement collectif à celle normalement débattue entre employeur et syndicat professionnel présentées par l'une ou l'autre des parties au conflit, non plus que d'exercer un contrôle sur les problèmes d'ordre technologique, économique ou financier qui font l'objet du débat et d'imposer sa solution auxdits problèmes »[172].

Dans une certaine mesure, c'est pour une raison comparable que la Cour de cassation interdit au juge de porter un jugement sur les choix de gestion réalisés par l'employeur, dès lors que ceux-ci sont de nature à justifier un licenciement pour motif économique[173].

368. - La confirmation. Ce rejet de tout contrôle exercé par le juge sur le caractère raisonnable des revendications, et notamment sur la capacité de l'employeur à satisfaire les revendications des salariés, a été confirmé à plusieurs reprises.

Ainsi, en 2001, le tribunal de grande instance de Paris a écarté toute forme de contrôle sur les revendications de grévistes de l'Opéra de Paris[174].

Dans cette affaire, la grève portait sur l'ouverture de négociation d'un accord d'entreprise permettant le départ à la retraite des artistes du chœur et la négociation d'un nouveau décret sur les retraites. L'Opéra de Paris, qui a le statut d'un EPIC, avait demandé la suspension du préavis de grève après avoir fait valoir qu'il ne pouvait pas satisfaire cette revendication tant que le Gouvernement n'avait pas adopté le décret réclamé par les syndicats.

Le tribunal se contenta d'observer qu'il s'agissait bien d'une « revendication de nature professionnelle » et que « la circonstance que la demande visant à obtenir l'ouverture de négociations soit formulée avant que soit intervenue la décision administrative ne suffit pas à mettre en évidence un tel abus ». Le tribunal rappela enfin la jurisprudence selon laquelle « le juge judiciaire n'a ni qualité ni compétence pour trancher un conflit collectif du travail ni pour apprécier le bien-fondé et la légitimité des revendications d'ordre professionnel présentées dans le cadre d'un conflit de ce type ».

Le 13 octobre 2007, la chambre sociale de la Cour de cassation a confirmé sa jurisprudence concernant une grève au sein de l'entreprise en charge de la gestion du transport public urbain de passagers de la ville de Marseille[175].

Cette affaire, extrêmement médiatisée, avait opposé les syndicats majoritaires au sein de la Régie des transports marseillais à cette dernière à propos de la privatisation programmée de la gestion du réseau de tramway de la métropole marseillaise. Les syndicats avaient déposé des préavis de grève, et la Régie avait saisi le juge des référés pour en obtenir la suspension, arguant du fait que ces revendications étant tournées vers la métropole et non l'entreprise, qui n'était pas à même de les satisfaire, le mouvement devait être considéré comme illicite et le préavis suspendu. C'est ce que retint le juge des référés qui suspendit le préavis.

Tel n'est pas l'avis de la chambre sociale de la Cour de cassation qui casse cette décision au visa des articles 7 du Préambule de la Constitution du 27 octobre 1946 et L. 521-1 du Code du travail. Pour la cour en effet, « la défense du mode d'exploitation du réseau des transports urbains constituait, pour les employés de la RTM, établissement public industriel et commercial,

(172) CA Paris, 27 janv. 1988, préc.

(173) Cass. ass. plén., 8 déc. 2000, *SAT : Dr. soc.* 2001, p. 126, concl. P. de Caigny, note A. Cristau, p. 417, chron. A. Jeammaud et M. le Friant ; *D.* 2001, p. 1125, note J. Pélissier. Lire égal., relativement à l'arrêt de la cour d'appel d'Aix-en-Provence, 21 mars 2006 : *D.* 2006, 2652, note A. Bugada ; *RDT* 2006, 191, obs. O. Leclerc. – E. Dockès, *La finalité des grèves en question : Dr. soc.* 2006, 881.

(174) TGI Paris, 13 juill. 2001, *Opéra National de Paris c/ Féd. des Syndicats CGT : Dr. ouvrier* 2001, p. 486.

(175) Cass. soc., 23 oct. 2007, n° 06-17.802, *Synd. SNTU-CFDT*, publié : *D.* 2007, AJ, p. 2807, obs. B. Ines ; *D.* 2008, p. 662, note A. Bugada ; *D.* 2008, 442, spéc. 450, obs. O. Leclerc.

une revendication d'ordre professionnel et (…) la capacité de l'employeur à satisfaire les revendications des salariés est sans incidence sur la légitimité de la grève ».

369. – L'interrogation. On le comprend aussitôt, la grève peut être utilisée comme un moyen de pression sur les décideurs publics et dépasser le contexte de la seule entreprise : on est alors face à une grève « politique » qui ne dit pas son nom, ce qui souligne une nouvelle fois la porosité historique de l'action syndicale et de l'action politique.

B. – Interdiction des revendications portant atteinte aux droits fondamentaux

370. – Principes. Le propre de l'action syndicale étant d'inciter l'employeur à accorder aux salariés plus d'avantages, il ne saurait être question ici d'affirmer que les revendications des grévistes devraient être conformes à l'ordre public. On pourrait se poser la question s'agissant de l'ordre public absolu dans la mesure où, par définition, l'employeur ne peut y déroger, mais on sait que la Cour de cassation s'y refuse désormais et considère comme valables des revendications que l'employeur ne pourrait pourtant pas satisfaire.

371. – Illustration. La seule limite posée en jurisprudence concerne le respect des droits et libertés fondamentaux, les revendications des grévistes ne pouvant pas avoir pour finalité de conduire le ou les employeurs à prendre des mesures contraires, par exemple, à la liberté du travail ou la liberté de choisir ses collaborateurs, ou à l'autorité d'une décision de justice.

L'affaire *UTA*, qui a donné lieu à l'arrêt rendu par la chambre sociale de la Cour de cassation le 25 octobre 1979, est intéressante du point de vue des limites aux revendications des grévistes[176].

Le différend portait sur l'embauche par la compagnie aérienne UTA (absorbée par Air France en 1992) de pilotes originaires des départements d'outre-mer à des niveaux de rémunérations inférieurs à ceux pratiqués en métropole, en raison du champ d'application de l'accord collectif applicable. Le SNPC exigeait en effet de la compagnie qu'elle respecte un quota d'embauches de pilotes métropolitains, ce qu'elle avait refusé de faire, et qui était à l'origine de nombreuses grèves.

Des arrêts de travail avaient ainsi été pratiqués sans préavis au cours d'escales de vols intercontinentaux, en 1976, par des membres du Syndicat national du personnel navigant commercial (SNPC) de la compagnie Union de Transports Aériens (UTA). La cour d'appel avait estimé qu'il s'agissait de grèves licites, aux motifs, d'une part, que le législateur n'avait pas fait bénéficier UTA des normes édictées pour les services publics et les entreprises nationales de transport, et d'autre part, que si une compagnie de transports aériens intercontinentaux fait face à une exploitation des plus complexes et se trouve soumise à de multiples contraintes, en raison notamment de l'existence des réglementations nationales et internationales, la loi n'a pas prévu de ce chef de limitation du droit de grève des salariés ; et enfin, que les arrêts de travail appuyant des revendications professionnelles constituaient des grèves licites, peu important leur bien-fondé.

Tel ne fut pas l'avis de la Cour de cassation. Pour cette dernière en effet, si les dispositions de l'article L. 521-3 du Code du travail ne sont pas applicables en l'état à UTA, il résultait de la réglementation de l'aviation civile le principe essentiel de l'obligation d'assurer la continuité des vols, ce dont il suit la nécessité d'observer dans le déclenchement et la poursuite des arrêts de travail des modalités compatibles avec ces contraintes exceptionnelles. Par ailleurs, en incitant ses membres à dissimuler l'attitude qu'ils projetaient d'avoir en cours de route, et à cesser leur

(176) Cass. soc., 25 oct. 1979, *UTA : Bull. civ.* V, n° 786 ; *D.* 1980, p. 313, note H. Sinay.

travail en escale sans préavis, le SNCP avait commis une faute. Enfin, et c'est sur ce point que l'arrêt nous intéresse, « si les revendications du personnel métropolitain tendant à obtenir une discrimination au préjudice des travailleurs français d'outre-mer avaient un caractère professionnel, elles étaient susceptibles d'être illicites comme portant atteinte à la liberté du travail ».

La solution pourrait valablement être transposée à d'autres cas ; une grève ne pourrait donc pas porter sur le recrutement, ou le non-recrutement, de pilotes en violation du principe de non-discrimination, en dehors des hypothèses de différences de traitement autorisées, en excluant sur critère de nationalité par exemple.

Un arrêt rendu par la chambre criminelle de la Cour de cassation le 29 novembre 1988 montre également à quel point la grève ne peut être utilisée pour s'opposer à l'exécution d'une décision de justice[177].

Une salariée ayant la qualité de déléguée syndicale avait, au cours de l'année 1980, fait l'objet d'une décision de réintégration dans l'entreprise consécutivement à son licenciement irrégulier. Cette décision n'ayant pas reçu exécution, une plainte avait été déposée par l'union départementale des syndicats CFDT de la Vendée et l'employeur avait été renvoyé devant la juridiction répressive du chef d'entrave à l'exercice du droit syndical. La cour d'appel de Poitiers l'avait relaxé. Cette décision fut censurée sur les seuls intérêts civils par la chambre criminelle de la Cour de cassation le 4 juin 1985. Statuant sur renvoi après cassation, la cour d'appel avait accordé des réparations civiles à la salariée ainsi qu'au syndicat, parties civiles, et relevé que le 7 janvier 1981, lors du retour de cette salariée dans l'entreprise, le chef d'entreprise l'avait affectée à un poste de travail se trouvant au milieu d'une ligne de fabrication, et que tous les membres du personnel avaient alors cessé de travailler, ce mouvement de grève intervenant sur l'initiative d'une contremaîtresse de l'entreprise et résultant pour une très large part de la crainte des ouvrières de perdre leur emploi. Il en fut de même le lendemain, le chef d'entreprise restant délibérément passif et n'usant pas de son pouvoir disciplinaire comme le lui conseillait la direction départementale du travail, avisée de la situation. Prétextant l'immobilisation de la chaîne de fabrication, l'employeur avait ensuite confié à la salariée un travail de piquage sur papier, tâche normalement réservée aux apprentis, alors qu'il aurait pu la placer au début de la chaîne de fabrication. En raison de toutes ces circonstances, l'intéressée avait dû quitter l'entreprise. Les juges du second degré avaient déduit de l'ensemble de ces éléments qu'en donnant à la salariée, mécanicienne en confection ayant dix années d'expérience professionnelle, une occupation ne correspondant pas à sa qualification, et en s'abstenant de prendre toute initiative afin de faire cesser un mouvement de grève illicite par son objet et ne présentant aucun caractère insurmontable et afin d'assurer la réintégration effective de cette salariée, son employeur avait commis des faits d'entrave à l'exercice du droit syndical.

C'est cette décision qui se trouve confirmée par le rejet du pourvoi. La décision est intéressante dans la mesure où la grève du personnel visait à s'opposer à la réintégration d'une salariée ordonnée par voie de justice, constituant exactement l'inverse d'une grève de solidarité. Or, cette motivation était non seulement douteuse en son objet, même si les salariés avaient pris la peine de mêler à cette revendication illicite des inquiétudes sur la situation de l'emploi dans l'entreprise, mais de surcroît doublement illicite dans la mesure où elle s'opposait à l'autorité d'une décision de justice et incitait l'employeur à commettre une entrave à l'exercice du droit syndical.

(177) Cass. crim., 29 nov. 1988, n° 86-95.884 : *Bull. crim.* n° 404.

CHAPITRE 2 LE RÉGIME JURIDIQUE DE LA GRÈVE

372. - Faiblesse du droit pénal. Contrairement à ce qu'on pourrait imaginer, le droit français n'a pas prévu de délit d'entrave à l'exercice du droit de grève, alors qu'il protège pénalement la liberté du travail, l'exercice du droit syndical et la constitution et les prérogatives du comité social et économique[1]. Même la démonstration que les grévistes ont été discriminés, ce qui est interdit par l'article L. 1132-2 du Code du travail, n'entraînera que des conséquences civiles et professionnelles, mais pas pénales, ce motif n'étant pas visé par l'article 225-1 du Code pénal et donc pas réprimé au titre de l'article 225-2. Les dispositions interdisant les discriminations dans le Code du travail ne sont par ailleurs pas assorties de sanctions pénales propres, contrairement d'ailleurs aux atteintes portées à l'égalité entre les femmes et les hommes[2] ou aux dispositions en matière de harcèlement[3].

Il ne faut toutefois pas sous-estimer l'intérêt de ces protections indirectes qui permettent souvent de protéger la personne du travailleur, même si sa qualité de gréviste n'est pas directement prise en compte comme critère de protection.

373. - *Grève et liberté syndicale.* La remarque vaut d'abord, et surtout, s'agissant de la protection de l'exercice du droit syndical par l'article 225-1 du Code pénal. Le salarié devra il est vrai démontrer que l'entrave ou la discrimination dénoncée a pour motif l'appartenance à un syndicat, et pas simplement l'exercice du droit de grève[4]. La charge, et le risque, de cette preuve reposent sur ses épaules et il sera débouté en cas de doute[5]. Mais compte tenu du rôle majeur que jouent les syndicats dans le déclenchement, la conduite et le règlement des conflits collectifs, les sanctions infligées aux grévistes peuvent souvent être rattachées à l'exercice de la liberté syndicale.

374. - *Grève et entrave au fonctionnement du CSE.* Il est d'ailleurs, et dans le même ordre d'idées, également possible de poursuivre un employeur pour entrave au fonctionnement du comité social et économique lorsque les mesures de rétorsion concernent un élu du personnel puisque les mandats ne sont pas suspendus pendant

(1) B. Teyssié, *La grève ou la tentation de l'illicite ? À propos de quelques crimes, délits ou compensations :* D 2006, p. 1105.

(2) C. trav., art. L. 1146-1 à L. 1146-3.

(3) C. trav., art. L. 1155-2.

(4) Cass. crim., 31 mars 1981 : *D.* 1982, IR, p. 83, obs. J. Pélissier. – Cass. crim., 4 avr. 1995 : *RDT* 1995, n° 6, p. 14, § 282 : le licenciement de salariés pour des fautes lourdes commises au cours du conflit ne constitue en soi ni une discrimination syndicale ni une atteinte à l'exercice du droit syndical.

(5) Cass. crim., 15 déc. 1981, n° 81-90.172 : *Bull. crim.* n° 330 : mesures prises visant à briser l'action syndicale à l'origine du conflit.

la durée du conflit[6] ; là encore il faudra imputer la mesure à l'exercice du mandat et non à celui de la grève.

375. – *Grève et harcèlement.* Un autre exemple peut être tiré de l'application du régime protecteur des victimes de harcèlement. Même si elle ne concerne que le volet professionnel, l'affaire ayant donné lieu à cet arrêt rendu par la chambre sociale de la Cour de cassation le 12 janvier 2022 montre à quel point le régime légal interdisant le harcèlement peut venir secourir un salarié maltraité en raison de sa participation à un mouvement de grève[7].

L'affaire concernait le réceptionniste d'un hôtel. Après avoir saisi la juridiction prud'homale des diverses demandes, il avait été licencié pour inaptitude, ce qu'il contestait en justice en invoquant avoir été victime de harcèlement moral, singulièrement après avoir fait grève.

En appel, il avait fait valoir qu'il avait reçu un avertissement pour avoir réceptionné et signé un courrier recommandé avec accusé de réception adressé à la personne du gérant de l'hôtel alors qu'il ne disposait pas de l'accréditation nécessaire pour agir de la sorte et que l'employeur avait engagé une procédure de licenciement à son encontre en raison du mouvement de grève qu'il avait initié. Après avoir estimé que ces deux éléments pris dans leur ensemble étaient susceptibles de laisser présumer un harcèlement moral, la cour d'appel avait écarté cette qualification ; l'employeur avait selon elle renoncé à la procédure de licenciement, ce qui témoignait de la reconnaissance du caractère non fondé de la procédure mise en œuvre, et l'avertissement litigieux reposant sur des faits non contestés par le salarié, son motif apparaissait légitime dès lors que la réception des lettres recommandées adressées à l'employeur n'entrait manifestement pas dans les attributions du salarié, et il ne constituait nullement une brimade mais l'expression des prérogatives hiérarchiques de l'employeur.

Tel n'est pas l'avis de la Cour de cassation qui casse cette décision pour violation des articles L. 1152-1 et L. 1154-1 du Code du travail. Pour la Haute juridiction en effet, ces motifs étaient impropres à justifier la mise hors de cause de l'employeur « s'agissant de la procédure de licenciement engagée contre le salarié » alors que, manifestement, ce dernier n'avait commis aucune faute lourde. Il s'agissait donc d'une mesure de rétorsion s'inscrivant dans un contexte marqué par des tensions avec le salarié, et, compte tenu de son caractère manifestement injustifié (puisque si le licenciement avait été prononcé il aurait été très certainement annulé), qui s'intégrait bien dans une stratégie plus globale visant à faire « craquer » le salarié.

376. – Force du droit procédural. Les atteintes à l'exercice du droit de grève, même si elles ne sont pas sanctionnées pénalement, sont susceptibles de constituer un trouble manifestement illicite permettant au juge des référés d'intervenir dans le conflit pour suspendre les préavis déposés ou enjoindre aux parties prenantes de cesser immédiatement tout comportement illicite. Ainsi, il a été jugé par la chambre sociale de la Cour de cassation, dans un arrêt du 11 février 2015, que le juge des référés peut enjoindre à un employeur de retirer des panneaux d'affichage de l'entreprise une note de service laissant craindre aux salariés qu'ils pouvaient faire l'objet de sanctions en cas d'arrêt de travail, et ce alors que tel n'était pas le cas, car elle portait atteinte à leur droit de grève[8].

Le syndicat CGT de la Régie des transports de Marseille avait déposé le 27 juin 2011 un préavis de grève à compter du 3 juillet 2011 à 0 heure jusqu'au 31 décembre 2011 à minuit, concernant tous les agents de la Régie et la totalité de leur service. Différentes déclarations individuelles d'intention de grève avaient été adressées avant le début annoncé de la grève à l'employeur.

(6) Cass. crim., 4 nov. 1981 : *Juri-social* 1982, F 4 : DP et DS souhaitant vérifier, pendant un conflit, que les mesures de sécurité des installations avaient été prises. – Cass. soc., 13 déc. 2017, n° 16-19.042 : « La grève ne suspend pas le mandat de représentation ».

(7) Cass. soc., 12 janv. 2022, n° 20-16.545.

(8) Cass. soc., 11 févr. 2015, n° 13-14.607, publié.

Le 6 juillet 2011, la Régie a affiché une note d'information indiquant : « Le 27 juin dernier, la CGT a déposé un préavis de grève du 3 juillet à 0 heure 00 au 31 décembre 24 heures 00. Or, depuis le 3 juillet aucun salarié ne s'est mis en grève, le mouvement n'ayant pas débuté à la date initialement prévue, le préavis ne peut plus produire d'effet. Aucun arrêt de travail ne peut donc avoir lieu dans le cadre de ce préavis. La Direction tenait à porter cette information à la connaissance des salariés notamment de ceux ayant déposé une déclaration individuelle d'intention de grève ».

Le syndicat avait saisi le tribunal de grande instance d'une requête tendant à la condamnation de l'employeur à retirer cette note et à lui payer des dommages-intérêts, avec succès, ce que confirme le rejet du pourvoi.

Pour la Cour de cassation en effet, la note de service constituait une menace à l'encontre des grévistes alors que l'entreprise considérait à tort que le préavis déposé serait caduc dès lors qu'aucun salarié ne se serait effectivement mis en grève : « L'employeur ne pouvait, dans la période ainsi définie, déduire de l'absence de salarié gréviste au cours des trois premiers jours de la période visée par le préavis que celui-ci était devenu sans effet et, d'autre part, que la note litigieuse, en laissant craindre aux salariés qu'ils pouvaient faire l'objet de sanctions en cas d'arrêt de travail, portait atteinte à leur droit de grève et devait ainsi être retirée des panneaux d'affichage de l'entreprise »[9].

Le recours au juge des référés est toutefois « neutre » socialement, et les employeurs y auront également recours pour libérer les entreprises entravées ou occupées par des grévistes qui se maintiendraient indûment dans les lieux[10].

377. - Force du droit professionnel. La protection dont bénéficient les grévistes est essentiellement prévue par le Code du travail qui restreint très drastiquement les possibilités de licenciement (C. trav., art. L. 2511-1) et les protège contre des répercussions disproportionnées sur leur rémunération.

378. - Plan. Nous suivrons le régime de la grève d'un point de vue chronologique en étudiant successivement le déclenchement de la grève (Section 1) puis son déroulement (Section 2).

SECTION 1 LE DÉCLENCHEMENT DE LA GRÈVE

379. - Présentation. Dans le secteur privé où la conception de la grève est libérale, les contraintes pesant sur les salariés qui se mettent en grève sont minimalistes, et la Cour de cassation veille à ce que la liberté de se mettre en grève soit préservée effectivement (§ 1). Dans les services publics dont la continuité doit être assurée même en cas de grève, le régime a été aménagé par le législateur mais également par le Conseil d'État qui a reconnu aux chefs de service un pouvoir réglementaire très étendu qui n'a jamais été remis en cause depuis l'immédiat après-guerre (§ 2).

(9) Sur cette question de la prétendue caducité de la grève dès lors qu'un préavis syndical court toujours, V. *infra*, n° 412.
(10) Sur l'expulsion, V. *infra*, n°s 756 et s.

§ 1. – Situation dans le secteur privé

A. – La liberté de déclenchement

380. – Principe. Le Code du travail n'impose aucune condition ni formalité préalable au déclenchement de la grève dans le secteur privé[11]. Le déclenchement de la grève y est donc totalement libre[12]. Celle-ci peut intervenir à tout moment[13] et n'est soumise ni à préavis légal ni au rejet préalable des revendications par l'employeur[14].

La règle est d'ordre public, ce qui justifie le refus de permettre aux partenaires sociaux d'imposer des contraintes à l'exercice du droit de grève en dehors du cadre légal spécial[15].

Cette liberté ne doit pas non plus être indirectement compromise par des mesures patronales de rétorsion. C'est pourquoi l'employeur qui dénonce un usage en représailles au dépôt d'un préavis de grève s'expose à ce que cette dénonciation soit considérée comme illicite[16].

381. – Gréviste rattaché à une loi étrangère. Le droit de se mettre en grève sans contrainte préalable est d'ordre public et ne peut donc faire l'objet d'aucune renonciation anticipée. La situation des salariés français rattachés à une loi étrangère et exécutant leur contrat de travail dans un autre État est différente dans la mesure où ils sont censés avoir accepté le rattachement à la loi étrangère qui pourra donc valablement restreindre leur droit de grève[17].

B. – L'information de l'employeur

382. – Situation. Le salarié qui cesse de travailler peut le faire pour de multiples raisons qui ne sont pas toutes liées à l'exercice du droit de grève : il peut refuser sans raison d'exécuter son travail, exercer son droit de retrait, prendre une pause ou se mettre en grève. Il est donc essentiel que l'employeur sache pour quel motif le travail cesse et détermine si l'arrêt de travail est légitime, ou illicite.

(11) Pour une approche historique, S. Sirot, ouvr. préc., p. 90 et s.

(12) Dernièrement Cass. soc., 22 oct. 2014, n° 13-19.858, publié.

(13) Cass. soc., 20 janv. 1956 : *Bull. civ.* IV, n° 71. – Cass. soc., 13 mars 1980 : *D.* 1980, IR, p. 546, obs. J. Pélissier.

(14) Cass. soc., 12 févr. 1985 : *Bull. civ.* V, n° 96, p. 71. – Cass. soc., 16 oct. 1985 et 6 nov. 1985 : *Dr. soc.* 1986, p. 614, note J. Déprez. – Cass. soc., 19 juin 1987 : *D.* 1988, somm., p. 100, 2e esp., obs. J. Pélissier. – Cass. soc., 11 juill. 1989 : *Bull. civ.* V, n° 569 ; *JCP* E 1990, II, 15773, p. 333, n° 19, 1re esp., obs. B. Teyssié ; *Dr. soc.* 1989, p. 718, obs. J. Déprez. – Cass. soc., 10 oct. 1990, n° 88-41.427.

(15) Cass. soc., 7 juin 1995, n° 93-46.448, *Transports Seroul c/ M. Beillevaire et a.*, publié : *Dr. soc.* 1996, p. 37, chron. Ch. Radé ; *D.* 1996, p. 75, note B. Mathieu.

(16) Cass. soc., 13 févr. 1996, n° 92-42.066 : *Bull. civ.* V, n° 54 : « S'il est exact que la dénonciation d'un usage n'a pas à être motivée, elle est néanmoins nulle s'il est établi que le motif, qui a entraîné la décision de l'employeur, est illicite ».

(17) Cass. soc., 16 juin 1983 : *D.* 1984, IR, p. 362, obs. A. Lyon-Caen.

1° L'exigence d'une information de l'employeur

383. - Principe. Le salarié qui se met en grève doit donc en informer son employeur[18] et lui communiquer « au moment de l'arrêt de travail »[19] ses revendications[20].

C'est ce qu'a confirmé la Cour de cassation dans un arrêt rendu en assemblée plénière le 23 juin 2006[21].

Le syndicat des pilotes d'Air France (SPAF) de même que plusieurs autres syndicats de pilotes de ligne, avaient déposé un préavis de grève pour la période comprise entre le 2 février 2003 à 0 heure 01 et le 5 février à 23 heures 59. Un pilote, par ailleurs président du SPAF, avait effectué, en qualité de commandant de bord, le vol Paris – Pointe-à-Pitre le 31 janvier 2003, sans assurer le vol Pointe-à-Pitre – Paris du 2 février 2003 à 23 heures, heure de Paris, compris dans sa mission. Il avait quitté Pointe-à-Pitre le 1er février à 23 heures, heure de Paris, comme passager d'un avion qui était arrivé le 2 février à 10 heures 25 à l'aéroport d'Orly où il s'était joint au mouvement de grève déclenché depuis 0 heure 01.

Il avait fait l'objet d'une sanction disciplinaire qu'il avait alors contestée devant le juge des référés, avec succès, ce que discutait la société Air France, en vain.

Pour la Cour de cassation en effet, « il ne pouvait être imposé à un salarié d'indiquer à son employeur son intention de participer à la grève avant le déclenchement de celle-ci et [et] la signature d'un planning de rotation ne pouvait être considérée comme un engagement de ne pas cesser le travail ». Par ailleurs, le pilote concerné « avait avisé de son état de gréviste suffisamment tôt pour permettre son remplacement dans le commandement du vol Pointe-à-Pitre – Paris, de sorte que le risque de désorganisation de l'entreprise n'était pas caractérisé », écartant par là même l'abus dans l'exercice du droit de grève.

NB : Depuis la loi n° 2012-375 du 19 mars 2012 les pilotes de ligne sont astreints à une obligation légale de déclaration d'intention quarante-huit heures avant le commencement de la grève.

384. - Moment. Pour des raisons évidentes de loyauté et pour éviter tout risque de fraude, l'information de l'employeur ne peut pas intervenir après coup pour régulariser l'absence du salarié[22].

385. - Changement de régime. Le salarié peut toutefois se mettre en grève alors qu'il avait déjà cessé le travail pour un autre motif, par exemple pour se retirer d'une situation dangereuse[23], mais il ne bénéficiera du régime protecteur de la grève qu'à compter du moment où il en a informé son employeur. Il peut également cesser de faire grève pour basculer dans un autre régime, par exemple celui du droit de retrait,

(18) Cass. soc., 19 juin 1987, n° 84-42.903 : *D.* 1988, somm., p. 100, 2e esp., obs. J. Pélissier. – Cass. soc., 24 mars 1988, n° 85-43.604 : *Dr. soc.* 1988, p. 649, note J. Déprez. – Cass. soc., 30 mars 1999, n° 97-41.104, publié.

(19) Cass. soc., 19 nov. 1996, n° 94-42.631.

(20) Cass. soc., 24 mars 1988, n° 85-43.604 : *Dr. soc.* 1988, 649, note J. Déprez. – Cass. soc., 20 mai 1992 : *Bull. civ.* V, n° 319, p. 199 (des convoyeurs de fonds en grève critiquaient le mauvais état des véhicules, l'absence de liaisons et de systèmes de sécurité ainsi que le manque de formation). – Cass. soc., 30 mars 1999, *Sté Euronetec France* : *RJS* 1999, n° 725 (l'arrêt relève que le syndicat avait distribué un tract avant la grève présentant les revendications des grévistes).

(21) Cass. ass. plén., 23 juin 2006, n° 04-40.289 : *Bull. civ. ass. plén.*, n° 7 ; *D.* 2006, 1843, obs. A. Astaix ; *Dr. soc.* 2006, 935, obs. E. Dockès ; *RDT* 2006, 248, obs. N. Olszak ; *ibid.* 404, obs. O. Leclerc.

(22) Cass. crim., 9 nov. 1971 : *D.* 1972, p. 334, 2e esp., note J.-M. Verdier ; *JCP* G 1972, II, 17074, note J. Pélissier.

(23) Avant que la Cour de cassation ne sanctionne par la nullité l'exercice par le salarié de son droit de retrait (Cass. soc., 28 janv. 2009, n° 07-44.556, publié), ce dernier pouvait en effet avoir intérêt à basculer du régime du droit de retrait à celui de la grève pour bénéficier d'une meilleure protection en cas de licenciement (Cass. soc., 26 sept. 1990, n° 88-41.375 : *Bull. civ.* V, n° 387 ; *Dr. soc.* 1991, p. 60, rapp. P. Waquet, note J.-E. Ray ; *RJS* 1990, p. 619, chron. J. Déprez).

qui lui garantira, si son exercice est fondé, une protection identique et le maintien de sa rémunération[24].

Les frontières qui séparent le droit de retrait du droit de grève sont ténues. Les salariés, ou les agents publics qui disposent avec le décret n° 8-4 du 28 mai 1982 également du droit de retrait, peuvent hésiter entre l'un et l'autre en cas de risque, réel ou simplement ressenti, pour leur santé ou leur sécurité[25]. Si les conditions du droit de retrait ne sont pas réunies, l'arrêt de travail ne sera efficacement protégé au titre de la grève que s'il se plie à son régime juridique, ce qui ne sera généralement pas le cas notamment en raison de l'exigence du préavis syndical de cinq jours francs qui fera défaut en cas de mouvement d'humeur. C'est ainsi qu'a été qualifié de grève illicite l'arrêt de travail provoqué par les enseignants d'un lycée professionnel après avoir alerté en vain le recteur « de faits graves et d'incidents propres à mettre en cause la sécurité des élèves et des personnels dans les ateliers de l'établissement scolaire », mais qui n'avaient pas réussi à en convaincre ni leur administration, ni le juge[26].

2° L'absence de formalisme

386. - Principe. L'information de l'employeur n'étant pas réglementée, elle se fait de manière informelle. La Cour de cassation a même admis qu'elle puisse être réalisée par le truchement de tracts syndicaux[27], d'une pétition signée par les salariés[28], par les élus[29], ou encore par un courrier adressé par l'inspecteur du travail à l'employeur ou par exposé lors d'une réunion du comité social et économique[30]. Il a également été admis que cette information avait été valablement réalisée dès lors que les salariés avaient adressé une lettre de revendications professionnelles reçue par l'employeur avant le conflit, qu'ils avaient dès le commencement de la cessation du travail le même jour informé leur supérieur hiérarchique présent sur le lieu de travail de ce qu'ils se mettaient en grève du fait du refus de l'employeur de satisfaire à leurs revendications professionnelles et que la société ne contestait pas que des échanges téléphoniques avaient eu lieu entre les salariés et son dirigeant immédiatement après la cessation du travail[31].

§ 2. – Situation dans les services publics

387. - Diversité. La loi du 31 juillet 1963 a mis en place dans tous les services publics l'exigence du préavis syndical de cinq jours francs applicable à une même catégorie ou un même service(A). Ce cadre général a été complété, à partir de 2007, par des dispositions propres aux services publics du transport terrestre de personnes (B). Pour le Conseil d'État le compte n'y est pas, et tant que le législateur n'aura pas prévu la

(24) Cass. soc., 19 mai 2010, n° 09-40.353. Sur l'usage du droit de retrait en période de pandémie de Covid-19, lire la controverse entre P.-Y. Verkindt et M. Babin, *Quels usages du droit de retrait ? : RDT* 2020, 721 ; sur le même thème *Liaisons sociales quotidien* 3 avr. 2020, L'actualité, n° 18035, Section Acteurs, débats, événements, à propos des salariés de Carrefour Vitrolles.

(25) Pour un exemple de droit de retrait mal exercé et se traduisant par la radiation des cadres de l'agent, qui avait refusé de reprendre son poste de retour d'un arrêt maladie : CAA Douai, 27 mai 2021, n° 20DA00937 : *AJFP* 2022, 53.

(26) TA Cergy-Pontoise, 16 juin 2005, n° 0106154, *M. c/ Recteur académie Versailles : AJFP* mai 2006, p. 150, comm. R. Fontier. – Égal. TA Melun, 13 juill. 2012, n° 1004142/11, *L.*

(27) Cass. soc., 30 mars 1999, n° 97-41.104.

(28) Cass. soc., 20 mai 1992, n° 90-45.271.

(29) CA Reims, 23 oct. 2002, n° 01/00290, *Assoc. Acrepa c/ M. Thierry Houdelet*, cahier des délégués, laissé à la direction.

(30) Cass. soc., 28 févr. 2007, n° 06-40.944, *Sté Exatri Paris*, publié : *JCP* S 2007, 1425, note R. Vatinet.

(31) Cass. soc., 22 oct. 2014, n° 13-19.858, publié.

possibilité dans chaque service public de restreindre le recours à la grève pour assurer la continuité du service public, et le pouvoir de réquisition des salariés nécessaire à la mise en place d'un service minimum, il continuera à le lui permettre dans le cadre de sa jurisprudence *Dehaene* (C).

A. - Cadre général

388. - **Loi du 31 juillet 1963.** Dans son article 1er, la loi n° 63-777 du 31 juillet 1963 relative à certaines modalités de la grève dans les services publics appliquait « les dispositions de la présente loi (…) aux personnels civils de l'État, des départements et des communes comptant plus de dix mille habitants, ainsi qu'aux personnels des entreprises, des organismes et des établissements publics ou privés lorsque ces entreprises, organismes ou établissements sont chargés de la gestion d'un service public ».

La dernière phrase de ce texte indiquait également que : « Ces dispositions s'appliquent notamment aux personnels des entreprises visées par le décret prévu à l'alinéa 2 de l'article 31-6 du livre 1er du code du travail ». Cette précision, adoptée au lendemain de la grande grève des mineurs de 1963, visait à inclure les personnels des mines qui n'étaient pas considérés par la jurisprudence comme gérant un service public et qui étaient soumis à un statut réglementaire propre[32].

389. - **Première recodification du Code du travail (1973).** Lors de la première recodification du Code du travail intervenue par la loi n° 73-4 du 2 janvier 1973, ce texte est devenu l'article L. 521-2 du Code du travail ainsi rédigé : « Les dispositions de la présente section s'appliquent aux personnels civils de l'État, des départements et des communes comptant plus de 10 000 habitants ainsi qu'aux personnels des entreprises, des organismes et des établissements publics ou privés lorsque ces entreprises, organismes et établissements sont chargés de la gestion d'un service public. Ces dispositions s'appliquent notamment aux personnels des entreprises mentionnées par le décret prévu à l'alinéa 2 de l'article L. 134-1 ».

Le décret du 1er juin 1950, auquel renvoyait l'alinéa 2 de l'article L. 134-1 (ancien) et qui établissait une liste des entreprises à statut incluant les Charbonnages, a été abrogé par un décret du 8 juin 1983.

390. - **Deuxième recodification du Code du travail (2007).** À l'occasion de la deuxième recodification intervenue avec l'ordonnance n° 2007-329 du 12 mars 2007 relative au Code du travail (partie législative), ces dispositions ont été transférées dans le nouvel article, l'article L. 2512-1, et la référence caduque au décret prévu à l'alinéa 2 de l'article L. 134-1, logiquement supprimée.

Code du travail

Art. L. 2512-1. - Les dispositions du présent chapitre s'appliquent :

1° Aux personnels de l'État, des régions, des départements et des communes comptant plus de 10 000 habitants ;

2° Aux personnels des entreprises, des organismes et des établissements publics ou privés lorsque ces entreprises, organismes et établissements sont chargés de la gestion d'un service public.

(32) J.-M. Verdier, *Aspects inattendus de la loi du 31 juill. 1963 : preavis de greve et droit syndical*, Dalloz, 1963, chron., p. 43. Pour une application, Cass. soc., 7 déc. 1978, n° 78-40.099 : *Bull. civ.* V, n° 841.

391. - Code général de la fonction publique (2021). Selon l'article L. 114-2 du Code général de la fonction publique, les « dispositions relatives à la cessation concertée du travail mentionnées aux articles L. 2512-2 à L. 2512-4 du Code du travail s'appliquent aux agents publics de l'État, des autorités administratives indépendantes, des autorités publiques indépendantes et des établissements publics de l'État, des collectivités territoriales autres que les communes comptant au plus 10 000 habitants et de leurs établissements publics ainsi que des établissements publics mentionnés à l'article L. 5 du présent code ».

1° Conditions d'application

a) Notion de « service public »

392. - Par détermination de la loi. La qualification de service public peut tout d'abord résulter de la loi elle-même, ce qui est la situation la plus simple[33].

393. - Par détermination du juge. Mais dans le silence des textes, elle peut résulter de l'interprétation qu'en fera le Conseil constitutionnel, si la question lui est posée[34], voire le juge s'il doit déterminer quel régime devra être appliqué en cas de grève. Il s'agit ici de faire application de ces dispositions aux agents « travaillant dans une institution contrôlée directement ou indirectement par une personne publique et chargée d'une mission d'intérêt général au moyen de prérogatives de puissance publique »[35].

Selon le Conseil d'État, qui a synthétisé sa jurisprudence en 2007, « une personne privée qui assure une mission d'intérêt général sous le contrôle de l'administration et qui est dotée à cette fin de prérogatives de puissance publique est chargée de l'exécution d'un service public »[36] ; « même en l'absence de telles prérogatives, une personne privée doit également être regardée, dans le silence de la loi, comme assurant une mission de service public lorsque, eu égard à l'intérêt général de son activité, aux conditions de sa création, de son organisation ou de son fonctionnement, aux obligations qui lui sont imposées ainsi qu'aux mesures prises pour vérifier que les objectifs qui lui sont imposées ainsi qu'aux mesures prises pour vérifier que les objectifs qui lui sont assignés sont atteints, il apparaît que l'administration a entendu lui confier une telle mission »[37].

394. - Difficultés pratiques de mise en œuvre. La loi s'applique aux entreprises publiques qui sont *directement* en charge d'une mission de service public, mais également à leurs sous-traitants qui en assurent matériellement l'exécution[38].

(33) C'est par exemple le cas du secteur de l'énergie et du gaz : *cf.* C. énergie, art. L. 121-1 pour l'électricité.

(34) Cons. const., 7 août 2008, n° 2008-569 DC, consid. 7 : *AJDA* 2008, 2410, note M. Verpeaux ; *D.* 2008, 2064, obs. P. Terneyre ; *Dr. soc.* 2009, 147, étude V. Bernaud ; *RFDA* 2008, 1233, chron. A. Roblot-Troizier et T. Rambaud : « En instituant un droit d'accueil des enfants scolarisés dans les écoles maternelles ou élémentaires publiques ou privées sous contrat, le législateur a entendu créer un service public ».

(35) P. Terneyre, *Généralités sur le droit de grève dans les services publics : RFDA* 1988, p. 810.

(36) CE, 22 févr. 2007, *APREI : Lebon*, p. 92, concl. C. Vérot ; *RFDA* 2007, 803, note C. Boiteau ; *AJDA* 2007, 793, chron. Lenica et Boucher.

(37) Même arrêt.

(38) CA Paris, 26 mai 1999, *Union locale des syndicats CGT de la zone aéroportuaire de Roissy CDG c/ SNC Transroissy : RJS* 1999, n° 1278, p. 787 (société sous-traitante d'Aéroport de Paris titulaire d'un contrat de transport de passagers sur l'aire de trafic de l'aéroport Charles de Gaulle). – CA Paris, 11 janv. 2002, *Union locale CFTC c/ Sté Aicar et a. : RJS* 2002, n° 520, p. 394 (entreprise acheminant les personnels navigants d'Air France sur les aéroports parisiens).

Les modalités de rémunération de l'entreprise importent peu[39].

Certaines situations ont été par le passé difficiles à démêler, comme l'a montré la jurisprudence relative à Air-Inter. La Cour de cassation avait relevé que la convention passée entre la compagnie et l'État déterminait le réseau de lignes que la compagnie s'engageait à exploiter régulièrement en contrepartie d'une exclusivité, que la compagnie ne pouvait abandonner l'exploitation de certaines lignes sauf avec l'autorisation du ministre, et que la qualité de service était contrôlée par le Gouvernement[40]. Depuis lors, Air-Inter a été absorbée par Air France et la loi du 9 avril 2003 relative « aux entreprises de transport aérien et notamment à la société Air France » a soumis cette entreprise aux règles applicables dans le secteur privé. Elle est donc traitée, sauf pour quelques lignes soumises à des contraintes particulières[41], comme les autres compagnies aériennes, à l'image de l'ancienne compagnie Air Liberté à qui les dispositions propres aux entreprises gérant un service public n'ont pas été appliquées[42]. Toutes les entreprises appartenant au secteur public qui ont été privatisées dans des secteurs ouverts à la concurrence ont d'ailleurs subi la même évolution, sauf s'agissant des entreprises qui, à l'image d'EDF, sont demeurées soumises à de fortes contraintes de service public par la détermination de la loi[43].

L'examen de la jurisprudence livre de nombreux exemples d'entreprises ayant été considérées comme gérant un service public : les sociétés d'autoroutes, les entreprises de transport public terrestre de personnes[44], de distribution d'eau ou d'enlèvement des ordures ménagères[45], le Syndicat national des mécaniciens navigants de l'aviation civile[46], le CEA[47], la COGEMA[48], le Port autonome de Bordeaux[49], les entreprises qui procèdent au stockage souterrain du gaz naturel dès lors que leur activité est indissociable de l'activité de transport et de distribution[50], les établissements d'enseignement privé sous contrat d'association[51], les centres de formation d'apprentis[52], ou La Poste. La qualification peut s'appliquer à des associations soumises à la loi de 1901, ce qui était le cas des centres de transfusion sanguine avant la réforme

(39) Cass. soc., 9 oct. 2012, n° 11-21.508, *P Charbonnages de France c/ Amigo : Dr. soc.* 2013, 176, obs. C. Radé ; *SSL* 11 févr. 2013, n° 1571, 102, note B. Aldigé ; *JCP* S 2012, n° 49, p. 26, note F. Duquesne. – CE, 4e et 5e ss-sect. réunies, 4 déc. 2013, n° 361669.

(40) Cass. soc., 6 févr. 1985 : *Bull. civ.* V, n° 82.

(41) En ce sens J. Chorin, préc.

(42) Cass. soc., 16 juin 1999, n° 98-43.696.

(43) CE, ass., 12 avr. 2013, n° 329570, *Féd. Force ouvrière énergie et mines et a. : Lebon*, p. 94 ; *AJDA* 2013, 1052, chron. X. Domino et A. Bretonneau ; *Dr. soc.* 2013, 608, note P.-Y. Gahdoun ; *RFDA* 2013, 637, concl. F. Aladjidi ; *ibid.* 663, chron. A. Roblot-Troizier et G. Tusseau ; *Dr. adm.* 2013, n° 59, note Éveillard ; *JCP* A 2013, 2308, note H. Pauliat ; *Lebon*, p. 94 ; *AJDA* 2013, 1052, chron. X. Domino et A. Bretonneau ; *Dr. soc.* 2013, 608, note P.-Y. Gahdoun ; *RFDA* 2013, 637, concl. F. Aladjidi ; *ibid.* 663, chron. A. Roblot-Troizier et G. Tusseau ; *Dr. adm.* 2013, n° 59, note Éveillard ; *JCP* A 2013, 2308, note H. Pauliat.

(44) Cass. soc., 27 avr. 1989, n° 85-45.521 : *Bull. civ.* V, n° 308. – Cass. soc., 9 oct. 2012, n° 11-21.508.

(45) Cass. soc., 5 juin 1984, n° 81-42.229 : *Bull. civ.* V, n° 229. – CE, avis, 22 juin 1978, in *Les grands avis du CE*, Dalloz, 1997, p. 145, obs. C. Vigouroux, s'agissant des services publics concédés à des personnes privées. – CE, 4 déc. 2013, n° 361667, à propos d'une entreprise chargée par la communauté urbaine de Lille de la gestion du service public de collecte et de transport des déchets et ordures ménagères.

(46) Cass. ass. plén., 4 juill. 1986 : *Bull. civ.* V, n° 19.

(47) Cass. soc., 5 juill. 1984, n° 81-41.323 : *Bull. civ.* V, n° 297 ; *Dr. soc.* 1985, p. 45, note J.-F. Lachaume.

(48) Cass. soc., 5 juill. 1984, préc.

(49) Cass. soc., 16 juill. 1997, n° 95-22.276, *Port Autonome de Bordeaux c/ Synd. CGT : Bull. civ.* V, n° 269.

(50) CE, avis, 24 oct. 1995 : *RJS* 1996, n° 829.

(51) Cass. soc., 24 juin 1987 : *Bull. civ.* V, n° 433 (CFA du bâtiment et des travaux publics).

(52) Cass. soc., 25 juin 1987, Mme *Devière c/ AFOBAT : Bull. civ.* V, n° 433.

de 1998[53], ou à des organismes de droit privé, comme les caisses de sécurité sociale[54] ou certains fonds d'indemnisation.

b) Application aux seuls personnels affectés aux missions de service public

395. – Principe. Dans les entreprises privées chargées de la gestion d'un service public, il n'est pas rare qu'une partie seulement du personnel soit affectée à ces activités ; dans ce cas, seul ce personnel sera contraint par le régime spécial, et pas les autres salariés, ce qui est logique compte tenu des termes mêmes de l'article L. 2512-1, qui vise bien « les personnels » et non « les entreprises », et l'exigence de proportionnalité de toute atteinte au droit constitutionnel de faire grève qui impose une interprétation stricte des textes légaux.

S'agissant des salariés d'EDF, et dans la mesure où la production d'électricité est ouverte à la concurrence, seuls les personnels exerçant leurs activités au sein des centrales nucléaires seront donc affectés par le fait qu'EDF contribue ainsi au service public de l'électricité[55].

Cette application limitée des règles applicables dans les services publics aux seuls salariés affectés à des activités de service public peut entraîner des difficultés d'application, comme le montre un arrêt rendu par la chambre sociale de la Cour de cassation le 8 octobre 2014[56].

Le 20 janvier 2012, le syndicat CGT des marins de Marseille avait déposé deux avis d'arrêts de travail concernant le navire « Le Corse » exploité par la Société nationale maritime Corse Méditerranée (SNCM) et en charge de la liaison entre Toulon et l'île de Beauté, liaison non concernée par la convention de délégation de service public passée entre la collectivité territoriale de Corse et la SNCM.

Contestant la licéité de ces appels à la grève, la collectivité territoriale de Corse avait saisi le juge des référés du tribunal de grande instance, en vain.

Dans son pourvoi, l'entreprise soutenait que l'ensemble du personnel de la société devait être soumis aux dispositions applicables aux entreprises gérant un service public, sans qu'il soit utile de distinguer selon qu'ils participaient personnellement ou non aux activités visées par la convention de délégation. Telle n'est pas l'opinion de la Cour de cassation qui rejette le pourvoi.

Pour cette dernière en effet, « les dispositions des articles L. 2512-1 et L. 2512-2 du code du travail, relatives à l'exercice du droit de grève dans le service public, ne s'appliquent au sein d'une entreprise privée gérant un service public, qu'au seul personnel affecté à cette activité de service public ». Or, la convention de délégation de service public passée entre la collectivité territoriale de Corse et la SNCM se rapportait à la seule fourniture de services maritimes réguliers entre le port de Marseille et les ports de Corse et non entre celui de Toulon et des ports de Corse auquel était affecté le navire « Le Corse », et l'équipage de ce navire exclusivement concerné par l'avis d'arrêt de travail litigieux était parfaitement identifiable.

(53) TA Strasbourg, 27 juill. 1984 : *D.* 1986, 77, note J.-Y. Plouvin. Les CRTS ont été supprimés au profit de l'Établissement français du sang créé par la loi n° 98-535 du 1er juillet 1998.

(54) CSS, art. L. 211-1 à L. 211-2-3.

(55) CE, ass., 12 avr. 2013, n° 329570, *Féd. FO Énergie et mines et a. : Lebon*, p. 94 ; *AJDA* 2013, 1052, chron. X. Domino et A. Bretonneau ; *Dr. soc.* 2013, 608, note P.-Y. Gahdoun ; *RFDA* 2013, 637, concl. F. Aladjidi ; *ibid.* 663, chron. A. Roblot-Troizier et G. Tusseau ; *Dr. adm.* 2013, n° 59, note Éveillard ; *JCP* A 2013, 2308, note H. Pauliat.

(56) Cass. soc., 8 oct. 2014, n° 13-13.792, publié et n° 13-18.873, publié : *JCP* S 2014, n° 1449, étude E. Jeansen.

2° Exigence d'un préavis syndical de cinq jours francs

396. – L'exigence légale du préavis. L'article L. 2512-2 du Code du travail impose un « préavis » émanant « d'une organisation syndicale représentative au niveau national, dans la catégorie professionnelle ou dans l'entreprise, l'organisme ou le service intéressé », précisant « les motifs du recours à la grève », qui « doit parvenir cinq jours francs avant le déclenchement de la grève à l'autorité hiérarchique ou à la direction de l'établissement, de l'entreprise ou de l'organisme intéressé », mentionner « le champ géographique et l'heure du début ainsi que la durée limitée ou non, de la grève envisagée », et pendant la durée duquel « les parties intéressées sont tenues de négocier ».

Code du travail

Art. L. 2512-2. – Lorsque les personnels mentionnés à l'article L. 2512-1 exercent le droit de grève, la cessation concertée du travail est précédée d'un préavis.

Le préavis émane d'une organisation syndicale représentative au niveau national, dans la catégorie professionnelle ou dans l'entreprise, l'organisme ou le service intéressé.

Il précise les motifs du recours à la grève.

Le préavis doit parvenir cinq jours francs avant le déclenchement de la grève à l'autorité hiérarchique ou à la direction de l'établissement, de l'entreprise ou de l'organisme intéressé.

Il mentionne le champ géographique et l'heure du début ainsi que la durée limitée ou non, de la grève envisagée.

Pendant la durée du préavis, les parties intéressées sont tenues de négocier.

a) Les titulaires du droit de déposer un préavis

397. – Monopole syndical. Le droit de déposer un préavis est une prérogative appartenant à tout syndicat représentatif « au niveau national, dans la catégorie professionnelle ou dans l'entreprise, l'organisme ou le service intéressé ».

S'agissant des entreprises et établissements soumis aux règles de la représentativité définies par le Code du travail (art. L. 2111-1 et s.), il convient de faire application des critères généraux des articles L. 2121-1, de ceux qui s'appliquent plus particulièrement dans les entreprises (art. L. 2122-1 à L. 2122-3-1), les groupes (art. L. 2122-4), les branches professionnelles (art. L. 2122-5 à L. 2122-8) et le niveau interprofessionnel (art. L. 2122-9 et L. 2122-10).

398. – Objet statutaire. S'agissant des agents publics, il faut tenir compte des règles propres au droit de la fonction publique et à ses différentes composantes.

Avant 2010, le Conseil d'État prenait en considération, pour apprécier la représentativité des organisations syndicales ayant déposé un préavis, « de l'étendue du secteur professionnel dans lequel elles exercent leur influence »[57], de la catégorie professionnelle[58], de l'échelon géographique pertinent[59] et du moment du dépôt du préavis[60].

(57) CE, 21 juill. 1972, *Féd. syndicale chrétienne des travailleurs des P et T : Lebon* T., p. 1134.

(58) CE, 29 juill. 1983, *Synd. national des travailleurs de la recherche scientifique affiliée à la CGT : Lebon*, p. 885.

(59) CE, 15 oct. 1969, *Féd. syndicale chrétienne des travailleurs des P et T : Lebon*, p. 436.

(60) CE, 26 oct. 1973, *Féd. nationale des syndicats indépendants des industries chimiques : Lebon*, p. 99. – CE, 18 mars 1977, *Min. Éducation nationale c/ SNLC, ibid.*, p. 156.

Depuis la loi n° 2010-751 du 5 juillet 2010 relative à la rénovation du dialogue social et comportant diverses dispositions relatives à la fonction publique, il y a lieu de tenir compte des dispositions nouvelles transférées dans le Code général de la fonction publique aux articles L. 221-3 (État) et L. 221-4 (collectivités locales et leurs établissements publics).

399. – Représentant du syndicat. Dans ces entreprises le préavis peut être déposé par le représentant statutaire du syndicat, ou par le délégué syndical.

Le Conseil d'État a admis dans une décision ancienne que les prérogatives syndicales puissent être également exercées par la section syndicale, en la personne de son secrétaire[61], mais compte tenu du fait que la section syndicale n'a pas la personnalité juridique[62] et donc pas d'existence propre, il est douteux que cette solution soit toujours d'actualité.

400. – Coordination des actions syndicales. Dès lors que l'auteur qui dépose le préavis est clairement identifié, ou identifiable[63], chaque syndicat exerce de manière absolument libre et autonome ce droit. Un syndicat peut déposer son propre préavis ou se rallier à un préavis déjà déposé par une ou plusieurs autres organisations[64].

Un syndicat représentatif peut également se coordonner avec d'autres syndicats pour échelonner les heures de début de grève, neutralisant ainsi de fait toute prévisibilité, puisque l'employeur ne saura pas à quel préavis le personnel se rattachera. C'est ce qui résulte d'un arrêt rendu par la chambre sociale de la Cour de cassation le 4 février 2004 à propos d'une grève ayant eu lieu au sein de l'entreprise gestionnaire du réseau de bus de l'agglomération bordelaise[65].

Le 16 mai 2001, en prévision d'un arrêt de travail affectant la société Connex-Bordeaux, trois préavis de grève avaient été déposés pour le mardi 22 mai 2001, le premier par le syndicat CGT-FO pour l'ensemble du personnel du réseau Connex-Bordeaux d'une durée de 59 minutes, de 6 heures 16 à 7 heures 15, le deuxième par le syndicat CGT pour l'ensemble du personnel du réseau Connex-Bordeaux, d'une durée de 59 minutes, de 16 heures à 16 heures 59, le troisième par le syndicat CFDT pour le seul personnel roulant de l'entreprise Connex-Bordeaux du mardi 22 mai à 3 heures jusqu'au mercredi 23 mai à 3 heures.

La société Connex-Bordeaux avait saisi le juge des référés d'une demande tendant à ce que ces préavis soient déclarés irréguliers et illicites au regard des dispositions des articles L. 521-2 et suivants du Code du travail, qu'ils constituent un trouble manifestement illicite et que la grève prévue pour le 22 mai 2001 soit elle-même déclarée illégale.

La cour d'appel de Bordeaux a donné raison à l'entreprise et ordonné la suspension des trois préavis déposés séparément le 16 mai 2001 par le syndicat CGT, le syndicat CFDT et le syndicat CGT-FO. La cour d'appel a en effet retenu que le droit de grève des agents de la société Connex est soumis aux dispositions de l'article L. 521-3 qui prévoit un préavis de cinq jours précisant les motifs de la grève, le lieu, la date et l'heure du début ainsi que la durée de la grève envisagée et celles de l'article L. 521-4 du même code selon lequel l'heure de cessation et celle de reprise du travail ne peuvent être différentes pour les diverses catégories ou pour les divers membres du personnel intéressé, et qu'en prévoyant des horaires de cessation du travail différents, les organisations syndicales avaient déposé des préavis de grève entachés d'illicéité.

(61) CE, 1re et 4e ss-sect. réunies, 4 févr. 1976, n° 97685 : *Lebon* T. ; *AJDA* 1978, jurispr. 49, obs. FH ; *RDSS* 1976, p. 662, obs. F. Moderne.
(62) Cass. soc., 22 mars et 18 juill. 1979 : *Dr. soc.* 1980, p. 44, note J. Savatier.
(63) Cass. soc., 14 sept. 2017, n° 16-12.215 : *JSL* 26 oct. 2017, obs. D.J.-P.
(64) TGI Bobigny, 30 mai 1989, *Cie Air-Inter c/ SNOMAC* : *RJS* 1989, p. 477.
(65) Cass. soc., 4 févr. 2004, n° 01-15.709, publié ; *Dr. soc.* 2004, p. 381, obs. Ch. Radé ; *D.* 2004, p. 2190, note F. Debord.

Tel n'est pas l'avis de la Cour de cassation qui casse cette décision. Comme l'observe la Haute juridiction, « aucune disposition légale n'interdit à plusieurs organisations syndicales représentatives de présenter chacune un préavis de grève » ; « chacune peut [donc] prévoir une date de cessation du travail différente ». Ce faisant, la Cour de cassation permet aux syndicats de créer les conditions d'un détournement de la règle prohibant les grèves tournantes, les salariés pouvant se rattacher à tel ou tel préavis pour échelonner le déclenchement de leur grève.

401. - Dépôt de préavis distincts pour des motifs distincts. Un même syndicat peut déposer plusieurs préavis successifs portant sur des arrêts de travail distincts par leurs revendications et leurs heures de commencement et de fin (méthode du dépôt « en liasses »)[66].

402. - Dépôt de préavis « glissants ». On parlera de préavis « glissants » lorsqu'un même syndicat déposera, pour un même conflit (*i.e.* pour défendre les mêmes revendications professionnelles), plusieurs préavis portant sur des phases successives.

Pour la Cour de cassation, cette pratique n'est pas illicite et ne peut donc pas être neutralisée par la saisine du juge des référés. C'est ce qui résulte d'un arrêt rendu le 7 juin 2006 par la chambre sociale de la Cour de cassation[67].

Le 30 décembre 2003, le Syndicat national des transports urbains – CFDT section SNTU-SLTC avait adressé à la direction de la Société lyonnaise des transports en commun, investie d'une mission de service public, un préavis de grève d'une durée quotidienne de cinquante-cinq minutes sur une plage horaire déterminée du 12 au 16 janvier 2004, les revendications professionnelles portant sur l'attribution d'une prime mensuelle de 150 € pour tous les conducteurs de tramways de Lyon. Le 13 janvier 2004, le syndicat avait adressé un nouveau préavis de grève de cinquante-cinq minutes pour une autre plage horaire déterminée du 19 janvier au 24 janvier 2004. Il a les 19 et 27 janvier 2004, 10, 17 et 25 février 2004, déposé des préavis similaires.

L'entreprise de transport avait demandé la suspension de ces préavis, en vain. C'est ce que confirme le rejet du pourvoi. Pour la Cour de cassation, en effet, « un préavis unique peut porter sur des arrêts de travail d'une durée limitée étalés sur plusieurs jours », dès lors, comme l'avait relevé la cour d'appel dans cette affaire, « qu'aucune disposition légale n'interdisait l'envoi de préavis de grève successifs et qui a constaté qu'aucun manquement à l'obligation de négocier n'était imputable au syndicat ».

Exception dans l'audiovisuel public. Le législateur est intervenu dans l'audiovisuel public pour interdire cette pratique des préavis « glissants »[68], avec le soutien du Conseil constitutionnel qui considère, à tout le moins pour les agents de la fonction publique de l'État, qu'« il appartient au législateur d'édicter les mesures qui lui paraissent à même, pour éviter le recours répété à des grèves de courte durée affectant anormalement le fonctionnement régulier des services publics, d'assurer une conciliation entre la défense des intérêts professionnels et la sauvegarde de l'intérêt général auquel la grève est de nature à porter atteinte »[69].

(66) Cass. soc., 30 janv. 2008, n° 06-21.781. – Cass. soc., 12 mars 2008, n° 06-18.494.

(67) Cass. soc., 7 juin 2006, n° 04-17.116 : *Bull. civ.* V, n° 204 ; *D.* 2007, p. 283, note F. Debord ; *JCP S* 2006, n° 1734, p. 33, note R. Vatinet.

(68) L. n° 79-634, 26 juill. 1979. Loi « Léotard » n° 86-1067, 30 sept. 1986, art. 57 : « Un nouveau préavis ne peut être déposé par la même organisation syndicale qu'à l'issue du délai de préavis initial et, éventuellement, de la grève qui a suivi ce dernier ».

(69) Cons. const., 28 juill. 1987, n° 87-230 DC, *Loi portant diverses mesures d'ordre social*, consid. 1. – Cons. const., 16 août 2007, n° 2007-556 DC, *Loi sur le dialogue social et la continuité du service public dans les transports terrestres réguliers de voyageurs*, consid. 14.

403. – Coordination des actions syndicales. La prohibition légale des préavis « glissants » peut toutefois facilement être contournée par la coordination syndicale des préavis qui est licite au nom du respect du pluralisme syndical[70].

La chambre sociale de la Cour de cassation a même considéré, dans un arrêt rendu le 25 janvier 2012, qu'un syndicat pouvait déposer des préavis successifs portant sur des périodes différentes pour un même différend[71].

Dans le cadre d'un mouvement de grève motivé par le retrait et la révision du projet d'avenant à la convention de délégation de service public entre la SNCM, la collectivité territoriale de Corse et l'office des transports de Corse, le syndicat CGT des Marins de Marseille avait adressé à la société SNCM, par télécopie, le vendredi 20 novembre à 22 heures, trois préavis de grève pour les journées des 26 novembre, 27 novembre et 28 novembre 2009, puis le lundi 23 novembre un quatrième préavis, par télécopie, à 21 heures 23 pour le 29 novembre, le 24 novembre un cinquième préavis pour le 30 novembre et enfin le mercredi 25 novembre un dernier préavis pour le 1er décembre 2009.

La SNCM avait saisi le juge des référés du tribunal de grande instance qui, par une ordonnance du 27 novembre 2009, a suspendu les effets des préavis de grève pour les 28 novembre, 29 novembre, 30 novembre et 1er décembre 2009. Cette suspension a été confirmée en appel. La cour d'appel a en effet considéré que si aucune disposition légale n'interdit l'envoi de préavis de grève successifs, dès lors qu'aucun manquement à l'obligation de négocier n'est imputable au syndicat, c'est à la condition toutefois qu'ils mentionnent des motifs différents.

C'est ce qui vaut à l'arrêt d'être cassé. Pour la Cour de cassation en effet, « l'envoi de préavis de grève successifs pour le même motif ne caractérise aucun trouble manifestement illicite en l'absence de disposition légale l'interdisant et à défaut de manquement à l'obligation de négocier ».

Dans cette hypothèse, il n'est donc pas possible de considérer qu'il s'agirait d'un seul et même conflit[72]. Certains juges des référés ont toutefois considéré comme illicites des préavis portant sur des périodes successives mais se chevauchant[73], ce qui ne semble guère compatible avec la jurisprudence très protectrice du droit de grève de la Cour de cassation.

b) Motifs du recours à la grève

404. – Principe. Le syndicat qui dépose le préavis doit indiquer quelles sont ses revendications professionnelles. C'est sur cette base que s'engageront les négociations qui doivent avoir lieu pendant la durée du préavis.

c) Durée du préavis

405. – Cinq jours francs. Le décompte du délai de cinq jours francs impose de ne prendre en considération ni le jour de dépôt, ni le dernier jour du délai ; ainsi, un préavis déposé le lundi durera cinq jours, du mardi au samedi compris, et la grève pourra donc s'engager le dimanche, à 0 heure. Ce délai n'est pas soumis aux dispositions de l'article 642, alinéa 2, du Code de procédure civile et il n'y a donc pas lieu de tenir compte des samedis, dimanches ou jours fériés, et de le reporter en conséquence[74].

(70) Cass. soc., 4 févr. 2004, n° 01-15.709, publié ; *Dr. soc.* 2004, p. 381, obs. Ch. Radé ; *D.* 2004, p. 2190, note F. Debord.

(71) Cass. soc., 25 janv. 2012, n° 10-26.237, publié : *Dr. soc.* 2012, 433, obs. P. Chaumette ; *JCP* S 2012, 1126, obs. F. Duquesne.

(72) TGI Bobigny, 9e ch. civ., 21 juin 2018, n° 18/05862 : *RDT* 2018, 684, note G. Pignarre.

(73) TGI Nanterre, ord. réf., 10 févr. 2015, n° 15/00372 : *RDT* 2015, 411, note F. Fouvet.

(74) Cass. soc., 30 mars 2010, n° 09-13.065 : *Bull. civ.* V, n° 77 ; *JCP* S 2010, 1377, note A. Martinon.

406. - Heure du dépôt. L'heure du dépôt importe peu, et ce même si, au moment où ce dernier est communiqué à l'employeur, l'entreprise est fermée et que les services compétents ne peuvent utilement pas le traiter avant le lendemain.

Dans un arrêt rendu en 2003 et concernant EDF, la cour d'appel d'Aix-en-Provence avait également jugé qu'un préavis adressé par fax (la même solution vaudrait aujourd'hui par mail) le 12 mars 2002 à 19 heures 39, pour une grève démarrant le 18 mars à 0 heure, était valable et faisait courir immédiatement le préavis, même si le chef de service n'en a accusé réception que le lendemain. La cour avait en effet relevé que « les protagonistes acceptaient formellement entre eux l'échange de correspondance par le moyen de la télécopie » et que « la mission et l'organisation même du centre d'appel de dépannage concerné par la grève le rendent opérationnel 24 heures sur 24 et 7 jours sur 7 ». Dès lors, il « était parfaitement possible aux organisations syndicales de dénoncer le préavis de grève à n'importe quelle heure de la journée »[75].

C'est également ce qui a été jugé par un arrêt rendu par la chambre sociale de la Cour de cassation en date du 25 janvier 2012[76].

Dans le cadre d'un mouvement de grève motivé par le retrait et la révision du projet d'avenant à la convention de délégation de service public entre la SNCM, la collectivité territoriale de Corse et l'office des transports de Corse, le syndicat CGT des Marins de Marseille a adressé à la société SNCM, par télécopie, le vendredi 20 novembre à 22 heures, trois préavis de grève pour les journées des 26 novembre, 27 novembre et 28 novembre 2009, puis le lundi 23 novembre un quatrième préavis, par télécopie, à 21 heures 23 pour le 29 novembre, le 24 novembre un cinquième préavis pour le 30 novembre et enfin le mercredi 25 novembre un dernier préavis pour le 1er décembre 2009.

La SNCM avait saisi le juge des référés du tribunal de grande instance, lequel, par une ordonnance du 27 novembre 2009, a suspendu les effets des préavis de grève pour les 28 novembre, 29 novembre, 30 novembre et 1er décembre 2009. Cette suspension a été confirmée en appel, la cour ayant considéré que « le syndicat CGT des Marins de Marseille a utilisé une manœuvre déloyale, ayant pour effet de réduire le délai de négociation imposé par la loi », et « que, si le mode de transmission, par télécopie, n'est pas en cause, le fait d'adresser volontairement les préavis de grève, à une date et un horaire où le syndicat savait parfaitement que l'employeur ne serait pas en mesure d'en prendre connaissance sans délai, constitue un abus de droit, destiné à réduire d'autant le délai légal prévu pour la négociation ».

Tel n'est pas l'avis de la Cour de cassation pour qui seul compte le fait que le délai de cinq jours francs a été respecté, ce qui était le cas en l'espèce.

407. - Le destinataire du préavis. Le préavis doit être transmis à la direction de l'entreprise : une information par voie de presse ne suffit pas[77].

Lorsqu'un mot d'ordre de grève a été lancé sur le plan national dans l'ensemble des hôpitaux publics, le Conseil d'État a considéré que la notification du préavis national aux services du Premier ministre suffisait et qu'il n'était donc pas nécessaire de doubler cette formalité d'une notification dans chaque hôpital public concerné, ce qui aurait évidemment considérablement restreint l'exercice du droit de grève[78].

(75) CA Aix-en-Provence, 14 janv. 2003, n° 02/07896, *EDF c/ CGT du centre de Marseille.*
(76) Cass. soc., 25 janv. 2012, n° 10-26.237, *Synd. CGT des Marins de Marseille c/ Sté SNCM*, publié.
(77) Cass. soc., 13 oct. 1976, n° 75-40.178 : *Dr. ouvrier* 1977, p. 274.
(78) CE, 16 janv. 1970, *Hôpital rural de Grandvilliers c/ Dame Poinsard : Lebon*, p. 25 ; *AJDA* 1970, 96, chron. Denoix de Saint-Marc et Labetoulle.

L'autorité destinataire n'a pas à accuser réception du préavis, ni d'ailleurs à prendre position sur la licéité du mouvement. Si elle le fait, il ne saurait en toute hypothèse s'agir d'un acte faisant grief et donc susceptible d'un recours[79]. Si elle ne réagit pas, son silence ne vaudra aucunement décision implicite[80]. En revanche, si le préavis est vraiment illégal, le fait que l'autorité destinataire en informe les salariés concernés aura une importance pour déterminer si ces derniers, alors qu'ils se mettent tout de même en grève, pourront être sanctionnés en raison de leur faute lourde[81].

d) Mentions obligatoires

408. - Exigences légales. Le préavis doit mentionner « le champ géographique et l'heure du début ainsi que la durée limitée ou non, de la grève envisagée ».

1) Champ géographique

409. - Caractère flou. La référence au « champ géographique » manque de précision ; il pourra s'agir soit de circonscrire la grève à certains établissements de l'entreprise[82], soit à certains centres d'activité n'ayant pas cette qualité mais localisables géographiquement.

La Cour de cassation est ici pragmatique et recherche si la mention du champ visé permet à l'employeur de déterminer concrètement les parties de l'entreprise concernées, ainsi que les personnels visés ; c'est ce qui résulte d'un arrêt rendu par la chambre sociale de la Cour de cassation le 14 septembre 2017[83].

La société Transports du Val-d'Oise, exerçant une activité de transport public terrestre de personnes dans le Val-d'Oise au titre d'une mission de gestion d'un service public, avait été destinataire, le 4 mai 2015, de trois préavis de grève déposés par trois syndicats à la suite d'alarmes sociales pour des revendications relatives aux conditions de travail et l'échec de négociations subséquentes. Un délégué syndical et le Syndicat national des transports urbains CFDT, section TVO Argenteuil, avaient déposé un préavis de grève, pour un mouvement devant débuter le 1er juin 2015 à partir de 7 heures 00, une heure par jour, alternativement de 7 heures 00 à 7 heures 59, ou de 17 heures 00 à 17 heures 59 chaque jour jusqu'au 31 décembre 2015 sur tous les lieux de travail de l'établissement à Argenteuil. Un autre délégué syndical et le Syndicat national des transports urbains CGT TVO avaient déposé un préavis de grève identique à celui adressé par le SNTU CFDT, pour « l'ensemble du personnel de l'entreprise TVO dont le siège social se situe 1, chemin du Clos Saint Paul à Saint-Gratien », et un troisième délégué syndical et le Syndicat national des transports urbains FO avaient fait parvenir un préavis de grève pour un mouvement de grève identique pour « l'ensemble du personnel de l'entreprise ».

L'entreprise a saisi le juge des référés d'une demande de suspension de ces préavis au motif qu'ils comportaient des irrégularités et que les modalités de la grève désorganisaient l'entreprise.

Tout d'abord, le préavis avait été notifié par lettre recommandée portant l'en-tête du syndicat SNTU CFDT, mentionnait l'identité du délégué syndical et le syndicat avait comparu à l'audience au soutien de la validité du préavis ; les mentions de ce préavis, qui ne laissaient aucun

(79) CE, 20 juin 1990, Synd. des médecins chirurgiens spécialistes et biologistes des hôpitaux de Nice c/ CHR de Nice : D. 1992, somm., p. 155, obs. D. Chelle et X. Prétot.

(80) CE, 31 oct. 1986, *Féd. nationale des syndicats libres des PTT : Lebon*, p. 249 ; *Dr. soc.* 1987, 390, concl. C. Vigouroux ; *AJDA* 1987, 49, obs. X. Prétot. – CE, 3 juill. 1987, *Féd. nationale des syndicats libres des PTT : Lebon* T., p. 795.

(81) Cass. soc., 5 juin 1984 : *Bull. civ.* V, n° 229. – Cass. crim., 10 mai 1994, n° 93-82.603.

(82) Cass. soc., 30 juin 2015, n° 14-10.764 : *Bull. civ.* V, n° 833 ; *D.* 2015, 2340, obs. P. Lokiec et J. Porta ; *RDT* 2016, 108, obs. Y. Ferkane ; *JCP* S 2015, 1367, note F. Duquesne.

(83) Cass. soc., 14 sept. 2017, n° 16-12.215.

doute quant à son origine et quant à l'organisation syndicale représentative dont il émanait, étaient donc régulières.

Ensuite, les préavis déposés par les syndicats CGT et FO énonçaient qu'ils concernaient pour le premier « l'ensemble du personnel de l'entreprise TVO dont le siège se situe 1, chemin du Clos Saint Paul à Saint-Gratien » et pour le second « tous les sites de l'entreprise » ; l'employeur ne pouvait donc se méprendre sur l'étendue du champ géographique du mouvement de grève qui concernait les personnels affectés tant sur sites que sur le réseau de transport.

2) Durée de la grève

410. - Liberté de faire grève. La Cour de cassation considère, aux termes d'une jurisprudence constante[84], que le dépôt d'un préavis n'oblige en rien les salariés qui demeurent libres de cesser, ou non, le travail, voire de se rattacher à un préavis de grève nationale[85]. Rappelons toutefois que, même en cas de grève nationale, les salariés des entreprises en charge de la gestion d'un service public ne peuvent se mettre en grève que si au moins un préavis a été déposé dans l'entreprise par un syndicat représentatif au sein de celle-ci.

Cette liberté individuelle a été rappelée par le Conseil constitutionnel, notamment en 2007 à l'occasion de l'examen de la loi sur la grève dans les entreprises de transport public terrestre régulier de voyageurs : « Ce rôle reconnu à ces organisations pour le dépôt d'un préavis de grève laisse entière la liberté de chaque salarié de décider personnellement de participer ou non à celle-ci »[86].

Cette dissociation entre le préavis syndical, considéré comme une condition nécessaire du déclenchement de la grève, et la décision de cesser le travail qui n'appartient qu'aux salariés ou aux agents, a favorisé l'émergence de collectifs de grévistes organisés en dehors du mouvement syndical et destinés à coordonner l'action des grévistes en dehors de tout contrôle syndical. Ce phénomène est particulièrement apparu lors des fêtes de fin d'année 2022 où les syndicats de cheminots avaient déposé différents préavis pour Noël et le Nouvel An, pour faire pression sur la direction à l'occasion des négociations syndicales menées notamment pour revaloriser les rémunérations à la SNCF, mais ont perdu le contrôle de la base organisée en comités informels, pour le grand malheur des voyageurs[87]. Pour reprendre le contrôle du conflit, les syndicats n'ont eu d'autre choix que de retirer leur préavis de grève, pour le Nouvel An, au grand dam cette fois-ci du collectif privé ainsi de la possibilité de faire grève[88].

411. - Début de la grève. Si les salariés doivent tous cesser et reprendre le travail en même temps, conformément aux exigences de l'article L. 2512-3 du Code du travail, ils ne sont en revanche pas tenus de faire grève pendant toute la durée prévue par le

(84) Cass. soc., 12 janv. 1999, n° 96-45.659 : *Bull. civ.* V, n° 6. – Cass. soc., 29 févr. 2000, *SNCF : RJS* 2000, n° 435. – Cass. soc., 30 avr. 2003, n° 00-22.328. – Cass. soc., 4 juill. 2012, n° 11-18.404, publié ; *JCP* S 2012, p. 1412, note F. Duquesne. La solution a été reprise par le tribunal administratif de Bordeaux dans un jugement rendu le 15 mai 2014 : TA Bordeaux, 15 mai 2014, n° 1301455 : *JCP* S 15 juill. 2014, n° 28, p. 1304, comm. B. Martin.

(85) Cass. soc., 8 déc. 2005, n° 03-43.934, *SNCF c/ M. Éric Année : Bull. civ.* V, n° 362.

(86) Cons. const., 16 août 2007, n° 2007-556 DC, *Loi sur le dialogue social et la continuité du service public dans les transports terrestres réguliers de voyageurs*, consid. 13. – Cons. const., 16 août 2007, n° 2007-556 DC : *D.* 2007, 3033, obs. E. Dockès, F. Fouvet, C. Géniaut et A. Jeammaud ; *ibid.* 2008, 2025, obs. V. Bernaud et L. Gay ; *Dr. soc.* 2007, 1221, étude V. Bernaud ; *RFDA* 2007, 1283, chron. A. Roblot-Troizier.

(87) Ce collectif s'était constitué sur Facebook et comportait près de 3 500 salariés de la SNCF.

(88) Les quatre organisations syndicales de la SNCF ont signé un accord avec la direction le 22 décembre au soir et ont levé tous les préavis de grève qui menaçaient le week-end du Nouvel An (*Liaisons sociales quotidien* 26 déc. 2022, n° 18699).

préavis ; ils peuvent donc attendre avant de se mettre en grève, comme cela a été jugé par la chambre sociale de la Cour de cassation dans un arrêt rendu le 12 janvier 1999[89].

Les syndicats CGT et CFDT des cheminots de la région Languedoc-Roussillon avaient déposé, le 24 juin 1994, auprès du directeur régional de Montpellier de la SNCF, un préavis de grève pour la période du 30 juin, 0 heure, au 9 juillet 1994, 8 heures. D'autres préavis de grève avaient été ensuite déposés par les syndicats CGT, CFDT et FO, le 28 juin 1994 pour la journée du 4 juillet de 0 heure à 23 heures 59, le 29 juin 1994 pour la journée du 5 juillet de 0 heure à 23 heures 59, le 30 juin 1994 pour la journée du 6 juillet de 0 heure à 23h59, le 1er juillet 1994 pour la période du 7 juillet à 0 heure au 9 juillet, 23 heures 59, enfin le 4 juillet 1994 pour la période du 10 juillet 0 heure au 12 juillet 23 heures 59. Un seul arrêt de travail a été observé par 95 cheminots au cours de la journée du 8 juillet 1994. Par lettres du 11 juillet et du 13 juillet 1994, la SNCF a notifié à chacun de ces agents que cet arrêt de travail ne constituait pas l'exercice normal du droit de grève et qu'en conséquence elle procédait à une retenue de salaire calculée en fonction de la durée d'absence et non des dispositions de l'article L. 521-6 du Code du travail.

Les salariés concernés avaient saisi la juridiction prud'homale pour obtenir que la retenue de salaire soit calculée conformément aux règles régissant l'exercice du droit de grève dans les services publics, ce qu'ils ont obtenu, et ce que la SNCF, en vain, contestait.

Comme l'indique la Cour de cassation pour justifier le rejet du pourvoi, « si, dans les services publics, la grève doit être précédée d'un préavis donné par un syndicat représentatif et si ce préavis, pour être régulier, doit mentionner l'heure du début et de la fin de l'arrêt de travail, les salariés, qui sont seuls titulaires du droit de grève, ne sont pas tenus de cesser le travail pendant toute la durée indiquée par le préavis ».

Le Conseil d'État a confirmé cette appréciation dans tous les services publics et validé une circulaire, applicable notamment à la SNCF, qui autorisait les agents à rejoindre un mouvement de grève postérieurement à la date et à l'heure fixées par le préavis pour le début de la grève, sans les obliger à s'y joindre dès leur première prise de service, en leur interdisant seulement d'interrompre le travail en cours de service à une heure postérieure à celle du début de chaque prise de service, et qui n'imposait pas de cesser le travail pendant toute la durée indiquée par le préavis, dès lors qu'elle n'était contraire ni aux dispositions applicables du Code du travail, ni aux principes régissant l'exercice du droit de grève dans les services publics[90].

Si la légalité d'une disposition à caractère réglementaire est mise en cause devant le juge prud'homal, ce dernier doit poser une question préjudicielle au juge administratif, à moins que la question n'ait déjà été tranchée par une jurisprudence constante du Conseil d'État[91].

412. - Fin de la grève. C'est la date de fin indiquée par le préavis qui marque la fin de la grève, voire le retrait du préavis par le syndicat qui l'a déposé, mais pas le constat opéré par l'employeur qu'il n'y a plus de grévistes. C'est ce qui résulte notamment d'un arrêt rendu le 4 juillet 2012 par la chambre sociale de la Cour de cassation qui concernait l'exploitant du réseau de bus de l'agglomération bordelaise[92].

Le syndicat CGT Transports Kéolis Bordeaux avait déposé un préavis pour une grève devant débuter le 6 novembre 2010 et s'achever le 31 décembre 2010 au sein de la société Kéolis Bordeaux qui gérait le réseau des transports publics de la Communauté urbaine de Bordeaux.

(89) Cass. soc., 12 janv. 1999, n° 96-45.659 : *Bull. civ.* V, n° 6. – Cass. soc., 29 févr. 2000, n° 98-43.143, *SNCF*. – Cass. soc., 8 déc. 2005, n° 03-43.934. – Cass. soc., 17 juill. 2007, n° 05-43.953.

(90) CE, 29 déc. 2006, n° 286294, *SNCF : Lebon*. – Cass. soc., 8 déc. 2009, n° 07-44.952 : *JCP* S 2010, 1176, note A. Martinon.

(91) Cass. soc., 29 janv. 2003, n° 00-42.732 : *Bull. civ.* V, n° 32 ; *Dr. soc.* 2003, 459, note Ch. Radé.

(92) Cass. soc., 4 juill. 2012, n° 11-18.404, publié. – Cass. soc., 11 févr. 2015, n° 13-14.607, publié.

La grève avait commencé le 6 novembre 2010. Le 15 novembre, il n'y avait plus qu'un seul salarié gréviste. Aucun gréviste n'était déclaré pour les journées des 16, 17 et 18 novembre 2010.

La société Kéolis, par acte d'huissier en date du 25 novembre 2010, avait fait assigner le syndicat aux fins de faire juger que le mouvement de grève avait pris fin le 14 novembre 2010, un seul salarié étant déclaré gréviste le 15 novembre 2010 et aucun par la suite, et que, depuis, la grève était illicite. Cette demande a été rejetée, ce que confirme ici la Cour de cassation.

Selon la Haute juridiction en effet, « si, dans les services publics, la grève doit être précédée d'un préavis donné par un syndicat représentatif et si ce préavis, pour être régulier, doit mentionner l'heure du début et de la fin de l'arrêt de travail, les salariés qui sont seuls titulaires du droit de grève ne sont pas tenus de cesser le travail pendant toute la durée indiquée par le préavis » et « l'employeur ne peut, dans la période ainsi définie, déduire de la constatation de l'absence de salariés grévistes que la grève est terminée, cette décision ne pouvant être prise que par le ou les syndicats représentatifs ayant déposé le préavis de grève ».

e) Obligation de négocier

413. - Principe. L'obligation de négocier a été ajoutée par l'article 4 de la loi du 19 octobre 1982. Les parties doivent négocier pendant la durée du préavis. Cette obligation concerne aussi bien l'employeur que le ou les syndicats qui ont déposé le préavis. Cette négociation doit s'engager au niveau pertinent, et dans la mesure où elle est matériellement possible, ce qui ne sera pas le cas si le préavis est déposé en période de congés annuels et que les personnes habilitées à négocier sont en vacances[93].

La presse spécialisée se fait régulièrement l'écho de négociations, menées pendant le préavis de grève ou avant celui-ci, dans le secteur des transports soumis à une procédure de concertation antérieure, et ayant conduit à lever un préavis de grève.

Les personnels des compagnies aériennes Air Antilles et Air Guyane, filiales de la Compagnie aérienne interrégionale express (Caire), ont levé leurs préavis de grève qui couraient du 17 au 22 décembre 2022, ont annoncé leurs syndicats. Selon le Syndicat national des pilotes de ligne (SNPL), Caire a « donné des garanties aux représentants du SNPL », en particulier « quant à l'amélioration de leurs conditions salariales et quant à la mise en place d'un calendrier pour la négociation d'un nouvel accord d'entreprise concernant les pilotes ».

Le syndicat SNPNC-FO, qui avait de son côté appelé les hôtesses et stewards d'Air Antilles à faire grève aux mêmes dates, a indiqué qu'un « protocole d'accord de fin de conflit » avait été signé avec la direction le 16 décembre au soir, d'où la levée du préavis de grève[94].

414. - Sanctions. On peut s'interroger sur les modalités et les sanctions de cette obligation de négocier, d'autant que la loi ne les précise pas.

• *Identification de l'obligation.* Comme c'est toujours le cas en droit du travail, l'obligation qui pèse sur chacune des parties est d'engager loyalement des négociations, ce qui suppose d'accepter le principe d'une première réunion et de mettre à l'ordre du jour de celle-ci les revendications des grévistes telles qu'elles figurent sur le préavis syndical. Les parties étant tenues de négocier pendant toute la durée du préavis, on pourrait soutenir qu'elles ne doivent pas quitter la table des négociations jusqu'à l'expiration du délai de cinq jours, mais on doit admettre qu'en cas de blocage persistant un procès-verbal de désaccord pourrait survenir et faire cesser ces négociations.

(93) Cass. soc., 4 juill. 2000, n° 98-20.537, *Synd. CGT de la Cogema-La Hague c/ Sté Cogema : Bull. civ.* V, n° 262 : *BICC* 15 oct. 2000, n° 522, n° 1141 ; *Dr. soc.* 2000, p. 1091, chron. A. Cristau.

(94) Source AFP et *Liaisons sociales quotidien* 20 déc. 2022, L'actualité, n° 18696, Section Acteurs, débats, événements.

Que se passe-t-il si l'une ou l'autre des parties refuse de négocier, ou négocie de mauvaise foi, c'est-à-dire en refusant d'emblée toute forme de concessions, ou si les négociations sont rapidement rompues sans avoir été au terme des cinq jours ?

• *Saisine du juge des référés*. Dans cette hypothèse, on pourrait imaginer que le juge des référés soit saisi pour faire cesser le trouble manifestement illicite et enjoigne, le cas échéant sous astreintes, aux parties concernées de reprendre les négociations jusqu'au terme du préavis. On pourrait également considérer que, pour préserver l'effet utile du préavis, le juge pourrait assortir son injonction d'une suspension du préavis et d'une prolongation de ce dernier pour laisser le temps aux parties de reprendre leurs négociations, sans tenir compte du temps pendant lequel elles ont été interrompues par la faute de l'une ou de l'autre.

• *Incidences individuelles*. Reste à s'interroger sur l'impact individuel du refus opposé par l'une des parties de négocier, ou d'une négociation menée de manière non loyale. Dans la mesure où la jurisprudence a été conduite, à plusieurs reprises, à retenir la qualification de faute lourde à l'égard des salariés se mettant en grève alors que les règles relatives à la prévention des conflits, ou les éléments essentiels du préavis, n'auraient pas été respectés, on peut là encore penser qu'une solution comparable pourrait être retenue. Il faudrait toutefois s'assurer ici que les salariés ont été informés de la violation par les parties de leur obligation de négocier, et que le déclenchement de la grève dans ces conditions pourrait être constitutif d'une faute lourde les exposant par conséquent à un risque de sanction disciplinaire.

f) Traitement du préavis illégal

1) La nécessité de saisir le juge

415. – Principe. La jurisprudence a été amenée à de nombreuses reprises à juger que l'employeur ne pouvait pas, de sa propre initiative, neutraliser un préavis de grève même illégal ou irrégulier : il doit nécessairement le faire constater par un juge. Dans une décision rendue le 8 janvier 1990 concernant la RATP, le tribunal de grande instance de Paris avait condamné l'entreprise qui avait rejeté un préavis irrégulier[95]. Dans une seconde affaire inédite concernant toujours la RATP, en date du 16 février 1994, le tribunal de grande instance de Paris avait en revanche validé le communiqué publié par la Régie informant les salariés que « la direction générale a décidé de contester la validité de ces préavis auprès du TGI de Paris », dans la mesure où « cette annonce, qui traduit le refus par la direction de tirer elle-même, avant d'avoir entendu le juge, quelque conséquence que ce soit de la situation ayant donné lieu à l'avis au personnel, ne saurait constituer à elle seule une entrave »[96].

416. – La suspension judiciaire du préavis irrégulier. Imposer un préavis avant le déclenchement de la grève permet à l'employeur de s'organiser pour tenter d'assurer la continuité de l'activité. Elle lui laisse également le temps de saisir le juge des référés, s'il considère que ce préavis constitue un trouble manifestement illicite au sens de l'article 809 du Code de procédure civile, afin qu'en soit ordonnée la suspension.

On sait que certains motifs d'illégalité ne sont pas recevables, comme le fait que les revendications seraient déraisonnables ou que l'employeur ne serait pas en mesure de les satisfaire[97]. D'autres peuvent être invoqués et qui tiennent soit au fait que le

(95) Citée par J.-E. Ray : *Dr. soc.* 1991, p. 223.
(96) Idem.
(97) V. *supra*, n° 361.

préavis appelle à des actions qui ne sont pas juridiquement qualifiables de grèves, soit que le préavis déposé ne respecte pas les conditions imposées par l'article L. 2512-2 du Code du travail.

On rappellera également que le juge des référés peut tenir compte de l'intensité de la gêne occasionnée aux usagers pour suspendre les effets du préavis, comme cela avait été jugé à la fin des années 1980 lors du conflit entre les pilotes et la compagnie Air France[98]. À l'époque, la cour d'appel de Paris avait considéré que la suspension du préavis est licite dès lors que, « dans les circonstances de temps qui ont entouré le dépôt d'un préavis de grève (...) avec effet les 1er et 2 août, fait apparaître avec certitude, un grave et imminent préjudice pour les milliers de voyageurs partant en vacance ou en revenant » et que « le choix des dates pour un arrêt total du service, inspiré par une évidente volonté de créer un violent impact, devait être pris en compte par les premiers juges pour prévenir la réalisation d'un dommage – au surplus susceptible de provoquer troubles et violences – dans l'importante catégorie des usagers du moment, dont les intérêts méritaient d'être pris en considération ». Le trouble imputable au préavis doit toutefois être suffisamment important pour justifier la suspension[99].

2) Non-respect du préavis et qualification de grève

417. - Indépendance des qualifications. Le respect du préavis ne conditionne tout d'abord pas la qualification de l'arrêt de travail. Les salariés doivent donc être considérés comme des grévistes s'ils cessent le travail de manière collective et concertée pour faire aboutir des revendications professionnelles, et ce même s'ils ne respectent pas les dispositions relatives au préavis.

C'est notamment ce qui résulte d'un arrêt rendu le 18 janvier 2011 par la chambre sociale de la Cour de cassation[100].

Un salarié employé par le Casino de Montrond-les-Bains avait été licencié pour faute grave le 16 janvier 2008 pour avoir délibérément participé à une grève sans respecter le délai de préavis légal de cinq jours malgré le rappel à la loi fait par l'employeur.

Il avait saisi la juridiction prud'homale en référé pour que soit constatée la nullité de son licenciement et, s'agissant d'un trouble manifestement illicite, que soient ordonnés sa réintégration et le paiement de ses salaires jusqu'à cette date, ce qui lui fut accordé.

C'est également ce que confirme la Cour de cassation : « Le non-respect du délai légal de préavis de 5 jours de la part de salariés grévistes d'un établissement privé en charge d'un service public dont l'attention a été attirée sur l'obligation de respecter ce préavis, s'il constitue de leur part une faute disciplinaire que l'employeur est en droit de sanctionner, ne les exclut pas du régime protecteur de l'article L. 2511-1 du code du travail ».

418. - Faute lourde. Le non-respect du préavis par des salariés ne peut donc être sanctionné qu'au titre de la faute lourde, ce qui implique de déterminer, au regard des données de l'affaire, si la faute est d'une extrême gravité et si elle révèle l'intention de nuire des salariés. Singulièrement, elle recherche si le salarié avait été alerté par son employeur qu'il ne respectait pas la contrainte du préavis et s'exposait ainsi à une sanction en raison de sa faute lourde. Ici encore, la Cour de cassation se montre

(98) CA Paris, 27 janv. 1988, 2e esp. : *D.* 1988, p. 351, note J.-C. Javillier. – J.-E. Ray, *Affaire Air-Inter, le retour à la raison : Dr. soc.* 1988, p. 242. – B. Teyssié, *La raison, la grève et le juge : Dr. soc.* 1988, p. 562 ; *JCP* G 1988, II, 20978 ; *Gaz. Pal.* 1988, 1, p. 131, concl. Lupil. – P. Bertin, *La grève abusive en référé : Gaz. Pal.* 1988, 1, doctr., p. 110. – M.-C. Rondeau-Rivier, *Vers une nouvelle géométrie de l'intervention judiciaire dans les conflits du travail : D.* 1988, chron., p. 229 et s.

(99) Cass. soc., 16 janv. 2019, n° 17.22.701.

(100) Cass. soc., 18 janv. 2011, n° 09-40.134, *Sté Casino de Montrond-les-Bains.*

protectrice du droit de grève et établit une distinction entre ce qui entraîne possiblement le constat qu'une faute lourde a été commise, et ce qui n'est pas susceptible de l'être.

419. - *Formalités importantes.* L'existence même du préavis, la représentativité du ou des syndicats qui le déposent et le délai de cinq jours francs sont considérés comme particulièrement importants et pourront conduire le juge à considérer que les salariés ont commis une faute lourde en cessant quand même le travail, à condition toutefois que leur attention ait été attirée par l'employeur sur la nécessité de respecter le préavis.

C'est ce qui résulte d'une jurisprudence constante de la Cour de cassation, et singulièrement de l'un des premiers arrêts rendus par sa chambre sociale le 5 juin 1984[101].

La Française de transports et de nettoiement, chargée par plusieurs communes du département des Yvelines de l'enlèvement des ordures ménagères, avait licencié plusieurs de ses salariés qui s'étaient mis en grève sans avoir respecté le régime du préavis de cinq jours francs.

Les juges du fond avaient écarté la qualification de faute lourde aux motifs que l'article L. 521-3 du Code du travail, qui impose un préavis de grève au personnel des entreprises privées chargées de la gestion d'un service public, était inapplicable, la société n'étant qu'associée à la gestion d'un tel service et non chargée de celle-ci. L'affirmation était inexacte, mais les salariés avaient cru dans cette affaire que les dispositions de l'article L. 521-3 du Code du travail imposant le respect d'un préavis ne leur étaient pas applicables.

C'est la raison pour laquelle la Cour de cassation, à son tour, a écarté la qualification de faute lourde : les salariés, dont l'attention n'avait pas été appelée sur l'obligation de préavis, n'avaient pas enfreint sciemment les dispositions de l'article L. 521-3 du Code du travail ; dès lors, aucune faute lourde ne pouvait leur être imputée dans l'exercice du droit de grève.

L'irrégularité résidant dans le préavis lui-même, les salariés n'ont pas la possibilité de le corriger en respectant individuellement un délai de cinq jours francs avant de se mettre en grève, comme cela a été jugé par la chambre sociale de la Cour de cassation le 11 janvier 2007[102].

Un préavis fixant le déclenchement d'une grève au 1er décembre 2002 était parvenu le 26 novembre à la société Courriers de Seine-et-Oise, qui est chargée de la gestion d'un service public de transports de personnes. Une salariée avait cessé le travail le 2 décembre 2002. La sanction de la mise à pied d'une durée de quatre jours pour ne pas avoir pris son service à cette date lui fut notifiée le 31 janvier 2003. Elle en avait demandé l'annulation judiciaire et obtenu gain de cause en appel, la cour relevant qu'elle était de repos le 1er décembre et que peu importait que le préavis ait été irrégulier dès lors qu'elle avait elle-même respecté le délai de prévenance de cinq jours francs après la notification du préavis.

Tel n'est pas l'avis de la Cour de cassation qui censure cette décision. Pour la Haute juridiction en effet, il résulte de l'article L. 521-2 du Code du travail « que la grève déclenchée moins de cinq jours francs avant la réception du préavis est illégale et que les salariés qui s'y associent, même après l'expiration de ce délai en dépit d'une notification de l'employeur attirant leur attention sur l'obligation de préavis, commettent une faute disciplinaire que l'employeur est en droit de sanctionner », ce qui avait bien été le cas ici puisque l'employeur, par une note du 28 novembre 2002, avait informé l'ensemble des salariés de l'entreprise du caractère illégal de la grève en raison du non-respect du délai légal de préavis.

420. - *Irrégularités secondaires.* La simple irrégularité portant sur l'heure du commencement et la durée ne pourra pas justifier le licenciement des grévistes, comme cela a été jugé le 25 février 2003 par la chambre sociale de la Cour de cassation[103].

(101) Cass. soc., 5 juin 1984 : *Bull. civ.* V, n° 229. – Cass. crim., 10 mai 1994, n° 93-82.603.

(102) Cass. soc., 11 janv. 2007, n° 05-40.663, *Sté Courriers de Seine-et-Oise (CSO)*, publié : *D.* 2007, 549, note F. Duquesne.

(103) Cass. soc., 25 févr. 2003, *France Patinoire : Dr. soc.* 2003, p. 554, obs. Ch. Radé.

Deux maîtres-nageurs-sauveteurs, détachés par la société France patinoires à la piscine parisienne des Halles, avaient été licenciés pour faute grave le 18 mai 1998 au motif qu'ils avaient participé, le vendredi 7 mai 1999, à un mouvement illicite ne correspondant pas à une grève authentique et déclenchée de surcroît dans le non-respect des dispositions légales en matière de grève dans les entreprises chargées de la gestion d'un service public, le préavis syndical déposé ne mentionnant ni l'heure ni la durée de l'arrêt de travail.

Les salariés ont saisi la formation de référé du conseil de prud'hommes afin d'obtenir leur réintégration et une provision sur les salaires perdus, et ont obtenu gain de cause en appel, ce que confirme le rejet du pourvoi.

Dès lors qu'est constaté qu'un préavis de grève a été déposé par un syndicat représentatif, il importe peu qu'il ait été irrégulier, et les salariés ne commettent aucune faute en participant à la grève dans le respect du délai de prévenance.

Dans cette dernière hypothèse, l'employeur pourra tout de même saisir le juge des référés pour faire suspendre les effets du préavis irrégulier, voire agir en responsabilité civile contre le ou les syndicats l'ayant déposé s'il rapporte la preuve d'un préjudice[104].

B. – Règles propres à certains services publics

421. – Services publics concernés. À partir de 2007 le législateur a mis en place quatre régimes applicables dans les services publics de transports terrestres réguliers de voyageurs (2007), dans l'enseignement maternel et primaire (2008), dans les entreprises intervenant dans le secteur du transport aérien de passagers (2012) et dans les collectivités locales (2019). Toutes ces réglementations particulières ont en commun d'avoir imposé à certaines catégories de salariés et d'agents dont la présence est nécessaire pour assurer la continuité du service, le respect d'un préavis individuel avant de se mettre en grève, ou de reprendre le travail, et ce afin d'améliorer la prévisibilité du service. En dépit d'évidentes similitudes, les différents régimes ne sont pas absolument identiques, ce qui est logique dans la mesure où ils s'insèrent dans des dispositifs d'ensemble qui n'ont pas la même ampleur. Ils seront donc étudiés séparément, et successivement.

1° Transports terrestres réguliers de personnes

a) Économie générale du dispositif

422. – Cadre légal. C'est historiquement le premier des quatre régimes mis en place par le législateur avec la loi n° 2007-1224 du 21 août 2007[105], et aussi le plus complet puisqu'il vise non seulement à permettre une meilleure organisation du trafic en cas de grève, en améliorant la prévisibilité de la gêne occasionnée aux voyageurs, mais encore à imposer à l'exploitant la desserte de zones prioritaires à des créneaux déterminés par la collectivité locale[106].

423. – Entreprises concernées. Sont concernés par ce dispositif les « services publics de transport terrestre régulier de personnes à vocation non touristique, hors transport fluvial » (C. transp., art. L. 1222-1).

424. – Validation du préavis individuel par le Conseil constitutionnel. Dans la mesure où l'obligation de respecter un préavis individuel restreint l'exercice du droit de grève des salariés concernés, il était plus que prévisible que le Conseil constitu-

(104) Cass. soc., 6 févr. 1985 : *JCP* E 1986, II, 15146, p. 54, n° 16, obs. B. Teyssié. – CA Paris, 27 sept. 1982 : *D.* 1982, IR, p. 492.

(105) L. 21 août 2007, préc.

(106) V. *supra*, n°s 168 et s.

tionnel serait saisi, comme il l'a été à chaque nouvelle intervention du législateur en la matière. Le dispositif voté par le Parlement a été validé sans réserve[107].

Les requérants prétendaient que « le législateur aurait méconnu sa compétence en laissant aux partenaires sociaux, et plus encore à l'employeur, le soin de désigner les agents "affectés à la nécessité de continuité du service public" ; qu'en outre (...) l'obligation de déclaration préalable imposée à ces salariés porterait atteinte au droit de grève ; (...) que "des salariés qui voudraient rejoindre le conflit une fois que celui-ci a débuté ne pourraient plus le faire, faute de pouvoir respecter le délai de 48 heures" ; (...) que, dans ce délai de 48 heures, l'employeur pourra exercer des pressions sur ses employés afin qu'ils renoncent à leur intention de faire grève ; que (...) la sanction prévue en cas de participation à une grève sans déclaration préalable pourra varier en fonction des entreprises et serait ainsi source d'inégalités entre les salariés, sans que cette différence ne soit justifiée par un motif d'intérêt général ; (...) que l'obligation faite aux salariés de déclarer leur intention de faire grève méconnaît le respect dû à leur vie privée » (consid. 27).

S'agissant en premier lieu du grief d'incompétence négative, le Conseil constitutionnel considère « qu'il est loisible au législateur, après avoir défini les droits et obligations touchant aux conditions et aux relations de travail, de laisser aux employeurs et aux salariés, ou à leurs organisations représentatives, le soin de préciser, notamment par la voie de la négociation collective, les modalités concrètes d'application des normes qu'il édicte » (consid. 28). Le Conseil constitutionnel applique depuis 2004[108] avec la négociation collective le même principe de partage de compétence qu'avec le pouvoir réglementaire[109] : l'article 34 de la Constitution impose en effet au législateur de déterminer les « principes fondamentaux du droit du travail », dont ceux relatifs au droit de grève, et lui reconnaît ensuite la possibilité de renvoyer le détail des normes d'application soit au Gouvernement, soit aux partenaires sociaux, étant précisé qu'il appartient au législateur également de déterminer quel est le niveau pertinent du renvoi (branche ou entreprise) et comment articuler les différents niveaux de négociation.

Pour le Conseil constitutionnel, l'article 5-II de la loi a « suffisamment encadré le contenu de l'habilitation donnée aux partenaires sociaux » en précisant que « l'accord collectif de prévisibilité du service "recense, par métier, fonction et niveau de compétence ou de qualification", les catégories d'agents et les moyens matériels "indispensables" à l'exécution du service, et de fixer les conditions dans lesquelles, en cas de perturbation prévisible, les personnels disponibles seront réaffectés et le travail organisé ». Par ailleurs, il n'existe aucun risque de « vide juridique » dans l'hypothèse où aucun accord d'entreprise ne serait conclu, en raison de l'application supplétive de l'accord de branche et de l'existence de dispositions réglementaires destinées à s'appliquer en l'absence d'accord de branche : « à défaut d'accord collectif, il est en tout état de cause de la responsabilité de l'entreprise chargée d'une mission de service public de recenser les moyens propres à lui permettre d'assurer, en cas de conflit, la continuité du service public dont la gestion lui a été confiée » (consid. 28).

S'agissant de la constitutionnalité de l'atteinte portée au droit de grève des salariés concernés, le Conseil la considère comme étant à la fois justifiée et proportionnée.

Pour ce qui est de leur légitimité, le Conseil n'a pas repris, dans cette partie spécifique de la décision, la référence faite à la nécessité de garantir la « continuité du service public » qui figure dans le considérant 10 de la décision, mais il va de soi que le respect de ce « principe de valeur constitutionnelle » porte l'ensemble du dispositif légal.

Pour ce qui est de la proportionnalité des atteintes, le Conseil affirme « que l'aménagement (...) apporté aux conditions d'exercice du droit de grève n'est pas disproportionné au regard de l'objectif poursuivi par le législateur » et qu'elle est assurée par plusieurs éléments qui visent cumulativement à restreindre les contraintes au strict nécessaire : « L'obligation de déclaration préalable (...) ne saurait être étendue à l'ensemble des salariés [et] *n*'est opposable *qu*'aux seuls salariés dont la présence détermine directement l'offre de services » ; « les sanctions

(107) Cons. const., 16 août 2007, n° 2007-556 DC, *Loi sur le dialogue social et la continuité du service public dans les transports terrestres réguliers de voyageurs*, préc.

(108) Cons. const., 29 avr. 2004, n° 2004-494 DC. – Cons. const., 29 juill. 2005, n° 2005-523 DC.

(109) Cons. const., 25 juill. 1979, n° 79-105 DC. – Cons. const., 22 juill. 1980, n° 80-117 DC.

disciplinaires sont *uniquement* destinées à réprimer l'inobservation de la formalité procédurale prévue par le législateur dont la méconnaissance ne confère pas à l'exercice du droit de grève un caractère illicite » ; « elles ont vocation à conforter l'efficacité du dispositif afin de faciliter la réaffectation des personnels disponibles pour la mise en œuvre du plan de transport adapté » ; « l'obligation de déclaration ne s'oppose pas à ce qu'un salarié rejoigne un mouvement de grève déjà engagé et auquel il n'avait pas initialement l'intention de participer, ou auquel il aurait cessé de participer, dès lors qu'il en informe son employeur au plus tard quarante-huit heures à l'avance » (consid. 29).

Pour ce qui est de la rupture d'égalité alléguée entre salariés, le Conseil constitutionnel considère qu'elle ne résulte pas des termes de la loi dès lors que les sanctions disciplinaires auxquelles s'exposent les salariés visés résultent du règlement intérieur, également applicable à tous, et que les sanctions disciplinaires se trouvent également, comme toutes les autres sanctions, soumises au contrôle du juge (consid. 30).

Pour ce qui concerne enfin la prétendue atteinte au droit au respect de la vie privée des salariés résultant de l'obligation de déclarer à leur employeur leur intention de faire grève, le Conseil considère que : cette obligation « s'accompagne de garanties propres à assurer, pour les salariés, le respect de leur droit à la vie privée » ; « les informations issues des déclarations individuelles ne pourront être utilisées que pour l'organisation du service durant la grève » et pour aucun autre usage, ce qui démontre le caractère strictement proportionné de l'atteinte ; ces informations étant « couvertes par le secret professionnel », l'effectivité de l'interdiction de les utiliser sera garantie par le risque d'une sanction pénale en cas de révélation (C. pén., art. 226-13) ; les données ainsi récoltées bénéficieront du régime général de protection des données.

425. - Opposabilité aux grévistes des obligations pesant sur les syndicats avant le dépôt du préavis collectif. Si un syndicat représentatif d'une entreprise de transport public terrestre de personnes dépose un préavis légal de cinq jours francs sans avoir au préalable respecté la procédure de négociation obligatoire, alors ce préavis devra être considéré comme illicite et les salariés qui se mettent en grève commettent une faute lourde.

La solution vaut y compris si le mouvement de protestation s'inscrit dans un cadre national, dès lors que la loi vérifie le respect de l'obligation de négociation *au sein de l'entreprise* puisque c'est bien à ce niveau-là qu'il faut respecter la garantie de service.

La faute lourde supposant généralement l'intention de nuire, il faudra démontrer que les salariés avaient été informés du non-respect de la procédure de négociation préalable par le syndicat ayant déposé le préavis litigieux. C'est ce qui résulte d'un arrêt rendu le 30 janvier 2013 par la chambre sociale de la Cour de cassation[110].

Un salarié exerçait les fonctions de conducteur receveur pour la Régie départementale des voies ferrées du Dauphiné, entreprise qui assurait une mission de service public de transport terrestre régulier de personnes à vocation non touristique. Il avait avisé son employeur le 20 mai 2008 de sa participation à un mouvement de grève prévu le 22 mai 2008. Le 21 mai, l'employeur avait indiqué aux salariés que le préavis de grève était irrégulier et que leur absence le 22 mai 2008 serait considérée comme injustifiée. Le salarié avait pourtant participé au mouvement de grève, le 21 juin 2008, et son employeur avait prononcé à son encontre une mise à pied de cinq jours dont il avait demandé l'annulation, tout en présentant différentes demandes supplémentaires.

La cour d'appel lui avait donné raison et annulé la sanction, après avoir retenu qu'il n'est pas contestable que les organisations syndicales qui avaient déposé le préavis n'avaient pas respecté la procédure de négociation préalable, puisqu'elles n'avaient pas notifié leur intention de déposer un préavis de grève, ni demandé l'ouverture d'une négociation. Elle a également estimé que cela n'empêchait pas pour autant l'entreprise, informée le 7 mai 2008, par l'inspecteur

(110) Cass. soc., 30 janv. 2013, n° 11-23.791, publié.

du travail, d'un mouvement national de grève pour la journée du 22 mai 2008, soit quatorze jours francs avant la date prévue, d'ouvrir des négociations, ce qu'elle n'a pas fait alors qu'elle en aurait eu le temps. En toute hypothèse, elle a considéré que le salarié était demeuré totalement étranger aux conditions dans lesquelles son organisation syndicale, qui avait respecté le délai de prévenance, avait communiqué avec l'employeur, et qu'ainsi l'irrégularité invoquée n'avait pas eu pour effet de rendre fautive la participation du salarié à un mouvement national, participation dont il avait informé son employeur.

C'est cet arrêt qui est ici cassé. Pour la Cour de cassation, en effet, « les organisations syndicales n'avaient pas respecté la procédure de négociation préalable leur imposant de notifier à l'employeur qu'elles envisageaient de déposer un préavis de grève, ce dont il résultait que celui-ci était irrégulier, peu important le caractère national du mouvement de grève, et (...) l'employeur avait informé l'ensemble des salariés de l'entreprise du caractère illégal de la grève en raison de l'irrégularité du préavis », ce qui permettait de retenir à la charge du gréviste concerné « l'existence d'une faute lourde ».

Deux éléments sont ici particulièrement intéressants.

Le premier concerne l'articulation entre l'existence d'un conflit national et la nécessité d'un préavis syndical déposé dans l'entreprise. La loi impose en effet non seulement le dépôt d'un préavis syndical de cinq jours francs, mais de surcroît le respect d'une procédure de négociation préalable, et ce quels que soient les motifs de la grève. Dans une entreprise du secteur privé où la grève peut être déclenchée librement, les salariés peuvent suivre un mot d'ordre national dès lors que les revendications intéressent, même indirectement, l'entreprise. Mais dans les services publics cette exigence ne suffit pas puisqu'il faut un préavis déposé par un syndicat représentatif *de l'entreprise*, quelles que soient les revendications poursuivies par les grévistes. Les salariés ne peuvent donc pas se mettre en grève librement sous prétexte qu'il s'agit d'un conflit national, l'exigence d'un préavis, de surcroît lorsqu'il est renforcé ici (il dure en effet au moins treize jours) visant à laisser le temps à l'exploitant d'organiser la continuité de l'activité et de respecter sa garantie de service *dans l'entreprise*.

Le second élément tient au fait que dans cette affaire l'employeur, et c'est souligné à dessein par la Cour de cassation dans l'arrêt, avait pris soin d'informer les salariés de l'irrégularité de la procédure de dépôt du préavis syndical de cinq jours francs. Même si « nul n'est censé ignorer la loi », les salariés ne sont pas nécessairement informés des faits et gestes de leurs syndicats représentatifs (même si généralement ces derniers communiquent largement sur leurs activités, surtout en période de conflit). Or, la faute lourde présente une indéniable dimension psychologique qui suppose la connaissance par le salarié de ce qui rend illicite son comportement. Certains faits l'établissent nécessairement, comme les violences exercées contre des personnes. D'autres peuvent au contraire sembler parfaitement licites, comme le fait de se mettre en grève sur la base d'un préavis syndical de cinq jours francs émanant d'un syndicat représentatif de l'entreprise ; il est alors nécessaire de disposer d'un élément supplémentaire pour qualifier l'existence d'une faute lourde, et c'est le fait que l'employeur ait attiré leur attention sur le non-respect de la procédure de concertation préalable qui permettra de s'assurer de leurs véritables intentions.

426. – Efficacité du dispositif. Tout porte à croire que la réforme a atteint ses objectifs. Dans leur rapport remis à l'Assemblée nationale en 2009, les députés Kossowski et Bono observaient que le nombre de journées perdues à la SNCF pour fait de grève en 2008 a été le plus bas depuis quatre ans et, à la RATP, que le nombre de jours de grève par agent en 2008 était de 0,18. Par ailleurs, l'obligation de préavis individuelle a été très largement respectée. À la RATP, en 2008, seuls 63 des 3 051 agents tenus de se déclarer ne l'avaient pas fait[111].

(111) Rapp. AN n° 1502 déposé par la commission des affaires économiques, de l'environnement et du territoire sur la mise en application de la loi n° 2007-1224 du 21 août 2007 sur le dialogue social et la continuité du service public dans les transports terrestres réguliers de voyageurs, par J. Kossowski et M. Bono, 4 mars 2009.

b) Mise en œuvre de l'exigence d'un préavis individuel

1) Sources

427. - Cadre légal. Les dispositions concernées ont été modifiées par la loi n° 2012-375 du 19 mars 2012 relative à l'organisation du service et à l'information des passagers dans les entreprises de transport aérien de passagers et à diverses dispositions dans le domaine des transports, et ce afin d'harmoniser les régimes[112]. Ces règles se trouvent aux articles L. 1324-7 et L. 1324-8 du Code des transports.

Code des transports

Art. L. 1324-7. - En cas de grève, les salariés relevant des catégories d'agents mentionnées dans l'accord collectif ou le plan de prévisibilité prévus à l'article L. 1222-7 informent, au plus tard quarante-huit heures avant de participer à la grève, le chef d'entreprise ou la personne désignée par lui de leur intention d'y participer. Les informations issues de ces déclarations individuelles ne peuvent être utilisées que pour l'organisation du service durant la grève. Elles sont couvertes par le secret professionnel. Leur utilisation à d'autres fins ou leur communication à toute personne autre que celles désignées par l'employeur comme étant chargées de l'organisation du service est passible des peines prévues à l'article 226-13 du code pénal.

Le salarié qui a déclaré son intention de participer à la grève et qui renonce à y participer en informe son employeur au plus tard vingt-quatre heures avant l'heure prévue de sa participation à la grève afin que ce dernier puisse l'affecter dans le cadre du plan de transport. Cette information n'est pas requise lorsque la grève n'a pas lieu ou lorsque la prise du service est consécutive à la fin de la grève.

Le salarié qui participe à la grève et qui décide de reprendre son service en informe son employeur au plus tard vingt-quatre heures avant l'heure de sa reprise afin que ce dernier puisse l'affecter dans le cadre du plan de transport. Cette information n'est pas requise lorsque la reprise du service est consécutive à la fin de la grève.

Par dérogation au premier alinéa du présent article, les informations issues de ces déclarations individuelles peuvent être utilisées pour l'application de l'article L. 1324-8.

Art. L. 1324-8. - Est passible d'une sanction disciplinaire le salarié qui n'a pas informé son employeur de son intention de participer à la grève dans les conditions prévues à l'article L. 1324-7. Cette sanction disciplinaire peut également être prise à l'encontre du salarié qui, de façon répétée, n'a pas informé son employeur de son intention de renoncer à participer à la grève ou de reprendre son service.

2) Salariés concernés

428. - Identification. Seuls les salariés « relevant des catégories d'agents mentionnées dans l'accord collectif ou le plan de prévisibilité prévus à l'article L. 1222-7 » sont concernés par ce préavis individuel. Il s'agit, rappelons-le, des catégories recensées par l'accord collectif, ou le plan, de prévisibilité du service, « par métier, fonction et niveau de compétence ou de qualification », contrairement aux règles qui prévalent dans les services publics de transport terrestre de personnes où la liste des salariés n'est pas fixée par la loi mais par l'entreprise.

(112) Sur cette loi, V. *supra*, n°s 196 et s.

3) Durées du préavis individuel

429. - **Hypothèses.** La loi distingue trois hypothèses : la première résulte de la loi du 21 août 2007, les deux autres ont été ajoutées par la loi du 19 mars 2012 sur le modèle des règles introduites dans le transport aérien de passagers.

430. - • *Préavis de déclenchement.* Le premier préavis concerne le déclenchement de la grève : les salariés informent le chef d'entreprise ou la personne désignée par lui de leur intention d'y participer au plus tard quarante-huit heures avant de se mettre en grève.

• *Préavis de renonciation.* Le deuxième concerne les salariés qui ont déclaré leur intention initiale de se mettre en grève, mais qui y renoncent finalement : ils en informent leur employeur au plus tard vingt-quatre heures avant l'heure prévue de leur participation à la grève.

Dans cette hypothèse, ils redeviennent « disponibles », au sens de l'article L. 1222-7 du Code des transports, et peuvent donc être réaffectés dans le cadre du plan de transport.

Cette obligation suppose que la grève se déroule finalement. Si cette dernière n'a pas lieu, ou s'est arrêtée, alors le salarié est libéré de cette obligation, ce qui est logique puisqu'on se trouve alors dans le cadre d'un retour complet à la normale annoncé collectivement.

431. - *Préavis de reprise du travail.* Le troisième préavis concerne le salarié qui participe à la grève et qui décide de reprendre son service sans attendre le terme du conflit : il doit en informer son employeur au plus tard vingt-quatre heures avant l'heure de sa reprise et redevient également disponible dans le cadre du plan de continuité de l'activité. Cette information n'est pas due si la reprise du service est consécutive à la fin du conflit (qui doit se matérialiser soit par le terme du/des préavis syndical, soit par son/leur retrait).

432. - **Calcul de la durée du préavis.** Ces dispositions ne peuvent pas être étendues par le plan de prévisibilité. C'est ce qui a été jugé par le Conseil d'État dans une décision en date du 11 février 2008 à propos du plan de prévisibilité de la RATP qui prétendait imposer le délai de prévenance non pas avant la participation effective des agents à la grève mais avant le début du mouvement précisé au préavis syndical, ce qui avait pour effet de contraindre les grévistes à se mettre en grève dès le début du mouvement[113].

4) Destinataires du préavis individuel

433. - **Dispositions légales.** L'information individuelle doit être adressée au « chef d'entreprise ou [à] la personne désignée par lui ». Quoique cette mention complète ne soit présente que dans le premier alinéa de l'article L. 1324-7 du Code des transports relatif au délai initial de quarante-huit heures et pas dans les alinéas 2 et 3 concernant le préavis de renonciation ou de reprise du travail de vingt-quatre heures, on doit raisonnablement considérer que dans ces deux dernières hypothèses aussi l'information doit être adressée à l'employeur ou son représentant agissant alors comme son mandataire, et ce par application d'un principe de parallélisme des formes. L'article L. 1324-8, qui prévoit la sanction du non-respect de ces délais, ne reprend d'ail-

(113) CE, ord. réf., 11 févr. 2008, n° 312330 : *JCP* A 2008, 2081, note D. Jean-Pierre. - CE, 19 mai 2008, n° 312329, *Synd. Sud-RATP* : *AJDA* 2008, p. 1718, note C. Chifflot ; *RJEP* 2008, p. 29, concl. F. Lenica ; *JCP* G 2008, I, 191, § 3, chron. B. Plessix.

leurs pas la formule complète et ne vise que l'« employeur », alors qu'il renvoie pourtant à l'article L. 1324-7.

434. - Dispositions de l'accord ou du plan de prévisibilité. L'accord de prévisibilité, ou en son absence le plan adopté par l'entreprise, peut préciser les modalités pratiques d'information de l'employeur dès lors que celles-ci sont suffisamment souples et n'ajoutent pas de restrictions supplémentaires au droit de grève des salariés.

C'est ce qu'illustre un arrêt rendu par la chambre sociale de la Cour de cassation le 23 mars 2017[114].

La société Keolis Montélimar, assurant un service de transport public urbain de personnes, avait été destinataire le 30 janvier 2015 d'un préavis de grève déposé par le Syndicat national des transports urbains SNTU-CFDT pour la période du 5 février 2015 à 6 heures 30 au 31 décembre 2015 à 21 heures. Le 2 février 2015, la société, au sein de laquelle aucun accord d'entreprise n'avait été signé, a diffusé une note de service indiquant les modalités selon lesquelles les salariés pourraient faire part de leur intention de participer à la grève. Le 4 février 2015, le syndicat l'a mise en demeure de mettre en place le binôme paritaire chargé de recueillir les déclarations des salariés tout au long du mouvement de grève conformément à l'accord de branche du 3 décembre 2007 sur le développement du dialogue social, la prévention des conflits et la continuité des services publics dans les transports urbains de personnes. L'employeur a complété sa note en précisant que les salariés pouvaient témoigner de leur intention de faire grève notamment par la remise des formulaires en main propre à un représentant de la direction assurant une présence au dépôt du lundi au vendredi de 11 heures 45 à 14 heures 10, la direction ayant demandé qu'un membre habilité du syndicat CFDT soit également présent.

Estimant que cette plage horaire violait l'article 18-2 de l'accord de branche en ce qu'elle portait une atteinte manifestement excessive et illicite au droit de grève, le syndicat a saisi le 20 février 2015 le juge des référés de différentes demandes. Le 28 février 2015, l'employeur a édité une nouvelle note de service prévoyant la mise en place d'un binôme paritaire composé d'un représentant des organisations syndicales ayant déposé le préavis de grève et d'un représentant dûment mandaté de l'employeur pour recevoir les déclarations d'intention de grève.

Les demandes du syndicat ont été partiellement satisfaites. Comme l'indique la Cour de cassation tout d'abord, si l'article 18-2 de l'accord de branche du 3 décembre 2007 sur le développement du dialogue social, la prévention des conflits et la continuité du service public dans les transports urbains de personnes, prévoit qu'en l'absence d'accord d'entreprise la déclaration individuelle des salariés se fera soit par remise d'un formulaire à l'employeur soixante-douze heures avant le début de la grève, soit par courrier électronique, soit par déclaration orale, cette disposition n'a pas pour effet d'imposer de retenir les trois modalités de transmission des déclarations d'intention ; il s'agit simplement de laisser à l'employeur, en l'absence d'accord d'entreprise, le soin de choisir, parmi ces modalités, celles qui lui paraissent appropriées à l'entreprise.

Or, dans cette affaire les salariés qui ne pouvaient remettre personnellement leur déclaration d'intention de grève au binôme paritaire durant la plage horaire litigieuse, avaient la faculté de recourir à l'envoi par courrier électronique à une adresse dédiée au binôme. Le mode de déclaration de l'intention de faire grève par lettre recommandée avec accusé de réception n'était par ailleurs qu'une des modalités proposées par l'employeur. Les modes de transmission des déclarations déterminés par l'employeur ne portaient donc pas une atteinte excessive à l'exercice du droit de grève.

Un autre litige concernait l'interprétation de l'article 18-2 de l'accord de branche du 3 décembre 2007 sur le développement du dialogue social, la prévention des conflits et la continuité des services publics dans les transports urbains de personnes. Pour la cour d'appel, en aucun cas, l'accord de branche n'exigeait pas la constitution d'un binôme composé d'un représentant syndical et d'un représentant de l'employeur ayant mission de recevoir les déclarations

(114) Cass. soc., 23 mars 2017, n° 15-26.835, publié.

d'intention, orales ou écrites, leur réception par un binôme n'étant que l'une des modalités envisageables.

Or, tel n'est pas l'avis de la Cour de cassation. Pour la Haute juridiction, en effet, selon ce texte relatif à l'information donnée par les salariés de leur intention de participer au mouvement de grève, au regard des motifs du conflit et selon les situations, au minimum soixante-douze heures avant le début du mouvement de grève, l'employeur fournit à l'ensemble du personnel l'identité de la ou des personnes habilitées à recevoir l'information des salariés sur leur intention ; sauf disposition contraire d'un accord d'entreprise ou refus des organisations syndicales concernées ayant déposé un préavis durant toute la période de conflit, le recueil des déclarations des salariés se fait par un binôme paritaire composé d'un représentant des organisations syndicales ayant déposé le préavis de grève et d'un représentant dûment mandaté de l'employeur, ce qui rend cette composition obligatoire.

Le Conseil d'État a également validé « compte tenu de l'intérêt qui s'attache pour l'établissement à une centralisation simple et rapide des déclarations en vue de l'organisation du plan de transport en faveur des usagers, la limitation des modalités selon lesquelles les agents de la RATP doivent effectuer la déclaration » en utilisant « un serveur vocal et un dispositif informatique » mis à leur disposition[115].

Il a également admis un système prévoyant au niveau du groupe SNCF cinq modalités possibles (notamment par message laissé sur un serveur téléphonique), tout en laissant aux chefs d'établissement la possibilité de n'en retenir que deux, dès lors que celui-ci ne porte pas atteinte au principe d'égalité de traitement entre agents, le Conseil d'État considérant certainement que les salariés ne sont pas dans la même situation dès lors qu'ils ne sont pas rattachés à un même établissement[116].

5) Utilisation des informations

435. - Protection des données. Le législateur a été extrêmement vigilant à l'usage qui peut être fait des informations communiquées par les salariés ; ces garanties ont d'ailleurs été jugées suffisantes par le Conseil constitutionnel au regard de la nécessité de protéger le droit au respect de la vie privée des salariés[117].

436. - Usages interdits. Selon les termes de l'article L. 1324-7 du Code des transports : « Les informations issues de ces déclarations individuelles ne peuvent être utilisées que pour l'organisation du service durant la grève ».

Ces informations sont par ailleurs « couvertes par le secret professionnel ». La révélation de ces informations à d'autres fins que l'organisation du service pendant la grève, ou à des personnes non autorisées, et dans l'hypothèse où la loi ne l'impose pas ou ne l'autorise pas, est passible des peines prévues par l'article 226-13 du Code pénal en cas de violation du secret professionnel, à savoir un an d'emprisonnement et 15 000 € d'amende.

Toute personne utilisant par ailleurs ces informations pourrait être poursuivie pour recel.

437. - Usage autorisé. Les informations récoltées ne peuvent être utilisées que pour l'organisation du service durant la grève. L'employeur est ainsi en droit, pour réaliser ses obligations en termes de service garanti, d'anticiper sur le mouvement en prépo-

(115) CE, 28 janv. 2009, n° 324433 (note d'information du 14 janvier 2009 mettant en application au 15 janvier 2009 les modalités selon lesquelles les salariés de l'établissement devront formuler la déclaration individuelle de participation à un mouvement de grève).

(116) CE, 1re et 4e ch. réunies, 23 déc. 2020, n° 428717.

(117) Cons. const., 16 août 2007, n° 2007-556 DC, préc., consid. 31.

sitionnant les grévistes *déclarés* sur des emplois non stratégiques et les remplacer par anticipation par des personnels non grévistes. C'est ce qu'autorise la chambre sociale de la Cour de cassation dans un arrêt rendu le 13 octobre 2016[118].

Selon l'article 3 du chapitre 2 du RH 0924 à valeur réglementaire, pris à défaut d'accord collectif applicable, les agents indispensables à l'exécution du plan de transport de la SNCF doivent, quarante-huit heures à l'avance, déclarer auprès de leur employeur leur intention de participer à la grève ou de la rejoindre à l'une de leurs prises de service comprises dans la période couverte par le préavis. Ces agents ont la possibilité de changer d'avis et de ne pas cesser le travail, en informant leur hiérarchie ou le service chargé de recevoir les déclarations individuelles d'intention dans les meilleurs délais afin de mettre le service en capacité de les utiliser dans les meilleures conditions, et au plus tard, à l'heure de prise de service.

L'article 6.3 du RH 007 dispose par ailleurs qu'en cas de grève ou autre perturbation prévisible au sens de cette loi, l'agent est dévoyé de son roulement, placé en service facultatif et peut être utilisé dès l'expiration du repos journalier.

Dans cette affaire, certains agents de la société SNCF mobilités, affectés à la conduite de trains de voyageurs au sein de l'unité de production de Tarbes, avaient saisi la juridiction prud'homale pour obtenir le paiement de jours de grève, des congés payés afférents et des dommages-intérêts, en faisant valoir que leur employeur ne pouvait pas placer en service facultatif les agents ayant manifesté leur intention de rejoindre un mouvement de grève en déposant la déclaration individuelle d'intention prévue par l'article L. 1324-7 du Code des transports.

Ils n'auront pas gain de cause, ce que confirme la Cour de cassation dans cette affaire. Pour cette dernière, « en supprimant le roulement normal de l'ensemble des agents ayant ou non manifesté leur intention de participer à la grève et en les plaçant en position de service facultatif, de façon à satisfaire aux exigences de la loi du 21 août 2007 (...), la SNCF n'a pas porté atteinte au droit de grève de ceux qui, bien qu'ayant déclaré leur intention d'y participer, ne pouvaient être considérés a priori comme grévistes dès lors qu'ils pouvaient à tout moment renoncer à rejoindre le mouvement en se mettant à la disposition de leur employeur ».

6) Sanctions disciplinaires

438. - Déclenchement sans information. L'article L. 1324-8 du Code des transports dispose qu'est passible d'une sanction disciplinaire le salarié qui n'a pas informé son employeur de son intention de participer à la grève. La gravité de la sanction dépendra du contexte, du caractère intentionnel ou pas et de l'impact sur le respect par l'entreprise de sa garantie de service.

439. - Information sans déclenchement. L'article L. 1324-8 du Code des transports dispose également que le salarié peut être sanctionné s'il n'a pas informé l'employeur de sa décision de ne pas faire grève, alors qu'il lui avait adressé un préavis individuel, ou de reprendre le travail. La loi impose toutefois que ces manquements soient « répétés » pour être sanctionnables.

La distinction de régime entre les deux cas s'explique aisément par le fait que le défaut de déclaration initiale est plus grave que celui portant sur la reprise individuelle du travail, car il gêne considérablement l'employeur qui doit au plus vite organiser la garantie de service au sein de l'entreprise et a donc besoin de savoir qui fait grève, pour définir ensuite le besoin de réaffectation des salariés disponibles.

2° Transport aérien de passagers

440. - Origines. La loi n° 2012-375 du 19 mars 2012, relative à l'organisation du service et à l'information des passagers dans les entreprises de transport aérien de passagers, a mis en place un dispositif destiné à améliorer la prévisibilité de la gêne

(118) Cass. soc., 13 oct. 2016, n° 15-13.886, publié : *JCP* S 2016, n° 48, p. 34, note E. Jeansen.

occasionnée par la grève dans les entreprises du secteur, sans aller jusqu'à imposer, pour des raisons que nous avons déjà évoquées et qui tiennent notamment à l'absence de service public, une garantie de service comme c'est le cas pour les entreprises gérant un service public de transport terrestre de personnes[119]. Par ailleurs, ces dispositions ne concernent que l'hypothèse particulière de la grève et non pas d'autres perturbations du trafic, comme c'est le cas pour le transport terrestre.

a) Préavis individuel

1) Principe

441. – **Règles applicables.** S'inspirant des dispositions de la loi de 21 août 2007, le législateur a repris l'obligation individuelle de déclaration concernant les personnels nécessaires à l'accomplissement des missions essentielles du secteur d'activité.

Code des transports

Art. L. 1114-3. – En cas de grève et pendant toute la durée du mouvement, les salariés dont l'absence est de nature à affecter directement la réalisation des vols informent, au plus tard quarante-huit heures avant de participer à la grève, le chef d'entreprise ou la personne désignée par lui de leur intention d'y participer.

Le salarié qui a déclaré son intention de participer à la grève et qui renonce à y participer en informe son employeur au plus tard vingt-quatre heures avant l'heure prévue de sa participation à la grève afin que celui-ci puisse l'affecter. Cette information n'est pas requise lorsque la grève n'a pas lieu ou lorsque la prise du service est consécutive à la fin de la grève.

Le salarié qui participe à la grève et qui décide de reprendre son service en informe son employeur au plus tard vingt-quatre heures avant l'heure de sa reprise afin que ce dernier puisse l'affecter. Cette information n'est pas requise lorsque la reprise du service est consécutive à la fin de la grève.

Par dérogation au dernier alinéa du présent article, les informations issues de ces déclarations individuelles peuvent être utilisées pour l'application de l'article L. 1114-4.

Sont considérés comme salariés dont l'absence est de nature à affecter directement la réalisation des vols les salariés des exploitants d'aérodrome et des entreprises, établissements ou parties d'établissement mentionnés à l'article L. 1114-1 qui occupent un emploi de personnel navigant ou qui assurent personnellement l'une des opérations d'assistance en escale mentionnée au même article L. 1114-1, de maintenance en ligne des aéronefs, de sûreté aéroportuaire, de secours et de lutte contre l'incendie ou de lutte contre le péril animalier.

Les informations issues des déclarations individuelles des salariés ne peuvent être utilisées que pour l'organisation de l'activité durant la grève en vue d'en informer les passagers. Elles sont couvertes par le secret professionnel. Leur utilisation à d'autres fins ou leur communication à toute personne autre que celles désignées par l'employeur comme étant chargées de l'organisation du service est passible des peines prévues à l'article 226-13 du code pénal.

(119) V. *supra*, nos 168 et s.

2) Salariés concernés

442. - Identification. Sont astreints à l'obligation de respecter un préavis individuel « les salariés dont l'absence est de nature à affecter directement la réalisation des vols ».

En matière de transport ferroviaire, c'est à l'accord d'entreprise (ou de branche), ou à défaut à l'employeur, qu'il appartient de déterminer cette liste des salariés concernés dans le cadre de la garantie de service à assurer pendant la grève. Aucune obligation de ce genre n'existant dans le secteur du transport aérien, il fallait bien que le législateur se montre plus précis sur la liste de ces salariés. On aurait pu penser qu'il la renverrait au pouvoir réglementaire, selon le partage des compétences induit par l'article 34 de la Constitution, mais il s'en est finalement occupé lui-même. On peut imaginer que si le Gouvernement souhaitait modifier cette liste, il pourrait utiliser la procédure de délégalisation de l'article 37, alinéa 2, de la Constitution.

443. - Liste légale. L'avant-dernier alinéa de l'article L. 1114-3 donne une liste de ces « salariés dont l'absence est de nature à affecter directement la réalisation des vols les salariés des exploitants d'aérodrome et des entreprises, établissements ou parties d'établissement mentionnés à l'article L. 1114-1 qui occupent un emploi de personnel navigant ou qui assurent personnellement l'une des opérations d'assistance en escale mentionnée au même article L. 1114-1, de maintenance en ligne des aéronefs, de sûreté aéroportuaire, de secours et de lutte contre l'incendie ou de lutte contre le péril animalier ».

La lecture de cette liste livre deux informations.

La première est qu'il s'agit là d'une qualification légale qui s'impose à tous, y compris au juge. Cette liste doit être considérée comme d'ordre public et ne peut donc être modifiée ni par accord collectif, ni par décision prise par le chef d'entreprise.

La seconde est que cette liste est très certainement limitative et qu'elle ne peut donc pas être complétée, ni par accord collectif, ni par décision unilatérale du chef d'entreprise, ni par le juge, dès lors qu'aucun indice ne suggère qu'un tel complètement serait possible.

3) Préavis individuel

444. - Hypothèses. On retrouve ici les trois mêmes hypothèses que dans le régime concernant les transports ferroviaires.

445. - *Préavis de déclenchement.* Le premier préavis concerne la décision de participer à la grève ; il est de quarante-huit heures avant la participation de chaque salarié concerné.

446. - *Préavis de renonciation.* Le deuxième concerne la renonciation du salarié qui avait déclaré initialement son intention ; il est de vingt-quatre heures avant l'heure prévue de sa participation à la grève, ce qui permettra à l'employeur de le réaffecter sur des emplois libérés par les grévistes, et pour assurer la meilleure continuité possible de l'activité. Cette information n'est pas requise lorsque la grève n'a pas lieu ou lorsque la prise du service est consécutive à la fin de la grève.

447. - *Préavis de reprise du travail.* Le troisième concerne la décision de cesser la grève et de reprendre le travail. Il est également de vingt-quatre heures avant l'heure de sa reprise. Cette information n'est pas non plus requise lorsque la prise du service est consécutive à la fin de la grève (terme du préavis, ou retrait par le syndicat l'ayant déposé).

Le rôle de la déclaration de reprise est important, notamment pour le personnel navigant, en raison du système d'organisation du travail par rotation. Il a été ainsi jugé, dans un arrêt rendu par la chambre sociale de la Cour de cassation le 8 septembre 2021, qu'un pilote s'étant déclaré gréviste la première journée de sa rotation et n'étant pas en mesure d'assurer son service tel qu'il avait été programmé, entre deux passages à l'une des bases d'affectation du personnel navigant de l'entreprise, l'employeur ne peut être tenu de lui verser un salaire pour les journées suivantes de la rotation[120].

Un pilote de ligne de la société Air France avait indiqué à son employeur le 23 juillet 2012 qu'il participerait à un mouvement de grève le 25 juillet 2012. L'employeur avait procédé à une retenue sur salaire pour la journée de grève du 25 juillet 2012 et les deux journées suivantes, soit trois jours correspondant à la durée de la rotation prévue au planning du salarié.

Le 15 avril 2013, le salarié a saisi la juridiction prud'homale d'une demande de dommages-intérêts au titre de la retenue sur salaire et le syndicat Alter est intervenu volontairement à l'instance, et a obtenu gain de cause.

Tel n'est pas l'avis de la Cour de cassation qui casse ici l'arrêt d'appel. Après avoir rappelé les termes de sa propre jurisprudence selon laquelle la loi n'autorise pas l'employeur, en l'absence de service minimum imposé, à utiliser les informations issues des déclarations individuelles des salariés afin de recomposer les équipages et réaménager le trafic avant le début du mouvement[121], la cour en tire les conséquences pour l'entreprise et affirme qu'« il en résulte que, le personnel navigant s'étant déclaré gréviste la première journée de sa rotation et n'étant pas en mesure d'assurer son service tel qu'il avait été programmé, entre deux passages à l'une des bases d'affectation du personnel navigant de l'entreprise, l'employeur ne peut être tenu de lui verser un salaire pour les journées suivantes de la rotation ».

448. - **Destinataire de l'information.** L'article L. 1114-3 du Code des transports vise, comme pour le régime applicable dans le transport ferroviaire, « le chef d'entreprise ou la personne désignée par lui ». Les remarques faites en matière de transport ferroviaire valent également ici.

449. - **Modalités de l'information.** L'article L. 1114-3 du Code des transports ne précise pas les modalités de l'information de l'employeur qui peuvent être aménagées par accord collectif, ou décision prise par l'employeur dès lors que ces modalités ne restreignent pas les droits des salariés concernés.

En l'absence de dispositions conventionnelles applicables, les syndicats peuvent parfaitement transmettre à l'employeur une liste de signatures sur un seul et même formulaire ; c'est ce qui résulte d'un arrêt rendu par la chambre sociale de la Cour de cassation le 8 décembre 2016[122].

Les sociétés Connecting Bag Services (CBS) et Bag Flight Services (BFS), exerçant une activité de traitement des bagages dans le secteur aéroportuaire, avaient été avisées le 14 juin 2013 par une intersyndicale d'un appel à la grève à compter du 26 juin 2013. Elles avaient reçu de la part des organisations syndicales deux listes collectives intitulées « Déclaration de grève » émargées par les salariés inscrits pour participer à ce mouvement de grève. Les 19 et 20 juin 2013, les sociétés ont informé leur personnel, par voie d'affichage et de communiqué, qu'elles estimaient que les déclarations individuelles d'intention de participer au mouvement de grève ne pouvaient être effectuées par la voie d'une déclaration collective et que les salariés grévistes

(120) Cass. soc., 8 sept. 2021, n° 19-21.025, *Sté Air France c/ M. G.*, publié : *Dr. soc.* 2021, 1052, note Ch. Radé ; *JCP S* 2021, 1260, note S. Ranc.

(121) Cass. soc., 12 oct. 2017, n° 16-12.550, *Sté Air France c/ Des pilotes d'Air France (SPAF)*, publié : *Dr. ouvrier* 2018, 231, note T. Renard ; *RFD aérien* 2017, 453 et chron. Ph. Delebecque, p. 387 ; *EEI* 2018, n° 5, obs. Parier et S. Ranc. V. *infra*, n° 451.

(122) Cass. soc., 8 déc. 2016, n° 15-16.999, publié : *JCP S* 2017, p. 31, obs. F. Duquesne ; *RDT* 2017, p. 273, obs. Y. Ferkane ; *Procédures* 2017, n° 3, p. 21, obs. A. Bugada.

s'exposaient, le cas échéant, aux sanctions prévues par la loi du 19 mars 2012 en cas de non-respect des dispositions relatives à la déclaration individuelle de participation à un mouvement de grève.

Le 26 juin 2013, les syndicats ont saisi le juge des référés de demandes tendant à ce que les sociétés soient condamnées, sous astreinte, à informer les salariés que les déclarations collectives de participation au mouvement de grève litigieuses étaient licites, ce qu'ils ont obtenu, et c'est ce que confirme la Cour de cassation.

Pour la Haute juridiction en effet, « si, en application de l'article L. 1114-3 du code des transports, en cas de grève et pendant toute la durée du mouvement, les salariés dont l'absence est de nature à affecter directement la réalisation des vols, informent, au plus tard quarante-huit heures avant de participer à la grève, le chef d'entreprise ou la personne désignée par lui de leur intention d'y participer, cette formalité d'information n'est soumise à aucune règle de forme dès lors qu'elle permet à l'exploitant des transports aériens d'être informé des absences des salariés souhaitant s'associer au mouvement de grève ». Tel était bien le cas en l'espèce puisque la liste collective des déclarations d'intention de grève était signée par chaque salarié souhaitant cesser le travail et mentionnait pour chacun d'eux l'heure du début de sa participation au mouvement de grève.

Une liste syndicale non signée ne vaudra en revanche pas déclaration individuelle pour les salariés concernés, aux termes d'un arrêt rendu par la chambre sociale de la Cour de cassation le 28 février 2018[123].

Cette affaire concernait la société ICTS Marseille Provence qui est en charge de la sécurité de l'aéroport de Marseille et emploie plus de quatre cents agents. L'intersyndicale CGT-CFDT-FO avait déposé, le 16 avril 2013, un préavis de grève à compter du 19 avril 2013 pour une durée illimitée, et a tenté de remettre à la direction, le 19 avril, une liste des agents désireux de cesser le mouvement de grève à compter du 21 avril suivant. La société ayant invité les grévistes concernés à remplir une déclaration individuelle de reprise, la CGT a refusé de remettre les déclarations des salariés ayant permis d'établir la liste qu'elle a déclaré tenir à la disposition de la direction. Se plaignant de ce que la société avait privé certains salariés de salaire pendant plusieurs jours en ajoutant aux dispositions de la loi n° 2012-375 du 19 mars 2012, la Fédération CGT du commerce et des services et l'Union locale CGT de Vitrolles ont, le 15 octobre 2013, saisi le tribunal de grande instance, mais ont été déboutées de leurs demandes, ce que confirme le rejet de leur pourvoi.

Pour la Cour de cassation en effet, « si, en application du 3e alinéa de l'article L. 1114-3 du Code des transports, le salarié qui participe à la grève et qui décide de reprendre son service en informe son employeur au plus tard vingt-quatre heures avant l'heure de sa reprise afin que ce dernier puisse l'affecter, cette formalité d'information n'est soumise à aucune règle de forme dès lors qu'elle permet à l'exploitant des transports aériens d'être informé de la volonté de reprise des salariés en temps utile pour les affecter, la présentation d'une liste collective non signée par les salariés ni accompagnée des déclarations individuelles signées par ces derniers ne satisfait pas à cette exigence ».

450. - Protection des données. Comme c'est également le cas pour le dispositif propre aux service publics de transports terrestres de personnes, l'article L. 1114-3 du Code des transports protège les salariés contre toute utilisation des informations récoltées qui ne servirait pas à l'information des passagers, ou qui serait faite à une autre personne que l'employeur ou son représentant, sous peine de sanctions pénales pour violation du secret professionnel.

451. - Utilisation des données. On s'est interrogé également sur la possibilité qui serait reconnue à l'entreprise de transport aérien d'anticiper sur le mouvement en prépositionnant les grévistes déclarés sur des emplois non stratégiques avant l'heure

(123) Cass. soc., 28 févr. 2018, n° 16-21.109.

dite et en les remplaçant par anticipation par des personnels non grévistes. Cette pratique a été validée fin 2016 par la Cour de cassation dans les entreprises de transport terrestre, mais on sait que ces dernières doivent garantir un certain niveau de service pendant le conflit, conformément aux dispositions du plan de continuité de l'activité et des mesures adoptées dans l'accord de prévisibilité[124].

Les entreprises de transport aérien ne supportant pas ces contraintes de service public, la chambre sociale de la Cour de cassation a logiquement indiqué, dans un arrêt rendu le 12 octobre 2017, qu'elles ne pouvaient pas utiliser les déclarations d'intention des salariés, pour une autre finalité que l'information des passagers, et certainement pas pour les prépositionner sur des postes où leur participation à la grève affecterait le moins le fonctionnement de l'entreprise[125].

Le Syndicat des pilotes d'Air France et deux autres syndicats de pilotes avaient déposé un préavis de grève pour un mouvement ayant lieu du 15 au 30 septembre 2014. La société Air France avait utilisé, pendant la période précédant la grève, les déclarations individuelles du personnel afin de procéder à une réorganisation anticipée du service par la reconstitution d'équipages pour les vols prévus le 15 septembre et les jours suivants.

Le 15 septembre 2014, le Syndicat des pilotes d'Air France a fait citer la société Air France devant le juge des référés afin de lui enjoindre de faire cesser toute utilisation des informations recueillies grâce aux déclarations individuelles des grévistes à d'autres fins que celles autorisées par la loi, et a obtenu gain de cause. C'est ce que confirme le rejet du pourvoi.

Pour la Cour de cassation en effet, la finalité des articles L. 1114-3 et L. 1114-7 du Code des transports est l'information des usagers vingt-quatre heures à l'avance sur l'état du trafic afin d'éviter tout déplacement et encombrement des aéroports et préserver l'ordre public. Ces articles n'autorisent pas l'employeur, en l'absence de service minimum imposé, à utiliser les informations issues des déclarations individuelles des salariés afin de recomposer les équipages et réaménager le trafic avant le début du mouvement.

b) Sanctions disciplinaires

1) Existence

452. - Principe. Comme pour les salariés des entreprises de transport terrestre, l'article L. 1114-4 du Code des transports prévoit également la possibilité de sanctionner disciplinairement les salariés qui ne respectent pas leurs obligations déclaratives.

Code des transports

Art. L. 1114-4. – Est passible d'une sanction disciplinaire le salarié qui n'a pas informé son employeur de son intention de participer à la grève dans les conditions prévues à l'article L. 1114-3. Cette sanction disciplinaire peut également être prise à l'encontre du salarié qui, de façon répétée, n'a pas informé son employeur de son intention de renoncer à participer à la grève ou de reprendre son service.

2) Cas

453. - Défaut de déclaration de déclenchement. La première hypothèse de sanctions concerne le défaut de déclaration initiale qui peut être prononcé à la première infraction.

(124) Cass. soc., 13 oct. 2016, n° 15-13.886, publié : *JCP S* 2016, n° 48, p. 34, note E. Jeansen.

(125) Cass. soc., 12 oct. 2017, n° 16-12.550, *Sté Air France c/ Des pilotes d'Air France (SPAF)*, publié : *Dr. ouvrier* 2018, 231, note T. Renard ; *RFD aérien* 2017, 453 et chron. Ph. Delebecque, p. 387 ; *EEI* 2018, n° 5, obs. Parier et S. Ranc.

454. - Défaut de déclaration de renonciation / de reprise du travail. La seconde concerne le défaut de renonciation à faire grève, ou de déclaration de reprise du travail, qui ne peut être sanctionné que s'il intervient de manière « répétée », à partir de deux fois donc.

La différence entre les deux hypothèses s'explique par le fait que la gêne occasionnée par le défaut de déclaration initiale est plus préjudiciable au public que celui concernant la reprise du travail, car le public sera toujours heureusement surpris d'apprendre que le service est rétabli plus vite qu'annoncé !

3) Utilisation des données personnelles

455. - Finalité. La loi du 19 mars 2022 a par ailleurs prévu une précision propre au transport aérien : les informations issues des déclarations individuelles peuvent être utilisées pour prononcer des sanctions contre les salariés fautifs pour n'avoir pas respecté leurs obligations de préavis dans les conditions prévues à l'article L. 1114-4 du Code du travail.

3° Préavis individuel des enseignants de maternelle et du primaire

456. - Contexte. Le législateur a instauré, avec la loi n° 2008-790 du 20 août 2008 instituant un droit d'accueil pour les élèves des écoles maternelles et élémentaires, des contraintes pesant sur les enseignants concernés pour permettre aux communes d'anticiper sur les besoins en personnel à mobiliser pendant les conflits pour assurer l'accueil des enfants les jours de grève (quand il y a au moins 25 % de grévistes dans l'école), et permettre ainsi à leurs parents de pouvoir aller travailler normalement.

457. - Absence de service garanti. Contrairement aux règles mises en place en 2007 dans les entreprises gérant un service public de transport terrestre de personnes où l'exploitant est tenu d'assurer une garantie de service, l'Éducation nationale n'a aucune obligation particulière de maintien de l'activité d'enseignement pendant les grèves. Le législateur a simplement mis en place une obligation de déclaration individuelle des grévistes afin d'améliorer la prévisibilité de la gêne occasionnée par le conflit et permettre ainsi aux communes d'organiser à leur tour l'accueil des élèves de la maternelle et du primaire.

458. - Limites. Ce dispositif a assez rapidement montré ses limites. De nombreuses communes ont en effet refusé d'assurer ce service, prétextant ne pas être en mesure de mettre le personnel nécessaire à disposition, quitte à essuyer les foudres du juge des référés, comme l'a montré le Conseil d'État dans une décision en date du 7 octobre 2009[126].

Le conseil municipal de la commune du Plessis-Pâté avait, par délibération du 13 octobre 2008, voté la non-mise en place du service d'accueil dans ses écoles maternelles et élémentaires.

Le 17 novembre 2008, et sur requête du préfet de l'Essonne, le juge des référés du tribunal administratif de Versailles, statuant en application des dispositions de l'article L. 554-1 du Code de justice administrative, a suspendu l'exécution de cette délibération et lui a enjoint, sous astreinte, de prendre les dispositions nécessaires afin d'assurer le service d'accueil à l'occasion de la grève du 20 novembre 2008.

La solution fut confirmée en appel, ce que confirme le Conseil d'État en rejetant le pourvoi de la commune. Cette dernière devait mettre en place ce service d'accueil, sans pouvoir justifier son inaction par le motif tiré du fait « qu'elle serait dans l'impossibilité d'organiser le service d'accueil, notamment par manque d'effectif d'animateurs et, d'autre part, de ce qu'il était peu

(126) Sur ce contentieux de la non-mise en place du service d'accueil, CE, 4e et 5e ss-sect. réunies, 7 oct. 2009, n° 325829.

probable que le taux de personnel en grève dans les écoles maternelles et primaires de la commune atteigne le seuil de 25 % à partir duquel seulement s'imposerait à elle l'obligation d'organiser le service d'accueil institué par la loi du 20 août 2008 ».

De surcroît, de nombreux mots d'ordre de grève nationale ont également affecté, en même temps, le fonctionnement des collectivités en conduisant leur personnel à faire grève, empêchant de fait la mise en place effective de ce service minimum d'accueil scolaire. C'est notamment pour remédier à cette situation que l'ordonnance du 24 novembre 2021 a étendu le dispositif de prévisibilité de la grève dans les collectivités territoriales[127].

a) Enseignants concernés

459. – Identification. L'obligation de déclaration individuelle pèse sur les enseignants, titulaires ou remplaçants, fonctionnaires ou contractuels, de maternelle et du primaire qui doivent déclarer à l'autorité administrative, au moins quarante-huit heures avant (dont au moins un jour ouvré), leur intention de participer à la grève (C. éduc., art. L. 133-4).

Code de l'éducation

Art. L. 133-4. – Dans le cas où un préavis de grève a été déposé dans les conditions prévues par l'article L. 2512-2 du code du travail et en vue de la mise en place d'un service d'accueil, toute personne exerçant des fonctions d'enseignement dans une école maternelle ou élémentaire publique déclare à l'autorité administrative, au moins quarante-huit heures, comprenant au moins un jour ouvré, avant de participer à la grève, son intention d'y prendre part.

Dans le cadre de la négociation préalable prévue à l'article L. 133-2 du présent code, l'État et la ou les organisations syndicales représentatives qui ont procédé à la notification prévue au II de ce même article peuvent s'entendre sur les modalités selon lesquelles ces déclarations préalables sont portées à la connaissance de l'autorité administrative. En tout état de cause, cette dernière doit être informée, au plus tard quarante-huit heures avant le début de la grève, du nombre, par école, des personnes ayant déclaré leur intention d'y participer.

L'autorité administrative communique sans délai au maire, pour chaque école, le nombre de personnes ayant fait cette déclaration et exerçant dans la commune.

La commune met en place le service d'accueil à destination des élèves d'une école maternelle ou élémentaire publique située sur son territoire lorsque le nombre des personnes qui ont déclaré leur intention de participer à la grève en application du premier alinéa est égal ou supérieur à 25 % du nombre de personnes qui exercent des fonctions d'enseignement dans cette école.

Les familles sont informées des modalités d'organisation du service d'accueil par la commune et, le cas échéant, par les maires d'arrondissement.

Pour les communes de Paris, Lyon et Marseille, le maire de la commune informe sans délai le président de la caisse des écoles de ces modalités.

460. – Communication. Une fois le nombre des futurs grévistes connu, l'État en informe la commune et mobilise les ressources en personnel suffisantes pour assurer

(127) V. *supra*, n°s 212 et s.

l'accueil des enfants, sur la base minimale d'une personne chargée de l'accueil pour quatre enseignants grévistes.

b) Déclaration individuelle

1) Circonstances

461. - **Chronologie.** L'obligation individuelle suit immédiatement le dépôt d'un préavis syndical de grève de cinq jours francs déposé dans les conditions (ordinaires) prévues par l'article L. 2512-2 du Code du travail.

2) Agents visés

462. - **Étendue.** L'obligation de préavis concerne « toute personne exerçant des fonctions d'enseignement dans une école maternelle ou élémentaire publique ». L'approche est fonctionnelle, et non statutaire : le préavis individuel concerne les fonctionnaires mais aussi les contractuels.

463. - **Obligation du/de la directeur/trice.** On peut ajouter que le directeur ou la directrice de l'école doit recenser dans son établissement le nombre des personnes ayant déclaré leur intention de participer à la grève. Ce nombre sera ensuite communiqué « sans délai » par l'autorité administrative au maire pour lui permettre de déterminer le nombre d'agents à affecter à l'accueil des enfants pendant la durée de la grève.

3) Préavis individuel

464. - **Objet.** L'agent visé doit déclarer « à l'autorité administrative, au moins quarante-huit heures, comprenant au moins un jour ouvré, avant de participer à la grève, son intention d'y prendre part ».

465. - **Délai utile.** Contrairement aux règles qui s'appliquent dans le transport, ce délai est « utile » et ne comprend donc ni les dimanches ni les jours fériés, et ce afin de laisser le temps aux services de l'État et des mairies concernés d'organiser *effectivement* l'accueil des enfants, ce qui n'est pas possible si dans ces quarante-huit heures figure un dimanche ou un jour férié (chômé) où les agents en charge de la mise en place de ce remplacement ne travaillent pas.

466. - **Modalités négociées.** Les modalités de cette information seront déterminées soit par les organisations syndicales et l'État dans le cadre de la négociation préalable visée à l'article L. 133-2 du Code de l'éducation[128], soit par l'autorité administrative, à condition que ces modalités n'ajoutent pas de contraintes supplémentaires aux enseignant(es) concerné(es).

467. - **Utilisation limitée.** Comme c'est le cas dans les autres dispositifs de même nature applicables dans d'autres services publics, les informations issues des déclarations individuelles ne peuvent être utilisées que pour l'organisation, durant la grève, du service d'accueil. Elles sont couvertes par le secret professionnel.

4) Sanctions

468. - **Absence de sanctions spécifiques.** La loi du 20 août 2008 n'a rien prévu de particulier s'agissant du non-respect par les enseignants de leur obligation déclarative. On peut donc considérer qu'il convient de faire application ici des dispositions du droit commun disciplinaire des fonctionnaires.

(128) Sur cette négociation, V. *supra*, n°s 200 et s.

4° Collectivités territoriales

469. – Cadre légal. La loi n° 2019-828 du 6 août 2019 de transformation de la fonction publique (art. 56) est venue compléter d'un nouvel article 7-2 le chapitre Ier de la loi n° 84-53 du 26 janvier 1984 portant dispositions statutaires relatives à la fonction publique territoriale. Ces dispositions se trouvent désormais dans le Code général de la fonction publique aux articles L. 114-7 à L. 114-10[129].

Code général de la fonction publique

Art. L. 114-7. – Dans les collectivités territoriales et les établissements publics mentionnés à l'article L. 4, l'autorité territoriale et les organisations syndicales qui disposent d'au moins un siège dans les instances au sein desquelles s'exerce la participation des agents publics peuvent engager des négociations en vue de la signature d'un accord visant à assurer la continuité des services publics mentionnés ci-après dont l'interruption en cas de grève des agents publics participant directement à leur exécution contreviendrait au respect de l'ordre public, notamment à la salubrité publique, ou aux besoins essentiels de leurs usagers :

1° Collecte et traitement des déchets des ménages ;

2° Transport public de personnes ;

3° Aide aux personnes âgées et handicapées ;

4° Accueil des enfants de moins de trois ans ;

5° Accueil périscolaire ;

6° Restauration collective et scolaire.

Art. L. 114-8. – Afin de garantir la continuité du service public, l'accord mentionné à l'article L. 114-7 détermine les fonctions et le nombre d'agents indispensables ainsi que les conditions dans lesquelles, en cas de perturbation prévisible de ces services, l'organisation du travail est adaptée et les agents présents au sein du service sont affectés.

Cet accord est approuvé par l'assemblée délibérante.

À défaut de conclusion d'accord dans un délai de douze mois après le début des négociations, les services, les fonctions et le nombre d'agents indispensables afin de garantir la continuité du service public sont déterminés par délibération de la même assemblée.

Art. L. 114-9. – Dans le cas où un préavis de grève a été déposé dans les conditions prévues à l'article L. 2512-2 du code du travail et en vue de l'organisation du service public et de l'information des usagers, les agents territoriaux des services mentionnés à l'article L. 114-7 du présent code informent, au plus tard quarante-huit heures avant de participer à la grève, comprenant au moins un jour ouvré, l'autorité territoriale ou la personne désignée par elle, de leur intention d'y participer.

Les informations issues de ces déclarations individuelles ne peuvent être utilisées que pour l'organisation du service durant la grève et sont couvertes par le secret professionnel. Leur utilisation à d'autres fins ou leur communication à toute personne autre que celles désignées par l'autorité territoriale comme étant chargées de l'organisation du service est passible des peines prévues à l'article 226-13 du code pénal.

L'agent territorial ayant déclaré son intention de participer à la grève dans les conditions prévues au premier alinéa du présent article mais qui renonce à y prendre

(129) A. Taillefait, *L'exercice du droit de grève dans les services publics locaux : Dr. soc.* 2019, 1020.

part en informe l'autorité territoriale au plus tard vingt-quatre heures avant l'heure prévue de sa participation afin que l'autorité puisse procéder à son affectation.

L'agent territorial participant à la grève qui décide de reprendre son service en informe l'autorité territoriale au plus tard vingt-quatre heures avant l'heure de sa reprise afin que l'autorité puisse procéder à son affectation.

L'obligation d'information mentionnée aux deux alinéas qui précèdent n'est pas requise lorsque la grève n'a pas lieu ou lorsque la reprise de service est consécutive à la fin de la grève.

Lorsque l'exercice du droit de grève en cours de service pourrait entraîner un risque de désordre manifeste dans l'exécution du service, l'autorité territoriale peut imposer aux agents territoriaux ayant déclaré leur intention de participer à la grève d'exercer leur droit dès leur prise de service et jusqu'à son terme.

Art. L. 114-10. – L'agent territorial qui n'a pas informé son employeur de son intention de participer à la grève ou qui n'a pas exercé son droit de grève dès sa prise de service dans les conditions prévues à l'article L. 114-9 est passible d'une sanction disciplinaire.

Une sanction disciplinaire peut être également prise à l'encontre de l'agent qui, de façon répétée, n'a pas informé son employeur de son intention de renoncer à participer à la grève ou de reprendre son service.

470. – **Validation par le Conseil constitutionnel.** Ces dispositions ont été entièrement validées par le Conseil constitutionnel dans sa décision du 1er août 2019, ce qui n'est pas surprenant dans la mesure où le Conseil s'était déjà prononcé à trois reprises en 2007, 2008 et 2012, pour valider les dispositions antérieures de même objet[130].

Pour les requérants, les contraintes pesant sur les agents désormais obligés d'informer leur employeur de leur intention de faire grève seraient excessives.

Le Conseil constitutionnel considère pour sa part que les « aménagements ainsi apportés aux conditions d'exercice du droit de grève » « ne sont pas disproportionnés au regard de l'objectif poursuivi par le législateur » (consid. 53). Il relève en effet l'ensemble des conditions qui restreignent l'application de ce dispositif : l'obligation de déclaration préalable « ne saurait être étendue à l'ensemble des agents » ; seuls les agents participant directement à l'exécution des services publics et qualifiés d'« indispensables » à la continuité du service public dans l'accord ou dans la délibération de la collectivité ou de l'établissement, seront concernés ; « une telle obligation n'interdit pas à un de ces agents de rejoindre un mouvement de grève déjà engagé et auquel il n'avait pas initialement l'intention de participer, ou auquel il aurait cessé de participer, dès lors qu'il en informe l'autorité territoriale au plus tard quarante-huit heures à l'avance ».

Le Conseil constitutionnel s'intéresse également à certains aspects particuliers de ces règles, pour les justifier à la fois dans leur existence (nécessité) et dans leur intensité (proportionnalité).

Ainsi, « en permettant à l'autorité territoriale d'imposer aux agents en cause d'exercer leur droit de grève dès leur prise de service et jusqu'au terme de ce dernier » il considère que « le législateur a entendu prévenir les risques de désordre manifeste dans l'exécution du service public causés par l'interruption ou la reprise du travail en cours de service » et « tend ainsi à éviter le recours répété à des grèves de courte durée mettant en cause la continuité du service public ». Ainsi justifiée, la mesure est également proportionnée dès lors qu'« elle n'oblige pas l'agent qui souhaite cesser son travail à le faire dès sa première prise de service postérieure au déclenchement de la grève ».

Le Conseil valide également le régime disciplinaire applicable aux agents qui ne respecteraient pas leurs obligations (consid. 55). Les sanctions sont également justifiées, en ce qu'elles « sont uniquement destinées à réprimer l'inobservation des obligations de déclaration préalable et d'exercice du droit de grève dès la prise de service, dont la méconnaissance ne confère pas à l'exercice du droit de grève un caractère illicite ».

(130) Cons. const., 1er août 2019, n° 2019-790 DC.

a) Services publics concernés

471. – Liste légale. L'objectif de ce dispositif est d'assurer la continuité des services publics de collecte et de traitement des déchets des ménages, de transport public de personnes, d'aide aux personnes âgées et handicapées, d'accueil des enfants de moins de trois ans, d'accueil périscolaire, de restauration collective et scolaire dont l'interruption en cas de grève des agents publics participant directement à leur exécution contreviendrait au respect de l'ordre public, notamment à la salubrité publique, ou aux besoins essentiels des usagers de ces services (CGFP, art. L. 114-7).

472. – Caractère limitatif. Compte tenu de la rédaction du texte, cette liste doit être considérée comme limitative.

b) Agents concernés

473. – La détermination par l'accord de continuité des services. Le législateur a privilégié, ici aussi, la négociation de la liste des agents concernés dans le cadre de l'accord de continuité des services publics : « Afin de garantir la continuité du service public, l'accord (…) détermine les fonctions et le nombre d'agents indispensables ainsi que les conditions dans lesquelles, en cas de perturbation prévisible de ces services, l'organisation du travail est adaptée et les agents présents au sein du service sont affectés » (CGFP, art. L. 114-8). Une fois conclu avec les syndicats représentatifs, l'accord doit être « approuvé par l'assemblée délibérante ».

Le moins qu'on puisse dire est que l'accueil de ce dispositif négocié dans un univers plus habitué à l'action unilatérale de la personne publique n'a pas toujours déclenché l'enthousiasme, certains auteurs pointant du doigt le déficit de « culture de la négociation » dans les communes[131]. La critique est sévère. Non seulement les collectivités sont habituées à négocier avec leurs agents, même si cette négociation n'était pas jusqu'à présent normative, mais de surcroît les collectivités sont habituées à négocier, en dehors des règles applicables à leurs agents, avec les autres collectivités ou avec l'État, et le feront avec des syndicats professionnels dont c'est la mission historique et qui pourront compter sur le soutien de leurs unions locales ou fédérales pour se professionnaliser.

474. – L'adoption unilatérale. Si la négociation n'aboutit pas dans un délai de douze mois après le début des négociations, c'est alors à l'assemblée délibérante de la collectivité concernée que reviendra la compétence pour définir « les services, les fonctions et le nombre d'agents indispensables afin de garantir la continuité du service public ».

c) Respect d'un préavis individuel

475. – Modalités. La loi du 6 août 2019 n'a pas innové et repris les trois hypothèses présentes dans les régimes précédents.

Le premier délai de quarante-huit heures concerne l'entrée en grève des agents.

Le second délai de vingt-quatre heures concerne la renonciation à entrer en grève, ou la décision individuelle de reprendre le travail, à moins que la grève n'ait pas lieu ou lorsque la reprise de service est consécutive à la fin de la grève.

(131) M. Touzeil-Divina, *Droit de grève « encadré » au nom du service minimum : les communes ne sont pas encore prêtes à la culture de la négociation : JCP* A 30 janv. 2023, act. 61.

d) Aménagement des modalités de déclenchement de la grève

476. – L'exercice dès la prise de service. Lorsque l'exercice du droit de grève en cours de service pourrait entraîner un risque de désordre manifeste dans l'exécution du service, l'autorité territoriale pourra imposer aux agents territoriaux ayant déclaré leur intention de participer à la grève, d'exercer leur droit dès leur prise de service et jusqu'à son terme. Il s'agit ici d'éviter que des usagers se retrouvent pris en otage en plein milieu du déclenchement d'une grève, ou que des véhicules appartenant à la collectivité ne se retrouvent dispersés aux quatre coins de la commune, abandonnés là par des agents ayant décidé de se mettre en grève.

477. – Limites de ce pouvoir. Le tribunal administratif de Marseille a considéré, dans un jugement en date du 21 octobre 2022, que la collectivité ne pouvait pas anticiper ce risque et l'ordonner à l'ensemble de ses agents avant l'expiration du délai de quarante-huit heures[132]. L'accord conclu au sein de la collectivité ne peut pas, non plus, permettre à cette dernière d'imposer à tous les agents grévistes de faire grève dès leur prise de service « indépendamment de toute appréciation de la possibilité d'un risque de désordre manifeste lié à l'exercice du droit de grève »[133].

e) Sanctions disciplinaires

478. – Hypothèses. L'agent territorial qui ne respecte pas ses obligations s'expose à une sanction disciplinaire, de même que l'agent « qui, de façon répétée, n'a pas informé son employeur de son intention de renoncer à participer à la grève ou de reprendre son service ». On retrouve ici les mêmes règles qu'en matière de transport aérien de passagers.

C. – Réglementation par les chefs de service (jurisprudence *Dehaene*)

479. – Cadre juridique. Soucieux de favoriser la continuité des services publics même en cas de grève, le Conseil d'État a reconnu aux chefs de service la possibilité de réquisitionner les grévistes indispensables à la continuité du service. Ce contrôle s'est affiné depuis l'arrêt fondateur pour s'étendre aujourd'hui à toutes les sources dès lors que leur contenu est susceptible d'affecter les droits de grévistes (1°). Le contrôle du juge sur ces actes s'établira alors dans le cadre fixé par la jurisprudence *Dehaene* (2°).

1° Formes de l'encadrement

a) Critères du contrôle juridictionnel

480. – Principe. Depuis la décision *GISTI* du Conseil d'État du 12 juin 2020, le juge administratif peut connaître de la légalité de tous « documents de portée générale émanant d'autorités publiques, matérialisés ou non, tels que les circulaires, instructions, recommandations, notes, présentations ou interprétations du droit positif [qui] peuvent être déférés au juge de l'excès de pouvoir lorsqu'ils sont susceptibles d'avoir des effets notables sur les droits ou la situation d'autres personnes que les agents

(132) TA Marseille, 1re ch., 21 oct. 2022, n° 2103212. La demande de suspension des effets de cette décision en référé a été rejetée par CAA Marseille, 20 déc. 2022, n° 22MA02689, *Cne de Marseille*. M. Touzeil-Divina, *Droit de grève « encadré » au nom du service minimum : les communes ne sont pas encore prêtes à la culture de la négociation : JCP* A 30 janv. 2023, act. 61.
(133) Même décision.

chargés, le cas échéant, de les mettre en œuvre », que ces documents aient « un caractère impératif ou présentent le caractère de lignes directrices »[134].

481. – Mise en œuvre. Tel est le cas d'une note préconisant à l'administration la marche à suivre dans une situation déterminée[135], d'un guide pratique[136], d'un questions-réponses mis en ligne[137], d'un communiqué de presse[138], d'une circulaire ministérielle[139], d'un schéma national[140] ou d'une instruction[141] portant sur l'interprétation du droit positif. Un commentaire édité par l'autorité administrative et retenant une interprétation créatrice ou amplifiante du droit positif sera contrôlé[142], de même que des modèles d'attestations et de justificatifs mis en ligne sur le site d'un ministère alors que leur production n'est pas légalement obligatoire[143], ou un avis mettant fin à une tolérance administrative[144]. Le juge peut même contrôler le courrier adressé à un particulier par l'administration[145], sauf s'il ne s'agit que de répondre à la question posée par un administré en lui rappelant la doctrine en vigueur de l'administration[146].

En revanche, le document reprenant la liste réglementaire des pièces à fournir pour présenter une demande ne sera pas examiné par le juge, alors que la liste des documents dont l'autorité administrative considère qu'ils sont nécessaires à l'examen d'une demande, et qui ne résulte d'aucune disposition impérative, sera contrôlée[147]. Le juge ne contrôlera pas non plus le document correspondant à une impression d'un support visuel diffusé au sein d'un groupe de travail consacré à la présentation d'une procédure d'évaluation, auquel il n'ajoute rien[148], ni une instruction ne concernant que le fonctionnement interne à l'administration[149].

482. – Étendue du contrôle. Lorsque le document est contrôlable, le juge administratif doit « examiner les vices susceptibles d'affecter la légalité du document en tenant compte de la nature et des caractéristiques de celui-ci ainsi que du pouvoir d'appréciation dont dispose l'autorité dont il émane. Le recours formé à son encontre doit être accueilli notamment s'il fixe une règle nouvelle entachée d'incompétence,

(134) CE, sect., 12 juin 2020, n° 418142, *GISTI : Lebon*. Dernièrement CE, 9e et 10e ch. réunies, 10 févr. 2023, n° 461486.

(135) CE, sect., 12 juin 2020, *GISTI*, préc. – CE, 9e et 10e ch. réunies, 24 févr. 2021, n° 437277. – CE, 1re et 4e ch. réunies, 22 mars 2021, n° 438202. – CE, 1re ch., 31 mars 2021, n° 428029. – CE, 1re et 4e ch. réunies, 19 mai 2021, n° 438909. – CE, 6e et 5e ch. réunies, 21 juin 2021, n° 428321. – CE, 3e et 8e ch. réunies, 22 oct. 2021, n° 440210. – CE, 3e et 8e ch. réunies, 22 oct. 2021, n° 442620. – CE, 5e ch., 15 juill. 2022, n° 458208.

(136) CE, 6e et 5e ch. réunies, 10 juill. 2020, n° 436954. – CE, 1re ch., 22 juill. 2021, n° 441591. – CE, 7e ch., 14 oct. 2022, n° 459907 (fiche pratique). – CE, 6e ch., 29 nov. 2022, n° 448176. – CE, 7e et 2e ch. réunies, 19 déc. 2022, n° 461923 : *Lebon*.

(137) CE, 10e ch., 29 juill. 2021, n° 440159. – CE, 10e et 9e ch. réunies, 8 avr. 2022, n° 452668 : *Lebon*. – CE, 9e et 10e ch. réunies, 3 févr. 2023, n° 451052.

(138) CE, 3e et 8e ch. réunies, 22 oct. 2021, n° 440210.

(139) CE, 6e et 5e ch. réunies, 23 sept. 2021, n° 441255.

(140) CE, 10e et 9e ch. réunies, 10 juin 2021, n° 444849 : *Lebon* (schéma national du maintien de l'ordre).

(141) CE, 8e et 3e ch. réunies, 12 mars 2021, n° 442284. – CE, 4e ch., 14 mars 2022, n° 441041.

(142) CE, 8e et 3e ch. réunies, 23 oct. 2020, n° 442224.

(143) CE, 10e et 9e ch. réunies, 22 déc. 2020, n° 439996 (confinement).

(144) CE, ord. réf., 24 déc. 2020, n° 447374.

(145) CE, 3e ch., 7 mars 2022, n° 441583.

(146) CE, 5e et 6e ch. réunies, 21 juill. 2022, n° 449388. – CE, 4e ch., 23 déc. 2022, n° 453205. – CE, 9e et 10e ch. réunies, 10 févr. 2023, n° 460448.

(147) CE, 2e et 7e ch. réunies, 16 oct. 2020, n° 429283.

(148) CE, ord. réf., 5 juill. 2021, n° 453401.

(149) CE, 6e ch., 29 nov. 2022, n° 453340.

si l'interprétation du droit positif qu'il comporte en méconnaît le sens et la portée ou s'il est pris en vue de la mise en œuvre d'une règle contraire à une norme juridique supérieure »[150]. Dans le contexte particulier de l'exercice du droit de grève, il faudra appliquer ici les solutions dégagées dans le cadre de la jurisprudence *Dehaene*.

b) Mise en œuvre en matière de gestion de la grève

483. - Dispositions contrôlables. Toute circulaire prise par le chef de service pendant ou à propos d'une grève ne doit donc pas être *ipso facto* considérée comme susceptible d'être contrôlée par le juge. Dans un certain nombre d'hypothèses, en pratique assez nombreuses, le chef de service se contentera de reprendre à son compte des éléments existants ou de suggérer des aménagements pratiques qui ne modifieront en rien les droits des agents. Dans cette hypothèse, le texte passera sans encombre le contrôle du juge, comme le montre une décision rendue le 3 juillet 2009 par le Conseil d'État[151].

Il s'agissait, dans cette affaire, d'un communiqué publié le 16 octobre 2007 sur le site intranet du ministère des Affaires étrangères et européennes, indiquant que les agents non grévistes qui rencontreraient des difficultés pour se rendre sur leur lieu de travail en raison des perturbations dans les transports en commun, pourraient soit décaler leurs heures d'arrivée et de départ dans le cadre normal des horaires variables, soit poser un jour d'absence. Le 20 novembre, un second communiqué était publié et concernait les conditions de délivrance d'autorisations d'absence en raison des perturbations prolongées dans les transports. Le ministère ayant refusé de retirer ces mesures, le syndicat CFDT du ministère des Affaires étrangères a demandé l'annulation des communiqués et de la décision de refus de les retirer, mais en vain.

Le Conseil d'État considère ici que les recours ne sont pas recevables.

Après avoir rappelé « que les fonctionnaires et les associations ou syndicats qui défendent leurs intérêts collectifs n'ont pas qualité pour attaquer les dispositions se rapportant à l'organisation ou à l'exécution du service sauf dans la mesure où ces dispositions porteraient atteinte à leurs droits et prérogatives ou affecteraient leurs conditions d'emploi et de travail », le Conseil d'État a examiné les mesures litigieuses et considéré qu'elles ne portaient pas atteinte aux droits et prérogatives des membres des corps dans l'intérêt desquels agissait le syndicat requérant.

Le règlement intérieur avait en effet pour seul objet de mettre en place un système automatisé de gestion des horaires et absences, et son annexe 2 se bornait à identifier les motifs d'absence susceptibles, au cas où les agents y ont droit en vertu des textes applicables, d'être utilisés dans le système automatisé, sans créer ou modifier quelque droit ou obligation que ce soit. Aucune disposition législative ou réglementaire ne prévoyait, par ailleurs, un régime spécifique pour les absences liées aux grèves de transport en commun.

2° Encadrement par le chef de service

484. - Jurisprudence *Dehaene*. Considérant que le législateur n'avait pas mis en place le cadre juridique d'exercice du droit de grève imposé par le Préambule de la Constitution de 1946, et pour assurer la continuité des services publics, le Conseil d'État a, en 1950 dans la décision *Dehaene*, considéré que « le gouvernement, responsable du bon fonctionnement des services publics, a la faculté de fixer la nature et l'étendue des limitations qu'il convient d'apporter à l'exercice du droit de grève », en vue d'en éviter un « usage abusif ou contraire aux nécessités de l'ordre public »[152].

485. - Applications ultérieures. L'adoption de la loi du 31 juillet 1963 imposant un préavis de cinq jours francs dans les services publics, et réglementant certaines

(150) CE, sect, 12 juin 2020, *GISTI*, préc. Tel n'était pas le cas dans cette affaire.
(151) CE, 2e et 7e ss-sect. réunies, 3 juill. 2009, n° 311291.
(152) CE, 7 juill. 1950, n° 01645, *Dehaene*, préc.

formes de la grève, n'a pas modifié l'appréciation d'ensemble portée par le Conseil d'État ; cette loi « qui ne traite que de points particuliers en matière de droit de grève » « ne saurait, comme l'indique d'ailleurs son exposé des motifs, constituer à elle seule l'ensemble de la réglementation du droit de grève annoncée par la Constitution »[153]. La même analyse a été reprise après l'intervention du législateur par la loi du 21 août 2007 pour encadrer plus strictement l'exercice du droit de grève dans les services publics de transport public terrestre de personnes[154]. La formule présente dans la décision *Dehaene* a été par ailleurs reprise en 1979 par le Conseil constitutionnel[155].

486. – Ajout d'une nouvelle justification. Le Conseil d'État a ajouté le 25 septembre 1996, dans sa décision *Mme B. c/ Directeur de la comptabilité publique*, que ces réquisitions pouvaient avoir, outre pour objectif d'en éviter un usage abusif ou contraire aux nécessités de l'ordre public, de préserver les « besoins essentiels de la Nation »[156].

a) Identification des autorités compétentes

487. – Services de l'État. Cette compétence est exercée, au sommet de la hiérarchie administrative, par le Premier ministre. Ce dernier peut même prévoir dans le décret de réquisition une condamnation pénale en cas de refus d'obtempérer[157].

Elle est également reconnue à chaque ministre pour les services relevant de son autorité[158], aux directeurs des différents services ministériels[159] et aux responsables

(153) CE, 4 févr. 1966, *Synd. national des fonctionnaires et agents du groupement des contrôles radio-électriques et a. : Lebon*, p. 80 ; *D.* 1966, 720, note J.-P. Gilli ; *JCP* 1966, II, 14802, note C. Debbasch ; *RDP* 1966, 324, concl. L. Bertrand. – CE, 22 nov. 1968, n° 72940 : *Lebon*. – CE, 21 oct. 1970, nos 65845, 66040 : *Lebon*. – CE, 5e et 3e ss-sect. réunies, 10 juin 1977, n° 97691. – CE, 3e et 5e ss-sect. réunies, 19 juin 1981, n° 13975, mentionné aux tables du recueil. – CE, 1re et 6e ss-sect. réunies, 15 mai 2006, n° 270171 : *JCP* S 2006, n° 1699, p. 33, note R. Vatinet. – CE, 11 juin 2010, n° 333262, *Synd. SUD RATP : AJDA* 2010, 1719, concl. F. Lenica ; *JCP* A 2011, 2218, note G. Terrien ; *Dr. soc.* 2010, p. 1099, note F. Duquesne ; *Constitutions* 2011, 255, obs. O. Le Bot.

(154) CE, 8e et 3e ss-sect. réunies, 1er déc. 2004, n° 260551, *Onesto : Lebon*, p. 447 ; *Dr. adm.* 2005, comm. 19, note Lombard ; *RDP* 2005, 1105, concl. Collin (RATP). – CE, 4e et 5e ss-sect. réunies, 8 mars 2006, n° 278999, *M. Onesto et a., P, P : RATP*. – CE, 2e et 7e ss-sect. réunies, 11 juin 2010, n° 333262, *RATP : Lebon* ; *AJDA* 2010, 1710, concl. F. Lenica ; *JCP* A 2011, 2218, G. Terrien ; *Dr. soc.* 2010, p. 1099, note F. Duquesne ; *Constitutions* 2011, 255, obs. O. Le Bot, à propos de la RATP et pour les « établissements publics ».

(155) Cons. const., 25 juill. 1979 : *D.* 1980, p. 101, note M. Paillet.

(156) CE, 25 sept. 1996, n° 149284 : *Lebon*, p. 351 ; *CFP* 1996, n° 151, p. 24.

(157) CE, 5 déc. 1941, n° 66054 A, *Sellier*. – CE, 10 nov. 1950, *Féd. nat. de l'éclairage et des forces motrices : Lebon*, p. 548. – CE, 24 févr. 1961, n° 40013 A, *Isnardon : AJDA* 1961, 204, chron. Galabert et Gentot ; *Dr. soc.* 1961, 357, note J. Savatier. – CE, 9 févr. 1966, n° 62467, *Féd. nat. de l'aviation civile : Lebon*, p. 101.

(158) CE, 14 mars 1956, *Hublin : Lebon*, p. 117. – CE, 28 nov. 1958, *Lépouse : Lebon*, p. 596 ; *RDP* 1959, 306, note M. Waline ; *D.* 1959, 262, note J.-L. Quermonne ; *AJDA* 1958, 128, chron. Combarnous et Galabert. – CE, 27 févr. 1998, req. n° 171055, *Synd. nat. des personnels de l'éducation surveillée* (garde des Sceaux limitant par avance l'exercice du droit de grève au sein des services de la protection judiciaire de la jeunesse). – CE, 17 juin 2009, n° 321897, *Synd. des enseignants UNSA et commune de Brest : Lebon* T., p. 806 ; *D.* 2009, 1831, obs. C. de Gaudemont (ministre de l'Éducation nationale).

(159) CE, 19 janv. 1962, *Bernardet : Lebon*, p. 49 ; *D.* 1962, 202, note C. Leclercq (directeur de la Météorologie nationale). – CE, 13 nov. 1992, n° 83177, *Synd. nat. des ingénieurs des études et de l'exploitation de l'aviation civile et a. : Lebon* T., p. 1063 (directeur général de l'aviation civile). – CE, 25 sept. 1996, n° 149284, *Min. Budget c/ Mme Emard : Lebon*, p. 351 (directeur de la comptabilité publique). – CE, 6 déc. 1996, n° 177948, *Synd. autonome des personnels de l'aviation civile : Lebon* T., p. 980 (directeur de la navigation aérienne). – CE, 15 mai 2006, *CFDT Finances et affaires économiques : JCP* S 2006, n° 1699, p. 33, note R. Vatinet (directeur général des douanes).

des différents services[160]. Ce pouvoir ne s'étend toutefois pas aux établissements publics relevant de la tutelle de ces ministères qui demeurent soumis au pouvoir de leur propre direction[161], sauf dispositions particulières[162].

488. - Illustrations. La décision *Dehaene* concernait les services de la préfecture d'Indre-et-Loire antérieurement à la loi du 11 février 1950, relative aux conventions collectives et aux procédures de règlement des conflits collectifs de travail, et à celle du 31 juillet 1963, relative à certaines modalités de la grève dans les services publicss[163]. La solution a été confirmée par la suite pour tous les services de l'État comme la RTF[164], les douanes[165], la navigation aérienne[166], la trésorerie générale[167], la protection judiciaire de la jeunesse[168], les renseignements généraux[169], et appliquée au personnel d'une commune[170], du service de la navigation de Nancy, mais également d'une chambre de commerce et d'industrie[171], d'un centre hospitalier[172], d'EDF-GDF avant sa privatisation[173], de la SNCF[174], de la RATP[175], mais aussi de la Banque de France[176].

Elle a également été confirmée dans une espèce singulière où était en cause une convention du 27 octobre 1956 entre la République française, la République fédérale d'Allemagne et le Grand-Duché de Luxembourg au sujet de la canalisation de la Moselle. Se référant à une circulaire ministérielle déterminant les catégories d'agents

(160) CE, 4 févr. 1981, *Féd. CFTC des personnels de l'Environnement : Lebon*, p. 45 ; *Dr. soc.* 1981, p. 412, concl. B. Genevois ; *AJDA* 1981, p. 543, obs. S.S. (chef du service de la navigation de Nancy).

(161) CE, 14 oct. 1977, *Synd. CGT du personnel des affaires sociales et a. : Lebon*, p. 383 ; *AJDA* 1978, jurispr. 228, n° 34, note J.-Y. Plouvin (annulation d'une circulaire du ministre de la Santé relative à l'exercice du droit de grève dans les services hospitaliers). – CE, 1er déc. 2004, *M. Onesto et a. : Lebon*, p. 446 ; *Dr. adm.* 2005, n° 19, note M. Lombard ; *RDP* 2005, 1087, étude R. Noguellou (annulation d'une circulaire du Premier ministre, du ministre de l'Équipement et du secrétaire d'État aux Transports et à la Mer instaurant un service minimum en cas de grève à la RATP, cette compétence appartenant aux seuls organes dirigeants de cet établissement public).

(162) CE, 23 oct. 1964, *Féd. des syndicats chrétiens des cheminots : Lebon*, p. 484.

(163) Pour d'autres préfectures : CE, 14 févr. 1951, 2 arrêts : *Lebon*, p. 91 et 93.

(164) CE, ass., 4 févr. 1966 : *Lebon*, p. 82 ; *RDP* 1966, p. 324, concl. Bertrand ; *D.* 1966, p. 720, 2e esp., note J.-P. Gilli ; *JCP* G 1966, II, 14802, 2e esp., note Ch. Debbasch.

(165) CE, 1re et 6e ss-sect. réunies, 15 mai 2006, n° 270171 : *JCP* S 2006, n° 1699, p. 33, note R. Vatinet.

(166) CE, 26 oct. 1960 : *Dr. soc.* 1961, p. 100, concl. Fournier. – CE, 19 janv. 1962 : *D.* 1962, 202, note Cl. Leclercq. – CE, 8 nov. 1989 : *Lebon* T., p. 750 ; *D.* 1992, somm., p. 155, obs. D. Chelle et X. Prétôt (grève pendant le salon du Bourget).

(167) CE, 25 sept. 1996, n° 149284, *Min. Budget c/ Mme Hémard : Lebon*, p. 351.

(168) CE, 27 févr. 1998, n° 171055.

(169) CE, 7e et 2e ch. réunies, 27 avr. 2021, n° 440254. Les mesures de réquisition des personnels de la PJJ en cas de grève ont servi de modèle à celles adoptées dans le cadre de la crise sanitaire provoquée par le virus de la Covid-19, sans que cela soit admis par le Conseil d'État comme la preuve d'un détournement de pouvoir : CE, 6e ch., 2 nov. 2022, n° 441058.

(170) CAA Marseille, 2e ch., 13 déc. 2005, n° 01MA00258, *Cne de Béziers*. – CE, 4e et 5e ss-sect. réunies, 6 juill. 2016, n° 390031 (note de service du secrétaire général de la Ville de Paris du 23 mars 2015 relative aux modalités d'exercice du droit de grève dans les équipements sportifs de la ville de Paris : censurée car excessive).

(171) CE, 12 mai 1989, *Union des chambres de commerce et établissements gestionnaires d'aéroport : Lebon* T., p. 750 ; *Dr. soc.* 1989, p. 669, concl. P. Frydman.

(172) CE, 30 nov. 1998, n° 183359, *Mme Rosenblatt : Lebon* T.

(173) CE, 17 mars 1997 : *Lebon*, p. 89 ; *Dr. soc.* 1997, 534, note J.-E. Ray. Cass. soc., 18 juill. 2000, n° 98-44.427.

(174) CE, 30 avr. 1997, n° 178809, *Mme Tripet : Lebon* T. ; *JCP* 1997, II, 22905, concl. C. Maugüé.

(175) CE, 11 juin 2010, n° 333362, *Synd. SUD-RATP : AJDA* 2010, 1719, concl. F. Lenica ; *Dr. soc.* 2010, p. 1099, note F. Duquesne ; *Constitutions* 2011, 255, obs. O. Le Bot.

(176) Banque de France : CE, ord. réf., 3 févr. 2020, n° 437751.

tenus de rester à leur poste en période de grève, le chef de service de la navigation de Nancy avait en effet interdit l'exercice du droit de grève aux agents chargés de la manœuvre des écluses de la section internationale de la Moselle. Le Conseil d'État a prononcé l'annulation de cette note en considérant, en premier lieu, qu'aucune stipulation de la convention ne faisait obligation aux États signataires d'interdire le droit de grève aux agents publics assurant le maniement des installations nécessaires à la navigation sur la section internationale de la Moselle, en second lieu, qu'une grève des agents chargés de la manœuvre des écluses de la section internationale de la Moselle ne mettrait pas nécessairement en péril « soit la conservation des installations et des matériels, soit le fonctionnement d'un service dont la continuité est indispensable à l'action gouvernementale ou à l'ordre public »[177].

489. - Collectivités territoriales. Dans les collectivités territoriales, c'est l'autorité exécutive qui est compétente pour encadrer l'exercice du droit de grève des agents territoriaux[178].

490. - Établissements publics. Dans les établissements publics, ce pouvoir est réservé aux seuls organes dirigeants agissant en vertu de leurs pouvoirs généraux d'organisation des services placés sous leur autorité[179]. La solution est la même s'agissant des entreprises privées chargées d'une mission de service public[180].

491. - Modalités de la réglementation. Ces différentes autorités sont également compétentes, chacune à leur niveau, pour mettre en œuvre par voie de circulaire le cadre défini notamment par le législateur, à condition de ne pas ajouter ou retrancher aux dispositions légales[181].

b) Justification des mesures

1) Nécessité de l'ordre public

492. - Contenu de l'ordre public. L'ordre public doit être entendu classiquement ici ; il s'agira par exemple d'assurer la sécurité des installations[182], ou de la population.

(177) CE, 4 févr. 1981, n° 18482 A, *Féd. CFTC des personnels de l'Environnement… et Synd. gén. de l'Équipement CFTC : AJDA* 1981, 543, obs. Salon ; *D.* 1981, IR, p. 286, obs. P. Delvolvé ; *Dr. soc.* 1981, 412, concl. Genevois.

(178) CE, 9 juill. 1965, *Pouzenc : Lebon*, p. 421 ; *D.* 1966, 720, note J.-P. Gilli ; *JCP* G 1967, II, 15058, 2e esp., note H. Sinay (maire).

(179) CE, 4 févr. 1966, *Synd. unifié des techniciens de la RFT : Lebon*, p. 82 ; *RDP* 1966, 324, concl. Bertrand ; *D.* 1966, p. 720, 2e esp., note J.-P. Gilli ; *JCP* G 1966, II, 14802, 2e esp., note Ch. Debbasch (directeur général de la RTF). – CE, 7 janv. 1976, *CHR d'Orléans : Lebon*, p. 10 (directeur général d'un hôpital). – CE, 20 avr. 1977, *Synd. des cadres et agents de maîtrise de l'Aéroport de Paris : Lebon*, p. 175 (directeur d'Aéroport de Paris). – CE, 17 mars 1997, n° 160684, *M. Hotz et a. : Lebon*, p. 89 ; *CJEG* 1997, 264, concl. M. Combrexelle, note J.-Ph. Papin ; *AJDA* 1997, 533, note Bellanger et Darcy (directeur d'« EDF-GDF services »). – CE, 2e et 7e ss-sect. réunies, 11 juin 2010, n° 333262, *RATP : Lebon* ; *AJDA* 2010, 1710, concl. F. Lenica ; *JCP* A 2011, 2218, G. Terrien ; *Dr. soc.* 2010, p. 1099, note F. Duquesne ; *Constitutions* 2011, 255, obs. O. Le Bot (PDG de la RATP).

(180) CE, ass., 12 avr. 2013, n° 329570, *Féd. FO Énergie et Mines : Lebon*, p. 94 ; *AJDA* 2013, 1052, chron. X. Domino et A. Bretonneau ; *Dr. soc.* 2013, 608, note P.-Y. Gahdoun ; *RFDA* 2013, 637, concl. F. Aladjidi ; *ibid.* 663, chron. A. Roblot-Troizier et G. Tusseau ; *Dr. adm.* 2013, n° 59, note Éveillard ; *JCP* A 2013, 2308, note H. Pauliat (EDF). Lire égal. B. Schmaltz, *La distinction entre la réquisition de grévistes par une autorité de police et par un chef de service : JCP* A 2015, 2130.

(181) CE, 3e et 5e ss-sect. réunies, 31 juill. 1996, *Synd. nat. de radiodiff. et de tél. : JCP* G 1996, II, 22735, concl. J.-H. Stahl.

(182) CE, 29 déc. 1995 : *RJS* 1996, n° 282.

493. - Sécurité. L'impératif de sécurité est au fondement du service minimum institutionnalisé en cas de grève dans certains services publics. Tel est le cas de Météo-France dont la création résulte du décret n° 93-861 du 18 juin 1993. Son article 2 décrivant ses missions et leur caractère « essentiel » pour le pays[183], la direction a arrêté depuis plusieurs années une note de service fixant le cadre du service minimum en cas de grève[184]. Cette circulaire détermine ainsi les « 3. Fonctions devant être assurées de façon continue à Météo-France quelle que soit la situation météorologique », ainsi des « 4. Fonctions pouvant faire l'objet d'assignations particulières compte tenu de la situation météorologique ». Le texte précise également la « 4.2. Procédure de notification des assignations ».

C'est également en se fondant sur un impératif de sécurité qu'a été justifiée la réquisition par le maire d'une commune de Nouvelle-Calédonie de quatorze sapeurs-pompiers, dès lors que la sécurité des personnes devait impérativement être assurée par des professionnels lors de la retraite aux flambeaux et du feu d'artifice de la fête nationale qui avait lieu le soir même[185].

2) Besoins essentiels du pays

494. - Origines. Dans l'affaire qui a donné lieu à la décision fondatrice *Mme B. c/ Directeur de la comptabilité publique* du 25 septembre 1996, il s'agissait d'« assurer la paye des agents de l'État du mois d'octobre 1989 »[186]. Ultérieurement, le Conseil d'État a validé des mesures destinées à assurer la « continuité du service dans les salles de réveil des blocs opératoires »[187], la fourniture d'électricité[188], la « conservation des réserves en or de l'État »[189], ou encore la capacité des services départementaux d'incendie et de secours (SDIS) à exercer des missions qui répondent à un besoin essentiel de la population[190]. Dans le même esprit que la décision de 1996 qui concernait la paye des fonctionnaires, le tribunal administratif de Rouen a considéré comme un « besoin essentiel » le versement des prestations sociales et des minima sociaux[191]. Les tribunaux n'hésitent pas non plus à valider des réquisitions pour permettre aux collégiens et lycéens de passer les épreuves du brevet et du bac[192].

(183) Al. 2 : « Il exerce les attributions de l'État en matière de sécurité météorologique des personnes et des biens. À ce titre, il assure, conformément aux dispositions réglementaires en vigueur et s'il y a lieu dans le cadre de conventions, la satisfaction des besoins exprimés, notamment par les services chargés en métropole et outre-mer de la sécurité civile, de la prévention des risques majeurs et de la sûreté nucléaire. (…) ». Al. 3 : « Il assure de même, dans les domaines de sa compétence, la satisfaction des besoins du ministère de la défense ».

(184) « Assurer la continuité du service public au sein de Météo-France en cas de grève », Référence : MF_MO_GRH_Continuite_service_greve Date de mise en application : 15 mai 2018 Version 3.

(185) TA Nouvelle-Calédonie, 2 mars 2000, n°s 9900345 et 9900346 : *AJFP* 2000, n° 6, p. 93, comm. Mekhantar.

(186) CE, 25 sept. 1996, n° 149284, *Min. Budget c/ Mme Hémard : Lebon*, p. 351.

(187) CE, 8e et 9e ss-sect. réunies, 30 nov. 1998, n° 183359 : *Lebon* T.

(188) CE, ass., 12 avr. 2013, n° 329570, *Féd. Force Ouvrière Énergie et mines et a. : Lebon*, p. 94 ; *AJDA* 2013, 1052, chron. X. Domino et A. Bretonneau ; *Dr. soc.* 2013, 608, note P.-Y. Gahdoun ; *RFDA* 2013, 637, concl. F. Aladjidi ; *ibid.* 663, chron. A. Roblot-Troizier et G. Tusseau ; *Dr. adm.* 2013, n° 59, note Éveillard ; *JCP* A 2013, 2308, note H. Pauliat.

(189) CE, ord. réf., 3 févr. 2020, n° 437751.

(190) CE, 5 févr. 2020, n° 438093.

(191) TA Rouen, 22 oct. 1999, n°s 96181-96190 A.

(192) TA Versailles, 18 juin 2004, n° 0303641, *K. : LIJMEN* 2004, n° 88, p. 18 ; *LIJMEN* 2004, n° 90, p. 12 ; *LIJMEN* 2004, n° 92, p. 12. – TA Rennes, 1er juill. 2004, n° 02885, *Synd. intercnal Morbihan : AJFP* janv. 2005,

495. – Extension aux organismes privés responsables d'un service public. Cette jurisprudence a été étendue aux « organismes de droit privé responsables d'un service public » dans une affaire concernant EDF et pour préserver les besoins essentiels du pays[193].

Le premier volet de cette décision remonte à 2009 lorsque la question avait été posée au juge des référés du Conseil d'État qui, dans le cadre d'un référé-liberté, avait rejeté les requêtes en suspension des notes portant réquisition de grévistes pour assurer la maintenance de centrales nucléaires[194].

Le second volet, au fond cette fois et concernant la légalité même de ces notes, fut l'objet d'une décision d'assemblée rendue le 12 avril 2013 et qui confirma les premières analyses[195].

Au début du printemps 2009, dix-sept des cinquante-huit réacteurs du parc nucléaire géré par EDF étaient arrêtés pour la réalisation d'opérations de maintenance et de renouvellement du combustible usagé, conformément à la programmation pluriannuelle de ces opérations. Des mouvements de grève avaient affecté, à compter du 9 avril 2009, les réacteurs ainsi placés à l'arrêt, entraînant un décalage important dans les opérations nécessaires à leur redémarrage. À la date du 15 juin 2009, les opérations de maintenance et de renouvellement du combustible étaient encore bloquées, du fait de la poursuite de la grève, pour huit réacteurs. Par décision du 15 juin 2009, le directeur général délégué d'EDF avait décidé que seraient requis, sous peine de sanctions disciplinaires, certains des salariés chargés de ces opérations perturbées par les mouvements de grève. En application de cette décision, le même jour, le directeur « optimisation amont aval et trading » d'EDF avait demandé la disponibilité au plus tôt, à la sollicitation du réseau électrique des réacteurs nucléaires Cattenom 1, Dampierre 1, Dampierre 4, Cruas 1, Paluel 1 et Bugey 3. Par des notes du 15 juin 2009, le directeur général adjoint « production et ingénierie » avait transmis aux directeurs des centres nucléaires de production d'électricité concernés les décisions du directeur général délégué et du directeur « optimisation amont aval et trading ».

Divers syndicats ont demandé l'annulation de ces décisions et notes, l'un d'entre eux demandant en outre l'annulation des décisions individuelles réquisitionnant les salariés d'EDF.

Le Conseil d'État précise que le pouvoir de requérir des grévistes appartient également à « un organisme de droit privé responsable d'un service public ». Il observe qu'il résulte des termes de l'article 1er de la loi du 10 février 2000 relative à la modernisation et au développement du service public de l'électricité « que la garantie de l'approvisionnement sur l'ensemble du territoire national constitue l'objet du service public de l'électricité, qui doit répondre notamment, dans des considérations de sécurité suffisantes, aux besoins essentiels des consommateurs » et « qu'à la date des décisions attaquées, le parc de production nucléaire contribuait à hauteur de près de 80 % à la production de l'électricité en France, le fonctionnement des centres nucléaires de production d'électricité implantés sur le territoire national apportant ainsi une contribution indispensable à l'approvisionnement sur le territoire métropolitain ». Le Conseil d'État en conclut donc « que les organes dirigeants de la société EDF sont, dès lors, compétents, (…) pour déterminer les limitations à apporter au droit de grève de ses agents, sans préjudice des dispositions de l'article L. 2215-1 du Code général des collectivités territoriales définissant les pouvoirs de réquisition du représentant de l'État dans le département et de l'article 21 de la loi du 10 février 2000 concernant les pouvoirs du ministre chargé de l'énergie en cas d'atteinte grave et immédiate à la sécurité et à la sûreté des réseaux publics de transport et de distribution d'électricité, et nonobstant les clauses du contrat de service public signé le 24 octobre 2005 entre l'État et Électricité de France, qui, en tout état de cause, a un caractère exclusivement contractuel et ne

p. 46. – TA Besançon, 21 juin 2012, n° 1100029, *SNPTES-UNSA c/ Recteur académie : LIJMEN* déc. 2012, n° 170, p. 8 (informaticiens du rectorat).

(193) Sur ces besoins, V. *supra*, n° 494.

(194) CE, ord. réf., 7 juill. 2009, n° 329284. – CE, ord. réf., 15 juill. 2009, n° 329526.

(195) CE, ass., 12 avr. 2013, n° 329570, préc.

peut être utilement invoqué dans le présent litige d'excès de pouvoir ». Les « dirigeants de la société Électricité de France avaient compétence pour édicter les règles applicables, en cas de poursuite de la grève, aux agents dont la présence à leur poste était indispensable au redémarrage des réacteurs dont l'interruption prolongée du fonctionnement aurait porté atteinte aux besoins essentiels du pays ».

Pour apprécier la légalité des mesures adoptées par EDF, le Conseil d'État procède en deux temps.

Il se livre d'abord à une analyse de la situation de la production d'électricité menacée par les grèves. Il commence par observer que si « les dirigeants de la société EDF sont compétents, dans les conditions mentionnées aux points 3 et 4, pour déterminer les limitations à apporter au droit de grève de ses salariés travaillant dans les centres nucléaires de production d'électricité en vue d'en éviter des conséquences graves dans l'approvisionnement du pays en électricité, c'est dans la mesure où les solutions alternatives à l'exercice d'un tel pouvoir font défaut ». Il considère « qu'il y a lieu ainsi, compte tenu du caractère non directement substituable de l'énergie électrique, de ses caractéristiques physiques en vertu desquelles elle ne peut être stockée en quantité importante et des contraintes techniques du fonctionnement des centres nucléaires de production d'électricité, de rechercher préalablement la possibilité de mettre en œuvre d'autres moyens de production, de recourir aux capacités d'importation des réseaux transfrontières ou de faire appel à la diminution volontaire ou contractuelle de la demande d'électricité ». Le Conseil d'État prend également en considération les « analyses prévisionnelles de l'équilibre entre offre et demande d'électricité en France établies par la société RTE, gestionnaire du réseau public de transport ». Il observe enfin « que les mouvements de grève (…) ont entraîné des retards dans les opérations de maintenance et de renouvellement du combustible usagé de huit réacteurs nucléaires, qui, à la date du 15 juin 2009, faisaient craindre à juste titre, au vu des informations et des prévisions météorologiques alors disponibles, que ni les capacités de production électrique françaises mobilisables, ni les importations possibles, ni la mise en œuvre des procédures de diminution volontaire ou contractuelle de la demande d'électricité, qui relevaient chacune, en l'espèce, pour l'essentiel de la société EDF, ne permettent au gestionnaire du réseau public de transport de préserver, à la mi-juillet, l'équilibre entre la demande et l'offre d'électricité avec la marge de sécurité minimale indispensable, de telle sorte que toute nouvelle dégradation de la disponibilité du parc de production nucléaire aurait alors directement menacé la garantie de l'approvisionnement en électricité ».

Le Conseil d'État analyse ensuite le comportement des grévistes pour déterminer si la réquisition était la seule mesure à même de permettre une poursuite suffisante de l'activité des centrales, et observe que « les dirigeants de la société EDF, après avoir vainement adressé des sommations interpellatives aux représentants des syndicats de salariés ayant déposé des préavis de grève, ont décidé que seraient requis les salariés dont l'intervention était strictement nécessaire à la bonne exécution, pour six des huit réacteurs encore affectés par les mouvements de grève, dix semaines après leur déclenchement et alors qu'ils étaient périodiquement reconduits, des opérations destinées à permettre le redémarrage de ces réacteurs dans les meilleurs délais ; que le dispositif contesté, mis en place par la direction de la société EDF par les décisions attaquées, n'a eu ni pour objet ni pour effet de contraindre l'ensemble des personnels concernés à remplir un service normal, mais seulement de répondre de la continuité des fonctions indispensables pour assurer la remise en service des réacteurs arrêtés et éviter, en l'absence de solution alternative, des conséquences graves dans l'approvisionnement du pays en électricité ».

Le Conseil d'État a été également amené à se prononcer, toujours dans le cadre d'une procédure de référé-liberté, sur la demande d'un restaurateur nantais qui souhaitait que la métropole de Nantes soit condamnée à réquisitionner des grévistes pour assurer le ramassage des ordures, en se fondant sur « le droit de vivre dans un environnement équilibré et respectueux de la santé ». Dans une décision du 29 mars 2023, leur requête a été rejetée en appel par le juge des référés du Conseil d'État, pour qui, « en dépit des multiples et regrettables désagréments qu'occasionne cette grève pour sa conjointe et lui-même, l'existence, à la date de la présente ordonnance, d'une situation d'urgence impliquant qu'une mesure visant à sauvegarder le droit de vivre dans un environnement équilibré et respectueux de la santé doive être prise dans un délai de quarante-huit heures, n'est pas établie ». Le Conseil d'État avait en effet relevé qu'il ne ressortait pas du dossier « notamment des photographies produites en première instance et en appel, que, depuis le déclenchement de la grève des éboueurs à Nantes et à la date de la présente ordonnance, les déchets issus de l'exploitation du commerce du requérant et qu'il entrepose à une dizaine de mètres de l'entrée de celui-ci seraient susceptibles de rendre dangereuse la circulation des piétons, d'entraver l'accès à l'établissement ou d'en détourner la clientèle potentielle en raison des nuisances visuelles et olfactives qu'ils provoquent. Il ressort à cet égard des énonciations non contestées sur ce point de l'ordonnance attaquée que les services de Nantes métropole procèdent à des opérations ponctuelles de ramassage, dont il a lui-même bénéficié en cours d'instance devant le juge des référés du tribunal administratif. En outre, si l'accumulation d'ordures ménagères entre deux opérations d'enlèvement est de nature à provoquer une recrudescence des rats, le requérant ne fait pas état de la présence de nuisibles à l'intérieur de son établissement ni n'indique en quoi la présence nocturne de ces derniers aux alentours affecterait de façon grave et immédiate ses intérêts. Il ne ressort pas davantage du dossier que le site litigieux serait particulièrement exposé au risque d'incendies susceptibles d'être provoqués en marge de manifestations organisées dans le cadre du mouvement social en cours, ni que l'embrasement des poubelles serait susceptible d'affecter le restaurant. Enfin, le requérant ne produit pas d'élément actualisé sur les conséquences sanitaires de la grève des éboueurs ni d'élément circonstancié concernant l'incidence, sur la santé fragile de son épouse ou sur la sienne, d'une accumulation de déchets aux abords de son restaurant »[196].

c) Proportionnalité des atteintes au droit de grève

1) Services concernés

496. – Prohibition des interdictions générales. Le pouvoir d'encadrement ne peut conduire à une interdiction d'exercice pure et simple du droit de grève, qui serait par principe disproportionnée[197].

497. – Exigence de proportionnalité. L'exigence de proportionnalité suppose que le chef de service ne puisse pas assurer la continuité de l'activité à l'aide des seuls non-grévistes[198] et qu'aucune autre alternative ne soit possible[199]. Le fait que les syndicats proposent de désigner les grévistes requis ne doit toutefois pas entrer en ligne de compte[200]. Lorsqu'un agent aura prévenu, quatre jours avant le déclenchement du conflit, son chef de service de son intention de s'y associer, ce dernier disposera du temps nécessaire pour modifier le tableau de service et affecter sur son poste un agent non gréviste ; l'atteinte au droit de grève de l'agent réquisitionné apparaîtra alors comme disproportionnée[201].

(196) CE, ord. réf., 29 mars 2023, n° 472424.

(197) CE, 7 juill. 1950, *Dehaene*, préc. – CE, 28 nov. 1958 : *D.* 1959, 263, note C. Eisenmann.

(198) CE, 9 juill. 1965, *Pouzenc : Lebon*, p.421 ; *D.* 1966, 720, note J.-P. Gilli ; *JCP* G 1967, II, 15058, 2e esp., note H. Sinay.

(199) CE, 12 avr. 2013, préc.

(200) CE, 25 sept. 1996, n° 149284, *Min. Budget c/ Mme Emard et a. : Lebon*, p. 351.

(201) CAA Paris, 9e ch., 20 janv. 2023, 20PA03684.

2) Personnels concernés

498. – Limitation. Les mesures doivent être strictement circonscrites au personnel nécessaire à la continuité du service public. C'est à l'administration, seule responsable de la bonne marche des services publics, qu'il appartient de déterminer, lorsqu'elle procède à une réquisition, les catégories de personnels indispensables à la satisfaction des besoins essentiels du public, sous le contrôle du juge[202].

499. – Illustrations. C'est ainsi qu'il a été jugé qu'étaient valables les réquisitions concernant les agents occupant des emplois indispensables au fonctionnement normal des services de sécurité aérienne[203], les gardiens des passages à niveau de la SNCF[204] ou les sapeurs-pompiers[205], les chefs de bureaux dans leur ensemble d'une administration centrale en considération de la nature de leur mission[206], le personnel nécessaire pour assurer le fonctionnement des services d'information à destination de la métropole, des territoires d'outre-mer et des pays étrangers[207].

S'agissant des fonctionnaires d'autorité et leurs collaborateurs, le Conseil d'État a validé par le passé la réquisition, dans les préfectures, des attachés principaux et attachés occupant des emplois de chef de bureau du cabinet, du chef de bureau du courrier et de la coordination, du chef du bureau spécialisé de défense nationale des préfectures, ainsi que des fonctionnaires de toute catégorie affectés au cabinet du préfet et, dans les sous-préfectures, des fonctionnaires chargés des fonctions de secrétaire en chef[208], des agents des services du Groupement des contrôles radioélectriques[209], mais pas les mécanographes du ministère de l'Intérieur[210] ni les sous-chefs de bureau[211].

500. – Réalisme de l'appréciation. L'appréciation se réalise au cas par cas au regard des responsabilités réelles des agents ou salariés concernés, et non de leur catégorie professionnelle d'appartenance. Ainsi, des fonctionnaires ne peuvent être considérés comme participant à l'action gouvernementale du seul fait qu'ils appartiennent à un corps de catégorie A[212].

501. – Nombre d'agents requis. La réquisition ne doit porter que sur le nombre d'agents strictement indispensables pour assurer la continuité de l'activité[213]. La réquisition de l'ensemble des personnels d'un même service sera généralement

(202) Cass. crim., 2 févr. 1956, *Cros : D.* 1956, 678, note Maynier.

(203) CE, 26 oct. 1960, n°s 38367-38368 A, *Synd. gén. de la navigation aérienne : Dr. soc.* 1961, 100, concl. Fournier.

(204) CE, ass., 23 oct. 1964, n° 56194 A, *Féd. des synd. chrétiens de cheminots : RDP* 1964, 1210, concl. Bertrand ; *AJDA* 1964, 682, chron. Puybasset et Puyssochet ; *JCP* 1965, II, 14271, note Belorgey.

(205) CE, 5 févr. 2020, n° 438093.

(206) CE, 22 nov. 1968, Synd. chrétien de l'administration centrale des affaires sociales : Lebon, p. 583.

(207) CE, 14 mars 1956, *Sieur Hublin : Lebon*, p. 117.

(208) CE, 16 déc. 1966, Synd. nat. des fonctionnaires et agents des préfectures et sous-préfectures de France et d'Outre-mer : Lebon, p. 662 ; D. 1967, p. 105, note J.-P. Gilli.

(209) CE, ass., 4 févr. 1966, n°s 62479-62495 A, Synd. nat. des fonctionnaires et agents du Groupement des contrôles radioélectriques, Sieurs Paul et Longin.

(210) CE, 10 juin 1959 : *Lebon*, p. 354.

(211) TA Paris, 17 janv. 1962 : *Rev. adm.* 1963, p. 45.

(212) CE, 28 nov. 1958, *Lepouse : Lebon*, p. 596 ; *D.* 1959, 263, note J.-L. Quernonne.

(213) CAA Lyon, 3e ch., 17 juin 2021, n° 19LY01012 : *AJFP* 2022, 43 : en désignant vingt personnes pour assurer la continuité du service, la commune a mobilisé un nombre d'agents « supérieur aux effectifs cibles » pour assurer un fonctionnement normal « et, plus encore », supérieur « aux effectifs minimum définis par l'EHPAD » pour assurer la sécurité des résidents.

suspecte et considérée comme excessive[214], sauf s'il apparaît que tout le personnel était indispensable au bon fonctionnement du service, ce qui sera le cas par exemple d'un service d'urgences hospitalières[215].

502. – Réquisition personnelle. Lorsque la réquisition est personnelle, l'acte de désignation doit indiquer les motifs de fait qui imposent la présence personnelle d'un agent à son poste en période de grève[216]. Lorsqu'il a été valablement notifié au domicile de l'agent concerné en son absence, et dès lors que son destinataire n'a pas contesté en avoir eu connaissance, il s'expose à une sanction disciplinaire s'il ne défère pas à l'ordre[217]. L'autorité publique, ou l'employeur, devra prononcer formellement cette sanction disciplinaire[218].

3) Activités concernées

503. – Interdiction de l'obligation de se présenter à son poste pour se déclarer gréviste. Les mesures imposées aux agents doivent être proportionnées, ce qui n'est pas le cas de l'obligation faite de se présenter à son poste avant de se déclarer gréviste. La cour administrative de Marseille a en effet jugé que constitue une atteinte excessive au droit de grève des sapeurs-pompiers professionnels et agents de service, le fait de procéder à un recensement des personnels grévistes avant le début du mouvement de grève, en vue de constituer le service minimum prioritairement avec des personnels non grévistes, et de demander aux agents devant prendre leur garde les jours de grève de faire part, quarante-huit heures à l'avance, de leur intention de participer au mouvement, en se présentant en personne au chef de centre ou en adressant un courriel[219].

504. – Validité de la déclaration à la prise de service. Le chef de service peut en revanche imposer aux agents grévistes de se déclarer dès leur prise de service, comme cela a été admis par le Conseil d'État dans une décision en date du 6 juillet 2016. Mais il est excessif d'imposer aux agents de se mettre en grève dès le commencement du préavis collectif, car cela prive de manière disproportionnée l'agent de la liberté de rejoindre le mouvement à tout moment[220].

À l'occasion d'un conflit social opposant la Ville de Paris à ses agents employés dans les équipements sportifs de la ville, le secrétaire général de la Ville de Paris avait, par une note de service du 23 mars 2015, imposé à tous les agents travaillant dans ces équipements, d'une part, de se déclarer grévistes au moins quarante-huit heures avant le début de la grève fixée dans le préavis, en précisant la durée de la cessation de leur activité, et, d'autre part, d'exercer leur droit de grève à leur prise de service.

En imposant aux agents employés dans les équipements sportifs de la ville qui entendent exercer leur droit de grève de le faire à leur prise de service, le secrétaire général de la Ville de Paris avait ainsi entendu prévenir les risques de désordres résultant notamment, en cas d'exercice du droit de grève en cours de service, de l'obligation d'évacuer de ces équipements le public qui y aurait déjà pénétré, ce qui semblait légitime.

(214) TA Rennes, 1er juill. 2004, n° 02285, *Synd. intercommunal Morbihan : AJFP* janv.-févr. 2005, p. 46 (crèche). – CAA Lyon, 17 juin 2021, n° 19LY01016, *M. H.* (EHPAD).

(215) CAA Lyon, 6e ch., 16 mars 2023, n° 21LY02696.

(216) TA Paris, 8 juin 1989, n° 68523375, *M. Serge Bourgin*.

(217) TA Strasbourg, 21 mars 1978, n° 30076, *Sieur Berger*.

(218) Paris, 23 mars 1993, n° 92PA00203 B.

(219) Grève des sapeurs-pompiers professionnels : CAA Marseille, 6 juin 2017, n° 15MA01034, *Synd. autonome des sapeurs-pompiers professionnels du Gard : AJDA* 2017, 1597 ; *AJFP* 2018, 58, et les obs.

(220) CE, 6 juill. 2016, n° 390031, *Synd. CGT des cadres parisiens des services publics territoriaux : Lebon* ; *AJDA* 2016, 1421 ; *AJFP* 2017, 34, et les obs. (agents des piscines municipales).

Pour le Conseil d'État, en imposant à chaque agent employé dans les équipements sportifs de la ville de se déclarer gréviste, non pas quarante-huit heures avant la date à laquelle il entend personnellement participer à un mouvement de grève, mais quarante-huit heures avant le début de la grève fixé dans le préavis, la note attaquée apportait au droit de tout agent de rejoindre un mouvement de grève déjà engagé, des restrictions qui excèdent ce qui est nécessaire pour prévenir un usage abusif de la grève dans les établissements sportifs de la Ville de Paris et qui ne sont justifiées ni par les nécessités de l'ordre public ni par les besoins essentiels du pays.

4) Durée des mesures

505. - **Limites.** La durée des réquisitions doit également être strictement cantonnée dans le temps. Mais une fois le salarié requis, ce dernier est fondé à demander à terminer son service[221].

SECTION 2 LE DÉROULEMENT DE LA GRÈVE

506. - **Secteur privé.** L'article L. 2511-1 du Code du travail, qui constitue aujourd'hui le siège de la protection des grévistes du secteur privé, contient trois alinéas qui protègent efficacement tout gréviste : l'interdiction de rompre le contrat de travail en raison de la grève, sauf faute lourde du salarié ; l'interdiction de toute mesure discriminatoire, notamment en matière de rémunération ; la nullité de toutes les mesures antigrèves.

Code du travail

Art. L. 2511-1. - L'exercice du droit de grève ne peut justifier la rupture du contrat de travail, sauf faute lourde imputable au salarié.

Son exercice ne peut donner lieu à aucune mesure discriminatoire telle que mentionnée à l'article L. 1132-2, notamment en matière de rémunérations et d'avantages sociaux.

Tout licenciement prononcé en absence de faute lourde est nul de plein droit.

507. - **Protection des agents publics.** Dans les services publics, les règles sont aujourd'hui placées dans le Code général de la fonction publique aux articles L. 114-1 à L. 114-10. Ce dernier ne comporte malheureusement pas de disposition comparable à l'article L. 2511-1 du Code du travail qui lie la validité du licenciement d'un gréviste à la commission d'une faute lourde. Il suffira donc à l'autorité administrative d'observer que le comportement du gréviste est illicite pour justifier l'application du droit commun disciplinaire. C'est alors la détermination des comportements licites et illicites qui permet de mesurer l'étendue de la protection des grévistes, puisque si un comportement est jugé illicite par le juge administratif, alors l'autorité administrative pourra prendre contre les grévistes des sanctions disciplinaires dans le cadre du droit commun.

Si la manière de raisonner diffère, il est possible de présenter une vision harmonisée des règles applicables aux grévistes du secteur privé et aux agents publics autour

(221) Cass. soc., 7 janv. 1988, n° 85-42.012 : *Bull. civ.* V, n° 11.

de l'idée que le gréviste du secteur privé qui commet une faute lourde adopte un comportement illicite qui autorise son employeur à le sanctionner disciplinairement. Le Conseil d'État peut alors exiger que le comportement du gréviste revête une certaine gravité pour le considérer comme illicite, et donc lui reconnaître une protection comparable au travers de l'examen de la légalité de son attitude. La comparaison des solutions concrètes adoptées par la Cour de cassation et le Conseil d'État montre une évidente ressemblance.

508. - **Éléments de la protection.** La grève suspend les obligations professionnelles ordinaires des salariés et des agents publics (§ 1). La protection des grévistes pendant cette période est inégale selon que l'on se trouve dans le secteur privé ou dans les services publics. Nous examinerons successivement l'application du principe de non-discrimination (§ 2), l'étendue de la protection du droit de grève (§ 3) et la protection contre les sanctions pécuniaires, plus efficace dans le privé que dans le public (§ 4).

§ 1. - Grève et suspension des obligations professionnelles

A. - Le principe de la suspension

509. - **Situation avant 1950.** Jusqu'à l'adoption du Préambule de la Constitution du 27 octobre 1946, les tribunaux considéraient que le gréviste rompait son contrat de travail en se mettant en grève (pour la Cour de cassation)[222], ou que l'autorité administrative pouvait révoquer le fonctionnaire en dehors des garanties statutaires habituelles (pour le Conseil d'État)[223]. L'entrée en vigueur du Préambule de 1946 va imposer la suspension du contrat de travail des salariés (1°) et des principales obligations statutaires des fonctionnaires (2°).

1° Suspension du contrat de travail

510. - **Situation depuis 1950.** La loi n° 50-205 du 11 février 1950 relative aux conventions collectives et aux procédures de règlement des conflits collectifs de travail comportait dans son article 4 la formule en vigueur jusqu'à la recodification du Code du travail opérée en 2007 : « La grève ne rompt pas le contrat de travail, sauf faute lourde imputable au salarié ».

Ce principe sera d'ailleurs immédiatement appliqué par la Cour de cassation à des faits antérieurs à la loi nouvelle mais postérieurs au Préambule de 1946, la Cour de cassation considérant que ces dispositions présentent un caractère interprétatif du préambule[224].

511. - **Reformulation de la règle applicable dans le secteur privé en 2007.** À l'occasion de la deuxième recodification du Code du travail intervenue en 2007, la rédaction du texte a été toilettée[225] et la formule adoptée en 1950, qui constituait une réponse à l'affirmation antérieure de la Cour de cassation[226], remplacée par une règle

(222) Cass. civ., 15 mai 1907, préc.
(223) CE, 7 août 1909, *Winkell*, préc.
(224) Cass. soc., 28 juin 1951, préc.
(225) Ch. Radé, *Recodifier le Code du travail : Dr. soc.* 2006, p. 483 ; *Le Code du travail nouveau est arrivé : D.* 2008, p. 1214.
(226) Cass. civ., 15 mai 1907, préc.

plus exacte juridiquement selon laquelle : « L'exercice du droit de grève ne peut justifier la rupture du contrat de travail, sauf faute lourde imputable au salarié ».

Le Code du travail ne fait toujours pas référence à la suspension du contrat consécutive à l'exercice du droit de grève, mais ce principe est inhérent au droit de grève lui-même.

2° Suspension des principales obligations des agents publics

512. - **Situation depuis 1950.** La loi du 11 février 1950 ne s'appliquait pas aux agents publics. Le Conseil d'État, dans la décision *Dehaene*, a reconnu le droit de grève des fonctionnaires et rompu avec sa jurisprudence *Winkell*[227], tout en laissant à l'autorité administrative le pouvoir d'en limiter l'exercice pour assurer la continuité du service public[228].

513. - **Situation actuelle.** Le droit de grève, qui a fait son entrée dans le statut général de la fonction publique en 1983[229], n'a pas été défini par les textes et n'a pas vu son impact sur la situation de l'agent précisé, même après la mise en place du Code général de la fonction publique qui s'est contenté de reprendre dans son article L. 114-1 la formule du Préambule de 1946. On sait toutefois que les principales obligations communes de l'agent public, et qui résultent de sa position d'agent subordonné, sont suspendues pendant la durée de la grève, sous réserve des très nombreuses règles légales, réglementaires ou déterminées par les chefs de service, qui viennent cantonner cette situation de relative liberté, pour assurer la continuité du service public.

B. - Les effets de la suspension

1° Effets individuels

a) Secteur privé

514. - **Incidence de la grève sur le terme du contrat.** Seule l'obligation de fournir le travail convenu et de se mettre à disposition de l'employeur est suspendue pendant la durée de la grève, et pas les autres obligations professionnelles, notamment pas l'obligation de loyauté. Par ailleurs, si le salarié est lié à son employeur par un contrat à durée déterminée, le terme ne se trouve pas suspendu par l'effet de la grève[230].

515. - **Incidence de la grève sur le droit à congés payés.** Dès lors que le salarié ne travaille plus effectivement, il ne saurait acquérir de droits à congés payés pendant tout le temps où il est en grève[231].

516. - **Incidence de la grève sur le préavis.** Le salarié à qui son licenciement a été notifié et qui a été valablement dispensé d'exécuter son préavis par son employeur, doit percevoir l'indemnité compensatrice, même s'il se met en grève entre la notification du licenciement et le terme du préavis[232]. La solution est logique dans la mesure où le droit à l'indemnité compensatrice naît à la date de la dispense, seule la faute

(227) CE, 7 août 1909, préc.
(228) CE, 7 juill. 1950, *Dehaene*, préc.
(229) Loi Le Pors n° 83-634, 13 juill. 1983, portant droits et obligations des fonctionnaires, art. 10, pour que le législateur consacre formellement le droit de grève dans le statut, en recopiant d'ailleurs.
(230) Cass. soc., 21 nov. 1984, n° 82-40.601 : *Bull. civ.* V, n° 445.
(231) Cass. soc., 10 janv. 1980 : *JCP* CI 1980, I, 8870, p. 202, n° 15, obs. B. Teyssié.
(232) Cass. soc., 13 nov. 1980, n° 79-40.414.

grave ou lourde commise en cours de préavis étant susceptible de l'en priver pour la durée qui restait à exécuter.

b) Services publics

517. - Situation licite. Dans les services publics, la grève est considérée comme un droit statutaire. L'agent public qui fait grève ne se met pas en retrait de son statut, mais au contraire il jouit de l'une des prérogatives que ce dernier lui reconnaît. Et c'est dans le cadre de cette prérogative statutaire qu'il se trouve dispensé de son devoir d'obéissance, dès lors évidemment qu'il n'est pas réquisitionné ou requis pour assurer la continuité du service. On doit donc considérer que les droits et obligations qui ne sont pas incompatibles avec l'exercice du droit de grève continuent de s'appliquer pendant la grève.

518. - Bénéfice de la protection fonctionnelle. La grève ne suspend que l'obligation principale de l'agent, mais ne le prive pas de l'ensemble des garanties du statut, et singulièrement pas du bénéfice de la protection fonctionnelle de l'article L. 134-1 du Code général de la fonction publique (anciennement article 11 de la loi du 13 juillet 1983). C'est ce qu'a jugé le Conseil d'État dans la décision du 22 mai 2017 où il a par ailleurs désigné la grève comme un « mouvement de cessation collective et concertée du travail »[233].

Un agent avait été recruté en 2003 en qualité d'agent non titulaire pour exercer des fonctions de formation en boucherie au sein du centre de formation des apprentis de la commune de Sète. À la rentrée scolaire de septembre 2012, il a, ainsi que d'autres enseignants, participé à un mouvement de grève qui a duré plusieurs semaines. Il a sollicité du maire de Sète le bénéfice de la protection fonctionnelle, afin d'intenter devant l'autorité judiciaire une action en diffamation contre une organisation patronale à l'origine de la publication, le 11 septembre 2012, d'un article de presse relatant le conflit social en cours. Le maire de Sète a refusé de lui accorder le bénéfice de cette protection fonctionnelle au titre de la période au cours de laquelle ce dernier était en grève, ce qui fut confirmé par le tribunal administratif de Marseille, mais pas par la cour administrative d'appel de Marseille qui a donné raison à l'agent.

C'est également en faveur de l'agent gréviste que se prononce le Conseil d'État : « Ces dispositions ne font pas obstacle à ce qu'un agent public demande à bénéficier de la protection qu'elles prévoient pour des faits survenus à une date à laquelle il participait à un mouvement de cessation collective et concertée du travail. Il appartient alors à cet agent d'établir que les faits dont il a été victime sont en lien avec l'exercice de ses fonctions, au sens de ces mêmes dispositions ».

En l'espèce, le maire de Sète avait refusé à l'agent le bénéfice de la protection fonctionnelle en se fondant sur le seul motif tiré de ce que les faits au titre desquels cette protection était sollicitée s'étaient produits alors qu'il était en grève et que cette circonstance avait momentanément rompu le lien unissant l'intéressé au service. « En jugeant que la circonstance qu'à la date de la publication de l'article au titre duquel la protection était demandée » l'agent « était gréviste, n'était pas, par elle-même, de nature à exclure l'existence d'un lien entre les faits invoqués et les fonctions et donc à l'écarter de plein droit du bénéfice de la protection fonctionnelle. »

2° Effets sur les droits collectifs

519. - Incidence de la grève sur les mandats. Seul le contrat de travail ou la situation de l'agent sont concernés par la grève et non les mandats syndicaux ou électifs. Les représentants du personnel continuent donc d'exercer leur mandat même s'ils sont en grève[234], ce qui est logique dans la mesure où dans l'exercice de leur

(233) CE, 3e et 8e ch. réunies, 22 mai 2017, n° 396453 : *Lebon* ; *AJCT* 2017, 585, obs. O. Didriche. V. *supra*, n° 278.

(234) Cass. soc., 25 mai 1981 : *Bull. civ.* V, n° 463, p. 347 : salarié revenant d'un comité central d'entreprise.

mandat ils ne sont pas subordonnés à leur employeur ou à leur autorité hiérarchique. Ils peuvent donc continuer d'utiliser leurs heures de délégation et devront donc être payés à l'échéance pour ces seules heures[235]. Dans le cadre des conflits collectifs, le rôle des représentants du personnel est particulièrement important, et le juge n'hésitera d'ailleurs pas à observer leur attitude à la loupe pour déterminer s'ils ont joué le jeu de l'apaisement et ont eu une attitude exemplaire[236].

Contrairement au principe de séparation des activités syndicales et salariales et à l'interdiction de sanctionner un salarié protégé pour des fautes commises dans l'exercice de son mandat, dès lors qu'il n'a manqué à aucune obligation professionnelle[237], le Conseil d'État admet qu'un salarié protégé puisse être licencié pour faute lourde, et donc pour un motif nécessairement disciplinaire, en raison de fautes commises dans l'exercice de son mandat pendant le conflit[238].

520. – Crédits supplémentaires. La grève pourra même justifier une demande de crédits supplémentaires lorsque le représentant du personnel a été confronté à « des circonstances exceptionnelles de nature à justifier un dépassement de ses heures de délégation », comme lorsqu'il a dû faire face à « des mouvements revendicatifs importants »[239], lorsqu'« un conflit collectif, ayant affecté tous les ateliers, s'était prolongé dans l'entreprise sur plusieurs mois et avait justifié une activité accrue des représentants du personnel »[240]. Les juges du fond apprécieront souverainement l'importance des circonstances et pourront refuser d'accorder des crédits supplémentaires dans l'hypothèse où, par exemple, la grève n'avait duré que trois jours et ne concernait qu'un seul service et une petite fraction du personnel[241].

C'est au représentant qu'il appartiendra non seulement de rapporter la preuve de ces circonstances, mais également de justifier de l'usage qu'il a fait de ces heures, car ces dernières, prises hors contingent ordinaire, ne bénéficient pas de la présomption de bon usage[242].

521. – Incidence de la grève sur le processus électoral. On s'est interrogé à plusieurs reprises sur l'impact d'une grève sur le processus électoral, hypothèse assez fréquente dès lors que la période pré-électorale (qu'il s'agisse de négocier le protocole d'accord pré-électoral ou de la période de campagne électorale proprement dite) est l'occasion pour les syndicats de redoubler d'activité. La jurisprudence considère que le processus électoral doit se poursuivre normalement si la grève ne perturbe pas l'organisation du scrutin[243]. Les juges devront tenir compte de l'ensemble des circonstances

(235) Cass. soc., 13 déc. 2017, n° 16-19.042. – Cass. soc., 10 févr. 2021, n° 19-14.021, publié : *JCP* E 2021, 1242, note F.-G. Laprévote et E. Piekut ; *JCP* S 2021, 1087, obs. X. de Jerphanion. – J.-M. Béraud, *Le rôle des délégués en cours de grève : Dr. soc.* 1988, 666.

(236) Pour des exemples en matière d'appréciation de la faute lourde des élus pendant le conflit, V. *infra*, n°s 916 et s.

(237) Dernièrement Cass. soc., 1er juin 2022, n° 21-10.555. – CE, 4e ch., 15 juin 2022, n° 443856.

(238) CE, 1er avr. 1992, n° 112826, *Moreau et Synd. parisien du livre CGT : Lebon*, p. 148. – Cass. soc., 4 nov. 1992, n° 90-41.899 : *Bull. civ.* V, n° 529. – CE, 22 févr. 2007, n° 282724, *Sanz*. V. sur ce point le *Guide relatif aux décisions administratives en matière de rupture ou de transfert du contrat de travail des salariés protégés*, coll. « Les guides de la DGT », p. 60.

(239) Cass. soc., 26 janv. 1966 : *Bull. civ.* V, n° 113.

(240) Cass. soc., 8 juill. 1998, n° 97-42.743.

(241) Cass. soc., 19 févr. 1975, n° 73-40.685 : *Bull. civ.* V, n° 79.

(242) Cass. crim., 3 juin 1986 : *Jurispr. soc. UIMM* 1986, n° 479, p. 86. – Cass. soc., 10 juin 1997 : *Dr. soc.* 1997, p. 989, obs. G. Borenfreund.

(243) Cass. soc., 3 juin 1981, n° 80-60.424 : *Bull. civ.* V, n° 508.

de l'affaire, par exemple le fait que « l'affichage était accessible et visible de l'ensemble des salariés pour avoir été apposé sur le tableau destiné à cet effet, dans la salle de repos de l'entreprise et que, s'agissant du contexte social, il résultait de la pétition des salariés que ces derniers étaient largement présents dans les locaux de l'entreprise et que le mouvement de grève ne touchait pas l'ensemble des salariés, tout au plus cinq personnes »[244].

522. – **Droits collectifs.** Pendant le conflit, le comité social et économique conserve l'ensemble de ses prérogatives. Il pourra donc demander une expertise « risque grave » s'il craint pour la santé des travailleurs de l'entreprise, notamment des non-grévistes, obligés de compenser l'absence des grévistes à leurs postes ; c'est ce qu'a jugé la chambre sociale de la Cour de cassation dans un arrêt en date du 8 janvier 2000[245].

Dans cette affaire « il était fait état par le CHSCT, depuis le 16 octobre 2017, d'une surcharge de travail des agents non-grévistes et encadrants, de stress, d'anxiété, de fatigue physique et morale, de pression psychologique et de harcèlement sur les agents non-grévistes et l'encadrement, d'arrêts maladie des agents grévistes et d'un risque psychosocial très élevé, puis d'une souffrance éthique due à l'impossibilité de respecter les délais d'acheminement des produits sanguins en période de sous-effectif ou en périodes récurrentes de trafic important sur les trajets, éléments confortés par une pétition, fût-elle non datée, d'autre part que les actions entreprises par le centre hospitalier pour améliorer les conditions de travail des agents se heurtaient à la tension existante entre grévistes et non-grévistes ».

3° Effets en matière de sécurité sociale

523. – **Salariés ordinaires.** Pendant l'exercice du droit de grève, le salarié n'est plus subordonné à son employeur, ce qui a pour conséquence d'écarter la qualification d'accident de travail[246] et d'accident de trajet[247] pendant la durée du conflit, sauf s'il a été valablement réquisitionné.

Si le contrat était suspendu pour cause de maladie au moment du déclenchement de la grève, le salarié ne peut pas se mettre en grève puisqu'il ne travaille plus[248]. Il bénéficiera alors de tous ses droits légaux et conventionnels en matière de maladie[249], mais perdra le bénéfice du complément de rémunération si l'employeur a mis l'entreprise en chômage technique.

Si le gréviste tombe malade, il ne peut en principe bénéficier des prestations liées à la maladie, la cause première de la suspension du contrat devant prévaloir[250]. Il pourra toutefois indiquer à son employeur qu'il cesse de faire grève pour en bénéficier[251].

524. – **Salariés protégés.** Pendant les heures de délégation, et quelle que soit leur nature, les salariés continueront, s'ils sont victimes dans ce cadre d'un accident, de bénéficier de la législation professionnelle ou du régime des accidents de service.

(244) Cass. soc., 28 janv. 2015, n° 14-14.345 : *Bull. civ.* V, n° 14.
(245) Cass. soc., 8 janv. 2020, n° 18-19.279.
(246) Cass. soc., 12 mai 1964, n° 63-10.882 : *Bull. civ.* IV, n° 415. – Cass. soc., 13 mars 1969 : *Bull. civ.* V, n° 185. – Cass. soc., 10 déc. 1986 : *JCP* E 1986, II, 15092, note Salvage. La règle vaut certainement également pour l'accident de service de l'agent public.
(247) Cass. soc., 20 mars 1953 : *D.* 1954, p. 23, note G. Levasseur. – Cass. soc., 28 janv. 1960 : *Bull. civ.* IV, n° 107, p. 85.
(248) Cass. soc., 20 févr. 1980, n° 78-41.116 : *Bull. civ.* V, n° 161.
(249) Cass. soc., 16 juill. 1987, n° 85-44.490 : *Bull. civ.* V, n° 497. – Cass. soc., 17 janv. 1996, n° 91-43.218.
(250) Cass. soc., 17 juin 1982, n° 80-40.973. – Cass. soc., 5 févr. 2002, n° 99-43.898.
(251) Cass. soc., 17 juin 1982 : *JCP* CI 1982, I, 10979, p. 343, n° 13, obs. B. Teyssié.

525. - Agents publics. Dès lors que la grève ne suspend pas l'application des règles statutaires, il y a lieu de considérer que l'agent public en grève ne perd pas de ce fait le bénéfice de la législation sur les accidents de service. Il lui appartiendra simplement de prouver le lien entre l'accident et le service, ce qui risque de s'avérer compliqué dans le contexte de la grève notamment si l'accident est lié au conflit collectif et pas aux fonctions[252].

§ 2. - Grève et discriminations

526. - Silence du Code pénal. Le Code pénal ne reprend pas, au titre des motifs discriminatoires prohibés (C. pén., art. 225-1 et s.), l'exercice du droit de grève. Il ne sera donc d'aucun secours pour les grévistes, du secteur privé comme public, qui pourront toutefois être protégés, le cas échéant, au titre de la non-discrimination syndicale.

527. - Plan. Contrairement au Code général de la fonction publique (B), le Code du travail protège explicitement l'exercice du droit de grève au titre du droit à la non-discrimination (A).

A. - L'interdiction des discriminations dans le Code du travail

1° Textes applicables

528. - Sources. L'interdiction de toutes discriminations à l'encontre des grévistes résulte de plusieurs dispositions du Code du travail mises en place par l'article 109 de la loi n° 85-772 du 25 juillet 1985[253].

En premier lieu, l'article L. 1132-2 du Code du travail, qui se trouve placé dans le chapitre II (« Principe de non-discrimination ») du titre III (« Discriminations ») du livre 1er de la première partie du Code du travail, dispose que : « Aucun salarié ne peut être sanctionné, licencié ou faire l'objet d'une mesure discriminatoire mentionnée à l'article L. 1132-1 en raison de l'exercice normal du droit de grève ».

En second lieu, le même principe a été inscrit à l'article L. 521-1 du Code du travail par la loi n° 78-753 du 17 juillet 1978, puis maintenu en 2007 à l'occasion de la deuxième recodification dans les dispositions propres à l'exercice du droit de grève (titre 1er du livre V de la deuxième partie du Code du travail), au second alinéa de l'article L. 2511-1 du Code du travail, aux termes duquel : « Son exercice ne peut donner lieu à aucune mesure discriminatoire telle que mentionnée à l'article L. 1132-2, notamment en matière de rémunérations et d'avantages sociaux ».

Cette règle spéciale a été reprise dans les articles L. 1262-4, 5° s'agissant des règles minimums applicables aux travailleurs impatriés et L. 8281-1 s'agissant des obligations pesant sur les donneurs d'ordre.

(252) TA Rennes, 18 févr. 1988, *M. Guiziou : AJDA* 1988, 416, obs. X.
(253) *JO* 26 juill. 1985, p. 8482.

Code du travail

Art. L. 1132-2. – Aucun salarié ne peut être sanctionné, licencié ou faire l'objet d'une mesure discriminatoire mentionnée à l'article L. 1132-1 en raison de l'exercice normal du droit de grève.

Art. L. 1262-4. – I. – L'employeur détachant temporairement un salarié sur le territoire national lui garantit l'égalité de traitement avec les salariés employés par les entreprises de la même branche d'activité établies sur le territoire national, en assurant le respect des dispositions légales et des stipulations conventionnelles applicables aux salariés employés par les entreprises de la même branche d'activité établies sur le territoire national, en matière de législation du travail, pour ce qui concerne les matières suivantes :

5° Exercice du droit de grève ;

Art. L. 8281-1. – Le maître d'ouvrage ou le donneur d'ordre, informé par écrit par l'un des agents mentionnés à l'article L. 8271-1-2 d'une infraction aux dispositions légales et aux stipulations conventionnelles applicables au salarié d'un sous-traitant direct ou indirect dans les matières suivantes :

5° Exercice du droit de grève ;

2° Étendue de la protection

a) Étendue matérielle et temporelle de la protection

529. – L'interdiction de retenir la grève comme motif. Comme pour tous les autres cas de discriminations, il s'agit ici d'interdire la prise en considération de l'exercice du droit de grève comme motif de sanction et non de conférer une immunité personnelle au gréviste qui demeure donc licenciable, même pendant la grève, pour d'autres motifs.

530. – Le rayonnement de la protection. Si un salarié, qui exerce son droit de grève, est licencié pour un autre motif, ce licenciement sera observé à la loupe en raison de son caractère suspect. L'employeur pourra licencier le salarié pour un motif antérieur à la grève. C'est ainsi qu'a été admis le licenciement non pas en raison de sa participation à une grève, quelques jours plus tôt, mais parce que « la salariée remettait en cause de manière systématique les consignes de l'encadrement et les procédures de travail mises en place qu'elle ne respectait pas toujours, dénigrait l'équipe de direction en termes injurieux, et adoptait de manière régulière un comportement agressif en créant un climat de tension permanent »[254].

Le licenciement sera d'autant plus admis que la procédure avait été engagée avant le déclenchement de la grève et pour un motif parfaitement valable, à moins qu'il ne soit lui-même suspect, ce qui sera le cas si l'employeur et le salarié avaient déjà un différend qui constitue précisément le motif du recours à la grève ; c'est ce qui a été jugé par la chambre sociale de la Cour de cassation dans un arrêt rendu le 9 mai 2012[255].

Un salarié, engagé le 5 avril 2007 en qualité de manutentionnaire par la société Les Jardins du Nivernais, avait participé à un mouvement de grève le 9 novembre 2007 puis avait été licencié pour faute grave le 22 novembre 2007, pour avoir, notamment, porté atteinte à la réputation de

(254) Cass. soc., 28 mars 2012, n° 11-11.307.
(255) Cass. soc., 9 mai 2012, n° 10-24.307, publié.

l'entreprise en procédant à la distribution, à la clientèle, de tracts dénonçant les conditions de travail et de sécurité au sein de cette entreprise.

Il a contesté son licenciement, sans succès, la cour d'appel ayant retenu que le mouvement de grève a débuté le 9 novembre 2007 après 17 heures 15, soit après la notification au salarié de sa convocation à l'entretien préalable à son licenciement et qu'il n'a donc pas été licencié alors qu'il était en grève et, d'autre part, que de 18 heures à 18 heures 40, l'huissier a constaté que trois salariés, dont l'intéressé, interpellaient tous les clients à l'entrée de la jardinerie et leur remettaient un tract.

Tel n'est pas l'avis de la Haute juridiction qui censure l'arrêt d'appel. Pour la Cour de cassation en effet, « la nullité du licenciement d'un salarié n'est pas limitée au cas où le licenciement est prononcé pour avoir participé à une grève mais (...) s'étend à tout licenciement prononcé à raison d'un fait commis au cours de la grève et qui ne peut être qualifié de faute lourde ».

La solution a été confirmée quelques semaines plus tard par un arrêt inédit rendu par la chambre sociale de la Cour de cassation le 23 novembre 2022[256].

Les faits reprochés au salarié étaient ici antérieurs au déclenchement proprement dit de la grève, mais s'y rattachaient directement puisque le salarié avait été licencié pour faute grave pour avoir incité ses collègues à se mettre en grève.

Pour rejeter la demande en nullité du licenciement, la cour d'appel avait considéré que le salarié avait été licencié parce qu'il avait eu l'intention d'exercer son droit de grève, que la lettre de licenciement lui reprochait en effet, non d'avoir souhaité mettre en œuvre ce droit à valeur constitutionnelle, mais d'avoir tenté d'inciter les membres de son équipe de mener une telle action en réponse au refus de la direction d'engager du personnel supplémentaire, et qu'il ne pouvait donc être fait droit à la demande de nullité du licenciement présentée par le salarié. L'argument était astucieux puisque le salarié n'avait en effet pas été licencié pour avoir exercé lui-même *son* droit de grève, et l'on pouvait donc considérer qu'il n'avait pas été licencié en tant que gréviste, ou que possible gréviste, mais uniquement comme instigateur du mouvement.

Tel n'est pas l'avis de la chambre sociale de la Cour de cassation qui censure cette décision. Après avoir rappelé « que la nullité du licenciement d'un salarié n'est pas limitée au cas où le licenciement est prononcé pour avoir participé à une grève mais s'étend à tout licenciement prononcé à raison d'un fait commis au cours ou à l'occasion de l'exercice d'un droit de grève et qui ne peut être qualifié de faute lourde », la cour relève que « la lettre de licenciement reprochait au salarié d'avoir tenté d'inciter les membres de son équipe à mener une action de grève en réponse au refus de la direction d'engager du personnel supplémentaire, ce dont il résultait que les faits reprochés avaient été commis à l'occasion de l'exercice du droit de grève ».

C'est donc le droit de grève *en tant que tel* qui est protégé par le législateur, dans sa dimension intrinsèquement collective, et pas seulement son exercice par tel ou tel salarié. L'instigateur sera donc protégé au même titre que l'acteur, et on comprend alors que la notion de grève doit être enrichie de celle de conflit collectif qui permet d'étendre le spectre de la protection à des actes antérieurs, périphériques ou postérieurs, dès lors qu'ils se rattachent au même *conflit collectif* opposant l'employeur à ses salariés.

b) Preuve du caractère discriminatoire

531. - Application du droit commun des discriminations. La preuve du caractère discriminatoire s'établit ici conformément aux règles propres au droit des discriminations de l'article L. 1134-1 du Code du travail. Le salarié devra donc rapporter l'existence de faits qui laissent suggérer qu'il a été victime d'une discrimination, et l'em-

(256) Cass. soc., 23 nov. 2022, n° 21-19.722. Dans le même sens, Cass. soc., 1er juin 2023, n° 22-13.304.

ployeur devra prouver que la différence de traitement repose sur un motif étranger à toute discrimination[257].

L'examen de la jurisprudence offre de nombreuses illustrations.

532. - *Carrière bloquée.* Il a été jugé comme suspect le fait que la carrière d'un cadre de la SNCF soit bloquée après sa participation à une grève, alors que ses collègues, qui ne s'étaient pas associés au mouvement, ont vu la leur se poursuivre normalement ; c'est ce qui résulte d'un arrêt rendu par la chambre sociale de la Cour de cassation le 10 novembre 2009[258].

Une salariée, engagée à compter du 18 octobre 1971 par la SNCF en qualité d'auxiliaire dactylo affectée au centre matériel de Longwy, avait gravi douze échelons de 1976 à 1983 et accédé le 1er juin 1983 au statut d'agent de maîtrise, avant d'exercer en dernier lieu ses fonctions au service dit « UP voie de Longwy » au grade TADP, position de rémunération 20. Elle fut placée en arrêt longue maladie à compter du 22 mars 1999, puis en régime de retraite au 25 juin 2003. Estimant avoir subi un harcèlement moral et une discrimination dans l'évolution de sa carrière à dater de 1985 par suite d'un mouvement de grève auquel elle avait participé, la salariée avait saisi la juridiction prud'homale aux fins d'obtenir la condamnation de l'employeur au paiement de sommes à titre de dommages-intérêts pour préjudice moral et pour préjudice financier.

Pour la débouter de sa demande en paiement de dommages-intérêts pour discrimination, la cour d'appel a retenu qu'elle se bornait à affirmer avoir subi un ralentissement de carrière de nature discriminatoire sans fournir le moindre élément de comparaison avec d'autres collègues de statut identique, qu'elle avait refusé des propositions de mutation, et que des attestations de ses supérieurs hiérarchiques faisaient état de ses difficultés de concentration et d'organisation et de son autoritarisme à l'origine de conflits avec les agents placés sous sa responsabilité.

C'est ce qui vaut à l'arrêt d'être cassé.

Après avoir affirmé que « l'existence d'une discrimination n'implique pas nécessairement une comparaison avec la situation d'autres salariés », la Cour de cassation observe que la cour d'appel n'avait pas recherché « si le ralentissement de la carrière de la salariée et les difficultés auxquelles elle a été confrontée, dès après sa participation à un mouvement de grève, ne laissaient pas supposer l'existence d'une discrimination directe ou indirecte ».

533. - *Variétés.* Il a également été considéré comme suspect le fait que des grévistes aient été mis à pied, avant que la mesure ne soit rapidement suspendue par l'employeur pour obtenir leur démission[259], ou que l'employeur ait tenu une liste de salariés grévistes, considérée comme illégale par le juge des référés, et que ces derniers aient fait dans le même temps l'objet de procédures de licenciement[260].

En revanche le non-renouvellement d'un contrat à durée déterminée dès lors qu'aucune clause de renouvellement n'avait été stipulée n'est pas *a priori* suspect[261].

534. - Défense de l'employeur. La Cour de cassation se montre extrêmement exigeante avec les juges du fond qui doivent examiner l'ensemble des allégations du salarié dès lors que ces dernières sont étayées par des faits avérés qui sont susceptibles d'apporter du crédit au récit. Si les juges du fond en négligent certains pour écarter les demandes du salarié, il y a de grandes chances que leur décision soit cassée pour manque de base légale.

(257) Cass. soc., 14 oct. 2020, n° 19-17.817. - Cass. soc., 19 janv. 2011, n° 09-43.547. - Cass. soc., 19 janv. 2011, n° 09-67.535. - Cass. soc., 19 janv. 2011, n° 09-68.539. - Cass. soc., 22 juin 2011, n° 10-17.255.

(258) Cass. soc., 10 nov. 2009, n° 07-42.849, *Mme Ginette Borruto : Bull. civ.* V, n° 246 ; *Dr. soc.* 2010, 111, obs. Ch. Radé.

(259) Cass. soc., 9 mai 2012, n° 10-26.497 : *Bull. civ.* V, n° 132.

(260) Cass. soc., 20 sept. 2017, n° 16-20.238.

(261) Cass. soc., 2 juill. 2014, n° 13-21.183.

Un arrêt rendu par la chambre sociale de la Cour de cassation le 1er décembre 2021 illustre parfaitement le rôle probatoire respectif des parties et la manière dont un employeur, accusé de discrimination syndicale et d'avoir sanctionné un salarié après sa participation à une grève, a pu valablement établir son innocence et s'exonérer de toute responsabilité.

Après avoir exercé différents mandats dans l'entreprise, un salarié d'EDF-GDF était parti à la retraite et avait ensuite saisi la juridiction prud'homale de différentes demandes salariales ainsi que d'une demande en réparation du préjudice subi en raison d'une discrimination syndicale. Il prétendait notamment, pour étayer ses allégations, avoir été bloqué dans sa carrière après un mouvement de grève ayant eu lieu en 2004 et à une campagne électorale menée juste après en 2005, où il avait été candidat.

Pour dire que le salarié n'avait pas été victime d'une discrimination syndicale et le débouter de ses demandes de dommages-intérêts à ce titre, l'arrêt avait retenu qu'il se prévalait de listes de salariés ayant occupé selon lui des fonctions équivalentes à la sienne alors même que, malgré une équivalence de situation, il s'est vu rémunéré à un échelon moindre, mais également que l'employeur démontrait, d'une part, par la production de panels que dans une situation d'ancienneté et de responsabilité équivalente, la rémunération de l'intéressé se situait à un niveau au moins équivalent voire supérieur à celui de ses collègues, et, d'autre part, que le fait que ce salarié se soit vu refuser le poste de pilote d'affaires publiques proposé était justifié par des éléments extérieurs à toute discrimination syndicale, en l'occurrence par l'extrême proximité et le caractère tardif de sa candidature et par l'annonce de son départ à la retraite et la date de celui-ci.

L'arrêt est pourtant cassé. Pour la Cour de cassation en effet, les juges n'avaient pas examiné tous les éléments avancés par le salarié, notamment le rejet en novembre 2011 de sa candidature au poste de directeur des affaires publiques et le fait que depuis la fin en septembre 2015 de son mandat d'administrateur salarié au conseil de surveillance de la société RTE, l'employeur ne lui avait proposé ni un nouveau poste de travail, ni une nouvelle mission, ce qui l'avait contraint à formuler une demande de départ en inactivité et de liquidation de ses droits à retraite deux ans plus tard.

535. – Exception du motif contaminant. Est nul le licenciement de salariés dès lors que la lettre de licenciement leur reprochait de déstabiliser leurs collègues en leur demandant de se mettre en grève et en leur tenant des propos déplacés vis-à-vis de la hiérarchie[262]. Faire référence, dans la lettre de licenciement, à une situation de grève, est en effet sanctionné de manière radicale par la Cour de cassation qui considère ici le licenciement comme nécessairement nul par application de ce qu'il est convenu d'appeler la théorie du « motif contaminant »[263]. Cette nullité s'imposera même si la lettre de licenciement vise par ailleurs d'autres motifs susceptibles de justifier la rupture du contrat de travail. Dans cette dernière hypothèse, les juges du fond devront toutefois vérifier l'existence de motifs par ailleurs valables pour fixer le montant des dommages et intérêts accordés au salarié en réparation de son préjudice de perte d'emploi[264], l'article L. 1235-3-1 du Code du travail garantissant en effet, en cas de nullité, un minimum correspondant aux salaires des six derniers mois de salaires et écartant tout plafonnement.

Le Conseil d'État, pour sa part, ne semble clairement pas adhérer à cette théorie du motif contaminant, comme le montre une décision rendue le 19 août 2022 où il a

(262) Cass. soc., 5 juill. 2018, n° 16-21.563.
(263) Cass. soc., 8 juill. 2009, n° 08-40.139 : *Bull. civ.* V, n° 172 ; *JCP* S 2009, p. 1484, note R. Vatinet. Sur cette théorie nos obs. ss Cass. soc., 19 oct. 2022, *Sté Husson-Mourot : Dr. soc.* 2022, 1049, et les réf. citées.
(264) C. trav., art. L. 1235-2-1.

validé une sanction qui faisait pourtant clairement référence à des éléments *a priori* discriminatoires[265].

Un auditeur de justice avait été déclaré inapte à l'exercice de ses fonctions de magistrat à l'issue des épreuves de classement de la promotion 2018 de l'École nationale de la magistrature. Parmi les motifs retenus par le jury pour justifier cette décision, figurait, aux côtés d'observations purement professionnelles tenant à « un comportement inapproprié, l'absence d'initiative ou de curiosité intellectuelle de l'intéressé, un travail trop superficiel en amont des audiences, un manque de disponibilité et un désintérêt », le fait que l'intéressé cumulait « 5 jours d'absence sur 5 semaines avec 2 journées de grève le 5 et le 17 décembre, 2 jours d'arrêt maladie en prévenant dès le premier jour qu'il serait absent deux jours, 1 jour de regroupement des auditeurs de justice ». En d'autres termes, les magistrats qui l'avaient évalué lui reprochaient d'avoir été malade (ce qui est discriminatoire) et d'avoir fait grève (ce qui est interdit aux auditeurs de justice en tant que magistrats soumis aux obligations prévues par l'ordonnance du 22 décembre 1958), ce qui était de nature à constituer un motif illicite rendant la décision elle-même illicite.

Tel n'est pas l'avis du Conseil d'État qui considère qu'« il ressort de l'ensemble de leur appréciation qu'une telle phrase se contentait d'énoncer que des éléments de fait et s'insérait dans une appréciation globale sur le manque d'investissement et l'attitude inadaptée, relevés auparavant, de l'intéressé dans les fonctions de juge des enfants », et qu'« une telle mention ne saurait, eu égard à la teneur d'ensemble de cette appréciation, être regardée comme reprochant au requérant les motifs de ses absences ».

Certains juges administratifs tiennent toutefois compte du fait que, dans la lettre notifiant sa sanction à un agent en raison de son comportement pendant une grève, l'autorité administrative avait fait clairement référence à son action syndicale, ce qui rendait la mesure illégale[266].

536. - Sanction. Le salarié qui parvient à établir qu'il a été victime d'une discrimination de carrière dans le cadre de ses activités syndicales, y compris son rôle à l'occasion de conflits collectifs, pourra obtenir son repositionnement dans la convention collective, ce qui constitue pour l'avenir une forme de réparation en nature[267]. S'ils estiment que le reclassement ne répare pas intégralement le préjudice causé, et, singulièrement, qu'il y a lieu d'allouer au salarié en plus des dommages et intérêts réparant le préjudice moral, les juges du fond peuvent valablement cumuler les deux mesures dans la limite de l'appréciation qu'ils font de la réparation intégrale[268]. Ce cumul des sanctions s'applique y compris si le salarié a été mis, entre-temps, à la retraite[269].

B. - L'ignorance par le Code général de la fonction publique

1° L'absence de règle spéciale

537. - Silence du Code général de la fonction publique. Le Code général de la fonction publique ne comporte aucune disposition protégeant spécifiquement l'agent public qui fait grève au titre du principe de non-discrimination. Ce principe y figure bien, aux articles L. 131-1 à L. 131-13, mais il semble très inspiré par les dispositions du Code pénal qui ne protègent pas les grévistes en tant que tels.

(265) CE, 6e ch., 19 août 2022, n° 441001.
(266) CAA Douai, 3e ch., 22 oct. 2020, n° 19DA01207.
(267) Cass. soc., 26 janv. 2010, n° 08-44.397. - Cass. soc., 21 nov. 2012, n° 11-14.056. - Cass. soc., 20 mars 2013, n° 11-27.432. - Cass. soc., 20 oct. 2021, n° 20-11.897.
(268) Cass. soc., 23 nov. 2005, n° 03-40.826, publié.
(269) Cass. soc., 30 juin 2011, n° 09-71.538.

2° L'existence d'un principe général du droit dans les entreprises à statut

538. - Jurisprudence *Billard et Volle*. Le Conseil d'État a été amené à se prononcer en 1988 sur les règles applicables en matière disciplinaire aux agents de la SNCF, singulièrement après que la société a changé de statut, avec la loi n° 82-1153 du 30 décembre 1982 d'orientation des transports intérieurs, pour devenir un EPIC employant des personnels dans les conditions du droit privé tout en demeurant soumise à des dispositions réglementaires propres.

Des salariés de la SNCF s'étaient en effet vu infliger des sanctions pécuniaires par application des dispositions du chapitre 9 du Statut des relations collectives entre la Société nationale des chemins de fer français et son personnel, alors applicable.

Les juridictions administratives avaient été saisies par le conseil de prud'hommes de Saint-Étienne d'une question préjudicielle portant sur la légalité de ces dispositions au regard de l'article L. 122-42 du Code du travail, issu de la loi du 4 août 1982, aux termes duquel : « Les amendes ou autres sanctions pécuniaires sont interdites. Toute disposition ou stipulation contraire est réputée non écrite ».

Faisant droit à la demande de reconnaissance du caractère illégal de ces dispositions, le Conseil d'État, dans une décision du 1er juillet 1988, a considéré « qu'en édictant cette interdiction, le législateur a énoncé un principe général du droit du travail applicable aux entreprises publiques dont le personnel est doté d'un statut réglementaire et qui n'est pas incompatible avec les nécessités de la mission de service public confiée à la Société nationale des chemins de fer français »[270].

539. - Jurisprudence *Malher*. Dans le prolongement de la jurisprudence *Billard et Volle*, le Conseil d'État a considéré, dans une décision *Malher* en date du 12 novembre 1990, que le personnel de la SNCF devait également, et pour les mêmes raisons, bénéficier du principe général de non-discrimination dont s'inspire l'article L. 521-1 du Code du travail[271].

Cette affaire concernait la légalité des dispositions de l'article 82 du règlement PS6 de la SNCF au regard des dispositions du deuxième alinéa de l'article L. 521-1 du Code du travail. Un agent de la SNCF contestait en effet le refus d'avancement d'échelon qui lui avait été opposé après avoir exercé son droit de grève, en faisant valoir le caractère discriminatoire de la mesure pourtant conforme au règlement PS6.

Pour le Conseil d'État, en édictant la règle selon laquelle l'exercice de la grève « ne saurait donner lieu de la part de l'employeur à des mesures discriminatoires en matière de rémunérations et d'avantages sociaux », en vertu des dispositions du deuxième alinéa de l'article L. 521-1 du Code du travail issu de la loi du 17 juillet 1978, le législateur a énoncé un principe général du droit du travail applicable aux entreprises publiques dont le personnel est doté d'un statut réglementaire et qui n'est pas incompatible avec les nécessités de la mission de service public confiée à la Société nationale des chemins de fer français. Or, en prévoyant que les droits à l'avancement en échelon sont suspendus pendant les absences motivées par la cessation concertée du travail, au même titre que pour les absences irrégulières, alors que cette suspension ne s'applique pas sauf dans quelques cas particuliers, aux absences à caractère régulier, les dispositions de l'article 82 du règlement PS6 de la Société nationale des chemins de fer français ont institué une discrimination prohibée par le principe général.

540. - Jurisprudence *ERDF-GRDF*. Dans le prolongement de ces arrêts, le Conseil d'État a reconnu aux personnels d'Électricité Réseau Distribution de France (aujourd'hui ENEDIS) et de Gaz Réseau Distribution de France le bénéfice d'un principe général aux termes duquel « les frais qu'un salarié expose pour les besoins de

(270) CE, ass., 1er juill. 1988, n° 66405 : *Lebon*.
(271) CE, 12 nov. 1990, n° 42875, *Malher* : *Lebon*, p. 321 ; *AJDA* 1991, 332, obs. H. Hecquard-Théron.

son activité professionnelle et dans l'intérêt de son employeur doivent, dès lors qu'ils résultent d'une sujétion particulière, être supportés par ce dernier »[272].

§ 3. – Grève et responsabilité disciplinaire

541. – Salariés. La règle figure aujourd'hui à l'article L. 2511-1, alinéa 2, du Code du travail, et s'applique à tous les salariés : « L'exercice du droit de grève ne peut justifier la rupture du contrat de travail, sauf faute lourde imputable au salarié ».

L'alinéa 3 de ce même texte précise que : « Tout licenciement prononcé en absence de faute lourde est nul de plein droit ».

542. – Agents publics. Dans la fonction publique, aucune règle particulière n'existe. La protection existe toutefois *de fait* dès lors que le Conseil d'État ne permet la sanction des grévistes que s'ils se sont livrés à des actes insusceptibles d'être qualifiés de grève, ou s'ils ont commis des actes illicites à l'occasion de la grève. La protection du droit de grève est donc effective au travers de la frontière tracée entre le licite, et l'illicite. Elle s'exprime dans le cadre du droit commun et non pas au travers d'un régime spécial, mais elle s'exprime tout de même.

A. – Étendue de la protection

1° La construction légale de la protection

a) Situation des salariés

543. – Origines. La loi n° 50-205 du 11 février 1950 relative aux conventions collectives et aux procédures de règlement des conflits collectifs de travail comportait, dans son article 4, la formule en vigueur jusqu'à la recodification opérée en 2007 : « La grève ne rompt pas le contrat de travail, sauf faute lourde imputable au salarié ». Cette manière de dire les choses ne peut se comprendre que dans le contexte de l'époque. La Cour de cassation affirmait en effet depuis 1907 que le salarié qui se met en grève rompt son contrat de travail[273]. Il fallait donc combattre formellement cette solution et affirmer le contraire, même si la formule est maladroite dans la mesure où la Cour de cassation imputait la rupture du contrat de travail au salarié qui se met en grève, et non à la grève à proprement parler[274]. La Cour de cassation a considéré les dispositions de la loi du 11 février 1950 comme étant interprétatives du Préambule de la Constitution de 1946, et qu'elles devaient donc s'appliquer à tous les faits commis avant le 13 février 1950 mais après l'entrée en vigueur de la Constitution du 27 octobre 1946[275].

(272) CE, 1re et 6e ss-sect. réunies, 17 juin 2014, n° 368867 : *Lebon* T.

(273) Cass. civ., 15 mai 1907, préc.

(274) En imputant la rupture du contrat au salarié, la Cour de cassation fondait la solution sur les termes mêmes de l'article 1780 du Code civil. En l'imputant à la grève, le législateur se fonde implicitement sur la théorie des risques en vertu de laquelle le contrat est rompu lorsque son exécution est devenue impossible en raison de la survenance d'un événement, généralement présentant les caractères de la force majeure. Sur cette théorie, notre étude *Pour une approche renouvelée de la théorie des risques : LPA* 7 juill. 1995, n° 81, p. 26-35.

(275) Cass. soc., 28 juin 1951, *Sté des Maïseries de la Méditerranée*, préc. – Cass. soc., 9 oct. 2012, n° 11-17.829 : *D.* 2012, 2456 ; *Dr. soc.* 2013, 176, obs. Ch. Radé ; *SSL* 11 févr. 2013, n° 1571 102, note B. Aldigé ; *JCP* S 2012, n° 49, p. 26, note F. Duquesne.

544. - Évolutions postérieures du texte. L'article 4 de la loi du 11 février 1950 fut codifié en 1973 à l'article L. 521-1 du Code du travail, puis complété d'un deuxième alinéa par la loi n° 78-753 du 17 juillet 1978 : « Son exercice ne saurait donner lieu de la part de l'employeur à des mesures discriminatoires en matière de rémunérations et d'avantages sociaux ». Un troisième alinéa vient rejoindre les deux précédents avec la loi n° 85-772 du 25 juillet 1985 : « Tout licenciement prononcé en violation du premier alinéa du présent article est nul de plein droit ».

À l'occasion de la deuxième recodification du Code du travail intervenue en 2007, la rédaction du texte fut toilettée[276]. La référence historique, pertinente dans le contexte de l'époque, fut remplacée par une formule plus juste techniquement situant la règle du point de vue de la justification de la rupture. Désormais, l'article L. 2511-1, alinéa 1er, dispose que : « L'exercice du droit de grève ne peut justifier la rupture du contrat de travail, sauf faute lourde imputable au salarié ».

b) Agents publics

545. - Absence formelle d'immunité. C'est la loi *Le Pors* n° 83-634 du 13 juillet 1983 portant droits et obligations des fonctionnaires qui, dans son article 10, a introduit le droit de grève parmi les garanties accordées aux fonctionnaires, en reprenant la formule du Préambule de la Constitution de 1946 aux termes de laquelle : « Le droit de grève s'exerce dans le cadre des lois qui le réglementent »[277].

La formule a été modernisée à l'occasion du transfert de ces dispositions dans le Code général de la fonction publique (CGFP) en 2021, pour en garantir le bénéfice à tous les « agents publics » et présenter la grève comme un « droit ». L'article L. 114-1 du CGFP dispose aujourd'hui que : « Les agents publics exercent le droit de grève dans le cadre des lois qui le réglementent ».

Si l'article L. 114-2 du CGFP rend explicitement applicables « les dispositions relatives à la cessation concertée du travail mentionnées aux articles L. 2512-2 à L. 2512-4 du code du travail (...) aux agents publics de l'État, des autorités administratives indépendantes, des autorités publiques indépendantes et des établissements publics de l'État, des collectivités territoriales autres que les communes comptant au plus 10 000 habitants et de leurs établissements publics ainsi que des établissements publics mentionnés à l'article L. 5 du présent code », l'article L. 2511-1 du Code du travail, qui exige la preuve d'une faute lourde pour justifier le licenciement du gréviste, n'est pas visé et ne s'applique donc qu'aux seuls salariés.

546. - Garanties de droit commun. Le Code général de la fonction publique ne comporte donc aucune disposition protégeant *spécifiquement* l'agent public qui fait grève. Le gréviste s'expose à un licenciement pour abandon de poste s'il cesse le travail en dehors du cadre de l'exercice du droit de grève (CGFP, art. L. 553-1) et à une sanction disciplinaire (CGFP, art. L. 530-1 à L. 533-6) pouvant aller jusqu'à la révocation (CGFP, art. L. 533-1) en cas d'exercice illicite du droit de grève.

(276) Ch. Radé, *Recodifier le Code du travail : Dr. soc.* 2006, p. 483 ; *Le Code du travail nouveau est arrivé :* D. 2008, p. 1214.

(277) Ni la loi n° 46-2294 du 19 octobre 1946 qui reconnaît pourtant le droit syndical, ni l'ordonnance n° 59-244 du 4 février 1959 ne consacrèrent en effet le droit de grève des fonctionnaires.

2° Mise en œuvre de la protection des grévistes

a) Mise en œuvre pour les salariés

1) Éléments de définition

547. – Absence de définition légale de la faute lourde. La loi du 11 février 1950 n'a pas défini la faute lourde, pas plus d'ailleurs que ne sont définies dans le Code du travail la cause réelle et sérieuse de licenciement, ou la faute grave.

548. – Définition du Conseil d'État. Le Conseil d'État a rendu en 1950 un avis sur cette faute lourde, définie comme une faute « caractérisée, d'une gravité particulière qui, en principe, révèle l'intention de nuire, qui ne peut être excusée par les circonstances, et qui doit être appréciée dans chaque cas individuel »[278]. Le Conseil d'État n'a pas souhaité donner de définition plus précise, mais a livré quelques indications supplémentaires en citant comme exemples « les voies de fait, entraves à la liberté du travail accompagnées de violences, refus de procéder aux opérations nécessaires pour assurer la sécurité des personnes, destruction du matériel et des stocks »[279].

2) Place de l'intention de nuire

549. – Exigence ancienne de la mauvaise foi des grévistes. L'examen de la jurisprudence montre que dès le premier arrêt rendu le 1er juin 1951, la Cour de cassation recherchait la « mauvaise foi » des grévistes pour déterminer s'ils avaient ou non commis une faute lourde[280].

Un piquet de grève avait été organisé à la porte de l'usine, du 25 août au 6 septembre 1948. Le personnel en grève avait, le 25 août, refusé à la direction, qui le lui avait demandé, d'autoriser l'entrée dans l'usine de trois chefs de service dont l'un devait terminer la mise au point d'une scie prototype destinée à être exposée à la Foire de Bâle entre le 18 et le 26 septembre.

Le conseil de prud'hommes avait retenu qu'il n'était pas établi que le personnel de direction se fût effectivement présenté au piquet de grève pour accéder à l'intérieur de l'usine, aucune précision n'étant apportée par la société sur les circonstances du refus d'accès dans l'usine ni sur les moyens qui auraient été employés par les grévistes pour interdire l'accès des établissements. Les juges ont déduit de ces constatations que « la faute dont s'agit, si elle était suffisante pour dispenser la société de verser une indemnité de préavis, n'avait pas le caractère d'une faute lourde ; qu'en effet, elle avait été commise sans mauvaise foi par des salariés se conformant à une décision collective en se méprenant sur leurs droits tels qu'ils résultent de la législation actuelle ». Les juges du fond avaient donc « pu décider que cette faute n'était pas une faute lourde de nature à provoquer la rupture des contrats de travail, et que, par voie de conséquence, les salariés avaient continué à faire partie du personnel de l'entreprise jusqu'au 15 septembre, date de leur congédiement par la société ».

Ce premier arrêt est important, car il insiste sur le fait que la faute lourde suppose que les grévistes aient su, ou à tout le moins n'aient pas pu ignorer, qu'ils exerçaient leur droit de grève de manière irrégulière, ce qui suppose, la plupart du temps, que leur attention ait été attirée sur le caractère fautif de leur comportement.

Dans un arrêt rendu par la chambre civile de la Cour de cassation le 29 janvier 1960, la Haute juridiction a écarté la qualification de faute lourde après avoir relevé que « la participation d'un salarié à un mouvement de grève de courte durée, dans un but de revendications professionnelles, mouvement annoncé à l'avance par les syndicats, et dont il n'est pas établi qu'il ait eu pour but une désorganisation des rendements ou

(278) CE, 31 mai 1950 : *Dr. soc.* 1950, p. 200, note P. Durand.
(279) Circ. Tr. 9-50, 22 mars 1950 : *JO* 29 mars 1950.
(280) Cass. soc., 1er juin 1951, n° 51-01.763, publié.

une intention de nuire à la situation économique de l'entreprise, ne saurait constituer une faute lourde constitutive d'un abus du droit de grève »[281].

La même solution résulte d'un arrêt rendu quelques jours plus tard par la même juridiction : « Les juges du fond qui retiennent qu'un ouvrier, s'il avait quitté à deux reprises son travail dans la même journée un peu avant l'heure normale, n'avait fait que se joindre à la plupart des ouvriers de son atelier, qui eux-mêmes n'agissaient qu'en raison du refus opposé à une demande d'augmentation de salaire, et qui ne relèvent aucun fait démontrant chez les grévistes une volonté de désorganisation de l'entreprise, peuvent estimer que ces deux seules cessations de travail constituaient des mouvements de grève légaux, et que le fait d'y avoir participé ne pouvait être retenu comme une faute »[282].

550. - Une définition propre de la faute lourde.

• *Salariés non protégés.* Si la Cour de cassation a exigé en 1990 la preuve d'une intention de nuire à l'employeur ou à l'entreprise pour caractériser la faute lourde engageant la responsabilité pécuniaire du salarié à l'égard de son employeur[283], pareille exigence n'a jamais été formulée comme condition de la qualification de la faute lourde des grévistes. Certes, l'intention de nuire peut constituer une circonstance de nature à conduire à retenir ou à exclure cette qualification, mais elle ne figure pas parmi ses critères, et les arrêts rendus par la Haute juridiction qui y font référence sont relativement rares.

Le premier arrêt à avoir adopté la nouvelle définition arrêtée en 1990 a été rendu en 1995, et était inédit ; la Cour de cassation y relevait, à la fin de son raisonnement, que « la cour d'appel qui a relevé que les salariés avaient commis des manquements portant gravement atteinte au droit de propriété de l'employeur a ainsi fait ressortir leur intention de nuire à l'employeur ou à l'entreprise »[284].

Dans une autre décision postérieure, toujours inédite, la Haute juridiction observe « que la cour d'appel, qui a relevé que les faits reprochés aux salariés s'inscrivaient dans le mouvement de grève affectant l'entreprise, a fait ressortir que les faits mentionnés dans la lettre de licenciement ne révélaient pas l'intention des salariés de nuire aux intérêts de l'entreprise [et] qu'elle a pu en déduire qu'ils ne constituaient pas une faute lourde »[285].

Il faudra attendre le 8 février 2012 pour que la chambre sociale de la Cour de cassation fasse explicitement le lien entre la faute lourde des grévistes et leur intention de nuire, dans un arrêt publié[286].

(281) Cass. soc., 29 janv. 1960 : *Bull. civ.* V, n° 112. - Cass. soc., 16 févr. 1989, n° 87-42.572, publié. - Cass. soc., 16 févr. 1989, n° 87-42.572, publié.

(282) Cass. soc., 28 mars 1960 : *Bull. civ.* V, n° 330.

(283) Cass. soc., 5 avr. 1990, *Bull. civ.* V, n° 175, p. 106 : le salarié « avait manifesté une volonté certaine de nuire ».

(284) Cass. soc., 23 mai 1995, n° 93-45.159.

(285) Cass. soc., 14 janv. 2003, n° 00-46.321. Dans le même sens Cass. soc., 18 janv. 2005, n° 02-46.443. - Cass. soc., 29 oct. 2008, n° 06-46.498. - Cass. soc., 19 nov. 2008, n° 07-44.182 : « Si le délit d'injures publiques comporte un élément intentionnel, celui-ci n'implique pas en lui-même, l'intention de nuire à l'employeur ; (...) la cour d'appel, qui a retenu que si l'utilisation dans un tract du 23 août 2004 de l'expression "argent sale" était fautive, il convenait de resituer ces termes dans leur contexte, et que la faute lourde n'était pas caractérisée ».

(286) Cass. soc., 8 févr. 2012, n° 10-14.083, publié : *JCP* S 2012, p. 1362, note A. Martinon ; *RDT* 2012, 436, note V. Pontif.

Un salarié avait été licencié pour faute lourde après avoir refusé, à la suite d'un mouvement de grève, de restituer à son employeur le véhicule qui lui était affecté et la clé correspondante.

Pour rejeter le pourvoi dirigé contre l'arrêt d'appel qui avait écarté la qualification de faute lourde, la Haute juridiction considère « qu'ayant relevé, d'une part, que la société ne prouvait pas qu'elle aurait pu remettre les véhicules des grévistes à d'autres personnes présentes dans l'entreprise et qu'ainsi aucun élément du dossier ne démontrait que les grévistes, dont le salarié, avaient porté atteinte à la liberté du travail des autres salariés de leur société et, d'autre part, qu'il n'est pas établi que le salarié avait agi avec intention de nuire, la cour d'appel a pu en déduire que la faute lourde n'était pas caractérisée ».

551. - *Salariés protégés.* Lorsqu'il statue sur le licenciement de salariés protégés en raison de fautes commises dans l'exercice du droit de grève, le Conseil d'État ne juge pas autrement et indique que « lorsque le licenciement d'un de ces salariés est envisagé, il ne doit pas être en rapport avec les fonctions représentatives normalement exercées ou l'appartenance syndicale de l'intéressé ; (...) dans le cas où le licenciement est motivé par un comportement fautif, il appartient à l'inspecteur du travail saisi, et éventuellement au ministre compétent, de rechercher, sous le contrôle du juge de l'excès de pouvoir, si les faits reprochés au salarié sont d'une gravité suffisante pour justifier le licenciement compte tenu de l'ensemble des règles applicables au contrat de travail de l'intéressé notamment, dans le cas de faits survenus à l'occasion d'une grève, des dispositions de l'article L. 521-1 du Code du travail en vertu desquelles la grève ne rompt pas le contrat de travail sauf faute lourde imputable au salarié, et des exigences propres à l'exécution normale du mandat dont celui-ci est investi »[287].

Comme c'est le cas lorsqu'est en cause le sort d'un salarié protégé, l'autorité administrative a la faculté de refuser l'autorisation de licenciement en retenant « des motifs d'intérêt général relevant de son pouvoir d'appréciation de l'opportunité, sous réserve qu'une atteinte excessive ne soit pas portée à l'un ou à l'autre des intérêts en présence »[288]. Elle n'est en revanche « pas tenue de rechercher si ce comportement révélait une intention de nuire à l'employeur ou à l'entreprise »[289].

L'autorisation doit mettre en évidence la participation personnelle du salarié aux faits qui lui sont reprochés, et pas seulement sa présence sur les lieux[290]. Si aucun fait personnel ne peut lui être imputé, alors l'autorisation ne devra pas être accordée[291]. S'il a participé à des violences ou des destructions de biens, il pourra être licencié[292].

L'examen de la jurisprudence du Conseil d'État montre que la gravité de la faute exigée, qui doit tenir compte des exigences légales en matière de grève et donc de la nécessité de caractériser une faute lourde, dépend des circonstances concrètes dans lesquels se sont déroulés les faits pour lesquels l'autorité administrative a été saisie. Une décision rendue par le Conseil d'État le 2 février 1996 l'illustre parfaitement[293].

Un employeur reprochait à deux grévistes, l'une membre du CHSCT et l'autre déléguée du personnel et membre du comité d'entreprise, différents faits commis à l'occasion d'un conflit collectif ainsi que leur participation à une vente faite au profit d'une organisation politique et à la distribution de tracts émanant de cette organisation. L'autorisation de licenciement leur avait

(287) CE, 1re et 4e ss-sect. réunies, 1er avr. 1992, n° 112826, *Moreau et Synd. Parisien du livre CGT : Lebon*. - CE, 4e et 5e ss-sect. réunies, 22 févr. 2007, n° 282724.

(288) CE, 10e et 3e ss-sect. réunies, 1er févr. 1989, n° 64575 : *Lebon*.

(289) CE, 8e et 3e ss-sect. réunies, 6 mars 2002, n° 214656 : *Lebon* T.

(290) CE, 17 janv. 1986, n° 55.625, *Sté Brossette*. - CE, 9 nov. 1994, n° 140.476, *Arab*.

(291) CE, 9 nov. 1994, n° 140.476, *Sté Pain Jacquet*.

(292) CE, 9 oct. 1987, n° 71788, *Corning France : Lebon*.

(293) CE, 8e et 9e ss-sect. réunies, 2 févr. 1996, n° 149224.

été refusée par l'inspecteur du travail, et l'employeur n'eut pas plus de succès dans le cadre du recours hiérarchique.

Le tribunal administratif en avait jugé autrement et annulé le refus d'autorisation. Pour ce dernier en effet, la participation personnelle des deux grévistes à un piquet de grève qui avait empêché un camion de la société UTA, d'emporter des matériels lui appartenant, avait constitué une faute suffisamment grave pour justifier leur licenciement.

Telle n'est pas l'opinion du Conseil d'État.

En premier lieu, la société reprochait aux deux grévistes de s'être opposés, le 20 avril 1991, à l'intervention d'une entreprise extérieure et d'avoir arraché, le 30 avril 1991, des mains d'un représentant de la direction, le badge d'identification d'un employé de l'entreprise. Celle-ci leur faisait également grief d'avoir procédé à une vente au profit d'une organisation politique et à des distributions de tracts de cette organisation, les 30 avril et 1er mai 1991. Or, il ne ressortait pas des pièces du dossier que ces agissements se soient accompagnés de violences. Eu égard au climat tendu qui régnait, à l'époque, dans l'entreprise, les fautes commises ne présentaient pas une gravité suffisante pour justifier leur licenciement.

En deuxième lieu, l'une des grévistes avait distribué, les 24 juin 1991 et 31 juillet 1991, des tracts d'une organisation politique dans l'enceinte de l'entreprise. La distribution du 31 juillet 1991 était toutefois postérieure à la décision de l'inspecteur du travail. En outre, il ne ressortait pas des pièces du dossier que la faute commise le 24 juin 1991 ait été mentionnée lors de son audition par le comité d'entreprise, le 27 juin 1991, ni dans le courrier, daté du même jour, par lequel la société avait sollicité son licenciement, ni enfin lors de l'enquête contradictoire conduite par l'inspecteur du travail. Les fautes reprochées à l'intéressé ne pouvaient justifier l'autorisation de le licencier.

En troisième lieu, il était reproché à l'une des grévistes, qui était employée en qualité de chef d'équipe « nettoyage », d'avoir adopté, à l'égard des représentants de compagnies aériennes clientes de son entreprise, des attitudes incompatibles avec son niveau de responsabilité hiérarchique. L'exactitude matérielle de ces faits ne ressortait toutefois pas des pièces du dossier qui ne pouvaient donc pas être prises en compte.

552. - **Possibilité de refuser l'autorisation de licenciement.** Même lorsque le salarié protégé a commis des fautes qui seraient de nature à justifier son licenciement, « l'autorité administrative a la faculté de retenir des motifs d'intérêt général relevant de son pouvoir d'appréciation de l'opportunité, sous réserve qu'une atteinte excessive ne soit pas portée à l'un ou l'autre des intérêts en présence ».

Le Conseil d'État veille à ce que le refus d'autorisation ne cause pas trop de perturbations au sein de l'entreprise concernée, surtout lorsque le salarié protégé s'est rendu coupable d'infractions graves contre les personnes. C'est ce qu'illustre bien une décision rendue par le Conseil d'État le 9 octobre 1987, dans le fameux contentieux des usines Citroën, et à laquelle le guide de la Direction générale du travail continue de faire allusion[294].

Un salarié, délégué syndical, représentant syndical au comité d'établissement et délégué du personnel, salarié de la société des Automobiles Citroën, un membre du comité d'établissement et un délégué du personnel, avaient personnellement et activement participé aux graves incidents qui s'étaient déroulés le 2 février 1983 à l'usine d'Aulnay-sous-Bois et au cours desquels des groupes d'ouvriers avaient, par des menaces et violences exercées à l'encontre de non-grévistes, dont une vingtaine ont été blessés, cherché à contraindre ces derniers à quitter le travail et à se joindre à une manifestation.

L'employeur avait demandé l'autorisation administrative de les licencier, mais s'était heurté à un refus de l'inspecteur du travail, ce qui fut implicitement confirmé par le ministre du Travail, dans le cadre du recours hiérarchique. Ce refus d'autorisation et la décision implicite de rejet

(294) CE, 1re et 4e ss-sect. réunies, 9 oct. 1987, n° 71667 : *Lebon*.

furent annulés le 2 juillet 1985 par le tribunal administratif de Paris, ce que contestaient les salariés dans le cadre de leur appel.

Dans cette affaire, comme dans les autres, le Conseil d'État a commencé par rappeler les règles applicables au licenciement du salarié protégé, et notamment le fait que « pour refuser l'autorisation sollicitée, l'autorité administrative a la faculté de retenir des motifs d'intérêt général relevant de son pouvoir d'appréciation de l'opportunité, sous réserve qu'une atteinte excessive ne soit pas portée à l'un ou l'autre des intérêts en présence ».

Pour le Conseil d'État, ces trois salariés avaient joué au cours de ces événements des rôles de meneurs et n'avaient exercé aucune action modératrice tendant à limiter les excès des manifestants. Ces comportements ne pouvaient être regardés comme se rattachant à l'exécution normale des mandats dont ils étaient investis et avaient été constitutifs de fautes suffisamment graves pour justifier leur licenciement, alors même que les intéressés ne se seraient pas personnellement livrés à des violences et qu'ils étaient encore peu expérimentés dans leurs fonctions représentatives. Par ailleurs, il n'était pas établi que la demande de leur employeur tendant à obtenir l'autorisation de les licencier avait été en rapport avec leurs fonctions représentatives ou leur appartenance syndicale.

Enfin, dans les circonstances de l'espèce, le refus opposé au licenciement portait bien, comme l'avait jugé le tribunal administratif de Paris, une atteinte excessive aux intérêts de l'entreprise.

553. – Prise en compte d'événements induisant l'intention de nuire. Dans un certain nombre d'hypothèses, la Cour de cassation se contente de la participation personnelle du salarié à des actes qui portent *en eux-mêmes* la preuve du caractère intentionnel du comportement, comme c'est le cas en présence d'entraves à la liberté du travail[295] ou de séquestrations[296].

La Cour de cassation se sert également de l'argument tiré de l'absence de caractérisation de l'intention de nuire pour sanctionner des cours d'appel qui ont admis la faute lourde dans des cas où manifestement la Cour de cassation n'est pas du même avis[297]. Mais parfois elle souligne que les salariés avaient été informés du caractère illicite de leur comportement pour caractériser leur faute lourde, comme c'est le cas lorsqu'ils déclenchent une grève sans respect des règles relatives aux préavis dans les services publics[298] ou occupent illégalement l'entreprise[299].

Alors même que le contrat de travail est suspendu et avec lui le pouvoir disciplinaire de l'employeur, la faute lourde visée ici est bien disciplinaire et se trouve donc soumise pleinement au régime afférent[300]. La même règle vaut pour les salariés protégés pour des faits pourtant commis dans l'exercice de leur mandat[301].

3) Désorganisation de l'entreprise

554. – Mouvements semi-licites. La Cour de cassation ne sanctionne certaines actions collectives qui ne répondent pas exactement à la définition juridique de la grève que si elles ont eu pour but de désorganiser l'entreprise, mêlant ainsi un critère psychologique (l'intention de nuire) et un critère objectif (l'effet de l'action).

(295) Cass. soc., 2 juill. 2014, n° 13-12.562, publié.

(296) Cass. soc., 25 févr. 1988, n° 85-45.262, publié. – Cass. soc., 5 déc. 1989, n° 86-44.301, publié. – Cass. soc., 13 janv. 1993, n° 90-45.760, publié.

(297) Cass. soc., 8 févr. 2012, n° 10-14.083, publié : *JCP* S 2012, p. 1362, note A. Martinon ; *RDT* 2012, 436, note V. Pontif.

(298) V. *supra*, n° 337.

(299) Cass. soc., 3 mai 2016, n° 14-28.353, publié.

(300) CE, 4e et 1re ss-sect. réunies, 1er avr. 1992, n° 112826 : *Lebon*. – Cass. soc., 4 nov. 1992, n° 90-41.899 : *Bull. civ.* V, n° 529 ; *JCP* E 1993, II, 420, note J. Savatier. – CE, 22 févr. 2007, n° 282724, *Sanz*.

(301) V. *supra*, n° 374.

La jurisprudence distingue la simple « désorganisation de la production que la grève entraîne nécessairement »[302], de la « désorganisation de l'entreprise elle-même » qui fera dégénérer la grève en abus. L'activité de l'entreprise doit être entièrement paralysée, y compris dans ses services administratifs, pour que la faute lourde soit caractérisée.

C'est ce qu'illustre un arrêt rendu par la chambre civile de la Cour de cassation le 28 mars 1960 : « Les juges du fond qui retiennent qu'un ouvrier, s'il avait quitté à deux reprises son travail dans la même journée un peu avant l'heure normale, n'avait fait que se joindre à la plupart des ouvriers de son atelier, qui eux-mêmes n'agissaient qu'en raison du refus opposé à une demande d'augmentation de salaire, et qui ne relèvent aucun fait démontrant chez les grévistes une volonté de désorganisation de l'entreprise, peuvent estimer que ces deux seules cessations de travail constituaient des mouvements de grève légaux, et que le fait d'y avoir participé ne pouvait être retenu comme une faute »[303].

Un autre arrêt rendu par la chambre sociale de la Cour de cassation le 14 janvier 1987 illustre également comment les juges procèdent à l'analyse du comportement des grévistes, et singulièrement aux précautions qu'ils prennent précisément pour ne pas désorganiser l'entreprise, ce qui leur permet alors d'échapper à toute sanction disciplinaire[304].

Dans cette affaire, le 22 avril 1980, les délégués du personnel de la Société Desquenne et Giral avaient formulé auprès de celle-ci des revendications concernant les salaires et conditions d'hébergement des ouvriers affectés le 8 avril au renouvellement d'une voie ferrée. Après une grève d'avertissement d'une heure les 8 et 9 mai, un arrêt de travail de trois heures avait été décidé le 12 mai, s'est poursuivi le 14 mai et a été porté à quatre heures à partir du 19 mai. Estimant que les débrayages avaient gravement désorganisé le fonctionnement du chantier, l'employeur a licencié les délégués du personnel, et a été condamné au fond.

Pour écarter la qualification de faute lourde, la cour d'appel a en effet « relevé que l'arrêt de travail était unique et continu, qu'aucun incident n'avait eu lieu, que les grévistes avaient pris soin d'annoncer chaque jour la durée de la grève, laissant ainsi à la direction le choix de prendre toutes dispositions utiles, d'ouvrir ou non le chantier et d'affecter ailleurs le personnel non gréviste, que l'engagement était pris chaque jour de rendre la voie libre à 17h30 pour se conformer aux impératifs fixés par la SNCF et qu'elle en a déduit qu'il n'y avait pas eu une désorganisation anormale de l'entreprise excédant le préjudice résultant de toute grève ».

4) Distinction entre grève et mouvements illicites

555. - Distinctions terminologiques. Jusqu'en 1993 la Cour de cassation qualifiait de « grèves illicites » des actions collectives n'entrant pas dans la définition juridique de la grève mais considérées comme telles par les salariés et les syndicats. Mais comme elle souhaitait que les salariés soient sanctionnables, elle qualifiait la participation à ces actions de fautes lourdes, pour permettre leur licenciement[305]. La qualification de « grève » de ces mouvements avait ainsi pour effet de priver les salariés y compris de leur indemnité compensatrice de droit à congés payés[306], ce qui ne leur était guère favorable.

(302) Cass. soc., 30 mai 1989, n° 87-10.994 : *Bull. civ.* V, n° 404 ; *D.* 1990, 168, obs. G. Borenfreund ; *RTD civ.* 1990, 283, obs. J. Mestre.

(303) Cass. soc., 28 mars 1960 : *Bull. civ.* V, n° 330.

(304) Cass. soc., 14 janv. 1987, n° 84-40.945 : *Bull. civ.* V, n° 16.

(305) Cass. soc., 25 juin 1987, *Cours François Villon* : *D.* 1988, somm., p. 99, obs. J. Pélissier.

(306) À la suite de l'abrogation partielle de l'article L. 3141-26 du Code du travail (Cons. const., 2 mars 2016, n° 2015-523 QPC, *M. Michel O.* [Absence d'indemnité compensatrice de congé payé en cas de rupture du contrat de travail provoquée par la faute lourde du salarié], cette règle a été abrogée.

En 1993, une distinction plus rigoureuse a été admise entre « grève » et « mouvement illicite ». Dans la première hypothèse, qui suppose que soient réunis tous les critères de la grève, la faute lourde sera logiquement exigée. Dans la seconde il s'agira d'actes d'indiscipline pour lesquels une faute grave, voire sérieuse, suffira, comme en témoigne l'arrêt « fondateur » rendu par la chambre sociale de la Cour de cassation le 16 novembre 1993[307].

Une « grève de solidarité » avait été déclenchée spontanément par trois salariés pour réclamer la réintégration d'un collègue licencié pour avoir refusé d'exécuter un travail, au prétexte que le local, que son employeur lui demandait de nettoyer, n'était pas son lieu de travail. Ces trois collègues solidaires furent à leur tour licenciés pour refus d'obéissance, ce qu'ils avaient contesté devant le conseil de prud'hommes, en vain. C'est ce que confirme le rejet du pourvoi.

Pour la Cour de cassation en effet, « le licenciement n'impliquait rien d'autre que la faute personnelle du salarié sanctionné et (...) aucune revendication professionnelle n'était en cause » : « l'arrêt de travail ne constituait pas l'exercice du droit de grève » ; « dès l'instant où l'arrêt de travail, auquel il avait participé, ne relevait pas des dispositions de l'article L. 521-1 du Code du travail, les juges du fond ont pu débouter le salarié de ses demandes d'indemnités de rupture et de dommages-intérêts pour rupture abusive en retenant contre lui l'existence d'une faute grave », caractérisée en l'espèce.

Quant aux fautes commises en cours de grève, elles ne feront pas perdre à cette dernière sa qualification[308], mais pourront être qualifiées de fautes lourdes si elles témoignent d'un exercice anormal du droit de grève.

5) Grève et protection pendant toute la phase de conflit

556. - La non-pertinence de la référence à l'horaire habituel de travail. Dès lors que le travail a cessé et que la qualification de grève est acquise, le régime protecteur s'appliquera aux grévistes jusqu'à la fin du conflit, la référence aux horaires de travail habituels[309] n'étant plus pertinente pour déterminer ce qui relèverait de la protection du droit de grève, et ce qui relèverait de la vie personnelle des salariés, tant que les comportements litigieux ont été commis sur le lieu du conflit. C'est ainsi que la chambre sociale de la Cour de cassation a considéré, dans un arrêt rendu le 8 juillet 2009, qu'une dispute entre salariés pendant la grève mais en dehors de leurs horaires habituels de travail devait être traitée au titre de la protection du droit de grève[310].

Un mouvement de grève avait eu lieu le 31 décembre 2006 au sein du Casino d'Évaux-les-Bains. Deux salariés, employés respectivement comme croupier et caissière boule, avaient été licenciés le 6 février 2007 pour faute grave, leur employeur leur reprochant, d'une part, leur absence injustifiée et l'instauration d'un climat conflictuel, faits commis dans la journée du 31 mai 2006, et, d'autre part, des faits de harcèlement, menaces et insultes proférées à l'égard d'autres salariés.

Soutenant que leur licenciement était nul, ils ont saisi en référé la juridiction prud'homale d'une demande de réintégration et en paiement de sommes à titre de provision sur salaires, ce qu'ils n'ont pas obtenu, la cour d'appel ayant considéré que les faits autres que ceux en relation avec la grève sont distincts de la participation à celle-ci et constitueraient, s'ils étaient établis, une cause réelle et sérieuse de licenciement.

(307) Cass. soc., 16 nov. 1993, n° 91-41.024 : *Bull. civ.* V, n° 268 ; *Dr. soc.* 1994, p. 35-39, rapp. P. Waquet, note J.-E. Ray.

(308) Cass. soc., 4 nov. 1992, préc.

(309) La référence à « l'horaire habituel de travail » apparaît pour la définition du travail de nuit : C. trav., art. L. 3122-5.

(310) Cass. soc., 8 juill. 2009, n° 08-40.139, publié.

C'est ce qui vaut à l'arrêt d'être cassé. Pour la Haute juridiction en effet, « en l'absence de faute lourde, le caractère illicite du motif du licenciement tiré de la participation à une grève emporte à lui seul la nullité de ce licenciement ».

557. - La protection par les revendications. La protection liée à l'exercice du droit de grève rayonne également bien au-delà de la stricte période de l'arrêt de travail, et ce grâce à la notion de conflit collectif qui est plus large.

En premier lieu, et même si en principe la protection n'est due qu'à compter du moment où les salariés cessent le travail et ne peut donc pas couvrir des fautes commises antérieurement, il a été admis une exception s'agissant de faits antérieurs mais se rattachant au même conflit[311].

En second lieu, l'employeur qui sanctionne des salariés après la reprise du travail mais pour des faits commis pendant celui-ci doit logiquement respecter les règles propres au licenciement des grévistes si c'est bien pour ce motif qu'il les sanctionne.

6) Participation personnelle aux faits visés

558. - Prohibition des punitions collectives. Le droit de grève appartient en propre à chaque salarié et le protège individuellement contre les sanctions que son employeur pourrait souhaiter lui infliger.

Souvent, les fautes commises en cours de conflit sont imputables à plusieurs salariés qui agissent ensemble, ce qui est logique puisque la grève suppose la cession collective et *concertée* du travail. L'employeur devra donc établir, pour chaque gréviste sanctionné, sa participation personnelle et effective aux faits incriminés, et pas uniquement son appartenance à un groupe de grévistes présents sur les lieux[312], comme l'illustre un arrêt rendu par la chambre sociale de la Cour de cassation le 15 décembre 2010[313].

Un salarié avait été engagé par la société Passo pour exercer les fonctions de directeur du site de Teteghem et de directeur des programmes de formations de l'ensemble des établissements à compter du 1er mai 2005, avec une mission d'accompagnement du président d'une durée minimale de deux ans. Du 4 au 18 juin 2007, les établissements d'Hellesmes et de Teteghem avaient fait l'objet d'un mouvement de grève. Le salarié avait été convoqué à un entretien préalable en vue de son licenciement fixé au 12 juin 2007 avec dispense d'activité, entretien repoussé d'abord au 26 juin 2007 pour raison de grève, puis au 5 juillet 2007. Il avait été licencié pour faute lourde le 18 juillet 2007.

Il avait saisi le conseil de prud'hommes qui, par jugement rendu le 26 septembre 2008, a dit que le licenciement était justifié, ce qui a été confirmé en appel.

Une première question se posait liée au report de l'entretien préalable au licenciement, en raison de la grève affectant l'entreprise. Ce report est validé par la Cour de cassation : la cour d'appel avait en effet constaté par motifs propres et adoptés, que l'entretien préalable initialement fixé au 12 juin 2007, avait été reporté au 26 juin, en raison de l'impossibilité pour le salarié de s'y présenter du fait de l'occupation des locaux de l'entreprise par des salariés grévistes, et que le licenciement était intervenu dans le mois suivant la tenue de l'entretien.

Une seconde question concernait la preuve de la participation personnelle du salarié aux différents débordements observés dans l'entreprise pendant la grève. La cour d'appel avait validé le licenciement après avoir retenu qu'était établi d'une part, le fait que durant la grève qui s'est déroulée du 4 au 18 juin 2007, quatorze non-grévistes s'étaient vu refuser l'accès aux locaux du site d'Hellesmes alors qu'ils voulaient travailler et que le 19 juin 2007 des portes ou armoires de bureau avaient été forcées, que du matériel et des archives avaient disparu et qu'un feu avait

(311) Cass. soc., 9 mai 2012, n° 10-24.307, publié. - Cass. soc., 23 nov. 2022, n° 21-19.722.
(312) Ainsi Cass. soc., 18 sept. 2007, n° 06-41.761 : *JCP* S 2007, 1863, note R. Vatinet.
(313) Cass. soc., 15 déc. 2010, n° 09-43.075.

été allumé à l'extérieur, brûlant des documents et du matériel, et d'autre part que le salarié sanctionné était avec son fils et « des participants encourageants de la grève survenue ». C'est cette dernière affirmation qui vaut à l'arrêt d'être cassé, puisque les juges n'établissaient ainsi nullement la participation personnelle du salarié aux actes illicites et n'avaient donc pas caractérisé « de faute lourde imputable au salarié ».

7) Autorité de la chose jugée au pénal

559. - Droit commun. En droit disciplinaire « commun », l'autorité de la chose jugée au pénal sur le civil suppose que le salarié ait été condamné au pénal ; en cas de relaxe l'employeur pourra retenir la faute comme motif de sanction. Elle ne s'étend par ailleurs qu'à l'existence de la faute et nullement à sa gravité[314], laquelle dépend de circonstances qui ne sont pas examinées par le juge répressif et qui doivent donc être appréciées par le juge civil pour déterminer s'il y a faute *grave*, voire faute *lourde*. On ne sera donc pas surpris que cette solution s'applique également en matière de conflits collectifs, compte tenu du contexte qui entoure la commission d'éventuelles infractions. C'est ainsi qu'un salarié a été condamné au pénal pour injure publique, mais que le juge prud'homal n'a pas considéré ces faits comme constitutifs d'une faute lourde justifiant son licenciement, en raison du contexte conflictuel dans lequel ils ont été prononcés et du fait que les deux dols ne se confondent pas[315].

8) Sort des salariés protégés

560. - Circulaire ministérielle. Le ministère du Travail attire d'ailleurs particulièrement l'attention des inspecteurs du travail à qui des autorisations de licenciement des salariés protégés grévistes sont demandées[316] ; ainsi, la faute d'une gravité suffisante doit être fondée sur le constat de la participation personnelle et active de l'intéressé et non sur sa simple présence sur les lieux au moment de la commission des faits[317].

L'imputabilité de la faute au salarié protégé gréviste : Guide relatif aux décisions administratives de licenciement des salariés protégés (extrait)[318]

1.4. La matérialité et l'imputabilité des faits

1.4.1. La matérialité et l'imputabilité

L'employeur doit établir la matérialité des faits reprochés (CE, 21 déc. 1994, n° 127.898, *Sté lyonnaise de banque*, Tables p. 1216). Il doit donc alléguer des faits précis à l'appui de sa demande et ne saurait se contenter de griefs vagues et peu circonstanciés. Il lui appartient en outre de fournir des éléments justificatifs suffisamment précis et probants (CE, 10 avr. 2002, n° 220.907, *Bernadac c/ AISMT*), autres que ses seules allégations (CE, 22 mars 2010, n° 324.398, *Sté CTP Prêt à partir*, Tables p. 1004).

Pour déterminer si les faits sont établis, l'inspecteur du travail peut procéder à toute mesure d'instruction qu'il juge utile, notamment : vérification personnelle sur

(314) E. Gayat, *L'autorité de la chose jugée au pénal sur l'instance prud'homale en contestation d'une sanction disciplinaire : Dr. ouvrier* 1998, 515. Dernièrement F. Guiomard, *L'appréciation de la faute disciplinaire en cas de condamnation pénale provenant d'une preuve obtenue de façon déloyale : RDT* 2022, 593.

(315) Cass. soc., 8 déc. 2009, n° 08-42.923.

(316) *Guide relatif aux décisions administratives de licenciement des salariés protégés*, p. 56. – P. Saint-Jevin, *L'exercice du droit de grève et le licenciement des représentants du personnel : Dr. soc.* 1979, p. 16.

(317) CE, 17 janv. 1986, n° 55625, *Sté Brossette*. – CE, 9 nov. 1994, n° 140.476, *Arab*.

(318) Complété par une fiche DGT n° 2023-02 du 13 mars 2023 (DASIT2).

les lieux, consultation de documents, audition de personnes, témoignages, consultation de procès-verbaux de réunions du CSE.

L'absence de contestation par le salarié des faits qui lui sont reprochés n'implique pas l'existence d'une faute, le salarié n'ayant en outre pas à prouver que ces faits sont imputables à d'autres (Cass. soc., 10 nov. 2009, n° 08-40.924).

La production par l'employeur de témoignages émanant d'autres salariés, si elle peut être prise en compte, doit être appréciée au regard de leur caractère suffisamment circonstancié et en prenant en considération la situation de subordination juridique de ces derniers. L'existence d'un lien de subordination, si elle doit être prise en compte, ne saurait pour autant aboutir à écarter *a priori* ces témoignages.

La matérialité des faits reprochés au salarié ne peut être établie sur le seul fondement de témoignages anonymes (Cass. soc., 4 juill. 2018, n° 17-18.241, *Bull. civ.* V à paraître au Bulletin).

L'employeur doit démontrer que les faits sont personnellement imputables au salarié (Cass. soc., 21 mars 2000, n° 98-40.130, *Bull. civ.* V n° 113 ; Cass. soc., 23 juin 2004, n° 01-43.606). Il n'appartient pas au salarié mis en cause de prouver qu'il n'en est pas l'auteur (CE, 3 oct. 2008, n° 308.046, *ANRS*).

Cette exigence d'imputabilité personnelle des faits exclut toute notion de faute collective. Il en est ainsi, en particulier, pour les actes fautifs intervenus à l'occasion d'une grève : l'existence d'une faute d'une gravité suffisante doit être fondée sur le constat de la participation personnelle et active de l'intéressé, et non sur sa simple présence sur les lieux au moment de la commission des faits (CE, 17 janv. 1986, n° 55.625, *Sté Brossette*. – CE, 9 nov. 1994, n° 140.476, *Arab*).

9) Moyens de preuve

561. – Importance. La démonstration que des fautes détachables de l'exercice normal du droit de grève ont été commises par le salarié visé par la procédure est déterminante et n'est pas toujours aisée dans un contexte de fortes tensions sociales. L'employeur ne pourra pas toujours accéder facilement aux locaux de l'entreprise pour établir la liste des salariés présents, par exemple, sur les piquets de grève. De nombreux éléments sont généralement admis, comme des relevés de pointeuse[319], des témoignages d'autres salariés, des photos, des films ou des vidéos, désormais largement partagées sur les réseaux sociaux[320].

562. – Constats de commissaires de justice. Pour sécuriser la preuve, l'employeur peut être tenté d'avoir recours à un commissaire de justice (anciennement « huissiers de justice »)[321], ce qui n'est pas sans difficultés[322].

Les constats doivent être suffisamment précis et porter sur l'identité même des grévistes. Mais comment faire lorsque le commissaire de justice ne connaît pas les salariés : peut-il leur demander leur identité ? La réponse fournie par les règles professionnelles applicables à la profession n'est pas aussi claire qu'on pourrait le souhaiter.

(319) Cass. soc., 24 mai 1972, n° 71-40.637, publié.

(320) Ainsi la diffusion sur Twitter d'une vidéo réalisée sur un quai de métro à la station Place d'Italie le 30 décembre 2019, où l'on voit une conductrice s'apprêtant à prendre son service sérieusement malmenée et sifflée par un groupe de grévistes majoritairement masculins : *Liaisons sociales quotidien* 3 janv. 2020, L'actualité, n° 17970, Section Acteurs, débats, événements.

(321) Cass. soc., 7 juill. 1983, n° 81-40.191.

(322) H. Guyot et F. Guyot, *Le constat d'huissier à l'occasion d'un mouvement de grève* : *JCP* S 2015, 1394.

L'article 1er de l'ordonnance n° 2016-728 du 2 juin 2016 relative au statut de commissaire de justice (anciennement Ord. n° 45-2592, 2 nov. 1945, relative au statut des huissiers) dispose que ces derniers ont qualité pour « effectuer, lorsqu'ils sont commis par justice ou à la requête de particuliers, des constatations purement matérielles, exclusives de tout avis sur les conséquences de fait ou de droit qui peuvent en résulter », et que « sauf en matière pénale où elles ont valeur de simples renseignements, ces constatations font foi jusqu'à preuve contraire ».

563. – *Interrogatoires.* En 2002, la Cour de cassation, dans une affaire où l'employeur devait établir la matérialité de faits de concurrence déloyale, s'était montrée très hostile à l'idée qu'un huissier puisse interroger des salariés. La cour avait, en effet, affirmé qu'« aux termes de l'article 1er de l'ordonnance du 2 novembre 1945 les huissiers de justice peuvent être commis en justice pour effectuer des constatations purement matérielles, exclusives de tout avis sur les conséquences de fait ou de droit qui peuvent en résulter ; qu'il en résulte qu'étant exclusivement habilités à effectuer des constatations matérielles, les huissiers de justice ne peuvent être commis pour procéder à des auditions de témoins qui relèvent de la procédure d'enquête prévue par les articles 204 et suivants du nouveau Code de procédure civile et qu'ils ne peuvent dès lors recueillir des témoignages qu'aux seules fins d'éclairer leurs constatations matérielles », avant d'ajouter que « l'huissier de justice avait été commis pour interroger des salariés d'une entreprise concurrente, la cour d'appel a décidé, à bon droit, d'écarter des débats le procès-verbal de constat établi par cet huissier »[323].

L'examen du contentieux montre que souvent des constats sont écartés parce que l'huissier n'a pas été loyal en dissimulant son identité[324]. En cas de déloyauté, les constats seront écartés des débats, même si l'employeur tente de se justifier en invoquant son droit à la preuve[325].

564. – *Contrôles d'identité.* Les huissiers ne doivent pas procéder à des contrôles d'identité, comme l'a jugé la chambre sociale de la Cour de cassation dans un arrêt rendu le 2 mars 2004[326].

Deux salariés avaient été mis à pied à titre conservatoire puis licenciés pour faute lourde, leur employeur leur reprochant un comportement constitutif d'abus lors de la grève ayant affecté l'entreprise et à laquelle ils avaient pris part. En appel, le procès-verbal d'huissier produit par l'employeur avait été écarté des débats, ce que contestait ce dernier dans son pourvoi : il prétendait notamment que « rien n'interdit à l'huissier, chargé à la requête d'un particulier de constater matériellement la gêne que les ouvriers grévistes lui procurent en garant leur véhicule sur l'aire de stationnement pour empêcher la livraison de matériel, de s'adresser aux salariés grévistes pour leur demander si les véhicules gênants leur appartiennent ; qu'en l'espèce, la cour d'appel a considéré que l'huissier avait outrepassé ses pouvoirs dévolus par l'ordonnance du 2 novembre 1945 en demandant notamment aux salariés grévistes si les véhicules gênant la livraison leur appartenaient ».

L'exclusion du procès-verbal est confirmée ici par le rejet du pourvoi : « l'huissier commis par l'employeur avait excédé ses pouvoirs en demandant aux salariés de décliner leur identité et d'enlever des véhicules ».

NB : Abordée sous l'angle de la licéité, cette solution est susceptible d'avoir été remise en cause par la montée en puissance du droit à la preuve[327].

(323) Cass. soc., 29 oct. 2002, n° 00-42.918, publié.
(324) Cass. soc., 5 juill. 1995, n° 92-40.050, publié.
(325) Cass. soc., 30 sept. 2020, n° 19-12.058, publié.
(326) Cass. soc., 2 mars 2004, n° 01-44.644, *Sté Agam Branson c/ M. José T.*, publié.
(327) V. *infra*, n° 568.

565. – *Auditions.* La chambre sociale de la Cour de cassation a considéré, dans un arrêt rendu le 28 avril 2006, et pour les mêmes raisons, qu'un commissaire de justice ne peut pas procéder à des auditions[328].

Dix-huit salariés s'étaient mis en grève sur site. L'employeur avait saisi le juge des référés pour que soit ordonnée la libération des accès à l'usine et l'expulsion des opposants et de leurs véhicules. Pour rejeter la demande formée par les salariés d'écarter les procès-verbaux établis par l'huissier requis par la société, la cour d'appel avait énoncé que l'interdiction faite à celui-ci de faire entendre des témoins ne consiste qu'à proscrire la commission par une juridiction d'un huissier de justice aux fins de réaliser une véritable enquête, mais qu'une telle mesure ne vise nullement à faire défense à l'huissier de recueillir autrement toute forme de renseignements ou d'explications de la part des personnes qu'il est amené à rencontrer à la faveur des constatations matérielles qu'il est au contraire habilité à effectuer tant sur requête, qu'en vertu d'un mandat judiciaire, de sorte qu'aucune nullité ni autre irrégularité n'a pu en l'occurrence entacher l'ensemble des procès-verbaux à tort querellés par les appelants.

Telle n'est pas l'opinion de la Cour de cassation qui censure cette décision au visa de l'article 1er de l'ordonnance n° 45-2592 du 2 novembre 1945, aux termes duquel « les huissiers de justice peuvent procéder à la requête des particuliers à des constatations purement matérielles, exclusives de tout avis sur les conséquences de fait ou de droit qui peuvent en résulter ». Pour la Haute juridiction, les huissiers « ne peuvent procéder à des auditions, si ce n'est à seule fin d'éclairer leurs constatations », ce qui n'avait pas été le cas dans cette affaire.

NB : Abordée sous l'angle de la licéité, cette solution est susceptible d'avoir été remise en cause par la montée en puissance du droit à la preuve[329].

566. – *Photos.* On s'est également demandé si la procédure d'identification des salariés pris en photo[330] ou filmés par un huissier, puis identifiés par un cadre de l'entreprise, ne serait pas contraire au principe de l'égalité des armes et aux droits de la défense dans la mesure où les grévistes concernés ne sont pas présents lors de l'identification. Une réponse négative s'impose dans la mesure où l'autorité s'attachant aux constatations réalisées par l'huissier ne concerne que les faits dont il a été personnellement témoin : il va donc attester avoir vu tel ou tel salarié, attestera également que ce ou ces salariés ont été identifiés par un cadre de l'entreprise, mais les salariés concernés pourront toujours, lors du débat prud'homal, contester cette identification. C'est ce qui résulte d'un arrêt rendu par la chambre sociale de la Cour de cassation le 20 octobre 2021[331].

L'employeur avait fait assigner en référé la Confédération syndicale des travailleurs de Nouvelle-Calédonie et son secrétaire général afin d'obtenir la désignation d'un expert-comptable pour déterminer le préjudice d'exploitation résultant de l'interruption de la production, et le paiement d'une provision. La cour d'appel avait fait droit à cette demande après avoir considéré que le mouvement litigieux constituait une grève mais que son exercice avait été abusif, et c'est ce que confirme le rejet du pourvoi. Cette dernière avait en effet relevé qu'il résultait des constatations de l'huissier de justice, appuyées par des photographies, la participation de la confédération et de son secrétaire général au mouvement revendicatif et la réalité d'un blocage interdisant l'accès de l'usine aux autres salariés et que leur affirmation sur l'existence d'une seconde entrée non bloquée et utilisable par les non-grévistes pour se rendre à leur travail ne correspondait à aucune réalité établie alors que l'entrée devant laquelle l'huissier de justice s'était positionné correspondait à l'entrée traditionnelle dans le site pour l'ensemble des salariés, ce dont elle a déduit qu'en procédant à ce blocage et en utilisant des méthodes attentatoires aux biens (pneus en feu dégradant les voies de circulation), empêchant ainsi l'entrée à tout salarié souhaitant travailler, les salariés grévistes avaient recouru à un exercice abusif du droit de grève.

(328) Cass. soc., 28 avr. 2006, n° 04-13.932, *M. V. c/ Sté La Fonte ardennaise*, publié.
(329) V. *infra*, n° 568.
(330) Cass. soc., 26 juill. 1984, n° 82-14.355.
(331) Cass. soc., 20 oct. 2021, n° 19-21.475.

Si le constat d'huissier n'est pas considéré comme irrecevable, les éléments attestés font foi jusqu'à preuve du contraire. Ils créent ainsi une apparence de vérité qui profite à l'employeur en cas de doute[332].

• *Réseaux sociaux*. L'omniprésence des réseaux sociaux offre aux huissiers un champ d'investigations immense, surtout lorsque les informations recherchées sont présentes sur des pages accessibles publiquement, ce qui sera souvent le cas des pages Facebook des syndicats. Un arrêt rendu par la cour d'appel d'Aix-en-Provence le 20 octobre 2022 en fournit une excellente illustration[333].

Cette affaire concernait un long conflit au sein de plusieurs magasins Carrefour d'Aix-en-Provence, en avril et mai 2021. Parmi les éléments de preuve discutés figurait celle de plusieurs constats d'huissier.

En l'espèce, la SCP Synergie huissiers 13 a été requise par la société Carrefour Hypermarchés à deux reprises les 26 avril et 7 juillet 2021 aux fins de retranscrire des vidéos mises en ligne sur des réseaux sociaux.

Depuis son ordinateur, l'huissier de justice s'était en effet rendu le 26 avril vers 17 heures 20 sur la page Facebook de l'Union départementale CGT des Bouches-du-Rhône, avant de procéder à une capture d'écran d'une image faisant apparaître le secrétaire général de cette union, et de cliquer sur la page qui le renvoie à plusieurs liens, et en particulier une vidéo « Monsieur le repreneur, ne venezpas.mp4 » posté sur le site YouTube qu'il enregistrait dans le fichier répertoire « vidéos » du constat. L'officier ministériel précisait retranscrire les propos tenus sur une partie de la vidéo.

Il fit de même le 7 juillet 2021 vers 16 heures 38, en se rendant sur la page Facebook du syndicat CGT Carrefour Aix-en-Provence, avant de procéder à une capture de la page visible à l'écran et d'enregistrer la vidéo qui est postée sur cette page en l'enregistrant dans le fichier répertoire « vidéos » du constat. Après avoir constaté, sur la vidéo, l'intervention d'un gréviste, l'huissier de justice procéda à une retranscription partielle de ses propos ainsi que du discours d'un intervenant Carrefour Market et du secrétaire de la Fédération CGT Commerces et Services. Il procédait à l'enregistrement d'autres vidéos, au nombre de six, en indiquant qu'il constatait, dans ces vidéos, le blocage du site de Carrefour au moyen notamment de chariots alignés le long des sorties de caisse, des salariés étant debout sur des chariots notamment, des cornes de brume résonnant. Des cagettes étaient visibles au-devant de l'accès client. Les sujets des vidéos portaient des t-shirts ou chasubles de la CGT.

Ces constats ont été validés par la cour d'appel d'Aix-en-Provence. Pour cette dernière en effet, « le fait pour cet officier ministériel de procéder à des constatations matérielles en retranscrivant partiellement les propos tenus par des personnes (...) qu'il identifie sur les captures d'images qu'il a faites, dans des vidéos postés sur les réseaux sociaux, accessibles au public, ne constitue pas un mode de preuve illicite dès lors qu'aucun montage et/ou stratagème n'est démontré, que les intimés pouvaient parfaitement produire des constats d'huissier retranscrivant l'intégralité des vidéos susvisés, que cette production est indispensable à l'exercice des droits de la défense de l'appelante et qu'elle est proportionnée aux intérêts antinomiques en présence ».

567. - *Valeur probante*. Une fois le constat dressé, « il revient aux juges du fond d'apprécier souverainement la valeur et la portée des constats d'huissiers, lesquels sont soumis à la libre discussion des parties lors du débat contradictoire devant la juridiction », comme l'a jugé la chambre sociale de la Cour de cassation dans un arrêt en date du 3 mai 2016[334].

À la suite de l'annonce en janvier 2009 d'un projet de fermeture du site de production où ils étaient affectés, deux salariés avaient participé à un mouvement de grève. La cour d'appel, statuant en référé, avait ordonné l'expulsion des grévistes des locaux de cette usine. Mis à pied

(332) CE, 4e et 1re ch. réunies, 8 déc. 2021, n° 439631 : *Lebon* T.
(333) CA Aix-en-Provence, ch. 1-2, 20 oct. 2022, n° 21/11654.
(334) Cass. soc., 3 mai 2016, n° 14-28.353, publié.

à titre conservatoire, ces deux salariés avaient été licenciés pour faute lourde sur la foi d'un constat d'huissier et de l'identification par un cadre de l'entreprise sur les photographies prises d'un piquet de grève. La validité de leur licenciement fut confirmée en appel, ce qu'ils contestaient en cassation, en vain.

Pour la Haute juridiction en effet, « il revient aux juges du fond d'apprécier souverainement la valeur et la portée des constats d'huissiers, lesquels sont soumis à la libre discussion des parties lors du débat contradictoire devant la juridiction », ce dont il « résulte l'absence d'atteinte au principe de l'égalité des armes au sens de l'article 6 § 1 de la Convention de sauvegarde des droits de l'homme ». Or, « ayant apprécié souverainement la valeur et la portée des éléments de fait et de preuve qui lui étaient soumis dont les constats d'huissiers de justice et le procès-verbal de l'inspecteur du travail, la cour d'appel a constaté, hors toute dénaturation, que les salariés, bien qu'informés du caractère illicite de l'occupation des lieux et du blocage de l'accès au site après la notification de l'arrêt de référé de la cour d'appel ordonnant l'expulsion des grévistes suivie d'un commandement de quitter les lieux, avaient personnellement participé à la poursuite de ces opérations de blocage durant quatre jours, interdisant le travail de salariés non grévistes », ce qui caractérisait une faute lourde.

568. - *Montée en puissance du droit à la preuve.* Depuis quelques années la Cour de cassation, sous l'influence notable de la Cour européenne des droits de l'homme[335], a admis que, sous réserve du respect du principe de loyauté de la preuve, l'employeur pouvait produire en justice des éléments récoltés en portant atteinte au droit au respect de la vie privée de salariés[336], ou en violation des règles relatives à la protection des données[337], dès lors qu'il n'avait pas pu prouver autrement le bien-fondé de ses prétentions. La Cour de cassation n'a pas encore eu l'occasion de se prononcer sur la possibilité de produire en justice des constats d'huissier établis de manière irrégulière, mais pas déloyale ; on peut penser qu'elle leur appliquera la solution qui consiste à mettre en balance les intérêts des salariés et ceux de l'employeur, en déterminant si ce dernier disposait d'autres moyens, dans le cadre du procès, pour prouver le bien-fondé de ses prétentions.

10) Typologie des fautes lourdes

569. - Participation personnelle à des fautes détachables de l'exercice normal du droit de grève. Il s'agit d'actions qui entrent *a priori* dans le cadre de l'exercice du droit de grève mais qui peuvent présenter un caractère abusif en raison de leur caractère atypique[338] et de la volonté de leurs auteurs de désorganiser l'activité de l'entreprise dans son ensemble[339]. La simple désorganisation de la production ne suffit pas ; il faut établir, en outre, que la grève a nui à l'entreprise, par exemple en lui faisant perdre sa clientèle[340] ou en ne lui permettant pas d'informer ses clients de l'impossibilité de leur fournir les prestations attendues[341]. Il en va ainsi pour les débrayages à répétition[342], ou les grèves tournantes dans le secteur privé[343].

(335) CEDH, 17 oct. 2019, n°s 1874/13 et 8567/13, aff. *Lopez Ribaldiaa*.
(336) Cass. soc., 30 sept. 2020, n° 19-12.058, publié.
(337) Cass. soc., 25 nov. 2020, n° 17-19.523, publié.
(338) Cass. soc., 19 déc. 1989, n° 89-42.795, publié.
(339) Cass. soc., 25 févr. 1988, n° 85-43.293 : *Bull. civ.* V, n° 133, p. 88.
(340) Cass. soc., 7 avr. 1993, n° 91-16.834 : *Bull. civ.* V, n° 111 (pas le cas en l'espèce).
(341) Cass. soc., 16 oct. 2001, n° 99-18.128 : *Bull. civ.* V, n° 319.
(342) Cass. soc., 13 déc. 1962 : *Dr. soc.* 1963, p. 226, obs. J. Savatier.
(343) Cass. soc., 26 févr. 1974 : *Dr. soc.* 1975, p. 450, obs. J. Savatier : 101 arrêts pendant deux mois, jusqu'à douze par jour. – Cass. soc., 7 avr. 1976, n° 74-40.801 : *Bull. civ.* V, n° 189 : chaque équipe cessait le travail les deux premières heures de son tour, et ce pendant deux semaines. – Cass. soc., 4 oct. 1979 : *Bull. civ.* V, n° 679, p. 499.

570. – Entraves à la liberté du travail.

• *Principe.* L'un des enjeux de la grève naissante est sa propagation au sein de la frange non gréviste du personnel de l'entreprise pour renforcer l'impact économique du conflit. Il est donc logique que les grévistes cherchent à entraîner avec eux leurs collègues récalcitrants[344], sans toutefois dépasser les bornes en basculant de la conviction, à la contrainte.

Les entraves à la liberté du travail constituent des fautes lourdes habituellement retenues[345], ce qui est logique puisqu'elles sont également sanctionnées sur le plan pénal depuis la loi Le Chapelier[346]. L'entrave concerne tant les entreprises classiques que des lieux de travail plus particuliers, comme un navire[347].

La Cour de cassation a même affirmé en 2001 que « constitue, en principe, une faute lourde justifiant le licenciement d'un salarié gréviste, l'atteinte à la liberté du travail »[348]. La formule n'a pas été reprise par la suite, ce qui est également logique dans la mesure où la qualification de faute lourde dépend des circonstances concrètes dans lesquelles les faits se sont déroulés ; ainsi en cas de piquets de grève, il faudra vérifier si d'autres accès à l'entreprise étaient encore possibles lorsque certaines entrées ont été bloquées[349].

• *Étendue.* C'est le blocage *total* des accès qui sera sanctionné[350]. Le simple filtrage des entrées ne suffit pas à établir la faute lourde dès lors que l'accès à l'entreprise demeure possible, même au compte-gouttes[351]. Il n'y aura pas de faute lourde si le blocage est purement symbolique[352].

L'entrave peut également résulter d'interventions sur les alimentations en énergie de l'entreprise[353], ou de la mise hors d'état des machines[354].

• *Durée.* L'entrave n'a pas besoin de durer longtemps dès lors qu'elle a été constatée pendant plusieurs minutes[355]. Le simple retard mis par les grévistes à restituer les

(344) Sur cette pratique, S. Sirot, ouvr. préc., p. 153.

(345) CA Paris, 17 janv. 1986 : *Dr. soc.* 1986, p. 231, obs. J. Savatier. – Cass. soc., 28 oct. 1997, *Bodere : Gaz. Pal.* 24-25 déc. 1997, pan., p. 335. – Cass. soc., 27 nov. 2007, n° 06-41.272. – Cass. soc., 14 mai 2008, n° 06-46.095. – Cass. soc., 6 juin 2018, n° 17-18.770. Égal. CE, 26 oct. 1994, n° 146940, *Sté France Glaces Findus* (salarié protégé).

(346) Actuellement par l'article 431-1 du Code pénal. V. *infra*, n°s 863 et s.

(347) Cass. soc., 8 oct. 2014, n° 13-18.873 : *Bull. civ.* V, n° 224 : « L'occupation du navire par les grévistes empêchait celui-ci de prendre le large, ce dont il résultait une entrave à la liberté du travail des salariés non grévistes ».

(348) Cass. soc., 15 mai 2001, n° 00-42.200 : *Bull. civ.* V, n° 166.

(349) Ainsi Cass. soc., 9 mai 2012, n° 10-26.497 : *Bull. civ.* V, n° 132.

(350) Cass. soc., 25 mai 1951 : *Bull. civ.* V, n° 408. – Cass. soc., 28 oct. 1997, *Bodere : Gaz. Pal.* 24-25 déc. 1997, pan., p. 335. – Cass. soc., 31 mars 1998. – Cass. soc., 17 déc. 2002, n° 00-42.670 : *Bull. civ.* V, n° 387. – Cass. soc., 24 avr. 2003, n° 1114 D. – Cass. soc., 3 mai 2016, n° 14-28.353, publié.

(351) Cass. soc., 19 nov. 2008, n° 07-44.182. – Cass. soc., 15 déc. 2010, n° 08-42.714. – Cass. soc., 8 déc. 2009, n° 08-42.531. – Égal. CE, 2 févr. 1996, n° 152406, *Éts Crocquet : Lebon*.

(352) Cass. soc., 26 févr. 1992, n° 90-40.760 : *Bull. civ.* V, n° 124.

(353) Comme l'interruption de l'alimentation en gaz de l'usine pour y faire cesser la production et l'obstacle à la réouverture de la vanne de gaz : CE, 26 oct. 1994, n° 146.940, *Sté France Glaces Findus*.

(354) CE, 13 nov. 1987, n° 67.088, *Sté Consortium Meyer Sansbœuf*.

(355) Cass. soc., 10 févr. 2009, n° 07-43.939 : « La cour d'appel a constaté qu'il était établi que lors d'un mouvement de grève le 28 novembre 2001, le salarié avait empêché avec trois collègues de travail le départ de deux autobus de l'entreprise à la gare routière de Cergy-Pontoise entre 10 heures 05 et 10 heures 55 ; elle en a justement déduit que cette entrave à la liberté du travail était constitutive d'une faute lourde justifiant son licenciement ».

clés des véhicules de l'entreprise à l'employeur n'a toutefois pas été considéré comme établissant l'existence d'une faute lourde[356].

• *Justification*. Les juges vérifieront que le blocage des accès n'a été provoqué par aucune faute commise par l'employeur susceptible de le « justifier »[357].

• *Effets*. La Cour de cassation contrôle également qu'a été vérifiée non pas la simple désorganisation de la production, qui est une conséquence normale et prévisible de toute grève, mais bien la « désorganisation de l'entreprise » qui est un élément de caractérisation habituel de la faute lourde en matière de grève[358].

• *Moyens mis en œuvre*. C'est souvent la résistance persistante des salariés qui établira la faute lourde[359]. Il faudra caractériser la présence des salariés mis en cause sur le piquet de grève[360] ainsi que la mise en place du blocage des accès, par exemple les pressions exercées sur les non-grévistes[361], le fait de disposer des pneus enflammés devant les accès de l'entreprise[362] ou d'organiser un *sit-in* devant les grilles de l'entreprise. S'agissant des *sit-in*, la comparaison des différentes décisions rendues montre à quel point tout est question de circonstances.

Dans une première affaire, l'entrave avait été caractérisée après que les juges du fond eurent retenu que le gréviste mis en cause « s'était assis sur le seuil du portail d'accès à l'entreprise, interdisant la sortie d'un camion occupé par deux salariés non-grévistes, un chauffeur et un gardien, ce qui entravait la liberté du travail des salariés non-grévistes, qu'il a refusé de s'écarter pour laisser le passage et que le blocage de la porte a persisté malgré la signification d'une ordonnance du président du tribunal de grande instance faisant injonction aux salariés grévistes de mettre fin au trouble apporté à la libre entrée et sortie de l'établissement »[363].

Dans une seconde affaire, l'entrave est écartée. La lecture des procès-verbaux de police révélait en effet que les policiers qui étaient intervenus sur les lieux n'avaient pas constaté la présence de piquets de grève empêchant l'exercice libre du travail et n'avaient relevé aucune infraction particulière. Les décisions du juge des référés dans le cadre du mouvement de grève avaient confirmé l'absence d'entrave à la liberté du travail et de pressions sur les non-grévistes.

En outre, comme le soulignaient les personnes mises en examen, il y avait même impossibilité matérielle pour eux de se rendre coupables des faits dénoncés, et ce au regard de plusieurs éléments non contestés : présence de vigiles armés nuit et jour sur place, cadenas apposé à la grille, ou encore réguliers passages de patrouilles de police à titre préventif devant les locaux de la société pendant tout le mouvement de grève.

(356) Cass. soc., 8 févr. 2012, n° 10-14.083, publié : *JCP* S 2012, p. 1362, note A. Martinon ; *RDT* 2012, 436, note V. Pontif.

(357) Cass. soc., 17 déc. 2002, n° 00-42.115, publié : « La cour d'appel, qui a retenu des faits d'entrave à la liberté du travail commis individuellement par chaque salarié et qui a constaté que la société ne s'était livrée à aucun agissement répréhensible de nature à faire échec au libre exercice du droit de grève, a pu décider, sans encourir les griefs du moyen, que les salariés, qui avaient interdit l'entrée et la sortie des camions, avaient commis une faute lourde ».

(358) Cass. soc., 30 juin 1993, n° 91-44.824 : *Bull. civ.* V, n° 185. – Cass. soc., 9 mai 2012, n°s 10-26.497 et 11-15.579.

(359) Cass. soc., 18 janv. 2017, n° 15-19.309 : « L'employeur avait décidé de maintenir en service une ligne de bus malgré le taux de participation du personnel à la grève et que le salarié faisait partie du groupe de grévistes bloquant l'entrée et la sortie du dépôt et refusant d'obtempérer à la sommation de l'huissier de justice de libérer le passage ».

(360) Cass. soc., 14 sept. 2017, n° 16-16.069 : « Le salarié avait personnellement participé aux faits d'entrave à la liberté du travail de personnels non grévistes en bloquant la sortie du camion du dépôt et en exerçant des pressions sur ses collègues afin de les inciter à empêcher les salariés non grévistes de quitter les lieux pour exercer leur travail ».

(361) Cass. soc., 6 juin 2018, n° 17-18.770.

(362) Cass. soc., 20 oct. 2021, n° 19-21.475.

(363) Cass. soc., 28 oct. 1997, n° 96-41.777.

Si certains faits avaient pu, en revanche, être matériellement établis, les diligences entreprises n'avaient pas cependant permis de les imputer à des auteurs précis. À cet égard, les différents constats d'huissiers produits ne fournissaient aucun renseignement sur l'identité des auteurs présumés des faits dénoncés par la partie civile ; les attestations de salariés de l'entreprise produites ne pouvaient, à elles seules, constituer des charges suffisantes et devaient être examinées avec circonspection, dès lors qu'elles émanaient des seuls salariés qui n'avaient pas été licenciés à ce jour ; par ailleurs, ces attestations ne permettaient pas d'imputer certaines exactions aux mis en examen.

Enfin, l'instruction n'avait pas permis de mettre en évidence une quelconque intention pénale chez les salariés grévistes qui n'avaient pas empêché les autres employés de travailler et n'avaient aucunement l'intention de porter atteinte aux intérêts de leur entreprise ; l'action de protestation des grévistes s'était en effet limitée à un *sit-in* continu devant la société ; tous les grévistes étaient unanimes pour souligner leur absence de volonté de nuire à l'entreprise, et pour faire valoir que leur intention était de soutenir un certain nombre de revendications directement liées à leurs conditions de travail, et non de porter préjudice à l'entreprise ; ce mouvement de grève était le premier de la part de ces salariés, et leur inexpérience en la matière ressortait de leurs propres déclarations, plutôt « bon enfant ». Il était d'ailleurs incontestable que, pour la majorité d'entre eux, la participation à cette grève et le licenciement qui s'en était ensuivi avaient eu de lourdes conséquences pécuniaires, voire familiales, qu'ils n'avaient point envisagées. Tous avaient regretté, lors de leur interrogatoire de première comparution, que ce conflit n'ait pu trouver de solution consensuelle, et certains, du fait de leur situation précaire, espéraient même travailler à nouveau pour le même employeur. L'information avait permis de clarifier le contexte d'un conflit du travail dont la durée très longue était à mettre au passif d'un employeur se refusant au dialogue, et en quelque sorte, pour reprendre les termes d'une personne mise en examen, se « séquestrant tout seul ».

Un arrêt rendu par la chambre sociale de la Cour de cassation le 6 juin 2018 et concernant le blocage de tous les accès à l'entreprise, en fournit une autre illustration[364].

Un salarié chargé de la collecte de déchets à Lyon avait participé à un mouvement de grève de quatre jours en mars 2011, et avait été licencié pour faute lourde quelques jours plus tard. Il avait alors saisi, avec le Syndicat général des transports Rhône CFDT, la juridiction prud'homale de demandes tendant à prononcer la nullité du licenciement et à titre subsidiaire à dire qu'il est dépourvu de cause réelle et sérieuse et en paiement de diverses sommes. Il n'a pas obtenu gain de cause, ce que confirme le rejet de son pourvoi.

Pour la Cour de cassation en effet, « appréciant souverainement la valeur des éléments de fait et de preuve qui lui étaient soumis, dont les constats d'huissier de justice, la cour d'appel a constaté que le salarié avait personnellement participé aux faits d'entrave à la liberté du travail de personnels non grévistes en bloquant la sortie du camion du dépôt et en exerçant des pressions sur ses collègues afin de les inciter à empêcher les salariés non grévistes de quitter les lieux pour exercer leur travail », ce qui établissait la faute lourde.

Le Conseil d'État est sur la même longueur d'onde s'agissant des salariés protégés[365].

• *Appel au blocage*. Certains employeurs considèrent également que le simple appel au blocage constituerait une faute lourde[366]. On peut douter que la Cour de cassation partage la même analyse.

(364) Cass. soc., 6 juin 2018, n° 17-18.770.

(365) CE, 8e et 9e ss-sect. réunies, 2 févr. 1996, n° 152406 : *Lebon*. – CE, 4e et 1re ch. réunies, 27 mai 2021, n° 433078, *Alcatel Lucent Submarine Networks*.

(366) Ainsi le salarié d'Amazon sanctionné pour ce motif : ce salarié a été licencié pour avoir appelé à bloquer ses entrepôts dans le cadre du mouvement des « gilets jaunes » (V. L'actualité n° 17747, 4 févr.

571. - Entrave à la liberté du commerce et au droit de propriété. La faute lourde est également caractérisée en cas d'entrave au droit de propriété et à la liberté du commerce et de l'industrie[367].

• *Licéité de la présence en début de grève.* Le fait que les salariés se trouvent dans l'entreprise au moment où ils cessent le travail est normal et n'établit pas, à défaut d'autres circonstances, la faute lourde[368], puisque c'est le propre de la grève que de constituer une cessation collective et concertée du travail.

• *Illicéité de l'occupation de l'entreprise.* C'est le fait de demeurer dans l'entreprise alors que l'employeur a demandé aux salariés de quitter les lieux, et d'empêcher l'employeur (et les non-grévistes) d'accéder et de disposer librement de l'outil de travail, qui constitue l'atteinte au droit de propriété et à la liberté du commerce et de l'industrie. Comme l'a affirmé la Cour de cassation, « le droit de grève n'emporte pas celui de disposer arbitrairement des locaux de l'entreprise » ; la faute lourde sera quasi systématiquement établie lorsque le juge des référés aura ordonné la libération de l'entreprise et que les salariés s'y refusent[369].

572. - Atteintes aux personnes.

• *Séquestrations.* Les salariés qui portent atteinte à la liberté d'aller et venir d'autres salariés, ou de l'employeur, pourront être sanctionnés[370]. Il s'agira généralement d'hypothèses de séquestrations, même de courte durée, et même si elles n'ont pas donné lieu à des poursuites pénales[371], dès lors qu'elles se traduisent par l'impossibilité dans laquelle des personnes se sont trouvées de se mouvoir librement. Un arrêt rendu le 2 juillet 2014 par la chambre sociale de la Cour de cassation en fournit un bon exemple[372].

À la suite de l'échec d'une réunion de négociation salariale, un mouvement de grève s'était déclenché et s'était soldé par la signature d'un protocole de fin de conflit. Le lendemain, un salarié fut convoqué à un entretien préalable à un éventuel licenciement, avec mise à pied conservatoire, pour des faits commis pendant le mouvement. Un second arrêt collectif du travail eut lieu en soutien. Le salarié reçut une nouvelle convocation à un entretien préalable visant sa participation à la séquestration d'un membre de l'entreprise et fut licencié pour faute lourde. Il saisit la juridiction prud'homale de demandes tendant à l'annulation de son licenciement et au paiement de diverses sommes, et obtint gain de cause en appel.

Pour annuler le licenciement, l'arrêt avait retenu qu'il ressortait d'un constat d'huissier que le 12 mars 2010 vers 11 heures 30, plusieurs salariés, dont celui qui avait été licencié, s'étaient rassemblés dans la cour de l'entreprise, qu'à 11 heures 45 ils avaient pénétré dans les locaux administratifs et étaient restés dans le couloir face au bureau du directeur des ressources humaines de l'entreprise. L'huissier avait relevé qu'« une personne extérieure à la société déclare qu'il y

2019 et L'actualité n° 17753, 12 févr. 2019). *Liaisons sociales quotidien* 4 avr. 2019, L'actualité, n° 17790, Section Acteurs, débats, événements.

(367) CE, 26 oct. 1994, n° 146940, *Sté France Glaces Findus* (salariés protégés). – Cass. soc., 6 juin 2018, n° 17-18.770.

(368) Cass. soc., 16 janv. 2013, n° 11-22.589 : « La cour d'appel, qui a retenu, sans sortir des termes du litige, que la lettre de licenciement invoquait l'occupation par les salariés des locaux de l'entreprise lors du mouvement de grève et qu'il ne leur était reproché aucune faute lourde, en a exactement déduit, sans avoir à procéder à une recherche que ses constatations rendaient inopérante, que le licenciement était nul ».

(369) Cass. soc., 21 juin 1984, n° 82-16.596, publié : *Dr. soc.* 1985, p. 18, obs. J. Savatier.

(370) Cass. crim., 18 mars 1980 : *Jurispr. soc. UIMM* 1980, p. 434. – Cass. soc., 28 oct. 1997, Bodere : *Gaz. Pal.* 24 et 25 déc. 1997, pan., p. 335.

(371) Sur ces dernières, V. *infra*, n°s 894 et s.

(372) Cass. soc., 2 juill. 2014, n° 13-12.561.

a séquestration du DRH et de la direction » et qu'une « liste de quinze personnes se trouvant dans le couloir et séquestrant le DRH » avait été établie. Le directeur d'établissement avait par ailleurs appelé les gendarmes pour signaler la séquestration de son DRH dans son bureau. Vers 13 heures 30, le directeur avait demandé à nouveau aux gendarmes présents de faire évacuer les personnes extérieures à la société. Les personnes présentes dans le couloir avaient quitté les lieux vers 15 heures 30, laissant le DRH sortir de son bureau. Le salarié licencié ne démentait pas avoir été sur place le 12 mars, mais contestait avoir pris part à une séquestration et considérait avoir simplement participé à un mouvement de défense du droit de grève. L'employeur qui n'invoquait pas un comportement particulier imputable à l'intéressé, indiquait au contraire que son niveau d'implication dans les faits du 12 mars 2010 était similaire à celui des autres salariés et que s'il avait été licencié, c'est en raison du comportement fautif qu'il avait adopté par ailleurs. La cour d'appel avait considéré toutefois que la faute lourde n'était pas caractérisée en l'espèce, ni les propos tenus le 23 février 2010 lors du mouvement de grève initial, ni sa participation à l'action collective du 12 mars suivant ne révélant d'intention de nuire.

Telle n'est pas l'opinion de la Cour de cassation qui censure l'arrêt d'appel. Pour la Haute juridiction en effet, « le salarié avait personnellement participé à l'action collective au cours de laquelle le directeur des ressources humaines avait été retenu de 11 heures 45 à 15 heures 30 dans son bureau, dont il n'avait pu sortir qu'après l'évacuation par les forces de l'ordre des personnes présentes, ce dont il résultait que le comportement du salarié était constitutif d'une faute lourde ».

Sans surprise, les juridictions administratives considèrent également comme fautives les séquestrations de cadres par des agents publics grévistes[373].

• *Contraintes exercées sur les clients.* Le Conseil d'État a autorisé le licenciement d'un salarié protégé qui avait intercepté un autobus conduit par un salarié non gréviste et l'avait reconduit au dépôt après en avoir fait descendre les voyageurs[374]. Il a également autorisé le licenciement d'un salarié protégé qui avait bloqué la sortie d'un train frigorifique transportant des marchandises de l'entreprise[375].

573. - Abus dans la liberté d'expression. La faute lourde est parfois retenue à l'égard de salariés qui ont abusé de leur liberté d'expression, même si, compte tenu du degré de tension inhérent aux conflits collectifs, le curseur de l'abus se déplace pour préserver les intérêts des grévistes. Les tribunaux retiendront généralement comme fautes lourdes les injures et diffamations, mais pas les simples excès de langage, comme le fait d'accuser l'employeur de « faire de l'argent sale »[376], de badigeonner les vitres de l'entreprise de slogans non injurieux facilement effaçables[377], « la communication d'informations mensongères pour imprimer des tracts »[378], « ni les propos injurieux adressés sans publicité au dirigeant de l'entreprise, ni la mise en cause de la société cliente dans le procès prud'homal, en l'absence d'abus, ni la déclaration de main courante déposée au commissariat de police dans laquelle le salarié dénonçait seulement ses conditions de travail, ne caractérisent son intention de nuire »[379], ni « les propos de la salariée, repris dans la presse locale, s'ils constituaient un manquement

(373) CAA Versailles, 20 oct. 2016, n° 14VE01998, *La Poste*.
(374) CE, 23 oct. 1985, n° 33.598, *MM X et Y c/ Cie des transports de Perpignan : Lebon* T.
(375) CE, 26 oct. 1994, n° 146.940, *Sté France Glaces Findus*.
(376) Cass. soc., 19 nov. 2008, n° 07-44.182 : *JCP* S 2009, p. 12424, note R. Vatinet. – Cass. soc., 8 déc. 2009, n° 08-42.923. – Cass. soc., 15 déc. 2010, n° 08-42.714.
(377) CA Paris, 3 févr. 1994 : *RJS* 1994, n° 1110.
(378) Cass. soc., 19 nov. 2008, n° 07-44.183.
(379) Cass. soc., 17 sept. 2014, n° 13-19.499.

de l'intéressée à son devoir de loyauté, devaient être lus dans le contexte troublé d'un mouvement social du personnel »[380].

574. - Non-respect des obligations de préavis. La faute lourde sera également caractérisée lorsque les grévistes n'auront pas respecté les règles imposées par le législateur en matière de déclenchement de la grève, qu'il s'agisse du non-respect du préavis légal de cinq jours francs dans les services publics, de la négociation syndicale préalable au dépôt de ce même préavis[381], ou encore de l'obligation de cesser et de reprendre le travail en même temps (prohibition des grèves tournantes), *etc.*

11) Exercice du pouvoir disciplinaire

575. - Individualisation. L'employeur a en principe le pouvoir et le droit d'individualiser les sanctions même si les grévistes ont commis les mêmes fautes (par ex. la participation à un même piquet de grève), pour tenir compte de leur degré d'implication[382], de leur passé disciplinaire, de leurs responsabilités au sein de l'entreprise, de leur ancienneté, *etc.*

576. - Principe de non-discrimination. L'employeur doit toutefois être vigilant, car il risque de devoir rendre des comptes surtout si les grévistes plus lourdement sanctionnés exercent des responsabilités électives ou syndicales, car ces derniers (et le juge) pourraient bien y voir une discrimination déguisée. Il appartiendra au salarié de rapporter l'existence d'éléments de faits qui laissent supposer qu'il a subi une discrimination, le juge devant apprécier si ces éléments sont suffisamment pertinents pour emporter le renversement de la charge de la preuve dans le cadre défini par l'article L. 1134-1 du Code du travail.

La Direction générale du travail est également vigilante et appelle les inspecteurs du travail à vérifier que le salarié protégé, dont l'autorisation de licenciement est demandée, n'est pas ciblé par l'employeur et donc que la mesure est étrangère à l'exercice de son mandat[383].

577. - Rédaction de la lettre de licenciement. *Visa de la faute lourde.* L'employeur doit impérativement motiver le licenciement par la faute lourde du gréviste. S'il a, même par erreur, visé la faute grave, le licenciement sera nul même si les faits visés pouvaient être qualifiés de faute lourde, car le juge ne peut jamais aggraver le motif visé par l'employeur[384].

578. - *Motivation suffisante.* L'employeur n'est en revanche pas obligé d'entrer dans le détail des faits qui pourront être complétés devant le juge, comme cela a été jugé par la chambre sociale de la Cour de cassation dans un arrêt du 15 octobre 2013[385].

Trois salariés employés par une société chargée d'assurer en région parisienne le transport public de personnes avaient été licenciés pour faute lourde par lettres du 24 juillet 2008 à la suite de leur participation à une grève. Ils avaient saisi la juridiction prud'homale pour que soit constatée la nullité de leur licenciement, et obtenu gain de cause en appel, la cour ayant considéré que le caractère illicite de la grève ne résultait, aux termes des lettres de licenciement, que de la seule référence à une ordonnance du président du tribunal de grande instance de Meaux

(380) Cass. soc., 9 avr. 2015, n° 13-24.428.
(381) Cass. soc., 30 janv. 2013, n° 11-23.791, publié.
(382) Cass. soc., 17 déc. 1996, *Giordano : JCP* G 1997, II, 22773, rapp. P. Waquet.
(383) Guide préc., p. 138.
(384) Cass. soc., 26 juin 2013, n° 11-27.413, publié : *Dr. soc.* 2013, 757, obs. J. Mouly. – Cass. soc., 18 mars 2014, n° 12-26.326.
(385) Cass. soc., 15 oct. 2013, n° 11-18.977 : *Bull. civ.* V, n° 232.

exclusivement fondée sur l'absence de préavis, aucun autre élément d'illicéité de la grève n'étant invoqué dans ces lettres.

Tel n'est pas l'avis de la Cour de cassation qui censure la cour d'appel. Pour la Haute juridiction en effet, « si la lettre de licenciement doit énoncer des motifs précis et matériellement vérifiables, l'employeur est en droit, en cas de contestation, d'invoquer toutes les circonstances de fait qui permettent de justifier ce motif » ; or, « la lettre de licenciement invoquait la participation des salariés à un mouvement de cessation collective de travail illicite et (...) il lui incombait en conséquence de se prononcer sur les éléments avancés par l'employeur pour en justifier ».

NB : Depuis 2017 la motivation de la lettre de licenciement peut être complétée dans le cadre prévu par l'article L. 1235-2 du Code du travail.

579. - *Motif contaminant.* L'employeur devra également, ici comme ailleurs, prendre garde à ne viser dans la lettre aucun motif pouvant conduire à la nullité du licenciement, comme la mention d'un différend judiciaire avec le salarié, ou une référence à ses activités syndicales[386]. De la même manière, la référence à la participation du salarié à une grève dans une lettre de licenciement même visant un autre motif conduira à la nullité de celui-ci, par application de la théorie du « motif contaminant »[387], à moins bien entendu que le salarié n'ait été licencié en raison d'une faute lourde.

580. - Prescription des faits.

• *Durée.* Le salarié qui conteste son licenciement doit agir dans les douze mois qui suivent la notification de la sanction s'il veut en obtenir l'annulation (C. trav., art. L. 1471-1, al. 2). Mais s'il prétend avoir été victime d'une discrimination en raison de l'exercice du droit de grève, c'est-à-dire si le motif visé dans la lettre de licenciement n'est pas la faute lourde dans le contexte de la grève mais un autre motif, qu'il considère comme étant de façade, alors il pourra se fonder sur l'article L. 1134-5 du Code du travail et bénéficier des trois éléments de régime qui lui sont plus favorables : un délai de cinq ans pour saisir le juge ; un point de départ flottant propre partant de la « révélation » de la discrimination ; et un préjudice imprescriptible, les dommages et intérêts réparant « l'entier préjudice résultant de la discrimination, pendant toute sa durée ».

581. - *Point de départ du délai.* La jurisprudence n'accepte de décaler le point de départ de la prescription que lorsque la discrimination a cessé et que le salarié établit qu'il n'a eu connaissance des faits que postérieurement, en toute hypothèse avant que le délai de prescription ne soit écoulé.

La loi du 17 juin 2008 ayant abaissé le délai de trente à cinq ans, les discriminations antérieures au 19 juin 2008 demeuraient soumises à l'ancien délai de trente ans, et en toute hypothèse le juge devait être saisi avant le 20 juin 2013, conformément aux dispositions de l'article 2222, alinéa 2, du Code civil, qui régit les conflits temporels de lois en matière de prescription.

Reste à déterminer ce qui peut justifier le report du point de départ : s'agit-il uniquement de la méconnaissance des faits susceptibles d'être prescrits, ou la méconnaissance de la qualification juridique que ces faits sont susceptibles de recevoir au regard de l'évolution du droit ? C'est à cette question qu'a dû répondre la chambre sociale de la Cour de cassation le 9 octobre 2012 dans une affaire concernant un conflit bien connu, celui des grévistes des Houillères du Nord et du Pas-de-Calais[388]. La cour a fait

(386) Cass. soc., 3 févr. 2016, n° 14-18.600, publié.

(387) Cass. soc., 8 juill. 2009, n° 08-40.139 : *Bull. civ.* V, n° 172 ; *JCP* S 2009, p. 1484, note R. Vatinet.

(388) Cass. soc., 9 oct. 2012, n° 11-17.829, publié : *Dr. soc.* 2013, 176, note Ch. Radé. Sur l'ensemble de l'affaire : D. Simonnot, *Plus noir dans la nuit : la grande grève des mineurs de 1948 : récit*, Paris, Calmann-Lévy,

une application classique de l'adage *Nemo contra non valentem* et a visé la connaissance des seuls faits, indépendamment de l'évolution du cadre juridique postérieur.

Des salariés des Houillères du Nord avaient été licenciés et chassés de leurs logements en raison de leur participation à une grève fin 1948. Le législateur a tardivement entrepris de les réhabiliter à l'occasion de plusieurs initiatives parlementaires : ils furent d'abord amnistiés par la loi n° 81-736 du 4 août 1981, puis la loi n° 84-2 du 2 janvier 1984 (art. 12) reconnut le caractère injuste des licenciements et ordonna la prise en compte, pour le calcul de diverses prestations sociales, des périodes non indemnisées de chômage involontaire constatées entre la date du licenciement et celle à laquelle ils ont repris une activité. La loi de finances du 30 décembre 2004, dans son article 107, disposa que « les mineurs licenciés pour faits de grève, amnistiés en application de la loi n° 81-736 du 4 août 1981 portant amnistie, ainsi que leurs conjoints survivants, titulaires d'un avantage vieillesse de sécurité sociale dans les mines, bénéficient de prestations de chauffage et de logement en espèces ». Enfin, la loi de finances pour 2015 reconnut le caractère discriminatoire de ces licenciements et accorda aux mineurs (ou à leurs ayants droit) ayant sollicité l'Agence nationale pour la garantie des droits des mineurs (ANGDM, successeur de Charbonnages de France) dans le cadre de la loi de 2004, le bénéfice de deux nouvelles allocations ; la première, d'un montant de 30 000 €, devait bénéficier aux mineurs, à défaut à leur conjoint survivant (ou anciens conjoints, selon le modèle des pensions de réversion), à défaut aux enfants issus du ou des mariages ; la seconde, d'un montant de 5 000 €, devait bénéficier directement aux enfants des mineurs, sans autre précision, et pouvait donc se cumuler avec la première acquise à titre successoral[389].

Un bras de fer judiciaire s'était également engagé entre les familles des mineurs et Charbonnages de France, successeur des Houillères du Nord, afin d'obtenir la réparation des préjudices subis à l'époque à la suite de leur licenciement. Les familles des grévistes prétendaient repousser le point de départ de la prescription des actions en réparation des préjudices causés par leur licenciement discriminatoire. Après avoir convaincu la cour d'appel de Versailles en 2011, elles se sont heurtées à l'opposition logique de la Cour de cassation qui a considéré, très classiquement, que les salariés avaient connaissance des faits litigieux et avaient pu agir en justice dès leur licenciement en 1948 ; leurs actions étaient donc prescrites depuis 1978[390]. La solution était prévisible. L'application de la règle *contra non valentem* repose en effet sur l'idée que le titulaire d'un droit ne peut agir en justice que s'il connaît l'ensemble des circonstances qui déterminent l'étendue de son droit. Or, s'agissant des mineurs et de leurs familles, ils avaient connaissance des conditions de leur licenciement dès le prononcé. La loi avait certes évolué ultérieurement, mais cette circonstance n'est jamais prise en compte pour décaler le point de départ d'une prescription.

2014, 267 p.

(389) Dans sa décision QPC n° 2020-856 du 18 septembre 2020 (*Mme Suzanne A. et a.*), le Conseil constitutionnel a déclaré contraires à la Constitution les mots « dont les dossiers ont été instruits par l'Agence nationale pour la garantie des droits des mineurs, en application de l'article 107 de la loi n° 2004-1484 du 30 déc. 2004 de finances pour 2005 » figurant au deuxième alinéa de l'article 100 de la loi du 29 décembre 2014, ainsi que les mots « jusqu'au 1er juin 2017 » qui figurent au septième alinéa de cet article. Lire notre étude *Égalité devant la loi : le Conseil constitutionnel et les grévistes des Houillères du Nord : Dr. soc.* 2021, 71.

(390) Cass. soc., 9 oct. 2012, n° 11-17.829, *Charbonnages de France c/ Amigo : Dr. soc.* 2013, 176, obs. Ch. Radé ; *SSL* 11 févr. 2013, n° 1571, 102, note B. Aldigé ; *JCP S* 2012, n° 49, p. 26, note F. Duquesne.

b) Mise en œuvre pour les agents publics

1) Régimes légaux spéciaux

582. - **Hypothèses.** Dans un certain nombre d'hypothèses c'est le législateur lui-même qui est venu préciser la nature des sanctions qui peuvent être infligées aux « grévistes » fautifs. S'agissant ainsi des « fonctionnaires actifs de la police nationale et [des] fonctionnaires des services déconcentrés de l'administration pénitentiaire [qui] ne jouissent pas du droit de grève », l'article L. 114-3 du Code général de la fonction publique dispose que : « Toute cessation concertée du service, tout acte collectif d'indiscipline caractérisée de la part de ces fonctionnaires peuvent être sanctionnés sans consultation préalable de l'organisme siégeant en conseil de discipline prévu à l'article L. 532-5 ». Les personnes mises en cause sont toutefois « mises à même de présenter leurs observations sur les faits qui leur sont reprochés ».

583. - **Non-respect des dispositions particulières dans les services publics.** La loi du 31 juillet 1963, qui a mis en place « certaines modalités de la grève dans les services publics » (préavis syndical de cinq jours francs, prohibition des grèves tournantes), avait prévu la sanction du non-respect de ces dispositions. L'article 4 de la loi disposait en effet que : « L'inobservation des dispositions de la présente loi entraîne l'application, sans autre formalité que la communication du dossier, des sanctions prévues par les statuts ou par les règles concernant les personnels intéressés ». Cette procédure allégée ne valait toutefois que pour les sanctions les plus légères : « Toutefois, la révocation et la rétrogradation ne peuvent être prononcées qu'en conformité avec la procédure disciplinaire normalement applicable »[391]. Par ailleurs, et pour atténuer les effets de la révocation, le texte prévoyait que : « Lorsque la révocation est prononcée à ce titre, elle ne peut l'être avec perte des droits à la retraite ». Ces dispositions figurent aujourd'hui à l'article L. 2512-4 du Code du travail.

584. - **Révocation.** Le Conseil d'État impose aux autorités hiérarchiques de respecter la procédure disciplinaire pouvant conduire à la révocation de l'agent (même si cette sanction extrême n'est pas souvent prononcée dans le cadre des conflits collectifs) et considère comme illégal l'usage de la procédure de licenciement pour abandon de poste[392], même si l'agent avait été mis en demeure de reprendre le travail en raison du caractère irrégulier du préavis syndical[393].

Si les textes spécialement applicables créent un régime disciplinaire *ad hoc*, ils ne préjugent pas de la détermination du caractère fautif de la participation à une grève en violation des règles imposant un préavis syndical de cinq jours francs, ou prohibant les grèves tournantes. Certes, le salarié ou l'agent public qui se met en grève en dépit d'une interdiction commet tout d'abord une faute disciplinaire, comme l'a admis le Conseil d'État depuis la décision *Dehaene*[394]. Mais le Conseil d'État applique ici la même jurisprudence que la Cour de cassation. Si l'on peut affirmer qu'en l'absence de préavis la grève est illicite et expose les agents à des sanctions, les irrégularités affectant un préavis valablement déposé ne sont opposables aux grévistes que s'ils en ont été informés, singulièrement lorsqu'elles affectent la représentativité de l'organisation

(391) Pour une application de ces principes : CE, 7 juill. 1999, n° 191534, Mme *Persanie : Lebon* T.

(392) Qui est exclusive des garanties disciplinaires : Circ. Premier ministre n° 463/FP, 11 févr. 1960, relative à l'abandon de son poste par un fonctionnaire, toujours en vigueur.

(393) CE, 3e et 5e ss-sect. réunies, 7 juill. 1999, n° 191534 : *Lebon* T. – CE, 3e ss-sect., 30 juin 2000, n° 191542. – CE, 3e ss-sect., 25 avr. 2001, nos 191554, 191557, 191558, 191559 et 191560.

(394) CE, 7 juill. 1950, *Dehaene*, préc.

syndicale l'ayant déposé. Ainsi, les salariés d'un office HLM qui s'étaient mis en grève sur la base d'un préavis syndical irrégulier ont été considérés par le Conseil d'État comme n'ayant pas commis une faute suffisante pour justifier leur licenciement : « La participation à ce mouvement n'a pas été constitutive d'une faute de la part des intéressés, dès lors qu'il ne ressort d'aucune des pièces du dossier que leur attention ait été appelée sur la nécessité de vérifier que le préavis de grève respectait les dispositions précitées de l'article L. 521-3 du Code du travail et qu'ils n'ont, par suite, pas méconnu sciemment ces dispositions »[395].

2) Solutions communes

585. - Participation à des mouvements illicites. L'agent public qui se livre à des agissements qui ne sont pas qualifiables de « grève » s'expose à être sanctionné sur un plan disciplinaire, dans les conditions du droit commun, et risque donc l'une des sanctions énumérées par l'actuel article L. 533-1 du Code général de la fonction publique.

586. - Actes illicites commis à l'occasion de l'exercice du droit de grève. Lorsqu'il exerce valablement son droit de grève, l'agent peut être sanctionné s'il commet des actes illicites à cette occasion. Même si le Code général de la fonction publique n'exige pas la preuve d'une faute lourde pour justifier le prononcé d'une sanction, les juges administratifs apprécient, au travers de la légalité de la mesure prononcée, la gravité suffisante des fautes qui leur sont reprochées. L'examen de la jurisprudence montre d'ailleurs une large convergence de vue avec le juge judiciaire, par-delà la différence des normes applicables.

587. - *Piquets de grève.* La position des juridictions administratives ne diffère pas de celle de leurs homologues judiciaires. Les juges vérifieront si les entraves à la liberté de circulation des non-grévistes, ou à leur liberté du travail, sont totales, et si le comportement des agents a été agressif ou violent, ou au contraire pacifique.

Un arrêt rendu par la cour administrative d'appel de Bordeaux le 15 novembre 2018 permet d'en prendre la mesure[396].

En octobre 2013, dans le cadre d'un mouvement de contestation d'une décision de réorganisation des services du centre hospitalier universitaire de Toulouse impliquant le déménagement du service de psychiatrie adulte, plusieurs agents hospitaliers avaient participé à un piquet de grève, dont les modalités avaient été fixées en concertation avec la direction du centre hospitalier, situé devant l'entrée du site accueillant jusqu'alors ledit service et consistant à empêcher le passage des matériels autres que médicaux. Le 16 octobre 2013, une cadre de santé et une aide-soignante, qui participaient aux opérations de déménagement, ont été bloquées par les agents en grève qui leur ont refusé le passage du matériel informatique qu'elles transportaient sur un chariot. La cadre de santé a indiqué, dans la plainte qu'elle a déposée le 17 octobre 2013, que les agents participant au piquet de grève s'étaient montrés « menaçants » et « agressifs verbalement », qu'elle avait été poussée « sans violence » par un individu afin de lui faire lâcher le chariot, qu'un autre individu l'avait apostrophée en lui disant : « Si vous avez une charge de famille, je plains votre enfant », et que « sous le coup de l'émotion » le chariot qu'elle transportait, dont une roue s'était coincée dans une ornière, avait basculé, entraînant la chute du matériel informatique. Par une attestation du 15 janvier 2014, elle a affirmé avoir identifié, sur la base d'une photographie, l'un des agents comme étant le « leader » du piquet de grève qui l'avait « agressée verbalement » le 16 octobre 2013. Par une attestation du même jour, l'aide-soignante a également affirmé avoir identifié M. C. comme étant « la personne leader » du piquet de grève.

(395) CE, 8 janv. 1992, *Ciejka : Lebon*, p. 5 ; *Dr. soc.* 1992, 469, concl. M. Pochard. Dans le même sens, TA Montpellier, 1er juill. 1987, *Levernois et a. c/ Ville de Nîmes : Dr. ouvrier* 1987, 480.
(396) CAA Bordeaux, 3e ch., formation à 3, 15 nov. 2018, n° 16BX03511.

Il ressortait cependant de cinq attestations concordantes rédigées par des agents du centre hospitalier ayant assisté à cette altercation que, si les agents grévistes se sont effectivement physiquement opposés au passage du chariot transporté et qu'un échange verbal tendu s'en est suivi, cet affrontement ne s'est toutefois pas accompagné de contact physique ou de bousculade, et les propos échangés sur un ton querelleur n'ont pas revêtu un caractère injurieux. En outre, l'attestation incriminante ne confirmait nullement que l'agent mis en cause aurait adopté un comportement physique ou verbal agressif. Pour la cour administrative d'appel, la circonstance, non sérieusement démentie, que cet agent aurait indiqué à la cadre de santé : « Si vous avez une charge de famille, je plains votre enfant », ne suffit pas davantage, eu égard au contexte dans lequel ces propos ont été tenus, à caractériser une agression verbale à l'encontre de cette dernière. Il ressortait également de ces mêmes pièces ainsi que de la plainte déposée que la chute du matériel informatique disposé sur le chariot qu'elle transportait a été causée par le basculement de ce chariot, dû à une excavation dans le sol, alors qu'elle se dirigeait vers le bâtiment et se trouvait alors à environ cinquante mètres des agents participant au piquet de grève. Dans ces conditions, il n'est pas davantage établi que l'agent incriminé aurait contribué à la détérioration de ce matériel informatique.

La décision par laquelle le directeur du centre hospitalier universitaire de Toulouse avait infligé un blâme à l'agent mis en cause, en ce qu'elle est fondée sur des faits d'agression verbale et de détérioration de matériel informatique, reposait ainsi sur des motifs matériellement inexacts, et il ne ressortait pas des pièces du dossier que le directeur du centre hospitalier aurait pris la même décision s'il ne s'était pas fondé sur ces faits.

588. – *Occupation du lieu de travail.* Des sanctions pourront ainsi être infligées aux agents mais également à leurs représentants syndicaux, s'ils ne respectent pas le cadre réglementaire de leurs fonctions, comme le montre une affaire à rebondissements concernant La Poste. Le juge administratif traite les occupations de services comme le juge judiciaire et sera sévère pour ceux qui ont procédé de manière violente avec les personnes, ou en détériorant du matériel ou des biens.

C'est ce qu'illustrent différentes affaires concernant toutes La Poste.

Dans un contexte de grèves à répétition dans les centres de tri de La Poste, un représentant syndical s'était rendu dans le cadre de son mandat les 29 décembre 2015 et 29 janvier 2016 dans les centres de tri de Thonon-les-Bains et Annemasse sans l'accord préalable de la direction pour l'un d'entre eux et sans respecter, pour le second, la demande du directeur de l'établissement d'attendre la fin des opérations de tri général. Il avait pris la parole en tant que délégué syndical au cours de ses interventions, au besoin avec un micro malgré la demande des chefs d'établissement de cesser cette prise de parole, et refusant d'obtempérer. À Annemasse, il avait, en outre, pénétré dans un espace sécurisé dit de « la cabine », où sont déposés les fonds, sans y avoir été autorisé.

Pour ces faits, le directeur des services courrier Colis Isère Pays de Savoie de La Poste lui avait infligé la sanction disciplinaire de l'exclusion temporaire de fonctions d'une durée de quinze jours dont huit jours avec sursis.

La cour administrative d'appel de Lyon avait annulé cette sanction dans un premier arrêt en date du 6 août 2020[397]. Elle avait en effet considéré qu'il ne fallait pas juger de la légalité de ces actes au regard des dispositions régissant l'exercice du droit syndical dans la fonction publique (D. 28 mai 1982) et qui proscrivent l'intrusion sans autorisation des délégués syndicaux, lesquels ne peuvent tenir des réunions durant les horaires de service qu'à destination des agents qui ne sont pas en service ou qui bénéficient d'une autorisation spéciale d'absence. Par ailleurs, elle avait affirmé que l'agent intervenant à titre syndical dans un établissement où il n'est pas affecté ne peut être regardé comme accomplissant une tâche liée à ses fonctions ni, partant, recevoir d'instruction hiérarchique ; l'intéressé ne pouvait dès lors être sanctionné en raison de la méconnaissance des consignes données par la hiérarchie des centres de tri de Thonon et Annemasse.

(397) CAA Lyon, 3e ch., 23 nov. 2022, n° 21LY04321.

Cet arrêt a été cassé par une décision du Conseil d'État en date du 30 décembre 2021[398]. Pour ce dernier en effet, le juge ne pouvait statuer comme il l'avait fait « sans rechercher si les consignes en cause relevaient d'obligations de sécurité et de la nécessité d'assurer le bon fonctionnement du service, dont les directeurs des centres de tri sont responsables ».

Sur renvoi, la cour administrative d'appel de Lyon, autrement composée, a cette fois-ci confirmé la sanction et considéré que « l'intrusion sans autorisation dans les centres de tri de Thonon-les-Bains et Annemasse, la prise de parole intempestive pendant les heures de service, le refus d'obtempérer aux injonctions des directeurs de ces centres, le non-respect des consignes de sécurité d'un espace sécurisé et la méconnaissance des règles d'exercice du droit syndical à La Poste, constituent, par suite, des fautes susceptibles de faire l'objet d'une sanction disciplinaire »[399].

589. - *Appréciation des fautes.* Les juges tiendront compte de l'ensemble des circonstances pour déterminer « si les faits reprochés à un agent public ayant fait l'objet d'une sanction disciplinaire sont matériellement établis, constituent des fautes de nature à justifier une sanction et si la sanction retenue est proportionnée à la gravité de ces fautes ».

Tel n'était pas le cas d'un représentant syndical qui avait fait constater, par commissaire de justice, les conditions dans lesquelles les pompiers du SDIS avaient été réquisitionnés dans le cadre d'une grève, au regard du déroulement des faits. Dans cette affaire, un préavis de grève nationale des pompiers professionnels avait été déposé par sept organisations professionnelles pour le 14 mars 2017 à 0 heure 00. Le syndicat CFDT Interco 33 a alors souhaité faire constater par un huissier de justice les conditions dans lesquelles la procédure de réquisition des pompiers était mise en œuvre par le SDIS de la Gironde. Il ressortait des pièces du dossier, notamment du procès-verbal établi par cet huissier, qu'il s'était transporté le 13 mars 2017 à la caserne d'Ornano et s'était présenté à l'entrée habituellement utilisée où, à 23 heures 50, le pompier sanctionné l'avait accueilli avant de le conduire au poste de garde, situé à quelques mètres de l'entrée dite « usuelle » de la caserne, aux fins d'informer sans délai l'adjoint au chef de centre s'y trouvant de la présence de l'officier ministériel et du constat qu'il était chargé d'effectuer. Pour la cour administrative d'appel de Bordeaux, ces faits ne présentaient pas de caractère fautif et ne pouvaient donc pas faire l'objet d'une sanction disciplinaire. L'avertissement infligé par le président du SDIS 33 a donc été annulé[400].

En revanche, l'agent gréviste qui menace verbalement des collègues non grévistes pourra être sanctionné. C'est ainsi que la cour administrative d'appel de Lyon, dans un arrêt en date du 15 juin 2022, a considéré comme fautif le fait, lors d'une grève des agents des bibliothèques municipales, d'entrer dans les locaux et de s'adresser à deux agents non grévistes en employant des termes tels que « souviens-toi que c'est grâce à nous que tu es là » et « on s'en souviendra ». Pour les magistrats lyonnais en effet, et même si leur auteur avait « rapidement indiqué que ses propos ne constituaient pas des menaces, en visant seulement à rappeler les avancées jusqu'alors obtenues par le mouvement de protestation, ils ne pouvaient qu'être perçus comme telles par leurs destinataires, ainsi pris personnellement à partie dans un contexte conflictuel. De tels propos, visant personnellement d'autres agents et ne défendant alors nullement des revendications professionnelles, ne pouvaient être justifiés par le mandat de représentante syndicale dont se prévaut [leur auteur] et ont excédé sa liberté d'expression. Dans ces circonstances, ces propos ont, contrairement à ce qu'elle prétend, revêtu un caractère fautif » et justifiaient l'avertissement reçu[401].

590. - *Proportionnalité des sanctions.* Les juges vérifieront également si la sanction prononcée est proportionnée à la gravité des fautes retenues.

(398) CE, 2ᵉ et 7ᵉ ch. réunies, 30 déc. 2021, n° 445128.
(399) CAA Lyon, 3ᵉ ch., 23 nov. 2022, n° 21LY04321.
(400) CAA Bordeaux, 6ᵉ ch., 8 nov. 2022, n° 20BX02934.
(401) CAA Lyon, 3ᵉ ch., 15 juin 2022, n° 20LY02421.

Il a ainsi été jugé qu'une mise à pied de neuf mois était disproportionnée au regard des faits reprochés à un agent qui s'était, avec d'autres grévistes, introduit dans les établissements de La Poste des Hauts-de-Seine et de son siège social entre le 7 mai et le 28 mai 2010, en vue de s'adresser aux non-grévistes pour les convaincre de rejoindre le mouvement et de bloquer les lieux[402].

Dans une autre affaire ayant donné lieu à un arrêt rendu par la cour administrative d'appel de Paris le 31 mai 2018, la sanction infligée de deux ans de suspension a également été jugée disproportionnée, au regard des circonstances.

L'agent sanctionné avait ainsi, les 17 et 18 février 2009, 5 et 11 mars 2010, 21, 28 et 29 mai 2010, pénétré dans des plateformes de distribution du courrier parisiennes, accompagné d'une ou plusieurs personnes étrangères au service, sans avoir informé préalablement la direction des établissements ni obtenu une autorisation. À l'occasion de deux de ces intrusions, les 5 et 11 mars 2010, l'intéressé avait pris la parole pendant la pause des agents sans porter atteinte cependant au fonctionnement du service. Le 21 mai 2010, il avait également pris la parole afin de relayer un appel à la grève. Si, lors des manifestations des 28 et 29 mai 2010, des dégâts matériels avaient été commis à la suite d'une intrusion non autorisée dans les locaux du siège du groupe La Poste à laquelle il avait participé, sa participation personnelle aux dégradations n'avait pas été établie. Au cours de l'année 2011, il avait de nouveau pénétré à quatre reprises dans des établissements de la société La Poste, sans avoir informé préalablement la direction de ces établissements ni obtenu une autorisation, et pris la parole devant les agents pendant leurs heures de travail. Puis à vingt-deux reprises, entre le 10 mars 2014 et le 14 octobre 2014, il avait pénétré dans des plateformes de distribution du courrier parisiennes, accompagné d'une ou plusieurs personnes étrangères au service, sans avoir informé préalablement la direction des établissements ni obtenu une autorisation et qu'à l'occasion de douze de ces intrusions, il a pris la parole en tant que délégué syndical sans autorisation.

Selon la cour, sa qualité de représentant syndical, détaché auprès du syndicat SUD PTT, ne lui permettait pas de pénétrer sans autorisation dans les centres postaux de tri parisiens pour s'adresser aux personnels en poste, afin notamment qu'ils s'associent au mouvement de grève au sein de la direction opérationnelle territoriale du courrier (DOTC) des Hauts-de-Seine, initié le 29 janvier 2014 par le syndicat Sud « activités postales 92 ». En outre, il avait participé, avec plusieurs autres manifestants, à l'occupation du bureau du directeur de la DOTC Paris-Nord le 26 mars 2014. Le 14 octobre 2014, la société La Poste avait dû faire appel aux forces de police pour faire sortir les représentants syndicaux. Ces agissements revêtaient ainsi un caractère fautif. Toutefois, il ressortait des procès-verbaux de constat d'un huissier de justice produits par la société La Poste que ces faits, qui s'inscrivaient dans un contexte social tendu, n'avaient pas porté atteinte à la liberté individuelle du travail et n'avaient que peu perturbé le fonctionnement du service, seuls 800 plis étant « en reste » sur l'ensemble de cette période. Pour la cour, La Poste ne justifiait par ailleurs d'aucun préjudice commercial résultant de ces faits.

Il ressortait des pièces du dossier, en particulier du procès-verbal de constat dressé le 10 mars 2014 par un huissier de justice à la demande de la société La Poste, que l'agent mis en cause, qui avait pénétré sans autorisation dans une salle de distribution du courrier du centre de Paris 7e, avait retiré, avec d'autres agents, des documents intitulés « Élections 2014 – Liste Paris Bleu Marine pour le 7e arrondissement » des liasses d'informations publicitaires. De tels agissements avaient constitué une entrave à la distribution de ces imprimés à laquelle était tenue l'entreprise en tant que prestataire de service, et, dès lors, revêtaient un caractère fautif. Néanmoins, il ressortait du constat d'huissier que l'action avait été brève et qu'elle avait cessé dès l'intervention de la directrice de l'établissement. Les imprimés en cause avaient simplement été déplacés et par la suite distribués. La société La Poste ne justifiait d'aucun préjudice, notamment commercial, qui résulterait de ces agissements. Le fait de se saisir, le 11 mars 2014, d'une pile de casiers en plastique vide pour la reposer immédiatement ne saurait à lui seul être regardé comme un

(402) CAA Versailles, 2e ch., 23 mai 2019, n° 18VE03667.

agissement fautif. Pour la cour, la Poste ne pouvait donc se fonder sur ce dernier agissement pour fonder la sanction en litige.

Il résultait d'une attestation en date du 19 mars 2014 émanant d'un membre du personnel encadrant de la plateforme de préparation et de distribution du courrier de Paris Bonvin, que ce même agent avait tenté de pénétrer dans l'établissement en tirant fortement par le bras le responsable « organisation qualité » de cette plateforme, lui provoquant un hématome. Pour la cour, cette agression physique était fautive et justifiait une sanction disciplinaire.

Ce même agent s'était par ailleurs associé aux propos d'une collègue qui avait, le 11 mars 2014, comparé les méthodes des responsables hiérarchiques de la plateforme de distribution du courrier des Invalides à celles de dictatures d'Amérique latine. Ces propos inappropriés s'inscrivaient respectivement dans le conflit portant sur le retrait des imprimés électoraux et dans un contexte social tendu lié à une réorganisation importante de la distribution du courrier au sein de la société La Poste. Dans les circonstances de l'espèce, la cour a considéré que ces propos n'avaient pas excédé les limites admissibles de la polémique syndicale et ne sauraient être regardés comme fautifs.

Les 25, 26 et 27 février 2015, 5, 9, 11, 24, 25, 26 et 27 mars 2015, ce même agent, avec d'autres personnes étrangères au service, avait pénétré dans des établissements de la société La Poste sans avoir informé préalablement la direction des établissements ni obtenu une autorisation. Il avait pris la parole en tant que délégué syndical sans autorisation. À deux reprises, il avait pris à partie les représentants de deux autres syndicats. Sur cette période, ces interventions avaient conduit à ce que l'envoi de 9 500 plis soit retardé. Les forces de police avaient dû intervenir à deux reprises. Pour la cour, ces faits revêtaient un caractère fautif.

L'examen du dossier disciplinaire de cet agent montrait qu'il avait fait l'objet d'une sanction d'exclusion temporaire de fonctions pour une durée d'un an effectuée du 20 octobre 1999 au 19 octobre 2000, ainsi que d'une mesure disciplinaire d'exclusion temporaire de fonctions de trois mois assortie d'un sursis de deux mois le 5 février 2009. Les agissements fautifs relevés contre lui revêtaient un caractère réitéré. Toutefois, selon la cour, ces agissements qui ont eu lieu dans un climat social tendu, en particulier en 2014, n'ont porté qu'une atteinte très limitée au fonctionnement du service et à la liberté individuelle du travail. En outre, la société La Poste n'invoquait aucun préjudice d'ordre commercial généré par ces agissements. Dans ces conditions, la sanction d'exclusion temporaire de fonctions d'une durée de deux ans infligée était disproportionnée par rapport aux fautes commises par l'intéressé.

Mais pour les mêmes événements un autre agent de La Poste a valablement écopé d'une décision de révocation validée par la cour administrative d'appel de Versailles dans un arrêt en date du 21 février 2019 ; il faut dire que son dossier disciplinaire faisait état de lourdes sanctions pour des faits analogues commis dans un proche passé.

Il ressortait en effet des pièces du dossier que cet agent avait déjà fait l'objet, pour des faits comparables, de sanctions disciplinaires, en l'occurrence une décision du 5 janvier 2011 portant exclusion temporaire de fonctions pour une durée de deux ans dont six mois avec sursis, dont la contestation de la légalité a été rejetée par un arrêt n° 14VE01998 du 20 octobre 2015 de la cour, et une décision du 23 septembre 2013 portant exclusion temporaire de fonctions pour une durée de six mois dont trois mois avec sursis et révocation du sursis antérieur, qu'il n'a pas contestée au contentieux. Au demeurant, la Commission de recours du Conseil supérieur de la fonction publique de l'État a estimé que les faits reprochés constituaient des « fautes professionnelles graves » et avait émis l'avis de maintenir la sanction infligée à l'intéressé. Par ailleurs, il avait été particulièrement actif dans les événements litigieux puisqu'il avait personnellement participé à une cinquantaine d'actes d'intrusion et d'occupation collective accompagnés de prises de parole inopinées et répétées, pendant les heures de service, du siège social et d'une vingtaine d'établissements de La Poste, sur la période allant de novembre 2013 à mai 2014, en y associant parfois des personnes étrangères à l'entreprise[403].

(403) CAA Versailles, 2e ch., 21 févr. 2019, n° 17VE01805.

B. – Le sort des sanctions illégales

1° Situation des salariés

a) Droit à réintégration

591. – Origines. L'ajout par la loi du 25 juillet 1985 de la nullité comme sanction du licenciement prononcé en l'absence de faute lourde a été déterminant dans la recherche d'une meilleure effectivité de la protection accordée depuis 1950 aux grévistes. Jusqu'au début des années 2000 en effet[404], la Cour de cassation respectait le principe selon lequel il n'y a pas de nullité sans texte[405]. La sanction de l'exigence d'une faute lourde était donc, avant 1985, l'affirmation du caractère seulement injustifié du licenciement[406].

592. – Reconnaissance du droit à réintégration. La réforme intervenue en 1985 imposant la nullité au juge, la chambre sociale de la Cour de cassation consacra, dans un arrêt rendu par sa chambre sociale le 26 septembre 1990, le droit pour le salarié d'obtenir en référé sa réintégration dès lors que l'absence de faute lourde était manifeste[407].

Quinze ouvriers furent envoyés sur un chantier de construction. En raison d'une pluie torrentielle et d'un vent violent qui rendaient dangereux leur travail, sept d'entre eux refusèrent d'exécuter l'ordre qui leur était donné de dégager le terrain d'un futur parking de tous les débris qui l'encombraient et réclamèrent le bénéfice du régime des intempéries. Devant le refus de l'employeur de satisfaire à cette revendication, ils déclarèrent cesser le travail. La société qui, sur l'intervention de l'inspecteur du travail, avait placé l'ensemble du personnel du chantier en intempérie, a néanmoins licencié ces sept salariés pour faute grave.

Les licenciements ont été annulés en appel et la réintégration ordonnée, ce que confirme le rejet du pourvoi. Pour la Cour de cassation en effet, « le licenciement des salariés grévistes étant entaché de nullité, c'est à bon droit, et sans excéder ses pouvoirs, que le juge des référés, pour faire cesser un trouble manifestement illicite, a ordonné la poursuite du contrat de travail, qui n'avait pu être valablement rompu ». L'employeur a par ailleurs été condamné « à verser les salaires indûment retenus depuis la date du licenciement nul ».

Lorsque l'employeur pense ne pas devoir se situer dans le cadre de l'exercice du droit de grève et se contente de viser la faute grave dans la lettre de licenciement, il suffit de qualifier l'arrêt de travail de « grève » pour que la nullité résulte du défaut de visa de la faute lourde, et entraîne immédiatement la réintégration du salarié.

593. – Extension à toute sanction. La nullité fut étendue en 1992 à toute sanction disciplinaire, même s'il ne s'agit pas d'un licenciement[408]. Selon une formule reprise depuis, « un salarié gréviste ne peut être licencié ou sanctionné, à raison d'un fait commis à l'occasion de la grève à laquelle il participe, que si ce fait est constitutif d'une faute lourde »[409].

(404) En 2001 elle acceptera de prononcer la nullité d'un licenciement prononcé en violation d'une liberté fondamentale d'un salarié : Cass. soc., 13 mars 2001, *Mme Hugues c/ Sté France Télécom : Dr. soc.* 2001, p. 1117, obs. C. Roy-Loustaunau. Cette jurisprudence sera consacrée en 2017 par l'ordonnance n° 1387-2017 : C. trav., art. L. 1235-3-1.

(405) Principe évoqué par le Conseil constitutionnel dans sa décision du 12 janvier 2002 : Cons. const., 12 janv. 2002, n° 2001-455 DC, *Loi de modernisation sociale*, consid. 12.

(406) Cass. soc., 31 mars 1982, *Talbot : Bull. civ.* V, n° 246, p. 182 ; *Dr. soc.* 1983, 225, note J. Savatier.

(407) Cass. soc., 26 sept. 1990 : *Dr. soc.* 1991, p. 60, rapp. P. Waquet, note J.-E. Ray ; *RJS* 1990, n° 812 et chron. J. Déprez, p. 619-624 ; *Dr. ouvrier* 1990, p. 450, obs. F. Saramito.

(408) Cass. soc., 16 déc. 1992, n° 91-41.215 : *Bull. civ.* V, n° 592 ; *Dr. soc.* 1993, 291, note J. Savatier.

(409) Cass. soc., 7 juin 1995, n° 93-42.789 : *Bull. civ.* V, n° 181. – Cass. soc., 4 oct. 2017, n° 16-17.427.

La Cour de cassation a interprété la règle édictée par l'article L. 2511-1 comme un principe général, comme le montre cet arrêt rendu par sa chambre sociale le 10 février 2021[410].

Un salarié de la société Réseau de transport d'électricité avait fait grève, et son employeur lui avait adressé une première lettre de recadrage en septembre 2016 suivie d'un avertissement notifié en janvier 2018. Le salarié avait saisi le juge des référés de la juridiction prud'homale afin de contester ces mesures, et obtenu gain de cause, ce que confirme dans cet arrêt la Cour de cassation.

En premier lieu, cette dernière rappelle la compétence du juge des référés y compris si la sanction prononcée à l'égard du gréviste n'est pas un licenciement : « Il appartient au juge des référés, même en présence d'une contestation sérieuse, de mettre fin au trouble manifestement illicite que constitue toute sanction prononcée à l'encontre d'un salarié gréviste auquel une faute lourde ne peut être reprochée ».

En deuxième lieu, elle qualifie à juste titre le courrier de rappel à l'ordre adressé par l'entreprise de sanction disciplinaire (même si l'employeur ne l'avait pas envisagée ainsi) : « Ayant relevé que la lettre du 12 septembre 2016 rappelait la présence non autorisée et fautive à plusieurs reprises du salarié dans le local électrique, l'invitant de manière impérative à respecter les règles régissant l'accès à un tel local et que l'employeur se référait à cet écrit dans l'avertissement ultérieurement prononcé, la cour d'appel en a exactement déduit que cette lettre, qui stigmatisait le comportement du salarié considéré comme fautif, constituait une sanction disciplinaire ». L'employeur ayant prononcé une sanction, la règle *ne bis in idem* l'empêchera d'en prononcer une autre par la suite.

En troisième lieu, elle confirme l'arrêt d'appel qui avait souverainement attribué au salarié la qualité de gréviste : « Le salarié avait, le 14 décembre 2017, cessé le travail pour participer à un mouvement concerté de cessation du travail et se trouvait parmi les salariés grévistes, ce dont il résultait que le salarié avait la qualité de gréviste ».

Pour terminer, elle refuse de considérer les comportements visés comme constituant des fautes lourdes et annule par conséquent les sanctions prononcées : « 8. Enfin, ayant constaté que les sanctions des 12 septembre 2016 et 30 janvier 2018 reprochaient au salarié une présence non autorisée dans les locaux à l'exception de tout autre grief, en sorte qu'il ne pouvait lui être imputé une faute lourde, la cour d'appel en a exactement déduit qu'elles constituaient un trouble manifestement illicite qu'il convenait de faire cesser ».

594. – Confirmation. La réintégration est de droit si le salarié la demande. Théoriquement, le juge des référés ne peut que statuer de manière provisoire et le salarié devrait poursuivre la nullité du licenciement au fond ; concrètement s'il obtient sa réintégration en référé, l'employeur abandonnera de fait son projet, sauf s'il conteste cette décision ou fait confirmer le licenciement au fond[411].

595. – Périmètre du droit à réintégration. Contrairement à la solution qui a été imposée par la loi en matière de licenciement pour motif économique[412], le périmètre du droit à réintégration n'est pas limité à l'établissement ou au site[413] et peut donc être étendu à l'ensemble de l'entreprise dans le cadre de ce qui s'apparente à une véritable obligation de réintégration/reclassement qui pourra induire une modification du contrat de travail (que le salarié sera toujours en droit de refuser).

(410) Cass. soc., 10 févr. 2021, n° 19-18.905.
(411) Cass. soc., 7 juill. 2021, n° 19-25.468.
(412) Cass. soc., 15 juin 2005, préc.
(413) C. trav., art. L. 1235-11.

596. - Modalités de la réintégration. Les modifications apportées dans l'organisation de l'entreprise peuvent, toutefois, justifier que le salarié ne retrouve pas un poste équivalent pour une rémunération équivalente[414].

597. - Réintégration impossible. La réintégration du salarié est de droit, sauf si elle est matériellement impossible[415]. La Cour de cassation raisonne ici comme elle le fait pour tous les autres cas de nullité, et se montre très stricte pour que soit caractérisée cette impossibilité absolue. Tel n'est pas le cas si le poste de travail du salarié a été entre-temps confié à un collègue[416] ou repris par l'employeur lui-même[417], modifié[418] ou supprimé[419], que l'activité a été externalisée vers un autre établissement de l'entreprise[420], ou dès lors que d'autres postes existent sur d'autres sites de l'entreprise[421]. Ni le refus[422] ou l'hostilité d'une partie du personnel[423], ni les difficultés économiques rencontrées par l'employeur[424] ne peuvent également s'y opposer.

Si l'entreprise a été démantelée et que l'activité a totalement cessé, alors le salarié ne pourra pas être réintégré. Mais s'il peut être réintégré sur un autre site, alors il faudra le lui proposer, comme le montre un arrêt rendu le 29 janvier 2002 par la chambre sociale de la Cour de cassation[425].

Un différend ayant éclaté au sujet du paiement de salaires et d'heures supplémentaires au sein d'une société de transport, trois salariés avaient cessé le travail afin d'appuyer leurs revendications. Leur licenciement ayant été prononcé pour faute lourde, les salariés ont obtenu de la juridiction prud'homale compétente l'annulation de cette mesure, assortie d'une réintégration dans l'emploi qu'ils occupaient précédemment, ainsi que le paiement de diverses sommes à titre d'heures supplémentaires, d'indemnités de congés payés et de salaires sur mise à pied annulée.

L'employeur avait indiqué en appel qu'il était dans l'impossibilité de réintégrer les trois salariés à la suite de la suppression de l'activité pour laquelle ils étaient jusque-là employés et de la fermeture corrélative du site où ils travaillaient ; il a néanmoins informé ces derniers de ce qu'il était en mesure, compte tenu de l'accord d'un de ses partenaires, de leur proposer un poste de chauffeur-livreur pour un emploi à temps plein sur un autre site.

La cour d'appel avait pour sa part considéré que la réintégration des salariés n'était « pas envisageable eu égard à la fermeture du site de travail des trois salariés ». C'est ce qui vaut à l'arrêt d'être cassé : pour la Cour de cassation en effet, ce motif « ne caractérise pas l'impossibilité de poursuivre l'exécution des contrats de travail illégalement rompus ».

b) Droit à indemnisation

1) Salarié réintégré

598. - Indemnité d'éviction. Le salarié réintégré percevra une indemnité dite d'« éviction » correspondant aux salaires dont il a été injustement privé entre son dernier salaire perçu et la date à laquelle il est réintégré. La demande de réintégration

(414) Cass. soc., 24 janv. 1990, n° 89-41.003, publié : *Dr. soc.* 1990, p. 328, rapp. P. Waquet.

(415) Cass. soc., 15 juin 2005, n° 03-48.094, *P. Regnaut c/ Sté Wolber*, publié ; *Dr. soc.* 2005, p. 847, chron. G. Couturier (nullité des licenciements à la suite de l'annulation du plan de sauvegarde de l'emploi).

(416) Cass. soc., 31 mai 1995, n° 93-46.189. – Cass. soc., 2 févr. 2005, n° 02-45.085 : *Bull. civ.* V, n° 43.

(417) Cass. soc., 18 nov. 1998, n° 96-43.072, publié.

(418) Cass. soc., 17 mars 1993, n° 90-43.819.

(419) Cass. soc., 13 juill. 1993, n° 90-41.279. – Cass. soc., 29 janv. 2002, n° 99-45.260.

(420) Cass. soc., 8 juill. 1997, n° 94-43.351, publié : *Dr. soc.* 1997, p. 990, obs. G. Couturier.

(421) Cass. soc., 29 janv. 2002, n° 99-45.260.

(422) Pour un salarié protégé : Cass. soc., 24 juin 2014, n° 12-24.623 : *Bull. civ.* V, n° 156.

(423) Cass. soc., 9 juin 1988, n° 85-40.022.

(424) Cass. soc., 24 juin 1998, n° 95-44.757, publié : *JCP* E 1998, p. 1887, note C. Puigelier.

(425) Cass. soc., 29 janv. 2002, n° 99-45.260, préc.

doit toutefois avoir été présentée dans un délai raisonnable, faute de quoi la période d'éviction ne partira pas du licenciement mais de la demande de réintégration, ce qui diminuera de manière parfois très importante les sommes accordées à ce titre[426].

599. – Non-déductibilité des revenus perçus pendant la période d'éviction. La question de la déductibilité des revenus du travail ou des prestations perçues des organismes sociaux pendant la période d'éviction n'est pas propre au gréviste, et a donné lieu à des solutions distinctes selon que le licenciement porte atteinte ou non à des droits et libertés garanties par la Constitution[427]. Le droit de grève étant garanti par l'alinéa 7 du Préambule de la Constitution du 27 octobre 1946, l'indemnité d'éviction est intégralement due sans que l'employeur ne puisse bénéficier de la déductibilité. C'est ce qui résulte d'un arrêt rendu par la chambre sociale de la Cour de cassation le 2 février 2006, ultérieurement confirmé[428].

Six salariés avaient été licenciés pour faute grave, motifs pris par l'employeur d'un refus d'obéissance et d'abandon de poste à la suite de leur refus de prendre leur poste de travail pour cause d'intempéries puis de leur départ sans autorisation du chantier à l'annonce du non-paiement des heures d'interruption de leur tâche.

Un arrêt de la cour d'appel de Paris rendu le 20 décembre 2001 sur renvoi après cassation[429] avait jugé que les salariés avaient exercé leur droit de grève et, annulant les licenciements prononcés et ordonnant la réintégration des intéressés dans l'entreprise, a condamné l'employeur à leur verser une provision avant expertise sur l'indemnité pour perte de salaire subie.

L'employeur faisait grief à l'arrêt, rendu après expertise, de l'avoir condamné à payer aux salariés des sommes au titre des salaires, du treizième mois, des primes de vacances, d'ancienneté et exceptionnelle ainsi que de congés payés, avec intérêts de droit et capitalisation, pour la période comprise entre la date de leur licenciement et celle de leur réintégration, sans pouvoir déduire les revenus tirés d'une autre activité professionnelle pendant la période correspondante ou le revenu de remplacement qui a pu être servi pendant cette même période.

Ces arguments n'ont pas convaincu la Cour de cassation qui rejette le pourvoi.

Après avoir rappelé « qu'il résulte du Préambule de la Constitution du 27 octobre 1946, confirmé par celui de la Constitution du 4 octobre 1958, que le droit de grève est un principe de valeur constitutionnelle », la Haute juridiction déduit de l'article L. 521-1 du Code du travail le droit pour « les salariés, dont les contrats de travail n'avaient pas été rompus et dont les licenciements étaient nuls, (...) au paiement d'une indemnité égale au montant de la rémunération qu'ils auraient dû percevoir entre leur éviction de l'entreprise et leur réintégration, peu important qu'ils aient ou non reçu des salaires ou un revenu de remplacement pendant cette période ».

La solution est fondée sur la nature constitutionnelle du droit de grève et la volonté de renforcer l'efficacité de la protection de ce droit en condamnant l'employeur à l'indemnité la plus importante possible. Certes louable, cette solution est critiquable dans la mesure où elle introduit plus largement une différence de traitement entre les salariés selon que la nullité de leur licenciement résulte de la violation d'une liberté

(426) Cass. soc., 13 janv. 2021, n° 19-14.050, publié (4 ans et 8 mois).
(427) Sur cette question, lire notamment J. Mouly : *Dr. soc.* 2020, 376.
(428) Cass. soc., 2 févr. 2006, n° 03-47.481, *Sté Colas Île-de-France Normandie SA c/ M. Mohamed X et a.*, publié : *RDT* 2006, 42, obs. O. Leclerc ; *JCP* S 2006, 1700, note J.-M. Olivier ; *D.* 2006, 531, obs. E. Chevrier. – Cass. soc., 30 juin. 2015, n° 14-11.077, publié : *RDT* 2016, 108, obs. Y. Ferkane ; *JCP* S 2016, 1090, note J.-Y. Kerbour'ch. – Cass. soc., 25 nov. 2015, n° 14-20.527 : *Bull. civ.* V, n° 840 ; *RDT* 2016, 108, obs. Y. Ferkane. – Cass. soc., 20 sept. 2017, n° 16-20.238.
(429) Cass. soc., 12 déc. 2000 : *Bull. civ.* V, n° 414.

garantie par la Constitution[430], ou non[431], et ce alors même que l'employeur aurait pu porter atteinte à un droit fondamental du salarié protégé par un instrument international directement invocable en droit interne[432]. Singulièrement, lorsque la nullité résulte du caractère discriminatoire de la mesure, la position adoptée par la Cour de cassation introduit une différence de régime entre les motifs de discrimination qui trouvent un écho dans la Constitution française (discrimination fondée sur l'état de santé[433], ou le sexe[434]) et les autres (discrimination fondée sur l'âge)[435], ce qui n'est pas justifié au regard de la notion de droits fondamentaux, qui doit être interprétée de manière uniforme, ni même au regard des engagements internationaux de la France qui ne sont pas ainsi appliqués avec suffisamment de garanties pour les justiciables.

600. - Remboursement des allocations versées par Pôle emploi. Le gréviste réintégré devra toutefois se méfier, car s'il perçoit une indemnité compensant le non-versement des salaires pour une période où il a été indemnisé par la sécurité sociale ou Pôle emploi, ces derniers seront en droit de lui réclamer le reversement des indemnités versées[436].

601. - Salarié mis à pied. Si le salarié réintégré avait été mis à pied à titre conservatoire, ce qui sera généralement le cas puisque l'employeur invoque généralement une faute lourde, il devra également être rémunéré pour cette période[437].

2) Salarié non réintégré

602. - Indemnité de préavis. Le salarié aura généralement été licencié pour faute lourde, lorsque l'employeur s'est placé dans le cadre de l'exercice du droit de grève, ou pour faute grave lorsqu'il a cru pouvoir le licencier pour un autre motif. Dans les deux hypothèses, le salarié aura été licencié avec effet immédiat et aura donc été privé de son droit à préavis : il devra donc bénéficier de l'indemnité compensatrice.

603. - Réparation du préjudice de perte d'emploi. La nullité du licenciement rend ce dernier injustifié et ouvre droit à l'indemnisation du préjudice de perte d'emploi.

(430) La non-déductibilité est ainsi également appliquée en cas de nullité du licenciement d'un représentant syndical, en raison de la violation de l'alinéa 6 du Préambule de 1946 (Cass. soc., 2 juin 2010, n° 08-43.277. - Cass. soc., 9 juill. 2014, n°s 13-16.434 et 13-16.805 : *Bull. civ.* V, n° 186), d'un représentant du personnel, en raison de la violation du principe constitutionnel de participation reconnu à l'alinéa 8 du Préambule de 1946 (Cass. soc., 30 sept. 2020, n° 19-17.410. - Cass. soc., 5 janv. 2022, n° 20-16.287), d'une salariée en raison de son état de grossesse (Cass. soc., 17 févr. 2021, n° 19-21.331) en violation de l'alinéa 3 du Préambule de 1946, ou d'un salarié en violation du principe constitutionnel de garantie des droits de l'article 16 de la Déclaration de 1789 (Cass. soc., 3 juill. 2019, n° 17-31.793).

(431) L'employeur pourra déduire les revenus de remplacement du salarié réintégré dans le prolongement de nullité du plan de sauvegarde de l'emploi (Cass. soc., 3 juill. 2003, n° 01-44.522, publié. - Cass. soc., 12 févr. 2008, n° 07-40.413 : *Bull. civ.* V, n° 34), alors qu'il était protégé comme victime d'un accident du travail ou d'une maladie professionnelle (Cass. soc., 16 oct. 2019, n° 17-31.624, publié. - Cass. soc., 9 déc. 2020, n° 19-16.448, publié).

(432) Dénonçant un usage « paresseux » des droits fondamentaux : P.-Y. Verkindt, *L'appel aux droits fondamentaux en matière sociale : Dr. soc.* 2019, 503. Lire égal. M. Mercat-Brun : *RDT* 2018, 132. - N. Moizard, *Le principe de non-discrimination en raison de l'âge doit constituer une liberté fondamentale : Dr. soc.* 2018, 537.

(433) Cass. soc., 29 mai 2013, n° 11-28.734 : *Bull. civ.* V, n° 136.

(434) Cass. soc., 17 févr. 2021, n° 19-21.331 (grossesse).

(435) Cass. soc., 15 nov. 2017, n° 16-14.281, publié. - Cass. soc., 8 juill. 2020, n°s 17-31.291 et 18-16.254, publié.

(436) On raisonnera ici par analogie avec le sort réservé aux salariés protégés réintégrés : Cass. soc., 19 nov. 2014, n° 13-23.643.

(437) Cass. soc., 19 janv. 2011, n° 09-40.425.

Le salarié bénéficiera alors de l'indemnité pour défaut de cause réelle et sérieuse dans les conditions prévues par l'article L. 1235-3-1 du Code du travail[438], c'est-à-dire sans plafond et avec un minimum correspondant aux salaires des six derniers mois[439]. Comme l'a rappelé formellement la chambre sociale de la Cour de cassation dans l'un de ses deux arrêts rendus le 11 mai 2022, et « selon une jurisprudence constante de la Cour de cassation, la qualification de liberté fondamentale est reconnue (…) au droit de grève protégé par l'alinéa 7 du même Préambule (Soc., 25 novembre 2015, pourvoi n° 14-20.527, *Bull. civ.* 2015, V, n° 236) »[440].

604. - Réparation du préjudice résultant des circonstances du licenciement. Compte tenu du contexte dans lequel est intervenu le licenciement, le salarié pourra également obtenir, s'il en rapporte la preuve, réparation du préjudice résultant du caractère abusif de son licenciement : il devra établir l'existence de circonstances vexatoires, ou de nature à nuire à son honneur ou sa réputation, ainsi que l'existence et l'étendue du préjudice, même si, sur ce dernier point, il lui suffira souvent de l'alléguer pour l'obtenir.

Cette indemnité sera due en plus du préjudice de perte d'emploi, puisqu'elle ne compense pas un préjudice de même nature.

605. - Remboursement des allocations de chômage. L'obligation faite à l'employeur de rembourser les allocations de chômage, lorsque le licenciement est injustifié, est prévue depuis la loi n° 73-680 du 13 juillet 1973 en ce qui concerne la résiliation du contrat de travail à durée indéterminée. Placée à l'article 24 p) du Code du travail, cette règle a été transférée dans l'article L. 122-14-4 à l'occasion de la première recodification intervenue en 1973 puis à l'article L. 1235-4 à l'occasion de la deuxième recodification intervenue en 2007.

Initialement, le remboursement n'était prévu qu'en cas de jugement établissant le défaut de cause réelle et sérieuse, ce dont la Cour de cassation avait déduit que cette sanction ne pourrait pas s'appliquer en cas d'annulation, notamment lorsque l'employeur a licencié un gréviste sans faute lourde[441].

La loi n° 2016-1088 du 8 août 2016 a modifié ce texte et permet désormais au tribunal d'ordonner le remboursement des allocations de chômage, toujours dans les mêmes limites (« du jour de son licenciement au jour du jugement prononcé, dans la limite de six mois d'indemnités de chômage par salarié intéressé »), « dans les cas prévus aux articles L. 1132-4, L. 1134-4, L. 1144-3, L. 1152-3, L. 1153-4, L. 1235-3 et L. 1235-11 », ce qui englobe désormais tous les cas de nullité pour cause de discrimination, dont celui qui est visé spécifiquement à l'article L. 1132-2 « en raison de l'exercice normal du droit de grève ». Cette possibilité a donné lieu à une première application par la chambre sociale de la Cour de cassation dans un arrêt rendu le 18 janvier 2023[442].

(438) Avant 2017 et l'instauration du « barème », la chambre sociale de la Cour de cassation avait considéré que « le salarié victime d'un licenciement nul et qui ne réclame pas sa réintégration a droit, quelle que soit son ancienneté dans l'entreprise, d'une part, aux indemnités de rupture, d'autre part, à une indemnité réparant l'intégralité du préjudice résultant du caractère illicite du licenciement et au moins égale à six mois de salaire » (Cass. soc., 11 déc. 2015, n° 14-15.289).

(439) C. trav., art. L. 1235-3-1. – P. Adam, *Libertés fondamentales et barémisation : la grande évasion : RDT* 2017, 643. – Ch. Radé, *Le nouveau « barème » d'indemnisation des salariés licenciés sans cause réelle et sérieuse : Dr. soc.* 2019, 28.

(440) Cass. soc., 11 mai 2022, n° 21-14.490, préc.

(441) Cass. soc., 12 févr. 1991, n° 86-45.459. Jurispr. constante.

(442) Cass. soc., 18 janv. 2023, n° 21-20.311, publié.

2° Situation des agents publics

a) Droit à réintégration

606. – Principe. Si un agent public a été révoqué et que cette mesure vient à être annulée, l'administration doit le réintégrer aux grades, classe et échelon qui lui ont été reconnus. La règle n'est pas propre à l'exercice du droit de grève, et tout le contentieux de la grève où la révocation d'un agent a été jugée illégale s'accompagne toujours de l'affirmation du droit à réintégration.

607. – Affectation. Cet agent n'a toutefois pas la certitude de retrouver son emploi, ce qui constitue une différence majeure avec le gréviste relevant du Code du travail. Il peut être réintégré dans un autre emploi, « identique » ou même « équivalent », sans justification particulière, alors qu'en droit du travail l'employeur devrait prouver que son emploi n'était plus disponible, ou a été supprimé.

608. – Rémunération. Selon le Conseil d'État, « lorsque la réintégration d'un agent public révoqué a été prise en exécution d'une décision de justice, l'intéressé a droit de percevoir la rémunération correspondant à ses fonctions. Il ne peut en aller différemment qu'en cas d'absence de service fait, lorsque cette absence résulte du refus de l'agent d'effectuer les missions qui lui sont alors confiées ou lorsqu'une mesure ordonnée par l'autorité judiciaire fait obstacle à l'exercice par l'intéressé de toute fonction au sein des services de son administration. Les sommes ainsi versées à titre de rémunération ne peuvent, sauf absence de service fait dans les conditions précédemment énoncées, faire l'objet d'une répétition »[443]. En d'autres termes, si l'agent est laissé, sans motif légitime, sans aucune affectation, la règle du service fait est mise en échec dans la mesure où cette situation ne lui est pas imputable. Son traitement doit lui être versé et lui restera acquis, même si ultérieurement la décision de révocation initialement suspendue par le juge des référés est confirmée au fond.

b) Droit à indemnisation

609. – Principe général. Le droit à indemnisation de l'agent illégalement révoqué a été affirmé d'une manière générale par le Conseil d'État[444].

610. – Règle du service fait. La règle du « service fait », principe fondamental du droit de la fonction publique consacré à l'article L. 711-1 du Code général de la fonction publique, s'oppose à ce que l'agent réintégré perçoive son traitement pour la période où il a été évincé. La réponse est donc indemnitaire, comme c'est d'ailleurs le cas pour les salariés relevant du Code du travail.

§ 4. – Grève et rémunérations

611. – Enjeu. Les incidences financières de la grève sont au cœur des stratégies individuelles des grévistes qui pourront être tentés de mener des actions collectives efficaces tout en minimisant les pertes financières, mais aussi des employeurs qui utiliseront le régime des retenues pour tenter de neutraliser le droit de grève, selon l'expression empruntée à Hélène Sinay[445]. Comme l'a justement écrit Jean-Emmanuel

(443) CE, 2e et 7e ch. réunies, 17 mai 2017, n° 397053. – CE, sect., 9 déc. 2022, n° 451500, *Dpt de Seine-Saint-Denis : Lebon*.

(444) CE, 8 févr. 1961, *Rousset : Lebon*, p. 85, concl. Braibant.

(445) H. Sinay, *La neutralisation du droit de grève ? : Dr. soc.* 1980, p. 250-268.

Ray : « L'argent est le nerf de la grève : dans cet affrontement, chacun essaye logiquement de minimiser ses pertes ou d'en faire supporter une partie à l'adversaire »[446].

612. - **Acteurs.** La grève a un impact direct sur la rémunération des grévistes (A). Elle peut également avoir un effet sur celle des non-grévistes, qui n'est d'ailleurs pas toujours négatif (B).

A. - Situation des grévistes

613. - **Suspension de l'obligation de travailler.** Depuis la loi du 11 février 1950 pour les grévistes du secteur privé et la décision *Dehaene* du 7 juillet 1950 pour les agents publics[447], il est acquis que la grève entraîne non plus la rupture mais la suspension du contrat de travail pour les salariés et des principales obligations statutaires des agents publics.

L'expression de « suspension » du contrat de travail, qui d'ailleurs ne figurait pas dans la loi du 11 février 1950 (qui se contentait d'affirmer que « la grève ne rompt pas le contrat de travail ») est trompeuse car seules les obligations principales du contrat de travail se trouvent suspendues (fournir le travail, payer le salaire) : les obligations accessoires à l'obligation de mettre à disposition sa force de travail demeurent, comme l'obligation de loyauté[448], ainsi que les éventuelles conventions accessoires portant sur le prêt de matériel, le dépôt des objets personnels du salarié, le prêt d'argent, le bail d'habitation, *etc.* Pour ce qui concerne les agents publics, la grève est un droit statutaire ; il n'est donc pas/plus question de suspendre l'application du statut pendant la grève, comme cela était affirmé par le Conseil d'État avant 1950 depuis la décision *Winkell*[449].

614. - **Suspension du droit à rémunération.** La grève entraîne la suspension du droit au salaire / traitement, que la solution soit fondée sur l'exception (contractuelle) d'inexécution, pour les salariés, ou sur la notion (statutaire) de service fait / non fait pour les agents publics. Si le principe est simple, les modalités de sa mise en œuvre sont plus compliquées. C'est sur ce dernier point que la différence entre salariés (1°) et agents publics (2°) se fera le plus sentir en raison de la règle exorbitante du trentième indivisible, même si son domaine a été sensiblement réduit au fil du temps et des réformes.

1° Retenues appliquées dans le secteur privé

a) Le rattachement à l'exercice du droit de grève

615. - **Exercice du droit de grève et suspension du droit au salaire.** Pour que le droit à rémunération soit suspendu, il est nécessaire de vérifier que le salarié a bien fait grève et qu'il n'a donc pas fourni le travail pour lequel il est en principe payé. S'il s'est contenté de travailler moins vite (« grève perlée »), moins bien (« sabotage ») ou au contraire s'il a fait preuve d'un excès de zèle (« grève du zèle »), le salarié ne perdra pas son droit à rémunération, principe de prohibition des sanctions pécuniaires oblige[450].

(446) J.-E. Ray, *1988-1991. Un nouveau droit jurisprudentiel de la grève : Dr. soc.* 1991, 715.
(447) CE, 7 juill. 1950, préc.
(448) Cass. soc., 24 juill. 1952 : *Dr. soc.* 1952, p. 683. – Cass. soc., 13 oct. 1955 : *Dr. soc.* 1956, p. 32.
(449) CE, 7 août 1909, préc.
(450) Cass. soc., 8 oct. 1987 : *Dr. soc.* 1988, p. 153, note A. Mazeaud. – Cass. soc., 12 avr. 1995 : *Dr. soc.* 1995, p. 599, obs. J. Savatier (grève perlée).

Rappelons que ce principe a été introduit dans le Code du travail par la loi n° 78-753 du 17 juillet 1978 et figure aujourd'hui à l'article L. 1331-2 du même code.

Le Code du travail a également repris cette règle pour l'introduire dans le régime juridique de la grève au travers d'une déclinaison particulière du principe de non-discrimination des grévistes. L'article L. 2511-1, alinéa 2, du Code du travail, dispose en effet que : « Son exercice ne peut donner lieu à aucune mesure discriminatoire telle que mentionnée à l'article L. 1132-2, notamment en matière de rémunérations et d'avantages sociaux ».

Le législateur considère en effet qu'une sanction disproportionnée à la durée de la grève constitue une mesure défavorable infligée au salarié en raison de l'exercice du droit de grève, c'est-à-dire une discrimination prohibée. La solution s'est imposée en 1978 dans le sillage de l'adoption de la loi du 17 juillet 1978 ; avant cette date, la jurisprudence autorisait l'employeur à majorer le montant des retenues pour tenir compte de l'importance des dommages occasionnés par la grève à la production[451].

Lorsque le salarié n'exerce pas son droit de grève mais mène une action considérée par la jurisprudence comme illicite, il commet alors une faute professionnelle qui l'exposera à une sanction disciplinaire (avertissement, blâme, mise à pied ou licenciement) dans les conditions du droit commun, et interdira toute forme de retenue sur le salaire, sauf si le salarié n'a pas fourni le travail convenu (dans cette hypothèse, la retenue sera fondée sur l'exception d'inexécution).

616. – Preuve de la qualité de gréviste. Le contrat de travail fait peser sur l'employeur l'obligation de fournir le travail convenu au salarié et de le rémunérer s'il a effectivement été accompli. Le salarié a, pour sa part, l'obligation de fournir la prestation convenue, c'est-à-dire de se mettre à disposition de l'employeur aux lieux et temps prévus par le contrat et/ou l'employeur.

• *La charge de la preuve sur l'employeur.* La jurisprudence considère que c'est à l'employeur qu'il appartient de prouver, pour justifier de ne pas verser le salaire convenu, que le salarié n'a pas accompli sa prestation dans la proportion de la retenue opérée[452].

C'est ce qu'illustre un arrêt rendu par la chambre sociale de la Cour de cassation le 6 février 2001[453].

À la suite d'un mouvement de grève ayant affecté, courant mars-avril 1997, l'établissement d'EDF Archipel Guadeloupe, un salarié avait vu son salaire amputé d'une retenue pour jours de grève. Se prétendant non gréviste, il avait saisi la juridiction prud'homale, mais avait été débouté de sa demande, et n'aura pas gain de cause non plus dans le cadre de son pourvoi qui est rejeté.

Il avait pourtant informé son employeur de sa qualité de non-gréviste et était bien présent du 1er au 10 avril 1997 mais sans pour cela pouvoir accéder à son poste de travail, l'employeur n'ayant pas, selon lui, choisi les mesures adéquates pour assurer la permanence du personnel administratif. Ces arguments n'avaient pas convaincu le conseil de prud'hommes qui avait retenu que le salarié connaissait la procédure à suivre en la matière, consistant à remplir les liasses d'absences, qu'il s'était contenté d'attendre d'être informé pour la conduite à tenir.

(451) Cass. soc., 16 mai 1989 : *D.* 1990, somm., p. 171, obs. G. Borenfreund ; *JCP* G 1990, II, 21452, note Y. Saint-Jours ; *Dr. ouvrier* 1989, p. 242, note Debliquis (non-parution d'un quotidien à la suite d'une heure de grève).

(452) Cass. soc., 29 juin 2011, n° 10-18.461.

(453) Cass. soc., 6 févr. 2001, n° 98-46.427 : *Bull. civ.* V, n° 39.

• *Discussion*. La solution consistant à faire peser sur les épaules de l'employeur la charge, et donc le risque, de la preuve, ne va pas de soi car si l'on observe la chronologie des obligations qui pèsent sur les deux parties au contrat de travail, c'est *d'abord* au salarié qu'il appartient de se mettre à disposition de l'employeur, puis à ce dernier de lui fournir le travail convenu, puis au salarié de fournir le travail puis à l'employeur de le rémunérer pour le temps ou les tâches accomplies. Le droit à la rémunération mensuelle, pour les salariés qui sont mensualisés, ne vient que si les trois premières obligations pesant respectivement et successivement sur les deux parties ont été exécutées. En toute logique, il faudrait donc imposer au salarié de prouver qu'il s'est tenu à la disposition de son employeur s'il veut percevoir sa rémunération, puisqu'il est débiteur de l'obligation première, et non à l'employeur de prouver que le salarié n'a pas travaillé, cette preuve étant d'autant plus difficile qu'elle porte sur un fait négatif. À bien y réfléchir d'ailleurs, l'employeur n'a pas à prouver que le salarié a fait grève mais seulement qu'il n'a pas fourni sa prestation, à charge pour ce dernier, lorsque le fait est admis, de prouver qu'il se situait dans une situation où, quoique n'ayant pas travaillé, il doit tout de même être rémunéré, ce qui ne sera évidemment pas le cas s'il a fait grève[454].

• *En opportunité*. Ce sont sans doute d'autres considérations d'opportunité qui ont conduit la jurisprudence à faire peser sur l'employeur la charge de prouver que le salarié n'a pas fourni la prestation convenue. En obligeant l'employeur à prouver que le salarié a fait grève, la jurisprudence considère que l'employeur est sans doute le mieux placé pour rapporter cette preuve, compte tenu de son pouvoir de direction impliquant le pouvoir de surveiller l'activité de ses salariés. Cette meilleure « aptitude à la preuve », souvent prise en compte, notamment en droit du travail (mais pas seulement), pour attribuer la charge de la preuve en dérogeant à la règle classique la faisant peser sur les épaules du demandeur, conduit également à obliger l'employeur à payer intégralement le salaire par principe, sans que le salarié soit obligé de prouver qu'il avait bien fourni la prestation justifiant le paiement du salaire, ce qui serait en pratique délicat. Ce « privilège du préalable » accordé à la partie la plus faible économiquement est également assez classique en droit du travail.

• *Risque de la preuve*. L'employeur qui procède à une retenue sur le salaire, en raison de la participation du salarié à un mouvement de grève, supporte donc la charge de cette preuve, mais aussi le risque d'être condamné par le juge, saisi par un salarié contestant cette affirmation, lorsqu'un doute subsiste sur la qualité de gréviste. Or, l'exercice du droit de grève dans le secteur privé ne saurait être précédé d'aucune formalité préalable ; tout au plus, et cette précision est importante ici, les grévistes doivent-ils informer leur employeur, au moment où ils cessent de travailler, qu'ils se mettent en grève, et lui communiquer leurs revendications[455]. Cette obligation de communiquer les revendications permettra à l'employeur de prouver que le salarié a bien fait grève et le libérera, pour le temps de l'arrêt de travail, de son obligation de payer le salaire. Si le salarié a cessé le travail pour un autre motif, alors il s'exposera non seulement à une retenue également proportionnelle, par application de l'exception

(454) Contrairement à l'exercice du droit de retrait où il devra continuer de l'être jusqu'à rétablissement de la sécurité, ce qui explique la tentation de certains salariés ou agents publics de se situer plutôt dans le cadre de l'exercice du droit de retrait, qui est protégé avec une efficacité comparable et présente l'avantage de ne pas entraîner de retenue sur le salaire. Sur ces éléments, V. *supra*, n° 385.

(455) Sur ces questions, V. *supra*, n°s 341 et s.

d'inexécution, mais également à une sanction disciplinaire puisque par hypothèse il ne sera plus protégé par sa qualité de gréviste[456].

617. – Modes de preuve. La Cour de cassation a admis que l'employeur, surtout lorsqu'il intervient dans un secteur d'activité sensible, puisse interroger les salariés absents à leur poste alors qu'un préavis de grève a été déposé pour la période, pour leur demander s'ils sont grévistes ou s'ils travailleront, et de considérer qu'en l'absence de réponse de leur part et d'autre explication ils exercent bien leur droit de grève, ce qui l'autorise alors à procéder à la retenue, comme l'a jugé la chambre sociale de la Cour de cassation dans un arrêt rendu le 19 juin 1987[457]. Il est souhaitable toutefois que l'employeur dispose d'autres indices pour étayer son affirmation.

Au cours d'un préavis de grève déposé par différentes organisations syndicales du personnel navigant technique de la Compagnie Air-Inter, portant sur un arrêt de travail de quatre jours, la compagnie avait adressé à chacun des membres du personnel navigant un télégramme ainsi conçu : « Vous demandons si êtes prêts à assurer pendant vos jours de disponibilité des vols, pour la période du 15 au 18 novembre 1977. Attendons réponse de votre part avant lundi 14 novembre 1977 à 12 heures, dernier délai ». N'ayant reçu aucune réponse à ce télégramme, la Compagnie Air-Inter avait décidé d'annuler les vols programmés pendant les quatre jours d'arrêt de travail et a opéré des retenues de salaires à l'égard de certains navigants.

Les salariés concernés ont contesté ces retenues pour fait de grève, en vain. C'est ce que confirme le rejet du pourvoi. Après avoir constaté que les membres du personnel navigant étaient effectivement « de service » durant les journées de grève pour lesquelles une retenue sur leurs salaires avait été effectuée, les juges du fond ont en effet pu estimer qu'en s'abstenant de répondre au télégramme de la compagnie Air-Inter et en ne se présentant pas à leur service, ils avaient manifesté l'intention de suivre l'ordre de grève. Aucun salaire n'étant dû pendant la suspension de l'exécution du contrat de travail du fait de la grève, ces retenues étaient donc justifiées.

NB : Depuis 2012, la situation est clarifiée par l'obligation faite aux salariés nécessaires à la continuité du service aérien de se déclarer avant de se mettre en grève.

b) L'impact sur la rémunération

1) Aspects formels

618. – Respect du RGPD. L'employeur doit demeurer vigilant. Il doit décompter précisément les heures et jours de grève, pour calculer en fin de mois le montant de la retenue, sans violer les règles de conservation des données[458].

619. – Neutralité des mentions du bulletin de paie. Il doit également veiller à ce que ces heures non payées n'apparaissent pas en tant que telles sur le bulletin de salaire, et ce conformément aux dispositions de l'article R. 3243-4, alinéa 1er, du Code du travail, aux termes duquel : « Il est interdit de faire mention sur le bulletin de paie de l'exercice du droit de grève ou de l'activité de représentation des salariés ». La violation de la règle est sanctionnable d'une contravention de troisième classe[459]. Le salarié

(456) Et sous réserve des règles qui prévalent concernant l'abandon de poste : C. trav., art. L. 1237-1-1. V. *supra*, n° 341.

(457) Cass. soc., 7 mai 1987, n° 85-41.609. – Cass. soc., 19 juin 1987, n° 83-42.596, publié.

(458) Ainsi, à la suite de la découverte dans des outils informatiques permettant l'évaluation des agents de données relatives au nombre de jours de grève, de surcroît conservées pendant une durée excessive et dans des conditions de sécurité insuffisantes, la CNIL a imposé une amende de 400 000 € à la RATP : CNIL, délib. n° SAN-2021-019, 29 oct. 2021 : *Comm. com. électr.* janv. 2022, n° 1, comm. 6.

(459) C. trav., art. R. 3246-1 (au plus 450 €, C. pén., art. 131-13).

pourra demander, le cas échéant en référé, la rectification des bulletins irréguliers, et s'il prouve avoir subi des préjudices, des dommages et intérêts[460].

2) Étendue de la retenue

620. - Traitement propre à chaque conflit. L'employeur doit traiter chaque épisode du conflit de manière distincte, même si tous portent sur les mêmes revendications ; il ne peut dès lors pas étendre les retenues pour faire la jonction entre les différentes séquences[461].

Ces règles prévalent sur toutes les dispositions réglementaires contraires[462].

621. - Principe de stricte proportionnalité. L'application du principe de non-discrimination impose ici que les retenues soient *strictement* proportionnelles à la durée de l'arrêt de travail et qu'elles soient donc décomptées en minutes[463]. La solution s'impose depuis un arrêt rendu par la chambre sociale de la Cour de cassation le 16 mai 1989 qui a interdit aux juges du fond de majorer les retenues pour tenir compte de l'impact de la grève sur la production[464], ce qu'elle autorisait jusqu'à lors[465].

Les employés du restaurant géré par le comité d'entreprise avaient déclenché une grève de midi à midi trente pour protester contre les sanctions prises quelques jours auparavant à l'encontre de cinq salariés. L'employeur, au prétexte que la grève était abusive, avait exercé une retenue de 59 % du salaire journalier de chaque gréviste correspondant à ce qu'il considérait comme étant l'exacte proportion de la perte de chiffre d'affaires journalier pour la période de l'arrêt de travail. Par application de la jurisprudence en vigueur à l'époque, la cour d'appel avait validé la retenue et énoncé que si la grève avait duré environ une demi-heure, la retenue de 59 % du salaire de la journée du 20 juin 1983 avait été rendue nécessaire par l'importance de la baisse volontaire de production du personnel de restaurant.

Cet arrêt est cassé. Pour la Haute juridiction en effet, « dès lors qu'il n'était pas allégué que les salariés grévistes n'avaient pas accompli leur travail dans des conditions normales avant et après l'arrêt de travail, les intéressés ne devaient subir qu'une retenue de salaire correspondant au temps exact de leur cessation concertée du travail » et « la retenue effectuée au-delà de cette limite » constitue « une sanction pécuniaire prohibée ».

La formule a évolué avec le temps. En 1991, la chambre sociale de la Cour de cassation indiquait que « la rémunération des salariés grévistes ne doit subir qu'un abattement proportionnel à la durée de l'arrêt de travail » lorsqu'il s'agissait de prendre position contre l'ancienne pratique consistant à étendre la période de retenue au temps de remise en route des machines[466]. Lorsqu'il s'est agi de préciser l'étendue des retenues opérées sur le salaire de grévistes dont la durée de travail est décomptée en jours sur l'année, la Cour de cassation a indiqué que « l'exercice du droit de grève

(460) S'agissant de la remise tardive : Cass. soc., 13 avr. 2016, n° 14-28.293, publié : *Dr. soc.* 2016, 650, étude S. Tournaux.

(461) CA Paris, 16 mai 2019 : *Liaisons sociales quotidien* 20 mai 2019, L'actualité, n° 17819, Section Acteurs, débats, événements.

(462) CE, 30 avr. 1997, n° 178809, *Mme Tripet et a. : Lebon* T., p. 1095 ; *JCP* 1997, II, 22905, concl. C. Maugüé.

(463) Cass. soc., 8 juill. 1992, n° 89-42.563, *Sté Sétra c/ M. Khiess* (deux fois une heure). – Cass. soc., 3 févr. 1993, n° 90-41.665, *M. Tadin c/ Les courriers catalans : Bull. civ.* V, n° 40 (55 minutes).

(464) Cass. soc., 16 mai 1989 : *D.* 1990, somm., p. 171, obs. G. Borenfreund ; *JCP* G 1990, II, 21452, note Y. Saint-Jours ; *Dr. ouvrier* 1989, p. 242, note Debliquis (non-parution d'un quotidien à la suite d'une heure de grève).

(465) Sur la solution antérieure : Cass. soc., 16 juill. 1964 : *Bull. civ.* IV, n° 620. – Cass. soc., 11 juin 1981, n° 79-42.013, publié.

(466) Cass. soc., 30 janv. 1991, n° 89-40.471 (arrêt de travail de 30 minutes, décomptés 45). – Cass. soc., 23 oct. 1991, n° 89-45.524 (2 heures). – Cass. soc., 8 juill. 1992, n° 89-42.563 : *Bull. civ.* V, n° 445 (deux fois une heure). – Cass. soc., 3 févr. 1993, n° 90-41.665 : *Bull. civ.* V, n° 40 (55 minutes).

ne saurait donner lieu de la part de l'employeur à des mesures discriminatoires en matière de rémunération et d'avantages sociaux ; qu'il ne peut donner lieu de la part de l'employeur qu'à un abattement de salaire proportionnel à la durée de l'arrêt de travail »[467].

L'employeur ne peut donc pas retenir une somme supérieure sous prétexte que le temps de grève a entraîné des pertes proportionnellement plus importantes pour l'entreprise, qu'il s'agisse d'un quotidien qui n'a pas pu être imprimé[468] ou du temps de remise en marche des machines[469]. Dès lors que le travail a repris dans l'entreprise, le salarié doit être payé même si, sur le plan national, le préavis de grève a été reconduit[470].

S'il a réaffecté les salariés non grévistes à des tâches moins qualifiées pendant la durée du conflit, l'employeur devra d'ailleurs également maintenir leur rémunération au niveau habituel[471].

622. – Suspension intégrant les jours chômés. Une fois le travail arrêté pour cause de grève, le droit à rémunération est suspendu pendant toute la durée du conflit, et ce jusqu'à la reprise du travail[472], même si la période concernée comporte un jour férié habituellement rémunéré[473]. La solution a été adoptée par la Cour de cassation tant pour le 1er mai[474] que pour le jeudi de l'Ascension[475] ou le lundi de Pentecôte, jour de solidarité[476]. Le Conseil d'État retient la même solution pour les agents publics[477].

Si, en revanche, les salariés ont pris la précaution de se mettre en grève juste après un jour férié, ou d'y mettre un terme juste avant, ils devront normalement être rémunérés pour ce jour[478].

623. – Incidence de la mensualisation. Le montant de la retenue est relativement simple à calculer pour les salariés payés à l'heure ; il faut toutefois tenir compte de la mensualisation[479] : « La retenue sur salaire par heure de grève d'un salarié mensualisé doit être égale au quotient du salaire par le nombre d'heures de travail dans l'entre-

(467) Cass. soc., 13 nov. 2008, n° 0644.608 : *Bull. civ.* V, n° 211 : *RDT* 2009, 117, obs. M. Grévy ; *JCP* S 2009, 1444, note R. Vatinet ; *JCP* E 2009, 1258, obs. G. Vachet ; *SSL* 24 nov. 2008, p. 11, note H. Gosselin (cadres en forfait en jours). – Cass. soc., 4 mars 2009, n° 07-45.291 : *Bull. civ.* V, n° 56 (*idem*).

(468) Cass. soc., 16 mai 1989, préc.

(469) Cass. soc., 4 févr. 1988 : *Bull. civ.* V, n° 91. – Cass. soc., 6 juin 1989 : *D.* 1990, somm., p. 170, obs. G. Borenfreund ; *RJS* 1989, p. 333, concl. Franck ; *JCP* E 1987, II, 15587, p. 551, n° 18, obs. B. Teyssié ; *JCP* G 1990, II, 21452, obs. Y. Saint-Jours. – Cass. soc., 26 juin 1991, n° 90-41.062. – Cass. soc., 10 juill. 1991 : *Bull. civ.* V, n° 349.

(470) Cass. soc., 30 janv. 2008, n° 06-43.938.

(471) Cass. soc., 17 mars 1983, n° 81-42.577, publié : *D.* 1984, IR, p. 166, obs. J. Goineau. – Cass. soc., 4 oct. 2000, n° 98-43.475, publié.

(472) Cass. soc., 9 juill. 1951 : *Dr. soc.* 1952, 115.

(473) Cass. soc., 24 juin 1998, nos 96-44.234 : *Bull. civ.* V, n° 335 ; *Dr. soc.* 1998, 853, obs. J.-E. Ray.

(474) Cass. soc., 20 nov. 1953 : *D.* 1954, 25. – Cass. soc., 5 févr. 2002, n° 99-43.898 : *Bull. civ.* V, n° 49.

(475) Cass. soc., 14 avr. 1999, n° 97-42.064 : *Bull. civ.* V, n° 179.

(476) Cass. soc., 16 janv. 2008, n° 06-42.327 : *Bull. civ.* V, n° 13.

(477) V. *infra*, n° 647.

(478) Cass. soc., 13 mars 1985 : *Bull. civ.* V, n° 174. – Cass. soc., 9 juill. 1985 : *Bull. civ.* V, n° 421. – Cass. soc., 19 juin 1986, n° 83-45.536 : *Bull. civ.* V, n° 329.

(479) Cass. soc., 4 févr. 1988, n° 84-45.303, *SA Sotra Causse Walon et compagnie c/ Simon*. Dans le même sens, Cass. soc., 27 juin 1989, n° 88-42.591, *Sté Causse Walon c/ M. Roussière et a.* – Cass. soc., 16 juin 1999, n° 98-43.696, *Sté Air Liberté*. – Cass. soc., 27 janv. 2000, n° 98-46.211, *Sté Air Liberté*. – Cass. soc., 18 mai 2011, n° 09-40.251, *Sté Servair*.

prise pour le mois considéré » et ne pas dépendre d'une évaluation forfaitaire en jours calendaires[480].

624. - **Salariés en forfait en jours.** Une difficulté propre au secteur privé est apparue pour les salariés en forfait en jours sur l'année et qui, par définition, ne sont pas soumis à un décompte horaire de leur durée de travail.

Lorsque la question n'est pas réglée par l'accord qui met en place le forfait jour[481], le juge doit respecter quelques principes. La Cour de cassation a souhaité tout d'abord ne pas créer de discriminations entre les différents motifs d'absence : l'employeur doit procéder pour tous de la même manière[482]. Ensuite, les juges doivent reconstituer, en partant du nombre de jours (ou de demi-journées) prévu au forfait et de la rémunération annuelle, la valeur moyenne d'un jour. Ils doivent ensuite considérer qu'une journée à la même valeur en heures que celle des autres cadres (ou, à défaut, des autres salariés non cadres) soumis à l'horaire collectif. C'est ce qui résulte d'un arrêt rendu par la chambre sociale de la Cour de cassation le 13 novembre 2008[483].

Par note de service du 30 octobre 2003, la société Giat Industrie avait décidé qu'afin de tenir compte de la particularité du contrat des cadres dont les absences ne peuvent être comptabilisées que par journée complète, voire demi-journée, les absences pour grève du mois précédent seraient cumulées et déduites de la paie si elles atteignent l'équivalent d'une demi-journée comptée pour 3,90 heures ou d'une durée multiple de 3,90 heures, les heures restantes étant conservées et reportées dans le cumul du mois suivant, chacun des cadres intéressés pouvant obtenir de la direction, sur sa demande, un relevé individuel des arrêts de travail pour grève constatés, des retenues effectuées et des temps reportés.

La fédération CFE-CGC de la métallurgie a saisi le tribunal de grande instance de Versailles afin de contester ces modalités de retenue sur salaire.

Pour dire que la décision prise par la direction de la société Giat industries dans la note d'information aux cadres en forfait en jours du 30 octobre 2003 relative aux modalités de traitement des arrêts de travail à partir de la paie du mois d'octobre 2003, était sans effet à l'égard des cadres de la société Giat Industries relevant des dispositions de l'article L. 212-15-3, III, devenu L. 3121-45 du Code du travail, et condamner la société à restituer à chacun des cadres concernés la rémunération retenue pour fait de grève en application de cette décision, la cour d'appel de Versailles a considéré que la société Giat industries ne pouvait justifier la licéité de la note interne du 30 octobre 2003 par le souci du respect de l'égalité des salariés, dès lors que si le principe de retenue n'est pas remis en cause, ses modalités, arbitrairement fixées, aboutissent à une inégalité de traitement en appliquant aux cadres non soumis à l'horaire collectif un système réintroduisant la référence à l'horaire journalier collectif, par essence inapplicable à ces cadres. La cour a ajouté que, dans le silence des accords collectifs, la société avait le choix entre l'application des dispositions légales applicables aux cadres en forfait en jours concernant le décompte des absences ou le recours à la négociation collective pour compléter ou réviser les accords en vigueur relativement aux retenues sur salaire pour motif de grève.

Telle n'est pas l'opinion de la chambre sociale de la Cour de cassation, qui censure cette décision, au visa des articles L. 521-1 devenu L. 2511-1 et L. 212-15-3, III devenu L. 3121-45, dans sa rédaction alors applicable, du Code du travail.

La cour commence par poser ici deux principes. En premier lieu, l'exercice du droit de grève ne saurait donner lieu de la part de l'employeur à des mesures discriminatoires en matière de

(480) Cass. soc., 19 mai 1998, n° 97-41.900, *Sté Le Parisien c/ M. Colin et a.*

(481) Cass. soc., 4 mars 2009, n° 07-45.291, publié : l'accord collectif interdisait toute retenue pour des absences d'une durée inférieure à une demi-journée.

(482) C'est d'ailleurs pour cette raison que dans l'affaire *Giat industrie* (note suivante), la note de service a finalement été écartée : Cass. soc., 23 mars 2011, n° 10-10.720.

(483) Cass. soc., 13 nov. 2008, n° 06-44.608 : *Bull. civ.* V, n° 211 ; *RDT* 2009, 117, obs. M. Grévy ; *JCP* S 2009, 1444, note R. Vatinet ; *JCP* E 2009, 1258, obs. G. Vachet ; *SSL* 24 nov. 2008, p. 11, note H. Gosselin.

rémunération et d'avantages sociaux ; il ne peut donner lieu de la part de l'employeur qu'à un abattement de salaire proportionnel à la durée de l'arrêt de travail. En second lieu, lorsque l'absence pour fait de grève d'un salarié cadre soumis à une convention de forfait en jours sur l'année est d'une durée non comptabilisable en journée ou demi-journée, la retenue opérée doit être identique à celle pratiquée pour toute autre absence d'une même durée.

La cour en déduit « qu'en l'absence de disposition, sur ce point, de l'accord collectif, la retenue opérée résulte de la durée de l'absence et de la détermination, à partir du salaire mensuel ou annuel, d'un salaire horaire tenant compte du nombre de jours travaillés prévus par la convention de forfait et prenant pour base, soit la durée légale du travail si la durée du travail applicable dans l'entreprise aux cadres soumis à l'horaire collectif lui est inférieure, soit la durée du travail applicable à ces cadres si elle est supérieure à la durée légale ».

625. - **Salariés réquisitionnés.** Les salariés réquisitionnés devront être rémunérés normalement pour le temps où ils ont travaillé[484], à moins que des dispositions réglementaires n'aient prévu des modalités particulières[485]. Pendant cette période d'ailleurs, ils retrouvent l'ensemble de leurs droits, notamment en matière d'accidents du travail.

626. - **Incidence sur les primes et accessoires du salaire.** Les règles sont comparables pour les salariés du secteur privé et les agents publics[486].

• *Retenue de plein droit sur les accessoires versés mensuellement.* Les éléments entrant normalement dans l'assiette de la rémunération mensuelle sont également retenus dès lors qu'ils sont versés habituellement en contrepartie du travail[487].

• *Retenue prévisible sur les accessoires non périodiques.* Pour ce qui est des primes et accessoires versés de manière non périodique, il n'est pas interdit de subordonner leur versement à un critère d'attribution qui aboutisse à en priver, en tout ou partie, les grévistes, pour autant que ce critère soit neutre et qu'il ne produise pas d'effet indirectement discriminatoire[488]. Il faudra donc vérifier si l'application du critère neutre de présence à l'effectif n'affecte pas d'une manière proportionnellement plus forte (au regard du nombre de non-grévistes) les salariés grévistes et, si c'est le cas, si ce critère neutre est ou non « objectivement justifié par un but légitime et que les moyens pour réaliser ce but ne soient nécessaires et appropriés »[489].

• *Neutralité des critères de retenue.* Selon une formule devenue de style depuis 2009 et qui concerne d'ailleurs toutes les retenues opérées en raison d'une absence du salarié, « si l'employeur peut tenir compte des absences, même motivées par la grève, pour le paiement d'une prime, c'est à la condition que toutes les absences, hormis

(484) Cass. soc., 20 févr. 1991 : *Bull. civ.* V, n° 81, p. 50. – Cass. soc., 16 nov. 1993 : *Dr. soc.* 1994, p. 54. – Cass. soc., 24 juin 1998, n° 97-44.175 : *Dr. soc.* 1998, p. 851, obs. J.-E. Ray : le paiement est limité aux seules « tâches accomplies à ce titre ».

(485) CE, 17 mars 1997, n° 123912, *Féd. nationale des synd. du personnel des industries de l'énergie électrique, nucléaire et gazière : Lebon*, p. 89 ; *Dr. soc.* 1997, 534, note J.-E. Ray. Le salarié n'ayant exécuté aucune autre tâche, il ne pouvait alors réclamer que ce qui avait été prévu par ce règlement : Cass. soc., 18 juill. 2000, n° 98-44.427 : *Bull. civ.* V, n° 283. – Cass. soc., 11 juin 2002, n° 00-42.907.

(486) Pour ces derniers, V. *infra*, n° 658.

(487) Cass. soc., 12 mai 1980, n° 79-40.306, *Kocurek c/ Entr. Decaux*. Lire J. Savatier, *Grèves et primes complémentaires du salaire : Dr. soc.* 1981, 435.

(488) Pour un exemple de retenues pratiquées de manière ciblée sur les primes de « casse-croûte » : Cass. soc., 19 nov. 1986, n° 83-43.516 : *Bull. civ.* V, n° 528.

(489) L. n° 2008-496, 27 mai 2008, portant diverses dispositions d'adaptation au droit communautaire dans le domaine de la lutte contre les discriminations et définissant la discrimination indirecte, art. 1er, al. 2, auquel renvoie l'article L. 1132-1 du Code du travail relatif au principe de non-discrimination.

celles qui sont légalement assimilées à un temps de travail effectif, entraînent les mêmes conséquences sur son attribution »[490].

La jurisprudence vérifie que les critères retenus soient bien neutres et qu'ils ne ciblent pas particulièrement les grévistes. Les retenues opérées sur les primes sont donc licites si la cause du non-versement est étrangère à l'exercice du droit de grève, et vise par exemple une condition de présence, ou tient compte du fait que la loi assimile certaines absences à un temps de travail effectif[491], et que toutes les mêmes causes sont soumises au même régime[492]. Est ainsi illicite la distinction opérée dans le régime d'une prime entre les congés pour événements familiaux et les autres absences, dont la grève[493], s'agissant du bénéfice d'une prime d'ancienneté ; entre les arrêts maladie et les autres[494] notamment pour le calcul d'une prime d'intéressement et de participation[495] ou d'une prime de pneumatiques[496]. La jurisprudence considère également que le maintien du salaire pendant l'arrêt maladie doit être garanti aux grévistes si, pendant la durée du conflit, il l'est au profit des non-grévistes[497].

La notion de situation « identique » ou « comparable » est ici déterminante, car si les salariés ne sont pas considérés comme se trouvant dans la même situation, ils peuvent être traités différemment sans qu'il y ait atteinte au principe d'égalité de traitement ; ce n'est que s'ils sont dans la même situation que l'atteinte au principe d'égalité de traitement sera établie[498]. C'est ainsi qu'il a été jugé que les cadres en forfait jours se trouvaient dans la même situation que les autres cadres de l'entreprise au regard du montant des retenues sur salaire pour cause de grève, et devaient donc être traités de manière égale[499].

L'analyse de la situation des grévistes doit être réalisée de manière *concrète* pour vérifier si les retenues qu'ils supportent, au-delà des différences tenant à leurs modalités de calcul, produisent le même effet que celles appliquées aux non-grévistes[500].

627. - Non-récupération des heures de grève.

• *Grève du personnel de l'entreprise.* L'article L. 3121-50 du Code du travail dispose que : « Seules peuvent être récupérées les heures perdues par suite d'une interruption collective du travail résultant : 1° De causes accidentelles, d'intempéries ou en cas de

(490) Cass. soc., 23 juin 2009, n° 07-42.677, publié : *JCP* S 2009, 1423, note D. Corrignan-Carsin. La solution résultait déjà de Cass. soc., 5 févr. 2003, n° 00-45.998.

(491) Cass. soc., 23 juin 2009, n° 07-42.677, préc. - Cass. soc., 7 juill. 2015, n° 13-25.718, publié.

(492) Cass. soc., 25 mars 1982 : *Bull. civ.* V, n° 224. - Cass. soc., 13 janv. 1999, *Dufour c/ Sté éditions Plein Nord : RJS* 1999, n° 258 (retrait licite car cause indifférenciée). - Cass. soc., 10 déc. 2002, n° 00-44.733 (treizième mois). - Cass. soc., 5 juill. 2005, n° 03-45.615, *Sté ISS Abilis France : Bull. civ.* V, n° 205. - Cass. soc., 8 avr. 2009, n° 07-44.878, *Sté Mory Team*. - Cass. soc., 13 févr. 2019, n° 17-26.867 (accord de participation et d'intéressement). - Cass. soc., 23 juin 2009, n° 07-42.677, *Sté Nutrea*, publié. - Cass. soc., 23 juin 2009, n° 08-42.154, publié (prime mensuelle d'assiduité). - Cass. soc., 26 mars 2014, n° 12-18.125, publié.

(493) Cass. soc., 4 mai 2011, n° 09-72.206 (congé supplémentaire annuel). - Cass. soc., 23 nov. 2011, n° 10-15.644.

(494) Cass. soc., 7 nov. 2018, n° 17-15.833, publié : *JCP* G 2018, 1240, note D. Corrignan-Carsin. - Cass. soc., 23 juin 2009, n° 07-42.677, préc.

(495) Cass. soc., 13 févr. 2019, n° 17-26.837.

(496) Cass. soc., 1er juill. 2020, n° 19-15.223.

(497) Cass. soc., 31 janv. 1985, *Sté Solner : Liaisons soc.* 1er avr. 1985, Légis. 5627, p. 5. - Cass. soc., 16 juill. 1987, B 497.

(498) Cass. soc., 13 janv. 1999, *Dufour c/ Sté éditions Plein Nord : RJS* 1999, n° 258. - Cass. soc., 1er juill. 2020, n° 19-15.223.

(499) Cass. soc., 13 nov. 2008, n° 06-44.608, publié. - Cass. soc., 4 mars 2009, n° 07-45.291, publié.

(500) Cass. soc., 1er juill. 2009, n° 07-42.675 : *Bull. civ.* V, n° 168 (primes de 13e et 14e mois).

force majeure ; 2° D'inventaire ; 3° Du chômage d'un jour ou de deux jours ouvrables compris entre un jour férié et un jour de repos hebdomadaire ou d'un jour précédant les congés annuels ».

La formule restrictive interdit de récupérer les heures perdues dans l'entreprise à la suite d'une grève[501]. Si l'arrêt de travail a été requalifié en « mouvement illicite », il pourra en revanche donner lieu à récupération[502]. La qualification de l'action collective menée par les salariés est donc particulièrement importante ici, car si l'employeur se trompe, non seulement il commet une faute en prétendant récupérer les heures, mais en plus il devra les rémunérer comme des heures supplémentaires. C'est ce qu'illustre un arrêt rendu le 12 janvier 1971 par la chambre criminelle de la Cour de cassation[503].

Une grève générale avait été organisée le 4 février 1967, atteignant l'ensemble du secteur public, semi-public et privé, destinée à la défense de l'emploi, du budget des salariés et du droit syndical. Trente-sept ouvriers d'une entreprise avaient cessé le travail dans ce cadre. Le chef du personnel de cette entreprise avait décidé de récupérer ces heures et avait adressé des avertissements aux ouvriers qui avaient refusé de l'exécuter. Il avait alors été poursuivi, et condamné, en application de l'article 165 du livre II du Code du travail et de l'article 1er du décret du 24 mai 1968 qui sanctionnait alors pénalement la violation du régime de la récupération.

Pour les juges du fond, en effet, « face à une volonté très marquée et clairement exprimée dans la matinée du 31 janvier par les syndicats CFDT et CGT de l'entreprise de voir le personnel de cette entreprise se joindre à la journée nationale de revendication du 1er février, le procédé employé (...) tendant à récupérer les heures perdues fut à l'évidence une réponse à cet arrêt concerté de travail en vue d'en annuler les effets ». Le prévenu avait donc « sciemment organisé la récupération illicite des heures perdues par suite d'une grève tendant notamment à la satisfaction de certaines revendications d'ordre social et professionnel, lesquelles, pour être générales et communes à un très grand nombre de travailleurs, n'en étaient pas moins de nature à intéresser les salariés de l'entreprise ».

628. - *Grève du personnel d'une entreprise tierce.* L'interdiction de récupérer les heures « perdues » ne vaut qu'en cas de grève du personnel *de l'entreprise*. Si l'employeur met son personnel en chômage technique pour anticiper les effets de la grève du personnel d'EDF et les risques de délestage, les entreprises contraintes de fermer pourront évidemment récupérer leurs heures ainsi perdues[504].

3) Compensations aux pertes de revenus pendant les grèves

629. - Caisses de grève. Pour compenser la perte des salaires, les syndicats organisent depuis toujours[505] des caisses de solidarité destinées à aider les salariés[506]. Il est d'ailleurs intéressant d'observer que les employeurs se sont également organisés

(501) Cass. soc., 27 juin 1989, n° 86-45.096 : *Bull. civ.* V, n° 470.

(502) Cass. crim., 23 oct. 1969, n° 68-91.860, publié.

(503) Cass. crim., 12 janv. 1971, n° 70-90.753 : *Bull. crim.* n° 5.

(504) Cass. soc., 21 juill. 1981, n° 79-42.429 : *Bull. civ.* V, n° 724. – Cass. soc., 9 juill. 1986, n° 85-41.861 ; *Bull. civ.* V, n° 363.

(505) Pour une évocation dans *Germinal*, de Zola, notre étude Ch. Radé, *Émile Zola et le roman ouvrier : Dr. soc.* 2015, 313.

(506) G. Rosenman et C. Noûs, *Les caisses de grève à l'épreuve de la grève interprofessionnelle : Mouvements* 2020/3, n° 103, p. 40-49. – V.-A. Chappe, J.-M. Denis et C. Guillaume, *Évolutions de la conflictualité et des usages du droit à la CFDT*, Rapport final, déc. 2018, 197 p., à propos de la Caisse nationale d'action syndicale de la CFDT. – G. Rosenman, *Multiplication des caisses de grève : une réponse tactique à la pression financière : the Conversation* 7 févr. 2023.

économiquement pour socialiser les risques liés aux grandes grèves et ont constitué des caisses d'assurance mutuelle, sur le modèle allemand[507].

Ces caisses ne sont pas réglementées par le Code du travail et tombent sous le coup des règles de fonctionnement internes des syndicats, ou des règles définies par l'organisateur de la caisse, et auxquelles les contributeurs adhèrent en versant leur contribution. Dans une décision ancienne, il avait pu être jugé que l'acceptation des secours impose de se soumettre à la discipline syndicale et que le remboursement des sommes perçues pourra être réclamé en cas de manquement à la discipline collective[508]. Il n'est pas certain que cette solution soit toujours d'actualité, même si, au regard du principe de liberté syndicale, la solution n'est pas problématique dans la mesure où le bénéfice de la caisse de grève est facultatif.

Lors des grèves qui ont paralysé les raffineries fin 2022, la CGT, dans un communiqué de presse du 10 octobre, a indiqué qu'elle « apportera la solidarité financière aux salariés mobilisés *via* son fonds de solidarité aux luttes ». La Fédération nationale des travailleurs des industries de l'atome, du caoutchouc, de la chimie, du pétrole, des plastiques et du verre (Fédéchimie CGT-FO) a également manifesté, dans un communiqué de presse du 10 octobre, son soutien aux salariés grévistes des raffineries, considérant « que la responsabilité de la situation que vivent des millions de Français du fait de la pénurie de carburant incombe exclusivement à la direction des groupes pétroliers et au gouvernement »[509].

630. – Cybercaisses de grève. Les caisses de grève du XXIe siècle sont organisées directement sur internet, parfois à l'initiative des syndicats[510], sans que l'appartenance soit présentée comme une condition d'octroi des subsides. Elles peuvent également en être déconnectées.

Exemple : www.cotizup.com/greve-bourget

« Depuis le 21 novembre les cheminots du Bourget sont engagés dans une grève reconductible pour exiger l'amélioration des conditions de travail et de salaire. Cette grève se combine aujourd'hui avec la grève contre la réforme des retraites que nous menons également. Nous nous battons pour le retrait total de cette réforme qui vise à précariser les travailleurs-es du public comme du privé, mais également les générations futures ! Nous nous battons également car nous refusons de payer l'inflation. La SNCF a fait 2,2 milliards de bénéfices en 2022, mais ce sont des miettes qui sont distribuées.

Nous avons besoin de la participation de toutes et de tous afin que nous puissions tenir en grève jusqu'au bout ! Salariés, retraités, jeunes, nous appelons à votre générosité pour que cette lutte des classes continue ! Un cheminot perd en moyenne 50 à 100 euros par jour de grève.

Les dons seront reversés à tous les grévistes du secteur, sans distinction syndicale ou non, en priorité pour les plus bas salaires parmi les grévistes. L'utilisation de la caisse est soumise au vote de l'assemblée des grévistes.

Quel que soit le montant, chacun peut participer à cette cagnotte. Pas besoin de créer un compte ou de s'inscrire, c'est rapide et les paiements par Carte Bancaire sont 100 % sécurisés.

Si vous ne pouvez pas participer financièrement, partagez cette cagnotte autour de vous au maximum. MERCI ! »

(507) P. Pic, *Traité élémentaire de législation industrielle. Les lois ouvrières*, Paris, Arthur Rousseau éd., 1 206 p., spéc. n° 2697. Égal. P. Saint Girons, *L'assurance patronale contre la grève*, Sirey, 1908, 412 p., qui situe également les origines de la pratique dans les gildes germaniques au Moyen Âge (p. 2).

(508) Cass. soc., 5 juin 1953 : *JCP* G 1953, II, 7832.

(509) *Liaisons sociales quotidien* 12 oct. 2022, L'actualité, n° 18650, Section Acteurs, débats, événements.

(510) Ainsi la caisse de solidarité « caisse-solidaire.fr », organisée sous forme associative, créée à l'initiative d'Info'Com-CGT, cogérée avec Sudposte Hauts-de-Seine.

631. - Aides du CSE. Les comités sociaux et économiques peuvent mobiliser les sommes dont ils disposent au titre des activités sociales et culturelles à l'occasion des confits collectifs, mais dans de strictes conditions, à commencer par l'interdiction qui leur est faite de réserver les aides aux grévistes sous peine de discrimination à l'encontre des non-grévistes[511]. Un arrêt rendu par la chambre sociale de la Cour de cassation le 8 juin 1977, dans le prolongement des « événements » de mai 1968, montre bien à quelles conditions ces aides sont valables[512].

Le comité d'établissement de la société Péchiney à Saint-Jean-de-Maurienne avait voté l'octroi d'un secours exceptionnel à certaines familles en difficulté à la suite de la grève de mai-juin 1968. Contestée en justice, cette attribution a été confirmée, au prix d'un argumentaire approfondi confirmé par le rejet du pourvoi.

Les procès-verbaux des délibérations litigieuses mentionnaient que les secours devaient être versés compte tenu des salaires payés et des besoins familiaux, et les modalités de la répartition avaient été individualisées selon les pertes subies en 1968 et la situation sociale et familiale de chaque bénéficiaire. Certains n'avaient rien reçu en raison de leur situation et de leurs ressources suffisantes, et des salariés malades en avaient aussi bénéficié.

Pour les juges du fond, le comité d'établissement, en instituant ce secours, était resté dans les limites de ses attributions. Il n'avait pas été décidé d'avantager les grévistes au détriment des non-grévistes. La grève était terminée depuis quatre mois au moment de leur attribution, et les secours étaient destinés à aider les seules familles dans le besoin et non à compenser systématiquement les pertes de salaire. Les juges en avaient donc déduit que les délibérations avaient institué un secours aux grévistes nécessiteux et à leurs familles en difficulté du fait des événements de mai 1968, sans distinction selon que les bénéficiaires étaient ou non grévistes dans l'entreprise. Il s'agissait par conséquent d'une œuvre sociale non discriminatoire.

Le comité, en tant que personne morale, ainsi que son secrétaire en tant que personne physique, risquent également des poursuites pour abus de confiance s'ils avantagent les seuls grévistes, comme le montre un arrêt rendu le 30 juin 2010 par la chambre criminelle de la Cour de cassation[513].

Trois élus d'un comité d'entreprise, respectivement trésorier, trésorier adjoint et secrétaire général, avaient été poursuivis, les deux premiers pour abus de confiance, le troisième pour complicité de ce délit pour avoir, à l'insu du président de ce comité d'entreprise, et en violation des conditions et de la procédure d'octroi définies par le règlement intérieur, attribué ou fait attribuer, en un mois, à 182 salariés en grève qui, pour plus d'un tiers, ne pouvaient juridiquement y prétendre, des prêts sociaux pour un montant global ayant dépassé celui prévu pour l'aide sociale.

Ils avaient été relaxés en appel, les juges du fond ayant considéré les délits non constitués au motif que la violation des « modalités formelles d'attribution des prêts » ne suffit pas à caractériser un abus de confiance, que les salariés ont bénéficié de « prêts véritables » et que les prévenus, membres de la commission chargée de l'allocation des prêts individualisés, n'avaient aucune intention de détourner les fonds.

Tel n'est pas l'avis de la Cour de cassation qui censure cet arrêt, dès lors que les salariés avaient nécessairement conscience, du fait de leurs fonctions au sein du comité d'entreprise, d'avoir outrepassé leur mandat.

632. - Aides des collectivités territoriales. Les collectivités locales ne doivent pas se mêler des conflits collectifs du secteur privé, et ne peuvent par conséquent ni

(511) TGI Paris, 25 févr. 1981 : *JCP* CI 1982, I, 11126, p. 407, n° 11, obs. B. Teyssié. – CA Pau, ch. soc., 27 janv. 2003, *CE SA Signature : Cah. jurispr. Aquitaine* 1-2003, p. 390.

(512) Cass. soc., 8 juin 1977 : *Bull. civ.* V, p. 301.

(513) Cass. crim., 30 juin 2010, n° 10-81.182, publié.

prendre parti dans les conflits sociaux[514], ni venir en aide aux syndicats professionnels dans le cadre des conflits collectifs[515], ni accorder des secours ciblés aux grévistes[516], y compris sous la forme de prise en charge de frais pour se rendre à une manifestation[517]. Elles peuvent uniquement se fonder sur des critères sociaux pour favoriser l'accès aux cantines scolaires[518] ou aux centres de loisirs municipaux[519], dès lors que, dans ces circonstances, elles se fondent sur le besoin des bénéficiaires et non sur leur qualité de gréviste[520]. S'il n'est pas possible de vérifier que les aides répondent bien à un tel critère, alors elles seront considérées comme illicites[521].

c) Autres effets s'attachant à la grève

633. - **Régime des frais professionnels.** La suspension des principales obligations contractuelles des parties a des conséquences sur la relation de travail dans son ensemble, au-delà des seuls effets en matière de rémunération : « La cessation concertée du travail, même en dehors du cadre de l'entreprise, suspend l'exécution du contrat de travail, en sorte que l'employeur est délié de l'obligation de payer le salaire et ses accessoires » ; le salarié perd donc également le bénéfice d'avantages indirects, comme le régime de remboursement des frais professionnels[522] ou du paiement des pauses prévu par l'accord collectif[523].

634. - **Congés rémunérés.** Le gréviste perd également les droits à congés payés pour la période correspondante[524], ou le droit aux indemnités journalières maladie s'il tombe malade en cours de conflit[525], car c'est la cause première de suspension du contrat de travail qui prévaut.

(514) CE, 3e et 8e ss-sect. réunies, 23 juin 2004, n° 250294 : *Lebon* T. : annulation de la décision d'un conseil municipal de fermer les services municipaux et ceux de la communauté urbaine à l'occasion d'une journée de mobilisation organisée dans le cadre d'un mouvement de grève national, motivée par la volonté de défendre la fonction publique et le service public.

(515) CE, 20 nov. 1985, *Cne d'Aigues-Mortes : Lebon*, p. 330 ; *AJDA* 1986, 116, obs. J. Moreau ; *D.* 1986, IR, p. 143, obs. F. Llorens.

(516) CE, 11 oct. 1989, *Cne de Gardanne et a. : Dr. soc.* 1990, p. 538, note J.-F. Lachaume. - CE, 12 oct. 1990, *CCAS Villeneuve-le-Roi et Cne de Villeneuve-le-Roi : JCP* G 1991, II, 21638, concl. T. Tuot, note B. Pacteur. - CE, 28 juill. 1993, *CCAS Évry : LPA* 29 sept. 1993, p. 11, concl. J.-C. Bonichot. Lire P. Terneyre, *Légalité et illégalité des décisions de nature politique des collectivités locales : Rev. adm.* 1989, 538. - B. Mathieu et M. Verpeaux, *L'aide apportée par les collectivités locales aux grévistes : une compétence incertaine, des conséquences contestables : Dr. soc.* 1991, 944.

(517) TA Nancy, 15 déc. 1987, n° 87-773, *COREP Meurthe-et-Moselle.* - CE, 19 nov. 1990, n° 95-219, *Cne de Blénod-Lès-Pont-à-Mousson.*

(518) CE, 11 oct. 1989, Cne de Port-Saint-Louis-du-Rhône c/ Préfet des Bouches-du-Rhône : AJDA 1990, 109, note F. Julien-Laferrière.

(519) CE, 12 oct. 1990, *Dpt du Val-de-Marne : AJDA* 1990, 889, concl. T. Tuot ; *JCP* G 1991, II, 21638, 4e esp., note B. Pacteur.

(520) CE, 4 avr. 2005, *Cne d'Argentan : AJDA* 2005, 1295, concl. Glaser.

(521) CE, 2 oct. 1996, n° 170034, *Territoire de Belfort : Lebon*, p. 360 ; *Dr. adm.* 1996, n° 514, obs. L.T. ; *LPA* 29 janv. 1997, p. 17, note Oliva.

(522) Cass. soc., 21 févr. 1990, n° 89-40.563 : *Bull. civ.* V, n° 71 (indemnité de grand déplacement). - Cass. soc., 2 juin 1993, n° 90-42.515, *SA Ponticelli frères c/ Bezet* (remboursement de frais).

(523) Cass. soc., 7 déc. 1995, n° 92-41.495.

(524) Cass. soc., 16 déc. 1981 : *Bull. civ.* V, n° 980 ; *D.* 1982, IR, p. 322, obs. G. Vachet. - Cass. soc., 14 avr. 1999, *SA Malichaud : RJS* 1999, n° 848.

(525) Cass. soc., 7 oct. 1970 : *Dr. soc.* 1971, p. 136, obs. J. Savatier. - Cass. soc., 24 juin 1998, n° 97-44.175 : *Dr. soc.* 1998, p. 853, obs. J.-E. Ray ; *JCP* G 1998, II, 10151, note D. Corrignan-Carsin. - CA Poitiers, ch. corr., 1er sept. 2005 : *JCP* G 2006, IV, 2295 (pas de discrimination à ne pas payer les jours fériés tombant pendant la durée du conflit).

635. – Responsabilité substituée de l'employeur. L'employeur perd pendant la grève sa qualité de commettant des grévistes, au regard de l'article 1242 (anciennement 1384), alinéa 5, du Code civil[526], et le salarié dont la responsabilité civile personnelle serait mise en cause perd le « bouclier » que lui accorde son statut de préposé, s'exposant à des actions directes exercées par les victimes de dommages qu'il aurait pu leur causer[527].

2° Services publics

a) Preuve de la qualité de gréviste

636. – Intérêt. L'intérêt qui s'attache à la qualité de gréviste varie selon que le chef de service souhaite justifier une retenue sur le traitement de l'agent, ou que ce dernier est sanctionné sur le plan disciplinaire pour n'avoir pas suivi un ordre et prétend avoir été en grève.

1) Preuve par le salarié

637. – Enjeu. Même si la situation n'est pas des plus fréquentes, il peut arriver qu'un agent prétende avoir été en grève après coup pour tenter de justifier une absence. Il est rare qu'il obtienne gain de cause, sauf s'il dispose d'indices indiscutables en ce sens. Tel n'a pas été le cas de ce policier municipal qui a refusé la mission qui lui avait été confiée par le chef de la police municipale d'escorter un convoi exceptionnel devant traverser le territoire de la commune, prétextant qu'il s'agissait d'une mission de police nationale. Pour se justifier, il faisait valoir, en désespoir de cause, qu'il était en grève à la suite de ce refus : aucune des pièces du dossier ne permettant « d'établir la réalité de cette circonstance », l'avertissement qui lui a été infligé a été validé[528].

2) Preuve par l'autorité hiérarchique

638. – Justification des retenues sur traitement. Comme dans le secteur privé, la qualité de gréviste doit être établie par l'autorité qui souhaite opérer une retenue pour fait de grève.

639. – Décompte des grévistes. A été considérée comme une mesure d'ordre intérieur la décision d'établir, à l'occasion de chaque grève, un état statistique des grévistes ayant pour finalité de fournir à l'autorité administrative une première information sur l'ampleur du mouvement social. Elle ne peut donc pas être déférée au juge de l'excès de pouvoir[529].

640. – Dispositif de contrôle de l'effectivité du service fait. Pour faciliter la preuve du service fait, l'autorité hiérarchique a le droit de mettre en œuvre, « en cas de préavis de grève, (…) un dispositif permettant d'assurer le contrôle de l'effectivité du service fait », comme le montre une décision du Conseil d'État en date du 12 février 2020[530].

Le dispositif de contrôle était ici minimaliste puisque la note du ministre en charge de l'enseignement supérieur se contentait de rappeler aux présidents d'université qu'ils pouvaient

(526) Cass. soc., 16 déc. 1981 : *JCP* CI 1982, I, 10527, p. 135, n° 9, obs. B. Teyssié.

(527) La solution est ancienne et n'a pas été confirmée depuis 2000 : Cass. 2e civ., 7 mars 1966 et Cass. com., 28 févr. 1966 : *JCP* G 1966, II, 14878, note J. Mazaud. Lire Ch. Radé, *Responsabilité des commettants (Droit à réparation. Responsabilité du fait d'autrui. Domaine : Responsabilité des commettants) : JCl. Responsabilté civile et Assurances*, fasc. 143.

(528) CAA Lyon, 3e ch., 2 mai 2019, n° 17LY02743.

(529) CE, 5 oct. 2005, n° 274865 B, *SNUTEFI : CFP* janv. 2006, 26.

(530) CE, 12 févr. 2020, n° 421997, *B. et a. c/ Min. Enseignement supérieur.*

« demander aux enseignants-chercheurs de déclarer leur service pendant la période couverte par un préavis de grève et ainsi (...) recenser les enseignants-chercheurs grévistes ».

Pour le Conseil d'État, ce « dispositif par lequel les présidents et directeurs d'établissements d'enseignement supérieur et de recherche s'assurent, en cas de grève, de l'effectivité du service fait par les enseignants-chercheurs, eu égard aux conditions particulières d'exercice de leurs fonctions ainsi qu'à la situation et à l'organisation interne de chaque établissement, n'a ni pour objet, ni pour effet de recueillir des informations précises sur les activités scientifiques des enseignants-chercheurs » et est donc parfaitement légal.

Dans les établissements d'enseignement supérieur, la procédure disciplinaire prévue par l'article L. 712-4 du Code de l'éducation devra être respectée, faute de quoi la sanction prononcée directement par le chef d'établissement contre les grévistes sera annulée[531].

641. - Interrogation directe des agents. Le Conseil d'État a admis que le chef de service puisse interroger directement les agents et leur demander de remplir un état de service les jours de grève, et déduire de l'absence de réponse de leur part leur qualité de gréviste[532].

Ce décompte peut intervenir avant le déclenchement de la grève pour permettre à l'autorité administrative d'organiser la continuité du service public[533].

642. - Registre des personnels grévistes. Une circulaire prévoyant que chaque enseignant émarge sur une liste en face de son nom en indiquant les jours où il était en grève ou en situation irrégulière ne constitue donc pas une restriction du droit syndical et du droit de grève ni une atteinte grave et illégale au respect de la vie privée[534].

643. - Registre des personnels non grévistes. A également été considérée comme valable une note de service invitant les non-grévistes à venir se faire inscrire sur la liste des personnels non grévistes tenue au secrétariat de direction qui a pour seul objet de permettre à l'administration de constater les services faits et n'exclut pas la possibilité d'établir la preuve contraire par tout moyen ; pour le Conseil d'État il s'agit d'une simple mesure d'ordre intérieur insusceptible d'être déférée au juge de l'excès de pouvoir[535]. Il n'est pas certain toutefois que cette solution soit toujours d'actualité, compte tenu de la jurisprudence *GISTI* qui étend le contrôle du juge de l'excès de pouvoir aux actes de droit souple susceptibles d'exercer une influence sur le comportement des destinataires[536], ce qui semble bien être le cas ici. Le Conseil d'État a d'ailleurs contrôlé une circulaire prévoyant ce type d'émargement, sans d'ailleurs l'annuler, comme le montre cette décision du Conseil d'État rendue le 25 juillet 2003[537].

Dans cette affaire, le ministre de l'Éducation nationale avait pris une circulaire le 28 mai 2003 imposant à chaque enseignant du premier degré, afin d'opérer en cas de grève les retenues sur

(531) CE, 4e ss-sect., 28 nov. 2003, n° 253438 (« grève » des heures supplémentaires).

(532) CE, 3 mai 1974, *Min. Éducation nationale c/ Arcangeli : Lebon*, p. 331. – CE, 4 févr. 1976, *Dpt des Pyrénées orientales : Lebon* T., p. 970. – CE, 5 févr. 1982, *CHR de Tours : Lebon*, p. 653. – TA Pau, 4 déc. 2002, n° 00-2004, *D. : AJFP* mars 2003, p. 24. – Lettre DAJB1 n° 160, 29 avr. 2003 : *LIJMEN* 2003, n° 76, p. 19.

(533) CAA Douai, 5 mars 2015, n° 14DA00326, Synd. autonome sapeurs-pompiers professionnels et personnels administratifs, techniques et spécialisés Oise : AJFP sept.-oct. 2015, p. 260.

(534) CE, 25 juill. 2003, n° 258677 : *AJDA* 2004, 447, note Grimaldi. – TA Marseille, ord. réf., 5 juill. 2003, n° 043-459, *SNUDI-FO c/ Inspection académique Bouches-du-Rhône*.

(535) CE, 4 févr. 1976, Section syndicale CFDT du centre psychothérapique de Thuir : AJDA 1978, 50, note F.H.

(536) CE, sect., 12 juin 2020, n° 418142, *GISTI : Lebon*. V. *supra*, n° 480.

(537) CE, ord. réf., 25 juill. 2003, n° 258677.

traitement, de déclarer sur une liste établie dans l'établissement, les jours pour lesquels soit ils n'étaient pas en grève, soit ils étaient en absence régulière, et d'émarger en face de leurs noms.

Le syndicat SNUDI-FO avait obtenu du juge des référés du tribunal administratif de Marseille, dans le cadre de la procédure du référé-liberté, qu'il soit enjoint à l'inspecteur d'académie des Bouches-du-Rhône de suspendre l'exécution de cette circulaire, ce que le ministre contestait devant le Conseil d'État à qui il demandait l'annulation de cette ordonnance. Il obtiendra gain de cause.

Pour le Conseil d'État, en effet, « il appartient à l'administration de prendre les dispositions nécessaires pour s'assurer du service fait par ses agents afin notamment de procéder, en cas de grève, aux retenues sur traitement ; (…) les mesures arrêtées à cette fin par la circulaire contestée ne comportent par elles-mêmes aucune restriction au droit syndical ni au droit de grève ; (…) aucune atteinte grave et manifestement illégale au droit syndical ou au respect de la vie privée ne résulte des informations que la procédure prévue est susceptible de porter à la connaissance des enseignants qui émargent sur la liste quant à la participation ou non de leurs collègues à la grève et quant à la situation administrative de ceux-ci ; (…) la signature de la liste par le directeur de l'école n'entraîne pas non plus une telle atteinte ».

644. - Preuve contraire. Les déductions tirées par le chef de service de l'absence de réponse d'un agent aux demandes qui lui sont faites de se déterminer comme gréviste ou non-gréviste peuvent être combattues par les agents et ne valent que comme des présomptions simples qui cèdent devant la preuve contraire[538], ce qui rend alors les retenues opérées illégales s'il n'en a pas été tenu compte[539]. Ainsi, un agent a pu établir qu'il n'était pas gréviste, alors qu'il avait été empêché d'accéder à l'établissement où il enseignait, en prouvant que les grilles du collège étaient fermées par des chaînes empêchant toute personne d'y pénétrer et en attestant sur l'honneur, à la demande du proviseur lors de la réouverture du collège, qu'il n'était pas gréviste[540].

L'agent supporte toutefois la charge et le risque de cette preuve, et il aura toutes les peines du monde à échapper aux retenues, surtout s'il a indiqué dans un premier temps avoir participé à la grève, comme le montre un arrêt rendu le 14 octobre 2021 par la cour administrative d'appel de Bordeaux[541].

À la suite d'un mouvement de grève des agents du syndicat mixte du parc naturel régional de la Martinique, qui avait débuté en octobre 2017 et auquel avait mis fin un protocole d'accord signé le 27 décembre 2017, un agent avait été informé, par une lettre du président du syndicat du 23 février 2018, qu'il serait pratiqué une « retenue sur salaire » correspondant à soixante et onze jours de grève. Par un courrier du 26 mars 2018, il avait été informé qu'il serait pratiqué une retenue d'un montant de 12 155,13 € sur sa rémunération et que des prélèvements seraient opérés sur ses traitements de février 2018 à juillet 2018. Il a saisi, en vain, les juridictions administratives pour obtenir l'annulation de ces retenues.

Dans un courrier du 18 décembre 2017, l'agent avait en effet déclaré être gréviste depuis le début du conflit. S'il soutenait que le nombre de soixante et onze jours de retenue sur sa rémunération était erroné, les éléments produits n'ont pas été considérés comme de nature à établir sa présence à son poste de travail, dès lors que les courriels transmis par le biais d'un logiciel de gestion des demandes de subvention dont il se prévalait, soit avaient été émis hors période de grève, soit l'avaient été en dehors des heures de travail, soit avaient été générés automatiquement, soit encore ne suffisaient pas à attester qu'ils émanaient de l'agent, soit enfin étaient tronqués.

(538) CE, 12 févr. 2020, n° 421997, *B. et a. c/ Min. Enseignement supérieur.*

(539) CE, 15 déc. 1967, *Kornprobst : Lebon*, p. 503. – CE, 28 déc. 1988, *Reygrobellet : Lebon* T., p. 858. – TA Fort-de-France, 20 déc. 2007, n° 0500042, *C. : LIJMEN* mars 2008, n° 123, p. 15.

(540) TA Nice, 28 mars 2008, n° 0403817, *A. : AJFP* juill. 2008, p. 195.

(541) CAA Bordeaux, 1re ch., 14 oct. 2021, n° 19BX02207.

645. - **Circulaire de 2003.** Ces modalités ont été reprises et synthétisées dans la circulaire du 30 juillet 2003 relative à la mise en œuvre des retenues sur la rémunération des agents publics de l'État en cas de grève[542].

Circulaire du 30 juillet 2003 relative à la mise en œuvre des retenues sur la rémunération des agents publics de l'État en cas de grève (extrait)

1. La phase préparatoire à l'application de la retenue

Il appartient à chaque ministère de mettre en place un système de recensement des agents grévistes afin que des retenues sur rémunération puissent être mises en œuvre. À cet effet, je vous demande, lorsque des préavis de grève vous sont communiqués, de donner instruction à vos services d'établir la liste des agents ayant cessé le travail. Pour ce faire, vous procéderez par le moyen le plus approprié à votre département ministériel. Les chefs de service pourront, par exemple, procéder à ce recensement de la manière suivante :

– en l'absence d'autres moyens de contrôle, par l'établissement de listes d'émargement manuelles mises en circulation dans les services pour recueillir l'émargement des personnels non grévistes ;

– s'il existe des moyens automatiques d'enregistrement, par les relevés correspondants.

Les personnels qui estimeront avoir été recensés à tort comme grévistes pourront apporter la preuve, par tous moyens à leur disposition, qu'ils ont normalement accompli leur service pendant la durée de la grève (CE, 15 décembre 1967, *Kornprobst, Rec. CE*, p. 503).

Le recensement devra porter sur la totalité des agents exerçant leurs fonctions au sein du service au cours de la période considérée, quel que soit leur statut (par exemple, présence en administration centrale de personnels des services déconcentrés).

Il est souhaitable que ce recensement des agents grévistes se déroule dans la plus grande transparence possible (caractère accessible de l'information afin que les agents puissent être à même de vérifier individuellement leur éventuelle inscription) et que les mesures de communication relatives aux retenues sur rémunération soient réalisées suffisamment tôt.

646. - **Sort des agents en congé.** Les salariés en congé au moment du déclenchement de la grève ne pourront pas être décomptés parmi les grévistes, même s'ils ne répondent pas aux sollicitations de leur autorité hiérarchique, dans la mesure où c'est la cause première de l'arrêt de travail qui compte[543].

b) Retenues pour fait de grève

1) Retenues et jours fériés

647. - **Périodes de retenues.** La période concernée par la retenue est également extrêmement importante et a donné lieu à d'importantes batailles juridictionnelles. La conjonction de la règle du trentième indivisible et de l'assimilation légale entre

(542) Circ. 30 juill. 2003, relative à la mise en œuvre des retenues sur la rémunération des agents publics de l'État en cas de grève : *JO* n° 179, 5 août 2003, texte n° 60 (NOR : FPPA0300123C).

(543) CE, 27 juin 2008, n° 305350, *Min. Finances c/ M.* : *Lebon*, p. 250 ; *AJDA* 2008, p. 1667, note Ph. Soubirous ; *Dr. soc.* 2009, p. 67, note L. Derepas. – TA Limoges, 31 mars 2016, n° 1400204 : *AJFP* sept.-oct. 2016, p. 284, concl. M. Béria-Guillaume.

service mal fait et service non fait a en effet pour conséquence de priver le fonctionnaire qui fait, par exemple, la « grève des copies », d'autant de trentièmes de retenues que de jours de retard dans la restitution de ces copies[544], et ce même si dans cette période figurent des week-ends ou des jours fériés, jours où habituellement l'agent ne devait fournir aucun service[545]. La règle est en effet ici la même que pour les salariés du secteur privé : tous les jours enserrés dans une période de grève sont décomptés, même s'ils ne sont pas normalement travaillés[546]. La solution s'explique par le principe de la liquidation du traitement mensuel en trentièmes : cette règle impose donc de considérer que l'agent est rémunéré (« traité ») pour trente jours par mois, même si parmi ces jours tous ne donnent pas lieu à l'accomplissement du service ; il est donc logique qu'en cas de grève, tous les jours normalement rémunérés soient décomptés. C'est ce qui explique qu'un agent qui fait grève le jour de solidarité, instauré par la loi n° 2004-626 du 30 juin 2004 relative à la solidarité pour l'autonomie des personnes âgées et des personnes handicapées, se voie retirer un trentième, dès lors que ce jour était normalement payé, et cela même si les agents ayant travaillé ce jour normalement férié ont perçu une prime spéciale[547].

2) Étendue de la retenue

648. - Proportionnalité antérieure à 1961. Avant 1961 et en l'absence de disposition spéciale, le Conseil d'État avait appliqué le principe de la retenue proportionnelle à la durée de l'arrêt de travail[548].

649. - Règle du trentième indivisible. La loi n° 61-825 du 29 juillet 1961 (art. 4) et le décret n° 62-765 du 6 juillet 1962, confortés par la loi n° 63-777 du 31 juillet 1963 (art. 1er et 6), ont établi le principe dit du « trentième indivisible ». Cette règle s'appliquait à tous les fonctionnaires mais également aux salariés des entreprises privées chargées de la gestion d'un service public, et ce en vertu d'une disposition exprès[549].

Cette règle est présentée comme une simple mesure comptable, à la fois par le Conseil constitutionnel[550] et le Conseil d'État[551], qui refusent d'y voir une sanction ou une discrimination à l'égard des grévistes, comme l'estime d'ailleurs le Comité européen des droits sociaux[552].

On peut s'interroger sur la justification de cette règle, en 2023, compte tenu du parallèle que l'on peut opérer aujourd'hui entre le secteur public et le secteur privé, tenu également par le principe de mensualisation. Depuis notamment la généralisation des 35 heures et la « privatisation » rampante du droit de la fonction publique, rien ne s'oppose à la généralisation du principe de la retenue proportionnelle, sauf à

(544) TA Paris, 14 mars 2003, n° 9920394/7, *Le L. : LIJMEN* 2003, n° 76, p. 11.

(545) CE, 7 juill. 1978, *Omont : Lebon*, p. 304 ; *AJDA* 1979, p. 88, obs. S.S. ; *D.* 1978, IR, p. 484, obs. P. Delvolvé. – TA Melun, 22 déc. 2009, n° 0505937 : *LIJMEN* juill. 2010, n° 147, p. 9.

(546) Cass. soc., 16 janv. 2008, n° 06-43.124, publié.

(547) CE, 9 nov. 2007, n° 293987, *Claire A. c/ CHS Paul-Guiraud de Villejuif : Lebon*. – V. aussi CE, ord., 3 mai 2005, n° 279999, *CFTC*. – CE, 16 mai 2007, n° 293842, *STRMN*.

(548) CE, 13 mars 1959, *FO : Lebon*, p. 178. – CE, ass., 22 avr. 1960, *Min. PTT : Lebon*, p. 264 : *AJDA* 1960, 98, chron. Combarnous et Galabert.

(549) C. trav., art. L. 521-6.

(550) Cons. const., 20 juill. 1977, n° 77-83 DC, *Loi modifiant l'article 4 de la loi de finances rectificative pour 1961 (obligation de service des fonctionnaires)*, consid. 77 à 83.

(551) CE, 2 nov. 2015, n° 372377, *B.* Lire égal. V. Daumas, concl. ss CE, 3e et 8e ss-sect. réunies, 4 déc. 2013, n° 351229.

(552) *CFE-CGC c/ France*, Réclamation n° 16/2003, décision sur le bien-fondé, 12 oct. 2004, § 63.

vouloir maintenir la règle du trentième pour dissuader les agents publics de recourir à des grèves de moins d'une journée.

650. - **Retenues par paliers et loi du 19 octobre 1982.** Le milieu enseignant a peu apprécié l'adoption de la loi n° 77-826 du 22 juillet 1977 assimilant à la notion d'absence de service fait, autorisant l'application de la règle du trentième indivisible, le service assuré partiellement, ou de manière différente ou défectueuse. Ce texte fut déféré au contrôle du Conseil constitutionnel qui le valida, confirma la nature comptable de la mesure[553], et sans que sa conformité à l'alinéa 7 du Préambule de la Constitution du 27 octobre 1946 soit discutée[554].

Lorsque François Mitterrand fut élu pour son premier mandat à la présidence de la République, le 10 mai 1981, un projet de refonte du régime des retenues pour fait de grève était dans les cartons, avec en ligne de mire les deux règles issues des lois de 1961 et 1977.

La loi n° 82-889 du 19 octobre 1982 a donc mis en place, dans son article 2, un système particulier pour atténuer la brutalité de l'application de la règle du trentième indivisible en matière de grève, et défini trois plages. L'absence de service fait, résultant d'une cessation concertée du travail, donnait lieu, pour chaque journée : lorsqu'elle n'excède pas une heure, à une retenue égale à un cent soixantième (1/160) du traitement mensuel ; lorsqu'elle dépasse une heure, sans excéder une demi-journée, à une retenue égale à un cinquantième (1/50) du traitement mensuel ; lorsqu'elle dépasse une demi-journée sans excéder une journée, à une retenue égale à un trentième du traitement mensuel (1/30).

Ces dispositions avaient vocation à s'appliquer aux fonctionnaires des trois fonctions publiques, ainsi qu'aux salariés des entreprises chargées d'une mission de service public.

Elles n'ont pas été contrôlées par le Conseil constitutionnel à l'occasion de leur adoption.

Loi n° 82-889 du 19 octobre 1982 relative aux retenues pour absence de service fait par les personnels de l'État, des collectivités locales et des services publics (extraits)

Art. 1. – Le traitement exigible après service fait, conformément à l'article 22, premier alinéa, de l'ordonnance n° 59-244 du 4 février 1959, relative au statut général des fonctionnaires, est liquidé selon les modalités édictées par la réglementation sur la comptabilité publique.

L'absence de service fait, pendant une fraction quelconque de la journée donne lieu à une retenue dont le montant est égal à la fraction du traitement frappée d'indivisibilité en vertu de la réglementation prévue à l'alinéa précédent.

Les dispositions du présent article sont applicables au personnel de chaque administration ou service doté d'un statut particulier ainsi qu'à tous bénéficiaires d'un

(553) Consid. 3 : « Il faut, par suite, en particulier dans le cas des obligations de service, que l'inexécution soit suffisamment manifeste pour pouvoir être matériellement constatée sans qu'il soit besoin de porter une appréciation sur le comportement de l'agent ; que, sous cette condition qui devra être observée dans les mesures individuelles d'application et pour le respect de laquelle le fonctionnaire dispose des voies de droit normales, la retenue sur traitement demeure une mesure de portée comptable et se trouve, dès lors, hors du champ d'application du principe des droits de la défense ».

(554) Cons. const., 20 juill. 1977, n° 77-83 DC, préc.

traitement ou salaire qui se liquide par mois. Ces dispositions sont également applicables aux personnels des collectivités territoriales et de leurs établissements publics.

Art. 2. – Par dérogation aux dispositions prévues à l'article précédent, l'absence de service fait, résultant d'une cessation concertée du travail, donne lieu, pour chaque journée :

– lorsqu'elle n'excède pas une heure, à une retenue égale à un cent soixantième du traitement mensuel ;

– lorsqu'elle dépasse une heure, sans excéder une demi-journée, à une retenue égale à un cinquantième du traitement mensuel ;

– lorsqu'elle dépasse une demi-journée sans excéder une journée, à une retenue égale à un trentième du traitement mensuel.

Art. 3. – L'article L. 521-6 du code du travail est remplacé par les dispositions suivantes :

« Art. L. 521-6. – En ce qui concerne les personnels visés à l'article L. 521-2 non soumis aux dispositions de l'article premier de la loi n° 82-889 du 19 octobre 1982, l'absence de service fait par suite de cessation concertée du travail entraîne une retenue du traitement ou du salaire et de ses compléments autres que les suppléments pour charges de famille. Les retenues sont opérées en fonction des durées d'absence définies à l'article 2 de la loi précitée ».

Art. 4. – Le dernier alinéa de l'article L. 521-3 du code du travail est remplacé par les dispositions suivantes : « Pendant la durée du préavis, les parties intéressées sont tenues de négocier ».

Art. 5. – La loi n° 77-826 du 22 juillet 1977 modifiant l'article 4 de la loi de finances rectificative pour 1961, n° 61-825 du 29 juillet 1961, précitée, est abrogée.

Art. 6. – L'article 4 de la loi de finances rectificative pour 1961, n° 61-825 du 29 juillet 1961, précitée, est abrogé.

651. – **Abrogation partielle en 1987.** Tout comme les lois de 1961 et 1977 avaient été la cible du Parlement favorable aux grévistes en 1982, la droite, qui espérait bien retrouver la majorité à l'Assemblée nationale à l'occasion des législatives de 1986 (et qui allait déboucher sur la première cohabitation, François Mitterrand nommant Jacques Chirac à Matignon), avait à son tour décidé d'éliminer la loi du 19 octobre 1982 et d'en revenir aux règles applicables auparavant. Ce fut l'objet de l'article 89 de la loi n° 87-588 du 30 juillet 1987 (dite « loi Lamassoure »).

Article 89 de la loi du 30 juillet 1987, dans sa version votée par le Parlement

« I. – Les articles premier, 2, 3, 5 et 6 de la loi n° 82-889 du 19 octobre 1982 relative aux retenues pour absence de service fait par les personnels de l'État, des collectivités locales et des services publics sont abrogés.

II. – En conséquence, sont rétablis :

– l'article 4 de la loi de finances rectificative pour 1961, n° 61-825 du 29 juillet 1961, ainsi que la loi n° 77-826 du 22 juillet 1977, que les articles 5 et 6 de la loi n° 82-889 du 19 octobre 1982 précitée avaient abrogés ;

– dans sa rédaction résultant de l'article 6 de la loi n° 63-777 du 31 juillet 1963, l'article L. 521-6 du code du travail que l'article 3 de la loi n° 82-889 du 19 octobre 1982 précitée avait modifié ; »

Saisi par les députés d'opposition, le Conseil constitutionnel a rendu l'une de ses décisions les plus complexes à interpréter, dès lors qu'il lui était demandé de censurer une loi abrogative, ce qui l'a conduit à s'interroger indirectement sur la constitutionnalité de la règle (rétablie) du trentième indivisible applicable aux agents des trois fonctions publiques mais aussi aux salariés des entreprises privées chargées d'une mission de service public.

Le Conseil constitutionnel a ainsi considéré l'application de la règle du trentième indivisible adaptée dans la fonction publique de l'État, et a donc validé pour ses agents l'abrogation du régime de retenue par paliers instauré en 1982 (consid. 9), ce qui a donc conduit à son rétablissement.

En revanche, il a considéré que cette règle ne devait pas s'appliquer dans les autres fonctions publiques ni dans les entreprises privées chargées de la gestion d'un service public[555].

L'abrogation des articles 1 et 2 de la loi du 19 octobre 1982 fut donc confirmée, mais pas celle de l'article 3 faisant application de l'article 2, par renvoi de l'article L. 521-6 du Code du travail dans sa nouvelle rédaction, aux salariés des entreprises privées chargées d'une mission de service public, ainsi qu'aux agents des collectivités territoriales comportant au moins 10 000 habitants.

Cons. const., 28 juill. 1987, n° 87-230 DC

« (...) il appartient également au législateur de définir les conséquences pécuniaires aussi bien de l'absence de service fait ou de travail résultant d'une cessation concertée du travail que de l'exécution partielle du travail ou du service, en prenant en considération notamment les règles comptables de liquidation de la rémunération des intéressés ainsi que les contraintes d'ordre pratique inhérentes tant aux modalités de détermination de la cessation du travail qu'au décompte de la durée de la grève, ainsi que l'incidence des grèves d'une durée inférieure à une journée sur le fonctionnement des services publics » (consid. 8).

« En ce qui concerne les personnels de l'État et des établissements publics de l'État à caractère administratif, (...) le mécanisme de retenue sur la rémunération, en cas d'interruption du service ou d'inexécution des obligations du service, qui n'est au demeurant pas limité au cas de grève, se réfère aux règles de la comptabilité publique relatives à la liquidation du traitement qui est dû à ces personnels après service fait ; (...) ainsi, la retenue sur traitement est une mesure de portée comptable et n'a pas, par elle-même, le caractère d'une pénalité financière » (consid. 9).

« Pour ceux des agents des services publics autres que les personnels de l'État et des établissements publics de l'État à caractère administratif, il appartient au législateur d'édicter les mesures qui lui paraissent à même, pour éviter le recours répété à des grèves de courte durée affectant anormalement le fonctionnement régulier des services publics, d'assurer une conciliation entre la défense des intérêts professionnels et la sauvegarde de l'intérêt général auquel la grève est de nature à porter atteinte » (consid. 11).

(555) Cons. const., 28 juill. 1987, n° 87-230 DC, *Loi portant diverses mesures d'ordre social* : *JO* 29 juill. – B. Genevois, *Quels sont les fondements juridiques des retenues pécuniaires consécutives à une grève* : *RFDA* 1987, 807. – R. Denoix de Saint-Marc, *Les retenues sur traitement pour absence de service fait* : *AJDA* 1977, p. 596. – H.-M. Crucis, *Les retenues de traitement pour fait de grève dans la fonction publique* : *RDP* 1988, p. 1315.

> « Toutefois (…) le mécanisme de retenue automatique sur la rémunération des intéressés que le législateur a adopté à cette fin, par la généralité de son champ d'application qui ne prend en compte ni la nature des divers services concernés, ni l'incidence dommageable que peuvent revêtir pour la collectivité les cessations concertées du travail, pourrait, dans nombre de cas, porter une atteinte injustifiée à l'exercice du droit de grève qui est constitutionnellement garanti » (consid. 12).
>
> « Il y a lieu en l'état de déclarer contraires à la Constitution, dans le texte de l'article 89 de la loi, le chiffre "3" figurant au paragraphe I ainsi que le deuxième alinéa du paragraphe II ; en conséquence du maintien en vigueur de l'article L. 521-6 du code du travail dans sa rédaction issue de l'article 3 de la loi n° 82-889 du 19 octobre 1982, les références faites aux articles premier et 2 de cette dernière loi par l'article L. 521-6 dudit code conservent leurs effets ; » (consid. 13).

652. - Droit positif. Les règles diffèrent selon les agents et leurs statuts particuliers.

653. - *Fonction publique de l'État.* La loi du 16 octobre 1982 et son régime de retenues par paliers ayant été valablement abrogés en 1977, la règle du trentième indivisible continue de s'appliquer[556], ce qui a été explicitement confirmé en 2021 par l'article L. 711-3 du Code général de la fonction publique.

Code général de la fonction publique

> **Art. L. 711-3. –** L'absence de service fait, pendant une fraction quelconque de la journée, donne lieu à une retenue dont le montant est égal à la fraction de la rémunération frappée d'indivisibilité en vertu de la réglementation prévue à l'article L. 711-1, à l'exception de ses éléments alloués au titre des avantages familiaux ou des sommes allouées à titre de remboursement de frais.
>
> Les dispositions du présent article sont applicables aux seuls agents publics de l'État déclarés grévistes.

Le premier alinéa de ce texte, qui exprime la règle de la retenue par trentième, a une vocation générale et s'applique donc à l'ensemble des agents publics et dans tous les cas, sauf la grève qui est réglée par le second alinéa.

Le second alinéa de ce texte, dont on regrettera la rédaction peu claire, concerne donc l'application spécifique de la règle du trentième indivisible aux personnels « déclarés grévistes » qui se trouve cantonnée « aux seuls agents publics de l'État ».

654. - *Autres agents publics grévistes.* Le Conseil constitutionnel a validé en 1987 l'ensemble de la loi abrogeant la loi n° 82-889, à l'exception de son article 3. Cet article 3, rappelons-le, modifiait la rédaction de l'article L. 521-6 du Code du travail, devenu L. 2512-5 à l'occasion de la recodification du Code du travail intervenue en 2007.

(556) V. Circ. 30 juill. 2003, relative à la mise en œuvre des retenues sur la rémunération des agents publics de l'État en cas de grève : *JO* n° 179, 5 août 2003, p. 13499. V. F. Melleray, *Les retenues pécuniaires pour fait de grève dans les services publics : AJDA* 2003, p. 1648. – H. Muscat, *Les retenues sur traitement pour fait de grève ou l'hétérogénéité anarchique d'un régime juridique : JCP* A 2010, 2300. – Palma-Amalric, *Les enjeux financiers du droit des grèves*, in *Grève et droit public, 70 ans de reconnaissance*, F. Crouzatier-Durand et N. Kada (dir.), LGDJ, PU Toulouse 1 Capitole, 2017, p. 195-213.

Code du travail

Art. L. 2512-5. – En ce qui concerne les personnels mentionnés à l'article L. 2512-1 non soumis aux dispositions de l'article 1er de la loi n° 82-889 du 19 octobre 1982, l'absence de service fait par suite de cessation concertée du travail entraîne pour chaque journée une retenue du traitement ou du salaire et de ses compléments autres que les suppléments pour charges de famille. Les retenues sont opérées en fonction des durées d'absence définies à l'article 2 de la loi précitée.

Ce texte s'applique donc aux personnels *qui ne sont pas soumis* aux dispositions de l'article 1er de la loi n° 82-889 du 19 octobre 1982, article qui vise les agents qui se voient appliquer la règle du trentième indivisible (*i.e.* les agents de la fonction publique de l'État).

Ces autres agents sont ceux qui sont visés à l'article L. 2512-1 du Code du travail, c'est-à-dire les : « 1° (…) personnels (…) des régions, des départements et des communes comptant plus de 10 000 habitants ; 2° (…) personnels des entreprises, des organismes et des établissements publics ou privés lorsque ces entreprises, organismes et établissements sont chargés de la gestion d'un service public »[557]. Pour ces derniers, et par renvoi à l'article 2 de la loi du 19 octobre 1982, on appliquera donc le principe des retenues par paliers (1/160, 1/50 ou 1/30).

Une lecture littérale de ces dispositions conduit à affirmer que cette règle de la retenue par paliers s'applique aux agents de la fonction publique territoriale (hormis les communes de moins de 10 000 habitants où, par défaut, le principe de la retenue strictement proportionnelle prévaut), mais aussi aux agents de la fonction publique hospitalière qui sont bien employés par des établissements publics (les hôpitaux publics) gérant un service public[558]. C'est la position de la doctrine classique[559], et c'est d'ailleurs la position actuelle des ministères concernés au travers des éléments disponibles sur le site *service-public.fr*.

655. – *Sort des agents de la fonction publique hospitalière.* S'agissant des agents de la fonction publique hospitalière, les choses sont un peu plus complexes.

Jusqu'à son abrogation par l'ordonnance n° 2021-1574 du 24 novembre 2021 et la création du Code général de la fonction publique, l'article 77 de la loi du 9 janvier 1986 portant dispositions statutaires relatives à la fonction publique hospitalière faisait expressément application à ces agents des dispositions de l'article 20 de la loi du 13 juillet 1983 portant droits et obligations des fonctionnaires, c'est-à-dire de la règle du trentième indivisible[560].

(557) Écartant l'application de l'article 1er pour les pompiers employés par les SDIS : CE, 27 avr. 1994, n° 149119, *SDIS Haute-Garonne : Lebon*, p. 197. – CE, sect., 17 juill. 2009, n° 303588, *Bigot*. – CE, 19 oct. 2012, n° 329636, *Cne de Molsheim : Lebon*.

(558) A. Taillefait, fasc. préc., n° 135.

(559) R. Latournerie, *Le droit français de la grève*, Sirey, 1972, 791 p., p. 659, note 4 : « Ces personnels ne comprennent pas seulement, à cet égard, les fonctionnaires mais aussi (…) les auxiliaires et les temporaires, les stagiaires et les contractuels ». – H. Sinay et J.-C. Javillier, *Traité de droit du travail*, Dalloz, vol. 6, 1966, n° 177, p. 376 : « Mais par delà ces contingences somme toute épisodiques, le législateur a entendu délibérément uniformiser le statut, au regard de la grève, de toutes les personnes qui participent à un service public, indépendamment de leur origine privée ou publique ».

(560) CE, 9 nov. 2007, n° 293987, *Claire A. c/ CHS Paul-Guiraud de Villejuif : Lebon*.

Cet article 77 a été abrogé, avec toute la loi du 9 janvier 1986, par l'ordonnance n° 2021-1574 du 24 novembre 2021 portant partie législative du Code général de la fonction publique, au profit des dispositions présentes dans le code nouvellement créé[561]. Or, aucune disposition propre aux fonctions publiques territoriale et hospitalière n'a été prise s'agissant des retenues pour absence de service fait ; tout au plus peut-on affirmer, au regard du second alinéa de l'article L. 711-3 du Code général de la fonction publique, que la règle du trentième indivisible ne leur est pas applicable. Il semblerait par conséquent logique de faire application aux agents des fonctions publiques territoriale et hospitalière des dispositions de l'article L. 2512-5 du Code du travail, qui ont été maintenues en vigueur par le Conseil constitutionnel en 1987 et qui imposent des retenues par paliers.

Nombreux sont ceux qui affirment pourtant que ces dispositions présentes dans le Code du travail ne seraient pas applicables aux fonctionnaires de ces deux fonctions publiques, sans jamais s'en justifier, et en se fondant sur des décisions du Conseil d'État qui ne l'affirment d'ailleurs pas.

C'est ainsi que dans les hôpitaux publics, la pratique semble être celle des retenues strictement proportionnelles[562]. Les auteurs qui tentent de justifier cette pratique citent, pêle-mêle : la décision du Conseil constitutionnel du 28 juillet 1987 (qui écarte le trentième indivisible en dehors des agents de l'État, mais pas le système de retenues par paliers) ; une prétendue inapplicabilité de l'article L. 2512-5 du Code du travail ; des circulaires datant de 1995 et 1996[563] ; l'analyse du Gouvernement qui se fonde sur deux décisions du Conseil d'État des 17 avril 1994 et 17 juillet 2009 mais dont nous avons vu qu'elles concernent des pompiers employés par le SDIS et qui ne relèvent pas des personnels visés par l'article 1er de la loi du 19 octobre 1982[564] ; quelques décisions de juridictions du fond qui pensent faire application de la prétendue jurisprudence du Conseil d'État[565].

Les textes mobilisés ne permettent pas de justifier la mise à l'écart du système de la retenue par paliers. L'article L. 2512-5 du Code du travail prévoit en effet que les suppléments pour charges de famille ne font pas l'objet de retenues, et le décret n° 74-37 du 18 janvier 1974 affirme que les prestations pour charges de famille perçues par un fonctionnaire n'entrent pas dans la fraction saisissable ou cessible du traitement.

(561) Confirmant l'inapplication de la circulaire du 30 juillet 2003 aux agents de la fonction publique hospitalière : CAA Bordeaux, 2e ch., 29 juin 2023, n° 21BX02612 (le directeur de l'établissement avait procédé à une retenue proportionnelle).

(562) En ce sens P. Rousselle : *JCl. Administratif*, fasc. 194, *Fonction publique territoriale. – Notion. Organisation. Droits et obligations des agents*, n° 167.

(563) Sur cette question, dernièrement J. Laffore, *Retenues sur traitement pour fait de grève dans la fonction publique hospitalière : oui, mais lesquelles ? : AJFP* 2021, 223. L'auteur cite également la réponse du ministre de la Fonction publique à la question n° 43145 posée par M. Bosson, député : *JO* 18 nov. 1996, p. 6043, et le mémoire du Gouvernement sur le bien-fondé de la réclamation n° 155/2017 – CEDS – 18 mai 2018, préc.

(564) Consid. 3 : « Il faut, par suite, en particulier dans le cas des obligations de service, que l'inexécution soit suffisamment manifeste pour pouvoir être matériellement constatée sans qu'il soit besoin de porter une appréciation sur le comportement de l'agent ; que, sous cette condition qui devra être observée dans les mesures individuelles d'application et pour le respect de laquelle le fonctionnaire dispose des voies de droit normales, la retenue sur traitement demeure une mesure de portée comptable et se trouve, dès lors, hors du champ d'application du principe des droits de la défense ».

(565) TA Nancy, 25 avr. 1995, n° 941304. – CAA Nancy, 31 mai 2001, n° 97NC480, *Dpt Moselle : JurisData* n° 2001-164595. *Contra* TA Melun, 11 mai 2006, n° 05-6166, qui applique la règle du trentième.

Les difficultés n'apparaissent toutefois que pour des arrêts de travail d'une durée inférieure à une journée. Lorsque l'agent a été en grève plusieurs jours, il est logique, compte tenu du principe de la liquidation du traitement par trentième, de retenir autant de trentièmes que de jours de grève[566].

Pour les arrêts de travail de moins d'une journée, la solution nous semble pourtant claire. L'article L. 711-3, alinéa 2, du Code général de la fonction publique ayant écarté, en creux, l'application de la règle du trentième indivisible pour les agents des fonctions publiques territoriale et hospitalière ainsi que pour les salariés des entreprises en charge de la gestion de services publics, et l'article L. 2512-5 du Code du travail prévoyant, pour tous les personnels non soumis à la règle du trentième indivisible, l'application du régime de retenues par paliers de l'article 2 de la loi n° 82-889 demeuré en vigueur après 1977, c'est bien ce régime qui doit s'appliquer.

656. - *Salariés des entreprises de transport public terrestre de personnes.* La loi n° 2007-1224 du 21 août 2007 sur le dialogue social et la continuité du service public dans les transports publics terrestres réguliers de voyageurs prévoit, à l'article L. 1324-11 du Code des transports, que « la rémunération d'un salarié participant à une grève, incluant le salaire et ses compléments directs et indirects à l'exclusion des suppléments pour charges de famille, est réduite en fonction de la durée non travaillée en raison de la participation à cette grève »[567]. La Cour de cassation en a logiquement déduit que ces dispositions nouvelles dérogeaient à l'article L. 1212-4 du Code du travail et que la retenue devait être strictement proportionnelle à la durée de l'arrêt de travail[568].

3) Assiette des retenues

657. - Traitement brut. La retenue s'opère sur le traitement brut et non sur la rémunération nette[569]. Les cotisations assises sur le salaire devront, au titre du mois où la retenue a été opérée, être calculées sur la fraction restant du brut mensuel diminué de la retenue[570].

658. - Rémunération. La retenue est opérée sur le traitement ainsi que sur toutes les « primes et indemnités diverses versées (...) en considération du service (...) accompli »[571], y compris l'indemnité de résidence qui suit le régime du traitement[572]. S'agissant des primes versées annuellement mais ayant la nature d'un complément de traitement, leur valeur mensuelle doit être calculée, puis diminuée à due proportion du nombre de trentièmes retenus[573].

Les indemnités versées en considération de la situation personnelle ou familiale de l'agent n'ont pas à être diminuées, de même que les indemnités compensant des frais.

(566) CAA Bordeaux, 1re ch., 14 oct. 2021, n° 19BX02207 : 71 jours de retenues, soit plus de 12 000 €, étalés sur six mois.
(567) Cass. soc., 8 juill. 2020, n° 19-13.767, publié.
(568) Cass. soc., 18 nov. 2020, n° 19-20.545. Dans cette affaire la règle de la retenue par paliers conduisait à un produit plus favorable aux salariés.
(569) CE, 8 sept. 1995, n° 169379, *Noyau : JCP* 1995, II, 22548, concl. D. Linton.
(570) TA Versailles, 16 juin 2003, n° 9904523.
(571) CE, 11 juill. 1973, *Alliaume : Lebon*, p. 495 ; *AJDA* 1974, 158, note Silvera. – CE, 23 avr. 1975, *Min. Économie c/ Debacq : Dr. adm.* 1975, n° 166. – CE, 11 juin 1975, *Min. Économie c/ Luis : Dr. adm.* 1975, n° 287. Sur les primes, V. par ex., CE, 24 nov. 1982, *Vital : RDP* 1983, 1107. – CE, 22 mars 1989, *Min. Budget c/ Giraud : Lebon* T., p. 750.
(572) CE, 11 juill. 1973, *Alliaume*, préc.
(573) CE, 22 mars 1989, *Min. Économie, Finances et Budget c/ Giraud : Lebon* T., p. 750.

659. – Circulaire du 30 juillet 2003. Les principes ont été dégagés ici par le Conseil d'État et repris dans la circulaire du 30 juillet 2003 (pt 2.2).

Circulaire du 30 juillet 2003 relative à la mise en œuvre des retenues sur la rémunération des agents publics de l'État en cas de grève (extrait)

2.3. Le déclenchement du mécanisme de retenue

Les retenues sur rémunération doivent en principe être opérées au plus tôt. Étant donné cependant qu'il est souvent impossible de les effectuer sur la rémunération du mois au cours duquel la grève a eu lieu, il y a lieu en règle générale de procéder à cette retenue au cours du mois suivant ou, au plus tard, à la fin du deuxième mois qui suit le début du conflit. La retenue est alors calculée sur la base de la rémunération du mois pendant lequel l'agent a fait grève (…).

Il pourra, à titre exceptionnel, être procédé à un étalement des retenues dans le temps lorsque la situation particulière d'un agent le rend nécessaire, cet étalement devant être strictement en relation avec cette situation. En tout état de cause, l'étalement est de droit lorsqu'est en cause le respect de la règle de la quotité disponible.

4) Mise en œuvre des retenues

660. – Application de la règle du trentième indivisible. Toute absence pour fait de grève d'un agent de la fonction publique de l'État, quelle qu'en soit la cause, d'une durée inférieure à une journée, doit donc entraîner une retenue d'un trentième « indivisible » du traitement mensuel[574]. Peu importe donc la raison pour laquelle il cesse le travail, pour un arrêt de moins d'une journée il se verra en principe privé d'un trentième indivisible de son traitement, sans que cette disproportion pourtant manifeste soit considérée comme une sanction disciplinaire[575]. Cette qualification de simple règle comptable permet à l'employeur public de prononcer une sanction au salarié qui aurait commis une faute sans se heurter à la règle *ne bis in idem*[576].

661. – Sort des jours fériés chômés. Lorsqu'un jour chômé est compris dans une période de grève, il subit également de plein fouet la règle de la retenue du trentième indivisible. Cette solution a d'abord été retenue par le Conseil d'État : « En cas d'absence de service fait pendant plusieurs jours consécutifs, le décompte des retenues à opérer sur le traitement mensuel d'un agent public s'élève à autant de trentièmes qu'il y a de journées comprises du premier jour inclus au dernier jour inclus où cette absence de service fait a été constatée, même si, durant certaines de ces journées, cet agent n'avait, pour quelque cause que ce soit, aucun service à accomplir »[577]. Elle a été rappelée par l'administration dans le cadre de la circulaire de 2003[578].

(574) L. fin. rect. n° 61-825, 29 juill. 1961, art. 45.

(575) Cons. const., n° 77-83 DC. – CE, 9 avr. 1954, n° 4648, *Caubel*. – CE, 18 avr. 1980, *Michéa : Lebon* T., p. 773 ; *D.* 1980, 497, obs. Toulemonde. – CE, 8 sept. 1995, n° 169379, *Noyau : JCP* G 1995, II, 22548, concl. D. Linton (incidence de la retenue de salaire sur les cotisations de retraite et de sécurité sociale). – CE, 7e et 2e ss-sect. réunies, 30 janv. 2008, n° 285252 : *Lebon* T.

(576) CE, 31 mars 1989, n° 70831, *Communauté urbaine de Bordeaux*.

(577) CE, 7 juill. 1978, n° 03918, *Omont : AJDA* 1979, n° 5, p. 88, obs. S.S. ; *D.* 1978, IR, p. 484, obs. P. Delvolvé. – CE, 1re et 6e ss-sect. réunies, 27 juin 2008, n° 305350, *Min. Économie, Finances et Emploi c/ Mme Morand : Lebon*, p. 250 ; *AJDA* 2008, 1667, note Soubirous.

(578) Circ. 30 juill. 2003, relative à la mise en œuvre des retenues sur la rémunération des agents publics de l'État en cas de grève : *JO* n° 179, 5 août 2003, texte n° 60 (NOR : FPPA0300123C).

Elle doit toutefois être écartée si l'absence de l'agent résulte d'une demande visant à prendre son congé annuel, acceptée par l'administration avant le commencement du conflit[579].

662. - Autres hypothèses. L'agent perdra également des trentièmes de sa rémunération mensuelle y compris pour les jours où il ne devait pas travailler, en raison d'une organisation du temps de travail dans sa semaine à temps partiel[580], ou encore les jours où il se trouve en repos hebdomadaire[581] ou lorsqu'il bénéficie d'une journée de récupération[582] ou de congés[583], dès lors qu'il ne s'agit pas d'un jour de congé annuel posé valablement avant le commencement de la grève[584].

663. - Impact sur l'assiette des cotisations. La réduction du montant versé en brut a également un impact sur l'assiette des cotisations, réduite d'autant[585].

664. - Lissage de la retenue. Le produit de cette règle peut être retenu en une seule fois, ou lissé sur plusieurs mois[586]. Le lissage est parfois nécessaire dans la mesure où la retenue ne peut abaisser le traitement ou la rémunération mensuelle en deçà de la fraction saisissable du salaire[587].

Cette règle peut d'ailleurs protéger les salariés si le nombre d'heures de grève dans une journée donnée est supérieur au trentième de la durée mensuelle[588].

665. - Caractère impératif de la règle. La règle est impérative. Un « accord » conclu entre grévistes et administration ne peut prévoir d'autres modalités[589], comme la récupération des heures perdues, par ailleurs interdite dans le secteur privé[590].

L'autorité hiérarchique peut-elle décider de ne pas appliquer de retenue, par exemple pour favoriser la reprise du travail, dans le cadre d'une négociation de « sortie de crise », comme peuvent le faire les employeurs privés ? La réponse est négative[591], même si ce refus résulte des termes d'un « accord de fin de conflit », et lorsque cette

(579) CE, 27 juin 2008, préc. - CE, 3e et 8e ss-sect. réunies, 4 déc. 2013, n° 351229 (inapplication au jour de récupération).

(580) CE, 27 juin 2008, n° 305350, *Min. Finances c/ M. : Lebon*, p. 250 ; *AJDA* 2008, p. 1667, note Ph. Soubirous ; *Dr. soc.* 2009, p. 67, note L. Derepas. - TA Limoges, 31 mars 2016, n° 1400204 : *JurisData* n° 2016-013941 ; *AJFP* sept.-oct. 2016, p. 284, concl. M. Béria-Guillaume. - TA Paris, 30 juill. 2008, n° 0511719, *B. : RFDA* 2008, p. 1227, note G. Chazan.

(581) CE, 27 juin 2008, n° 305350, *Min. Finances c/ M. : Lebon*, p. 250 ; *AJDA* 2008, p. 1667, note Ph. Soubirous ; *Dr. soc.* 2009, p. 67, note L. Derepas. - TA Limoges, 31 mars 2016, n° 1400204 : *JurisData* n° 2016-013941 ; *AJFP* sept.-oct. 2016, p. 284, concl. M. Béria-Guillaume.

(582) CE, 4 déc. 2013, n° 351229 : *AJFP* mars-avr. 2014, p. 88.

(583) CE, 27 juin 2008, n° 305350, préc.

(584) CE, 4 déc. 2013, n° 351229, préc.

(585) CE, avis, 8 sept. 1995, n° 169379, *Noyau : Lebon*, p. 339. - CE, 28 oct. 1998, *M. Grondin : JCP* G 1999, IV. 553.

(586) CE, 11 juill. 1973, *Alliaume*, préc. - CE, 13 févr. 1974, *Min. Économie et Finances c/ Perotti : Lebon*, p. 105 : le ministre de l'Économie et des Finances.

(587) CE, 13 févr. 1974, *Min. Économie et Finances c/ Perotti : Lebon*, p. 105 ; *RDP* 1976, 583, note Waline ; *JCP* 1976, II, 18228, note Y. Saint-Jours. - CE, 23 déc. 1974, *Min. Économie et Finances c/ Dame Pegazet : Lebon*, p. 652. - CE, 27 mai 1983, *Min. Économie et Finances c/* Melle *Bretin : RDP* 1984, 503, chron. Drago. V. *infra*, n° 667.

(588) Cass. soc., 1er déc. 2010, n° 09-67.952.

(589) CE, 27 avr. 1994, nos 118232 et 118388, *M. Boyer et Mme Pianelli*. V. égal. CAA Douai, 30 mai 2001, n° 99DA01553.

(590) CE, 23 mars 1973, nos 76767 et 76768, *CFDT : Lebon*, p. 247.

(591) En ce sens A. Taillefait : *JCl. Administratif*, fasc. 188, *Fonction publique de l'État. - Libertés publiques. Droit syndical. Droit de grève*, n° 134.

décision émane du maire, les contribuables de la commune auront qualité pour contester la légalité de cette décision en justice[592].

666. - Procédure. La retenue ayant un caractère purement comptable et non disciplinaire, le comptable public peut y procéder sans qu'il soit besoin d'émettre un ordre de recettes ou de prévenir l'intéressé[593].

667. - Maximum retenu. Depuis la loi du 24 août 1930 relative à la saisie-arrêt et à la cession des appointements, traitements et soldes des fonctionnaires civils et militaires reprises dans l'actuel article L. 711-5 du Code général de la fonction publique : « Les dispositions du chapitre II du titre V du livre II de la troisième partie du Code du travail, relatives aux saisies et cessions, sont applicables à la rémunération de l'agent public ». Les retenues opérées ne peuvent pas excéder les limites fixées par les articles L. 3252-2 et R. 3252-2 du Code du travail.

668. - Trop prélevé. Si l'employeur public procède à une retenue d'un montant plus élevé, alors il prononce une sanction pécuniaire illicite. Les sommes devront être restituées à l'agent, dans la limite de la prescription de l'action en paiement ou restitution des gains et salaires[594], et majorées de l'intérêt légal[595].

669. - Incidences excessives de la retenue. Le Conseil d'État a également jugé que l'agent placé dans une situation économique difficile, en raison de la retenue, pouvait saisir le juge des référés sur le fondement l'article L. 521-1 du Code de justice administrative pour que soit ordonnée la suspension de l'exécution de la retenue dès lors que cette retenue illégale bouleverse sa situation économique et ses conditions d'existence[596]. L'agent privé de son traitement n'a pas à justifier des revenus dont il dispose sur la période de retenue pour démontrer l'urgence à suspendre cette mesure[597].

670. - Situations particulières. Certains agents publics se trouvent dans une situation statutaire qui complique le décompte du service fait et, partant, des retenues à opérer.

671. - *Enseignants.* Une difficulté est apparue pour les enseignants dont les obligations de service s'expriment en heures de présence devant les élèves et qui peuvent parfaitement ne pas avoir de telles heures à assurer durant la période choisie pour la grève. Ils seront pourtant traités comme les autres et subiront une retenue d'un trentième indivisible, même s'ils n'avaient aucun cours à assurer le jour où ils ont fait grève[598].

(592) CAA Douai, 21 juin 2007, n° 07DA00028, *Cne de Dunkerque*.
(593) CE, 11 juill. 1973, *Alliaume*, préc.
(594) CE, 11 janv. 2008, n° 301855, *France Télécom : RJEP* juin 2008, n° 27, concl. F. Lenica.
(595) CE, 5 janv. 1973, *Min. Éducation nationale c/ Albouy : AJDA* 1973, 599. - TA Paris, 16 déc. 1983, Mme *Feve : Rev. adm.* 1984, 266, note B. Pacteau.
(596) CE, 24 nov. 2008, n° 322192, *A. c/ Min. Travail.* - TA Montpellier, 9 juill. 2009, n° 0902401, *C. : AJFP* nov.-déc. 2009, p. 305. - TA Marseille, 11 août 2009, n° 0904231, *R.* - TA Marseille, 11 août 2009, n° 0904233, *J. : AJFP* nov.-déc. 2009, p. 306 ; *Dr. adm.* 2010, comm. 78, note A. Taillefait.
(597) CE, 28 janv. 2011, n° 342388.
(598) CE, 6 mai 1988, *Delage : Lebon*, p. 183 ; *AJDA* 1988, 585, chron. Azibert et de Boisdeffre. - CE, 6 mai 1988, *Tinel : Lebon*, p. 183 ; *AJDA* 1988, 585, note Azibert et de Boisdeffre. - V. aussi TA Dijon, 24 juin 1986, *Dame Merigeau : Lebon*, p. 317. - TA Strasbourg, 11 déc. 1986, *Paoletti : RDP* 1987, 1073, note J. Robert : le calcul des retenues sur le traitement des personnels enseignants doit être fait sur la base de la durée de grève indiquée par le préavis, alors même que la cessation effective du travail a été d'une moindre durée.

672. - *Agents d'astreinte.* Une autre difficulté est apparue s'agissant de pompiers professionnels qui n'ont pas assuré leurs gardes pendant une grève. La retenue ne doit pas être calculée par trentième, mais en rapportant le nombre de gardes non accomplies au nombre moyen de gardes auquel l'intéressé est astreint chaque mois, établi sur la base de son obligation de service annuelle ; le rapport en résultant doit être ensuite appliqué au montant mensuel du traitement auquel il a normalement droit[599].

673. - *Travailleurs de nuit.* Lorsque l'agent public travaille de nuit et que la grève se déroule sur une même journée, le Conseil d'État a considéré que les agents grévistes devaient subir une retenue du traitement correspondant à deux jours ouvrables si, tenus de travailler de 20 heures à 6 heures du matin, ils commencent par faire grève de minuit à 6 heures du matin et ensuite de 20 heures à 24 heures[600]. Mais si la grève avait lieu de 20 heures à 6 heures du matin, dans la mesure où de la sorte elle correspondait à une « journée » de travail pour l'agent intéressé, une seule retenue peut être opérée[601].

674. - *Retraite.* Les périodes de grève ne doivent pas être écartées pour déterminer la durée de service accompli par un agent qui demande à partir en retraite dès lors que l'article L. 63, alinéa 2, du Code des pensions civiles et militaires ne justifie pas pareille restriction aux droits des agents[602].

B. - Situation des non-grévistes

1° Droit au paiement de la rémunération

a) Principe

675. - Affirmation. Les non-grévistes ont par principe droit au paiement du salaire dès lors qu'ils ne cessent pas le travail et qu'ils demeurent à la disposition de leur employeur pendant le conflit, et ce même si, concrètement, ils ne fournissent aucune activité.

La solution est logique et s'explique par les obligations réciproques et chronologiques qui pèsent sur les parties dans le cadre du contrat de travail : le salarié met sa force de travail à disposition de son employeur, ce dernier doit alors lui fournir le travail convenu, le salarié doit l'exécuter et l'employeur doit lui verser la rémunération convenue. Si le salarié met sa force de travail à disposition de son employeur, ce dernier doit le rémunérer même s'il ne lui fournit aucun travail, dès lors qu'il n'en a pas été valablement empêché conformément aux règles du droit commun des contrats[603].

676. - Qualification. Les salaires versés ne pourront donc pas s'analyser en des libéralités destinées à créer une discrimination entre grévistes et non-grévistes, même si les salariés ne se livrent concrètement à aucune activité[604], puisque ce qui compte est qu'ils soient demeurés à la disposition de leur employeur, prêts à travailler.

(599) CE, 17 juill. 2009, n° 303588, *M. Bigot et a. : AJDA* 2009, 1392, note de Montecler ; *AJDA* 2009, 1892, concl. L. Derepas.
(600) CE, 15 févr. 1980, *Secr. d'Ét. aux PTT c/ Faure : Lebon*, p. 93 ; *AJDA* 1980, 282, chron. Robineau et Feffer ; *D.* 1980, IR, p. 301, obs. P. Delvolvé.
(601) Même décision.
(602) CE, 10 juill. 2006, n° 269175, *Gilbert G. c/ La Poste*.
(603) C. civ., art. 1217 et s.
(604) Cass. soc., 19 déc. 1983 : *Bull. civ.* V, n° 630.

b) Existence d'une situation contraignante

677. - Exception d'inexécution. L'employeur pourra être tenté de prendre acte de ce que les salariés sont empêchés par la grève de fournir leur travail pour cesser de les rémunérer en invoquant l'exception d'inexécution[605]. En droit civil, seule la force majeure est susceptible d'exonérer le débiteur de ses obligations, soit de manière définitive, soit de manière temporaire, selon la nature de l'empêchement. Le point de départ du raisonnement de la jurisprudence est simple et d'ailleurs conforme aux solutions adoptées en droit commun : en elle-même la grève d'une partie du personnel ne suffit pas à libérer l'employeur de ses obligations : il devra donc continuer de payer le salaire des non-grévistes même s'ils n'ont pas pu travailler normalement et que les coûts relatifs de production sont accentués par le conflit[606]. Ce n'est que lorsqu'il se trouve valablement empêché de leur fournir toute activité qu'il pourra s'exonérer, selon des critères qui ont été affinés au fil du temps.

1) Caractères

678. - Allègement des critères de la force majeure. Pour éviter de placer l'employeur dans une situation intenable économiquement, la chambre sociale de la Cour de cassation a allégé le critère civiliste de la force majeure[607] en se contentant de vérifier que la grève le place dans une « situation contraignante » qui l'empêche de pouvoir rémunérer normalement les non-grévistes[608]. Parfois certaines expressions proches ont pu être employées, comme l'existence de « circonstances contraignantes »[609] ou d'une « nécessité contraignante »[610]. Les juges n'ont donc pas à caractériser une impossibilité absolue de poursuivre l'activité de l'entreprise, le critère de l'empêchement étant ici relatif[611].

679. - Examen au cas par cas. L'examen de la situation se fait au cas par cas et porte sur l'ensemble des circonstances internes et externes à l'entreprise, comme le montre un arrêt rendu par la chambre sociale de la Cour de cassation le 2 décembre 1964 et qui exonère l'employeur de son obligation de maintien des salaires[612].

La société des Chantiers de l'Atlantique avait fermé son établissement pendant deux journées en invoquant le fait que l'absence à leur poste d'un certain nombre de grévistes occupant des postes clés était de nature à compromettre la bonne marche et la sécurité de l'entreprise, ce que contestaient cent onze grévistes, en vain, ce que confirme le rejet de leur pourvoi par la chambre sociale de la Cour de cassation.

Les juges du fond avaient en effet constaté que l'ensemble du personnel des Chantiers de l'Atlantique avait participé à une action concertée pour appuyer diverses revendications

(605) C. civ., art. 1218.

(606) Cass. soc., 10 févr. 1950 : *D.* 1950, p. 192. – Cass. soc., 24 mars 1971 : *Dr. soc.* 1971, p. 551, obs. J. Savatier. – Cass. soc., 10 janv. 1973, n° 71-40.804 : *Bull. civ.* V, n° 8 ; *D.* 1973, p. 453, note H. Sinay ; *Dr. soc.* 1973, p. 433, obs. J. Savatier. – Cass. soc., 4 oct. 2000, n° 98-43.475, *Sté Goodyear France* : *Dr. soc.* 2000, p. 1156, obs. J.-E. Ray.

(607) Sur le sujet, la thèse classique de P.-H. Antonmattei, *Contribution à l'étude de la force majeure*, Paris, LGDJ, coll. « Bibl. de droit privé », t. 220, 315 p.

(608) Cass. soc., 4 juill. 2000, n° 98-20.537, *Synd. CGT de la Cogema-La Hague c/ Sté Compagnie générale des matières nucléaires (Cogema)* : *Bull. civ.* V, n° 262 ; *BICC* 15 oct. 2000, n° 522, n° 1141 ; *Dr. soc.* 2000, p. 1091, chron. A. Cristau. – Cass. soc., 22 févr. 2005, n° 02-45.879 : *Dr. soc.* 2005, 589, obs. Ch. Radé.

(609) Cass. soc., 27 mai 1998, n° 96-42.303 : *Bull. civ.* V, n° 280.

(610) Cass. soc., 23 avr. 2003, arrêt n° 1107.

(611) Cass. soc., 31 oct. 1989, n° 88-41.229 : *JCP* E 1990, II, 15773, p. 333, n° 19, 2e esp., obs. B. Teyssié.

(612) Cass. soc., 2 déc. 1964 : *Bull. civ.* V, n° 809 ; *D.* 1965, p. 112, note G. Lyon-Caen ; *JCP* G 1965, II, 14098, note A. Brun.

professionnelles et que dans la période du 3 mars au 20 juin 1961, 82 jours ouvrables avaient comporté 50 journées d'interruption de travail pour une partie du personnel par roulement, dont 25 jours complets pour le quart où la moitié des employés mensuels et 61 débrayages d'une demi-heure à une heure et demie. À la suite de deux arrêts de travail du personnel de maîtrise et des pointeurs, la direction avait attiré le 20 mars 1961 l'attention du comité d'établissement sur les conséquences des débrayages tournants pour la sécurité du travail et l'activité de l'entreprise, en particulier de la part de ces catégories d'employés. La présence des agents de maîtrise était nécessaire à la bonne marche du travail comme à la sécurité, dans un établissement d'industrie lourde comportant un outillage moderne, d'utilisation délicate, parfois dangereuse, de même que la carence des pointeurs, qui s'étaient opposés à l'emploi d'un personnel de remplacement comme à un pointage à retardement, ne permettait pas de contrôler la présence de la fraction du personnel non en grève. Dans ces conditions, la société prévenue seulement à 17 heures, le dernier jour ouvrable précédant, des ordres de grève donnés pour le 27 mars et le 18 mai au groupe des agents de maîtrise et pointeurs, avait pris des mesures préventives de fermeture des chantiers durant ces deux journées par précaution et prudence et non par une rétorsion destinée à porter atteinte au droit de grève. Le jugement attaqué avait également relevé qu'on ne pouvait sérieusement soutenir que l'employeur aurait eu la faculté de laisser fonctionner certains services pour lesquels les problèmes de contrôle, d'encadrement ou de sécurité auraient pu se poser en des conditions moins pressantes, une telle distinction étant pratiquement impossible à réaliser, compte tenu de la soudaineté avec laquelle l'entreprise était amenée à s'arrêter, de son importance, de la solidarité de l'ensemble de son fonctionnement, ainsi que du fait que la totalité du personnel participait de concert à la grève.

Les juges du fond avaient donc légalement justifié leur décision en déduisant de ces constatations de fait que les mesures de fermeture tout à fait limitées et temporaires intervenues dans de telles circonstances, ressortissaient des pouvoirs normaux et même des devoirs d'un employeur soucieux d'assurer un minimum de sécurité et d'ordre dans son entreprise à un moment ou ceux-ci risquaient d'être tout à fait compromis par les conditions « désordonnées et insolites » dans lesquelles le personnel accomplissait son travail et exerçait son droit de grève.

Un arrêt rendu par la chambre sociale de la Cour de cassation le 2 février 1966 l'illustre également dans une affaire où cette fois-ci l'exonération n'a pas été admise[613].

Des grèves avaient eu lieu dans l'usine de Bègles de la société « Bois africains contreplaques », les 1er et 2 février 1963, 17 avril 1963, 17 et 18 juin 1963, pour appuyer diverses revendications professionnelles. Les salariés avaient mis en place un système de grèves tournantes, chacune des équipes interrompant le travail durant une heure ou une heure et demie avant la fin de son horaire. Avisée par les délégués du personnel d'une nouvelle interruption analogue pour la journée du 19 juin, la société fit connaître par une note de service que si l'arrêt ainsi prévu avait lieu, elle se verrait contrainte de fermer les ateliers. L'usine fut effectivement fermée du 19 au 24 juin et les grévistes demandèrent et obtinrent, du juge prud'homal, le paiement d'une indemnité compensant les salaires dont ils avaient été injustement privés. C'est ce que confirme le rejet du pourvoi, au prix d'une décision fortement motivée.

Les juges du fond avaient tout d'abord recherché si la grève du 18 juin et ses modalités d'exécution avaient mis l'entreprise dans l'impossibilité d'exécuter les obligations résultant pour elle du contrat de travail ou avaient provoqué une désorganisation telle que l'usine ne pouvait plus fonctionner normalement. Or, ils avaient constaté que l'interruption du travail, annoncée vingt-quatre heures à l'avance, avait été accompagnée de toutes les mesures de sécurité désirables, utilisation complète des colles, vidage des presses, empilage correct des panneaux, *etc.* Par ailleurs, les arrêts de travail, intervenus à la fin du temps de chaque équipe, n'avaient fait qu'avancer l'heure de sortie, sans esprit de désorganisation de l'entreprise, avec, au contraire, toutes dispositions pour réduire au maximum les conséquences de la grève, et qu'ainsi la société ne s'était pas trouvée devant une impossibilité absolue de fonctionner ni devant une difficulté insurmontable.

(613) Cass. soc., 2 févr. 1966 : *Bull. civ.* V, n° 137.

En en déduisant que la société ne pouvait justifier la fermeture de ses ateliers ni par un cas de force majeure ni par l'exception d'inexécution par les ouvriers de leurs propres obligations, et qu'elle constituait une mesure de rétorsion prise abusivement à titre de sanction de l'exercice normal du droit de grève, la cour d'appel avait donc donné une base légale à sa décision.

La solution est constante et a été confirmée par la suite, notamment par un arrêt rendu par la chambre sociale de la Cour de cassation le 18 janvier 1979 qui a admis l'exonération[614].

Dans une première affaire, un salarié avait été placé en chômage technique par son employeur, et privé de son salaire, pour la période du 5 au 21 mai 1975, en raison d'une grève du personnel chargé de la manœuvre de ponts roulants alimentant les machines, au motif que la société s'était trouvée dans l'impossibilité de lui fournir un travail normal, la grève, déclenchée brutalement sans préavis, ayant exclu toute possibilité de négociation, ce qui constituait un cas de force majeure. Le salarié prétendait pour sa part qu'il n'y avait pas force majeure, la grève n'ayant été ni imprévisible, dès lors que les intéressés, qui n'étaient pas tenus par la loi à un préavis, avaient à plusieurs reprises présenté leurs revendications, ni insurmontable, puisque, contrairement aux énonciations du tribunal qui contredisent les conclusions du rapport d'expertise, pourtant entérinées par lui, il aurait été possible d'occuper une partie des non-grévistes à d'autres tâches ou à tout le moins de payer leurs salaires, et puisqu'il ne tenait qu'à l'employeur de mettre fin à la grève en négociant.

La Cour de cassation confirme l'exonération de l'employeur. Le rapport d'expertise avait constaté que le travail exécuté habituellement par les grévistes était vital pour le fonctionnement de l'usine, l'arrêt de ce travail conduisant l'entreprise à l'asphyxie, que l'employeur n'avait reçu une lettre l'informant du projet de grève qu'au moment même où elle avait commencé, que si théoriquement la société aurait, pendant quelques jours, pu confier des tâches de production à quelques non-grévistes supplémentaires, la survenance d'un nouveau foyer de grève ne lui avait pas permis de résoudre plus complètement le problème des remplacements.

Faisant siennes les conclusions de l'expert, le tribunal a, sans les contredire, constaté l'impossibilité où s'était trouvée la société de fournir du travail à un nombre plus élevé de non-grévistes. Il n'a exclu ni la possibilité ni l'existence de négociations, lesquelles n'ont pu mettre fin à la grève que le 21 mai, mais relevé seulement que la soudaineté de son déclenchement n'avait pas permis de la prévenir, sans pour autant affirmer que les grévistes eussent été tenus à un préavis de grève. Il y avait eu ainsi une situation contraignante équivalant en pratique pour l'employeur à une force majeure. Il a exactement déduit de ces constatations que la société ayant été empêchée, par le fait de tiers, de fournir du travail, n'avait pas à verser le salaire qui en aurait été la contrepartie.

Analyse économique. L'analyse de la contrainte qui pèse sur l'entreprise prend en considération des variables tenant à la production.

680. – *Secteurs d'activité concernés par la grève.* La contrainte prétendument libératoire doit frapper le secteur d'activité dans lequel travaillent les non-grévistes concernés[615] : avant 2005, la jurisprudence était plus sévère pour l'entreprise car les juges devaient caractériser en quoi toute l'entreprise était paralysée[616], à l'instar de l'analyse qui prévaut pour retenir la faute lourde des grévistes qui, par exemple, recourent à des débrayages ou à d'autres formes d'arrêts de travail atypiques[617].

681. – *Impossibilité de confier des tâches supplétives aux non-grévistes.* La Cour de cassation subordonne la suspension du paiement des non-grévistes à une autre condition : que l'employeur n'ait pas pu leur fournir d'autres tâches pendant la durée

(614) Cass. soc., 18 janv. 1979, n° 77-40.982, publié.

(615) Cass. soc., 22 févr. 2005, n° 02-45.879, *Girard* : *Bull. civ.* V, n° 57 ; *Dr. soc.* 2005, p. 589, obs. Ch. Radé.

(616) Cass. soc., 4 juill. 2000, n° 98-20.537 : *Bull. civ.* V, n° 262 ; *Dr. soc.* 2000, p. 1091, chron. A. Cristau.

(617) V. *supra*, n°s 547 et s.

du conflit. Les tribunaux apprécieront cette exigence au cas par cas et au regard de la situation concrète de l'entreprise. C'est ce qui résulte d'une jurisprudence constante depuis un arrêt rendu par la chambre sociale de la Cour de cassation le 29 janvier 1981[618].

Le fonctionnement de l'usine de Laon de la société Carnaud, qui fabriquait des boîtes pour les conserveries de légumes, avait été perturbé du 9 juin au 7 juillet 1977 par une grève des caristes. Vingt-six non-grévistes, qui n'avaient pu de ce fait être employés aux tâches de fabrication, n'avaient pas été payés les 4, 5 et 6 juillet.

Le conseil de prud'hommes de Laon avait condamné la société à les indemniser des salaires perdus, après avoir énoncé que la société n'établissait pas s'être trouvée dans l'impossibilité de leur fournir des tâches de remplacement, en les employant notamment à des travaux de vérification des stocks, d'entretien des machines, de nettoyage ou de remplacement des conduits d'aspiration des étuves.

Le jugement est cassé dans la mesure où le conseil n'avait pas jugé utile de répondre aux arguments de la société qui faisait pourtant valoir que la vérification des stocks aurait nécessité des moyens de manutention actionnés par les caristes, que les travaux d'entretien normaux, qui occupaient habituellement 80 personnes, n'auraient pu fournir de travail à 450 salariés, et que des travaux de réfection plus importants auraient rendu impossible la remise en route des fabrications à la fin de la grève, en pleine période de récolte, ce qui aurait dû conduire les juges du fond à justifier le non-paiement des salaires aux non-grévistes.

682. - *Appréciation in concreto.* La qualification de « situation contraignante » se réalise au regard de la situation réelle de l'entreprise. Ainsi, caractérise cette situation la cour d'appel qui a relevé « que l'accès à l'usine des wagons amenant les marchandises brutes et devant reprendre les marchandises finies était bloqué par des chaînes et un groupe d'hommes, que cette situation s'était maintenue malgré une ordonnance de référé faisant défense à quiconque de s'opposer à la libre circulation des marchandises et fournitures, que la moyenne de fabrication qui était de 55 000 kilogrammes le 23 octobre était tombée à 165 kilogrammes le 30 octobre, que malgré les efforts de la direction, la réalimentation de l'usine n'a pas été possible, et enfin que le manque de chauffage, d'air comprimé et l'absence de tous les ouvriers professionnels entraînaient des risques de défaut de fabrication, voire d'accidents »[619].

Cette solution traditionnelle, fondée sur l'exigence de bonne foi, a été confirmée ces dernières années[620], notamment en 2005 dans l'arrêt *Atofina* rendu par la chambre sociale de la Cour de cassation le 30 septembre 2005[621].

Une grève avait été décidée le 8 novembre 2001 dans l'établissement de Saint-Fons de la société Atofina pour s'opposer aux suppressions d'emploi prévues par un plan de restructuration. L'employeur avait fermé l'atelier de production et mis les salariés en chômage technique du 23 novembre au 6 décembre 2001, date à laquelle un protocole de fin de conflit avait été signé entre la direction et les syndicats CGT et CFDT.

Les non-grévistes avaient alors réclamé leurs salaires en justice, avec succès ; c'est ce que confirme dans cette affaire le rejet du pourvoi. Le juge prud'homal avait en effet constaté que l'employeur ne rapportait pas la preuve qu'il était dans l'impossibilité de fournir aux salariés non-grévistes des tâches supplétives en rapport avec l'exécution de leurs contrats de travail, même s'il avait été contraint, du fait de la grève, d'arrêter totalement les installations de l'atelier

(618) Cass. soc., 29 janv. 1981, n° 79-40.881 : *Bull. civ.* V, n° 78.

(619) Cass. soc., 11 juill. 1989, n° 86-42.020.

(620) Cass. soc., 30 sept. 2005, n° 04-40.193, *Sté Atofina* : *Bull. civ.* V, n° 277 ; *D.* 2005, 2548, obs. E. Chevrier ; *Dr. ouvrier* 2006, 19, avis J. Duplat, note F. Saramito ; *Dr. soc.* 2005, 589, obs. Ch. Radé. – Cass. soc., 18 janv. 2017, n° 15-23.986.

(621) Cass. soc., 30 sept. 2005, n° 04-40.193, préc.

de production pour des impératifs de sécurité. Il avait donc pu décider qu'il ne se trouvait pas dans une situation contraignante justifiant la mise du personnel en chômage technique et qu'il devait payer leur rémunération à tous les salariés qui s'étaient tenus à sa disposition.

2) Remèdes

683. – Mise en congés annuels de non-grévistes ? Face au blocage d'une partie de l'entreprise et pour ne pas avoir à payer des non-grévistes matériellement empêchés de travailler, l'employeur peut être tenté de contraindre ces salariés à prendre leurs congés annuels.

Si cette pratique n'est pas illicite en elle-même, elle se heurte aux règles applicables à la détermination des congés et singulièrement aux dispositions de l'article L. 3141-16 du Code du travail. Rappelons qu'aux termes de ce texte, l'employeur « ne peut, sauf en cas de circonstances exceptionnelles, modifier l'ordre et les dates de départ moins d'un mois avant la date de départ prévue ». Or, souvent, il pourrait être tenté de mettre en congés les salariés sans attendre ce délai d'un mois, ou alors être tenté d'invoquer la grève d'une partie du personnel comme « circonstance exceptionnelle ». On le comprend aussitôt, l'enjeu du questionnement est de taille, car si l'on accepte de considérer que l'employeur peut mettre le personnel non gréviste en congé d'un jour sur l'autre, l'impact de la grève s'en trouve assez sensiblement atténué.

La Cour de cassation montre que cette manœuvre n'a que peu de chances de rencontrer l'aval des tribunaux, comme le montre un arrêt publié rendu par la chambre sociale de la Cour de cassation le 2 mars 2022[622].

Un préavis de grève illimité avait été déposé par plusieurs organisations syndicales de la société Orano cycle, qui exploite à La Hague un centre de traitement de combustibles employant environ 3 170 salariés. Le site avait été affecté par une grève jusqu'au 18 janvier 2018. À compter du 1er janvier 2018, l'employeur avait imposé aux salariés non grévistes de prendre des congés au cours des deux premières semaines de janvier en invoquant la paralysie du site en raison de la grève, laquelle faisait suite à une période de maintenance de deux mois.

Le syndicat FO de l'Énergie Nucléaire de La Hague avait saisi le tribunal de grande instance d'une demande tendant à la reconnaissance de l'illicéité de cette mesure, et avait obtenu gain de cause, ce que confirme la Haute juridiction par le rejet du pourvoi.

Pour justifier le placement d'office en congés annuels, la direction de l'entreprise faisait tout d'abord valoir que la mesure ne concernait que les jours de congés au-delà de la quatrième semaine de congés payés, ce qui rendait la mesure licite. Telle n'est pas l'opinion de la Cour de cassation qui observe que l'article L. 3141-16 du Code du travail n'opère aucune distinction entre « les quatre premières semaines et la cinquième semaine de congés », ni aucune distinction d'ailleurs entre les congés d'origine légale et ceux d'origine conventionnelle. La solution est justifiée (la cour d'appel ayant décidé « à bon droit ») dans la mesure où effectivement la loi ne distingue pas, et où la Cour de cassation aujourd'hui a tendance à élargir les règles protectrices du droit aux congés, et plus largement en matière de durée du travail, au-delà des règles minimums de la directive 2003/88/CE.

L'employeur essayait également de convaincre le juge que la grève d'une partie du personnel créait une situation exceptionnelle l'autorisant à se dispenser du délai de prévenance d'un mois. Là encore la cour d'appel avait souverainement considéré le contraire, au regard des circonstances de l'espèce, et l'on peut d'ailleurs considérer ici que les « circonstances exceptionnelles » de l'article L. 3141-16 du Code du travail, et la « situation contraignante » du régime des conflits collectifs, définissent un même niveau de contraintes pour l'entreprise, qui n'était certainement pas atteint ici.

(622) Cass. soc., 2 mars 2022, n° 20-22.261, publié.

684. - **Mise en chômage technique.** L'employeur doit fermer l'entreprise, ou interrompre formellement l'activité, s'il veut pouvoir ensuite bénéficier du caractère exonératoire de la situation contraignante[623]. Il ne peut continuer l'activité, même de manière réduite, puis invoquer la situation contraignante pour réduire la rémunération des salariés. La jurisprudence a donc mis en place un système de tout ou rien qui ne connaît aucune situation intermédiaire, et qui, de ce point de vue là, correspond bien au mode opératoire de la force majeure.

La même solution a été appliquée à deux salariés mis à disposition d'une entreprise en grève, dès lors que bien qu'ils n'aient pas exécuté leur travail, il leur avait néanmoins prescrit de rester à la disposition de cette entreprise pour le cas où la grève cesserait, de sorte que l'exécution de leur contrat de travail n'avait pas été suspendue et qu'ils n'avaient pas été mis en chômage technique par leur propre employeur[624].

2° Sort des primes réservées aux non-grévistes

a) Primes de fin de conflit

685. - **Finalité.** Les grévistes peuvent être tentés de négocier, pour leur seul bénéfice, des avantages de fin de conflit qui dépasseront l'éventuel « paiement des jours de grève » qui divise toujours les acteurs[625], et d'en exclure les non-grévistes pour éviter ce que l'on appelle le phénomène des « passagers clandestins » (*free rider*), ces salariés qui profitent des retombées de la grève sans en avoir supporté les risques[626].

686. - **Non-discrimination en raison de l'exercice du droit de grève.** Si grévistes et non-grévistes ne se trouvent pas dans la même situation au regard de l'objet de la prime, alors ils pourront être traités différemment. L'accord de fin de conflit peut prévoir le paiement de tout ou partie des jours de grève, sans qu'il n'y ait ici atteinte au principe de non-discrimination en raison de l'exercice (positif ou négatif) du droit de grève puisque les grévistes ont été privés de leur salaire, alors que les non-grévistes ont continué de le percevoir. L'employeur pourra d'ailleurs prévoir le versement d'une prime exceptionnelle au seul bénéfice des non-grévistes en raison des circonstances exceptionnelles dans lesquelles ils ont été amenés à remplacer leurs collègues grévistes pendant la durée du conflit[627] et ont fait face à un surcroît de travail[628].

Mais il n'est pas possible de réserver le bénéfice des avantages étrangers aux conditions dans lesquelles le conflit s'est déroulé, aux seuls grévistes[629], ni verser aux non-grévistes une prime destinée uniquement à les remercier pour ne s'être pas joints au mouvement, même si généralement le véritable motif sera masqué et l'employeur justifiera les conditions d'attributions par un faux motif. Les demandeurs devront

(623) Cass. soc., 22 avr. 1985, n° 82-41.861 : *Bull. civ.* V, n° 242.

(624) Cass. soc., 4 janv. 1978, n° 76-40.285 : *Bull. civ.* V, n° 2.

(625) Certains considèrent que le paiement des jours de grève permet à l'employeur d'acheter la reprise du travail, et que le propre de la grève est précisément de briser la dépendance par l'argent. D'autres au contraire considèrent que le paiement de tout ou partie des jours de grève constitue un geste symbolique de reconnaissance de la légitimité des revendications. Plus prosaïquement le paiement des jours de grève atténue l'impact économique individuel du conflit, surtout lorsque la grève a duré.

(626) Sur le sujet lire M. Olson, *Logique de l'action collective*, PUF, 1978. – J.-D. Reynaud, *Sociologie des conflits du travail*, PUF, 1982.

(627) Cass. soc., 8 janv. 1981, n° 79-41.253 : *Bull. civ.* V, n° 8. – Cass. soc., 3 mars 2009, n° 07-44.676.

(628) Cass. soc., 3 mai 2011, n° 09-68.297.

(629) Cass. soc., 2 mars 1994, n° 92-41.134, publié : *Dr. soc.* 1994, 523, note J.-E. Ray. – Cass. soc., 5 juill. 2005, n° 03-45.615, publié. – Cass. soc., 8 avr. 2009, n° 07-44.878, *Sté Mory Team*.

alors démontrer l'insincérité de ce faux motif neutre. C'est ce qu'illustre parfaitement un arrêt rendu par la chambre sociale de la Cour de cassation le 1er juin 2010[630].

Dix-sept salariés, employés par la société SAFEN, avaient participé à un mouvement de grève du 1er au 6 juin 2007. Ils avaient saisi le conseil de prud'hommes pour demander la condamnation de l'employeur à payer, pour douze d'entre eux, la somme de 150 € à titre de prime exceptionnelle, et pour tous, des dommages-intérêts en réparation du préjudice causé par l'absence de paiement ou le retard dans le paiement de cette prime.

Condamné en appel, l'employeur faisait valoir que les non-grévistes ayant travaillé au cours du conflit avaient dû, en plus de l'accomplissement de leurs tâches habituelles, accueillir, orienter et organiser le travail de leurs collègues extérieurs qui n'avaient aucune connaissance de l'établissement et de l'organisation du travail en son sein, cette démarche étant au demeurant accomplie pour éviter le risque de perdre un client important de l'entreprise.

Le pourvoi est rejeté. Le conseil de prud'hommes avait en effet constaté que n'étaient exclus du paiement de la prime que les seuls salariés ayant participé à la grève, et que le motif d'attribution de la prime qui avait été avancé par l'employeur était factice.

Face à un motif en apparence neutre, et lorsqu'il n'est pas possible de démontrer son caractère factice, les grévistes peuvent tenter de démontrer que ce critère conduit à une discrimination indirecte en excluant de fait une part proportionnellement plus importante de grévistes, et sans que le critère neutre ne soit justifié, ni approprié, ni proportionné. C'est ce qui a été jugé dans une affaire ayant donné lieu à un arrêt rendu par la chambre sociale de la Cour de cassation le 9 juillet 2015[631].

À la suite d'un mouvement de grève ayant eu lieu du 21 au 26 octobre 2010, la société Mondadori Magazines France avait décidé que les salariés des titres qui avaient « bouclé » en temps et en heure subiraient une retenue de 50 % tandis que ceux dont les titres avaient « bouclé » en retard subiraient une retenue de 100 %. Onze salariés, travaillant au sein du magazine *Science et vie junior*, avaient subi une retenue de 100 % pour les jours de grève, ce qu'ils ont contesté, avec succès, devant la juridiction prud'homale. Cette solution est confirmée par le rejet du pourvoi.

Les arrêts avaient en effet retenu à bon droit que la mesure en cause instituait une discrimination indirecte en raison de l'exercice normal du droit de grève en ce qu'elle prend en compte le degré de mobilisation des salariés, selon les services, et ses conséquences sur le fonctionnement de l'entreprise et qu'elle ne peut être justifiée par des éléments objectifs étrangers à toute discrimination en raison de la grève dès lors que la parution en retard des magazines résulte des conséquences inhérentes à la cessation collective du travail.

687. – Non-discrimination syndicale. Compte tenu de la proximité entre l'exercice d'une activité syndicale et l'exercice du droit de grève, les tribunaux peuvent, à condition de prouver le motif syndical, condamner l'employeur qui fixe des règles d'attribution différentes selon que les salariés ont participé à la grève syndicale, ou pas. Cette preuve sera difficile à rapporter, comme le montre un arrêt rendu le 28 novembre 1978 par la chambre criminelle de la Cour de cassation[632].

Un chef d'établissement avait distribué à une partie de son personnel une « prime exceptionnelle » dont le bénéfice avait été presque exclusivement réservé aux salariés n'ayant pas participé à une grève déclenchée par deux organisations syndicales. Il avait de ce fait été poursuivi pour discrimination fondée sur l'activité syndicale, mais relaxé, ce que confirme le rejet du pourvoi. La cour d'appel s'était en effet fondée sur le fait que la prime était justifiée par le surcroît de travail en vue de maintenir la nécessaire ponctualité de livraisons intéressant la santé publique,

(630) Cass. soc., 1er juin 2010, n° 09-40.144, publié : *D.* 2010, 1565, obs. L. Perrin ; *Dr. soc.* 2010, 998, obs. Ch. Radé ; *JCP S* 2010, 1387, note A. Martinon.
(631) Cass. soc., 9 juill. 2015, n° 14-12.779, publié.
(632) Cass. crim., 28 nov. 1978, n° 77-92.236 : *Bull. crim.* n° 336.

et ce indépendamment de toute activité syndicale. Il existait au moins un doute sur l'intention qu'aurait eue la direction de prendre en considération l'activité syndicale pour l'attribution de cette prime.

b) Primes de non-recours à la grève

688. - Prime versée sous condition résolutoire. Le droit de grève est d'ordre public et il n'est pas possible d'y renoncer par avance, ni d'inciter les salariés à y renoncer moyennant finance. C'est ainsi qu'a été annulée une prime annuelle de « non-grève » ou « anti-grève »[633] ; cette prime de 1 000 € a été déclarée illicite en référé[634], ce qui a été confirmé par un arrêt rendu par la chambre sociale de la Cour de cassation le 16 février 2011[635].

À la fin du mois de janvier 2008, à la suite de l'échec des négociations annuelles obligatoires ouvertes en décembre 2007, un conflit avait opposé le personnel à la direction d'une entreprise de logistique qui a abouti à un débrayage le 7 février 2008 puis à une cessation d'activité, le 11 février. Le 12, l'ensemble du personnel s'était vu proposer la signature d'un document intitulé « Contrat de garantie de permanence de prestations chez Turbomeca » consistant en ce que, pour garantir à Turbomeca une permanence de prestation sur le site de Tarnos, l'entreprise s'engageait à verser ce jour à chaque salarié une avance permanente de 1 000 € en contrepartie de quoi le salarié s'engageait à maintenir la permanence de sa prestation, étant précisé que l'avance serait remboursée en cas de non-respect par le soussigné de ce contrat de garantie de permanence de prestations.

Saisi par le syndicat CFDT, le juge des référés de Dax a constaté l'existence d'un trouble manifestement illicite et ordonné l'annulation du document intitulé « Contrat de garantie de permanence des prestations chez Turbomeca ». À la suite de cette décision, trois salariés de l'entreprise ont saisi la juridiction prud'homale d'une demande à titre de dommages-intérêts pour obtenir réparation de leur préjudice propre, et ont obtenu gain de cause. C'est ce que confirme ici la Cour de cassation.

Ayant rappelé que l'employeur est tenu d'exécuter de bonne foi le contrat de travail, le conseil de prud'hommes avait en effet relevé que la société avait tenté de contourner le droit de grève garanti par la Constitution et utilisé des méthodes déloyales pour inciter le personnel à reprendre le travail en générant des tensions entre les salariés qui avaient signé le document et ceux qui l'avaient refusé, caractérisant ainsi un manquement de l'employeur à son obligation d'exécuter de bonne foi le contrat de travail et justifiant, indépendamment de l'annulation de la mesure illicite, des dommages-intérêts pour réparer le préjudice subi par les salariés eux-mêmes.

Cette dernière affaire est caricaturale dans la mesure où l'entreprise avait affiché, de manière assez cynique, son objectif d'inciter les salariés à renoncer à faire grève pour conserver le bénéfice de leur prime.

689. - Primes suspectes. Dans d'autres affaires, les choses sont faites avec un peu plus de discrétion et des primes peuvent être versées à certains salariés, sans qu'il soit possible de prouver qu'ils ont été choisis en raison de leur fidélité réitérée à l'entreprise. Dans cette hypothèse, et lorsqu'il n'est pas possible de relier plus précisément le versement de ces primes à des comportements précis, les collègues qui en ont été privés ne pourront certainement pas rapporter l'existence d'éléments de faits suffisamment précis pour accréditer la thèse d'une discrimination fondée sur l'exercice du droit de grève. Ils auront en revanche certainement plus de chance en invoquant une atteinte au principe d'égalité de traitement, car il leur suffira de montrer qu'ils se trouvent, sur le plan professionnel, placés dans la même situation que leurs collègues

(633) Pour reprendre le titre de l'étude de G.-H. Camerlynck, *La prime anti-grève : Dr. soc.* 1962, p. 36.
(634) TGI Dax, 15 avr. 2008, n° 08/00064.
(635) Cass. soc., 16 févr. 2011, n° 09-43.532, publié : *JCP* S 2011, 1288, note L. Drai.

bénéficiaires des primes litigieuses ou qu'ils effectuent le même travail, lorsqu'est en cause l'égalité de rémunération, pour renverser la charge de la preuve et contraindre l'employeur à expliquer au juge quels critères il a mobilisés. Mais encore faudra-t-il établir que les autres salariés avec lesquels il se compare sont placés dans la même situation que lui et que les juges du fond justifient suffisamment cette analyse comparée des situations, à défaut de quoi ils pourraient bien essuyer les foudres de la Cour de cassation. C'est ce qu'illustre parfaitement un arrêt inédit rendu par la chambre sociale de la Cour de cassation le 12 janvier 2022[636].

Un salarié avait occupé différentes fonctions, sous différents statuts, dans une entreprise de transport, avant d'y être embauché comme chauffeur en contrat à durée indéterminée. Il avait saisi la juridiction prud'homale afin d'obtenir la condamnation de son employeur à lui verser diverses sommes à titre de rappels de salaires et de primes dont il avait été privé. La cour d'appel lui avait donné raison, ce que confirme le rejet du pourvoi.

En appel, le salarié avait rapporté différents éléments troublants sur les véritables motivations de son employeur. Trois salariés de l'entreprise avaient en effet rapporté avoir entendu un directeur de filiales s'interroger sur la raison d'être de ces primes ; au cours d'une assemblée générale il avait affirmé qu'« une prime était octroyée à certains salariés », qu'« il ne trouvait pas ça normal », et qu'il « ignorait l'objectif de cette prime ». Il avait expliqué que cela allait être très compliqué pour lui de se faire respecter par les autres salariés qui ne comprenaient pas qu'il touchait une prime trimestrielle de 700 € pour accepter de venir travailler lorsque les autres se battaient pour garder leur emploi et que la direction lui avait formellement interdit de parler de la prime avec les représentants du personnel. Un des salariés qui avait bénéficié de la prime litigieuse avait reconnu l'avoir perçue tous les trois mois depuis 2013 jusqu'à son départ en retraite en avril 2016, *pour travailler en cas de grève*, et un bulletin de salaire faisant apparaître l'existence de cette prime trimestrielle est annexé à l'attestation, qu'il y est fait mention qu'il était chauffeur poids lourd. Il ressortait, par ailleurs, du procès-verbal d'une réunion du comité d'entreprise, qu'à la question posée à la direction, à savoir : « Pourquoi avoir octroyé des primes de 700 € à des chauffeurs, des régulateurs, R.E... », le représentant de la direction et la responsable des ressources humaines avaient répondu « qu'ils ne savaient pas », qu'à une nouvelle question sur la raison de leur suppression, il avait été répondu par la direction qu'elles « n'avaient pas d'utilité » et qu'il a été confirmé qu'elles avaient été versées depuis mars 2013 ainsi et qu'elles n'avaient plus cours.

La cour d'appel avait considéré ces éléments comme suffisants et que le salarié apportait des éléments de nature à établir l'inégalité de traitement. Telle n'est pas l'opinion de la Cour de cassation qui censure cet arrêt pour manque de base légale, la cour d'appel se voyant ici reprocher de ne pas avoir procédé « à une analyse comparée de la situation, des fonctions et des responsabilités effectivement exercées par le salarié et les autres salariés auxquels il se comparaît ».

On le comprend aussitôt, pour que l'employeur soit condamné il faudra prouver qu'il a porté atteinte au principe d'égalité de traitement, laquelle suppose que des critères excluant certains salariés ont été retenus par l'employeur, ce qui était le cas ici, caractérisant ainsi l'inégalité de traitement, mais encore que cette distinction ne vise pas à tenir compte d'une différence de situation entre les bénéficiaires, cette dernière devant être établie avec méthode (une « analyse comparée de la situation, des fonctions et des responsabilités effectivement exercées) et pas uniquement affirmée rapidement. Cette solution montre bien qu'en matière de discrimination comme d'atteinte au principe d'égalité de traitement, l'analyse de la situation respective des personnes dont on compare le traitement doit être menée avec la même rigueur[637].

(636) Cass. soc., 12 janv. 2022, n° 20-13.645.

(637) Sur la relative unité méthodologique pour établir les manquements aux deux principes, notre étude *L'égal, et le juste : retour sur la justification des différences de traitement*, in *Mél. en l'honneur de P.-Y. Verkindt*, LGDJ-Lextenso, 2022, p. 373-382.

c) Régime de l'activité partielle

690. – Intérêt. Autrefois qualifié de « chômage partiel », le régime de l'activité partielle permet à des salariés dont l'activité est ralentie ou interrompue de bénéficier d'un revenu de remplacement[638]. Ce dispositif a vocation à s'appliquer à l'occasion de la fermeture temporaire de l'entreprise ou de tout ou partie de son établissement ou partie d'établissement, mais aussi de réduction de l'horaire de travail. L'employeur, qui maintient alors le salaire, reçoit en compensation une allocation versée par l'État et l'organisme gestionnaire du régime d'assurance chômage.

691. – Licéité. Pour éviter que les entreprises n'utilisent ce dispositif pour faire financer par la collectivité le salaire des non-grévistes empêchés de travailler pendant la grève, l'article R. 5122-8 du Code du travail écarte du bénéfice de l'indemnité et de l'allocation d'activité partielle les salariés dont la réduction d'activité résulte d'un conflit collectif se produisant au sein de l'établissement auquel ils appartiennent. La solution s'applique aussi bien aux non-grévistes qu'aux grévistes[639]. L'application du régime peut toutefois être admise une fois la grève terminée le temps que l'employeur redémarre l'activité[640].

A contrario, l'activité partielle de salariés consécutive à un conflit survenant *dans un autre établissement que celui auquel ils appartiennent* est éligible à l'indemnisation, ce qui est logique puisque dans cette dernière hypothèse l'employeur ne peut être suspecté d'avoir instrumentalisé le conflit pour se soustraire à ses propres obligations. Le fait que cette autre entreprise appartienne à la même unité économique et sociale que l'entreprise concernée par la grève ne justifie pas le refus de faire bénéficier les salariés du régime de l'activité partielle[641].

Le recours au régime de l'activité partielle redevient possible en cas de mise en chômage technique de l'entreprise. Dans cette hypothèse, on considère également que la responsabilité de l'employeur dans la situation ne peut lui être imputée. La fermeture doit alors durer plus de trois jours et la décision incombe au ministre en charge du travail.

Code du travail

Art. R. 5122-8. – Ne peuvent bénéficier de l'allocation et de l'indemnité d'activité partielle les employeurs et leurs salariés quand la réduction ou la suspension de l'activité est provoquée par un différend collectif de travail intéressant l'établissement dans lequel ces salariés sont employés. Toutefois, dans le cas d'une fermeture de l'entreprise ou d'un service décidée par l'employeur suite à une grève, le versement des allocations et des indemnités peut être autorisé par décision du ministre chargé de l'emploi, si la fermeture se prolonge plus de trois jours.

(638) C. trav., art. L. 5122-1 et s. ; R. 5122-1 et s.
(639) L'application de ce régime aux grévistes semblerait d'autant plus aberrante que la non-perception du salaire résulte directement de l'exercice du droit de grève. La mise à l'écart les concernant a été rappelée par circulaire (Circ. DE n° 39/85, 15 juill. 1985).
(640) Circ. n° 39/85, 15 juill. 1985, préc.
(641) CE, 9 oct. 1992 : *D.* 1994, somm., p. 244, obs. D. Chelle et X. Prétot.

TITRE 3

LES ACTIONS COLLECTIVES DES EMPLOYEURS

692. - Prolégomènes. Même si le Code du travail n'a reconnu aucun droit spécifique aux employeurs pendant la durée des conflits collectifs, ces derniers puisent dans leur droit de propriété, la liberté contractuelle et le pouvoir de direction les armes nécessaires pour faire valoir leurs intérêts. Ils se heurteront toutefois au droit de grève garanti par la Constitution et qu'ils doivent respecter. Tout sera, ici comme ailleurs, question d'équilibre.

693. - Plan. Les employeurs disposent de toute une série d'actions pour réorganiser la production pendant le conflit (Chapitre 1). Ils peuvent également mobiliser un certain nombre de moyens spécifiques pour riposter et défendre leurs intérêts (Chapitre 2).

CHAPITRE 1 LA RÉORGANISATION DE LA PRODUCTION

694. - La grève comme contrainte économique. La grève empêche souvent l'entreprise d'honorer ses obligations vis-à-vis de ses clients, l'activité étant fortement ralentie, voire bloquée, mais également vis-à-vis de ses fournisseurs qu'elle ne sera pas toujours en mesure de payer si sa trésorerie ne le permet pas, voire de ses salariés si elle doit continuer de verser le salaire des non-grévistes alors que ces derniers ne pourraient plus travailler.

695. - L'analyse de la CJUE. La Cour de justice de l'Union européenne analyse la grève comme n'importe quelle circonstance venant empêcher l'entreprise de respecter ses engagements, comme elle l'a rappelé dans un arrêt rendu le 23 mars 2021 en matière de transport aérien[1], même si la nature constitutionnelle du droit de grève pèsera certainement sur les juges au moment de concilier les intérêts en présence.

Un passager avait réservé une place sur un vol intérieur reliant Malmö à Stockholm (Suède). Ce vol fut annulé en raison de la grève de ses pilotes dans le cadre de la renégociation de l'accord les liant à leur compagnie aérienne. Ce passager mit en cause la responsabilité de la compagnie qui refusa de lui rembourser son billet, considérant que la grève constituait une circonstance extraordinaire qui n'aurait pas pu être évitée, même si toutes les mesures raisonnables avaient été prises, eu égard au caractère exorbitant des exigences d'augmentation des salaires émanant des syndicats des pilotes, caractérisant ainsi l'existence d'une « circonstance extraordinaire », au sens de l'article 5, paragraphe 3, du règlement n° 261/2004.

Dans cette affaire, la grève en cause présentait un caractère parfaitement normal : « 30. Ainsi, une grève dont l'objectif se limite à obtenir d'une entreprise de transport aérien une augmentation du salaire des pilotes, une modification de leurs horaires de travail, ainsi qu'une plus grande prévisibilité en matière de temps de travail constitue un événement inhérent à l'exercice normal de l'activité de cette entreprise, en particulier lorsqu'une telle grève est organisée dans un cadre légal ».

Cette normalité de la grève la rend d'ailleurs prévisible, comme cela résulte d'une jurisprudence constante de la Cour de cassation en droit français, ce qui écarte *a priori* la qualification de force majeure :

« 32. À cet égard, il y a lieu de relever, premièrement, que, dès lors que la grève constitue, pour les travailleurs, un droit garanti par l'article 28 de la Charte, le fait que ceux-ci s'en prévalent et déclenchent en conséquence un mouvement en ce sens, doit être considéré comme relevant de l'ordre du prévisible pour tout employeur, notamment lorsqu'une telle grève est précédée d'un préavis ».

Par ailleurs, la grève ne présente pas de caractère irrésistible compte tenu du fait qu'elle vise à contraindre l'employeur à négocier, et satisfaire, les revendications professionnelles des grévistes :

(1) CJUE, Gde ch., 23 mars 2021, aff. C-28/20, *Airhelp Ltd c/ Scandinavian Airlines System Denmark – Norway – Sweden*. – CJUE, 6 oct. 2021, aff. C-613/20, *CS c/ Eurowings GmbH*.

« 35. (...) dès lors que la survenance d'une grève constitue un événement prévisible pour l'employeur, celui-ci a, en principe, les moyens de s'y préparer et, le cas échéant, d'en atténuer les conséquences, de sorte qu'il conserve, dans une certaine mesure, la maîtrise des événements. (...)

37. Dès lors, afin de garantir l'effet utile de l'obligation d'indemnisation consacrée à l'article 7, paragraphe 1, du règlement n° 261/2004, une grève du personnel d'un transporteur aérien effectif ne saurait être qualifiée de "circonstance extraordinaire", au sens de l'article 5, paragraphe 3, de ce règlement, lorsque cette grève est liée à des revendications afférentes aux relations de travail entre ledit transporteur et son personnel, susceptibles d'être traitées dans le cadre du dialogue social interne à l'entreprise. Or, tel est précisément le cas de la négociation salariale ».

Enfin, le juge national n'a pas à tenir compte du caractère déraisonnable des revendications :

« 38. Ce constat ne saurait d'ailleurs être remis en cause par le caractère éventuellement déraisonnable ou disproportionné des revendications formulées par les grévistes ou encore par leur refus d'une proposition de conciliation puisque, en tout état de cause, la détermination du niveau des salaires relève du champ des relations de travail entre l'employeur et ses travailleurs ».

Les grèves « internes » étant des événements « normaux », elles ne sauraient donc présenter de caractère exonératoire pour l'entreprise :

« 44. En revanche, une grève déclenchée et suivie par des membres du propre personnel de l'entreprise de transport aérien concernée constitue un événement "interne" à cette entreprise, y compris s'agissant d'une grève déclenchée à l'appel de syndicats, dès lors que ceux-ci interviennent dans l'intérêt des travailleurs de ladite entreprise ».

Toutefois, les grèves « politiques » portant sur des revendications qui ne peuvent être satisfaites que par les pouvoirs publics peuvent présenter un caractère exonératoire :

« 45. Si toutefois une telle grève trouve son origine dans des revendications que seuls les pouvoirs publics peuvent satisfaire et qui, dès lors, échappent à la maîtrise effective du transporteur aérien concerné, elle est susceptible de constituer une « circonstance extraordinaire ».

696. - Mesures licites. L'employeur peut être amené, s'il veut continuer à produire pour honorer ses engagements à l'égard de ses fournisseurs, clients et salariés non grévistes, et dans le cadre de sa liberté d'entreprendre, à réorganiser sa production (Section 1). Le législateur, et la jurisprudence, ont dû préciser ce qu'il était en droit de faire, et ce qui lui était interdit (Section 2).

SECTION 1 LA NÉCESSITÉ DE RÉORGANISER LA PRODUCTION

§ 1. - Secteur privé

697. - Objectif de la grève. Le propre de la grève est d'inverser le rapport de force entre salariés et employeurs et de faire peser sur l'entreprise une menace économique et financière, celle de la perte de clientèle et de marché. Une grève efficace est donc une grève qui coûte cher à l'entreprise, ce qui suppose que les pertes pendant et après la grève doivent être supérieures aux économies réalisées sur les salaires qui ne seront plus versés pendant le conflit. Il est donc particulièrement important de déterminer dans quelle mesure la grève est de nature à suspendre, ou non, les obligations et les différentes charges pesant sur l'entreprise vis-à-vis de tous ses créanciers, extérieurs (fournisseurs et clients) qu'intérieurs (non-grévistes).

698. - **La distinction de la grève et de la force majeure.** La position traditionnelle de la doctrine et de la jurisprudence est le refus de l'assimilation de la grève à la force majeure non seulement dans les rapports avec les autres salariés non grévistes de l'entreprise, mais également vis-à-vis des tiers à celles-ci, clients ou fournisseurs[2].

L'explication tient à plusieurs facteurs. La grève est généralement précédée de nombreux signes avant-coureurs[3] et elle est donc prévisible. L'employeur peut toujours faire cesser le conflit en trouvant un accord avec les grévistes ou en externalisant la production, et ce même si cela entraîne une hausse importante des coûts de production[4], ce qui enlève à la grève son caractère insurmontable. Il est par ailleurs rare que la grève, par son ampleur, paralyse l'ensemble de l'activité de l'entreprise et bloque totalement la production, ce qui n'empêche pas totalement l'employeur de poursuivre son activité[5].

On ajoutera à cela, mais l'argument a perdu de sa pertinence depuis l'abandon du critère de l'extériorité par la Cour de cassation en 2006[6], que la grève concernant le personnel de l'entreprise, il ne saurait s'agir, sauf si les motifs lui sont clairement étrangers[7], d'un événement extérieur à la sphère d'autorité de l'employeur.

699. - **Application jurisprudentielle.** Ce principe est régulièrement rappelé en jurisprudence, tant sur le plan contractuel que délictuel[8]. La Cour de cassation n'est pas hostile par principe à qualifier la grève de force majeure, mais elle exige des juges du fond qu'ils caractérisent, au cas par cas, précisément les critères d'imprévisibilité et d'irrésistibilité[9].

Dans un arrêt en date du 19 octobre 2022, la chambre commerciale de la Cour de cassation a refusé de considérer comme justifiée, au titre de la force majeure, la rupture brutale de la relation entre commissionnaire et sous-traitant en raison de la grève de la SNCF, événement ni imprévisible ni d'une ampleur spécifique[10].

La société LKW Walter Internationale Transportorganisation AG, commissionnaire de transport, avait confié à la société THL, qui exerce une activité de transport routier de marchandises, la charge d'assurer la prestation des derniers kilomètres par camion de la ligne intermodale

(2) La Cour de justice de l'Union européenne n'a pas dit autre chose en 2021 lorsqu'elle s'est prononcée sur son caractère exonératoire au regard des règles qui gouvernent la responsabilité du transporteur aérien : CJUE, 6 oct. 2021, aff. C-613/20, *CS c/ Eurowings GmbH*, § 20.

(3) Cass. req., 24 juin 1925 : *DH* 1925, p. 486. – Cass. com., 12 nov. 1969 : *JCP* G 1971, II, 16791, note E. du Pontavice et M. de Juglart. – CA Lyon, ch. civ. 3, 9 sept. 2004, *Sarl Doukiss c/ Roche ès qualités de mandataire liquidateur de la société Supervox automotive : JurisData* n° 2004-250388 : la grève faisait suite à une décision prise par les responsables de fermer le site pour le délocaliser. Il n'est pas possible de retenir que cet événement était imprévisible, la société ne pouvant ignorer qu'une telle décision était susceptible d'entraîner un mouvement social d'une telle ampleur. Les conséquences de la grève auraient pu être anticipées si le client avait été informé de la fermeture de l'établissement.

(4) Cass. com., 12 nov. 1969, préc.

(5) Cass. 1re civ., 31 mai 1989 : *RTD civ.* 1989, p. 489, obs. P. Jourdain.

(6) Cass. ass. plén., 14 avr. 2006 : *D.* 2006, p. 1577, note P. Jourdain, p. 1566, chron. D. Noguéro ; *JCP* G 2006, II ; 10087, note P. Grosser.

(7) Confirmé par la CJUE en 2021, décision préc.

(8) Cass. 2e civ., 18 oct. 1967 : *JCP* G 1968, II, 15430, note P. Durand. – *Contra* Cass. 2e civ., 7 mars 1966 et Cass. com., 28 févr. 1966 : *JCP* G 1966, II, 14878, note J. Mazeaud.

(9) Cass. com., 7 janv. 1997 : *D.* 1997, IR, p. 54.

(10) Cass. com., 19 oct. 2022, n° 21-14.880, *LKW Walter c/ THL*. S'agissant de la grève dans le transport routier, N. Hilal, *Transport routier : un poids lourd des mobilisations en Europe, in Le conflit en grève ? Tendances et perspectives de la conflictualité contemporaine*, éd. La Dispute, coll. « L'état des lieux », 2005, p. 269-289.

entre Milan et Paris, à raison de quatre camions dédiés, les conditions tarifaires étant négociées annuellement. À compter de mai 2016, à la suite d'une grève affectant les transports assurés par la SNCF en mars 2016, la société LKW avait décidé de réduire l'affrètement de quatre à deux camions de la société THL. La relation a cessé définitivement à compter du 31 mars 2017. Reprochant à la société LKW une rupture brutale de la relation commerciale établie, la société THL l'a assignée en réparation de ses préjudices. Cette dernière se défendait en qualifiant de force majeure la grève survenue à la SNCF et l'ayant contrainte à réduire, puis interrompre, ses prestations, mais elle avait été déboutée en appel, ce que confirme le rejet du pourvoi.

Pour la Haute juridiction en effet, « après avoir rappelé que seul un événement présentant un caractère imprévisible lors de la conclusion du contrat et irrésistible dans son exécution est constitutif d'un cas de force majeure, et que ces critères devaient s'apprécier à la date à laquelle la relation commerciale entre les parties avait débuté, puis lors de la renégociation annuelle des prix et de l'ajustement des tarifs aux spécificités du marché, l'arrêt retient que la société LKW ne conteste pas sa dépendance à l'égard de la SNCF, inhérente à son activité, et qu'il est établi que la société LKW invoquait cette dépendance dans le cadre de la négociation des tarifs annuels, notamment en raison des mouvements de grèves de 2010 et 2013, et refusait, pour cette raison, de s'engager sur une période de plus de 21 jours de prestations par mois ». La société LKW avait ainsi anticipé la survenance d'un mouvement de grève de la SNCF dans le cadre de sa relation contractuelle avec la société THL et la survenance d'une telle grève, dont il n'est pas soutenu qu'elle était spécifique dans son ampleur et sa durée, ne revêtait pas à son égard le caractère de l'imprévisibilité.

700. - Exceptions particulières. Des textes particuliers peuvent prévoir le caractère exonératoire de la grève, à l'instar de l'article L. 5422-12 du Code des transports aux termes duquel : « Le transporteur est responsable des pertes ou dommages subis par la marchandise depuis la prise en charge jusqu'à la livraison, à moins qu'il prouve que ces pertes ou dommages proviennent (...) 4° De grèves ou *lock-out* ou d'arrêts ou entraves apportés au travail pour quelque cause que ce soit, partiellement ou complètement ».

§ 2. - Entreprises chargées de la gestion d'un service public

A. - Situation générale

701. - Contraintes particulières. Les entreprises qui gèrent un service public sont soumises à des contraintes juridiques particulières qui peuvent conduire les tribunaux à abaisser les standards de la force majeure[11]. Classiquement d'ailleurs, le Conseil d'État accepte de considérer que le titulaire d'un marché public empêché de respecter son délai d'exécution à la suite d'une grève peut reporter le terme initial[12]. Il se montre également peu enclin à condamner l'administration lorsque cette dernière a failli à ses missions à la suite d'une grève de ses agents[13]. Plusieurs exemples montrent à quel point les tribunaux sont sensibles aux circonstances dans lesquelles les entreprises soumises à des contraintes de service public sont empêchées de satisfaire leurs clients normalement à la suite d'une grève de leur personnel.

(11) La tendance est ancienne : T. com. Seine, 2 juin 1947 : *Dr. soc.* 1948, note A. Weil ; *RTD civ.* 1948, p. 67, obs. H. et L. Mazeaud.

(12) CE, 29 janv. 1909, *Cie des messageries maritimes : Lebon*, p. 120.

(13) En ce sens P. Terneyre, *Grève dans les services publics : Rép. trav.* Dalloz, n° 454.

B. - Illustrations

1° EDF

702. - Exonération admise. À plusieurs reprises la Cour de cassation a été amenée à dire si la responsabilité contractuelle d'EDF vis-à-vis de ses clients pourrait être affectée par l'origine des délestages entraînés par des grèves empêchant l'exécution normale de ses missions.

703. - Illustrations. Une réponse positive avait été apportée à la fin des années 1960, qui a été confirmée en 1983[14]. Le rejet de la force majeure tenait, dans ces différentes affaires, à l'imprévisibilité de la grève à la date de conclusion des contrats de fournitures (puisqu'en matière de responsabilité contractuelle, la prévisibilité s'apprécie toujours à la date de conclusion de l'acte), au fait que les motifs de la grève étaient étrangers à l'entreprise, puisqu'il s'agissait de protester contre des mesures gouvernementales, et qu'elle présentait un caractère insurmontable dès lors que l'entreprise ne pouvait pas satisfaire les revendications des grévistes et ne pouvait pas fournir de personnel de remplacement.

L'arrêt de chambre mixte rendu par la Cour de cassation le 4 février 1983 fournit une excellente illustration de la manière de raisonner du juge civil.

La société anonyme Otic Fischer Porter, titulaire depuis le 31 janvier 1968 d'un contrat d'abonnement souscrit auprès d'EDF pour la fourniture d'énergie électrique, l'avait assignée en juin 1978 en réparation du préjudice que lui avaient causé des coupures de courant pratiquées en décembre 1977 au cours de mouvements revendicatifs de son personnel.

La cour d'appel l'avait déboutée de ses demandes, au motif qu'il existait en l'espèce un cas de force majeure exonératoire de responsabilité.

Telle n'était pas l'opinion de la société qui, pour obtenir la cassation de l'arrêt, faisait valoir que le débiteur n'est dispensé de remplir son obligation que lorsque l'événement invoqué était imprévisible lors de la formation du contrat ; or, les magistrats ne précisaient pas en quoi EDF s'était trouvée dans l'impossibilité, lors de la conclusion du contrat de 1968, de prévoir des interruptions de travail entraînant des coupures de courant.

Le pourvoi est rejeté. Pour la Haute juridiction en effet, « si l'événement invoqué par EDF était imprévisible, la cour d'appel a retenu que le mouvement revendicatif qui avait rendu nécessaires les interruptions de courant intervenues dans l'entreprise, en décembre 1977, avait été décidé par les organisations syndicales et par la majorité des employés en raison de nouvelles et récentes directives gouvernementales en matière de salaires ; qu'elle en a conclu que la cause de ces interruptions de travail était "imprévisible évidemment lors de la conclusion du contrat, le 31 janvier 1968" », justifiant ainsi sa décision.

704. - Possible responsabilité pour faute. Même lorsque EDF s'exonère de son obligation de fourniture, une décision isolée a considéré que l'entreprise pouvait voir sa responsabilité civile engagée pour n'avoir pas informé ses clients de l'impact de la grève de ses agents sur sa capacité, ou son incapacité, à honorer ses engagements[15].

2° Ports autonomes

705. - Exonération admise. La jurisprudence a subi une évolution notable à la fin des années 1990 jusqu'à l'admission de la possibilité de s'exonérer en 1996[16].

(14) Cass. ch. mixte, 4 févr. 1983 : *D.* 1984, somm., p. 165, obs. J. Goineau. – Cass. 1re civ., 31 janv. 1995 : *D.* 1995, somm., p. 229, obs. P. Delebecque.
(15) TI Saint-Denis, 25 août 1983 : *D.* 1985, p. 26, note J.-Y. Choley-Combe. Échappant en revanche à une condamnation : CA Lyon, 8 nov. 1979 : *D.* 1980, IR, p. 441.
(16) Cass. soc., 11 juin 1996 : *Dr. soc.* 1997, p. 377, note P.-H. Antonmattei.

Avant cette date c'est le défaut d'extériorité de la cause qui empêchait l'exonération, les juges du fond étant invités à rechercher « si les décisions de l'autorité de tutelle avaient entraîné pour le Port autonome un véritable état de contrainte, de nature à la mettre dans l'impossibilité absolue d'exécuter ses obligations »[17].

Après 1993 la Cour de cassation s'est focalisée sur l'irrésistibilité de la grève, les juges devant déterminer « si le fait que ses salariés avaient cessé le travail sans préavis, parfois même en cours d'exécution du contrat, ne conférait pas un caractère imprévisible et irrésistible aux mouvements de grève et n'était pas de nature à mettre le Port autonome dans l'impossibilité absolue d'exécuter ses obligations par l'effet d'une cause étrangère qui ne lui serait pas imputable »[18].

La solution fut confirmée par la chambre sociale de la Cour de cassation dans un arrêt du 11 juin 1996[19].

Pour leur permettre d'exécuter les opérations d'acconage commandées par les armements, le Port autonome de Marseille mettait contractuellement à disposition des entreprises de manutention des grues manœuvrées par son personnel. Le 20 janvier 1990, sans préavis, l'ensemble des grutiers a cessé le travail de 10 heures à 12 heures, puis de 17 heures à 20 heures. Le Syndicat des entrepreneurs de manutention portuaire de Marseille et de Fos, la Société industrielle de trafic maritime et la Société moderne de transbordement, faisant valoir qu'ils avaient dû rémunérer inutilement les dockers qui avaient été engagés pour ces périodes et qui avaient été réduits à l'inactivité, ont assigné le Port autonome en réparation de leurs préjudices. Celui-ci, pour s'exonérer de sa responsabilité, a soutenu que ces grèves illicites constituaient un cas de force majeure, ce qui fut admis en appel dans la mesure où l'interruption de travail des grutiers, survenue dans des conditions qui n'autorisaient aucune mesure utile pour en pallier les conséquences, présentait un caractère imprévisible et irrésistible de nature à mettre le Port dans l'impossibilité absolue d'exécuter ses obligations par l'effet d'une cause étrangère.

C'est ce que confirme le rejet du pourvoi. Pour la Cour de cassation en effet, les grutiers qui avaient travaillé en début de matinée et d'après-midi avaient subitement, dans des conditions illicites, décidé de cesser leur activité pendant une courte durée n'autorisant aucune mesure utile pour pallier les conséquences de leur comportement, caractérisant ainsi une cause étrangère au Port autonome l'exonérant des obligations contractées envers les entreprises de manutention concernées.

3° SNCF

706. - Illustrations d'exonérations. Les exemples d'exonérations sont assez nombreux dans des cas où la société « s'était adressée au parquet en vue de faire cesser les infractions et identifier leurs auteurs »[20], ou lorsque la grève était dirigée contre le Gouvernement, démontrant que « la maîtrise de ces projets échappait à la SNCF qui n'avait pas la possibilité de négocier avec les grévistes ni de satisfaire leurs revendications », comme l'a jugé la chambre sociale de la Cour de cassation dans un arrêt du 11 janvier 2000[21].

La société Automobiles Peugeot et la société Automobile Citroën se plaignaient de l'immobilisation de leurs véhicules sur les trains de la SNCF ou dans leurs centres de production ainsi que des retards de livraison à leurs clients, au cours du mouvement de grève qui a paralysé le trafic ferroviaire du 23 novembre au 19 décembre 1995, et l'avaient assignée pour obtenir

(17) Cass. 1re civ., 31 mai 1989 : *RTD civ.* 1990, p. 488, n° 4, obs. P. Jourdain.
(18) Cass. 1re civ., 6 oct. 1993 : *JCP* G 1993, II, 22154, note P. Waquet ; *JCP* E 1994, II, 600, note P.-H. Antonmattei.
(19) Cass. soc., 11 juin 1996, préc.
(20) Cass. 2e civ., 9 juill. 1997, *Sté GIE Agroma et a. : D.* 1997, IR, p. 207.
(21) Cass. soc., 11 janv. 2000, n° 97-18.215, publié.

l'indemnisation de leur préjudice. Elles furent déboutées, la SNCF ayant avec succès invoqué la force majeure.

C'est ce que confirme le rejet du pourvoi.

Pour la Cour de cassation en effet, il résultait des constatations des juges du fond que la grève avait été déclenchée, non pas pour soutenir des revendications concernant directement la SNCF, mais pour contester les projets du Gouvernement concernant le régime de la sécurité sociale et ses répercussions sur le régime spécial de retraite des cheminots. Après avoir relevé que la maîtrise de ces projets échappait à la SNCF qui n'avait pas la possibilité de négocier avec les grévistes ni de satisfaire leurs revendications, la cour d'appel avait donc pu retenir l'existence d'un fait extérieur à la SNCF susceptible de caractériser la force majeure.

Ensuite, nul ne pouvait prévoir, au moment où le préavis de la grève a été déposé, que le mouvement durerait plus d'un mois et paralyserait aussi bien l'entreprise que la vie économique du pays tout entier. Même au moment où des prises en charge avaient été effectuées postérieurement au déclenchement de la grève, l'ampleur et la durée de celle-ci présentaient ainsi un caractère imprévisible.

Enfin, la réquisition était impossible en raison des menaces qu'elle aurait fait peser sur la cohésion sociale. Le recours à une procédure judiciaire d'expulsion était purement illusoire. Le recours à un personnel de remplacement était techniquement interdit en raison de la spécificité du matériel ferroviaire. L'organisation d'un transport routier de substitution, eu égard au nombre de véhicules en cause, n'aurait pas permis de pallier les effets de la grève.

4° La Poste

707. - Appréciation *in concreto* des conditions d'exonération. Les juridictions du fond se livrent, ici comme ailleurs, à un examen des conditions réelles du conflit pour déterminer si La Poste a été empêchée d'exécuter ses missions, ce qui conduira soit à la condamner[22], soit au contraire à l'exonérer dès lors que le personnel a répondu à un mot d'ordre national, que les revendications, dirigées contre un projet gouvernemental, ne peuvent être satisfaites par des négociations internes à l'entreprise puisque son issue dépend de décisions d'ordre politique, et présente un caractère insurmontable[23].

SECTION 2 LES MESURES DE RÉORGANISATION DE LA PRODUCTION

708. - Présentation. Le législateur est intervenu à plusieurs reprises pour protéger l'exercice du droit de grève et interdire aux employeurs d'avoir recours à certaines catégories de salariés pour assurer le remplacement des grévistes (§ 1). Tout ce qui n'est pas interdit étant autorisé, l'employeur dispose de moyens humains pour faire face à la grève (§ 2).

(22) CA Aix-en-Provence, 1re ch. civ. A, 12 déc. 2000 : *D.* 2002, 607, note K. Fehrenbach-Andréani.

(23) CA Versailles, 12e ch., sect. 2, 13 sept. 2001, n° 01-768, *La Poste c/ Sté AOC Direct : BICC* 1er avr. 2002, 553, n° 350.

§ 1. – Mesures interdites

A. – Recours à des travailleurs précaires

1° Principe

709. – Liste des cas interdits. La loi interdit de remplacer les salariés empêchés de travailler en raison d'un conflit collectif par des salariés ayant conclu un contrat de travail à durée déterminée (C. trav., art. L. 1242-6), des intérimaires (C. trav., art. L. 1251-10) ou des salariés en portage salarial (C. trav., art. L. 1254-4-I).

710. – Entreprises concernées. Ces interdictions s'appliquent à toutes les entreprises privées, même si elles gèrent un service public, comme La Poste[24]. Elles ne concernent pas l'État, ni les collectivités locales, ni les hôpitaux publics.

2° Étendue de l'interdiction

a) Situation dans le secteur privé

711. – Glissements. L'affectation, par glissements, de salariés recrutés avant le conflit sur des postes de salariés absents pour d'autres motifs que la grève, est licite[25], ce qui conforte la règle générale selon laquelle il n'est jamais obligatoire d'affecter le remplaçant sur le poste même du salarié remplacé[26].

712. – Limites. Ce glissement ne doit toutefois impliquer aucune augmentation de la durée de travail pour laquelle le salarié avait été recruté ; c'est ce qui résulte d'un arrêt rendu par la chambre sociale de la Cour de cassation le 2 mars 2011[27].

La société Aeropass avait eu recours pendant des grèves en mars 2007 à des intérimaires engagés dans l'entreprise à compter du mois d'octobre 2006 par contrats de mission. Estimant que la société avait porté atteinte au droit de grève des salariés, la Fédération nationale des transports et de la logistique Force ouvrière fédération (le syndicat FO) avait saisi la juridiction civile de demandes indemnitaires, et obtenu gain de cause, ce qui fut confirmé par le rejet du pourvoi.

Pour la Cour de cassation en effet, « l'article L. 1251-10, alinéa 1er, du Code du travail, a pour objet d'interdire à l'employeur de recourir au travail temporaire dans le but de remplacer des salariés en grève et de priver leur action d'efficacité ». Or, « la société avait fait accomplir aux salariés temporaires, en plus de leur travail habituel, celui de salariés grévistes, leur amplitude horaire ayant été augmentée : la cour d'appel en a exactement déduit que l'employeur avait eu recours au travail temporaire en violation de l'article L. 1251-10, 1er, du Code du travail ».

(24) Cass. soc., 19 mai 1998, n° 97-13.916 : *Dr. soc.* 1998, p. 848, obs. X. Prétot ; *AJFP* 1998, 28, note S. Petit ; *D.* 1999, somm., p. 40, obs. F. Debord.

(25) Cass. soc., 17 juin 2003, n° 01-00.332.

(26) Cass. soc., 22 nov. 1995 : *Dr. soc.* 1996, p. 194, obs. J. Savatier ; *JCP* E 1996, II, 799, note C. Roy-Loustaunau et I, 543, n° 5, obs. A. Chevillard. Sur la validité du remplacement « en cascade », F. Bousez : *JCl. Travail Traité*, fasc. 2-42, *Contrat à durée déterminée. – Recours*, n° 42.

(27) Cass. soc., 2 mars 2011, n° 10-13.634, publié : *JCP* S 2011, 594, note N. Dedessus-le-Moustier ; *JCP* G 2011, p. 980, note D. Corrignan-Carsin ; *Dr. soc.* 2011, 736, note B. Gauriau. La chambre criminelle avait refusé de condamner sur ce fondement au nom du principe d'interprétation stricte de la loi pénale : Cass. crim., 2 déc. 1980, n° 80-90.149 : *Bull. crim.* n° 30.

713. - **Sanctions pénales.** Cette interdiction est assortie de sanctions pénales, et les tribunaux condamnent les cadres qui ont eu recours à des intérimaires après le déclenchement de la grève, comme le montre un arrêt rendu par la chambre criminelle de la Cour de cassation le 1er mars 2016[28].

Le directeur de la direction opérationnelle territoriale du courrier des Hauts-de-Seine avait été cité devant le tribunal correctionnel de Versailles pour avoir employé des travailleurs intérimaires afin de remplacer des salariés dont le contrat de travail était suspendu à la suite d'un conflit collectif. Il a été condamné, ce que confirme le rejet du pourvoi.

La cour d'appel avait en effet relevé que l'ordre de recourir à des travailleurs intérimaires avait été donné le 16 novembre après que le préavis de grève eut été déposé le 14 novembre, que le nombre de travailleurs intérimaires recrutés était identique à celui des salariés en grève, que ces intérimaires avaient, pour partie, été affectés à des tâches délaissées par les grévistes, et enfin, qu'une grève des transports publics, survenue à quelques jours près en même temps que la grève interne à La Poste, n'avait pu justifier le recours au travail temporaire, l'absentéisme d'agents consécutif à cette grève, laquelle avait pris fin le 20 novembre, n'ayant pu avoir été anticipé.

Le cadre avait été condamné à titre personnel, ainsi que La Poste en tant que personne morale. Après avoir rappelé que la responsabilité pénale des personnes morales n'exclut pas celle des personnes physiques auteurs ou complices des mêmes faits, la Cour de cassation indique que le cadre concerné avait commis l'infraction visée à la prévention tant à titre personnel que pour le compte de son employeur, La Poste, dès lors qu'il avait, en sa qualité de responsable départemental des centres de tri, pris la décision du recours à l'intérim et donné les instructions nécessaires à la conclusion des contrats.

Les infractions pénales ne supposent pas que les salariés grévistes remplacés soient identifiés personnellement, ainsi que les intérimaires qui les remplacent sur leur poste[29]. Les juges se fonderont sur des indices permettant de déterminer que l'entreprise avait connaissance de l'existence d'un mouvement de grève et qu'elle a eu volontairement recours à des intérimaires pour les remplacer, comme le montre un arrêt rendu par la chambre criminelle de la Cour de cassation en date du 8 décembre 2009[30].

Le chef d'établissement de l'agence de la société Chronopost à Souffelweyersheim avait été renvoyé devant le tribunal correctionnel à la suite de la plainte avec constitution de partie civile du syndicat CFDT Alsace des postes et télécommunications, qui lui reprochait d'avoir eu recours à des travailleurs temporaires pour remplacer cinq salariés qui participaient à un mouvement de grève national.

Il avait été condamné en première instance, mais relaxé en appel. La cour avait en effet relevé qu'un mot d'ordre de grève nationale portant sur des revendications générales propres à la branche d'activité en cause et à l'entreprise Chronopost, touchée par un plan de restructuration, avait été lancé par plusieurs organisations syndicales, mais qu'il n'est pas établi que, lorsqu'il a décidé d'avoir recours à des salariés intérimaires, le jour J, le prévenu savait que les agents remplacés dans l'après-midi du même jour étaient grévistes, et que si le mouvement social avait été annoncé la veille à la direction de l'entreprise par le délégué syndical, ce dernier s'était borné à indiquer que les salariés absents devaient être considérés comme grévistes, sans toutefois donner leur identité. Les juges avaient par ailleurs relevé qu'un seul salarié avait avisé la direction de sa décision de faire grève, mais tardivement, au début de l'après-midi du jour concerné.

L'arrêt est cassé. Pour la Haute juridiction, en effet, le chef d'établissement avait reconnu avoir eu connaissance du mouvement national de grève ainsi que de ses manifestations locales, et avoir commis les agissements reprochés après en avoir informé sa hiérarchie régionale et le

(28) Cass. crim., 1er mars 2016, n° 14-86.601.
(29) Cass. crim., 13 déc. 2016, n° 15-87.258.
(30) Cass. crim., 8 déc. 2009, n° 09-83.273 : *Dr. soc.* 2010, 557, note F. Duquesne.

service des ressources humaines de l'entreprise. Par ailleurs, le cahier de présence des salariés avait été délibérément modifié par la direction de la société en ses mentions relatives aux motifs d'absence du personnel le jour de la grève.

714. - **Mise en jeu de la responsabilité civile de l'employeur.** Le syndicat qui a saisi le juge des référés pour qu'il soit enjoint à l'employeur de cesser d'employer des salariés sous contrat à durée déterminée ou des intérimaires en violation de la loi[31] peut demander à ce dernier une provision à valoir sur l'indemnisation du préjudice causé à l'intérêt général de la profession. Une indemnisation complète du préjudice pourra également être demandée à l'employeur ou à l'administration en cause[32].

b) Situation dans les services publics

715. - **Glissements.** Le Conseil d'État autorise les chefs de service à réaffecter le personnel non gréviste sur des postes habituellement occupés par des grévistes, et ce dans l'intérêt du service[33]. Les agents concernés doivent obéir, et s'ils refusent (généralement pour ne pas se retrouver en porte à faux avec leurs collègues en grève), ils s'exposent à des sanctions disciplinaires. Cette réaffectation peut d'ailleurs intervenir « préventivement » pour anticiper le risque de pénurie dans tel ou tel service[34].

716. - **Recours à des CDD ou des intérimaires.** Il n'a par ailleurs pas exclu que, dans des circonstances exceptionnelles, les chefs de service puissent recourir à du personnel d'autres services mis à disposition[35], mais également qu'ils procèdent au recrutement d'intérimaires pour la durée d'un conflit et pour assurer la continuité du service public. C'est ce qui résulte de la décision *Syndicat CFDT des PTT du Haut-Rhin* rendue le 18 janvier 1980 même si, dans cette affaire, La Poste, à l'époque service de l'État, avait été condamnée pour l'avoir fait dans des circonstances qui ne caractérisaient pas l'état de nécessité dans lequel l'exploitant du service public doit se trouver[36].

Les services des postes et télécommunications se sont mis en grève le 23 octobre 1974 à Mulhouse puis le 25 octobre dans l'ensemble du Haut-Rhin. Le 26 novembre suivant, le directeur des postes et télécommunications du Haut-Rhin avait ouvert un centre provisoire de tri postal à la cité administrative de Mulhouse grâce à du personnel mis à sa disposition par la chambre de commerce de Mulhouse, laquelle s'était elle-même procuré ce personnel auprès de deux sociétés de travail temporaire « Manpower » et « Bis », et a été remboursée de ses frais par l'administration des postes et télécommunications. La grève avait pris fin progressivement les 2 et 3 décembre 1974. Ce centre provisoire avait cessé ses activités le 14 décembre. Le syndicat CFDT des postes et télécommunications du Haut-Rhin avait alors demandé que l'État soit condamné à lui verser un franc de dommages-intérêts en réparation de l'atteinte portée à la

(31) Par ex. : Cass. soc., 25 févr. 2003 : *Dr. soc.* 2003, p. 621, chron. Ch. Radé ; *D.* 2003, p. 1925, note B. Bossu (EHPAD).

(32) Pour une condamnation de La Poste : CE, ass., 18 janv. 1980, n° 07636, *CFDT P et T. Haut-Rhin : Lebon*, p. 30 ; *AJDA* 1980, p. 89, chron. Robineau et Feffer ; *D.* 1980, p. 302, obs. P. Delvolvé ; *JCP* G 1980, II, 19450, note E. Zoller. – TGI Agen, 5 févr. 1997 : *Dr. ouvrier* 1997, p. 143.

(33) TA Versailles, 19 nov. 1999, *SUD-PTT Seine-et-Marne : AJFP* mai 2003, p. 38.

(34) CAA Lyon, 3e ch., formation à 3, 17 juin 2021, n° 19LY01024 : deux jours d'exclusion temporaire pour avoir refusé d'être réaffecté dans un autre EHPAD public de la ville.

(35) P. Terneyre (*Rép. trav.* Dalloz, n° 342) rapporte que le remplacement en mars 1973, dans le cadre du plan « Clément Marot », des contrôleurs aériens civils en grève par des contrôleurs militaires s'est soldé par un très grave accident aérien provoquant la mort de dizaines de personnes et la mise en jeu de la responsabilité de l'État (CE, 26 juill. 1982, *Min. Défense et min. Transports c/ Sté Spantax et Cie La Équitativa : Lebon*, p. 313 ; *RFD aérien* 1982, 494, concl. B. Genevois ; *D.* 1984, IR, p. 23, obs. F. Moderne et P. Bon).

(36) CE, 18 janv. 1980, n° 07636, *CFDT des PTT du Haut-Rhin : Lebon*, p. 30 ; *AJDA* 1980, 88, chron. Y. Robineau et M.-A. Feffer ; *D.* 1980, IR, p. 302, obs. P. Delvolvé ; *JCP* 1980, II, 19450, note E. Zoller ; *Rev. adm.* 1980, 606, obs. J.-J. Bienvenu et S. Rials.

fois aux droits et prérogatives des agents des postes et télécommunications et à l'exercice du droit de grève par la mise en place d'un centre de tri fonctionnant avec le concours de salariés d'entreprises de travail temporaire.

Selon le Conseil d'État, « il incombe à l'autorité administrative de prendre toutes les mesures nécessaires pour assurer la continuité du service public, notamment en cas d'interruption due à la grève des agents de ce service [et] qu'à cette fin, elle dispose de la possibilité d'embaucher un personnel d'appoint pour une durée limitée dans les conditions prévues par l'article 2, notamment 2, de la loi du 3 avril 1950 portant réforme de l'auxiliariat ; (...) toutefois lorsque des circonstances exceptionnelles, telles qu'une extrême urgence, rendent impossible ce mode de recrutement ou tout autre mode de recrutement d'agent ayant un lien direct avec l'administration, celle-ci est, par dérogation au principe selon lequel l'exécution du service public administratif est confiée à des agents publics, autorisée à faire concourir à cette exécution un personnel approprié, fourni par un entrepreneur de travail temporaire, soumis aux prescriptions de l'article L. 124. 1 du Code du travail ».

Or, tel n'était pas le cas et « il n'est pas établi, par les pièces du dossier, que des circonstances exceptionnelles aient mis l'administration dans l'impossibilité de recourir, pour le fonctionnement d'un centre provisoire de tri postal, à un recrutement temporaire immédiat d'agents publics (...) ; dès lors, en utilisant des salariés d'entreprises de travail temporaire pour acheminer le courrier qui s'était accumulé pendant la grève, le directeur des postes et télécommunications du Haut-Rhin a excédé ses pouvoirs ».

B. – Activités privées de sécurité

717. - Interdiction. L'article L. 612-4 du Code de la sécurité intérieure « interdit aux personnes exerçant une activité privée de surveillance et de gardiennage, de transport de fonds, de protection physique des personnes et de protection des navires ainsi qu'à leurs agents de s'immiscer, à quelque moment et sous quelque forme que ce soit, dans le déroulement d'un conflit du travail ou d'événements s'y rapportant. Il leur est également interdit de se livrer à une surveillance relative aux opinions politiques, philosophiques ou religieuses ou aux appartenances syndicales des personnes ».

718. - Extension. La même interdiction concerne les services internes de sécurité (CSI, art. L. 617-13), ainsi que particulièrement les services internes de sécurité de la SNCF et de la RATP (C. transp., art. L. 2251-1).

§ 2. – Mesures licites

A. – Liberté d'entreprendre

719. - Principe. Le principe de la liberté d'entreprendre, qui découle du principe constitutionnel de liberté individuelle, permet à l'employeur de prendre toutes les mesures pour faire face au conflit qui ne se heurtent à aucune interdiction particulière et qui ne visent pas à porter atteinte à l'exercice du droit de grève[37]. Partant, tout ce qui n'est pas interdit doit être nécessairement autorisé[38].

Certains auteurs avaient tenté d'accréditer la thèse d'un principe général du droit du travail prohibant toute forme de remplacement des salariés grévistes soit au nom de la prohibition de la fraude à la loi, car « il ne faudrait pas que l'employeur puisse

(37) H. Sellami, *Le remplacement des grévistes dans les entreprises privées : RPDS* 1999, p. 152 et s.

(38) Bien entendu, il faut réserver l'application des « soupapes de sûreté » que constituent la théorie de l'abus de droit ou celle de la fraude à la loi.

éviter la pression que la collectivité des grévistes entend exercer sur lui »[39], soit en raisonnant par induction à partir des prohibitions particulières instituées par la loi[40]. Mais ce serait biaiser l'interprétation du Code du travail que d'affirmer l'existence d'une telle prohibition[41] dans la mesure où le législateur a éprouvé le besoin d'interdire expressément certaines formes de remplacement, ce qui prouve indubitablement qu'en creux l'employeur est libre de s'organiser comme il l'entend pour atténuer l'impact de la grève sur l'entreprise.

720. – Recrutements de salariés en CDI. L'employeur peut évidemment recruter des salariés en contrat à durée indéterminée pendant le conflit, et les faire glisser sur les postes libérés par les grévistes[42]. Rien ne lui interdit, même si certains auteurs y voient une fraude à la loi[43]. Cette conclusion nous semble toutefois excessive dans la mesure où il n'existe aucun principe interdisant le remplacement de salariés grévistes, donc on ne voit pas quelle règle légale serait contournée par le recrutement d'un salarié en contrat à durée indéterminée.

La question est toutefois essentiellement théorique dans la mesure où se poserait la question du sort du salarié une fois la grève terminée. La fin de la grève n'est évidemment pas de nature à justifier le licenciement, ni d'ailleurs une rupture de l'essai qui ne peut en principe être fondée que sur des considérations professionnelles et non sur des motifs étrangers à la personne du salarié. L'employeur pourra toutefois être tenté de rompre les contrats, le risque financier en cas d'abus dans la rupture de l'essai étant minime.

721. – Limites. Les juges seront toutefois vigilants et devront vérifier que la réorganisation du personnel est justifiée par les contraintes de l'activité et n'a pas pour but de désorganiser la grève. Dans une affaire concernant la SNCF, le juge des référés du tribunal judiciaire de Bobigny avait ainsi enjoint à l'employeur de cesser certaines mesures de réorganisation de l'activité pendant la grève, après avoir considéré que toutes n'étaient pas justifiées par la nécessité de l'activité pendant le conflit : « S'il n'est pas interdit à l'employeur d'organiser l'entreprise pour assurer la continuité de son activité pendant la grève, encore faut-il que l'organisation adoptée ait pour but d'assurer cette continuité et non seulement de soustraire des salariés identifiés comme grévistes au créneau de travail visé par le préavis ; or l'employeur ne démontre nullement en quoi les mesures adoptées seraient de nature à favoriser la continuité de l'activité ; il apparaît ainsi que les mesures de changement d'horaire litigieuses, appliquées de manière collective à des salariés identifiés comme grévistes, ont, nonobstant leur conformité formelle aux accords collectifs applicables, pour objet de limiter l'exercice de leur droit de grève par ces salariés et constituent en conséquence un trouble manifestement illicite auquel il convient de mettre fin en ordonnant à l'employeur de rétablir l'organisation de travail antérieure à la grève »[44].

(39) M. Moreau, *La grève*, Economica, coll. « Droit poche », 1998, p. 66.
(40) Y. Chalaron, *La réforme du travail temporaire : Dr. soc.* 1982, p. 372 et s.
(41) Ainsi J.-E. Ray écrivait que : « La licéité de toute mesure de réorganisation décidée par l'employeur à l'occasion de la grève est ici reconnue, sous réserve bien sûr qu'il ne viole pas l'ordre public en recrutant des travailleurs temporaires ou par contrat à durée déterminée » (ouvr. préc., n° 130).
(42) Cass. soc., 24 juill. 1952 : *Dr. soc.* 1952, p. 683, obs. P. Durand ; *La situation de l'employeur et des salariés au cours de la grève : Dr. soc.* 1953, p. 30.
(43) P. Adam, *La grève dans le secteur privé : Rép. trav.* Dalloz, n° 230.
(44) TJ Bobigny, réf., ch. 1, sect. V, 12 mars 2021, n° 21/00416 : *SSL* 22 mars 2021, n° 1946 (astreinte de 5 000 € par jour de retard et par agent non réaffecté).

B. - Pouvoirs de l'employeur

1° Glissements

722. - Licéité. Le plus simple pour l'employeur est de réaffecter les non-grévistes pour remplacer les grévistes, si tant est d'ailleurs que ces derniers n'occupent pas l'entreprise. La solution est admise de longue date, notamment depuis un arrêt rendu par la chambre sociale de la Cour de cassation le 15 février 1979[45].

Ses dix chauffeurs ayant, le 31 mai 1976, cessé le travail pour appuyer une revendication de salaire et placé leurs camions chargés à l'entrée de son dépôt pour en interdire l'accès, la société Descours et Cabaud avait demandé au juge des référés qu'il soit mis fin à cette situation, constitutive d'une voie de fait.

Tout en prescrivant le déplacement de ces camions, la cour d'appel a décidé que l'employeur ne pourrait pas recourir, pour les besoins de son exploitation, aux services d'entrepreneurs de transports indépendants et lui a refusé la restitution des clés de ses propres véhicules, retenues par les grévistes, aux motifs, d'une part que la loi ne lui permettait pas de faire appel à du personnel de remplacement, d'autre part que, dès lors que, faute de chauffeurs, les camions ne pourraient circuler tant que durerait la grève, le droit de propriété invoqué par la société dans le but d'obtenir la restitution des clés constituait un usage de ce droit à d'autres fins que celles correspondant à sa destination, en sorte que la rétention des clés par les grévistes n'apparaissait pas manifestement illicite.

Telle n'est pas l'opinion de la Cour de cassation qui censure cette décision. Pour la Haute juridiction en effet, « la grève des chauffeurs n'interdisait pas à la société Descours et Cabaud d'user et de disposer de ses véhicules et de recourir, sinon à du personnel d'entreprise de travail temporaire, ce qu'interdit en pareil cas l'article L. 124-2 du Code du travail, du moins à tout autre salarié ou à d'autres entreprises de transports ; que le droit de la société de ce chef était conforme à la destination du matériel et à l'objet de l'exploitation et que le juge des référés ne pouvait refuser de le protéger ; que les mesures sollicitées, justifiées par l'existence d'un différend, s'imposaient pour prévenir un dommage imminent et pour faire cesser un trouble manifestement illicite ».

2° Sous-traitance

723. - Licéité. Le chef d'entreprise peut délocaliser la production dans d'autres établissements, ou la confier à des entreprises tierces qui pourront sous-traiter[46].

724. - Surcroît temporaire d'activité. Ces sous-traitants pourraient alors avoir valablement recours à l'embauche de salariés en contrat à durée déterminée ou de travailleurs intérimaires pour faire face à ce surcroît temporaire d'activité.

3° Intervention de travailleurs extérieurs à l'entreprise

725. - Salariés mis à disposition. L'employeur peut faire travailler des salariés gracieusement mis à disposition pour l'occasion par des entreprises tierces[47]. Le juge devra toutefois vérifier que les conditions de licéité du recours à la mise à disposition sont réunies, et que l'employeur ne contourne pas ainsi la prohibition du recours aux contrats à durée déterminée.

726. - Intervention bénévole de fournisseurs. Dans une espèce singulière, la chambre sociale de la Cour de cassation a permis à un chef d'entreprise, dans un arrêt en date du 11 janvier 2000, de recourir à des fournisseurs agissant bénévolement pour

(45) Cass. soc., 15 févr. 1979, *Sté Descours : Bull. civ.* V, n° 143 ; *Dr. ouvrier* 1980, p. 338, note M. Petit (chauffeurs routiers).

(46) Cass. soc., 15 févr. 1979, préc.

(47) Lire d'une manière générale J.-E. Ray, *Les pouvoirs de l'employeur à l'occasion de la grève*, Librairies Techniques – BDE, 1985, préf. G. Lyon-Caen, spéc. p. 153 et s.

assurer la livraison de denrées périssables et pour pallier la grève des chauffeurs de l'entreprise qui étaient chargés de leur ramassage[48].

Un mouvement de grève avait été suivi à partir du 23 octobre 1996 par la majorité des chauffeurs-routiers chargés de la collecte du lait au sein de la société Entremont. La direction avait alors organisé un ramassage du lait en faisant appel, notamment, à plusieurs producteurs de lait qui avaient accepté de conduire des camions à la place des grévistes. Le juge des référés avait été saisi pour voir ordonner la cessation du trouble manifestement illicite résultant d'une atteinte au droit de grève. Par une ordonnance du 28 octobre 1996, le président du tribunal de grande instance de Quimper avait fait interdiction à la société Entremont de faire appel au concours des producteurs de lait pour remplacer les chauffeurs en grève et ce, sous astreinte de 5 000 francs par infraction constatée. La cour d'appel a infirmé cette décision, et la Cour de cassation rejette ici le pourvoi.

Pour la Cour de cassation, en effet, « sous réserve des prohibitions prévues par les articles L. 122-3 du Code du travail, en ce qui concerne les contrats à durée déterminée, et L. 124-2-3 du même code, en ce qui concerne les contrats de travail temporaire, il n'est pas interdit à l'employeur, en cas de grève, d'organiser l'entreprise pour assurer la continuité de son activité » ; le fait par la société Entremont d'avoir accepté le concours bénévole de producteurs pour assurer le ramassage du lait ne caractérisait donc pas un trouble manifestement illicite.

(48) Cass. soc., 11 janv. 2000, *Trouboul : D.* 2000, p. 369, note Ch. Radé.

CHAPITRE 2 **LES RIPOSTES PATRONALES**

727. - Ripostes préventives. Les entreprises ont tout intérêt à prévenir les conflits collectifs et mobilisent des outils de management destinés à les empêcher de naître. Cette dimension a été étudiée en sciences de gestion[1].

728. - Égalité des armes. Dans les conflits collectifs, les actions collectives ne sont pas réservées aux salariés et les employeurs aussi disposent de moyens pour défendre leurs intérêts[2].

Assez étrangement, le droit français n'a consacré aucune des prérogatives patronales que l'on peut rencontrer dans des droits étrangers, comme le droit de fermer l'entreprise (*lock-out*). C'est donc vers le droit commun qu'il faut se retourner pour apprécier la légalité de ces « ripostes », le juge des référés apparaissant ici comme le juge de paix, sous le contrôle vigilant de la Cour de cassation qui veille à ce que d'éventuelles atteintes portées au droit de grève soient pleinement justifiées et strictement proportionnées.

729. - Réquisition. La réquisition des personnels grévistes constitue l'un de moyens, pour l'employeur ou les pouvoirs publics, d'assurer la continuité de l'activité pendant la grève. Selon qu'elle est envisagée par la personne publique pour assurer la continuité des services publics, ou par une personne privée, elle n'aura évidemment pas la même faveur du droit positif (Section 1).

730. - Expulsion. Lorsque l'entreprise est occupée ou empêchée de fonctionner normalement en raison de la présence de grévistes (ou de leurs constructions) ou de toute autre personne bloquant en tout ou partie les accès à l'entreprise, ou aux services, l'employeur ou le chef de service peuvent désirer l'expulsion des occupants pour rétablir le libre accès et favoriser la continuité de l'activité, ou des services. La mesure est radicale, ne serait-ce que parce qu'elle va nécessiter l'intervention des forces de l'ordre, toujours problématique dans un différend professionnel (Section 2).

731. - Fermeture. En désespoir de cause et à condition qu'il puisse avoir accès à l'entreprise ou aux services concernés, l'employeur pourra décider de fermer l'entreprise. Conforme à l'exercice de la liberté d'entreprendre et du droit de disposer librement de ses biens, la fermeture de l'entreprise apparaît comme la plus radicale des armes anti-grève puisqu'elle prive le conflit de son oxygène. C'est pourquoi la jurisprudence, à défaut d'intervention du législateur, a dû elle-même tracer la limite entre ce qui est licite (la mise en chômage technique) et ce qui ne l'est pas (le *lock-out*) (Section 3).

(1) B. Giraud, *Derrière la vitrine du « dialogue social » : les techniques managériales de domestication des conflits du travail : Agone* 2013/1, n° 50, p. 33-63.
(2) Sur le rôle des acteurs patronaux, S. Sirot, ouvr. préc., p. 199 et s. (chapitre VIII consacré au patronat).

SECTION 1 LA RÉQUISITION DES GRÉVISTES

732. - **Prolégomènes.** Contrairement à l'administration qui puise dans sa mission de service public le pouvoir d'édicter sa propre réglementation, dans le silence ou l'insuffisance de la loi (§ 2), les employeurs de droit privé n'ont d'autre solution que de saisir le juge des référés s'ils veulent contraindre les grévistes pendant le conflit (§ 1).

§ 1. - Réquisition par l'employeur

733. - **Problématique.** La question de la réquisition des grévistes pendant le conflit constitue l'une des pierres d'achoppement traditionnelles entre les partisans d'un droit de grève fort, et les tenants d'un équilibre des intérêts, et des armes, dans le conflit[3].

La question ne peut pas être abordée de la même manière selon l'autorité qui souhaite contraindre des grévistes à travailler, en dépit du conflit. Lorsqu'elle émane de l'employeur (A), personne privée en charge de la défense des seuls intérêts de l'entreprise, la demande de réquisition n'a pas la même légitimité que lorsqu'elle émane d'une entreprise qui gère un service public et qui se voit désormais attribuer le même pouvoir réglementaire que les chefs de service, ce qui lui permettra plus efficacement de garantir une certaine continuité de l'activité (B).

A. - Secteur privé

734. - **Présentation.** Dans l'hypothèse où c'est l'employeur qui souhaite réquisitionner les grévistes, la réponse du droit positif est très prudente, et les possibilités reconnues en jurisprudence se sont réduites au fil du temps, excluant désormais toute forme d'action unilatérale (1°). Le recours au juge s'avère donc nécessaire pour assurer le contrôle du juste équilibre entre le respect du droit de grève et la préservation des intérêts de l'entreprise (2°).

1° L'interdiction de l'action unilatérale

735. - **Fondement historique.** La réquisition patronale, fondée sur le pouvoir de direction, a été pendant longtemps admise notamment au travers des dispositions du règlement intérieur consacrées à la santé et à la sécurité des travailleurs[4].

736. - **Impuissance du règlement intérieur.** Ce pouvoir a disparu aujourd'hui, la Cour de cassation considérant, dans une formule initiée en 1995, que « sauf dispositions législatives contraires, l'employeur ne peut en aucun cas s'arroger le pouvoir de réquisitionner des salariés grévistes ». La formule, initialement tournée vers les partenaires sociaux[5], s'applique au règlement intérieur depuis un arrêt rendu par la chambre sociale de la Cour de cassation le 15 décembre 2009[6].

(3) Dernièrement la « controverse » entre A. Martinon, F. Leconte et I. Taraud, *Réquisitionner : RDT* 2011, 9.

(4) CE, 12 nov. 1990, n° 95823, *Min. Affaires sociales et de l'Emploi et Sté Atochem : AJDA* 1991, p. 484, note X. Prétôt. – CE, 1re et 4e ss-sect. réunies, 29 déc. 1995, n° 159167, *Synd. autonome des agents de l'énergie nucléaire.*

(5) Cass. soc., 7 juin 1995, *SA Transports Seroul*, préc.

(6) Cass. soc., 15 déc. 2009, n° 08-43.603, *M. Philippe Lebahy : Bull. civ.*, n° 283 ; *D.* 2010, 154, obs. B. Ines ; *JCP S* 2010, 1177, note A. Martinon.

Cette affaire concernait une société travaillant pour le compte de la défense nationale et dont le règlement intérieur prévoyait la possibilité de réquisitionner des salariés pour participer à un service minimum de sécurité. Un salarié qui avait refusé de déférer à pareille réquisition, sous prétexte qu'il était en grève, avait été mis à pied, ce qu'il contestait en justice.

La cour d'appel de Douai lui avait donné tort après avoir relevé que la société était soumise à la législation sur les installations classées, qu'elle figurait parmi les points et réseaux sensibles pour la Défense nationale, et que l'employeur n'avait pas limité abusivement l'exercice du droit de grève en réquisitionnant, selon les stipulations du règlement intérieur, le salarié gréviste afin qu'il participe à un service minimum de sécurité.

Cet arrêt est cassé, au visa de l'article 7 du Préambule de la Constitution du 27 octobre 1946 : « Sauf dispositions législatives contraires, l'employeur ne peut en aucun cas s'arroger le pouvoir de réquisitionner des salariés grévistes ».

2° Le recours au juge

737. - **Fondement de l'intervention du juge.** Le juge des référés judiciaire tire ses pouvoirs de l'article 809 du Code de procédure civile ; il peut « prescrire en référé les mesures conservatoires ou de remise en état qui s'imposent, soit pour prévenir un dommage imminent, soit pour faire cesser un trouble manifestement illicite ».

738. - **Prohibition des réquisitions préventives.** Si la réquisition pour faire cesser un trouble manifestement illicite a toujours été admise, la possibilité d'intervenir de manière préventive dans un conflit collectif a été écartée par la chambre sociale de la Cour de cassation dans un arrêt en date du 25 février 2003 : « Les pouvoirs attribués au juge des référés en matière de dommage imminent consécutif à l'exercice du droit de grève ne comportent pas celui de décider la réquisition de salariés grévistes »[7].

Cette affaire concernait une partie du personnel de l'Association MAPAD de la Cépière, en charge d'un établissement accueillant des personnes âgées dépendantes, qui, après l'échec de négociations sur diverses revendications salariales, avait engagé un mouvement de grève à partir du 5 juillet 2000.

Par ordonnance du 10 juillet 2000, le président du tribunal de grande instance, saisi en référé, avait ordonné à l'association employeur de cesser de recourir à des salariés sous contrat de travail à durée déterminée ou en intérim pour assurer le remplacement du personnel gréviste ainsi qu'à diverses personnes, salariées de l'établissement, nommément désignées, d'assurer un service dans les trois nuits à venir selon horaires fixés par l'employeur.

Pour confirmer l'ordonnance du premier juge imposant à divers salariés grévistes de l'Association MAPAD d'assurer un service dans les trois nuits à venir selon horaires fixés par l'employeur, alors même qu'ils étaient en grève, l'arrêt attaqué a retenu que cette mesure était nécessaire pour prévenir un dommage imminent.

C'est ce qui vaut à l'arrêt d'être cassé. Pour la Haute juridiction en effet, « les pouvoirs attribués au juge des référés en matière de dommage imminent consécutif à l'exercice du droit de grève ne comportent pas celui de décider la réquisition de salariés grévistes ».

L'arrêt a suscité un certain émoi et certains commentateurs ont craint que la Cour de cassation n'abandonne les résidents des EHPAD à leur triste sort en cas de grève du personnel. Telle n'est évidemment pas l'intention de la Haute juridiction qui n'interdit *que* la réquisition préventive et nullement la possibilité de saisir le juge des référés pour faire cesser un trouble manifestement illicite qui résulterait soit du caractère illicite du mouvement, soit du fait que l'arrêt de l'activité mettrait en danger la vie des pensionnaires et plus largement les exposerait à des conditions de vie indignes. Et « il appartient au juge des référés d'apprécier souverainement si la grève, qui est licite

(7) Cass. soc., 25 févr. 2003 : *Dr. soc.* 2003, p. 621, chron. Ch. Radé ; *D.* 2003, p. 1925, note B. Bossu. – Cass. soc., 6 nov. 2003, n° 01-10.847.

dans son principe en cas de revendications professionnelles, n'entraîne pas un trouble manifestement illicite »[8].

B. – Services publics

739. – Jurisprudence *Dehaene*. Contrairement à la situation dans le secteur privé où l'employeur ne dispose d'aucun pouvoir réglementaire et doit saisir le juge des référés pour réquisitionner les grévistes, dans les services publics l'autorité gestionnaire est autorisée à requérir, collectivement ou individuellement, des grévistes, et le contentieux va être initié par un syndicat qui va en contester la légalité et demander sa suspension au juge des référés, voire par le salarié visé par une décision individuelle[9].

740. – Réquisition par le juge administratif. Le juge des référés administratif intervient dans le cadre défini par les articles L. 521-2 (référé « liberté ») et L. 521-3 (référé « mesures utiles ») du Code de justice administrative[10]. Le recours au référé est utilisé par les syndicats pour suspendre des mesures prises par l'autorité administrative, singulièrement des réquisitions de grévistes pour assurer la continuité du service public dans le cadre de la jurisprudence *Dehaene*[11].

L'autorité administrative peut également saisir le juge des référés plus classiquement pour faire évacuer une entreprise bloquée par des piquets de grève ou occupée par des grévistes.

§ 2. – Réquisition par l'autorité publique

A. – Réquisitions ministérielles

1° Réquisitions pour assurer les besoins de la défense

741. – Origines. Ces règles ont été prévues par la loi du 11 juillet 1938 sur l'organisation de la nation en temps de guerre[12] dont l'application a été confirmée par une loi du 28 février 1950 puis par l'ordonnance n° 59-147 du 7 janvier 1959 portant organisation générale de la défense[13]. Elles ont été intégrées dans le Code de la défense.

742. – Procédure. Le Code de la défense, dans son article L. 2211-1, autorise le Gouvernement à recourir à des réquisitions « pour assurer les besoins de la défense », à défaut d'accord amiable, et « en cas de menace portant notamment sur une partie du territoire, sur un secteur de la vie nationale ou sur une fraction de la population » (art. L. 1111-2, al. 3).

La réquisition peut porter sur des biens, des personnes, des services (C. défense, art. R. 2213-3) ou des entreprises : « considérée[s] comme indispensable[s] pour assu-

(8) Cass. soc., 20 oct. 2021, n° 19-21.475.

(9) CE, 24 oct. 2007, n° 310143 (centre hospitalier de Villefranche-sur-Saône).

(10) G. Bligh, *De la grève comme d'un conflit civil : l'évolution du pouvoir de réquisition des grévistes en droit administratif : RFDA* 2017, 958.

(11) CE, ord. réf., 25 juill. 2003, n° 258677 (l'inspecteur d'académie des Bouches-du-Rhône). – CE, ord. réf., 7 juill. 2009, n° 329284 (EDF). – CE, ord. réf., 15 juill. 2009, n° 329526 (EDF). – CE, 8 avr. 2013, n° 367453 (hôpitaux de Toulouse). – CE, ord. réf., 10 mai 2016, n° 399076 (EPIC Tisséo). – CE, ord. réf., 3 févr. 2020, n° 437751 (Banque de France). – CE, 5 févr. 2020, n° 438093 (SDIS).

(12) L. 11 juill. 1938, art. 14 : *JO* 13 juill. 1938, p. 8330.

(13) Ord. n° 59-147, 7 janv. 1959, art. 45.

rer les besoins du pays » (C. défense, art. L. 2212-1, al. 6) ou « la fourniture de biens et services nécessaires pour assurer les besoins du pays » (C. défense, art. L. 2213-1)[14]. Elle concerne toutes les femmes et tous les hommes des entreprises et services concernés âgés de plus de seize ans (C. défense, art. R. 2212-9).

Le Gouvernement doit tout d'abord prendre un décret en Conseil des ministres[15]. Puis les ministres autorisés (C. défense, art. R. 2211-3 : « ministre de la défense, (...) ministre de l'intérieur, (...) ministre chargé de l'outre-mer et (...) ministres responsables de chaque ressource » ; art. R. 2212-1 : ministre chargé du travail, et R. 2211-4 : préfets, officiers généraux exerçant un commandement national et hauts fonctionnaires de zones de défense et de sécurité), ainsi que leurs délégataires (art. R. 2211-5, R. 2211-6 et R. 2211-7), adopteront les mesures portant sur « des biens et des services (...) compte tenu de la priorité des besoins des armées et des priorités accordées, dans des limites déterminées et pour certaines ressources, à des besoins désignés par voie d'instructions du Premier ministre ».

Les ordres de réquisition sont donnés par écrit et indiquent « les nom, prénoms et qualité de l'autorité requérante, la nature, le quantum ou la durée de la prestation, le nom de la personne à qui l'ordre est remis, la date et le lieu de la réquisition et la signature de l'autorité chargée de la réquisition » (C. défense, art. R. 2212-2). « L'ordre de réquisition peut être adressé soit au maire de la commune, soit à chaque personne intéressée en cas d'urgence, d'absence ou de négligence de la municipalité » (C. défense, art. R. 2212-3).

Le Code de la défense autorise également les réquisitions collectives faites par l'intermédiaire du maire « de la commune où a lieu la réquisition » (C. défense, art. R. 2212-3).

La réquisition porte d'abord sur les catégories de personnel, puis sur les personnes choisies par nature d'emploi et de service à assurer (C. défense, art. R. 2213-6).

La réquisition est prononcée dans le respect du principe de proportionnalité : « La réquisition des personnes peut s'étendre à toute leur activité ou être limitée à l'exécution de certains services. Une personne peut notamment être requise pour la défense civile, dans la mesure compatible avec l'exercice d'un autre emploi pour lequel elle a déjà fait l'objet d'une réquisition » (C. défense, art. R. 2212-5).

Le Code de la défense a prévu une procédure de règlement préalable des difficultés devant le préfet (art. R. 2212-12).

Les personnes requises doivent être payées selon les règles habituelles (C. défense, art. L. 2234-7 et R. 2212-14).

743. - Usage. Cette procédure a été utilisée dans l'immédiat après-guerre pour faire face aux grandes grèves qui ont paralysé le pays. Le Conseil d'État est intervenu à plusieurs reprises pour vérifier que les réquisitions étaient bien nécessaires lorsque les grèves étaient de nature à porter « une atteinte suffisamment grave » aux intérêts nationaux[16] en menaçant la continuité d'un service public[17] ou en empêchant la

(14) B. Schmalt, *La distinction entre la réquisition de grévistes par une autorité de police et par un chef de service : JCP* A mai 2015, n° 2130.

(15) C. défense, art. R. 2211-2.

(16) CE, 24 févr. 1961, *Isnardon : Lebon*, p. 150 ; *AJDA* 1961, 204, chron. Galabert et Gentot ; *Dr. soc.* 1961, 357, note J. Savatier.

(17) CE, 1er déc. 2004, n° 260551, *Onesto et a. : Lebon*, p. 446 ; *Dr. adm.* 2005, comm. 19, note M. Lombard ; *RDP* 2005, p. 1087, note R. Noguellou et concl. M. Collin.

satisfaction des besoins de la population[18]. Le Conseil d'État a ainsi pu justifier la réquisition du personnel navigant d'Air France[19] ou des agents assurant la sécurité aérienne[20], il s'est opposé à la réquisition du personnel de la RATP[21].

Comme l'explique Philippe Terneyre, ces réquisitions n'ont plus été utilisées par le Gouvernement après 1963 « de peur de compromettre l'autorité de l'État »[22], et apparaîssant comme « inadéquate et désuète »[23].

2° Audiovisuel public

744. – Historique. C'est d'abord dans le cadre de la jurisprudence *Dehaene* qu'ont été prises les premières mesures visant à assurer la continuité du service public de l'audiovisuel, avec l'assentiment du Conseil d'État : « Une grève qui aurait pour effet d'interrompre le fonctionnement des services du groupement des contrôles radio-électriques serait de nature à porter une atteinte grave à la sécurité générale et à l'ordre public ; (...) dans le cadre des prérogatives qui appartiennent en la matière au Gouvernement, le Premier ministre a pu légalement prendre des mesures limitant par avance l'exercice du droit de grève par les fonctionnaires et agents du Groupement des contrôles radio-électriques en désignant, comme il l'a fait par la circulaire attaquée, le personnel nécessaire pour assurer la continuité du fonctionnement des services dudit groupement »[24].

Après la création de l'ORTF en 1964, son directeur adopta par note de service en février 1971 la mise en œuvre du service minimum impliquant la programmation de bulletins d'information distincts sur les deux chaînes de télévision, ainsi que la diffusion d'un programme enregistré en soirée[25].

La loi du 3 juillet 1972 mit en place le premier service minimum légal. L'article 11, alinéa 3, de la loi, disposait « qu'en cas de cessation concertée du travail, la continuité des éléments du service essentiels à l'accomplissement des différentes missions définies à l'article 1er de la loi doit être assurée par chacune des chaînes de la radiodiffusion et de télévision. Le président-directeur général de l'Office désigne à cet effet les personnels indispensables devant demeurer en fonctions »[26]. L'instruction du 28 septembre 1972, relative à la continuité des services de l'ORTF, en précisa le contenu et ajouta aux éditions des principaux journaux radio et télévisés, la diffusion

(18) CE, 5 déc. 1941 : *S.* 1942, 3, 25, note A. Mestre. – CE, 28 oct. 1949 : *Dr. soc.* 1950, p. 50 (boulangers). – CE, 7 févr. 1953 : *Lebon*, p. 3 (bouchers de Laon).

(19) CE, 26 oct. 1962, *Le Moult et Synd. Union des navigants de ligne : Lebon*, p. 580 ; *AJDA* 1962, 671, chron. Gentot et Fourré ; *Dr. soc.* 1963, 224, note J. Savatier.

(20) CE, 9 févr. 1966, *Féd. nationale de l'aviation civile : Lebon*, p. 101 ; *D.* 1966, 720, note J.-P. Gilli.

(21) CE, 24 févr. 1961, *Isnardon : Lebon*, p. 150 ; *AJDA* 1961, 204, chron. Galabert et Gentot ; *Dr. soc.* 1961, 357, note J. Savatier.

(22) P. Terneyre, *Grève dans les services publics : Rép. trav.* Dalloz, n° 305.

(23) P. Ortscheidt, *Grèves et services publics*, Journées sociales de législation comparée : *RID comp.* 1989, n° spécial, vol. 11, p. 347.

(24) CE, 16 mars 1956, *Hublin : AJDA* 1956, p. 222, chron. Fournier et G. Braibant ; *RFDA* 1956, p. 84, note Y. Gaudemet. – CE, ass., 4 févr. 1966, nos 62479 et 62495, *Synd. unifié des techniciens de la RTF et a. : Lebon* ; *RDP* 1966, p. 335, concl. Bertrand.

(25) L. n° 64-621, 27 juin 1964, portant statut de l'Office de la radiodiffusion-télévision française : *JO* 28 juin 1964, p. 5654.

(26) L. n° 72-553, 3 juill. 1972, portant statut de la Radiodiffusion-télévision française : *JO* 4 juill. 1972, p. 6851.

d'un film ou d'une émission de caractère distractif, suivi d'une émission de caractère culturel pour la fin de soirée. Le Conseil d'État valida l'ensemble[27].

L'article 26 de la loi n° 74-696 du 7 août 1974 relative à la radiodiffusion et à la télévision modifia ces dispositions à la suite du démantèlement de l'ORTF, et prévit que : « En cas de cessation concertée du travail, la continuité des éléments du service nécessaires à l'accomplissement des missions définies à l'article 1er doit être assurée par l'établissement public de diffusion et par les sociétés nationales de programme. Le président de chaque organisme désigne les catégories de personnel ou les agents qui doivent demeurer en fonction »[28]. Ces obligations furent précisées par une lettre-circulaire en date du 3 janvier 1975 adressée par le secrétaire d'État en charge de l'information aux présidents des sociétés nouvellement créées. Le 12 novembre 1976, le Conseil d'État devait reconnaître la légalité de la pluralité des programmes minimums, mais refusait d'admettre celle des nouvelles sujétions imposées aux agents de TF1 aux motifs qu'elles excédaient les limites légalement possibles d'imposer au titre du service minimum « en portant une atteinte injustifiée à un droit défini constitutionnellement »[29].

Après les grandes grèves de février et mars 1979 dans l'audiovisuel, le législateur intervint de nouveau pour durcir le service minimum en adoptant la loi n° 79-634 du 26 juillet 1979 modifiant l'article 26 de la loi n° 74-696 du 7 août 1974. Ce texte, lorsque les personnels des sociétés nationales de programme de télévision étaient en nombre insuffisant pour assurer le service normal, donnait pouvoir au président de chaque société « si la situation l'exige, [de] requérir les catégories de personnels ou les agents qui doivent demeurer en fonctions pour assurer la continuité des éléments du service nécessaires à l'accomplissement des missions définies aux articles 1er et 10 » de la loi. Or, pour le Conseil constitutionnel, le législateur permettait ainsi « aux présidents des sociétés, lorsqu'une cessation concertée du travail empêche l'exécution du service normal et afin de garantir que soit cependant assurée la généralité des missions dont il assigne l'accomplissement à ces sociétés, de faire obstacle à l'exercice du droit de grève dans des cas où son interdiction n'apparaît pas justifiée au regard des principes de valeur constitutionnelle de sauvegarde de l'intérêt général et de continuité du service public ». Dès lors, « les dispositions contenues dans cette phrase [devaient] être regardées comme non conformes à ces principes en tant qu'elles font référence, d'une part, à l'exécution d'un service normal, d'autre part à l'accomplissement des missions définies aux articles 1er et 10 de la loi du 7 août 1974 ». Le Conseil censura également les dispositions légales « qui, après avoir indiqué les conditions dans lesquelles doivent être assurées la création, la transmission et l'émission des signaux de radio et de télévision, prévoit qu'un décret en Conseil d'État détermine les modalités d'application de ces conditions, conformément à la répartition des compétences opérée entre le domaine de la loi et celui du règlement par les articles 21, 34 et 37 de la Constitution ».

Un décret du 5 septembre 1979 fut adopté pour préciser la nature et l'étendue des missions, ainsi que la liste des services, bases, centres et installations dont les personnels pouvaient être requis afin d'assurer la parfaite continuité de la création, de la

(27) CE, 20 janv. 1975, *SNRT et a. : AJDA* 1975, p. 367, note Durupty.

(28) H. Isar, *Petite histoire de la législation applicable au service minimum en cas de grève dans les sociétés nationales de programme de télévision*, in *Mél. S. Regourd*, Institut universitaire Varenne, janv. 2019.

(29) CE, 12 nov. 1976, *Synd. unifié de la radio et de la télévision CFDT : Dr. soc.* 1977, p. 243 et s., concl. Massot, note Plouvin.

transmission et de l'émission des signaux de télévision. Et le programme minimum fut précisé par une circulaire du ministre de la Culture et de la Communication du 31 octobre 1979, indiquant que les présidents des sociétés nationales de télévision pourraient désormais requérir les catégories de personnels ou les agents strictement nécessaires à la production et la programmation de deux journaux d'information nationaux, des communications du Gouvernement, des émissions correspondant aux campagnes électorales et des débats des assemblées, ainsi qu'aux émissions relatives au droit de réponse. Le président de FR3 pouvait également requérir les personnels nécessaires à la réalisation des journaux régionaux et au maintien de l'action que la chaîne menait à l'étranger.

Le service minimum fut de nouveau réformé par la loi du 29 juillet 1982 qui, dans son article 74, précisa qu'« en cas de cessation concertée du travail, l'organisation d'un programme minimum, comprenant notamment les informations nationales et régionales devait être assuré » dans des conditions qui furent précisées par le décret n° 82-1168 du 29 décembre 1982.

745. - Droit positif. L'audiovisuel public est soumis à un régime spécial actuellement défini par l'article 57 de la loi n° 86-1067 du 30 septembre 1986, dite « loi Léotard ».

Ce texte s'applique aux sociétés nationales de programme ainsi qu'à leurs filiales répondant à des missions de service public définies à l'article 43-11.

Certaines de ces dispositions sont de simples déclinaisons des dispositions générales : tel est le cas du respect du préavis syndical de cinq jours francs qui doit « parvenir au président des organismes visés » et « fixer le lieu, la date et l'heure du début ainsi que la durée, limitée ou non, de la grève envisagée ».

D'autres dispositions sont plus restrictives que le cadre commun. Ainsi, et s'agissant de la liberté de déposer un nouveau préavis, l'article 57 dispose qu'« un nouveau préavis ne peut être déposé par la même organisation syndicale qu'à l'issue du délai de préavis initial et, éventuellement, de la grève qui a suivi ce dernier ».

L'article 57 impose également la création d'un service minimum et en renvoie les modalités à un décret en Conseil d'État qui doit définir notamment « les services et les catégories de personnels strictement indispensables à l'exécution de cette mission, et que les présidents de sociétés concernées peuvent requérir ». Le texte précise d'ailleurs que « nonobstant » ces dispositions, « le président de chaque société est tenu de prendre les mesures nécessaires à l'exécution du service que le nombre et les catégories de personnels présents permettent d'assurer ».

C'est le décret n° 82-1168 qui est toujours applicable malgré les modifications apportées postérieurement à la loi du 29 juillet 1982[30].

Aux termes de son article 1er : « En cas de cessation concertée du travail dans une société nationale ou régionale de programme, le président de la société prend les mesures nécessaires pour assurer la sécurité et le maintien en état de fonctionnement des installations, (...) organise le programme en fonction des moyens disponibles (...) désigne (le cas échéant) les personnels strictement nécessaires à l'exécution des obligations contenues dans le présent décret [et] demeure seul responsable de la diffusion du programme ».

Son article 2 précise le contenu de ce service minimum : « Les sociétés doivent être en mesure d'assurer, à tout moment, la retransmission des communications du

(30) CE, 31 juill. 1996, n° 142999 : *JCP* G 1996, II, 22735, concl. J.-H. Stahl.

Gouvernement et des messages en réplique ainsi que la programmation des émissions des campagnes électorales, dans les conditions prévues par leurs cahiers des charges et par les décisions de la Haute Autorité de la communication audiovisuelle ». En outre, « Chaque société nationale ou régionale de programme doit également assurer, en toutes circonstances, le service minimum d'information suivant : Sociétés Télévision française 1 et Antenne 2 : deux journaux nationaux, l'un à la mi-journée et l'autre au début de la soirée ; Société France-Régions 3 et sociétés régionales de télévision : un journal régional au début de la soirée ; sociétés nationales de radiodiffusion sonore : trois journaux, l'un le matin, l'autre à la mi-journée et le troisième dans la soirée. La Société Radlo-France internationale doit, en outre, assurer le service des journaux en langues étrangères, dans les conditions habituelles ; Sociétés régionales de radiodiffusion sonore : outre le relais des journaux nationaux, deux journaux locaux par jour et par station ».

L'article 3 concerne l'hypothèse particulière où une « cessation concertée du travail affectant simultanément les sociétés Télévision française 1, Antenne 2 et France-Régions 3 » rendrait « impossible l'organisation de tout autre programme ». Dans cette hypothèse, les présidents de ces sociétés prendraient « les mesures nécessaires pour assurer la diffusion, par l'une au moins de ces sociétés, d'un programme enregistré succédant au journal de la soirée et d'une durée minimum de quatre-vingt-dix minutes » et désigneraient à cette fin « les personnels strictement nécessaires à son exécution ».

L'article 4 concerne les radios publiques qui, « à défaut de pouvoir organiser tout autre programme (...) doivent « assurer, dans l'intervalle des journaux prévus à l'article 2, un programme ininterrompu de musique enregistrée ».

Les articles 5 et 6 concernent les mesures propres à l'outre-mer.

L'article 7 concerne l'obligation faite au président « de l'établissement public de diffusion mentionné à l'article 34 de la loi du 29 juillet 1982 de diffuser les communications et les émissions prévues au premier alinéa de l'article 2 » ; « de diffuser une mire aux heures normales d'émission ; d'assurer la sécurité et le maintien en état de fonctionnement des installations ainsi que la mise sous tension des réseaux ; d'assurer aux sociétés nationales et régionales de programme les prestations techniques indispensables à la mise en œuvre des programmes dans les tranches horaires prévues à l'article 8 ci-dessous ; de transmettre par satellite des informations à destination des stations d'outre-mer et des stations étrangères ; de transmettre des signaux entre stations étrangères à travers le territoire français, conformément aux engagements de l'établissement vis-à-vis de ces stations ».

L'article 8 dispose que : « Le président de l'établissement public doit, en outre, prendre les mesures permettant la diffusion des signaux en provenance des sociétés nationales et régionales de programme selon les volumes horaires minima suivants : sociétés nationales et régionales de télévision : quarante-cinq minutes à la mi-journée et cent vingt minutes dans la soirée ; société Radio-France et stations locales de radiodiffusion sonore du service public : sur les réseaux en ondes longues et en ondes moyennes du réseau A dans les conditions habituelles de fonctionnement ; sur les autres réseaux douze heures par jour ».

L'article 9 dispose que : « Le président de l'établissement public de diffusion doit, en toutes circonstances, prendre les mesures permettant la diffusion des signaux provenant de la société Radio-France internationale ».

L'article 10 est relatif au service minimum au sein de l'ancienne Société française de production (SFP) et de l'Institut national de l'audiovisuel (INA). Ce texte donne pouvoir aux présidents de ces organismes de prendre « les mesures nécessaires à la sécurité et au maintien en état de fonctionnement des installations ainsi qu'au respect des obligations internationales ».

3° Contrôle aérien

746. – Historique. Initialement, les personnels travaillant pour le contrôle aérien avaient été purement et simplement privés de l'exercice du droit de grève[31]. Il faudra attendre la loi n° 84-1286 du 31 décembre 1984 pour que le législateur y substitue un régime de service minimum, dont les modalités pratiques ont été précisées par le décret n° 85-1332 du 17 décembre 1985, modifié par le décret n° 87-504 (toujours en vigueur) et qui précise les « services de la navigation aérienne nécessaires à l'exécution des missions définies à l'article 2 de la loi du 31 décembre 1984 ».

747. – Droit positif. Les dispositions actuelles figurent à l'article L. 114-4 du Code général de la fonction publique déterminant l'objectif du service minimum.

Code général de la fonction publique

Art. L. 114-4. – En cas de cessation concertée du travail dans les services de la navigation aérienne, doivent être assurés en toute circonstance :

1° La continuité de l'action gouvernementale et l'exécution des missions de la défense nationale ;

2° La préservation des intérêts ou besoins vitaux de la France et le respect de ses engagements internationaux, notamment le droit de survol du territoire ;

3° Les missions nécessaires à la sauvegarde des personnes et des biens ;

4° Le maintien de liaisons destinées à éviter l'isolement de la Corse et des collectivités ultra-marines ;

5° La sauvegarde des installations et du matériel de ces services.

Outre les dispositions du décret n° 85-1332 du 17 décembre 1985 portant application de la loi n° 84-1286 du 31 décembre 1984, la liste des personnels concernés par le service minimum est déterminée par l'arrêté du 8 juillet 2008 relatif à la désignation des personnels devant demeurer en fonction en cas de cessation concertée du travail dans les services de la navigation aérienne.

Il appartient au Gouvernement de fixer le nombre minimum de liaisons aériennes commerciales qu'il est indispensable d'assurer en cas de cessation concertée du travail pour faire face en toutes circonstances aux objectifs fixés par l'article 2 de la loi du 31 décembre 1984, mais il ne peut légalement fixer à ce nombre une limite supérieure[32].

Le Conseil d'État a considéré comme se rattachant à la préservation des intérêts vitaux de la France, évoquée au 7° du décret du 17 décembre 1985, la décision du ministre chargé des transports disposant que pendant la durée du Salon international de l'aéronautique et de l'espace et pendant celle de la cessation concertée du travail

(31) L. n° 64-650, 2 juill. 1964, relative à certains personnels de la navigation aérienne. – L. n° 71-458, 17 juin 1971, relative à certains personnels de l'aviation civile.

(32) CE, 13 nov. 1992, n° 89235, *Union syndicale de l'aviation civile CGT : AJDA* 1993, 221, obs. B. Mathieu.

dans les services de la navigation aérienne, devraient être exécutés, d'une part, les vols destinés à transporter les délégations officielles françaises et étrangères vers Marseille, Toulouse et Bordeaux et, d'autre part, un vol quotidien régulier aller et retour entre Paris et chacune de ces trois villes[33].

Cette liste, qui identifie les personnels par catégorie, est mise en œuvre à l'occasion de chaque conflit par la Direction générale de l'aviation civile (DGAC) qui détermine concrètement, conformément aux dispositions de l'article 4 de l'arrêté du 8 juillet 2008, les modalités de ce service minimum en réduisant le programme des vols en fonction de la capacité offerte par les services de contrôle, et en coordonnant des régulations du trafic aérien avec Eurocontrol[34]. Selon les situations de grève, le trafic effectif est compris entre 50 et 70 % du trafic habituel.

La note du directeur de la navigation aérienne précisant, à la suite du dépôt d'un préavis de grève, les modalités d'accès aux locaux opérationnels et techniques des personnels astreints et non grévistes et le rôle de ceux-ci, ne constitue qu'une simple mesure d'organisation du service qu'un syndicat n'a pas intérêt à contester devant le juge administratif[35].

B. – Réquisitions préfectorales

1° Droit commun

a) Cadre général

748. - Principes. Le pouvoir de réquisition par le préfet[36] est prévu par le Code général des collectivités territoriales dans un chapitre V consacré aux pouvoirs du représentant de l'État dans le département (CGCT, art. L. 2215-1 à L. 2215-10)[37].

Singulièrement, l'article L. 2215-1, qui confie la police municipale au maire, permet au préfet de se substituer à lui en cas de nécessité.

L'objet des mesures est large puisque : « Le représentant de l'État dans le département peut prendre, (...) toutes mesures relatives au maintien de la salubrité, de la sûreté et de la tranquillité publiques ».

Le droit de réquisition, quoique subsidiaire des mesures de police, est également assez largement ouvert, même s'il est subordonné à une condition d'urgence susceptible d'être contrôlée par le juge : « 4° En cas d'urgence, lorsque l'atteinte constatée ou prévisible au bon ordre, à la salubrité, à la tranquillité et à la sécurité publiques l'exige et que les moyens dont dispose le préfet ne permettent plus de poursuivre les objectifs pour lesquels il détient des pouvoirs de police, celui-ci peut, par arrêté motivé, pour toutes les communes du département ou plusieurs ou une seule d'entre elles, réquisitionner tout bien ou service, requérir toute personne nécessaire au fonction-

(33) CE, 8 nov. 1989, n° 89887 B, *Synd. gén. de la navigation aérienne CFTC.*

(34) Réponse du secrétaire d'État en charge des transports : *JO* 26 juill. 2011, p. 8204.

(35) CE, 6 déc. 1996, n° 177948, *Synd. autonome des personnels de l'aviation civile.*

(36) F. Chauvin, *Les nouveaux pouvoirs du préfet dans la loi pour la sécurité intérieure : AJDA* 2003, p. 667-670. – G. Bligh, *De la grève comme d'un conflit civil : l'évolution du pouvoir de réquisition des grévistes en droit administratif : RFDA* 2017, 958.

(37) L. n° 2003-239, 18 mars 2003, pour la sécurité intérieure, art. 3 : *JO* 19 mars 2003, p. 4761. – G. Bricker, *Les réquisitions préfectorales de grévistes du secteur pétrolier devant le juge du référé-liberté : JCP* A 2010, act. 817. – J. Travard, *Le pouvoir de réquisition des préfets. Premier bilan de la loi du 18 mars 2003 : JCP* A 2012, 2306.

nement de ce service ou à l'usage de ce bien et prescrire toute mesure utile jusqu'à ce que l'atteinte à l'ordre public ait pris fin ou que les conditions de son maintien soient assurées ».

L'arrêté devra être motivé et précis : « L'arrêté motivé fixe la nature des prestations requises, la durée de la mesure de réquisition ainsi que les modalités de son application ».

Le Code général des collectivités territoriales prévoit, de manière subsidiaire, la « rétribution » des entreprises ou des personnes réquisitionnées. Celle-ci « doit uniquement compenser les frais matériels, directs et certains résultant de l'application de l'arrêté de réquisition ». « Dans le cas d'une réquisition adressée à une entreprise, lorsque la prestation requise est de même nature que celles habituellement fournies à la clientèle, le montant de la rétribution est calculé d'après le prix commercial normal et licite de la prestation. »

Les mesures ordonnées sont obligatoires. « En cas d'inexécution volontaire par la personne requise des obligations qui lui incombent en application de l'arrêté édicté par le préfet, le président du tribunal administratif ou le magistrat qu'il délègue peut, sur demande de l'autorité requérante, prononcer une astreinte dans les conditions prévues aux articles L. 911-6 à L. 911-8 du code de justice administrative. » Le code a par ailleurs prévu une sanction pénale : « Le refus d'exécuter les mesures prescrites par l'autorité requérante constitue un délit qui est puni de six mois d'emprisonnement et de 10 000 euros d'amende ».

Les actions indemnitaires engagées après ces réquisitions sont de la compétence des juridictions administratives[38].

b) Mise en œuvre et contrôle par le juge administratif

749. - Personnes visées. Le Conseil d'État a été amené à préciser les conditions du recours à ces réquisitions qui ne concernent d'ailleurs pas que les salariés des entreprises ciblées[39] et qui peuvent s'appliquer à des professionnels libéraux.

Proportionnalité des réquisitions. Le Conseil d'État vérifie que les atteintes au droit de grève sont strictement proportionnées, et n'hésite pas à suspendre les arrêtés préfectoraux qui adopteraient des mesures trop attentatoires au droit de grève.

750. - *Sages-femmes.* Le Conseil d'État a annulé l'arrêté réquisitionnant l'ensemble des sages-femmes du service gynécologie-obstétrique d'une clinique, dans une décision rendue le 9 décembre 2003, en considérant que cette dernière portait une atteinte excessive au droit de grève[40]. À cette occasion d'ailleurs, le Conseil d'État

(38) T. confl., 26 juin 2006, aff. C-3524 : *Lebon*.

(39) Y. Struillou, *Conflits sociaux et réquisition : Finalité et modalités du contrôle exercé par le juge administratif : Dr. ouvrier* 2011, p. 485. – F. Leconte, *Conflits sociaux et réquisitions : la défense syndicale face aux réquisitions préfectorales : Dr. ouvrier* 2011, p. 499. – A. Braun et A. Gentilhomme, *Réquisitoires contre les réquisitions : le CE face aux normes de l'OIT : Dr. ouvrier* 2011, p. 507. – N. Guillet, *Après les réquisitions de personnels grévistes de l'automne 2010. Réflexions sur la portée du droit de grève dans une France en crise : Dr. soc.* 2012, p. 152. L'OIT a condamné la position française (CA de l'OIT, déc. 17 nov. 2011). – A. Braun et A. Gentilhomme, *Réquisitoires contre les réquisitions : le Conseil d'État face aux normes de l'OIT : Dr. ouvrier* 2011, 507.

(40) CE, 1re et 2e ss-sect. réunies, 9 déc. 2003, n° 262186, *Mme Aguillon et a. : Lebon* ; *Dr. soc.* 2004, p. 173, concl. J.-H. Stahl ; *RFDA* 2004, p. 308, concl. J.-H. Stahl et note P. Cassia ; *AJDA* 2004, p. 1138, note O. Le Bot ; *JCP* G 2004, 10076, note X. Prétot ; *JCP* A 2004, 1034, note J. Moreau ; *JCP* A 2004, 1096, note D. Maillard Desgrées du Loû.

considère logiquement le droit de grève comme une « liberté fondamentale » au sens de l'article L. 521-2 du Code de justice administrative, autorisant le recours à la procédure du référé-liberté[41].

En raison d'une grève des sages-femmes de la clinique du Parc située à Chambray-lès-Tours, commencée le 5 novembre 2003, et de l'absence d'accord sur la mise en œuvre d'un service minimum dans cet établissement, le préfet d'Indre-et-Loire avait décidé, par un arrêté en date du 28 novembre 2003, de requérir l'ensemble des sages-femmes du service gynécologie-obstétrique de cet établissement, en se fondant sur l'urgence et les risques graves de troubles à la santé publique, notamment en ce qui concerne la santé des parturientes et des nouveau-nés.

Plusieurs des sages-femmes de cette clinique du Parc ont présenté une demande tendant à la suspension de cette mesure de réquisition, en vain. Tel n'est pas l'avis du Conseil d'État qui annule ce refus. Pour ce dernier en effet, « le préfet a entendu requérir l'ensemble des sages-femmes en vue de permettre la poursuite d'une activité complète d'accouchement du service obstétrique de la clinique du Parc dans les conditions existantes avant le déclenchement du mouvement de grève ». Or, « en prescrivant une telle mesure générale, sans envisager le redéploiement d'activités vers d'autres établissements de santé ou le fonctionnement réduit du service, et sans rechercher si les besoins essentiels de la population ne pouvaient être autrement satisfaits compte tenu des capacités sanitaires du département, le préfet a commis une erreur de droit ».

La réquisition apparaît ainsi comme l'*ultima ratio*, et sa mise en œuvre suppose que toutes les alternatives organisationnelles aient été envisagées, et écartées en raison de leur caractère insuffisant, avant que cette atteinte directe au droit de grève ne soit acceptable.

751. - *EDF.* Dans d'autres circonstances le Conseil d'État a validé la réquisition de plus de six cents salariés d'EDF pour assurer la maintenance d'une centrale nucléaire, dans une décision en date du 15 juillet 2009[42].

Le directeur général production d'EDF avait ordonné le 15 juin 2009 aux directeurs des centres de production d'imposer, sous peine de sanctions disciplinaires, la présence à leur poste de travail des salariés grévistes dont l'activité lui paraissait nécessaire aux chantiers d'arrêts de tranche, lesquels consistaient en des opérations périodiques de maintenance des réacteurs nucléaires de production électrique. Le 16, il publiait une note de service informant le personnel des modalités de ces obligations de présence à certains postes de travail et la présence à son poste d'un technicien préparateur au service essai.

Cette note de service avait été suspendue par le juge des référés du tribunal administratif de Lyon, mais cette ordonnance a été annulée par le Conseil d'État qui a rejeté le recours des syndicats de l'entreprise.

Pour le Conseil d'État, la note générale du 15 juin était tout d'abord justifiée.

Il devait en effet être tenu compte de la nature du service de production d'électricité, des impératifs de sécurité qui lui sont liés et des contraintes techniques du maintien de l'interconnexion et de préservation de l'équilibre entre la demande et l'offre d'électricité dans une situation estivale où les fortes températures peuvent solliciter le système de production électrique à un moment où la production est réduite.

L'atteinte portée au droit de grève était par ailleurs proportionnée. La mesure ne visait en effet pas l'ensemble des personnels des tranches pour les contraindre à remplir un service normal ; il s'agissait seulement d'assurer la continuité des fonctions indispensables, permettre la remise en service des réacteurs arrêtés dans les délais et éviter des conséquences graves dans l'approvisionnement électrique du pays.

Le Conseil d'État refuse également de suspendre la note de service du 16 juin 2009 mettant en œuvre la décision générale de réquisition et imposant sous peine de sanctions disciplinaires la présence à leur poste de 674 des 1 152 salariés du centre concerné. Le directeur du site avait

(41) S'agissant de la liste de ces libertés : www.conseil-etat.fr/actualites/vivre-dans-un-environnement-equilibre-et-respectueux-de-la-sante-reconnu-liberte-fondamentale.

(42) CE, ord. réf., 15 juill. 2009, n° 329526.

en effet, pour assurer la reprise de fonctionnement de la tranche 1, tenu compte du rôle respectif des différents services et, au sein de chacun, de la nature des fonctions au regard du seul critère de leur caractère indispensable pour la sécurité et le respect du programme prévu de fin d'arrêt de la tranche 1. Quant à la réquisition du technicien préparateur au service automatisme essai, sa présence aux périodes programmées était nécessaire au dispositif ainsi mis en place.

Le Conseil d'État a également annulé en 2011 la réquisition d'un agent d'exploitation gréviste pour assurer la maintenance d'une centrale thermique[43]. Après avoir indiqué que le préfet « peut légalement requérir les agents en grève de centrale thermique de production électrique, même privée, dans le but d'assurer le maintien d'un effectif suffisant pour garantir les besoins essentiels de la population, la continuité des services publics, le maintien de l'activité économique et la sécurité sanitaire », il a rappelé que ce même préfet « ne peut toutefois prendre que les mesures imposées par l'urgence et proportionnées aux nécessités de l'ordre public ». Le Conseil d'État a considéré qu'il devait « être tenu compte de la nature du service de production d'électricité, des impératifs de sécurité qui lui sont liés et des besoins essentiels de la population du sud de l'île de La Réunion dont la consommation en électricité dépend, du fait des difficultés d'acheminement du courant depuis les autres parties de l'île, pour une grande part de la centrale thermique du Gol pour laquelle les employés ont déposé un préavis de grève continu ; que des manifestations de protestation des usagers ont marqué les délestages et coupures d'électricité, conséquences des grèves litigieuses notamment dans l'approvisionnement en eau potable, produits alimentaires et services de santé ; que, dans ces conditions, le préfet par ses arrêtés du 21 avril 2011 portant réquisition de M. A et d'une partie des salariés, qui ne sauraient avoir et n'ont effectivement pas eu pour objet et pour effet de contraindre l'ensemble des personnels de la centrale thermique du Gol à mettre en place un service normal mais seulement d'assurer le maintien de l'ordre public », le préfet n'a donc pas « porté une atteinte manifestement illégale à la liberté fondamentale que constitue le droit de grève ».

Lorsque les mesures sont équilibrées elles passent le cap du contrôle du Conseil d'État et les salariés qui s'y soustrairaient s'exposeraient à des sanctions disciplinaires[44].

752. - *Avitailleurs d'ADP.* Dans une décision en date du 27 octobre 2010, le juge des référés du Conseil d'État a validé la réquisition de salariés grévistes des entreprises chargées d'alimenter en carburant les aéroports parisiens[45].

Le 22 octobre 2010, les stocks de carburant aérien à l'aéroport de Roissy Charles de Gaulle ne couvraient plus que trois jours de consommation et devaient être complétés en raison des délais de traitement et de livraison nécessaires. L'incapacité de l'aéroport à alimenter les avions en carburant aérien pouvait conduire au blocage de nombreux passagers, notamment en correspondance, et menacer la sécurité aérienne en cas d'erreur de calcul des réserves d'un avion. La pénurie croissante d'essence et de gazole en Île-de-France le 22 octobre 2010 menaçait le ravitaillement des véhicules de services publics et de services de première nécessité et créait des risques pour la sécurité routière et l'ordre public.

Par arrêté du 22 octobre 2010, le préfet des Yvelines a réquisitionné, sur le fondement du 4° de l'article L. 2215-1 du Code général des collectivités territoriales, pour une durée de six jours,

(43) CE, ord. réf., 23 mai 2011, n° 349215.
(44) TA Pau, ord., 31 mai 2003, n° 03-1035, *A.* : *AJDA* 2003, p. 1189.
(45) CE, ord. réf., 27 oct. 2010, n° 343966 : *Lebon* ; *Dr. ouvrier* 2011, p. 153, note G. Koubi et G.-J. Guglielmi ; *LPA* 5 janv. 2011, n° 3, p. 15, note M.-C. Rouault et F. Duquesne ; *JCP* S 2011, 1033, note A. Martinon ; *Dr. adm.* 2010, comm. 157, note J. Andreani ; *AJDA* 2010, p. 388, note Ph.-S. Hansen et N. Ferré.

certains personnels de l'établissement pétrolier de Gargenville, exploité par la société Total, considérant que la réquisition de cet établissement, en raison de ses stocks de carburant aérien et de sa capacité de traitement de kérosène, constituait une solution nécessaire, dans l'urgence, à la prévention du risque de pénurie totale de carburant aérien à l'aéroport, en l'absence d'autres solutions disponibles et plus efficaces. En raison de sa situation, cet établissement représentait également une solution nécessaire à l'approvisionnement en urgence de la région Île-de-France en essence et en gazole.

Le personnel requis par l'arrêté du 22 octobre 2010 était limité aux équipes de quart nécessaires, notamment pour des raisons de sécurité, à l'accomplissement des fonctions de livraison de carburant aérien, de traitement du kérosène et de livraison d'essence et de gazole correspondant aux nécessités de l'ordre public. Les effectifs ainsi concernés ne représentaient qu'une fraction de l'effectif total de l'établissement.

Pour le Conseil d'État, il résultait de ces éléments que la détermination de l'effectif des salariés requis n'était pas entachée d'une illégalité manifeste, alors même que les salariés requis, eu égard à leurs fonctions, représenteraient l'essentiel des salariés grévistes.

753. - *Stations-service.* Toujours dans le cadre du même mouvement national, le tribunal administratif de Melun a suspendu la décision d'un préfet considérée comme disproportionnée, ce dernier ayant souhaité maintenir non pas une activité minimale mais rétablir l'activité normale de la raffinerie[46].

L'arrêté pris par le préfet des Yvelines a connu un sort d'emblée plus favorable[47].

754. - *Personnels des raffineries.* En octobre 2022, plusieurs préfets ont pris des arrêtés de réquisition pour maintenir une certaine activité dans les raffineries de TotalEnergies paralysées par des grèves initiées notamment par la CGT.

Les premiers, les tribunaux administratifs de Rouen, le 13 octobre 2022[48] et de Lille le 14 octobre 2022[49] ont refusé de suspendre la réquisition des salariés considérant les mesures comme nécessaires pour prévenir tout risque d'atteinte à l'ordre public, en raison de la pénurie dans les stations-service, et proportionnées au regard du contexte.

Le tribunal administratif de Lyon a également validé des réquisitions décidées par le préfet du Rhône visant les salariés de raffineries[50].

La Confédération générale du travail Force ouvrière (CGT-FO) avait saisi le juge des référés du tribunal administratif de Lyon, dans le cadre de la procédure du référé-liberté, pour obtenir la suspension des arrêtés des 17 et 18 octobre 2022 du préfet du Rhône portant réquisition des personnels chargés de l'activité d'expédition du site TotalEnergies de Feyzin et visant les salariés grévistes de la plateforme de Feyzin.

Pour justifier ces mesures, le préfet faisait valoir que, à la date de l'arrêté, la situation de pénurie était particulièrement tendue dans les stations-service et nécessitait l'action de l'État afin de garantir le ravitaillement en carburant de véhicules de secours, les soins à domicile ou la livraison de produits pharmaceutiques et médicaux, et ce, à la veille des départs en vacances de la Toussaint. En outre, alors que des arrêtés en matière de limitation d'emport de carburant et

(46) TA Melun, ord., 22 oct. 2010 : *JurisData* n° 2010-019267 ; *AJDA* 2010, 2026, obs. R. Grand. Le nouvel arrêté, plus modeste dans son ambition, a été validé (TA Melun, 25 oct. 2010, n° 1007348 : *AJDA* 2010, 2026).

(47) TA Versailles, ord., 23 oct. 2010, n° 1006866. Confirmé par CE, 27 oct. 2010, n° 343966, *Lefebvre : Lebon* ; *Dr. ouvrier* 2011, p. 153, note G. Koubi et G. J. Guglielmi ; *LPA* 5 janv. 2011, n° 3, p. 15, note M.-C. Rouault et F. Duquesne ; *JCP* S 2011, 1033, note A. Martinon ; *AJDA* 2011, 388, note P. S. Hansen et N. Ferré.

(48) TA Rouen, réf., ord., 13 oct. 2022, n° 2204100.

(49) TA Lille, réf., ord., 14 oct. 2022, n° 2207769.

(50) TA Lyon, ord., 20 oct. 2022, n° 2207732.

de priorisation de la distribution avaient été pris, ils s'étaient révélés insuffisamment efficaces. Le préfet faisait également valoir que le climat économique et social était par ailleurs tendu et le tissu économique et régional gravement menacé par ces tensions. La perpétuation de cette pénurie menaçait par ailleurs directement la survie de nombreuses entreprises. Le dépôt de Feyzin était essentiel dans la desserte des besoins des départements des régions Auvergne-Rhône-Alpes et Bourgogne Franche-Comté et une substitution de personnels en sollicitant des personnels non grévistes n'avait pu être mise en place. Du fait du mouvement de grève nationale, les autres dépôts ne pouvaient compenser à eux seuls les besoins des deux régions.

Le juge des référés a considéré tout d'abord l'existence avérée d'une pénurie de carburant et de ses conséquences :

« 6. En premier lieu, il résulte de l'instruction qu'une pénurie croissante de carburants a débuté le 22 septembre 2022 sur le plan national et a été massivement suivie dans de très nombreux établissements qui ont totalement cessé de fonctionner, alors que la raffinerie de Feyzin permet l'approvisionnement de 55 % des carburants vendus en région Auvergne-Rhône-Alpes, le taux d'indisponibilité de carburant dans les stations-service du département du Rhône qui augmente chaque jour, était de près de 40 % à la date du 17 octobre 2022, sur 200 stations-service, 72 étaient en rupture partielle et 13 en rupture totale. L'épuisement des stocks disponibles des quatre dépôts de carburant du département, qui couvrent l'ensemble des besoins de la région Auvergne-Rhône-Alpes ainsi que partiellement ceux de la région Bourgogne Franche-Comté, menaçait le ravitaillement des véhicules de services publics, de transports en commun, certaines compagnies ayant cessé de travailler et, des véhicules de première nécessité, le préfet du Rhône ajoutant à l'audience qu'en l'absence de carburant, le service de maintenance de l'aéroport international de Lyon Saint-Exupéry n'est désormais plus en capacité d'assurer ses missions. Ainsi, alors que le préfet faisait état de ce que les stocks dits "stratégiques" ont commencé à être utilisés, l'épuisement des stocks ordinaires largement constaté crée des risques pour la sécurité routière et l'ordre public et ce alors même que certains dépôts de moindre capacité continuaient d'alimenter les stations-service du département. Si par ailleurs, des mesures ont été prises pour limiter l'emport de carburant, prioriser sa distribution ou remédier ponctuellement aux heurts, ces mesures n'ont suffi ni à apaiser les tensions croissantes aux abords et au sein des stations-service ni à prévenir les risques d'accidents associés aux files d'attente et aux abandons de véhicules. Enfin, s'il est fait état de ce que certains des personnels des dépôts en cause ne seraient pas grévistes, il ne résulte pas de l'instruction que ceux-ci auraient pu faire fonctionner les services nécessaires à l'expédition et au transport de carburant, alors qu'il est constant qu'aucun carburant n'a été distribué ou livré en provenance de ces dépôts, depuis le début du mouvement de grève au sein de la raffinerie de Feyzin, ni davantage qu'il aurait été possible de recourir à des opérateurs extérieurs eu égard à la technicité des fonctions exercées. Par suite, le recours à des mesures de réquisition individuelles d'agents qualifiés présente un caractère nécessaire pour prévenir les risques d'atteinte à l'ordre public résultant d'une pénurie croissante de carburant ».

Il a ensuite établi que ces mesures de réquisition étaient proportionnées :

« 7. En deuxième lieu, si les requérants soutiennent que le procédé utilisé consistant à notifier un premier puis un second arrêté, auxquels étaient jointes des annexes numérotées, trois pour l'arrêté du 17 octobre 2022 et six pour l'arrêté du 18 octobre suivant, comportant la durée de la réquisition et le nom des agents requis ferait obstacle à la possibilité pour le tribunal d'apprécier le caractère de proportionnalité de la mesure de réquisition, il est constant toutefois, d'une part, que chaque arrêté, qui comporte une motivation claire et suffisante de la mesure de réquisition, est notifié à chaque agent réquisitionné accompagné de l'une de ses annexes sur laquelle son nom et la durée de la réquisition figurent, et ce au moins huit heures avant le début de l'exercice de ses fonctions, lui permettant ainsi utilement d'exercer son droit au recours et d'autre part, que chaque mesure de réquisition prévue par un arrêté et son annexe n'est dès lors pas, en l'espèce, disproportionnée et ne porte pas une atteinte excessive au droit de grève, sans qu'en tout état de cause aient été méconnues les dispositions du code des relations entre le public et l'administration ».

Il apparaissait également que la réquisition concernait le minimum de salariés nécessaire pour faire face à la pénurie constatée :

« 8. En troisième lieu, il résulte de l'instruction que l'effectif de sept agents initialement réquisitionnés par l'arrêté préfectoral du 17 octobre 2022, auquel est venu s'ajouter celui de trois agents supplémentaires réquisitionnés par l'arrêté du lendemain ne portent que sur deux sous-secteurs d'activité, les services "VEMU" (Valorisation Énergie Mouvement produit Utilité) et "expédition", nécessaires à l'expédition des carburants à destination des dépôts, par camions, à l'exclusion de toute autre activité. L'effectif réquisitionné ne représente que 17 % des agents de quart en situation normale et 3 % des agents normalement "postés", les trois agents supplémentaires ayant été réquisitionnés le 18 octobre 2022 pour assurer l'expédition par rail. Par suite, le choix fait par l'autorité administrative de privilégier une réquisition ponctuelle, par l'édiction d'un premier puis d'un second arrêté comportant des annexes délivrées quotidiennement, ainsi limitée en nombre et en durée et adaptée tant à l'évolution de la pénurie de carburants qu'à celle des effectifs de salariés grévistes ou non-grévistes, n'a pas tendu à mettre en place un service normal mais à assurer, par un nombre restreint mais suffisant de salariés et une liste réduite de tâches essentielles et définies, un service minimum nécessaire à l'expédition de carburants par camions et par rail en régions Auvergne-Rhône-Alpes et Bourgogne Franche-Comté ».

En conclusion, la légalité de la réquisition a été admise : « 10. Il résulte de ce qui précède qu'en mettant en place un service visant à assurer, par un nombre restreint, suffisant et adapté de salariés, la seule expédition de carburants, le préfet du Rhône n'a pas porté une atteinte grave et manifestement illégale au droit de grève ».

Le 6 avril 2023, le juge des référés du tribunal administratif de Rouen a également suspendu les arrêtés de réquisition des personnels grévistes chargés des activités de pompage et d'expédition de la raffinerie de Gonfreville-Lorcher, le préfet n'ayant pas établi la nécessité de ces mesures au regard de la situation régionale invoquée[51].

2° Mesures Covid

755. - Mesures gouvernementales. Pour faire face à la crise sanitaire qui a sévi entre 2020 et 2022, plaçant les établissements de santé dans une situation de tension extrême, le Gouvernement a d'abord mobilisé les ressources existantes du Code de la santé publique[52] avant de se doter d'un nouvel outil réglementaire[53]. Le décret n° 2020-1262 du 16 octobre 2020 a ainsi prévu, dans ses articles 48 et 49, des « Dispositions portant réquisition » autorisant le préfet de département « si l'afflux de patients ou de victimes ou la situation sanitaire le justifie, à ordonner, par des mesures générales ou individuelles, la réquisition nécessaire de tout établissement de santé ou établissement médico-social ainsi que de tout bien, service ou personne nécessaire au fonctionnement de ces établissements, notamment des professionnels de santé ».

Pareil pouvoir a été organisé « dans la mesure nécessaire à l'acheminement de produits de santé et d'équipements de protection individuelle nécessaires pour faire face à la crise sanitaire, (...) sur décision du ministre chargé de la santé, les aéronefs civils et les personnes nécessaires à leur fonctionnement ».

Le décret autorisait également le préfet, « lorsque cela est nécessaire pour répondre aux besoins de mise en quarantaine ou de placement et maintien à l'isolement dans l'un des lieux d'hébergement adaptés (...) à procéder à la réquisition de tous biens, services ou personnes nécessaires au transport de personnes vers ces lieux d'hébergement ».

(51) TA Rouen, réf., 6 avr. 2023, n° 2301355.

(52) Dispositions du Code de la santé publique relatives à la « menace sanitaire » issues de la loi n° 2004-806 du 9 août 2004, relative à la politique de santé publique (art. L. 3131-8 et L. 3131-9).

(53) G. Bligh, *Réquisitionner en situation d'urgence sanitaire : AJDA* 2020, 1098.

Des mesures comparables avaient également été prévues s'agissant du personnel des agences régionales de santé, de l'Agence nationale du médicament et des produits de santé et de l'Agence nationale de santé publique, ainsi que « lorsque les laboratoires de biologie médicale ne sont pas en mesure d'effectuer l'examen de détection du génome du SARS-CoV-2 par RT PCR inscrit à la nomenclature des actes de biologie médicale ou d'en réaliser en nombre suffisant pour faire face à la crise sanitaire (...) des autres laboratoires autorisés à réaliser cet examen ainsi que les équipements et personnels nécessaires à leur fonctionnement, soit la réquisition des équipements et des personnels de ces mêmes laboratoires nécessaires au fonctionnement des laboratoires de biologie médicale qui réalisent cet examen ».

SECTION 2 L'EXPULSION DES GRÉVISTES

§ 1. – Conditions

A. – Licéité de la présence sur le lieu de travail

756. – Licéité. Les salariés qui se mettent en grève le font normalement sur leur lieu de travail. Leur présence dans l'entreprise pendant la grève (on parlera alors volontiers de « grève sur le tas ») est donc inhérente à l'exercice de celle-ci[54].

B. – Limites

1° Illicéité

757. – Liberté du travail et droit de propriété. Le droit de grève n'emporte toutefois ni celui d'entraver la liberté du travail des non-grévistes, ni celui d'entraver le droit de l'employeur de poursuivre l'activité, ni évidemment de disposer de l'outil de travail, comme le juge régulièrement la Cour de cassation depuis un arrêt rendu par sa chambre sociale le 21 juin 1984[55].

Le juge des référés avait ordonné, à la demande de la société La Générale sucrière, l'expulsion d'ouvriers grévistes occupant sa succursale de Marseille, ce que contestaient les grévistes dans leur pourvoi, en vain.

Pour la Cour de cassation, en effet, « l'employeur demandait qu'il soit mis fin au préjudice personnel résultant des entraves qui l'avaient empêché d'exercer son industrie ; les juges d'appel, après avoir relevé que les grévistes interdisaient l'entrée de l'usine à quiconque, notamment au directeur et au personnel non gréviste, ont exactement énoncé que le droit de grève n'emporte pas celui de disposer arbitrairement des locaux de l'entreprise ; ils ont ainsi constaté le caractère manifestement illicite du trouble invoqué » et ordonné l'expulsion.

758. – Position du Conseil d'État pour les agents publics. Le Conseil d'État ne dit pas autre chose : « Les locaux administratifs ne sauraient être utilisés à des fins autres que celles correspondant aux besoins des services publics auxquels ils sont directe-

(54) E. Pénissat, *Occupation des locaux*, *in* O. Filieule, L. Mathieu et C. Péchu, *Dictionnaire des mouvements sociaux*, Presses de Sciences Po, coll. « Références », 2e éd., 2020, 623 p., p. 416.

(55) Cass. soc., 21 juin 1984, n° 82-16.596 : *Bull. civ.* V, n° 263 ; *Dr. soc.* 1985, p. 15, note J. Savatier. – TGI Saintes, réf., 26 oct. 1998 : *Dr. ouvrier* 1999, p. 335. – TGI Montbéliard, réf., 20 déc. 2005, n° 05/00135 : *BICC* 1er mars 2006, 635, n° 428. – J. Savatier, *L'occupation des lieux de travail : Dr. soc.* 1988, 655.

ment affectés » ; l'autorité administrative peut donc « légalement interdire, dans l'intérêt du bon fonctionnement des services dont il est responsable, l'occupation des locaux de son administration par des agents grévistes et prescrire en conséquence à ceux-ci d'évacuer les locaux administratifs dès qu'ils cessent leur travail : une telle réglementation ne porte pas, par elle-même, atteinte au droit de grève des fonctionnaires »[56].

2° Actions possibles

a) Recours direct à la force publique

759. - Insuccès. L'employeur peut tenter de faire intervenir la police ou la gendarmerie, mais sans ordonnance d'expulsion la marge de manœuvre des forces de l'ordre est limitée et la police n'est pas obligée d'intervenir[57], sauf troubles exceptionnellement graves[58].

b) Recours au juge des référés

760. - Référé d'heure à heure. L'employeur aura tout intérêt à saisir le juge des référés. Compte tenu de l'urgence, l'assignation se fera généralement d'heure à heure[59].

761. - Conditions. La jurisprudence est stable depuis une vingtaine d'années. Le recours au juge des référés pour prononcer l'expulsion suppose une entrave à la liberté du travail ou une atteinte à la sécurité des biens ou des personnes[60].

762. - Entraves à la liberté du travail. Les exemples jurisprudentiels d'expulsions sont assez peu nombreux et concernent des hypothèses d'occupations accompagnées d'entraves à la liberté du travail[61], de feux ou de véhicules immobilisés devant les accès de l'entreprise[62].

Le trouble devra persister au moment où le juge statue, faute de quoi l'employeur sera débouté de sa demande[63].

763. - Opposabilité à l'employeur de ses propres fautes. La Cour de cassation a considéré que l'expulsion pouvait être refusée si l'occupation de l'entreprise avait été provoquée par des fautes commises par l'employeur rendant l'occupation légitime

(56) CE, 11 févr. 1966, *Legrand : Lebon*, p. 110. Égal. TA Paris, 29 juin 1955, *Redon : Lebon*, p. 46. Lire J.-B. Auby, *Le recours de l'administration au juge des référés en cas de grève : Dr. adm.* 1991, chron. 1.

(57) CE, 3 juin 1938, *Sté Cartonnerie et imprimerie de Saint-Charles : Grands arrêts de la jurisprudence administrative*, n° 253.

(58) CE, 18 juin 1975 : *Lebon*, p. 363 : pas de faute lourde pour le préfet à ne pas ordonner par la force la libération de quatre cadres séquestrés qui avaient continué à communiquer avec l'extérieur par téléphone.

(59) Cass. soc., 23 juin 2004, n° 02-31.071 : *Bull. civ.* V, 2004, n° 180 ; *JCP* G 2005, I, 122, obs. S. Darmaisin.

(60) Cass. soc., 23 juin 2004, n° 02-31.071, préc. – Cass. soc., 22 juin 2004, n° 02-15.500.

(61) Cass. soc., 23 juin 2004, n° 02-31.071, préc. – Égal. Évry, ord. réf., 30 nov. 2021 : évacuation des étrangers en situation irrégulière qui tenaient un piquet de grève dans un entrepôt de DPD France ; évacuation des grévistes dans un délai de deux heures à compter de la décision, avec une astreinte de 50 € par heure de retard. *Liaisons sociales quotidien* 2 déc. 2021, L'actualité, n° 18439, Section Acteurs, débats, événements.

(62) Pour des entraves à la circulation des aéronefs : Cass. crim., 2 mai 2001, n° 00-85.852.

(63) *Liaisons sociales quotidien* 4 mai 2021, L'actualité, n° 18299, Section Acteurs, débats, événements : Carrefour débouté de sa demande d'expulsion d'un piquet de grève devant son enseigne de Lomme.

pour assurer la défense des intérêts du personnel, comme l'a jugé la chambre sociale de la Cour de cassation dans un arrêt du 9 mars 2011[64].

Après transfert de leurs contrats de travail à la société Fruprep France le 7 août 2009, les anciens salariés de la société Frulact France située à Saint-Yorre s'étaient vu proposer une modification de leur lieu de travail dans des nouveaux locaux à Apt. À partir du 7 octobre 2009, vingt-neuf salariés qui n'avaient pas accepté cette modification s'étaient vu refuser l'accès à l'usine, après décision de l'employeur de procéder à la cessation de l'activité de cette unité de production, et ont été mis en disponibilité avec maintien de leur rémunération. Des salariés ont alors occupé ces locaux par roulement pour protester contre la fermeture brutale du site.

La société a saisi le juge des référés pour obtenir leur expulsion, en vain. C'est ce que confirme le rejet du pourvoi. Pour la Cour de cassation en effet, l'arrêt avait relevé « d'une part, que l'employeur, qui a décidé l'arrêt des activités et fermé l'unité de production sans information ni consultation préalable des institutions représentatives du personnel, [avait] interdit aux salariés l'accès à leur lieu de travail en leur notifiant sans autre explication leur mise en disponibilité », et « d'autre part, que si les salariés ont occupé les locaux, aucun fait de dégradation du matériel, de violence, séquestration ou autre comportement dangereux à l'égard des personnels se trouvant sur le site n'est établi ». L'occupation des lieux, intervenue en réaction à la fermeture, dans ces circonstances, de l'unité de production, ne caractérisait par conséquent pas un trouble manifestement illicite.

Un arrêt rendu par la cour d'appel de Bastia le 18 novembre 2015 permet de bien prendre conscience de l'ensemble des éléments pris en compte par le juge des référés lorsqu'il est saisi d'une demande d'expulsion des grévistes qui entravent les accès à l'entreprise[65].

Le 20 mai 2004, à l'appel du syndicat CGT, une partie du personnel de La Poste de Vittulo entamait un mouvement de grève, afin de dénoncer le plan de restructuration de l'entreprise. Des négociations étaient menées, sans parvenir à un accord. Une tentative de conciliation conduite sous la médiation de l'inspection du travail s'avérait également infructueuse. Entre le 19 juin 2014 et le 7 juillet 2014, la Poste mandatait des huissiers de justice pour effectuer des constats devant le centre de tri de Campo Dell'Oro, et le centre de distribution de Vittulo.

Par ordonnance rendue sur requête le 7 juillet 2014, La Poste était autorisée à assigner d'heure à heure, devant le juge des référés du tribunal de grande instance d'Ajaccio, le secrétaire départemental de la CGT La Poste ainsi que six autres grévistes.

Par actes d'huissier du 9 juillet 2014, La Poste assignait ces sept personnes devant le juge des référés du tribunal de grande instance d'Ajaccio et sollicitait que les défendeurs soient interdits d'entrave au libre accès et à la libre distribution au centre de tri de Campo Dell'Oro et au centre de distribution de Vittulo, sous astreinte, et qu'ils soient expulsés.

Par ordonnance du 17 juillet 2014, le juge des référés faisait interdiction aux sept personnes désignées et si besoin à quiconque intervenant par eux, pour eux ou de leur chef, faisant partie du personnel postal ou étranger à ce personnel, de faire entrave à la liberté du travail, au libre accès et au libre fonctionnement des services de La Poste de Corse du Sud, notamment en gênant de quelque manière que ce soit le libre accès et la libre circulation au centre de tri de Campo Dell'Oro, au centre de distribution de Vittulo, et à tout autre établissement postal dans le ressort de Corse du Sud, et ce sous astreinte de 1 000 € par contrevenant et par infraction constatée, ordonnait leur expulsion immédiate ainsi que celle de tout intervenant ou occupant pour eux, par eux, ou de leur chef, faisant partie du personnel postal, ou étranger à ce personnel, qui par ses agissements empêcherait le libre exercice du travail ou l'accès au centre de distribution et de tri de Campo Dell'Oro, ou au centre de distribution de Vittulo, ou à tout autre établissement postal dans le ressort de Corse du Sud, et ce au besoin avec le concours de la force publique.

(64) Cass. soc., 9 mars 2011, n° 10-11.588, *Sté Fruprep France*, publié : *Dr. soc.* 2011, 734, note B. Gauriau ; *Dalloz actualité*, 7 avr. 2011, obs. B. Ines.
(65) CA Bastia, 18 nov. 2015, n° 14/00620.

Cette ordonnance fut confirmée par le juge des référés de la cour d'appel de Bastia qui a relevé les éléments suivants.

Le 19 juin 2014, un huissier constatait qu'à 7 heures 10, cinq véhicules portant des banderoles de la CGT, et dont il relevait les immatriculations, avaient été garés devant le portail du centre de distribution de Campo Dell'Oro et en bloquaient l'accès. Plusieurs véhicules de transporteurs opéraient un demi-tour devant l'établissement et repartaient sans avoir pu procéder au chargement. Le constat identifiait le secrétaire départemental CGT, ainsi que six autres grévistes. Après une brève discussion avec le responsable du centre, à la cafétéria de l'entreprise, les grévistes descendaient sur le parking.

Malgré la demande faite à 8 heures, les grévistes refusaient de libérer l'accès du centre, répondant que les « véhicules étaient en panne, et ne pouvaient être déplacés ». À compter de 9 heures 40, le personnel non gréviste, empêché de travailler et apostrophé par les grévistes en termes violents et injurieux, commençait à quitter le centre de tri.

Le 4 juillet 2014 au centre de distribution de Vittulo, l'huissier de justice constatait par procès-verbal qu'alors que les salariés non grévistes avaient pu accéder à leurs postes et commencer leur travail, les grévistes commençaient à se réunir devant le site aux alentours de 8 heures 35. La direction décidait alors de fermer la porte d'entrée principale du bâtiment avec un rideau de fer. À 10 heures 20, les grévistes coupaient la chaîne qui maintenait fermé le portail d'entrée basse du site, brisaient la serrure, et envahissaient le parking avec des sympathisants. Une partie des grévistes s'amassait devant la porte d'entrée du centre, et commençait à frapper des coups sur les portes. La direction décidait d'appeler les forces de l'ordre, à 11 heures une vingtaine de CRS se positionnaient devant le bâtiment. Les grévistes quittaient les lieux vers 12 heures dans le calme.

Le même jour, un huissier de justice constatait que deux des grévistes assignés coupaient, au cours de la matinée, avec une cisaille la chaîne qui maintenait le portail fermé. Les grévistes investissaient le parking et un certain nombre d'entre eux assénaient de violents coups de pied et de poing contre le rideau métallique de la porte d'entrée. Des insultes étaient adressées au personnel se trouvant à l'intérieur. Des gros pétards étaient lancés sur le parking. L'huissier de justice se faisait traiter de « charognard de la République ». Ses constatations corroboraient pour le surplus celles de son confrère.

Le 4 juillet 2014 encore, un huissier de justice constatait que l'un des assignés, ancien représentant syndical CGT, arpentait le parking muni d'une barre de fer de 3 à 4 cm de section et d'environ 1,50 mètre de long, qu'il tentait d'intimider l'huissier en lui disait « toi ne fais pas le Zorro ». Ce constat était accompagné de photos des caméras de sécurité qui venaient confirmer ces dires : on voyait clairement la barre de fer et le gréviste qui menaçait plus tard l'huissier d'aller « s'occuper de son étude » à Sagone, un autre qualifiant quant à lui l'officier ministériel de « nazi » et de « SS ».

Pour la cour d'appel, « L'intrusion des grévistes sur le parking au moyen de dégradations, les invectives et insultes adressées à la direction et aux non-grévistes, les menaces à l'huissier, les coups portés sur le rideau métallique, la présence d'une barre de fer, caractérisent même en l'absence de violences physiques sur les CRS, le blocage du centre pendant la matinée ».

Le 7 juillet 2014, un huissier de justice constatait qu'au centre de Vittulo à 06 heures 45, deux grévistes posaient une chaîne et un cadenas de sécurité en forme de U sur le portail d'entrée. La même opération était réalisée sur le portail ouest. À 7 heures 35 un facteur souhaitait quitter la plateforme pour distribuer le courrier. L'un des grévistes assignés le lui interdisait, indiquant que ce salarié pouvait sortir, mais pas le courrier. Le facteur rebroussait chemin.

Le 10 juillet 2014 enfin, un huissier constatait que de 5 heures à 17 heures, des chaînes cadenassées empêchaient l'accès au site de Vittulo. Le 10 juillet 2014 à 6 heures, un huissier relevait que l'accès à la plateforme de Campo Dell'Oro était interdit par la présence de quatre véhicules qui en obturaient l'entrée. Les personnes présentes étaient identifiées. Seuls les véhicules particuliers étaient autorisés à sortir du centre à 9 heures 30. L'huissier mentionnait qu'il était suivi par certains grévistes dans un climat malsain d'intimidation.

Pour la cour d'appel, « Pour ces deux dates des 7 et 10 juillet 2014, l'entrave illicite à la liberté du travail, et à la liberté de circulation, est également caractérisée. Il résulte donc des pièces du dossier qu'un trouble manifestement illicite a été causé de façon répétée par tous les défendeurs cités, entre le 19 juin 2014 et le 10 juillet 2014, chacun d'eux en étant l'auteur à des dates déterminées, et qu'il convenait de le faire cesser. Il convient en conséquence de confirmer l'ordonnance de référé du 17 juillet 2014, qui a prescrit à cette fin les mesures nécessaires ».

§ 2. – Mise en œuvre

A. – Juge compétent

1° Juge judiciaire

764. – **Compétence.** Le juge judiciaire est compétent dès lors que les grévistes se trouvent dans une entreprise privée[66].

2° Juge administratif

765. – **Compétence.** Le juge administratif doit être saisi par les chefs de service des administrations ou établissements publics ainsi que pour les troubles sur la voie publique[67], sauf lorsque le législateur attribue au juge judiciaire une compétence particulière, comme c'est le cas pour les infractions à la police de la conservation du domaine public routier[68].

Un arrêt rendu par la chambre sociale de la Cour de cassation le 10 février 2021 permet de bien comprendre le domaine de compétence de chaque juge des référés[69].

Cette affaire concernait le nettoyage des chambres de l'hôtel Park Hyatt Paris Vendôme qui avait été confié à un prestataire extérieur, environ soixante-quinze salariés de cette société étant affectés à ces tâches. Un mouvement de grève avait été déclenché le 25 septembre 2018 portant sur leur statut et leur rémunération. Différents troubles avaient alors été constatés par acte d'huissier de la part des représentants participant au mouvement de grève et ayant apporté une gêne anormale au travail des salariés et à la clientèle de l'hôtel, les 25 septembre 2018 (usage de mégaphone et montée dans les étages de l'hôtel pour interpeller les salariés non grévistes) et 30 septembre 2018 (distribution de tracts aux clients, cris et usage de sifflets, montée dans les étages de l'hôtel pour intimider les non-grévistes ; entrée de force dans une chambre de l'hôtel). L'employeur avait alors interdit l'accès à l'hôtel aux grévistes concernés, puis, après quelques jours, avait conditionné l'accès à l'établissement (entrée sans sifflets, ni mégaphone, ni chasubles ; contact à distance par un membre de la direction ou de la sécurité, interdiction d'entrer dans les chambres d'hôtel sans autorisation).

Le juge judiciaire des référés a alors été saisi par les syndicats et plusieurs salariés, mais il les a déboutés de leurs demandes, considérant que les comportements relevés étaient abusifs et constituaient par conséquent un trouble manifestement illicite, les restrictions provisoires imposées par l'employeur étaient justifiées et proportionnées aux abus constatés.

C'est ce que confirme le rejet du pourvoi, après avoir rappelé plusieurs principes.

En premier lieu, la Cour de cassation rappelle que « les représentants du personnel et les représentants syndicaux peuvent, tant durant les heures de délégation qu'en dehors de leurs heures habituelles de travail, circuler librement dans l'entreprise et y prendre tous contacts nécessaires à l'accomplissement de leur mission, notamment auprès d'un salarié à son poste de

(66) J. Savatier, *Le caractère illicite de l'occupation des locaux de travail par les grévistes et le juge compétent pour ordonner l'expulsion : Dr. soc.* 1985, 15.

(67) CE, 3 mars 1978, *Lecoq : Lebon*, p. 116 ; *AJDA* 1978, 581, concl. D. Labetoulle. – TA Lyon, 8 juin 2016, n° 1604058, ordonnant l'expulsion de grévistes occupant illégalement un rond-point.

(68) C. voirie routière, art. L. 116-1.

(69) Cass. soc., 10 févr. 2021, n° 19-14.021, publié : *JCP* E 2021, 1242, note F.-G. Laprévote et E. Piekut ; *JCP* S 2021, 1087, obs. Jerphanion.

travail, sous réserve de ne pas apporter de gêne importante à l'accomplissement du travail des salariés », et que la « liberté de circulation des représentants du personnel et des représentants syndicaux au sein de l'entreprise est un principe d'ordre public, qui ne peut donner lieu à restrictions qu'au regard d'impératifs de santé, d'hygiène ou de sécurité ou en cas d'abus » et « s'exerce de la même façon en cas de mouvement de grève ».

« En l'espèce, sans remettre en cause la légitimité d'une action revendicative des représentants du personnel et syndicaux, pouvant s'exercer sous la forme d'une cessation collective et concertée du travail, la cour d'appel a relevé, par motifs propres et adoptés, qu'il avait été constaté, notamment par des actes d'huissier, de la part des représentants participant au mouvement de grève des comportements apportant une gêne anormale au travail des salariés et à la clientèle de l'hôtel, les 25 septembre 2018 (usage de mégaphone et montée dans les étages de l'hôtel pour interpeller les non-grévistes) et 30 septembre 2018 (distribution de tracts aux clients, cris et usage de sifflets, montée dans les étages de l'hôtel pour intimider les non-grévistes ; entrée de force dans une chambre de l'hôtel). Estimant que ces comportements étaient abusifs et constituaient par conséquent un trouble manifestement illicite, elle a pu en déduire que les restrictions provisoires imposées par l'employeur, consistant dans un premier temps dans l'interdiction d'accès à l'hôtel, puis, après quelques jours, à conditionner l'accès (entrée sans sifflets, ni mégaphone, ni chasubles ; contact à distance par un membre de la direction ou de la sécurité, interdiction d'entrer dans les chambres d'hôtel sans autorisation), étaient justifiées et proportionnées aux abus constatés ».

Une autre difficulté concernait le périmètre d'intervention du juge des référés judiciaire qui avait outrepassé ses compétences. Le juge des référés de la cour d'appel avait en effet interdit aux grévistes et à leurs syndicats d'utiliser des instruments sonores sur la voie publique en deçà d'un périmètre de 200 mètres autour de l'hôtel Hyatt, autorisant ce dernier à faire appel au concours de la force publique pour faire respecter cette interdiction.

Comme le faisaient valoir les syndicats devant la Cour de cassation, « en vertu du principe de séparation des pouvoirs et de séparation des autorités administratives et judiciaires, le juge judiciaire n'est pas compétent pour ordonner des mesures de police administrative, ressortissant à la seule compétence de l'autorité administrative de police sous le contrôle des juridictions de l'ordre administratif. Constitue une mesure de police administrative la mesure préventive visant à garantir le maintien de l'ordre et de la tranquillité publics sur la voie publique.

Or, en s'estimant compétente pour interdire l'utilisation d'instruments sonores sur la voie publique, et autoriser au besoin le recours la force publique pour assurer l'exécution de cette interdiction, ce qui constituait une mesure de police administrative, la cour d'appel avait violé le principe de séparation des pouvoirs, ensemble les lois des 16-24 août 1790 et du 16 fructidor an III ». Comme le rappelle la Cour de cassation, il résulte du « principe de séparation des pouvoirs, [de] la loi des 16-24 août 1790 et [du] décret du 16 fructidor an III » que « sauf disposition spéciale, le juge judiciaire n'a pas compétence pour faire respecter l'ordre sur la voie publique et prévoir dans ce cadre des mesures d'interdiction ou le recours à la force publique, la cour d'appel a violé le principe et les textes susvisés ». L'ordonnance rendue, en ce qu'elle prétendait s'appliquer dans un périmètre de 200 mètres autour de l'hôtel, était donc illégale, et la cour procède par voie de retranchement « en ce qu'il interdit aux grévistes et à toute personne agissant de concert avec eux, d'utiliser des instruments sonores sur la voie publique en deçà d'un périmètre de 200 mètres autour de l'hôtel Hyatt, et dit que la société Sashi pourra faire appel au concours de la force publique pour faire respecter cette interdiction ».

B. – Défendeur

766. – Principe de l'identification. L'employeur devrait en principe assigner chaque gréviste afin de lui rendre opposable l'ordonnance d'expulsion, ce qui est en pratique presque irréalisable dans un contexte de forte agitation sociale.

767. - Assignation des meneurs. La chambre sociale de la Cour de cassation a donc, depuis un premier arrêt en date du 17 mai 1977[70], adapté les règles communes et admet l'assignation des « meneurs », c'est-à-dire des « dirigeants de fait du mouvement de grève [à même] de présenter les moyens de défense communs à l'ensemble du personnel »[71].

L'examen de l'affaire qui a conduit à l'arrêt fondateur de 1977 est intéressant. En vue d'obtenir l'évacuation d'une usine occupée par une partie du personnel en grève, la société Ferodo avait assigné en référé six membres de ce personnel, pris tant en leur nom propre qu'en leur qualité de délégués des syndicats ayant donné les consignes de grève, et avait demandé au président du tribunal de grande instance d'ordonner l'expulsion de tous les occupants de l'usine. La cour d'appel avait prononcé l'expulsion de ceux des six délégués syndicaux dont la participation active à l'occupation n'était pas contestée mais a estimé qu'il n'entrait pas dans les pouvoirs du président du tribunal de statuer à l'égard des autres occupants, ceux-ci n'étant ni individuellement assignés, ni représentés par les délégués syndicaux.

Telle n'est pas l'opinion de la Cour de cassation. L'arrêt avait en effet constaté qu'il était, en l'espèce, urgent de mettre fin à une voie de fait manifeste entravant la liberté du travail des autres salariés, voie de fait d'autant plus grave que les consignes de sécurité n'étaient plus respectées à l'intérieur de l'usine, que l'électricité et les compresseurs étaient inopinément coupés et qu'un très grave accident paraissait en avoir été la conséquence.

Il appartenait dès lors à la cour d'appel de rechercher si le président du tribunal qui a le pouvoir d'ordonner sur requête toutes mesures urgentes lorsque les circonstances exigent qu'elles ne soient pas prises contradictoirement ne devait pas en l'espèce statuer de la sorte à l'égard des autres occupants, sous réserve de la faculté pour ceux-ci de lui en référer, en raison de l'urgence à prévenir un dommage imminent, de la difficulté pratique d'appeler individuellement en cause tous les occupants et de la possibilité pour les dirigeants de fait du mouvement de grève de présenter les moyens de défense communs à l'ensemble du personnel.

C'est à ces mêmes meneurs que sera ensuite notifiée la décision pour la rendre opposable à toutes personnes présentes dans l'enceinte de l'entreprise. L'employeur n'aura donc pas besoin d'assigner les grévistes absents des lieux de travail[72].

Le juge des référés se fondera sur une analyse des circonstances concrètes pour déterminer dans quelle mesure des représentants syndicaux peuvent être considérés comme les représentants de fait des grévistes présents sur les lieux. Ainsi, il pourra l'établir, notamment sur la foi d'un constat d'huissier dressé à la demande de l'employeur établissant que « ces personnes, ainsi que toutes celles grévistes qu'il chiffre à 40 environ, sont soit vêtues de chasubles au nom de la CGT, soit de tee-shirts identiques de couleur noire avec des adhésifs à l'enseigne de la CGT »[73].

768. - Position du Conseil d'État. Le Conseil d'État permet également que les ordonnances de référé soient signifiées aux personnes identifiées, mais aussi à toutes celles n'ayant pu l'être et présentes sur le lieu visé par la mesure[74]. Ce qu'a admis le Conseil d'État dès lors que l'ordonnance vise toutes les personnes présentes dans l'en-

(70) TGI Nevers, réf., 21 mars 1975 : *D.* 1976, 266, note J.-P. Karaquillo. – Cass. soc., 17 mai 1977, n° 75-11.474, publié : *D.* 1977, 645, note A. Jeammaud.

(71) Cass. soc., 23 juin 2004, préc.

(72) Cass. soc., 21 févr. 1978 : *JCP* CI 1978, I, 7087, p. 184, n° 14, obs. B. Teyssié et R. Descottes. – Cass. soc., 23 juin 2004, préc.

(73) CA Aix-en-Provence, ch. 1-2, 20 oct. 2022, n° 21/11654.

(74) Par ex., s'agissant de l'expulsion de gens du voyage, CE, 8e et 3e ch. réunies, 16 juill. 2020, n° 437113 (référé mesures utiles).

treprise occupée, autorisant le recours à la force publique pour en assurer l'exécution à l'égard de tous les occupants[75].

C. – Mesures ordonnées

1° Mesures d'instruction

a) Référé probatoire

769. – Juge judiciaire. Aux termes de l'article 145 du Code de procédure civile : « S'il existe un motif légitime de conserver ou d'établir avant tout procès la preuve de faits dont pourrait dépendre la solution d'un litige, les mesures d'instruction légalement admissibles peuvent être ordonnées à la demande de tout intéressé, sur requête ou en référé ».

770. – Illustration. Les employeurs peuvent, y compris lors d'un conflit collectif, utiliser la procédure de l'ordonnance de l'article 145 du Code de procédure civile pour éviter la déperdition des preuves[76] ou obtenir la désignation d'un expert[77], comme le confirme un arrêt rendu par la chambre sociale de la Cour de cassation le 20 octobre 2021[78].

La société Le Nickel avait fait assigner en référé, le 13 novembre 2018, la Confédération syndicale des travailleurs de Nouvelle-Calédonie et son secrétaire général afin d'obtenir la désignation d'un expert-comptable pour déterminer le préjudice d'exploitation résultant de l'interruption de la production le 6 septembre 2018, de 5 heures 30 à 7 heures 30, et le paiement d'une provision. La demande avait été acceptée, la cour d'appel ayant considéré qu'il y avait bien abus dans l'exercice du droit de grève et donc lieu à ordonner une expertise afin de chiffrer le préjudice causé. C'est ce que confirme le rejet du pourvoi.

Selon la Cour de cassation en effet, le juge saisi dans le cadre de l'article 145 du Code de procédure civile apprécie souverainement si la grève, qui est licite dans son principe en cas de revendications professionnelles, n'entraîne pas un trouble manifestement illicite, et peut, conformément aux dispositions de l'article 7 du Code de procédure civile, prendre en considération, même les faits que les parties n'auraient pas spécialement invoqués au soutien de leurs prétentions.

La cour d'appel avait relevé qu'il résultait des constatations de l'huissier de justice, appuyées par des photographies, la participation de la confédération et de son secrétaire général au mouvement du 6 septembre 2018 et la réalité d'un blocage interdisant l'accès de l'usine aux autres salariés et que leur affirmation sur l'existence d'une seconde entrée non bloquée et utilisable par les salariés non grévistes pour se rendre à leur travail ne correspondait à aucune réalité établie alors que l'entrée devant laquelle l'huissier de justice s'était positionné correspondait à l'entrée traditionnelle dans le site pour l'ensemble des salariés, ce dont elle a déduit qu'en procédant à ce blocage et en utilisant des méthodes attentatoires aux biens (pneus en feu dégradant les voies de circulation), empêchant ainsi l'entrée à tout salarié souhaitant travailler, les salariés grévistes avaient recouru à un exercice abusif du droit de grève.

(75) CE, 5e et 3e ss-sect. réunies, 25 nov. 1994, n° 134213 : *Lebon* ; *D.* 1996, somm., p. 229, obs. D. Chelle et X. Prétot.

(76) Cass. soc., 26 juill. 1984, n° 81-41.760 : *Bull. civ.* V, n° 331 ; *Dr. soc.* 1985, p. 121, obs. J. Savatier. – Cass. soc., 2 mai 1990, n° 87-17.060, publié.

(77) Cass. soc., 17 mai 1977 : *D.* 1977, p. 645, note A. Jeammaud. – Cass. soc., 21 févr. 1978, n° 76-14.099, publié.

(78) Cass. soc., 20 oct. 2021, n° 19-21.475.

b) Référé instruction/expertise

771. - Principe. L'article R. 532-1, alinéa 1er, du Code de justice administrative, dispose que : « Le juge des référés peut, sur simple requête et même en l'absence de décision administrative préalable, prescrire toute mesure utile d'expertise ou d'instruction ».

2° Pouvoirs du juge des référés

a) Médiation

772. - Office du juge. Le juge des référés n'est pas obligé d'ordonner l'expulsion ; il peut nommer un médiateur[79] ou laisser du temps aux parties pour négocier avant de la prononcer.

b) Condamnation sous astreinte

773. - Pouvoir. S'il veut que l'ordonnance d'expulsion soit rapidement exécutée, il pourra l'assortir d'une astreinte pour inciter les grévistes à libérer les lieux au plus tôt[80].

D. - Exécution de la décision

1° Concours de la force publique

774. - Pression sur les grévistes. Dès lors que l'expulsion a été ordonnée, les grévistes doivent quitter l'entreprise sous peine de voir liquidées les astreintes et d'être sanctionnés disciplinairement, le fait de ne pas libérer les lieux constituant alors une faute lourde.

Si cette double crainte n'a pas suffi, il faudra alors faire exécuter l'ordonnance, et l'employeur devra demander le concours de la force publique.

775. - Inexécution fautive d'une ordonnance d'expulsion. L'État doit prêter main-forte à l'exécution de l'ordonnance d'expulsion, et ce dans un délai raisonnable, à défaut de quoi il sera condamné[81]. Les exemples sont assez nombreux.

L'État qui n'a pas prêté son concours à l'employeur alors qu'il le devait s'expose à voir sa responsabilité engagée en raison de sa faute lourde. Le préjudice sera constitué des salaires versés aux non-grévistes[82]. La créance de l'entreprise n'est pas saisissable par les créanciers de l'entreprise[83]. Une décision du Conseil d'État rendue le 2 décembre 1987 en constitue une bonne illustration en détaillant les préjudices indemnisables[84].

Après s'être mis en grève, les ouvriers du département « oxydation anodique » de la société « SA Anodisation » avaient occupé leur usine à compter du 25 janvier 1982, empêchant ainsi le fonctionnement des deux autres départements de l'entreprise.

Par ordonnance du 1er février 1982, le président du tribunal de grande instance de Marseille avait prescrit l'évacuation des locaux avec le concours de la force publique. La société avait requis l'intervention des autorités de police pour assurer l'exécution de cette décision le 2 février puis à nouveau le 17 février. L'ordonnance était restée inexécutée jusqu'au 9 mars 1982, date à laquelle les grévistes avaient spontanément libéré les lieux. C'est ce qui vaut à l'État d'être ici condamné.

(79) F. Vert, *Le juge des référés et l'amiable : Gaz. Pal.* 22 mai 2018, n° 322m6, p. 20.
(80) TGI Marseille, 4 juill. 2005 : *JCP* S 2005, 1077 (astreinte de 500 € par jour de retard et par personne).
(81) CE, 5e et 3e ss-sect. réunies, 25 nov. 1994, 134213 : *Lebon*.
(82) CE, 8 déc. 1989, n° 68586.
(83) Cass. soc., 5 mai 1993 : *RJS* 1993, n° 646.
(84) CE, 5e et 3e ss-sect. réunies, 2 déc. 1987, n° 58112.

Le Conseil d'État rappelle d'abord que « le justiciable nanti d'une décision de justice dûment revêtue de la formule exécutoire est en droit de compter sur l'appui de la force publique pour assurer l'exécution du titre qui lui a ainsi été délivré ».

Or, dans les circonstances de l'affaire, aucun motif tiré des nécessités de l'ordre public n'autorisait l'administration à refuser son intervention. Cette abstention est donc constitutive d'une faute lourde de nature à engager la responsabilité de l'État. La société requérante a droit à la réparation des préjudices résultant directement de l'occupation de l'usine au-delà du délai dont disposait normalement l'administration pour agir et qui, dans les circonstances de l'affaire, était arrivé à expiration le 17 février 1982, date de la seconde demande d'intervention de la force publique. Si aucune indemnité n'est due à ce titre pour les honoraires des conseils juridiques ainsi que les indemnités de chômage partiel et de licenciement versées dans les mois qui ont suivi le conflit, l'entreprise est en revanche fondée à demander l'indemnisation des charges fixes et de personnel qu'elle a supportées sans contrepartie, de la réduction de marge brute entraînée par l'annulation de certaines commandes au cours du conflit, des frais de remplacement des matériaux confiés par des clients et détériorés par suite d'un stockage extérieur prolongé, et d'une partie des frais financiers supplémentaires liés à la diminution de son chiffre d'affaires. Il y a lieu toutefois de tenir compte, pour leur évaluation, de ce que la production du département « oxydation anodique » aurait été considérablement réduite du fait de la grève, même si les locaux avaient été évacués (l'indemnité a été fixée à 390 000 francs).

776. – Inexécution justifiée de la décision d'expulsion. L'intervention de la force publique ne doit toutefois pas aggraver les désordres ; si un risque existe alors l'autorité de police pourra temporiser, notamment lorsqu'elle craint une aggravation du climat social[85]. C'est ce que montre parfaitement une décision du Conseil d'État en date du 6 mai 1991[86].

La Société automobiles Citroën et la Société commerciale Citroën avaient saisi le juge administratif d'une requête tendant à ce que l'État soit condamné à réparer le préjudice qu'elles auraient subi en raison, d'une part, de la carence des autorités de police à assurer, entre le 11 mai et le 14 mai 1982, le libre accès à leur établissement industriel d'Asnières en dispersant les piquets de grève et en faisant obstacle aux agissements de groupes s'opposant, au voisinage de l'établissement, à ce libre accès et, d'autre part, du défaut de concours de la force publique pour assurer du 14 mai au 1er juin 1982 l'exécution d'une ordonnance de référé rendue le 14 mai 1982 par le président du tribunal de grande instance de Nanterre et prescrivant la dispersion des piquets de grève ou rassemblements qui empêchaient l'accès des salariés sur les lieux de travail.

Le Conseil d'État écarte tout d'abord toute faute de l'État dans la gestion du conflit, indépendamment de la question de l'exécution de la décision de justice. Il a en effet considéré, « dans les circonstances de l'espèce, s'agissant d'un conflit collectif de travail qui a donné lieu le 20 mai 1982 à la désignation d'un médiateur et le 1er juin 1982 à l'intervention d'un accord permettant la reprise normale du travail le 2 juin 1982, et compte tenu de la situation créée par la présence à proximité ou au voisinage de l'usine d'Asnières de groupes ou de rassemblements qui n'ont d'ailleurs pas entravé toute circulation entre l'usine et ses abords, [que] les autorités de police, qui ont mis en place des éléments de surveillance, ne peuvent être regardées comme ayant commis, dans l'exercice de leur mission de maintien de l'ordre public, une faute lourde de nature à engager, envers les sociétés requérantes, la responsabilité de l'État ».

Le Conseil d'État écarte également la responsabilité de l'État qui avait temporisé avant de prêter le concours de la force publique pour faire exécuter l'ordonnance d'expulsion du juge des référés. Après avoir rappelé le principe selon lequel « les justiciables nantis d'une décision de justice dûment revêtue de la formule exécutoire sont en droit de compter sur l'appui de la force publique pour assurer l'exécution du titre qui leur a été ainsi délivré », le Conseil d'État rappelle que « l'autorité administrative peut toutefois, dans certaines circonstances, refuser le concours de la force publique sans que le préjudice né de ce refus puisse être regardé comme entraînant

(85) CE, 8 déc. 1989, *Émaux de Longwy : RJS* 1990, n° 242.
(86) CE, 6 mai 1991, n° 62407.

pour le bénéficiaire de la décision de justice une charge anormale rompant l'égalité devant les charges publiques, dès lors que ce refus ne s'est pas prolongé au-delà du délai dont l'autorité administrative doit disposer pour l'accomplissement de la mission qui lui incombe ». Or, « en l'espèce, s'il est constant que l'autorité de police, saisie le 27 mai 1982 d'une demande de concours de la force publique n'a pas pris de mesure pour assurer, avant le 1er juin 1982, l'exécution de la décision de justice du 14 mai 1982, les sociétés requérantes ne peuvent être regardées comme ayant subi de ce fait un préjudice de caractère anormal et spécial justifiant la mise à la charge de l'État, même en l'absence de faute de celui-ci, une indemnité ».

2° Indemnisation des justiciables

777. - Rupture d'égalité. Si l'État avait un motif légitime de ne pas prêter son concours à l'exécution d'une décision de justice, le justiciable pourra invoquer une rupture d'égalité devant les charges publiques, dans le cadre de la jurisprudence *Couitéas*[87], dès lors qu'il a subi un préjudice « anormal et spécial »[88].

778. - *Anormalité du préjudice.* L'anormalité sera appréciée de manière exigeante lorsque l'administration a pu prévenir les victimes des troubles annoncés[89]. L'appréciation de l'anormalité varie par ailleurs selon le caractère licite ou non du mouvement : lorsque le mouvement était licite, la jurisprudence est d'une extrême sévérité pour les victimes[90] ; lorsque le mouvement était illicite, le degré d'anormalité sera atteint plus tôt[91].

779. - *Gravité du préjudice.* Dans certaines décisions, le Conseil d'État a introduit un critère de « gravité » soit en plus du caractère anormal et spécial[92], soit en remplacement du critère de l'anormalité[93]. C'est ce que confirme une décision du Conseil d'État du 30 septembre 2019[94].

Le 1er juillet 2014, une centaine de marins de la société nationale Corse Méditerranée avaient bloqué, sur le port de Marseille, le navire « Kalliste » qui assurait le transport de passagers, véhicules et marchandises à destination ou en provenance de certains ports de la Corse et appartenait à la société Compagnie méridionale de navigation, devenue La Méridionale. Par une ordonnance en date du 1er juillet 2014, le président du tribunal de commerce de Marseille a ordonné l'expulsion immédiate de toute personne, tout engin ou tout matériel empêchant l'accès à ce navire. La société Compagnie méridionale de navigation a, par voie d'huissier, requis, le même jour, le concours de la force publique.

Le blocage n'ayant été levé par les salariés grévistes que le 9 juillet, l'entreprise a adressé à l'État, le 26 septembre suivant, une demande tendant à la réparation des préjudices en ayant résulté. Par une décision en date du 6 novembre 2014, le préfet a rejeté sa demande. Par le jugement du 16 octobre 2017 contre lequel le ministre de l'Intérieur se pourvoit en cassation, le tribunal administratif de Marseille a jugé que le préjudice résultant pour l'entreprise du blocage

(87) CE, 30 nov. 1923, *Couitéas : Lebon*.

(88) CE, 6 mai 1991, *Citroën : Dr. soc.* 1991, p. 940, concl. M. Denis-Linton (40 millions de francs).

(89) CE, 29 juin 1962, *Sté manufacture des machines du Haut-Rhin : Lebon*, p. 432, concl. Ordonneau.

(90) CE, 17 janv. 1986, *Duvinage*, préc., avec les obs. F. Moderne et P. Bon (grève des éclusiers de Paris qui avait duré vingt jours ; ce délai n'a pas été qualifié d'excessif et le préjudice d'anormal pour les usagers des canaux « car la constitutionnalisation du droit de grève expose justement à ces aléas de la vie sociale »).

(91) CE, 17 févr. 1988, *Laporte : Lebon*, p. 70 (indemnisation après dix jours de conflit). L'appréciation demeure tout de même très sévère pour les plaignants : CE, 6 nov. 1985, n° 48630, *Sté Condor-Flugdienst : Lebon*, p. 313 (pas d'anormalité).

(92) CE, 10e et 9e ss-sect. réunies, 16 févr. 2000, n° 147948 : *Lebon* T. (expulsion de populations nomades).

(93) CE, ass., 22 oct. 2010, n° 301572 : *Lebon* (insuffisance des aménagements destinés à améliorer l'accessibilité des locaux judiciaires aux personnes handicapées à mobilité réduite).

(94) CE, 5e et 6e ch. réunies, 30 sept. 2019, n° 416615.

du navire « Kalliste » et du déroutement de deux autres navires vers Toulon présentait un caractère anormal justifiant l'engagement, s'agissant des pertes subies au-delà des vingt-quatre premières heures, de la responsabilité sans faute de l'État et ordonné qu'il soit procédé à une expertise afin de déterminer les préjudices de toute nature subis par la société.

Reprenant les termes de son précédent arrêt du 22 octobre 2010 qui a substitué « grave et spécial » à l'expression traditionnelle de « anormal et spécial », le Conseil d'État affirme que « le dommage résultant de l'abstention des autorités administratives de recourir à la force publique pour permettre l'utilisation normale du domaine public portuaire ne saurait être regardé, s'il excède une certaine durée, comme une charge incombant normalement aux usagers du port. Ces derniers sont fondés à demander réparation à l'État d'un tel préjudice, s'il présente un caractère grave et spécial, alors même que l'abstention des autorités administratives ne présenterait pas de caractère fautif ».

Le tribunal administratif avait à cet égard relevé « qu'eu égard aux caractères spécifiques du transport maritime de passagers et de véhicules entre la Corse et le continent, particulièrement pendant la période estivale, la compagnie méridionale de navigation avait subi, du fait du blocage entre le 1er et le 9 juillet 2014 du navire "Kalliste" et du déroutement de deux autres navires vers le port de Toulon, un préjudice grave et spécial, excédant les charges que les usagers doivent normalement supporter, engageant la responsabilité de l'État pour la part du dommage correspondant aux pertes subies au-delà des vingt-quatre premières heures ».

780. - Préjudices réparables. La détermination des préjudices imputables à l'inexécution de l'ordonnance d'expulsion donne lieu à de féroces batailles juridictionnelles, dont les enjeux économiques sont importants, comme le montre cette décision du Conseil d'État en date du 18 juin 2008[95].

Le juge des référés du tribunal de grande instance de Pointe-à-Pitre avait ordonné le 2 avril 1997 qu'il soit mis fin à l'occupation du siège social et au blocage des chantiers de la Société nouvelle de travaux, et l'entreprise avait demandé le 7 avril suivant au préfet de la Guadeloupe de lui accorder le concours de la force publique pour faire exécuter cette décision de justice. Une intervention des forces de l'ordre, prévue pour le 20 mai, avait été annulée, le préfet invitant les parties à une négociation. Le 23 mai, les grévistes avaient accepté de reprendre le travail.

Par un jugement du 14 mai 2005, le tribunal administratif de Basse-Terre a condamné l'État, sur le fondement des dispositions de l'article 16 de la loi du 9 juillet 1991 portant réforme des procédures civiles d'exécution et du principe de l'égalité devant les charges publiques, à verser à l'entreprise une indemnité de 50 000 € réparant les conséquences dommageables du refus de concours de la force publique. La société, représentée par son liquidateur, demandait l'annulation de ce jugement en tant qu'il a évalué son préjudice et limité ainsi le montant de l'indemnité.

En premier lieu, le Conseil d'État confirme le caractère anormalement tardif de l'exécution de la décision d'expulsion : « Dans les circonstances de l'espèce, compte tenu du délai raisonnable dont disposait l'administration pour donner suite à la demande de concours de la force publique dont elle avait été saisie le 7 avril 1997, la Société nouvelle de travaux peut prétendre à la réparation des dommages qu'elle a subis, du fait de l'impossibilité d'accéder à ses chantiers, entre le 22 avril et le 23 mai 1997 ».

Le litige portait sur les différents préjudices imputables au retard pris dans l'exécution par le préfet de la décision d'expulsion. L'entreprise demandait en effet que soient pris en compte les frais liés à l'amortissement du matériel, aux locations extérieures, aux frais de fonctionnement des bureaux, aux frais financiers et aux pénalités contractuelles. Or, le tribunal administratif avait écarté ces demandes en considérant que les justificatifs produits étaient insuffisants, alors qu'un rapport d'expertise complet était joint à la demande de la Société nouvelle de travaux et qu'il établissait de manière certaine la réalité de certains de ces préjudices.

Sur ces différents points, l'entreprise obtient également gain de cause : « Il résulte de l'instruction qu'afin de limiter les effets de l'occupation de son siège social et pour permettre à une partie de son personnel administratif non gréviste de travailler et traiter les affaires urgentes, la

(95) CE, 5e et 4e ch. réunies, 18 juin 2008, n° 285380.

Société nouvelle de travaux a pris à bail un local et que cette location s'est poursuivie entre le 23 avril et le 23 mai 1997 ; la société est dès lors fondée à demander, dans la limite de ces trente et un jours, l'indemnisation du coût de cette location soit 1 371 euros ; le blocage des chantiers pendant cette période ayant retardé d'autant la réalisation des travaux, la société justifie avoir acquitté des intérêts à un organisme financier qui lui avait consenti une avance sur la rémunération à percevoir pour ces chantiers ; le montant des frais financiers, directement liés à la poursuite du blocage entre le 23 avril et le 23 mai, s'élève à 7 137 euros ; elle justifie également avoir, après la fin du blocage, exposé des frais de remise en état des différents chantiers liés à des dégradations commises par les grévistes ou à la simple interruption de ces chantiers ». Le Conseil d'État a toutefois considéré que « ces dépenses, qui s'élèvent au total à 42 518 euros, ne peuvent cependant être prises en compte que pour autant qu'elles résultent de la prolongation du blocage entre les 23 avril et 23 mai soit pour la somme 25 347 euros ». Le Conseil d'État considère en outre que « doivent être également indemnisés les frais résultant de l'intervention d'un huissier pendant cette période, soit un montant de 2 000 euros au regard des justifications qui figurent au dossier, et les frais de l'expertise produite dans la limite de 5 000 euros ». Il en va de même pour le « préjudice commercial du fait que les retards pris dans les chantiers en cours et l'occupation de son siège social entre le 23 avril et le 23 mai 1997 l'ont empêchée de prendre de nouvelles commandes (...) dans la limite de la somme de 15 000 euros ».

L'entreprise réclamait également « l'indemnisation du préjudice résultant de la perte de recettes et de la baisse de son taux de marge au titre de la même période ». Or, pour le Conseil d'État, ce chef de préjudice ne pouvait se cumuler avec le « préjudice découlant du fait qu'elle a continué à acquitter des charges sans dégager en contrepartie de recettes pendant cette période ». Par ailleurs, il considère « qu'en l'espèce, eu égard au caractère théorique du calcul de la perte de recettes, non justifié par des documents comptables, et aux difficultés que connaissait l'entreprise et qui l'avaient conduite à licencier une partie de son personnel, le chef de préjudice résultant de la perte de recettes doit être écarté ». Le Conseil d'État accorde également réparation du préjudice « s'agissant des frais de personnel (...) dans la limite de 58 066 euros correspondant au montant des salaires et charges sociales versés à des personnels empêchés de travailler pendant la période du 23 avril au 23 mai ». Il prend également en compte « les frais de location de matériel (...) dans la limite de cette même durée soit la somme de 11 683 euros ». Le Conseil d'État refuse « en revanche, les frais d'amortissement du matériel de l'entreprise et les frais généraux sollicités au titre des autres frais de fonctionnement acquittés sans contrepartie pendant la période [car ils] ne présentent pas avec la poursuite de l'occupation de l'entreprise pendant la période en cause un lien suffisamment direct pour être indemnisés ». Le même motif conduit à écarter la prise en compte « des frais d'avocat liés à la négociation du protocole qui a mis fin au mouvement [et] ne présentent pas un lien direct avec la prolongation du blocage ».

Au total, le liquidateur de l'entreprise aura obtenu 125 604 €.

E. – Conséquences pour les acteurs du conflit

781. – Situation contraignante postérieure à l'ordonnance. L'employeur qui a demandé l'expulsion, qui ne l'a pas obtenue ou qui ne peut pas la faire exécuter, se trouve dans une situation contraignante qui lui permet de cesser de payer les non-grévistes et de fermer l'entreprise[96].

782. – Faute lourde. Les grévistes qui ne libèrent pas les lieux commettent une faute lourde qui les expose à une sanction disciplinaire pouvant aller jusqu'au licenciement, comme le montre un arrêt rendu par la chambre sociale de la Cour de cassation le 3 mai 2016[97].

À la suite de l'annonce d'un projet de fermeture du site de production de Lagny-le-Sec où ils étaient affectés, deux salariés avaient participé à un mouvement de grève en avril 2009. Par

(96) V. *supra*, n°s 677 et s.
(97) Cass. soc., 3 mai 2016, n° 14-28.353, publié.

arrêt du 17 avril 2009, la cour d'appel, statuant en référé, a ordonné l'expulsion des grévistes des locaux de cette usine. Ils ont été mis à pied à titre conservatoire le 23 avril 2009 et licenciés pour faute lourde par lettre du 12 mai 2009. Leur licenciement a été confirmé en appel ainsi que par le rejet du pourvoi des salariés.

Ayant apprécié souverainement la valeur et la portée des éléments de fait et de preuve qui lui étaient soumis dont les constats d'huissiers de justice et le procès-verbal de l'inspecteur du travail, la cour d'appel a en effet constaté que les salariés, bien qu'informés du caractère illicite de l'occupation des lieux et du blocage de l'accès au site après la notification de l'arrêt de référé de la cour d'appel ordonnant l'expulsion des grévistes suivie d'un commandement de quitter les lieux, avaient personnellement participé à la poursuite de ces opérations de blocage durant quatre jours, interdisant le travail de non-grévistes, ce qui caractérisait bien une faute lourde.

SECTION 3 LA FERMETURE DE L'ENTREPRISE

783. - Cas de figure. L'expression *lock-out* ou *lockout* signifie littéralement « verrouiller »[98]. Elle concerne la fermeture de l'entreprise en prévision d'une grève (on parlera de *lock-out* préventif), ou en réaction à celle-ci (on parlera alors de *lock-out* punitif, ou répressif), pour protéger l'outil de travail, briser le conflit ou se libérer de l'obligation dans laquelle il se trouve *a priori* de continuer à rémunérer les non-grévistes[99].

784. - Historique. L'expression fit son entrée en droit positif avec la loi du 31 décembre 1936 sur les procédures de conciliation et d'arbitrage dans les conflits collectifs du travail, dont l'article 1er disposait, que : « Dans l'industrie et le commerce, tous les différends collectifs du travail doivent être soumis aux procédures de conciliation et d'arbitrage avant toute grève ou tout *lock-out* »[100].

Le *lock-out* fut encadré de manière (fort heureusement) éphémère par l'article 5 de la Charte vichyste du travail du 4 octobre 1941 relative à l'organisation sociale des professions, aux termes duquel : « Le *lock-out* et la grève sont et restent interdits »[101].

Le texte adopté en 1936 ne sera pas remis en cause par la loi n° 50-205 du 11 février 1950, en dépit de quelques propositions de loi déposées sur le bureau de l'Assemblée nationale[102]. Il ne sera en revanche pas repris par la loi n° 73-4 du 2 janvier 1973 recodifiant le Code du travail.

(98) Les Québécois utilisent l'expression « cadenas », « contregrève », les Suisses francophones celle de « mise à pied collective » (Constitution du Canton de Neuchâtel, art. 27).

(99) G. Lyon-Caen, *Le lock-out : Dr. ouvrier* 1950, p. 55. – E. Schaeffer, *Le droit de lock-out : Dr. soc.* 1957, p. 203. – G.-H. Camerlynck, *La Cour de cassation et le lock-out : D.* 1960, chron., p. 211. – F. Saramito, *Le lock-out en droit français : Dr. ouvrier* 1967, p. 150. – A. Ramin, *Le Lock-out et le chômage technique,* LGDJ, 1977, p. 29-40. – J.-M. Sportouch, *La fermeture d'entreprise en cas de conflit collectif : Dr. soc.* 1988, p. 682. – B. Teyssié, *Le droit de lock-out : Dr. soc.* 1994, p. 795. – N. Hakim, *Les légitimités du lock-out patronal sous la Troisième République,* in *Histoire, théorie et pratique du droit. Études offertes à M. Vidal,* PU Bordeaux, 2010, p. 553-582. – B. Teyssié : *JCl. Travail Traité,* fasc. 70-40, *Conflits collectifs. – Lock-out.*

(100) *JO* 1er janv. 1937, p. 127.

(101) https://travail-emploi.gouv.fr/IMG/pdf/Loi_du_4_octobre_1941.pdf.

(102) Prop. de loi déposée en 1950 par Marcel Poimbœuf (citée par P. Durand et A. Vitu, *Traité de droit du travail,* Dalloz, 1956, t. 3, n° 311, p. 909). – V. égal., plus tard, Prop. de loi n° 171 tendant à assurer l'exercice sans restriction du droit de grève, art. 2 : Doc. AN n° 171, 17 mai 1993.

L'examen du droit positif ne montre de présence du terme *lock-out* que dans le Code des transports, à l'article L. 5422-12. Ce texte, qui est relatif aux causes d'exonération de la responsabilité du transporteur maritime, vise en effet les « pertes ou dommages » qui « proviennent : « 4° De grèves ou *lock-out* ou d'arrêts ou entraves apportés au travail pour quelque cause que ce soit, partiellement ou complètement ».

Elle n'est aujourd'hui plus employée depuis 1989[103] par la Cour de cassation qui lui préfère le terme de « fermeture » de l'entreprise[104], par ailleurs utilisé par le Code du travail, singulièrement lorsqu'il envisage le bénéfice du régime de l'activité partielle à l'article R. 5122-8 du Code des transports[105].

785. - Droit conventionnel. L'étude des accords et conventions collectives montre en revanche que la référence au terme *lock-out* est assez fréquente[106], pour soumettre ce différend collectif à une procédure de conciliation prévue par l'accord, dans le prolongement de l'ancienne loi du 31 décembre 1936, en cas de *lock-out* ou de « grève » ou d'« arrêt de travail » ou de « cessation concertée du travail », ou encore pour préserver les chances de la négociation collective pendant la période de préavis de dénonciation ou de saisine de la commission paritaire permanente de négociation et d'interprétation (CPPNI) dans le cadre d'une saisine en interprétation[107].

786. - Dualité des régimes. La Cour de cassation oppose depuis 2000 le *lock-out*, par principe illicite, et la mise en « chômage technique », expression utilisée de longue date en jurisprudence[108], qui est licite dès lors qu'elle répond à de strictes conditions[109].

§ 1. – Interdiction du *lock-out*

787. - Présentation. Dans un premier temps (lointain) la Cour de cassation avait admis la licéité du *lock-out* en se fondant sur une idée assez proche de l'égalité des armes justifiant la mesure en droit allemand[110]. La solution fut abandonnée après la reconnaissance du droit de grève par le Préambule de la Constitution de 1946 et la loi du 11 février 1950 ayant consacré la grève comme un droit opposable à l'employeur, mais nullement le droit réciproque de fermer l'entreprise[111]. Aujourd'hui le *lock-out* est interdit tant dans son volet préventif que dans son volet répressif.

(103) Le dernier arrêt à avoir employé le terme remonte à 1989 : Cass. soc., 31 oct. 1989, n° 88-41.229.

(104) Cass. soc., 25 févr. 1988, n° 85-46.371 : *Bull. civ.* V, n° 135.

(105) Sur la mise en chômage technique, V. *infra*, n°s 800 et s. Lire égal. N. Catala, *La mise en chômage technique : Dr. soc.* 1981, p. 679. Certains auteurs continuent d'utiliser l'oxymore « *lock-out* licite » : F. Duquesne, *Le critère du lock-out licite : JCP* G 1996, I, 3971.

(106) Une recherche opérée sur Legifrance en janvier 2023 montre que trente-neuf accords de branche mentionnent le *lock-out*, et onze accords d'entreprise.

(107) Certains accords visent d'ailleurs également la « mesure de fermeture d'établissement ».

(108) Cass. soc., 6 mars 1986, n° 83-43.062 : *Bull. civ.* V, n° 80. – Cass. soc., 7 nov. 1990, n° 89-44.264, publié : *JCP* E 1991, I, 27, n° 14, obs. B. Teyssié.

(109) Cass. soc., 4 juill. 2000, n° 98-20.537, *Synd. CGT de la Cogema-La Hague c/ Cogema : Bull. civ.* V, n° 262 ; *Dr. soc.* 2000, p. 1091, chron. A. Cristau. – Cass. soc., 22 févr. 2005, *Girard : Dr. soc.* 2005, p. 589. – Cass. soc., 17 déc. 2013, n° 12-23.006, publié : *Dr. soc.* 2014, 292, obs. D. Boulmier ; *ibid.* 760, chron. S. Tournaux ; *JCP* S 2014, 1117, note R. Vatinet.

(110) Cass. civ., 17 nov. 1926 : *DP* 1927, 1, 3.

(111) Cass. soc., 5 mai 1959 : *Bull. civ.* IV, n° 538, p. 441 (consigne de *lock-out* donnée par le syndicat patronal des tabacs d'Algérie).

A. – Hypothèses

1° Illicéité du *lock-out* préventif

788. – Principe. La Cour de cassation affirme depuis de très nombreuses années (et avant elle la Cour supérieure d'arbitrage)[112] que l'employeur n'a pas le droit de fermer l'entreprise pour faire échec au déclenchement d'une grève[113], car il poursuit alors un objectif illicite, celui de « briser le mouvement en préparation »[114] ou encore de priver « les salariés qui souhaitaient suivre le mot d'ordre national d'un droit constitutionnellement reconnu »[115].

L'arrêt *Lesieur* rendu par la chambre sociale de la Cour de cassation le 24 janvier 1968 illustre bien cette volonté de protéger le droit de grève[116].

Avisée le 7 mars 1966 à 11 heures de la décision des délégués du personnel d'organiser le lendemain une grève pour la durée de la seconde moitié de chaque poste de huit heures, afin d'appuyer des revendications professionnelles qui venaient d'être rejetées, la direction de l'huilerie de Graville de la société Georges Lesieur et ses fils avait fermé complètement l'usine en estimant que son fonctionnement était rendu matériellement impossible. Deux ouvriers ont demandé à être indemnisés des salaires perdus par eux du chef de cette fermeture, et ont obtenu gain de cause. La cour d'appel avait en effet considéré « qu'en prenant prématurément la décision de fermeture alors qu'elle ne pouvait connaître à l'avance l'ampleur réelle du mouvement de grève annoncé sans vote du personnel par les délégués, la société s'était mise dans l'impossibilité d'établir qu'elle n'aurait pas pu faire fonctionner son entreprise ».

C'est ce que confirme la Cour de cassation en rejetant le pourvoi de l'entreprise. Pour la Haute juridiction en effet, « en raison de sa décision au moins prématurée, la société ne justifiait pas qu'elle n'aurait pas pu faire fonctionner son établissement, et qu'elle ne pouvait même pas établir, en raison de la fermeture préventive de l'usine, que les ouvriers demandeurs auraient participé à la grève » et « qu'elle avait eu recours au *lock-out*, avec précipitation, à la seule annonce de la grève envisagée, dans le but de briser le mouvement en préparation ». Elle avait donc commis une faute et devait réparer la perte de salaires de ses ouvriers.

2° Illicéité du *lock-out* punitif

a) Affirmation

789. – Principe. Le *lock-out* décidé en réaction à une grève déjà déclenchée, et en l'absence de circonstances additionnelles, est également illicite car il a pour but de priver les salariés de leur droit de faire grève[117]. Le terme *lock-out* n'est que rarement employé, les juges préférant viser l'existence d'une « riposte illicite à l'exercice du droit de grève »[118], voire d'une mesure de rétorsion[119].

(112) C. sup. arb. 13 sept. 1938, n° 563. – C. sup. arb. 15 juin 1946, n° 56.

(113) Cass. soc., 5 mai 1959, préc. – Cass. soc., 2 févr. 1966 : *Bull. civ.* V, n° 137. – Cass. soc., 19 déc. 1966 : *Bull. civ.* V, n° 968 : « La société qui n'avait pas agi dans l'exercice de ses devoirs de chef d'entreprise pour assurer la sécurité et l'ordre de celle-ci, avait pris hâtivement et à la légère une décision de fermeture et de suspension de l'exécution du contrat de travail (…) qui ne s'imposait pas ». – Cass. soc., 5 juin 1973, n° 72-40.570 : *Bull. civ.* V, n° 360. – Cass. soc., 20 mars 1985, n° 81-40.923 : *D.* 1985, IR, p. 443, obs. P. Langlois. – Cass. soc., 17 déc. 2013, préc.

(114) Cass. soc., 24 janv. 1968 : *Bull. civ.* IV, n° 51, p. 44.

(115) Cass. soc., 27 juin 1989, n° 86-45.096 : *Bull. civ.* V, n° 470. – Cass. soc., 21 mars 1990 : *Bull. civ.* V, n° 131, p. 77.

(116) Cass. soc., 24 janv. 1968, préc.

(117) M. Petit, *Le lock-out, mesure de rétorsion illégale* : *RPDS* 1975, p. 102.

(118) Cass. soc., 26 févr. 1992, n° 89-41.673 : *Bull. civ.* V, n° 126.

(119) Cass. soc., 4 avr. 1974, n° 73-40.389 : *Bull. civ.* V, n° 204 (expression employée par le demandeur).

La fermeture pure et simple de l'entreprise est interdite. La solution est constante depuis 1960[120] et a été confirmée à de nombreuses reprises par la suite[121].

La fermeture de l'entreprise peut se limiter à certains services, voire à certains salariés à qui l'accès serait interdit avant une certaine heure en raison des dispositions imposées par l'employeur[122] ou le règlement intérieur de l'entreprise[123].

790. - Caractère d'ordre public. L'illicéité du *lock-out*, sous toutes ses formes, est d'ordre public : le règlement intérieur ne peut valablement le prévoir[124].

791. - Interdictions d'accès ciblées. Sans aller jusqu'à fermer l'entreprise, ce qui est interdit, l'employeur peut décider, dans des circonstances exceptionnelles, d'en interdire temporairement l'accès à certains salariés qui se sont rendus coupables d'abus en utilisant des mégaphones pour interpeller les clients d'un grand hôtel, en distribuant des tracts dans l'établissement, en criant, en faisant usage de sifflets, en entrant de force dans certaines chambres. L'employeur avait alors interdit l'accès à l'hôtel aux grévistes concernés, puis, après quelques jours, conditionné l'accès à l'établissement à certaines conditions : entrer dans l'établissement sans sifflets, ni mégaphone, ni chasubles, demeurer à distance de la clientèle, ne pas entrer dans les chambres sans autorisation[125].

b) Suites de la fermeture

792. - Remise en marche. Lorsque la grève a duré et qu'elle s'est accompagnée de l'occupation de l'entreprise, parfois avec des dégradations, l'employeur peut se trouver dans la nécessité de fermer temporairement l'entreprise pour effectuer le nettoyage et les réparations nécessaires à la reprise normale de l'activité.

Dans cette hypothèse, la fermeture sera justifiée comme dans cette affaire où les juges du fond avaient relevé que « les mesures de fermeture tout à fait limitées et temporaires intervenues dans de telles circonstances ressortissaient des pouvoirs normaux et même des devoirs d'un employeur soucieux d'assurer un minimum de sécurité et d'ordre dans son entreprise a un moment ou ceux-ci risquaient d'être tout

(120) Cass. soc., 20 déc. 1960 : *Bull. civ.* V, n° 1225.

(121) Cass. soc., 28 juin 1972, n° 71-40.459 : *Bull. civ.* V, n° 470. – Cass. soc., 10 janv. 1973, n° 71-40.804 : *Bull. civ.* V, n° 8 ; *D.* 1973, p. 453, note H. Sinay ; *Dr. soc.* 1973, p. 533, obs. J. Savatier : « L'employeur, qui avait l'obligation de procurer le travail promis aux salariés auxquels aucune inexécution n'était reprochée, ne pouvait s'en dégager unilatéralement par une décision hâtive de fermer les ateliers ou services non intéressés par la grève, au seul motif des incidences financières pour lui de leur maintien en activité ». – Cass. soc., 6 nov. 1974, n° 73-40.555, publié : « Le 7 octobre 1971, tandis que les ouvriers, qui avaient cessé le travail à 7 heures pour protester contre le manque de chauffage des ateliers, l'avaient repris à 8 heures 30, la société avait brusquement coupé le gaz, l'électricité et l'air, privant l'usine de ses moyens de productivité » ; « si cette mesure avait été décidée au prétexte que la sécurité exigeait que le travail ne soit repris qu'au poste suivant, l'employeur n'en apportait pas la moindre justification ».

(122) Cass. soc., 20 déc. 1961 : *JCP* G 1962, II, 12786. – Cass. soc., 11 mars 1992, n° 90-42.817 : *Bull. civ.* V, n° 168.

(123) Cass. soc., 26 févr. 1975 : *Bull. civ.* V, n° 96, p. 88 : « Si selon ce texte, "en cas d'abandon collectif du travail au début ou en cours d'une séance de travail les cartes ayant été pointées à l'heure normale, la reprise ne pourra avoir lieu qu'au début de la séance suivante", la cour d'appel a exactement estimé que cette disposition du règlement intérieur ne pouvait être appliquée dans la mesure où elle avait pour seul but de faire échec à l'exercice par les salariés du droit de grève ».

(124) Cass. soc., 16 mai 1962 : *Dr. ouvrier* 1963, p. 56 (note de service).

(125) Cass. soc., 10 févr. 2021, préc. V. *supra*, n° 765.

à fait compromis par les conditions "désordonnées et insolites" dans lesquelles le personnel accomplissait son travail et exerçait son droit de grève »[126].

Des raisons de sécurité seront généralement avancées pour justifier la fermeture rapide de l'entreprise : « En raison de la désorganisation entraînée par les débrayages inopinés et répétés, l'évacuation définitive des chantiers par les grévistes pendant le reste de la demi-journée avait été rendue nécessaire pour le regroupement de ceux des ouvriers continuant à travailler, la vérification de leurs postes de travail, la surveillance et la cohésion indispensables sur les chantiers du bâtiment afin d'assurer la sécurité des travailleurs et éviter les accidents qui y sont nombreux »[127].

793. - **Réouverture différée ?** De nombreux arrêts, rendus dans les années 1960-1970, admettaient également que l'employeur puisse, par application de dispositions présentes dans son règlement intérieur ou pour des raisons d'organisation du travail, repousser la reprise de service des grévistes pour repartir dans le cadre du travail en équipe tel qu'il était normalement prévu[128]. Il n'est pas certain que ces solutions soient toujours pertinentes. Non seulement la Cour de cassation exclut aujourd'hui que le règlement intérieur puisse servir de fondement à de quelconques limitations à l'exercice du droit de grève, mais de surcroît les simples contraintes d'organisation ne sont généralement pas admises pour justifier la fermeture de l'entreprise, seule une désorganisation avérée de celle-ci dans son ensemble rendant la production impossible, ou dangereuse, étant admise.

B. - Conséquences

1° Saisine du juge des référés

794. - **Pouvoirs du juge des référés.** Le constat que l'employeur a fermé l'entreprise pour empêcher les salariés de faire grève ou de poursuivre le mouvement, sans que soient caractérisées les circonstances de nature à justifier la mesure, peut conduire le juge des référés, généralement saisi par un ou plusieurs syndicats, à ordonner à l'employeur sous astreintes de rouvrir les locaux[129] et à une action en réparation des préjudices exercée par les syndicats dès lors que le juge considérerait qu'il serait ici porté atteinte aux intérêts généraux de la profession.

2° Ruptures du contrat de travail

795. - **Ruptures de contrat.** Les grévistes peuvent également prendre acte, ou demander la résiliation judiciaire, de leur contrat de travail aux torts de l'employeur la rupture produisant alors les effets d'un licenciement nul. C'est ce qui résulte d'un arrêt rendu le 14 octobre 2015 par la chambre sociale de la Cour de cassation[130].

Le 21 octobre 2008, à l'annonce par la société Gascogne Laminates France de son projet de fermeture de l'établissement de Givet, employant cinquante-six salariés, certains d'entre eux avaient engagé une grève. Le jour même, la société avait fait procéder à la mise hors service des moyens de production. Un protocole de fin de conflit fut signé le 11 décembre 2008. Les salariés ont été licenciés pour motif économique par lettres du 9 janvier 2009. À différentes dates

(126) Cass. soc., 16 déc. 1963 : *Bull. civ.* V, n° 809.
(127) Cass. soc., 19 juill. 1966 : *Bull. civ.* V, n° 717.
(128) Cass. soc., 19 juill. 1966, préc. – Cass. soc., 8 mars 1967 : *Bull. civ.* V, n° 222. – Cass. soc., 8 mai 1967 : *Bull. civ.* V, n° 377. – Cass. soc., 17 janv. 1968 : *Bull. civ.* V, n° 35. – Cass. soc., 7 févr. 1979, n° 77-40.794 : *Bull. civ.* V, n° 118,
(129) Cass. soc., 25 sept. 2001, n° 99-43.628.
(130) Cass. soc., 14 oct. 2015, n° 14-10.145.

cinquante-cinq salariés ont saisi le conseil de prud'hommes de demandes tenant à la résiliation judiciaire de leur contrat de travail et ont obtenu gain de cause, ce que confirme ici le rejet du pourvoi.

Dès l'appel à la grève du 21 octobre 2008, la société Gascogne Laminates avait en effet fait procéder à la mise hors service des moyens de production et délaissé les lieux alors que l'accès au site était demeuré possible pendant toute la durée du mouvement, que les outils de production n'avaient pas subi de dommage, qu'aucun danger né de la présence d'un feu extérieur à l'usine n'avait été mis en exergue et que la société était défaillante à prouver que sa décision était la conséquence d'une contrainte liée à des impératifs de sécurité ou à des risques d'ores et déjà sérieusement constitués. Cette société avait commis un manquement grave à ses engagements contractuels de fournir du travail, ce qui justifiait le prononcé de la résiliation judiciaire des contrats de travail des salariés concernés.

3° Responsabilité civile de l'employeur

796. - Condamnation. En cas de *lock-out*, c'est-à-dire lorsque la fermeture sera considérée comme illicite, l'employeur commettra une faute dont il devra répondre en versant aux salariés des dommages et intérêts pour les avoir privés du droit de faire grève utilement, pour ce qui est des grévistes, et pour avoir privé les non-grévistes de leur salaire[131]. Aucune prestation de travail n'ayant été fournie, et pour cause, il s'agira bien d'une indemnité correspondant généralement aux salaires dont ils ont été privés, et non du salaire lui-même, ce qui exclut que les sommes soient soumises à charges et entrent dans l'assiette de l'impôt sur le revenu[132].

Les salariés devront justifier de leur préjudice, selon les conditions du droit commun. S'ils ont perçu pendant la même période un revenu de remplacement, ou des prestations quelconques, l'employeur essaiera certainement de les imputer sur le montant des sommes qu'il doit, avec des chances très limitées dès lors qu'il a porté atteinte à l'exercice du droit de grève, ce qui incite généralement la Cour de cassation à interdire la déduction de toute somme perdue sur l'indemnité d'éviction[133].

4° Responsabilité pénale de l'employeur

797. - Absence de sanction propre. Il n'existe aucune sanction pénale particulièrement prévue en cas de recours au *lock-out* car, rappelons-le, le délit d'entrave à l'exercice du droit de grève n'a jamais été instauré. L'employeur court cependant un triple risque.

798. - Entrave à la liberté du travail. En premier lieu, les non-grévistes pourraient lui reprocher d'avoir porté atteinte à la liberté du travail en les empêchant de poursuivre l'exécution de leur contrat en dépit du conflit. L'infraction ne vise en effet pas que des grévistes qui chercheraient à maximaliser l'impact de la grève, mais quiconque se rend coupable de faits d'entrave, qu'il s'agisse d'organisations professionnelles de transporteurs qui bloquent les accès à une raffinerie, ou d'employeurs qui empêchent les non-grévistes de travailler.

(131) Cass. soc., 26 janv. 1972 : *Dr. soc.* 1972, p. 395, obs. J. Savatier.

(132) Cass. soc., 23 oct. 1997, n° 95-19.444.

(133) La solution a été retenue en cas de licenciement puis de réintégration du salarié (Cass. soc., 2 févr. 2006, n° 03-47.481, *Sté Colas Île-de-France Normandie SA c/ M. Mohamed X et a.*, publié : *RDT* 2006, 42, obs. O. Leclerc ; *JCP* S 2006, 1700, note J.-M. Olivier ; *D.* 2006, 531, obs. E. Chevrier. – Cass. soc., 30 juin. 2015, n° 14-11.077, publié : *RDT* 2016, 108, obs. Y. Ferkane ; *JCP* S 2016, 1090, note J.-Y. Kerbour'ch. – Cass. soc., 25 nov. 2015, n° 14-20.527 : *Bull. civ.* V, n° 840 ; *RDT* 2016, 108, obs. Y. Ferkane. – Cass. soc., 28 nov. 2018, n° 17-19.004), on peut imaginer qu'elle s'appliquerait aussi en cas de retenue opérée sur le salarié pour une prétendue mise en chômage technique, requalifiée en *lock-out*.

799. - Entrave à la liberté syndicale. En deuxième lieu, et compte tenu des liens très étroits qui existent entre liberté syndicale et droit de grève, l'entrave apportée à la grève peut également traduire une entrave à la liberté syndicale dès lors que la fermeture injustifiée de l'entreprise prive les salariés, et leurs représentants, de la possibilité d'exercer leurs prérogatives dans l'entreprise précisément à un moment où elles seraient plus que nécessaires.

800. - Entrave au fonctionnement du CSE. Enfin, en empêchant les élus du comité social et économique d'exercer leur mandat, l'employeur entrave leur fonctionnement et risque d'être poursuivi par le CSE, ou ses membres (C. trav., art. L. 2317-1). Même en cas de relaxe, l'employeur ne sera pas à l'abri d'une condamnation civile, comme le montre un arrêt rendu par la chambre criminelle de la Cour de cassation le 12 mai 2009[134].

Le président de la société Casino Batelière Piazza avait été poursuivi par la chambre syndicale des employés de commerce et assimilés de la Martinique pour avoir, au cours d'une période de grève, entravé le fonctionnement régulier du comité d'entreprise de la société, en omettant de réunir cet organisme et en modifiant les horaires et modalités de travail dans l'entreprise, sans avoir préalablement consulté ledit comité. Il avait été relaxé par les premiers juges, au motif que la preuve de l'élément intentionnel de l'infraction n'avait pas été rapportée.

Pour rejeter la demande de réparation présentée par la partie civile, les juges du second degré avaient retenu qu'ils ne pouvaient se prononcer sur l'existence éventuelle d'un élément intentionnel, la décision de relaxe étant définitive. C'est ce qui vaut à cet arrêt d'être cassé. Comme le rappelle la chambre criminelle de la Cour de cassation, « la décision de relaxe rendue en première instance ne dispensait pas la cour d'appel de rechercher si l'infraction reprochée était constituée en tous ses éléments, tant matériels qu'intentionnel ».

§ 2. - Validité de la mise en chômage technique

A. - Nécessité de caractériser une « situation contraignante »

801. - Origines. La référence dans la jurisprudence de la Cour de cassation à l'existence d'une « situation contraignante » est la même que celle qui est visée pour justifier le non-paiement des non-grévistes quand la grève a empêché l'employeur de leur fournir du travail[135].

Les demandes des non-grévistes font d'ailleurs souvent suite à la fermeture de l'entreprise, même si le non-paiement de leurs salaires peut évidemment intervenir alors que l'entreprise n'a pas été fermée. Les solutions sont anciennes, comme en atteste un arrêt rendu le 17 mars 1983 par la chambre sociale de la Cour de cassation[136].

Le fonctionnement de l'usine de fabrication d'engrais de la société Azolacq ayant été perturbé du 3 avril au 22 juin 1976 par des arrêts de travail d'une ou deux heures par jour, fréquemment renouvelés, la direction a procédé à la fermeture de l'usine du 23 juin au 26 juillet 1976. Soixante-trois salariés ont demandé à être indemnisés de la perte de rémunération résultant de l'arrêt de l'usine, en vain.

C'est ce que confirme le rejet du pourvoi. Il existait en effet une interdépendance des trois ateliers de l'usine fonctionnant en continu et les temps nécessaires pour arrêter les machines et les relancer étaient respectivement de quinze heures, vingt-deux heures et quarante-deux

(134) Cass. crim., 12 mai 2009, n° 08-82.033 : *Dr. soc.* 2009,143, note F. Duquesne.

(135) V. *supra*, n°s 677 et s. La Cour de cassation a pu par le passé viser la force majeure : Cass. soc., 13 nov. 1968 : *Bull. civ.* V, n° 502.

(136) Cass. soc., 17 mars 1983, n° 81-42.577, publié : *D.* 1984, IR, p. 166, obs. J. Goineau.

heures. Ces arrêts et redémarrages répétés, outre l'usure prématurée et anormale des machines, aboutissaient à la désorganisation des unités de production. Les juges du fond ont estimé que la fermeture temporaire des trois ateliers était la conséquence nécessaire de la situation contraignante ainsi créée.

802. - Caractères. L'activité de l'entreprise doit être totalement rendue impossible par la situation et pas seulement plus difficile ou plus onéreuse. La situation contraignante ne sera pas établie si « certains ateliers continuaient à fonctionner, que des salariés non grévistes étaient affectés à des postes autres que leurs postes habituels et que des chefs de secteur assuraient la bonne marche de différentes chaînes de travail en remplacement des conducteurs et régleurs habituels en grève ; aucune impossibilité de continuer à faire fonctionner l'entreprise avec 66 % des salariés ayant émis le souhait de reprendre le travail n'était établie par la Ciapem, qui ne démontrait ni blocage au niveau de la production, ni paralysie de certains ateliers »[137].

803. - Cas de figure. Pour justifier de la fermeture de l'entreprise, l'employeur doit établir soit l'existence de voies de fait (cas des mouvements illicites[138] ou de piquets de grève[139]), soit une situation d'insécurité[140] ou d'atteintes aux personnes[141].

La jurisprudence exigeait, autrefois, que l'employeur ait, au préalable, épuisé toutes les voies du dialogue pour éviter cette mesure[142], mais cette exigence n'apparaît plus depuis longtemps, tout comme l'exigence d'une tentative préalable de recours au juge pour obtenir l'expulsion des grévistes[143].

804. - Exemples. Ont été considérés comme justifiant la fermeture de l'entreprise la présence devant l'entreprise de piquets de grève empêchant l'entreprise d'être fournie normalement, et paralysant totalement son activité[144] ; la « reprise du travail, après accord partiel entre la direction et les salariés grévistes sur certaines revendications, (...) effectuée dans des conditions anormales d'exécution des contrats de travail, les salariés (...) ayant refusé de se soumettre à l'autorité de leur employeur qui n'avait plus accès ni aux instruments comptables de l'entreprise, ni à ses locaux, dont les nouvelles clés n'ont été remises par les salariés à la direction » que tardivement[145] ; ou encore le fait que « la succession d'arrêts et de redémarrages des installations avait pour effet, pour le premier atelier (...) de ne plus permettre de maîtriser la composition des goudrons et la température nécessaire à la fluidité des produits générant des bouchages et des opérations à haut risque, pour le deuxième atelier (...) d'encrasser des installations et de créer un risque de bouchages de la tuyauterie imposant des opérations exposant à un risque de brûlure et pour le dernier atelier (...) d'entraîner une consommation de plus de 20 tonnes d'éther en deux jours au lieu de trois tonnes/semaine en temps normal ainsi qu'une importante fuite de ce produit se répandant jusqu'à l'extérieur de l'entreprise », « ces dysfonctionnements qui ne relevaient pas de

(137) Cass. soc., 11 mars 1992, n° 90-42.817, publié.
(138) Cass. soc., 21 mai 1974, n° 72-40.789 : *Bull. civ.* V, n° 318, p. 303.
(139) Cass. soc., 11 juill. 1989, n° 86-42.020.
(140) Cass. soc., 7 nov.1990, n° 89-44.264, publié : *JCP* E 1991, I, 27, n° 14, obs. B. Teyssié (métro de Marseille).
(141) Cass. soc., 17 déc. 2013, n° 12-23.006, publié ; *Dr. soc.* 2014, p. 292, note D. Boulmier.
(142) Cass. soc., 26 janv. 1972, n° 70-40.513.
(143) Cass. soc., 6 oct. 1971, n° 71-40.105 : *Dr. soc.* 1972, p. 124, obs. J. Savatier ; *JCP* G 1973, II, 17323, note C. Lazerges-Rothé.
(144) Cass. soc., 11 juill. 1989, n° 86-42.020 (SEITA).
(145) Cass. soc., 26 mars 2014, n° 12-26.600 : *D.* 2014, 1404, obs. C. Sommé ; *JCP* S 2014, 1230, note E. Jeansen.

phénomènes habituels dans le cadre du fonctionnement normal des ateliers [étant] d'une particulière dangerosité amplifiant de manière conséquente les risques pour les salariés et les installations »[146].

En revanche, n'est pas parvenu à justifier la fermeture de l'entreprise l'employeur qui avait transféré une partie de son activité en d'autres lieux[147] ou qui avait continué à produire, même de manière plus onéreuse[148], lorsque seul un atelier avait été paralysé, et pas l'ensemble de l'entreprise[149], ou s'il est établi qu'il a pu reprendre son activité immédiatement après la fin de la grève[150].

B. – Suites de la situation contraignante

805. – **Suspension du paiement des non-grévistes.** En cas de mise en chômage technique, c'est-à-dire lorsque la fermeture sera justifiée, l'employeur sera libéré de son obligation de payer le salaire tant des grévistes, qui de toute façon étaient en grève et avaient déjà perdu leur droit à rémunération[151], mais également celui des non-grévistes qui étaient pourtant demeurés à sa disposition.

806. – **Limites.** La mise en chômage technique ne sera justifiée que pour autant que durera la situation contraignante. Dès que la reprise de l'activité sera de nouveau possible, alors tous les non-grévistes devront de nouveau être payés normalement.

(146) Cass. soc., 18 janv. 2017, n° 15-23.986.

(147) Cass. soc., 26 sept. 1990 : *Jurispr. soc. UIMM* 1990, p. 409.

(148) Cass. soc., 4 juill. 1989 : *Jurispr. soc. UIMM* 1989, p. 435. – Cass. soc., 5 juill. 1995, n° 93-20.402 : *Bull. civ.* V, n° 232.

(149) Cass. soc., 30 sept. 2005, n° 04-40.193, *Sté Atofina*, publié.

(150) Cass. soc., 7 févr. 1990, n° 87-43.566 : *Bull. civ.* V, n° 42.

(151) Cass. soc., 9 nov. 1978 : *D.* 1979, IR, p. 226, obs. J. Pélissier. – Cass. soc., 3 avr. 1979, n° 77-41.067 : *Bull. civ.* V, n° 299.

TROISIÈME PARTIE

LE RÈGLEMENT DES CONFLITS COLLECTIFS

807. - Introduction. « Il faut savoir terminer une grève », avait dit Maurice Thorez après avoir signé le 11 juin 1936 les accords de Matignon en sa qualité de secrétaire général du Parti communiste français[1]. Les conflits collectifs constituent une manifestation pathologique des relations collectives entre salariés et employeurs et n'ont donc pas vocation à régler durablement les différends qui les opposent ; ils constituent la partie paroxystique du différend et doivent normalement conduire vers le règlement de ce qui les a motivés. C'est la raison pour laquelle la question du règlement des conflits est essentielle et le recours à la négociation fondamental (Titre 1). La négociation collective ne permet pas toujours de dénouer le conflit, et des suites individuelles sont parfois observées notamment à l'occasion de débordements particulièrement violents (Titre 2). Par le passé les pouvoirs publics sont intervenus pour imposer par la loi l'amnistie pour les conflits les plus durs (Titre 3).

(1) Sur l'approche historique, S. Sirot, ouvr. préc., p. 111.

TITRE 1 LE RÈGLEMENT NÉGOCIÉ

808. - Introduction. Le droit du travail comporte depuis très longtemps des procédures de règlement négocié des conflits collectifs organisées par les pouvoirs publics (Chapitre 1). L'objectif est de parvenir à un accord portant sur les revendications et soldant les éventuels contentieux liés aux actes des uns et des autres pendant la durée du conflit (Chapitre 2).

CHAPITRE 1 LES PROCÉDURES DE RÈGLEMENT DES CONFLITS

SECTION 1 HISTORIQUE

809. - Ancien Régime. La France a eu recours depuis très longtemps à des procédures étatiques pour régler les conflits collectifs même lorsque ceux-ci ne concernent que le secteur privé. En 1585 déjà, Barthélemy de Laffemas, conseiller d'Henry IV, recommandait le recours à l'arbitrage dans les relations de travail. En 1843, une commission mixte de conciliation et d'arbitrage fut créée dans l'industrie du livre.

810. - Loi du 27 décembre 1892. Après les grèves dans les mines de Carmaux en 1892 terminées par des procédures extralégales d'arbitrage, la loi du 27 décembre 1892 vint proposer une procédure de conciliation (devant un comité) et d'arbitrage (devant un conseil) sous l'égide du juge de paix qui organisait la procédure et constatait éventuellement l'accord dans un procès-verbal ; cette procédure était facultative et fut peu appliquée[1].

811. - Front populaire. Il faudra attendre le Front populaire pour que le dispositif soit réformé par la loi du 24 juin 1936[2], puis par une loi du 31 décembre 1936[3], puis par la loi du 4 mars 1938[4] et un décret-loi du 12 novembre 1938[5]. Il s'agissait alors de mettre en place des procédures obligatoires : conciliation avant tout conflit, les modalités étant fixées par voie conventionnelle ; en cas d'échec recours à l'arbitrage, les sentences étant rendues exécutoires par leur dépôt au greffe des juridictions civiles. Ces dispositions connurent un véritable succès[6] mais durent être suspen-

(1) Loi sur la conciliation et l'arbitrage facultatifs en matière de différends collectifs entre patrons et ouvriers et employés, *JO* 28 déc. 1892, p. 4. 17 % des 23 000 grèves ou *lock-out* relevés entre 1895 et 1920. – P. Augier, *Arbitrage et surarbitrage dans les conflits collectifs du travail*, préf. W. Bertrand, Sirey, 1938, 233 p.

(2) Loi sur les procédures de conciliation et d'arbitrage dans les conflits collectifs du travail : *JO* 1er janv. 1937, p. 17.

(3) DP 1938, 4, p. 4. R. Savatier, *Les rayons et les ombres d'une expérience sociale : l'arbitrage obligatoire des conflits collectifs de travail : DH* 1938, chron. 9.

(4) *DP* 1939, 4, p. 169. La loi limite le pouvoir des arbitres et institue une Cour supérieure d'arbitrage composée de hauts magistrats judiciaires et administratifs et de hauts fonctionnaires.

(5) *DP* 1939, 4, 189.

(6) 12 477 succès sur les 12 939 conflits soumis aux préfets du 1er janv. 1937 au 31 déc. 1938.

dues en 1939 à cause de la guerre[7]. Sous Vichy, le droit de grève et le *lock-out* furent interdits[8].

812. - Après-guerre. Après la guerre, les lois du 10 mai 1946 et du 23 décembre 1946 n'ont pas repris les procédures mises en place en 1936 et elles traduisent un rôle accru de l'État.

La loi n° 50-205 du 11 février 1950 réinstaure la conciliation obligatoire mais pas l'arbitrage obligatoire des conflits[9]. La médiation est rétablie par un décret-loi du 5 mai 1955 et généralisée par la loi du 26 juillet 1957[10].

813. - Fin du caractère obligatoire. La loi n° 82-597 du 13 novembre 1982 a supprimé tout caractère obligatoire aux procédures étatiques, marquant ainsi leur déclin annoncé. Ces règles sont en effet tombées en désuétude : la Commission nationale de conciliation n'a plus été saisie depuis 1985 ; aucune médiation n'a été observée depuis 1990 ; aucune réunion de la Cour supérieure d'arbitrage n'a eu lieu depuis 1984.

SECTION 2 DISPOSITIFS ACTUELS

§ 1. – Dispositifs de droit commun

814. - Caractère facultatif. Les procédures légales des articles L. 2521-1 et suivants du Code du travail, qui s'appliquent aux employeurs privés et aux établissements publics industriels et commerciaux[11], présentent, sauf régimes légaux particuliers, un caractère purement facultatif[12]. Elles sont par ailleurs subsidiaires par rapport aux procédures conventionnelles.

815. - Conciliation. Le Code du travail met en place des commissions régionales et nationales de conciliation. Le rôle de la conciliation est de servir de facilitateur dans le règlement des conflits. Les détails de cette procédure sont fixés par les articles L. 2522-1 à L. 2522-13 et R. 2521-2 à R. 2522-23 du Code du travail.

Tous les conflits collectifs de travail peuvent être soumis aux procédures de conciliation et être confiés soit à un conciliateur, soit être renvoyés devant les commissions régionales ou nationales de conciliation édictées par le Code du travail.

(7) D. 1er sept. 1939 : *DP* 1939, 4, p. 437.

(8) L. 4 oct. 1941, relative à l'organisation sociale des professions, dite « Charte du Travail », art. 5 : « Le *lock-out* et la grève sont et restent interdits ».

(9) *JO* 12 févr. 1950, p. 1690. – J. Rivero, *Conventions collectives et solution des conflits dans la loi du 11 février 1950 : JCP* G 1950, I, 875. – C. Peignot, *La conciliation et l'arbitrage de la loi du 11 février 1950 : Gaz. Pal.* 1950, 1, doctr., p. 22. – Ch. Savouillan, *Étude de l'arbitrage obligatoire : Dr. soc.* 1951, p. 96. – P. Laroque, Les chances de l'arbitrage obligatoire : Dr. soc. 1953, p. 468. – J. Teissier, *Arbitrage facultatif ou obligatoire ? : Dr. soc.* 1954, p. 468.

(10) A. Barjot, *L'expérience de cinq mois de médiation : Dr. soc.* 1956, p. 72. – L. Boiteau, *La médiation en matière de conflits collectifs du travail : Quest. prud'h.* 1955, p. 747. – J. Denoyelle, *Deux expériences récentes de médiation : Dr. soc.* 1955, p. 353. – P. Durand, *Une nouvelle institution du droit des rapports collectifs du travail, la médiation : Dr. soc.* 1956, p. 72. – M. Bye, *Un exemple de médiation : Dr. soc.* 1957, p. 160.

(11) Ainsi qu'aux établissements publics assurant à la fois une mission de service public à caractère administratif et à caractère industriel et commercial, lorsqu'ils emploient du personnel dans les conditions du droit privé.

(12) A. Martinon, *Conflits collectifs du travail : procédures de règlement : Rép. trav.* Dalloz.

Lorsque le conflit survient à l'occasion de l'établissement, de la révision ou du renouvellement d'une convention de branche ou d'un accord professionnel ou interprofessionnel, le ministre chargé du travail peut, à la demande écrite et motivée de l'une des parties ou de sa propre initiative, engager directement la procédure de médiation dans les conditions prévues au chapitre III.

Les parties comparaissent en personne devant les commissions (paritaires) de conciliation, sauf empêchement grave.

À l'issue des réunions de la commission de conciliation, le président établit un procès-verbal qui constate l'accord, le désaccord total ou partiel des parties et leur est aussitôt notifié. Ce procès-verbal précise les points sur lesquels les parties se sont mises d'accord et ceux sur lesquels le désaccord persiste.

L'accord de conciliation est applicable avec la même autorité qu'un accord collectif et selon les mêmes modalités, comme l'a jugé la chambre sociale de la Cour de cassation dans un arrêt du 19 mai 2010[13].

Un chirurgien-dentiste avait été engagé le 1er avril 1980 par la Société mutualiste interentreprises de l'Ondaine selon un contrat de travail prévoyant le versement de l'indemnité légale de licenciement en cas de rupture du contrat de travail. L'activité de SMIO, placée en liquidation judiciaire, a fait l'objet d'une cession à la Mutualité française de la Loire le 21 juin 1988. À compter de 1998, le salarié, qui a été placé en arrêt de travail à plusieurs reprises en raison de son état de santé, a poursuivi son activité à temps partiel et a été licencié pour inaptitude physique définitive le 14 mars 2007 avec paiement de l'indemnité légale de licenciement. Il a saisi la juridiction prud'homale d'une demande en complément d'indemnité de licenciement en demandant l'application d'un protocole de fin de conflit signé par son premier employeur le 9 novembre 1982, dans le cadre d'une procédure de conciliation conduite par un inspecteur du travail, fixant l'indemnité de licenciement des médecins à un mois de salaire, calculée sur la moyenne des trois derniers mois, par année d'ancienneté dans la limite de douze mois. Il a obtenu gain de cause en appel, ce que confirme le rejet du pourvoi.

La cour d'appel avait en effet relevé que le protocole du 9 novembre 1982 avait été négocié dans le cadre de la procédure de conciliation des conflits collectifs prévue par les articles L. 2522-1 et suivants du Code du travail, et qu'elle en avait exactement déduit qu'en application de l'article L. 2524-5 du même code, cet accord de fin de conflit produisait les effets d'un accord collectif, même s'il n'avait pas été conclu avec des délégués syndicaux. Ensuite, la cour d'appel avait constaté que la formalité de dépôt, dont la méconnaissance n'affecte pas en tout état de cause la nature juridique de l'accord, prévue par l'article R. 132-1 dans sa rédaction alors applicable, avait été respectée.

En cas d'échec de la procédure de conciliation, le conflit est soumis soit à la procédure de médiation, soit à la procédure d'arbitrage si les deux parties en conviennent.

816. - Médiation. La mise en œuvre de cette procédure est organisée par les articles L. 2523-1 à L. 2523-3 et R. 2523-1 à R. 2523-20 du Code du travail. On observe toutefois des pratiques de médiation en marge de ce dispositif légal[14], singulièrement avec l'inspection du travail[15].

(13) Cass. soc., 19 mai 2010, n° 09-41.052.

(14) J.-J. Ribes, *Le médiateur, conseiller en relations professionnelles* : D. 1955, chron., p. 139. – H. Touzard, *Propositions visant à améliorer l'efficacité de la médiation dans les conflits du travail* : Dr. soc. 1977, p. 87. – A. Ramin, *Du rôle et de l'utilité du médiateur au travers d'une grève significative : le conflit SNECMA* : Dr. soc. 1989, 839. – R. Chiss, *Libres et brefs propos sur la médiation* : JCP S 2019, 1065.

(15) P. Auvergnon, *L'intervention médiatrice de l'administration du travail dans les conflits collectifs* : Dr. ouvrier 2003, p. 501.

La procédure de médiation peut être engagée par le président de la commission de conciliation ou par l'autorité administrative.

Lorsque les parties ne s'entendent pas pour désigner un médiateur, ce dernier est choisi par l'autorité administrative sur une liste de personnalités désignées en fonction de leur autorité morale et de leur compétence économique.

Le médiateur convoque les parties, essaie de les concilier et leur soumet, sous forme de recommandation motivée, des propositions en vue du règlement des points en litige, dans un délai d'un mois à compter de sa désignation. Lorsque le conflit porte sur l'interprétation ou la méconnaissance des dispositions légales ou des stipulations conventionnelles, il recommande aux parties de soumettre le conflit soit à la juridiction compétente, soit à la procédure contractuelle d'arbitrage.

817. - Arbitrage. La procédure d'arbitrage est organisée par les articles L. 2524-1 à L. 2524-11 et R. 2524-1 à R. 2524-22 du Code du travail[16].

Cette procédure peut être prévue par les partenaires sociaux comme mode de règlement des différends qui pourraient naître à l'occasion de l'exécution de l'accord collectif. À défaut, elle le prévoie ponctuellement.

L'arbitre ne peut pas statuer sur d'autres objets que ceux qui sont déterminés par le procès-verbal de non-conciliation ou par la proposition du médiateur ou ceux qui, résultant d'événements postérieurs à ce procès-verbal, sont la conséquence du conflit en cours. Il statue en droit sur les conflits relatifs à l'interprétation et à l'exécution des lois, règlements, conventions collectives ou accords en vigueur. Il statue en équité sur les autres conflits, notamment lorsque le conflit porte sur les salaires ou sur les conditions de travail qui ne sont pas fixées par les dispositions des lois, règlements, conventions collectives ou accords en vigueur, et sur les conflits relatifs à la négociation de la révision des clauses des conventions collectives.

Les sentences arbitrales sont motivées. Elles ne peuvent faire l'objet que du recours pour excès de pouvoir devant la Cour supérieure d'arbitrage.

Les accords ou sentences arbitrales intervenant en application du présent titre ont les mêmes effets que les conventions et accords collectifs de travail.

§ 2. – Transport public terrestre de personnes

818. - Désignation d'un médiateur. La loi n° 2007-1224 du 21 août 2007 sur le dialogue social et la continuité du service public dans les transports terrestres réguliers de personnes prévoit la possibilité de désigner un médiateur. Cette procédure de médiation est soumise aux dispositions légales générales en matière de médiation dans les conflits du travail.

Selon l'article L. 1324-9 du Code des transports : « Dès le début de la grève, les parties au conflit peuvent décider de désigner un médiateur, choisi d'un commun accord, aux fins de favoriser le règlement amiable de leurs différends. Le médiateur dispose, pour exercer sa mission, des pouvoirs mentionnés aux articles L. 2523-4 à L. 2523-10 du Code du travail. Il veille à la loyauté et à la sincérité de la consultation éventuellement organisée en application de l'article L. 1324-10 ».

(16) T. Clay, *L'arbitrage en droit du travail : quel avenir après le rapport Barthélémy-Cette : Dr. soc.* 2010, p. 930. – G. Loiseau, *L'arbitrage, nouvelle forme de règlement des conflits collectifs ? : BJT* 2019, n° 111b8, p. 535.

819. - **Recours au référendum de fin de conflit.** Les parties peuvent par ailleurs décider d'un référendum pour solder le conflit. Il s'agit ici d'une simple consultation sans valeur impérative. L'issue de la grève n'est pas affectée par son résultat, mais on imagine qu'un vote de défiance à l'égard des syndicats organisateurs risque de les inciter à mettre un terme au conflit. Dans la pratique, ces référendums sont rares[17].

Selon l'article L. 1324-10 du Code des transports : « Au-delà de huit jours de grève, l'employeur, une organisation syndicale représentative ou le médiateur éventuellement désigné peut décider l'organisation par l'entreprise d'une consultation, ouverte aux salariés concernés par les motifs figurant dans le préavis, et portant sur la poursuite de la grève. Les conditions du vote sont définies, par l'employeur, dans les vingt-quatre heures qui suivent la décision d'organiser la consultation. L'employeur en informe l'agent de contrôle de l'inspection du travail mentionné à l'article L. 8112-1 du Code du travail. La consultation est assurée dans des conditions garantissant le secret du vote. Son résultat n'affecte pas l'exercice du droit de grève ».

(17) Pour une analyse des causes syndicales et patronales de cet échec, S. Béroud et B. Giraud, *Restriction au droit de grève et stratégies syndicales dans les transports publics. L'exemple du mouvement des TCL à l'automne 2009*, in *Savoir/agir* 2010/2, n° 12, p. 9-18.

CHAPITRE 2

LES ACCORDS DE FIN DE CONFLIT

820. - Introduction. Les liens entre la négociation collective et les conflits du travail ont été soulignés à maintes reprises, et la forte connotation syndicale des conflits, sensible même dans le secteur privé où, pourtant, la grève est libre, oriente vers le règlement négocié. La spécificité des conflits collectifs a conduit la jurisprudence à s'adapter à l'infinie variété des situations où des accords sont conclus en dehors du cadre habituel de la négociation collective, ce qui pose la question de leur valeur juridique (Section 1). Leur contenu est également intéressant à étudier, car ils ne portent pas que sur le différend collectif et peuvent avoir une portée bien plus large (Section 2).

SECTION 1

LA VALEUR DES ACCORDS DE FIN DE CONFLIT

821. - Faut-il ou non conclure un accord de fin de conflit ? La question des accords de fin de conflit oppose traditionnellement les tenants d'un syndicalisme dur, où le conflit ne devrait jamais déboucher que sur la capitulation totale et entière de l'employeur, et ceux qui militent en faveur d'une fin négociée[1]. Jusqu'à une période récente, la question ne se posait que dans les entreprises (§ 1) dans la mesure où les personnes publiques ne concluaient pas d'accord collectif, ce qui est désormais possible (§ 2).

§ 1. - Situation dans le secteur privé

A. - Accords collectifs de droit commun

822. - Cadre général. Les accords de fin de conflit sont parfois négociés avec les syndicats représentatifs de l'entreprise, ce qui est normal compte tenu de l'origine majoritairement syndicale des conflits déclenchés, et quasi inéluctable dans les entreprises chargées de la gestion d'un service public compte tenu du monopole de déclenchement syndical des grèves.

(1) Lire sur le sujet des accords de fin de conflit : P. Laroque, *Réflexions sur le règlement pacifique des conflits collectifs du travail en Europe occidentale*, in *Mél. O. Kahn-Freund*, Munich, 1980, p. 137. - R. de Quenaudon, *Des protocoles de fin de conflit dans le secteur privé : Dr. soc.* 1981, 401. - J.-P. Chauchard, *Les accords de fin de conflit : Dr. soc.* 1982, 678. - M. Moreau, *Les règlements des fins de conflit : Dr. soc.* 2001, 139.

Les exemples historiques sont nombreux : Protocole d'accord de Dôle, le 29 janvier 1974 dans le conflit Lip[2] ; constat Renault du 14 avril 1975[3] ; accord du *Parisien libéré* du 16 août 1977[4] ; accord Société Crane de 1978[5] ; protocole d'accord de la société Sarre-Bowe en 1980[6]. L'examen du contentieux montre également leur actualité[7].

La publication des accords d'entreprise, prévue par la loi du 8 août 2016, permet de prendre la mesure du nombre des accords, par hypothèse des accords collectifs d'entreprise « typiques » publiés depuis cette date[8].

823. – Règles juridiques applicables. Les accords de fin de conflit négociés et conclus par les syndicats représentatifs dans l'entreprise et dans le respect des conditions imposées par le Code du travail se voient appliquer le régime légal de droit commun[9]. Un accord de fin de conflit conclu au sein d'une branche professionnelle par les syndicats représentatifs dans cette branche s'appliquera ainsi aux entreprises adhérentes d'une organisation patronale signataire[10].

B. – Accords atypiques

1° Variété des pratiques

824. – Liberté des négociations. L'énergie qui se dégage des conflits collectifs conduit souvent l'employeur à privilégier l'existence d'un accord pour clore le différend et permettre la reprise du travail, même s'il est conclu en marge des règles habituelles. De nombreux accords sont en effet passés directement avec des grévistes représentant leurs camarades[11]. Ils pourront alors être négociés par les élus (délégués du personnel de l'époque[12] ou représentants au comité d'entreprise[13]), mais également par de simples grévistes qualifiés pour l'occasion de « délégués de l'entre-

(2) J. Savatier, *L'épilogue de l'affaire Lip : l'accord de Dôle du 29 janv. 1974 : Dr. soc.* 1974, 233. – D. Reid, *L'affaire Lip. 1968-1981*, Rennes, PUR, coll. « Histoire », 2020, 537 p., trad. H. Chuquet, préf. P. Fridenson ; *SSL* 19 mai 2014, suppl., n° 1631 ; Actes du colloque des 6 et 7 juin 2013.

(3) *Liaisons soc.* n° 4265, 21 avr. 1975.

(4) G. Lyon-Caen : *Dr. soc.* 1977, 438.

(5) *La vie ouvrière* 23 août 1978, n° 1773 et 4 oct. 1978, n° 1779.

(6) *Dr. ouvrier* 1980, p. 72.

(7) Cass. soc., 7 juill. 2015, n° 13-25.718 (accord de fin de conflit conclu le 2 juillet 2007 au sein de la société Vranken). – Cass. soc., 19 oct. 2017, n° 15-29.418 (protocole d'accord de fin de conflit et de reprise du travail du 12 juillet 2012 conclu au sein de la société Sterigenics). – Cass. soc., 14 févr. 2018, n° 16-23.528 (protocole de fin de grève du 5 juillet 2010 conclu au sein de la société Centre médical chirurgical obstétrical Côte d'Opale).

(8) 436 textes publiés avec le terme « accord de fin de conflit » à la date du 1er août 2023.

(9) Cass. soc., 6 mars 1953 : *Dr. soc.* 1953, p. 351. – Cass. soc., 22 févr. 1978 : *Bull. civ.* V, n° 135, p. 102. – Cass. soc., 31 mai 2011, n° 08-44.856, publié. – Cass. soc., 7 juill. 2015, n° 13-25.718, publié. – Cass. soc., 9 juill. 2015, n° 14-12.779, publié. – Cass. soc., 12 oct. 2017, n° 15-29.520. – Cass. soc., 13 déc. 2017, n° 16-12.397, publié. – Cass. soc., 9 mai 2019, n° 18-11.261.

(10) Cass. soc., 31 mai 2011, n° 08-44.856, publié.

(11) Cass. soc., 20 oct. 1965 : *Dr. soc.* 1966, p. 223. – Cass. soc., 7 juill. 1980 : *D.* 1980, IR, p. 132, obs. P. Langlois. – Cass. soc., 30 oct. 1991 : *Bull. civ.* V, n° 46.

(12) Cass. soc., 17 mars 1970 : *Dr. soc.* 1970, p. 375, obs. J. Savatier. – Cass. soc., 25 avr. 1979 : *Bull. civ.* V, n° 330, p. 239. – Cass. soc., 7 janv. 1988 : *Dr. soc.* 1988, p. 464, note C. Freyria ; *RJS* 1989, p. 447, obs. J. Déprez.

(13) R. Vatinet, *La négociation au sein du comité d'entreprise : Dr. soc.* 1982, p. 675.

prise »[14] ou de « délégation ouvrière »[15]. Certains employeurs négocient d'ailleurs parfois séparément avec les délégués des grévistes et des non-grévistes[16]. D'autres accords sont négociés et conclus avec le représentant de la section syndicale[17], ou par certains salariés et soumis au personnel par référendum[18].

La presse spécialisée se fait aujourd'hui encore l'écho d'accords de fin de conflit intervenus dans des luttes médiatisées.

Ainsi, la direction de GRDF et la CGT ont signé le 20 décembre 2022 un protocole de fin de conflit, mettant un terme à un mouvement de grève engagé depuis six semaines autour des questions de pouvoir d'achat[19]. L'accord inclut le versement mensuel en 2023 d'une prime exceptionnelle d'au moins 50 € brut et pouvant atteindre 87 € pour les plus bas salaires. Cette prime complétera les dispositions actées cet automne dans les accords de branche et d'entreprise, pour atteindre un total d'au moins 200 € brut mensuels, ont précisé les signataires. « Ce protocole de fin de conflit permet d'assurer un retour progressif à la normale du fonctionnement de l'entreprise, au service de ses clients », a commenté GRDF, le gestionnaire du réseau de gaz en France. Cette issue n'est « pas parfaite mais on a atteint la revendication majeure : au moins 200 € mensuels pour tous les salariés », a dit à l'AFP Fabrice Coudour, secrétaire fédéral FNME-CGT, ajoutant que ces revendications portées dans un contexte d'inflation incluent des volets locaux, par exemple, selon les régions, sur le logement ou les conditions de travail[20].

Ce hiatus possible entre la réalité des accords conclus dans la fièvre d'un conflit et le cadre légal est d'autant plus probable qu'à la condition traditionnelle de la conclusion de l'accord collectif par au moins un délégué syndical s'est ajoutée la condition majoritaire à la signature[21].

825. - Questionnement sur leur validité. La validité ou l'opposabilité de ces accords a pu être remise en cause dans la mesure où ils ne font pas toujours l'objet d'un acte écrit, déposé et publié dans les règles. Il a toutefois été admis que les salariés peuvent s'en prévaloir en en rapportant l'existence par tous moyens, notamment en produisant des enregistrements des déclarations de l'employeur[22]. La jurisprudence a bien compris la nécessité de faire triompher la logique de la régulation par la négociation directe sur la rectitude des schémas mis en place par le Code du travail. Ce pragmatisme se retrouve dans la diversité des analyses qui ont pu être fournies pour justifier la validité des accords atypiques.

(14) Cass. soc., 3 oct. 1963 : *Bull. civ.* IV, n° 631.
(15) Cass. soc., 9 mars 1957 : *Dr. soc.* 1957, p. 278, concl. Blanchet ; *D.* 1958, p. 91, note J. Brèthe de la Gressaye. – Cass. soc., 24 juin 1971 : *Bull. civ.* V, n° 483, p. 405.
(16) Cass. soc., 2 mars 1994, préc.
(17) CAA Bordeaux, 6e ch., 24 mai 2023, n° 21BX03227.
(18) Cass. soc., 18 févr. 1970 : *Dr. soc.* 1970, p. 323, obs. J. Savatier. – Cass. soc., 13 mai 1982, *Bull. civ.* V, n° 302.
(19) *Liaisons sociales quotidien* 12 déc. 2022, n° 18690.
(20) *Liaisons sociales quotidien* 22 déc. 2022, L'actualité, n° 18698, Section Acteurs, débats, événements.
(21) Cette condition vaut d'ailleurs tant pour la conclusion des accords « typiques » (majorité à la signature ou référendum majoritaire de confirmation) que pour les accords conclus sans délégué syndical (majorité à la conclusion ou référendum majoritaire de validation).
(22) G. Lyon-Caen : *Dr. soc.* 1977, p. 438, préc.

2° Qualification

a) Variété des analyses

1) Analyse contractualiste

826. - **Variété des figures mobilisées.** Certains arrêts tentent de demeurer dans le schéma légal en faisant du délégué syndical le représentant légal des salariés[23]. Mais les arrêts tentent le plus souvent de se rattacher à la théorie générale des obligations en passant par la figure du mandat[24], en se fondant directement sur l'article 1134 (aujourd'hui art. 1103) du Code civil[25] ou encore en qualifiant l'accord de transaction[26].

827. - **Inopposabilité aux grévistes.** Les salariés ne sont pas engagés *ipso jure* par l'acte qui continue donc à ne produire qu'un effet relatif ; son opposabilité aux salariés non signataires résultera alors de la reprise du travail, assimilée à une ratification tacite de l'acte[27], ou de détour par le régime de la gestion d'affaires[28]. L'accord atypique ressemble alors à « un faisceau de contrats réunis en un seul acte »[29]. La Cour de cassation a pu d'ailleurs qualifier l'accord d'engagement de nature collective et y voir un faisceau de contrats individuels formés par l'accord de chaque salarié[30].

2) Starck et l'usage

828. - **Accords de Grenelle.** Consciente des limites du recours aux analyses tirées du droit des obligations, une partie de la doctrine, suivie par la jurisprudence, s'est tournée vers la notion d'usage. C'est ce qui a été proposé par Starck[31] à propos des accords de Grenelle « conclus » à la fin des événements de mai 1968[32].

Cette analyse n'est pas unanimement partagée car ces accords n'ont jamais été ratifiés et ne présentaient donc aucun caractère obligatoire pour le Gouvernement ; en revanche, c'est sur le plan politique qu'il était apparu nécessaire de respecter la parole donnée aux syndicats au lendemain des événements du mois de mai 1968[33]. La jurisprudence a d'ailleurs estimé que le Gouvernement avait volontairement appliqué

(23) Cass. soc., 15 janv. 1970 : *JCP* G 1970, II, 16315, 2e esp., note G. Lyon-Caen ; *Dr. soc.* 1970, p. 232, obs. J. Savatier. - Cass. crim., 24 mai 1973 : *D.* 1973, p. 599, obs. J. Savatier ; *JCP* G 1974, II, 17651, note N. Catala.

(24) Protocole d'accord Grandin, *Liaisons soc.* 20 oct. 1975, n° 4326, p. 2. - Protocole d'accord GRIFFET, *Liaisons soc.* 1er sept. 1976, n° 4433, p. 2. - G. Vachet, *Les accords atypiques : Dr. soc.* 1990, 620.

(25) Cass. soc., 9 mars 1957, préc. - Cass. soc., 14 oct. 1970 : *D.* 1971, p. 113, obs. J. Savatier. - Cass. soc., 8 juin 1978 : *Bull. civ.* V, n° 451. - Cass. soc., 30 sept. 2003, n° 01-46.698.

(26) Cass. soc., 14 oct. 1970, préc. - Cass. soc., 25 avr. 1979, préc.

(27) Cass. soc., 25 avr. 1979, préc.

(28) R. de Quenaudon, *Recherche sur la représentation volontaire dans ses dimensions internes et internationales*, thèse, Strasbourg, 1979, 596 p., nos 149 et s., p. 211 et s. Sur la critique de cette thèse, Y. Chalaron, *L'application de la disposition la plus favorable, Études offertes à G. Lyon-Caen*, Dalloz, 1989.

(29) A. Rieg : *Rép. civ.* Dalloz, V° *Conventions collectives*, n° 6.

(30) Cass. soc., 17 mars 1993 : *Dr. soc.* 1993, p. 457.

(31) B. Starck, *À propos des « Accords de Grenelle ». Réflexions sur une source informelle de droit : JCP* 1970, I, 2363.

(32) Le projet de protocole d'accord de Grenelle, 25-27 mai 1968 : *Dr. ouvrier* 1969, p. 238. - G. Lyon-Caen, *Les journées de mai et les Accords de Grenelle : Dr. soc.* 1968, 446. - J. Savatier, *La révolution de mai et le droit du travail : Dr. soc.* 1968, p. 438. - M. Boitel, *La négociation de Grenelle et le droit du travail : Dr. ouvrier* 1970, p. 450. - P. Bizière, *Des accords de Grenelle : Quest. prud'h.* 1971, p. 772.

(33) J. Savatier, note ss Cass. soc., 14 oct. 1970 : *D.* 1971, 14.

l'accord sans y avoir été contraint[34], comme s'il était tenu d'un devoir de conscience collectif envers la société française de l'époque.

829. – Autres illustrations. La notion d'usage a pu être invoquée pour d'autres textes, les magistrats déduisant son existence de l'exécution répétitive de l'accord[35]. Mais dans cette dernière hypothèse, l'employeur pourra librement révoquer ces accords-usages à condition de respecter la double exigence d'une dénonciation individuelle[36] et d'un préavis destiné à permettre l'ouverture éventuelle de négociations[37].

3) L'engagement unilatéral de l'employeur

830. – Préférence jurisprudentielle. La qualification qui semble aujourd'hui s'imposer est celle d'engagement unilatéral de l'employeur[38], que la Cour de cassation a pu qualifier d'« engagement de nature collective ». Dans d'autres décisions, la Haute juridiction se contente de souligner le caractère obligatoire des engagements pris, sans en préciser la qualification exacte[39]. Un arrêt rendu le 15 janvier 1997 par la chambre sociale de la Cour de cassation en fournit une bonne illustration[40].

À la suite d'un conflit collectif ayant opposé, au mois de décembre 1986, des agents au centre de distribution mixte EDF-GDF de Toulouse Nord au sujet de dépassements d'horaire non rémunérés, un accord de fin de conflit avait été signé le 23 décembre 1986 par le chef de centre, d'une part, et par les syndicats CGT et GNC, d'autre part. Cet accord comportait notamment une clause attribuant aux agents le bénéfice d'une prime en reconnaissance d'un effort important d'adaptation et de formation. Cependant, par lettre du 26 décembre 1986, le chef de centre a fait connaître aux organisations syndicales signataires de l'accord que le directeur régional et le directeur de la distribution avaient estimé qu'il avait excédé ses pouvoirs, en ce qui concerne ladite prime, dont l'octroi, en application de l'article 28 du statut des agents EDF-GDF, ne relèverait que de la compétence de la Commission supérieure nationale du personnel, et qu'en conséquence les dispositions de l'accord s'y rapportant étaient « sans valeur et annulées ».

Cent six agents ont alors saisi la juridiction prud'homale pour avoir, en exécution de l'accord du 23 décembre 1986, paiement de la prime litigieuse ainsi que de dommages-intérêts, et ont obtenu gain de cause. C'est ce que confirme le rejet du pourvoi. Pour la Cour de cassation en effet, la cour d'appel avait « exactement décidé que la juridiction prud'homale était compétente pour connaître de l'action des agents d'EDF, chacun d'entre eux présentant une demande individuelle relative à un différend né de l'exécution du contrat de travail, peu important que cette demande soit fondée sur un accord de fin de grève, lequel s'analyse soit en un accord collectif d'entreprise lorsqu'il est signé après négociation avec les délégués syndicaux par l'un d'entre eux, soit en un engagement unilatéral de l'employeur ».

b) Régime de l'accord atypique

831. – • *Invocabilité.* Quel que soit le fondement retenu, la défaillance de l'employeur qui viendrait à manquer à ses engagements conduirait les acteurs du conflit à réclamer soit l'exécution forcée de ses obligations[41], soit l'indemnisation du préjudice

(34) CA Paris, 6 avr. 1970 : *Inf. chefs d'entreprise* 1970, p. 432. – CA Paris, 3 févr. 1971 : *Inf. chefs d'entreprise* 1971, p. 232.
(35) Cass. soc., 2 avr. 1987, préc. – Cass. soc., 25 févr. 1989 : *Bull. civ.* V, n° 139, p. 192.
(36) Cass. soc., 13 nov. 1990 : *Bull. civ.* V, n° 544.
(37) Cass. soc., 4 déc 1991 : *Bull. civ.* V, n° 553.
(38) Cass. soc., 15 janv. 1997, n° 94-44.914 : *Bull. civ.* V, n° 20. – Cass. soc., 20 juin 2018, n° 16-24.581. Lire E. Dockès, *L'engagement unilatéral de l'employeur* : *Dr. soc.* 1994, 228.
(39) Cass. soc., 3 juill. 1979 : *Bull. civ.* V, n° 595. – Cass. soc., 2 déc. 1992, n° 90-45.186, publié.
(40) Cass. soc., 15 janv. 1997, préc.
(41) Cass. soc., 6 déc. 1979 : *Bull. civ.* V, n° 957, p. 701.

subi[42]. La sanction de la violation de l'accord semble avoir été logiquement incorporée dans le cadre des dispositions statutaires relatives à l'indemnisation de la perte de l'emploi puisque le licenciement intervenu en violation d'une disposition d'un accord de fin de conflit sera privé de cause réelle et sérieuse[43].

832. – • *Inopposabilité.* L'accord atypique oblige l'employeur mais ne pourra contraindre en rien les salariés de l'entreprise. Comme l'a jugé la Cour de cassation en 1998, « l'accord conclu au sein d'une entreprise entre l'employeur et des salariés n'ayant pas la qualité de délégués syndicaux n'a ni la valeur ni les effets d'un accord collectif ; (…) son contenu n'est pas opposable aux salariés qui peuvent, cependant, se prévaloir d'un avantage contenu dans cet accord, qui ne vaut alors que comme engagement unilatéral de l'employeur »[44].

Si les salariés ne peuvent donc se voir personnellement obligés par l'accord, ils doivent toutefois se soumettre aux conditions qu'il pose pour bénéficier des avantages garantis par l'employeur et précisés dans le texte[45].

833. – Révocabilité. L'engagement pris par l'employeur peut être dénoncé, notamment lorsque les termes de « l'accord » n'ont pas été respectés par les grévistes qui ont, par exemple, repris le mouvement alors qu'ils s'étaient engagés à le faire cesser[46].

834. – Rôle du CSE. Le CSE, s'il est partie à l'accord, aura qualité pour agir en justice afin d'en demander le respect par l'employeur[47].

§ 2. – Situation dans la fonction publique

A. – Situation traditionnelle

835. – Principe. Traditionnellement l'État ne conclut pas de convention collective[48] et les textes concernés n'ont aucune valeur contraignante[49] ; tout au plus constituent-ils « de simples mesures relatives à l'organisation du service »[50] qui peuvent être adoptées sans aucun formalisme[51]. Dans le secteur public, l'État ne négocie pas la fin de la grève.

(42) Cass. soc., 25 oct. 1961 : *Bull. civ.* IV, p. 894. – Cass. soc., 9 juin 1971 : *Dr. ouvrier* 1971, p. 277. – Cass. soc., 2 déc. 1992 : *Bull. civ.* V, n° 579.
(43) Cass. soc., 3 févr. 1993 : *Dr. ouvrier* 1993, p. 259, note Pionnier.
(44) Cass. soc., 15 juill. 1998, n° 96-41.118 : *Bull. civ.* V, n° 378.
(45) Cass. soc., 24 oct. 2000, n° 97-45.854.
(46) CAA Bordeaux, 6e ch., 24 mai 2023, n° 21BX03227.
(47) Cass. soc., 5 juill. 2006, n° 04-43.213, publié. – Cass. soc., 8 avr. 2009, n° 08-40.256, publié.
(48) CE, 15 oct. 1971 : *Lebon*, p. 610. – CE, 23 mars 1973 : *RDP* 1974, p. 592, n° 4, obs. R. Drago.
(49) CE, 18 janv. 1967 : *Dr. soc.* 1967, p. 363, concl. Galabut. – CE, 15 oct. 1971, *Synd. nat. indépendants et professionnels CRS : Lebon*, p. 611. – CE, ass., 23 mars 1973, *Féd. personnel défense nationale CFDT : Lebon*, p. 247. – CE, 27 oct. 1989, *Synd. nat. études aviation : Lebon* T., p. 833. – CE, 1er févr. 1999, n° 197516, *Assoc. syndicale contractuels min. Ind. : RFDA* 1999, p. 226, note C. Moniolle. – CE, 19 mai 2003, n° 243787, *Min. Défense c/ Synd. CFDT personnels civils établissements de la défense du Finistère : JCP* A 2003, 1700, obs. A. Taillefait. – CE, 19 juin 2006, n° 279877, *Synd. nat. unifié des impôts : Dr. soc.* 2006, p. 890, concl. Y. Struillou. – CE, 1er oct. 2013, n° 363288, *Féd. Intercommunalité CFDT.*
(50) CAA Nantes, 3 oct. 2002, n° 02NT00184, *La Poste.*
(51) CE, sect., 10 janv. 2003, n° 248118 : *JCP* A 2003, 1183, obs. A. Taillefait ; *Dr. adm.* 2003, comm. 89, note C.M.

B. – Situation actuelle

836. – Origines. La loi n° 2010-751 du 5 juillet 2010 relative à la rénovation du dialogue social a introduit un article 8 bis dans le titre I du statut général, qui figure aujourd'hui à l'article L. 221-1 du Code général de la fonction publique. Les organisations syndicales de fonctionnaires ont désormais qualité pour participer au niveau national à des négociations relatives à l'évolution des rémunérations et du pouvoir d'achat des agents publics avec les représentants du Gouvernement, les représentants des employeurs publics territoriaux et les représentants des employeurs publics hospitaliers.

Ces dispositions ont été révisées et complétées par l'ordonnance n° 2021-174 du 17 février 2021 qui organise le régime de la reconnaissance d'une portée juridique contraignante aux accords collectifs dans la fonction publique[52]. Elles pourraient dans l'avenir être mobilisées en cas de conflits portant sur les rémunérations des agents publics.

SECTION 2 LE CONTENU DES ACCORDS DE FIN DE CONFLIT

§ 1. – La négociation sur les revendications

A. – Généralités

837. – Contexte. Les statistiques du ministère du Travail font apparaître une très nette tendance à négocier en fin de conflit[53].

838. – Satisfaction. Les accords de fin de conflit comportent d'abord un volet portant sur les revendications des grévistes[54].

L'accord de fin de conflit marque le coût d'arrêt de l'épreuve de force et renoue les fils rompus du dialogue social ; son rôle est alors autant de mettre fin au conflit que de poser la première pierre de la reprise des relations non conflictuelles entre les partenaires. La plupart des accords contiennent d'ailleurs des gestes d'apaisement et qui stoppent les poursuites engagées contre les grévistes, les représentants du personnel

(52) CGFP, art. L. 221-1 à L. 221-4 ; DGAFP, guide, 17 janv. 2021. – A. Taillefait, *La situation légale et réglementaire des fonctionnaires prend l'eau ! À propos de l'ordonnance relative à la négociation et aux accords collectifs dans la fonction publique : AJDA* 18/2021, p. 1026. – F.-X. Fort, *Négociation collective dans la fonction publique – Année 0 :* Dr. soc. 2021, 649. – F. Debord, *La singularisation conventionnelle dans la fonction publique : RDT* 2022, 29.

(53) 1977 : 16 % ; 1978 : 26,32 % ; 1979 : 14 % ; 1980 : 43 % ; 1981 : 64 % ; 1982 : 79 % ; 1983 : 88 % ; 1984 : 86 % ; 1985 : 26 % ; 1986 : 54 % ; 1987 : 50 % ; 1988 : 77 % ; 1989 : 77 % ; 1990 : 83 % ; 1991 : 40 %.

(54) J. Savatier, *Espèces et variétés dans la famille des accords collectifs : Dr. soc.* 1960, p. 588-602. – G. Lyon-Caen, *Anomie, autonomie et hétéronomie en droit du travail, Hommage à P. Horion,* Faculté de liège, 1972, p. 293. – J.-P. Bachy, *Évolution et modes de règlement des grèves en France : Dr. soc.* 1976, p. 12. – R. de Quenaudon, *Des protocoles de fin de conflit dans le secteur privé : Dr. soc.* 1981, p. 401-411 ; R. de Quenaudon, *Volonté patronale et actes atypiques d'entreprise,* in *Le droit collectif du travail. Questions fondamentales – évolutions récentes. Études en hommage à Mme le Professeur H. Sinay, Peter Lang GMHB,* p. 262-280. – J.-P. Chauchard, Les accords de fin de conflit : Dr. soc. 1982, p. 678-679. – A. Supiot, La norme patronale de l'entreprise : Dr. soc. 1992, p. 215 et s.

ou les syndicats[55] ainsi que des mesures relatives au paiement de tout ou partie des heures de grève[56].

839. - Variété. Le droit éprouve cependant quelques difficultés à structurer cette période encore troublée, comme en témoigne la multiplicité des termes utilisés pour désigner les accords (accord, protocole, procès-verbal, règlement, *etc.*). Le passage de la grève à l'accord est d'autant plus délicat à appréhender que les titulaires du droit de grève ne sont pas en principe investis du pouvoir de conclure avec l'employeur de véritables accords collectifs, pouvoir qui incombe aux seuls syndicats représentatifs qui ne sont pour leur part investis d'aucun pouvoir juridique dans le déclenchement ou la gestion des conflits du secteur privé.

B. - Égalité de traitement et non-discrimination

840. - Présentation. La négociation d'un accord de fin de conflit intervient toujours dans un contexte de fortes tensions, même si les esprits se sont suffisamment apaisés pour que les protagonistes aient pu s'asseoir autour de la table et rapprocher leurs points de vue pour conclure un accord de sortie de crise. La tentation de réserver le bénéfice de certains avantages aux grévistes est alors forte ; elle se heurte pourtant au principe de non-discrimination (1°). Sans cibler l'exercice du droit de grève comme critère d'attribution, les accords peuvent opérer des différences de traitement, généralement pour répondre aux revendications des grévistes, qui devront également respecter le principe d'égalité de traitement (2°).

1° Non-discrimination

841. - Tentation. Il n'est pas rare que les accords de fin de conflit comportent des restrictions destinées à réserver le bénéfice de certains avantages aux grévistes, soit pour compenser les salaires perdus pendant la grève, soit pour écarter les non-grévistes du bénéfice d'un accord conclu grâce aux sacrifices des grévistes.

842. - Prohibition de principe. Les accords de fin de conflit doivent respecter les règles d'ordre public, singulièrement le principe de non-discrimination en raison de l'exercice du droit de grève qui interdit de réserver le bénéfice des avantages prévus par l'accord aux seuls grévistes, comme cela a été jugé le 5 juillet 2005 par la chambre sociale de la Cour de cassation[57].

À la suite d'un mouvement de grève d'une partie des salariés de la société ISS Abilis, un protocole de fin de conflit avait été signé avec un délégué syndical et d'autres personnes, le 30 octobre 1998, prévoyant, pour une partie du personnel de cette entreprise, le versement à partir du 1er novembre 1998 d'une prime de transport et d'une gratification de fin d'année se substituant aux primes existantes. L'application de tout ou partie de ce protocole avait été limitée à certains salariés de l'entreprise et refusée aux autres qui en ont demandé le bénéfice, avec succès.

La cour d'appel, « ayant constaté que l'employeur avait, par le protocole de fin de conflit, satisfait la revendication des grévistes en instituant un avantage substitué aux primes antérieures,

(55) Protocole de réemploi du délégué Foret : *Dr. ouvrier* 1971, p. 242 ; Accord Peugeot Saint-Étienne, avr. 1973 ; Accord AFSD, 8 avr. 1974 ; Accord sur le Conflit du *Parisien Libéré*, 16 août 1978, chapitre VI, art. 3 (G. Lyon-Caen) : *Dr. soc.* 1977, p. 438, *Le conflit du Parisien Libéré et le système français de règlement des conflits du travail*, spéc. p. 456 ; Accord Sté Sarre-Bowe : *Dr. ouvrier* 1980, p. 72.

(56) Cass. soc., 29 janv. 1953 : *Bull. civ.* IV, n° 89. – Cass. soc., 19 mars 1987 : *Gaz. Pal.* 1987, 1, pan., p. 120.

(57) Cass. soc., 5 juill. 2005, n° 03-45.615, publié. – Cass. soc., 30 mai 2018, n° 17-12.782, publié. – Cass. soc., 30 mai 2018, n° 16-16.484, publié.

a pu décider, sans encourir les griefs des moyens, que cet avantage devait bénéficier à tous les salariés sans distinguer entre les grévistes et les non-grévistes ».

Rappelons que le respect du principe de non-discrimination met en échec la présomption de justification des différences de traitement introduites par voie d'accords collectifs « typiques »[58].

843. - **Prohibition des discriminations masquées et indirectes.** Conscients de l'interdiction des discriminations fondées sur l'exercice/le non-exercice du droit de grève, les parties signataires de l'accord peuvent être tentées de masquer leurs intentions derrière des critères en apparence neutres, comme cela s'est rencontré singulièrement lorsqu'il s'est agi de récompenser après-coup les non-grévistes pour leur fidélité[59]. Face à ces pratiques, les salariés exclus du bénéfice de certains avantages pourront contester les critères posés, et disposeront de deux moyens.

Les salariés pourront tout d'abord tenter d'établir l'existence d'une discrimination directe dissimulée, c'est-à-dire l'insincérité des critères faussement objectifs et l'existence du véritable critère (la non-participation à la grève), ce qui évidemment supposera l'existence d'éléments de fait permettant d'en douter (comme le témoignage de certains salariés).

Ils pourront également tenter d'établir l'existence d'une discrimination indirecte. Dans cette hypothèse, la sincérité du critère neutre ne sera pas discutée (souvent en raison de l'absence d'élément de fait permettant d'en douter) mais les demandeurs établiront la part plus importante des non-grévistes exclus de fait du bénéfice de l'avantage, au regard de leur part dans l'effectif de l'entreprise. Une disproportion significative permettra de présumer l'existence d'une discrimination indirecte, l'employeur ne pouvant se justifier qu'en établissant que le critère litigieux est « objectivement justifié par un but légitime et que les moyens pour réaliser ce but [sont] nécessaires et appropriés », en d'autres termes que le critère neutre a été choisi pour une *bonne* raison professionnelle et pas uniquement en raison de son effet indirectement discriminatoire[60].

2° Égalité de traitement

a) Principes

844. - **Application sans distinction des accords.** Lorsque l'accord de fin de conflit s'applique sans restriction à l'ensemble du personnel, alors cet accord devra bénéficier à tous les salariés visés dès lors qu'ils se trouvent dans la même situation au regard de l'avantage en cause. Le juge devra interpréter l'accord strictement, sans ajout ni distinction[61].

845. - **Différences de traitement induites par l'accord.** Lorsque l'accord réserve le bénéfice de certains avantages à certaines catégories de salariés, alors il devra être contrôlé au regard des règles qui prévalent en matière d'égalité de traitement.

(58) Cass. soc., 9 oct. 2019, n° 17-16.642, publié. – Cass. soc., 8 janv. 2020, n° 18-17.553. – Cass. soc., 9 déc. 2020, n° 19-17.092, publié.

(59) Sur la qualification retenue, dans cette hypothèse, de discrimination indirecte, V. *supra*, n° 686.

(60) Sur cette manière de justifier une différence indirecte de traitement, notre étude *L'égal, et le juste : retour sur la justification des différences de traitement*, in *Mél. en l'honneur de P.-Y. Verkindt*, LGDJ-Lextenso, 2022, p. 373-382.

(61) Cass. soc., 26 nov. 2008, n° 07-43.069.

b) *Présomption de justification s'attachant à certains accords de fin de conflit*

846. – Légalité des différences de traitement résultant de l'accord. L'accord peut réserver certains avantages à certaines catégories de salariés qu'il vise.

• *Affirmation.* Depuis 2015, la Cour de cassation a considéré comme justifiées les différences de traitement résultant de la volonté des partenaires sociaux[62], et ce dès lors qu'elles ne sont pas discriminatoires[63].

Par la suite, la Haute juridiction a consacré cinq cas de figure où la présomption de légitimité pourra être admise : lorsque les différences de traitement concernent des salariés appartenant à des catégories professionnelles différentes[64] ; lorsque les salariés appartiennent à une même catégorie professionnelle mais qu'ils exercent des fonctions différentes[65] ; lorsque des salariés relèvent d'un même accord d'entreprise qui introduit des différences de traitement entre ses établissements[66] ; lorsque des salariés appartiennent à une même entreprise et relèvent d'accords d'établissement distincts[67] ; lorsque des salariés relèvent d'un même accord de branche qui réserve à des salariés dont le contrat de travail a été repris après la perte d'un marché le bénéfice d'avantages particuliers destinés à compenser le changement d'employeur[68].

• *Illustration.* Dès lors que l'accord de fin de conflit a été régulièrement conclu et entre dans l'une des cinq hypothèses consacrées, il bénéficie de cette présomption qui ne peut être renversée que par la preuve que les signataires poursuivaient un objectif non professionnel, ce qui équivaut à démontrer un improbable détournement de pouvoir. C'est ce qu'illustre un arrêt rendu le 30 mai 2018 par la chambre sociale de la Cour de cassation qui concernait une différence établie entre salariés relevant d'établissements distincts couverts par leurs propres accords[69].

Quarante salariés avaient été engagés par la société Hôpital service. Par un protocole de fin de grève conclu le 20 décembre 2000 entre la société Hôpital service SFGH et les délégués syndicaux CFDT et CGT et relatif à l'établissement de l'hôpital Lapeyronie à Montpellier, il avait été décidé de l'octroi d'une prime de treizième mois pour les salariés y travaillant. Par un accord d'établissement conclu le 28 septembre 2013 entre la société Elior services propreté et santé et les délégués syndicaux CGT, CFDT et CFTC de l'établissement de Meyreuil, il avait été décidé de l'octroi de divers avantages de rémunération au profit des salariés affectés sur le site de

(62) Cass. soc., 27 janv. 2015, n°s 13-22.179 et 13-25.437, publiés : *D.* 2015. 829, obs. J. Porta et P. Lokiec ; *Dr. soc.* 2015, 237, étude A. Fabre ; *ibid.* 351, étude P.-H. Antonmattei ; *RDT* 2015, 339, obs. E. Peskine ; *ibid.* 472, obs. G. Pignarre ; *RJS* 2015, 155, chron. J.-G. Huglo.

(63) Cass. soc., 5 déc. 2018, n° 17-11.407 (discrimination directe liée au sexe). – Cass. soc., 16 janv. 2019, n° 17-17.475 (discrimination directe liée à l'âge). – Cass. soc., 30 janv. 2019, n° 17-23.251 (discrimination indirecte liée à l'âge).

(64) Cass. soc., 27 janv. 2015, préc.

(65) Cass. soc., 8 juin 2016, n° 15-11.324, publié.

(66) Cass. soc., 4 oct. 2017, n° 16-17.517, publié : *D.* 2017, 1981 ; *ibid.* 2018, 813, obs. P. Lokiec et J. Porta ; *RDT* 2018, 67, obs. Y. Ferkane.

(67) Cass. soc., 3 nov. 2016, n° 15-18.844, publié : *Dr. soc.* 2017, 87, obs. P.-H. Antonmattei ; *JCP* G 2016, 2429, note J.-F. Cesaro ; *RJS* 2018, 179, note J.-G. Huglo ; *ibid.* 615, note G. Loiseau ; *SSL* 2018, n° 1822, p. 6 ; note P. Bailly ; *JCP* S 2018, n° 18, 17, note E. Lederlin. – Cass. soc., 30 mai 2018, n° 17-12.782, publié.

(68) Cass. soc., 30 nov. 2017, n° 16-20.532, publié. – Cass. soc., 20 mars 2019, n° 17-19.279.

(69) Cass. soc., 30 mai 2018, n° 17-12.782 : *Bull. civ.* V, n° 94 ; *D.* 2019, 963, obs. P. Lokiec et J. Porta ; *Dr. ouvrier* 2018, 742, obs. I. Meyrat ; *RDT* 2018, 610, obs. Y. Ferkane ; *Dalloz actualité*, 19 juin 2018, obs. Peyronnet ; *JSL* 2018, n° 457-4, obs. Tissandier ; *Gaz. Pal.* 18 sept. 2018, p. 44, obs. A. Bugada. – Cass. soc., 10 avr. 2019, n° 17-20.849 : société de ménage dans les hôpitaux. – Cass. soc., 20 oct. 2021, n° 19-26.142, *Sté ESPS*.

ST Microelectronics à Rousset, « compte tenu des spécificités techniques et de la forte disponibilité demandée par le client ». Des salariés ont saisi la juridiction prud'homale de diverses demandes en application du principe d'égalité de traitement, en vain. C'est également ce qui résulte du rejet du pourvoi par la Cour de cassation.

Une première difficulté concernait la qualification d'un accord de fin de conflit conclu dans les établissements. La Cour de cassation rappelle ici « qu'un protocole de fin de conflit constitue un accord collectif dès lors que, conclu avant l'expiration de la période transitoire instaurée aux articles 11 à 13 de la loi n° 2008-789 du 20 août 2008 portant rénovation de la démocratie sociale, il a été signé après négociation avec les délégués syndicaux par l'un d'entre eux, et que, conclu postérieurement à l'expiration de la période transitoire précitée, il a été négocié et signé avec des organisations syndicales représentatives dans l'entreprise ou l'établissement dans les conditions visées aux articles L. 2232-12 et L. 2232-13 du Code du travail, dans leur rédaction applicable en la cause ».

La présomption de justification pouvait opérer : « Les différences de traitement entre des salariés appartenant à la même entreprise de nettoyage mais affectés à des sites ou des établissements distincts, opérées par voie d'un protocole de fin de conflit ayant valeur d'accord collectif, sont présumées justifiées, de sorte qu'il appartient à celui qui les conteste de démontrer qu'elles sont étrangères à toute considération de nature professionnelle ».

Dès lors, « la différence de traitement [qui] résultait d'un protocole de fin de conflit ayant valeur d'accord collectif (...) était présumée justifiée et (...) il appartenait à celui qui la contestait de démontrer qu'elle était étrangère à toute considération de nature professionnelle », ce qui n'était pas le cas en l'espèce.

847. - Cession de l'accord de fin de conflit et égalité de traitement. Lorsque l'entreprise est cédée, l'accord de fin de conflit subira l'effet du transfert, comme tous les accords collectifs[70].

• *Transfert d'un véritable accord collectif.* S'il s'agit d'un véritable accord collectif de droit commun, il sera mis en cause par le transfert et, s'il n'est pas remplacé dans l'année qui suit l'expiration du préavis, il ne laissera subsister, au bénéfice des salariés dont le contrat a été transféré, que la rémunération garantie par l'article L. 2261-14 du Code du travail. La Cour de cassation a appliqué ce principe légal à un accord de fin de conflit négocié dans les conditions du droit commun, mais qui n'avait pas été publié[71], et à un accord atypique mais dont le contenu avait été repris ultérieurement dans un accord d'entreprise de droit commun[72].

Les partenaires sociaux auront toutefois la possibilité d'anticiper les effets du transfert en concluant l'un des deux accords visés par les articles L. 2261-14-2 (accord tripartite) et L. 2261-14-3 (accord quadripartite) du Code du travail pour régler notamment les questions d'égalité de traitement. Ils pourront également, après le transfert, tenir compte des différences de situations entre les salariés issus de différents transferts soit pour laisser subsister certains avantages dont ils avaient bénéficié avant de changer d'employeur, soit au contraire pour uniformiser le traitement des salariés exerçant un travail égal, ou de valeur égale[73].

• *Transfert d'un accord atypique valant engagement unilatéral de l'employeur.* S'il s'agissait d'un accord « atypique » analysé comme engagement unilatéral de l'em-

(70) Sur l'application du principe d'égalité de traitement entre salariés d'un même prestataire mais affectés sur différents sites : Ch. Radé, *Égalité de traitement et reprise des contrats de travail : la Cour de cassation sur la corde raide : Dr. soc.* 2021, 696.

(71) Cass. soc., 28 févr. 2018, n° 15-26.260.

(72) Cass. soc., 12 oct. 2017, n° 15-29.520.

(73) Sur ces accords, P. Morvan, *Restructurations en droit social*, LexisNexis, coll. « Droit et professionnels », 4e éd., 2017, 1 188 p. spéc. nos 407 et s.

ployeur, il ne survivra également qu'au bénéfice des seuls salariés dont le contrat de travail a été transféré[74].

• *Contractualisation par le nouvel employeur.* Dans un certain nombre d'hypothèses, les avantages prévus par l'accord de fin de conflit au bénéfice des salariés dont le contrat de travail va être transféré seront explicitement contractualisés par le nouvel employeur, ce qui constitue pour les salariés une garantie qu'ils ne seront pas remis en cause ultérieurement sans leur accord. C'est ce qu'illustre un arrêt en date du 17 novembre 2021 rendu par la chambre sociale de la Cour de cassation.

Un conflit était né à l'occasion de la reprise d'un marché et s'était soldé par la conclusion d'un accord de fin de conflit réservant aux salariés affectés au site concerné des avantages dont ils continueraient à bénéficier après le transfert, et ce pour compenser le changement d'employeur, l'entrée dans une nouvelle entreprise et la perte des avantages résultant de la mise en cause de l'accord jusque-là applicable dans l'entreprise. La particularité de cette affaire est que l'accord prévoyait que le nouvel employeur garantirait à chaque salarié ce niveau de rémunération, à titre individuel, et que la fiche de poste de chaque salarié concerné avait été modifiée en conséquence, de telle sorte que ces avantages, qui trouvaient leur source dans un accord collectif, s'étaient en réalité incorporés à leur contrat de travail, ce qui les rendait intangibles même en cas de conclusion d'un accord ultérieur[75].

Le fait que la différence de traitement entre les salariés dont le contrat avait été transféré, et les autres salariés de l'entreprise qu'ils avaient intégrés, résulte de clauses contractuelles, n'est pas de nature à faire obstacle à l'application du principe d'égalité de traitement ; seule la conclusion d'une transaction est en effet de nature à paralyser l'application de ce principe, en raison du fait que chaque transaction étant particulière, en raison du différend auquel elle met fin, aucune comparaison n'est possible[76]. La différence de traitement résultait ici des clauses des contrats de travail. Elle ne pouvait pas être justifiée *a priori* par l'origine conventionnelle de ces avantages, puisque ces derniers avaient été contractualisés, mais dans la mesure où ces avantages avaient pour objet de compenser les désavantages occasionnés à l'époque par la mise en cause de l'accord d'entreprise applicable, ils sont pertinents et justifient ainsi les disparités observées entre les salariés qui exerçaient pourtant un même travail.

c) Contrôle de la justification sur les autres accords

848. – Limites aux justifications conventionnelles. Depuis 2019, la chambre sociale de la Cour de cassation a décidé de mettre un terme à la création de nouvelles hypothèses de justifications présumées, à propos d'une affaire où l'accord d'entreprise avait retenu, comme condition d'attribution d'un avantage, le seul critère de la date de présence à l'effectif[77]. Dans cette hypothèse, la différence de traitement ne sera pas présumée justifiée et le juge devra déterminer si elle repose sur un critère objectif et rationnel.

849. – Illustration. Un arrêt atypique rendu le 13 décembre 2017 par la chambre sociale de la Cour de cassation et concernant un accord de fin de conflit montrait déjà que la question de la justification des différences de traitement peut se poser si l'entreprise, partie à l'accord, n'a pas organisé sa défense en demandant l'application de la présomption de justification s'attachant aux différences conventionnelles dégagées en 2015[78].

(74) Cass. soc., 7 déc. 2005 : *RDC* 2006, p. 414, note Ch. Radé ; *D.* 2006, p. 1867, note G. Loiseau.
(75) Cass. soc., 17 nov. 2021, n° 19-22.746.
(76) Cass. soc., 12 mai 2011, n° 20-10.796, publié : *Dr. soc.* 2021, 848, note J. Mouly.
(77) Cass. soc., 3 avr. 2019, n° 17-11.970, *Crédit agricole mutuel (CRCAM) de Normandie*, publié : *Dr. soc.* 2019, 447, chron. Ch. Radé.
(78) Cass. soc., 13 déc. 2017, n° 16-12.397, publié.

La société Peugeot Citroën automobiles, filiale du groupe Peugeot SA, avait entrepris une réorganisation de ses activités industrielles impliquant la réduction de ses effectifs et l'arrêt de la production automobile sur le site d'Aulnay-sous-Bois. Un plan de sauvegarde de l'emploi attaché à ce projet a été mis en œuvre, la période de volontariat étant achevée au 31 décembre 2013. Un mouvement de grève a été déclenché à compter du 16 janvier 2013 et pour une durée d'environ dix-sept semaines.

Le 17 mai 2013, un protocole de fin de conflit dit « protocole de fin de grève » a été conclu entre l'employeur et les syndicats CGT et CFDT, prévoyant en son article 3, point 3, au bénéfice des salariés figurant sur une liste présentée par les organisations syndicales signataires de cet accord, la possibilité de quitter la société avant le 31 mai 2013 avec une indemnité de 19 700 € s'ajoutant au plan de sauvegarde de l'emploi et correspondant notamment à l'adhésion anticipée à une des mesures du plan et l'octroi du demi troisième mois habituellement versé au mois de juin.

En application de ce protocole de fin de conflit, certains salariés, considérés comme ayant été très actifs dans le cadre du conflit social et dont les chances de reclassement en interne ou en externe apparaissaient réduites au vu de cette participation, se sont vu offrir la possibilité de quitter l'entreprise le 31 mai 2013 et de bénéficier de l'indemnité forfaitaire prévue en annexe du protocole sans avoir à remplir les conditions imposées par le plan de sauvegarde de l'emploi tenant à un projet professionnel validé sous la forme d'une promesse d'embauche, d'un contrat à durée indéterminée, d'un contrat à durée déterminée de plus de six mois ou d'une mission d'intérim de trois mois. Le dispositif a été étendu par la suite par l'employeur à la demande des syndicats à des salariés ne figurant pas sur la liste établie par les syndicats signataires du protocole de fin de conflit, mais remplissant les conditions de projet professionnel et de demande de départ formulée avant le 14 juin 2013 prévues au plan de sauvegarde de l'emploi.

Estimant que ce protocole portait atteinte au principe de l'égalité de traitement entre salariés en raison d'un traitement différencié réservé aux non-grévistes qui se sont vu opposer les conditions du plan de sauvegarde de l'emploi sans pouvoir choisir le régime qu'ils estimaient le plus favorable au regard de leur situation, et dénonçant l'opacité du processus de sélection des deux cent dix salariés éligibles au dispositif instauré par le protocole, laissant aux seules organisations syndicales signataires la possibilité d'établir la liste des salariés pouvant y prétendre, le Syndicat indépendant de l'automobile (SIA) a fait assigner la société PCA le 6 novembre 2013 afin de dire que ce protocole du 17 mai 2013 s'appliquerait sans distinction à tous les salariés en ayant fait la demande dans les conditions dudit protocole. Le syndicat CGT Peugeot Citroën Aulnay et l'union syndicale CGT d'Aulnay-sous-Bois sont intervenus volontairement à l'instance et ont présenté la même demande et également sollicité qu'il soit ordonné l'application sans distinction du protocole à tous les salariés qui en feraient la demande au jour de l'instance, et que l'employeur soit condamné à leur payer des dommages-intérêts pour atteinte à l'intérêt collectif de la profession. Ils ont obtenu gain de cause, et c'est ce que confirme le rejet du pourvoi.

La Cour de cassation commence par rappeler « qu'en application du principe d'égalité de traitement, si des mesures peuvent être réservées à certains salariés, c'est à la condition que tous ceux placés dans une situation identique, au regard de l'avantage en cause, aient la possibilité d'en bénéficier, à moins que la différence de traitement soit justifiée par des raisons objectives et pertinentes et que les règles déterminant les conditions d'éligibilité à la mesure soient préalablement définies et contrôlables ».

Ensuite, la cour d'appel avait relevé « que le protocole de fin de grève ne définissait de manière précise ni la catégorie correspondant aux salariés grévistes pouvant prétendre au bénéfice de ses dispositions, celle-ci ne reposant sur aucun critère objectif et vérifiable, ni la nature et l'importance de la participation au conflit susceptibles d'entraîner l'inclusion des grévistes dans ladite catégorie, de sorte qu'il n'était pas établi que seuls des grévistes dont le reclassement serait compromis auraient bénéficié de l'indemnité prévue par le protocole, [et] n'était pas justifié de raisons objectives et pertinentes justifiant la différence de traitement dont elle avait constaté l'existence, la liste établie par les organisations syndicales signataires étant en soi insuffisante à constituer une justification objective et pertinente à la différence de traitement ».

Dès lors, la Cour de cassation a considéré qu'il y avait lieu de faire application de l'accord à tous les salariés remplissant les autres conditions d'octroi des avantages, la condition inégalitaire devant être neutralisée.

850. – Nécessité de justifier les différences unilatérales de traitement[79]. S'il s'agit d'un engagement unilatéral de l'employeur, ce qui sera la qualification également retenue pour les accords « atypiques », alors la présomption de justification ne s'appliquera pas et le juge devra vérifier soit que les salariés ne se trouvent pas dans la même situation au regard de l'avantage en cause[80], soit la réalité et la pertinence du critère de différenciation retenu pour justifier les différences de traitement entre salariés[81].

§ 2. – La négociation sur les suites du conflit

A. – L'objet de la négociation

851. – Conditions de la reprise. Les grévistes lient fréquemment la reprise du travail à un certain nombre de points qui doivent être réglés et qui tiennent au paiement de tout ou partie des jours de grève, sous une forme ou sous une autre[82], et à la renonciation des parties à toutes actions postérieures au conflit[83], généralement celle de l'employeur à toutes sanctions et poursuites contre les grévistes, représentants du personnel et syndicats après le conflit, voire à réintégrer les salariés licenciés[84].

852. – Sort des salaires perdus et principe de non-discrimination. Le paiement de tout ou partie des salaires perdus pendant la grève ne porte *a priori* pas atteinte au principe de non-discrimination dès lors que les grévistes et les non-grévistes ne sont pas dans la même situation, puisque seuls les grévistes ont été privés de leur rémunération pendant la durée du conflit.

Les non-grévistes peuvent toutefois mal vivre le fait qu'au final les grévistes, qui par hypothèse n'auront pas travaillé, soient payés. L'employeur pourra alors accorder en compensation du surcroît de travail observé pendant la grève une prime exceptionnelle aux non-grévistes qui, comme cela a été observé, n'est pas discriminatoire précisément dès lors qu'elle a une justification sincère et objective.

853. – Sort des avantages prévus par l'accord. La même raison peut justifier que les avantages soient réservés aux salariés présents dans l'entreprise pendant le conflit, ce qui exclura de fait les femmes absentes en raison de leur congé maternité/parental,

(79) Sur cette double manière de justifier les atteintes à l'égalité de traitement, notre étude *L'égal, et le juste : retour sur la justification des différences de traitement*, in *Mél. en l'honneur de P.-Y. Verkindt*, LGDJ-Lextenso, 2022, p. 373-382.

(80) S'agissant du fait qu'une femme en congé maternité ne remplissait pas les conditions fixées par l'accord de fin de conflit pour bénéficier des avantages prévus : Cass. soc., 19 sept. 2018, n° 17-11.618, publié.

(81) Cass. soc., 27 janv. 2015, n° 13-17.622, publié : *Gaz. Pal.* 2015, n° 109, p. 25, note J. Bourdoiseau.

(82) Cass. soc., 29 janv.1953 : *Bull. civ.* IV, n° 89. – Cass. soc., 19 mars 1987 : *Gaz. Pal.* 1987, 1, pan., p. 120.

(83) Cass. soc., 29 sept. 2021, n° 20-12.259 : « Les parties s'engagent, les unes et les autres, à n'exercer aucune pression ou représailles d'aucune sorte, tant envers les salariés grévistes et non-grévistes, qu'envers la Direction, sur tous faits ou propos perpétrés pendant ce conflit, dans le respect de l'application de la loi ».

(84) Cass. soc., 24 oct. 2000, *Samet c/ SA Tvo* : *JCP* G 2000, IV, 2847 : l'employeur s'engageait à réintégrer les grévistes licenciés mais à condition que les intéressés en fassent la demande rapidement ; sept ans a été considéré valablement comme trop tardif.

cette différence de traitement étant justifiée par la différence de situation entre ceux qui ont subi la grève, et les autres. C'est ce qu'illustre un arrêt rendu par la chambre sociale de la Cour de cassation le 19 septembre 2018[85].

Un conflit était né après la décision prise par l'employeur de transférer en Italie des activités jusque-là réalisées par des salariés français. Un protocole de fin de conflit avait été conclu le 12 février 2010, en présence de l'inspecteur du travail intervenant comme médiateur, entre l'employeur et les délégués du personnel de la succursale française de la société, prévoyant le paiement d'un bonus de coopération destiné à rémunérer l'activité de ceux des salariés de la succursale devant coopérer avec les équipes envoyées par le siège italien pour leur transmettre le savoir-faire français du service Export Manager. L'employeur ayant refusé de verser ce bonus à une salariée lors de son congé de maternité, qui avait alors saisi la juridiction prud'homale, en vain. C'est ce qui est confirmé par le rejet du pourvoi.

Pour la Cour de cassation en effet, le bonus de coopération dont elle avait été privée était expressément subordonné à la participation active et effective des salariés aux activités de transfert et de formation continue des équipes italiennes en France. Cette prime, répondant à des critères de fixation et d'attribution objectifs, mesurables et licites, était destinée à rémunérer l'activité spécifique d'accompagnement du transfert et à récompenser le service rendu à ce titre, la cour d'appel en a exactement déduit que ce bonus n'était pas dû à la salariée pendant son congé de maternité faute pour elle d'avoir exercé les fonctions spécifiques dans les conditions particulières prévues par le protocole de fin de conflit.

B. – L'effet de la négociation

1° Plein effet des renonciations consenties par l'employeur

854. – **Principe.** Lorsque l'employeur s'est engagé, dans le cadre d'un accord de fin de conflit, « à n'exercer aucune pression ou représailles d'aucune sorte, tant envers les salariés grévistes et non-grévistes, qu'envers la Direction, sur tous faits ou propos perpétrés pendant ce conflit, dans le respect de l'application de la loi », alors il ne peut invoquer ces faits comme motif de licenciement ; le juge sera alors autorisé à retrancher ces motifs de la lettre de licenciement et à n'examiner que les autres motifs y figurant éventuellement[86]. L'abandon des poursuites engagées est fréquent, mais sera interprété strictement par le juge en cas de différend, et les sanctions qui n'auraient pas été visées par l'accord demeureront valables[87].

855. – **Effet sur les procédures en cours.** Lorsque l'employeur s'est engagé, dans un accord intermédiaire, à abandonner les poursuites en cours contre certains salariés, il devra, s'il souhaite ultérieurement les reprendre après l'échec de la négociation de l'accord de fin de conflit, reprendre la procédure à son commencement[88].

2° Inopposabilité aux salariés des clauses de renonciation

856. – **Objet des clauses de renonciation.** La portée de ces renonciations de type transactionnel doit être précisée. Les syndicats signataires (à plus forte raison l'employeur en cas d'accord atypique) ne peuvent en effet disposer que de leurs propres droits, et non des droits des salariés pris individuellement. L'employeur peut donc s'engager pour lui, tout comme les syndicats peuvent renoncer à agir, mais les grévistes ne sont pas liés par l'accord et peuvent donc agir après le conflit s'ils considèrent qu'ils

(85) Cass. soc., 19 sept. 2018, n° 17-11.618, publié.

(86) Cass. soc., 29 sept. 2021, n° 20-12.259 (violation de l'obligation de confidentialité d'un salarié qui avait communiqué des informations aux grévistes).

(87) CAA Bordeaux, 6e ch., 24 mai 2023, n° 21BX03227.

(88) CAA Bordeaux, 6e ch., 12 avr. 2021, nos 20BX00266, 20BX01315.

n'ont pas été remplis dans leurs droits, comme l'a jugé la chambre sociale de la Cour de cassation le 12 septembre 2007 dans l'affaire *La Montagne*[89].

Cette affaire concernait l'accord-cadre du 8 novembre 1999 sur les droits d'auteur dans la presse quotidienne régionale, conclu pour mettre un terme à des conflits importants entre photographes et directions des quotidiens à propos des droits d'auteurs. L'accord prévoyait les modalités de rémunération pour l'avenir et stipulait que les parties signataires s'engageaient à renoncer à toute réclamation concernant la période antérieure à la date de signature.

Un salarié, employé par la société La Montagne en qualité d'assistant photographe, puis de photographe, et relevant de la convention collective nationale des journalistes du 25 mai 1987, a, le 1er décembre 2003, engagé une action prud'homale tendant au paiement de dommages-intérêts pour violation de ses droits patrimoniaux d'auteur résultant de nouvelles exploitations et cessions de ses œuvres photographiques sans son autorisation préalable ni versement d'une rémunération complémentaire.

La cour d'appel lui avait donné raison, nonobstant la renonciation prévue par la convention collective, ce que contestait, bien entendu, son employeur. Pour obtenir la cassation de l'arrêt d'appel, la société la Montagne faisait notamment valoir que « la renonciation à toute réclamation au titre de droits antérieurs [était] stipulée, [et] que, dans cette hypothèse, (...) le salarié est de toutes façons réputé avoir renoncé à toute réclamation à ce titre ». En vain, le pourvoi est rejeté.

Pour la Cour de cassation en effet, « la clause par laquelle les parties signataires d'un accord collectif s'engagent à renoncer à toute réclamation concernant la période antérieure à la date de signature de l'accord ne peut engager que les seules parties à l'accord et ne saurait interdire aux salariés de faire valoir en justice les droits qu'ils ont acquis par application de la loi ».

On retrouve ici une logique parfaitement symétrique de celle qui prévaut pour les accords qui prétendraient limiter les droits des salariés à se mettre en grève, et qui ne peuvent en toute hypothèse que limiter le droit des syndicats à respecter des procédures préalables au déclenchement d'une grève[90].

3° Autres effets

857. - Paiement des heures de grève. S'agissant du paiement des heures de grèves, l'employeur peut être quasi contraint s'il a commis une faute grave à l'origine du conflit et qu'il est condamné à réparer les préjudices en résultant[91].

858. - Incidence sur l'intérêt à agir. La conclusion d'un accord portant règlement des différends n'est pas neutre, y compris sur un plan juridique. Il a ainsi été jugé qu'un employeur qui avait maintenu des demandes judiciaires en dépit de la conclusion d'un accord de fin de conflit pouvait être considéré comme n'ayant plus d'intérêt à agir[92].

859. - Absence d'aveu. Les dispositions de l'accord de fin de conflit ne peuvent être invoquées contre les salariés comme aveu du caractère illicite de la grève[93].

(89) Cass. soc., 12 sept. 2007, n° 06-42.496, *Sté La Montagne*, publié.

(90) V. *supra*, nos 104 et s.

(91) Cass. soc., 3 mai 2007, n° 05-44.776, *Sté Autogrill Paris Saint-Lazare*, publié : *RDT* 2007, 538, obs. O. Leclerc ; *JCP S* 2007, 1546, note D. Asquinazi-Bailleux. V. *infra*, n° 928.

(92) Cass. soc., 6 oct. 2004, nos 02-19.458 et 02-19.459.

(93) Cass. soc., 25 janv. 2011, n° 09-69.030 : *Bull. civ.* V, n° 28.

TITRE 2

LE RÈGLEMENT JUDICIAIRE

860. - Présentation. Le recours au juge est, moins encore en matière de conflits collectifs que dans les autres secteurs du droit du travail, le meilleur moyen de régler les différends[1]. Les raisons sont nombreuses, et tiennent à la fois à la nature des conflits qui ne sont que rarement juridiques (il n'y a donc pas de différend technique à trancher mais plutôt des revendications à satisfaire), et au temps du procès qui n'est pas celui des rapports sociaux; après le conflit il faudra en effet reprendre le travail, et vite, reprendre le chemin du dialogue dans l'entreprise et réengager les processus de négociation collective qui auraient pu être rompus.

Le principal risque de poursuites judiciaires contre les acteurs de la grève est pénal (Chapitre 1). Il n'est pas rare non plus que des actions en responsabilité civile soient engagées à l'occasion des conflits (Chapitre 2).

(1) J. Pélisse, *Judiciarisation ou juridicisation ? Usages et réappropriations du droit dans les conflits du travail : Politix* 2009/2, de Boeck Supérieur, p. 73-96.

CHAPITRE 1

MISE EN CAUSE DE LA RESPONSABILITÉ PÉNALE DES GRÉVISTES ET DES SYNDICATS

861. - Contexte. Les défenseurs d'un droit de grève « dur » considèrent sans doute que les grévistes devraient être protégés contre la mise en cause de leur responsabilité pénale, dans le cadre des conflits collectifs, dès lors qu'ils n'ont pas intentionnellement violé la loi. Telle n'est pas la position du droit et du juge français qui sanctionnent tout autant les grévistes que les autres citoyens[1]. Pour autant, le recours à la voie pénale demeure exceptionnel, en raison de son caractère extrêmement long et coercitif, même si l'histoire des conflits collectifs témoigne de luttes sociales qui ont largement débouché sur des poursuites, et des condamnations, parfois lourdes.

862. - Conventionnalité des poursuites pénales. La Cour européenne des droits de l'homme vérifie que la mise en cause de la responsabilité pénale des grévistes répond à un strict critère de nécessité et de proportionnalité, comme le montre un arrêt rendu le 15 octobre 2015 dans l'affaire *Kudrevicius c/ Lituanie*[2].

Des exploitants agricoles avaient participé à une manifestation au cours de laquelle des barrages fixes et mobiles avaient été établis, bloquant certaines routes et autoroutes. Ils furent condamnés à des contraventions pour émeute et incitation à l'émeute, ainsi que, pour certains d'entre eux, à des peines de soixante jours d'emprisonnement, et un an pour l'un des meneurs, peines assorties de sursis.

La Cour européenne des droits de l'homme a considéré qu'« eu égard à l'ensemble des considérations, (...) en condamnant les requérants pour émeute à raison du comportement dont ils ont fait preuve du 21 au 23 mai 2003 pendant les manifestations d'agriculteurs, les autorités lituaniennes ont ménagé un juste équilibre entre les buts légitimes de la "défense de l'ordre" et la "protection des droits et libertés d'autrui", d'une part, et "impératifs de la liberté de réunion", d'autre part, et qu'"elles ont fondé leurs décisions sur une appréciation acceptable des faits et sur des motifs pertinents et suffisants", sans outrepasser leur marge d'appréciation en la matière » et sans violation des articles 10 (liberté d'expression) et 11 (liberté de réunion pacifique) de la Convention EDH (§ 182). Dans cette affaire, il est particulièrement intéressant d'observer que la Cour a examiné l'état des législations comparables dans les pays membres du Conseil de l'Europe, dont la France (§ 78-79).

(1) B. Teyssié, *La grève ou la tentation de l'illicite. À propos de quelques crimes, délits ou contraventions*, in *Mél. en l'honneur de B. Bouloc*, Dalloz, 2006, p. 1105-1118. – M. Segonds, *De l'autonomie « pénale » du droit de grève » : CDE* juill. 2021, n° 4, dossier 27.

(2) CEDH, Gde ch., 15 oct. 2015, aff. *Kudrevicius c/ Lituanie : JCP* G 2016, n° 3, p. 122, obs. F. Sudre ; *Dr. soc.* 2016, 697, étude J.-P. Marguénaud et J. Mouly.

Dans d'autres affaires en revanche, et qui sont assez nombreuses, la violation de l'article 11 a été établie[3]. Pour la Cour européenne des droits de l'homme en effet, « la liberté d'organiser une réunion pacifique ou d'y participer revêt une telle importance qu'on ne saurait admettre qu'elle fasse l'objet d'une quelconque limitation dans le chef d'un individu membre d'un syndicat et qui ne commet lui-même aucun acte répréhensible à cette occasion », comme cela a été jugé dans une affaire *Dinçer c/ Turquie* du 16 janvier 2018[4].

Le requérant, fonctionnaire turc et syndicaliste actif, avait participé avec une vingtaine de personnes à une déclaration publique à la presse organisée par la Confédération des syndicats des salariés du secteur public devant les locaux du parti au pouvoir, l'AKP (Parti de la justice et du développement), pour manifester contre un projet de loi relatif à la modification de la loi sur les fonctionnaires. Il se plaignait de l'amende de 143 livres turques (environ 8 €) qui lui avait été infligée en raison de sa participation à cette manifestation dans des conditions contraires à la législation nationale.

La Cour européenne lui a donné raison et considéré qu'il y avait eu violation de l'article 11 de la Convention, après avoir observé que la législation turque ne permettait pas de prendre en considération les circonstances de chaque cas particulier, la mise en place de ce type de restrictions généralisées pouvant s'avérer disproportionnée, que la manifestation s'était déroulée sur un laps de temps très court (15 minutes) et de manière purement pacifique, et que la restriction en cause n'avait pas fait l'objet d'un examen judiciaire approprié. L'amende était de nature à décourager les citoyens turcs de participer à des rassemblements de protestation et à poursuivre leur engagement actif dans la vie syndicale, et qu'elle pouvait avoir un fort potentiel de dissuasion pour d'autres syndicalistes et le public en général, en empêchant ceux-ci d'assister à des manifestations et, plus généralement, de participer à un débat politique ouvert.

Une autre affaire assez proche a également conduit à considérer qu'il y avait violation de l'article 11 à interdire et réprimer une manifestation syndicale pacifique sur le bas-côté de la route menant à l'aéroport pour protester contre une réduction de salaire[5].

Dans une autre affaire concernant toujours la Turquie, une centaine de syndicalistes se réunirent sur l'avenue Atatürk à Kars pour participer à la lecture d'une déclaration de presse visant à dénoncer l'arrestation de trente-cinq syndicalistes. La police intervint immédiatement pour y mettre un terme et plaça une dizaine de manifestants en garde à vue. Ils furent relaxés au pénal. Pour la Cour européenne des droits de l'homme, l'empressement des autorités à mettre fin à une manifestation parfaitement pacifique et qui ne présentait pas de danger pour l'ordre public, mis à part d'éventuelles perturbations de la circulation, l'intervention des forces de l'ordre et l'ouverture d'une procédure pénale à l'encontre des requérants, étaient des mesures disproportionnées et qui n'étaient pas nécessaires à la défense de l'ordre public, caractérisant une violation de l'article 11 de la Convention[6].

La Turquie a également été condamnée pour avoir condamné pénalement une syndicaliste à une peine d'emprisonnement ferme pour avoir participé à une manifestation pacifique au motif qu'elle n'en avait pas formellement informé les autorités compétentes[7], la même condamnation

(3) CEDH, 26 avr. 1991, *Ezelin c/ France*, § 53, série A, n° 202. – CEDH, 17 juill. 2008, n°s 23018/04 et s., *Urcan et a. c/ Turquie*, § 34. – CEDH, 18 juin 2013, aff. 8029/07, *Gün et a. c/ Turquie*, § 83. – CEDH, 28 mai 2018, n° 001-180307, aff. *Akarsubaşi et Alçiçek c/ Turquie*, § 45.

(4) CEDH, 16 janv. 2018, n° 17843/11, *Dinçer c/ Turquie*.

(5) CEDH, 22 mai 2018, n° 27585/13, *United Civil Aviation Trade Union c/ Hongrie*. Pour d'autres condamnations en raison du caractère automatique des amendes infligées, CEDH, 19 déc. 2017, n°s 60087/10 et 2 a., *Öğrü et a. c/ Turquie* ; 13 nov. 2018, n° 15520/06, aff. *Erdoğan et a. c/ Turquie*.

(6) CEDH, 13 févr. 2018, n° 65126/09, *Adigüzel c/ Turquie*.

(7) CEDH, 2e sect. 2, 7 juill. 2020, n° 5999/13, *Senşafak c/ Turquie*.

étant intervenue alors que le syndicaliste avait subi un gel de sa carrière à titre de sanction[8], ou arrêté des manifestants afin de les empêcher de participer à une manifestation syndicale[9].

La liste des infractions pénales qui sont susceptibles d'être relevées contre les grévistes est longue[10]. Elles concernent diverses entraves (Section 1), mais aussi des infractions contre les personnes (Section 2) ou contre les biens (Section 3).

SECTION 1 ENTRAVES

§ 1. – Entrave à la liberté du travail

863. – Origines. Le délit d'entrave à la liberté du travail a été instauré pour rendre effective la prohibition pénale des coalitions ouvrières dans le Code pénal de 1810, à son article 414[11].

Code pénal

Art. 414 ancien. – Sera puni d'un emprisonnement de six jours à trois ans et d'une amende de 500 F à 20 000 F, ou de l'une de ces deux peines seulement, quiconque, à l'aide de violences, voies de fait, menaces ou manœuvres frauduleuses, aura amené ou maintenu, tenté d'amener ou de maintenir une cessation concertée de travail, dans le but de forcer la hausse ou la baisse des salaires ou de porter atteinte au libre exercice de l'industrie ou du travail.

Le texte visait ainsi non seulement à protéger la liberté du travail des non-grévistes, c'est-à-dire leur « liberté négative » de ne pas faire grève, mais encore la liberté du commerce et de l'industrie de l'employeur.

864. – Dispositions actuelles. Le délit d'entrave à la liberté du travail figure, depuis la recodification du Code pénal intervenue en 1992, à l'article 431-1 du Code pénal aux côtés d'autres entraves à des libertés publiques[12].

Code pénal

Art. 431-1, al. 1er. – Le fait d'entraver, d'une manière concertée et à l'aide de menaces, l'exercice de la liberté d'expression, du travail, d'association, de réunion ou de manifestation ou d'entraver le déroulement des débats d'une assemblée parlementaire ou d'un organe délibérant d'une collectivité territoriale est puni d'un an d'emprisonnement et de 15 000 € d'amende.

(8) CEDH, 2e sect., 9 juin 2020, n° 58418/10, *Süzen c/ Turquie*.
(9) CEDH, 2e sect., 24 mai 2022, n° 70098/12, *Alici et a. c/ Turquie*.
(10) C. André-Hesse et J. Coret, *Les débordements dans le cadre de mouvements sociaux et la responsabilité pénale : JCP* S 2016, aperçu rapide 182.
(11) J. Pradel, *Au confluent des relations de travail et du droit pénal : l'exemple du délit d'entrave à la liberté du travail : Dr. soc.* 1990, p. 37.
(12) X. Samuel : *JCl. Pénal Code*, Art. 431-1 et 431-2, fasc. 20. – R. Salomon et A. Martinel, *Droit pénal social*, Economica, 7e éd., 2023, 1 011 p., nos 366 et s.

A. – Éléments constitutifs de l'infraction

1° Élément intentionnel

865. – Principe. Il s'agit d'une infraction intentionnelle : le simple blocage accidentel des accès à l'entreprise ne peut donc pas être pénalement poursuivi[13], ni le simple fait de s'opposer passivement au passage des non-grévistes dès lors qu'aucun acte de violence n'a été commis[14].

2° Élément légal

866. – Une infraction contre les personnes. Il s'agit d'une infraction contre les personnes et non contre les choses. Comme l'affirme depuis plusieurs décennies la Cour de cassation après avoir distingué clairement la mise à l'index, qui n'est plus incriminée en tant que telle depuis 1864, et l'entrave à la liberté du travail qui le demeure[15] : « L'article 414 n'a pas pour objet la protection du travail en soi, mais seulement celle de la liberté des travailleurs ; il ne réprime les violences ou voies de fait, menaces ou manœuvres qu'il prévoit que quand elles ont pour but d'inciter ou de contraindre ceux contre lesquels elles sont exercées à se joindre à une cessation concertée du travail »[16]. Les actions litigieuses doivent donc viser les non-grévistes de l'entreprise et pas seulement l'outil de travail[17], même si la finalité de ces actions est identique (empêcher les non-grévistes de travailler). Seront ainsi sanctionnées les bourrades et les bousculades[18], les menaces et violences verbales[19] ainsi que les voies de fait[20].

867. – Une action concertée. Le texte impose la démonstration d'une action « concertée », ce qui reprend d'ailleurs ici l'un des éléments de définition de la grève qui doit également être « collective et concertée ».

On comprend aussitôt que l'entrave à la liberté du travail apparaît clairement comme un abus de l'exercice du droit de grève. Il ne suffit donc pas d'observer la présence en un même lieu de plusieurs personnes pour les condamner toutes ; encore faut-il établir que leurs actions ont été coordonnées dans le but de commettre l'infraction. Il en va ainsi face à un piquet de grève à la porte de l'entreprise[21], ou lorsque des responsables syndicaux se répartissent la surveillance des ateliers envahis par des commandos de militants auxquels ils intiment l'ordre d'agir, contrôlant et dirigeant

(13) Cass. crim., 29 juin 1950 : *JCP* G 1950, IV, p. 31.

(14) Cass. crim., 10 mars 1939 : *Gaz. Pal.* 1939, 1, p. 663.

(15) La Cour de cassation a considéré que l'article 414 du Code pénal n'ayant « pas pour objet la protection du travail en soi, mais seulement celle de la liberté des travailleurs », « la mise à l'index d'un employé par un groupe d'autres employés (...) ne rentre pas dans les prévisions de l'article 414 du Code pénal » (Cass. crim., 29 oct. 1964, n° 63-93.245 : *Bull. crim.* n° 283). Selon la doctrine, « il n'est pas certain que la nouvelle rédaction de l'article 431 du Code pénal condamne la jurisprudence qui excluait la mise à l'index du champ de l'incrimination » (M.-C. Rouault et F. Duquesne, *La répression des comportements violents dans l'entreprise en grève : Dr. soc.* 2009, 1091, note 47).

(16) Cass. crim., 29 oct. 1964 : *Bull. crim.* n° 283 ; *Dr. soc.* 1965, p. 315, obs. J. Savatier.

(17) Cass. crim., 13 mars 1951 : *D.* 1951, p. 276 (coupure d'un circuit d'électricité). – CA Amiens, 31 oct. 1951 : *D.* 1951, p. 722 (ouverture du robinet de conduite générale d'un train).

(18) Cass. crim., 27 nov. 1979 : *Bull. civ.* V, n° 339 ; *D.* 1980, IR, p. 345, obs. P. Langlois.

(19) Cass. crim., 5 févr. 1957 : *Gaz. Pal.* 1957, 1, p. 427 (ton agressif). – CA Paris, 19 févr. 1988 : *JurisData* n° 1988-022258 (propos intimidants à l'égard du chef d'entreprise).

(20) Cass. crim., 15 mai 1987 : *Bull. crim.* n° 198 ; *D.* 1989, somm., p. 208, obs. Y. Mayaud ; *JCP* E 1987, I, 16746, p. 371, n° 11, obs. O. Godard.

(21) Cass. crim., 10 mars 1939 : *Gaz. Pal.* 1939, 1, p. 663.

l'ensemble des exactions commises[22]. Plus les grévistes seront nombreux et plus leur action concertée sera de nature à impressionner les non-grévistes : tel fut le cas lorsque douze grévistes se rendirent sur le chantier de l'entreprise où ils ordonnèrent à leurs camarades non grévistes de cesser le travail, les obligeant à quitter les lieux par crainte de représailles[23].

868. - Des menaces. L'article 431-1 du Code pénal impose également la démonstration de « menaces ». Quoique la question soit encore parfois discutée, cette condition ne renvoie pas directement aux « menaces » réprimées de manière autonome aux articles 222-17 à 222-18-3 du même code, mais à une conception moins stricte plus proche du sens commun[24].

Ces menaces peuvent être verbales, ce qui sera souvent le cas lors des conflits collectifs. Leur preuve sera d'autant plus compliquée à rapporter dans la confusion qui peut régner. Ont ainsi été condamnés pour entrave les organisateurs d'une grève qui, à la veille de son déclenchement, avaient fait savoir que les ouvriers qui essaieraient de travailler seraient « virés » et avaient invité le concierge à fermer la porte de l'usine en indiquant qu'il leur serait ainsi plus commode de frapper les récalcitrants[25]. La menace peut porter directement sur l'emploi[26] et les pressions faites sur la direction pour que certains non-grévistes soient révoqués[27].

Les menaces peuvent également être écrites (courriers[28], affiches[29], tracts), ou résulter de l'attitude physique des grévistes.

La nature de la menace importe également peu, de même que le fait qu'elle soit formulée avec ou sans ordre, avec ou sans condition, si elle fait craindre, à une personne ordinaire, une atteinte dirigée contre elle-même ou contre ses biens. N'ont pas été considérées comme des menaces des recommandations contenues dans une circulaire patronale adressée, à propos d'une grève, aux entreprises adhérentes et les invitant à ne confier aucun travail aux entreprises non adhérentes, ou qui accepteraient les conditions du syndicat ouvrier, ni l'avis donné à l'un de ces industriels que la clientèle de l'association patronale dont il était membre lui était retirée et que sa radiation allait être demandée[30].

3° Élément matériel

869. - Entraves. Le Code pénal sanctionne l'entrave, et pas les simples gênes ou perturbations : « Le simple trouble apporté à l'activité professionnelle n'entre pas dans

(22) Cass. crim., 15 mai 1987, préc.
(23) Cass. crim., 5 févr. 1957 : *Bull. crim.* n° 116.
(24) La solution est ancienne : Cass. crim., 5 avr. 1867 : *Bull. crim.* n° 79.
(25) Cass. crim., 5 févr. 1957 : *Bull. crim.* n° 116.
(26) Cass. crim., 5 avr. 1867 : *Bull. crim.* n° 79.
(27) Cass. crim., 14 janv. 1921 : *Bull. crim.* n° 22 : « Puisque tu reprends le travail, nous resterons en grève jusqu'à ce que tu sois révoqué ».
(28) Ainsi un courrier adressé à des non-grévistes : « Ne retournez pas travailler à l'usine, les camarades sont très excités et peut-être provoquerlez-vous une terrible bagarre » (CA Caen, 22 oct. 1897 : *S.* 1899, 2, p. 307. – V. aussi, Cass. crim., 5 avr. 1867 : *Bull. crim.* n° 79).
(29) Ainsi des placards affichés sur les murs de Sedan et indiquant que « des mesures sérieuses seraient prises contre les ouvriers qui travailleraient au tissage X à des conditions non autorisées par le tarif actuel » (CA Nancy, 7 janv. 1914 : *Gaz. Pal.* 1914, 1, p. 204).
(30) Cass. crim., 25 nov. 1932 : *S.* 1933, 1, p. 119.

les prévisions de l'article 431-1 du code pénal », comme l'a indiqué la chambre criminelle de la Cour de cassation dans un arrêt du 3 juin 2008[31].

À l'occasion d'une manifestation organisée par un syndicat le 2 décembre 2004 à Dunkerque, une vingtaine de marins de commerce avaient investi les locaux de la direction départementale des affaires maritimes en vue d'obtenir le réexamen de la situation d'un marin victime d'un accident du travail. Trois heures plus tard, les manifestants, ayant obtenu satisfaction, avaient quitté les lieux. À la suite de ces faits, deux manifestants ont été cités devant le tribunal correctionnel des chefs d'entrave à la liberté du travail et d'outrages à personne chargée d'une mission de service public, dans l'exercice ou à l'occasion de l'exercice de ses fonctions.

Ils furent relaxés en première instance, mais condamnés en appel. Pour les magistrats en effet, les prévenus avaient bien agi de manière concertée. La manifestation regroupait en effet plusieurs dizaines de marins et avait été préparée, organisée et dirigée principalement par le syndicat CFDT dont les deux prévenus étaient membres et occupaient des postes de responsabilité. Cette réunion avait d'ailleurs donné lieu à la diffusion contemporaine de différents tracts. Sur l'entrave à l'aide de menaces, l'un des prévenus avait clairement notifié à l'un des salariés présents qu'il ne pourrait sortir de son bureau sans avoir contacté le responsable médical de l'ENIM et l'avait menacé plusieurs fois de jeter son mobilier de bureau dans la rue, tout en fouillant celui-ci et en vidant les tiroirs de leur contenu. Le prévenu avait été virulent, présenté comme la « force de frappe » du groupe, le tout accompagné de détonations de pétards tant à l'intérieur qu'à l'extérieur du bureau. Par ailleurs, après l'invasion du bureau du directeur par les manifestants, ces derniers étaient venus se placer près de la secrétaire de sorte qu'elle n'osait plus bouger. Un autre salarié avait été menacé de violence par celui qui le tenait et l'avait emmené de force dans le bureau du directeur. Pendant ces événements, les forces de l'ordre étaient présentes mais n'étaient pas intervenues ; les gendarmes évoquaient une atmosphère tendue et des échanges vifs, les efforts de ces derniers tendant à éviter l'affrontement et la dégénérescence de la situation.

Pour la cour d'appel, les quatre personnes visées par la prévention avaient bien été empêchées volontairement et dans les circonstances rappelées d'exercer librement ce jour-là leur travail puisque l'essentiel de leur activité avait consisté pendant toute la matinée à répondre uniquement à la revendication du groupe de manifestants qui n'avaient quitté les lieux qu'après avoir obtenu le fax sollicité. Durant cette période, l'exercice de leur travail n'était pas libre, d'autant par exemple que l'un des prévenus avait sorti une bouteille de vin et du fromage et mangé sur le bureau du directeur en prenant sa place, les forces de l'ordre évoquant la présence de restes sur le bureau. La secrétaire du directeur avait également été empêchée de répondre au téléphone, alors qu'un autre salarié avait été empêché de sortir du bureau du directeur dans l'attente du fax réclamé par les manifestants. Un salarié avait d'ailleurs indiqué qu'une fois les manifestants partis, il était allé dans son bureau où il avait continué son activité professionnelle normalement.

Ces justifications n'ont pas convaincu la Cour de cassation qui casse l'arrêt d'appel. Pour la Haute juridiction en effet, il s'agit uniquement non à proprement parler d'une « entrave » mais d'un simple « trouble apporté à l'activité professionnelle » qui n'entre pas dans les prévisions de l'article 431-1 du Code pénal.

Ont encore été déclarés coupables du délit des ouvriers composant un piquet de grève, qui avaient obstrué les entrées de l'usine avec des chaises, des grillages et des véhicules, établi des barrages en se plaçant en position de coude à coude afin d'empêcher les non-grévistes de gagner leur poste de travail et soumis à des bousculades et à des bourrades ceux qui tentaient de forcer le passage[32]. Il en a été de même

(31) Cass. crim., 3 juin 2008, n° 07-80.079 : *Bull. crim.* n° 135 ; F. Duquesne, *Entrave ou simple trouble porté à l'activité professionnelle ? : Dr. soc.* 2008, p. 1260 ; *D.* 2008, 269, note Dreyer ; *AJ pénal* 2008, 465, obs. Royer. – Cass. crim., 11 juin 2013, n° 12-85.104 : *Dr. pén.* 2013, n° 122, obs. M. Véron (conseil municipal). – Cass. crim., 28 juin 2017, n° 16-84.423 (liberté d'association).

(32) Cass. crim., 27 nov. 1979 : *Bull. crim.* n° 339.

pour ceux qui avaient bloqué le départ de trains pour en obliger les conducteurs à se mettre en grève[33].

Seront ainsi sanctionnés les grévistes qui ont empêché des salariés d'une entreprise qui ne participaient pas à une grève de pénétrer à l'intérieur de l'établissement[34] ou le fait, durant la grève, de pénétrer dans des ateliers et de s'y livrer à des violences pour obliger leurs camarades à participer au mouvement[35]. A également été puni le fait d'avoir participé à un barrage constitué de six personnes ayant pris place derrière le portail de la centrale et ayant interdit l'accès au directeur du site[36].

Il est toutefois nécessaire de démontrer que les grévistes ont empêché tout accès à l'entreprise ; si des accès, même dérobés, demeuraient possibles, l'infraction ne sera pas constituée, écartant également la qualification de faute lourde[37].

870. - **Menaces.** Constitue des menaces le fait de dire à un non-gréviste : « C'est bien, nous t'aurons ! »[38], ou encore : « Puisque tu reprends ton travail, nous resterons en grève jusqu'à ce que tu sois révoqué »[39]. Est également sanctionné le fait de contraindre un employeur, sous la menace d'une grève sur ses chantiers, à licencier deux ouvriers non syndiqués et de ne plus en embaucher d'autres, alors que, l'employeur s'y étant refusé, la grève a été déclenchée, que pour y mettre fin les deux ouvriers visés ont dû adhérer au syndicat et que pour éviter une nouvelle grève l'employeur a dû accepter un contrôle à l'entrée des salariés par les délégués syndicaux[40]. Des condamnations ont également été prononcées pour sanctionner la mise en place d'un barrage filtrant aux portes de l'entreprise afin de contrôler l'appartenance syndicale des salariés et de s'opposer au passage d'ouvriers étrangers à ce groupement[41]. Constitue également des menaces le fait d'ordonner à des salariés de se mettre en grève, alors qu'au cours d'une réunion publique tenue la veille, il avait été décidé d'user de violence à l'égard des non-grévistes[42].

Mais ne constitue pas une menace l'interpellation sur un ton narquois en des termes qui ne présentent pas un caractère d'intimidation sérieux[43].

871. - **Violences.** Ne constituent pas des violences présentant un caractère d'intimidation sérieuse, de simples propos de propagande et d'exhortation, sans qu'ils aient été accompagnés de gestes ou de paroles menaçantes[44], ou de simples gestes invitant les salariés à cesser le travail[45].

872. - **Voies de fait.** Ont été sanctionnés : le fait de se placer devant un train, sur la voie, afin d'empêcher son départ et pour contraindre les conducteurs du train à se joindre à la grève[46], ou encore le barrage bloquant, les non-grévistes qui tentaient

(33) Cass. crim., 21 nov. 1951 : *Bull. crim.* n° 312.
(34) Cass. crim., 16 déc. 1982 : *Bull. crim.* n° 297.
(35) Cass. crim., 15 mai 1987 : *Bull. crim.* n° 198.
(36) Cass. crim., 15 mars 2011, n° 09-88.083.
(37) Cass. soc., 13 mai 2009, n° 07-44.952 : *JCP* S 2010, 1176, note A. Martinon.
(38) Cass. crim., 24 juin 1911 : *DP* 1912, 5, 7.
(39) Cass. crim., 14 janv. 1921 : *S.* 1922, 1, 235.
(40) Cass. crim., 6 mars 1930 : *Bull. crim.* n° 70.
(41) Cass. crim., 10 mars 1939 : *Bull. crim.* n° 54.
(42) Cass. crim., 5 févr. 1957, n° 85.255, publié.
(43) CA Orléans, 3 nov. 1950 : *JCP* 1951, II, 6141.
(44) Nancy, 22 mai 1951 : *Gaz. Pal.* 1951, 2, 20.
(45) Nîmes, 9 juin 1950 : *D.* 1950, 472.
(46) Cass. crim., 21 nov. 1951 : *Bull. crim.* n° 312. – CA Bourges, 14 févr. 1952 : *D.* 1952, 370.

de forcer le passage étant bousculés et chahutés, et ce afin de les impressionner et de leur faire craindre qu'ils pourraient être victimes de violences plus graves s'ils persistaient dans leur volonté de ne pas vouloir rejoindre le mouvement de grève[47].

Mais n'a pas été sanctionné le fait par des grévistes de faire obstacle au passage d'un convoi de combustibles, à l'intérieur d'une usine, dès lors que les grévistes présents sont demeurés purement passifs et n'ont nullement cherché à inciter le conducteur de la locomotive à se joindre à la cessation concertée du travail[48].

873. – Complicité. Les personnes qui se sont associées aux actions concertées constitutives d'entraves à la liberté du travail, mais sans commettre les faits par elles-mêmes, peuvent être poursuivies comme complices. Tel est le cas du secrétaire d'un syndicat qui avait préconisé et voté l'adoption de mesures de violences morales énoncées dans des circulaires devant servir au débauchage de marins, puis avait participé à l'organisation des équipes chargées de faire cesser le travail et de distribuer ces circulaires qui avaient été tirées à la machine par sa femme dans son appartement[49]. A également été condamné pour complicité d'entrave le prévenu qui avait recueilli, à la demande des organisateurs d'une entrave, des renseignements propres à les aider dans leurs projets[50].

Les mêmes personnes pourront également être condamnées pour entraves et complicité d'autres infractions commises pendant le mouvement. C'est ce qui a été jugé s'agissant d'un responsable syndical qui, condamné pour entrave, l'a été aussi comme complice de violences commises sur les non-grévistes ; après avoir pris la tête des commandos de militants qui avaient envahi les ateliers d'une usine, il avait intimé l'ordre aux militants d'agir, puis avait contrôlé et dirigé l'ensemble des exactions commises et joué de la sorte, en connaissance de cause, un rôle primordial dans le déchaînement de la violence[51].

B. – Mise en œuvre des sanctions

874. – Concours d'infractions. Les faits susceptibles de constituer le délit d'entrave aux libertés peuvent caractériser tout ou partie d'autres infractions, ce qui autorise le cumul idéal d'infractions dès lors que les différentes qualifications ne sont pas incompatibles entre elles et sont susceptibles d'être appliquées concurremment[52].

Les poursuites engagées sur le fondement de plusieurs de ces qualifications ne pourront toutefois entraîner le prononcé que d'une seule peine de même nature, dans la limite du maximum légal le plus élevé, ce qui limite l'intérêt de recourir à l'incrimination d'entrave à la liberté du travail lorsque les autres qualifications sont sanctionnées plus sévèrement. Ainsi, des grévistes qui avaient pénétré dans l'entreprise pour s'y livrer à diverses violences sur des non-grévistes afin de les obliger à se joindre au mouvement ont pu être déclarés coupables à la fois d'entrave à la liberté du travail et de coups et blessures volontaires, violences légères et port d'arme prohibée[53]. Des personnes qui, dans un centre d'interruption volontaire de grossesse, s'étaient

(47) Cass. crim., 27 nov. 1979, n° 78-93.150, publié.
(48) Cass. crim., 25 mars 1954 : *Bull. crim.* n° 125.
(49) Cass. crim., 7 janv. 1921 : *Bull. crim.* n° 5.
(50) Cass. crim., 5 avr. 1867 : *Bull. crim.* n° 79.
(51) Cass. crim., 15 mai 1987 : *Bull. crim.* n° 198.
(52) Cass. crim., 21 avr. 1998 : *Bull. crim.* n° 140.
(53) Cass. crim., 15 mai 1987, préc.

enchaînées et étendues sur le sol du couloir donnant accès aux salles d'opération, jusqu'à leur expulsion forcée par la police, paralysant le fonctionnement du service et empêchant neuf interventions ainsi que des entretiens et consultations, ont également été poursuivies pour entrave à l'exercice de la liberté du travail et pour entrave à interruption volontaire de grossesse[54].

875. - Tentative. Il n'est pas possible d'incriminer ici la tentative dans la mesure où l'article 431-1 du Code pénal ne le prévoit pas, ce qui interdit par conséquent de la retenir, et ce conformément à l'exigence posée par l'article 121-4 du même code.

876. - Peines. L'article 431-1, alinéa 1, du Code pénal punit d'un an d'emprisonnement et de 15 000 € d'amende l'infraction réalisée à l'aide de menaces. La peine est triplée lorsque l'entrave a été réalisée « d'une manière concertée et à l'aide de coups, violences, voies de fait, destructions ou dégradations au sens du présent code ».

Le tribunal pourrait également prononcer des peines complémentaires, comme l'interdiction des droits civiques, civils et de famille, comme le prévoit l'article 431-2, 1°, du Code pénal qui renvoie aux dispositions de l'article 131-26 : les personnes condamnées pourraient donc être privées de leur droit de vote, de l'éligibilité, du droit d'exercer une fonction juridictionnelle ou d'être expert devant une juridiction, de représenter ou d'assister une partie devant la justice, de témoigner en justice autrement que pour y faire de simples déclarations et, enfin, d'être tuteur ou curateur. La durée de ces peines complémentaires ne peut excéder cinq années.

L'interdiction d'exercer une fonction publique ou d'exercer une activité professionnelle ou sociale ne peut concerner que l'activité dans l'exercice de laquelle ou à l'occasion de l'exercice de laquelle l'infraction a été commise. Elle ne s'applique pas à l'exercice d'un mandat électif ou de responsabilités syndicales.

Le tribunal peut également prononcer une interdiction de détenir ou de porter une arme soumise à autorisation, pour une durée maximale de cinq ans également. Cette peine, prévue par l'article 431-2, 3° du Code pénal, vise les armes, éléments d'arme et munitions de première (armes de guerre) et quatrième catégorie (armes de défense).

877. - Action civile.

• *Action ouverte aux non-grévistes.* Le délit d'entrave à la liberté du travail protège les non-grévistes qui peuvent donc légitimement demander au juge répressif de réparer le préjudice que leur a causé l'infraction[55].

878. - • *Action ouverte aux syndicats.* L'article L. 2132-3 du Code du travail dispose que les syndicats professionnels peuvent exercer devant toutes les juridictions tous les droits reconnus à la partie civile, dès lors que les faits portent par eux-mêmes un préjudice direct ou indirect aux intérêts collectifs de la profession qu'ils représentent[56].

879. - *Action fermée aux employeurs.* Le délit d'entrave protégeant les travailleurs et non pas le travail, l'employeur n'est pas considéré comme ayant été personnellement victime de l'infraction et ne peut donc pas exercer l'action civile ; pour la Cour de cassation en effet, les salaires payés et les charges versées aux non-grévistes empêchés de travailler en raison des entraves sont considérés comme « la conséquence indirecte de l'infraction retenue à la charge des prévenus », et ne sont donc « pas de nature à ouvrir l'exercice de l'action civile devant la juridiction répressive » au sens

(54) Cass. crim., 5 mai 1997 : *Bull. crim.* n° 167.
(55) Cass. crim., 16 déc. 1982 : *Bull. crim.* n° 297.
(56) Cass. crim., 7 févr. 1995 : *Bull. crim.* n° 49. – Cass. crim., 26 oct. 1999 : *Bull. crim.* n° 233.

de l'article 2 du Code de procédure pénale[57]. La solution est la même lorsque l'employeur prétend se faire indemniser par le juge pénal du préjudice résultant de la diminution de la production causée par des entraves apportées par la violence ou la menace à la liberté du travail des non-grévistes[58].

On pouvait se demander si, compte tenu de la nouvelle rédaction de l'incrimination davantage centrée sur l'atteinte à l'exercice même de la liberté du travail que ne l'était l'ancien article 414, le raisonnement ci-dessus devait être maintenu après 1992. La Cour de cassation a décidé de ne pas modifier sa jurisprudence traditionnelle. Après avoir rappelé que le droit d'exercer l'action civile devant les juridictions répressives n'appartient qu'à ceux qui ont personnellement et directement souffert du dommage causé par l'infraction, elle a considéré que le préjudice résultant pour une entreprise d'une perte commerciale due à la fermeture momentanée d'un magasin causée par l'existence de barrages ayant empêché les non-grévistes de se rendre à leur poste de travail, n'était que la conséquence indirecte de l'infraction prévue par l'article 431-1 du Code pénal, qui a pour seul objet la protection de la liberté du travail[59].

880. - Prescription. Le délit d'entrave se prescrit dans le délai de six ans à compter du jour de sa commission[60].

881. - Action en réparation devant le juge civil. L'infraction a en effet souvent été invoquée à l'appui de demandes de dommages et intérêts : l'autorité de la chose jugée au pénal et l'identité des fautes le permettent[61].

Les non-grévistes pourront être indemnisés par le juge civil comme ils peuvent d'ailleurs l'être par le juge répressif, comme cela a été jugé à propos de délégués syndicaux identifiés comme ayant fait partie des manifestants ayant bloqué les accès d'un supermarché[62].

L'employeur aussi pourra être indemnisé par le juge civil, alors que la voie pénale ne lui est pas ouverte. La Cour de cassation a ainsi considéré qu'un délégué syndical qui, avec d'autres grévistes, avait interdit l'accès de l'usine aux non-grévistes, pouvait être condamné à verser à l'employeur la somme représentant la journée de travail que ce dernier avait dû leur payer[63]. Un gréviste qui avait participé à huit mouvements d'une grève, effectuée par roulement, dans des conditions permettant à une minorité de grévistes d'empêcher la production et au reste du personnel d'être payé sans travailler, a également été condamné en raison du caractère abusif du procédé[64].

(57) Cass. crim., 27 nov. 1979 : *Bull. crim.* n° 339 ; *D.* 1980, IR, p. 345, note P. Langlois. – Cass. crim., 2 oct. 1980 : *D.* 1981, IR, p. 265, note J. Pélissier.

(58) Cass. crim., 15 mai 1987 : *Bull. crim.* n° 198 ; *D.* 1989, somm., p. 208, obs. Mayaud ; *Dr. soc.* 1990, chron., p. 37, J. Pradel. – Cass. crim., 23 avr. 2003, n° 02-84.375 : *Bull. crim.* n° 84 ; *RSC* 2003, p. 806, obs. G. Giudicelli-Delage ; *Dr. soc.* 2003, 994, note F. Duquesne.

(59) Cass. crim., 23 avr. 2003, préc.

(60) C. pén., art. 8.

(61) Cass. crim., 26 mai 1981 : *Jurispr. soc. UIMM* 1981, p. 462. – Cass. crim., 30 oct. 1984 : *Jurispr. soc. UIMM* 1985, p. 150. J. Savatier, *L'irrecevabilité de l'action civile exercée par l'employeur devant les tribunaux répressifs pour entrave à la liberté du travail : Dr. soc.* 1981, p. 147.

(62) Cass. soc., 26 juill. 1984 : *Bull. civ.* V, n° 331 ; *Dr. soc.* 1985, p. 121, obs. J. Savatier.

(63) Cass. soc., 8 févr. 1972 : *D.* 1972, p. 656, note J. Savatier.

(64) Cass. soc., 9 nov. 1978 : *Bull. civ.* V, n° 754.

§ 2. – Entraves à l'exercice du droit syndical

A. – Mesures de rétorsion

882. – Contexte. Les pouvoirs, de droit ou de fait, dont jouissent les syndicats professionnels dans les conflits du travail exposent particulièrement leurs représentants à des risques de mesures de rétorsion[65].

Pour que le délit d'entrave soit caractérisé, au sens de l'article L. 2146-1 du Code du travail, le salarié qui s'estime entravé ou discriminé devra établir que c'est bien en considération de son appartenance syndicale qu'il a été sanctionné. Tel n'est ainsi pas le cas lorsqu'un cadre de l'entreprise dirige sa voiture en direction d'un groupe de grévistes et heurte légèrement l'un d'entre eux pour les impressionner, mais ne caractérise pas, en lui-même, l'élément matériel de l'infraction de discrimination syndicale le seul fait que la grève avait pour objet de soutenir l'action initiée par un syndicat[66].

883. – Conditions de la condamnation. Certains faits sont directement hostiles au syndicat et ne laissent planer aucun doute sur l'entrave, comme lorsque l'employeur arrache des affiches sur le panneau syndical[67], sans passer par le juge des référés.

884. – Motif étranger. Il n'y aura ni entrave à l'exercice du droit syndical, ni discrimination syndicale si les mesures prises à l'encontre d'un syndicaliste sont par ailleurs justifiées par un ou des motifs étrangers à toute considération syndicale. C'est ainsi que le Conseil d'État a considéré que si les agents publics qui exercent des fonctions syndicales disposent de la liberté d'action et d'expression particulière qu'exigent l'exercice de leur mandat et la défense des intérêts des personnels qu'ils représentent, cette liberté doit être conciliée avec le respect des règles encadrant l'exercice du droit syndical dans la fonction publique et le droit de grève, ainsi qu'avec leurs obligations déontologiques et les contraintes liées à la sécurité et au bon fonctionnement du service[68]. Pouvait donc être sanctionné sur le plan disciplinaire le responsable syndical de La Poste qui a été exclu de ses fonctions pour une durée de quinze jours, dont huit jours avec sursis, en se fondant sur quatre motifs tirés respectivement de ce qu'il avait pris la parole de façon intempestive et collective sans autorisation pendant les heures de service et en perturbant l'exploitation de deux centres de tri, de ce qu'il avait refusé d'obtempérer aux injonctions des directeurs de ces centres, de ce qu'il n'avait pas respecté les consignes de sécurité d'un espace sécurisé et de ce qu'il avait méconnu les règles d'exercice du droit syndical à La Poste[69].

885. – Faits suspects. Certaines mesures sont en revanche suspectes, comme le fait que le seul gréviste à avoir été licencié pour faute lourde exerçait un mandat syndical[70].

(65) M. Cohen, *Les entraves directes et indirectes à l'exercice du droit syndical et du droit de grève : Dr. soc.* 1978, p. 268.

(66) Cass. crim., 28 avr. 2009, n° 07-82.901, publié : *RDT* 2010, 116, obs. Hasnaoui.

(67) Cass. crim., 19 févr. 1979, n° 78-91.400 : *Bull. crim.* n° 73.

(68) CE, 27 janv. 2020, n° 426569 : *Lebon* T. ; *AJDA* 2020, 1436, note J.-B. Sibileau et C. Duez-Gündel ; *AJFP* 2020, 163, comm. E. Aubin ; *AJCT* 2020, 377, obs. S. Penaud (représentante syndicale sanctionnée pour avoir tenu des propos désobligeants à l'égard d'un supérieur hiérarchique lors d'une réunion professionnelle).

(69) CE, 2e et 7e ch. réunies, 30 déc. 2021, n° 45128 : *AJFP* 2022, 111.

(70) Cass. crim., 21 nov. 1989, n° 89-81.775.

Dans d'autres circonstances, le lien entre les mesures prises par l'employeur et l'exercice des prérogatives syndicales ne sera pas suffisant pour que l'entrave, ou la discrimination, soit retenue. Un arrêt rendu le 4 avril 1995 par la chambre criminelle de la Cour de cassation en fournit un bon exemple[71].

À la suite d'une grève déclenchée par le syndicat CFDT dans l'entreprise Soferba et ayant donné lieu à l'occupation de l'usine du 17 au 20 octobre 1989, puis du 30 octobre au 1er novembre, l'Union départementale du Territoire de Belfort du syndicat CFDT avait fait citer directement devant le tribunal correctionnel le président du conseil d'administration et le directeur administratif de cette entreprise, pour plusieurs faits constitutifs de discrimination syndicale et d'entraves au fonctionnement des diverses institutions représentatives.

Le syndicat reprochait aux deux prévenus d'avoir, en vue de briser le mouvement de grève, fait diffuser par voie de presse le 16 octobre 1989, un communiqué faisant connaître leur intention de licencier pour motifs économiques dix à quarante-six personnes, d'avoir, dans le même dessein, à la suite de l'échec des négociations entre les grévistes et la direction, annoncé, le 27 octobre, que celle-ci maintiendrait ses propositions salariales pour ceux qui reprendraient le travail le 30 octobre et qu'elle engagerait après cette date des procédures de licenciement pour fautes lourdes, en cas de non-reprise du travail, enfin, d'avoir procédé au mois de novembre à des licenciements pour fautes lourdes ne frappant que des syndicalistes CFDT.

La cour d'appel, pour considérer au regard de l'action civile que les infractions n'étaient pas établies, avait énoncé d'abord qu'il n'est pas contesté que l'entreprise connaissait de graves difficultés économiques avant le déclenchement de la grève, qu'aucun licenciement économique n'est intervenu et qu'il n'est pas établi que les prévenus aient tenu des propos mettant en cause l'activité syndicale. Elle avait relevé ensuite que si l'employeur, au terme de négociations menées avec les salariés, a annoncé des mesures applicables à ceux qui reprendraient le travail et indiqué qu'il se prévaudrait des fautes lourdes commises, il n'y a pas là d'entrave à l'exercice du droit syndical, dès lors que « la proposition faite est générale et par hypothèse ne peut valoir que s'il y a travail », et que « rien n'interdit à un employeur d'indiquer qu'il donnera la suite qu'il convient à des faits qu'il estime fautifs et d'user de son pouvoir disciplinaire quand il l'estimera nécessaire ». Elle avait retenu enfin que la partie civile n'établissait pas en quoi auraient été discriminatoires les licenciements prononcés, non pour des faits de grève, mais pour atteinte au droit de propriété et pour violences, et dont aucun n'avait été déclaré illégal.

C'est ce que confirme le rejet du pourvoi. Pour la Cour de cassation en effet, « même si la grève avait été déclenchée à l'initiative d'un syndicat, il ne résulte pas des constatations des juges que les mesures annoncées ou prises par l'employeur aient eu pour objet de briser l'action de ce syndicat ; par suite, le fait de sanctionner des grévistes, non pour leur participation à la grève, mais pour des fautes lourdes, ne peut être considéré ni comme une atteinte à l'exercice du droit syndical, ni comme une discrimination syndicale ».

Les prévenus ont été également poursuivis du chef d'entrave à l'exercice du droit syndical, pour avoir donné des avertissements à quatre salariés protégés dont le licenciement avait été refusé par l'inspecteur du travail. Pour décider que ces avertissements ne constituaient pas une infraction pénale, la cour d'appel a énoncé qu'ils ne sont pas la conséquence d'une activité syndicale et que les salariés sanctionnés l'ont été en raison de l'occupation de l'usine et en outre, pour l'un d'eux, en raison de coups portés à l'épouse d'un des prévenus. Sur ce point aussi, l'arrêt d'appel se trouve confirmé. Pour la Cour de cassation en effet, « ne statuant pas sur une mesure de licenciement, elle n'était pas liée par les appréciations portées par l'inspecteur du travail à l'occasion d'une demande d'autorisation de licenciement ; par ailleurs, la grève n'autorise pas les grévistes à commettre des actes caractérisant une faute lourde ».

886. – Application du principe dans la fonction publique. Les agents publics peuvent également contester la légalité de décisions individuelles dont ils sont victimes s'ils estiment qu'elles dissimulent une discrimination syndicale. Sera ainsi annulée la sanction prononcée à l'encontre d'un agent qui avait été le seul de son

(71) Cass. crim., 4 avr. 1995, n° 93-80.312, publié.

service à avoir été sanctionné sur le plan disciplinaire pour les mêmes faits, dès lors qu'il apparaissait que « la décision de retrait de service immédiat [ayant] été prise cinq jours après que l'intéressé ait le premier signé une pétition de la CGT, à l'origine d'une grève, et, d'autre part, alors que le requérant avait accepté de témoigner, dans le cadre d'une procédure pénale, en faveur d'une salariée bousculée par le directeur des ressources humaines dans un contexte de relations sociales très tendu »[72].

B. - Pressions

887. - **Interdiction des pressions syndicales.** Aux termes de l'article L. 2141-7 du Code du travail : « Il est interdit à l'employeur ou à ses représentants d'employer un moyen quelconque de pression en faveur ou à l'encontre d'une organisation syndicale ».

888. - **Illustrations.** Dans un contexte conflictuel au sein de l'entreprise, il peut être tentant pour le chef d'entreprise de tenter de communiquer directement avec le personnel pour essayer de jeter le discrédit sur les syndicats. La manœuvre est périlleuse car elle peut être qualifiée de « pression » et sanctionnée comme telle, comme le montre un arrêt inédit rendu par la chambre sociale de la Cour de cassation le 15 décembre 2021[73].

Un salarié, qui occupait la fonction de chauffeur-livreur dans une société de transport et détenait différents mandats électifs, avait saisi le conseil de prud'hommes de différentes demandes salariales ainsi que d'une demande de dommages-intérêts pour atteinte au droit syndical. Il reprochait en effet à son employeur le fait d'avoir, par un courrier adressé aux salariés de l'entreprise, fait pression sur eux en défaveur du syndicat qu'il représentait.

La cour d'appel avait considéré que ce tract patronal constituait un moyen de pression prohibé et avait accordé au salarié 500 € de dommages et intérêts. La cour d'appel avait retenu le caractère fautif de certains passages de la lettre ouverte qui indiquait notamment que « par leur arrogance, leur irrespect quelques fois (...) font fi de leurs obligations professionnelles, s'abritant derrière leur mandant pour ne pas travailler le samedi, ne pas partir en livraison... ».

En revanche, elle avait écarté la qualification de moyen de pression, s'agissant d'un autre passage de la même lettre ouverte où l'employeur dénonçait le fait que « trois des instigateurs de ce mouvement social, dont les congés annuels arrivaient, de façon tout à fait opportune, au moment de la grève, leur permettait ainsi de préserver leurs intérêts personnels en maintenant leur niveau de salaire habituel pendant le mois à venir alors que leurs collègues verront les leurs réduits de plusieurs journées », considérant que ces propos ne relevaient « ni du dénigrement, ni du moyen de pression ». C'est sur ce point que l'arrêt est cassé, sans motivation particulière. On peut toutefois considérer ici que le fait d'accuser des syndicalistes de détournement de pouvoir (utiliser leurs prérogatives syndicales pour un usage *personnel*) constituait *par nature* un moyen de pression et excédait les limites admissibles dans le cadre d'un différend de nature *professionnel*.

(72) CAA Nancy, 16 juin 2011, n° 10NC00901, *M*.
(73) Cass. soc., 15 déc. 2021, n° 19-26.107.

SECTION 2 INFRACTIONS CONTRE LES PERSONNES

§ 1. – Violences volontaires

889. – Contexte. Les « conflits collectifs » dérapent malheureusement assez fréquemment, compte tenu de l'état de tension qui règne dans l'entreprise entre les grévistes qui veulent bloquer l'activité, les non-grévistes qui voudraient bien pouvoir continuer à travailler, et l'employeur qui souhaiterait régler autrement le différend[74].

Le grand public garde certainement à l'esprit cette image d'un responsable du personnel du groupe Air France contraint d'escalader des grilles pour échapper à la furie de certains grévistes, la chemise en lambeaux. Le 5 octobre 2015, une foule de manifestants avait, on se rappelle, envahi le siège d'Air France à Roissy pour protester contre un plan de suppression de près de 3 000 emplois. La cour d'appel de Paris avait condamné quatre grévistes pour violences à des peines de trois à quatre mois de prison avec sursis. La justice a également confirmé les peines d'amende de 500 € infligées aux huit autres prévenus, qui étaient poursuivis pour des dégradations.

Le délégué CGT Xavier Mathieu, *leader* du mouvement des « Conti » (usine Continental de Clairoix, dans l'Oise), a également été condamné, avec cinq autres coprévenus, à cinq mois de prison avec sursis[75]. Lors du procès il avait reconnu un « dérapage » qui n'avait « pas été prémédité ». Les condamnations ont été proches des réquisitions du parquet qui avait demandé de trois à six mois de prison avec sursis contre les salariés coupables de destructions en réunion de biens au préjudice de l'État. Les ouvriers de l'usine ont par ailleurs été condamnés au civil, le mercredi 2 juin 2010, à verser solidairement à l'État 1 280,53 € de dommages et intérêts pour le saccage de la sous-préfecture de Compiègne en avril 2009. Ils ont également été condamnés par le tribunal de grande instance de Compiègne à verser 1 000 € à l'État au titre des frais de justice[76].

890. – Préparation des acteurs. L'imaginaire collectif est tellement nourri de ces violences que la séquestration de cadres par des grévistes est même retenue comme scénario par des entreprises de sécurité pour préparer ses salariés à gérer ce genre de situation de crise. Dans cette affaire la simulation a été tellement réussie que les salariés ont été traumatisés, et les acteurs, et les promoteurs de cette formation « choc », condamnés pour violences et séquestration[77] !

891. – Sanctions. Ces violences sont sanctionnées par les articles 222-7 à 222-16 du Code pénal et constituent, en fonction de la gravité du dommage, soit une contravention[78], soit un délit[79].

892. – Illustrations. La jurisprudence a ainsi pu condamner pour voie de fait des délégués syndicaux coupables d'« abus d'autorité morale, instructions données et

(74) B. Teyssié, *La grève ou la tentation de l'illicite*, in *Mél. dédiés à B. Bouloc*, Dalloz, 2006, p. 1105. – M.-C. Rouault et F. Duquesne, *La répression des comportements violents dans l'entreprise en grève : Dr. soc.* 2009, 1091.

(75) *JDD* 1er sept. 2009.

(76) *Le Monde* du 2 juin 2010.

(77) Cass. crim., 7 avr. 2010, n° 09-81.978.

(78) Cass. crim., 29 oct. 1964 : *Bull. crim.* n° 283 ; *Dr. soc.* 1965, p. 315, obs. J. Savatier. – T. pol. Caen, 17 oct. 1970 : *Jurispr. soc. UIMM* 1970, n° 304, p. 139.

(79) Cass. crim., 22 janv. 1985 : *Jurispr. soc. UIMM* 1985, p. 277 (la victime avait subi un violent choc nerveux).

même aide et assistance », dans la très fameuse affaire *Citroën* qui a donné lieu à un arrêt rendu par la chambre criminelle de la Cour de cassation le 15 mai 1987[80].

Au cours de l'année 1982, un climat de tension sociale s'était développé à l'usine Citroën d'Aulnay-sous-Bois. Des fédérations syndicales avaient organisé, pour le 2 février 1983, une journée d'action, en vue de faire aboutir un certain nombre de revendications et diffusé, dans les ateliers, un tract appelant le personnel à cesser le travail dans la matinée du 2 février et à participer à une manifestation. Le 2 février, des groupes de grévistes pénétraient vers 13 heures dans plusieurs ateliers ; beaucoup d'entre eux étaient armés de bâtons ou de pièces détachées de voitures. Pour obliger leurs camarades à participer au mouvement, les grévistes avaient proféré des menaces, bousculé et frappé les non-grévistes qui leur opposaient une résistance passive et ne répondaient pas à leurs provocations. Les incidents se prolongeaient pendant trois quarts d'heure. Les violences exercées sur onze des victimes entraînèrent pour elles une incapacité de travail, trois d'entre elles étant hospitalisées. La direction avait dû faire cesser toute activité et fermer l'usine pour la journée.

À la suite de ces incidents, des poursuites ont été engagées contre un certain nombre de grévistes, des chefs d'entrave à la liberté du travail, coups et blessures volontaires et complicité, violences légères et port d'arme prohibée. Les victimes des violences et la société Citroën se sont constituées parties civiles.

La cour d'appel a condamné les grévistes prévenus, après avoir rappelé les précautions qui ont été prises pour parvenir à une certitude en ce qui concerne l'identification des auteurs et complices, et qu'il importait peu que certains témoins aient été affiliés à un autre syndicat que les prévenus ou qu'ils aient occupé un rang supérieur dans la hiérarchie, leurs déclarations n'étant pas suspectes pour autant. Les auteurs des faits avaient généralement été identifiés par plusieurs personnes qui avaient fait ressortir le rôle exact de chacun d'eux et notamment celui des trois meneurs, responsables syndicaux, qui dirigeaient l'action et entraînaient leurs camarades.

La cour d'appel a également retenu la complicité d'un gréviste dans les actes de violences dont avaient été victimes les travailleurs non grévistes. Il résultait en effet de l'enquête et de l'information que ce prévenu et deux autres responsables syndicaux s'étaient réparti la surveillance des ateliers envahis par les « commandos » de militants, qu'ils étaient à leur tête, leur intimant l'ordre d'agir, contrôlant et dirigeant l'ensemble des exactions commises. Pour la Cour de cassation, la cour d'appel avait ainsi mis en évidence le rôle primordial, joué en pleine connaissance de cause, dans le déchaînement de la violence et avait caractérisé l'existence de tous les éléments constitutifs de la complicité par provocation, instructions et abus d'autorité.

La Cour de cassation a toutefois écarté dans cette affaire la constitution de partie civile de la société Citroën. Après avoir indiqué « que l'article 414 du Code pénal n'a pas pour objet la protection du travail en soi, mais seulement celle de la liberté que possèdent les travailleurs de s'associer, ou non, à une cessation concertée du travail », la cour a considéré, contrairement à ce qui avait été jugé en appel, « que le préjudice dont la réparation était demandée n'était en l'espèce que la conséquence indirecte de l'infraction et n'était pas de nature à ouvrir à la SA Citroën l'exercice de l'action civile devant la juridiction répressive ».

893. – Preuve de la participation. Les juges doivent toutefois démontrer avec certitude la participation des grévistes aux faits délictueux à l'aide de témoignages suffisamment précis. C'est ce que confirme un arrêt rendu par la chambre criminelle de la Cour de cassation, dans l'affaire du Club Med de Sainte-Anne, le 21 septembre 2004[81].

Le 28 juillet 2001 les vigiles de la société SDI qui surveillent le Club Méditerranée à Sainte-Anne se sont mis en grève et ont installé un piquet de grève à la demande du syndicat UGTG. Dans la nuit du 31 juillet 2001 au 1er août 2001, le mouvement s'est durci ; les gendarmes intervenus

(80) Cass. crim., 15 mai 1987, n° 86-91.015 : *Bull. crim.* n° 198 ; *D.* 1989, somm., p. 208, obs. Y. Mayaud ; *JCP* E 1987, I, 16746, p. 371, n° 11, obs. O. Godard.
(81) Cass. crim., 21 sept. 2004, n° 04-80.555.

sur les lieux constataient la présence de deux arbres coupés et de grosses pierres en travers du chemin privé donnant accès à l'entrée du Club. Les témoignages du chef de la sécurité du Club, et d'un autre salarié, ont permis d'établir qu'à 4 heures du matin un gréviste bien identifié a abattu à la tronçonneuse deux arbres. À 10 heures 15, les grévistes sont entrés en force sur le site du Club et ce même gréviste a sorti un couteau de sa poche et crevé les roues d'un buggy du Club, puis l'a renversé avec l'aide d'autres personnes.

Un gréviste avait été condamné pour violences aggravées et dégradation d'un buggy et d'arbres appartenant au Club Méditerranée, à quatre mois d'emprisonnement et à réparer les préjudices subis. Le pourvoi formé par les grévistes est rejeté.

§ 2. – Séquestrations

894. - Prévention. Cette infraction est prévue par les articles 224-1 à 224-5 du Code pénal. L'article 224-1 sanctionne ainsi « le fait, sans ordre des autorités constituées et hors les cas prévus par la loi, d'arrêter, d'enlever, de détenir ou de séquestrer une personne », et le Code pénal prévoit des peines très lourdes qui varient selon la durée de la séquestration et le caractère volontaire de la libération.

895. - Illustrations. Relève de la qualification de séquestration le fait d'empêcher volontairement une personne de se mouvoir librement. Ce sera le cas lorsque des grévistes sont agglutinés dans un local de superficie réduite, ainsi que dans les escaliers, pour empêcher l'employeur de quitter son bureau[82]. Il n'y a en revanche pas séquestration à faire irruption dans le bureau de l'employeur et à détériorer son téléphone, dès lors que les cadres présents dans la pièce avaient pu librement s'en absenter[83].

896. - Circonstances. La séquestration ne doit pas nécessairement s'accompagner de violences : il y aura ainsi séquestration même si l'employeur n'a pas cherché physiquement à se libérer en attendant l'arrivée de la police[84]. C'est ce qu'illustre un arrêt rendu par la chambre criminelle de la Cour de cassation le 4 avril 2002[85].

Le 23 novembre 1999, à 9 heures, une cinquantaine de salariés a envahi la salle Gordini de la société Renault au Mans où se déroulait une réunion du CHSCT sous la présidence du chef du département 82 et 85. Était présent également un chef d'atelier. Les salariés ont exprimé le souhait que soit levée une mesure de licenciement à l'encontre de l'un de leurs collègues de travail. Devant le refus qui leur fut opposé, les salariés ont décidé de retenir contre leur gré les deux cadres présents. La rétention a pris fin à 18 heures. Selon des attestations, les salariés ont été sommés de laisser sortir les deux victimes et ont opposé à cette demande un refus, toute tentative de sortie des deux cadres étant rendue impossible par un barrage constitué par les salariés massés dans la petite salle. Un huissier, ayant été requis, a fait un constat à 16 heures 45, en relevant l'identité des prévenus, tels que ceux-ci avaient été reconnus par d'autres personnes de l'entreprise. À l'audience, les grévistes prévenus n'avaient pas contesté avoir eu conscience d'entraver la liberté d'aller et venir des deux victimes qu'ils empêchaient de sortir de la salle de réunion tant par leur présence que par un barrage constitué de tables, et chacun des prévenus a été condamné à 1 000 francs d'amende avec sursis.

Ces condamnations furent confirmées par le rejet du pourvoi.

(82) T. corr. Nantes, 2 févr. 1984 : *Jurispr. soc. UIMM* 1984, p. 285, 2e esp.

(83) CA Aix-en-Provence, 12 mai 1989 : *Dr. ouvrier* 1990, p. 23 (relaxe).

(84) Cass. crim., 23 déc. 1986 : *Bull. crim.* n° 384 ; *RSC* 1987, p. 696, obs. G. Levasseur ; *JCP* E 1987, I, 16746, p. 371, n° 11, obs. O. Godard.

(85) Cass. crim., 4 avr. 2002, n° 01-86.505.

897. - Répression. Les juridictions pénales prononcent dans la plupart des hypothèses des peines de prison avec sursis, accompagnées d'amendes : un à trois mois de prison avec sursis pour des salariés ayant séquestré pendant trente-deux heures quatre cadres de l'usine en 1972[86] ; trois mois avec sursis pour avoir séquestré plusieurs cadres pendant vingt-quatre heures en 1972[87] ; 3 000 francs d'amende (450 €) dans l'affaire des « dix de Renault-Billancourt » pour la séquestration de cadres en 1986[88] ; 1 500 € d'amende avec sursis pour cinq grévistes à La Poste en 2013[89]. C'est ce qu'illustre dans cette affaire *La Poste* l'arrêt rendu par la chambre criminelle de la Cour de cassation le 13 novembre 2004.

En début d'après-midi du 10 mai 2010, un groupe de salariés de La Poste, appartenant aux syndicats Sud et CGT, ont investi le siège de la direction opérationnelle territoriale courrier à Nanterre, après avoir, vers 13 heures 30, brisé une chaîne et pénétré dans la salle de distribution, dans le but d'être reçus par le directeur du site. Après être entrés dans l'immeuble, ils sont montés au troisième étage où se trouve le bureau de celui-ci. Les faits de séquestration se sont déroulés entre 18 heures 30, heure à laquelle les employés du service ressources humaines ont quitté leur bureau au terme de leur journée de travail, et 20 heures 55, heure à laquelle les syndicalistes ont quitté ensemble les lieux. Alors qu'ils souhaitaient sortir de l'immeuble pour regagner leurs domiciles respectifs, à 18 heures 30, les employés et cadres du service précité ont été empêchés de descendre à l'étage inférieur par un barrage humain constitué de plusieurs membres du groupe de grévistes et ont été également dans l'incapacité d'utiliser les deux ascenseurs, ceux-ci étant bloqués par des sacs ainsi que la présence, dissuasive, d'un gréviste devant chaque ouverture. À 20 heures 55, après avoir eu confirmation de la tenue d'une réunion le lendemain avec le directeur, les personnes constituant le groupe occupant l'étage ont quitté les lieux.

Cinq grévistes avaient été condamnés par la cour d'appel de Versailles le 28 février 2013, pour arrestation, enlèvement, détention ou séquestration, entrave à la liberté du travail, à 1 500 € d'amende avec sursis et 500 € accordés à chaque victime en réparation de leur préjudice.

C'est ce que confirme le rejet du pourvoi. La cour d'appel avait considéré que « dans le cas d'un conflit collectif de travail, la commission du délit suppose de rapporter la preuve d'un rôle actif dans la volonté d'empêcher les victimes de circuler librement, la simple présence sur les lieux, au moment de l'action, ne suffisant pas à caractériser la participation directe et personnelle à la séquestration ».

S'agissant des éléments de preuve, la Cour de cassation a indiqué « qu'en l'absence d'enquête de police ou de toute autre pièce, la cour ne peut se fonder, pour statuer, que sur les déclarations faites par les prévenus, les parties civiles et les témoins durant les audiences de première instance et d'appel ; que s'y ajouteront les constatations faites par l'huissier de justice, (…) les photographies qui y sont annexées et la vidéo prise (…) remise par les avocats des prévenus et visionnée par les premiers juges et la cour ».

Dans cette affaire, outre les témoignages des salariés séquestrés, figurait un constat d'huissier précisant que les personnes dénommées avaient été identifiées par les membres de la direction lui ayant communiqué ou confirmé leur identité, qu'il y a annexé quinze photographies dont l'une montrait les grévistes faisant « masse dans l'escalier pour empêcher l'accès aux troisième et quatrième étages », et une autre plusieurs personnes dans un escalier sans que celles-ci soient identifiables. Une autre photographie, extraite du téléphone portable de l'un des employés RH et remise quelques jours plus tard à l'huissier de justice, montrait deux grévistes, chacun devant une porte d'ascenseur, pour en bloquer l'accès ; deux autres photographies extraites de ce téléphone montraient les salariés RH assis sur le palier en position d'attente.

(86) T. corr. Caen, 24 nov. 1972 : *Dr. soc.* 1973, p. 376, obs. J. Savatier.
(87) T. corr. Rennes, 1er mai 1972 : *RJS* 1972, n° 315, p. 121.
(88) Cass. soc., 19 déc. 1989, *aff. des dix de Renault-Billancourt* : *Dr. ouvrier* 1990, p. 115, concl. H. Écoutin, note M. Lamoot ; *D.* 1990, p. 372, note Y. Saint-Jours.
(89) Cass. crim., 13 nov. 2014, n° 13-84.826.

Pour la cour d'appel, les grévistes identifiés avaient bien eu la volonté d'empêcher physiquement les salariés du service RH retenus d'approcher de ces ascenseurs pour sortir de l'immeuble. Par cette attitude délibérée, ils avaient activement participé à l'action ayant eu pour effet d'entraver la liberté de mouvement de ces salariés. Ces faits, commis volontairement, étaient constitutifs du délit de séquestration.

Pour un autre groupe de salariés en revanche, leur seule présence sur les lieux de ce mouvement collectif, et, surtout, durant la retenue des salariés, ne suffisait pas à rapporter la preuve qu'ils avaient entendu participer activement à celle-ci. D'une part, le procès-verbal de constat d'huissier mentionnait que les noms des grévistes qui y étaient cités avaient été communiqués ou confirmés par la direction après les faits. D'autre part, à l'exception des trois prévenus déclarés coupables de séquestration, si ce constat d'huissier et les débats d'audiences prêtaient à certains syndicalistes des propos, un rôle ou une attitude spécifiques, ces comportements, contestés par les intéressés et insusceptibles d'être confortés par les seules déclarations des parties civiles, combattues par celles de l'ensemble des prévenus et des témoins cités par la défense, n'étaient pas démontrés avec certitude. En tout état de cause, de tels comportements, loin de caractériser leur volonté constante de retenir les victimes, ne pouvaient au mieux que manifester leur association à ces agissements. En l'absence d'autres éléments de preuve, il ne pouvait être déterminé, parmi les grévistes, présents et surtout parmi les prévenus, lesquels, à l'exception de trois personnes clairement identifiées, s'étaient rendus coupables des actes de séquestration. Ils ont donc été relaxés.

898. - Réparation des préjudices. Les salariés séquestrés obtiennent fréquemment des dommages et intérêts, mais pas l'entreprise qui n'est pas une victime directe de l'infraction[90] ; elle pourra toutefois présenter des demandes à d'autres titres[91].

899. - Licenciement des auteurs. Les salariés coupables sont de toute façon exposés à des mesures de licenciement pour faute lourde[92].

SECTION 3 INFRACTIONS CONTRE LES BIENS

§ 1. - Destructions, dégradations, détériorations

900. - Sources. Les articles 322-1 à 322-4 du Code pénal punissent « la destruction, la dégradation ou la détérioration » des biens appartenant à des personnes privées ou publiques.

901. - Caractère intentionnel. Il s'agit d'une infraction intentionnelle qui suppose des actes positifs ; ainsi, ne peuvent être condamnés sur ce fondement des grévistes qui s'étaient opposés à l'entretien des pompes et du matériel d'une mine et qui ne pouvaient donc être tenus pour responsables de leur dégradation[93].

Des militants syndicaux ont en revanche été condamnés pour avoir, lors d'une manifestation de protestation contre la commercialisation du maïs transgénique, dénaturé la substance en mélangeant du maïs transgénique à du maïs traditionnel, et arrosé à l'aide d'un matériel de lutte contre l'incendie une importante quantité de

(90) T. corr. Saint-Brieuc, 31 janv. 1980 : *Jurispr. soc. UIMM* 1980, p. 434, 2e esp. (directeur général de l'entreprise).

(91) Cass. soc., 8 nov. 1984 : *Bull. civ.* V, n° 423, p. 315, rejet de Douai, 16 juin 1982 : *JCP* G 1983, II, 20035, note R. Jambu-Merlin.

(92) Cass. soc., 1er avr. 1997 : *RJS* 1997, n° 592 (12 heures 30).

(93) Cass. crim., 23 juin 1955 : *D.* 1955, p. 579.

semences de maïs, de tournesol et de betterave[94]. D'autres condamnations dans des circonstances comparables sont intervenues[95], sans que ces comportements soient excusés par l'état de nécessité ou l'article 8 de la Convention EDH[96].

La destruction volontaire de cargaisons par des manifestants tombe également sous le coup de l'incrimination de vol, et peut donc être réprimée également à ce titre[97]. L'initiateur de ces actions ne peut être condamné que s'il a personnellement participé à ces actes ou si sa complicité est avérée[98].

Aucune condamnation ne pourra non plus intervenir si les auteurs des dégradations n'ont pas été clairement identifiés. C'est ce qu'illustre un arrêt rendu par la chambre criminelle de la Cour de cassation le 6 mars 2002[99].

Une salariée non gréviste avait été victime d'un accident vasculaire cérébral le 19 décembre 1995 alors qu'un conflit important du travail avait lieu à l'entreprise EDF/GDF où elle travaillait en qualité de secrétaire de direction. Ce mouvement, qui avait duré de novembre à mi-décembre 1995, avait été, selon les représentants syndicaux, le plus important depuis mai 1968. Au cours de ce conflit, des actes de dégradations avaient été commis par des personnels grévistes ou par des personnes qui s'y étaient jointes, mais les auteurs de ces faits n'avaient pu être identifiés. Aucune condamnation n'a été prononcée, ce qui est confirmé ici par la Cour de cassation.

§ 2. – Violation de domicile

902. - Domicile. Le domicile dont il s'agit ici est celui de l'employeur personne physique, mais également le siège des intérêts de la personne morale[100], voire simplement le lieu où s'exerce son activité[101].

903. - Sources. Les articles 226-4 et 432-8 du Code pénal répriment « l'introduction ou le maintien dans le domicile d'autrui à l'aide de manœuvres, menaces, voies de fait ou contrainte ».

Lors du déclenchement d'une grève, la présence des salariés dans l'entreprise est normale, puisqu'ils étaient au travail, et si l'accès à l'entreprise est libre, le fait d'y pénétrer pour rejoindre d'autres grévistes n'est pas incriminable[102]. N'est pas non plus sanctionné le fait pour des grévistes, au cours d'un conflit de travail, de pénétrer dans les bureaux de la direction de la société, pour discuter de questions relatives au règlement de ce conflit, sans se faire annoncer mais sans menaces ni violences, contre le gré et malgré les protestations de ses occupants[103]. Ils le seront en revanche s'ils ont

(94) TGI Agen, 18 févr. 1998 : *Gaz. Pal.* 1998, 1, 259, note Hermitte.
(95) TGI Orléans, 9 déc. 2005 : *D.* 2006, chron., p. 814, J.-Ph. Feldman (aff. des « faucheurs » d'OGM). – CA Orléans, 27 juin 2006 : *JCP* 2006, IV, 3180 (même affaire). – Cass. crim., 7 févr. 2007 : *D.* 2007, 573, note T. Darsonville ; *ibid.* 1310, note Feldman ; *JCP* G 2007, II, 10059, note G. Trébulle (même affaire). – Cass. crim.,18 févr. 2004, n° 03-82.951 (colza transgénique). – Cass. crim., 31 oct. 2006, n° 06-80.083, publié.
(96) Cass. crim., 19 nov. 2002 : *D.* 2003, 1315, note Mayer ; *D.* 2006, pan., p. 1652, obs. Roujou de Boubée. – Cass. crim., 18 févr. 2004 : *Dr. pén.* 2004, 107.
(97) Cass. crim., 14 janv. 1986 : *D.* 1986, IR, p. 405, obs. Roujou de Boubée. – CA Bordeaux, 5 mars 1992 : *D.* 1994, 305, note S. Mirabail.
(98) Cass. crim., 16 nov. 2016, n° 14-86.980, publié : *Dalloz actualité*, 2 déc. 2016, obs. Fucini.
(99) Cass. crim., 6 mars 2002, n° 01-84.052.
(100) Cass. crim., 23 mai 1995, n° 94-81.141 : *Bull. crim.* n° 193 ; *Dr. pén.* 1995, comm. 220, obs. M. Véron.
(101) Cass. crim., 21 mai 1957 : *Bull. crim.* n° 434 (comptabilité).
(102) T. corr. Lyon, 16 janv. 1974 : *Gaz. Pal.* 1974, 1, 252, note Lambert.
(103) Cass. crim., 4 déc. 1957, n° 91-23.157, publié.

forcé une grille pour accéder à l'entreprise dont l'entrée leur avait été expressément refusée[104].

904. – Illustrations. Se rend coupable de violation de domicile un salarié qui s'est introduit dans une usine dont le réfectoire était occupé par des grévistes, en franchissant le mur d'enceinte et en escaladant le portail, alors que, par une ordonnance rendue en référé, l'accès de l'usine avait été interdit[105]. Quelques arrêts ont également condamné des grévistes pénétrant dans l'entreprise dans des conditions particulières[106] : de nuit, après avoir été une première fois expulsés à la suite d'une ordonnance de référé[107] ; de manière violente[108] ; malgré les avertissements réitérés de l'employeur[109] ; en masse[110].

Pour que les salariés soient condamnés il est nécessaire d'établir, à l'égard de chacun d'eux, l'existence d'une introduction illicite, à l'aide de manœuvres, menaces, voies de fait ou contrainte dans ladite propriété, et s'expliquer sur leur degré respectif d'implication en qualité d'auteur ou, le cas échéant, de complice de l'action ainsi entreprise[111].

§ 3. – Vol et recel d'objets volés

905. – Vol. Les articles 311-1 à 311-11 du Code pénal sanctionnent « la soustraction frauduleuse de la chose d'autrui » et font dépendre la sanction des circonstances de l'infraction.

Est assimilée au vol la destruction volontaire de la chose d'autrui, comme le fait de détruire volontairement de la viande importée[112].

Les tribunaux ont pu également condamner des grévistes pour vol d'énergie pendant une occupation d'entreprise ; depuis 1992, l'assimilation figure dans la loi[113].

Le fait que les salariés aient eu l'intention de rembourser tout ou partie du produit de leur vol est indifférent, comme le montre un arrêt rendu le 8 janvier 1992 par la chambre criminelle de la Cour de cassation[114].

Des ouvriers avaient décidé, après une grève de deux mois, de reprendre leur travail afin de s'assurer une rémunération dont ils étaient privés. Ils avaient, d'un commun accord, procédé au sciage de grumes et à la vente des bois travaillés puis, après avoir encaissé la somme provenant de ces ventes, s'en étaient réparti le montant, ce qui dans leur esprit représentait une rémunération de nature salariale.

(104) T. corr. Nancy, 3 avr. 1981 : *Gaz. Pal.* 1981, 2, somm., p. 239.

(105) TGI Épinal, 1er févr. 1972 : *Cah. prud'h.* 1972, 143.

(106) T. corr. Bar-le-Duc, 12 févr. 1936 : *Gaz. Pal.* 1936, 1, p. 847. – T. corr. Bordeaux, 11 juill. 1936 : *Gaz. Pal.* 1936, 2, p. 252.

(107) CA Paris, 19 févr. 1951 : *RSC* 1951, p. 518, III. – T. corr. Épinal, 1er févr. 1972 : *Jurispr. soc. UIMM* 1972, n° 316, p. 163.

(108) Cass. soc., 19 déc. 1989, *aff. des dix de Renault-Billancourt*, préc.

(109) TGI Dôle, 21 nov. 1979 et CA Besançon, 2 avr. 1981 : *Jurispr. soc. UIMM* 1981, n° 421, p. 364.

(110) CA Rennes, 26 mars 1980 : *Jurispr. soc. UIMM* 1980, n° 415, p. 59 : délégué syndical étranger à l'entreprise à la tête d'un groupe de 80 personnes. Pour l'intrusion en masse de manifestants et journalistes dans un cabinet dentaire : Cass. crim., 13 oct. 1986 : *Gaz. Pal.* 1987, 1, somm., p. 103, note Doucet.

(111) Cass. crim., 13 avr. 2016, n° 15-82.400, publié : *RSC* 2016, 263, obs. Mayaud ; *AJ pénal* 2016, 435, obs. Roux-Demare (militants de l'association DAL).

(112) CA Bordeaux, 5 mars 1992 : *D.* 1994, p. 305, note S. Mirabail.

(113) Cass. crim., 8 janv. 1992 : *Bull. crim.* n° 5, p. 12.

(114) Cass. crim., 8 janv. 1992, n° 90-86.553, publié.

Ils avaient été relaxés en appel, les juges considérant qu'en décidant de procéder à ces ventes, les ouvriers avaient eu l'intention de reverser à leur employeur, en cas de surplus après paiement de leur rétribution, les sommes restant disponibles, et estimaient qu'un doute subsistait sur l'élément moral du délit de vol et corrélativement sur celui de recel.

Tel n'est pas l'avis de la Cour de cassation qui censure cette décision. Après avoir rappelé le principe selon lequel « le délit de vol est constitué, quel que soit le mobile qui a inspiré son auteur, dès lors que la soustraction frauduleuse de la chose d'autrui est constatée », la Haute juridiction observe que dans cette affaire la soustraction frauduleuse était caractérisée par l'appropriation de la chose d'autrui contre le gré de son propriétaire ou légitime détenteur.

906. - Recel. Il est réprimé par les articles 321-1 et suivants du Code pénal et peut permettre de sanctionner les salariés qui profitent du produit des « vols »[115].

(115) CA Lyon, 2 juin 1993, aff. *Manufrance : Dr. ouvrier* 1994, n° 543, p. 123.

CHAPITRE 2 MISE EN CAUSE DE LA RESPONSABILITÉ CIVILE DES ACTEURS DES CONFLITS

907. - Critiques de la jurisprudence. Le recours aux articles 1382 et suivants du Code civil (actuels art. 1240 et s.) pour engager la responsabilité civile des salariés et des syndicats dans les conflits collectifs a été discuté dans les années 1970 car il porterait atteinte à l'exercice du droit de grève qui serait par principe, en tant que droit de nuire, antinomique du principe de responsabilité personnelle qui postule l'interdiction de nuire à autrui[1].

908. - Projet de loi Auroux. Le projet de la loi Auroux consacré au développement des institutions représentatives du personnel comportait un article 8 aux termes duquel : « Aucune action ne peut être intentée à l'encontre de salariés, de représentants du personnel élus ou désignés ou d'organisations syndicales de salariés, en réparation des dommages causés par un conflit collectif du travail ou à l'occasion de celui-ci, hormis les actions en réparation du dommage causé par une infraction pénale et du dommage causé par des faits manifestement insusceptibles de se rattacher à l'exercice du droit de grève ou du droit syndical ».

909. - Censure constitutionnelle. Cet article a été déclaré contraire à la Constitution par le Conseil constitutionnel dans sa décision du 22 octobre 1982[2]. Ce dernier a considéré non seulement que le régime protégeait trop les fautifs, mais encore que les victimes auraient dû se voir proposer un autre moyen d'être indemnisées de leurs préjudices lorsque joue l'immunité légale au bénéfice des grévistes et des syndicats.

910. - Inspiration prétorienne. La Cour de cassation a considéré quelques jours après cette censure légale que les syndicats ne peuvent voir leur responsabilité civile engagée qu'en cas d'« agissements constitutifs d'infractions pénales ou (ou de) faits ne pouvant se rattacher à l'exercice normal du droit de grève »[3]. Pour que la responsabilité civile des acteurs des conflits soit engagée (Section 2), il est d'abord nécessaire de caractériser l'existence d'un préjudice réparable (Section 1).

(1) Sur ces critiques, notre ouvrage *Droit du travail et responsabilité civile*, LGDJ, coll. « Bibl. dr. privé », 1997, n° 282, préf. J. Hauser, 398 p., spéc. nos 386 et s.

(2) Cons. const., 22 oct. 1982 : *Dr. soc.* 1983, p. 162, étude L. Hamon.

(3) Cass. soc., 9 nov. 1982, *Trailor* : *JCP* G 1983, II, 19995, concl. Gauthier ; *D.* 1983, p. 531, note H. Sinay ; *Dr. soc.* 1983, p. 175 et s., chron. J. Savatier.

SECTION 1 PRÉJUDICES RÉPARABLES

911. - Mouvement illicite. Lorsqu'un mouvement ne peut être qualifié de grève en raison de son caractère illicite, tous les préjudices causés sont susceptibles d'être réparés. S'il s'agit bien d'une grève, alors les nuisances économiques provoquées par l'arrêt de travail ne sont pas réparables[4].

912. - Actes détachables de l'exercice normal du droit de grève. Le droit de grève n'emporte pas le droit de faire n'importe quoi pendant la durée du conflit, et les préjudices causés par des fautes détachables de l'exercice normal du droit de grève, comme les salaires que l'employeur a été contraint de verser aux salariés non grévistes empêchés de travailler[5], ou le prix de la location des machines destinées à remplacer celles démontées pendant la grève[6], pourront être réclamés aux fautifs.

La difficulté est ici d'imputer précisément les préjudices aux salariés fautifs sans pour autant leur faire supporter les suites normales de la grève. La jurisprudence a ainsi pu distinguer et réparer les frais engendrés par la réorganisation du service[7], les pertes de la production[8], les retards de facturation[9] ou le non-respect du préavis[10].

913. - Principe de réparation intégrale. Le principe de réparation intégrale impose de réparer l'ensemble des préjudices causés par les fautes sans tenir compte des capacités contributives du fautif.

Dans d'assez nombreuses hypothèses, les condamnations demeurent symboliques[11], comme lorsqu'il s'agit de réparer par le franc ou l'euro symbolique l'« atteinte à la liberté que donne la propriété d'un bien d'en user conformément à la loi »[12], la pénétration par effraction dans les locaux de l'entreprise[13], l'occupation des bâtiments[14], l'opération « portes ouvertes » organisée par les grévistes[15] ou encore des séquestrations de courte durée[16]. Des violences volontaires ont pu donner lieu à des condamnations plus importantes s'agissant d'un salarié qui avait à plusieurs reprises agressé verbalement et physiquement son chef d'équipe et plusieurs de ses collègues, entraînant leur hospitalisation, et qui fut condamné à 1 000 francs de dommages et intérêts[17]. L'histoire montre que des condamnations sans commune mesure avec les moyens notamment des syndicats condamnés ont été parfois prononcées. Dans la médiatique affaire *Citroën*, la cour d'appel de Paris avait condamné des délégués

(4) Cass. soc., 15 févr. 1965 : *JCP* G 1965, II, 14212, note H. Sinay ; *Dr. soc.* 1965, p. 444, obs. J. Savatier.
(5) Cass. soc., 20 nov. 1980 : *JCP* CI 1981, I, 9484, p. 67, n° 9, obs. B. Teyssier. – Cass. soc., 8 févr. 1972, *Corfu* : *D.* 1972, p. 656, note J. Savatier.
(6) CA Paris, 15 févr. 1983 : *Jurispr. soc. UIMM* 1983, p. 144.
(7) TGI Aix-en-Provence, 3 juill. 1976 : *Dr. ouvrier* 1977, n° 346, p. 151.
(8) CA Pau, 24 avr. 1985 : *Jurispr. soc. UIMM* 1986, p. 156, 1re esp.
(9) CA Amiens, 23 avr. 1985 : *Jurispr. soc. UIMM* 1986, p. 31.
(10) TGI Paris, 11 mars 1981 : *Gaz. Pal.* 30 mars 1982, pan. jurispr.
(11) Cass. soc., 9 nov. 1978 : *Bull. civ.* V, n° 754, p. 568.
(12) TGI Pontoise, 2 déc. 1981 : *Jurispr. soc. UIMM* 1982, p. 337.
(13) CA Rennes, 26 mars 1980, *Sté Maisons Phénix*, cité par A. Ramin, art. préc., p. 542.
(14) TGI Châteauroux, 22 janv. 1980 : *Dr. ouvrier* 1980, p. 216.
(15) TGI Saint-Nazaire, 11 mai 1978, *Sté SNIAS* : *RJS* 1978, n° 390, p. 399 et s.
(16) TGI Angers, 12 nov. 1975 et CA Angers, 5 févr. 1976, *Sté Soretex* : *RJS* 1976, n° 362, p. 187.
(17) TGI Versailles, 7 mars 1979, *Sté RNUR*, cité par A. Ramin, art. préc., p. 542.

syndicaux CGT à un million de francs de dommages et intérêts[18] ; fort heureusement pour les intéressés l'arrêt fut cassé[19].

Certains auteurs ont proposé de limiter le montant des sommes exigibles à l'instar des dispositions qui s'appliquent aux syndicats britanniques, soit par l'application d'un plafond légal[20], soit en confiant au juge un pouvoir modérateur[21].

La Cour européenne des droits de l'homme a pour sa part considéré dans sa décision *Satilmis* de 2007 comme portant une atteinte disproportionnée au droit de grève la mise en cause de la responsabilité civile de syndicats dans le déclenchement et la conduite de conflits collectifs, « l'engagement de la responsabilité civile des requérants » n'étant pas dans l'espèce « nécessaire dans une société démocratique »[22].

SECTION 2 RESPONSABILITÉ

914. - Présentation. Les actions sont susceptibles d'être engagées contre les grévistes (§ 1), les syndicats (§ 2) ou les employeurs (§ 3).

§ 1. - Responsabilité des grévistes

915. - Participation personnelle. L'employeur doit rapporter la preuve de la participation de chaque salarié aux dommages dont il est demandé réparation[23] ; la simple présence sur les lieux au moment des faits dommageables ne suffit pas[24].

916. - Théorie des meneurs. Cette théorie a été développée dans l'entre-deux-guerres par la jurisprudence qui n'engageait des poursuites civiles que contre les meneurs alors que les menés étaient épargnés pour ne pas avoir manifesté leur intention de nuire[25]. Elle a également été reprise pour justifier que les assignations délivrées à des grévistes puissent ne l'être qu'aux dirigeants de fait du mouvement dès lors que ces derniers sont à même de s'exprimer au nom de l'ensemble des grévistes[26].

La ligne de partage n'est plus aujourd'hui aussi nette, même si la jurisprudence reconnaît à la charge des représentants du personnel des obligations particulières dans le cadre du conflit. Il a ainsi été jugé que le rôle de l'élu est « d'agir dans le sens de l'apaisement des esprits qui est la condition nécessaire à l'ouverture des négociations après une épreuve de force » et qu'il doit « éviter [que les grèves] ne dégénèrent

(18) CA Paris, 17 janv. 1986 : *Dr. soc.* 1986, p. 228, étude J. Savatier.

(19) Cass. crim., 15 mai 1987 : *D.* 1989, somm., p. 208, obs. Y. Mayaud ; *JCP* E 1987, I, 16746, p. 371, n° 11, obs. O. Godard.

(20) G. Viney, *Responsabilité civile et relations collectives de travail : Dr. soc.* 1988, p. 416-425, spéc. p. 424.

(21) CE, 27 juin 1979, n° 13069, *Manufacture Michelin : Lebon*, p. 289. – J. Savatier : *Dr. soc.* 1983, p. 182.

(22) CEDH, 17 juill. 2007, n°s 74611/01, 26876/02 et 27628, *Satilmiş et a. c/ Turquie : JCP* S 2007, 1702, note J. Cavallini.

(23) Cass. soc., 6 juin 1989, n° 87-40.738, publié : *Dr. ouvrier* 1990, p. 31, obs. F. Saramito : participation de sept grévistes constatée par acte d'huissier.

(24) Cass. soc., 9 mars 1989 : *JCP* G 1989, II, 21333, concl. Gauthier ; *Dr. ouvrier* 1989, p. 451, obs. F. Saramito ; *D.* 1990, somm., p. 169, obs. G. Borenfreund.

(25) Cass. req., 28 juill. 1924 : *Gaz. Pal.* 1924, 2, p. 504. S. Sirot, ouvr. préc., p. 107.

(26) V. *supra*, n° 767.

en actes de violence ou en déprédations »[27]. Le représentant du personnel, élu ou syndical, doit également faire preuve de retenue dans l'expression des revendications[28]. Il doit, dans la conduite du conflit, jouer un rôle « modérateur »[29], exercer une « influence apaisante »[30], mettre « en garde » les grévistes[31] et tenter de les dissuader de toutes « initiatives irresponsables ou dissidentes »[32], les inciter à une certaine discipline[33], voire les inciter à reprendre le travail lorsque le conflit s'est soldé par un accord[34].

Par le passé les tribunaux se montraient particulièrement sévères avec les meneurs, n'hésitant pas à les considérer comme responsables d'exactions dès lors qu'ils avaient été identifiés au sein d'un groupe de grévistes, sans véritable preuve de participation personnelle, dès lors qu'ils ne rapportaient pas la preuve qu'ils avaient tenté d'éviter les débordements[35], et pouvaient même être condamnés en cas de doute[36]. Il n'est pas certain que ces solutions soient toujours d'actualité, même si la référence aux meneurs, aux « dirigeants de fait », et à leur rôle modérateur dans les conflits, n'a pas véritablement disparu[37].

917. – Illustrations des fautes retenues. Les violences sont presque systématiquement retenues[38].

Le maintien sur le lieu de travail au commencement de la grève n'est pas fautif, il est même inhérent à la définition même de la grève et ne constitue donc pas une faute lourde[39] dès lors qu'il demeure limité dans le temps[40], que l'employeur n'a pas demandé aux salariés de quitter les lieux[41] et qu'il ne s'est accompagné d'aucune violence ou dégradation[42]. Dans cette hypothèse l'employeur doit rapporter la preuve qu'il a demandé aux grévistes de libérer les lieux[43] ou qu'il a obtenu une ordonnance en ce sens du juge des référés[44].

(27) CE, 27 juin 1979 : *D.* 1980, p. 338, note A. Jeammaud ; *Dr. soc.* 1979, p. 420, concl. R. Latournerie. – CE, 1re et 4e ss-sect. réunies, 9 oct. 1987, n° 71667 : *Lebon*.

(28) CA Caen, 24 mars 1971 : *Jurispr. soc. UIMM* 1971, n° 304, p. 142.

(29) CA Paris, 17 janv. 1986, *Citroën*, préc. – Cass. soc., 19 déc. 1990, n° 4990. – CE, 27 juin 1979, préc. – CE, 8 févr. 1980, n° 09745 : *Lebon*. – CE, 4e ss-sect., 7 févr. 1992, n° 72637. – CE, 12 juill. 1995, n° 143089. – CE, 15 déc. 1997, *Laghrig* : *RJS* 1998, n° 330.

(30) Cass. soc., 16 juin 1965 : *D.* 1966, p. 392.

(31) CA Paris, 15 févr. 1983 : *Jurispr. soc. UIMM* 1983, n° 439, p. 144.

(32) CA Bordeaux, 6 mai 1980 : *Jurispr. soc. UIMM* 1980, n° 413, p. 490.

(33) T. civ. Grenoble, 3 juill. 1957 : *Jurispr. soc. UIMM* 1957, n° 127, p. 131.

(34) CA Pau, 5 avr. 1979 : *Dr. ouvrier* 1980, p. 185, confirmée par Cass. soc., 19 févr. 1981 : *Jurispr. soc. UIMM* 1981, p. 309.

(35) Cass. soc., 16 juill. 1987 : *Dr. ouvrier* 1988, p. 210, note M.R. – CA Versailles, 26 avr. 1989 : *D.* 1989, p. 386, note Y. Saint-Jours (affaire *des dix de Renault-Billancourt*).

(36) TGI Caen, 24 nov. 1972 : *Dr. soc.* 1973, p. 376, obs. J. Savatier (séquestration du directeur et de trois cadres pendant 33 heures).

(37) P. Salvage, *Les attributions du délégué syndical en cas de grève* : *Dr. soc.* 1986, p. 624. – J.-M. Béraud, *Le rôle des délégués syndicaux en cours de grève* : *Dr. soc.* 1988, p. 666.

(38) Cass. soc., 13 janv. 1993 : *Jurispr. soc. UIMM* 1993, n° 93-559, p. 110.

(39) Cass. soc., 29 mai 1953 : *Dr. soc.* 1953, p. 410.

(40) Douai, 15 mai 1992 : *Action juridique CFDT* 1993, p. 17, n° 98.

(41) TGI Arras, 28 déc. 1965 : *Dr. ouvrier* 1966, p. 126.

(42) Cass. soc., 9 mars 2011, *Sté Fruprep France* : *Dr. soc.* 2011, 734, note B. Gauriau ; *Dalloz actualité*, 7 avr. 2011, obs. B. Ines.

(43) Cass. soc., 10 mars 1988 : *D.* 1988, somm., p. 326, obs. P. Langlois.

(44) Cass. soc., 30 avr. 1987 : *Bull. civ.* V, n° 238.

L'envahissement de l'entreprise est en revanche susceptible d'être sanctionné[45].

Constitue également une faute qui engage la responsabilité civile des grévistes le fait de mettre en place des piquets de grève qui empêchent l'accès à l'entreprise[46], ou interdisent la poursuite de l'activité[47]. Tous les salariés identifiés pourront alors être mis en cause[48]. Les piquets de grève placés hors de l'entreprise ne sont pas fautifs s'ils n'empêchent pas l'accès[49] ; ils peuvent le devenir s'ils font obstacle à l'application de mesures de sécurité[50] ou s'accompagnent de troubles à l'ordre public[51], dès lors que le caractère intentionnel des comportements est établi[52].

Le Conseil d'État, lorsqu'il statue sur le licenciement de salariés protégés à l'occasion d'une grève, recherche également si les faits litigieux s'accompagnaient de violence, et, si c'est le cas, se montre plus enclin à considérer qu'il fallait autoriser le licenciement[53], à moins qu'il ne s'agisse que de violences légères excusables dans le contexte du conflit[54].

918. - Obligation *in solidum*. Si les dommages ont été causés par plusieurs grévistes, chacun est tenu *in solidum* à la réparation de l'entier préjudice[55], au choix de la victime[56], à condition évidemment que la participation personnelle de chaque coresponsable soit établie[57], par exemple par des relevés de pointeuse[58], le témoignage d'autres salariés[59], le fait que les salariés refusent de répondre à un télégramme les interrogeant sur leur volonté de travailler[60], la production de constats d'huissier[61] établissant non pas seulement les dommages mais également l'implication de chaque salarié[62], la production de coupures de presse ou des interviews de grévistes revendiquant la paternité des faits litigieux[63].

Les tribunaux procèdent parfois au fractionnement des dommages (par jour ou par heure) pour limiter l'impact de l'obligation *in solidum*[64].

(45) Cass. soc., 21 juin 1984 : *Dr. soc.* 1985, p. 18, obs. J. Savatier. – CE, 11 févr. 1956 : *Lebon*, p. 110.
(46) Cass. soc., 12 janv. 1983 : *D.* 1984, p. 354, note N. Decoopman ; *Dr. soc.* 1983, p. 227, note J. Savatier. – Cass. soc., 21 juin 1991 : *Cah. prud'h.* 1992, n° 3, p. 41. – Cass. soc., 13 janv. 1993 : *Jurispr. soc. UIMM* 1993, n° 93-559, p. 110.
(47) CE, 1er avr. 1992, n° 112826, *Synd. gén. livre et industries connexes de la région parisienne CGT* : *Dr. soc.* 1992, p. 689, concl. Kessler.
(48) Cass. 2e civ., 28 juin 2007, n° 06-15.744, *Sté Les Rapides de Lorraine*, publié.
(49) CE, 2 févr. 1996 : *RJS* 1996, n° 299.
(50) Cass. soc., 6 mai 1971 : *Bull. civ.* V, n° 541, p. 287.
(51) Cass. soc., 3 mars 1988 : *D.* 1988, somm., p. 326, obs. P. Langlois.
(52) Cass. soc., 10 mars 1988 : *D.* 1988, somm., p. 326, 4e esp., obs. P. Langlois.
(53) CE, 1re et 4e ss-sect. réunies, 22 juin 1988, n° 59660. – CE, 25 févr. 1994, n° 113903, *Chemin de fer et transports automobiles*. – CE, 8e et 9e ss-sect. réunies, 11 janv. 1995, n° 129392, *Régie Renault*. – CE, 12 juill. 1995, n° 143089.
(54) CE, 22 oct. 2008, n° 304145.
(55) Cass. soc., 8 déc. 1983, *Fontaine*, préc.
(56) Cass. crim., 24 janv. 1978 : *Dr. ouvrier* 1978, p. 166, note crit. N. Alvarez-Pujana.
(57) Cass. soc., 30 janv. 1991 : *Dr. ouvrier* 1991, p. 107, note F. Saramito.
(58) Cass. soc., 24 mai 1972 : *Bull. civ.* V, n° 372, p. 341.
(59) CE, 20 févr. 1986, *CHR Tours c/ Mme Suzanne*.
(60) Cass. soc., 7 mai et 19 juin 1987 : *D.* 1988, somm., p. 100, 2e esp., obs. J. Pélissier.
(61) Cass. soc., 31 oct. 1989 : *Jurispr. soc. UIMM* 1990, n° 523, p. 28.
(62) TGI Valenciennes, 10 mai 1978, cité par A. Ramin, préc., spéc. p. 539.
(63) TGI Thonon-les-Bains, 16 mars 1984 : *Dr. ouvrier* 1984, p. 320.
(64) TGI Versailles, 14 mai 1986, cité par J. Goineau *in Dr. soc.* 1988, p. 702 et s.

§ 2. – Responsabilité civile des syndicats

919. – **Caractère personnel.** Les syndicats répondent des fautes personnelles commises dans le déclenchement ou le déroulement des conflits[65].

Ce sont les fautes des organes statutaires du syndicat qui engagent sa responsabilité civile, et pas celles des délégués syndicaux qui n'engagent que leur propre responsabilité, civile comme pénale[66].

La victime devra démontrer la participation personnelle du syndicat à des actes illicites, et pas seulement le fait de ne pas les avoir dénoncés après coup[67].

920. – **Absence de responsabilité du fait d'autrui.** Chaque syndicat est responsable de ses propres actes et ne répond pas des fautes commises par ses adhérents.

921. – *Responsabilité des commettants.* La Cour de cassation a refusé de considérer que les syndicats pourraient être commettants soit des syndicats primaires (pour les unions syndicales), soit de leurs adhérents personnes physiques[68], soit des grévistes ; c'est ce qui résulte de l'arrêt *Dubigeon-Normandie* rendu par la chambre sociale de la Cour de cassation le 9 novembre 1982[69].

La société Dubigeon-Normandie ayant décidé l'installation d'horloges pointeuses tant au restaurant d'entreprise que dans les ateliers, les ouvriers avaient d'abord refusé de pointer, puis se sont mis en grève. Du 8 septembre au 8 novembre 1977, des piquets de grève ont interdit, en usant de violence, l'entrée des non-grévistes et des déprédations ont été commises à l'intérieur de l'entreprise.

La société a demandé réparation des conséquences dommageables de ces agissements à la CGT et à la CFDT ainsi qu'à quatre délégués syndicaux, en vain. C'est ce que confirme le rejet du pourvoi.

L'entreprise invoquait tout d'abord le fait que les syndicats mis en cause avaient diffusé des consignes d'insubordination recommandant aux ouvriers de refuser de pointer, et que si la grève était licite à l'égard des salariés, les syndicats étaient en faute pour avoir lancé une revendication dépourvue de motif légitime. Pour la Cour de cassation, la responsabilité du syndicat pour des actes illicites commis en cours de conflit ne pouvait être imputée à des faits antérieurs au déclenchement de celui-ci.

Par ailleurs, la Cour de cassation a considéré « que les syndicats et les délégués syndicaux ne pouvaient du seul fait de leur participation à l'organisation d'une grève licite être déclarés responsables de plein droit de toutes les conséquences dommageables d'abus commis au cours de celle-ci ». Dans cette affaire, « si dans des tracts ou articles de presse versés aux débats, les syndicats s'étaient présentés comme les animateurs de la grève, on n'y relevait aucune faute en relation avec les dommages allégués, telle que incitations à des dégradations ou appropriations de matériels, à des violences ou à des entraves à la liberté du travail [et] que les noms des délégués syndicaux n'apparaissaient pas dans les constats relatifs à l'action des piquets de grève ».

Ensuite, et s'agissant de la présence des délégués syndicaux sur les piquets de grève et l'opération « portes ouvertes » organisée pendant la grève, la présence des délégués syndicaux assignés n'avait pas été établie, et la journée « portes ouvertes » n'avait entraîné aucun dommage,

(65) J. Savatier, *La responsabilité civile des syndicats à l'occasion des grèves : Dr. soc.* 1983, p. 175. – J. Goineau, *La responsabilité civile des grévistes et des syndicats : Dr. soc.* 1988, p. 702.

(66) G. Durry, *La responsabilité civile des délégués syndicaux : Dr. soc.* 1984, p. 69.

(67) Cass. soc., 23 juin 1989, cité par P. Waquet : *Dr. ouvrier* 1990, p. 375.

(68) Cass. soc., 19 déc. 1989, *aff. des dix de Renault : Dr. ouvrier* 1990, p. 115, concl. H. Écoutin, note M. Lamoot ; *D.* 1990, p. 372, note Y. Saint-Jours.

(69) Cass. soc., 9 nov. 1982, *Dubigeon-Normandie : JCP* G 1983, II, 19995, concl. Gauthier ; *Dr. ouvrier* 1983, 275, obs. F. Saramito ; *D.* 1983, 531, note H. Sinay ; *Dr. soc.* 1983, 175, chron. J. Savatier ; *BS* 1982, p. 117 et s., chron. J. Déprez.

excluant ainsi que l'organisation de cette journée ait pu établir la responsabilité des syndicats dans les agissements fautifs et dommageables des grévistes.

Enfin, les juges du fond avaient à juste titre énoncé « que les syndicats n'étaient pas les commettants des grévistes, que ceux-ci exerçaient individuellement le droit de grève, et qu'il n'apparaissait pas que les syndicats aient, par instructions ou par tout autre moyen, commis des fautes en relation avec les dommages invoqués », ce qui excluait toute responsabilité de leur part.

922. – *Responsabilité générale du fait d'autrui.* La même solution a été retenue s'agissant de la responsabilité du fait d'autrui fondée sur le premier alinéa de l'article 1384 (actuel art. 1242) du Code civil qui permet de retenir d'autres cas que ceux qui sont énoncés dans l'article 1242[70], comme l'a jugé la deuxième chambre civile de la Cour de cassation le 26 octobre 2006[71].

Lors d'un mouvement national de protestation des agriculteurs, le site de la société Supermarchés Match avait été bloqué par des agriculteurs adhérents de la FNSEA. La société avait assigné la FNSEA, sur le fondement de l'article 1384 (actuellement art. 1242), alinéa 1er, du Code civil, en responsabilité et indemnisation des dégâts occasionnés à ses installations, en vain. C'est ce que confirme le rejet du pourvoi.

Pour la Cour de cassation en effet, « un syndicat n'ayant ni pour objet ni pour mission d'organiser, de diriger et de contrôler l'activité de ses adhérents au cours de mouvements ou manifestations auxquels ces derniers participent, les fautes commises personnellement par ceux-ci n'engagent pas la responsabilité de plein droit du syndicat auquel ils appartiennent ».

923. – Mouvements illicites. Pour que la responsabilité personnelle d'un syndicat soit retenue, il faut démontrer son influence réelle sur la conduite d'un mouvement soit illicite dès son commencement, soit dans la commission d'actes illicites détachables de l'exercice normal du droit de grève.

Les juges pourront par exemple démontrer que le syndicat a été « l'instigateur, le promoteur et l'organisateur » d'un mouvement qui ne peut être qualifié de « grève »[72] ; tel sera le cas s'il appelle à mener une « grève » politique[73], appelle les salariés à exécuter de manière défectueuse leur contrat de travail[74], à dresser des barrages[75] ou à aller brûler des pneus à l'entrée d'une entreprise (Lactalis) pour en bloquer les accès[76]. Les syndicats n'ignorent pas que certaines actions collectives sont illicites, ce qui ne les empêche pas d'appeler les grévistes par exemple à bloquer les accès aux raffineries, en toute illégalité[77].

Un arrêt rendu en chambre mixte par la Cour de cassation le 30 novembre 2018 a rappelé ces principes dans l'affaire *Lactalis*[78].

(70) *Responsabilité du fait d'autrui. Principe général : JCl. Responsabilité civile,* fasc. 140.

(71) Cass. 2e civ., 26 oct. 2006 : *JCP* E 2007, p. 2198, note Ch. Radé.

(72) Cass. soc., 16 janv. 1985 : *Juri-social* 1985, n° 5, F. 45, p. 31. – Cass. soc., 26 janv. 2000, n° 97-15.291 : *Bull. civ.* V, n° 38.

(73) Cass. soc., 23 mars 1953 : *JCP* G 1953, II, 7709, note H. Delpech ; *D.* 1954, p. 89, note G. Levasseur.

(74) Cass. soc., 16 janv. 1985 : *JCP* E 1986, I, 15146, p. 53, n° 15, obs. B. Teyssié. – Cass. soc., 26 janv. 2000, *CGT : Dr. soc.* 2000, p. 451, obs. A. Cristau.

(75) Cass. soc., 11 janv. 2006, n° 04-16.114, publié.

(76) Cass. ch. mixte, 30 nov. 2018, n° 17-16.047, publié : *RTD civ.* 2019, 348, note P. Jourdain ; *D.* 2019, 563, note S. Pellé ; *JCP* G 2019, n° 70, note P. Morvan.

(77) Ainsi l'appel lancé par la CGT le 6 janvier 2020 à bloquer la raffinerie de Grandpuits (Seine-et-Marne) en plein conflit des retraites : *Liaisons sociales quotidien* 8 janv. 2020, L'actualité, n° 17973, Section Acteurs, débats, événements. Sur la réponse de la secrétaire d'État à l'Économie, sur le plateau de BFM : *Liaisons sociales quotidien* 3 janv. 2020, L'actualité, n° 17970, Section Acteurs, débats, événements.

(78) Cass. ch. mixte, 30 nov. 2018, n° 17-16.047, préc.

Le 15 juillet 2013, à l'appel d'organisations syndicales agricoles, des producteurs de lait se sont réunis devant la Maison des agriculteurs de Mayenne, située à Changé. Ils se sont ensuite rendus aux abords du siège du groupe Lactalis, pour y exprimer leur mécontentement. Des pneumatiques ont été placés par des manifestants devant le portail d'accès de l'entreprise, puis incendiés à la nuit tombée. Les équipements permettant la fermeture du site ayant été détériorés, la société Lactalis investissements a assigné la Fédération départementale des syndicats d'exploitants agricoles de la Mayenne sur le fondement de l'article 1382, devenu article 1240 du Code civil, aux fins d'obtenir réparation de son préjudice, et a obtenu gain de cause. C'est ce que confirme le rejet du pourvoi.

La Cour de cassation souligne « que le président du syndicat est celui qui, par la teneur de ses propos, a pris en charge l'organisation logistique des opérations et donné les instructions d'organisation de la manifestation à tous les participants présents au rassemblement ; qu'il a donné dans ce cadre les directives "pour garer et ranger les pneus chez Lactalis" ; qu'il a, ensuite, fixé un nouveau rendez-vous aux manifestants à un rond-point d'où ils sont alors partis vers l'usine et qu'il était sur place lorsque ces pneus ont été embrasés », faisant ainsi « ressortir la participation effective du syndicat aux actes illicites commis à l'occasion de la manifestation en cause », en l'occurrence « une complicité par provocation au sens de l'article 121-7 du code pénal, de sorte que se trouvait caractérisée une faute de nature à engager sa responsabilité sur le fondement de l'article 1382, devenu 1240 du code civil, sans que puisse être invoqué le bénéfice de l'article 23 de la loi du 29 juillet 1881 ».

Un arrêt rendu par la cour d'appel d'Aix-en-Provence le 20 octobre 2022 le rappelle également[79].

« Si les syndicats ne peuvent, du seul fait de leur participation à l'organisation d'une grève licite être déclarés responsables de toutes les conséquences dommageables d'abus commis au cours de celles-ci, tel n'est pas le cas s'il a [*sic*] effectivement participé à des faits ne pouvant se rattacher à l'exercice normal du droit de grève.

Le fait même pour les personnes grévistes d'être pour la plupart, soit vêtues de chasubles au nom de la CGT, soit de tee-shirts identiques de couleur noire avec des adhésifs à l'enseigne de la CGT, (…) d'être élus CGT au CSE et pour le syndicat CGT Carrefour Aix-en-Provence d'avoir relayé la grève du 7 juillet 2021 sur son compte Facebook, démontre que ce syndicat, et pas uniquement la fédération CGT Commerces et Services, a appelé à la grève et lui a apporté son soutien.

Bien plus, ce syndicat a relayé cette grève, en insistant sur les actions de blocages du magasin, en postant et publiant sur son compte Facebook, le même jour, des photographies, des vidéos et des discours de représentants du syndicat CGT, tel que cela résulte du constat d'huissier en date du 7 juillet 2021.

En effet, les photographies illustrent des salariés grévistes en train de bloquer les caisses et/ou les entrées du magasin, tandis que l'huissier de justice relève que les différentes vidéos montrent le blocage du site de Carrefour d'[Localité 8] au moyen notamment de chariots alignés le long des sorties de caisse, des salariés sont debout sur des chariots notamment, des cornes de brume résonnent. Des cagettes sont visibles au-devant de l'accès client.

De plus, M. [K] [I] déclare que, pour poursuivre l'action, qui dure depuis 21 jours, en commençant par le magasin Carrefour de Port-de-Bouc, il a été tout tenté, tant les actions de grève, de blocage, d'actions juridiques, et que la journée du 7 juillet 2021 est une nouvelle journée d'actions pour signifier au repreneur que ce qu'il avait vu jusqu'à maintenant c'est un prélude de ce qui l'attendait.

Un intervenant de la CGT, que les parties identifient comme étant M. [L], indique, quant à lui, que seule la convergence et le rapport de force nous permettra de nous sauver et que le rapport de force c'est le seul qui nous fera gagner et on l'a vue ce matin, [avec] notre détermination on a pu bloquer le magasin [cela] n'a pas été facile mais on est allés jusqu'au bout.

Il en résulte que les agissements illicites relevés à l'occasion de la grève du 7 juillet 2021 ne sont pas le fait d'initiatives prises uniquement par l'union départementale de la CGT et/ou la

(79) CA Aix-en-Provence, ch. 1-2, 20 oct. 2022, n° 21/11654.

fédération CGT Commerces et Services, mais ont été également encouragés par le syndicat local CGT Carrefour Aix-en-Provence, et en particulier par le biais de son compte Facebook.

Cette participation est dès lors constitutive d'un trouble manifestement illicite. »

924. - **Actes détachables de l'exercice normal du droit de grève.** Les conditions de la responsabilité civile des syndicats ont été précisées en 1982 dans l'arrêt *Trailor* : le syndicat n'est responsable que s'il « a effectivement participé à des agissements constitutifs d'infractions pénales ou à des faits ne pouvant se rattacher à l'exercice normal du droit de grève »[80]. Il en ira ainsi s'il incite les grévistes à ne pas respecter le délai légal de préavis[81], à saboter la production[82], à démonter les machines[83] ou à organiser des piquets de grève[84].

L'examen de l'arrêt *Trailor*, rendu par la chambre sociale de la Cour de cassation le 9 novembre 1982, permet d'illustrer ces principes.

Le syndicat des métaux CGT de l'usine Trailor de Lunéville a été condamné à indemniser cent quarante et un salariés de cette entreprise des salaires perdus par eux pendant une grève avec occupation, au motif que le syndicat avait participé aux actions des grévistes interdisant toute possibilité d'accès à l'usine. C'est ce que confirme ici le rejet du pourvoi. Les juges du fond avaient, d'une part, constaté que le syndicat ne contestait pas le caractère illicite et la réalité des atteintes à la liberté du travail dont se prévalaient les salariés demandeurs, et que celles-ci constituaient des fautes lourdes. Il avait par ailleurs estimé que compte tenu de l'attitude du délégué syndical et d'un délégué du personnel CGT, ainsi que des différents tracts distribués par la CGT, le rôle déterminant du syndicat au cours des événements était établi. Il résultait également des passages qu'il citait qu'il ne s'agissait pas uniquement de l'approbation de l'attitude antérieure des grévistes, mais de la poursuite de leur action. Il en a déduit que le syndicat avait agi de concert avec les intéressés auxquels il avait apporté un soutien inconditionnel de tous les instants, qu'il avait été l'instigateur et l'organisateur de la grève, et qu'au lieu de s'opposer à tout abus, il avait suscité les agissements illicites et en avait favorisé le développement et la persistance.

Les juges du fond avaient également relevé que l'employeur n'avait pas opposé un refus de principe à la négociation, contrairement à ce qu'alléguait le syndicat, et que le refus opposé par la direction aux propositions qui lui étaient faites s'expliquait par des considérations économiques, exclusives de toute intention de nuire, et n'était pas susceptible d'autoriser le syndicat et les grévistes à sortir de la légalité et à commettre des abus dans l'exercice du droit de grève.

925. - **Appel au boycott.** Le terme de « boycott » ou encore de « blocus » désigne la pratique consistant à encourager des salariés à ne pas travailler pour certaines entreprises ou des consommateurs à ne pas acheter les produits de certaines marques, et ce afin de les contraindre à satisfaire aux exigences posées par celui ou celle qui organise cette campagne.

Cette pratique est clairement illégale en droit français[85], comme le confirme un arrêt rendu par chambre criminelle de la Cour de cassation le 22 mai 2012.

(80) Cass. soc., 9 nov. 1982, *Trailor* : *JCP* G 1983, II, 19995, concl. Gauthier ; *Dr. ouvrier* 1983, p. 275-278, obs. F. Saramito ; *D.* 1983, p. 531, note H. Sinay ; *Dr. soc.* 1983, p. 175 et s., chron. J. Savatier ; *BS* 1982, p. 117 et s., chron. J. Déprez.

(81) Cass. soc., 25 oct. 1979 : *D.* 1980, p. 313, note H. Sinay (grève à une escale sans préavis).

(82) TGI Le Mans, 6 mars 1979 et Angers, 22 oct. 1980 : *D.* 1981, p. 153, note G. Lyon-Caen.

(83) TGI Paris, 12 mai 1981 : *Dr. ouvrier* 1982, p. 68.

(84) TI Luneville : *Gaz. Pal.* 1980, I, p. 376.

(85) A. du Cheyron du Pavillon, *Le boycottage*, in *Les activités et les biens de l'entreprise : Mél. J. Derruppé*, Paris, Litec, 1991, p. 135-148. Pour des exemples modernes de boycott, A. Supiot, *Revisiter les droits d'action collective : Dr. soc.* 2001, 687.

Une militante avait apposé, sur une caisse enregistreuse d'un établissement Carrefour et sur une bouteille de jus de fruit proposée à la vente, des étiquettes autocollantes portant les mentions « Campagne boycott... Boycott Apartheid Israël. Boycott de tous les produits israéliens. Principales marques : Carmel, Jaffa, Top, Or, Teva... tant qu'Israël ne respectera pas le droit international ». Elle a été condamnée sur le fondement de l'article 24, alinéa 8, de la loi du 29 juillet 1881, pour provocation à la discrimination, à la haine ou à la violence à l'égard d'une personne ou d'un groupe de personnes à raison de leur origine ou de leur appartenance ou non-appartenance à une ethnie, une nation, une race ou une religion déterminée, ainsi qu'à verser des dommages et intérêts aux associations Avocats sans frontières et Chambre de commerce France Israël, constituées parties civiles[86].

C'est également la position en droit du travail où l'appel au boycott est considéré comme contraire à la liberté d'entreprise et discriminatoire sur le plan syndical[87].

La position de la Cour européenne des droits de l'homme est moins tranchée, la Cour mettant en balance la liberté syndicale et la liberté d'entreprendre, même si elle permet aux États de prohiber le boycott, comme le montre un arrêt rendu par la Cour le 10 juin 2021[88].

Dans cette affaire une juridiction norvégienne avait considéré comme illégal un projet de boycott organisé par un syndicat à l'encontre d'une compagnie maritime par des dockers syndiqués. Il s'agissait de s'opposer à ce qu'une société de transport maritime, Holship Norge AS, emploie des dockers en dehors d'une convention collective cadre applicable dans le port de Drammen.

La Cour a estimé que le refus de la Cour suprême de Norvège d'autoriser le boycott était resté dans les limites de sa large marge d'appréciation et qu'elle avait présenté des motifs pertinents et suffisants pour justifier sa conclusion finale dans les circonstances particulières de cette affaire et compte tenu de sa caractérisation de la nature et de l'objectif du boycott proposé. La Cour a toutefois souligné que, du point de vue de l'article 11 de la Convention EDH, la liberté d'établissement dans l'EEE ne constituait pas un contrepoids au droit fondamental de la liberté d'association, mais plutôt un élément, bien qu'important, à prendre en considération dans l'évaluation de la proportionnalité.

§ 3. – Responsabilité civile des employeurs

926. – Cadre général. Les tribunaux peuvent être saisis d'actions en responsabilité civile engagées par des grévistes qui considèrent avoir été contraints de faire grève à la suite de fautes commises par l'employeur.

Depuis 1959, la Cour de cassation répond favorablement à ces demandes ; ces hypothèses sont rares, mais elles permettront aux grévistes d'obtenir justice *via* les dommages et intérêts compensant la perte des salaires[89], dès lors que les salariés en

(86) Cass. crim., 22 mai 2012, n° 10-88.315, publié. – R. Medard Inghilterra, *Provocation à la discrimination et appel au boycott de produits étrangers : la Cour de cassation tranche le débat* : *RTDH* 8 déc. 2015.

(87) Sur le boycott, et son caractère illicite en général : Lire O. Filieule, L. Mathieu et C. Péchu, *Dictionnaire des mouvements sociaux*, Presses de Sciences Po, coll. « Références », 2e éd., 2020, 623 p. ; spéc. p. 86, par P. Balsiger.

(88) CEDH, 10 juin 2021, n° 45487/17, *Norwegian Confederation of Trade Unions (LO) et Norwegian Transport Worker's Union (NTF) c/ Norvège* : *RDT* 2021, 535, note K. Chatzilaou.

(89) Cass. soc., 12 mars 1959 : *Bull. civ.* IV, n° 378, p. 309. – Cass. soc., 27 nov. 1990, n° 88-45.790 : *Bull. civ.* V, n° 518. Lire J.-M. Verdier, *Au-delà de la réintégration et de l'indemnisation des grévistes : vers une protection spécifique des droits fondamentaux des travailleurs ?* : *Dr. soc.* 1991, 709.

grève ont cessé d'exécuter la prestation de travail non à l'appui d'une revendication mais « pour obtenir l'exécution d'un droit déjà acquis »[90].

Il s'agit bien ici de dommages et intérêts réparant le préjudice résultant de la privation des salaires, d'un montant correspondant au moins au total des sommes dont ils ont été privés, et non des salaires eux-mêmes : les sommes accordées ne sont donc soumises ni à charges, ni à impôt[91].

927. - **L'indifférence des termes de l'accord de fin de conflit.** L'employeur devra indemniser les grévistes même si l'accord de fin de conflit exclut le paiement des heures de grève dès lors qu'il ne saurait emporter renonciations individuelles à agir en justice ; c'est ce qui résulte d'un arrêt rendu par la chambre sociale de la Cour de cassation le 3 mai 2007[92].

La société Autogrill Paris Saint-Lazare avait connu un mouvement de grève déclenché le 7 mai 2004 qui s'est achevé le 11 mai 2004 par la signature d'un protocole d'accord de fin de grève prévoyant que l'employeur ne serait pas tenu de payer aux salariés grévistes leurs salaires correspondant à la période de la grève. Trente-trois salariés avaient saisi la juridiction prud'homale de demandes en paiement de sommes à titre d'indemnité compensatrice de la perte de salaires occasionnée par la grève, avec succès.

C'est ce que confirme le rejet du pourvoi. Pour la Cour de cassation, « le mouvement de grève ayant été notamment motivé par le non-paiement des heures supplémentaires et donc, à l'évidence, par un manquement grave et délibéré de l'employeur à ses obligations, le juge des référés a exactement décidé que l'obligation de l'employeur au paiement des provisions sollicitées n'était pas sérieusement contestable, nonobstant le protocole d'accord de fin de grève ».

928. - **La preuve d'une situation contraignante.**

• *Critères.* Les conditions posées sont stables depuis de très nombreuses années : l'employeur sera condamné lorsque les « salariés se sont trouvés dans une situation contraignante telle qu'ils ont été obligés de cesser le travail pour faire respecter leurs droits essentiels, directement lésés par suite d'un manquement grave et délibéré de l'employeur à ses obligations ». Ce sont les termes de l'arrêt *Pomona* rendu par la chambre sociale de la Cour de cassation le 20 février 1991, et qui a fait jurisprudence[93].

Une salariée avait participé le 19 novembre 1985 à une grève déclenchée par les syndicats pour protester, à la suite du licenciement d'un autre salarié, contre une violation de l'article L. 122-14 du Code du travail. Il était reproché à l'employeur d'avoir convoqué ce salarié à un entretien préalable en vue d'une sanction disciplinaire, puis de l'avoir licencié. La salariée a réclamé, devant la juridiction prud'homale, le paiement d'une indemnité égale aux salaires perdus du fait de cette grève, et a obtenu gain de cause en appel, cette dernière ayant énoncé « que la violation par la société Pomona de la disposition d'ordre public de l'article L. 122-14 du Code du travail ayant entraîné la grève du 19 novembre 1985 à laquelle a participé Mme X..., c'est à bon droit que l'employeur a été condamné à indemniser la salariée de la perte de rémunération correspondant aux heures de travail non accomplies ».

Tel n'est pas l'avis de la Cour de cassation qui censure cet arrêt. Après avoir rappelé la règle selon laquelle si « la grève ayant pour effet de suspendre l'exécution du contrat de travail, l'employeur n'est pas tenu de payer le salaire pendant la période de cessation du travail (...) ce n'est

(90) Cass. soc., 21 déc. 1977, n° 76-40.474 : *Bull. civ.* V, n° 726.

(91) Cass. soc., 23 oct. 1997, n° 95-19.444.

(92) Cass. soc., 3 mai 2007, n° 05-44.776, *Sté Autogrill Paris Saint-Lazare*, publié : *D.* 2007, 3033, obs. E. Dockès, F. Fouvet, C. Géniaut et A. Jeammaud ; *RDT* 2007, 538, obs. O. Leclerc ; *JCP* S 2007, 1546, note D. Asquinazi-Bailleux.

(93) Cass. soc., 20 févr. 1991, n° 88-44.792, publié : *JCP* G 1991, II, 21676, concl. P. Franck ; *Dr. soc.* 1991, p. 315-325, rapp. P. Waquet, obs. J. Savatier.

que dans le cas où les salariés se sont trouvés dans une situation contraignante telle qu'ils ont été obligés de cesser le travail pour faire respecter leurs droits essentiels, directement lésés par suite d'un manquement grave et délibéré de l'employeur à ses obligations, que celui-ci peut être condamné à payer aux grévistes une indemnité compensant la perte de leurs salaires ». Or, pour la Haute juridiction, « les faits reprochés à l'employeur ne constituaient pas un manquement grave et délibéré à ses obligations et n'étaient pas de nature à contraindre les salariés à une cessation concertée du travail ».

929. - *Prise d'acte.* Ces conditions permettent d'ailleurs aux salariés qui le souhaitent soit de prendre acte de la rupture de leur contrat de travail aux torts de l'employeur, soit de saisir la juridiction prud'homale d'une demande de résiliation judiciaire toujours aux torts de l'employeur, et produisant les effets d'un licenciement sans cause réelle et sérieuse[94].

930. - *Responsabilité des syndicats.* Seuls les salariés pourront agir en responsabilité civile, et non les syndicats en raison du caractère indirect de leur dommage ; c'est ce qui a été jugé s'agissant d'un syndicat qui réclamait à l'employeur le remboursement des frais de confection de tracts appelant à la grève ainsi que le manque à gagner résultant de l'impossibilité de percevoir les cotisations pendant la durée du conflit[95].

931. - Manquements en matière de paiement des salaires. Les manquements de l'employeur en matière salariale sont fréquemment visés pour accorder aux grévistes réparation des préjudices consécutifs à la grève déclenchée. Sera ainsi sanctionné le non-paiement des salaires à l'échéance pendant quatre années[96], à condition toutefois que ces retards ne soient pas imputables aux difficultés économiques rencontrées par l'entreprise[97]. Le juge contrôlera que ces difficultés étaient suffisamment importantes pour justifier les retards, sinon il condamnera l'employeur comme dans cette affaire où l'entreprise qui, après une phase de redressement judiciaire, avait récupéré une bonne trésorerie et où le non-paiement des salaires apparaissait délibéré[98]. En cas de refus pur et simple de payer les salaires, la condamnation sera plus aisée à obtenir[99].

L'employeur pourra être condamné, que le non-paiement soit total (on imagine que le recours à la grève comme moyen de légitime défense collective sera rapide)[100] ou simplement partiel[101] et résulte par exemple de retenues indues opérées par l'employeur[102], d'une réduction délibérée de la cadence de travail pour entraîner une baisse artificielle de la rémunération des salariés[103] ou du refus de payer les heures supplémentaires[104].

(94) Cass. soc., 14 oct. 2015, n° 14-10.145.

(95) CA Rennes, 30 oct. 1980 : *D.* 1981, p. 153, note G. Lyon-Caen ; *Dr. soc.* 1981, p. 545, obs. J. Savatier.

(96) Cass. soc., 12 mars 1959 : *D.* 1959, p. 241.

(97) Cass. soc., 28 oct. 1997, n° 96-41.777 : *Bull. civ.* V, n° 335. – Cass. soc., 26 janv. 2000, AGS de Paris : *D.* 2000, IR, p. 67. – Cass. soc., 14 oct. 2000, n° 18-24.765. – Cass. soc., 20 juin 2006, n° 05-40.662, publié.

(98) Cass. soc., 7 juin 2006, n° 04-46.664 : *Bull. civ.* V, n° 205 : *JCP S* 2006, 1648, note R. Vatinet.

(99) Cass. soc., 14 mars 1979, n° 76-41.143, *Sté Visseries Danjou* : *Bull. civ.* V, n° 232 ; *Dr. ouvrier* 1980, p. 61, note M. Petit.

(100) H. Sinay considère que la grève est un moyen licite de se faire justice à soi-même, *Traité de droit du travail*, préc., § 1.

(101) Cass. soc., 24 avr. 2003, n° 01-46.968, *M. Frédéric C.*

(102) Cass. soc., 29 janv. 1975, n° 73-40.438.

(103) Cass. soc., 29 janv. 1975, préc. – Cass. soc., 4 oct. 2005, n° 04-44.795, *M. Frédéric C.*

(104) Cass. soc., 3 mai 2007, n° 05-44.776, *Sté Autogrill Paris Saint-Lazare*, publié : *D.* 2007, 3033, obs. E. Dockès, F. Fouvet, C. Géniaut et A. Jeammaud ; *RDT* 2007, 538, obs. O. Leclerc ; *JCP S* 2007, 1546, note D. Asquinazi-Bailleux.

932. - **Manquements à l'obligation de sécurité.** Les tribunaux sanctionnent également des manquements à l'obligation de sécurité, qu'il s'agisse de prescriptions légales impératives ayant entraîné le décès accidentel d'un salarié[105], de manquements aux règles élémentaires de prudence[106], ou encore des risques auxquels l'employeur expose le personnel en l'incitant, par le biais du paiement de primes de rentabilité, à dépasser la durée normale de travail[107].

933. - **Manquement en matière de durée du travail et de congés.** L'employeur sera également condamné en raison de ses manquements en matière de durée du travail et de congés[108], ou du refus d'appliquer les dispositions d'un précédent accord de fin de conflit[109].

Sont également sanctionnés tous les comportements de l'employeur visant à entraver d'une manière détournée le fonctionnement normal de l'entreprise[110].

934. - **Bonne foi de l'employeur.** L'employeur qui aura fait de son mieux pour mettre fin à des violences ne sera pas condamné : c'est ce qu'illustre un arrêt rendu par la chambre sociale de la Cour de cassation le 9 mai 2012[111].

Huit salariés de l'association Les Lauriers avaient cessé collectivement de travailler les 16 février 2006, puis avaient invoqué l'exercice de leur droit de retrait les 20, 21 et 22 février 2006 dans le cadre d'un mouvement de grève. Estimant que leur employeur devait payer leurs salaires pendant ces périodes, les intéressés ont saisi la juridiction prud'homale, mais n'ont pas obtenu gain de cause.

Reprenant les éléments relevés par la cour d'appel, la Cour de cassation observe que « la direction s'était préoccupée, avant les faits survenus le 16 février 2006, d'améliorer le dispositif en place au sein du foyer ainsi qu'en attestent les comptes rendus du conseil d'établissement des 11 janvier et 15 février 2006, qu'elle avait mis en œuvre des sessions de formation liées à la gestion de la violence l'année précédente, qu'elle avait, par ailleurs, engagé le 17 février 2006 concomitamment au dépôt du préavis de grève, une négociation avec une délégation syndicale et fait des propositions concrètes, pour une meilleure maîtrise des phénomènes de violence, et qu'enfin elle avait immédiatement pris des mesures pour faire en sorte que les auteurs des violences perpétrées le 16 février quittent l'établissement, [ainsi la cour d'appel] a fait ressortir que l'attitude de l'employeur ne constituait pas un manquement grave et délibéré à ses obligations et n'était pas de nature à contraindre les salariés à une cessation concertée du travail les 20, 21 et 22 février 2006 ».

Ne seront en revanche pas sanctionnés le refus de négocier sur la base des revendications présentées par les grévistes[112], le refus de consigner par écrit un accord de fin de conflit[113], la dénonciation régulière d'un accord collectif, ni d'ailleurs son application[114], l'octroi d'une prime, même illicite par son caractère discriminatoire, aux non-grévistes[115], les mesures concernant l'organisation du travail[116], le fait de ne pas

(105) Cass. soc., 10 déc. 1986, n° 83-41.502, publié : *JCP* E 1986, II, 15092, note P. Salvage.
(106) Cass. soc., 20 févr. 1991, n° 89-40.280.
(107) Cass. soc., 21 mai 1997, n° 95-42.542 : *Bull. civ.* V, n° 183 ; *Dr. soc.* 1997, p. 763, obs. J.-E. Ray.
(108) Cass. soc., 16 déc. 2009, n° 07-41.768 (refus d'accorder des jours de RTT prévus par accord collectif).
(109) Cass. soc., 24 avr. 2003, 6 arrêts.
(110) Cass. soc., 26 févr. 1992, n° 90-15.459, publié.
(111) Cass. soc., 9 mai 2012, n° 10-27.115.
(112) Cass. soc., 9 nov. 1982, n° 80-13.958, publié : *JCP* G 1983, II, 19995, concl. Gauthier.
(113) Cass. soc., 20 janv. 1993, n° 90-44.074 : *Bull. civ.* V, n° 13.
(114) Cass. soc., 17 avr. 2013, n° 11-27.146, publié.
(115) Cass. soc., 2 mars 1994, n° 92-41.134 : *Bull. civ.* V, n° 75 ; *JCP* E 1994, II, 594, note J. Savatier.
(116) Cass. soc., 22 janv. 1975, n° 73-40.548 : *Bull. civ.* V, n° 25, p. 23.

avoir épuisé toutes les voies possibles pour éviter des licenciements économiques[117], ou encore le fait d'avoir manqué aux obligations procédurales en matière de licenciement pour motif économique[118]. L'employeur qui n'applique pas une recommandation patronale émanant d'une organisation professionnelle à laquelle il n'adhère pas ne commet évidemment aucune faute puisque la discipline propre à l'organisation lui est étrangère[119].

(117) Cass. soc., 14 déc. 1961, n° 57-40.753 : *Bull. civ.* IV, n° 1039, p. 829.
(118) Cass. soc., 20 févr. 1991, préc.
(119) Cass. soc., 29 mai 1996, n° 94-41.948 : *Bull. civ.* V, n° 214.

TITRE 3 LE RÈGLEMENT IMPOSÉ. L'AMNISTIE

935. - Introduction. Il est rare que les conflits collectifs ne soient pas réglés par la négociation, formelle ou informelle, entre les parties prenantes. Il est encore plus rare qu'une fois le conflit réglé des poursuites pénales soient engagées, même si, comme nous l'avons vu, les occasions sont finalement assez nombreuses.

Pour éteindre les foyers contentieux et passer définitivement l'éponge sur les fautes qui auraient pu être commises, le Parlement peut adopter une loi d'amnistie qui aura un effet radical, celui d'effacer toute trace des fautes anciennes, voire très anciennes. Il s'agit soit d'une mesure de pardon, soit de réparer des condamnations considérées comme injustes.

936. - Une pratique passée. La France a eu régulièrement recours à l'amnistie, notamment en matière sociale, jusqu'en 2002 : loi du 6 août 1953, loi du 6 juin 1956, loi du 31 juillet 1959, lois des 17 et 18 juin 1966, loi du 30 juin 1969, loi du 16 juillet 1974 à l'occasion de l'élection de Valéry Giscard d'Estaing à la Présidence de la République[1], loi n° 81-736 du 4 août 1981 à l'occasion de l'élection de François Mitterrand à la Présidence de la République[2], loi n° 88-828 du 20 juillet 1988 à l'occasion de la réélection de François Mitterrand à la Présidence de la République[3], loi n° 95-884 du 3 août 1995 à l'occasion de l'élection de Jacques Chirac à la Présidence de la République, puis loi n° 2002-1062 du 6 août 2002 à l'occasion de la réélection de Jacques Chirac[4]. Il n'y a pas eu d'autres lois d'amnistie depuis 2002, même si des propositions de loi sont régulièrement déposées sur le bureau de l'Assemblée nationale[5] et que l'un des candidats à la présidentielle de 2022 avait promis une loi d'amnistie pour les gilets jaunes.

937. - Plan. Nous examinerons les bénéficiaires de l'amnistie (Chapitre 1) et la déchéance du droit à l'amnistie (Chapitre 2).

(1) *JO* 17 juill., p. 7443.

(2) J. Audinet, *La loi d'amnistie et le droit du travail : JCP* G 1982, I, 3059. – G. Dedessus-Le-Moustier, *L'amnistie en droit du travail*, PU Septentrion, 1999, 552 p.

(3) J.-M. Gonnard, La loi du 20 juill. 1988 portant amnistie : JCP G 1988, I, 3353.

(4) Art. 12 et Circ. DRT 2002/17, 16 sept. 2002. – F. Duquesne, *L'amnistie des fautes disciplinaires des salariés. Réflexion sur les sources du pouvoir de sanction dans l'entreprise privée : Dr. soc.* 2002, p. 959.

(5) Le Sénat a adopté le 27 février 2013 une proposition de loi d'amnistie portant amnistie des faits commis à l'occasion de mouvements sociaux et d'activités syndicales et revendicatives (n° 102).

CHAPITRE 1 **LE BÉNÉFICE DE L'AMNISTIE**

938. - Bénéficiaires. C'est le législateur qui définit le cadre personnel de l'amnistie. Pour demeurer dans le champ des conflits collectifs, s'il est fréquent que l'amnistie bénéficie aux grévistes, parfois aux syndicats, l'amnistie des infractions commises par les employeurs est beaucoup plus rare.

En toutes hypothèses, les lois d'amnistie comportent une clause de style selon laquelle « l'amnistie ne préjudicie pas aux droits des tiers », ce qui permet aux tiers victimes de pouvoir agir en responsabilité civile contre les bénéficiaires de l'amnistie.

939. - Amnistie pénale. L'amnistie vise pour l'essentiel à effacer certaines condamnations pénales, soit sur le critère de gravité des sanctions, soit en raison de la nature des infractions.

Ainsi, la loi du 16 juillet 1974 amnistiait les délits commis « à l'occasion de conflits du travail » (art. 2). La loi excluait toute amnistie pour certaines infractions pénales, comme les séquestrations (art. 23), ainsi que les « infractions à la législation et à la réglementation du travail » (art. 23).

La loi du 4 août 1981 (art. 2-2°) amnistiait pour sa part les « 2° Délits commis (…) à l'occasion de (…) de conflits du travail, à l'occasion d'activités syndicales et revendicatives ».

La loi du 20 juillet 1988 visait les « délits commis à l'occasion de conflits du travail ou à l'occasion d'activités syndicales et revendicatives de salariés et d'agents publics, y compris au cours de manifestations sur la voie publique ou dans des lieux publics » (art. 2). L'amnistie s'étendait d'ailleurs plus largement aux « délits en relation avec des conflits de caractère industriel, agricole, rural, artisanal ou commercial, y compris au cours de manifestations sur la voie publique ou dans des lieux publics ».

La loi du 3 août 1995 amnistiait les vols commis par un salarié au préjudice de son employeur, ce qui permit d'amnistier le vol de documents emportés à des fins de production devant le conseil de prud'hommes[1] avant que la Cour de cassation n'écarte la qualification de vol dans cette hypothèse[2].

L'article 3 de la loi du 6 août 2002 déclarait « amnistiés, lorsqu'ils sont passibles de moins de dix ans d'emprisonnement, les délits commis (…) à l'occasion de conflits du travail ou à l'occasion d'activités syndicales et revendicatives de salariés, d'agents publics et de membres de professions libérales, y compris au cours de manifestations sur la voie publique ou dans des lieux publics ».

(1) Cass. crim., 13 oct. 1998, *Magdelaine* : *RJS* 1999, n° 847.

(2) Cass. crim., 11 mai 2004 : *Dr. soc.* 2004, p. 938, chron. F. Duquesne ; *JCP* G 2004, II, 10124, note C. Girault ; *D.* 2004, p. 2326, note H. Kobina Gaba. – Cass. crim., 9 juin 2009 : *Dr. soc.* 2009, p. 1182, chron. F. Desprez.

940. - Amnistie disciplinaire. L'amnistie des sanctions disciplinaires des acteurs des conflits collectifs a été fortement pratiquée à partir de la loi n° 74-643 du 16 juillet 1974 portant amnistie (art. 10 et 12).

La loi du 4 août 1981 amnistiait en effet les « faits retenus comme motifs de sanctions prononcées par un employeur » (art. 14). L'inspection du travail devait veiller « à ce qu'il ne puisse être fait état des faits amnistiés. À cet effet, elle s'assure du retrait des mentions relatives à ces sanctions dans les dossiers de toute nature concernant les travailleurs qui bénéficient de l'amnistie ».

La loi du 20 juillet 1988 (art. 15, I) a repris cette disposition et a même étendu l'amnistie aux faits « susceptibles » de l'être à titre de sanction par l'employeur.

Cette mesure fut également reprise par la loi du 3 août 1995 (art. 15) ainsi que par celle du 6 août 2002 (art. 12).

941. - Droit à réintégration. On s'est demandé si un salarié licencié pour des fautes amnistiées pourrait demander sa réintégration. Sans disposition légale en ce sens, une réponse négative s'impose dans la mesure où les lois d'amnistie comportent une clause de style préservant les droits des tiers.

Mais les lois d'amnistie du 4 août 1981 (art. 14, II) et 20 juillet 1988 (art. 15) l'avaient prévu au bénéfice des représentants du personnel, élus ou désignés, lorsque les faits fondant leur licenciement avaient été amnistiés, à l'exception des licenciements prononcés pour faute lourde. En pratique, les salariés ont peu utilisé cette possibilité ; selon la circulaire du 3 août 1995, quarante-quatre personnes auraient effectivement été réintégrées après la loi de 1981, dix-sept après celle de 1988.

La mesure n'a pas été reconduite en 1995, ni en 2002, la loi du 6 août 2012 ayant au contraire indiqué, dans son article 20, que : « L'amnistie n'entraîne de droit la réintégration ni dans les offices publics ou ministériels ni dans les fonctions, emplois, grades ou professions, publics ou privés ».

942. - Sort des poursuites civiles. On s'est également interrogé sur les suites civiles de l'amnistie intervenue en matière pénale ou disciplinaire, la question étant de savoir si la mesure efface les qualifications ou fait plus radicalement disparaître les faits.

S'agissant de la loi du 4 août 1981, la circulaire n° 1422 du 20 août 1981 semblait considérer que toute poursuite civile serait impossible, avant qu'une autre circulaire n° 81-736 du 27 novembre 1981 prenne une position inverse, rejoignant d'ailleurs en cela une doctrine dominante[3] et une jurisprudence constante[4]. En toute hypothèse les salariés, même amnistiés, peuvent toujours faire l'objet d'une mesure de licenciement pour motif économique qui ne repose pas sur un motif inhérent à la personne du salarié[5].

(3) Chevallier, *Des effets de l'amnistie sur les sanctions disciplinaires*, Travaux de la Conférence de droit pénal, 1926. – Levasseur, *L'amnistie, son influence sur le droit disciplinaire*, 1933. – J. Savatier, *L'amnistie des sanctions disciplinaires dans les entreprises : Dr. soc.* 1981, p. 609.

(4) CE, 20 févr. 1925 : *Gaz. Pal.* 1925, 1, p. 583 : l'État peut révoquer un fonctionnaire en se fondant sur des faits pénalement amnistiés. – Cass. req., 5 juill. 1932 : *DH* 1932, p. 476. – CE, 10 juin 1994 : *RJS* 1994, n° 1012 (licenciement pour perte de confiance).

(5) Cass. soc., 4 nov. 1981 : *Gaz. Pal.* 1981, 2, p. 763, note M. Rayro (loi de 1981). – Cass. soc., 19 déc. 1989, *aff. des dix de Renault-Billancourt*, préc.

CHAPITRE 2 LA DÉCHÉANCE DU DROIT À L'AMNISTIE

943. - Plan. Les lois d'amnistie fixent elles-mêmes les limites à ne pas franchir (Section 1). La jurisprudence a toujours fait de ces exclusions une interprétation large (Section 2).

SECTION 1 LES EXCLUSIONS LÉGALES

944. - Fondement constitutionnel. Le Conseil constitutionnel a fixé ici la ligne que le législateur n'a pas le droit de franchir : l'amnistie ne peut bénéficier à une personne condamnée en raison de sa faute lourde, sans porter une atteinte disproportionnée aux droits de l'employeur[1].

945. - Illustrations. Les lois d'amnistie comportent toutes des exclusions privatives du droit à l'amnistie.

La loi du 20 juillet 1988 excluait ainsi, dans son article 20, des délits « patronaux » comme « les délits prévus et punis par les articles (...) L. 125-3 et L. 152-3 relatifs au marchandage ; articles L. 324-9 et L. 362-3 relatifs au travail clandestin ; articles L. 364-2, L. 364-2-1, L. 364-2-2, L. 364-3 et L. 364-4 relatifs aux trafics de main-d'œuvre étrangère » de même que « 16° Sous réserve des dispositions du 2° de l'article 2, les autres délits et contraventions en matière de législation et de réglementation du travail, à l'exception, d'une part, des contraventions passibles d'une peine d'amende égale ou inférieure à 1 300 F, d'autre part, des délits et contraventions ayant fait l'objet, à titre de peine principale, d'une amende égale ou inférieure à 2 500 F, sous réserve du paiement de celle-ci lorsqu'elle n'aura pas été assortie du sursis, dès lors que cette peine résulte d'une condamnation devenue définitive depuis plus de trois ans à la date d'entrée en vigueur de la présente loi ».

L'article 25 de la loi du 3 août 1995 excluait également une série de délits patronaux, précisément « les délits prévus par les articles (...) L. 125-1, L. 125-3 et L. 152-3 relatifs au marchandage, articles L. 324-9 et L. 362-3 relatifs au travail clandestin, articles L. 364-1 à L. 364-6 relatifs au trafic de main-d'œuvre étrangère, articles L. 631-1 et L. 631-2 relatifs à l'entrave à l'action des inspecteurs du travail ».

La loi du 6 août 2002 a ainsi exclu, dans son article 11, et sous réserve des amnisties individuelles accordées par décret présidentiel, « les faits constituant des manque-

(1) Cons. const., 20 juill. 1988, n° 88-244.

ments à l'honneur, à la probité ou aux bonnes mœurs », ainsi que de nombreux délits patronaux.

SECTION 2 UNE INTERPRÉTATION JURISPRUDENTIELLE LARGE

946. – Constat. La jurisprudence a fait de ces mesures d'exclusion une interprétation assez large et défavorable à ses bénéficiaires, en écartant l'amnistie des grévistes pour des participations à des mouvements de revendication illicites[2], à des séquestrations[3], à des écoutes téléphoniques clandestines[4], à des violences volontaires sur un responsable de l'entreprise[5] ou des non-grévistes[6], à des vols de documents comptables[7], ou encore s'agissant de grévistes « participants actifs aux piquets de grève, qui avaient refusé d'exécuter l'ordre d'évacuation des locaux de travail prescrit par trois ordonnances du juge des référés, interdit l'accès de l'entreprise à du personnel chargé d'assurer la sécurité et pris part à l'occupation des locaux administratifs de l'entreprise au cours de laquelle ont été proférées des injures et des menaces contre le personnel d'encadrement »[8].

Ont en revanche bénéficié de l'amnistie des grévistes ayant retenu sans violences l'employeur dans ses bureaux afin de le pousser à négocier avec les grévistes[9], la distribution de tracts diffamatoires pour les dirigeants de l'entreprise[10], ou encore le blocage des accès à l'entreprise pendant deux jours, en dépit d'une ordonnance ordonnant l'expulsion des occupants[11].

(2) Cass. soc., 19 déc. 1989 (*aff. des dix de Renault-Billancourt*), préc.

(3) Cass. soc., 16 janv. 1991 : *Bull. civ.* V, n° 11, p. 7.

(4) Cass. soc., 3 févr. 1993 : *RJS* 1993, n° 256. – CA Bordeaux, ch. soc., 28 déc. 1999, *Bidart c/ EDF production transport énergie Aquitaine : Cah. jurispr. Aquitaine* 2000, n° 5538.

(5) Cass. soc., 19 déc. 1990 : *Bull. civ.* V, n° 676, p. 408.

(6) Cass. soc., 24 nov. 1992, n° 4073 D.

(7) CE, 11 mars 1994 : *RJS* 1994, n° 572.

(8) CE, 8e et 3e ss-sect. réunies, 29 nov. 2002, n° 217339.

(9) Cass. soc., 30 juin 1988 : *Dr. ouvrier* 1988, p. 393.

(10) CE, 11 mars 1994, préc.

(11) CE, 5 oct. 1998, n° 168381, *Sté des transports Vacher : Lebon.*

Bibliographie

I. OUVRAGES SPÉCIALISÉS – THÈSES

– G. ADAM, *Histoire des grèves*, Bordas, coll. « Voir l'Histoire », 1981, 127 p.

– G. ADAM et J.-D. REYNAUD, *Conflits du travail et changement social*, PUF, coll. « Sociologie », 1978, 389 p.

– P.-H. ANTONMATTEI, *Contribution à l'étude de la force majeure*, Paris, LGDJ, coll. « Bibl. de droit privé », t. 220, Paris, 315 p. ; *Droit du travail*, LGDJ-Lextenso, coll. « Précis Domat », 2e éd., 2022, 1144 p., nos 1186 et s.

– P. AUGIER, *Arbitrage et surarbitrage dans les conflits collectifs du travail*, préf. W. BERTRAND, Sirey, 1938, 233 p.

– G. AUZERO, D. BAUGARD et E. DOCKÈS, *Droit du travail*, Précis Dalloz, 36e éd., 2023, 2 058 p. (nos 1503 à 1577).

– A. BONALDI, *L'appartenance du salarié à l'entreprise*, thèse dir. F. FAVENNEC-HÉRY, Université Paris 2, soutenue le 11 janv. 2021.

– C. BRÉCHON-MOULÈNES, *Les régimes législatifs de responsabilité publique*, LGDJ, 1975, 559 p.

– G. CAIRE, *La grève ouvrière*, Les Éditions ouvrières, 1978.

Ouvrages collectifs– *Le droit de grève*, Paris, Félix Alcan, coll. « Bibl. générale des sciences sociales », 1909.

– S. BÉROUD et *al.*, *La lutte continue ?*, Paris, Les Éditions du Croquant, 2008.

– R. CASTEL, *Les métamorphoses de la question sociale. Une chronique du salariat*, Paris, Gallimard, 1re éd., 1995, 494 p.

– K. CHATZILAOU, *L'action collective des travailleurs et les libertés économiques. Essai sur une rencontre dans les ordres juridiques nationaux et supranationaux*, préf. A. LYON-CAEN, Institut universitaire Varenne, 2016, 570 p.

– A. CŒURET, B. GAURIAU et M. MINÉ, *Droit du travail*, Sirey, 3e éd., 2013, 798 p., spéc. nos 1604 et s.

– G. COUTURIER, *Droit du travail. 2/ Les relations collectives de travail*, PUF, coll. « Droit fondamental », 2e éd., 1994.

– A. CRISTAU, *Grève et contrats*, thèse, Paris I, dir. J.-E. RAY, 1999.

– G. DEDESSUS-LE-MOUSTIER, *L'amnistie en droit du travail*, PU Septentrion, 1999, 552 p.

– S. DELBREL, *Zola, peintre de la justice et du droit*, Dalloz, nov. 2021, 445 p.

– J.-M. DENIS (dir.), *Le conflit en grève ? Tendances et perspectives de la conflictualité contemporaine*, Paris, éd. La Dispute, 2005, 359 p.

– S. DION-LOYE, *Le fait de grève*, thèse, Dijon, 1989.

– L. DUGUIT, *Leçons de droit public général*, Paris, éd. La Mémoire du droit, 2000, 340 p.

– P. DURAND et A. VITU, *Traité de droit du travail*, t. 3, Dalloz, 1956.

– B. EDELMAN, *La légalisation de la classe ouvrière*, t. 1 : *L'entreprise*, Christian Bourgois éd., 1978, 254 p.

– F. FAVENNEC-HÉRY, P.-Y. VERKINDT et G. DUCHANGE, *Droit du travail*, 8e éd., 2022, 776 p., spéc. nos 239 et s.

– O. FILIEULE, L. MATHIEU et C. PÉCHU, *Dictionnaire des mouvements sociaux*, Presses de Sciences Po, coll. « Références », 2e éd., 2020, 623 p.

– A. GANZER, *La licéité de la grève dans les entreprises du secteur privé et dans les services publics*, thèse, Nancy, 1993.

– C. GIDE, H. BERTHÉLEMY, P. BUREAU, A. KEUFFER, C. PERREAU, Ch. PICQUENARD, A.-E. SAYOUS, F. FAGNOT et E. VANDERVELDE, *Le droit de grève*, Paris, Félix Alcan, janv. 1910, 270 p.

– B. GIRAUD, *Faire la grève. Les conditions de l'appropriation de la grève dans les conflits du travail en France*, dir. M. OFFERLÉ, thèse, Paris I, 2009.

– GR-PACT, dir. E. DOCKÈS, *Proposition de code du travail*, Dalloz, 2017, 399 p.

– G. GROUX et J.-M. PERNOT, *La grève*, Presses de Sciences Po, 2008, 149 p.

– J.-C. JAVILLIER, *Recherche sur les conflits collectifs du travail*, thèse, Université Paris 1, 1973 ; *Les conflits du travail*, PUF, coll. « Que sais-je ? », 1976, 126 p.

– L. JOSSERAND, *De l'esprit des lois et de leur relativité. Théorie dite de l'Abus des Droits*, Dalloz, 1927, 426 p.

– R. LATOURNERIE, *Le droit français de la grève*, Sirey, 1972, 791 p.

– J. LE GOFF, *Du silence à la parole. Une histoire du droit du travail. Des années 1830 à nos jours, 2004*, PUR, 4e éd., 2019, 684 p.

– P. LOKIEC, *Droit du travail*, PUF, coll. « Themis », 2e éd., sept. 2022, 1 000 p., spéc. nos 916 et s.

– F. LUCHAIRE, *La protection constitutionnelle des droits et libertés*, Economica, 1987.

– G. LYON-CAEN, *Le droit du travail non salarié*, Sirey, 1990.

– N. MOLFESSIS, *Le Conseil constitutionnel et le droit privé*, coll. « Bibl. dr. privé », LGDJ, 1997, t. 287.

– M. MOREAU, *La grève*, Economica, coll. « Droit poche », 1998, p. 66.

– P. MORVAN, *Restructurations en droit social*, LexisNexis, coll. « Droit et professionnels », 4e éd., 2017, 1 188 p.

– M. OLSON, *Logique de l'action collective*, PUF, 1978.

– P. PIC, *Traité élémentaire de législation industrielle. Les lois ouvrières*, Paris, Arthur Rousseau éd., 1 206 p.

– R. DE QUENAUDON, *Recherche sur la représentation volontaire dans ses dimensions internes et internationales*, thèse, Strasbourg, 1979, 596 p.

– C. RADÉ, *Droit du travail et responsabilité civile*, LGDJ, coll. « Bibl. dr. privé », 1997, n° 282, préf. J. HAUSER, 398 p.

– A. RAMIN, *Le lock-out et le chômage technique*, LGDJ, 1977.

– J.-E. RAY, *Les pouvoirs de l'employeur à l'occasion de la grève*, thèse, Paris, Librairies Techniques, 1985, Litec, coll. « Actualités de droit de l'entreprise », janv. 1986, 428 p.

– D. REID, *L'affaire Lip. 1968-1981*, Rennes, PUR, coll. « Histoire », 2020, 537 p., trad. H. CHUQUET, préf. P. FRIDENSON.

– J.-D. REYNAUD, *Sociologie des conflits du travail*, PUF, 1982.

– P. SAINT GIRONS, *L'assurance patronale contre la grève*, Sirey, 1908, 412 p.

– R. SALOMON et A. MARTINEL, *Droit pénal social*, Economica, 7e éd., 2023, 1 011 p.

– G. SCELLE, *Précis élémentaire de législation industrielle*, Sirey, 1927, 362 p.

– D. SIMONNOT, *Plus noir dans la nuit : la grande grève des mineurs de 1948 : récit*, Paris, Calmann-Lévy, 2014, 267 p.

– H. SINAY, *Droit du travail. La grève*, Dalloz, 1re éd., 1966, 522 p. ; mise à jour 1984 (avec J.-C. JAVILLIER).

– S. SIROT, *La grève en France, XIXe-XXe siècles, une histoire sociale*, éd. O. Jacob, 2002.

– A. SUPIOT, *L'esprit de Philadelphie. La justice sociale face au marché total*, Paris, Seuil, 2010, p. 124 ; *Critique du droit du travail*, PUF, coll. « Les voies du droit », 1994, 280 p.

– J. TANGUY, *Grèves, Conflits du travail et performances des entreprises en France*, thèse de sciences économiques, dirigée par P. MUSSO et C. SALMON, Université de Grenoble, 6 déc. 2012, 207 p.

– B. TEYSSIÉ, *La grève*, Dalloz, coll. « Connaissance du droit », 1994, 131 p. ; *Relations collectives de travail*, LexisNexis, 13e éd., 2023, spéc. p. 1175-1324.

– M. VERVOORT, *L'exercice du droit de grève dans le secteur privé*, thèse, Université Nice Sophia-Antipolis, dir. P. REIS, 2015.

II. ARTICLES COLLECTIFS ET ÉTUDES PARTICULIÈRES

ARTICLES COLLECTIFS

– S. ADELNOUR et S. BERNARD, *Faire grève hors du salariat et à distance ? Les pratiques protestataires des chauffeurs de VTC : Mouvements* 2020/3, n° 103, p. 50-61.

– C. ANDRÉ-HESSE et J. CORET, *Les débordements dans le cadre de mouvements sociaux et la responsabilité pénale : JCP* S 2016, aperçu rapide, 182.

– P. BAILLY et GISTI, *Le travailleur sans papiers peut-il se prévaloir des règles du licenciement ? : RDT* 2011, 221.

– X. BAO et G. MURRAY, *Évolutions récentes des conflits collectifs du travail dans les entreprises : Chron. int. IRES* déc. 2016, n° 156, p. 116-134.

– S. BÉROUD, J.-M. DENIS, G. DESAGE, B. GIRAUD, J. PÉLISSE et É. PÉNISSAT, *Entre grèves et conflits : les luttes quotidiennes au travail*, Centre d'étude de l'emploi, juin 2008, n° 49, p. 53.

– S. BÉROUD, J.-M. DENIS, B. GIRAUD et J. PÉLISSE, *Une nouvelle donne ? Regain et transformation des conflits au travail*, in *Les relations sociales en entreprise*, T. AMOSSÉ et a., La Découverte, coll. « Recherches », 2008, p. 223-255.

– S. BÉROUD et B. GIRAUD, *Restriction au droit de grève et stratégies syndicales dans les transports publics. L'exemple du mouvement des TCL à l'automne 2009 : Savoir/agir* 2010/2, n° 12, p. 9-18.

– S. BÉROUD et R. MOURIAUX, *Continuités et évolutions de la conflictualité sociale*, in *Le conflit en grève ? Tendances et perspectives de la conflictualité contemporaine*, éd. La Dispute, coll. « L'état des lieux », 2005, p. 121-144.

– P. BLAVIER, T. HAUTE et É. PÉNISSAT, *La grève, entre soubresauts et déclin : Mouvements* 2002/3, n° 103, p. 11-21.

– A. BRAUN et A. GENTILHOMME, *Réquisitoires contre les réquisitions : le CE face aux normes de l'OIT : Dr. ouvrier* 2011, p. 507.

– R. CARNAC et G. DESCLOUX, *Religion(s) et mouvements sociaux, in* O. FILIEULE, L. MATHIEU et C. PÉCHU, *Dictionnaire des mouvements sociaux*, Presses de Sciences Po, coll. « Références », 2e éd., 2020, 623 p., p. 488.

– V. CHAMPEIL-DESPLATS et É. MILLARD, *Viking et Laval : que reste-t-il du droit social européen ?*, in *Mél. en l'honneur d'A. Lyon-Caen*, Dalloz, 2018, p. 205.

– V.-A. CHAPPE, J.-M. DENIS et C. GUILLAUME, *Évolutions de la conflictualité et des usages du droit à la CFDT*, Rapport final, déc. 2018, 197 p., à propos de la Caisse nationale d'action syndicale de la CFDT.

– M. CORTI et A. SARTORI, *Les droits des conflits collectifs (2nde partie) : RDT* 2010, 321.

– G. DESAGE et É. ROSANKIS, *Négociation collective et grève dans les entreprises du secteur marchand en 2010 : des négociations sur l'emploi des salariés âgés au conflit sur la réforme des retraites*, Document d'étude de la DARES, août 2012, n° 053.

– O. FILIEULE et P. FAVRE, *Manifestation, in* O. FILIEULE, L. MATHIEU et C. PÉCHU, *Dictionnaire des mouvements sociaux*, Presses de Sciences Po, coll. « Références », 2e éd., 2020, 623 p., p. 363.

– B. GERNIGON, A. ODERO et H. GUIDO, *Les principes de l'OIT sur le droit de grève*, 1re éd. in *RI trav.* 1998, vol. 137, n° 4.

– B. GIRAUD (dir.), *Les métamorphoses de la grève*, *Problèmes politiques et sociaux*, Doc. fr., févr. 2010, n° 969, 118 p.

– B. GIRAUD et É. PÉNISSAT, *La dynamique des grèves et des conflits du travail en France. Le point de vue sociologique*, in *Grève et droit public – 70 ans de reconnaissance*, F CROUZATIER-DURAND et N. KADA (dir.), LGDJ, PU Toulouse 1 Capitole, 2017, p. 95-111.

– G. GROUX et J.-M. PERNOT, *La grève*, Paris, Presses de Sciences Po, coll. « Contester », 2008, p. 13.

– A. JEAMMAUD et M. LE FRIANT, *La grève, le juge et la négociation : Dr. soc.* 1990, 167.

– M. JULIEN et E. MAZUYER, *Le droit du travail à l'épreuve des plateformes numériques : RDT* 2018, 189.

– S. LAULOM et F. LEFRESNE, *Dessein et destin de quatre arrêts de la Cour de justice des Communautés européennes. Peut-on maintenir la spécificité des modèles sociaux en Europe ? : Rev. IRES* 2009/4, p. 127.

– O. LECLERC et C. WOLMARK, *La grève des salariés sans-papiers : RDT* 2009, 177.

– O. MAGNAVAL et M. BRIÈRE, *Le dialogue social redessiné par la loi de transformation de la fonction publique : JCP* A 2019, 2273.

– A. MARTINON, F. LECONTE et I. TARAUD, *Réquisitionner : RDT* 2011, 9.

– B. MATHIEU et S. DION-LOYE : *RFD const.* 1991, p. 509-528.

– B. MATHIEU et M. VERPEAUX, *L'aide apportée par les collectivités locales aux grévistes : une compétence incertaine, des conséquences contestables : Dr. soc.* 1991, 944.

– N. OLSZAK et S. SCHAEFFER, *Les accords régionaux sur le service garanti dans les transports publics : Dr. soc.* 2006, n° 1, p. 37.

– R. OWENS et A. STEWART *Travail équitable en Australie : une réponse aux réformes de « Work Choices » : Bull. dr. comp. du travail et de la sécurité sociale* 2008, p. 83-104.

– J.-M. PERNOT et M. T. PIGNONI, *Les salariés et les organisations syndicales de 1992 à 2004 : une longue saison de désamour, in* T. AMOSSÉ, C. BLOCH-LONDON et L. WOLFF (eds.), *Les relations sociales en entreprise. Un portrait à partir des enquêtes « Relations professionnelles et négociations d'entreprise »*, Paris, La Découverte, coll. « Recherches », 2008, p. 140-162.

– E. PESKINE, G. BORENFREUND et F. LECLERC, *Le droit de grève dans les services publics de transports, regards sur la loi du 21 août 2007 : RDT* 2007, 664.

– J.-E. RAY et É. MILLARD, *La loi « continuité du service public des transports terrestres de personnes » : bienvenue ou dangereuse, légitime ou attentatoire au droit de grève ? : RDT* 2007, 560.

– P. RÉMY et A. SEIFERT, *Les droits des conflits collectifs : RDT* 2010, 250.

– S. ROBIN-OLIVIER et É. PATAUT, *Europe sociale ou Europe économique : RDT* 2008, p. 80.

– Y. ROBINEAU et M.-A. FEFFER, *in AJDA* 1980, chron. 90.

– G. ROSENMAN et C. NOÛS, *Les caisses de grève à l'épreuve de la grève interprofessionnelle : Mouvements* 2020/3, n° 103, p. 40-49.

– M.-C. ROUAULT et F. DUQUESNE, *La répression des comportements violents dans l'entreprise en grève : Dr. soc.* 2009, 1091.

– S. SALON et J.-C. SAVIGNAC, *Fonction publique de l'État : AJDA* 1987, 653.

– M.-A. SOURIAC et G. BORENFREUND, *La négociation collective entre désillusion et illusions*, in *Droit syndical et droits de l'homme à l'aube du XXIe siècle : Mél. en l'honneur de J.-M. Verdier*, Dalloz, 2001, p. 195.

– M.-A. SOURIAC et S. NADAL, *Le droit de grève dans les services publics de transports, regards sur la loi du 21 août 2007 : la place de la négociation collective* : *RDT* 2007, 738.

– P. VERGÉ et I. DESBARATS, *La liberté générale d'association assure-t-elle la liberté syndicale ?* : *JCP* S 2009, 1120.

– P.-Y. VERKINDT et M. BABIN, *Quels usages du droit de retrait ?* : *RDT* 2020, 721.

– P.-Y. VERKINDT et L. BONNARD-PLANCKE, *Planiol, Wahl et quelques autres : la réception du fait de grève par la doctrine civiliste (1864-1914)*, in *Histoire, Justice et travail*, Centre d'histoire judiciaire, 2005, spéc. p. 112-120.

ÉTUDES PARTICULIÈRES

– P. ADAM, *Grève dans le secteur privé* : *Rép. trav.* Dalloz ; *Libertés fondamentales et barémisation : la grande évasion* : *RDT* 2017, 643.

– J.-F. AKANDJI-KOMBÉ, *Droit constitutionnel, droit international et droit européen des droits de l'homme : concurrence, confusion, complémentarité ?* : *Dr. soc.* 2014, p. 301.

– N. ALIPRANTIS, *La grève, un droit encore mal connu en Europe*, in *Mél. en l'honneur de P. Ortscheidt*, Dalloz, 2003, p. 15-23.

– N. AL-ZEMMOURI (trad.), *Droits des travailleurs et relations de travail en Chine*, in *Chine : l'autre superpuissance : China Labour Bulletin* 2021, p. 119-129.

– J.-B. AUBY, *Le recours de l'administration au juge des référés en cas de grève* : *Dr. adm.* 1991, chron. 1.

– J. AUDINET, *La loi d'amnistie et le droit du travail* : *JCP* G 1982, I, 3059.

– P. AUVERGNON, *L'intervention médiatrice de l'administration du travail dans les conflits collectifs* : *Dr. ouvrier* 2003, p. 501.

– J.-P. BACHY, *Évolution et modes de règlement des grèves en France* : *Dr. soc.* 1976, p. 12.

– M. V. BALLESTRERO, *La grève en droit italien* : *Dr. soc.* 2004, p. 387.

– P. BALSIGER, *Boycott*, *in* O. FILIEULE, L. MATHIEU et C. PÉCHU, *Dictionnaire des mouvements sociaux*, Presses de Sciences Po, coll. « Références », 2e éd., 2020, 623 p., spéc. p. 86.

– A. BARJOT, *L'expérience de cinq mois de médiation* : *Dr. soc.* 1956, p. 72.

– D. DE BÉCHILLON, *Trois questions actuelles*, in *Mél. J.-C. Douence*, Dalloz, 2008, p. 17.

– J. R. BELLACE, *L'OIT et le droit de grève* : *RI trav.* 2014, vol. 153, n° 1, p. 31.

– J.-M. BELORGEY, *Gestion des conflits du travail en Europe. Le choc des cultures* : *Dr. soc.* 2002, 1125.

– J.-M. BÉRAUD, *Le rôle des délégués syndicaux en cours de grève* : *Dr. soc.* 1988, p. 666.

– V. BERNAUD, *La « nature particulière » du droit de grève n'implique pas une protection constitutionnelle amoindrie* : *Dr. soc.* 2007, 1221 ; *La loi relative à l'organisation du service et à l'information des passagers dans les entreprises de transport aérien de passagers est conforme à la Constitution* : *Dr. soc.* 2012, 708.

– P. BERNOUX, *Le modèle français de déclenchement des grèves* : *Dr. soc.* 1988, 624.

– S. BÉROUD, *Nouveaux usages et modalités des grèves*, *in* M. PIGENET et *al.*, *Histoire des mouvements sociaux en France*, La Découverte, 2014, p. 46-52.

– P. BIZIÈRE, *Des accords de Grenelle* : *Quest. prud'h.* 1971, p. 772.

– G. BLIGH, *De la grève comme d'un conflit civil : l'évolution du pouvoir de réquisition des grévistes en droit administratif* : *RFDA* 2017, 958 ; *Réquisitionner en situation d'urgence sanitaire* : *AJDA* 2020, 1098.

– D. BOISSARD, *La médiatisation des conflits du travail* : *Dr. soc.* 2003, p. 615.

– L. BOITEAU, *La médiation en matière de conflits collectifs du travail* : *Quest. prud'h.* 1955, p. 747.

– M. BOITEL, *L'exercice du droit de grève réglementé illégalement par des conventions collectives* : *Dr. ouvrier* 1956, 459 ; *La négociation de Grenelle et le droit du travail* : *Dr. ouvrier* 1970, p. 450.

– V. BONNIN, *Les limitations du droit de grève fondées sur les droits des tiers au conflit* : *Dr. soc.* 2013, p. 424.

– C. BONREPAUX, *Le ministère sanctionne les enseignants qui n'appliquent pas les réformes* : *Le Monde* 7 juill. 2009.

– F. BOUSEZ : *JCl. Travail Traité*, fasc. 2-42, *Contrat à durée déterminée. – Recours.*

– S. BRAMERET, *Grève et domaine public*, in *Grève et droit public, 70 ans de reconnaissance*, F. CROUZATIER-DURAND et N. KADA (dir.), LGDJ, PU Toulouse 1 Capitole, 2017, p. 181-193.

– G. BRICKER, *Les réquisitions préfectorales de grévistes du secteur pétrolier devant le juge du référé-liberté* : *JCP* A 2010, act. 817.

– D. BROCHARD, *Conflits du travail : une analyse statistique*, in *Le conflit en grève ? Tendances et perspectives de la conflictualité contemporaine*, éd. La Dispute, coll. « L'état des lieux », 2005, p. 97-119.

– M. BUY, *Libertés individuelles des salariés et intérêts de l'entreprise : un conflit de logiques*, in *Les droits fondamentaux des salariés face aux intérêts de l'entreprise*, PUAM, 1994 ; *Un exemple de médiation* : *Dr. soc.* 1957, p. 160.

– G. CAIRE, *Analyse économique de la grève : problèmes méthodologiques : Consommation* 1979, n° 3-4, p. 151 et s.

– F. CALINAUD, *Conflits collectifs et sites internet : Dr. soc.* 2003, 607.

– G. CALLEY, *Une nouvelle figure du service minimum : RFDA* 2008, 1187.

– S. CAMARD, *Comment interpréter les statistiques des grèves ? : Genèses sociologie* 2002, n° 47, p. 107-122.

– G.-H. CAMERLYNCK, *La Cour de cassation et le lock-out : D.* 1960, chron., p. 211 ; *La prime anti-grève : Dr. soc.* 1962, p. 36.

– J. CARBY-HALL, *Grève et action collective en Grande-Bretagne : RID comp.* 2003, p. 575-612.

– D. CARTRON, *Engagement dans le travail et dans la grève chez MacDonald's*, in *Le conflit en grève ?, Le conflit en grève ? Tendances et perspectives de la conflictualité contemporaine*, Paris, éd. La Dispute, 2005, 359 p., p. 251-268.

– N. CATALA, *La mise en chômage technique : Dr. soc.* 1981, p. 679.

– Y. CHALARON, *L'application de la disposition la plus favorable, Études offertes à G. Lyon-Caen*, Dalloz, 1989 ; *La réforme du travail temporaire : Dr. soc.* 1982, p. 372 et s.

– K. CHATZILAOU, *La réponse du CEDS aux arrêts Viking et Laval : RDT* 2014, p. 160.

– J.-P. CHAUCHARD, *Les accords de fin de conflit : Dr. soc.* 1982, 678.

– P. CHAUMETTE, *Les actions collectives syndicales dans le maillage des libertés communautaires des entreprises : Dr. soc.* 2008, p. 210.

– F. CHAUVIN, *Les nouveaux pouvoirs du préfet dans la loi pour la sécurité intérieure : AJDA* 2003, p. 667-670.

– A. DU CHEYRON DU PAVILLON, *Le boycottage*, in *Les activités et les biens de l'entreprise : Mél. J. Derruppé*, Paris, Litec, 1991, p. 135-148.

– R. CHISS, *Libres et brefs propos sur la médiation : JCP* S 2019, 1065.

– M. CHOISEZ, *La grève avec occupation devant le juge des référés : Dr. soc.* 1975, 367.

– S. CLAUWAERT, *Le droit à l'action collective (y compris le droit de grève) du point de vue de la Charte sociale européenne du Conseil de l'Europe : RDT* 2016, 438.

– T. CLAY, *L'arbitrage en droit du travail : quel avenir après le rapport Barthélémy-Cette : Dr. soc.* 2010, p. 930.

– M. COHEN, *Les entraves directes et indirectes à l'exercice du droit syndical et du droit de grève : Dr. soc.* 1978, p. 268.

– P. COMBEAU, *La privation du droit de grève*, in *Grève et droit public, 70 ans de reconnaissance*, F. CROUZATIER-DURAND et N. KADA (dir.), LGDJ, PU Toulouse 1 Capitole, 2017, p. 117-137.

– J.-G. CONTAMIN, *Pétition*, *in* O. FILIEULE, L. MATHIEU et C. PÉCHU, *Dictionnaire des mouvements sociaux*, Presses de Sciences Po, coll. « Références », 2e éd., 2020, 623 p., p. 447.

– M. COURRÈGE, *Repenser le droit de grève dans les services publics : quelques pistes de réflexion*, in *Grève et droit public, 70 ans de reconnaissance*, F. CROUZATIER-DURAND et N. KADA (dir.), LGDJ, PU Toulouse 1 Capitole, 2017, p. 215-226.

– H.-M. CRUCIS, *Les retenues de traitement pour fait de grève dans la fonction publique : RDP* 1988, 1315.

– F. DEBORD, *La singularisation conventionnelle dans la fonction publique : RDT* 2022, 29.

– S. DELBREL, *Zola, peintre de la justice et du droit : Dr. soc.* 2021, 938.

– J.-M. DENIS, *Le conflit en grève ? (Quelques éléments de synthèse)*, in *Le conflit en grève ? Tendances et perspectives de la conflictualité contemporaine*, éd. La Dispute, coll. « L'état des lieux », 2005, p. 291-348.

– R. DENOIX DE SAINT-MARC, *Les retenues sur traitement pour absence de service fait : AJDA* 1977, p. 596.

– J. DENOYELLE, *Deux expériences récentes de médiation : Dr. soc.* 1955, p. 353.

– J. DEPREZ, *Les grèves de solidarité : BS* oct. 1983, p. 349.

– E. DOCKÈS, *La finalité des grèves en question : Dr. soc.* 2006, p. 881 ; *L'Europe antisociale : RDT* 2009, p. 145.

– J.-F. DREUILLE : *JCl. Pénal Code*, Art. 431-3 à 431-8, fasc. 20, *Attroupements*.

– L. DRIGUEZ, *La liberté syndicale devant la CEDH : SSL* 19 déc. 2022, n° 20262027.

– J.-J. DUPEYROUX, *Le droit de grève : de quoi parle-t-on ? : Dr. soc.* 1988, 623.

– X. DUPRÉ DE BOULOIS, *Retour sur la jurisprudence Dehaene. Réflexions autour de l'arrêt d'Assemblée du 12 avril 2013, Fédération Force Ouvrière Énergie et Mines : RDLF* 2013, 15.

– F. DUQUESNE, *Le critère du lock-out licite : JCP* G 1996, I, 3971 ; *L'amnistie des fautes disciplinaires des salariés. Réflexion sur les sources du pouvoir de sanction dans l'entreprise privée : Dr. soc.* 2002, p. 959 ; *Entrave ou simple trouble porté à l'activité professionnelle ? : Dr. soc.* 2008, p. 1260.

– P. DURAND, *Une nouvelle institution du droit des rapports collectifs du travail, la médiation : Dr. soc.* 1956, p. 72.

– G. DURRY, *La responsabilité civile des délégués syndicaux : Dr. soc.* 1984, p. 69.

– L. DUTHEILLET DE LAMOTHE, *L'introuvable attroupement : AJDA* 2017, p. 524.

– I. ESCHSTRUTH, *La France, pays des grèves ? Étude comparative internationale sur la longue durée (1900-2004) : Les mondes du travail* mai 2007, n° 3-4, p. 51.

– P. ESPLUGAS-LABATUT, *Service public minimum : où en est-on ?*, in *Grève et droit public, 70 ans de reconnaissance*, F. CROUZATIER-DURAND et N. KADA (dir.), LGDJ, PU Toulouse 1 Capitole, 2017, p. 171-179.

– F. FABBRINI, *Le droit de grève dans un marché commun : les défis européens à la lumière de l'expérience américaine : RF aff. soc.* 2012/1, n° 1, p. 150.

– L. FAVOREU, *Chronique constitutionnelle française : RDP* 1980, p. 1708-1711.

– J. FIALAIRE : *JCl. Administratif*, fasc. 210, *Police des réunions et manifestations ; L'exercice de la liberté de manifestation en France au prisme du droit européen des droits de l'homme : JCP* A 2020, 2184.

– A. FIORENTINO, *L'évolution contemporaine du droit du travail australien. Entre mondialisation économique et protection sociale : RID comp.* 2008, n° 4, p. 975 ; *Droit du travail australien : la loi Fair Work Act 2009. Évolution ou révolution ? : RDT* 2010, 186.

– M. FIROUD, *Transformation de la fonction publique : du nouveau sous le soleil ! : AJCT* 2019, 364.

– F.-X. FORT, *Négociation collective dans la fonction publique – Année 0 : Dr. soc.* 2021, 649.

– C. FORTIER, *Fin de l'exception française : RDP* 2007, 1635 ; *La garantie de continuité du service public dans les transports terrestres de voyageurs : RDP* 2017, 1635.

– I. FRANCFORT, *Mobilisation et démobilisation à EDF*, in *Le conflit en grève ? Tendances et perspectives de la conflictualité contemporaine*, Paris, éd. La Dispute, 2005, 359 p., p. 195-227.

– J. FROSSARD, *Les obstacles juridiques au déclenchement des grèves : Dr. soc.* 1988, p. 630.

– D. FURJOT, *De la participation au conflit. Point de vue et pratiques des institutions représentatives du personnel en matière de relations professionnelles*, Document d'étude DARES, 2002, n° 64.

– P.-Y. GADHOUN, *Les aléas du droit de grève dans la Constitution : Dr. soc.* 2014, 349.

– L. GAMET, *Les gilets jaunes et la question sociale : Dr. soc.* 2019, 564.

– E. GAYAT, *L'autorité de la chose jugée au pénal sur l'instance prud'homale en contestation d'une sanction disciplinaire : Dr. ouvrier* 1998, 515.

– B. GENEVOIS, *Droit de grève des agents publics et convention internationale : Dr. soc.* 1981, 412 ; *Quels sont les fondements juridiques des retenues pécuniaires consécutives à une grève ? : RFDA* 1987, 807.

– B. GIRAUD, *Des conflits du travail à la sociologue des mobilisations : les apports d'un décloisonnement empirique et théorique : Politix* 2009/2, p. 13-29 ; *Derrière la vitrine du « dialogue social » : les techniques managériales de domestication des conflits du travail : Agone* 2013/1, n° 50, p. 33-63.

– F. GIVORD, La *notion de licéité de la grève dans la jurisprudence constante contemporaine : Dr. soc.* 1961, p. 29.

– J. GOINEAU, *La responsabilité civile des grévistes et des syndicats : Dr. soc.* 1988, p. 702.

– J.-M. GONNARD, *La loi du 20 juillet 1988 portant amnistie : JCP* G 1988, I, 3353.

– F. GRANJON, *Médias*, *in* O. FILIEULE, L. MATHIEU et C. PÉCHU, *Dictionnaire des mouvements sociaux*, Presses de Sciences Po, coll. « Références », 2e éd., 2020, 623 p., p. 378.

– G. GROUX, *Du conflit du travail aux conflits de société*, in *Le conflit en grève ? Tendances et perspectives de la conflictualité contemporaine*, éd. La Dispute, coll. « L'état des lieux », 2005, p. 23-44.

– T. GRUMBACH, *Insécurité judiciaire pour les grévistes ou la grève comme exercice des libertés publiques : Dr. ouvrier* 1989, p. 2.

– N. GUILLET, *Après les réquisitions de personnels grévistes de l'automne 2010 : Dr. soc.* 2012, 152 ; *Le trompe-l'œil juridique de la loi du 19 mars 2012 relative à l'organisation du service et à l'information des passagers dans les entreprises de transport aérien de passagers : Dr. soc.* 2012, 697.

– F. GUIOMARD, *L'appréciation de la faute disciplinaire en cas de condamnation pénale provenant d'une preuve obtenue de façon déloyale : RDT* 2022, 593.

– N. HAKIM, *Les légitimités du lock-out patronal sous la Troisième République*, in *Histoire, théorie et pratique du droit. Études offertes à M. Vidal*, PU Bordeaux, 2010, p. 553-582.

– N. HILAL, *Transport routier : un poids lourd des mobilisations en Europe*, in *Le conflit en grève ? Tendances et perspectives de la conflictualité contemporaine*, éd. La Dispute, coll. « L'état des lieux », 2005, p. 269-289.

– F. HORDERN, *La grève, la jurisprudence et la doctrine « travailliste » en France de 1919 à 1939 : Cahiers de l'Institut régional du travail*, n° 3, p. 143-154.

– H. ISAR, *Petite histoire de la législation applicable au service minimum en cas de grève dans les sociétés nationales de programme de télévision*, in *Mél. S. Regourd*, Institut universitaire Varenne, janv. 2019.

– L. ISIDRO, *La grève des travailleurs sans-papiers : RDT* 2011, 363.

– M. JACEK, *L'offensive actuelle contre le droit de grève et, en particulier, la mise en cause de la responsabilité civile des syndicats : Dr. ouvrier* 1980, p. 227-233.

– A. JEAMMAUD, *Convention européenne des droits de l'homme, relations du travail et droit français*, Ann. Univ. Jean-Moulin, Institut d'études du travail, 1981, p. 71 ; *Les principes dans le droit français du travail : Dr. soc.* 1982, p. 618-629 ; *Les contentieux des conflits du travail : Dr. soc.* 1988, p. 689 ; *Conflit / Litige*, in *Dictionnaire de la culture juridique*, dir. D. ALLAND et S. RIALS, PUF, coll. « Quadrige », 2003, 1 649 p., spéc. p. 255.

– A. KOUKIADAKI, *Les droits des conflits collectifs (2nde partie) : RDT* 2010, 321.

– J. LAFFORE, *Retenues sur traitement pour fait de grève dans la fonction publique hospitalière : oui, mais lesquelles ? : AJFP* 2021, 223.

– É. LAGNEAU, *Comment étudier la médiatisation des conflits*, in *Le conflit en grève ? Tendances et perspectives de la conflictualité contemporaine*, éd. La Dispute, coll. « L'état des lieux », 2005, p. 59-95.

– T. LAHALLE, *Quelques suggestions anachroniques sur le droit de grève… Quoique : Dr. soc.* 2017, 960.

– P. LAROQUE, *Les chances de l'arbitrage obligatoire : Dr. soc.* 1953, p. 468 ; *Réflexions sur le règlement pacifique des conflits collectifs du travail en Europe occidentale*, in *Mél. O. Kahn-Freund*, Munich, 1980, p. 137.

– M. LAURENT, *Les grèves en Chine : les révoltes dans l'usine du monde : Mouvements* 2020/3, n° 103, p. 101 à 110.

– O. LECLERC, *Où va le droit spécial de la grève ? Observations sur la loi du 19 mars 2012 relative aux entreprises de transport aérien de passagers : RDT* 2012, 570.

– F. LECONTE, *Conflits sociaux et réquisitions : la défense syndicale face aux réquisitions préfectorales : Dr. ouvrier* 2011, p. 499.

– B. LEPLEY, *Gestion des conflits dans les petites entreprises*, in *Le conflit en grève ?, Tendances et perspectives de la conflictualité contemporaine*, éd. La Dispute, coll. « L'état des lieux », 2005, p. 229-249.

– R. LETTERON, *Le juge administratif et la responsabilité du fait des attroupements : RDP* 1990, p. 489.

– G. LEVASSEUR, *La notion de grève : Dr. soc.* 1960, p. 654.

– J.-P. LHERNOULD, *La Cour de Justice de l'UE est-elle antisociale : RJS* 2010, p. 507 ; *Cour de justice et droit de grève : l'heure de la réhabilitation ? : Dr. soc.* 2021, 534.

– G. LIET-VEAUX : *JCl. Administratif*, fasc. 210, *Police des réunions et manifestations*.

– G. LOISEAU, *L'arbitrage, nouvelle forme de règlement des conflits collectifs ? : BJT* 2019, n° 111b8, p. 535.

– J. LOUIS, *La « crise » du droit de grève à l'OIT : genèse d'une mobilisation patronale transnationale : Critique internationale* 2022/1, n° 94, p. 147-168.

– A. LYON-CAEN, *Les grèves sont des thermomètres, les réactions qu'elles suscitent aussi. Mais quelles fièvres révèlent-elles ? : RDT* 2014, 593.

– G. LYON-CAEN, *Le lock-out : Dr. ouvrier* 1950, p. 55 ; *Les journées de mai et les accords de Grenelle : Dr. soc.* 1968, 446 ; *Anomie, autonomie et hétéronomie en droit du travail, en hommage à P. Horion*, Faculté de Liège, 1972, p. 293 ; *Le conflit du Parisien Libéré et le système français de règlement des conflits du travail : Dr. soc.* 1977, 438 ; *Le grand silence des travailleurs : Dr. soc.* 1981, p. 140 ; *Réglementer le droit de grève ? : Dr. soc.* 1988, 709 ; *Regards sur l'actualité*, Doc. fr., juill. 1988.

– J.-P. MARGUÉNAUD, *JCl. Communication*, fasc. 12, *La liberté d'expression et la Convention européenne des droits de l'homme*.

– C. MARQUIS, *La prévention des conflits collectifs à la RATP : Dr. soc.* 2003, p. 583.

– A. MARTINON, *Conflits collectifs du travail : procédures de règlement : Rép. trav.* Dalloz.

– F. MASSON, *Un droit de grève en droit des contrats ? À propos des « mouvements de refus concerté » de fournir des services à une plateforme numérique : Dr. soc.* 2017, 861.

– R. MEDARD INGHILTERRA, *Provocation à la discrimination et appel au boycott de produits étrangers : la Cour de cassation tranche le débat : RTDH* 8 déc. 2015.

– F. MELLERAY, *Les retenues pécuniaires pour fait de grève dans les services publics : AJDA* 2003, 1648 ; *La loi du 21 août 2007 sur le dialogue social ou l'introuvable service minimum : AJDA* 2007, 1752.

– M. MERCAT-BRUN, *Le principe de non-discrimination en raison de l'âge ne constitue pas une liberté fondamentale : RDT* 2018, 132.

– S. MICHEL, *L'exercice du droit de grève dans le secteur privé : RPDS* 2004, n° 706 ; *Le droit de grève dans les transports : Dr. soc.* 2022, 427.

– L. MILET : *Dr. ouvrier* 1996, 94.

– N. MOIZARD, *Le renouveau de la médiation dans le règlement des conflits collectifs de travail : LPA* 26 août 2002, n° 170, p. 60 ; *L'usage des conventions de l'OIT par la Cour européenne des droits de l'homme : Dr. soc.* 2014, 365 ; *Le principe de non-discrimination en raison de l'âge doit constituer une liberté fondamentale : Dr. soc.* 2018, 537.

– M. MOREAU, *Les règlements des fins de conflit : Dr. soc.* 2001, 139.

– M. MURBACH-VIBERT, *Manifestations : Rép. pén. et proc. pén.* Dalloz.

– H. MUSCAT, *Les retenues sur traitement pour fait de grève ou l'hétérogénéité anachronique d'un régime juridique : JCP* A 2010, n° 2300.

– G. NAULIN, Rapport du CES pour 1998.

– S. NIQUÈGE, *Grève des surveillants pénitentiaires : l'hypothèse du malade imaginaire : AJFP* 2020, 304.

– M. NOBLECOURT, *La contestation des « réformes » : une passion française pour la grève*, *in* B. GIRAUD (dir.), *Les métamorphoses de la grève, Problèmes politiques et sociaux*, Doc. fr., févr. 2010, n° 969, 118 p., spéc. p. 1317.

– N. OLSZAK, *Alexandre Millerand et l'organisation de la grève, Études en hommage à H. Sinay*, Francfort, Peter Lang, 1994, 138 ; *Service minimum : les atouts du rapport Mandelkern : D.* 2004, 2307.

– P. ORTSCHEIDT, *Grèves et services publics*, Journées sociales de législation comparée : *RID comp.* 1989, n° spécial, vol. 11, p. 347.

– V. PALMA-AMALRIC, *Les enjeux financiers du droit des grèves*, in *Grève et droit public, 70 ans de reconnaissance*, F. CROUZATIER-DURAND et N. KADA (dir.), LGDJ, PU Toulouse 1 Capitole, 2017, p. 195-213.

– C. PEIGNOT, *La conciliation et l'arbitrage de la loi du 11 février 1950 : Gaz. Pal.* 1950, 1, doctr., p. 22.

– J. PÉLISSE, *Judiciarisation ou juridicisation ? Usages et réappropriations du droit dans les conflits du travail : Politix* 2009/2, n° 86, p. 73.

– É. PÉNISSAT, *Mesure des conflits, conflits de mesure. Retour sur l'historique des outils de quantification des grèves : Politix* 2009/2, p. 21-72 ; *Occupation des locaux*, *in* O. FILIEULE, L. MATHIEU et C. PÉCHU, *Dictionnaire des mouvements sociaux*, Presses de Sciences Po, coll. « Références », 2ᵉ éd., 2020, 623 p., p. 416.

– J.-M. PERNOT, *Conflits du public, conflits du privé*, in *Le conflit en grève ? Tendances et perspectives de la conflictualité contemporaine*, éd. La Dispute, coll. « L'état des lieux », 2005, p. 147-169.

– L. PÉRU-PIROTTE, *Service garanti dans le transport aérien : le passager et le salarié : JCP* S 2012, 1220.

– F. PETIT, *Le droit de grève dans les services publics : un puzzle à recomposer ? : Dr. soc.* 2017, 503.

– M. PETIT, *Le droit de grève dans le secteur privé : RPDS* 10/1974, n° 354, 281 et s. ; *Le lock-out, mesure de rétorsion illégale : RPDS* 1975, p. 102.

– M. PIGENET, *La grève des mineurs de 1963*, *in* M. PIGENET et *al.*, *Histoire des mouvements sociaux en France*, La Découverte, 2014, p. 456.

– G. PIGNARRE, *À propos des séquestrations. Observer, interpréter, équilibrer les forces sociales : RDT* 2010, 357.

– S. PINON, *Le principe de continuité des services publics : du renforcement de la puissance étatique à la sauvegarde de l'expression démocratique : RIEJ* 2003/2, vol. 51, p. 61-109.

– M. PLANIOL, note ss Lyon, 2 mars 1894 : *DP* 1894, 2, 305 ; note ss Bourges, 19 juin 1894 : *D.* 1894, p. 441.

– J. PRADEL, *Au confluent des relations de travail et du droit pénal : l'exemple du délit d'entrave à la liberté du travail : Dr. soc.* 1990, p. 37.

– R. DE QUENAUDON, *Des protocoles de fin de conflit dans le secteur privé : Dr. soc.* 1981, 401 ; *Le droit collectif du travail. Questions fondamentales – évolutions récentes*, in *Études en hommage à Mᵐᵉ le Professeur H. Sinay*.

– C. RADÉ, *Responsabilité du fait d'autrui. Principe général : JCl. Responsabilité civile*, fasc. 140 ; *Responsabilité des commettants (Droit à réparation. Responsabilité du fait d'autrui. Domaine : Responsabilité des commettants) : JCl. Responsabilité civile*, fasc. 143 ; *Pour une approche renouvelée de la théorie des risques : LPA* 7 juill. 1995, n° 81, p. 26-35 ; *Exercice du droit de grève et négociation collective : Dr. soc.* 1996, 37 ; *La solitude du gréviste : Dr. soc.* 1997, p. 368 ; *Recodifier le Code du travail : Dr. soc.* 2006, p. 483 ; *Le Code du travail nouveau est arrivé : D.* 2008, p. 1214 ; *La question prioritaire de constitutionnalité et le droit du travail : a-t-on ouvert la boîte de Pandore ?* : *Dr. soc.* 2010, 873 ; *Émile Zola et le roman ouvrier* : *Dr. soc.* 2015, 313 ; *Le nouveau « barème » d'indemnisation des salariés licenciés sans cause réelle et sérieuse* : *Dr. soc.* 2019, 280 ; *Égalité devant la loi : le Conseil constitutionnel et les grévistes des Houillères du Nord* : *Dr. soc.* 2021, 71 ; *Égalité de traitement et reprise des contrats de travail : la Cour de cassation sur la corde raide* : *Dr. soc.* 2021, 696 ; *Plateformes et contrat de travail : l'équation imparfaite* : *Dr. soc.* 2022, 522 ; *L'égal, et le juste : retour sur la justification des différences de traitement*, in *Mél. en l'honneur de P.-Y. Verkindt*, LGDJ-Lextenso, 2022, p. 373-382 ; *Il était une fois, une thèse*, in *Mél. en l'honneur de B. Gallinato*, PU Bordeaux, 2023 ; *Le préalable obligatoire de négociation : retour sur un fâcheux malentendu*, in *Mél. en l'honneur de M. Véricel*, PU Saint-Étienne, 2023, p. 365-374.

– P. RAIMBAULT, *Un droit d'accueil pour la rentrée* : *AJDA* 2008, 1949.

– G. RAIMONDI, *Quelques aspects de la jurisprudence de la Cour européenne des droits de l'homme en matière de droits économiques et sociaux* : *Dr. soc.* 2017, 355.

– A. RAMIN, *Du rôle et de l'utilité du médiateur au travers d'une grève significative : le conflit SNECMA* : *Dr. soc.* 1989, 839.

– E. RASCHEL : *JCl. Communication*, fasc. 114 et s.

– J.-E. RAY, *1988-1991. Un nouveau droit jurisprudentiel de la grève* : *Dr. soc.* 1991, 715 ; *Grève. Préavis conventionnel. Inopposabilité aux grévistes* : *Dr. soc.* 1995, 835 ; *De la grève interne aux actions collectives externalisées* : *Dr. soc.* 2003, 591 ; *De la grève à l'action collective, in* J.-M. DENIS (dir.), *Le conflit en grève ?*, éd. La Dispute, 2005, p. 45-58 ; *À propos de la loi sur la grève dans les transports publics* : *Dr. soc.* 2007, 1205 ; *Nouveaux conflits collectifs dans notre société de la réputation : de la grève interne à l'action collective externalisée*, p. 170 et s., in *Au-delà du conflit et de la négociation ?* : *Sociologie du travail* 2011, 53, p. 160-193 ; *Sept paradoxes à propos de la grève*, in *13 paradoxes en droit du travail*, Lamy, 2012, p. 317.

– T. REVET, *Le droit du travail dans la jurisprudence du Conseil constitutionnel, inLa légitimité de la jurisprudence du Conseil constitutionnel*, Actes du colloque de Rennes, 20 et 21 sept. 1996 (dir. G. DRAGO, B. FRANÇOIS et N. MOLFESSIS), Economica, 1999, p. 58.

– J.-J. RIBES, *Le médiateur, conseiller en relations professionnelles* : *D.* 1955, chron., p. 139.

– J. RIVERO, *Conventions collectives et solution des conflits dans la loi du 11 février 1950* : *JCP* G 1950, I, 875.

– S. ROBIN-OLIVIER, *Conv. EDH, art. 11 : Liberté de réunion et d'association et liberté syndicale* : *Rép. eur.* Dalloz.

– P. RODIÈRE, *Les arrêts Viking et Laval, le droit de grève et le droit de négociation collective* : *RTD eur.* 2008, p. 47 ; *L'impact des libertés économiques sur les droits sociaux dans la jurisprudence de la CJCE* : *Dr. soc.* 2010, p. 573.

– M.-C. RONDEAU-RIVIER, *Vers une nouvelle géométrie de l'intervention judiciaire dans les conflits du travail* : *D.* 1988, chron., p. 229 et s.

– G. ROSENMAN, *Multiplication des caisses de grève : une réponse tactique à la pression financière* : *The Conversation* 7 févr. 2023.

– P. ROUSSELLE, *JCl. Administratif*, fasc. 194, *Fonction publique territoriale. – Notion. Organisation. Droits et obligations des agents.*

– P. SAINT-JEVIN, *L'exercice du droit de grève et le licenciement des représentants du personnel* : *Dr. soc.* 1979, p. 16.

– P. SALVAGE, *Les attributions du délégué syndical en cas de grève* : *Dr. soc.* 1986, p. 624.

– X. SAMUEL, *JCl. Pénal Code*, Art. 431-1 et 431-2, fasc. 20, *Entraves à l'exercice des libertés d'expression, du travail, d'association, de réunion ou de manifestation et au déroulement des débats d'une assemblée parlementaire ou d'un organe délibérant d'une collectivité territoriale.*

– F. SARAMITO, *Le lock-out en droit français* : *Dr. ouvrier* 1967, p. 150.

– A. SAURET : *LPA* 2007, n° 193, p. 8.

– J. SAVATIER, *Espèces et variétés dans la famille des accords collectifs* : *Dr. soc.* 1960, p. 588-602 ; *La révolution de mai et le droit du travail* : *Dr. soc.* 1968, p. 438 ; *L'épilogue de l'affaire Lip : l'accord de Dôle du 29 janv. 1974* : *Dr. soc.* 1974, 233 ; *Grèves et primes complémentaires du salaire* : *Dr. soc.* 1981, 435 ; *L'amnistie des sanctions disciplinaires dans les entreprises* : *Dr. soc.* 1981, p. 609 ; *L'irrecevabilité de l'action civile exercée par l'employeur devant les tribunaux répressifs pour entrave à la liberté du travail* : *Dr. soc.* 1981, p. 147 ; *La responsabilité civile des syndicats à l'occasion des grèves* : *Dr. soc.* 1983, p. 175 ; *Le caractère illicite de l'occupation des locaux de travail par les grévistes et le juge compétent pour ordonner l'expulsion* : *Dr. soc.* 1985, 15 ; *L'occupation des lieux de travail* : *Dr. soc.* 1988, 655 ; *Un salarié isolé peut-il user du droit de grève à l'appui d'une revendication individuelle ?* : *RJS* 1997, p. 9.

– R. SAVATIER, *Les rayons et les ombres d'une expérience sociale : l'arbitrage obligatoire des conflits collectifs de travail* : *DH* 1938, chron. 9.

– J.-C. SAVIGNAC et S. SALON : *AJDA* 1982, 715.

– Ch. SAVOUILLAN, *Étude de l'arbitrage obligatoire : Dr. soc.* 1951, p. 96.

– E. SCHAEFFER, *Le droit de lock-out : Dr. soc.* 1957, p. 203.

– B. SCHMALT, *La distinction entre la réquisition de grévistes par une autorité de police et par un chef de service : JCP* A mai 2015, n° 2130.

– M. SEGONDS, *De l'autonomie « pénale » du droit de grève : CDE* juill. 2021, n° 4, dossier 27.

– A. SEIFERT, *Les droits des conflits collectifs : RDT* 2010, 250.

– H. SELLAMI, *Le remplacement des grévistes dans les entreprises privées : RPDS* 1999, p. 152 et s.

– J. SIMÉANT-GERMANOS, *Grève de la faim*, *in* O. FILIEULE, L. MATHIEU et C. PÉCHU, *Dictionnaire des mouvements sociaux*, Presses de Sciences Po, coll. « Références », 2e éd., 2020, 623 p, p. 281.

– H. SINAY, *La prohibition des grèves tournantes et des grèves surprises dans les services publics : JCP* 1963, I, 1795 ; *La neutralisation du droit de grève ? : Dr. soc.* 1980, p. 250-268.

– S. SLAMA, *Travailleurs sans papiers : un droit de grève « bridé » ? : Dr. ouvrier* 2011, p. 65-72.

– I. SOMMIER, *La CGT : du service d'ordre au service d'accueil : Genèses* déc. 1993, p. 69-88.

– F. SOUBIRAN, *Grève et guerre judiciaire : le recours au juge pénal dans un conflit du travail : Déviance et société* 1988, vol. 12, n° 1, p. 57.

– M.-A. SOURIAC, *Conflits du travail et négociation collective, quelques aspects : Dr. soc.* 2001, 705.

– J.-M. SPORTOUCH, *La fermeture d'entreprise en cas de conflit collectif : Dr. soc.* 1988, p. 682.

– B. STARCK, *À propos des « Accords de Grenelle ». Réflexions sur une source informelle de droit : JCP* 1970, I, 2363.

– Y. STRUILLOU, *Conflits sociaux et réquisition : Finalité et modalités du contrôle exercé par le juge administratif : Dr. ouvrier* 2011, p. 485.

– A. SUPIOT, *La norme patronale de l'entreprise : Dr. soc.* 1992, p. 215 et s. ; *Revisiter les droits d'action collective : Dr. soc.* 2001, 687.

– A. TAILLEFAIT : *JCl. Administratif*, fasc. 188, *Fonction publique de l'État. – Libertés publiques. Droit syndical. Droit de grève* ; *Les profs ont-ils le droit de désobéir ? : Libération* 8 juill. 2009 ; *L'exercice du droit de grève dans les services publics locaux : Dr. soc.* 2019, 1020 ; *Transformer n'est pas bifurquer : à propos de la « loi Dussopt » : AJFP* 2019, 314 ; *La situation légale et réglementaire des fonctionnaires prend l'eau ! À propos de l'ordonnance relative à la négociation et aux accords collectifs dans la fonction publique : AJDA* 18/2021, p. 1026.

– J. TANGUY, *Grèves et productivité du travail : application au cas français : REP* 2015/6, vol. 125, p. 857-885.

– D. TARTAKOWSKY, *Manifestations ouvrières et théories de la violence : 1919-1934 : Cultures & Conflits* 1993, 09-10.

– J. TEISSIER, *Arbitrage facultatif ou obligatoire ? : Dr. soc.* 1954, p. 468.

– P. TERNEYRE, *Grève dans les services publics : Rép. trav.* Dalloz ; *Généralités sur le droit de grève dans les services publics : RFDA* 1988, p. 810 ; *Légalité et illégalité des décisions de nature politique des collectivités locales : Rev. adm.* 1989, 538 ; *La loi du 21 août 2007, laboratoire d'une ambition plus vaste ou expérience isolée ? : RJEP* 2007, étude 4.

– B. TEYSSIÉ : *JCl. Travail Traité*, fasc. 70-10, *Conflits collectifs. – Grève dans le secteur privé. – Conditions* ; *JCl. Travail Traité*, fasc. 70-20, *Conflits collectifs. – Grève dans le secteur privé. – Conséquences* ; *JCl. Travail Traité*, fasc. 70-30, *Conflits collectifs. – Grève dans le secteur public* ; *JCl. Travail Traité*, fasc. 70-40, *Conflits collectifs. – Lock-out* ; *JCl. Travail Traité*, fasc. 70-50, *Conflits collectifs. – Procédures de règlement* ; *La raison, la grève et le juge : Dr. soc.* 1988, 562 ; *Le droit de lock-out : Dr. soc.* 1994, p. 795 ; *La grève ou la tentation de l'illicite. À propos de quelques crimes, délits ou contraventions*, in *Mél. en l'honneur de B. Bouloc*, Dalloz, 2006, p. 1105-1118 ; *Esquisse du droit communautaire des conflits collectifs : JCP* S 2008, p. 1075 ; *Les conflits collectifs du travail ou l'entrelacs des qualifications : BJT* 2021, n° 200r1, p. 79.

– J.-B. THIERRY : *JCl. Communication*, fasc. 120 et s.

– F. TOURNADRE et M.-C. VILLEVAL. *Surenchères salariales et conflictualité : une approche expérimentale : REP* 2002, 112 (1), p. 157-171.

– H. TOUZARD, *Propositions visant à améliorer l'efficacité de la médiation dans les conflits du travail : Dr. soc.* 1977, p. 87.

– M. TOUZEIL-DIVINA, *Évolution dramatique ou révolution mathématique : la négation du service public et le retour du fonctionnaire contractuel : Dr. soc.* 2020, p. 232 et s. ; *Droit de grève « encadré » au nom du service minimum : les communes ne sont pas encore prêtes à la culture de la négociation : JCP* A 30 janv. 2023, act. 61.

– J. TRAVARD, *Le pouvoir de réquisition des préfets. Premier bilan de la loi du 18 mars 2003 : JCP* A 2012, 2306.

– G. TRUDEAU, *La constitutionnalisation du droit de grève au Canada. Une avancée juridique remarquable aux effets sociaux limités : RDT* 2015, 479.

– D. TURPIN, *Le droit de grève face à un nouveau « principe de valeur constitutionnelle » : Dr. soc.* 1980, p. 441.

– G. VACHET, *Les accords atypiques : Dr. soc.* 1990, 620.

– F. VAIREL, *Sit-in*, in O. FILIEULE, L. MATHIEU et C. PÉCHU, *Dictionnaire des mouvements sociaux*, Presses de Sciences Po, coll. « Références », 2e éd., 2020, 623 p., p. 539.

– R. VATINET, *La négociation au sein du comité d'entreprise : Dr. soc.* 1982, p. 675 ; *Les enjeux du service minimum dans les transports publics : JCP* S 2007, act. 270.

– J.-M. VERDIER, *Aspects inattendus de la loi du 31 juillet 1963 : préavis de grève et droit syndical : D.* 1963, chron., p. 43 ; *Au-delà de la réintégration et de l'indemnisation des grévistes : vers une protection spécifique des droits fondamentaux des travailleurs ? : Dr. soc.* 1991, 709.

– P.-Y. VERKINDT, *L'appel aux droits fondamentaux en matière sociale : Dr. soc.* 2019, 503.

– F. VERT, *Le juge des référés et l'amiable : Gaz. Pal.* 22 mai 2018, n° 322m6, p. 20.

– J.-C. VIDELIN, *L'interdiction du droit de grève pour les forces de l'ordre : un principe absolu ?*, in *Grève et droit public, 70 ans de reconnaissance*, F. CROUZATIER-DURAND et N. KADA (dir.), LGDJ, PU Toulouse 1 Capitole, 2017, p. 139-150.

– G. VINEY, *Responsabilité civile et relations collectives de travail : Dr. soc.* 1988, p. 416-425, spéc. p. 424.

– F. DE VISSCHER, *La philosophie syndicaliste et le mythe de la grève générale : Rev. néo-scolastique de philosophie*1913, 20e année, n° 78, p. 129.

– P. WAQUET, *La grève, les mouvements illicites et l'abus du droit de grève : RJS* 1995, p. 139 et s.

– Z. WENCHENG, *Le développement du syndicalisme en Chine*, Fondation Gabriel Péri, coll. « La Pensée », 2014/3, n° 379, p. 85 à 90.

– C. WOLMARK, *Travailleur étranger : Rép. trav.* Dalloz.

– T. YAMAGUCHI, *La grève et le lock-out en droit japonais : RID comp.* janv.-mars 1989, vol. 41, n° 1, p. 59-80.

– Z. YOUYU, *Quelques questions sur la modification de la Constitution*, in *Recueil des articles du droit constitutionnel*, éd. de la Masse, 1982, p. 14.

– P. ZARIFIAN, *Tensions et esprit de révolte dans les entreprises de services*, in *Le conflit en grève ? Tendances et perspectives de la conflictualité contemporaine*, éd. La Dispute, coll. « L'état des lieux », 2005, p. 171-193.

– A. ZHENG, *Les droits des conflits collectifs (2de partie) : RDT* 2010, 321.

III. DOCUMENTS PARLEMENTAIRES

– J. KOSSOWSKI et M. BONO, Rapport d'information déposé par la commission des affaires économiques, de l'environnement et du territoire sur la mise en application de la loi n° 2007-1224 du 21 août 2007 sur le dialogue social et la continuité du service public dans les transports terrestres réguliers de voyageurs, Rapp. AN n° 1502, 4 mars 2009.

– H. MARITON, Rapp. AN n° 1436, 4 févr. 2009.

Index des décisions citées

NB : Les décisions sont classées par juridiction, le cas échéant par chambre, puis par ordre chronologique.

I. Juridictions du fond

A. Juridictions judiciaires

1. Tribunaux de proximité (anciennement d'instance)

T. civ. Grenoble, 3 juill. 1957 : *Jurispr. soc. UIMM* 1957, n° 127, p. 131.

TI Montmorency, 19 juin 1975 : *Gaz. Pal.* 1976, I, somm., p. 29.

TI Saint-Denis, 25 août 1983 : *D.* 1985, p. 26, note J.-Y. Choley-Combe.

T. pol. Caen, 17 oct. 1970 : *Jurispr. soc. UIMM* 1970, n° 304, p. 139.

2. Tribunaux de commerce

T. com. Tarare, 30 déc. 1890 : *La loi* 31 janv. 1891.

T. com. Seine, 2 juin 1947 : *Dr. soc.* 1948, note A. Weil ; *RTD civ.* 1948, p. 67, obs. H. et L. Mazeaud.

3. Tribunaux judiciaires (anciennement de grande instance) :

T. corr. Bar-le-Duc, 12 févr. 1936 : *Gaz. Pal.* 1936, 1, p. 847.

T. corr. Bordeaux, 11 juill. 1936 : *Gaz. Pal.* 1936, 2, p. 252.

T. corr. Rennes, 1er mai 1972 : *RJS* 1972, n° 315, p. 121.

T. corr. Caen, 24 nov. 1972 : *Dr. soc.* 1973, p. 376, obs. J. Savatier.

T. corr. Lyon, 16 janv. 1974 : *Gaz. Pal.* 1974, 1, 252, note Lambert.

T. corr. Saint-Brieuc, 31 janv. 1980 : *Jurispr. soc. UIMM* 1980, p. 434, 2e esp.

T. corr. Nancy, 3 avr. 1981 : *Gaz. Pal.* 1981, 2, somm., p. 239.

T. corr. Nantes, 2 févr. 1984 : *Jurispr. soc. UIMM* 1984, p. 285, 2e esp.

TGI Arras, 28 déc. 1965 : *Dr. ouvrier* 1966, p. 126.

TGI Épinal, 1er févr. 1972 : *Cah. prud'h.* 1972, 143.

TGI Nevers, réf., 21 mars 1975 : *D.* 1976, 266, note J.-P. Karaquillo.

TGI Angers, 12 nov. 1975 : *RJS* 1976, n° 362, p. 187.

TGI Aix-en-Provence, 3 juill. 1976 : *Dr. ouvrier* 1977, n° 346, p. 151.

TGI Saint-Nazaire, 11 mai 1978, *Sté SNIAS* : *RJS* 1978, n° 390, p. 399 et s.

TGI Le Mans, 6 mars 1979 : *D.* 1981, p. 153, note G. Lyon-Caen.

TGI Dôle, 21 nov. 1979 : *Jurispr. soc. UIMM* 1979, n° 421, p. 364.

TGI Chateauroux, 22 janv. 1980 : *Dr. ouvrier* 1980, p. 216.

TGI Créteil, 20 juin 1980 : *JCP* CI 1980, II, 13390, obs. B. Teyssié ; *RTD civ.* 1982, p. 192, obs. J. Normand.

TGI Paris, 25 févr. 1981 : *JCP* CI 1982, I, 11126, p. 407, n° 11, obs. B. Teyssié.

TGI Paris, 11 mars 1981 : *Gaz. Pal.* 30 mars 1982, pan. jurispr.

TGI Paris, 12 mai 1981 : *Dr. ouvrier* 1982, p. 68.

TGI Pontoise, 2 déc. 1981 : *Jurispr. soc. UIMM* 1982, p. 337.

TGI Thonon-les-Bains, 16 mars 1984 : *Dr. ouvrier* 1984, p. 320.

TGI Créteil, 30 juill. 1987 : *Dr. soc.* 1987, p. 743, obs. J.-E. Ray ; *JCP* E 1988, II, 15140, 1re esp., note B. Teyssié.

TGI Bobigny, 21 nov. 1987 : *JCP* E 1988, II, 15140, 2e esp., obs. B. Teyssié.

TGI Paris, 7 oct. 1988 : *Gaz. Pal.* 1989, 1, p. 47.

TGI Bobigny, 30 mai 1989, *Cie Air-Inter c/ SNOMAC* : *RJS* 1989, p. 477.

TGI Évry, réf., 20 déc. 1989 : *Dr. ouvrier* 1990, p. 280.

TGI Évry, 26 juill. 1990 : *RJS* 1990, p. 559, chron. J. Déprez.

TGI Agen, 5 févr. 1997 : *Dr. ouvrier* 1997, p. 143.

TGI Agen, 18 févr. 1998 : *Gaz. Pal.* 1998, 1. 259, note Hermitte.

TGI Saintes, réf., 26 oct. 1998 : *Dr. ouvrier* 1999, p. 335.

TGI Évry, réf., 23 mars 1999 : *Dr. ouvrier* 1999, p. 336, obs. A. de Senga.

TGI Paris, 13 juill. 2001, *Opéra National de Paris* c/ *Féd. des Syndicats CGT* : *Dr. ouvrier* 2001, p. 486.

TGI Marseille, 4 juill. 2005 : *JCP* S 2005, 1077.

TGI Orléans, 9 déc. 2005 : *D.* 2006. chron., p. 814, J.-Ph. Feldman.

TGI Montbéliard, réf., 20 déc. 2005, n° 05/00135 : *BICC* 1er mars 2006, 635, n° 428.

TGI Dax, 15 avr. 2008, n° 08/00064.

TGI Nanterre, ord. réf., 10 févr. 2015, n° 15/00372 : *RDT* 2015, 411, note F. Fouvet.

TGI Bobigny, 9e ch. civ., 21 juin 2018, n° 18/05862 : *RDT* 2018, 684, note G. Pignarre.

TJ Bobigny, réf., ch. 1, sect. V, 12 mars 2021, n° 21/00416 : *SSL* 22 mars 2021, n° 1946.

4. Cours d'appel

CA Caen, 22 oct. 1897 : *S.* 1899, 2, p. 307.

CA Nancy, 7 janv. 1914 : *Gaz. Pal.* 1914, 1, p. 204.

CA Nîmes, 9 juin 1950 : *D.* 1950, 472.

CA Bordeaux, 18 juill. 1950 : *D.* 1951, 41.

CA Orléans, 3 nov. 1950 : *JCP* 1951, II, 6141.

CA Paris, 19 févr. 1951 : *RSC* 1951, p. 518, III.

CA Nancy, 22 mai 1951 : *Gaz. Pal.* 1951, 2. 20.

CA Amiens, 31 oct. 1951 : *D.* 1951, p. 722.

CA Bourges, 14 févr. 1952 : *D.* 1952, 370.

CA Paris, 6 avr. 1970 : *Inf. chefs d'entreprise* 1970, p. 432.

CA Paris, 3 févr. 1971 : *Inf. chefs d'entreprise* 1971, p. 232.

CA Caen, 24 mars 1971 : *Jurispr. soc. UIMM* 1971, n° 304, p. 142.

CA Angers, 5 févr. 1976, *Sté Soretex* : *RJS* 1976, n° 362, p. 187.

CA Rennes, 18 janv. 1979 : *RJS* 1979, n° 396, p. 191.

CA Pau, 5 avr. 1979 : *Dr. ouvrier* 1980, p. 185.

CA Lyon, 8 nov. 1979 : *D.* 1980, IR, p. 441.

CA Rennes, 26 mars 1980 : *Jurispr. soc. UIMM* 1980, n° 415, p. 59.

CA Bordeaux, 6 mai 1980 : *Jurispr. soc. UIMM* 1980, n° 413, p. 490.

CA Dijon, 11 juill. 1980 : *Jurispr. soc. UIMM* 1980, n° 416, p. 110.

CA Angers, 22 oct. 1980 : *D.* 1981, p. 153, note G. Lyon-Caen.

CA Rennes, 30 oct. 1980 : *D.* 1981, p. 153, note G. Lyon-Caen ; *Dr. soc.* 1981, p. 545, obs. J. Savatier.

CA Besançon, 2 avr. 1981 : *Jurispr. soc. UIMM* 1981, n° 421, p. 364.

CA Douai, 16 juin 1982 : *JCP* G 1983, II, 20035, note R. Jambu-Merlin.

CA Paris, 27 sept. 1982 : *D.* 1982, IR, p. 492.

CA Paris, 15 févr. 1983 : *Jurispr. soc. UIMM* 1983, p. 144.

CA Versailles, 6 juin 1984 : *JCP* G 1985, II, 20237, note B. Teyssié.

CA Besançon, 17 avr. 1985 : *Gaz. Pal.* 1986, 1, somm., p. 5, note Doucet.

CA Amiens, 23 avr. 1985 : *Jurispr. soc. UIMM* 1986, p. 31.

CA Pau, 24 avr. 1985 : *Jurispr. soc. UIMM* 1986, p. 156, 1re esp.

CA Paris, 17 janv. 1986 : *Dr. soc.* 1986, p. 231, obs. J. Savatier.

CA Grenoble, 21 janv. 1988 : *Dr. ouvrier* 1988, p. 359.

CA Paris, 27 janv. 1988, 2e esp. : *D.* 1988, p. 351, note J.-C. Javillier ; *JCP* G 1988, II, 20978. – J.-E. Ray, *Affaire Air-Inter, le retour à la raison* : *Dr. soc.* 1988, obs. p. 242. – B. Teyssié, *La raison, la grève et le juge* : *Dr. soc.* 1988, obs. p. 562. – P. Bertin, *La grève abusive en référé* : *Gaz. Pal.* 1988, 1, doctr., p. 110.

CA Paris, 19 févr. 1988 : *JurisData* n° 1988-022258.

CA Versailles, 26 avr. 1989 : *D.* 1989, p. 386, note Y. Saint-Jours.

CA Aix-en-Provence, 12 mai 1989 : *Dr. ouvrier* 1990, p. 23.

CA Paris, 6 mars 1991 : *D.* 1991, IR, p. 107 ; *D.* 1992, 10 ; *ibid.* 1, chron. B. Edelman.

CA Bordeaux, 5 mars 1992 : *D.* 1994, 305, note S. Mirabail.

CA Douai, 15 mai 1992 : *Action juridique CFDT* 1993, p. 17, n° 98.

CA Lyon, 2 juin 1993, aff. *Manufrance* : *Dr. ouvrier* 1994, n° 543, p. 123.

CA Paris, 3 févr. 1994 : *RJS* 1994, n° 1110.

CA Paris, 26 mai 1999, *Union locale des syndicats CGT de la zone aéroportuaire de Roissy CDG c/ SNC Transroissy* : *RJS* 1999, n° 1278, p. 787.

CA Bordeaux, ch. soc., 28 déc. 1999, *Bidart c/ EDF production transport énergie Aquitaine* : *Cah. jurispr. Aquitaine* 2000, n° 5538.

CA Aix-en-Provence, 1re ch. civ. A, 12 déc. 2000 : *D.* 2002, 607, note K. Fehrenbach-Andréani.

CA Versailles, 12e ch., sect. 2, 13 sept. 2001, n° 01-768, *La Poste c/ Sté AOC Direct* : *BICC* 1er avr. 2002, 553, n° 350.

CA Paris, 11 janv. 2002, *Union locale CFTC c/ Sté Aicar et a.* : *RJS* 2002, n° 520, p. 394.

CA Reims, 23 oct. 2002, n° 01/00290, *Assoc. Acrepa c/ M. Thierry Houdelet.*

CA Aix-en-Provence, 14 janv. 2003, n° 02/07896, *EDF c/ CGT du centre de Marseille.*

CA Pau, ch. soc., 27 janv. 2003, *CE SA Signature : Cah. jurispr. Aquitaine* 1-2003, p. 390.

CA Lyon, ch. civ. 3, 9 sept. 2004, *Sarl Doukiss c/ Roche ès qualités de mandataire liquidateur de la société Supervox automotive.*

CA Poitiers, ch. corr., 1er sept. 2005 : *JCP* G 2006, IV, 2295.

CA Orléans, 27 juin 2006 : *JCP* G 2006, IV, 3180.

CA Lyon, ch. soc. A, 7 nov. 2011 : *JurisData* n° 2011-028508.

CA Bastia, 18 nov. 2015, n° 14/00620.

CA Paris, 16 mai 2019 : *Liaisons sociales quotidien* 20 mai 2019, L'actualité, n° 17819, Section Acteurs, débats, événements.

CA Aix-en-Provence, ch. 1-2, 20 oct. 2022, n° 21/11654.

B. Juridictions administratives

1. Tribunaux administratifs

TA Paris, 29 juin 1955, *Redon : Lebon*, p. 46.

TA Paris, 17 janv. 1962 : *Rev. adm.* 1963, p. 45.

TA Poitiers, 10 déc. 1975, *Quinteau : AJDA* 1977, 151, note J.-Y. Plouvin.

TA Strasbourg, 21 mars 1978, n° 30076, *Sieur Berger.*

TA Strasbourg, 18 févr. 1982, *Mme Clément : Lebon* T., p. 657.

TA Paris, 16 déc. 1983, *Mme Feve : Rev. adm.* 1984, 266, note B. Pacteau.

TA Strasbourg, 27 juill. 1984 : *D.* 1986, 77, note J.-Y. Plouvin.

TA Dijon, 24 juin 1986, *Dame Merigeau : Lebon*, p. 317.

TA Strasbourg, 11 déc. 1986, *Mme Chappelier et a. : RDP* 1987, 1077, note J. Robert.

TA Montpellier, 1er juill. 1987, *Levernois et a. c/ Ville de Nîmes : Dr. ouvrier* 1987, 480.

TA Marseille, 3 déc. 1987, *Notari.*

TA Nancy, 15 déc. 1987, n° 87-773, *COREP Meurthe-et-Moselle.*

TA Rennes, 18 févr. 1988, *M. Guiziou : AJDA* 1988, 416, obs. X.

TA Caen, 21 juill. 1988, *Sté Codica : Juris PTT* 1989, n° 15, p. 4.

TA Paris, 8 juin 1989, n° 68523375, *M. Serge Bourgin.*

TA Nancy, 25 avr. 1995, n° 941304.

TA Lille, 28 janv. 1997, *M. Dominique Ferré : AJFP* 1997, n° 3, p. 30, comm. Mekhantar.

TA Rouen, 22 oct. 1999, nos 96181-96190 A.

TA Versailles, 19 nov. 1999, *SUD-PTT Seine-et-Marne : AJFP* mai 2003, p. 38.

TA Nouvelle-Calédonie, 2 mars 2000, nos 9900345 et 9900346 : *AJFP* 2000, n° 6, p. 93, comm. Mekhantar.

TA Pau, 4 déc. 2002, n° 00-2004, *D. : AJFP* mars 2003, p. 24.

TA Paris, 14 mars 2003, n° 9920394/7, *Le L. : LIJMEN* 2003, n° 76, p. 11.

TA Pau, ord., 31 mai 2003, n° 03-1035, *A. : AJDA* 2003, p. 1189.

TA Versailles, 16 juin 2003, n° 9904523.

TA Marseille, ord. réf., 5 juill. 2003, n° 043-459, *SNUDI-FO c/ Inspection académique Bouches-du-Rhône*.

TA Versailles, 18 juin 2004, n° 0303641, *K. : LIJMEN* 2004, n° 88, p. 18.

TA Rennes, 1er juill. 2004, n° 02885, *Synd. intercnal Morbihan : AJFP* janv. 2005, p. 46.

TA Cergy-Pontoise, 16 juin 2005, n° 0106154, *M. c/ Recteur académie Versailles : AJFP* mai 2006, p. 150, comm. R. Fontier.

TA Melun, 11 mai 2006, n° 05-6166.

TA Fort-de-France, 20 déc. 2007, n° 0500042, *C. : LIJMEN* mars 2008, n° 123, p. 1.

TA Nice, 28 mars 2008, n° 0403817, *A. : AJFP* juill. 2008, p. 195.

TA Paris, 30 juill. 2008, n° 0511719, *B. : RFDA* 2008, p. 1227, note G. Chazan.

TA Montpellier, 9 juill. 2009, n° 0902401, *C. : AJFP* nov.-déc. 2009, p. 305.

TA Marseille, 11 août 2009, n° 0904233, *J. : AJFP* nov.-déc. 2009, p. 306 ; *Dr. adm.* 2010, comm. 78, note A. Taillefait.

TA Marseille, 11 août 2009, n° 0904231, *R. : Dr. adm.* 2010, comm. 79, note A. Taillefait.

TA Orléans, 3 déc. 2009, nos 0703052 et 0702611 : *LIJMEN* avr. 2010, n° 144, p. 10.

TA Melun, 22 déc. 2009, n° 0505937 : *LIJMEN* juill. 2010, n° 147, p. 9.

TA Melun, ord., 22 oct. 2010 : *JurisData* n° 2010-019267 ; *AJDA* 2010, 2026.

TA Versailles, ord., 23 oct. 2010, n° 1006866.

TA Melun, 25 oct. 2010, n° 1007348 : *AJDA* 2010, 2026.

TA Orléans, 2 nov. 2011, n° 0901394, *X et a. : LIJMEN* janv. 2012, n° 161, p. 8.

TA Bordeaux, 31 janv. 2012, n° 0903559, *X : LIJMEN* mai 2012, n° 165, p. 14.

TA Besançon, 21 juin 2012, n° 1100029, *SNPTES-UNSA c/ Recteur académie : LIJMEN* déc. 2012, n° 170, p. 8.

TA Melun, 13 juill. 2012, n° 1004142/11, *L.*

TA Bordeaux, 15 mai 2014, n° 1301455 : *JCP* S 15 juill. 2014, n° 28, p. 1304, comm. B. Martin.

TA Limoges, 31 mars 2016, n° 1400204 : *JurisData* n° 2016-013941 ; *AJFP* sept.-oct. 2016, p. 284, concl. M. Béria-Guillaume.

TA Lyon, 8 juin 2016, n° 1604058.

TA Bordeaux, 3 juin 2019, n° 1801697 : *AJFP* 2019, p. 327, concl. F. Béroujon.

TA Rouen, ord. réf., ord., 13 oct. 2022, n° 2204100.

TA Lille, ord. réf., ord., 14 oct. 2022, n° 2207769.

TA, Lyon, ord., 20 oct. 2022, n° 2207732.

TA Marseille, 1re ch., 21 oct. 2022, n° 2104995 : *AJCT* 2023, p. 178.

TA Marseille, 1re ch., 21 oct. 2022, n° 2103212.

TA Rouen, réf., 6 avr. 2023, n° 2301355.

2. Cours administratives d'appel

CAA Paris, 23 mars 1993, n° 92PA00203, B.

CAA Marseille, 1re ch., 18 juin 1998, n° 96MA10733, *Mlle Thomas : Lebon* T. ; *AJDA* 1998, p. 946 et note L.B., p. 890.

CAA Douai, 30 mai 2001, n° 99DA01553.

CAA Nancy, 31 mai 2001, n° 97NC480, *Dpt Moselle : JurisData* n° 2001-164595.

CAA Nantes, 3 oct. 2002, n° 02NT00184, *La Poste*.

CAA Douai, 30 déc. 2003, n° 02DA00334.

CAA Marseille, 2e ch., 13 déc. 2005, n° 01MA00258, *Cne de Béziers*.

CAA Douai, 21 juin 2007, n° 07DA00028, *Cne de Dunkerque*.

CAA Marseille, 30 juin 2008, n° 07MA00868.

CAA Nancy, 16 juin 2011, n° 10NC00901.

CAA Bordeaux, 27 sept. 2011, nos 10BX03125 et 10BX03126 : *AJDA* 2012, 816, chron. Vié.

CAA Nantes, 3e ch., 26 janv. 2012, n° 10NT01690.

CAA Douai, 5 mars 2015, n° 14DA00326, *Synd. autonome sapeurs-pompiers professionnels et personnels administratifs, techniques et spécialisés Oise : AJFP* sept.-oct. 2015, p. 260.

CAA Versailles, 20 oct. 2016, n° 14VE01998, *La Poste*.

CAA Bordeaux, 17 oct. 2017, n° 15BX01438.

CAA Bordeaux, 3e ch., 29 mars 2018, n° 16BX00013.

CAA Bordeaux, 3e ch., 15 nov. 2018, n° 16BX03511.

CAA Marseille, 7e ch., formation à 3, 25 janv. 2019, n° 17MA00157.

CAA Versailles, 2e ch., 21 févr. 2019, n° 17VE01805.

CAA Lyon, 3e ch., 2 mai 2019, n° 17LY02743.

CAA Versailles, 2e ch., 23 mai 2019, n° 18VE03667.

CAA Bordeaux, 3e ch., 17 juin 2020, n° 19BX03330, *Garde des Sceaux, min. Justice : AJFP* 2020, 304, comm. S. Niquège.

CAA Douai, 3e ch., 22 oct. 2020, n° 19DA01207.

CAA Nancy, 4e ch., 26 janv. 2021, n° 20NC00805 : *AJFP* 2021, p. 152.

CAA Bordeaux, 6e ch., 12 avr. 2021, nos 20BX00266, 20BX01315.

CAA Douai, 27 mai 2021, n° 20DA00937 : *AJFP* 2022, 53.

CAA Lyon, 3 juin 2021, n° 20LY01407 : *AJFP* 2022, 27.

CAA Lyon, 3e ch., 17 juin 2021, n° 19LY01012 : *AJFP* 2022, 43.

CAA Lyon, 17 juin 2021, n° 19LY01016, *M. H*.

CAA Bordeaux, 1re ch., 14 oct. 2021, n° 19BX02207.

CAA Nancy, 4e ch., 1re févr. 2022, n° 21NC00480.

CAA Lyon, 3e ch., 15 juin 2022, n° 20LY02421.

CAA Bordeaux, 6e ch., 8 nov. 2022, n° 20BX0.

CAA Lyon, 3e ch., 23 nov. 2022, n° 21LY04321.

CAA Toulouse, 2e ch., 13 déc. 2022, n° 21TL01196.

CAA Marseille, 20 déc. 2022, n° 22MA02689, *Cne de Marseille*.

CAA Paris, 9e ch., 20 janv. 2023, n° 20PA03684.

CAA Lyon, 6e ch., 16 mars 2023, n° 21LY02696.

CAA Bordeaux, 6e ch., 24 mai 2023, n° 21BX03227.

CAA Bordeaux, 2e ch., 29 juin 2023, n° 21BX02612.

II. Cour de cassation

A. Chambres civiles

Cass. req., 28 juill. 1924 : *Gaz. Pal.* 1924, 2, p. 504.

Cass. req., 24 juin 1925, *DH* 1925, p. 486.

Cass. req., 5 juill. 1932 : *DH* 1932, p. 476.

Cass. civ., 15 mai 1907 : *D.* 1907, I, p. 369, note A. Colin.

Cass. civ., 17 nov. 1926 : *DP* 1927, 1, 3.

Cass. 1re civ., 31 mai 1989 : *RTD civ.* 1989, p. 489, obs. P. Jourdain.

Cass. 1re civ., 15 janv. 1991, n° 89-18.630 : *Bull. civ.* I, n° 19 ; *D.* 1991, somm., p. 353, 2e esp., obs. J. Penneau ; *D.* 1991, somm., p. 297, obs. A. Lyon-Caen.

Cass. 1re civ., 6 oct. 1993 : *JCP* G 1993, II, 22154, note P. Waquet ; *JCP* E 1994, II, 600, note P.-H. Antonmattéi.

Cass. 1re civ., 31 janv. 1995, *D.* 1995, somm., p. 229, obs. P. Delebecque.

Cass. 2e civ., 7 mars 1966 : *JCP* G 1966, II, 14878, note J. Mazaud.

Cass. 2e civ., 18 oct. 1967 : *JCP* G 1968, II, 15430, note P. Durand.

Cass. 2e civ., 9 juill. 1997, *Sté GIE Agroma et a. : D.* 1997, IR, p. 207.

Cass. 2e civ., 11 juin 1998, n° 95-22.234, publié.

Cass. 2e civ., 8 juill. 2004 : *BICC* 1er déc. 2004, n° 609, n° 1810.

Cass. 2e civ., 26 oct. 2006 : *JCP* E 2007, p. 2198, note Ch. Radé.

Cass. 2e civ., 28 juin 2007, n° 06-15.744, *Sté Les Rapides de Lorraine*, publié.

Cass. 2e civ., 22 janv. 2009, n° 07-19.039, publié : *JCP* S 2009, 1395, note D. Jacotot.

Cass. com., 28 févr. 1966 : *JCP* G 1966, II, 14878, note J. Mazaud.

Cass. com. 12 nov. 1969, *JCP* G 1971, II, 16791, note E. du Pontavice et M. de Juglart.

Cass. com., 7 janv. 1997 : *D.* 1997, IR, p. 54.

Cass. com., 19 oct. 2022, n° 21-14.880, *LKW Walter c/ THL.*

Cass. soc., 10 févr. 1950 : *D.* 1950, p. 192.

Cass. soc., 25 mai 1951 : *Bull. civ.* V, n° 408.

Cass. soc., 1er juin 1951, n° 51-01.763 : *Bull. civ.* IV, n° 432.

Cass. soc., 28 juin 1951, n° 51-01.661, *Sté des Maïseries de la Méditerranée : Bull. civ.* IV, n° 524 ; *Dr. soc.* 1951, p. 521, rapp. Patin, note P. Durand.

Cass. soc., 9 juill. 1951 : *Dr. soc.* 1952, p. 116, obs. P. Durand.

Cass. soc., 27 mars 1952 : *S.* 1952, 1, p. 179.

Cass. soc., 19 juin 1952 : *Bull. civ.* IV, n° 383, n° 531.

Cass. soc., 24 juill. 1952 : *Dr. soc.* 1952, p. 683, note P. Durand.

Cass. soc., 20 nov. 1952 : *Dr. soc.* 1953, p. 99.

Cass. soc., 29 janv. 1953: *Bull. civ.* IV, n° 89.

Cass. soc., 5 mars 1953 : *Bull. civ.* IV, n° 185 ; *JCP* G 1953, II, 7553, note Delpech.

Cass. soc., 6 mars 1953 : *Dr. soc.* 1953, p. 351.

Cass. soc., 19 mars 1953, n° 53-01.392, publié.

Cass. soc., 20 mars 1953 : *D.* 1954, p. 23, note G. Levasseur.

Cass. soc., 23 mars 1953 : *JCP* G 1953, II, 7709, note H. Delpech ; *D.* 1954, p. 89, note G. Levasseur.

Cass. soc., 29 mai 1953 : *Dr. soc.* 1953, p. 410.

Cass. soc., 5 juin 1953 : *Dr. soc.* 1953, p. 545.

Cass. soc., 20 nov. 1953 : *D.* 1954, 25.

Cass. soc., 24 juin 1954 : *Bull. civ.* IV, n° 446, p. 334.

Cass. soc., 20 mai 1955, n° 55-02.582 : *Bull. civ.* IV, n° 427.

Cass. soc., 13 oct. 1955 : *Dr. soc.* 1956, p. 32.

Cass. soc., 20 janv. 1956 : *Bull. civ.* IV, n° 71.

Cass. soc., 27 janv. 1956 : *D.* 1956, p. 481.

Cass. soc., 4 mai 1956 : *Bull. civ.* IV, n° 415, p. 308 ; *JCP* G 1959, II, 7709, note H. Delpech.

Cass. soc., 14 févr. 1957 : *Bull. civ.* IV, n° 171, p. 117.

Cass. soc., 9 mars 1957 : *Dr. soc.* 1957, p. 278, concl. Blanchet ; *D.* 1958, p. 91, note J. Brèthe de la Gressaye.

Cass. soc., 22 juin 1957 : *Bull. civ.* IV, n° 771.

Cass. soc., 19 avr. 1958 : *Bull. civ.* IV, n° 528, p. 393.

Cass. soc., 10 oct. 1958 : *Dr. soc.* 1959, p. 489.

Cass. soc., 6 nov. 1958 : *Dr. soc.* 1959, p. 291.

Cass. soc., 8 janv. 1959 : *Bull. civ.* IV, n° 40, p. 36.

Cass. soc., 12 mars 1959 : *Bull. civ.* IV, n° 378, p. 309.

Cass. soc., 5 mai 1959 : *Bull. civ.* IV, n° 538, p. 441.

Cass. soc., 13 janv. 1960 : *Dr. soc.* 1960, 491.

Cass. soc., 14 janv. 1960 : *Dr. ouvrier* 1960, p. 179, note M. Boitel.

Cass. soc., 28 janv. 1960 : *Bull. civ.* IV, n° 107, p. 85.

Cass. soc., 29 janv. 1960 : *Bull. civ.* V, n° 112.

Cass. soc., 28 mars 1960 : *Bull. civ.* V, n° 330.

Cass. soc., 5 mai 1960 : *JCP* G 1960, II, 11692, note R. Lindon.

Cass. soc., 12 oct. 1960 : *Bull. civ.* IV, n° 852, p. 655.

Cass. soc., 20 déc. 1960 : *Bull. civ.* V, n° 1225.

Cass. soc., 2 juin 1961, *Ralarosy* : *Bull. civ.* IV, n° 598.

Cass. soc., 25 oct. 1961 : *Bull. civ.* IV, p. 894.

Cass. soc., 14 déc. 1961, n° 57-40.753 : *Bull. civ.* IV, n° 1039, p. 829.

Cass. soc., 20 déc. 1961 : *JCP* G 1962, II, 12786.

Cass. soc., 16 mai 1962 : *Dr. ouvrier* 1963, p. 56.

Cass. soc., 10 oct. 1962 : *Bull. civ.* V, n° 702.

Cass. soc., 14 nov. 1962 : *Bull. civ.* V, n° 801.

Cass. soc., 13 déc. 1962 : *Bull. civ.* IV, n° 904 ; *Dr. soc.* 1963, p. 226, obs. J. Savatier.

Cass. soc., 19 juin 1963 : *D.* 1963, p. 683, note G. Lyon-Caen ; *JCP* G 1963, II, 13248, note H. Sinay.

Cass. soc., 3 oct. 1963 : *Bull. civ.* IV, n° 631.

Cass. soc., 3 oct. 1963 : *Bull. civ.* IV, n° 645 ; *D.* 1964, p. 3, note G. Lyon-Caen.

Cass. soc., 16 déc. 1963 : *Bull. civ.* V, n° 809.

Cass. soc., 22 avr. 1964 : *Bull. civ.* IV, n° 320 ; *JCP* G 1964, II, 13883, note B. A.

Cass. soc., 12 mai 1964, n° 63-10.882 : *Bull. civ.* IV, n° 415.

Cass. soc., 16 juill. 1964 : *Bull. civ.* IV, n° 620.

Cass. soc., 14 oct. 1964 : *Bull. civ.* IV, n° 671.

Cass. soc., 2 déc. 1964 : *Bull. civ.* V, n° 809 ; *D.* 1965, p. 112, note G. Lyon-Caen ; *JCP* G 1965, II, 14098, note A. Brun.

Cass. soc., 15 févr. 1965 : *JCP* G 1965, II, 14212, note H. Sinay ; *Dr. soc.* 1965, p. 444, obs. J. Savatier.

Cass. soc., 16 juin 1965 : *D.* 1966, p. 392.

Cass. soc., 20 oct. 1965 : *Dr. soc.* 1966, p. 223.

Cass. soc., 26 janv. 1966 : *Bull. civ.* V, n° 113.

Cass. soc., 2 févr. 1966 : *Bull. civ.* V, n° 137.

Cass. soc., 4 mai 1966 : *Bull. civ.* IV, n° 411.

Cass. soc., 19 juill. 1966 : *Bull. civ.* V, n° 717.

Cass. soc., 19 déc. 1966 : *Bull. civ.* V, n° 968.

Cass. soc., 30 janv. 1967 : *Bull. civ.* V, n° 99.

Cass. soc., 8 mars 1967 : *Bull. civ.* V, n° 222.

Cass. soc., 8 mai 1967 : *Bull. civ.* V, n° 377.

Cass. soc., 21 juin 1967 : *D.* 1967, p. 753.

Cass. soc., 17 janv. 1968 : *Bull. civ.* V, n° 35.

Cass. soc., 24 janv. 1968 : *Bull. civ.* IV, n° 51, p. 44.

Cass. soc., 13 nov. 1968 : *Bull. civ.* V, n° 502.

Cass. soc., 13 mars 1969 : *Bull. civ.* V, n° 185.

Cass. soc., 15 janv. 1970 : *JCP* G 1970, II, 16315, 2e esp., note G. Lyon-Caen ; *Dr. soc.* 1970, p. 232, obs. J. Savatier.

Cass. soc., 18 févr. 1970 : *Dr. soc.* 1970, p. 323, obs. J. Savatier.

Cass. soc., 17 mars 1970 : *Dr. soc.* 1970, p. 375, obs. J. Savatier.

Cass. soc., 7 oct. 1970 : *Dr. soc.* 1971, p. 136, obs. J. Savatier.

Cass. soc., 14 oct. 1970 : *D.* 1971, p. 113, obs. J. Savatier.

Cass. soc., 24 mars 1971 : *Dr. soc.* 1971, p. 551, obs. J. Savatier.

Cass. soc., 30 mars 1971, n° 69-40.333 : *Bull. civ.* V, n° 265 ; *JCP* 1971, II, 16883, note H. Groutel.

Cass. soc., 6 mai 1971 : *Bull. civ.* V, n° 541, p. 287.

Cass. soc., 9 juin 1971 : *Dr. ouvrier* 1971, p. 277.

Cass. soc., 24 juin 1971 : *Bull. civ.* V, n° 483, p. 405.

Cass. soc., 6 oct. 1971, n° 71-40.105 : *Dr. soc.* 1972, p. 124, obs. J. Savatier ; *JCP* G 1973, II, 17323, note C. Lazerges-Rothé.

Cass. soc., 26 janv. 1972, n° 70-40.513 : *Bull. civ.* V, n° 63 ; *Dr. soc.* 1972, p. 395, obs. J. Savatier.

Cass. soc., 8 févr. 1972, *Corfu : D.* 1972, p. 656, note J. Savatier.

Cass. soc., 24 mai 1972, n° 71-40.637 : *Bull. civ.* V, n° 372, p. 341.

Cass. soc., 28 juin 1972, n° 71-40.459 : *Bull. civ.* V, n° 470.

Cass. soc., 10 janv. 1973, n° 71-40.804 : *Bull. civ.* V, n° 8 ; *D.* 1973, p. 453, note H. Sinay ; *Dr. soc.* 1973, p. 433, obs. J. Savatier.

Cass. soc., 21 mars 1973 : *Bull. civ.* V, n° 174.

Cass. soc., 21 mars 1973 : *Bull. civ.* V, n° 175.

Cass. soc., 5 juin 1973, n° 72-40.570 : *Bull. civ.* V, n° 360.

Cass. soc., 26 févr. 1974 : *Dr. soc.* 1975, p. 450, obs. J. Savatier.

Cass. soc., 27 févr. 1974, n° 72-40.726 : *Bull. civ.* V, n° 140, p. 130.

Cass. soc., 4 avr. 1974, n° 73-40.389 : *Bull. civ.* V, n° 204.

Cass. soc., 8 avr. 1974 : *Bull. civ.* V, n° 223, p. 211.

Cass. soc., 21 mai 1974, n° 72-40.789 : *Bull. civ.* V, n° 318, p. 303.

Cass. soc., 6 nov. 1974, n° 73-40.555, publié.

Cass. soc., 22 janv. 1975, n° 73-40.548 : *Bull. civ.* V, n° 25, p. 23.

Cass. soc., 29 janv. 1975, n° 73-40.438.

Cass. soc., 19 févr. 1975, n° 73-40.685 : *Bull. civ.* V, n° 79.

Cass. soc., 26 févr. 1975, n° 73-40.841 : *Bull. civ.* V, n° 95 ; *Dr. soc.* 1975, p. 449, obs. J. Savatier.

Cass. soc., 26 févr. 1975 : *Bull. civ.* V, n° 96, p. 88.

Cass. soc., 7 avr. 1976, n° 74-40.801 : *Bull. civ.* V, n° 189.

Cass. soc., 13 oct. 1976, n° 75-40.178 : *Dr. ouvrier* 1977, p. 274.

Cass. soc., 17 mai 1977, n° 75-11.474, publié : *D.* 1977, 645, note A. Jeammaud.

Cass. soc., 8 juin 1977 : *Bull. civ.* V, p. 301.

Cass. soc., 23 nov. 1977 : *Bull. civ.* V, n° 635.

Cass. soc., 21 déc. 1977, n° 76-40.474 : *Bull. civ.* V, n° 726.

Cass. soc., 4 janv. 1978, n° 76-40.285 : *Bull. civ.* V, n° 2.

Cass. soc., 21 févr. 1978, n° 76-14.099 : *JCP* CI 1978, I, 7087, p. 184, n° 14, obs. B. Teyssié et R. Descottes.

Cass. soc., 22 févr. 1978 : *Bull. civ.* V, n° 135, p. 102.

Cass. soc., 8 juin 1978 : *Bull. civ.* V, n° 451.

Cass. soc., 15 juin 1978, n° 77-40.600, publié.

Cass. soc., 9 nov. 1978 : *Bull. civ.* V, n° 754, p. 568.

Cass. soc., 23 nov. 1978, n° 77-40.946, *Bardot*, publié : *D.* 1979, p. 304, note J.-C. Javillier ; *JCP* G 1980, II, 19278, note J.-P. Karaquillo ; *JCP* CI 1979, I, 7921, n° 9, obs. B. Teyssié et R. Descottes.

Cass. soc., 7 déc. 1978, n° 78-40.099 : *Bull. civ.* V, n° 841.

Cass. soc., 18 janv. 1979, n° 77-40.982, publié.

Cass. soc., 7 févr. 1979, n° 77-40.794 : *Bull. civ.* V, n° 118.

Cass. soc., 15 févr. 1979, *Sté Descours* : *Bull. civ.* V, n° 143 ; *Dr. ouvrier* 1980, p. 338, note M. Petit.

Cass. soc., 14 mars 1979, n° 76-41.143, *Sté Visseries Danjou* : *Bull. civ.* V, n° 232 ; *Dr. ouvrier* 1980, p. 61, note M. Petit.

Cass. soc., 22 mars 1979 : *Dr. soc.* 1980, p. 44, note J. Savatier.

Cass. soc., 3 avr. 1979, n° 77-41.067 : *Bull. civ.* V, n° 299.

Cass. soc., 25 avr. 1979 : *Bull. civ.* V, n° 330, p. 239.

Cass. soc., 29 mai 1979, *Lhomme* : *Bull. civ.* V, n° 464 ; *D.* 1980, IR, p. 23, obs. P. Langlois.

Cass. soc., 8 juin 1979 : *Jurispr. soc. UIMM* 1980, p. 22.

Cass. soc., 3 juill. 1979 : *Bull. civ.* V, n° 595.

Cass. soc., 18 juill. 1979 : *Dr. soc.* 1980, p. 44, note J. Savatier.

Cass. soc., 4 oct. 1979 : *Bull. civ.* V, n° 679, p. 499.

Cass. soc., 25 oct. 1979, *UTA* : *Bull. civ.* V, n° 786 ; *D.* 1980, p. 313, note H. Sinay.

Cass. soc., 6 déc. 1979 : *Bull. civ.* V, n° 957, p. 701.

Cass. soc., 10 janv. 1980 : *JCP* CI 1980, I, 8870, p. 202, n° 15, obs. B. Teyssié.

Cass. soc., 20 févr. 1980, n° 78-41.116 : *Bull. civ.* V, n° 161.

Cass. soc., 13 mars 1980 : *D.* 1980, IR, p. 546, obs. J. Pélissier.

Cass. soc., 26 mars 1980 : *Bull. civ.* V, n° 297.

Cass. soc., 12 mai 1980, n° 79-40.306, *Kocurek c/ Entr. Decaux.*

Cass. soc., 7 juill. 1980 : *D.* 1980, IR, p. 132, obs. P. Langlois.

Cass. soc., 13 nov. 1980, n° 79-40.414.

Cass. soc., 20 nov. 1980 : *JCP* CI 1981, I, 9484, p. 67, n° 9, obs. B. Teyssier.

Cass. soc., 8 janv. 1981, n° 79-41.253 : *Bull. civ.* V, n° 8.

Cass. soc., 29 janv. 1981, n° 79-40.881 : *Bull. civ.* V, n° 78.

Cass. soc., 19 févr. 1981 : *D.* 1981, 417, note R. Bonneau.

Cass. soc., 25 mai 1981 : *Bull. civ.* V, n° 463, p. 347.

Cass. soc., 3 juin 1981, n° 80-60.424 : *Bull. civ.* V, n° 508.

Cass. soc., 11 juin 1981, n° 79-42.013, publié.

Cass. soc., 21 juill. 1981, n° 79-42.429 : *Bull. civ.* V, n° 724.

Cass. soc., 4 nov. 1981 : *Gaz. Pal.* 1981, 2, p. 763, note M. Rayro.

Cass. soc., 16 déc. 1981 : *Bull. civ.* V, n° 980 ; *D.* 1982, IR, p. 322, obs. G. Vachet ; *JCP* CI 1982, I, 10527, p. 135, n° 9, obs. B. Teyssié.

Cass. soc., 18 mars 1982, n° 80-40.576 : *Bull. civ.* V, n° 182.

Cass. soc., 25 mars 1982 : *Bull. civ.* V, n° 224.

Cass. soc., 31 mars 1982, *Talbot* : *Bull. civ.* V, n° 246, p. 182 ; *Dr. soc.* 1983, 225, note J. Savatier.

Cass. soc., 13 mai 1982 : *Bull. civ.* V, n° 302.

Cass. soc., 17 juin 1982, n° 80-40.973 : *JCP* CI 1982, I, 10979, p. 343, n° 13, obs. B. Teyssié.

Cass. soc., 9 nov. 1982, *Trailor* et *Dubigeon-Normandie* : *JCP* G 1983, II, 19995, concl. Gauthier ; *Dr. ouvrier* 1983, 275, obs. F. Saramito, *D.* 1983, 531, note H. Sinay ; *Dr. soc.* 1983, 175, chron. J. Savatier ; *BS* 1982, p. 117 et s., chron. J. Déprez.

Cass. soc., 8 déc. 1982 : *Bull. civ.* V, n° 695.

Cass. soc., 12 janv. 1983 : *D.* 1984, p. 354, note N. Decoopman ; *Dr. soc.* 1983, p. 227, note J. Savatier.

Cass. soc., 17 mars 1983, n° 81-42.577, publié : *D.* 1984, IR, p. 166, obs. J. Goineau.

Cass. soc., 16 juin 1983 : *D.* 1984, IR, p. 362, obs. A. Lyon-Caen.

Cass. soc., 7 juill. 1983, n° 81-40.191.

Cass. soc., 5 juin 1984, n° 81-42.229 : *Bull. civ.* V, n° 229.

Cass. soc., 21 juin 1984, n° 82-16.596, publié : *Dr. soc.* 1985, p. 18, obs. J. Savatier.

Cass. soc., 5 juill. 1984, n° 81-41.323 : *Bull. civ.* V, n° 297 ; *Dr. soc.* 1985, p. 45, note J.-F. Lachaume.

Cass. soc., 26 juill. 1984, n° 82-14.355.

Cass. soc., 26 juill. 1984, n° 81-41.760 : *Bull. civ.* V, n° 331 ; *Dr. soc.* 1985, p. 121, obs. J. Savatier.

Cass. soc., 7 nov. 1984, n° 82-41.441 : *JCP* E 1985, I, 14383, p. 173, n° 9, obs. B. Teyssié.

Cass. soc., 8 nov. 1984 : *Bull. civ.* V, n° 423, p. 315.

Cass. soc., 21 nov. 1984, n° 82-40.601 : *Bull. civ.* V, n° 445.

Cass. soc., 16 janv. 1985 : *JCP* E 1986, I, 15146, p. 53, n° 15, obs. B. Teyssié.

Cass. soc., 31 janv. 1985, *Sté Solner* : *Liaisons soc.* 1er avr. 1985, Légis. 5627, p. 5.

Cass. soc., 6 févr. 1985 : *Bull. civ.* V, n° 82.

Cass. soc., 6 févr. 1985, n° 82-43.173 : *Bull. civ.* V, n° 83.

Cass. soc., 12 févr. 1985 : *Bull. civ.* V, n° 96, p. 71.

Cass. soc., 13 mars 1985 : *Bull. civ.* V, n° 174.

Cass. soc., 20 mars 1985, n° 81-40.923 : *D.* 1985, IR, p. 443, obs. P. Langlois.

Cass. soc., 22 avr. 1985, n° 82-41.861 : *Bull. civ.* V, n° 242.

Cass. soc., 9 juill. 1985 : *Bull. civ.* V, n° 421.

Cass. soc., 16 oct. 1985 : *Dr. soc.* 1986, p. 614, note J. Déprez.

Cass. soc., 21 oct. 1985, n° 83-41.563 : *Bull. civ.* V, n° 471.

Cass. soc., 6 nov. 1985 : *Dr. soc.* 1986, p. 614, note J. Déprez.

Cass. soc., 27 nov. 1985, n° 82-43.649 : *Bull. civ.* V, n° 559 ; *Dr. soc.* 1988, 143, note J. Déprez.

Cass. soc., 6 mars 1986, n° 83-43.062 : *Bull. civ.* V, n° 80.

Cass. soc., 19 juin 1986, n° 83-45.536 : *Bull. civ.* V, n° 329.

Cass. soc., 9 juill. 1986, n° 85-41.861 : *Bull. civ.* V, n° 363.

Cass. soc., 21 juill. 1986 : *D.* 1987, somm., p. 204, 1re esp., obs. M.-A. Rotschild-Souriac.

Cass. soc., 19 nov. 1986, n° 83-43.516 : *Bull. civ.* V, n° 528.

Cass. soc., 10 déc. 1986 : *Dr. soc.* 1987, p. 855, obs. J. Déprez.

Cass. soc., 10 déc. 1986, n° 83-41.502, publié : *JCP* E 1986, II, 15092, note P. Salvage.

Cass. soc., 14 janv. 1987, n° 84-40.945 : *Bull. civ.* V, n° 16.

Cass. soc., 19 mars 1987 : *Gaz. Pal.* 1987, 1, pan., p. 120.

Cass. soc., 30 avr. 1987 : *Bull. civ.* V, n° 238.

Cass. soc., 7 mai 1987, n° 85-41.609.

Cass. soc., 7 mai 1987 : *D.* 1988, somm., p. 100, 2e esp., obs. J. Pélissier.

Cass. soc., 19 juin 1987, n° 83-42.596, publié : *D.* 1988, somm., p. 325, note G. Borendreund ; *BS* 1988, p. 75, note J. Déprez ; *D.* 1988, somm., p. 100, 2e esp., obs. J. Pélissier.

Cass. soc., 24 juin 1987 : *Bull. civ.* V, n° 433.

Cass. soc., 25 juin 1987, n° 85-40.250, *Cours François Villon* : *Bull. civ.* V, n° 266 ; *D.* 1988, somm., p. 99, obs. J. Pélissier.

Cass. soc., 25 juin 1987, *Mme Devière c/ Afobat* : *Bull. civ.* V n° 433.

Cass. soc., 16 juill. 1987, n° 85-44.490 : *Bull. civ.* V, n° 497.

Cass. soc., 8 oct. 1987 : *Dr. soc.* 1988, p. 153, note A. Mazeaud.

Cass. soc., 7 janv. 1988 : *Bull. civ.* V, n° 10, p. 6.

Cass. soc., 7 janv. 1988, n° 85-42.012 : *Bull. civ.* V, n° 11.

Cass. soc., 7 janv. 1988 : *Dr. soc.* 1988, p. 464, note C. Freyria ; *RJS* 1989, p. 447, obs. J. Déprez.

Cass. soc., 4 févr. 1988, n° 84-45.303, *SA Sotra Causse Walon et Cie*.

Cass. soc., 4 févr. 1988 : *Bull. civ.* V, n° 91.

Cass. soc., 25 févr. 1988, n° 85-45.262, publié.

Cass. soc., 25 févr. 1988, n° 85-43.293 : *Bull. civ.* V, n° 133, p. 88.

Cass. soc., 25 févr. 1988, n° 85-46.371 : *Bull. civ.* V, n° 135.

Cass. soc., 3 mars 1988 : *D.* 1988, somm., p. 326, obs. P. Langlois.

Cass. soc., 10 mars 1988 : *D.* 1988, somm., p. 326, obs. P. Langlois.

Cass. soc., 24 mars 1988, n° 85-43.604 : *Dr. soc.* 1988, p. 649, note J. Déprez.

Cass. soc., 9 juin 1988, n° 85-40.022.

Cass. soc., 30 juin 1988 : *Dr. ouvrier* 1988, p. 393.

Cass. soc., 18 janv. 1989 : *Bull. civ.* V, n° 47.

Cass. soc., 16 févr. 1989, 87-42.572, publié.

Cass. soc., 25 févr. 1989 : *Bull. civ.* V, n° 139, p. 192.

Cass. soc., 9 mars 1989 : *JCP* G 1989, II, 21333, concl. Gauthier ; *Dr. ouvrier* 1989, p. 451, obs. F. Saramito ; *D.* 1990, somm., p. 169, obs. G. Borenfreund.

Cass. soc., 27 avr. 1989, n° 85-45.521 : *Bull. civ.* V, n° 308.

Cass. soc., 3 mai 1989, n° 87-10.994 : *Bull. civ.* V, n° 404.

Cass. soc.,16 mai 1989, n° 85-43.359, publié.

Cass. soc., 16 mai 1989, n° 86-43.399 : *D.* 1990, somm., p. 171, obs. G. Borenfreund ; *JCP* G 1990, II, 21452, note Y. Saint-Jours ; *Dr. ouvrier* 1989, p. 242, note Debliquis.

Cass. soc., 30 mai 1989 : *Bull. civ.* V, n° 405, p. 244 ; *D.* 1990, 168, obs. G. Borenfreund ; *RTD civ.* 1990, 283, obs. J. Mestre.

Cass. soc., 6 juin 1989 : *D.* 1990, somm., p. 170, obs. G. Borenfreund ; *RJS* 1989, p. 333, concl. Franck ; *JCP* E 1987, II, 15587, p. 551, n° 18, obs. B. Teyssié ; *JCP* G 1990, II, 21452, obs. Y. Saint-Jours.

Cass. soc., 6 juin 1989, n° 87-40.738, publié : *Dr. ouvrier* 1990, p. 31, obs. F. Saramito.

Cass. soc., 27 juin 1989, n° 87-45.310.

Cass. soc., 27 juin 1989, n° 88-42.591, *Sté Causse Walon.*

Cass. soc., 27 juin 1989, n° 86-45.096 : *Bull. civ.* V, n° 470.

Cass. soc., 4 juill. 1989, *Jurispr. soc. UIMM* 1989, p. 435.

Cass. soc., 11 juill. 1989 : *Bull. civ.* V, n° 569 : *JCP* E 1990, II, 15773, p. 333, n° 19, 1re esp., obs. B. Teyssié ; *Dr. soc.* 1989, p. 718, obs. J. Déprez.

Cass. soc., 11 juill. 1989, n° 86-42.020.

Cass. soc., 31 oct. 1989, n° 88-44.948.

Cass. soc., 31 oct. 1989, n° 88-41.229.

Cass. soc., 31 oct. 1989, n° 88-41.229 : *JCP* E 1990, II, 15773, p. 333, n° 19, 2e esp., obs. B. Teyssié.

Cass. soc., 5 déc. 1989, n° 86-44.301, publié.

Cass. soc., 19 déc. 1989, n° 89-42.795, publié : *Dr. ouvrier* 1990, p. 115, concl. H. Écoutin, note M. Lamoot ; *D.* 1990, 372, note Y. Saint-Jours.

Cass. soc., 24 janv. 1990, n° 89-41.003, publié : *Dr. soc.* 1990, p. 328, rapp. P. Waquet.

Cass. soc., 7 févr. 1990, n° 87-43.566 : *Bull. civ.* V, n° 42.

Cass. soc., 21 févr. 1990, n° 89-40.563 : *Bull. civ.* V, n° 71.

Cass. soc., 21 mars 1990 : *Bull. civ.* V, n° 131, p. 77.

Cass. soc., 4 avr. 1990, n° 88-43.909 : *Bull. civ.* V, n° 156.

Cass. soc., 5 avr. 1990 : *Bull. civ.* V, n° 175, p. 106.

Cass. soc., 2 mai 1990, n° 87-17.060, publié.

Cass. soc., 26 sept. 1990, n° 88-41.375 : *Bull. civ.* V, n° 387 ; *Dr. soc.* 1991, p. 60, rapp. P. Waquet, note J.-E. Ray ; *RJS* 1990, p. 619, chron. J. Déprez.

Cass. soc., 26 sept. 1990 : *Jurispr. soc. UIMM* 1990, p. 409.

Cass. soc., 10 oct. 1990, n° 88-41.426 : *Bull. civ.* V, n° 434.

Cass. soc., 10 oct. 1990, n° 88-41.427.

Cass. soc., 7 nov. 1990, n° 89-44.264, publié : *JCP* E 1991, I, 27, n° 14, obs. B. Teyssié.

Cass. soc., 13 nov. 1990 : *Bull. civ. V*, n° 544.

Cass. soc., 27 nov. 1990, n° 88-45.790 : *Bull. civ.* V, n° 518.

Cass. soc., 19 déc. 1990 : *Bull. civ.* V, n° 676, p. 408.

Cass. soc., 16 janv. 1991 : *Bull. civ.* V, n° 11, p. 7.

Cass. soc., 30 janv. 1991 : *Dr. ouvrier* 1991, p. 107, note F. Saramito.

Cass. soc., 30 janv. 1991, n° 89-40.471.

Cass. soc., 12 févr. 1991, n° 86-45.459.

Cass. soc., 20 févr. 1991, n° 89-40.280.

Cass. soc., 20 févr. 1991 : *Bull. civ.* V, n° 81, p. 50.

Cass. soc., 20 févr. 1991, n° 90-41.119 : *Bull. civ.* V, n° 83 ; *Dr. soc.* 1991, 469, note A. Mazeaud.

Cass. soc., 20 févr. 1991, n° 88-44.792, publié : *JCP* G 1991, II, 21676, concl. P. Franck ; *Dr. soc.* 1991, p. 315-325, rapp. P. Waquet, obs. J. Savatier.

Cass. soc., 21 juin 1991 : *Cah. prud'h.* 1992, n° 3, p. 41.

Cass. soc., 25 juin 1991, n° 89-40.029 : *Bull. civ.* V, n° 323 ; *Dr. soc.* 1992, p. 65, concl. Don Joseph Graziani.

Cass. soc., 26 juin 1991, n° 90-41.062.

Cass. soc., 10 juill. 1991, n° 89-43.147 : *Bull. civ.* V, n° 349.

Cass. soc., 23 oct. 1991, n° 89-45.524.

Cass. soc., 30 oct. 1991 : *Bull. civ.* V, n° 46.

Cass. soc., 4 déc. 1991 : *Bull. civ.* V, n° 553.

Cass. soc., 26 févr. 1992, n° 90-15.459, publié.

Cass. soc., 26 févr. 1992, n° 90-40.760 : *Bull. civ.* V, n° 124.

Cass. soc., 26 févr. 1992, n° 89-41.673 : *Bull. civ.* V, n° 126.

Cass. soc., 11 mars 1992, n° 90-42.817 : *Bull. civ.* V, n° 168.

Cass. soc., 20 mai 1992 : *Bull. civ.* V, n° 319, p. 199.

Cass. soc., 2 juin 1992, n° 90-41.368 : *Bull. civ.* V, n° 356 ; *Dr. soc.* 1992, p. 700, rapp. P. Waquet, note J.-E. Ray.

Cass. soc., 8 juill. 1992, n° 89-42.563, *Sté Sétra* : *Bull. civ.* V, n° 445.

Cass. soc., 4 nov. 1992, n° 90-41.899 : *Bull. civ.* V, n° 529 : *JCP* E 1993, II, 420, note J. Savatier.

Cass. soc., 24 nov. 1992, n° 4073 D.

Cass. soc., 2 déc. 1992, n° 90-45.186 : *Bull. civ.* V, n° 579.

Cass. soc., 16 déc. 1992, n° 91-41.215 : *Bull. civ.* V, n° 592 : *Dr. soc.* 1993, 291, note J. Savatier.

Cass. soc., 13 janv. 1993, n° 90-45.760, publié.

Cass. soc., 20 janv. 1993, n° 90-44.074 : *Bull. civ.* V, n° 13.

Cass. soc., 3 févr. 1993, n° 90-41.665, *M. T. c/ Les courriers catalans* : *Bull. civ.* V, n° 40 ; *Dr. ouvrier* 1993, p. 259, note Pionnier.

Cass. soc., 17 mars 1993, n° 90-43.819.

Cass. soc., 17 mars 1993 : *Dr. soc.* 1993, p. 457.

Cass. soc., 7 avr. 1993, n° 91-16.834 : *Bull. civ.* V, n° 111.

Cass. soc., 5 mai 1993, n° 90-41.788.

Cass. soc., 2 juin 1993, n° 90-42.515, *SA Ponticelli frères c/ Bezet*.

Cass. soc., 30 juin 1993, n° 91-44.824 : *Bull. civ.* V, n° 185.

Cass. soc., 13 juill. 1993, n° 90-41.279.

Cass. soc., 16 nov. 1993, n° 91-41.024, publié : *Dr. soc.* 1994, p. 35-39, rapp. P. Waquet, note J.-E. Ray.

Cass. soc., 2 mars 1994, n° 92-41.134 : *Bull. civ.* V, n° 75 ; *JCP* E 1994, II, 594, note J. Savatier ; *Dr. soc.* 1994, 523, note J.-E. Ray.

Cass. soc., 16 mars 1994, n° 91-43.349 : *Bull. civ.* V, n° 92 ; *D.* 1994, 364, note Y. Saint-Jours ; *JCP* 1994, II, 22340, note F. Duquesne.

Cass. soc., 19 oct. 1994, n° 91-20.292, publié : *Dr. soc.* 1994, p. 958, obs. P. Waquet.

Cass. soc., 18 janv. 1995, n° 91-10.476 : *Bull. civ.* V, n° 27 : *Dr. soc.* 1995, 183, rapp. Ph. Waquet.

Cass. soc., 29 mars 1995, n° 93-41.863, publié.

Cass. soc., 12 avr. 1995, n° 93-10.968 : *Bull. civ.* 1995, V, n° 129 ; *Dr. soc.* 1995, p. 606, obs. J.-E. Ray.

Cass. soc., 12 avr. 1995 : *Dr. soc.* 1995, p. 599, obs. J. Savatier.

Cass. soc., 23 mai 1995, n° 93-45.159.

Cass. soc., 31 mai 1995, n° 93-46.189.

Cass. soc., 7 juin 1995, n° 93-43.895 : *Bull. civ.* V, n° 179.

Cass. soc., 7 juin 1995, n° 93-46.448, *Transports Seroul* : *Bull. civ.* V, n° 180 ; *Dr. soc.* 1996, p. 37, chron. Ch. Radé ; *D.* 1996, p. 75, note B. Mathieu.

Cass. soc., 7 juin 1995, n° 93-42.789 : *Bull. civ.* V, n° 181.

Cass. soc., 5 juill. 1995, n° 92-40.050, publié.

Cass. soc., 5 juill. 1995, n° 93-20.402 : *Bull. civ.* V, n° 232.

Cass. soc., 22 nov. 1995, n° 93-44.017 : *Bull. civ.* V, n° 307.

Cass. soc., 22 nov. 1995 : *Dr. soc.* 1996, p. 194, obs. J. Savatier ; *JCP* E 1996, II, 799, note C. Roy-Loustaunau et I, 543, n° 5, obs. A. Chevillard.

Cass. soc., 7 déc. 1995, n° 92-41.495.

Cass. soc., 17 janv. 1996, n° 91-43.218.

Cass. soc., 13 févr. 1996, n° 92-42.066 : *Bull. civ.* V, n° 54.

Cass. soc., 12 mars 1996, n° 93-41.670 : *Bull. civ.* V, n° 88.

Cass. soc., 29 mai 1996, n° 94-41.948 : *Bull. civ.* V, n° 214.

Cass. soc., 11 juin 1996 : *Dr. soc.* 1997, p. 377, note P.-H. Antonmattéi.

Cass. soc., 18 juin 1996, n° 92-44.497 : *Bull. civ.* V, n° 253 ; *D.* 1998, somm., p. 258, obs. A. Lyon-Caen.

Cass. soc., 13 nov. 1996, n° 93-42.247 : *Bull. civ.* V, n° 379 : *RJS* 1997, p. 8-11, chron. J. Savatier, *Dr. soc.* 1997, p. 368-376, note Ch. Radé, *JCP* G 1997, II, 22754, concl. P. Waquet, note D. Corrignan-Carsin.

Cass. soc., 19 nov. 1996, n° 94-42.631.

Cass. soc., 17 déc. 1996, Giordano : *JCP* G 1997, II, 22773, rapp. P. Waquet.

Cass. soc., 15 janv. 1997, 94-44.914 : *Bull. civ.* V, n° 20.

Cass. soc., 1er avr. 1997 : *RJS* 1997, n° 592.

Cass. soc., 21 mai 1997, n° 95-42.542 : *Bull. civ.* V, n° 183 ; *Dr. soc.* 1997, p. 763, obs. J.-E. Ray.

Cass. soc., 10 juin 1997 : *Dr. soc.* 1997, p. 989, obs. G. Borenfreund.

Cass. soc., 8 juill. 1997, n° 94-43.351, publié : *Dr. soc.* 1997, p. 990, obs. G. Couturier.

Cass. soc., 16 juill. 1997, n° 95-22.276, *Port Autonome de Bordeaux c/ Synd. CGT* : *Bull. civ.* V, n° 269.

Cass. soc., 23 oct. 1997, n° 95-19.444.

Cass. soc., 28 oct. 1997, n° 96-41.776, *Bodere : Bull. civ.* V, n° 335.

Cass. soc., 3 févr. 1998, *Sté CGFTE : Dr. soc.* 1998, p. 294, obs. J.-E. Ray ; *JCP* G 1998, II, 10030, rapp. P. Waquet ; *D.* 1998, p. 169, note Y. Saint-Jours ; *LPA* 24 avr. 1998, n° 49, p. 17, obs. G. Picca.

Cass. soc., 19 mai 1998, n° 97-41.900, *Sté Le Parisien*.

Cass. soc., 19 mai 1998, n° 97-13.916 : *Dr. soc.* 1998, p. 848, obs. X. Prétot ; *AJFP* 1998, 28, note S. Petit ; *D.* 1999, somm., p. 40, obs. F. Debord.

Cass. soc., 27 mai 1998, n° 96-42.303 : *Bull. civ.* V, n° 280.

Cass. soc., 24 juin 1998, n° 97-44.175 : *Dr. soc.* 1998, p. 851, obs. J.-E. Ray ; *JCP* G 1998, II, 10151, note D. Corrignan-Carsin.

Cass. soc., 24 juin 1998, n°s 96-44.234 : *Bull. civ.* V, n° 335 ; *Dr. soc.* 1998, 853, obs. J.-E. Ray.

Cass. soc., 24 juin 1998, n° 95-44.757, publié : *JCP* E 1998, p. 1887, note C. Puigelier.

Cass. soc., 8 juill. 1998, n° 97-42.743.

Cass. soc., 15 juill. 1998, n° 96-41.118 : *Bull. civ.* V, n° 378.

Cass. soc., 18 nov.1998, n° 96-43.072, publié.

Cass. soc., 12 janv. 1999, n° 96-45.659 : *Bull. civ.* V, n° 6.

Cass. soc., 13 janv. 1999, *D. c/ Sté éditions Plein Nord : RJS* 1999, n° 258.

Cass. soc., 30 mars 1999, n° 97-41.104 : *Bull. civ.* V, n° 140.

Cass. soc., 14 avr. 1999, n° 97-42.064, *Sté Malichaud : Bull. civ.* V, n° 179.

Cass. soc., 16 juin 1999, n° 98-43.696, *Sté Air Liberté*.

Cass. soc., 11 janv. 2000, n° 97-18.215, publié.

Cass. soc., 11 janv. 2000, n° 97-22.025 : *Bull. civ.* V, n° 15 : *D.* 2000, p. 369, note Ch. Radé.

Cass. soc., 26 janv. 2000, n° 97-15.291, *CGT : Bull. civ.* V, n° 38 : *Dr. soc.* 2000, p. 451, obs. A. Cristau.

Cass. soc., 26 janv. 2000, *AGS de Paris : D.* 2000, IR, p. 67.

Cass. soc., 27 janv. 2000, n° 98-46.211, *Sté Air Liberté*.

Cass. soc., 29 févr. 2000, n° 98-43.143, *SNCF*.

Cass. soc., 4 juill. 2000, n° 98-20.537, *Synd. CGT de la Cogema-La Hague c/ Sté Cie générale des matières nucléaires (Cogema) : Bull. civ.* V, n° 262 : *BICC* 15 oct. 2000, n° 522, n° 1141 ; *Dr. soc.* 2000, p. 1091, chron. A. Cristau.

Cass. soc., 18 juill. 2000, n° 98-44.427 : *Bull. civ.* V, n° 283.

Cass. soc., 4 oct. 2000, n° 98-43.475, publié : *Dr. soc.* 2000, p. 1156, obs. J.-E. Ray.

Cass. soc., 14 oct. 2000, n° 18-24.765.

Cass. soc., 24 oct. 2000, n° 97-45.854.

Cass. soc., 12 déc. 2000, n° 99-40.265 : *Bull. civ.* V, n° 414.

Cass. soc., 6 févr. 2001, n° 98-46.427 : *Bull. civ.* V, n° 39.

Cass. soc., 13 mars 2001, *Mme Hugues c/ Sté France Télécom : Dr. soc.* 2001, p. 1117, obs. C. Roy-Loustaunau.

Cass. soc., 15 mai 2001, n° 00-42.200 : *Bull. civ.* V, n° 166.

Cass. soc., 25 sept. 2001, n° 99-43.628.

Cass. soc., 16 oct. 2001, n° 99-18.128 : *Bull. civ.* V, n° 319.

Cass. soc., 18 déc. 2001, n° 01-41.036, *SA Renault c/ A.* : *Bull. civ.* V, n° 387.

Cass. soc., 29 janv. 2002, n° 99-45.260.

Cass. soc., 5 févr. 2002, n° 99-43.898 : *Bull. civ.* V, n° 49.

Cass. soc., 11 juin 2002, n° 00-42.907.

Cass. soc., 29 oct. 2002, n° 00-42.918, publié.

Cass. soc., 10 déc. 2002, n° 00-44.733.

Cass. soc., 17 déc. 2002, n° 00-42.670 : *Bull. civ.* V, n° 387.

Cass. soc., 17 déc. 2002, n° 00-42.115, publié.

Cass. soc., 14 janv. 2003, n° 00-46.321.

Cass. soc., 29 janv. 2003, n° 00-42.732 : *Bull. civ.* V, n° 32 ; *Dr. soc.* 2003, 459, note Ch. Radé.

Cass. soc., 5 févr. 2003, n° 00-45.998.

Cass. soc., 25 févr. 2003 : *Dr. soc.* 2003, p. 621, chron. Ch. Radé ; *D.* 2003, p. 1925, note B. Bossu.

Cass. soc., 23 avr. 2003, arrêt n° 1107.

Cass. soc., 24 avr. 2003, n° 01-46.968, *M. Frédéric C.*

Cass. soc., 30 avr. 2003, n° 00-22.328.

Cass. soc., 17 juin 2003, n° 01-00.332.

Cass. soc., 3 juill. 2003, n° 01-44.522, publié.

Cass. soc., 30 sept. 2003, n° 01-46.698.

Cass. soc., 6 nov. 2003, n° 01-10.847.

Cass. soc., 17 déc. 2003, n° 01-46.251, *Szlachta* : *Dr. soc.* 2004, p. 327, obs. Ch. Radé.

Cass. soc., 4 févr. 2004, *Connex* : *Dr. soc.* 2004, p. 381, chron. Ch. Radé ; *D.* 2004, p. 2190, note F. Debord.

Cass. soc., 2 mars 2004, n° 01-44.644, *Sté Agam Branson c/ M. José T.*, publié.

Cass. soc., 9 mars 2004, n° 02-30.294.

Cass. soc., 22 juin 2004, n° 02-15.500.

Cass. soc., 23 juin 2004, n° 02-31.071 : *Bull. civ.* V, 2004, n° 180 ; *JCP* 2005, I, 122, § 29, obs. S. Darmaisin.

Cass. soc., 6 oct. 2004, n° 02-19.458.

Cass. soc., 18 janv. 2005, n° 02-46.443.

Cass. soc., 25 janv. 2005, n° 02-30.946, publié.

Cass. soc., 2 févr. 2005, n° 02-45.085 : *Bull. civ.* V, n° 43.

Cass. soc., 22 févr. 2005, n° 02-45.879, *Girard* : *Bull. civ.* V, n° 57 : *Dr. soc.* 2005, 589, obs. Ch. Radé.

Cass. soc., 15 juin 2005, n° 03-48.094, *Philippe Regnaut c/ Sté Wolber*, publié ; *Dr. soc.* 2005, p. 847, chron. G. Couturier.

Cass. soc., 5 juill. 2005, n° 03-45.615, *Sté ISS Abilis france* : *Bull. civ.* V, n° 205.

Cass. soc., 6 juill. 2005 : *Bull. civ.* V, n° 236.

Cass. soc., 30 sept. 2005, n° 04-40.193, *Sté Atofina : Bull. civ.* V, n° 277 ; *D.* 2005, 2548, obs. E. Chevrier ; *Dr. ouvrier* 2006, 19, avis J. Duplat, note F. Saramito ; *Dr. soc.* 2005, 589, obs. Ch. Radé.

Cass. soc., 23 nov. 2005, n° 03-40.826, publié.

Cass. soc., 7 déc. 2005 : *RDC* 2006, p. 414, note Ch. Radé ; *D.* 2006, p. 1867, note G. Loiseau.

Cass. soc., 8 déc. 2005, n° 03-43.934, *SNCF c/ M. Éric Année : Bull. civ.* V, n° 362.

Cass. soc., 11 janv. 2006, n° 04-16.114, *FNTR c/ Sté EPG* : *Bull. civ.* V, n° 4 ; *Dr. soc.* 2006, 470, obs. P.-Y. Verkindt ; *JCP* S 2006, 1183, obs. B. Gauriau ; *RJS* 2006, p. 201 et s., chron. J. Duplat.

Cass. soc., 2 févr. 2006, n° 04-12.336, *Cie générale des Eaux c/ Synd. Force Ouvrière*, publié.

Cass. soc., 2 févr. 2006, n° 03-47.481, *Sté Colas Île-de-France Normandie SA c/ M. Mohamed X et a.*, publié : *RDT* 2006, 42, obs. O. Leclerc ; *JCP* S 2006, 1700, note J.-M. Olivier ; *D.* 2006, 531, obs. E. Chevrier.

Cass. soc., 15 févr. 2006, n° 04-45.738 : *Bull. civ.* V, n° 65 ; *JCP* S 2006, 1364, note R. Vatinet ; *Dr. soc.* 2006, 577, obs. Ch. Radé.

Cass. soc., 28 avr. 2006, n° 04-13.932, *M. V. c/ Sté La Fonte ardennaise*, publié.

Cass. soc., 7 juin 2006, n° 04-17.116 : *Bull. civ.* V, n° 204 ; *D.* 2007, p. 283, note F. Debord ; *JCP* S 2006, n° 1734, p. 33, note R. Vatinet.

Cass. soc., 20 juin 2006, n° 05-40.662, publié.

Cass. soc., 5 juill. 2006, n° 04-43.213, publié.

Cass. soc., 11 janv. 2007, n° 05-40.663, *Sté Courriers de Seine et Oise (CSO)*, publié : *D.* 2007, 549, note F. Duquesne.

Cass. soc., 28 févr. 2007, n° 05-15.228, publié.

Cass. soc., 28 févr. 2007, n° 06-40.944, *Sté Exatri Paris, publié : JCP* S 2007, 1425, note R. Vatinet.

Cass. soc., 3 mai 2007, n° 05-44.776, *Sté Autogrill Paris Saint-Lazare*, publié : *D.* 2007, 3033, obs. E. Dockès, F. Fouvet, C. Géniaut et A. Jeammaud ; *RDT* 2007, 538, obs. O. Leclerc ; *JCP* S 2007, 1546, note D. Asquinazi-Bailleux.

Cass. soc., 17 juill. 2007, n° 05-43.953.

Cass. soc., 12 sept. 2007, n° 06-42.496, *Sté La Montagne*, publié.

Cass. soc., 18 sept. 2007, n° 06-41.761 : *JCP* S 2007, 1863, note R.

Cass. soc., 23 oct. 2007, n° 06-17.802, *Synd. SNTU-CFDT*, publié : *D.* 2007, AJ, p. 2807, obs. B. Ines ; *D.* 2008, p. 662, note A. Bugada ; *D.* 2008, p. 442, obs. O. Leclerc.

Cass. soc., 27 nov. 2007, n° 06-41.272.

Cass. soc., 29 nov. 2007, n° 06-44.748.

Cass. soc., 16 janv. 2008, n° 06-43.124 : *Bull. civ.* V, n° 13.

Cass. soc., 30 janv. 2008, n° 06-21.781.

Cass. soc., 30 janv. 2008, n° 06-43.938.

Cass. soc., 12 févr. 2008, n° 07-40.413 : *Bull. civ.* V, n° 34.

Cass. soc., 12 mars 2008, n° 06-18.494.

Cass. soc., 14 mai 2008, n° 06-46.095.

Cass. soc., 29 oct. 2008, n° 06-46.498.

Cass. soc., 13 nov. 2008, n° 06-44.608 : *Bull. civ.* V, n° 211 ; *RDT* 2009, 117, obs. M. Grévy ; *JCP* S 2009, 1444, note R. Vatinet ; *JCP* E 2009, 1258, obs. G. Vachet ; *SSL* 24 nov. 2008, p. 11, note H. Gosselin.

Cass. soc., 19 nov. 2008, n° 07-44.182 : *JCP* S 2009, p. 12424, note R. Vatinet.

Cass. soc., 19 nov. 2008, n° 07-44.183.

Cass. soc., 26 nov. 2008, n° 07-43.069.

Cass. soc., 16 déc. 2008 : *Dr. soc.* 2009, p. 236, obs. J. Mouly.

Cass. soc., 28 janv. 2009, n° 07-44.556, publié.

Cass. soc., 10 févr. 2009, n° 07-43.939.

Cass. soc., 3 mars 2009, n° 07-44.676.

Cass. soc., 4 mars 2009, n° 07-45.291 : *Bull. civ.* V, n° 56.

Cass. soc., 8 avr. 2009, n° 07-44.878, *Sté Mory Team*.

Cass. soc., 8 avr. 2009, n° 08-40.256, publié.

Cass. soc.,13 mai 2009, n° 07-44.952 : *JCP* S 2010, 1176, note A. Martinon.

Cass. soc., 23 juin 2009, n° 07-42.677, publié : *JCP* S 22 sept. 2009. 1423, note D. Corrignan-Carsin.

Cass. soc., 23 juin 2009, n° 08-42.154, publié.

Cass. soc., 1er juill. 2009, n° 07-42.675 : *Bull. civ.* V, n° 168.

Cass. soc., 8 juill. 2009, n° 08-40.139 : *Bull. civ.* V, n° 172 ; *JCP* S 2009, p. 1484, note R. Vatinet.

Cass. soc., 21 oct. 2009, n° 08-14.490, publié : *JCP* S 8 déc. 2019, comm. A. Martinon.

Cass. soc., 10 nov. 2009, n° 07-42.849, *Mme Ginette Borruto* : *Bull. civ.* V, n° 246 : *Dr. soc.* 2010, 111, obs. C. Radé.

Cass. soc., 8 déc. 2009, n° 08-42.531.

Cass. soc., 8 déc. 2009, n° 08-42.923.

Cass. soc., 8 déc. 2009, n° 07-44.952 : *JCP* S 2010, 1176, note A. Martinon.

Cass. soc., 15 déc. 2009, n° 08-43.603, *M. Philippe L.* : *Bull. civ.* V, n° 283 ; *D.* 2010, 154, obs. B. Ines ; *JCP* S 2010, 1177, note A. Martinon.

Cass. soc., 16 déc. 2009, n° 07-41.768.

Cass. soc., 26 janv. 2010, n° 08-44.397.

Cass. soc., 30 mars 2010, n° 09-13.065 : *Bull. civ.* V, n° 77 ; *JCP* S 2010, 1377, note A. Martinon.

Cass. soc., 14 avr. 2010 : *Bull. civ.* V, n° 96.

Cass. soc., 19 mai 2010, n° 09-41.052.

Cass. soc., 19 mai 2010, n° 09-40.353.

Cass. soc., 1er juin 2010, n° 09-40.144, publié : *D.* 2010, 1565, obs. L. Perrin ; *Dr. soc.* 2010, 998, obs. Ch. Radé ; *JCP* S 2010, 1387, note A. Martinon.

Cass. soc., 2 juin 2010, n° 08-43.277.

Cass. soc., 1er déc. 2010, n° 09-67.952.

Cass. soc., 15 déc. 2010, n° 08-42.714.

Cass. soc., 15 déc. 2010, n° 09-43.075.

Cass. soc., 5 janv. 2011, n° 10-10.685 : *Bull. civ.* V, n° 1 ; *RDT* 2011, 254, obs. S. Nadal ; *JCP* S 2011, 1188, note M. Bailly.

Cass. soc., 18 janv. 2011, n° 09-40.134, *Sté Casino de Montrond-les-Bains.*

Cass. soc., 19 janv. 2011, n° 09-43.547.

Cass. soc., 19 janv. 2011, n° 09-68.539.

Cass. soc., 19 janv. 2011, n° 09-67.535.

Cass. soc., 19 janv. 2011, n° 09-40.425.

Cass. soc., 25 janv. 2011, n° 09-69.030 : *Bull. civ.* V, n° 28.

Cass. soc., 16 févr. 2011, n° 09-43.532, publié : *JCP* S 2011, 1288, note L. Drai.

Cass. soc., 2 mars 2011, n° 10-13.634, publié : *JCP* S 2011, 594, note N. Dedessus-le-Moustier ; *JCP* G 2011, p. 980, note D. Corrignan-Carsin ; *Dr. soc.* 2011, 736, note B. Gauriau.

Cass. soc., 9 mars 2011, n° 10-11.588, *Sté Fruprep France*, publié : *Dr. soc.* 2011, 734, note B. Gauriau ; *Dalloz actualité*, 7 avr. 2011, obs. B. Ines.

Cass. soc., 23 mars 2011, n° 10-10.720.

Cass. soc., 3 mai 2011, n° 09-68.297.

Cass. soc., 4 mai 2011, n° 09-72.206.

Cass. soc., 12 mai 2011, n° 20-10.796, publié : *Dr. soc.* 2021, 848, note J. Mouly.

Cass. soc., 18 mai 2011, n° 09-40.251, *Sté Servair.*

Cass. soc., 31 mai 2011, n° 08-44.856, publié.

Cass. soc., 22 juin 2011, n° 10-17.255.

Cass. soc., 29 juin 2011, n° 10-18.461.

Cass. soc., 30 juin 2011, n° 09-71.538.

Cass. soc., 23 nov. 2011, n° 10-15.644.

Cass. soc., 10 janv. 2012, n° 10-18.558, publié.

Cass. soc., 25 janv. 2012, n° 10-26.237, publié : *Dr. soc.* 2012, 433, obs. P. Chaumette ; *JCP* S 2012, 1126, obs. F. Duquesne.

Cass. soc., 8 févr. 2012, n° 10-14.083, publié : *JCP* S 2012, p. 1362, note A. Martinon ; *RDT* 2012, 436, note V. Pontif.

Cass. soc., 28 mars 2012, n° 11-11.307.

Cass. soc., 9 mai 2012, n° 10-24.307, publié.

Cass. soc., 9 mai 2012, n° 10-26.497 : *Bull. civ.* V, n° 132.

Cass. soc., 9 mai 2012, n° 10-27.115.

Cass. soc., 23 mai 2012, n° 11-12.117 : *Bull. civ.* V, n° 160 ; *JCP* S 2012, 334, obs. Péru-Pirotte.

Cass. soc., 4 juill. 2012, n° 11-18.404, *Sté Kéolis Bordeaux : Bull. civ.* V, n° 207 ; *D.* 2012, 2622, obs. P. Lokiec et J. Porta ; *Dr. soc.* 2012, 860, obs. C. Radé ; *JCP* S 2012, 1412, obs. F. Duquesne.

Cass. soc., 9 oct. 2012, n° 11-21.508 : *Bull. civ.* V, n° 252 ; n° 11-17.829 : *Bull. civ.* V, n° 253, *Charbonnages de France c/ Amigo* : *Dr. soc.* 2013, 176, note Ch. Radé ; *SSL* 11 févr. 2013, n° 1571, 102, note B. Aldigé ; *JCP* S 2012, n° 49, p. 26, note F. Duquesne.

Cass. soc., 21 nov. 2012, n° 11-14.056.

Cass. soc., 16 janv. 2013, n° 11-22.589.

Cass. soc., 30 janv. 2013, n° 11-23.791, publié.

Cass. soc., 20 mars 2013, n° 11-27.432.

Cass. soc., 17 avr. 2013, n° 11-27.146, publié.

Cass. soc., 29 mai 2013, n° 11-28.734 : *Bull. civ.* V, n° 136.

Cass. soc., 26 juin 2013, n° 11-27.413, publié : *Dr. soc.* 2013, 757, obs. J. Mouly.

Cass. soc., 15 oct. 2013, n° 11-18.977 : *Bull. civ.* V, n° 232.

Cass. soc., 17 déc. 2013, n° 12-23.006, publié : *Dr. soc.* 2014, 292, obs. D. Boulmier ; *ibid.* 760, chron. S. Tournaux ; *JCP* S 2014, 1117, note R. Vatinet.

Cass. soc., 18 déc. 2013, n° 13-15.625.

Cass. soc., 18 mars 2014, n° 12-26.326.

Cass. soc., 26 mars 2014, n° 12-18.125, publié.

Cass. soc., 26 mars 2014, n° 12-26.600 : *D.* 2014, 1404, obs. C. Sommé ; *JCP* S 2014, 1230, note E. Jeansen.

Cass. soc., 24 juin 2014, n° 12-24.623 : *Bull. civ.* V, n° 156.

Cass. soc., 2 juill. 2014, n° 13-12.561.

Cass. soc., 2 juill. 2014, n° 13-12.562, publié.

Cass. soc., 2 juill. 2014, n° 13-21.183.

Cass. soc., 9 juill. 2014, n°s 13-16.434, 13-16.805 : *Bull. civ.* V, n° 186.

Cass. soc., 17 sept. 2014, n° 13-19.499.

Cass. soc., 8 oct. 2014, n° 13-13.792, publié : *JCP* S 2014, n° 1449, étude E. Jeansen.

Cass. soc., 8 oct. 2014, n° 13-18.873 : *Bull. civ.* V, n° 224.

Cass. soc., 22 oct. 2014, n° 13-19.858, publié : *D.* 2014, 2179 ; *Dr. soc.* 2015, 206, chron. S. Tournaux ; *RDT* 2015, 128, obs. I. Odoul-Asorey ; *JCP* S 2015, 1103, note E. Jeansen.

Cass. soc., 19 nov. 2014, n° 13-23.643.

Cass. soc., 27 janv. 2015, n°s 13-22.179 et 13-25.437, publiés : *D.* 2015, 829, obs. J. Porta et P. Lokiec ; *Dr. soc.* 2015, 237, étude A. Fabre ; *ibid.* 351, étude P.-H. Antonmattei ; *RDT* 2015, 339, obs. E. Peskine ; *ibid.* 472, obs. G. Pignarre ; *RJS* 2015, 155, chron. J.-G. Huglo.

Cass. soc., 27 janv. 2015, n° 13-17.622, publié : *Gaz. Pal.* 2015, n° 109, p. 25, note J. Bourdoiseau.

Cass. soc., 28 janv. 2015, n° 14-14.345 : *Bull. civ.* V, n° 14.

Cass. soc., 11 févr. 2015, n° 13-14.607 : *Bull. civ.* V, n° 25 ; *RDT* 2015, 411, obs. F. Fouvet.

Cass. soc., 9 avr. 2015, n° 13-24.428.

Cass. soc., 30 juin 2015, n° 14-10.764 : *Bull. civ.* V, n° 833 ; *D.* 2015, 2340, obs. P. Lokiec et J. Porta ; *RDT* 2016, 108, obs. Y. Ferkane ; *JCP* S 2015, 1367, note F. Duquesne ; *JCP* S 2016, 1090, note J.-Y. Kerbour'ch.

Cass. soc., 7 juill. 2015, n° 13-25.718, publié.

Cass. soc., 9 juill. 2015, n° 14-12.779, publié.

Cass. soc., 14 oct. 2015, n° 14-10.145.

Cass. soc., 25 nov. 2015, n° 14-20.527 : *Bull. civ.* V, n° 840 ; *RDT* 2016, 108, obs. Y. Ferkane.

Cass. soc., 11 déc. 2015, n° 14-15.289.

Cass. soc., 3 févr. 2016, n° 14-18.600, publié.

Cass. soc., 13 avr. 2016, n° 14-28.293, publié : *Dr. soc.* 2016, 650, étude S. Tournaux.

Cass. soc., 3 mai 2016, n° 14-28.353, publié.

Cass. soc., 8 juin 2016, n° 15-11.324, publié.

Cass. soc., 11 juill. 2016, n° 14-14.226, publié : *JCP* S 2016, 1332, note F. Duquesne.

Cass. soc., 13 oct. 2016, n° 15-13.886, publié : *JCP* S 2016, n° 48, p. 34, note E. Jeansen.

Cass. soc., 3 nov. 2016, n° 15-18.844, publié : *Dr. soc.* 2017, 87, obs. P.-H. Antonmattei ; *JCP* G 2016, 2429, note J.-F. Cesaro ; *RJS* 2018, 179, note J.-G. Huglo ; *ibid.* 615, note G. Loiseau ; *SSL* 2018, n° 1822, p. 6, note P. Bailly ; *JCP* S 2018, n° 18, 17, note E. Lederlin.

Cass. soc., 8 déc. 2016, n° 15-16.078 : *Bull. civ.* V, n° 237, *RDT* 2017, 273, note I. Ferkane.

Cass. soc., 8 déc. 2016, n° 15-16.999, publié : *JCP* S 2017, p. 31, obs. F. Duquesne ; *RDT* 2017, p. 273, obs. Y. Ferkane ; *Procédures* 2017, n° 3, p. 21, obs. A. Bugada.

Cass. soc., 18 janv. 2017, n° 15-19.309.

Cass. soc., 18 janv. 2017, n° 15-23.986.

Cass. soc., 15 mars 2017, n° 15-27.928, publié.

Cass. soc., 23 mars 2017, n° 15-26.835, publié.

Cass. soc., 14 sept. 2017, n° 16-12.215 : *JSL* 26 oct. 2017, obs. D. J.-P.

Cass. soc., 14 sept. 2017, n° 16-16.069.

Cass. soc., 20 sept. 2017, n° 16-20.238.

Cass. soc., 4 oct. 2017, n° 16-17.427.

Cass. soc., 4 oct. 2017, n° 16-17.517, publié : *D.* 2017, 1981 ; *ibid.* 2018, 813, obs. P. Lokiec et J. Porta ; *RDT* 2018, 67, obs. Y. Ferkane.

Cass. soc., 12 oct. 2017, n° 15-29.520.

Cass. soc., 12 oct. 2017, n° 16-12.550, *Sté Air France c/ des pilotes d'Air France (SPAF)*, publié : *Dr. ouvrier* 2018, 231, note T. Renard ; *RFD aérien* 2017. 453 et chron. Ph. Delebecque, p. 387 ; *EEI* 2018, n° 5, obs. Parier et S. Ranc.

Cass. soc., 15 nov. 2017, n° 16-14.281, publié.

Cass. soc., 30 nov. 2017, n° 16-20.532, publié.

Cass. soc., 13 déc. 2017, n° 16-12.397, publié.

Cass. soc., 13 déc. 2017, n° 16-19.042.

Cass. soc., 7 févr. 2018, n° 16-24.834.

Cass. soc., 14 févr. 2018, n° 16-23.528.

Cass. soc., 28 févr. 2018, n° 16-21.109.

Cass. soc., 28 févr. 2018, n° 15-26.260.

Cass. soc., 25 mai 2018, n° 16-21.539.

Cass. soc., 30 mai 2018, n° 17-12.782 : *Bull. civ.* V, n° 94 ; *D.* 2019, 963, obs. P. Lokiec et J. Porta ; *Dr. ouvrier* 2018, 742, obs. I. Meyrat ; *RDT* 2018, 610, obs. Y. Ferkane ; *Dalloz actualité*, 19 juin 2018, obs. Peyronnet ; *JSL* 2018, n° 457-4, obs. Tissandier ; *Gaz. Pal.* 18 sept. 2018, p. 44, obs. A. Bugada.

Cass. soc., 30 mai 2018, n° 16-16.484, publié.

Cass. soc., 6 juin 2018, n° 17-18.770.

Cass. soc., 20 juin 2018, n° 16-24.581.

Cass. soc., 5 juill. 2018, n° 16-21.563.

Cass. soc., 19 sept. 2018, n° 17-11.618, publié.

Cass. soc., 7 nov. 2018, n° 17-15.833, publié : *JCP* G 2018, 1240, note D. Corrignan-Carsin.

Cass. soc., 28 nov. 2018, n° 17-19.004.

Cass. soc., 5 déc. 2018, n° 17-11.407.

Cass. soc., 16 janv. 2019, n° 17-27.124, publié : *JCP* S 2019, 1050, note E. Jeansen.

Cass. soc., 16 janv. 2019, n° 17-22.701.

Cass. soc., 16 janv. 2019, n° 17-17.475.

Cass. soc., 30 janv. 2019, n° 17-23.251.

Cass. soc., 13 févr. 2019, n° 18-17.042, publié.

Cass. soc., 13 févr. 2019, n° 17-26.867.

Cass. soc., 13 févr. 2019, n° 17-26.837.

Cass. soc., 20 mars 2019, n° 17-19.279.

Cass. soc., 3 avr. 2019, n° 17-11.970, *Crédit agricole mutuel (CRCAM) de Normandie*, publié : *Dr. soc.* 2019, 447, chron. Ch. Radé.

Cass. soc., 10 avr. 2019, n° 17-20.849.

Cass. soc., 9 mai 2019, n° 18-11.261.

Cass. soc., 3 juill. 2019, n° 17-31.793.

Cass. soc., 9 oct. 2019, n° 17-16.642, publié.

Cass. soc., 16 oct. 2019, n° 17-31.624, publié.

Cass. soc., 8 janv. 2020, n° 18-19.279.

Cass. soc., 8 janv. 2020, n° 18-17.553.

Cass. soc., 1er juill. 2020, n° 19-15.223.

Cass. soc., 8 juill. 2020, n° 19-13.767, publié : *JCP* S 2020, 3013, note S. Carré.

Cass. soc., 8 juill. 2020, nos 17-31.291 et 18-16.254, publié.

Cass. soc., 30 sept. 2020, 19-12.058, publié.

Cass. soc., 30 sept. 2020, n° 19-17.410.

Cass. soc., 14 oct. 2020, n° 19-17.817.

Cass. soc., 18 nov. 2020, n° 19-20.545.

Cass. soc., 25 nov. 2020, n° 17-19.523, publié.

Cass. soc., 9 déc. 2020, n° 19-16.448, publié.

Cass. soc., 9 déc. 2020, n° 19-17.092, publié.

Cass. soc., 13 janv. 2021, n° 19-14.050, publié.

Cass. soc., 10 févr. 2021, n° 19-14.021, publié : *JCP* E 2021, 1242, note F.-G. Laprévote et E. Piekut ; *JCP* S 2021, 1087, obs. X. de Jerphanion.

Cass. soc., 10 févr. 2021, n° 19-18.905.

Cass. soc., 17 févr. 2021, n° 19-21.331.

Cass. soc., 7 juill. 2021, n° 19-25.468.

Cass. soc., 8 sept. 2021, n° 19-21.025, *Sté Air France c/ M. G.*, publié : *Dr. soc.* 2021, 1052, note Ch. Radé ; *JCP* S 2021, 1260, note S. Ranc.

Cass. soc., 29 sept. 2021, n° 20-12.259.

Cass. soc., 20 oct. 2021, n° 20-11.897.

Cass. soc., 20 oct. 2021, n° 19-21.475.

Cass. soc., 20 oct. 2021, n° 19-26.142, *Sté ESPS*.

Cass. soc., 17 nov. 2021, n° 19-22.746.

Cass. soc., 15 déc. 2021, n° 19-26.107.

Cass. soc., 5 janv. 2022, n° 20-16.287.

Cass. soc., 12 janv. 2022, n° 20-16.545.

Cass. soc., 12 janv. 2022, n° 20-13.645.

Cass. soc., 2 mars 2022, n° 20-22.261, publié.

Cass. soc., 6 avr. 2022, n° 20-21.586.

Cass. soc., 21 avr. 2022, n° 20-18.402, publié : *Dr. soc.* 2022, 565, note Ch. Radé.

Cass. soc., 11 mai 2022, n° 21-15.247, publié.

Cass. soc., 11 mai 2022, n° 21-14.490, publié : *Procédures* 2022, n° 7, p. 174, note A. Bugada ; *JCP* S 2022, 1168, note N. de Sevin et L. Guilmet ; *JCP* S 2022, 1151, note G. Loiseau ; *RTD civ.* 2023, 861, note F. Marchadier ; *AJDA* 2022, 1001, tribune F. Melleray ; *D.* 2022, 1088, entretien P. Lokiec ; *ibid.* 1280, obs. S. Vernac et Y. Ferkane ; *Juris assoc.* 2022, n° 661, p. 11, obs. D. Castel ; *Dr. soc.* 2022, 473, tribune C. Radé ; *RTD civ.* 2022, 575, obs. P. Deumier. – P. Adam, *Abracadabra : le magicien et le barème : Dr. soc.* 2022, 739. – J. Mouly, *Le barème Macron inopportunément renforcé par la chambre sociale de la Cour de cassation : Dr. soc.* 2022, 733. – J.-E. Ray, *La victoire du barème. Deux arrêts exemplaires : SSL* 16 mai 2022, p. 10. – J. Icard, *Une fin de saga bâclée : SSL* 16 mai 2022, p. 13 ; *RJS* 2022, 667, chron. H. Nasom-Tissandier et F. Pinatel.

Cass. soc., 1er juin 2022, n° 21-10.555.

Cass. soc., 21 sept. 2022, n° 21-13.045, publié.

Cass. soc., 19 oct. 2022, *Sté Husson-Mourot : Dr. soc.* 2022, 1049, note Ch. Radé.

Cass. soc., 9 nov. 2022, n° 21-19.598, publié.

Cass. soc., 23 nov. 2022, n° 21-19.722.

Cass. soc., 18 janv. 2023, n° 21-20.311, publié.

Cass. soc., 1er Juin 2023, n° 22-13.304.

B. Chambre criminelle

Cass. crim., 5 avr. 1867 : *Bull. crim.* n° 79.

Cass. crim., 24 juin 1911 : *DP* 1912, 5, 7.

Cass. crim., 7 janv. 1921 : *Bull. crim.* n° 5.

Cass. crim., 14 janv. 1921 : *Bull. crim.* n° 22.

Cass. crim., 6 mars 1930 : *Bull. crim.* n° 70.

Cass. crim., 25 nov. 1932 : *S.* 1933, 1, p. 119.

Cass. crim., 10 mars 1939 : *Bull. crim.* n° 54.

Cass. crim., 29 juin 1950 : *JCP* G 1950, IV, p. 31.

Cass. crim., 13 mars 1951 : *D.* 1951, p. 276.

Cass. crim., 21 nov. 1951 : *Bull. crim.* n° 312.

Cass. crim., 4 févr. 1954 : *Bull. crim.* n° 58.

Cass. crim., 25 mars 1954 : *Bull. crim.* n° 125.

Cass. crim., 23 juin 1955, *D.* 1955, p. 579.

Cass. crim., 2 févr. 1956, *Cros : D.* 1956, 678, note Maynier.

Cass. crim., 5 févr. 1957 : *Bull. crim.* n° 116.

Cass. crim., 21 mai 1957 : *Bull. crim.* n° 434.

Cass. crim., 4 déc. 1957, n° 91-23.157, publié.

Cass. crim., 29 oct. 1964, n° 63-93.245 : *Bull. crim.* n° 283 ; *Dr. soc.* 1965, p. 315, obs. J. Savatier.

Cass. crim., 23 oct. 1969, n° 68-91.860, publié.

Cass. crim., 12 janv. 1971 : *Dr. soc.* 1971, 547, obs. J. Savatier.

Cass. crim., 12 janv. 1971, n° 70-90.753 : *Bull. crim.* n° 5.

Cass. crim., 9 nov. 1971 : *D.* 1972, p. 334, 2e esp., note J.-M. Verdier ; *JCP* G 1972, II, 17074, note J. Pélissier.

Cass. crim., 24 mai 1973 : *D.* 1973, p. 599, obs. J. Savatier ; *JCP* G 1974, II, 17651, note N. Catala.

Cass. crim., 27 nov. 1973 : *Dr. ouvrier* 1974, p. 178.

Cass. crim., 4 déc. 1973 : *Bull. crim.* n° 448.

Cass. crim., 24 janv. 1978 : *Dr. ouvrier* 1978, p. 166, note crit. N. Alvarez-Pujana.

Cass. crim., 28 nov. 1978, n° 77-92.236 : *Bull. crim.* n° 336.

Cass. crim., 19 févr. 1979, n° 78-91.400 : *Bull. crim.* n° 73.

Cass. crim., 27 nov. 1979 : *Bull. crim.* n° 339 ; *D.* 1980, IR, p. 345, obs. P. Langlois.

Cass. crim., 18 mars 1980 : *Jurispr. soc. UIMM* 1980, p. 434.

Cass. crim., 2 oct. 1980 : *D.* 1981, IR, p. 265, note J. Pélissier.

Cass. crim., 2 déc. 1980, n° 80-90.149 : *Bull. crim.* n° 30.

Cass. crim., 17 févr. 1981, n° 79-92.748 : *Bull. crim.* n° 64.

Cass. crim., 31 mars 1981, *D.* 1982, IR, p. 83, obs. J. Pélissier.

Cass. crim., 26 mai 1981 : *Jurispr. soc. UIMM* 1981, p. 462.

Cass. crim., 4 nov. 1981 : *Juri-social* 1982, F 4.

Cass. crim., 15 déc. 1981, n° 81-90.172 : *Bull. crim.* n° 330.

Cass. crim., 16 déc. 1982 : *Bull. crim.* n° 297.

Cass. crim., 30 oct. 1984 : *Jurispr. soc. UIMM* 1985, p. 150.

Cass. crim., 22 janv. 1985 : *Jurispr. soc. UIMM* 1985, p. 277.

Cass. crim., 14 janv. 1986 : *D.* 1986, IR, p. 405, obs. G. Roujou de Boubée.

Cass. crim., 3 juin 1986 : *Jurispr. soc. UIMM* 1986, n° 479, p. 86.

Cass. crim., 13 oct. 1986 : *Gaz. Pal.* 1987, 1, somm., p. 103, note Doucet.

Cass. crim., 23 déc. 1986 : *Bull. crim.* n° 384 ; *RSC* 1987, p. 696, obs. G. Levasseur ; *JCP* E 1987, I, 16746, p. 371, n° 11, obs. O. Godard.

Cass. crim., 28 avr. 1987, n° 84-91.815.

Cass. crim., 15 mai 1987 : *Bull. crim.* n° 198 ; *D.* 1989, somm., p. 208, obs. Y. Mayaud ; *JCP* E 1987, I, 16746, p. 371, n° 11, obs. O. Godard ; *Dr. soc.* 1990, chron., p. 37, par J. Pradel.

Cass. crim., 29 nov. 1988, n° 86-95.884 : *Bull. crim.* n° 404.

Cass. crim., 21 nov. 1989, n° 89-81.775.

Cass. crim., 8 janv. 1992 : *Bull. crim.* n° 5, p. 12.

Cass. crim., 23 nov. 1993, n° 90-86.396 : *Bull. crim.* n° 351.

Cass. crim., 10 mai 1994, n° 93-82.603.

Cass. crim., 7 févr. 1995 : *Bull. crim.* 1995, n° 49.

Cass. crim., 4 avr. 1995, n° 93-80.312, publié.

Cass. crim., 23 mai 1995, n° 94-81.141 : *Bull. crim.* n° 193 ; *Dr. pén.* 1995, comm. 220, obs. M. Véron.

Cass. crim., 5 mai 1997 : *Bull. crim.* n° 167.

Cass. crim., 21 avr. 1998 : *Bull. crim.* n° 140.

Cass. crim., 13 oct. 1998, *Magdelaine* : *RJS* 1999, n° 847.

Cass. crim., 15 juin 1999, n° 98-84.045.

Cass. crim., 22 juin 1999 : *Bull. crim.* n° 141.

Cass. crim., 26 oct. 1999 : *Bull. crim.* n° 233.

Cass. crim., 2 mai 2001, n° 00-85.852.

Cass. crim., 6 mars 2002, n° 01-84.052.

Cass. crim., 4 avr. 2002, n° 01-86.505.

Cass. crim., 19 nov. 2002 : *D.* 2003, 1315, note Mayer ; *D.* 2006, pan., p. 1652, obs. G. Roujou de Boubée.

Cass. crim., 23 avr. 2003, n° 02-84.375 : *Bull. crim.* n° 84 ; *RSC* 2003, p. 806, obs. G. Giudicelli-Delage ; *Dr. soc.* 2003, 994, note F. Duquesne.

Cass. crim.,18 févr. 2004, n° 03-82.951.

Cass. crim., 11 mai 2004 : *Dr. soc.* 2004, p. 938, chron. F. Duquesne ; *JCP* G 2004, II, 10124, note C. Girault ; *D.* 2004, p. 2326, note H. Kobina Gaba.

Cass. crim., 21 sept. 2004, n° 04-80.555.

Cass. crim., 8 mars 2005, n° 04-83.979, publié ; *RDP* 2005, 636, obs. X. Pin ; *RSC* 2005, 836, note Vermelle ; *RSC* 2006, 72, note J.-P. Delmas Saint-Hilaire.

Cass. crim., 10 mai 2005, n° 04-84.705, publié.

Cass. crim., 31 oct. 2006, n° 06-80.083, publié.

Cass. crim., 7 févr. 2007 : *D.* 2007, 573, note T. Darsonville ; *ibid.* 1310, note Feldman ; *JCP* 2007, II, 10059, note G. Trébulle.

Cass. crim., 3 juin 2008, n° 07-80.079 : *Bull. crim.*, n° 135.

Cass. crim., 28 avr. 2009, n° 07-82.901, publié : *RDT* 2010, 116, obs. Hasnaoui.

Cass. crim., 12 mai 2009, n° 08-82.033 : *Dr. soc.* 209.143, note F. Duquesne.

Cass. crim., 9 juin 2009, *Dr. soc.* 2009, p. 1182, chron. F. Desprez.

Cass. crim., 8 déc. 2009, n° 09-83.273 : *Dr. soc.* 2010, 557, note F. Duquesne.

Cass. crim., 7 avr. 2010, n° 09-81.978.

Cass. crim., 15 juin 2010 : *Dr. pén.* 2010, chron. 9, obs. M. Segonds.

Cass. crim., 30 juin 2010, n° 10-81.182, publié.

Cass. crim., 15 mars 2011, n° 09-88.083.

Cass. crim., 7 juin 2011, n° 10-88.629.

Cass. crim., 22 mai 2012, n° 10-88.315, publié.

Cass. crim., 11 juin 2013, n° 12-85.104 : *Dr. pén.* 2013, n° 122, obs. M. Véron.

Cass. crim., 13 nov. 2014, n° 13-84.826.

Cass. crim., 3 mars 2015, n° 13-88.063.

Cass. crim., 9 févr. 2016, n°s 14-82.234, 14-82.234 : *JCP* S 2016, II, 1130, note H. Guyot ; *JCP* G 2016, II, 465, note P. Collet.

Cass. crim., 1er mars 2016, n° 14-86.601.

Cass. crim., 15 mars 2016, n° 14-86.839.

Cass. crim., 13 avr. 2016, n° 15-82.400, publié : *RSC* 2016, 263, obs. Y. Mayaud ; *AJ pénal* 2016, 435, obs. Roux-Demare.

Cass. crim., 16 nov. 2016, n° 14-86.980, publié : *Dalloz actualité*, 2 déc. 2016, obs. Fucini.

Cass. crim., 13 déc. 2016, n° 15-87.258.

Cass. crim., 28 juin 2017, n° 16-84.423.

Cass. crim., 10 avr. 2018, n° 17-80.315.

Cass. crim., 7 mai 2018, n° 17-83.889.

Cass. crim., 18 juin 2019, n° 18-83.886.

Cass. crim., 3 sept. 2019, n° 18-83.854.

Cass. crim., 16 mars 2021, n° 20-85.603, publié.

Cass. crim., 18 mai 2021, n° 20-87.005.

Cass. crim., 8 juin 2021, n° 20-87.257.

Cass. crim., 8 juin 2022, n° 21-82.451.

Cass. crim., 14 juin 2022, n° 21-81.072.

Cass. crim., 13 déc. 2022, n° 22-82.189.

C. Chambres mixtes

Cass. ch. mixte, 4 févr. 1983 : *D.* 1984, somm., p. 165, obs. J. Goineau.

Cass. ch. mixte, 30 nov. 2018, n° 17-16.047, publié : *RTD civ.* 2019, 348, note P. Jourdain ; *D.* 2019, 563, note S. Pellé ; *JCP* G 2019, n° 70, note P. Morvan.

D. Assemblée plénière

Cass. ass. plén. 4 juill. 1986 : *Dr. ouvrier* 1986, p. 464, note F. Saramito ; *Dr. soc.* 1986, p. 745, concl. R. Bouyssic, note G. Lyon-Caen ; *JCP* G 1986, II, 20694, note B. Teyssié ; *D.* 1986, p. 277, concl. R. Bouyssic, note J.-E. Ray.

Cass. ass. plén., 8 déc. 2000, *SAT* : *Dr. soc.* 2001, p. 126, concl. P. de Caigny, note A. Cristau, p. 417, chron. A. Jeammaud et M. le Friant ; *D.* 2001, p. 1125, note J. Pélissier.

Cass. ass. plén., 14 avr. 2006 : *D.* 2006, p. 1577, note P. Jourdain, p. 1566, chron. D. Noguéro ; *JCP* G 2006, II, 10087, note P. Grosser.

Cass. ass. plén., 23 juin 2006, n° 04-40.289 : *Bull. civ. ass. plén.*, n° 7 ; *D.* 2006, 1843, obs. A. Astaix ; *Dr. soc.* 2006, 935, obs. E. Dockès ; *RDT* 2006, 248, obs. N. Olszak ; *ibid.* 404, obs. O. Leclerc.

III. Conseil d'État

CE, 29 janv. 1909, *Cie des messageries maritimes* : *Lebon*, p. 120.

CE, 7 août 1909, *Winkell* : *Lebon*, p. 826 ; *S.* 1909, 3, 145, concl. Tardieu, note M. Hauriou ; *RDP* 1909, 494, note G. Jèze.

CE, 6 août 1910, *Amalric et a.* : *Lebon*, p. 720.

CE, 1er mars 1912, *Tichit et a.* : *Lebon*, p. 302.

CE, 24 juin 1921, *Nos et a.* : *Lebon*, p. 620.

CE, 30 nov. 1923, *Couitéas*.

CE, 20 févr. 1925 : *Gaz. Pal.* 1925, 1, p. 583.

CE, ass., 24 oct. 1930, *Prunget et Sté d'épargne « Les Raisonnables »* : *S.* 1931, p. 865.

CE, 19 mai 1933 : *Lebon*, p. 541, rapp. M. Michel.

CE, 5 févr. 1937, *Bujadoux* : *Lebon*.

CE, 22 oct. 1937, *D^lle Minaire* : *Lebon*, p. 843, concl. Lagrange ; *S.* 1940, 3, 13, concl. Lagrange ; *D.* 1938, 3, 49, concl. Lagrange, note Eisenmann ; *RDP* 1938, 121, concl. Lagrange, note Jèze.

CE, 2 févr. 1938, *Xavier Vallat* : *Lebon*.

CE, 3 juin 1938, *Sté Cartonnerie et imprimerie de Saint-Charles* : *GAJA*, n° 253.

CE, 5 déc. 1941, n° 66054 A, *Sellier* : *S.* 1942, 3, 25, note A. Mestre.

CE, 18 avr. 1947, *Jarigion* : *Lebon*, p. 148 ; *S.* 1948, 3, 33, note J. Rivero.

CE, 28 oct. 1949 : *Dr. soc.* 1950, p. 50.

CE, 7 juill. 1950, *Dehaene* : *JCP* 1950, II, 5681, concl. F. Gazier ; *D.* 1950, p. 538, note A. Gervais ; *S.* 1950, 3, 109, note J. D.V. ; *JCP* 1950, II, 5681, concl. F. Gazier ; *RDP* 1950, p. 691, concl. F. Gazier, note M. Waline ; *Rev. adm.* 1950, p. 366, note D. Liet-Veaux ; *Dr. soc.* 1950, p. 317 ; *Dr. ouvrier* 1959, p. 393, étude S. Labry, p. 371 s. ; *GAJA*, n° 63.

CE, 10 nov. 1950, *Féd. nat. de l'éclairage et des forces motrices* : *Lebon*, p. 548.

CE, 14 févr. 1951, 2 arrêts : *Lebon*, p. 91 et 93.

CE, sect., 23 janv. 1953, *Naud* : *Lebon*.

CE, 7 févr. 1953 : *Lebon*, p. 3.

CE, 29 juill. 1953, *Damazières et a.* : *Lebon*.

CE, 9 avr. 1954, n° 4648 A, *Caubel* : *AJDA* 1954, 310, note F. Gazier et M. Long.

CE, ass., 28 mai 1954, *Virgile Barel : Lebon*, p. 308, concl. Letourneur.

CE, 18 févr. 1955, *Bernot : Lebon*, p. 97.

CE, 11 févr. 1956 : *Lebon*, p. 110.

CE, 14 mars 1956, *Hublin : Lebon*, p. 117.

CE, 12 oct. 1956, *Coquand : Lebon*, p. 362.

CE, 5 juill. 1957, *Cohen : Lebon*, p. 449.

CE, 28 nov. 1958, *Lépouse : Lebon*, p. 596 ; *RDP* 1959, 306, note M. Waline ; *D.* 1959, 262, note J.-L. Quermonne ; *AJDA* 1958, 128, chron. Combarnous et Galabert.

CE, 13 mars 1959, *Synd. nat. FO du ministère de la Reconstruction et de l'Urbanisme : Lebon*, p. 178 ; *RDP* 1959, 766, note Waline ; *D.* 1959, 263, note C. Eisenmann.

CE, 10 juin 1959 : *Lebon*, p. 354.

CE, ass., 22 avr. 1960, n° 48894, *Min. PTT c/ Boucher : Lebon*, p. 264 ; *AJDA* 1960, 98, chron. Combarnous et Galabert.

CE, 26 oct. 1960, n°s 38367-38368 A, *Synd. gén. de la navigation aérienne : Dr. soc.* 1961, 100, concl. Fournier.

CE, 2 déc. 1960, *Devisme : Lebon* T., p. 1033.

CE, 8 févr. 1961, *Rousset : Lebon*, p. 85, concl. G. Braibant.

CE, 24 févr. 1961, n° 40013, *Isnardon : AJDA* 1961, 204, chron. Galabert et Gentot ; *Dr. soc.* 1961, 357, note J. Savatier.

CE, 19 janv. 1962, *Bernardet : Lebon*, p. 49 ; *D.* 1962, 202, note C. Leclercq.

CE, 29 juin 1962, *Sté manufacture des machines du Haut-Rhin : Lebon*, p. 432, concl. Ordonneau.

CE, 26 oct. 1962, *Le Moult et Synd. Union des navigants de ligne : Lebon*, p. 580 ; *AJDA* 1962, 671, chron. Gentot et Fourré ; *Dr. soc.* 1963, 224, note J. Savatier.

CE, 18 janv. 1963, n° 45333, *Perreur : Lebon*, p. 34 ; *D.* 1963, 234, concl. Méric.

CE, 1er févr. 1963, *Min. Armées c/ Audibert et a., ibid.*, p. 66.

CE, ass., 23 oct. 1964, *Féd. des syndicats chrétiens de cheminots : Lebon*, p. 484 ; *JCP* 1965, II, 14271, note G. Belorgey ; *AJDA* 1964, 684, chron. Puybasset et Puissochet ; *RDP* 1964, 1210, concl. Bertrand ; *RDP* 1965, 791, note M. Waline.

CE, 9 juill. 1965, *Pouzenc : Lebon*, p. 421 ; *D.* 1966, 720, note J.-P. Gilli ; *JCP* G 1967, II, 15058, 2e esp., note H. Sinay.

CE, 21 janv. 1966, n° 61692, *Legastelois : Lebon* ; *AJDA* 1966, 435, note Moreau.

CE, 4 févr. 1966, *Synd. national des fonctionnaires et agents du groupement des contrôles radio-électriques et a. : Lebon*, p. 80 ; *D.* 1966, 720, note J.-P. Gilli ; *JCP* 1966, II, 14802, note C. Debbasch ; *RDP* 1966, 324, concl. L. Bertrand.

CE, 9 févr. 1966, n° 62467, *Féd. nat. de l'aviation civile : Lebon*, p. 101.

CE, 11 févr. 1966, *Legrand : Lebon*, p. 110.

CE, 16 déc. 1966, *Synd. nat. des fonctionnaires et agents des préfectures et sous-préfectures de France et d'Outre-mer : Lebon*, p. 662 ; *D.* 1967, p. 105, note J.-P. Gilli.

CE, 18 janv. 1967 : *Dr. soc.* 1967, p. 363, concl. Galabut.

CE, 1er déc. 1967, n° 67957 A, *Bo : AJDA* 1968, 413.

CE, 15 déc. 1967, *Kornprobst : Lebon*, p. 503.

CE, 22 nov. 1968, n° 72940, *Synd. chrétien de l'administration centrale des affaires sociales : Lebon*, p. 583.

CE, 15 oct. 1969, *Féd. syndicale chrétienne des travailleurs des P et T : Lebon*, p. 436.

CE, 16 janv. 1970, *Hôpital rural de Grandvilliers c/ Dame Poinsard : Lebon*, p. 25 ; *AJDA* 1970, 96, chron. Denoix de Saint Marc et Labetoulle.

CE, 21 oct. 1970, n°s 65845 et 66040 : *Lebon*.

CE, 15 oct. 1971 : *Lebon*, p. 610.

CE, 15 oct. 1971, *Synd. nat. indépendants et professionnels CRS : Lebon*, p. 611.

CE, 5e et 3e ss-sect. réunies, 10 mars 1972, n° 76065 : *Lebon*.

CE, 21 juill. 1972, *Féd. syndicale chrétienne des travailleurs des P et T : Lebon* T., p. 1134.

CE, 5 janv. 1973, *Min. Éducation nationale c/ Albouy : AJDA* 1973, 599.

CE, 23 mars 1973 : *RDP* 1974, p. 592, n° 4, obs. R. Drago.

CE, 23 mars 1973, n°s 76767 et 76768, *CFDT : Lebon*, p. 247.

CE, 11 juill. 1973, *Alliaume : Lebon*, p. 495 ; *AJDA* 1974, 158, note Silvera.

CE, 26 oct. 1973, *Féd. nationale des syndicats indépendants des industries chimiques : Lebon*, p. 99.

CE, 13 févr. 1974, *Min. Économie et Finances c/ Perotti : Lebon*, p. 105 ; *RDP* 1976, 583, note Waline ; *JCP* 1976, II, 18228, note Y. Saint-Jours.

CE, 3 mai 1974, *Min. Éducation nationale c/ Arcangeli : Lebon*, p. 331.

CE, 23 déc. 1974, *Min. Économie et Finances c/ Dame Pegazet : Lebon*, p. 652.

CE, 20 janv. 1975, *SNRT et a. : AJDA* 1975, p. 367, note Durupty.

CE, 23 avr. 1975, *Min. Économie c/ Debacq : Dr. adm.* 1975, n° 166.

CE, 28 avr. 1975 : *RDP* 1976, p. 1322, obs. J. Robert.

CE, 11 juin 1975, *Min. Économie c/ Luis : Dr. adm.* 1975, n° 287.

CE, 18 juin 1975 : *Lebon*, p. 363 ; *Dr. soc.* 1973, p. 376, obs. J. Savatier.

CE, 7 janv. 1976, *CHR d'Orléans : Lebon*, p. 10.

CE, 1re et 4e ss-sect. réunies, 4 févr. 1976, n° 97685 : *Lebon* T. ; *AJDA* 1978, jurispr. p. 49, obs. FH ; *RDSS* 1976, p. 662, obs. F. Moderne ; *AJDA* 1978, 50, note FH.

CE, 4 févr. 1976, *Dpt des Pyrénées orientales : Lebon* T., p. 970.

CE, 12 nov. 1976, *Synd. unifié de la radio et de la télévision CFDT. : Dr. soc.* 1977, p. 243 et s., concl. Massot, note Plouvin.

CE, 18 mars 1977, *Min. Éducation nationale c/ SNLC, ibid.*, p. 156.

CE, 20 avr. 1977, *Synd. des cadres et agents de maîtrise de l'Aéroport de Paris : Lebon*, p. 175.

CE, 20 mai 1977, *Min. Éducation c/ Quinteau et a. : Lebon*, p. 230 ; *D.* 1979, 297, note L. Hamon.

CE, 5e et 3e ss-sect. réunies, 10 juin 1977, n° 97691.

CE, 14 oct. 1977, *Synd. CGT du personnel des affaires sociales et a. : Lebon*, p. 383 ; *AJDA* 1978, jurispr. 228, n° 34, note J.-Y. Plouvin.

CE, 3 mars 1978, *Lecoq : Lebon*, p. 116 ; *AJDA* 1978, 581, concl. D. Labetoulle.

CE, avis, 22 juin 1978, in *Les grands avis du CE*, Dalloz, 1997, p. 145, obs. C. Vigouroux.

CE, 7 juill. 1978, *Omont : Lebon*, p. 304 ; *AJDA* 1979, p. 88, obs. S.S. ; *D.* 1978, IR, p. 484, obs. P. Delvolvé.

CE, 7 févr. 1979, *Sieur Le Cam : AJDA* 1979, 43, note JLK.

CE, 27 juin 1979, n° 13069, *Manufacture Michelin : Lebon*, p. 289 ; *D.* 1980, p. 338, note A. Jeammaud ; *Dr. soc.* 1979, p. 420, concl. R. Latournerie.

CE, 18 janv. 1980, n° 07636, *Synd. CFDT des PTT du Haut-Rhin : Lebon*, p. 30 ; *AJDA* 1980, 88, chron. Y. Robineau et M.-A. Feffer ; *D.* 1980, IR, p. 302, obs. P. Delvolvé ; *JCP* 1980, II, 19450, note E. Zoller ; *Rev. adm.* 1980, 606, obs. J.-J. Bienvenu et S. Rials.

CE, 8 févr. 1980, n° 09745 : *Lebon*.

CE, 15 févr. 1980, *Secr. d'Ét. aux PTT c/ Faure : Lebon*, p. 93 ; *AJDA* 1980, 282, chron. Robineau et Feffer ; *D.* 1980, IR, p. 301, obs. P. Del.

CE, 18 avr. 1980, *Michéa : Lebon* T., p. 773 ; *D.* 1980, 497, obs. Toulemonde.

CE, 3 oct. 1980, n° 13377, *Min. Éducation c/ Mme Campagnolle.*

CE, 4 févr. 1981, n° 18482, *Féd. CFTC des personnels de l'Environnement… et Synd. gén. de l'Équipement CFTC : Lebon*, p. 45 ; *AJDA* 1981, 543, obs. Salon ; *D.* 1981, IR, p. 286, obs. P. Delvolvé ; *Dr. soc.* 1981, 412, concl. B. Genevois.

CE, 3e et 5e ss-sect. réunies, 19 juin 1981, n° 13975 : *Lebon* T.

CE, 5 févr. 1982, *CHR de Tours : Lebon*, p. 653.

CE, 26 juill. 1982, *Min. Défense et min. Transports c/ Sté Spantax et Cie La Équitativa : Lebon*, p. 313 ; *RFD aérien* 1982. 494, concl. B. Genevois ; *D.* 1984, IR, p. 23, obs. F. Moderne et P. Bon.

CE, 24 nov. 1982, *Vital : RDP* 1983, 1107.

CE, 27 mai 1983, *Min. Économie et Finances c/ Melle Bretin : RDP* 1984, 503, chron. Drago.

CE, 29 juill. 1983, *Synd. national des travailleurs de la recherche scientifique affiliée à la CGT : Lebon*, p. 885.

CE, 10e et 8e ss-sect. réunies, 20 avr. 1984, n°s 37772 et 37774 : *Lebon*.

CE, 4 mai 1984, n° 49153, *Préfet de police c/ Guez : Lebon* ; *AJDA* 1984, 393, concl. Dutheillet de Lamothe.

CE, 23 oct. 1985, n° 33.598, *MM X et Y c/ Cie des transports de perpignan : Lebon* T.

CE, 6 nov. 1985, *Min. Transports c/ TAT : Lebon*, p. 312.

CE, 6 nov. 1985, n° 48630, *Sté Condor-Flugdienst : Lebon*, p. 313.

CE, 20 nov. 1985, *Cne d'Aigues-Mortes : Lebon*, p. 330 ; *AJDA* 1986, 116, obs. J. Moreau ; *D.* 1986, IR, p. 143, obs. F. Llorens.

CE, 17 janv. 1986, *Ville de Paris c/ Duvinage : Lebon*, p. 10 ; *RFDA* 1986, 824, concl. B. Stirn ; *AJDA* 1986, 84, chron. S. Hubac et M. Azibert ; *JCP* G 1987, II, 20772, note J.-P. Maublanc ; *D.* 1986, IR, p. 461, obs. F. Moderne et P. Bon.

CE, 17 janv. 1986, n° 55.625, *Sté Brossette.*

CE, 20 févr. 1986, *CHR Tours c/ Mme Suzanne.*

CE, 31 mars 1986, *Min. Éducation nationale c/ Mme Monchaud : Lebon* T., p. 589.

CE, 31 oct. 1986, *Féd. nationale des syndicats libres des PTT : Lebon*, p. 249 ; *Dr. soc.* 1987, 390, concl. C. Vigouroux ; *AJDA* 1987, 49, obs. X. Prétot.

CE, 3 juill. 1987, *Féd. nationale des syndicats libres des PTT : Lebon* T., p. 795.

CE, 9 oct. 1987, n° 71788, *Corning France : Lebon.*

CE, 1re et 4e ss-sect. réunies, 9 oct. 1987, n° 71667 : *Lebon.*

CE, 13 nov. 1987, n° 67.088, *Sté Consortium Meyer Sansbœuf.*

CE, 5e et 3e ss-sect. réunies, 2 déc. 1987, n° 58112.

CE, 17 févr. 1988, *Laporte : Lebon*, p. 70.

CE, 6 mai 1988, *Delage : Lebon*, p. 183 ; *AJDA* 1988, 585, chron. Azibert et de Boisdeffre.

CE, 1re et 4e ss-sect. réunies, 22 juin 1988, n° 59660.

CE, ass., 1er juill. 1988, n° 66405 : *Lebon.*

CE, 28 déc. 1988, *Reygrobellet : Lebon* T., p. 858.

CE, 10e et 3e ss-sect. réunies, 1er févr. 1989, n° 64575 : *Lebon.*

CE, 22 mars 1989, *Min. Budget c/ Giraud : Lebon* T., p. 750.

CE, 31 mars 1989, req. n° 70831, *Communauté urbaine de Bordeaux.*

CE, 12 mai 1989, *Union des chambres de commerce et établissements gestionnaires d'aéroport : Lebon* T., p. 750 ; *Dr. soc.* 1989, p. 669, concl. P. Frydman.

CE, 11 oct. 1989, *Cne de Gardanne et a. : Dr. soc.* 1990, p. 538, note J.-F. Lachaume.

CE, 11 oct. 1989, *Cne de Port-Saint-Louis-du-Rhône c/ préfet des Bouches-du-Rhône : AJDA* 1990, 109, note F. Julien-Laferrière.

CE, 27 oct. 1989, *Synd. nat. études aviation : Lebon* T., p. 833.

CE, 8 nov. 1989 : *Lebon* T., p. 750 ; *D.* 1992, somm., p. 155, obs. D. Chelle et X. Prétot.

CE, 8 déc. 1989, *Émaux de Longwy : RJS* 1990, n° 242.

CE, 20 juin 1990, *Synd. des médecins chirurgiens spécialistes et biologistes des hôpitaux de Nice c/ CHR de Nice : D.* 1992, somm., p. 155, obs. D. Chelle et X. Prétot.

CE, 12 oct. 1990, *Centre communal d'action sociale de Villeneuve-le-Roi et Cne de Villeneuve-le-Roi : JCP* G 1991, II, 21638, concl. T. Tuot, note B. Pacteau.

CE, 12 nov. 1990, n° 95823, *Min. Affaires sociales et Emploi et Sté Atochem : AJDA* 1991, p. 484, note X. Prétot.

CE, 12 nov. 1990, n° 42875, *Malher : Lebon*, p. 321 ; *AJDA* 1991, 332, obs. H. Hecquard-Théron.

CE, 19 nov. 1990, n° 95219, *Cne de Blénod-Lès-Pont-à-Mousson.*

CE, 6 mai 1991, n° 62405, *Sté Automobiles Citroën et Sté commerciale Citroën : Lebon* ; *D.* 1992, 144, obs. P. Bon et P. Terneyre ; concl. M. Denis-Linton ; *Dr. soc.* 1991, p. 940.

CE, 6 mai 1991, n° 62407.

CE, sect., 13 déc. 1991, n° 80709 : *Lebon*, p. 444.

CE, 8 janv. 1992, *Ciejka : Lebon*, p. 5 ; *Dr. soc.* 1992, 469, concl. M. Pochard.

CE, 4e ss sect., 7 févr. 1992, n° 72637.

CE, 1er avr. 1992, n° 112826, n° 112826, *Synd. Gén. Livre et industries connexes de la région parisienne CGT : Lebon*, p. 148 ; *Dr. soc.* 1992, p. 689, concl. Kessler.

CE, 21 sept. 1992, n° 93288, *Office national des forêts : Lebon* T., p. 1068.

CE, 9 oct. 1992 : *D.* 1994, somm., p. 244, obs. D. Chelle et X. Prétot.

CE, 13 nov. 1992, n° 83177, *Synd. nat. des ingénieurs des études et de l'exploitation de l'aviation civile et a.* : *Lebon* T., p. 1063 ; *AJDA* 1993, 221, obs. B. Mathieu.

CE, 28 juill. 1993, *CCAS Évry* : *LPA* 29 sept. 1993, p. 11, concl. J.-C. Bonichot.

CE, 25 févr. 1994, n° 113903, *Chemin de fer et transports automobiles.*

CE, 11 mars 1994, *RJS* 1994, n° 572.

CE, 27 avr. 1994, n°s 118232 et 118388, *M. Boyer et Mme Pianelli.*

CE, 27 avr. 1994, n° 149119, *SDIS Haute-Garonne* : *Lebon*, p. 197.

CE, 10 juin 1994 : *RJS* 1994, n° 1012.

CE, 26 oct. 1994, n° 146940, *Sté France Glaces Findus.*

CE, 9 nov. 1994, n° 140476, *Arab c/ Sté Pain Jacquet.*

CE, 5e et 3e ss-sect. réunies, 25 nov. 1994, n° 134213 : *Lebon* ; *D.* 1996, somm., p. 229, obs. D. Chelle et X. Prétot.

CE, 8e et 9e ss-sect. réunies, 11 janv. 1995, n° 129392, *Régie Renault.*

CE, 1re et 4e ss-sect. réunies, 15 mai 1995, n° 152417 : *Lebon* T.

CE, 12 juill. 1995, n° 143089.

CE, 8 sept. 1995, 169379, *Noyau* : *JCP* G 1995, II, 22548, concl. D. Linton.

CE, avis, 24 oct. 1995 : *RJS* 1996, n° 829.

CE, 29 déc. 1995, n° 159167, *Synd. autonome des agents de l'énergie nucléaire.*

CE, 8e et 9e ss-sect. réunies, 2 févr. 1996, n° 149224.

CE, 2 févr. 1996, n° 152406, *Éts Crocquet* : *Lebon.*

CE, 26 juill. 1996, *M. Janton* : *CFP* 1996, n° 149, p. 20, concl. Roul.

CE, 3e et 5e ss-sect. réunies, 31 juill. 1996, *Synd. nat. de radiodiff. et de télévision* : *JCP* G 1996, II, 22735, concl. J.-H. Stahl.

CE, 25 sept. 1996, n° 149284, *Min. Budget c/ Mme Hémard* : *Lebon*, p. 351 ; *CFP* 1996, n° 151, p. 24.

CE, 2 oct. 1996, n° 170034, *Territoire de Belfort* : *Lebon*, p. 360 ; *Dr. adm.* 1996, n° 514, obs. L. T. ; *LPA* 29 janv. 1997, p. 17, note Oliva.

CE, 6 déc. 1996, n° 177948, *Synd. autonome des personnels de l'aviation civile* : *Lebon* T., p. 980.

CE, 17 mars 1997, n° 160684, *M. Hotz et a.* : *Lebon*, p. 89 ; *CJEG* 1997, 264, concl. M. Combrexelle, note J.-Ph. Papin ; *AJDA* 1997, 533, note Bellanger et Darcy ; *Dr. soc.* 1997, 534, note J.-E. Ray.

CE, 30 avr. 1997, n° 178809, *Mme Tripet* : *Lebon* T. ; *JCP* G 1997, II, 22905, concl. C. Maugüe.

CE, 12 nov. 1997, n° 169295, *Min. Intérieur c/ Assoc. Communauté tibétaine en France et ses amis* : *Lebon.*

CE, 15 déc. 1997, *Laghrig* : *RJS* 1998, n° 330.

CE, 29 déc. 1997, n° 164299, *Maugendre* : *Lebon.*

CE, 20 févr. 1998 : *JCP* G 1998, II, 10062, note C. Moniolle.

CE, 27 févr. 1998, n° 171055, *Synd. nat. des personnels de l'éducation surveillée.*

CE, 5 oct. 1998, n° 168381, *Sté des transports Vacher* : *Lebon.*

CE, 28 oct. 1998, *M. Grondin : JCP* G 1999, IV, 553.

CE, 18 nov. 1998 : *Dr. adm.* 1999, n° 21.

CE, 30 nov. 1998, n° 183359, *Mme Rosenblatt : Lebon* T.

CE, 1er févr. 1999, n° 197516, *Assoc. syndicale contractuels min. Ind. : RFDA* 1999, p. 226, note C. Moniolle.

CE, 7 juill. 1999, n° 191534, *F. : Lebon* T., p. 850.

CE, 10e et 9e ss-sect. réunies, 16 févr. 2000, n° 147948 : *Lebon* T.

CE, 3e ss-sect., 30 juin 2000, n° 191542.

CE, 1re et 2e ss-sect. réunies, 6 nov. 2000, n° 204784 : *Lebon* T.

CE, 3e ss-sect., 25 avr. 2001, n° 191554.

CE, 2e et 1re ch. réunies, 15 juin 2001, n° 215435.

CE, 8e et 3e ss-sect. réunies, 6 mars 2002, n° 214656 : *Lebon* T.

CE, ord., 19 août 2002, n° 249666, *Front national, Institut de formation des élus locaux : Lebon.*

CE, 8e et 3e ss-sect. réunies, 29 nov. 2002, n° 217339.

CE, sect., 10 janv. 2003, n° 248118 : *JCP* A 2003, 1183, obs. A. Taillefait ; *Dr. adm.* 2003, comm. 89, note C.M.

CE, 19 mai 2003, n° 243787, *Min. Défense c/ Synd CFDT personnels civils établissements de la défense du Finistère : JCP* A 2003, 1700, obs. A. Taillefait.

CE, 25 juin 2003, n° 223444, *Assoc. SOS tout petits : Lebon.*

CE, 25 juill. 2003, n° 258677 : *AJDA* 2004, 447, note Grimaldi.

CE, 4e ss-sect., 28 nov. 2003, n° 253438.

CE, 1re et 2e ss-sect. réunies., 9 déc. 2003, n° 262186, *Mme Aguillon et a. : Lebon* ; *Dr. soc.* 2004, p. 173, concl. J.-H. Stahl ; *RFDA* 2004, p. 308, concl. J.-H. Stahl et note P. Cassia ; *AJDA* 2004, p. 1138, note O. Le Bot ; *JCP* G 2004, 10076, note X. Prétot ; *JCP* A 2004, 1034, note J. Moreau ; *JCP* A 2004, 1096, note D. Maillard Desgrées du Loû.

CE, 3e et 8e ss-sect. réunies, 23 juin 2004, n° 250294 : *Lebon* T.

CE, 8e et 3e ss-sect. réunies, 1er déc. 2004, n° 260551, *Onesto : Lebon*, p. 447 ; *Dr. adm.* 2005, comm. 19, note Lombard ; *RDP* 2005, 1105, concl. Collin.

CE, 4 avr. 2005, *Cne d'Argentan : AJDA* 2005, 1295, concl. Glaser.

CE, ord., 3 mai 2005, n° 279999, *CFTC.*

CE, 27 juill. 2005, n° 254600 : *Lebon.*

CE, 5 oct. 2005, n° 274865 B, *SNUTEFI : CFP* janv. 2006, 26.

CE, sect., 19 oct. 2005, n° 283471 : *Lebon.*

CE, 4e et 5e ss-sect. réunies, 8 mars 2006, n° 278999, *M. Onesto et a. : Lebon*, p. 446 ; *RDT* 2006. 259, obs. O. Leclerc ; *RFDA* 2006, 1236, concl. R. Keller ; *Dr. adm.* 2006, n° 98, note M. Lombard ; *RDP* 2005, 1087, étude R. Noguellou.

CE, 1re et 6e ss-sect. réunies, 15 mai 2006, n° 270171 : *JCP* S 2006, n° 1699, p. 33, note R. Vatinet.

CE, 1re et 6e ss-sect. réunies, 7 juin 2006, n° 285576 : *Lebon.*

CE, 19 juin 2006, n° 279877, *Synd. nat. unifié des impôts : Dr. soc.* 2006, p. 890, concl. Y. Struillou.

CE, 10 juill. 2006, n° 269175, *Gilbert G. c/ La Poste*.

CE, 26 juill. 2006, n° 273118, *France Télécom c/ M. Jeannier : CFP* 2006, n° 260, p. 36, comm. Guyomar.

CE, 29 déc. 2006, n° 286294, *SNCF : Lebon*.

CE, 26 janv. 2007, n° 282703 B : *CFP* 2007, n° 266, p. 32, note Guyomar.

CE, 22 févr. 2007, *APREI : Lebon*, p. 92, concl. C. Vérot ; *RFDA* 2007, 803, note C. Boiteau ; *AJDA* 2007, 793, chron. Lenica et Boucher.

CE, 22 févr. 2007, n° 282724, *Sanz*.

CE, 16 mai 2007, n° 293842, *STRMN*.

CE, 2e et 7e ss-sect. réunies, 23 mai 2007, n° 287394 : *AJFP* 2007, 254, concl. De Silva.

CE, 5e et 4e ss-sect. réunies, 25 juill. 2007, n° 286767 : *Rev. dr. transp.* 2007, comm. 206, note C. Paulin.

CE, 24 oct. 2007, n° 310143.

CE, 9 nov. 2007, n° 293987, *Claire A. c/ CHS Paul-Guiraud de Villejuif : Lebon*.

CE, 11 janv. 2008, n° 301855, *France Télécom : RJEP* juin 2008, n° 27, concl. F. Lenica.

CE, 7e et 2e ss-sect. réunies, 30 janv. 2008, n° 285252, *T. Le*.

CE, ord. réf., 11 févr. 2008, n° 312330 : *JCP* A 2008, 2081, note D. Jean-Pierre.

CE, 19 mai 2008, n° 312329, *Synd. Sud-RATP : AJDA* 2008, p. 1718, note C. Chifflot ; *RJEP* 2008, p. 29, concl. F. Lenica ; *JCP* G 2008, I, 191, § 3, chron. B. Plessix.

CE, 5e et 4e ch. réunies, 18 juin 2008, n° 285380.

CE, 27 juin 2008, n° 305350, *Min. Finances c/ M. : Lebon*, p. 250 ; *AJDA* 2008, p. 1667, note Ph. Soubirous ; *Dr. soc.* 2009, p. 67, note L. Derepas.

CE, 22 oct. 2008, n° 304145.

CE, 24 nov. 2008, n° 322192, *A. c/ Min. Travail*.

CE, 28 janv. 2009, n° 324433.

CE, 5e et 4e ss-sect. réunies, 18 mai 2009, n° 305135.

CE, 17 juin 2009, n° 321897, *Synd. des enseignants UNSA et cne de Brest : Lebon* T., p. 806 ; *D.* 2009, 1831, obs. C. de Gaudemont.

CE, 2e et 7e ss-sect. réunies, 3 juill. 2009, n° 311291.

CE, ord. réf., 7 juill. 2009, n° 329284.

CE, ord. réf., 15 juill. 2009, n° 329526.

CE, sect., 17 juill. 2009, n° 303588, *Bigot*.

CE, 1re et 6e ss-sect. réunies, 2 oct. 2009, n° 301014 : *Lebon* T.

CE, 4e et 5e ss-sect. réunies, 7 oct. 2009, n° 325829.

CE, 17 mars 2010, n° 330073.

CE, 2e et 7e ss-sect. réunies, 11 juin 2010, n° 333262, *RATP : Lebon* ; *AJDA* 2010, 1710, concl. F. Lenica ; *JCP* A 2011, 2218, G. Terrien ; *Dr. soc.* 2010, p. 1099, note F. Duquesne ; *Constitutions* 2011, 255, obs. O. Le Bot.

CE, ass., 22 oct. 2010, n° 301572 : *Lebon*.

CE, ord. réf., 27 oct. 2010, n° 343966 : *Lebon* ; *Dr. ouvrier* 2011, p. 153, note G. Koubi et G.-J. Guglielmi ; *LPA* 5 janv. 2011, n° 3, p. 15, note M.-C. Rouault et F. Duquesne ; *JCP* S

2011, 1033, note A. Martinon ; *Dr. adm.* 2010, comm. 157, note J. Andreani ; *AJDA* 2010, p. 388, note Ph.-S. Hansen et N. Ferré.

CE, 1re et 6e ss-sect. réunies, 23 déc. 2010, n° 335738.

CE, 28 janv. 2011, n° 342388.

CE, 20 avr. 2011, n° 334245, *Centre hospitalier Henri-Guérin.*

CE, ord. réf., 23 mai 2011, n° 349215.

CE, 1re et 6e ss-sect. réunies, 4 juill. 2012, n° 341533 : *Lebon.*

CE, 19 oct. 2012, n° 329636, *Cne de Molsheim : Lebon.*

CE, 29 oct. 2012, n° 35612 : *Lebon.*

CE, 19 déc. 2012, n° 346245 B.

CE, 8 avr. 2013, n° 367453.

CE, ass. cont., 12 avr. 2013, n° 329570, *Féd. Force ouvrière Énergie et mines et a. : Lebon,* p. 94 ; *AJDA* 2013, 1052, chron. X. Domino et A. Bretonneau ; *Dr. soc.* 2013, 608, note P.-Y. Gahdoun ; *RFDA* 2013, 637, concl. F. Aladjidi ; *ibid.* 663, chron. A. Roblot-Troizier et G. Tusseau ; *Dr. adm.* 2013, n° 59, note Éveillard ; *JCP* A 2013, 2308, note H. Pauliat.

CE, 1er oct. 2013, n° 363288, *Féd. Intercommunalité CFDT.*

CE, 4e et 5e ss-sect. réunies, 4 déc. 2013, n° 361669.

CE, 3e et 8e ss-sect. réunies, 4 déc. 2013, n° 351229, concl. Daumas.

CE, 7e et 2e ss-sect. réunies, 10 févr. 2014, n° 358992 : *Lebon.*

CE, 1re et 6e ss-sect. réunies, 17 juin 2014, n° 368867 : *Lebon* T.

CE, 1re et 6e ss-sect. réunies, 30 janv. 2015, n° 363520 : *Lebon* T.

CE, 2 nov. 2015, n° 372377.

CE, 1re et 6e ss-sect. réunies, 3 févr. 2016, n° 386985.

CE, ord. réf., 10 mai 2016, n° 399076.

CE, 6 juill. 2016, n° 390031, *Synd. CGT des cadres parisiens des services publics territoriaux : Lebon* ; *AJDA* 2016, 1421, comm. de Montecler ; *CFP* 2016, 368, comm. Raynaud.

CE, 5e et 4e ch. réunies, 30 déc. 2016, n° 389835.

CE, 2e et 7e ch. réunies, 17 mai 2017, n° 397053.

CE, 3e et 8e ch. réunies, 22 mai 2017, n° 396453 : *Lebon* ; *AJCT* 2017, 585, obs. O. Didriche.

CE, 1re et 4e ch. réunies, 22 oct. 2018, n° 415941.

CE, 1re et 4e ch. réunies, 28 déc. 2018, n° 411846.

CE, 20 févr. 2019, n° 425521.

CE, 12 avr. 2019, n° 427638, *Ligue des droits de l'homme, CGT : Lebon* T.

CE, 5e et 6e ch. réunies, 30 sept. 2019, n° 416615.

CE, 6 nov. 2019, n° 428820, *Garde des Sceaux, min. Justice,* pt 5 : *AJDA* 2020, 604.

CE, 20 déc. 2019, n° 436794.

CE, 27 janv. 2020, n° 426569 : *Lebon* T. ; *AJDA* 2020, 1436, note J.-B. Sibileau et C. Duez-Gündel ; *AJFP* 2020, 163, comm. E. Aubin ; *AJCT* 2020, 377, obs. S. Penaud.

CE, ord. réf., 3 févr. 2020, n° 437751.

CE, 5 févr. 2020, n° 438093.

CE, 12 févr. 2020, n° 421997, *B. et a., c/ Min. Enseignement supérieur.*

CE, sect., 12 juin 2020, n° 418142, *GISTI : Lebon*.

CE, 6e et 5e ch. réunies, 10 juill. 2020, n° 436954.

CE, 8e et 3e ch. réunies, 16 juill. 2020, n° 437113.

CE, 7e ch., 7 oct. 2020, n° 438230.

CE, 1re et 4e ch. réunies, 14 oct. 2020, n° 428524.

CE, 2e et 7e ch. réunies, 16 oct. 2020, n° 429283.

CE, 8e et 3e ch. réunies, 23 oct. 2020, n° 442224.

CE, 10e et 9e ch. réunies, 22 déc. 2020, n° 439996.

CE, 1re et 4e ch. réunies, 23 déc. 2020, n° 428717.

CE, ord. réf., 24 déc. 2020, n° 447374.

CE, 9e et 10e ch. réunies, 24 févr. 2021, n° 437277.

CE, 8e et 3e ch. réunies, 12 mars 2021, n° 442284.

CE, 1re et 4e ch. réunies, 22 mars 2021, n° 438202.

CE, 1re ch., 31 mars 2021, n° 428029.

CE, 7e et 2e ss-sect. réunies, 27 avr. 2021, n° 440254.

CE, 1re et 4e ch. réunies, 19 mai 2021, n° 438909.

CE, 1re et 4e ch. réunies, n° 433078, 27 mai 2021, *Alcatel Lucent Submarine Networks*.

CE, 10e et 9e ch. réunies, 10 juin 2021, n° 444849 : *Lebon*.

CE, 6e et 5e ch. réunies, 21 juin 2021, n° 428321.

CE, ord. réf., 5 juill. 2021, n° 453401.

CE, 1re ch., 22 juill. 2021, n° 441591.

CE, 10e ch., 29 juill. 2021, n° 440159.

CE, 6e ch., 6 août 2021, n° 439211 : *AJFP* 2021, 37.

CE, 6e et 5e ch. réunies, 23 sept. 2021, n° 441255.

CE, 3e et 8e ch. réunies, 22 oct. 2021, n° 440210.

CE, 3e et 8e ch. réunies, 22 oct. 2021, n° 442620.

CE, 1re et 4e ch. réunies, 8 déc. 2021, n° 439631 : *Lebon* T.

CE, 2e et 7e ch. réunies, 30 déc. 2021, n° 445128.

CE, ord. réf., 12 févr. 2022, n° 461417.

CE, 3e ch., 7 mars 2022, n° 441583.

CE, 4e ch., 14 mars 2022, n° 441041.

CE, 2e et 7e ch. réunies, 5 avr. 2022, n° 450313 : *Lebon* T.

CE, 10e et 9e ch. réunies, 8 avr. 2022, n° 452668 : *Lebon*.

CE, 3e et 8e ss-sect. réunies, 19 avr. 2022, n° 451727 : *Lebon*.

CE, 31 mai 2022, n° 464520.

CE, 4e ch., 15 juin 2022, n° 443856.

CE, 1er juill. 2022, n° 465411.

CE, 5e ch., 15 juill. 2022, n° 458208.

CE, 5e et 6e ch. réunies, 21 juill. 2022, n° 449388.

CE, 6e ch., 19 août 2022, n° 441001.

CE, 7e ch., 14 oct. 2022, n° 459907.

CE, 6e ch., 2 nov. 2022, n° 441058.

CE, 6e ch., 29 nov. 2022, n° 453340.

CE, 6e ch., 29 nov. 2022, n° 448176.

CE, sect., 9 déc. 2022, n° 451500, *Dpt de Seine-Saint-Denis : Lebon*.

CE, 7e et 2e ch. réunies, 19 déc. 2022, n° 461923 : *Lebon*.

CE, 4e ch., 23 déc. 2022, n° 453205.

CE, 9e et 10e ch. réunies, 3 févr. 2023, n° 451052.

CE, 9e et 10e ch. réunies, 10 févr. 2023, n° 460448.

CE, 9e et 10e ch. réunies, 10 févr. 2023, n° 461486.

CE, ord. réf., 29 mars 2023, n° 472424.

CE, 6e et 5e ch. réunies, 21 avr. 2023, n° 450533 : *Lebon* T.

CE, ass., 1er juin 2023, n° 407112.

IV. Tribunal des conflits

T. confl., 7 juin 1982 : *D.* 1982, p. 637, concl. G. Picca.

T. confl., 22 avr. 1985, *Dr. soc.* 1985, p. 545, concl. B. Genevois.

T. confl., 26 juin 2006, aff. C-3524 : *Lebon*.

V. Conseil constitutionnel

Cons. const., 16 juill. 1971, n° 71-44 DC, *Loi complétant les dispositions des articles 5 et 7 de la loi du 1er juillet 1901, relative au contrat d'association*.

Cons. const., 20 juill. 1977, n° 77-83 DC, *Loi modifiant l'article 4 de la loi de finances rectificative pour 1961*.

Cons. const., 25 juill. 1979, n° 79-105 DC, *Loi modifiant les dispositions de la loi n° 74-696 du 7 août 1974 relatives à la continuité du service public de la radio et de la télévision en cas de cessation concertée du travail : RDP* 1980, p. 1705, note L. Favoreu ; *Dr. soc.* 1980, p. 7, note C. Leymarie ; *D.* 1980, p. 101, note M. Paillet, chron., p. 333, L. Hamon.

Cons. const., 30 déc. 1979, n° 79-111 DC, *Loi autorisant le Gouvernement à continuer à percevoir en 1980 les impôts et taxes existants : Rec. Cons. const.*, p. 39.

Cons. const., 22 juill. 1980, n° 80-117 DC, *Loi sur la protection et le contrôle des matières nucléaires : Dr. soc.* 1980, p. 441-453, obs. D. Turpin ; *D.* 1981, p. 65, concl. C. Franck.

Cons. const., 20 janv. 1981, n° 80-127 DC, *Loi renforçant la sécurité et protégeant la liberté des personnes : Rec. Cons. const.*, p. 15.

Cons. const., 22 oct. 1982, n° 82-144 DC, *Loi relative au développement des institutions représentatives du personnel : Gaz. Pal.* 1983, I, p. 60, obs. F. Chabas ; *Dr. soc.* 1983, p. 162, étude L. Hamon ; *BS* 1983, p. 159 et s., note J. Déprez.

Cons. const., 11 oct. 1984, n° 84-181 DC, *Loi visant à limiter la concentration et à assurer la transparence*.

Cons. const., 18 sept. 1986, n° 86-217 DC, *Loi relative à la liberté de communication*.

Cons. const., 28 juill. 1987, n° 87-230 DC, *Loi portant diverses mesures d'ordre social*.

Cons. const., 20 juill. 1988, n° 88-244 DC, *Loi portant amnistie.*

Cons. const., 25 juill. 1989, n° 89-257 DC, *Loi modifiant le code du travail et relative à la prévention du licenciement économique et au droit à la conversion* : *Dr. soc.* 1989, 701, note X. Prétot.

Cons. const., 18 janv. 1995, n° 94-352 DC, *Loi d'orientation sur la sécurité.*

Cons. const., 6 nov. 1996, n° 96-383 DC, *Loi relative à l'information et à la consultation des salariés dans les entreprises et les groupes d'entreprises de dimension communautaire, ainsi qu'au développement de la négociation collective.*

Cons. const., 12 janv. 2002, n° 2001-455 DC, *Loi de modernisation sociale.*

Cons. const., 29 avr. 2004, n° 2004-494 DC, *Loi relative à la formation professionnelle tout au long de la vie et au dialogue social.*

Cons. const., 29 juill. 2005, n° 2005-523 DC, *Loi en faveur des petites et moyennes entreprises.*

Cons. const., 16 août 2007, n° 2007-556 DC, *Loi sur le dialogue social et la continuité du service public dans les transports terrestres réguliers de voyageurs*, consid. 7 : *D.* 2007, 3033, obs. E. Dockès, F. Fouvet, C. Géniaut et A. Jeammaud ; *D.* 2008, 2025, obs. V. Bernaud et L. Gay ; *Dr. soc.* 2007, 1221, étude V. Bernaud ; *RFDA* 2007, 1283, chron. A. Roblot-Troizier ; *Les grands décisions du Conseil constitutionnel*, Dalloz, 20e éd., n° 51.

Cons. const., 17 janv. 2008, n° 2007-561 DC, *Loi ratifiant l'ordonnance n° 2007-329 du 12 mars 2007, relative au code du travail (partie législative).*

Cons. const., 7 août 2008, n° 2008-569 DC, *Loi instituant un droit d'accueil pour les élèves des écoles maternelles et élémentaires pendant le temps scolaire* : *AJDA* 2008, 2410, note M. Verpeaux ; *D.* 2008, 2064, obs. P. Terneyre ; *Dr. soc.* 2009, 147, étude V. Bernaud ; *RFDA* 2008, 1233, chron. A. Roblot-Troizier et T. Rambaud.

Cons. const., 10 juin 2009, n° 2009-580 DC, *Loi favorisant la diffusion et la protection de la création sur internet.*

Cons. const., 25 févr. 2010, n° 2010-604 QPC, *Loi renforçant la lutte contre les violences de groupes et la protection des personnes chargées d'une mission de service public.*

Cons. const., 28 mai 2010, n° 2010-3 QPC, *Union des familles en Europe [Associations familiales].*

Cons. const., 20 mai 2011, n° 2011-131 QPC, *Mme Térésa C. et a.* [Exception de vérité des faits diffamatoires de plus de dix ans] : *JO* 20 mai 2011, p. 8890, texte n° 83.

Cons. const., 15 mars 2012, n° 2012-650 DC, *Loi relative à l'organisation du service et à l'information des passagers dans les entreprises de transport aérien de passagers et à diverses dispositions dans le domaine des transports* : *Dr. soc.* 2012, 708, étude V. Bernaud ; *Constitutions* 2012, 333, obs. Ch. Radé.

Cons. const., 27 sept. 2013, n° 2013-345 QPC, *Synd. national Groupe Air France CFTC* [Communication syndicale par voie électronique dans l'entreprise] : J. Icard : *JCP* S 2013, n° 48, p. 37-41. – X. Orgerit, *Lettre Actualités Droits-Libertés du CREDOF*, 2 oct. 2013, 5 p. – J.-E. Ray : *SSL* 7 oct. 2013, n° 1600, p. 2-3. – P. Gervier et Ch. Radé : *Constitutions* 2013, p. 597-598.

Cons. const., 11 déc. 2015, n° 2015-507 QPC, *Synd. réunionnais des exploitants de stations-service et a.* [Plan de prévention des ruptures d'approvisionnement de produits pétroliers outre-mer].

Cons. const., 2 mars 2016, n° 2015-523 QPC, *M. Michel O.* [Absence d'indemnité compensatrice de congé payé en cas de rupture du contrat de travail provoquée par la faute lourde du salarié].

Cons. const., 4 avr. 2019, n° 2019-780 DC, *Loi visant à renforcer et garantir le maintien de l'ordre public lors des manifestations.*

Cons. const., 10 mai 2019, n° 2019-781 QPC, *M. Grégory M.* [Sanctions disciplinaires au sein de l'administration pénitentiaire] : *Constitutions* 2019, 375, chron. O. Le Bot.

Cons. const., 1er août 2019, n° 2019-790 DC, *Loi de transformation de la fonction publique.*

Cons. const., 18 sept. 2020, n° 2020-856 QPC, *Mme Suzanne A. et a.*

Cons. const., 15 déc. 2022, n° 2022-844 DC, *Loi portant mesures d'urgence relatives au fonctionnement du marché du travail en vue du plein emploi.*

VI. Cour européenne des droits de l'homme

CEDH, 27 oct. 1975, n° 4464/70, aff. *Synd. nat. de la police Belge c/ Belgique.*

CEDH, 6 févr. 1976, *Schmidt et Dahlström c/ Suède.*

Comm. CEDH, 10 oct. 1979, n° 8191/78, *Rassemblement jurassien et Unité jurassienne c/ Suisse.*

CEDH, 2 juin 1988, n° 10126/82, *Plattform Ärzte Für Das Leben c/ Autriche.*

CEDH, 22 mai 1990, série A, n° 178, *Autronic A. G. c/ Suisse.*

CEDH, 18 mars 1991, n° 21/1990/ 212/274, *Ezelin c/ France.*

CEDH, 26 avr. 1991, *Ezelin c/ France*, § 53, série A, n° 202.

CEDH, 21 juin 1998, n° 00000143, *Plattform « Ärzte für das Leben » c/ Autriche.*

CEDH, 10 janv. 2002, *Unisson c/ Royaume-Uni.*

CEDH, 27 juin 2002, *Fédération of Offshore Workers c/ Norvège.*

CEDH, 17 janv. 2007, n° 74611/01, aff. *Dilek et a. c/ Turquie : AJDA* 2007, p. 1922, chron. J.-F. Flauss.

CEDH, 27 mars 2007, n° 6615/03, aff. *Karaçay c/ Turquie : JCP* S 2007, 1350, note J. Cavallini.

CEDH, 17 juill. 2007, nos 74611/01, 26876/02 et 27628, *Satilmiş et a. c/ Turquie : JCP* S 2007, 1702, note J. Cavallini.

CEDH, 17 juill. 2008, nos 23018/04 et s., *Urcan et a. c/ Turquie.*

CEDH, 5 mars 2009, n° 31684/05, *Barraco c/ France : Procédures* avr. 2009, comm. 115, note Fricero ; *JCP* S 2009, 1298, note Cavallini ; *Rev. dr. transp.* 2010, comm. 4, note Carré.

CEDH, 21 avr. 2009, *Enerji Yapi Yol Sen c/ Turquie : RDT* 2009, 499, note J.-P. Marguénaud et J. Mouly. – J.-P. Marguénaud et J. Mouly, *Vers la protection du droit de grève par la Cour européenne des droits de l'homme (à propos de CEDH, 10 janv. 2002) : D.* 2003, 939, note J.-P. Marguénaud et J. Mouly.

CEDH, Gde ch., 8 déc. 2009, n° 28955/06, aff. *Palomo Sánchez et a. c/ Espagne : D.* 2010, 1456, note J.-P. Marguénaud et J. Mouly.

CEDH, Gde ch., 12 sept. 2011, nos 28955/06 et s., aff. *Palomo Sánchez et a. c/ Espagne : Dalloz actualité*, 29 sept. 2011, L. Perrin ; *AJDA* 2012, 143, chron. L. Burgorgue-Larsen.

CEDH, 10 juill. 2012, n° 34202/06, *Berladir et a. c/ Russie.*

CEDH, 9 juill. 2013, n° 2330/09, aff. *Sindicatul Păstorul celBun c/ Roumanie* [GC], § 134.

CEDH, 18 juin 2013, aff. 8029/07, *Gün et a. c/ Turquie.*

CEDH, 8 avr. 2014, n° 31045/10, *The National Union of Rail, Maritime and Transport Workers c/ Royaume-Uni.*

CEDH, 21 avr. 2015, n° 45892/09, *Junta Rectora del Ertzainen Nazional Elkartasuna c/ Espagne : Dr. soc.* 2016, 697, étude J.-P. Marguénaud et J. Mouly.

CEDH, Gde ch., 15 oct. 2015, aff. *Kudrevicius c/ Lituanie : JCP* G 2016, n° 3, p. 122, obs. F. Sudre ; *Dr. soc.* 2016, 697, étude J.-P. Marguénaud et J. Mouly.

CEDH, 19 déc. 2017, n°s 60087/10 et 2 autres, *Öğrü et a. c/ Turquie.*

CEDH, 16 janv. 2018, n° 17843/11, *Dinçer c/ Turquie.*

CEDH, 13 févr. 2018, n° 65126/09, *Adigüzel c/ Turquie.*

CEDH, 22 mai 2018, n° 27585/13, *United Civil Aviation Trade Union c/ Hongrie.*

CEDH, 28 mai 2018, n° 001-180307, aff. *Akarsubaşi et Alçiçek c/ Turquie.*

CEDH, 13 nov. 2018, n° 15520/06, aff. *Erdoğan et a. c/ Turquie.*

CEDH, 20 nov. 2018, n° 44873/09.

CEDH, 17 oct. 2019, n°s 1874/13 et 8567/13, aff. *Lopez Ribaldiaa.*

CEDH, 2e sect., 9 juin 2020, n° 58418/10, *Süzen c/ Turquie.*

CEDH, 2e sect., 7 juill. 2020, n° 5999/13, *Senşafak c/ Turquie.*

CEDH, 10 juin 2021, n° 45487/17, *Norwegian Confederation of Trade Unions (LO) et Norwegian Transport Worker's Union (NTF) c/ Norvège : RDT* 2021, 535, note K. Chatzilaou.

CEDH, 2e sect., 24 mai 2022, n° 70098/12, *Alici et a. c/ Turquie.*

VII. Comité européen des droits sociaux

CEDS, décision sur le bien-fondé, 12 oct. 2004, Réclamation n° 16/2003, *CFE-CGC c/ France.*

CEDS, décision sur la recevabilité et le bien-fondé, 3 juill. 2013, *Confédération générale du travail de Suède (LO) et Confédération générale des cadres, fonctionnaires et employés (TCO) c/ Suède : RDT* 2014, 160, comm. K. Chatzilaou.

CEDS, 14 févr. 2023, Réclamation n° 155/2017, *Confédération générale du travail (CGT) c/ France.*

VIII. Cour de justice de l'Union européenne

CJCE, 12 juin 2003, aff. C-112/00, *Schmidberger c/ Autriche.*

CJCE, 11 déc. 2007, aff. C-438/05, *Viking : Rec. CJUE* 2007, p. I-10779 ; *AJDA* 2008, 240, chron. E. Broussy, F. Donnat et C. Lambert ; *D.* 2008, 2560, obs. L. d'Avout et S. Bollée ; *ibid.* 3038, obs. F. Muller et M. Schmitt ; *ibid.* 2009, 1547, chron. B. Edelman ; *Dr. soc.* 2008, 210, note P. Chaumette ; *RDT* 2008, 80, étude S. Robin-Olivier et E. Pataut ; *Rev. crit. DIP* 2008, 356, note H. Muir Watt ; *ibid.* 781, étude M. Fallon ; *RTD com.* 2008, 445, obs. G. Jazottes ; *RTD eur.* 2008, 47, note P. Rodière ; *ibid.* 2009, 511, chron. A.-L. Sibony et A. Defossez.

CJCE, 18 déc. 2007, aff. C-341-05, *Laval (liberté de prestation de service) : Rec. CJUE* 2007, p. I-11767 ; *AJDA* 2008, 240, chron. E. Broussy, F. Donnat et C. Lambert ; *D.* 2008, 3038, obs. F. Muller et M. Schmitt ; *ibid.* 2009, 1547, chron. B. Edelman ; *Dr. soc.* 2008,

210, note P. Chaumette ; *RDT* 2008, 80, étude S. Robin-Olivier et E. Pataut ; *Rev. crit. DIP* 2008, 356, note H. Muir Watt ; *ibid.* 781, étude M. Fallon ; *RTD com.* 2008, 445, obs. G. Jazottes ; *RTD eur.* 2008, 47, note P. Rodière ; *ibid.* 2009, 511, chron. A.-L. Sibony et A. Defossez ; P. Rémy et A. Seifert, *Les droits des conflits collectifs : RDT* 2010, 250.

CJUE, 4 oct. 2012, aff. C-22/11, *Finnair Oyj c/ Lassooy*.

CJUE, 17 avr. 2018, aff. C-414/16, *Egenberger*.

CJUE, Gde ch., 23 mars 2021, aff. C-28/20, *Airhelp Ltd c/ Scandinavian Airlines System Denmark – Norway – Sweden*.

CJUE, 6 oct. 2021, aff. C-613/20, *CS c/ Eurowings GmbH*.

IX. Commission nationale de l'informatique et des libertés

CNIL, délib. n° SAN-2021-019, 29 oct. 2021 : *Comm. com. électr.* janv. 2022, n° 1, comm. 6.

X. Commission d'accès aux documents administratifs

CADA, 24 janv. 2019, Conseil n° 20185899, *Mairie de Villefranche-de-Rouergue*.

Index des lois et règlements cités

I. Lois

– Loi du 7 juin 1848 sur les attroupements.

– Loi du 25 mai 1864 sur les coalitions.

– Loi du 27 décembre 1892 sur la conciliation et l'arbitrage facultatifs en matière de différends collectifs entre patrons et ouvriers et employés : *JO* 28 déc. 1892, p. 6276.

– Loi du 11 juillet 1938 sur l'organisation générale de la nation pour le temps de guerre : *JO* 13 juill. 1938, p. 8330.

– Loi du 4 octobre 1941 relative à l'organisation sociale des professions, dite « Charte du Travail ».

– Loi n° 46-2294 du 19 octobre 1946 relative au statut général des fonctionnaires.

– Loi n° 47-2384 du 27 décembre 1947 portant réorganisation des compagnies républicaines de sécurité.

– Loi n° 48-1504 du 28 septembre 1948 relative au statut spécial des personnels de police.

– Loi de finances rectificative n° 61-825 du 29 juillet 1961.

– Loi n° 63-777 du 31 juillet 1963 relative à certaines modalités de la grève dans les services publics.

– Loi n° 64-621 du 27 juin 1964 portant statut de l'Office de la radiodiffusion-télévision française : *JO* 28 juin 1964, p. 5654.

– Loi n° 64-650 du 2 juillet 1964 relative à certains personnels de la navigation aérienne.

– Loi n° 71-458 du 17 juin 1971 relative à certains personnels de l'aviation civile.

– Loi n° 68-695 du 31 juillet 1968 relative aux agents des services de transmission du ministère de l'Intérieur : *JO* 2 août 1968, p. 7515.

– Loi n° 71-458 du 17 juin 1971 relative à certains personnels de l'aviation civile.

– Loi n° 72-553 du 3 juillet 1972 portant statut de la Radiodiffusion-télévision française : *JO* 4 juill. 1972, p. 6851.

– Loi n° 72-62 du 13 juillet 1972 portant statut général des militaires.

– Loi n° 73-4 du 2 janvier 1973 relative au code du travail.

– Loi n° 77-826 du 22 juillet 1977 modifiant l'article 4 de la loi de finances rectificative pour 1961 : *JO* n° 61-825, 29 juill. 1961, p. 3892.

– Loi n° 79-634 du 26 juillet 1979 modifiant les dispositions de la loi n° 74-696 du 7 août 1974 relatives à la continuité du service public de la radio et de la télévision en cas de cessation concertée du travail.

– Loi n° 82-889 du 19 octobre 1982 relative aux retenues pour absence de service fait par les personnels de l'État, des collectivités locales et des services publics.

– Loi n° 83-8 du 7 janvier 1983 relative à la répartition de compétences entre les communes, les départements, les régions et l'État.

– Loi n° 83-634 du 13 juillet 1983 portant droits et obligations des fonctionnaires pour que le législateur consacre formellement le droit de grève dans le statut.

– Loi n° 84-1286 du 31 décembre 1984 abrogeant certaines dispositions des lois n° 64-650 du 2 juillet 1964 relative à certains personnels de la navigation aérienne et n° 71-458 du 17 juin 1971 relative à certains personnels de l'aviation civile, et relative à l'exercice du droit de grève dans les services de la navigation aérienne : *JO* 1er janv. 1985, p. 9.

– Loi n° 86-1067 du 30 septembre 1986 relative à la liberté de communication : *JO* 1er oct. 1986, p. 11755.

– Loi n° 87-529 du 13 juillet 1987 modifiant les dispositions relatives à la fonction publique territoriale.

– Loi n° 98-535 du 1er juillet 1998 relative au renforcement de la veille sanitaire et du contrôle de la sécurité sanitaire des produits destinés à l'homme.

– Loi n° 2003-239 du 18 mars 2003 pour la sécurité intérieure : *JO* 19 mars 2003, p. 4761.

– Loi n° 2004-806 du 9 août 2004 relative à la politique de santé publique.

– Loi n° 2004-1484 du 30 décembre 2004 de finances pour 2005.

– Loi n° 2005-270 du 24 mars 2005 portant statut général des militaires.

– Loi n° 2007-1224 du 21 août 2007 sur le dialogue social et la continuité du service public dans les transports terrestres réguliers de voyageurs.

– Loi n° 2012-375 du 19 mars 2012 relative à l'organisation du service et à l'information des passagers dans les entreprises de transport aérien de passagers et à diverses dispositions dans le domaine des transports.

– Loi n° 2014-1654 du 29 décembre 2014 de finances pour 2015.

– Loi n° 2016-1088 du 8 août 2016 relative au travail, à la modernisation du dialogue social et à la sécurisation des parcours professionnels.

– Loi n° 2023-270 du 14 avril 2023 de financement rectificative de la sécurité sociale pour 2023.

II. Ordonnances

– Ordonnance n° 58-696 du 6 août 1958 relative au statut spécial des fonctionnaires des services déconcentrés de l'administration pénitentiaire : *JO* 7 août 1958, p. 7423.

– Ordonnance n° 59-244 du 4 février 1959 relative au statut général des fonctionnaires.

– Ordonnance n° 2010-1307 du 28 octobre 2010 relative à la partie législative du code des transports.

– Ordonnance n° 2021-1574 du 24 novembre 2021 portant partie législative du code général de la fonction publique.

III. Décrets

– Décret du 1er septembre 1939 : *DP* 1939, 4, p. 437.

– Décret n° 77-1288 du 24 novembre 1977 portant organisation des services déconcentrés du travail et de l'emploi.

– Décret n° 82-447 du 28 mai 1982 relatif à l'exercice du droit syndical dans la fonction publique.

– Décret n° 85-1332 du 17 décembre 1985 : *JO* 18 déc. 1985, p. 14735.

– Décret n° 94-1166 du 28 décembre 1994 relatif à l'organisation des services déconcentrés du ministère du travail, de l'emploi et de la formation professionnelle.

– Décret n° 2008-82 du 24 janvier 2008 relatif à l'application de l'article 2 de la loi n° 2007-1224 du 21 août 2007 sur le dialogue social et la continuité du service public dans les transports terrestres réguliers de voyageurs.

– Décret n° 2015-386 du 3 avril 2015 fixant le statut des fonctionnaires de la direction générale de la sécurité extérieure.

– Décret n° 2023-275 du 17 avril 2023 sur la mise en œuvre de la présomption de démission en cas d'abandon de poste volontaire du salarié.

IV. Circulaires

– Circulaire Tr. 9-50 du 22 mars 1950, Mesures de licenciement à la suite des conflits collectifs du travail : *JO* 29 mars 1950.

– Circulaire n° 463/FP du Premier ministre relative à l'abandon de son poste par un fonctionnaire, du 11 février 1960.

– Circulaire DE n° 39/85 du 15 juillet 1985 relative au chômage partiel.

– Circulaire du 30 juillet 2003 relative à la mise en œuvre des retenues sur la rémunération des agents publics de l'État en cas de grève : *JO* n° 179, 5 août 2003, texte n° 60 NOR : FPPA0300123C.

Index alphabétique

(Les numéros renvoient aux paragraphes. Les numéros suivis d'un « s. » renvoient aux développements principaux sur le thème.)

T

U

V

Table des matières

PREMIÈRE PARTIE

LA PRÉVENTION DES CONFLITS COLLECTIFS

DEUXIÈME PARTIE

LE DÉROULEMENT DES CONFLITS COLLECTIFS

TROISIÈME PARTIE

LE RÈGLEMENT DES CONFLITS COLLECTIFS

Photocomposition et impression en septembre 2023
dans les ateliers d'Evoluprint - Groupe Sprint
31150 Bruguières